Mit Erfolg durchs Gartenjahr

Mit Erfolg durchs Gartenjahr

Praktische Ratschläge und
Anleitungen für alle 12 Monate

Verlag Das Beste GmbH Stuttgart · Zürich · Wien

Mitarbeiter und Berater

Ernst Beyer

Rolf Bühl

Ernst Deiser

Max Glinz

Edgar Gugenhan

Joachim Kessler

Helmut Snoek

Die Übersetzungen aus dem Englischen besorgten:

Irene Elbaz

Angelika Feilhauer

Ingrid Frieling

Brigitte Helfrich

Ingrid Hyland

Gisela Irrgang

Printed in Germany
ISBN 3 87070 207 9

Vorwort

In diesem neuartigen Gartenbuch, das nach Monaten unterteilt ist, erfährt der Gartenfreund, welche Arbeiten zu welchem Zeitpunkt im Garten, im Haus und im Kleingewächshaus verrichtet werden müssen, wann der Boden für Beete vorbereitet wird, wann Jungpflanzen eingekauft und gepflanzt werden können, wann und wie ein Komposthaufen oder ein Hügelbeet angelegt werden. Mit Hilfe dieses Gartenbuchs ist es so gut wie ausgeschlossen, einen „Termin" zu versäumen. Was beispielsweise im März, einem der wichtigsten Pflanzmonate, getan werden muß, ist – nach 23 Sachgebieten unterteilt – eingehend und leicht verständlich dargestellt. Und Zeichnungen verdeutlichen, wie etwa ein Wassergarten angelegt wird, wie man einen Baum zurückschneidet, Stauden pflanzt, Rhododendren vermehrt, Rosen zurückschneidet, Rhabarber anzieht, Grünspargel sticht, einen Rasen einsät und vieles mehr. Sollte in einem Monat ein Sachgebiet nicht auftauchen, so bedeutet es, daß in diesem Monat an dieser Pflanzengruppe nichts getan werden kann oder muß.

Damit der Hobbygärtner nun aber nicht nur über vorkommende Arbeiten informiert wird, sondern auch nachlesen kann, welche Gattungen, Arten und Sorten es von den verschiedensten Bäumen, Sträuchern, Stauden, Sommerblumen, Steingarten- und Wasserpflanzen gibt, wie und wann sie blühen, wie groß sie werden, welche Böden sie bevorzugen, welches ihre charakteristischen Eigenschaften sind, schließen sich an den Hauptteil fast jeden Monats sogenannte Pflanzenbeschreibungen an. So findet man z. B. nach dem Hauptteil im September *zahlreiche Gattungen von Stauden alphabetisch geordnet, mit vielen Arten und Sorten. Auf diese Weise werden nahezu alle der 23 Hauptabschnitte behandelt, und sie erscheinen in dem Monat, der für die jeweilige Pflanzengruppe eine besondere Rolle spielt.*

Was dieses Gartenbuch außerdem an Vorteilen bietet, sind die farbenprächtigen Zeichnungen von Bäumen und Sträuchern, Stauden und Steingartenpflanzen, und zwar werden nicht nur die einzelnen Pflanzen naturgetreu dargestellt, sondern hier kann der Leser sehen, wie man Farben und Formen von Pflanzen am besten kombiniert, wie man sie so zusammenstellt, daß es fast das ganze Jahr über im Haus- und Zimmergarten grünt und blüht. Jeder Monat wird mit Farbfotoseiten eingeleitet, auf denen die Pflanzen dargestellt sind, die in dem jeweiligen Monat blühen oder Früchte tragen.

Selbstverständlich darf in einem derartig umfassenden und aktuellen Gartenbuch die Darstellung der Methoden des biologischen Land- und Gartenbaus nicht fehlen. Heutzutage, da das Umweltbewußtsein der Menschen geschärft ist, geht man gegen Schädlinge und Krankheiten mit natürlichen Mitteln und Methoden vor. Es wird hier auch beschrieben, wie der biologische Gärtner den Boden bearbeitet und Pflanzen gruppiert.

Inhaltsverzeichnis

Pflanzenbeschreibungen

Einführende Fotoseiten

Januar

Februar

März

April

Dezember

Zwölf Monate in Farbe

Auf diesen einleitenden Bildseiten werden die verschiedensten Ziergartenpflanzen im Lauf der Monate gezeigt. Ständig sorgen andere Blumen, Sträucher und Bäume dafür, daß die Folge immer neuer Farben und Formen nicht endet. So machen die eher zarten weißen, gelben, rosa, lila und blauen Töne des Frühjahrs der leuchtenden Blütenfülle des Sommers Platz, und selbst trübe Herbst- und Wintertage werden durch Beeren und buntes Laub freundlicher. Das Arbeitsprogramm für den Ziergarten bietet die passende Auswahl für jede Jahreszeit.

Mai

November

Juni

Oktober

September

August

Juli

Schneeglöckchen zählen zu den Zwiebelgewächsen, die schon zum Jahresbeginn blühen

Januar

In diesem Monat breitet der Schnee seine schützende Decke über die Pflanzen, und alles wirkt wie im Winterschlaf. Von Gehölzen sollte man hin und wieder Schnee abschütteln, damit die Zweige nicht brechen. Einen hübschen Kontrast zu der weißen Pracht bilden jetzt beerentragende Sträucher, wie zum Beispiel der hier abgebildete Sanddorn. Vom nicht mehr allzu fernen Frühling künden die Schneeglöckchen. Verhält sich die Natur draußen auch zurückhaltend, so blühen viele Zimmerpflanzen dafür um so prächtiger, etwa die Cinerarie, die Zimmerazalee oder das beliebte Usambaraveilchen.

Im Winter braucht man den Bogenhanf, *Sansevieria*, wenig zu gießen. Die duftenden Blüten treten unregelmäßig auf

Usambaraveilchen können das ganze Jahr hindurch blühen, wenn sie genug Feuchtigkeit und Licht bekommen

Senecio-Cruentus-Hybriden, auch Cinerarien genannt, blühen unter günstigen Bedingungen viele Wochen lang

Zimmerazaleen, *Rhododendron simsii*, lieben es möglichst kühl und brauchen während der Blütezeit einen hellen Ort

Die orangeroten Beeren des winterharten Sanddornstrauchs sind eßbar und enthalten viel Vitamin C

Die Lebenden Steine, *Lithops*, stammen aus den Trockengebieten Südafrikas

Weiden sind kältebeständig und brauchen keinen Winterschutz. Man pflanzt sie an einen sonnigen Standort

Februar

Noch haben eher die Eisblumen am Fenster Hochsaison als die Blumen draußen im Garten. Ein Strauch, der jetzt schon blüht, ist die Kornelkirsche, Cornus mas. *Diese Hartriegelart wetteifert mit den silbergrauen Kätzchen der Weide, deren Zweige oft auch als Vasenschmuck verwendet werden. In Blüte stehen der Winterling und die Christrose, die man beide gut unter Bäumen und Sträuchern pflanzen kann. Eine Zimmerpflanze, die im Winter blüht, ist die Clivie. An langen Blütenschäften erscheinen viele glockenförmige Blüten in einer Dolde. Jetzt gießt man die Clivie auch wieder häufiger.*

Die Kornelkirsche gehört der Gattung *Cornus* an. Aus den Blüten entwickeln sich eßbare rote Beeren

Clivien benötigen einen hellen Fensterplatz, damit sie Blüten treiben

Viele Monate des Jahres blühen die verschiedensten Irisarten. Hier die Zwergform *Iris danfordiae*

Der Winterling ist ein Zwiebelgewächs, das mit leuchtendgelben Blüten die frostige Landschaft erhellt

Den Geweihfarn gießt man am besten, indem man ihn so lange ins Wasser stellt, bis die Erde völlig durchtränkt ist

Mehrere Monate im Jahr blüht die Christrose. Die Blüten sind weiß und haben ein goldenes Auge

Märzbecher, *Leucojum vernum*, pflanzt man am besten im August und September an einen halbschattigen Standort

März

Auch wenn in Gebieten mit rauhem Klima hie und da noch Schnee liegt, kann sich im Garten schon allerhand buntes Leben zeigen. Für einige der klassischen Frühlingsblumen, etwa Märzbecher und Krokus, ist der Monat März sogar die Hauptblütezeit. Die notwendige Voraussetzung dafür ist allerdings, daß diese Zwiebelpflanzen rechtzeitig gelegt worden sind. Man prüft jetzt genau alle Beete, in denen Zwiebelgewächse blühen, ob Lücken im Gartenbild vorhanden sind. Im kommenden Herbst kann man sie fürs nächste Frühjahr schließen. Eine solche Planung lohnt sich!

Der Blaustern (hier: *Scilla sibirica*) liebt den Halbschatten und feuchte, humusreiche Erde. Pflanzzeit ist der Herbst

Das Blaukissen, *Aubrieta*, eine wintergrüne Staude, gedeiht in trockenen, kalkhaltigen, gut durchsonnten Böden

Auch die Steinbrechart *Saxifraga oppositifolium* blüht im März. Diese Gebirgspflanze eignet sich gut für Steingärten

Die Blüten des Hundszahns nicken und stehen einzeln an langen Stielen. Dies ist eine sehr früh blühende Sorte

Die Lavendelheide, *Pieris japonica*, hat von März an glokkenförmige Blüten. Die jungen Blätter sind rot gefärbt

Besenginster oder Geißklee, *Cytisus praecox*, gehört zu den robustesten Gartensträuchern, die schon früh blühen

Prächtig blühen im Frühjahr die Magnolien. Hier eine Sternmagnolie, *Magnolia stellata*

Die duftenden Blüten von *Daphne mezereum*, einer Seidelbastart, öffnen sich von Februar bis April

Eine der beliebtesten Frühjahrsblumen ist die Primel oder Schlüsselblume, von der es viele Arten und Sorten gibt

Leicht zu ziehen und vielseitig verwendbar sind Krokusse. Einige blühen im Herbst, die meisten jedoch im Frühjahr

Der immergrüne Bambus, *Pseudosasa*, braucht einen feuchten Boden und einen sonnigen Standort

Vor allem in Steingärten und Rabatten kommt der Schneestolz, *Chionodoxa*, schön zur Geltung

In lehmigen, feuchten Böden gedeiht die Kugelprimel, *Primula denticulata*, gut. Die Blätter erscheinen nach der Blüte

Die frühblühende *Tulipa kaufmanniana* stammt aus Zentralasien. Es gibt von ihr zahlreiche Hybriden und Varietäten

Calceolaria-Hybriden (Pantoffelblume) sind einjährige Zimmerpflanzen. Nach der Blüte wirft man sie weg

Die Japanische Quitte eignet sich auch als Heckenpflanze. Ihre Früchte kann man zu Gelee verarbeiten

April

Von Vorfrühling kann nun keine Rede mehr sein: So wechselhaft das sprichwörtliche Aprilwetter auch sein mag, Nachtfröste und Schneeschauer werden immer seltener, und in windgeschützten Lagen wärmt die Sonne zwischen den Regenschauern. Pflanzen, die im kalten Kasten wachsen, werden jetzt abgehärtet und später ins Freie gesetzt. Jetzt ist die Hauptblütezeit der Hyazinthen. Der Rasen, der nun kräftig wächst, wird zweimal in der Woche gemäht. Will man Rhododendren in den Garten pflanzen, dann ist für diese Arbeit jetzt die günstigste Zeit.

Feuchten Boden liebt die Kaiserkrone, *Fritillaria imperialis*. Sie bringt bronzefarbene, gelbe und rote Blüten hervor

Der Goldlack, eine zweijährige Pflanze, blüht in den verschiedensten Gelb-, Orange-, Rot-, Braun- und Violettönen

Die Blütentraube der Hyazinthen ist mit duftenden weißen, rosa, roten, blauen oder gelben Glockenblüten besetzt

Die Fiederberberitze oder Mahonie ist ein immergrüner, sehr dankbarer Strauch, der keinen Winterschutz braucht

Im Gewächshaus blüht jetzt *Heliotropium arborescens*, das außer violettblauen auch weiße Blüten hervorbringt

Die duftenden Blüten des Steinhaselstrauchs, *Corylopsis spicata*, passen gut zu den Blüten japanischer Zierquitten

Leicht zu kultivieren ist die schattenliebende Staude *Helleborus corsicus*. Jetzt bringt sie glockige Blüten hervor

Den Elfenbeinginster, *Cytisus praecox*, mit seinen hellgelben Blüten pflanzt man gerne vor dunkle Koniferen

Das Tausendschön, *Bellis perennis*, mit seinen gefüllten Blüten eignet sich für Blumenkästen und Einfassungen

Die Küchenschelle mit ihren glockigen, pelzig behaarten Blüten kann in den Steingarten gepflanzt werden

Narzissen, auch Osterglocken genannt, bringen viel Farbe in Steingärten und Rabatten

Tulipa fosteriana, eine einfache, frühe Tulpenart, bringt schon im April leuchtendscharlachrote Blüten hervor

Die Blutjohannisbeere ist ein winterharter Zierstrauch, der einen sonnigen Standort bevorzugt

3–5 m hoch wird die Japanische Zierkirsche, *Prunus serrulata*. Die Sorte 'Kanzan' hat gefüllte rosa Blüten

Die anspruchslosen Sträucher der *Spirea* × *arguta* eignen sich auch als Hecke und blühen bis in den Sommer

Der Apfel, *Malus sylvestris var. domestica*, gehört zu den Rosengewächsen

Mai

Dies ist der Monat der prachtvollen Rhododendren. Neben den laubabwerfenden sommergrünen, großblumigen Hybriden, die früher – und auch gelegentlich jetzt noch – Azaleen genannt wurden, gibt es auch immergrüne Arten mit roten, rosa oder weißen Blüten. Und was wäre dieser Monat ohne die beliebten Maiglöckchen! Als Wildpflanze findet man sie im Wald, im Garten werden die Kulturformen verwendet. Viele Stauden, wie das anspruchslose Salomonssiegel, die Hundskamille mit ihren margeritenähnlichen Blüten oder das reizende Steinkraut, stehen in schönster Blüte.

Die Waldrebe oder *Clematis* ist eine beliebte Kletterpflanze. Hier die bekannte Hybride 'Nelly Moser'

Iris germanica gehört zur Gruppe der hohen Bartiris. Von dieser Schwertlilie gibt es viele Sorten

Die *Magnolia-Soulangiana*-Hybriden mit ihren schalenförmigen Blüten sind eine in Paris entstandene Züchtung

Rhododendren, von denen es viele Wildarten gibt, gedeihen am besten im Halbschatten auf feuchtem, saurem Boden

Das Salomonssiegel ist eine anspruchslose Staude. Hier die bekannteste Art, *Polygonatum commutatum*

Die Trollblume, *Trollius europaeus*, mit ihren schönen goldgelben Blüten braucht einen sonnigen, feuchten Standort

Das Maiglöckchen, *Convallaria majalis*, mit seinen duftenden Blüten ist im Frühjahr ein besonderer Schmuck des Gartens

Die Hundskamille sollte man nicht an windige Stellen pflanzen. Im Frühjahr wird sie abgestützt

In großen Gruppen gepflanzt, wirken Tulpen besonders prächtig. Hier ein Beet mit Darwintulpen

Der Staudenmohn, *Papaver orientale*, fühlt sich an einem sonnigen Platz in nährstoffreichem Gartenboden wohl

Der Silberling, *Lunaria annua*, der von Mai an blüht, wird wegen seiner Blüten und seiner Fruchtstände geschätzt

Eine begehrte Steingartenstaude ist das Steinkraut, *Alyssum saxatile*. Es bildet leuchtendgelbe Polster

Auffallend an der *Bergenia cordifolia* sind die rosaroten Blüten in überhängenden Trugdolden

Die Gemswurz, *Doronicum caucasicum*, findet auch als Schnittblume viel Anklang. Sie ist sehr widerstandsfähig

Genista lydia, eine Ginsterart, die gerne in Steingärten gepflanzt wird, bevorzugt magere, steinige Böden

Edelrosen kann man in Beete oder einzeln pflanzen. Viele duften stark. Ihre Blütenknospen stehen aufrecht

Juni

In diesem Monat hält der Sommer Einzug, und die Rosen öffnen ihre Knospen. Besonders schön wirken jetzt Beete mit Floribunda-Rosen. *Die meisten Rosen sind, abgesehen von ihrem dekorativen Wert für den Garten, auch hervorragende Schnittblumen. Jetzt wenn die Gefahr der letzten Nachtfröste endgültig vorüber ist, blühen auch ungezählte andere Blumen. Vorkultivierte Sommerblumen werden in den Garten gepflanzt, und wenn man die Zwiebelpflanzen, die im Frühjahr geblüht haben, herausnimmt, entsteht Platz für den Sommerflor.*

Der Fingerhut, *Digitalis*, blüht sehr reich und schön, ist aber giftig. Die Pflanze bevorzugt den Halbschatten

Vor immergrünen Gehölzen geben Azaleen einen schönen Farbkontrast ab. Hier die Sorte 'Silver Slipper'

Das Steintäschel, *Aethionema*, eine Steingartenpflanze, braucht sonnigen Standort und trockenen Boden

Der Leberbalsam, *Ageratum*, eignet sich gut für Einfassungen. Sie blüht von Juni bis zum ersten Frost

Die Deutzie gehört zu den schönsten Blütensträuchern. Sie hat stark verästelte, elegante Zweige

Eine wunderschöne Beetpflanze ist die Bunte Margerite, *Chrysanthemum coccineum*, auch als *Pyrethrum* bekannt

Die Bergflockenblume, *Centaurea montana*, ist eine sehr robuste Staude mit kornblumenähnlichen Blüten

Das Sonnenröschen, *Helianthemum*, blüht orangefarben, gelb, weiß und rot. Es braucht einen trockenen Platz

Phlox subulata wird gerne in den Steingarten gepflanzt. Er bringt unzählige Blüten hervor

In der Sonne oder im Halbschatten gedeiht die Weigelie, ein beliebter sommergrüner, winterharter Strauch

Die prachtvolle Pfingstrose sollte in keinem Garten fehlen. Ihre stark duftenden Blüten passen gut zu Flieder

Vom Schneeball gibt es laubabwerfende und immergrüne Arten. *Viburnum tomentosum* ist laubabwerfend

Die Akelei, *Aquilegia*, blüht anmutig und farbenprächtig. Man pflanzt sie am besten in Gruppen

Der Rittersporn, *Delphinium*, ist eine elegante Beetpflanze. Die Rispe setzt sich aus vielen Spornblüten zusammen

Floribunda-Rosen tragen große Blütenbüschel. Die Blüten sind einfach, gefüllt oder halbgefüllt

Das Kapkörbchen, *Dimorphotheca*, blüht den ganzen Sommer. Seine Heimat ist das Kapland in Südafrika

Juli

Jetzt hat der Gärtner alle Hände voll zu tun, um den Arbeiten im sommerlichen Garten nachzukommen. Der Rasen muß häufig gewässert werden. Nun wird es Zeit für den Sommerschnitt von Hecken. Einjährige Pflanzen, die im März und April vorkultiviert worden sind, stehen nun in Blüte. Man muß die verwelkten Blütenstände vieler Sommerblumen entfernen, damit die Pflanzen länger blühen. Stark wachsende Dahlien werden gestützt und solche Knollen von Iris ausgegraben, die schon mehr als drei Jahre im Boden sind. Mit einem Messer teilt man die Rhizome und pflanzt sie dann wieder ein.

Die hochwachsende Schafgarbe, *Achillea*, bildet mit ihren sattgelben, flachen Blütendolden einen schönen Blickfang

Die Pelargonie oder Geranie wird meist in Kästen und Töpfen kultiviert. Man kann sie aber auch in Beete pflanzen

Der Perückenstrauch, *Cotinus coggygria*, hat auffallende federige Fruchtstände, die wie eine Perücke wirken

Die Funkie, *Hosta*, ist wegen ihrer gestreiften oder gefleckten Blätter und der violetten oder weißen Blüten beliebt

Butterfly-Gladiolen haben etwas kleinere Blüten als großblumige Hybriden. Sie werden bis zu 1 m hoch

Der Goldmohn, *Eschscholzia*, vermehrt sich sehr rasch durch Selbstaussaat. Er braucht viel Sonne

Besonders schöne Lilien sind die Bellingham-Hybriden. Die Sorte 'Black Dragon' hat weiße Trichterblüten

Die federartigen Blütenrispen der anmutigen Prachtspiere oder Astilbe sind gut als Schnittblumen geeignet

Die Sonnenbraut, *Helenium*, ist eine anspruchslose, langlebige Staude; sie hat margeritenähnliche Blüten

Höher wachsende Sorten der Kokardenblume, *Gaillardia*, fallen leicht um und sollten daher gestützt werden

Der widerstandsfähige Storchschnabel, *Geranium*, braucht einen sonnigen bis halbschattigen Standort

Diese Glockenblume, *Campanula portenschlagiana*, wird gern in den Steingarten gepflanzt

Wicken sind einjährige, stark rankende Pflanzen mit kantigen, geflügelten Stengeln

Rosen gehören in jeden Garten. Besonders prachtvoll sind die Teehybriden oder Edelrosen

Nelken blühen in fast allen Farben. Die vielseitigen Gartenpflanzen passen gut in Steingärten und Rabatten

Fast alle Dahlien stammen aus Mexiko. Sie wurden nach dem schwedischen Botaniker Dahl so benannt

August

In diesem Monat blüht es im Garten noch einmal besonders üppig. Sommerblumen, wie Schmuckkörbchen, Bechermalve, Sommeraster, Löwenmaul, Mittags- und Sonnenblume, Studentenblume und Ringelblume, wetteifern miteinander. Stauden, z. B. Sonnenhut, Prachtscharte und die Nachtkerze, bereichern das Farbenspiel. Doch schon Mitte des Monats kündigen sich herbstliche Töne an. Die Dahlien mit ihrer ungeheuren Vielfalt beginnen ihre ganze Pracht zu entfalten, und die Knospen der Freilandchrysanthemen entwickeln sich rasch.

Die Fuchsie kann Kälte schlecht ertragen. Deshalb pflanzt man sie in Gefäße und stellt sie im Winter ins Haus

Sonnenblumen sind ein schöner Schmuck für den Garten. Sie können eine Höhe von 2 bis 3 m erreichen

Nelken brauchen Sonne und Trockenheit. Deshalb pflanzt man sie gern in Steingärten und auf sonnige Beete

Strauchrosen wachsen zu großen Büschen heran und werden auch als Hecke gepflanzt

Petunien lassen sich gut in Kästen und Schalen ziehen und sind daher als Balkonpflanzen sehr beliebt

Die Goldbandlilie, *Lilium auratum*, ist eine kalkmeidende Pflanze. Ihre Blüten können bis zu 25 cm groß werden

Die Sommeraster, *Callistephus*, gedeiht auf allen durchlässigen Böden an sonnigen, geschützten Stellen

Taglilien, *Hemerocallis*, sind lilienähnliche Pflanzen. Jede Blüte hält nur einen Tag

Diese Studentenblume, *Tagetes*, ist eine einjährige Pflanze. Sie wird ungefähr 20–25 cm hoch

Die Skabiose ist eine hübsche, widerstandsfähige und langlebige Rabattenstaude und beliebte Schnittblume

Wenn man *Rhoeo discolor* warm und feucht hält, vertieft sich die Rotfärbung der Blätter

Am besten gedeiht das Schmuckkörbchen, *Cosmos*, bei trockener Wärme. Es blüht weiß, lila und rot

Begonia-Rex-Hybriden sind von den vielen Blattbegonien, die es gibt, wohl die bekanntesten

Die Heimat der einjährigen Mittagsblume, *Dorotheantus*, sind die weiten Wüstengebiete Südafrikas

Zahlreiche kleine Blüten tragen die *Begonia-Semperflorens*-Hybriden. Sie eignen sich gut für Einfassungen

Die Hortensie ist im allgemeinen winterhart, sollte aber besser an eine geschützte Stelle gepflanzt werden

September

Bevor der Sommer – zumindest nach dem Kalender – im letzten Monatsdrittel seinen Abschied nimmt, zeigt er sich im Garten noch einmal von seiner schönsten Seite. Bei den Rosen sind es die Teehybriden und Floribunda-*Rosen, die den Blick auf sich ziehen, und auch die Freilandchrysanthemen stehen nun in voller Blüte. Aber man darf nicht vergessen, den Blick bereits nach vorne zu richten: Iris können z. B. jetzt gepflanzt werden, wenn sie vom Mai des nächsten Jahres an ihre Blüten in verschwenderischer Fülle entfalten sollen, und Rhododendren kann man bereits verpflanzen.*

Von der Seerose, *Nymphaea*, gibt es ungefähr 70 winterharte Arten mit weißen, gelben und roten Blüten

Die Ringelblume, *Calendula officinalis*, gedeiht auch auf schlechten Böden und sät sich selbst aus

Wer kleine Kinder hat, sollte auf den schönen Eisenhut verzichten: Alle Teile der Pflanze sind giftig!

Die Kugeldistel mit ihren metallisch schimmernden Blütenköpfen ist auch eine beliebte Trockenblume

Wer zählt die Sorten, kennt die Namen? Diese Buschrose ist eine von 30 Millionen, die jährlich gepflanzt werden

Die Silberkerze macht sich besondes gut unter Sträuchern und Bäumen oder im Hintergrund von Beeten

Lavatera trimestris, die Bechermalve, braucht einen sonnigen, vor starkem Wind geschützten Standort

Diese stark duftende Strauchrose ist einfach in der Pflege. Sie kann auch als Hecke gezogen werden

Außer dem ausdauernden gibt es auch den einjährigen Rittersporn, der kalkhaltige, feste Böden bevorzugt

Die großen Schalenblüten der anmutigen *Anemone japonica* öffnen sich im August und September

Semikaktusdahlien – zwischen Schmuck- und Kaktusdahlien – haben dachziegelartig angeordnete Zungenblüten

Diese buschig wachsende Kletterrose kann eine Pergola wie ein buntes Dach überwuchern

Viele halten das Berufkraut, *Erigeron*, für eine Aster. Wie diese ist es eine ausgezeichnete Schnittblume

Der Sonnenhut, *Rudbeckia*, eine dankbare Rabattenstaude, wird im Herbst bis zum Boden zurückgeschnitten

Von der Kapuzinerkresse, einer einjährigen Pflanze, gibt es hängende, kriechende und kletternde Sorten

Chrysanthemen, farblich schön aufeinander abgestimmt, eignen sich gut zur Bepflanzung einer Schale

Oktober

Der sprichwörtliche goldene Oktober hält – hoffentlich – seinen Einzug. Nach einem heißen, trockenen Sommer färbt sich das Laub der Bäume und Sträucher im Garten besonders leuchtend gelb und rot. Will man seine Balkonpflanzen überwintern, so gehören sie allmählich ins Winterquartier, damit ihnen die ersten Nachtfröste nichts anhaben können. Im Gemüsegarten beginnen gegen Monatsende die letzten Erntearbeiten: Möhren, Rote Rüben, Winterrettiche und alle späten Kohlsorten sind jetzt so richtig reif für die Einlagerung.

Die Blätter des Gingkobaums färben sich im Herbst ebenso goldgelb wie seine kugeligen Früchte

Nur wenn männliche und weibliche Sanddornpflanzen zusammengesetzt werden, tragen die weiblichen Beeren

Astern haben margeritenähnliche Blüten mit gelben oder orangefarbenen Staubblättern in der Mitte

Mit Hilfe von kleinen Haftscheiben an den Spitzen der Ranken klimmt der Wilde Wein an Mauerwerk empor

Die Strohblume, *Helichrysum bracteatum*, wird sehr gern zu Trockenblumensträußen gebunden

Der Korallenstrauch hat seinen Platz im Kleingewächshaus oder als Topfpflanze im Zimmer

Die Skimmie trägt im Frühjahr rahmfarbene Blüten, aus denen im Herbst erbsengroße rote Beeren hervorgehen

Der Federbuschstrauch oder *Fothergilla* ist ein Verwandter der Zaubernuß mit schönem Herbstlaub

Die rosa und weißen Blüten des Alpenveilchens, *Cyclamen hederifolium*, halten bis zum ersten Frost

Der im Herbst blühende Enzian, *Gentiana sino-ornata*, mag wie alle Enziane einen feuchten, leicht lehmigen Boden

Die Belladonnalilie braucht einen geschützten Platz im Garten. Besser aber zieht man sie im Gewächshaus

Das Pampasgras mit seinen silbrigen Blütenwedeln wird im Frühjahr kräftig zurückgeschnitten

Die bräunlichroten bis rotvioletten Blüten der Fetthenne, *Sedum spectabile*, erscheinen im September und Oktober

Alle Arten des Zierapfels – hier *Malus purpurea* – gedeihen gut auf jedem guten Boden an sonnigen Stellen

Die Blätter des japanischen Fächerahorns, *Acer palmatum* 'Atropurpureum', sind den ganzen Sommer rot gefärbt

Diese Keulenlilie, *Cordyline fruticosa 'Tricolor'*, hat besonders hübsche dreifarbige Blätter

November

Waren es im Oktober vor allem die Blätter, die dem Garten bunte Tupfer aufsetzten, so sind es nun die Beeren, die für farbliche Abwechslung sorgen. Da ist beispielsweise die Stechpalme, deren rote Beerenbüschel sich attraktiv von den dunkelgrünen Blättern abheben, oder der Feuerdorn mit seinen gelben oder scharlachroten Beerenknäueln, die so manchen Vogel anlocken. Auch die weniger bekannte Torfmyrte, Pernettya mucronata, *trägt mit ihren rosa, lila, dunkelroten, weißen oder karminfarbenen Früchten zum Schmuck des Gartens bei, der nun häufig im Nebel liegt.*

Die Stechpalme, *Ilex aquifolium*, eignet sich auch als Hekkenpflanze. Ihre roten Beeren sind giftig

Die Scheinzypresse ist eine robuste Heckenpflanze. Sie wird im Abstand von 40 bis 60 cm gepflanzt

Der immergrüne Kirschlorbeer liebt den Schatten. Blätter, Knospen, Rinde und Früchte sind giftig

Der Feuerdorn wird im Herbst oder Frühjahr gepflanzt und wächst dann zu einer stattlichen Hecke heran

Philodendron scandens, eine Baumfreundart, ist eine dekorative Pflanze, die allerdings nur selten blüht

Die Torfmyrte ist eingeschlechtlich: Früchte gibt es nur, wenn man männliche und weibliche Sträucher pflanzt

Alpenveilchen bevorzugen eine Zimmertemperatur von 13 bis 16 °C. Wenn es wärmer ist, verblühen sie bald

Dezember

Wenn der Winter den Garten mit seinem weißen Tuch bedeckt, dann gibt es draußen wenig zu tun. Hat es allerdings stark geschneit oder sollte der Schnee sehr naß sein, dann muß man ihn von den immergrünen Gehölzen schütteln, damit unter seiner Last die Äste nicht brechen. Drinnen im Haus blühen jetzt Alpenveilchen und Azaleen, und sogar Tulpen, Narzissen und Hyazinthen, die zu frühzeitiger Blüte angetrieben worden sind, kann man schon kaufen und nach der Blüte bei mildem Wetter ohne weiteres in den Garten pflanzen.

Die aus dem tropischen Regenwald stammende Fittonie eignet sich gut zur Bepflanzung eines Flaschengartens

Der Weihnachtsstern kann in Gärtnereien so vorbehandelt werden, daß er zu jeder Jahreszeit blüht

Peperomien gedeihen gut bei normaler Zimmertemperatur und wollen nur mäßig gegossen werden

Die Lanzenrosette, *Aechmea*, hat graugrüne Blätter mit stachligem Rand. Die Blätter können fast 50 cm lang werden

Die bunten Blätter des Crotons sind je nach Sorte punktiert, geädert oder gefleckt und unterschiedlich groß

Primula obconica, die Becherprimel, scheidet Primin aus, das allergische Reaktionen hervorrufen kann

Einen Garten schön und richtig anlegen

Der Traum vom eigenen Garten – wer hätte ihn nicht? Ob man nun ein größeres oder ein kleineres Stück Land gestalten will, wichtig ist, daß man es von vornherein schön und richtig anlegt. Dabei können die Akzente, die der einzelne Hobbygärtner setzt, völlig verschieden sein. Wer ein Freund blühender Blumen und Sträucher ist, wird Stauden, Sommerblumen, Zwiebelgewächse und Blütensträucher so auswählen und gruppieren, daß es fast das ganze Jahr über im Garten blüht. Wer aber Wert auf selbstgezogenes Obst und Gemüse legt, wird der Aufteilung des Nutzgartens besondere Aufmerksamkeit schenken.

Planung und Anlage eines Gartens

Mehr denn je suchen die Menschen Erholung und Entspannung im Freien. Der Wunsch, einen Garten selbst zu gestalten, einen Wohnraum im Freien zu haben, ist daher nur allzu begreiflich. Allerdings ist es nicht ganz einfach, aus einem Stück Land einen schönen Garten zu machen. Man darf dabei nichts dem Zufall überlassen, und so finden sich hier zu Beginn einige grundlegende Gedanken über die Planung und die Anlage eines Gartens.

Zunächst sollte man sich eine klare Vorstellung machen, welche Möglichkeiten die Größe, die Form, die Lage und die Bodenbeschaffenheit eines Grundstücks bieten. Ein großes, rechteckiges, an einem Nordhang gelegenes Stück Land muß anders angegangen werden als ein kleines, drei- oder vieleckiges Grundstück in Südlage. In kalkhaltigem Boden gedeihen andere Bäume, Sträucher und Gartenblumen als in einem torfhaltigen Grund.

Bei der Planung überlegt man in Ruhe, was man unbedingt braucht und was man gern noch haben möchte: Zugänge zum Haus, Parkmöglichkeiten, Hecken, Zäune oder Mauern, Wege, einen Sitzplatz, Spielräume für Kinder, einen Wirtschaftshof, einen Wassergarten, eine Feuer- oder Grillstelle, einen Ziergarten mit Rasenflächen, Bäumen, Blumenrabatten und Büschen oder einem Steingarten, einen Nutzgarten mit Obstbäumen, Beerensträuchern und Gemüsebeeten oder gar ein Kräutergärtchen. Meist entsteht eine Mischung aus allen diesen Elementen.

Wenn man einmal weiß, was man will, geht es an die Verwirklichung. Manches ist gleich klar und einfach, und bei notwendigen Teilen, wie der Garagenzufahrt oder dem Stellplatz, bleibt meist nicht viel Spielraum. Für die anderen Einrichtungen kann man den besten Ort im Gelände suchen oder einen geeigneten Platz auf einem maßstabgetreuen Plan auf Millimeterpapier einzeichnen. Wer sich seiner Sache dabei nicht sicher ist oder auf technische Schwierigkeiten stößt, sollte den Rat eines Gartenarchitekten einholen.

Hinweise zu einzelnen Gartenbereichen

Wege und Zufahrten

Selbst der begeistertste Blumenfreund wird einen Teil seines Gartens für Wege opfern müssen. Zufahrten, Hauseingang, Stellplätze und häufig begangene Wege müssen geräumig, leicht zu pflegen und gut befestigt sein. Eine Zufahrt sollte 2,5–3 m breit sein, ein Hauszugang 1,2–1,8 m, so daß zwei oder besser drei Personen gut nebeneinander gehen können. Für einfache Gartenwege genügt eine Breite von 60 cm.

Als Material eignen sich vor allem Pflasterungen oder Plattenbeläge aus Beton, Klinker oder Naturstein. Plattenbeläge aus Naturstein sind relativ teuer und nur dann befahrbar, wenn sie auf Beton liegen. Sie zu reparieren ist schwierig und kostspielig. Pflasterungen, die in Sand verlegt werden, lassen sich leicht reparieren. Beläge aus Makadam oder Kiesdecken sind schlecht zu pflegen.

Bei langen Garagenzufahrten kann es günstig sein, nur die Fahrspuren mit einem festen Belag zu versehen und dazwischen Rasen anzusäen. Man verwendet oft auch sogenannte Beton-Gras-Platten, mit denen man den ganzen Stellplatz belegt. Sie bestehen aus einem Betongitter, in dessen Hohlräumen Gras wächst. Als Dauerparkplatz sind sie aber ungeeignet, da unter den Fahrzeugen häßliche Kahlstellen entstehen.

Dies ist eine besonders gut gelungene Gartenanlage. Der erhöhte Sitzplatz vor dem Haus ist von einem Rundbeet aus Salvien und Margeriten eingefaßt, an das sich ein schön gepflegter Rasen anschließt. Dieser wiederum wird von Stauden und Gehölzen begrenzt

Ein Plattenweg sollte mindestens so breit sein, daß man bei Regen zwischen Bäumen und Stauden hindurchkommt, ohne naß zu werden

Parkplätze an Wohnhäusern erhalten einen festen Belag. Am günstigsten sind hierfür Pflasterungen.

Grundsätzlich ist beim Anlegen der Wege die direkte, kürzeste Verbindung zu empfehlen. Umwege oder Schnörkel verleiten leicht zu abkürzenden Trampelpfaden. Zugänge, die auch nachts benützt werden, müssen unbedingt beleuchtet sein, vor allem, wenn sie über Treppen führen.

Treppen und Podeste

In Gärten mit größeren Höhenunterschieden sind Treppen erforderlich, denn Wege dürfen kein zu großes Gefälle aufweisen. Steile Wege sind unbequem und stellen im Winter wegen der Rutschgefahr ein Unfallrisiko dar. Für die Breite der Treppen gilt, je nachdem, wie häufig sie benützt werden, das gleiche wie für die Wege. Im Garten bewegt man sich freier als im Haus; daher sollte die Tritthöhe der Stufen eher dem Gehen als dem Steigen angepaßt sein, also nicht mehr als 16 cm betragen.

In sanft ansteigenden Hängen macht man die Stufen niedriger und zieht sie auseinander, bei größeren Höhenunterschieden werden die Stufen höher und steiler. Längere und steile Treppen sollte man durch Podeste unterbrechen. Diese ebenen Zwischenstücke machen den Verlauf der Treppe bequem und passen ihn dem Gelände an.

Eine Stufe allein ist eine Stolperfalle. Man faßt also mindestens zwei, besser drei Stufen zu einer Treppe zusammen. Für Treppen, die häufig benützt werden, z. B. auf dem Weg zum Hauseingang, sollte grundsätzlich ein Geländer vorgesehen werden. Auf wenig begangenen Gartentreppen kann man darauf verzichten, wenn es sich um nicht mehr als fünf Stufen handelt, die sich eben an den Boden anschließen.

Als Material für Stufen bieten sich Betonteile an. Entweder nimmt man einfach schalungsrauhen Beton oder Waschbeton mit Kies- oder Splittvorsatz. Es gibt sie in Form von Blockstufen, Legstufen oder auch Stellstufen. Besonders schön sind natürlich Stufen aus Naturstein, aber einfache Holztreppen, z. B. aus alten Bahngleisschwellen, sind ebenfalls möglich und meist billiger. Stets sollte das Material der Treppen zum Belag der übrigen Gartenwege passen.

Mehr Sicherheit und zugleich eine optisch hübsche Gliederung von Treppen erreicht man, wenn man den Verlauf der Treppen durch eine seitliche Bepflanzung betont. Außerdem ist es natürlich gerade bei Treppen besonders wichtig, auf eine gute und feste Unterlage zu achten, die dauerhafte Sicherheit gibt. Noch ein Tip für die Bequemlichkeit bei langen, mit mehreren Podesten gegliederten Treppen: Es ist sehr angenehm beim Stufensteigen, wenn man nicht jedesmal mit dem gleichen Fuß die Treppen beginnen muß. Das erreicht man, wenn man auf eine gerade Stufenzahl eine ungerade Schrittzahl auf dem Podest folgen läßt oder umgekehrt.

Behagliche Sitzecken

Der Garten soll eine Erweiterung des Wohnraums sein, in dem man sich frei und ungeniert bewegen, sitzen, liegen, essen, plaudern und eben wohnen kann. Ein geeigneter Sitzplatz ist dafür die wichtigste Voraussetzung. Die Sitzecke sollte unmittelbar beim Haus liegen und eine enge Verbindung mit dem Wohnzimmer haben. Eine Sitzecke oder Terrasse ist aber oft auch von der Küche oder dem Eßzimmer aus zugänglich und sollte ohne Stufen zu erreichen sein.

Eine Sitzecke braucht viel Sonne. Darauf sollte man bei der Anlage achten. Schön ist es auch, wenn der Sitzplatz noch Abendsonne bekommt. An heißen Tagen stellt man einen Sonnenschirm auf oder spannt ein Sonnensegel. Wer einen größeren Garten hat, kann sich einen zweiten, schattigen Sitzplatz leisten, eventuell auch eine Laube oder ein Gartenhäuschen. So ein versteckter, lauschiger Platz im Grünen hat einen ganz eigenen Reiz.

Eine Sitzecke muß gegen die Blicke Vorübergehender, gegen Wind und Straßenlärm abgeschirmt sein; auf einem Präsentierteller fühlt man sich nicht wohl. Oft läßt sich mit der Garage eine ruhige, geschützte Sitzecke am Haus schaffen. Im übrigen sind Mauern, Hecken, Spalierbäume, Rankgerüste und Pergolen für die Gestaltung eines solchen Platzes gut geeignet. Günstig ist auch, wenn sich die Sitzecke wenigstens teilweise überdachen läßt, damit man nicht bei ein paar Regentropfen flüchten muß und auch die Gartenmöbel stehenlassen kann.

Die Größe einer Sitzecke sollte nicht unter 3 × 4 m liegen, damit man Tisch und Stühle und auch Liegestühle stellen kann. Darüber hinaus ist natürlich die Zahl der Benutzer für die Größe des Sitzplatzes maßgeblich. Übertrieben große Plätze wirken jedoch auf alle Fälle ungemütlich.

Als Material für den Bodenbelag eignen sich alle möglichen Platten und Pflasterungen, nur sollten sie zum Haus und zu den übrigen Belägen im Garten passen. Auf seltener genutzten Plätzen ist auch ein Holzpflaster möglich.

Feuerstellen fürs Grillen

Ein Grillfeuerplatz ist eine feine Sache. In kleineren Gärten braucht man für eine Feuerstelle in der Regel einen Kamin, damit der Rauch die Nachbarn nicht belästigt. Auf alle Fälle sollte

Gartentreppen, die gepflastert sind, kann man leicht reparieren

Sehr reizvoll können Holzpflasterungen sein. Aber man braucht in jedem Fall stabile Rahmen

Besonders komfortabel sind gemauerte Stufen mit einem rauhen Plattenbelag

eine Grill- oder Feuerstelle in Verbindung mit einem Sitzplatz geplant werden, denn oft werden beide gleichzeitig benutzt.

Der Spielgarten

Was wäre ein Garten, in den Kinder nicht hineindürfen? Wer Kinder hat, muß ihnen auch die Möglichkeit geben, im Garten zu spielen. Sie sind es doch, die den Garten intensiver nutzen als jedermann sonst. Wer Spieleinrichtungen baut oder plant, sollte aber auch daran denken, daß Kinder größer werden und sich ihre Bedürfnisse ändern. Damit nun nicht eines Tages allerhand überflüssiges Gerät herumsteht, baut man besser nicht zu massiv und überlegt sich von vornherein, was mit den Gegenständen einmal geschehen soll, wenn sie nicht mehr gebraucht werden.

Was kleinen Kindern viel Spaß macht, ist ein Sandkasten. Am einfachsten verwendet man dazu einen Rahmen aus Vierkanthölzern, den man auf einen befestigten Untergrund legt. Ein solcher Kasten läßt sich gut sauberhalten. Leicht kann man auch einmal den Spielsand auswechseln, und nach einigen Jahren ist es kein Problem, den Sandkasten aufzulösen. Wenn man einen Sandkasten mit festem Holzrahmen in der Erde verankert oder gar einen Kasten hochmauert, sollte man ihn so planen, daß man später ein erhöhtes Pflanzbeet, ein Wasserbecken oder eine Feuerstelle daraus machen kann.

Der Sandplatz muß viel Sonne bekommen, damit der Sand möglichst warm und trocken bleibt. Aus einem Kasten mit einem losen Rahmen läuft das Regenwasser ungehindert ab; bei anderen Kästen wird der Untergrund so bearbeitet, daß es ablaufen kann. Wenn es sehr heiß ist, stellt man einen Sonnenschirm vor dem Sandkasten auf. Am besten legt man einen Sandkasten so an, daß man ihn vom Haus, möglichst sogar von der Küche aus, gut sehen kann.

Beliebt sind auch Spielhäuschen, die man ganz einfach auf den Rasen stellt.

Klettergerüste sind für den Hausgarten nicht

Dieser überdachte Sitzplatz am Haus läßt sich an heißen wie an regnerischen Tagen nutzen. Auch kann man hier Feuerholz trocken lagern

Ideal für ein Grillfest im Garten ist eine Feuerstelle im Freien. Dafür sollte der Garten aber groß sein so sehr geeignet. Die meisten Kinder werden sie schnell leid, weil Kinder meist nur dann sehr aktiv werden, wenn ihnen dabei jemand zuschaut.

Sehr gut geeignet für den Hausgarten und ebenfalls beliebt ist die Schaukel. Damit kann sich ein Kind auch allein beschäftigen und ist nicht, wie z. B. bei einer Wippe, auf gleichschwere Partner angewiesen. Die Schaukel muß standsicher aufgebaut und stabil konstruiert sein. Holzgestelle passen meist hamonischer in die Umgebung als buntbemalte Metallgestänge. Der beste Untergrund ist Rasen. Harte Beläge, z. B. Platten oder Pflasterungen, sind bei Stürzen gefährlich. Sandflächen wie auf öffentlichen Spielplätzen sind zu aufwendig. Auch Rutschen mögen Kinder gern. Die Rutsche sollte in einer Sandmulde enden.

So kann ein Spielgarten für Kleinkinder aussehen. Der Schuppen läßt sich auch anders nutzen, aber als Spielhaus ist er heiß geliebt

Der Nutzgarten

Ein kleiner Obst-, Gemüse- oder Kräutergarten hat entschieden Vorteile. Abgesehen davon, daß das Säen, Pflanzen, Pflegen und Ernten von Obst und Gemüse erholsam und gesund sind, macht es ungemein Freude, selbstgezogenes Gemüse oder Obst auf den Tisch zu bringen – und es schmeckt besser als gekaufte Ware und schont außerdem die Familienkasse.

Da jedoch ein Nutzgarten häufig nicht ganz so attraktiv wirkt wie ein Ziergarten, wird man ihn nicht zum Mittelpunkt des Gartens machen, sondern lieber eine etwas abseits gelegene Stelle dafür wählen. Andererseits darf es aber kein

Auch in einem kleinen Garten ist Platz für einen Nutzgarten. Frisches Obst und Gemüse aus dem eigenen Garten – was gibt es Besseres?

schattiger Platz sein, und überdies ist es praktisch, wenn Küche und Keller nicht allzuweit vom Nutzgarten entfernt liegen. Hier muß man den Standort also besonders gut planen. Die abgestrahlte Wärme in der Nähe einer sonnenbeschienenen Hauswand ist für wärmeliebende Gemüsearten, wie Gurken und Tomaten, vorteilhaft. Ein Kleingewächshaus wäre eine gute Ergänzung.

Der Nutzgarten kann durch Spalierobst, eine Hecke oder Büsche vom Ziergarten getrennt sein oder in einem Winkel zwischen Haus- und Garagenwand liegen. Soweit Platz dafür bleibt, kann man einen kleinen Wirtschaftshof damit

Der Rasen ist das Aushängeschild einer gelungenen Gartengestaltung. Diese Fläche hier ist schön eingefaßt von Stauden und Gehölzen

verbinden, der auch vom Keller, von der Garage und vom Hobbyraum her zugänglich ist. Er dient dem Säubern der Gartengeräte und dem Aufbereiten und Lagern von Kaminholz. Man kann dort auch Teppiche klopfen, Wäsche trocknen, basteln und werken.

Nutzgärten sollten den Bedürfnissen der Hausbewohner angepaßt und möglichst nicht zu groß sein. Ihre Fläche sollte eben sein und der Boden besonders nachhaltig mit Nährstoffen versorgt werden. Dazu gräbt man die Erde um und arbeitet Kompost oder Torf ein.

Vorteilhaft ist auch eine Gliederung der Gartenbeete durch 30–40 cm breite Plattenwege. So kann man auch bei feuchter Witterung schnell etwas aus dem Garten holen, ohne jedesmal Gummistiefel anziehen zu müssen.

Grünflächen

Selbst in kleinen Gärten wird man auf ein Stück Rasen nicht verzichten. Der Rasen ist die Visitenkarte des Gärtners und die harmonische Mitte, die alle Bereiche des Gartens miteinander verbindet. Er macht die Natur ums Haus erst bewohnbar und nutzbar, er ist die Vegetationsfläche, die man betreten, auf der man liegen, sitzen und spielen kann. Ein dichter, tiefgrüner Rasenteppich bringt Blumen und Sträucher um ihn herum und in ihm erst richtig zur Geltung. Beim Anlegen eines Rasens wird die Fläche gründlich umgegraben, gedüngt und eingeebnet. Die richtige Samenmischung für jeden Boden kann man im Fachhandel kaufen. Wenn schließlich gleichmäßig von Hand oder mit einem Streuwagen gesät ist, wird das Saatgut mit einem Rechen leicht eingeharkt und mit einer Walze oder mit einem Brett angedrückt.

Man kann auch Rasensoden kaufen und sie wie einen Teppichboden verlegen. Auch dazu muß der Boden wie für die Aussaat vorbereitet werden. Die Neuaussaat und die frisch verlegten Soden dürfen nicht austrocknen. Ist der Rasen erst einmal schön und kräftig, braucht er eine zwar regelmäßige, aber einfache Pflege. Im Sommer muß man den Rasen regelmäßig mähen, bei Trockenheit wässern, Unkraut jäten und gelegentlich düngen.

In größeren Gärten kann man den Teil des Rasens, den man weniger oft betreten will, zu einer Wiese mit bunten Blumen heranwachsen lassen, indem man ihn nur zweimal im Jahr mäht und nicht düngt.

Rasen sollte nur auf Flächen angesiedelt werden, auf denen er auch gepflegt werden kann, also nicht auf kleinen, unzugänglichen Flecken oder steilen Böschungen. Es ist auch nicht sinnvoll, in Rasenflächen viele einzelne Bäume oder Sträucher zu setzen. Das erschwert nicht nur die Pflege, sondern wirkt auch unruhig. Zusammenhängende Flächen und einfache Mähkanten erleichtern die Gartenarbeit erheblich.

Stauden und Gehölze

Ohne Bäume, Sträucher und Blumen würde ein Garten leblos wirken. Während jedoch die Wahl der Plätze für Bäume oder Blumenrabatten meist weniger Schwierigkeiten bereitet, kann die Zusammenstellung von Gehölzgruppen und die Festlegung ihres Standorts schon einiges Kopfzerbrechen bereiten. Grundsätzlich wird man die Bepflanzung des Gartens von der Rasenfläche zu den Rändern hin ansteigend gestalten, so daß im Vordergrund niedrigere und im Hintergrund höhere Pflanzen stehen.

So passen niedere oder halbhohe Stauden, wie Lupine, Flockenblume, Akelei und bestimmte Phlox- und Asternarten, eher in den Vordergrund, während die Silberkerze, der Sonnenhut und verschiedene Ziersträucher in den Hintergrund gepflanzt werden.

Aber auch Bäume dürfen im Garten nicht fehlen. Leider gibt es in vielen Gärten keinen

oder nur wenig Platz für Bäume. In diesem Fall bieten Sträucher Schutz vor unerwünschten Blicken, vor Wind, Staub und Lärm. Außerdem erfreuen sie das Auge durch ihre natürlichen Wuchsformen, ihre Blüten, Früchte und teilweise auch durch die prachtvolle Färbung ihrer Blätter im Herbst.

Am inneren Rand der Bepflanzung wird man Sommerblumen und niedere Stauden bevorzugen, von denen zu jeder Jahreszeit einige blühen und abwechslungsreiche Farbtupfer abgeben.

Da Stauden viele Jahre an ein und demselben Ort wachsen und gedeihen, sollte man sie besonders sorgfältig zusammenstellen. Besonders prächtige, kostbare Stauden sollten so angeordnet werden, daß man sie vom Haus aus sieht.

Hecken

Ob Hecken als Garteneinfriedung oder Trennwand zwischen verschiedenen Gartenteilen die-

Oben: Eine streng geschnittene Taxushecke verdeckt die Grundstücksmauer, die dadurch weniger abweisend wirkt und niedriger aussieht

Links: Sowohl in den Farben gut aufeinander abgestimmt als auch in der Höhe schön gestaffelt: So sieht eine vorbildliche Pflanzung mit Vorder- und Hintergrund aus

nen sollen, sie sind lebende Mauern, ein grünes Stück Architektur. Je dichter und höher sie sind, desto besser halten sie neugierige Blicke fern, schaffen Windschutz und grenzen ein oder ab, ohne die Natur zu beeinträchtigen.

Man sollte sich nur rechtzeitig darüber im klaren sein, ob man eine geschnittene oder eine freiwachsende Hecke haben will. Gut schneiden lassen sich beispielsweise Buchsbaum, Liguster und Hainbuche. Besonders beliebt sind auch immergrüne Hecken. Feuerdorn, Lebensbaum und Eibe eignen sich dafür gut. Welche Pflanzen und Formen man wählt, wird immer davon abhängen, wie der Garten insgesamt aussehen soll.

Kletterrosen

Fast alle Kletterrosen sind entweder Abkömmlinge der echten Kletterarten oder Mutationen von Teehybriden oder Floribunda-Rosen. Sie können frei wachsen oder in bestimmten For-

Rechts: Dieser prachtvolle, von Kletterrosen überwachsene Torbogen bildet den Eingang zu einem Kleingarten. Er zeigt eindrucksvoll, was Kletterrosen aus einem schlichten Eingang machen können. Statt des Holztürchens wäre auch ein schmiedeeisernes Tor denkbar

Oben: Je einfacher ein Zaun, desto unauffälliger und meist besser ist er. Stabile Holzpfosten mit einem natürlichen Knüppelgitter kann man gut selbst bauen

Rechts: Dieser Zierteich ist der liebevoll gestaltete Mittelpunkt des ganzen Gartens. Das trübe Wasser ist nicht schmutzig, sondern von Algen bewohnt

Seite 41 links: Im Frühling blüht es im Steingarten besonders prächtig. Blaukissen, Steinkraut und Schleifenblume gehören zu den beliebtesten Steingartenpflanzen

Seite 41 rechts oben: Gefäße aus Keramik sind ein besonderer Schmuck für den Garten

Seite 41 rechts unten: Je größer der Garten, desto unentbehrlicher ist eine Gartenbeleuchtung, vor allem am Eingang, auf Treppen und Wegen

men gezogen werden. Daher sind sie im Garten besonders vielseitig verwendbar.

Einige Kletterrosen wachsen 10–15 m an Bäumen, Hauswänden und Rankgerüsten hoch. Im Juni und Juli bringen sie einfache, duftende Blüten hervor.

Dann gibt es auch Kletterrosen, die nur 3 bis 4,5 m hoch werden. Mit ihnen kann man Zäune und Torbogen begrünen. Diese weniger kräftigen Kletterer gehören größtenteils der Gruppe der Teehybriden an, haben gefüllte Blüten und blühen ebenfalls im Juni und Juli.

Kletterrosen machen Hausecken und Torbogen lebendig, dienen als Mauer- oder Bodenabdeckung, verzieren sehr reizvoll Bäume, lassen sich in Strauchform und als Hecke ziehen. Ein Rankgerüst bzw. eine Kletterhilfe brauchen sie in jedem Fall, um ihre volle Größe zu erreichen.

Zäune

Nicht ganz zu Unrecht spricht man statt von einzäunen auch von einfrieden. Das soll nicht heißen, daß jeder Fleck im Vorgarten meterhoch verdrahtet werden müßte. Wichtig ist hingegen, daß Nachbars Hund nicht im Rosenbeet oder im Sandkasten wühlt. Dem beugt ein Zaun vor. Dabei braucht die Einfriedung nicht häßlich oder teuer zu sein. Als Grundregel gilt: Je einfacher und unauffälliger, desto besser paßt der Zaun zum Garten. In der Pflanzung verlaufende Zäune sind bald gar nicht mehr zu sehen.

Der Wassergarten

Ein Wasserbecken oder ein kleiner Teich übt eine große Anziehungskraft aus. Wasser als Gestaltungselement des Gartens findet man schon bei alten Kulturvölkern. Die moderne Technik macht es möglich, mit verhältnismäßig einfachen Mitteln einen reizvollen Wassergarten anzulegen. Es gibt also kaum einen Grund, auf dieses ebenso ursprüngliche wie lebendige Gestaltungsmittel zu verzichten. Man sollte beachten, daß größere Becken eine raumgliedernde Funktion haben, wogegen ein kleinerer Wassergarten oder ein Goldfischteich am besten der Sitzecke in der Nähe des Hauses zugeordnet wird.

Besonderes Augenmerk widmet man der Bepflanzung, die jedes Wasserbecken schöner macht und erst dafür sorgt, daß es sich harmonisch in den Garten als Ganzes einfügt. Sumpfkalla, Dotterblume, Zypergras, Sumpfschwertlilie zusammen mit Binse, Farn, Pfeilkraut,

Laichkraut und Tausendblatt eignen sich für die Uferbepflanzung, während man in das Wasser selbst gern Seerose, Wasserhyazinthe, Wasserfeder, Tausendblatt, Laichkraut und Wasserähre pflanzt. Sehr dekorativ kann eine kleine, wasserspeiende Tierplastik oder eine nette Brunnenfigur wirken.

Reizvoll ist auch ein Vogelbad, das eigentlich in keinem Garten fehlen sollte. Es wird nicht nur oft von Singvögeln aufgesucht, die sich an warmen Tagen dort erfrischen, sondern bietet auch einen hübschen Anblick. Eine flache Keramikschale oder auch ein Gefäß sollte sich vom Rand her sehr sanft der Mitte zu neigen, und das Wasser darin darf nirgends tiefer als 5 cm sein. Vogelbäder müssen an einer übersichtlichen Stelle stehen, sonst werden sie von Vögeln aus Angst vor Katzen gemieden.

Gelegentlich muß ein Wassergarten gesäubert werden, vor allem im Herbst von Laub und Algen. Auch Pumpen und Filteranlagen bedürfen manchmal der Pflege.

Der Steingarten

Ein Steingarten setzt in einem Garten einen besonderen Akzent. Man kann ihn an Böschungen am günstigsten anlegen, doch auch im ebenen Gelände durch den Bau von Mauern. Miniatursteingärten in Schalen und Trögen machen sich gut.

Auf hügeligem Gelände wird man die Steine so plazieren, daß sie wie ein natürlicher Felsengarten wirken. Dazwischen legt man schmale Pfade aus Trittplatten an, über die man alle Pflanzen erreichen und pflegen kann. Es kann unter Umständen recht interessant wirken, wenn man jede einzelne Terrasse in einem anderen Stil bepflanzt.

Zwischen den Steinen wachsen Pflanzen wie Sandkraut oder Stachelnüßchen, die polsterförmig wachsen, besonders gut. Man setzt zwischen die Polster niedrige Zwiebelpflanzen, wie Blaustern, Traubenhyazinthe, Krokus, Narzisse oder Schneestolz. Auch verschiedene Zwergmispelarten, Seidelbast, Ginster und andere niedrige Sträucher sowie Zwergkoniferen passen gut in den Steingarten.

Eine aus Natursteinen trocken – also ohne Mörtel – aufgesetzte Mauer läßt sich gut mit dem Steingarten verbinden. Zwischen den Steinen, in die Fugen, pflanzt man weiße Schleifenblumen, gelbes Steinkraut und blaue und rote Aubrietien.

Diese großzügige Pergola ist ein weiterer Wohnraum im Freien. Hier entsteht eine enge Beziehung zwischen dem Wohnzimmer und dem Sitzplatz im Freien

Bei niedrigen Mauern genügt es, diese Pflanzen an die Mauerkrone zu pflanzen; sie wachsen dann über die Mauer herab.

Beim Bau einer Trockenmauer legt man zuerst ein Fundament aus Kies, Schotter oder Splitt. Die Breite des Fundaments sollte ein Drittel der Höhe der Mauer betragen, die Tiefe etwa 40 cm. Die Oberkante des Fundaments liegt ungefähr 10 cm unter der Bodenoberfläche. Die Natursteine werden trocken aufeinandergesetzt. Jeder Stein muß fest aufliegen; er darf nicht wackeln. Man erreicht dies, wenn man überstehendes Material abschlägt oder die Steine mit Steinsplittern unterlegt. Wenn man Unebenheiten mit Erde ausgleicht, wird sie ausgewaschen. Dies kann zum Einsturz der Mauer führen. Empfehlenswert ist es, beim Bau einer solchen Mauer einen Fachmann hinzuzuziehen.

Die Mauer wird so aufgebaut, daß sich die Vorderseite ein wenig nach hinten neigt. Die von der Form her weniger günstigen Steine werden an der Mauerrückseite eingebaut und gleichzeitig mit dem Mauern die Erde angefüllt.

Pergola

Eine Pergola dient als Rankgerüst für Pflanzen. Sie bildet sozusagen ein offenes Dach. So eine Laube bietet einen wirksamen Sichtschutz, läßt aber zugleich Sonne, Wind und Regen in begrenztem Maß durch. Man kann also eine von einer Pergola überdachte Fläche als einen luftigen Wohnraum im Freien bezeichnen. Die Seitenwände können als Holzlattengitter gestaltet oder luftig durch quer gespannte Drähte gebildet werden, an denen man beispielsweise Wilden Wein, Kletterrosen, Waldreben oder Spalierobst hochranken lassen kann.

Die Pfosten sind häufig aus Holz, können aber auch aus Stein oder Stahlrohren bestehen. Für die Auflage nimmt man am besten geschälte Rundhölzer oder Vierkantbalken.

Pflanzen, die sich an einer Pergola hochranken, hängen normalerweise auch ein wenig von oben herab. Aus diesem Grund sollte eine solche Laube über 2,2 m hoch sein, damit man beim Vorübergehen nicht mit dem Kopf an die Pflanzen stößt. Andrerseits darf die Pergola jedoch auch nicht zu hoch sein, sonst wirkt sie nämlich ungemütlich.

Januar

Meist kommt der Januar mit Frost, Schnee und Eis daher. Für den Gärtner, sofern er kein beheiztes Gewächshaus besitzt, ist er deshalb eher ein ruhiger Monat. Freilich braucht man nicht untätig zu sein, denn an milden Tagen gibt es draußen manches zu tun. Mit der Planung fürs Frühjahr kann man in jedem Fall schon beginnen – und drinnen im Haus freut man sich an den Blüten und Blättern der Zimmerpflanzen.

Seerosenteich

△ Winterjasmin

△ Schneeglöckchen

▽ Azalee

An einem geschützten Platz kann der Winterjasmin, *Jasminum nudiflorum*, bereits im Januar zu blühen beginnen: ein willkommener Farbtupfer im winterlichen Garten

Das allseits bekannte und beliebte Schneeglöckchen gehört ebenfalls zu den Frühblühern. Besonders hübsch wirkt es, wenn es in Gruppen gepflanzt wird

Vom frühen Winter bis weit ins Frühjahr hinein gibt es blühende Zimmerazaleen in den verschiedensten Farbtönen. Mit etwas Geduld und Geschick bringt man sie immer wieder zum Blühen. Dazu kommen die Töpfe zeitweise ins Freiland und werden in kalkarme Erde eingesenkt

Der immergrüne Gummibaum, *Ficus elastica*, gehört zu den dankbarsten Zimmerpflanzen. Seine lederartigen, glänzenden Blätter sind oben dunkler grün als an der Blattunterseite. Von den zahlreichen buntblättrigen Sorten gehört 'Tricolor' zu den schönsten

▽ Gummibaum

△ Birkenfeige

▽ Bubiköpfchen

△ Goldkugelkaktus

▽ Usambaraveilchen

Die Birkenfeige, auch unter der Bezeichnung Kleinblättriger Gummibaum bekannt, kann zimmerhoch wachsen – in der Natur sogar über das Doppelte. Aufpassen muß man, daß die Pflanze nicht durch Schildläuse gefährdet wird

Das Bubiköpfchen erinnert in seinem Aussehen an Kresse. Die Pflanze stellt keine besonderen Ansprüche, mag jedoch keine stauende Nässe. Will man sie vermehren, so geschieht das am besten durch Teilung

Der Schmuck des Goldkugelkaktus, *Echinocactus grusonii,* sind seine gelben Dornen. Bis die Kugel einen Durchmesser von 30 cm erreicht hat, können gut 20 Jahre vergehen

Bei diesem Usambaraveilchen, *Saintpaulia ionantha*, kann man die fast stengellosen Blattrosetten gut erkennen. Von der Gattung *Saintpaulia* gibt es viele Arten, Hybriden und Sorten, die den Blumenfreund mit immer neuen Farbvarianten überraschen

Januar

Rasen

Gefrorene oder vom Schnee bedeckte Rasenflächen sollte man weder betreten noch befahren. Sind die Grashalme gefroren, werden sie abgeknickt und gehen später in Fäulnis über.

Die Rasenpflänzchen müssen unter der Schneedecke atmen können. Wenn man jedoch den Schnee beim Betreten oder Befahren der Oberfläche zusammenpreßt, wird der Schneedecke der Sauerstoff entzogen. Bei der Atmung der Pflanzen entsteht ein Überschuß an Kohlendioxid, und ein Luftaustausch mit der Atmosphäre kann nicht mehr stattfinden. Deshalb sollte man auf schneebedecktem Rasen auch keine Teppiche klopfen.

Ist der Schnee auf dem Zierrasen verharscht, dann empfiehlt es sich sogar, die Kruste mit einer Harke aufzulockern, um die Atmung der Gräser sicherzustellen.

Bäume und Sträucher

Bäume und Sträucher sind unentbehrlich für jeden Garten. Die größer werdenden Exemplare bilden sozusagen das Gerüst einer Anlage. Mit ihnen schafft man Räume, Schutz vor neugierigen Blicken, Wind, Sonne, Staub und bedingt sogar vor Lärm. Mit kleiner bleibenden Sträuchern bedeckt man Flächen.

Im Garten herrscht jetzt weitgehend Winterruhe. Neupflanzungen sind möglich, wenn der Boden offen, d. h. nicht gefroren und nicht von Schnee bedeckt ist. Solche Winterpflanzungen sollten allerdings nur in Ausnahmefällen vorgenommen werden. Gewöhnlich pflanzt man im Herbst, also etwa im Oktober, oder – was oft günstiger ist – im Frühjahr.

In Gebieten, in denen noch starke Fröste zu erwarten sind, schlägt man Pflanzen, die man jetzt gekauft hat, besser ein und pflanzt sie erst im Frühjahr an den endgültigen Standort.

Zum Einschlagen hebt man einen Graben aus und stellt die Pflanzen senkrecht hinein. Das Tuch um die Wurzeln wird geöffnet, und diese werden mit dem Grabenaushub (bei mehreren

AUFBAUSCHNITT

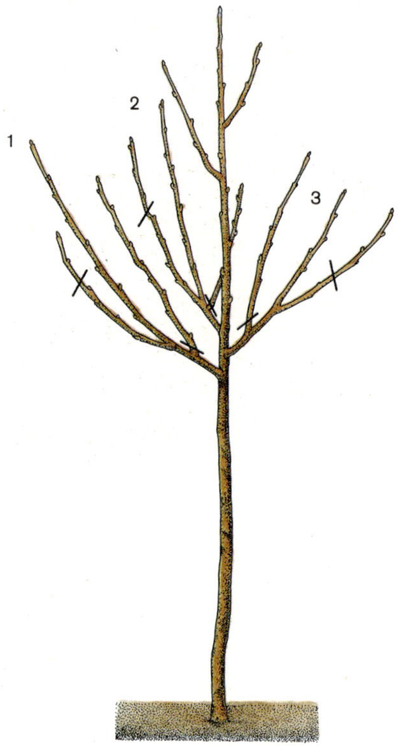

Der Mitteltrieb dient als Stammverlängerung und sollte nicht geschnitten werden, wenn – so wie hier auf der Zeichnung – genügend Seitentriebe vorhanden sind. Die Triebe 1, 2 und 3 werden als Seitenäste belassen und möglichst auch nicht geschnitten. Von deren Seitentrieben entfernt man die nach oben oder zum Kroneninnern wachsenden Triebe ganz, die übrigen werden eingekürzt

Pflanzen mit dem Aushub des nächsten Grabens) bedeckt. In rauhen Gegenden deckt man die eingeschlagenen Pflanzen außerdem mit Reisig ab. Als Einschlagplatz wählt man eine möglichst geschützte Stelle.

Ist der Boden gefroren, wenn die Sendung eintrifft, dann lagert man die Pflanzen an einem

ERZIEHUNGSSCHNIT

Vorher

Bei Bäumen erfolgt in den ersten fünf Jahren nach der Pflanzung ein Erziehungsschnitt, den man durchführt, um Fehlentwicklungen in der Krone zu verhindern. Man

frostfreien, aber nicht zu warmen Ort. Dabei ist zu beachten, daß die Wurzeln mit feuchtem Torf oder Stroh, mit Säcken oder Folien bedeckt und feucht gehalten werden. Sobald das Wetter es zuläßt, sollte man dann die Pflanzen einschlagen oder auspflanzen.

Schutzmaßnahmen bei Schnee Bei starkem

BEI BÄUMEN

Nachher

entfernt alle störenden, zu dicht stehenden, beschädigten, nach innen wachsenden Äste und solche, die spitze Gabeln bilden

ERHALTUNGSSCHNITT BEI BLÜTENSTRÄUCHERN

Vorher

Nachher

Hydrangea paniculata

Buddleja davidii

Bei Sträuchern, die am vorjährigen Holze blühen, schneidet man im Abstand von drei bis acht Jahren die älteren Zweige direkt am Boden heraus. Wenn man diese Blütensträucher einem totalen Rückschnitt unterwerfen würde, würden sie nicht mehr blühen

Sträucher, die am Ende eines diesjährigen Triebs blühen, müssen jedes Jahr zurückgeschnitten werden, damit sich neue Triebe bilden. Dieser Schnitt erfolgt am günstigsten im März, wenn keine größeren Fröste mehr zu erwarten sind

Schneefall muß man prüfen, ob sich auf den immergrünen Gehölzen nicht zuviel Schnee ansammelt, dessen Gewicht zu Bruchschäden führen kann. Am besten schüttelt man die Zweige ab.

Schnittmaßnahmen Bei starkem Frost sollte man Gehölze nicht schneiden. Ist die Witterung

VERJÜNGUNGSSCHNITT BEI STRÄUCHERN

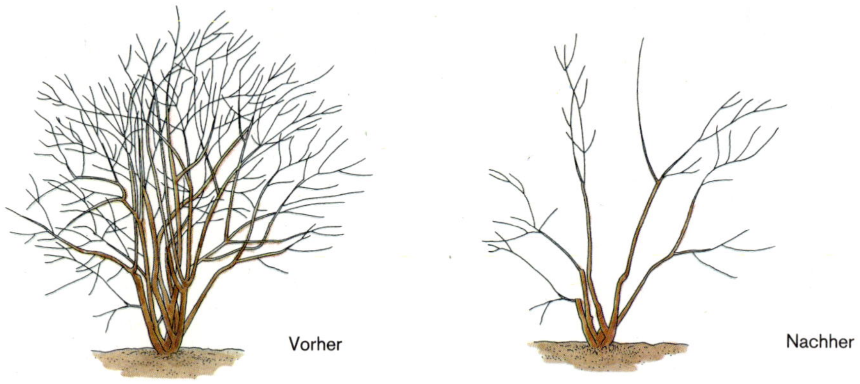

Alte, vernachlässigte, zu dicht gewordene Sträucher können kräftig zurückgeschnitten und ausgelichtet werden. Sie treiben dann wieder neu aus. Von den Nadelgehölzen erträgt nur die Eibe einen derartigen Eingriff; alle anderen Nadelgehölze treiben aus dem alten Holz nicht mehr aus

jedoch mild, können die winterlichen Schnittarbeiten fortgesetzt werden.

Der natürliche Wuchs von Pflanzen sollte nach Möglichkeit erhalten werden. Bei vielen Pflanzen ist überhaupt kein Schnitt erforderlich, andere müssen jedes Jahr zurückgeschnitten werden, und viele brauchen nur gelegentlich einen Auslichtungsschnitt. Man unterscheidet vier verschiedene Schnittmaßnahmen.

Aufbauschnitt Er wird gleich bei der Pflanzung ausgeführt und deshalb auch Pflanzschnitt genannt. Man entfernt Zweige oder kürzt sie ein, damit ein Gleichgewicht zwischen den Wurzeln und der Krone entsteht. Zu dicht stehende, beschädigte oder störende Zweige werden entfernt.

Erziehungsschnitt In den ersten Jahren nach der Pflanzung ist er – meist bei Bäumen – notwendig und dient dazu, daß sich die Krone richtig entwickelt. Man entfernt störende Äste, d. h. solche, die zu dicht stehen, zu spitzwinklig angewachsen sind oder nach innen wachsen.

Erhaltungsschnitt Er ist bei vielen Blütensträuchern erforderlich, weil sie sonst zu dicht werden und auch früh vergreisen. Sie werden durch den Schnitt zu neuem Wachstum und zu neuer Blütenbildung angeregt. Diese Eingriffe sind in der Regel in Abständen von drei bis acht Jahren notwendig. Andere Pflanzen – in den Pflanzenbeschreibungen im *Oktober* wird jeweils darauf hingewiesen – müssen jedes Jahr geschnitten werden.

Verjüngungsschnitt Dieser meist große Eingriff ist nicht nötig, wenn regelmäßig ein Erhaltungsschnitt ausgeführt worden ist, kann aber doch gelegentlich erforderlich werden. Bei einem Verjüngungsschnitt muß man in das alte Holz zurückschneiden und die Pflanze dadurch wieder zu neuem Austrieb anregen.

Soweit es die Witterung erlaubt, können sämtliche Schnittmaßnahmen jetzt durchgeführt werden. Größere Wunden schließt man sofort mit Wundwachs.

Vermehrung Bei den Pflanzenbeschreibungen wird darauf hingewiesen, wie man jede einzelne Pflanze am besten vermehrt. Wo der Hinweis fehlt, sollte man die Vermehrung dem Fachmann überlassen.

Eine Möglichkeit für viele Sträucher ist die Vermehrung durch Steckholz. Hierzu verwendet man meist einjährige, ausgereifte, verholzte Triebe. Sie werden erst im Frühjahr in den Boden gebracht; die Ruten können jedoch schon im November geschnitten werden. Auch jetzt im Januar fallen sie bei den Schnittmaßnahmen an. Man kann die Steckhölzer gleich zuschneiden. Sie werden auf eine Länge von ungefähr 30 cm geschnitten, wobei man die Triebe direkt unter bzw. über einer Blattachsel abschneidet. Die fertig geschnittenen Steckhölzer werden gebündelt und an einer geschützten Stelle in Torf oder Sand bis zum Frühjahr eingeschlagen.

Hecken

Hecken sind Pflanzungen, die meist aus einer, manchmal auch aus mehreren Pflanzenarten bestehen. Man unterscheidet freiwachsende und geschnittene Hecken. Die freiwachsende Hecke erfordert weniger Pflege, insbesondere weniger Aufwand für den Schnitt, jedoch nimmt sie wesentlich mehr Raum ein als die geschnittene Hecke. Durch den Schnitt wirkt diese architektonisch streng, und doch ist sie – im Gegensatz zu einer Mauer – ein Stück lebendige Natur.

Im folgenden werden hier nur die geschnittenen Hecken behandelt. Wer sich über freiwachsende Hecken und deren Pflege informieren will, findet alle wichtigen Angaben in den Pflanzenbeschreibungen der *Bäume und Sträucher* im *September*.

Hecken dienen als Einfriedung, als Sicht- und Windschutz und, wenn sie niedrig sind, als optische Markierung, als Einfassung.

Für geschnittene Hecken sind solche Gehölze geeignet, die den Schnitt gut ertragen und die danach wieder willig austreiben. Hecken aus immergrünen Gehölzen erfüllen ihre Funktion als Sichtschutz besonders gut. Bei der Neuanlage ist zu überlegen, ob man mit verhältnismäßig größeren Pflanzen, die natürlich teurer sind, gleich eine fast fertige Hecke anpflanzt oder ob man sich mit kleineren Pflanzen begnügt, die dann billiger sind, bei denen es aber einige Jahre dauert, bis die Hecke ihre Funktion voll und ganz erfüllt.

Im Januar fallen bei Hecken keine dringenden Arbeiten an. Neupflanzungen sind möglich, wenn der Boden offen ist. Wie schon bei *Bäumen und Sträuchern* im *Januar* erläutert wurde, sollte man jedoch nicht unbedingt im Winter pflanzen. Besser ist es, wenn man im Oktober oder März pflanzt. Hecken aus immergrünen Nadel- und Laubgehölzen pflanzt man noch günstiger im September oder im April.

Schnittarbeiten sind jetzt zwar möglich, wenn man früher nicht dazu kam, sie durchzuführen.

Empfehlenswerter ist jedoch der Schnitt im Herbst oder Spätwinter.

Wenn man eine alte Hecke kräftig ins alte Holz zurückschneiden, also verjüngen will oder muß, ist dies jetzt möglich. Eine derartige Arbeit ist dann notwendig, wenn eine Hecke längere Zeit vernachlässigt wurde oder wenn sie zu groß geworden ist.

Bei einem Verjüngungsschnitt schneidet man die Hecke ungefähr 30 cm weiter zurück, als sie später hoch sein soll. An den Schnittstellen müssen sich nämlich neue Triebe bilden, die man braucht, um die Hecke später wieder in Form zu schneiden. Für das Zurücknehmen benötigt man für die stärkeren Zweige eine Säge, für die dünneren eine Gartenschere. Mit der Heckenschere läßt sich ein derartiger Schnitt nicht durchführen.

Das Verjüngen, also das kräftige Zurückschneiden ins alte Holz, ist bei allen Laubgehölzen möglich, die üblicherweise für Hecken verwendet werden. Von den Nadelgehölzen erträgt einen solchen Eingriff nur die Eibe.

Stauden

Ein richtig angelegtes Staudenbeet kann der interessanteste Blickfang im Garten sein. Blüten in den verschiedensten Farben erfreuen vom zeitigen Frühjahr bis zu den spätherbstlichen Frösten das Auge des Gartenfreunds.

Stauden sind widerstandsfähig und praktisch frei von Krankheiten. Sie blühen jahrelang am selben Standort und sind verhältnismäßig leicht zu pflegen.

In Mitteleuropa sind die Staudenbeete im Januar in der Regel unter einer dicken Schneedecke verborgen. Deshalb kann man an ihnen kaum etwas tun. Liegt kein Schnee, sollte jedoch der Winterschutz bei frostempfindlichen Stauden gelegentlich einmal kontrolliert werden, da im Januar und Februar mit strengen Frösten gerechnet werden muß.

Neue Pflanzen bestellen Falls dies nicht bereits im Dezember geschehen ist, bestellt man jetzt neue Pflanzen. Man darf jedoch nicht vergessen, daß zu dieser Jahreszeit die Gärtnereien meist nicht das vollständige Programm anbieten können, nachdem die Aufträge, die im Herbst eingegangen sind, inzwischen erledigt worden sind. Daher ist es wichtig, eine Liste von wahlweise in Frage kommenden Pflanzen beizufügen.

Legt man jedoch Wert auf eine ganz bestimmte Gattung, Art oder Sorte, muß auf der Bestellung ausdrücklich vermerkt werden „Ersatz verbeten". Sonst ist es üblich, daß die Staudengärtnerei anstelle der gewünschten Pflanze eine ähnliche schickt.

Ein- und zweijährige Pflanzen

Einjährige Sommerblumen sind Pflanzen, die von Frühjahr bis Herbst heranwachsen, blühen, Samen bilden und dann absterben. Als zweijährige Pflanzen bezeichnet man diejenigen, die von Mai an gesät werden, Triebe und Blätter hervorbringen, überwintern, doch erst im zweiten Jahr blühen, Samen hervorbringen und dann eingehen. Während Stauden nur verhältnismäßig kurz blühen, stehen ein- und zweijährige Pflanzen von Ende Mai an bis zum Spätherbst fast ununterbrochen in Blüte.

Jetzt prüft man Samenkataloge sorgfältig und erstellt einen Frühjahrspflanzplan. Wenn man nicht rechtzeitig die Bestellung aufgibt, sind später oft einige begehrte Sorten bereits ausverkauft.

Unter Glas

Begonia-Semperflorens-Hybriden, die eine lange Wachstumsperiode haben, sät man jetzt aus, wenn ein beheiztes Gewächshaus oder ein warmer Kasten zur Verfügung steht (siehe Pflanzenbeschreibung im *März*).

Die Temperaturen für die Keimung sollten möglichst bei 18–20 °C liegen. Können diese Wärmegrade nicht garantiert werden, sollte man lieber zu einem späteren Zeitpunkt Sämlinge oder pikierte Pflanzen beim Gärtner kaufen.

Zwiebel- und Knollengewächse

Vom Frühjahr bis spät in den Herbst hinein schmücken die leuchtenden Blüten der Zwiebel- und Knollengewächse den Garten, und in der kalten Jahreszeit erfüllen sie die Räume im Haus mit Duft und Farbe.

Zwiebel- und Knollengewächse gedeihen in den meisten Böden gut. Sie wachsen in der Sonne oder im Halbschatten. Man kann sie entweder in Gruppen in Beete und Rabatten oder auch in den Rasen pflanzen. Sehr attraktiv wirken sie auch in Töpfen, Kübeln und Blumenkästen.

Eine Zwiebel besteht aus einem Sproß und vielen am Zwiebelboden entspringenden dickfleischigen Blättern. Dagegen hat die Knolle keine fleischigen Blätter. Sie besitzt einen fast kugeligen Stamm, der ebenfalls als Speicherorgan dient.

Zwiebelkultur unter Glas und im Haus

Man holt Zwiebelpflanzen zum Antreiben ins Haus, sobald sie mehr Wärme vertragen (siehe *Dezember*). Abgeblühte Gewächse braucht man nicht wegzuwerfen. Sie können in den Garten gepflanzt und dort weiterkultiviert werden. Ob man in diesem Monat im Garten pflanzen kann, hängt von der Witterung ab. Im allgemeinen ist der Boden nun tief gefroren und von einer hohen Schneedecke überzogen. In diesem Fall werden die verblühten Pflanzen ins Kleingewächshaus gebracht oder an einem hellen Platz in einem kühlen Raum im Haus weiterkultiviert. Sie werden bei Bedarf gewässert, so daß die Blätter nicht verwelken. Nur die Blütenorgane werden abgeschnitten und weggeworfen.

Sobald im zeitigen Frühjahr der Boden nicht mehr gefroren ist, können die Zwiebelpflanzen aus den Schalen oder Töpfen genommen und in den Garten gepflanzt werden. Wichtig ist die pflegliche Weiterkultur. Es müssen nämlich bereits in diesem Jahr wieder Reservestoffe für die Blütenbildung im Herbst aufgebracht werden. Wenn alles klappt, kann man bereits im nächsten Jahr mit einer bescheidenen Blüte im Garten rechnen.

Rosen

Rosen können nur dann gepflanzt werden, wenn der Boden trocken oder nur wenig feucht ist (siehe *November*), jedoch nicht, wenn er zu naß, gefroren oder mit Schnee bedeckt ist.

Rosen, die man nicht gleich pflanzen kann, dürfen eine Woche lang in ihrer Verpackung liegenbleiben, ohne daß sie Schaden nehmen. Dauert es aber länger, müssen die Pflanzen ausgepackt und eingeschlagen werden.

Wenn letzteres nicht möglich ist, weil der Boden gefroren ist oder unter einer Schneedecke liegt, öffnet man die Packung, entfernt alle Blätter und hüllt dann die Wurzeln und unteren Stammteile in feuchte Sackleinwand ein. So bewahrt man die Rosen an einem frostfreien Platz auf (siehe *Dezember*).

Unter Glas

Die Temperatur wird bei 5 °C gehalten. Man gießt die Rosen einmal jede Woche gründlich. Das Gießwasser sollte die gleiche Temperatur wie die Gewächshausluft haben.

Chrysanthemen

Die Chrysanthemen stellen eine sehr umfangreiche Gattung dar. Es gibt über 200 Arten auf der nördlichen Hemisphäre, vor allem im Mittelmeergebiet, in Vorderasien, aber auch in Südafrika. Besonders beliebt sind die *Chrysanthemum-Indicum*-Hybriden, die eigentlichen Gärtnerchrysanthemen. Sie werden als Schnittblumen und als Topfpflanzen in Gärtnereien herangezogen. Man kann sie jedoch auch im Liebhabergarten, im Freiland und im Kleingewächshaus kultivieren.

Als typische Stauden wird meist eine Auslese dieser Gruppe kultiviert, die man oft auch als *C.-Koreanum*-Hybriden bezeichnet. Sie sind etwas härter und vor allen Dingen winterfester als die *C.-Indicum*-Hybriden. Ohne große Verluste überwintern sie im Freien.

Darüber hinaus gibt es sehr viele typische Gartenstauden: Bekannt sind die Große Sommermargerite *C. maximum* und die Bunte Margerite *C. coccineum* oder *Pyrethrum*, aber auch eine ganze Reihe von hübschen, reichblühenden Sommerblumen. Alle diese Chrysanthemen eignen sich nicht nur für Beete im Garten, sondern auch zur Schnittblumengewinnung.

Die Mutterpflanzen in Frühbeeten werden belüftet, wenn das Wetter mild ist. Bei Nachtfrösten muß man sie jedoch sorgfältig mit Säkken oder Matten schützen. Darauf achten, daß die Mutterpflanzen nicht zu feucht gehalten werden, sonst faulen sie.

Unter Glas

Die Temperatur wird bei maximal 10 °C gehalten. Bei mildem Wetter wird ein wenig gelüftet. So bleiben die Mutterpflanzen in gutem Zustand und können im April oder Mai vermehrt werden. Gegebenenfalls bekämpft man Minierfliegen und Blattläuse (siehe *April*).

Dahlien

Vom Juli bis zu den ersten Frösten im Oktober schmücken die Dahlien den Garten in den leuchtendsten Tönen. Die Farbskala der Blüten reicht von tiefem Karminrot über Gelb bis zu makellosem Weiß, und die Form variiert von den breiten, strahlenförmigen Blüten der Kaktussorten bis zu den dichtgefüllten Köpfchen der Pompondahlien.

Dahlien brauchen einen Standort, an dem sie nicht mit anderen Pflanzen konkurrieren müssen. Sie gedeihen also in gemischten Blumenrabatten nicht gut. Am liebsten stehen sie in voller Sonne.

Man schaut nach den eingelagerten Knollen. Sollten sie schrumpfen, dann legt man sie über Nacht in mäßig temperiertes Wasser und läßt sie anschließend abtrocknen. Danach werden sie in Torf, Sand oder Vermiculite zurückgesetzt. Sollten die Knollen faule Stellen haben, werden diese mit einem scharfen Messer herausgeschnitten und die Schnittflächen mit Captan bestäubt.

Gladiolen

Neue Gladiolen werden rechtzeitig bei einem Fachhändler bestellt. Wenn sie eintreffen, packt man sie aus und prüft sie. Dann legt man sie entweder in flache Kisten oder Schalen oder bringt sie in die Beutel zurück, in die man Löcher schneidet, damit Luft an die Knollen gelangen kann. Gelagert werden sie an einem trockenen, frostsicheren Platz.

Vier Hauptgruppen Gladiolen lassen sich in vier Hauptgruppen unterteilen: in großblumige Gladiolen, *Primulinus*-Hybriden, Butterfly- und Miniaturgladiolen. Die großblumigen Sorten sind schon immer am beliebtesten gewesen. *Primulinus*-Hybriden sind wesentlich kleiner, und das oberste Blütenblatt ist leicht eingeschlagen. Miniaturgladiolen weisen zierliche Blüten auf, die in der Regel gerafft oder gekräuselt sind. Butterfly-Gladiolen sind etwas größer als Miniaturgladiolen. Die meisten Sorten haben auffallend markante Zeichnungen im Blütenschlund. Miniatur- und Butterfly-Gladiolen eignen sich hervorragend als Schnittblumen, während die großblumigen Sorten besonders gut als Beetschmuck zur Geltung kommen.

Die Auswahl der Sorten hängt weitgehend vom persönlichen Geschmack ab, und die meisten Kataloge enthalten gute Beschreibungen und Farbfotos. Besonders empfehlenswert sind die folgenden Sorten:

Großblumige Gladiolen 'Rotterdam', kräftig rot; 'Eurovision', rot; 'Deciso', lachsrosa; 'Schneeprinzeß', rein weiß; 'Aristokrat', rot; 'Mabel Violet', rötlichorange; 'Flowersong', gelb; 'Friendship', hellatlasrosa; 'Méditerranée', hellblau; 'Red Monarch', feuerrot; 'Blue Conqueror', dunkelviolett.

Butterfly-Hybriden 'Amusing', weinrot; 'Aphrodite', karminviolett; 'Sunset', dunkelrot; 'Impromptu', kirschrot; 'Piccolo', purpurrot; 'Happy', mandarinrot.

***Primulinus*-Hybriden** 'Albus', weiß; 'Floriada', lachsrosa; 'Wilhelmina', rosa; 'Joyce', rosa mit Gelb; 'Red Star', scharlachrot.

Miniaturgladiolen 'Amanda Mahy', lachsfarbig rot; 'Bo-Peep', aprikosenfarbig; 'Dancing Doll', cremefarben; 'Floriada', lachsrosa; 'Greenbird', schwefelgrün; 'Graceful', lachsrosa; 'Königin Wilhelmina', zartrosa mit roten Tupfen; 'Nymph', rein weiß mit karmesinroten Flecken; 'Sunmaid', dunkelrosa mit weißen Flecken; 'Spitfire', scharlachrot.

Iris

Iris oder Schwertlilien zählen zu den beliebtesten Gartenpflanzen. Ihre Ansprüche sind verschieden. Während unsere heimische Gelbe Sumpfschwertlilie, *Iris pseudacorus*, einen feuchten Standort liebt, können Arten, die wild in sommertrockenen Gebieten vorkommen, nur unter ähnlichen Bedingungen im Garten gezogen werden.

Man unterteilt Iris häufig in zwei Gruppen: nämlich in solche mit einer Zwiebel oder Knolle und solche mit einem Rhizom. Zur zweiten Gruppe gehören vor allem die Bartiris. Das sind die prächtigen, großen Schwertlilien unserer Gärten, die oft auch als *I. germanica* bezeichnet werden. Der Bart besteht aus einer bürstenförmigen Haarleiste, die auf den äußeren Blütenblättern sitzt.

Zu den typischen und bekannten Zwiebel- oder Knolleniris gehören die Holländischen und Spanischen Iris sowie *I. reticulata.*

Die Sumpfschwertlilie, *I. kaempferi,* benötigt im Winter einen möglichst trockenen Standort, während die sehr frostharte *I. laevigata* auch im Winter Feuchtigkeit verträgt. Letztere kann sogar ganzjährig im Wasser stehen, wenn die Wasserhöhe über den Pflanzen nicht mehr als 15 cm beträgt.

I. pseudacorus, ebenfalls eine Sumpfschwertlilie, gedeiht jedoch im Garten auch an trockenen Standorten. Dort blüht sie oft sogar reicher als auf sumpfigem Boden.

Das Laub der Sumpfschwertlilie ist um diese Jahreszeit meist abgestorben. Man schneidet es jedoch erst im Frühling ab.

Lilien

Lilien sind in über 100 Arten in der gemäßigten und der subtropischen Zone der nördlichen Halbkugel beheimatet. Die Vielfalt ihrer Formen und Farben ist unermeßlich. Auch die Ansprüche, die Lilien an den Boden stellen, sind ganz verschieden. Es gibt Arten, die einen sauren, feuchten, ja sogar sumpfigen Boden lieben, während andere wiederum auf trockenem, steinigem Lehm am besten vorankommen. Ob sich Lilien gut an unsere Klimabedingungen anpassen können, hängt u. a. davon ab, in welcher Meereshöhe sie in ihrer Heimat wachsen. Es gibt Arten, die ausgesprochene Bergpflanzen sind, während andere im Flachland vorkommen.

Wenn sich der Lilienliebhaber die Frage stellt, für welche Arten und Sorten er sich entscheiden soll, dann ist es ratsam, die im Garten vorherrschenden Bedingungen zu beachten. Vor allen Dingen muß der Hobbygärtner die Ansprüche, die bestimmte Arten und Sorten an den Boden stellen, genau beachten. Nur dann kann er mit prächtig blühenden Lilien rechnen. Empfohlen werden kann dem in der Lilienkultur nicht so bewanderten Hobbygärtner die Auswahl moderner Zuchttypen. Diese sind meist widerstandsfähiger als die reinen Arten.

Unter Glas

Eingetopfte Lilien, die man für Ostern vortreiben will, stellt man ins Gewächshaus und sorgt für eine gleichmäßige Temperatur von 7–10 °C, bis sie kräftig wachsen. Dann erhöht man die Wärme auf 16–21 °C. Lilien sollten innerhalb von 13 Wochen blühen.

Nelken

Wegen ihrer schönen Form und ihrer vielen verschiedenen Farben zählen Nelken zu den beliebtesten Gartenblumen. Sie gehören zur Gattung *Dianthus.*

Man unterscheidet in der Regel zwischen den ausdauernden Steingartennelken, ein- und zweijährigen Gartennelken und den dauerblühenden Edel- oder Gewächshausnelken, die unter Glas gezogen werden.

Schon jetzt kann man von den ein- und mehrjährigen Nelken Samen und Pflanzen für den März bestellen. Außerdem lassen sich ab Ende Januar einjährige Nelken im geheizten Kleingewächshaus aussäen.

Unter Glas

Die Temperatur für dauerblühende Edelnelken muß bei 7–10 °C gehalten werden. Ist das Wetter mild, dann wird stets ein wenig gelüftet. Man gießt und düngt sparsam und dem Wetter angepaßt, schneidet Blumen und entfernt, falls nötig, Nebenknospen.

Einjährige Nelken sät man ab Ende des Monats in Saatkisten oder -schalen. Man beginnt mit den *D.-Chinensis*-Hybriden, den Kaiser- und Heddewigsnelken, also mit Nelken vom Typ *D. c.* und *D. c.* × *D. barbatus.* Es handelt sich dabei um früh- und reichblühende Beetnelken, die in Folgesaaten bis April ausgesät werden können. Verwendet wird zur Aussaat eine nährstoffreiche, mittelschwere, humose Erde mit einem pH-Wert von 6,5 bis 7. Meist reichen einige Samentüten. Wer größere Pflanzenmengen benötigt, nimmt 2 g Saatgut für 1000 Pflanzen.

Die Samen werden in Abständen von 5 bis 10 mm ausgesät und mit einer dünnen Schicht feiner Erde bedeckt. Schalen oder Kisten deckt man mit einer Glasscheibe ab und hält die Temperatur bei 16–20 °C. Die Samen keimen 7 bis 14 Tage nach der Aussaat. Sobald sich die Keimblätter zeigen, müssen die Schalen oder Töpfe hell gestellt werden. Bei trübem Spätwinterwetter empfiehlt sich eine zusätzliche Beleuchtung. Leuchtstoffröhren eignen sich dafür besser als Glühbirnen. Sogenannte Warmtonleuchten mit Lichtfarbe 30 bis 35 sind am besten. An trüben Tagen werden sie zusätzlich zum Tageslicht eingesetzt.

Nachdem die Saat aufgegangen ist, wird allmählich mehr gelüftet, um die Sämlinge abzuhärten und sie an die normale Gewächshaustemperatur zu gewöhnen. Sie beträgt in der Regel 12–16 °C.

Wichtig ist, daß das Gießen den Witterungsverhältnissen angepaßt wird; die Sämlinge dürfen nicht zu naß gehalten werden.

Dauerblühende Edelnelken können jetzt für die Frühjahrspflanzung bestellt werden. In Spezialgärtnereien erhält man Setzlinge. Am besten besorgt man sich eine geeignete Adresse von einem Zierpflanzengärtner. Man muß jedoch beachten, daß Jungpflanzen von Edelnelken für die Gewächshauskultur nur in bestimmten Mengen, z. B. 25, 100 Stück und mehr, abgegeben werden.

Steingartenpflanzen

Steingartenpflanzen sind sogenannte Kleinstauden, die an sonnigen Stellen des Gartens ausgepflanzt werden. Für Trockenmauern, Steingärten, Pflanztröge usw. sind sie ideal geeignet. Die Mehrzahl von ihnen blüht im Frühling. Steingartenpflanzen sind meist polster- oder rasenbildend und gedeihen sehr gut auf extremen Standorten. Frost- und Auswinterungsschäden kommen bei ihnen selten vor, da die Pflanzen unter einer Schneedecke verhältnismäßig gut geschützt sind.

Jetzt bestellt man bei Gärtnereien Pflanzen, die im zeitigen Frühjahr ausgeliefert werden sollen. Für 1 m^2 rechnet man im allgemeinen zwölf langsam wachsende Pflanzen. Von Gattungen, die sich rasch ausbreiten, braucht man jedoch nur vier bis fünf Pflanzen. Die Aussaat von Steingartenpflanzen, die Frost brauchen, sollte nun möglichst schnell abgeschlossen werden (siehe *Dezember*).

Wasserpflanzen

Ein kleiner Teich mit Wasserpflanzen setzt in einem Garten einen besonderen Akzent. Auch wenn man nur wenig Platz zur Verfügung hat, kann man ein Zierbecken mit hübschen Wasser- und Sumpfpflanzen unterbringen. In einem größeren Garten hingegen läßt sich ein Wassergarten als reizvoller Blickpunkt arrangieren. Wasser- und Sumpfpflanzen kann man ohne große Mühe kultivieren. Meist wachsen sie viel üppiger als Landpflanzen.

Im Januar muß man darauf achten, daß das Wasserbecken nicht beschädigt wird (siehe *Dezember*). Es könnte sein, daß sich im Becken Risse bilden und das Wasser im Becken dann absinkt. Die Schutzabdeckung der Pflanzen wird überprüft.

Bei milden Witterungsverhältnissen füttert man die Fische mit leichter Nahrung.

Heidekrautgewächse

Ein Garten mit Heidecharakter hat den Vorteil, daß er sehr wenig Pflege braucht, wenn man ihn richtig anlegt.

Das hervorstechende Merkmal eines Heidegartens ist die großflächige Anpflanzung von Heidekraut. Dazu gruppiert man passende Pflanzen, z. B. den Säulenwacholder, flach wachsende Wacholderarten, Zwergkiefern und die Mädchenkiefer, in größeren Gärten eine oder zwei Birken, dazu Gräser und an Sträuchern Ginster, Seidelbast, flach wachsende Zwergmispeln, das Pfaffenhütchen und Wildrosen.

Ein richtiger Heidegarten läßt sich allerdings nur dort anlegen, wo ein geeigneter Boden vorhanden ist. Er sollte sandig, nährstoffarm, wasserdurchlässig und unbedingt kalkfrei sein. Liegen solche Böden nicht von Natur aus vor, müssen sie geschaffen werden.

Auf nährstoffreichen Böden wächst viel Gras, das man nur mit großem Aufwand beseitigen kann. Also ist es zweckmäßig, dort keinen Heidegarten anzulegen.

In Gebieten mit kalkhaltigen Böden pflanzt man als vorherrschende Pflanze die Schneeheide.

Im Januar herrscht im Heidegarten Winterruhe.

Rhododendren und Azaleen

Diese wunderschönen, teils immergrünen Pflanzen mit ihren herrlichen Blüten stellen an das Klima und den Boden so ausgeprägte Ansprüche, daß sich ihre Verwendung in weiten Teilen Mitteleuropas als problematisch erweist.

Rhododendren sind sogenannte Moorbeetpflanzen. Sie brauchen einen humosen, lockeren, sauren, feuchten Boden, sind aber gegen Nässe empfindlich. Sie ertragen keinen Kalk, und selbst das Gießen mit kalkhaltigem Wasser nehmen sie übel. Die Ansprüche, die die Pflanzen an den Boden stellen, können, wenn auch teilweise nur mit großem Aufwand, doch überall befriedigt werden.

Schwieriger ist es mit den klimatischen Bedingungen. Rhododendren lieben eine hohe Luftfeuchtigkeit, milde Winter, keine volle Sonne, aber auch keinen tiefen Schatten, sonst blühen sie nicht. Diese Voraussetzungen sind, von Ausnahmen abgesehen, z. B. in Deutschland gegeben, vor allem im Norden und Westen.

In Gebieten, wo dies nicht der Fall ist, können Rhododendren nur dann gepflanzt werden, wenn der Boden entsprechend vorbereitet wurde. Am besten gedeihen Rhododendren im Schutz älterer Bäume mit tiefgehenden Wurzeln, wie Eichen, Kiefern und Lärchen; ungünstig dagegen sind Birken, Fichten, Buchen und Linden.

Schädlich für Rhododendren ist die volle Sonne; auch die Morgensonne im Winter ertragen sie schlecht sowie zugige und windige Plätze.

In Gebieten mit ausgeprägtem Kontinentalklima, also mit trockenem, kaltem Winterwetter, leiden immergrüne Rhododendren im Januar sehr unter der Witterung. Ein naßkaltes Wetter mit hoher Luftfeuchtigkeit, Schneeregen und mäßigen Frösten behagt ihnen mehr.

Neupflanzungen kann man in den ersten Wintern durch einfache Gestelle, auf die man Strohmatten oder Reisig legt, vor kalten Winden schützen. Auch die Morgensonne schadet ihnen, wenn sie auf die gefrorenen Pflanzen scheint.

Sollte in diesem Monat viel Schnee fallen, müssen die Sträucher abgeschüttelt werden, damit die Zweige nicht unter ihrer Last brechen.

Zimmerpflanzen

Auch wer keinen Garten hat, kann gärtnern – und zwar im Haus. Es gibt zahlreiche Zimmerpflanzen, die herrliche Blüten hervorbringen; andere wiederum erfreuen durch ihre attraktiven Blätter. Ob Zimmerpflanzen groß oder klein sind, ob man einen richtigen Zimmergarten hat oder nur ein paar Blumentöpfe auf der Fensterbank – sie beleben jeden Raum. Und selbst wer mitten im Grünen lebt, will auf Zimmerpflanzen sicher nicht verzichten.

In diesem Monat hält man die Pflanzen warm und schützt sie vor Zugluft. Sie müssen möglichst viel Licht erhalten und dürfen nicht auf oder über einem Heizkörper stehen. Gegossen wird nur wenig. Man düngt die Pflanzen, wenn sie kräftig wachsen oder blühen.

Kleingewächshausgärtnerei

Ein Kleingewächshaus bietet dem Hobbygärtner neue Möglichkeiten. Er kann nun auch empfindliche und exotische Pflanzen kultivieren und sich außerdem in den kalten, trüben Wintermonaten intensiv als Gärtner betätigen. Obgleich sich eine beträchtliche Anzahl von Pflanzen für die Kultur in einem ungeheizten Gewächshaus eignet, läßt sich mit einem beheizten Gewächshaus doch noch mehr erreichen. Hier sollte die Mindesttemperatur im Winter bei etwa 7 °C gehalten werden. Für die Vermehrung zahlreicher Pflanzen aus Samen, Zwiebeln und Stecklingen ist ein Kleingewächshaus von größter Bedeutung.

Wenn man blühende Pflanzen in einem Kleingewächshaus kultiviert, sollte man jedes Jahr im Januar einen Plan aufstellen und festlegen, wie viele Pflanzen man von jeder Gattung, Art und Sorte braucht, damit der Raum richtig genützt wird.

Verwelkte Blüten entfernen Blühende Pflanzen, etwa Primeln und Alpenveilchen, werden regelmäßig kontrolliert und verwelkte Blüten oder unansehnliche Blätter entfernt. Beim Gießen achtet man darauf, daß die Blüten nicht naß werden oder daß Wasser in den Knospen oder Knospenansätzen der Pflanzen steht.

Einjährige Pflanzen in Töpfen und andere Jungpflanzen dürfen nicht zu stark gegossen werden, da sonst die Wurzeln faulen.

Rost bei Stecklingen Pelargoniensteckling e, die im September gesteckt wurden, werden kontrolliert. Entdeckt man an den Blättern Anzeichen von Mehltau, dann müssen sie entfernt werden und ebenso Stecklinge, bei denen die Stengel Krankheitssymptome aufweisen. Die Pflanzen werden nur gegossen, wenn die Erde in den Töpfen angetrocknet ist.

Wer einen beheizbaren Vermehrungskasten besitzt, mit dem man eine Temperatur von 16–18 °C erreichen kann, sät Ende des Monats Begonien, Gloxinien und Drehfrucht in Schalen aus, die mit Komposterde gefüllt sind. Sonst wartet man mit der Aussaat bis Anfang März.

***Polyantha*-Rosen** Töpfe mit *Polyantha*-Rosen, die im Spätsommer oder Herbst ausgepflanzt wurden und bis Anfang Dezember im Freien gestanden haben, werden im Januar bei ungefähr 15 °C angetrieben. Man kann damit aber auch erst im Februar oder Anfang März beginnen.

Balkongärtnerei

Pflanzen im Winterquartier dürfen jetzt nicht einfach vergessen werden. Auch ruhende Gewächse brauchen ein Mindestmaß an Pflege. Dahlien, Knollenbegonien, Geranien, Fuchsien und Kübelpflanzen kontrolliert man von Zeit zu Zeit. Durch mäßiges Gießen kann man vermeiden, daß der Ballen austrocknet. Gelegentlich sollten die Pflanzen auch etwas durchgeputzt werden. Vor allem müssen Fäulnis- und Schimmelherde entfernt werden. Außerdem brauchen die winterruhenden Pflanzen viel frische Luft.

Balkongärtner, die mit frostharten Balkonpflanzen, wie immergrünen Gehölzen, Koniferen und Stauden, ihre Gefäße bepflanzt haben, müssen auch im Winter gießen. Die Erde in mobilen Gefäßen, Kübeln und Kästen trocknet schnell aus, und es kommt dann zu den bekannten Winterschäden, nämlich vertrockneten Spitzen. Vor allem bei Gefäßen, die an einem sonnigen Platz stehen, ist der Wasserbedarf in dieser Jahreszeit sehr groß. Gegossen wird aber nur dann, wenn die Erde nicht gefroren ist. Dafür muß eine frostfreie Periode abgewartet werden. Zum Gießen darf niemals heißes Wasser verwendet werden, weil sonst die Wurzeln platzen und die Pflanzen eingehen. Man nimmt immer kaltes oder lauwarmes Wasser zum Gießen von Balkonpflanzen im Winter.

Schmückende Zweige Wer keine winterharten Pflanzen auf den Balkon gepflanzt hat, braucht auf einen Winterschmuck trotzdem nicht zu verzichten. Anstelle von Zwergkoniferen werden dann einfach kurze Zweige von immergrünen Gehölzen (Kiefern, Tannen oder Fichten) oder früchtetragenden Pflanzen (Zwergmispel, Sanddorn und Schneebeere) in die Kästen gesteckt. Besonders dekorativ sind natürlich Zweige mit Zapfen.

Obst

Die Tatsache, daß der Januar mitten im Winterhalbjahr liegt, bedeutet nicht, daß man im Obstgarten nichts tun kann. Auch in diesem Monat gibt es milde Tage, an denen die Arbeit im Freien möglich ist.

Der Schnitt ist bei allen Obstarten notwendig. Er gehört zu den wichtigsten obstbaulichen Arbeiten und beeinflußt das Wachstum und die Ertragsleistung. Durch den Schnitt kann das Obstgehölz zu stärkerem Wuchs oder zu früherer Fruchtbarkeit angeregt werden.

Beim Schnitt muß man genau zwischen gut entwickelten Blütenknospen und solchen am abgetragenen Fruchtholz unterscheiden. Das letztere wird weggeschnitten und ebenso dünne und schwache Zweige. Zu lange Fruchtzweige und -äste kürzt man so ein, daß noch eine ausreichende Zahl gut ausgebildeter Blütenknospen übrigbleibt. Dies ist besonders wichtig, wenn die Zweige ineinanderwachsen. Einjährige, kräftige Triebe an der Basis von Leitästen stellt man frei, damit sie sich in Fruchtholz verwandeln können. Triebe, die sich an Fruchtzweigen neu gebildet haben, können bei Apfel- und Birnbäumen entfernt werden, wenn sie nicht frei stehen und genügend Blattfläche für die Assimilation vorhanden ist.

Nicht für alle Obstarten sind die Wintermonate der richtige Zeitpunkt für den Schnitt, doch Apfel- und Birnbäume können von November bis ins zeitige Frühjahr geschnitten werden, d. h. natürlich nur dann, wenn die Temperatur nicht unter −5 bis −8 °C liegt. In der Regel wird zuerst bei älteren Bäumen die Krone verjüngt und ausgelichtet. Man schneidet allgemein Jungbäume, aber auch frostempfindliche Apfelsorten, wie z. B. 'Boskoop', 'Cox Orange', 'Ontario', gegen Ende des Winters. Schneidet man nach dem Austrieb, so führt dies zu Verlusten im Triebwachstum.

Das Schnittholz kann vorerst liegenbleiben. Entfernen hingegen muß man ab- oder ausgeschnittene Ast- oder Stammteile, die vom Obstbaumkrebs oder von Monilia befallen sind.

Die durch den Schnitt oder beim Sägen entstandenen Wunden, die größer als 2 cm im Durchmesser sind, müssen mit einem Wundverschlußmittel abgedeckt werden. Größere Sägewunden verheilen schneller, wenn sie vom Rand

EDELREISER SCHNEIDEN

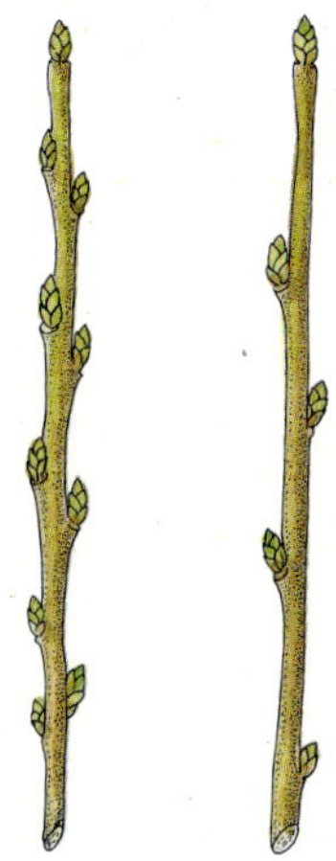

1. Man schneidet nur gut ausgereifte, einjährige Triebe
2. Triebe mit großen Knospenabständen sind zum Umveredeln nicht geeignet

her mit dem Messer glattgeschnitten werden, ohne die Kante der Wunde zu brechen.

Man behandelt außerdem auch Wunden, die durch das Ausschneiden von Baumkrebs bis ins gesunde Holz oder durch Wildverbiß entstanden sind. Altersschwache und kranke Bäume sollte man jetzt herausnehmen.

Wer beabsichtigt, im Frühjahr Obstbäume umzuveredeln, sollte von den dafür vorgesehenen Sorten Edelreiser in der Baumschule bestellen oder selbst schneiden. Wichtig ist es, daß die Edelreiser nur von gesunden Bäumen geschnitten werden, deren Ertragsleistung man kennt. Es müssen ausgereifte, kräftige, einjährige Triebe sein. Sie müssen gebündelt, dauerhaft beschriftet und kühl, jedoch frostfrei gelagert werden. Der beste Platz für das Einschlagen der Edelreiser in feuchten Sand ist an der Nordseite eines Hauses. Die Schnittstellen verschließt man vorher mit Baumwachs, damit sie keine Feuchtigkeit aufnehmen und dadurch vorzeitig austreiben. Steinobstreiser müssen als erste geschnitten werden.

Sofern noch Äpfel im Vorratskeller vorhanden sind, muß für genügend Luftfeuchtigkeit gesorgt und die Raumtemperatur niedrig gehalten werden. Zu diesem Zweck öffnet man nachts, wenn es nicht kühler als ungefähr −5 °C ist, die Fenster und Türen des Lagerraums.

Die Winterabende sind dafür geeignet, das neue Gartenjahr gründlich vorzubereiten. Anhand von Katalogen und Fachbüchern wählt man Sorten für die Frühjahrspflanzung aus und bestellt rechtzeitig. Das gilt auch für fehlende Geräte, Dünger und Bodenverbesserungsmittel.

Gemüse

Wer seinen Gemüsebedarf aus dem eigenen Garten decken will, der sollte sich in diesen Wochen gut überlegen, wie der Gemüsegarten im kommenden Anbaujahr am besten genutzt werden kann.

Anbauplan für den Gemüsegarten Zuerst sollte man einen sogenannten Anbauplan aufstellen. Darin nimmt man alle Gemüsearten auf, die man im kommenden Jahr anbauen will. Nun gilt es, Erfahrungen, die man im vergangenen Jahr gemacht hat, mit zu verwerten. Umfang und Menge der anzubauenden Gemüse sind natürlich abhängig von der Anzahl der Familienmitglieder, die versorgt werden wollen. Auch die Meinung der Hausfrau über die Gemüsearten und die Anbautermine sollte vorher eingeholt werden. Die Aufzeichnungen enthalten die folgenden Angaben:

- Beetbezeichnung
- Größe der Fläche
- Gemüseart und -sorte
- Sä- oder Pflanzabstand
- Kulturdauer
- Saatbedarf oder Anzahl der Pflanzen

Die Kulturfolge beachten Durch die sinnvolle Aufeinanderfolge verschiedener Gemüsearten auf den einzelnen Beeten kann man nicht nur das ganze Jahr über Frischgemüse aus dem eigenen Garten ernten, sondern auch mit höheren Ernteerträgen rechnen. Wichtig ist es, die Kulturfolge so zu planen, daß keine zeitlichen Lücken zwischen den einzelnen Gemüsearten entstehen. So können beispielsweise vor einer Hauptkultur mit Blumenkohl eine Vorkultur mit Frühkopfsalat und eine Nachkultur mit Feldsalat angebaut werden. Auf diese Weise ist es möglich, drei Ernten im Jahr von einer Fläche zu erhalten.

Gemüseanbau in Mischkultur Durch den Mischkulturanbau nutzt man die Gemüsebeete besonders intensiv. Die Beete sind während der ganzen Vegetationsperiode bewachsen, und damit ist der Boden gleichmäßig beschattet. Dadurch wird das Unkraut unterdrückt, und man braucht nicht zu hacken. Die Schattengare wirkt sich auch günstig auf das Bodenleben aus.

Von Mischkulturen spricht man, wenn mehrere Gemüsearten zum gleichen Zeitpunkt auf einem Beet kultiviert, jedoch zu verschiedenen Zeiten geerntet werden. Die verschiedenen Gemüsepflanzen können sich durch Wurzelausscheidungen, Wurzelrückstände oder ihren Duft gegenseitig günstig oder nachteilig beeinflussen. Auch der Schädlingsbefall wird häufig verringert. So sind z. B. Porree und Möhren, in Mischkultur angebaut, weniger gefährdet durch die Lauchmotte und die Möhrenfliege, was auf die Wirkung von Duftstoffen zurückzuführen ist.

Die Anbauweise in Mischkultur erfordert eine besonders exakte Planung. Auch muß man über den Anbautermin und die Kulturdauer der einzelnen Gemüsearten genau Bescheid wissen. Beispiele für Mischkulturen: Frühkarotten zwischen Lauch oder Zwiebeln; Radies oder Rettiche zwischen Möhren.

Die richtige Fruchtfolge Bei der Anbauplanung ist weiterhin zu berücksichtigen, daß auf

Anbauplan mit Kulturfolgebeispielen

Beet Nr.	Fläche in m²	Gemüseart	Sorte	Sä- oder Pflanzabstand	Belegt von … bis	Saatgut- oder Pflanzenbedarf	Bemerkungen zur Aussaat- bzw. Pflanzzeit
1	5	Blumenkohl	'Neckarperle'	50 × 50	Anfang April bis Ende Juni	20 Pflanzen	Setzlinge zukaufen
1	5	Zichorie (Zuckerhutsalat)	'Kristallkopf'	30 × 20	Ende Juni bis Anfang November	½ Portion	Aussaaten an Ort und Stelle
2	5	Kopfsalat (Folienabdeckung)	'Blondine'	25 × 25	Ende März bis Mitte Mai	80 Pflanzen	Setzlinge zukaufen
2	5	Tomaten	'Hellfrucht' 'Isabelle'	50 × 60	Ende Juni bis Ende Oktober	20 Pflanzen	Anfang bis Mitte März
3	5	Möhren	'Nantaise'	25	Ende März bis Ende Juli	3 g	Aussaat an Ort und Stelle
3	5	Chinakohl	'Nagaoka'	30 × 30	Ende Juli bis Ende Oktober	1 Portion	Aussaat an Ort und Stelle

Anbauplan

Beet 1

Vorkultur:	Rettich, Radies	Anfang April bis Mitte Mai
Hauptkultur:	Stangenbohnen	Mitte Mai bis Mitte Oktober
Nachkultur:	– – –	– – –

Beet 2

Vorkultur:	Kohlrabi in Sätzen (Flachfolie)	Mitte März bis Mitte Mai
Hauptkultur:	Tomaten	Ende Mai bis Oktober
Nachkultur:	– – –	– – –

Beet 3

Vorkultur:	Rettich früh	Mitte März bis Mitte Mai
Hauptkultur:	Zuckermais	Mitte Mai bis Ende August
Nachkultur:	Gründüngung	– – –

Beet 4

Vorkultur:	Blumenkohl/ Brokkoli	Anfang April bis Mitte Juli
Hauptkultur:	Zuckerhutsalat/ Radicchio	Mitte Juli bis Dezember
Nachkultur:	– – –	– – –

Beet 5

Vorkultur:	Frühmöhren	– – –
Hauptkultur:	Chinakohl	Mitte Juli bis Oktober
Nachkultur:	– – –	– – –

Beet 6

Vorkultur:	Kopfsalat in Sätzen	Ende März bis Mitte Juni
Hauptkultur:	Buschbohnen	Ende Juni bis Oktober
Nachkultur:	– – –	– – –

Beet 7

Vorkultur:	Pflücksalat in Sätzen	Ende März bis Ende Mai
Hauptkultur:	Tomaten	Ende Mai bis Oktober
Nachkultur:	– – –	– – –

Beet 8

Vorkultur:	Feldsalat	– – –
Hauptkultur:	Kopf- und Schnittsalat (in Sätzen)	Mitte März bis Ende Juni
Nachkultur:	Gurken / Zucchini	Ende Juni bis Oktober

Beet 9

Vorkultur:	Winterporree	Juni bis April
Hauptkultur:	Sellerie	Ende Mai bis Oktober
Nachkultur:	– – –	– – –

Beet 10

Vorkultur:	Winterspinat	– – –
Hauptkultur:	Eissalat/Pflücksalat	Ende April bis Juli
Nachkultur:	Endivien	Ende Juli bis Oktober

den verschiedenen Gemüsebeeten jährlich immer wieder andere Gemüsearten angebaut werden. Werden bestimmte Gemüsearten mehrmals hintereinander auf dem gleichen Beet angebaut, dann stellt sich leicht eine Bodenmüdigkeit ein, die Pflanzen wachsen weniger kräftig, und die Ernte fällt bescheiden aus. Gleichzeitig können dabei Schädlinge und Krankheiten überhandnehmen. Gemüsearten mit langer Wachstumszeit, wie z. B. Porree, Erbsen, Sellerie und Kohlarten, sollten deshalb erst nach drei Jahren wieder auf demselben Beet angebaut werden.

Seltenes Gemüse fehlt oft Das Angebot in den Gemüseabteilungen vieler Märkte wird in den letzten Jahren immer reichhaltiger. Auf Urlaubsreisen haben viele Menschen seltene Gemüse und Salate in südlichen Ländern kennengelernt, doch manche Gartenbesitzer wissen nicht, daß viele dieser exotisch anmutenden Gemüsearten auch in unserem Klima angebaut werden können. Außerdem wurden in den letzten Jahren viele dieser Gemüsearten weitergezüchtet, so daß häufig Sorten angeboten werden, die unseren klimatischen Verhältnissen vollkommen angepaßt sind.

Gut bewährt haben sich im Hausgarten Brokkoli, Eissalat, Pflücksalat, Knollenfenchel, Radicchio, Fleischtomaten, Cocktailtomaten, Paprika, Zuckermais, Melonen, Zucchini, Chinakohl und Grünspargel. Es lohnt sich, die eine oder andere Gemüseart einmal auszuprobieren.

Frisches Saatgut verwenden Gemüsesaatgut verliert – vor allem bei unsachgemäßer Aufbewahrung – schnell seine Keimfähigkeit. Am besten ist es deshalb, wenn das Saatgut noch im gleichen Jahr verbraucht wird. Saatgut aus vergangenen Jahren sollte nicht mehr ausgesät werden.

Wenn man Saatgut einkauft, sollte man das Kaufdatum auf der Packung notieren. Verschiedene Samenzüchter bringen neuerdings den Vermerk auf der Samentüte an „Keimfähig bis …“. Anhand dieser Angabe läßt sich das alte Saatgut später sicher aussortieren.

Saatgutreste sollten immer kühl und trocken aufbewahrt werden. Entscheidend beim Einkauf des Saatguts ist auch die richtige Sortenwahl. Von vielen Gemüsearten gibt es Sorten, die nicht in jeder Jahreszeit gleich gut gedeihen. Die Angaben auf den Samentüten müssen deshalb beachtet werden.

Material für die Ernteverfrühung Wer eine der verschiedenen Methoden der Ernteverfrühung von Frühgemüse anwenden will, sollte sich jetzt bereits Gedanken darüber machen, welche Art des Anbaus er bevorzugt und wieviel und welches Material er dafür braucht.

Für die Flachabdeckung von gesätem und gepflanztem Gemüse eignen sich gelochte oder geschlitzte Folien und verschiedene spezielle Vliese. Wichtig bei dieser Methode der Verfrühung ist, daß nicht zuviel von einer Gemüseart abgedeckt wird. Nur so kann nämlich die gewünschte Staffelung der Erntezeit erreicht werden.

Eine andere Möglichkeit der Ernteverfrühung ist der Folientunnel, der mit Hilfe von Drahtbügeln leicht selbst aufgebaut werden kann. Verwendet werden dazu ungefähr 1,5 m breite und 0,1 mm starke PE-Gartenbaufolien in beliebiger Länge.

Küchenkräuter

Die winterliche Ruheperiode ist der ideale Zeitpunkt für die Planung eines Kräutergartens. Die meisten Kräuter sollten an einen sonnigen, nach Süden ausgerichteten Platz gepflanzt werden, der Schutz vor Nord- und Ostwinden bietet. Ein nach Süden abfallender Standort ist besonders günstig. Die höher wachsenden Kräuter können oben am Hang angepflanzt werden, während man die kleineren, feuchtigkeitsliebenden unten an die Böschung setzt.

Kräuterrabatten planen Kleine Kräuterrabatten, die nur Gewürzkräuter für die Küche liefern sollen, können als Bestandteil des Gemüsegartens betrachtet werden. Eine großzügig angelegte Kräutereinfassung kann jedoch als echte Staudenrabatte gelten, in der viele winterharte Gewürzpflanzen herangezogen werden. Ein

In diesem Garten wachsen 17 verschiedene Kräuter: 1. Petersilie; 2. Schnittlauch; 3. Majoran; 4. Bohnenkraut; 5. Borretsch; 6. Basilikum; 7. Zitronenmelisse; 8. Gartenthymian; 9. Pfefferminze; 10. Salbei; 11. Estragon; 12. Fenchel; 13. Dill; 14. Kerbel; 15. Sauerampfer; 16. Anis; 17. Liebstöckel

Kräutergarten mit mehrjährigen Pflanzen erfordert eine sorgfältige Planung. Mit ein wenig Geschick läßt sich auch mit Küchenkräutern eine dekorative Wirkung erzielen.

Eine kleine Auswahl von Kräutern kann man sehr reizvoll zwischen den Speichen eines alten Wagenrads ziehen, das auf die Erde gelegt wurde. Jedes Kreissegment wird mit einem anderen Kraut bepflanzt. In einem größeren Garten kann man ein rundes Beet in Kreissegmente aufteilen und mit verschiedenen Kräutern bepflanzen.

Wo genügend Platz vorhanden ist, legt man einen reizvollen Kräutergarten in Schachbrettform an. Die einzelnen Quadrate werden mit verschiedenen Kräutern bepflanzt; dazwischen ordnet man im Wechsel gleich große Quadrate an, die man mit Trittplatten auslegt.

Gewürzkräuter werden in ein- und mehrjährige Pflanzen eingeteilt. Einjährige Kräuter sät man im Frühjahr oder Frühsommer aus. Die mehrjährigen Pflanzen bilden die größere Gruppe. Es sind überwiegend Gartenstauden oder Halbsträucher, die viele Jahre am gleichen Standort bleiben können. Es empfiehlt sich, die einjährigen Kräuter im Garten von den mehrjährigen getrennt anzubauen, damit sich diese ungestört entfalten können. Die einjährigen Kräuter, wie Basilikum, Kerbel, Kresse und Majoran, werden in der Regel aus Samen herangezogen und im Gemüsegarten dort angebaut, wo gerade Platz ist.

Manche Kräuter brauchen nur einmal ausgesät zu werden. Von anderen werden in gewissen Zeitabständen sogenannte Folgesaaten gemacht, damit immer junge Kräuter für den Sofortverbrauch zur Verfügung stehen. Das Saatgut von Gewürzkräutern wird zum Teil naturrein angeboten, d. h., der Samen ist weder gebeizt noch einer chemischen Behandlung unterworfen worden.

Wenn man sich für eine bestimmte Form und Größe des Kräutergartens entschieden hat und genau weiß, welche Kräuter man ziehen will, sollte man die Samen für die Frühjahrsaussaat beim Samenhändler oder bei einer auf Kräuter spezialisierten Gärtnerei möglichst bald bestellen.

Gewürz- und Küchenkräuter für den Hausgarten

Gewürz- und Küchenkräuter sind nicht nur nützlich, sondern wirken im Garten auch dekorativ. Sie gedeihen auf kleinen Beeten, möglichst in der Nähe der Küche, oder im eigens angelegten Kräutergarten. Ihre Verwendung nimmt in den letzten Jahren stark zu

Basilikum *Ocimum basilicum*
Die einjährige Pflanze, die 30–60 cm hoch wird, hat glänzendsattgrüne, aromatische Blätter. Im Spätsommer erscheinen weiße Blüten. Man pflanzt das Basilikum in gut dränierten, lockeren, nährstoffreichen Boden an einen geschützten Standort. Vermehrt wird es durch Aussaat im Mai. Vorkultivierte Jungpflanzen werden nach den Eisheiligen ausgepflanzt. Die Blätter können von Juli bis September geerntet werden. Will man das Kraut trocknen, dann wird es vor der Blüte geschnitten. Das Basilikum dient zum Würzen von Salaten, Fleischspeisen, Suppen, Soßen und Fisch. Da das frische Kraut sehr stark würzt, wird es sparsam verwendet.

Basilikum

Bohnenkraut *Satureja hortensis*
Die einjährige Pflanze wird 30–50 cm hoch. Die Stengel sind buschig verzweigt und nach unten verholzt. Die Blüten erscheinen von Juli bis Oktober. Man pflanzt Bohnenkraut am besten in lockeren Boden in möglichst warmen Lagen. An ungünstigen Standorten ist eine Vorkultur im Frühbeet erforderlich. Die Aussaat erfolgt von April bis Anfang Mai unmittelbar ins Gartenbeet. Der Reihenabstand beträgt 20 bis 30 cm. Bohnenkraut ist ein Lichtkeimer; deshalb wird das Saatgut nur leicht mit Erde bedeckt. Später vereinzelt man die Sämlinge auf 12–15 cm. Die Pflanze braucht nur bei anhaltender Trockenheit gewässert zu werden.

Bohnenkraut eignet sich besonders gut zum Trocknen. Während der Vegetationszeit schneidet man die grünen Triebe und hängt sie bündelweise an einem schattigen, luftigen Ort zum Trocknen auf. Bohnengerichte bekommen mit Bohnenkraut erst den charakteristischen Geschmack.

Borretsch *Borago officinalis*
An günstigen Standorten wird das einjährige Kraut 60–90 cm hoch. Die Stengelblätter haben kurze Stiele und sind auf beiden Seiten behaart. Von Mai bis September bilden sich himmelblaue, lockere Blütenstände. Die Blätter haben einen aromatischen gurkenähnlichen Geschmack. Borretsch gedeiht auf allen Böden mit ausreichendem Nährstoffgehalt. Die Aussaat erfolgt von April an bis Juli in Folgesaaten. Triebspitzen und junge Blätter können laufend geerntet werden. Das frische, junge Erntegut wird in der Küche zum Würzen von Salaten verwendet.

Dill *Anethum graveolens*
Der einjährige Dill mit seinen feinen, mehrfach gefiederten Blättern wird 50–90 cm hoch. Im Sommer bilden sich große scheibenartige Dolden mit grünlichgelben Einzelblüten. Vermehrt wird der Dill durch Aussaat von April bis Juli. Man sät ihn an geschützten Standorten auf gut dräniertem, mittelschwerem Boden aus. Auch zwischen Salat und Gelben Rüben wird er gern angebaut. Geerntet werden die Blätter, ehe die Samen ansetzen. Mit den frischen, jungen Blättern würzt man Gemüse, Salate, Suppen, Fleisch- und Fischgerichte. Feinschmecker schätzen Dillmayonnaise oder pikanten Dillquark. Ganze Pflanzen mit Blüten- oder Fruchtdolden verwendet man zum Einlegen von Gewürzgurken, Essiggurken und Mixed Pickles. Getrocknet wird Dill nur selten.

Dill

Dost *Origanum vulgare*
Die ausdauernde Staude ist nahe verwandt mit dem Majoran. Sie hat vierkantige Stengel mit samtig behaarten Blättern. Von Juli bis Oktober bilden sich rosarote Scheinblüten, die in büschelförmigen Ähren stehen.

Die Kultur ist einfach. Der Dost liebt einen warmen, sonnigen Standort. Vermehrt werden kann die Pflanze durch Aussaat oder durch Teilung. Die Aussaat erfolgt von Ende April an mit einem Reihenabstand von 25 bis 30 cm. Später wird auf einen Abstand von 25–30 cm verzogen.

Die jungen Triebe des Dosts werden je nach Bedarf geschnitten. Die Haupternte beginnt während der Blütezeit. Man schneidet das Kraut etwa handhoch über dem Boden ab und trocknet es dann.

Dost ist ein typisches Pizzagewürz, wird aber auch gern für Fleischspeisen, Gemüse und Käsegerichte verwendet.

Estragon *Artemisia dracunculus*
Die mehrjährige Pflanze wird 0,6–1,5 m hoch und bildet buschig verzweigte, krautige Triebe mit hellgrünen, lanzettlichen Blättern. An der Spitze des Stengels erscheinen von Juni an rispenähnliche Blütenstände mit unscheinbaren gelbgrünen Blüten. Es gibt zwei Kulturformen: den Russischen (oder Sibirischen) und den Deutschen Estragon. Estragon ist anspruchslos, liebt sonnige, windgeschützte Lagen und einen lockeren, nahrhaften Boden. Jungpflanzen werden am besten durch Teilung eines alten Stocks gewonnen. Nur der Russische Estragon läßt sich durch Samen vermehren. Er wird im Frühjahr ausgesät. Die Triebspitzen verwendet man als Gewürz zu Salaten, Fleischspeisen und Kräutersoßen. Man kann die Triebspitzen auch büschelweise trocknen.

Fenchel *Foeniculum vulgare*
Fenchel, eine Staude, die bis 2 m hoch werden kann, gedeiht in nährstoffreichem, kalkhaltigem Boden an einem warmen, sonnigen Standort. Die Aussaat erfolgt im April direkt ins Freiland. Im Spätherbst wird das Kraut handbreit über dem Boden abgeschnitten, und die Wurzeln werden mit Stroh oder Torf abgedeckt. Im ersten Jahr schneidet man nur das frische Kraut während des Sommers. Im zweiten und dritten Jahr erntet man die Früchte. Mit den frischen Trieben und Blättern würzt

Fenchel

man Salate und Fischgerichte. Halbreife Früchte verwendet man zum Einlegen von Gurken und Sauerkraut. Die reifen Früchte dienen zum Würzen von Backwerk.

Kerbel *Anthriscus cerefolium*
Die einjährige Pflanze mit gefiederten, farnartigen Blättern wird 30–50 cm hoch. Der Kerbel bevorzugt lockere, humose Böden. Um ständig ernten zu können, sät man in Folgesaaten im Abstand von zwei bis drei Wochen. Die erste Aussaat kann bereits von März an erfolgen. Da Kerbel rasch wächst und schnell schießt, sollte man ihn im Frühsommer und Sommer an halbschattigen Standorten aussäen. Der Kerbel kann sechs bis acht Wochen nach der Aussaat geerntet werden. Man kann ihn auch zwischen Kopfsalat säen. Beide Kulturen fördern sich gegenseitig in der Entwicklung. Frisches und getrocknetes Kraut dient zum Würzen von Suppen, Soßen und gekochten Fleischspeisen.

Kerbel

Liebstöckel *Levisticum officinale*
Das Liebstöckel, auch Maggikraut genannt, ist eine stark wachsende, kräftige Staude mit aufrechten, röhrigen Stengeln. Die Blätter sind mehrfach gefiedert und dunkelgrün. Von Juni bis August bilden sich blaßgelbe Blütchen in gewölbten Dolden aus. An den Boden stellt das Liebstöckel keine Ansprüche. Mit einer einzigen Staude kommt man im Hausgarten gut aus. Am einfachsten ist die vegetative Vermehrung. Man schneidet im April oder September den Wurzelstock einer alten Liebstöckelpflanze in Teile und pflanzt sie wieder ein. Die Vermehrung kann auch durch Aussaat im März oder August erfolgen. Für den Sofortverbrauch pflückt man während der ganzen Vegetationszeit frische Blätter. Mit den frischen und getrockneten Blättern werden Suppen, Soßen und Salate gewürzt.

Liebstöckel

Majoran

Majoran *Majorana hortensis*
Die frostempfindliche Pflanze, die 30–50 cm hoch wächst, wird bei uns einjährig kultiviert. Man pflanzt sie an einen warmen, sonnigen Standort in lockeren, mehr sandigen Boden. Die Aussaat erfolgt erst nach den Eisheiligen ins Freiland oder bereits Ende März in Töpfe oder Schalen ins Frühbeet. Ausgepflanzt wird erst, nachdem die Frostgefahr vorüber ist. Man setzt immer zwei bis drei Pflänzchen zusammen. Majoran erntet man kurz vor oder während der Blüte. Wenn man die Pflanzen zwei bis drei Finger breit über dem Boden abschneidet, dann treiben sie im selben Jahr noch einmal aus. Majoran gehört zu den wichtigsten Gewürzen in der Küche.

Petersilie *Petroselinum crispum*
Die zweijährige Pflanze wird 15–25 cm hoch. Die dunkelgrünen Blätter sind zwei- bis dreifach geteilt. Von der Blattpetersilie gibt es krausblättrige und glattblättrige Sorten. Die Petersilie braucht einen humusreichen, sandigen und tiefgründigen Boden in geschützter Lage. Die Aussaat erfolgt vom zeitigen Frühjahr bis in den Sommer hinein. Die Blätter werden vor der Blüte geerntet und zum Garnieren und Würzen verwendet.

Pfefferminze *Mentha piperita*
Die ausdauernde Pflanze wird 50 bis 80 cm hoch. Die kurzgestielten Blätter sind mit Haaren besetzt. Von Juni an bilden die lilafarbenen Blüten einen ährenähnlichen Blütenstand. Die Pfefferminze bevorzugt einen leichten, humosen, feuchten Boden. Für den Anbau wird meist die Englische oder Mitchampfefferminze verwendet. Meist wird die Pfefferminze durch Wurzelausläufer vermehrt. Die jungen Triebe können für den Frischverbrauch ständig geerntet werden. Kurz vor der Blüte erfolgt die Haupternte. In der Küche würzt man mit den frischen Blättern Rohkost- und Diätspeisen, Suppen, Soßen oder Fleischgerichte.

Rosmarin *Rosmarinus officinalis*
Der immergrüne Halbstrauch mit graugrünen wohlriechenden Blättern wird bis 1,5 m hoch. Von Mai bis Juli erscheinen blaßblaue Blüten. Er wird in lockeren, humusreichen, ziemlich trokkenen Boden in die volle Sonne gepflanzt. Die Jungpflanzen kann man aus Stecklingen im August oder aus Samen ziehen. Die Aussaat erfolgt im zeitigen Frühjahr. Die Blätter können das ganze Jahr hindurch geerntet werden. Die Haupternte ist während der Blütezeit. Rosmarin wird zum Würzen von Fisch, Fleisch, Geflügel, Eierspeisen, Soßen und Salaten verwendet.

Salbei *Salvia officinalis*
Der immergrüne Halbstrauch mit graugrünen gekerbten Blättern wird 50 bis 70 cm hoch. Die violettblauen Blüten erscheinen von Juni bis August. Man pflanzt den Salbei in lockeren, kalkhaltigen Boden und an einen sonnigen Standort. Vermehrt wird die Pflanze durch Teilung oder Stecklinge. Ausgesät wird Salbei im April ins Frühbeet. Blätter für den Frischverbrauch können jederzeit geerntet werden, zum Trocknen am besten vor der Blüte. Salbei verwendet man zum Würzen von Fisch-, Fleisch- und Wildgerichten.

Sauerampfer *Rumex acetosa*
Die ausdauernde Pflanze wird 30 bis 80 cm hoch. Von Mai bis Juli öffnen sich unscheinbare Blüten. Die Samenstengel sollte man entfernen, um das Wachstum junger Blätter, die feiner

Salbei

sind und besser schmecken, zu fördern. Der Sauerampfer gedeiht auf feuchtem, normalem Gartenboden in der Sonne oder im Halbschatten. Man vermehrt die Pflanze durch Aussaat oder Teilung im März oder April. Die jungen Blätter verwendet man zum Würzen von Salaten, Soßen oder Suppen. Im Frühjahr kann man aus den ersten Blättern ein Gemüse zubereiten.

Schnittlauch *Allium schoenoprasum*
Die grasartigen, röhrenförmigen Halme der ausdauernden Pflanze, die 15–25 cm hoch wird, sind dunkelgrün.

Sauerampfer

Die blaßvioletten Blütendolden erscheinen im Juni und Juli. Sie sollten vor der Blüte entfernt werden. Schnittlauch gedeiht am besten in nährstoff-, humus- und kalkreichen Böden. Man vermehrt ihn durch Teilung des Ballens im Herbst oder Frühjahr. Die Blätter werden nach Bedarf geerntet und in der Küche vorwiegend frisch verwendet. Sie haben einen milden Zwiebelgeschmack und werden fein geschnitten als Brotbelag, zu Salaten und Gemüsegerichten verwendet. Schnittlauch eignet sich gut für die Einfassung einer Kräuterrabatte. Im Winter kann man Schnittlauch im Topf treiben.

Thymian

Thymian *Thymus vulgaris*
Der mehrjährige Halbstrauch mit stark verästelten Zweigen erreicht eine Höhe von 20–40 cm. Die eiförmigen Blätter sind auf der Unterseite filzig behaart. Von Mai bis September bilden sich an den Blattachseln der oberen Blätter blaßlila Blüten. Der Thymian stellt keine besonderen Ansprüche an den Boden. Am besten gedeiht er in möglichst sonniger, warmer Lage. Man vermehrt die Pflanze im April oder Mai durch Aussaat oder Teilung. Die Ernte erfolgt kurz vor der Blüte im Mai oder Juni. Die Triebe werden handhoch über dem Boden abgeschnitten. Der zweite Austrieb kann Ende August geerntet werden. Thymian im Topf ist nicht nur nützlich, sondern auch eine Zierde für das Fensterbrett. Die Pflanze ist besonders in der französischen Küche beliebt. Zum Würzen von Suppen, Soßen, Kartoffelgerichten werden nur kleine Mengen verwendet.

Waldmeister *Galium odoratum*
Der Waldmeister liebt einen humosen Boden und eine halbschattige bis schattige Lage. Vermehrt wird die Pflanze am besten durch Teilung älterer Pflanzen, die im Abstand von 20 × 20 cm ausgepflanzt werden. Da der Waldmeister Trockenheit schlecht verträgt, sollte man den Boden immer ausreichend feucht halten.

Erst vom zweiten Jahr an darf geerntet werden. Man schneidet das Kraut kurz vor der Blüte. Lose ausgebreitet oder gebündelt, kann man es in einem luftigen, schattigen Raum trocknen. Besonders beliebt ist der frische Waldmeister als Gewürz für die Maibowle, die auch als Waldmeisterbowle bekannt ist.

Waldmeister

Weinraute *Ruta graveolens*
Der immergrüne 70–80 cm hohe Halbstrauch hat graublaue, gefiederte Blätter, die ungewöhnlich riechen. Die Weinraute gedeiht auf normalem Boden an sonnigen Standorten. Man vermehrt sie am besten durch Teilung im Frühjahr. Häufig wird die Weinraute als Zierpflanze gezogen. Die frischen Blätter werden in kleinen Mengen zu Fleischfüllungen, Salaten, Suppen und Soßen verwendet.

Ysop *Hyssopus officinalis*
Der ausdauernde 0,8–1 m hohe Halbstrauch mit schmalen, dicht behaarten Blättern blüht lebhaft blau von Juli bis Oktober. Man pflanzt ihn an einen

Ysop

sonnigen Standort in lockeren Boden. Vermehrt wird Ysop durch Aussaat im April oder Teilung älterer Stöcke. In der Küche verwendet man von der Pflanze nur frische Blätter und Triebe zu Soßen, Fisch- und Fleischgerichten.

Zitronenmelisse *Melissa officinalis*
Die Zitronenmelisse, eine ausdauernde Staude, hat aufrechte, vierkantige, etwas behaarte Stengel und wird 0,6–1 m hoch. Die sattgrünen Blätter sind eiförmig, am Rand gezähnt und leicht behaart. Von Juni bis September erscheinen in den Blattachseln die blauweißen bis rosafarbigen Lippenblüten. Die Zitronenmelisse braucht einen humosen, sandigen Lehmboden und eine warme Lage. Neue Pflanzen erhält man am einfachsten durch Teilung eines älteren Stocks im April. Die Anzucht aus Samen ist umständlicher, aber auch möglich. Man sät die Zitronenmelisse im Frühjahr ins Frühbeet. Als Gewürz dienen die frischen und getrockneten Blätter in kleinen Mengen zu Suppen, Soßen, Salaten, Fleisch und Fisch.

Heidekrautgewächse

Heidekrautgewächse sind Kleinsträucher, die bis zu 1 m hoch und etwa doppelt so breit werden können. Sie wirken am besten, wenn sie in Gruppen oder großflächig zusammengepflanzt werden.

Kennzeichnend für Heidekräuter sind ihre kleinen nadelförmigen Blätter. Die Pflanzen bringen meist sehr viele weiße, rosa oder rote Blüten hervor. Sie blühen vom Dezember bis zum Frühjahr und vom Sommer bis zum Spätherbst. Mit Ausnahme der Schneeheide ertragen alle Heidekräuter keinen Kalk, weder im Boden noch im Gießwasser.

Das natürliche Verbreitungsgebiet vieler Arten ist das wintermilde Nordwesteuropa mit ausgeprägt atlantischem Klima. Besonders erfolgreich können sie auch in dieser Gegend gepflanzt werden. Für Gebiete mit kalkhaltigen Böden und rauhen, kontinental geprägten Wintern sind sie nicht geeignet. Dort läßt sich zwar der Boden günstig beeinflussen, aber das Klima ist ungünstig. Alle Heidekräuter lieben nämlich einen sonnigen Standort mit wenig Schatten.

Heidekrautgewächse können durch Stecklinge und Absenker im Sommer vermehrt werden. Man kann die Pflanzen auch im Frühjahr durch Teilung vermehren.

Erica cinerea Grauheide
Der immergrüne Strauch wird 20 bis 30 cm hoch. An seinen graubehaarten Zweigen sitzen dunkelgrüne Blättchen und endständige, dichte, quirlige Blütentrauben. Die Farbenpalette der einzelnen Sorten reicht von Violettrosa bis Weiß. Die Grauheide ist etwas frosthärter als die Englische Heide, braucht aber trotzdem einen gewissen Winterschutz und erträgt keinen Kalk. Vermehrt und geschnitten wird die Grauheide wie die Englische Heide.

Erica ciliaris Englische Heide
Der immergrüne Strauch, der ungefähr 30 cm hoch wird, blüht von August bis September in endständigen Trauben mit großen purpurrosa Blüten. Die Art ist ziemlich frostempfindlich und erträgt keinen Kalk. Die Englische Heide braucht nicht zurückgeschnitten zu werden, kann aber, wenn sie im Winter unter Frost gelitten hat, d. h., wenn die Zweige zurückgefroren sind, zurückgeschnitten werden. Vermehrt wird *E. ciliaris* durch Absenker im Juli oder durch Stecklinge im Juli und August.

Erica herbacea Schneeheide
Die weithin bekannte Schneeheide hieß früher *E. carnea.* Sie nimmt eine Sonderstellung ein, weil sie im Gegensatz zu den anderen *Erica*-Gewächsen einen kalkhaltigen Boden erträgt und damit ein größeres Verbreitungsgebiet hat. Eine weitere Besonderheit ist ihre Blütezeit, die von Dezember bis April anhält. Die Schneeheide ist immergrün, wird 20–30 cm hoch und blüht auch bei frostigem Wetter, wenn ringsum Schnee liegt. Es gibt viele schöne Sorten in Weiß, Rosa, Purpur und Violettrot.

Die Schneeheide wird durch Teilung im April, durch Absenker im Juli oder durch Stecklinge im Juni vermehrt. Ein Rückschnitt im April ist bei älteren Pflanzen empfehlenswert.

Erica tetralix Glockenheide
Der immergrüne Strauch wird 30 bis 40 cm hoch, hat graubehaarte Blättchen und ziemlich große zylindrische rosa, weiße oder rotbraune Blüten. Die Glockenheide braucht einen etwas feuchteren Boden und erträgt auch mehr Schatten als die anderen *Erica*-Arten. Sie blüht vom Juni bis in den Oktober hinein. Die kalkmeidende Pflanze wird durch Absenker im Juli oder durch Stecklinge im Juli und August vermehrt. Im Frühjahr kann man sie ein wenig zurückschneiden.

Calluna vulgaris Besenheide
Die charakteristische Pflanze der norddeutschen Heide- und Moorlandschaften ist nicht *Erica,* sondern *Calluna.* Sie wird zwischen 0,2 und 1 m hoch, ist immergrün und blüht von Juli bis September. Sie braucht einen nährstoffarmen, sauren, wasserdurchlässigen Boden, erträgt also keinen Kalk und kann großflächig angepflanzt werden. Die Besenheide sollte jedes Jahr im April zurückgeschnitten werden, damit sie niedrig und buschig bleibt. Vermehrt wird sie durch Absenker im Juli oder durch Stecklinge von zweijährigem Holz im August. Es gibt viele schöne Sorten in den verschiedensten Farben.

Erica vagans Cornwallheide
Der immergrüne, ungefähr 30 cm hohe Strauch bringt von Juli bis September rosa Blüten hervor, die in dichten, walzenförmigen Trauben stehen. Diese Art erträgt auch ein wenig Kalk, ist jedoch nicht sehr frosthart. Vermehrt wird die Cornwallheide durch Stecklinge im Juni oder Absenker im Juli.

Erica cinerea

Erica herbacea

Erica vagans

Calluna vulgaris

Seltenere Gemüsearten

Weniger häufige Gemüsearten, auf die im Hauptteil des Buchs hingewiesen wird, sind hier abgebildet

Beliebte Gewächshauspflanzen

Es gibt eine ganze Reihe von Pflanzen, die sich für die Gewächshauskultur eignen und deren Pflege daher auch in den Abschnitten über die Kleingewächshausgärtnerei von Januar bis Dezember beschrieben wird. Dennoch tauchen sie im folgenden dann nicht auf, wenn sie einer Gruppe angehören, die an einer anderen Stelle des Buchs erscheint. Die Christrose z. B. findet man unter Stauden *im* Oktober, *die Hortensie unter* Bäume und Sträucher *im* September, *und Rosen werden im* Juni *behandelt*

Abutilon Schönmalve
Mehrere Arten dieses nicht winterharten Strauchs werden im Gewächshaus gezogen. Oft kultiviert man sie als Kletterpflanzen, damit sich dort die wunderschönen trompetenähnlichen, hängenden Blüten gut und reichlich entwickeln. Man vermehrt sie aus Samen im Februar oder aus Stecklingen, die im September oder März gesteckt werden. Die bekannteste Art ist *A.*-Hybriden. Eine seltenere Art ist *A. megapotamicum.* Sie bringt rote und gelbe Blüten hervor. Höhe: 0,6–1,5 m; Blütezeit: Mai–Oktober.

Abutilon-Hybriden

Acacia Akazie
Diese dekorativen Sträucher bilden im zeitigen Frühjahr ganze Büschel gelber Blüten. Obgleich in der Natur einige Arten 10 m hoch und höher werden, können in Töpfen gezogene Pflanzen, die jedes Jahr nach der Blüte zurückgeschnitten werden, auf eine Höhe von etwa 50 cm begrenzt werden. Man vermehrt Mimosen aus Samen im März oder aus Stecklingen halbreifer Triebe im Juli. Von Juni bis Oktober werden die Pflanzen ins Freie gestellt. *A. armata* ist wohl die beste Art für die Topfkultur. *A. dealbata* ist die von Blumenhändlern allgemein angebotene Art. Sie wird jedoch für die Gewächshauskultur zu groß und wird als Schnittblume importiert. Höhe: 0,5–1 m; Blütezeit: Februar–April.

Acacia dealbata

Achimenes Schiefteller
A.-Hybriden haben im Sommer dekorative Röhrenblüten in Rot, Rosa, Weiß, Blau, Violett und Purpur. Diese Pflanzen mit Wurzelknollen ziehen im Herbst ein und legen im Winter eine Ruheperiode ein. Sehr gut wirken sie in Ampeln. Falls es warm genug ist, beginnt man im Februar mit dem Treiben, doch muß man die Pflanzen bis März in einem nur mäßig beheizten Gewächshaus lassen. Höhe: 15–60 cm; Blütezeit: Juli–Oktober.

Azalea siehe ***Rhododendron simsii***

Begonia Begonie
B.-Knollenbegonien-Hybriden, deren dekorative Blüten rot, rosa, gelb und weiß sein können, weisen einfache, gefüllte und halbgefüllte Formen auf. Einige von ihnen sind an den Rändern der Blütenblätter hübsch gezeichnet. Alle blühen den ganzen Sommer über. Knollenbegonien sind am einfachsten im temperierten Gewächshaus zu pflegen. Die ruhenden Knollen werden im Januar oder Februar möglichst in einem Vermehrungskasten angetrieben. Wenn es zu kalt ist, wartet man damit bis März. Alle Begonien mögen durchlässige, humose, lockere Erde. Sie dürfen daher nicht zu fest eingetopft werden. Während der Hauptwachstumsperiode muß die Luftfeuchtigkeit hoch sein. Von Mai an sind die Pflanzen vor direkter Sonne zu schützen. Triebe großer Pflanzen werden an Stäben angebunden. Nach der Blüte läßt man die Pflanzen nach und nach ausreifen und die Triebe einziehen. Die Knollen werden bis zum folgenden Frühjahr gelagert. Es gibt zahlreiche Sorten. Hängebegonien werden in Ampeln gezogen. Höhe: 15–60 cm; Blütezeit: verschiedene Arten das ganze Jahr über.

Achimenes

Begonia

Calceolaria Pantoffelblume
Die nicht winterharten Pantoffelblumen sind hübsche farbenprächtige Pflanzen mit zahlreichen pantoffelähnlichen gelben und roten Blüten, die häufig schwarz, braun und dunkelrot gefleckt sind. Pantoffelblumen sät man im Juli aus und läßt sie in einem kalten Kasten oder einem Gewächshaus keimen. Während der Blütezeit werden sie ab und zu mit einer 0,2%igen Volldüngerlösung gedüngt. Die großblütigen Sorten werden ungefähr 45 cm hoch. Die gedrungen wachsenden Hybriden

Calceolaria

C. multiflora 'Nana' sind besonders empfehlenswert. Höhe: 15–45 cm; Blütezeit: März bis Mai.

Campanula Glockenblume
Von Juli an erscheinen die dekorativen Rispen mit porzellanblauen Glöckchen von *C. pyramidalis.* Man sät sie im April oder Mai in einen kalten Kasten. Diese winterharte Pflanze braucht nur wenig Wärme und kann im Kalthaus überwintert werden. *C. isophylla*, der Stern von Bethlehem, blüht hellblau. Die Pflanze kann in einer Ampel gezogen werden. Man vermehrt die Pflanze aus Samen im März oder aus Stecklingen, die im März oder August geschnitten werden. *C. i.* 'Alba' ist eine weißblühende Sorte. Höhe: 10–80 cm; Blütezeit: Juli–September.

Campanula isophylla

Canna Blumenrohr
C.-Indica-Hybriden sind tropische Pflanzen mit großen, bronzebraunen, dunkelgrünen Blättern und zahlreichen attraktiven Blüten, die in verschiedenen Farben von Juli an aufgehen. Vermehrt werden die Pflanzen aus Samen im Februar oder März oder besser aus knolligen Rhizomen, die nach dem Absterben der Blätter im Herbst getrocknet und im März neu angetrieben werden. Höhe: 0,6–1,2 m; Blütezeit: Juli–September.

Canna

Celosia Hahnenkamm
C. argentea var. plumosa bringt im Sommer leuchtendrote, federartige, seidige Blüten hervor. Die Sorte 'Aurea' blüht goldgelb. Diese attraktive Topfpflanze, die einen hellen Platz braucht, muß ständig im Wachstum gehalten werden. Vermehrt wird sie aus Samen im März und April. Höhe: 30–60 cm; Blütezeit: Juli–September.

Cineraria siehe ***Senecio***

Celosia

Coleus Buntnessel
C.-Blumei-Hybriden kultiviert man wegen ihrer schönen bronzeroten Blätter. Die Blütenrispen werden entfernt, wenn sie Knospen gebildet haben. Man vermehrt die Buntnessel aus Samen im Februar oder durch Stecklinge von März bis September. Höhe: 30–60 cm; Blütezeit: Juni–September.

Coleus

Freesia Freesie
Seit einigen Jahren gibt es neue wuchsfreudige Sorten dieser Gattung. Die duftenden Blüten entwickeln sich an dünnen, jedoch ziemlich drahtigen Stielen in Gelb, Weiß, Lila, Rosa und Orange. Freesien blühen im temperierten Gewächshaus von November bis April, falls man sie in Folgesaaten heranzieht. Gute moderne Sorten sind 'White Swan', 'Pink Giant', 'Rynvelds Golden Yellow' und 'Sapphire'. Samen von Mischungen, die im April ausgesät werden, ergeben Pflanzen, die im folgenden Februar zur Blüte kommen. Im August kann man jeweils sechs Zwiebeln in einen 12-cm-Topf legen.

Spezialgärtnereien liefern präparierte Zwiebeln moderner Sorten, die sicher zum Blühen kommen. Man kann jedoch auch nach der Kultur von Pflanzen, die aus Samen kultiviert wurden, die oberirdischen Teile abtrocknen lassen und die Zwiebeln aufbewahren. Werden sie nicht zu kühl gelagert, können sie, wie oben beschrieben, wieder ausgelegt werden. Sie kommen dann nach den Sämlingen zum Blühen. Höhe: 30–50 cm; Blütezeit: November bis April.

Freesia

Fuchsia Fuchsie
Diese beliebten Pflanzen tragen im Sommer und Herbst elegante, hängende Blüten in verschiedenen Schattierungen von Rosa, Violett, Scharlachrot und Orange. Sie brauchen einen guten, nährstoffreichen Boden, ausreichende

Fuchsia

Belüftung und eine hohe Luftfeuchtigkeit. Junge Pflanzen können als Hochstämmchen, als Büsche oder Pyramiden gezogen werden. Stecklinge schneidet man von jungen, weichen Trieben im März oder August. Höhe: 20–30 cm; Blütezeit: Mai–Oktober.

Heliotropium Heliotrop
H. arborescens bringt blaue und weiße duftende Blüten hervor. Vermehrt wird die Pflanze durch Aussaat im März oder durch Stecklinge im September. Pflanzen, die aus Stecklingen gezogen werden, werden im folgenden Jahr bis zu 60 cm hoch. Höhe: 30–60 cm; Blütezeit: April–September.

Heliotropium peruvianum

Pelargonium Pelargonie, Geranie
Pelargonien, bekannter unter dem Namen Geranien, sind leicht zu kultivieren und werden im allgemeinen nicht von Schädlingen und Krankheiten befallen. Es gibt mehrere Gruppen: die *Pelargonium-Zonale*-Hybriden (Zonalpelargonien), die zu fast allen Jahreszeiten leuchtende Blüten entwickeln und sich hervorragend für das ungeheizte Gewächshaus eignen. Man vermehrt sie durch Stecklinge im August und September. Von den Zonalpelargonien gibt es zahlreiche Sorten. Am besten wählt man diejenigen aus, die ein Spezialbetrieb gerade als Hauptsorten anbietet.

Pelargonium zonale

Unter der Bezeichnung Efeupelargonien oder Hängegeranien faßt man die Hybriden von *P. peltatum* zusammen. Es handelt sich um Geranien, die ähnliche Eigenschaften besitzen wie die Zonalpelargonien. Sie haben jedoch dünnere Triebe und efeuartige Blätter. Deshalb bezeichnet man sie oft als Efeupelargonien.

Neue Sorten dieser Gruppe sind als Balkonpflanzen sehr beliebt, weil die Triebe etwas aufrechten, aber vor allen Dingen hängenden Charakter besitzen. Man kann sie auch für Blumenampeln gut verwenden. Die Kultur und Vermehrung ist die gleiche wie bei den Zonalpelargonien.

Pelargonium domesticum

Beide Pelargoniengruppen lassen sich sehr gut überwintern. Dafür braucht man einen hellen kühlen Standort. Ein schwach temperiertes Kleingewächshaus ist am besten dafür geeignet. Die Überwinterungstemperatur sollte bei 6–10 °C liegen. In dieser Zeit wird verhältnismäßig wenig gegossen, damit der Wurzelballen keine faulen Stellen bekommt. Die Pflanzen stammen aus Südafrika und haben einen halbsukkulenten Charakter. Deshalb ist zuviel Feuchtigkeit gefährlich. *P.-Grandiflorum*-Hybriden (Edelpelargonien) sind die Hybriden von *P.* × *domesticum.* Sie entwickeln einfache oder gefüllte Blüten, die meist gestreift oder gefleckt sind. Die Farbpalette reicht von Tiefviolett, Orange und Magentarot bis zu Blaßrosa und Weiß. Alle Sorten blühen im Frühjahr oder Frühsommer. Vermehrt werden die Pflanzen durch Stecklinge, die man von Juli bis September schneidet. Höhe: 15–30 cm; Blütezeit: April–Oktober.

Plumbago Bleiwurz
P. auriculata bringt hübsche zartblaue Blüten hervor. Die Triebe dieser dekorativen Kletterpflanze, die im temperierten Gewächshaus gedeiht, müssen an Stützen gebunden werden. Sie kann auch als Topfpflanze gezogen werden, wenn die Triebspitzen gestutzt werden. Die Bleiwurz wird im Spätsommer durch Stecklinge vermehrt. Die Jahrestriebe schneidet man im Februar kräftig zurück. Höhe: 0,9–1,2 m; Blütezeit: Mai–September.

Plumbago auriculata

Primula Primel
P. kewensis bringt im späten Frühjahr zahlreiche gelbe Blüten hervor. Die Blätter sind mit einem mehltauartigen Belag überzogen. Diese Blume läßt sich leicht aus Samen ziehen, die im März ausgesät wurden. *P. malacoides* blüht zartlila im Frühjahr. Diese Art braucht nur wenig Wärme. Sie wird aus Samen im Juni oder Juli vermehrt. Moderne Sorten mit wesentlich größeren scharlachroten, braunen, rosa, violetten und weißen Blüten stehen zur Verfügung. *P. obconica* hat kompakte Blütenköpfe, die in gewissen Abständen das ganze Jahr erscheinen. Man vermehrt die Pflanze aus Samen im März, April oder Mai. Es gibt weiße, rosa, lachsrosa, blaue und scharlachrote Sorten. Höhe: 15–40 cm; Blütezeit: April–November. *P. vulgaris,* die Kissenprimel, blüht leuchtend gelb, rot, blau oder weiß. Blütezeit: Dezember–April; Höhe: 10–15 cm.

Primula kewensis

Rhododendron simsii Azalee
Azaleen sind beliebte immergrüne Sträucher, die von Weihnachten an blühen. Die Blüten sind vorwiegend rot und rosa; einige Sorten bilden auch weiße Blüten. Nach der Blüte darf die Spezialerde nur mit weichem Wasser gegossen werden. Man besprüht die Blätter häufig mit kalkfreiem Wasser, um den neuen Austrieb zu fördern. Zwischen Juni und Oktober stellt man die Töpfe ins Freie. Man pflanzt Azaleen in torfhaltige, kalkfreie Erde im Abstand von zwei Jahren um. Höhe: 15–45 cm; Blütezeit: Dezember–März.

Rhododendron simsii

Schizanthus Spaltblume
Diese einjährigen Pflanzen, die in Töpfen gezogen werden und rosa, scharlachrote, malvenfarbene und weiße Blüten von Juni an entwickeln, sind beliebt wegen ihrer schönen Blüten. Man vermehrt die Spaltblume durch Samen, Aussaat im September oder Februar. Viele Sorten wurden gezüchtet, einschließlich der großblumigen Hybriden und der Zwergsorten. Höhe: 20 bis 40 cm; Blütezeit: Juli–September.

Schizanthus

***Senecio-Cruentus*-Hybriden** Cinerarie
Cinerarien sind leicht zu kultivierende Pflanzen. Von Dezember bis Mai schmücken sie sich mit zahlreichen margeritenähnlichen rosafarbenen, roten, blauen, rosa oder weißen Blüten. Man vermehrt die Pflanzen aus Samen von Juni bis September. Wenn man Cinerarien in gewissen Zeitabständen mehrmals aussät, hat man über einen langen Zeitraum hinweg blühende Pflanzen. Gute Sorten sind: 'Grandiflora' mit großen Blüten; 'Mulitflora Nana', eine kompakte Zwergform; 'Stellata' mit sternförmigen schmalen Blüten. Höhe: 30–60 cm; Blütezeit: Dezember bis Mai.

Senecio cruentus

***Sinningia*-Hybriden** Gloxinie
Gloxinien sind Hybriden oder Sorten von *S. speciosa.* Sie entwickeln von April bis August farbenprächtige, samtartige Blütenglocken in Rot, Violett, Purpur und Weiß. Sie brauchen Wärme und Luftfeuchtigkeit und müssen vor direkter Sonne geschützt werden. Man vermehrt die Pflanzen aus Samen im Februar oder aus Knollen im März. Höhe: 15 bis 25 cm; Blütezeit: April–August.

Sinningia (Gloxinia)

Streptocarpus Drehfrucht
Die Drehfrucht bringt große Büschel trichterähnlicher Blüten in Blau, Rot und Violett hervor. Wenn man im März sät, beginnt die Blüte Ende Juli. Will man früher Blüten haben, wird im Juni des Vorjahres gesät. Neue Hybriden werden vegetativ durch Blattstecklinge vermehrt. Die Pflanzen können zwei oder drei Jahre gedeihen, empfehlenswert ist es jedoch, sie jedes Jahr neu zu pflanzen. Höhe: 20–30 cm; Blütezeit: Mai–September.

Streptocarpus

Zantedeschia Zimmerkalla
Die pfeilförmigen Blätter der Zimmerkalla werden von einem langen Blütenschaft überragt. Er endet in einem gelben Kolben und ist von einem reinweißen Hüllblatt umgeben. *Z. aethiopica* ist die bekannteste Art. Man stellt die Pflanze an einem hellen Platz auf. Eine Temperatur von 15 °C genügt, 18 °C sollten nicht überschritten werden. Die Zimmerkalla braucht viel Wasser. Nach der Blüte, von Juni an, beginnt die Ruheperiode. Die Wassergaben werden völlig eingeschränkt. Im Sommer wird die *Z. aethiopica* in eine kräftige Blumenerde umgepflanzt. Höhe: 30–90 cm; Blütezeit: Dezember–Mai.

Februar

Wer seine Ziersträucher nicht schon im Januar geschnitten hat, sollte jetzt darangehen. Alle paar Jahre wirklich kräftig auszulichten ist besser, als wenn man immer nur einige wenige Zweige abschneidet. Mit einem kräftigen Verjüngungsschnitt erreicht man bei alten Pflanzen neue Triebe. Auch den Zäunen sollte man jetzt sein Augenmerk schenken: Bestimmt gibt es etwas auszubessern oder zu streichen.

Haselnuß

△ Christrose

△ *Prunus subhirtella*

▽ Iris

In besonders kalten Gegenden sollte man die sich öffnenden Blüten der Christrose mit Reisig abdecken, damit sie nicht erfrieren. Nach der Blüte wird der Stengel bis zum Boden zurückgeschnitten

Prunus subhirtella gehört zu den Japanischen Duftkirschen. Der Baum kann im Lauf der Jahre zu respektabler Größe heranwachsen: 6 m Höhe und annähernd 5 m Breite sind keine Seltenheit

Die abgebildete *Iris danfordiae,* eine Zwergzwiebeliris, wird nur 10–15 cm groß. Die *Iris* oder Schwertlilie ist eine alte Gartenpflanze, die in vielen Formen und Farben viele Monate des Jahres blüht

Man unterscheidet zwei Gruppen von Rittersternen: die großblütigen *Vittatum*-Hybriden (Foto) und die *Gracilis*-Hybriden mit wesentlich kleineren Blüten. Etwa von Ende September bis Mitte Dezember legen Rittersterne eine Ruheperiode ein

▽ Ritterstern

△ Zaubernuß

▽ Clivie

△ Gekalkte Obstbäume

▽ Winterling

Die sommergrünen, winterharten Sträucher der Zaubernuß ähneln der Haselnuß – allerdings nicht gerade im Februar, wenn der Strauch blüht

Die Stämme von Obstbäumen werden mit Kalkbrühe eingestrichen, damit sie die Sonne tagsüber nicht zu sehr erwärmt. Wenn es nachts kalt wird, könnten die Bäume wegen des großen Temperaturunterschieds Schaden nehmen

Clivia miniata, das Riemenblatt, gehört zu den verbreitetsten Zimmerpflanzen. Einen hellen Fensterplatz mag die Pflanze am liebsten – allerdings keine direkte Sonne, wenn sie im Sommer am heißesten ist. Die Früchte, die auf die Blüten folgen, nehmen der Clivie Kraft und beeinträchtigen die nächste Blüte: Man schneidet sie besser ab

Besonders hübsch wirkt der Winterling, wenn man ihn zusammen mit Schneeglöckchen anpflanzt. Im späten Frühjahr kann man ihn gut durch Teilung vermehren

Februar

Rasen

Rasenflächen, die von Schnee bedeckt sind, darf man nicht betreten, weil sonst der Sauerstoff der Luft die Gräser nicht mehr erreicht und diese dann nicht mehr atmen können. Wenn der Schnee längere Zeit verharscht ist, sollte man mit einem Gartengerät die Kruste auflockern.

Bäume und Sträucher

Wenn der Boden offen und die Witterung günstig ist, kann man schon jetzt Neupflanzungen vornehmen. Jedoch gilt auch für den Februar, daß man Pflanzungen zu diesem Zeitpunkt nicht dringend vorsehen sollte.

Schnittmaßnahmen Nachdem die stärksten Fröste vorüber sind, ist jetzt die Zeit für Schnittarbeiten günstig, insbesondere für das Auslichten von Ziersträuchern, wie Zierquitte, Perückenstrauch, Weißdorn, Deutzie, Ölweide, Forsythie, Kerrie, Kolkwitzie, Liguster, Zierapfel, Pfeifenstrauch, Fingerstrauch, Holunder, Fiederspiere, Spierstrauch, laubabwerfender Schneeball, Weigelie, Glyzine, Flieder.

Man sollte an diesen Pflanzen nicht jedes Jahr ein wenig herumschnippeln, sondern in mehrjährigem Turnus kräftig auslichten, indem man die ältesten Zweige direkt am Boden absägt.

Ist eine Verjüngung notwendig, ist also ein Strauch zu dicht und zu groß geworden, kann er jetzt im ausgehenden Winter kräftig ins alte Holz zurückgeschnitten werden. Dies ertragen die meisten der obengenannten Sträucher, aber auch das Geißblatt, die Schneebeere sowie die Eibe. Alle anderen Nadelgehölze darf man nicht ins alte (braune) Holz zurückschneiden. Auch Goldregen, Zierkirschen und Zieräpfel schätzen solche Gewaltkuren nicht.

Hecken

Es fallen auch jetzt keine dringenden Arbeiten an. Schnittmaßnahmen, insbesondere ein starker Rückschnitt, und Pflanzungen sind bei günstiger Witterung möglich. Wie schon im Januar ausgeführt wurde, ist jedoch der Zeitpunkt für Pflanzarbeiten nicht ideal.

Stauden

Wenn die Stauden in nicht gut umgegrabenen, wenig gedüngten Boden gepflanzt worden sind, sollte man sie jetzt düngen. Man streut z. B. einen organisch-mineralischen Volldünger mit hohem Phosphat- und Kaliumanteil zwischen die Pflanzen. Diese Düngung kann auch auf eine Schneedecke ausgebracht werden. Sie sikkert dann mit dem schmelzenden Schnee Ende Februar oder im März in den Boden ein und kommt bald nach dem Austrieb den Stauden zugute.

Hat man den Boden schon im Herbst oder frühen Winter umgegraben, dann kann ebenfalls jetzt gedüngt werden – vorausgesetzt, daß man die Oberfläche betreten kann.

Dies ist der Fall, wenn der Boden gefroren ist oder wenn eine Schneedecke auf den Beeten liegt. Natürlich gilt dasselbe, wenn der Boden nach der Schneeschmelze oberflächlich abgetrocknet ist. Keinesfalls darf ein eben aufgetauter feuchter Boden betreten werden.

Ein- und zweijährige Pflanzen

Auch in diesem Monat überlegt man, welche ein- und zweijährigen Pflanzen man im Garten kultivieren will. Dabei ist die Lektüre von Samenkatalogen nützlich. Samen von bestimmten Gattungen und Arten sollten jetzt bestellt werden.

Wenn der Gartenboden gefroren ist, kann man einen organischen Dünger ausbringen. Dies ist natürlich nur dann erforderlich, wenn im Herbst nicht gedüngt worden ist. Verwendet werden können verrotteter Stallmist, Kompost, Torf oder Rindensubstrate. Auch eine Wintergrunddüngung mit einem organisch-mineralischen Volldünger kann ausgestreut werden. Die Aufwandmenge liegt zwischen 100 und 140 g auf 1 m^2. Diese Düngung kann jedoch auch erst bei der Bodenbearbeitung im März ausgestreut und gleich in die Krume eingearbeitet werden.

Unter Glas

Zwar werden die meisten einjährigen Pflanzen erst im März gesät, doch diejenigen mit einer längeren Wachstumsperiode bringt man jetzt schon aus (siehe Aussaatanleitung im *März*).

Zwiebel- und Knollengewächse

Zwiebelkultur unter Glas und im Haus

Jetzt holt man die letzten Zwiebelpflanzen zum Antreiben ins Haus (siehe *Dezember*). Abgeblühte Gewächse können direkt in den Garten gepflanzt werden, wenn der Boden frost- und schneefrei ist. Andernfalls werden die Pflanzen, wie im *Januar* beschrieben, an einem kühlen, hellen Platz weiterkultiviert. Wichtig ist in jedem Fall, daß die Zwiebeln nicht einziehen, da die Blätter, die sich oft erst nach der Blüte richtig ausbilden, zum Aufbau der Nährstoffe dringend benötigt werden. Erst im Frühsommer sollten die Zwiebeln in die Sommerruhe übergehen.

Rosen

Rosen können dann gepflanzt werden, wenn die Erde trocken oder nur wenig feucht ist, aber nicht, wenn sie gefroren oder mit Schnee bedeckt ist. Das wird nur in wenigen Gebieten Mitteleuropas in milden Wintern möglich sein. Sonst wartet man lieber mit dem Pflanzen, bis sich günstigere Witterungsverhältnisse im Frühjahr eingestellt haben.

Rosen, die nicht gepflanzt werden können, läßt man bis zu einer Woche in der Verpackung. Sollte sich das Pflanzen noch weiter hinauszögern, packt man die Rosen aus und schlägt sie ein. Ist das auch nicht möglich, weil der Boden gefroren oder mit Schnee bedeckt ist, werden alle Blätter entfernt und die Wurzeln mit den unteren Stammteilen in feuchte Sackleinwand eingehüllt. So bewahrt man sie an einem frostfreien Platz auf. Man kann die Pflanzen aber auch im Keller oder in einem anderen kühlen Raum einschlagen (siehe *Dezember*).

Unter Glas

Man hält die Temperatur tagsüber bei 16 °C und in der Nacht bei 7 °C. Einmal wöchentlich werden die Töpfe gründlich gewässert. Das Gießwasser sollte die gleiche Temperatur wie die Gewächshausluft haben.

Chrysanthemen

Unter Glas

Man sorgt für eine kühle Temperatur und gute Lüftung. Die Mutterpflanzen werden mäßig feucht gehalten. Vernässung sollte man vermeiden.

Dahlien

Man schaut nach den eingelagerten Knollen. Wenn sie schrumpfen, legt man sie über Nacht in mäßig temperiertes Wasser. Danach läßt man sie abtrocknen und setzt sie in Torf, Sand oder Vermiculite zurück. Faule Stellen werden mit einem scharfen Messer herausgeschnitten und die Schnittflächen mit Captan bestäubt.

Gladiolen

Gladiolen blühen früher, wenn man sie im Gewächshaus vortreibt. Die Knollen werden gegen Ende des Monats oder im März in Schalen oder Töpfe gelegt. Die Temperatur sollte 10 °C betragen. Man achtet darauf, ob an den Trieben Blattläuse auftreten, und stäubt die Knollen mit Propoxurstaub, wenn man Schädlinge entdeckt. Die vorgetriebenen Knollen pflanzt man 10 bis 15 cm tief in Gruppen oder Reihen im April aus.

Vorgetriebene Pflanzen sind kälteempfindlich. Deshalb muß man sie vor stärkeren Nachtfrösten unbedingt schützen. Gelagerte Knollen werden überprüft und alle kranken Knollen weggeworfen.

Sobald es die Bodenverhältnisse zulassen, wird eine Grunddüngung ausgebracht. Sie besteht aus einem organisch-mineralischen Volldünger. Auf 1 m^2 werden 50–70 g ausgestreut und in die Beete eingearbeitet.

SCHUTZ DURCH GLASHAUBEN

Holländische Iris, die für den Schnitt gepflanzt wurden, können mit Glashauben oder Folientunneln geschützt werden. Bei hochwüchsigen Arten legt man Backsteine unter

Iris

Für die Pflanzung im März oder April bestellt man präparierte Zwiebeln von Holländischen Irisarten. Sie eignen sich gut als Schnittblumen und zum Füllen von Lücken in Rabatten.

Vor kalter Witterung schützen Holländische Iris, die zum Schnitt in Reihen gepflanzt wurden, deckt man mit Folientunneln ab. Die Blumen blühen dadurch nicht wesentlich früher, sind jedoch von besserer Qualität, da sie vor ungünstiger Witterung geschützt sind. Man sollte dabei aber die endgültige Höhe der einzelnen Arten berücksichtigen. Wenn nötig, legt man Backsteine oder Bretter unter die Tunnel, um sie auf die richtige Höhe zu bringen.

Mit einer Glasscheibe werden frühblühende Iris im Steingarten geschützt. Man kann sie auch mit einer Haube abdecken. Dadurch verhindert man, daß die Blüten bei rauher Witterung abgeknickt oder umgeweht werden.

Lilien

Bei günstigen Boden- und Witterungsverhältnissen können Lilien in ganz milden Klimagebieten jetzt noch gepflanzt werden (siehe *Oktober*).

Kauft man die Zwiebeln beim Händler, so wählt man kräftige, gesund aussehende Exemplare aus. Die Zwiebeln dürfen nicht ausgetrocknet sein. Gelegentlich treffen gute Zwiebeln nach einem Versand in ausgetrocknetem Zustand ein. Man kann sie vielleicht wieder auffrischen, wenn man sie in Schalen mit angefeuchtetem Torfmull legt, an einen frostsicheren Ort stellt und dann eintopft (siehe *November*), ehe man sie auspflanzt.

Manche Lilien in milden Klimagebieten zeigen bereits jetzt im Garten die ersten Triebe; sie werden mit Folie vor Frost geschützt.

Unter Glas

Liliensamen werden am besten in einem Kleingewächshaus in Kistchen ausgesät. Vorteilhaft ist es, die Aussaat in Rillen vorzunehmen. Der Abstand der Rillen beträgt 6–8 cm, der von Same zu Same in der Reihe 1 cm. Als Aussaaterde wird eine lockere, luftdurchlässige Mischung aus Torf, Sand und Erde hergestellt. Auch eine Mischung aus 2 Teilen Torf oder Torfkultursubstrat, z. B. TKS 1, und 1 Teil Quarzsand ist gut geeignet.

Die Sämlinge erscheinen innerhalb eines Monats nach der Aussaat über dem Boden. Ihre Triebe bilden in der Regel, ähnlich wie Zwiebelsämlinge, kleine grüne Schlaufen. Diesen Vorgang nennt man epigäische Keimung.

Bei anderen bildet sich zunächst eine winzige Zwiebel; es kann bis zu einem Jahr dauern, bis

LILIENZWIEBELN EINTOPFEN

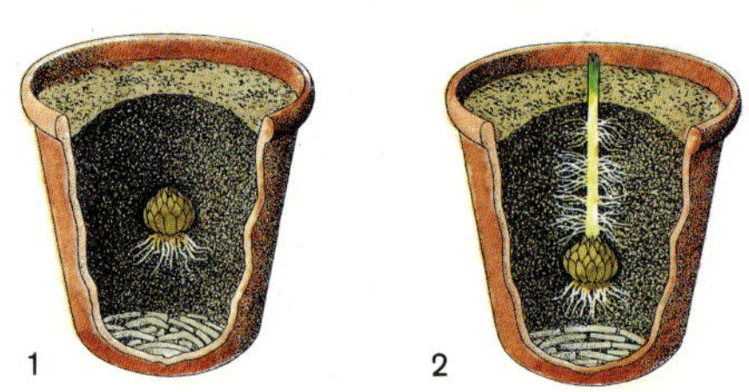

Beim Pflanzen von Lilienzwiebeln (1) legt man auf den Boden des Topfs eine Schicht Tonscherben, damit das Gießwasser gut abziehen kann. Am Stengel wurzelnde Lilien (2) werden 5 cm über das Dränagematerial gelegt

oberirdisch ein lanzettförmiges Blättchen erscheint. Dieser Prozeß wird als hypogäische Keimung bezeichnet.

Viele importierte Lilienzwiebeln, die man jetzt bekommen kann, sind ausgezeichnete Topfpflanzen. Man pflanzt sie in Einheitserde oder lockere Blumenerde und legt auf den Boden des Blumentopfs reichlich Dränagematerial. Ein 15 cm großer Topf faßt drei kleine Lilien, etwa *L. pumilum*, oder eine mittelgroße Zwiebel von Hybriden, wie 'Enchantment'. In einen 20-cm-Topf passen drei mittelgroße Lilien oder eine große, z. B. *L. auratum*. Am Stengel wurzelnde Lilien pflanzt man so, daß die Zwiebelbasis nur 5 cm über dem Dränagematerial liegt. Sobald bei vorgetriebenen Lilien die Knospen erscheinen, erhöht man die Temperatur auf 18–21 °C. Einmal jede Woche gibt man eine schwache Düngerlösung, bis sich die Knospen zu öffnen beginnen. Die meisten vorgetriebenen Lilien blühen sechs Wochen nach dem Erscheinen der Knospen.

Nelken

Für das Frühjahr werden sowohl Pflanzen für Freilandbeete als auch für die Gewächshauskultur bestellt. Bei günstiger Witterung werden die Beete vorbereitet.

Unter Glas

Edelnelken brauchen eine konstante Temperatur von 7 bis 10 °C. An milden Winterabenden sollte etwas gelüftet werden.

Man gießt und düngt sparsam, schneidet Blumen und entfernt, falls nötig, die Nebenknospen.

Auf Rost und Blattlausbefall achten. Im Winter setzt man statt Spritzmitteln besser Stäubemittel ein.

Pflanzen stutzen Junge Nelkenpflanzen, die im Herbst gesetzt wurden, stutzt man zum erstenmal, wenn sie neun oder zehn vollentwikkelte Blattpaare haben. Man hält den Stengel am siebten Knoten zwischen Daumen und Zeigefinger fest und biegt die Spitze der Pflanze mit der anderen Hand zur Seite, bis sie abbricht. Läßt sie sich nicht abbrechen, schneidet man den Stengel mit einem scharfen Messer unter dem siebten Blattknoten ab. Einjährige Nelken werden ausgesät und die Sämlinge später pikiert. In diesem Monat befaßt man sich vor allem mit Chabaud-Nelken. Dies sind Sommerblumen, die der Edelnelke nahestehen. Wegen ihres Dufts und wegen ihrer Reichblütigkeit werden sie im Hausgarten und als Schnittblumen gerne verwendet.

Ausgesät wird in eine durchlässige, humose, sandige, nur schwach gedüngte Erde. Die Samen keimen bei ungefähr 15 °C. Nachdem die Keimung abgeschlossen ist – etwa nach 14 Tagen –, müssen die Sämlinge hell gestellt und bei etwa 12 °C weiterkultiviert werden. Eine eigene Kultur ist nur dann zu empfehlen, wenn ein Kleingewächshaus oder ein sehr heller Fensterplatz vorhanden ist.

Pikiert wird, nachdem sich das erste Laubblatt gebildet hat. Einzelne Sämlinge kann man auch noch etwas länger stehenlassen und später einzeln in 6- oder 7-cm-Töpfe pflanzen.

In ähnlicher Weise wird jetzt mit der Aussaat einjähriger Bartnelken begonnen. Es handelt sich dabei auch um eine beliebte Beet- und Topfpflanze, deren Blüten gern als Schnittblumen verwendet werden. Sie stellt die gleichen Ansprüche wie Chabaud-Nelken.

Steingartenpflanzen

In diesem Monat erscheinen bei manchen Gattungen in milden Klimagebieten schon die ersten Blüten.

Falls sich Pflanzen durch den Frost gelockert haben, drückt man sie mit den Fingern an. Auch durch Frost gelockerte Etiketten werden wieder befestigt und – soweit dies notwendig ist – erneuert man die Aufschrift.

Unkräuter bekämpfen Kleine Grasbüschel und die Sämlinge einjähriger Unkräuter werden entfernt. Diese keimen oft unbemerkt im Herbst, entwickeln sich jedoch bei mildem Wetter äußerst kräftig. Falls sich Stellen mit übermäßigem Unkrautwachstum zeigen, nimmt man gefährdete Pflanzen aus dem Boden, befreit sie von anhängenden Unkräutern und entfernt die Unkräuter, ehe die Pflanzen wieder eingesetzt werden.

Bekämpfung von Schnecken Bei mildem Wetter stellt man Schneckenfallen auf oder legt Schneckenkorn zwischen den Pflanzen aus, das man bei Bedarf erneuert, wenn Schleimspuren auf dem Boden anzeigen, daß diese Schädlinge noch vorhanden sind.

Falls Pflanzen bei Frostwetter angeliefert werden, packt man sie aus und schlägt sie in flachen Kisten in feuchten Torf ein. Die Kisten werden an einem geschützten Platz aufgestellt, bis das Wetter fürs Pflanzen geeignet ist.

Unter Glas

Einige Steingartenpflanzen werden durch Wurzelstecklinge vermehrt. Hierbei handelt es sich um kleine Stücke fleischiger Wurzeln, die jetzt gewonnen werden, während die Pflanze ruht. Zu diesem Zweck schneidet man die Wurzeln in etwa 5 cm lange Teilstücke. Der obere Schnitt an jedem Teilstück wird waagrecht, der untere schräg ausgeführt.

Wurzelstecklinge Die Wurzelbildung erfolgt in einem Substratgemisch aus Sand und Komposterde in Holz- oder Plastikkästen in einem ungeheizten Frühbeet. Die Wurzelstecklinge werden senkrecht in den Boden gesteckt, und zwar so, daß sich die obere Anschnittfläche etwa 0,5 cm unter der Bodenoberfläche befindet. Die Jungpflanzen werden pikiert, sobald sich die ersten Blätter gebildet haben. Sind die Pflanzen entsprechend herangewachsen, werden sie im Lauf des Frühjahrs ins Freie ausgepflanzt.

Wasserpflanzen

Es werden weiterhin Maßnahmen zum Schutz des Beckens durchgeführt (siehe *Dezember*). Wenn sich eine dicke Eisdecke gebildet hat, senkt man den Wasserspiegel wenige Zentimeter ab, damit zwischen Eis und Wasseroberfläche eine isolierende Luftschicht entsteht. Dadurch erreicht man, daß das Wasserbecken in der Regel nicht noch stärker einfriert.

Primeln säen Primeln, die feuchte Standorte bevorzugen und deren Samen nach einem Frost besser keimen, werden gegen Ende des Monats ausgesät. Man füllt Saatkisten mit Aussaaterde bis knapp 2 cm unter dem Rand. Mit den Fingern wird die Erde, besonders in den Ecken und an den Seiten, leicht angedrückt und mit einem Holzbrettchen glattgestrichen. Man bringt den Samen dünn und gleichmäßig aus und bedeckt ihn dann mit gesiebter Erde. Dann wässert man sorgfältig mit der feinen Brause einer Gießkanne. Man kann auch die Kiste in flaches Wasser stellen, damit sich die Erde mit Feuchtigkeit vollsaugt. Die Kisten werden im Freien an einen geschützten, leicht schattigen Standort gebracht, wo die Erde durchfrieren kann. Die Saatkisten können aber auch, bis die Primeln keimen, in Frühbeetkästen aufgestellt werden.

Rhododendron

An bestehenden Pflanzungen sind keine besonderen Maßnahmen erforderlich.

Hat man Schutzeinrichtungen angebracht, überprüft man sie. Gerade im Februar ergibt sich oft die für immergrüne Rhododendren ungünstige Konstellation von strenger Kälte und ziemlich intensiver Sonneneinstrahlung.

Wenn der Boden offen ist, können Vorbereitungen für Neupflanzungen getroffen werden (siehe *März*). Das Pflanzen selbst ist jetzt nicht zu empfehlen.

Zimmerpflanzen

Gegen Ende dieses Monats sehen einige Zimmerpflanzen nicht mehr schön aus. Man prüft sorgfältig, ehe man entscheidet, ob sie durch eine entsprechende Behandlung im Frühjahr (siehe *März*) verjüngt werden können oder ob man sich besser von ihnen trennt. Zu den Pflanzen, die nach dem Winter unansehnlich aussehen und bei denen es fast unmöglich ist, sie wieder zu einem attraktiven Blickfang zu machen, gehören der Wunderstrauch und die *Dracaena*. Die meisten anderen Zimmerpflanzen kann man im Frühjahr zurückschneiden und in größere Pflanzgefäße umtopfen, damit sie einen guten Start vor Beginn der Hauptwachstumszeit haben (siehe *März*).

Kleingewächshausgärtnerei

Fuchsien, Heliotrop und Hortensien werden während der Ruhezeit auf die Stellagen im Gewächshaus gebracht. Sie brauchen einen möglichst warmen Platz, an dem die Temperatur nicht unter 10 °C absinkt. An sonnigen Tagen werden die Pflanzen mit Wasser besprüht. Sobald die Triebentwicklung in vollem Gange ist, erhöht man die Wassergaben.

Aussäen und pikieren Man sät Blumenrohr, Buntnessel, Gloxinien, Knollen- und *Semperflorens*-Begonien, Hahnenkamm, Schönmalve und Drehfrucht aus. Die Saatschalen oder Kästen werden in einen Vermehrungskasten bei einer Temperatur von 16–18 °C gebracht. Sobald die Sämlinge ausreichend groß sind, pflanzt man sie einzeln in 8-cm-Töpfe, die mit humoser Komposterde gefüllt sind, und zieht sie bei normaler Temperatur.

Samen der Spaltblume werden jetzt ausgesät, so daß man im Frühsommer blühende Pflanzen zur Verfügung hat.

Tomaten aussäen Falls im April Tomaten im temperierten Gewächshaus ausgepflanzt werden sollen, müssen die Samen in diesem Monat in Schalen oder Kisten, die mit Komposterde gefüllt wurden, bei einer Temperatur von 16 °C ausgesät werden (siehe *März*).

Jetzt kann der Schiefteller wieder angetrieben werden, indem man die Knöllchen in flache Schalen, gefüllt mit feuchtem Torf, legt und diese bei einer Temperatur von 13 bis 16 °C hält. Wenn die Triebe etwa 3 cm hoch sind, pflanzt man sie in 12-cm-Töpfe, gefüllt mit Komposterde, und zwar jeweils fünf Knöllchen bzw. Pflanzen in einen Topf.

Kletternde Pflanzen beschneiden Kletternde Pflanzen, wie Bleiwurz und Passionsblume, werden jetzt beschnitten. Man schneidet die Triebe, die sich im letzten Sommer gebildet haben, bis auf ein oder zwei Augen zurück. Man gießt nur mäßig und belüftet an milden Tagen ausreichend.

Die Pflege von Farnen Alle verwelkten und unansehnlichen Wedel von Farnen werden abgeschnitten. Pflanzen, deren Erdballen zu stark durchwurzelt sind, werden in größere Töpfe umgesetzt. Wenn man mehr Farnpflanzen wünscht, teilt man alte Pflanzen und topft die Teilpflanzen einzeln in 8-cm-Töpfe. Man sollte die kräftigen äußeren Teilpflanzen verwenden; die schwachen Pflanzenteile aus der Mitte werden entfernt.

Gegen Ende des Monats werden Jungpflanzen von Fuchsien, Zonal- und Edelpelargonien und von Buntnesseln, die in 8-cm-Töpfen überwintert haben, in 11- bis 12-cm-Töpfe umgetopft.

Balkongärtnerei

In diesem Monat sollte man den Balkon- und Kübelpflanzen im Überwinterungsraum und auf dem Winterbalkon im wesentlichen die gleichen Pflegemaßnahmen angedeihen lassen wie im Januar.

RÜCKSCHNITT VON PELARGONIEN

Ungefähr Mitte Februar schneidet man die krautigen Triebspitzen von Pelargonien ab, die sich im Winterquartier befinden

Balkonpflanzen zurückschneiden und eintopfen Von der Mitte des Monats an werden die überwinterten Geranien und Fuchsien ungefähr handhoch zurückgeschnitten, damit die Pflanzen buschig austreiben. Grundständige Triebe mit vier bis sechs Augen werden dabei belassen. Nur Hängegeranien brauchen nicht so tief abgenommen zu werden.

Gleichzeitig sollten die überwinterten Pflanzen jetzt in ein frisches Erdsubstrat umgepflanzt werden. 11-cm-Töpfe sind für die meisten Pflanzen gut geeignet. An einem möglichst hellen Platz bei Temperaturen zwischen 12 und 15 °C entwickeln die Pflanzen wieder neue Triebe. Ideale Voraussetzungen bietet dafür ein Kleingewächshaus. Wer eines besitzt, kann sich mit dem Umpflanzen und Rückschnitt noch einige Wochen Zeit lassen.

Nach dem Verpflanzen steigert man die Wassergaben allmählich. Bis die Balkongefäße nach den Eisheiligen (Mitte Mai) neu bepflanzt werden, sollten die überwinterten Pflanzen bereits Blütenknospen gebildet haben.

Einjährige Balkonblumen aussäen Einige Pflanzenarten müssen schon sehr früh ausgesät werden, weil sie eine lange Anzuchtzeit haben und doch Mitte Mai gepflanzt werden müssen. Das gilt für Knollenbegonien, Immerblühende Begonien, Pantoffelblumen und Pelargonien. Die Aussaat dieser Arten, die viel Pflege brauchen, muß im Januar oder Februar erfolgen.

Anzucht im Zimmergewächshaus Für die Anzucht braucht man nicht unbedingt ein Kleingewächshaus oder einen Frühbeetkasten. Oft genügt für die Vorkultur ein Zimmer- oder Minigewächshaus, das an einem hellen Fenster aufgestellt wird. In ihm können die Pflanzen gut heranwachsen.

Solche Zimmergewächshäuser bestehen aus einer wasserdichten Plastikwanne und einer glasklaren Abdeckhaube aus Kunststoff. Zusammen mit Jiffy-Torfquelltöpfen oder Jiffy-Pots bilden sie eine ideale Kombination für die Aussaat und Stecklingsvermehrung von Beet- und Balkonpflanzen. Solche Zimmergewächshäuser sind in vielen Größen im Handel.

Bei der Aussaat geht man folgendermaßen vor: Feine Sämereien werden am besten in kleine Saatkistchen aus Styropor oder in 8-cm-Töpfe aus Ton oder Torf (Jiffy-Pots) ausgesät. Man verwendet eine nährstoffarme Aussaaterde oder Torfkultursubstrat 1, das ausreichend angefeuchtet wurde. Die Oberfläche wird glattgestrichen. Dann legt man die Samenkörner aus. In jedes Töpfchen kommen ungefähr fünf Stück. Feines Saatgut, wie z. B. das von Petunien, darf nach der Aussaat nicht mit Erde bedeckt werden. Größere Samenkörner werden anschließend mit einer dünnen Schicht Aussaaterde übersiebt.

BALKONGÄRTNEREI

In solchen Keimboxen können viele Gemüse- und Blumenarten frühzeitig angezogen werden

Treibhausglocke mit Jiffy-Torfquelltöpfen

In Jiffy-Pots oder Jiffy-Torfquelltöpfen gedeihen die Sämlinge besonders gut

Auch mit luft- und wasserdichten Treibhausglocken werden gute Anzuchterfolge erzielt. Man bläst die Treibhausglocke einfach auf und läßt sie dann so lange geschlossen, bis sich die Sämlinge bewurzelt haben. Diese sind vor schädlichen Einflüssen, wie Zugluft, Staub und Insekten, vollkommen geschützt

Vor dem Überbrausen mit handwarmem Wasser sollte die gesamte Oberfläche leicht angedrückt werden. Die Aussaatgefäße stellt man dann in das Zimmergewächshaus bei einer Temperatur von ungefähr 20 °C. Nachdem die Sämlinge aufgelaufen sind, werden sie in Jiffy-Pots oder Torfquelltöpfchen vereinzelt und weiterkultiviert. Erst wenn die Pflanzen dort gut bewurzelt sind, kann man sie in den Balkonkasten auspflanzen.

Obst

An Tagen mit schlechter Witterung kümmert man sich um die Pflege und Instandsetzung von Geräten und Werkzeugen. Oft genügt es, wenn man sie gründlich entrostet und neu streicht. Kleinere Reparaturen, wie z. B. das Einsetzen neuer Dichtungen und das Schärfen von Messern, kann man gut selbst durchführen.

Der Schnitt der Obstgehölze gibt besonders in diesem Monat Gelegenheit zur Untersuchung von Ästen. Die Oberfläche der Rinde wird mit einer Lupe auf die Überwinterungsstadien von verschiedenen Obstschädlingen kontrolliert. Oft kann man schon mit bloßem Auge Schädlinge erkennen, z. B. die rostroten Eigelege der Obstbaumspinnmilbe. Rötlich sind die schlupffähigen, weißlich die toten Eier. Diese zwiebelförmigen Eier sind meist in Gruppen in der Nähe von Blattnarben und Verzweigungen des Holzes zu finden.

Für die Bekämpfung eignet sich Schachtelhalmtee mit Wasserglas (500 ml auf 10 l Wasser). Außerdem können die sogenannten Winterspritzmittel angewendet werden, jedoch nur, bis die Knospen schwellen. Später, zur Zeit des Austriebs, verwendet man Mineralöle oder Austriebsspritzmittel. Bei Pfirsichbäumen führen milde Witterungsperioden, besonders bei frühen Sorten, zum Schwellen der Knospen. Dann sollte die erste Behandlung gegen die Kräuselkrankheit mit Kupferoxydchlorid erfolgen.

Wenn das Wetter lange winterlich kalt bleibt, fressen Vögel häufig die Knospen ab. Gimpel, Grünfink und Sperling verursachen am häufigsten solche Schäden. Das wirkungsvollste Abschreckungsmittel für Obstgärten ist weiße Farbe (z. B. spritzfähig verdünnter Kalk, mit Wasserglas vermischt). Man setzt 1 kg Branntkalk mit 10 l Wasser an, filtert dann ab und fügt 100 g Wasserglas zu. Wenn nur einige kleinere Bäume und Beerensträucher zu schützen sind, spannt man Netze über die Pflanzen.

Sollten Hasen die Obstbäume stark angenagt haben, ist zu überlegen, ob sich Maßnahmen zur Erhaltung dieser Bäume lohnen oder ob gerodet bzw. neu gepflanzt werden soll. Eine größere Wunde am Stamm kann im April mit Stamm- oder Astaustrieben überbrückt werden, d. h., die Triebe unter der Wunde werden unmittelbar über dem oberen Wundrand einveredelt. Wenn keine solchen Triebe vorhanden sind, kann man auch Edelreiser dafür verwenden.

Jetzt ist es Zeit, die Stämme der Obstbäume anzukalken. Damit erreicht man, daß sich die Pflanzen tagsüber, wenn die Sonne intensiv scheint, nicht zu sehr erwärmen und dann abends, wenn es kalt wird, wegen des großen Temperaturunterschieds keinen Schaden nehmen. Gleichzeitig bekämpft man mit der Kalkbrühe Moose, Algen und Flechten, die sich auf den Stämmen festsetzen. Der Kalkbrei haftet besser und länger, wenn Tapetenkleister untergerührt wird.

Beim Schnitt von Obstbäumen gilt als allgemeine Regel: Alle Zweige, die nach innen wachsen, und solche, die sich kreuzen, schneidet man weg. Der Schnitt wird immer oberhalb eines nach außen zeigenden Knospenauges durchgeführt. Beim Schnitt von Apfelbäumen entfernt man auch mehltaubefallene Triebe. Man erkennt sie am grauweißen Belag.

Kiwi Im Spätwinter wird das Spalier formiert. Man läßt nur die Triebe stehen, die Früchte bringen oder die fruchttragende Seitentriebe neben den Jungranken erwarten lassen.

Pflaumen und Zwetschen Auch Zwetschen- und Pflaumenbäume müssen geschnitten werden, weil sich dies günstig auf die Entwicklung der Früchte auswirkt. Bei der Kronenbehandlung richtet man sich nach der Ertragsfähigkeit des Baums und sägt zunächst alle dürren, kranken, mit Moosen und Flechten besetzten Äste heraus und solche, die nur noch dünne und sehr schwache Einjahrestriebe entwickelt haben. Das Ziel bei Ertragsbäumen ist eine Krone, die mit Fruchtästen gleichmäßig durchsetzt ist.

Baumkronen umveredeln Kronen, die umgepfropft werden sollen, müssen entsprechend vorbereitet werden. Bei Kernobstbäumen wird das Abwerfen zu Beginn dieses Monats, bei Steinobst Ende Februar, Anfang März oder im Sommer unmittelbar vor dem Pfropfen durchgeführt.

Das Umveredeln lohnt sich nur bei gesunden und noch wüchsigen Bäumen. Zuerst bestimmt man die richtige Abwurfhöhe. Abgesägt wird rechtwinklig zur Astachse. Wichtig dabei ist, daß über der eigentlichen Pfropfstelle beim Kernobst ein 20 cm langer und beim Steinobst (nur beim Abwerfen für die Frühjahrsveredlung) ein 30 cm langer Holzkörper stehenbleibt. Dieser überstehende Teil soll die Pfropfstelle vor dem Austrocknen bewahren. Alle Wunden werden verstrichen, doch nicht die der Pfropfköpfe.

Weinrebe Ende des Monats schneidet man bei frostfreiem Wetter auch die Weinreben. Von den Trieben, die sich im Pflanzjahr aus der Veredlungsstelle gebildet haben, wird nur ein

RICHTIGER UND FALSCHER SCHNITT VON TRIEBEN

Unsauberer Schnitt; die Wunden verheilen schlecht — Der Schnitt ist zu dicht an der Knospe ausgeführt — Der Schnitt ist zu weit von der Knospe entfernt ausgeführt. Das überstehende Triebstück trocknet ein — Man darf den Schnitt nicht zur Knospe hin abschrägen — So ist der Schnitt richtig ausgeführt

SCHNITT EINES WEINSTOCKS (WAAGRECHTER KORDON)

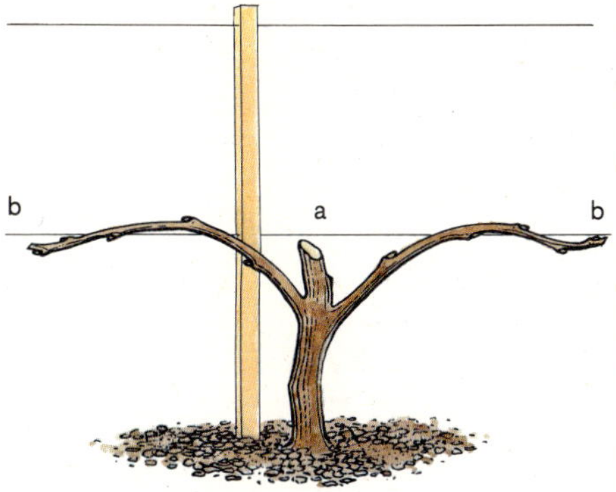

Der Haupttrieb wird kräftig zurückgeschnitten (a), so daß zwei starke Triebe zurückbleiben. Man schneidet jeden dieser Triebe unmittelbar nach der fünften Knospe (b) zurück. Die Triebe werden in entgegengesetzter Richtung an den Drähten erzogen

Haupttrieb hochgezogen. Wenn dieser im ersten Jahr länger als 60 cm geworden ist, kann er im Frühjahr des zweiten Jahrs auf die gewünschte Stammhöhe über einer gut ausgereiften Knospe abgeschnitten werden. Triebe, die diese Höhe nicht erreicht haben, schneidet man bis auf zwei Knospen über der Veredlungsstelle ab und zieht die Triebe in der gleichen Weise noch einmal hoch. Im Frühjahr des zweiten Jahrs werden nach den Eisheiligen – also Mitte Mai – die Seitentriebe, die sich an der einjährigen Rute entwickeln, bis auf die obersten zwei ausgebrochen. Diese beiden Seitentriebe werden im dritten Jahr auf eine Länge von ungefähr 1 m zurückgeschnitten und waagrecht an den Draht oder das Gerüst gebunden. Alle nach unten gerichteten Knospen bricht man aus. Die Triebe, die sich an der Oberseite entwickelt haben, heftet man im Lauf des Sommers an. Triebe mit Blüten werden auf drei Blätter über der obersten Blüte entspitzt, dagegen läßt man den blütenlosen Trieben sieben bis acht Blätter. Die sich aus den Blattachseln entwickelten Geiztriebe schneidet man auf ein Blatt zurück. Im Frühjahr des vierten Jahrs müssen die Triebe, die sich oberhalb auf den Seitenhölzern gebildet haben, bis auf zwei Knospen zurückgeschnitten werden. Dieser sogenannte Kordonschnitt wird in den folgenden Jahren ständig wiederholt – ebenso der Sommerschnitt –, wobei jeweils der unterste Teil auf zwei Knospen einzukürzen ist. Beim Rückschnitt soll über den Knospen jeweils ein 1,5 cm langer Zapfen stehenbleiben. Aus dieser Grundform lassen sich die verschiedenartigsten Spalierformen ziehen.

Gemüse

Normalerweise beginnt man mit dem Gemüseanbau im Freiland erst Mitte März bis Anfang April. Wer jedoch in seinem Garten ein Frühbeet zur Verfügung hat, kann bereits Ende Februar oder Anfang März mit dem Anbau beginnen. Die Kulturperiode erstreckt sich dann bis in den Spätherbst oder sogar bis in den Winter hinein. Sie ist also so lang, daß man bis zu drei Ernten erzielt. Will man eine vierköpfige Familie mit Gemüse versorgen, dann genügt ein 6 m^2 großes Frühbeet.

Einen Frühbeetkasten kann man schon für wenig Geld selbst bauen. Die Maße des Unterbaus müssen sich nach den genormten Größen der Fenster richten. In der Regel sind Frühbeetfenster 1,5 × 1 m groß. Als Baumaterial für den Kasten eignet sich Holz. Darüber hinaus sind auch Frühbeetabdeckungen im Handel, bei denen sowohl der Rahmen als auch die Auflage aus Kunststoff bestehen. Holz- oder Kunststofffrühbeete haben den Vorteil, daß sie leicht versetzt werden können. Frühbeete aus Betonfertigteilen sind eher an einen festen Standort gebunden.

Wenn Pferde- oder Rindermist zur Verfügung steht, kann Mitte Februar mit dem Packen des Frühbeets begonnen werden. Die Höhe der Stallmistpackung sollte, nachdem man sie festgetreten hat, 40–50 cm betragen. Die Erdschicht darf ungefähr 20 cm hoch sein. Zuletzt sollten noch 20–30 cm zwischen der Beetoberfläche und der Glasfläche übrigbleiben. Frisch gepackte Kästen können erst bebaut werden, wenn die sich entwickelnden Ammoniakgase entwichen sind. Dies ist meist nach fünf Tagen der Fall. Jedoch sollte man auch danach für viel frische Luft sorgen.

Wer keinen Stallmist hat, legt Mitte des Monats rechtzeitig die Fenster auf, damit sich die Erde im Frühbeet nach und nach erwärmt. Sobald durch die Sonneneinstrahlung der Boden aufgetaut ist, können auch solche nicht gepackten Frühbeete bestellt werden. Je nach der Lage ist dies meist Anfang bis Mitte März der Fall. Bei Kälteeinbrüchen muß der Kasten gut abgedeckt werden. Man legt Bretter oder Matten auf die Frühbeetfenster. Vor der Bestellung des Beets im Frühjahr wird mit einer flach eingeharkten Torfgabe für eine ausreichende Bodenverbesserung gesorgt.

Kulturfolgen im Frühbeetkasten Im Frühbeet kann man entweder Gemüsepflanzen anziehen oder Frühgemüse anbauen. Ende Februar werden bereits Kopfsalat und Kohlrabi gepflanzt oder Rettiche und Radies gesät. Von Mitte Mai bis Mitte September wird das Frühbeet meist mit Kastengurken oder Melonen genutzt. Im Anschluß daran ist der Anbau von Endivie, Kopfsalat, Feldsalat oder Spinat möglich.

Die folgenden Arten und Sorten sind für den Frühanbau geeignet: Kopfsalat (Pflanzabstand 25 × 25 cm): 'Larissa', 'Unico', 'Muck'; Kohlrabi (Pflanzabstand 25 × 25 cm): 'Primavera', 'Trero' (weiß), 'Blaro' (blau); Rettich (im Abstand von 20 × 20 cm stupfen): 'Rex', 'Neckarruhm'; Radies (Reihenabstand 10 cm, in der Reihe auf 6 cm vereinzeln): 'Saxa Treib', 'Rota', 'Cherry Belle', 'Frühwunder' und 'Hilmar'. Bei Rettich empfiehlt sich eine satzweise Aussaat im Abstand von etwa zehn Tagen.

Küchenkräuter

Wenn man einen Gewürzkräutergarten neu anlegen will, können dem Boden ungefähr 50 g eines organisch-mineralischen Volldüngers auf 1 m^2 gegeben werden. Bei ausdauernden Kräutern wird der Dünger zwischen die Pflanzen gestreut und flach in die Krume eingearbeitet. Bei kalkliebenden Pflanzen kann dem Boden Kalk oder ein kalkhaltiger Mineraldünger zugesetzt werden. Kalkliebend sind Dill, Thymian und Salbei. Majoran wächst dagegen in einem mit Torf angereicherten Boden besser. Keinesfalls sollte durch die Düngung das Wachstum der Pflanzen übermäßig vorangetrieben werden, weil sonst die Qualität der Kräuter leidet.

Die wertvollen Aromastoffe der Gewürzkräuter bilden sich in vollem Sonnenlicht. Nur Schnittlauch, Petersilie, Estragon und Liebstökkel gedeihen auch im Halbschatten.

März

Der Frühling beginnt, und im Garten muß einiges getan werden, damit später alles gut wächst und gedeiht. Besondere Aufmerksamkeit sollte man jetzt dem Boden widmen. Er muß für die Saat und das Auspflanzen richtig vorbereitet werden. Auch die Zimmerpflanzen dürfen nicht vergessen werden. Manche müssen umgetopft werden, andere brauchen nun mehr Luftfeuchtigkeit oder einen schattigeren Standort.

Krokuswiese

△ Lavendelheide

△ Märzbecher

▽ Schlüsselblume

Die Lavendelheide gedeiht nur in kalkfreiem Boden. Sie wird bis zu 2 m hoch und sieht auch als immergrüne Hecke sehr schön aus

Ein bekannter Frühlingsblüher ist der Märzbecher. An jedem Blütenstengel entwickelt sich nur eine weiße Blütenglocke. Der Rand der Blüten ist mit grünlichen Tupfen geschmückt. Die riemenförmigen Blätter werden nicht so lang wie die Blütenstengel

Die Schlüsselblume gehört zu den winterharten Primelarten. Sie ist bekannt für ihren angenehmen Duft und eignet sich gut als Unterpflanzung vor oder zwischen Gehölzen. An den goldgelben Blüten fällt besonders der lange Kelch auf

Das Mandelbäumchen liebt einen sonnigen Standort. Nach der Blüte werden die Blütentriebe bis auf zwei oder drei Knospen oberhalb ihrer Abzweigung vom Haupttrieb zurückgeschnitten. Die neuen Triebe tragen dann größere Blüten

▽ Mandelbäumchen

△ Blaukissen

△ Dichternarzissen

△ *Iris reticulata*

▽ Hundszahn

In der vollen Sonne an einer Trockenmauer gedeiht das Blaukissen am besten. Mit den leuchtenden Blüten dieser Pflanze kann man im Steingarten schöne Farbeffekte erzielen

Die Dichternarzisse, eine der zahlreichen Gartennarzissenarten, erkennt man an der flachen Krone mit rotem Rand und den weißen Blütenblättern. Narzissen sollten nicht mit anderen Blumen in eine Vase gestellt werden

Zu den drei Zwiebelirisarten gehört die *Iris reticulata*, mit der man Steingärten und Einfassungen schmücken kann. Sehr gut läßt sie sich auch in Töpfen als Zimmerpflanze ziehen

Den Hundszahn, besonders auffallend wegen seiner aparten Blüten, pflanzt man am besten in Gruppen am Rand von Büschen oder in Steingärten

Dem üppig blühenden Seidelbast sieht man nicht an, daß er giftig ist. Vor den hübschen roten Beeren sollte man sich vor allem vorsehen

▽ Seidelbast

△ Zierquitte

△ Elfenbeinginster

▽ Stiefmütterchen

Die Zierquitte oder Japanische Quitte, *Chaenomeles japonica*, ist ein kräftig wachsender, dorniger Strauch, der sich auch als Heckenpflanze bewährt hat. Sie blüht reich, und die Zweige sind dann ein hübscher Vasenschmuck. Viel Pflege braucht die Zierquitte nicht

Weil der Elfenbeinginster recht anspruchslos ist, kann man ihn auch gut in kargen, trockenen Boden pflanzen. Wichtig ist, daß er direkte Sonne erhält

Von Stiefmütterchen gibt es zahlreiche Rassen in verschiedenen Farbtönen. Auf Beeten, Einfassungen oder in Balkonkästen machen die großen Blüten viel Freude

Wie alle Primelgewächse brauchen Kugelprimeln einen feuchten Boden und müssen bei Trockenheit ausreichend gegossen werden. Kugelprimeln werden 20–30 cm hoch und passen gut in den Steingarten. Auch für den Sumpfgarten sind sie geeignet

▽ Kugelprimel

März

Rasen

Der neue Rasen Nachdem der für die Rasenfläche vorgesehene Boden im Herbst umgegraben worden ist (siehe *November*), wird die Fläche, sobald es die Witterung erlaubt, gründlich und sachgemäß für die Aussaat vorbereitet. Durch die Winterfröste wurden die Schollen zerkleinert, so daß man den Boden leicht bearbeiten kann. Falls man im Herbst den Boden nicht mehr umgraben konnte, wird die Fläche jetzt an einem trockenen, sonnigen Tag mit dem Karst oder Krail bearbeitet, aber nicht mehr umgegraben.

Unkrautwurzeln sammelt man sorgfältig auf und achtet besonders auf Löwenzahn, Quecken und Winden.

Die Saatfläche wird mehrmals diagonal und über Kreuz mit einer Harke eingeebnet (Saatvorbereitung siehe *November*). Dabei entfernt man alle Steine und mehrjährigen Unkräuter. Anschließend wird leichter Boden gewalzt oder etwas angetreten. Die Oberfläche muß mäßig fest und gleichmäßig eben sein.

Nachdem das Saatbeet vorbereitet ist, kann man vor dem Aussäen Kalkstickstoff gegen keimendes Unkraut ausstreuen. Erst nach 14 Tagen wird dann gesät.

Damit das junge Grün gut wächst, streut man bei nährstoffarmen Böden vor der Aussaat einen Grunddünger aus und arbeitet ihn mit der Harke ein. Eine geeignete Grunddüngermischung ist z. B. schwefelsaures Ammoniak (zwei Teile), Superphosphat (vier Teile), Knochenmehl (vier Teile), schwefelsaures Kali (ein Teil). Der Grunddünger wird gleichmäßig (ungefähr 75 g/m^2) ausgestreut und 2–3 cm tief mit der Harke eingearbeitet. Auch ein Volldünger in gleicher Aufwandmenge kann verabreicht werden.

Die wichtigsten Rasenmischungen Bei der Wahl einer Rasenmischung sind vor allem die Belastungen, denen der Rasen später ausgesetzt sein wird, seine sonnige oder schattige Lage und die Kosten des Saatguts zu berücksichtigen. Die meisten Mischungen bestehen aus drei oder mehr Grasarten. Im allgemeinen sind es Mischungen aus horst- und ausläuferbildenden Gräsern, die sich während des Wachstums gut miteinander vertragen und zu verschiedenen Zeiten reifen. Weidelgrasmischungen sind am preisgünstigsten und eignen sich für stark genutzte Rasenflächen, bei denen das Aussehen erst an zweiter Stelle steht. Empfehlenswert sind Mischungen aus Rotschwingel-, Strauß- und Rispengräsern. Falls man eine besondere Mischung haben möchte, kann man der nebenstehenden Tabelle geeignete Mischungsverhältnisse für verschiedene Verwendungsmöglichkeiten entnehmen.

Etwa eine Woche nachdem man die Grunddüngung vorgenommen hat, wird gesät. Man prüft zuvor nochmals, ob die Saatfläche eben und frei von Steinen ist und eine feine Krume hat.

Mit dem Säen sollte man warten, bis das Wetter etwas wärmer ist – möglichst bis Ende des Monats oder bis April.

Um den Samen gleichmäßig zu verteilen, wird zunächst nur die Hälfte in Querrichtung und dann die andere Hälfte in Längsrichtung ausgesät. Anschließend harkt man das Saatgut mit dem Rechen leicht ein, so daß es knapp unter der Oberfläche liegt. Leichte, trockene Böden walzt man schließlich, jedoch darf auf schweren Böden nicht gewalzt werden, da hier die Gefahr besteht, daß der Boden zu sehr verdichtet wird.

Schadsymptome Bei günstiger Witterung geht der Samen innerhalb von 14 Tagen auf. Zum Schutz vor Vögeln kann man nach der Saat den Boden mit Netzen abdecken. Man achtet auf Symptome der Umfallkrankheit. Diese Krankheit äußert sich durch das Auftreten von rötlichen Flecken im Rasen. Durch Spritzen mit Triforin läßt sich die Ausbreitung der Krankheit begrenzen, und das Wachstum des Grases wird dadurch gefördert.

Der erste Schnitt Wenn das Gras ungefähr 7 cm hoch ist – meist erst im April oder Mai –, wird zum erstenmal gemäht. Am besten führt man den ersten Schnitt mit einem Sichelmäher durch. Allerdings schneidet er die Gräser nicht so exakt ab wie ein Walzenmäher, verhindert aber, daß die jungen Pflanzen herausgezogen werden. Steht kein Sichelmäher zur Verfügung, kann man auch mit der Sense mähen.

Um beim Entfernen des Mähguts Zeit zu sparen, werden an geeigneten Stellen Plastikfolien, Körbe oder Säcke aufgestellt oder hingelegt, auf bzw. in denen das Mähgut gesammelt wird. Nachdem man mit dem Mähen fertig ist, trägt

Grassamenmischungen in Prozenten

	Zierrasen (wahlweise)		Gebrauchsrasen feuchter Boden	Gebrauchsrasen trockener Boden	Schattenrasen feuchter Boden	Schattenrasen trockener Boden	Rasen in Stadtgebieten
Rotes Straußgras *Agrostis tenuis*	30	30	10	20		30	
Rotschwingel *Festuca rubra*	70	30	60	40		40	
Wiesenschwingel *Festuca pratensis*		40	10	20		10	
Feinschwingel *Festuca tenuifolia*						20	
Kammgras *Cynosurus cristatus*			10	20			
Wiesenlieschgras *Phleum pratense*			10				
Weißes Straußgras *Agrostis stolonifera*					20		
Deutsches Weidelgras *Lolium perenne*					50		40
Gewöhnliches Rispengras *Poa trivialis*					30		30
Einjähriges Rispengras *Poa annua*							30

man das gesammelte Mähgut auf den Kompost oder an eine zum Mulchen vorgesehene Stelle.

Einen angelegten Rasen pflegen Beschädigte Stellen im Rasen werden ausgebessert, indem man einsät. Zuvor gleicht man Mulden und Kuppen aus, so daß eine gleichmäßige Oberfläche entsteht. Danach wird wie bei der Aussaat eines neuen Rasens verfahren.

Wichtig ist die Belüftung des Rasens. Hierfür wird mehrmals über Kreuz kräftig mit einem Vertikutierrechen gerecht. Auf größeren Rasenflächen lohnt sich der Einsatz eines speziellen Vertikutiergeräts. Es gibt heute auch schon Zusatzgeräte für Sichelmäher, die anstelle des rotierenden Messers am Mäher angebracht werden. Es handelt sich meist um stählerne Zinken, die die oberste Bodenschicht bearbeiten und dadurch belüften. Hierdurch werden gleichzeitig abgestorbene Gräser, Wurzelwerk und Moos beseitigt. Luft und Wasser können nun in tiefere Bodenschichten eindringen. Diese Behandlung ist wichtig für die Erhaltung einer gesunden Bodenfläche. Außerdem wird so verhindert, daß der Boden vernäßt und Krankheiten sich ausbreiten.

Düngung des Rasens Gegen Ende des Monats, wenn das Wetter warm genug ist, wird eine Frühjahrsdüngung aufgebracht. Am besten nimmt man einen Streuwagen, damit der Dünger in der richtigen Zusammensetzung gleichmäßig verteilt wird. Eine ungleichmäßige Verteilung bewirkt, daß das Gras später ungleichmäßig wächst. Verschiedene geeignete Düngermischungen kann man in einem Gartencenter kaufen. Die Anwendung erfolgt entsprechend den Anweisungen des Herstellers.

In neuerer Zeit hat es sich gezeigt, daß eine solche zeitige Frühjahrsdüngung nur bei ausgesprochen nährstoffarmen Böden notwendig ist. In anderen, vor allen Dingen humusreicheren und schweren Böden bilden sich im Lauf des Winters gewisse Nährstoffreserven, die zunächst von den Rasengräsern beim Beginn des Wachstums im Frühjahr aufgenommen werden. In diesem Fall ist eine solche erste Frühjahrsdüngung erst im Mai notwendig.

Rasenkanten begradigen Ehe man die Rasenkante schneidet, wird ein Brett auf das Gras an

EINSTELLEN DER MESSER

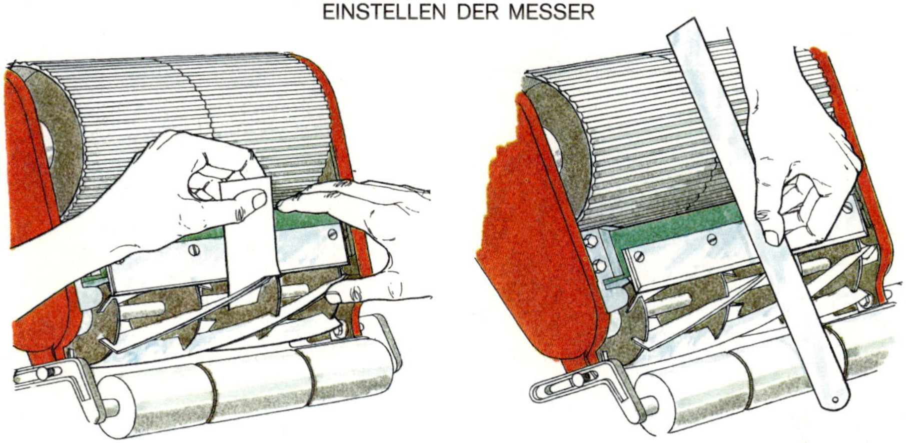

Man dreht die Messerwalze und prüft, ob sie Papier gleichmäßig über die gesamte Länge schneidet. Einstellschrauben entweder anziehen oder lockern

Will man die Schnitthöhe feststellen, legt man eine Latte von der vorderen zur hinteren Rolle des Rasenmähers und mißt die Entfernung zwischen Latte und Untermesser

HÄUFIGE FEHLER BEIM AUSBRINGEN VON DÜNGEMITTELN MIT DEM STREUWAGEN

Einzelne Grasstreifen erhalten keinen Dünger, wenn die Streuflächen nicht unmittelbar aneinander anschließen

Beim Anhalten und Anfahren entstehen ruckartige Bewegungen; dabei wird der Dünger ungleichmäßig verteilt

Scharfe Kehren vermeiden! Am Ende einer Reihe schließt man die Zufuhr, hebt den Streuwagen an und wendet

Bei rechtwinkligen Wendungen achtet man darauf, daß sich die Flächen weder überlappen noch unbestreut bleiben den Rand gelegt. Man stellt sich auf das Brett und schneidet das Gras mit einem Kantenstecher, wobei das Brett als Führungslinie dient. Der Schnitt wird leicht abgeschrägt ausgeführt. Es kann aber auch ein Spaten dazu verwendet werden.

Zur Begradigung eines wellenförmig verlaufenden Rands wird eine gespannte Schnur in der gewünschten Lage angebracht. Ein etwa 7 cm breiter Rasenstreifen wird an geeigneter Stelle aus der Rasenfläche herausgeschnitten und in eine Ebene mit der Schnur ausgelegt. Die leere Stelle füllt man mit gesiebter Erde und Grassamen auf, ebnet sie ein und tritt sie mit den Füßen leicht fest.

Ist an der Rasenkante eine Stelle beschädigt, wird sie quadratisch oder rechteckig mit dem Spaten ausgestochen, abgehoben und wieder so eingesetzt, daß die glatte Kante der Sode am Rand liegt. Das Loch, das an der schadhaften Stelle zurückbleibt, wird neu eingesät und mit feiner Erde überdeckt.

Der erste Frühjahrsschnitt Der Rasen wird gemäht, wenn er etwa 3–4 cm hoch ist. In der Regel nimmt man einen Walzenmäher. Mit ihm läßt sich eine gleichmäßig geschnittene Rasennarbe erzielen.

Die Schärfe der Messer kann man nachprüfen, indem man ein Stück Zeitungspapier zwischen Schneidzylinder und Untermesser legt. Wenn das Papier über die ganze Länge des Untermessers glatt abgeschnitten wird, ist der Rasenmäher ausreichend scharf. Die Messer werden entsprechend der Höhe des Grases eingestellt und der Schnitt bei trockenem Wetter ausgeführt. Zunächst werden Unebenheiten auf dem Boden mit einer Harke geglättet. In dieser Jahreszeit sollte man das Schnittgut nicht liegenlassen, da sich sonst leicht Schädlinge einnisten oder Krankheiten auftreten.

Im März wird der Rasen häufig durch *Fusarium* befallen. Das Schadbild zeigt große, abgestorbene Flecken mit weißem, flaumigem Pilzbefall, der sich besonders bei feuchtem Wetter oder wenn der Schnee lange gelegen hat entwikkelt. Die Flecken, die einen Durchmesser von 5 bis 30 cm haben können, sind häufig von einem pelzigen, weißen Myzel bedeckt.

Die Behandlung von Fusarium Hilfreich ist das Gießen mit Thiabendazol im Spätherbst. Eine wiederholte Behandlung ist unter Umständen notwendig. Um das Gras abzuhärten und um zu erreichen, daß es widerstandsfähiger gegen Krankheiten ist, kann man Eisensulfat, in einer Aufwandmenge von 7 g auf 1 m^2 vermischt mit etwa 100 g Sand, anwenden. Sehr wirkungsvoll kann diese Rasenkrankheit durch Dränieren des Bodens bekämpft werden.

Im Frühjahr und Frühherbst erweisen sich Regenwürmer manchmal als störend. Sie werfen kleine Erdhäufchen auf der Rasenfläche auf. Eine Beseitigung der Regenwürmer ist jedoch nicht zu empfehlen, da sie zur Belüftung des Bodens beitragen (siehe *Oktober*).

Die Bekämpfung von Rasenunkräutern Für die meisten Rasenunkräuter stehen verschiedene selektive Unkrautbekämpfungsmittel zur Verfügung. Die Anwendung erfolgt eine oder zwei Wochen nach der Frühjahrsdüngung bei warmem Wetter. Zahlreiche Rasenunkräuter, wie z. B. Kriechender Hahnenfuß, Wegerich und Löwenzahn, können mit einer Anwendung ausgemerzt werden. Andere Unkräuter, wie Giersch, Klee, Gundermann und Ehrenpreis, erfordern unter Umständen eine zweite Anwendung.

Die beste Wirkung erzielt man, wenn man in der Hauptwachstumszeit bei feuchtem, warmem Wetter selektive Unkrautbekämpfungsmittel anwendet. Man achte darauf, daß diese nicht auf Gemüse- oder Blumenbeete gelangen, da sonst Pflanzen beschädigt werden oder absterben.

Die Bekämpfung von Moos Selektive Unkrautbekämpfungsmittel zeigen keine Wirkung, wenn man sie auf Moos anwendet, denn Moos wächst im Rasen nur in nährstoffarmen Böden,

AUSBESSERN EINER BESCHÄDIGTEN RASENKANTE

Zur Führung verwendet man ein Brett. Mit einem sichelförmigen Kantenstecher sticht man die beschädigte Stelle ab

Der Streifen wird in etwa 45 cm lange Stücke geschnitten. Man hebt die Soden mit einem Spaten oder Sodenstecher ab

Die Soden werden um 180° gedreht, so daß die beschädigten Kanten innen liegen. Dann setzt man die Soden wieder ein

Man schneidet eine neue Kante. Schadhafte Flächen werden mit gesiebter Erde aufgefüllt und neu eingesät bei stauender Nässe und an schattigen Stellen. Wo besonders viel Moos auftritt, muß man für einen besseren Wasserabzug und eine bessere Belüftung sorgen. Außer der Beseitigung der Ursachen hilft Spritzen mit Spezialmitteln zur Bekämpfung von Moos. Dies wird vorzugsweise in dieser Jahreszeit ausgeführt und wirkt im allgemeinen ein Jahr oder noch länger.

Bäume und Sträucher

Dies ist eine günstige Zeit für Neupflanzungen von Gehölzen, soweit es die Witterung zuläßt. Jetzt können auch immergrüne Nadelgehölze verpflanzt werden. Wenn es dann wärmer wird, setzen der Austrieb und das Wurzelwachstum rasch ein, und es gibt wenig Ausfälle. Die Frühjahrspflanzung ist vor allem in rauhen, kalten Lagen zu empfehlen.

Vor dem Pflanzen hat man sich schon überlegt, wo welche Pflanze stehen soll. Liegt der Standort fest, wird das Pflanzloch ausgehoben. Es sollte anderthalbmal größer sein als das Wurzelwerk der Pflanze. Die Sohle des Pflanzlochs wird aufgelockert. Den Aushub lagert man daneben und lockert ihn möglichst schon beim Ausheben. Wenn man in den Bereich des Unterbodens kommt, den man an einer anderen Färbung erkennt, mischt man ihn mit dem Oberboden. Die Pflanze wird nun in das Pflanzloch gestellt, und dieses wird aufgefüllt. Dabei wird die Pflanze, die man zuvor etwas tiefer gestellt hat, als man sie später pflanzt, unter leichtem Schütteln etwas angehoben, so daß die Erde sich gleichmäßig zwischen den Wurzeln verteilt. Die eingefüllte Erde wird leicht festgetreten. Mit dem Rest des Aushubs formt man einen Gießrand aus; danach wird kräftig gewässert. Dies dient nicht nur der Wasserversorgung, sondern dadurch wird auch die Erde so an die Wurzeln geschwemmt, daß die Pflanze optimale Wachstumsbedingungen hat.

Pflanzen mit Erdballen werden gleich auf die richtige Höhe gesetzt, und das Loch wird zum Teil wieder aufgefüllt. Dann verteilt man die Erde seitlich und gießt ebenfalls an. Ist der Ballen von einem Tuch umgeben, dann wird es oben aufgeknüpft, bleibt aber im Pflanzloch liegen. Topfpflanzen werden stets ausgetopft.

Anbinden Bäume oder größere Sträucher müssen an einen Pfahl gebunden werden, nachdem man sie gepflanzt hat. Wenn sie sich im Wind bewegten – und diese Bewegung überträgt sich auf die Wurzeln –, würden die neugebildeten feinen Würzelchen immer wieder abgerissen werden. Um das Wurzelwerk nicht zu verletzen, schlägt man den Pfahl schräg ein. Beim Anbinden mit einer Schnur oder einem Kokosstrick schlingt man mit dem Bindematerial eine Acht, damit zwischen Pflanze und Pfahl ein Polster entsteht.

Schnittmaßnahmen Auch beim Pflanzen von Bäumen und Sträuchern sind Schnittmaßnahmen erforderlich. Sträucher ohne Erdballen schneidet man um ein Drittel zurück. Bäume mit durchgehendem Mitteltrieb werden nicht zurückgeschnitten, sondern nur ausgelichtet. Bei immergrünen Pflanzen mit Erdballen schneidet man nur störende oder beschädigte Zweige ab.

Vor dem Pflanzen werden auch die Wurzeln leicht zurückgeschnitten. Man schneidet nicht jede Wurzel an, sondern kürzt lediglich zu lange, störende oder beschädigte Wurzeln ein.

Schnitt an bestehenden Pflanzungen Im März kann man die Pflanzen schon auf Frostschäden kontrollieren und erfrorene, eingetrocknete Zweige herausschneiden. In rauhen Lagen erfolgt dies erst im April.

Bei den Winterblühern wird jetzt nach der Blüte bei Bedarf ausgelichtet. *Hydrangea paniculata* wird auf wenige kräftige Knospen zurückgeschnitten.

Hecken

Jetzt ist die Zeit günstig für die Pflanzung laubabwerfender Gehölze, vorausgesetzt, daß der Boden nicht mehr gefroren und auch nicht zu feucht ist.

Pflanzvorgang Heckenpflanzen von laubabwerfenden Gehölzen bis zu einer Höhe von 1,5–2 m können ohne Erdballen gepflanzt werden. Größere Pflanzen und immergrüne Gehölze sollte man möglichst mit einem Erdballen pflanzen.

Zu empfehlen ist die einreihige Pflanzung. Man rechnet im Durchschnitt drei Pflanzen für 1 m. Bei Pflanzen, die stark in die Breite wachsen, reichen auch zwei, bei ganz kleinen braucht man vier Pflanzen für 1 m.

Man spannt eine Schnur, damit die Pflanzen nachher genau in der Reihe stehen. Die Pflanzlöcher müssen groß genug ausgehoben werden. Zweckmäßig ist es, daß man zu zweit pflanzt. Einer hält die Pflanze senkrecht in das Pflanzloch, während der andere Erde nachfüllt. Will man den Pflanzen Dünger oder Torf geben, muß man darauf achten, daß dieser nicht direkt mit den Wurzeln in Berührung kommt. Er muß sorgfältig mit dem Aushub vermischt werden oder ist schon vorher in den Boden einzubringen. Die Pflanzen sollen nicht tiefer gesetzt werden, als sie vorher gestanden hatten. Der Aushub eines Pflanzlochs wird als Füllmaterial für das nächste verwendet. Die Erde muß gleichmäßig und sorgfältig um die Wurzeln verteilt werden. Die eingefüllte Erde wird festgetreten, damit die Pflanzen gut stehen.

Nachdem die ganze Hecke gepflanzt ist, wird kräftig gewässert. Dabei richtet man die Pflanzen nochmals so aus, daß sie senkrecht und in der Reihe stehen. Man arbeitet wesentlich leichter, wenn man die Pflanzfläche, wie dies im *Oktober* beschrieben wird, entsprechend vorbereitet hat. Wenn Pflanzen ein umfangreiches Wurzelwerk haben, kann es vorteilhafter sein, einen durchgehenden Graben auszuheben, als einzelne Löcher zu machen.

Pflanzschnitt Nach dem Pflanzen werden die Heckenpflanzen vor allem oben, kräftige Pflanzen auch seitlich zurückgeschnitten. Man darf nicht der Versuchung erliegen, die Hecke zu schnell hochzuziehen. Sie würde sonst später unten kahl werden. Durch den unbedingt erforderlichen Rückschnitt werden die Pflanzen zu einem kräftigen Austrieb und zu starker Verzweigung angeregt. Pflanzen ohne Erdballen schneidet man auf die Hälfte bis zu einem Drittel ihrer ursprünglichen Höhe zurück. Auch Pflanzen mit Erdballen muß man zurückschneiden, aber nicht so stark.

Formschnitt bei bestehenden Hecken Im Winterhalbjahr sollte ein sogenannter Reinigungsschnitt ausgeführt werden. In der Regel erfolgt dieser am besten im Herbst (siehe *September*). In Gegenden mit rauhem Klima ist es jedoch günstiger, ihn im Frühjahr zu machen. Bei günstiger Witterung kann dieser Schnitt den ganzen Winter über vorgenommen werden.

Außer dem Reinigungsschnitt im Winterhalbjahr ist jedoch immer noch mindestens ein Sommerschnitt erforderlich, in der Regel im Juli (technische Durchführung siehe dort).

Stauden

Wenn man zahlreiche Staudensorten sammelt, prüft man in diesem Monat die Pflanzenetiketten, ehe sie durch das neue Pflanzenwachstum verdeckt werden.

Man entfernt Äste und Zweige, die von benachbarten Bäumen und Sträuchern auf die Beete geweht worden sind. Bäume, Sträucher oder Hecken, die über die Staudenbeete oder Rabatten hängen, werden gleich zu Beginn des Monats zurückgeschnitten, falls dies nicht bereits im Dezember geschehen ist.

Stauden düngen Wenn das Wetter ausreichend trocken ist, wird ein Vorratsdünger auf die Beete, die im Herbst umgegraben wurden, gestreut und eingearbeitet (siehe *Februar*). Schwere, feuchte Böden sollte man nicht betreten. Durch Fußtritte drückt man die Erde zusammen, die dann noch feuchter wird, wenn weiterer Regen fällt. Während einer Trockenwetterperiode kann der Boden durch Tritte sehr hart und trocken werden, da die mit Luft gefüllten Hohlräume in der Erde verschwinden.

Auspacken und einschlagen Pflanzen, die mit der Post oder Bahn von Gärtnereien eingetroffen sind, müssen sofort ausgepackt werden. Falls die Wurzeln sich trocken anfühlen, taucht man sie ins Wasser. Werden die Pflanzen nicht gleich gepflanzt, schlägt man sie vorübergehend in eine mit feuchtem Sand, Erde oder Torf gefüllte Kiste ein und stellt sie an einen schattigen, windgeschützten Ort ins Freie. Wahlweise kann man die Pflanzen auch in einen Erdeinschlag bringen. Zu diesem Zweck hebt man an einer geschützten Stelle einen Graben aus, der tief und breit genug ist, um die Wurzeln aufzunehmen. Nun legt man die Pflanzen hinein und achtet darauf, daß die Wurzeln nach unten gerichtet sind. Wenn sie trocken sind, werden sie bewässert, sobald ein Teil der Erde angefüllt ist.

Ist das Wetter mild und die Oberfläche des Bodens ausreichend trocken, beginnt man mit dem Pflanzen selbstgezogener Sämlinge, neuer Pflanzen und bereits vorhandener Stauden, die verpflanzt werden sollen, sobald man Anzeichen neuen Wachstums beobachtet. Hier dürfte es sich überwiegend um Arten handeln, die im Frühsommer blühen, einschließlich Rittersporn, Bunter Margerite, Nelkenwurz und Lupine. Der März ist der günstigste Monat für die Frühjahrspflanzung mit Ausnahme von spätblühenden und etwas empfindlichen Arten und solchen, die sich nur langsam von der Winterruhe erholen (siehe *April*). Im Oktoberkapitel findet man allgemeine Pflanzanleitungen, jedoch bestehen gewisse Unterschiede zwischen der Herbst- und der Frühjahrspflanzung.

Wenn das Wetter wärmer wird, treiben die Pflanzen aus. Dazu brauchen sie immer eine gewisse Feuchtigkeit. In der Regel ist der Boden durch die winterlichen Niederschläge im März noch gut durchfeuchtet, doch kann es hin und wieder bereits im März zu Trockenperioden kommen, so daß vor allen Dingen frischgepflanzte Stauden bewässert werden müssen.

Abhängig ist die Bewässerung nicht nur von der Witterung, sondern auch von den Bodenarten. Stauden in leichten Böden sollte man früher bewässern als Pflanzen in schweren oder leicht moorigen Böden. Hier ist es notwendig, daß man ab und zu die Beete kontrolliert und nach Bedarf bewässert.

Gewöhnlich ist es notwendig, die Pflanzen zur Pflanzzeit einzuschwemmen. Die Pflanzlöcher werden so groß ausgehoben, daß die Wurzeln bequem darin Platz finden. Man setzt die Pflanze ein, füllt den feuchten Boden um die Wurzeln auf und drückt die Erde mit den Fingern fest. Anschließend werden die Pflanzen mit gutem Boden umgeben.

Dabei kann man die Erde an den Pflanzen direkt etwas höher anhäufeln. Rund um die Pflanzen läßt man eine gewisse Vertiefung, einen sogenannten Gießrand. Nun wird nach dem Pflanzen jede einzelne Staude kräftig mit der Gießkanne oder mit einem leichten Strahl aus dem Wasserschlauch eingeschwemmt. Auf diese Weise werden die Wurzeln ausreichend mit Erde umgeben, und den Pflanzen wird für die ersten Tage am neuen Standort ein Wasservorrat zugeführt. Die weiteren Bewässerungsmaßnahmen hängen dann von der Entwicklung des Wetters ab.

In der neuen Vegetationsperiode wachsen auch mehrjährige Pflanzen in der Rabatte. Unkräuter, wie z. B. Vogelmiere, Quecke und andere Wurzelunkräuter, machen sich häufig in alten Pflanzenbeständen breit. Will man sie vernichten, dann hilft nur eines: Man gräbt die Stauden aus und pflanzt sie dann an einen anderen Standort. Man schüttelt die Pflanzen, bis sie einigermaßen frei von Erde sind. Wenn sie groß und kräftig sind, teilt man sie mit Hilfe von

WIE MAN NEUE PFLANZEN BEHANDELT

Die Verpackung wird möglichst rasch entfernt. Die Wurzeln taucht man in einen mit Wasser gefüllten Eimer, wenn sie trocken sind

Falls nicht sofort gepflanzt werden kann, werden die Pflanzen in einen V-förmigen Graben gelegt. Man schlägt die Pflanzen so ein, daß die Wurzeln unter der Oberfläche des Bodens liegen

Danach wird mit Erde bis zum Wurzelhals aufgefüllt. Sollte der Boden trocken sein, wird mit Wasser eingeschlämmt

STAUDEN PFLANZEN

Mit einem Pflanzspaten hebt man ein ausreichend breites und tiefes Loch aus, damit die Wurzeln der Stauden bequem eingelegt oder ausgebreitet werden können

Um die Basis der Pflanze häufelt man trockenen Boden an und drückt ihn fest, damit die Oberfläche gleichmäßig eben ist

Erst nach dem Pflanzen wässert man die Stauden gründlich. Dadurch wird den Wurzeln genügend Wasser zugeführt, und gleichzeitig kommen die Bodenteilchen mit feinsten Wurzeln in Berührung

zwei Grabgabeln oder einem Spaten. Dabei entfernt man sorgfältig alle Reste der Wurzelunkräuter aus dem Wurzelwerk, da sie auch am neuen Standort durchtreiben und damit die Unkräuter nur weiterverbreitet würden. Die Stauden werden am besten an einem völlig neuen Standort, den man gründlich vorbereitet, ausgepflanzt. Das Auspflanzen am alten Platz ist nur dann sinnvoll, wenn man das Beet dort gründlich von allen Wurzelunkräutern gesäubert hat. Wird das versäumt, dann wächst das Unkraut schon bald wieder sehr stark nach.

In der zweiten Märzwoche entfernt man den Winterschutz von den frostempfindlichen Pflanzen (siehe *November*).

Schnecken bekämpfen, auf Krankheiten achten Bei mildem Frühjahrswetter muß man auf Schnecken achten. Die kleineren grauen Schnecken sind die größten Feinde der Stauden. Am Tag ziehen sie sich meist in einen nahe gelegenen Unterschlupf zurück. Sie fressen die jungen Blätter der Pflanzen und hinterlassen unregelmäßig ausgefressene Löcher, sogenannte Schabefraßstellen, und Schleimspuren. Man stellt entweder mit Bier gefüllte Becher in die Erde, sogenannte Schneckenfallen, oder streut Schneckenkorn aus.

Man sollte sich notieren, welche Pflanzen zu stark gewachsen oder von Krankheiten befallen sind. Solche Arten und Sorten werden zu gegebener Zeit durch andere ersetzt. Beim Besuch von Ausstellungen oder Gartenschauen notiert man, welche Pflanzen einem besonders gefallen haben und welche man bestellen möchte, um sie gegen geschädigte Pflanzen auszutauschen.

Ein- und zweijährige Pflanzen

Jetzt kann man immer noch Samen bestellen. Wenn das Wetter mild und der Boden nicht zu feucht ist, kann man die vorkultivierten unempfindlicheren einjährigen Pflanzen ins Freiland säen (siehe Pflanzenbeschreibung im *März*). Sät man in kalte, nasse, schlecht vorbereitete Böden, so ist dies nur Zeit- und Saatgutverschwendung.

Wenn die Rasengräser im Frühjahr zu wachsen beginnen, ist dies ein Zeichen dafür, daß sich der Boden erwärmt.

Düngen Falls der Boden, auf dem einjährige Pflanzen ausgesät werden sollen, nicht bereits leicht aufgelockert und saatfertig vorbereitet worden ist, muß diese Arbeit jetzt getan werden. Man arbeitet einen Blumenvolldünger nach Gebrauchsanweisung in die Erde ein. Einjährige Pflanzen haben eine kurze Wachstums- und eine lange Blütezeit. Die meisten benötigen reichlich Nährstoffe.

Einige Sommerblumen kommen besonders gut zur Geltung, wenn man sie zusammen mit anderen Pflanzen heranzieht und so eine kontrastierende Wirkung hervorruft. Bei der Aussaat von einjährigem Mohn streut man den Samen von großen Ziergräsern dazwischen und läßt beide zusammen heranwachsen. Auf diese Weise erzielt man aparte Effekte am Haus und im Garten.

Vor der Aussaat harkt man den Boden leicht, damit eine feinkrümelige Bodenoberfläche entsteht. Das Saatgut wird in Reihen ausgesät, die so weit auseinanderliegen, daß sich die ausgewachsenen Pflanzen später gerade eben berühren. Die Reihensaat ist der breitwürfigen Saat vorzuziehen, da hier die Samen nicht nur gleichmäßig abgedeckt werden können, sondern da man die Pflänzchen auch leichter vereinzeln und zwischen ihnen hacken kann. Bei der Aussaat kann man einige Samen von Radies mit in die Reihen säen. Radies keimen sehr rasch und kennzeichnen so die Reihen, falls man hacken muß, noch ehe die Samen der einjährigen Pflanzen aufgehen.

Die Reihen werden oft mit der Kante einer Ziehhacke gezogen. Man kann dafür aber auch einen Reihenzieher verwenden. Mit ihm lassen sich gleich mehrere Reihen oder Rillen auf einmal ziehen.

Die Tiefe der Rillen muß auf die Größe der Samen abgestimmt sein. Wenn kleine Samen zu tief gesät werden, gehen sie nicht auf. Große Samen leiden unter Trockenheit, wenn sie zu nahe der Oberfläche ausgesät werden. Beim Ziehen der Rillen beachte man, daß die zu beiden Seiten angehäufelte Erde die Rillen meist tiefer erscheinen läßt, als sie tatsächlich sind.

Einjährige aussäen Das Saatgut wird entweder direkt aus der Tüte oder aus der hohlen Hand oder mit einer Kleinsämaschine ausgesät. Zum Abdecken des Saatguts verwendet man keine grobschollige Erde. Sollte die Gartenerde, die beim Ziehen der Reihen angefallen ist, nicht

VIER MÖGLICHKEITEN, SAATRILLEN ANZULEGEN

Wenn man einen Harken- oder Hackenstiel in die Erde drückt, entstehen in feinkrümeliger Erde kurze Saatrillen

Man kann aber auch mit der spitzen Kante eines Etiketts kurze Saatrillen ziehen

Längere Rillen erhält man, wenn man mit der Kante einer Ziehhacke an einer fest gespannten Schnur entlangfährt

Auch mit einer Harke lassen sich Rillen ziehen, vorausgesetzt, das Harkenblatt hat scharfe Kanten und ist nicht zu unhandlich

geeignet sein, kann das Saatgut auch mit Komposterde abgedeckt werden. Hierbei können die Sämlinge gleichzeitig die darin vorhandenen Nährstoffe verwerten.

Zum Abdecken mit der vorhandenen Erde leistet eine Ziehhacke gute Dienste. Bei kleinen Samen zieht man die Harke auf einer Seite, bei größeren Samen auf beiden Seiten der Rillen entlang, um das Saatgut mit feinkrümeliger Erde abzudecken. Bei leichtem und trockenem Boden wird die Erde über dem Saatgut mit einem Hacken- oder Harkenrücken mäßig angedrückt oder leicht angetreten, um den sogenannten Bodenschluß zu erreichen. Auf diese Weise können die Samen genügend Feuchtigkeit aus der Erde aufnehmen und gut keimen.

Sobald die Sämlinge aufgehen, wird häufig gehackt, um das Unkraut fernzuhalten. Sämlinge, die zwei oder drei Blätter gebildet haben, müssen, wenn sie zu dicht sitzen, verzogen werden, damit sie buschig wachsen.

Unter Glas

Viele frostempfindliche einjährige Pflanzen kann man in diesem Monat säen (siehe Pflanzenbeschreibungen im *März*). Das Saatgut wird in Kunststoff- oder Tontöpfe oder Schalen gesät. Die Gefäße werden zuvor gründlich gereinigt. Man füllt sie mit Einheitserde oder einem Torfkultursubstrat, wässert gut und läßt die Töpfe vor der Aussaat kurze Zeit stehen.

Natürlich kann man auch selbst eine Aussaaterde herstellen. Diese sollte jedoch möglichst keim- und unkrautfrei sein. Eine solche Erde kann aus Kompost, Gartenerde und Torfmull zu gleichen Teilen bestehen. Das Untermischen von scharfem Sand (Flußsand) ist wegen der besseren Durchlüftung günstig.

Der Samen wird gleichmäßig auf die Anzuchterde ausgestreut und mit Ausnahme der sehr feinen Sämereien, wie Begonien oder Lobelien, mit feingesiebter Erde oder scharfem Sand abgedeckt.

Gefäße abdecken Nach der Aussaat wird die Erde mit einer Haarbrause angegossen und dann jedes Gefäß mit einer Plastikhaube oder mit einer Glasscheibe abgedeckt. Darüber kommt noch ein Blatt Papier, um Schäden durch starke Sonneneinstrahlung zu vermeiden. Für die Keimung ist eine gleichmäßige Temperatur von 13–18 °C erforderlich.

SCHUTZ VOR VÖGELN

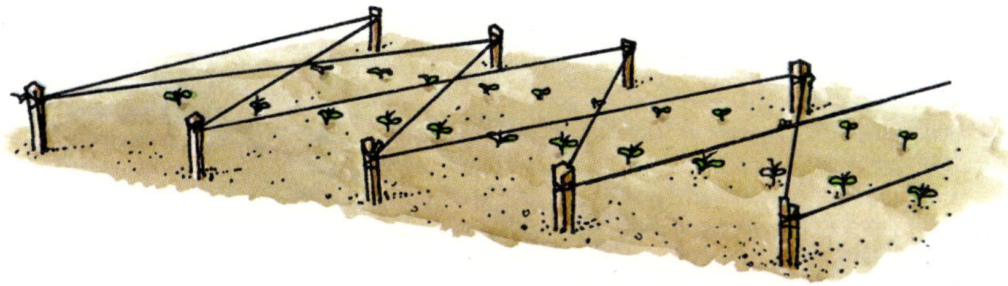

Eine Schnur, die zwischen kurzen Holzstücken kreuz und quer gespannt wird, tut ihre Wirkung. Sie muß an jedem Holzstück gut festgezurrt werden

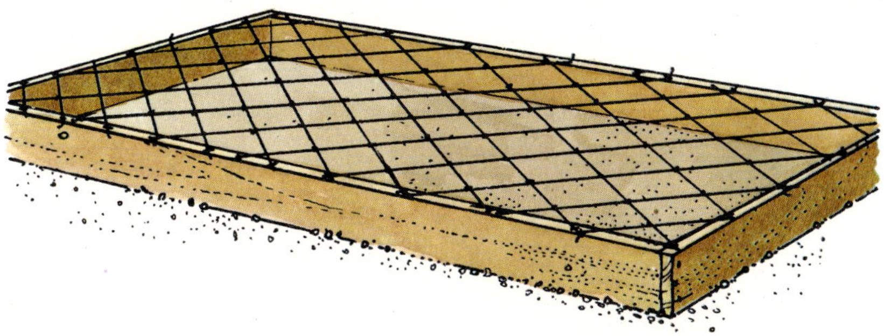

Kleineren Flächen bietet ein engmaschiges Drahtgeflecht oder eine Schnur, die kreuzweise auf dem Lattenrahmen befestigt ist, einen vollkommenen Schutz. Der Lattenrahmen muß so hoch sein, daß die Vögel die Pflanzen nicht durch das Drahtgeflecht hindurch anpicken können

Man kann die Sämlinge auch vor Vögeln schützen, indem man an den Kanten von Dreieckshölzern oder an Drahtbügeln Schnüre befestigt

Die Papierabdeckung wird entfernt, sobald sich die Keimlinge zeigen, da sie sonst zu weich werden und vergeilen. Die Plastikhauben und die Glasabdeckung werden langsam geöffnet und so die Sämlinge an die Luft gewöhnt. Nach einigen Tagen kann man die Abdeckung ganz entfernen.

Pikieren Sind die Sämlinge so groß, daß man sie umpflanzen kann, dann pikiert man sie in Handkisten, die mit Einheitserde oder Torfkultursubstrat gefüllt sind. Natürlich kann hierzu auch wieder eine eigene Erdmischung, wie sie bei der Aussaat verwendet wurde, in die Kisten eingefüllt werden.

Man faßt die Sämlinge vorsichtig an den Keimblättern an und pikiert sie in Löcher, die mit einem Bleistift oder Pikierholz vorbereitet worden sind. Dann drückt man sie vorsichtig an, damit die Wurzeln Bodenschluß haben. Die Zahl der Pflanzen, die man in einer Kiste unterbringen kann, ist unterschiedlich. Der gegenseitige Abstand von Pflanze zu Pflanze sollte ungefähr 3–5 cm betragen.

Die Pflänzchen werden nach dem Pikieren angegossen und an einem leicht schattierten Standort im Gewächshaus aufgestellt. Sobald sie kräftig anfangen zu wachsen, brauchen sie viel Licht und Luft. Übermäßige Wärme erzeugt schwache Pflanzen.

Abhärten Alle gut entwickelten, früh gesäten, frostempfindlichen einjährigen Pflanzen bringt man in einen kalten Kasten und hält ihn zunächst geschlossen. Wenn das Wetter etwas wärmer wird, öffnet man die Frühbeetfenster nach und nach und härtet so die Pflanzen ab.

Besonders auf die empfindlicheren Pflanzen ist zu achten. Sind frostgefährdete Pflanzen im Kasten, dann deckt man ihn am Spätnachmittag oder frühen Abend mit Strohmatten, Säcken oder anderem Material ab, wenn Nachtfröste angesagt sind.

Zwiebel- und Knollengewächse

Die Hauptblüte vieler Arten von Zwiebel- und Knollengewächsen setzt schon jetzt ein. In diesem Monat sollte man Ausstellungen, internationale Gartenschauen, Bundes- und Landesgartenschauen sowie städtische Parkanlagen be-

SCHNEEGLÖCKCHEN TEILEN

Schneeglöckchen läßt man mindestens vier Jahre lang an Ort und Stelle. Wenn sie sich stark vermehrt haben und ihre Blattspitzen gelb werden, hebt man eine ganze Gruppe mit einer Gabel aus dem Boden. Man teilt die Gruppe und pflanzt die einzelnen Teile sofort wieder gleich tief wie zuvor in den Boden

suchen und sich dort über neue Sorten informieren, die im Herbst gelegt werden. Wer sich eine Reise nach Holland leisten kann, fährt zwischen Ende März und Mitte Mai nach Keukenhof, um sich dort eine Fülle von Anregungen zu holen. Auch die Tulpen- und Narzissenbeete auf der Insel Mainau sind zu der Zeit sehenswert.

Im Garten werden verwelkte Blüten an Osterglocken sofort entfernt. Dadurch erhält man die Kraft der Zwiebeln, und es können sich keine Pilzsporen auf den welken Blüten ausbilden. Der Flor von Blumenzwiebeln, die man in Töpfen und Schalen in Zimmerkultur gezogen hat, geht nun seinem Ende zu. Man pflanzt die Zwiebelgewächse samt dem Substrat ins Freie, sobald es die Witterung zuläßt. Damit erreicht man, daß die Blätter weiterwachsen, die Zwiebeln mit Nährstoffen versorgt werden und die Pflanzen damit später wieder prächtig blühen. Da sich solche Zwiebeln zum erneuten Antreiben nicht eignen, pflanzt man sie in Gruppen zwischen Sträucher, Stauden und in den Steingarten. Narzissen, Hyazinthen, Krokusse, Tulpen und einige der kleineren Zwiebeliris können auf diese Weise ausgepflanzt werden. Sie blühen dann im darauffolgenden Jahr oder spätestens nach zwei Jahren.

Wenn Schneeglöckchen große Horste gebildet haben und neu gepflanzt werden müssen, nimmt man sie heraus, ehe die Blätter einziehen. Die Büsche werden geteilt und dann gleich tief wieder eingepflanzt. In milden Gegenden werden Knollen von *Anemone coronaria* gelegt, damit die Pflanzen im Lauf des Sommers blühen. In rauheren Klimalagen nimmt man diese Arbeit erst im April vor.

Zwiebelzucht unter Glas und im Haus

Blühende Clivien und *Hippeastrum*-Hybriden (Ritterstern) müssen in der Hauptwachstumszeit ausreichend mit Wasser und Flüssigdünger versorgt werden.

Rosen

Sobald der Boden frostfrei ist, pflanzt man in diesem Monat wieder Rosen, am besten in Beete, die bereits im Herbst vorbereitet wurden (siehe *Oktober*). Wer die Beete noch nicht vorbereitet hat, hebt nur die notwendigen Pflanzlöcher aus. Schwerer Boden wird mit Torf oder Kompost verbessert. Busch- und Stammrosen beschneidet man vor dem Pflanzen, damit man sie leichter handhaben kann und damit nach dem Pflanzen neue Triebe aus Basisknospen austreiben. Außerdem kürzt man beschädigte Wurzeln und solche ein, die länger als 30 cm sind.

Man gräbt ein Pflanzloch, in dem die Wurzeln ausgebreitet gut Platz haben. Es muß so tief sein, daß die Veredelungsstelle, die sich an der Übergangsstelle vom grünen Stamm zum braunen Wurzelstock befindet, etwa 1–2 cm tief in der Erde sitzt. In die Grubensohle wird eine Mischung aus Torf und Knochenmehl eingearbeitet (siehe *November*).

Unter Glas

An sonnigen, trockenen, frostfreien Tagen wird gelüftet, damit die Frischluft zirkulieren kann. Nach Möglichkeit sollte man jedoch die Tagestemperatur bei 18–20 °C und die Nachttemperatur bei 16 °C halten.

Mit Wasser besprühen An sonnigen Tagen wird die Umgebung der Pflanzen morgens mit Wasser besprüht, damit für Luftfeuchtigkeit gesorgt ist und die schlafenden Augen zum Austreiben angeregt werden. Abends sprüht man nicht, denn das Laub sollte trocken sein, wenn bei Einbruch der Nacht die Temperatur absinkt. Sonst muß mit einem Befall von Pilzkrankheiten, vor allen Dingen mit Echtem Mehltau, gerechnet werden. Einmal wöchent-

WIE RICHTIG GESCHNITTEN WIRD

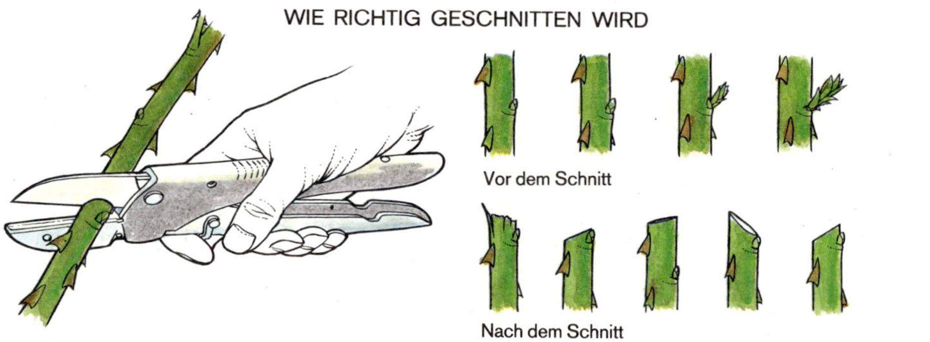

Der Schnitt wird ungefähr 5–10 mm über dem Auge ausgeführt und verläuft vom Auge weg leicht schräg nach hinten, wo er in Höhe der Knospenspitze endet. Der Schnitt sollte möglichst glatt sein

Oben: Auf solche Augen schneidet man die Triebe zurück, die wie die beiden linken aussehen. Die beiden rechts haben sich schon zu weit entwickelt. *Unten:* Nur der letzte Schnitt ist korrekt ausgeführt lich düngt man mit einem handelsüblichen flüssigen oder löslichen Dünger.

Rosen schneiden In milden Klimagebieten kann mit dem Schnitt Anfang März begonnen werden. In rauhen Lagen und in Gärten, die oft von starken Spätfrösten heimgesucht werden können, wartet man mit dem Schnitt bis Ende des Monats.

Wenn man Rosen nicht jedes Jahr schneidet, bestehen sie bald nur noch aus einem Gewirr von krankem, totem Holz. Die Blüten werden kleiner, die Triebe immer schwächer, und die Lebensdauer der Pflanzen wird erheblich verkürzt. Durch richtige Schnittmaßnahmen fördert man die Entwicklung kräftiger junger Triebe.

Geschnitten werden alle Teehybriden (Edelrosen), *Floribunda*- sowie *Polyantha*-Rosen und auch die dauerblühenden Strauch- und Kletterrosen, die in den vergangenen Jahren gepflanzt worden sind. Ferner schneidet man auch alle früher gepflanzten Zwergrosen und sämtliche Stammrosen. Kletter- und Trauerrosen, die nur einmal im Jahr blühen, schneidet man nicht.

Man nimmt eine gute Gartenschere mit scharfen Klingen. Der Schnitt verläuft von einem schlafenden Auge schräg nach hinten und endet in Höhe der Knospenspitze. Der Abstand zwischen Auge und Schnittansatz beträgt ungefähr 6 mm. Die Schnittfläche muß so schräg verlaufen, daß der Regen abfließt. Sonst können sich Krankheiten auf der Schnittfläche entwikkeln.

Man führt den Schnitt über einem außenstehenden Auge durch, so daß der neue Trieb nach außen wächst und die Mitte der Pflanze offen bleibt. Nach innen wachsende Triebe werden, wenn die Triebe zu dicht stehen, im Sommer zur Brutstätte für Schädlinge und Krankheiten.

Totes, krankes oder erfrorenes Holz wird vollständig herausgeschnitten. An gesundem Holz sind die Schnittflächen cremiggrün. Eine braune Schnittstelle deutet darauf hin, daß das Holz krank, abgestorben oder erfroren ist. Hier muß man den Trieb bis auf das gesunde Holz zurücknehmen oder ihn vollständig entfernen. Erfrorenes Holz ist viel leichter als gesundes, und die Stacheln sind braun und brüchig. Auch zu schwache dünne Triebe werden entfernt.

Krankheiten Man muß auf kleine braune Flecken an solchen Trieben achten, die sonst

IN FRÜHEREN JAHREN GEPFLANZTE TEEHYBRIDEN SCHNEIDEN

Neben den Haupttrieben befindet sich an jedem Busch auch eine Anzahl überflüssiger Seitentriebe sowie dürrer Triebe und kranker Zweige

Zuerst entfernt man totes, krankes und erfrorenes Holz sowie nach innen wachsende Triebe. Dürre Triebe schneidet man dicht am Leittrieb ab

Den Haupttrieb kürzt man um etwa die Hälfte ein. Dabei nimmt man jeden Haupttrieb auf ein außenstehendes Auge zurück, damit die schöne Form der Pflanze erhalten bleibt

NEUGEPFLANZTE *FLORIBUNDA*-ROSEN SCHNEIDEN

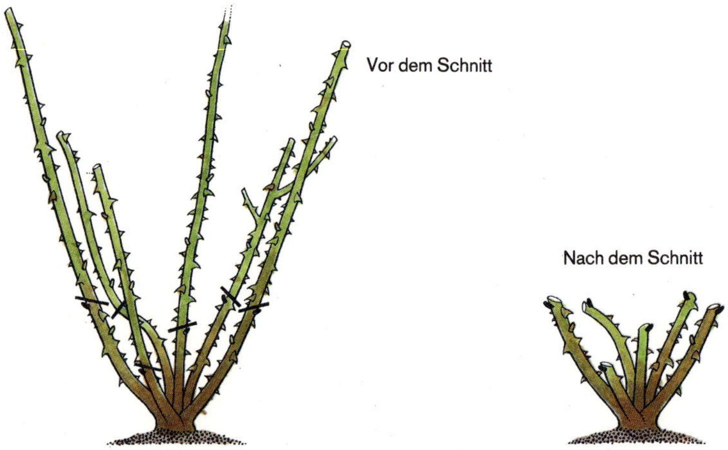

Neugepflanzte *Floribunda*-Rosen entwickeln, wenn sie zurückgeschnitten werden, erst Wurzeln, ehe sie nahe der Basis neu austreiben. Die Abbildung zeigt einen Busch aus der Baumschule vor und nach dem Schnitt, bei dem er auf etwa 15 cm über dem Boden liegende Augen zurückgeschnitten wurde

IN FRÜHEREN JAHREN GEPFLANZTE *FLORIBUNDA*-ROSEN SCHNEIDEN

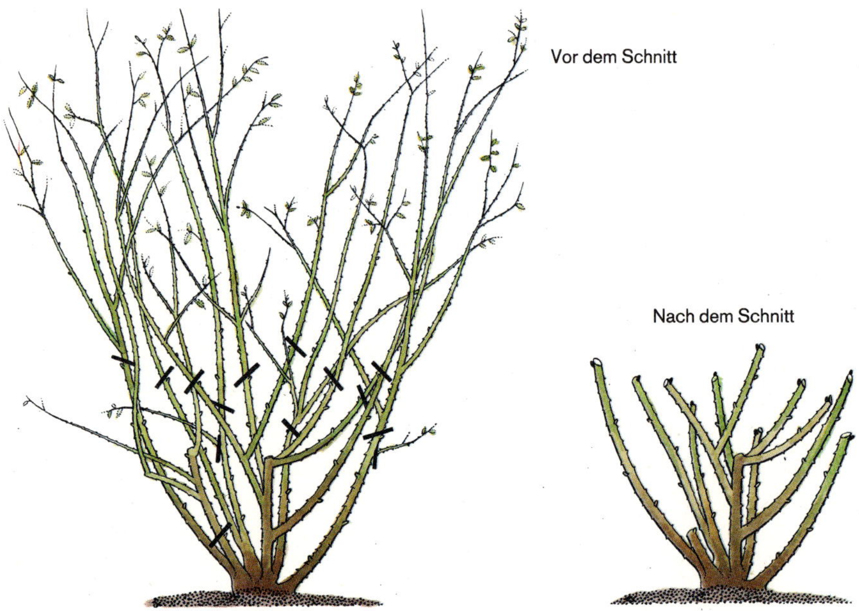

Bei mittelmäßig stark wachsenden Sorten werden dürre, nach innen wachsende Triebe entfernt. Um die Entwicklung neuer Triebe anzuregen, nimmt man die Haupttriebe mehr als bei stärker wüchsigen Sorten zurück

grün und gesund aussehen. Ist nach einem milden Herbst das Laub erst spät abgefallen und der Regen in den Achseln der Blattstiele gefroren, können die schlafenden Augen leicht Schäden davontragen und sich Krankheiten entwickeln. Man schneidet die Triebe unterhalb der erkrankten Stellen bis auf das gesunde Holz zurück.

Dürre, schwache Seitentriebe werden dicht am Leittrieb abgeschnitten. Die Seitentriebe sind immer dünner als die Haupttriebe, aus denen sie entspringen. Man sollte kräftige Leittriebe stehenlassen. Aus ihnen entwickeln sich neue Triebe.

Wer Rosen schneidet, schlägt den Schubkarren mit Polyäthylenfolie aus und wirft das Schnittgut hinein. Längere Stücke werden durchgeschnitten. Man kann die Folie leicht an den Ecken zusammennehmen und sie zum Mülleimer tragen.

In kühlen Nordlagen und in nassen Gebieten werden Schnittstellen, die mehr als 1 cm Durchmesser haben, mit Wundverschlußmittel bestrichen.

Unter Berücksichtigung dieser Grundregeln werden die verschiedenen Rosenarten und -sorten wie folgt geschnitten:

Teehybriden

Neugepflanzte Büsche Man schneidet die Triebe auf schlafende Augen etwa 10–15 cm über dem Boden zurück. Durch diesen starken Rückschnitt können sich die Wurzeln entwickeln, ehe sich an der Pflanzenbasis neue, kräftige Triebe bilden.

Früher gepflanzte Büsche Totes, krankes und beschädigtes Holz wird herausgeschnitten. Schwache Seitentriebe schneidet man dicht am Haupttrieb ab. Kräftige, gesunde Triebe nimmt man um mindestens ein Drittel oder besser um die Hälfte zurück. Oft empfiehlt es sich jedoch, gerade Teehybriden noch stärker zurückzuschneiden. Sie werden oft auf zwei bis vier Augen zurückgenommen. Dadurch entstehen im folgenden Vegetationsjahr wohl wenige, aber sehr kräftige, neue Triebe. Diese bilden wiederum sehr schöne, große Blüten aus. Eine alte Gärtnerregel sagt, daß, je strenger der Rückschnitt ausgeführt wird, um so weniger, aber um so kräftigere Triebe mit großen schönen Blumen ausgebildet werden. Der Hobbygärtner kann also entscheiden, ob er lieber mehr Triebe mit mehr und kleineren Blüten oder weniger

Triebe mit wenigen, größeren, attraktiveren Blüten haben möchte. Wem an schönen Schnittblumen gelegen ist, der sollte einen strengeren Schnitt ausführen.

***Floribunda*-Rosen**

Neugepflanzte Büsche Man schneidet die Triebe auf schlafende Augen 15 cm über dem Boden zurück. Durch den starken Rückschnitt können die Pflanzen anwachsen, bevor sie an der Basis neue, kräftige Triebe entwickeln.

Ältere, früher gepflanzte Büsche Totes, krankes oder erfrorenes Holz wird herausgeschnitten. Schwache Seitentriebe schneidet man dicht am Haupttrieb ab. Neue grüne Triebe, die sich im letzten Jahr dicht am Boden entwickelt haben, nimmt man um ein Drittel zurück. Ältere, dunklere Triebe werden um die Hälfte zurückgeschnitten. Diese oft auch als Beetrosen bezeichnete Rosengruppe wird im allgemeinen nicht so stark zurückgeschnitten wie Teehybriden. Man legt hier Wert auf eine größere Zahl guter Triebe, die eine reiche Blütenfülle hervorbringen. Im allgemeinen werden sie auf höchstens vier bis fünf Augen, oft aber auch auf neun bis zehn Augen zurückgeschnitten. Man muß dabei stets den Wuchscharakter der Sorte und den Standort berücksichtigen. Dasselbe gilt auch für *Polyantha*-Rosen.

Mehrmals blühende Strauchrosen

Neugepflanzte Büsche Bei ihnen ist kein Schnitt notwendig.

Ältere, früher gepflanzte Sorten Totes oder erfrorenes Holz schneidet man heraus. Sonst wird nur geschnitten, um den Strauch auszulichten und damit den guten Trieben genügend Platz für die Entwicklung zu schaffen. Wenn eine alte Pflanze sehr groß geworden ist und das untere Laub verliert, sollten ein oder zwei Leittriebe auf 15 cm über dem Boden zurückgeschnitten werden, damit die Entwicklung neuer Triebe an der Pflanzenbasis gefördert wird.

Mehrmals blühende Kletterrosen

Neugepflanzte Büsche Es ist kein Schnitt erforderlich. Lediglich abgestorbene Triebspitzen werden entfernt.

Ältere, früher gepflanzte Sorten Totes, krankes oder erfrorenes Holz schneidet man heraus. Die Seitentriebe werden dicht am Leittrieb abgeschnitten. Kräftigere Seitentriebe kürzt man nur um die Hälfte ein.

Die Haupttriebe werden normalerweise nie geschnitten. Es ist jedoch erforderlich, von Zeit zu Zeit ältere Leittriebe gegen einen jüngeren Trieb auszuwechseln. Aus diesem Grund läßt man immer wieder einen jungen, sich aus der Basis entwickelnden neuen Trieb sich normal entfalten, leitet ihn hoch und schneidet dann dafür einen älteren, mehrjährigen Leittrieb ganz heraus.

Auf diese Weise erreicht man eine ständige Verjüngung dieser Rosen.

Überalterte Kletterrosen werden jetzt verjüngt (siehe *September*). Man schneidet alle Triebe bis knapp über dem Boden ab. Nachdem die Pflanzen wieder ausgetrieben haben, gibt man ihnen eine kräftige Volldüngung.

Zwergrosen

Neugepflanzte Büsche Sie werden nicht zurückgeschnitten. Man entfernt lediglich totes, krankes oder erfrorenes Holz.

Ältere, früher gepflanzte Büsche Die Leittriebe werden um die Hälfte zurückgenommen. Außerdem schneidet man totes, krankes oder erfrorenes Holz heraus.

Hochstammrosen (Teehybriden und *Floribunda*-Rosen)

Neugepflanzte Sorten Die Leittriebe der Krone werden auf 15–20 cm, die Seitentriebe auf 3 cm zurückgeschnitten. Man führt den Schnitt über einem nach außen oder oben zeigenden Auge

HOCHSTAMMROSEN SCHNEIDEN

Diese *Floribunda*-Hochstammrose hat eine Anzahl dürrer Seitentriebe, die an den Haupttrieben abgeschnitten werden müssen. *Mitte*: Sie werden meist um etwa die Hälfte zurückgenommen. Die Schnitte werden über den außenstehenden Augen ausgeführt. *Rechts:* nach dem Schnitt

aus, damit die neuen Triebe eine gleichmäßige, formschöne Krone entwickeln.

Ältere, früher gepflanzte Sorten Totes, krankes und erfrorenes Holz schneidet man heraus. Dürre Seitentriebe werden dicht am Leittrieb abgeschnitten. Alle anderen Triebe werden um die Hälfte auf außenstehende oder nach oben zeigende Augen zurückgenommen, die so stehen, daß die neuen Triebe eine schöne, gleichmäßige Krone ausbilden. Auch hier muß man die Eigenschaften jeder Sorte berücksichtigen. Ein strengerer Rückschnitt bewirkt den Austrieb weniger, aber kräftigerer Triebe.

Chrysanthemen

Chrysanthemen gedeihen am besten in einer Erde, in die reichlich organisches Material, wie Stallmist, feuchter Torf oder gut kompostierte Gartenabfälle, eingearbeitet wurde. Bereits im Herbst hat man den Boden umgegraben und untersucht. Jetzt kann der erforderliche Dünger ausgebracht werden. Sobald man den Boden bearbeiten kann, düngt man mit einem organisch-mineralischen Volldünger in einer Aufwandmenge von 50–60 g auf 1 m^2. Der Dünger wird oberflächlich in die Krume eingebracht. Er darf aber nicht tiefer als 15 cm eingearbeitet werden. Diese Düngung kann natürlich auch noch zu einem späteren Zeitpunkt, bis etwa 10 bis 14 Tage vor dem Pflanzen, ausgebracht werden. Anstelle eines organisch-mineralischen Volldüngers ist auch eine mineralische Grunddüngung möglich. Sie sollte jetzt noch nicht ausgestreut werden, da der Dünger bis zum Pflanzen bereits wieder ausgewaschen ist. Chrysanthemen mögen weder zu sauren Boden (pH-Wert unter 5,0) noch zu alkalischen Boden (pH-Wert über 7,5). Am besten ist ein pH-Wert von 6,8. Die endgültige Bearbeitung des Bodens erfolgt, abhängig vom Wetter, im April oder Anfang Mai.

Unter Glas

Der März ist der wichtigste Monat für die Vermehrung von Chrysanthemen. Am besten zieht man sie aus Stecklingen. Durch Teilung gewonnene Pflanzen wachsen oft nicht so gut. Gartensorten können jedoch durch Teilung vermehrt werden. Die Stecklinge werden von den Mutterpflanzen genommen. Man wählt Triebe von ungefähr 3 mm Durchmesser und gut 6 cm Länge. Sie sollten gleichmäßig wachsende Blätter und eine frische Farbe haben. An den Spitzen dürfen sie keine Knospen tragen, und natürlich müssen sie frei von Schädlingen und Krankheiten sein.

Stecklinge aus sogenannten Bodentrieben bewurzeln sich meist leichter und entwickeln sich zu schöneren Pflanzen, doch auch mit Kopfstecklingen werden zufriedenstellende Ergebnisse erzielt. Die Stecklinge dürfen nicht zu hart sein. Im Zweifelsfall bricht man sie besser von der Mutterpflanze ab, anstatt sie zu schneiden. Lassen sie sich aber nicht abbrechen, dann müssen sie geschnitten werden.

Stecklinge bewurzeln Die Stecklinge werden in Töpfen oder Kisten mit einer Mischung aus Torf und scharfem Sand (2 : 1) bewurzelt. Man verwendet Weißtorf, z. B. Floratorf, und groben, gewaschenen Sand. Den Torf gut anfeuchten und alles sorgfältig miteinander vermischen.

Von jedem Steckling wird das untere Blattpaar entfernt und der Stengel direkt unterhalb des Blattknotens durchgeschnitten. Die Enden der Stecklinge taucht man in Bewurzelungsmittel, um die Ausbildung eines gleichmäßigen Wurzelsystems zu fördern.

Mit einem Pikierholz oder einem Bleistift werden Löcher in die Erde gedrückt und die Stecklinge in Abständen von ungefähr 6 cm 2 cm tief gesteckt. Dann wässert man sie mit einer feinen Brause ein, bis das Wasser auf der Erde steht.

Die Stecklinge sollten an einem hellen, mäßig temperierten Platz aufgestellt werden. Die Idealtemperatur für die Bewurzelung liegt zwischen 17 und 20 °C. Die Bodentemperatur sollte mindestens 15 °C betragen. Liegt sie tiefer, dann stellt man die Kistchen oder Töpfe auf eine Heizmatte oder bringt die Pflanzen in ein Zimmergewächshaus mit Bodenheizung.

Bei sonnigem Wetter muß schattiert werden. Man deckt die Gefäße und Pflanzen mit einer durchsichtigen Folie ab, um Feuchtigkeit und Wärme zurückzuhalten. Wenn die Sonne scheint, werden die Stecklinge morgens und am frühen Nachmittag leicht mit frischem Wasser besprüht.

Anfangs wirken die Stecklinge kraftlos, aber nach einiger Zeit sehen sie schön grün aus und beginnen zu wachsen. Erst zu diesem Zeitpunkt gießt man sie wieder.

Stecklinge eintopfen Sobald die Stecklinge Wurzeln haben, werden sie in 8- oder 9-cm-Töpfe verpflanzt. Eine Ausnahme bilden die im April gezogenen Pflanzen, die gleich an ihren endgültigen Standort gesetzt werden können. Man topft die Stecklinge um, ehe die Wurzeln lang werden und vergeilen. Es genügt, wenn sich rund um die Stengelbasis 2–3 cm lange Wurzeln gebildet haben. Darauf achten, daß die Wurzeln nicht durch zu starkes Andrücken verletzt werden.

Wasserabzug Über das Wasserabzugsloch im Topf legt man eine Tonscherbe mit der Rundung nach oben, damit die Erde das Loch nicht

CHRYSANTHEMENSTECKLINGE

Stecklinge, die aus dem Boden treiben, sind am besten geeignet. Gesunde Triebe von ungefähr 6 cm Länge werden über der Erde abgeschnitten

Das untere Blattpaar wird entfernt und der Stengel unterhalb des Blattknotens durchgeschnitten. Das Stengelende wird in ein Bewurzelungshormon getaucht

verstopft. Zum ersten Eintopfen nimmt man Einheitserde, Torfkultursubstrat oder eine gute Komposterde. Eingetopft wird in der üblichen Weise, wobei ein Gießrand von etwa 1 cm verbleibt. Anschließend gießt man kräftig an, so daß dann die Pflanzen mehrere Tage nicht mehr gegossen werden müssen. Das gilt vor allen Dingen für Kunststofftöpfe, deren Wandung nicht porös ist. Die Erde trocknet in diesen Töpfen nicht so rasch aus. Anders ist es bei Tontöpfen. Hier kann durch die Wandung Wasser verdunsten. Pflanzen in solchen Töpfen müssen meist früher wieder etwas gegossen werden. Auf jeden Fall ist es wichtig, das Gießen auf die Bedürfnisse der Pflanzen und die vorhandene Substratfeuchtigkeit einzustellen.

Jeder Topf bekommt ein Etikett, auf dem der Pflanzenname sowie die Bewurzelungs- und Eintopfzeit vermerkt werden. Dann stellt man die Töpfe an einen Platz mit viel Licht und Luft. Die Pflanzen müssen vor Zug geschützt und bei einer durchschnittlichen Temperatur von 7 °C bis 10 °C gehalten werden.

Dahlien

Alle Vorbereitungen fürs Auspflanzen müssen so vorgenommen werden, daß die Dahlienknollen in klimabegünstigten Gebieten von Ende April bis Anfang Mai, in rauheren Klimagebieten von Mitte bis Ende Mai ausgepflanzt werden können.

Dahlien gedeihen in jedem Boden, der nicht zu sauer oder zu alkalisch ist, doch brauchen sie eine nährstoffreiche Erde. Viel organisches Material, wie etwa Kompost, muß in den Boden eingearbeitet werden. Als Düngung gibt man 80–100 g eines organisch-mineralischen Volldüngers.

Unter Glas

Die alten Knollen werden aus ihrer Lagerstätte im Schuppen, Keller oder in der Garage genommen und in Schalen, Kistchen oder auch Töpfen in eine sehr humose, mäßig feuchte Erde gepflanzt. Aufgestellt werden sie dann am hellen Fenster oder noch besser im temperierten Kleingewächshaus. Man hält die Knollen stets mäßig feucht. Dadurch regt man die Ausbildung neuer Triebe an, die sich im Warmhaus oder im warmen Frühbeet als Stecklinge bewurzeln lassen.

Sind die Triebe 8–10 cm lang, werden sie vorsichtig mit einem scharfen Messer möglichst dicht an der Basis abgeschnitten. Man entfernt die unteren Blätter und schneidet den Stengel unterhalb eines Blattknotens glatt durch. Die Stengelenden werden in Bewurzelungsmittel getaucht und etwa 2–3 cm tief in sandige Komposterde oder in ein Torf-Sand-Gemisch in Kästen oder einzeln in kleine Töpfe gesetzt. Angießen, schattig stellen und feucht halten, bis sich Wurzeln bilden.

Die Triebe bewurzeln sich schneller, wenn man Kistchen oder Töpfe in einen großen Kasten setzt und diesen mit einer Glasscheibe oder einer durchsichtigen Folie abdeckt, um Wärme und Feuchtigkeit zusammenzuhalten. An warmen Tagen legt man ein braunes Papier über das Glas. Gegen Ende des Monats werden gekaufte oder selbstgewonnene Samen ausgesät. Man nimmt Kisten oder Schalen mit humoser, sandiger Aussaaterde oder einer handelsüblichen Blumenerde, sät die Samen dünn aus und bedeckt sie mit einer 5 mm dicken Erdschicht. Die Gefäße werden mit Plastiktüten umhüllt und bei einer Temperatur von 16 bis 18 °C in ein Gewächshaus oder einen Vermehrungskasten gestellt. Sobald die Samen keimen, wird die Plastikhülle entfernt. Sind die Sämlinge groß genug, pikiert man sie in Kästen.

DAHLIENSTECKLINGE SCHNEIDEN

Kräftige, 8–10 cm lange Triebe werden möglichst dicht an der Basis mit einem scharfen Messer abgetrennt

Das untere Blattpaar wird entfernt. Unmittelbar unter einem Blattknoten macht man einen glatten Schnitt

Die Stengelenden in Bewurzelungsmittel tauchen und 2–3 cm tief in Kistchen oder Töpfe mit sandiger Komposterde oder einem Torf-Sand-Gemisch stecken

Um Wärme und Feuchtigkeit zu halten, zieht man Plastiktüten über Töpfe und Kisten oder setzt die Behälter in große Kästen mit einer Glasabdeckung

GLADIOLENARTEN

Die großblumigen Arten sind als Beetschmuck unübertroffen. *Primulinus*-, Miniatur- und Butterfly-Gladiolen hingegen eignen sich ausgezeichnet als Schnittblumen

Primulinus-Hybride

Butterfly-Gladiole 'Happy'

Großblumige Gladiole 'Friendship'

Miniaturgladiole 'Amanda Mahy'

Gladiolen

Bei geeigneten Boden- und Witterungsverhältnissen werden Gladiolenknollen von der letzten Märzwoche an gepflanzt. Abhängig ist der richtige Pflanztermin von der Lage des Gartens und der Kulturweise. Gladiolen sind nicht so empfindlich wie Dahlien, jedoch dürfen die jungen Triebe keinen stärkeren Frösten ausgesetzt werden. Auch sollte sich der Boden, ehe man die Knollen legt, etwas erwärmt haben. Will man vollblühende Gladiolen ernten, kann man das Beet zuerst mit einer Plastikfolie abdecken. In rauhen Klimagebieten werden die Knollen erst im April ausgepflanzt.

Für den Beetschmuck in einer gemischten Rabatte werden die Knollen in Gruppen in einem gegenseitigen Abstand von 10 bis 15 cm gepflanzt. Will man Gladiolen für den Schnitt ziehen, so pflanzt man sie in Reihen in einem Abstand von 30 bis 40 cm.

Pflanztiefe In Reihen gepflanzte Knollen werden in einem Abstand von 10 bis 15 cm 10 bis 15 cm tief gelegt: Je leichter der Boden ist, desto tiefer muß man sie pflanzen. Eine zu geringe Pflanztiefe kann dazu führen, daß die Blütenstände abknicken.

Ehe man die Knollen legt, hebt man entweder mit dem Pflanzspaten einzelne Löcher aus oder zieht mit der Hacke entsprechend tiefe Furchen. Wenn man Knollen derselben Sorte drei- oder viermal hintereinander in Abständen von zwei Wochen pflanzt, kann man sich vom Sommer bis zum Herbst an einer üppigen Blütenpracht erfreuen.

Hat man Brutknollen vom Vorjahr aufbewahrt, so legt man sie jetzt 5 cm tief in Reihen mit einem Abstand von 10 bis 15 cm aus. Sie können so dicht gelegt werden, daß sie sich fast berühren.

Iris

Bartiris sind verhältnismäßig leicht zu kultivieren. Im Frühling und Frühsommer blühen sie in den leuchtendsten Farben. Zu den Bartiris gehören auch Arten, die am Wasser gedeihen.

Im März zieht man die abgestorbenen Blätter von den Pflanzen ab. Dabei ist zu beachten, daß die Wurzeln im Boden nicht beschädigt werden. An jüngeren Pflanzen schneidet man alle Spitzen.

GLADIOLEN PFLANZEN

Will man Gladiolen in gemischten Rabatten als Beetschmuck pflanzen, legt man die Knollen in Gruppen. Man kann sie in einem Abstand von 10 bis 15 cm in ein flaches Pflanzloch legen

Eine andere Möglichkeit besteht darin, die Knollen in 10–15 cm tiefe Pflanzlöcher zu legen. Ist der Boden schwer, legt man die Knollen zur besseren Entwässerung auf eine Schicht aus scharfem Sand

Die Brutknöllchen werden in Reihen gelegt. Man bedeckt sie mit Sand, damit sie besser wachsen und leichter herausgenommen werden können

und Blätter mit braunen Flecken ab. Man überprüft die Rhizome und schneidet kranke Teile mit einem scharfen Messer ab. Die Schnittflächen bestäubt man vorbeugend gegen Pilzinfektionen mit Metiramspritzpulver.

Die Bodenoberfläche wird um die Pflanzen herum gelockert. Gegen Ende des Monats bringt man einen organisch-mineralischen Volldünger auf (120 g auf 1 m^2). Die gleiche Düngergabe verabreicht man Sibirischen Schwertlilien. Jetzt kann auch das abgetrocknete Laub von *I. kaempferi* abgeschnitten werden.

Pflanzung und Schutz Zur Bekämpfung von Schnecken werden Schneckenfallen aufgestellt, oder man legt Schneckenkorn aus.

Im Sommer blühende präparierte Holländische Iriszwiebeln pflanzt man 7 cm tief in gute Gartenerde im Abstand von 10 cm. Im Frühjahr blühende Holländische Iris werden mit Folientunneln abgedeckt, um die Blüten vor Frost zu schützen.

Zwiebeliris untersucht man auf Anzeichen von Viruskrankheiten und entfernt die befallenen Pflanzen, damit sich die Krankheit nicht weiter ausbreiten kann. Anzeichen von Viruskrankheiten sind ein gestörtes Wachstum, gelbe Streifen an Blättern und Blüten sowie dunkle Flecken auf den Blütenblättern.

Lilien

Auf bereits bestehenden Lilienbeeten verteilt man eine leichte Humusgabe aus Lauberde oder gut verrottetem Kompost. Die jungen Triebe werden mit Folientunneln vor Nachtfrost geschützt. Nur in wärmeren Gegenden kann man schon jetzt Liliensamen aussäen. Ein bis zwei Samen werden in einem Abstand von 25 cm 1–2 cm tief ins Freiland oder in Kästen gesät. Der Abstand in der Reihe beträgt 1 cm. In Gegenden mit rauherem Klima wartet man mit der Aussaat bis April.

Lilienzwiebeln werden Ende des Monats zuletzt gepflanzt. Man legt die Zwiebeln zweieinhalbmal so tief in den Boden, wie sie groß sind. Lilien brauchen gut dränierte, tiefgründige Beete, die reichlich Humus enthalten. Die Pflanzen vertragen keinen frischen Stallmist. Ein schlecht strukturierter, humus- und nährstoffarmer Boden bekommt ihnen jedoch ebensowenig. Am besten verwendet man verrotteten Kompost, den man entweder auf der Oberfläche verteilt oder mit der Krume gut vermischt.

Erhöhte Beete Bei sehr schwerem tonigem oder lehmigem Boden nutzen die üblichen Bodenverbesserungsmaßnahmen nicht viel. Wenn man dies befürchtet oder der Boden stark alkalisch ist, legt man mit gutem Lehm erhöhte Beete an, die ungefähr 25–40 cm über dem Bodenniveau liegen.

Im Frühjahr gekaufte Zwiebeln, insbesondere wenn es sich um billige Zwiebeln handelt, zieht man oft bis zum Herbst in Töpfen oder Schalen. Dadurch haben die Basalwurzeln genügend Zeit für neues Wachstum. Außerdem stellt sich bis dahin heraus, ob Pflanzen von Krankheiten befallen sind oder nicht.

Die Beete kann man jederzeit zwischen März und August vorbereiten. Die in Töpfen vorkultivierten Lilien können dann, ohne daß der Wurzelballen beschädigt wird, in diese Beete gepflanzt werden.

Unter Glas

Importierte Lilien werden eingetopft (siehe *Februar*). Bei drohenden Nachtfrösten sollte man die Sämlinge mit geeignetem Schutzmaterial abdecken. Wenn sich die Knospen vorgetriebener Lilien öffnen, gibt man keinen Dünger mehr. Man senkt die Temperatur auf 13 °C ab.

LILIEN ABDECKEN

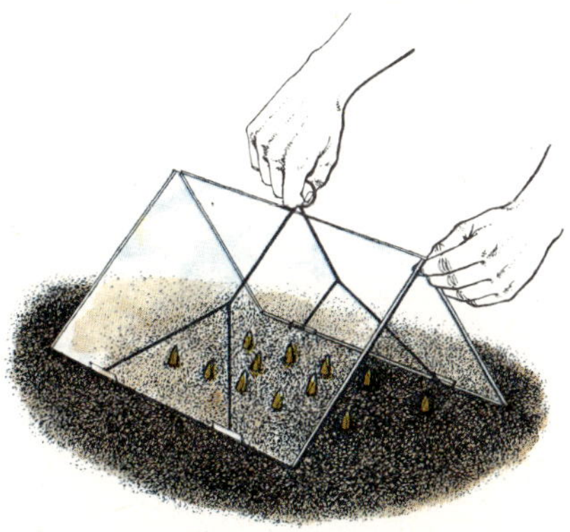

Um die zarten Triebe junger Lilien vor Frost zu schützen, deckt man sie mit Glashauben oder Folientunneln ab

Nelken

Jetzt werden die letzten Vorbereitungen für die Beete getroffen, die im April oder Mai bepflanzt werden sollen. Man wählt einen sonnigen Standort. Vorteilhaft ist es, wenn bereits im Herbst der Boden spatentief umgegraben und mit Stallmist oder Kompost verbessert wurde. Man untersucht die Erde. Liegt der pH-Wert unter 6,5, dann wird Kalk dazugegeben. Außerdem arbeitet man in die Krume organisch-mineralische Volldünger ein. Ist Kalk ausgebracht worden, wartet man einen Monat bis zur weiteren Düngung.

Steingartennelken stutzen Moderne Steingartennelkensorten werden gestutzt, falls sie Blüten entwickeln, ohne gute Seitentriebe ausgebildet zu haben. Wenn eine Pflanze etwa zehn Blattpaare hat, hält man sie am siebten Knoten zwischen Daumen und Zeigefinger und bricht mit der anderen Hand die Spitze der Pflanze mit einem kräftigen Ruck im rechten Winkel ab. Sollte sich die Spitze schwer ausbrechen lassen, wird unter dem Blattknoten mit einem scharfen Messer ein sauberer Schnitt durchgeführt. Am besten stutzt man die Pflanzen frühmorgens.

Wer nicht weiß, ob er alte oder neue Sorten in seinem Garten hat, sollte junge Pflanzen, die zu blühen beginnen und keine guten Seitentriebe haben, auf jeden Fall stutzen, selbst auf die Gefahr hin, daß alte Sorten dann einen Sommer lang nicht blühen.

Düngen Im vergangenen Herbst gepflanzte Nelken bekommen eine Düngung von 20 bis 30 g schwefelsaurem Kali oder 240 g Holzasche auf 1 m^2. Bei älteren Pflanzen wird ein handelsüblicher Kalidünger in der vom Hersteller angegebenen Menge ausgebracht. Diese Düngung wird auch Jungpflanzen gegeben, sofern im August nicht gedüngt wurde. Ist der Boden nährstoffbedürftig, wird ein mineralischer Volldünger – 20–30 g auf 1 m^2 – verabreicht.

In Töpfen gezogene Garten- und Steingartennelken werden ausgepflanzt, falls dies nicht schon im Oktober geschehen ist. Die Erdballen müssen feucht sein und dürfen nicht beschädigt werden.

Schädlingsbekämpfung Man achtet auf Schädlinge und Krankheiten und ergreift gegebenenfalls Gegenmaßnahmen. An erster Stelle stehen hier Blattläuse, Thrips, Raupen, Schaumzikadenlarven und die Nelkenfliege. Gegen Blattläuse und Thrips wird bei Befall mit Etrimfos oder Oxydemeton-methyl gespritzt. Etrimfos hilft auch bei Raupen und Schaumzikaden.

Die Nelkenfliege legt ihre Eier an den Blättern ab. Die Maden dringen zuerst in die Blätter ein, wo sie weißliche Gänge hinterlassen, und später in die Stengel. Jungpflanzen und vor allem Sämlinge sind sehr gefährdet. Unter Glas treten diese Schädlinge selten auf. Befallene Blätter werden abgenommen, weiterem Befall wird durch Spritzen mit Etrimfos vorgebeugt.

Rost und Nelkenschwärze Die wichtigsten Nelkenkrankheiten sind Rost und Nelkenschwärze. Rost ist ein Pilz, der vor allem im Spätherbst und Frühwinter auftritt. Die Haut der Blätter und Stengel platzt auf, und aus den Pusteln rinnt ein kakaobraunes Pulver. Die Nelkenschwärze beginnt mit lila Flecken auf den Blättern, die daraufhin absterben und braun werden. Stecklinge in Frühbeeten sind oft mit einem gräulichen Belag überzogen. Gegen beide Krankheiten hilft am besten Spritzen mit Mancozeb. Nach zehn Tagen wird nochmals gespritzt. Sind die Pflanzen nach zwei Anwendungen noch nicht gesund, verwendet man gegen Rost Triforin; gegen Nelkenschwärze wird wieder Mancozeb eingesetzt.

Nicht heilbare Krankheiten Faulen die Stengel an der Pflanzenbasis, dann ist die Pflanze entweder zu tief gepflanzt worden oder der Boden zu feucht. Welkeerkrankungen, bei denen die Pflanzen welken und absterben, kommen im Freien selten vor. Befallene Pflanzen werden vorsichtig mit allen Wurzeln entfernt und verbrannt.

Unter Glas

Die Sämlinge der einjährigen Nelken werden weiter pikiert. Edelnelken können ab diesem Monat durch Stecklinge vermehrt werden.

Zuerst gießt man die Mutterpflanzen. Dann wählt man am unteren Teil eines blütenreichen Stengels einen kräftigen Seitentrieb, der noch keine Blüten trägt. Jeder Steckling sollte vier oder fünf voll entwickelte Blattpaare haben. Das darunterliegende Blattpaar streift man ab und schneidet den Stengel unterhalb des Blattknotens durch.

Stecklinge stecken und bewurzeln Die Stecklinge werden im Abstand von 3 bis 5 cm in eine Schale mit scharfem Sand gesteckt. Das untere Blattpaar muß direkt über der Erde sitzen. Die Schale kommt in einen Vermehrungskasten. Wer keinen solchen Kasten besitzt, nimmt eine Kiste, die er mit einer Glasscheibe abdeckt. Die Kiste wird bei einer Temperatur von 13 bis 16 °C geschlossen gehalten.

Wenn die Stecklinge zu wachsen beginnen, wird etwa eine Woche lang etwas gelüftet und dann das Glas entfernt. Nach 10 bis 14 Tagen topft man die Stecklinge in 6-cm-Töpfe mit humoser, mittelschwerer Erde um. Sind die Wurzeln bis zum Topfrand vorgedrungen, verpflanzt man in 8-cm-Töpfe mit der gleichen Erde.

Für die Bewurzelung der Stecklinge eignet sich die Sprühnebelkultur ausgezeichnet. Hier sollte die Bodentemperatur während der Bewurzelungsperiode jedoch bei 21 °C liegen.

Für Edelnelken wird die Temperatur im Kleingewächshaus bei 10 °C gehalten. Bei warmem Wetter belüftet man mehr. Blumen werden geschnitten und, falls nötig, Nebenknospen entfernt.

Man achtet auf Schädlinge und bekämpft sie gegebenenfalls. Im Winter eignen sich Stäubemittel für die Schädlingsbekämpfung unter Glas besser als Spritzmittel. Gegen Blattläuse und Raupen wird mit Etrimfos gespritzt. Bei Spinnmilben wendet man Oxydemeton-methyl an.

Von Welke- und Viruserkrankungen befallene Pflanzen werden entfernt. Rost und Nelkenschwärze bekämpft man mit Mancozeb.

Wicken

Auf die Freilandbeete, die bereits im Herbst umgegraben wurden, verteilt man breitwürfig etwas Löschkalk, sofern im vergangenen Jahr nicht gekalkt wurde. Auch bringt man etwas organisch-mineralischen Volldünger aus.

Wenn es die Witterung und der Boden zulassen, wird die Stelle, an der die Wicken gepflanzt werden sollen, geharkt. Danach wird der Boden eingeebnet und die eventuell ausgebrachte Düngung in die oberste Bodenschicht eingearbeitet.

Wicken können auf verschiedene Weise herangezogen werden. Häufig kultiviert man sie an vorhandenen Spalieren am Haus. Meist werden sie jedoch am Gartenzaun ausgesät, an dem sich die rankenden Triebe im Lauf des Sommers hochwinden.

Wer Wicken im Spalierverfahren ziehen will, errichtet ein Gestell aus Holzpfosten und Querhölzern, die durch einen starken Draht miteinander verbunden werden. Das Gestell muß so stabil sein, daß es stärkerem Wind standhält.

Man achte darauf, daß auch die Stäbe, an denen sich die Pflanzen hochranken sollen, fest genug sind. Am besten eignen sich 2,4 m lange Bambusstäbe; Weidenruten oder Metallgeflecht kämen ebenfalls in Frage.

Wenn es der Boden und die Witterung zulassen, wird gegen Ende des Monats ins Freiland gesät. Dabei geht man so vor, daß die Wicken in einer Reihe im Abstand von 20 bis 30 cm ausgesät werden. Üblicherweise wird die sogenannte Horst- oder Stufensaat durchgeführt. Zu diesem Zweck legt man immer drei bis vier Körner zusammen an einer Stelle aus. Die Samenkörner

SCHWACHWACHSENDE WICKEN STÜTZEN

Reiser eignen sich als Stützen für schwachwachsende Wicken. Die Reiser werden so neben den Pflanzen in die Erde gesteckt, daß sie nach innen geneigt sind

Statt Reisern kann man auch Draht- oder Kunststoffgeflecht zwischen die Pfosten spannen und so die Buschwicken stützen

WICKEN IM SPEZIALVERFAHREN ZIEHEN

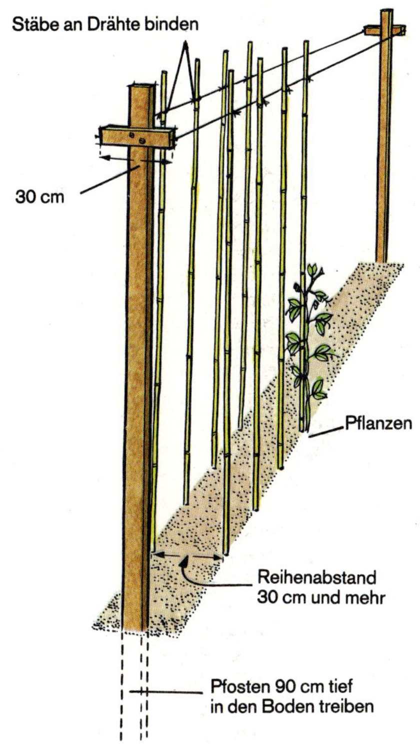

Damit die Blüten besonders groß werden, zieht man Wicken im Spalierverfahren. Jeder Stützstab wird an dem Rahmengestell aus Pfosten und Drähten befestigt

Als Blickfang im Garten machen sich Wicken besonders gut, vor allem wenn man sie in Gruppen pflanzt und mit Reisern oder einem zylindrischen Drahtgeflecht stützt

werden nur ganz flach mit Erde bedeckt, damit die Keimlinge ohne Schwierigkeiten die Erde durchdringen können.

Es ist jedoch auch möglich, bereits Anfang des Monats Wicken in Töpfe auszusäen. Verwendet werden 8- oder 9-cm-Töpfe, die mit Blumenerde oder einem Gemisch aus Komposterde und Torf gefüllt werden. In jeden Topf macht man mit einem Hölzchen fünf 1,5–2 cm tiefe Löcher und legt in jedes Loch ein Samenkorn. Die Töpfe werden danach im Kleingewächshaus, einem temperierten Zimmer oder auch im Frühbeetkasten aufgestellt. Bei etwa 10 bis 15 °C keimen die Pflanzen nach etwa zwei bis drei Wochen. Nunmehr müssen die Pflänzchen ins Helle gestellt werden, damit sie nicht vergeilen. Sobald die Pflanzen etwas größer und stärker geworden sind, können sie, sofern es auch der Boden und die Witterung erlauben, ausgepflanzt werden. Gepflanzt wird in Reihen im Abstand von etwa 20 bis 30 cm an Zäune oder an vorhandene Spaliere.

Wer Wicken im Spalierverfahren zieht, pflanzt sie in Doppelreihen, die mindestens 30 cm auseinanderliegen. Der Abstand zwischen den Doppelreihen beträgt jeweils 1,2 m, der zwischen den einzelnen Pflanzen 0,2 m.

Man zieht Wicken oft nach dieser Methode, um langstielige Blüten zu erhalten. Es ist jedoch auch möglich, einige Pflanzen schwachwachsender Sorten in der herkömmlichen Weise an Reisern zu ziehen.

Zum Pflanzen nimmt man einen Handspaten oder ein Pflanzholz, breitet die Wurzeln im Pflanzloch sorgfältig aus und drückt die Pflänzchen gut an. Sämlinge, deren Stiele oberhalb des Samenkorns braune Flecken haben, werden weggeworfen, weil sie nach dem Pflanzen unweigerlich eingehen würden.

Sofort nach dem Auspflanzen wird um die Wicken herum Schneckenkorn ausgestreut.

Steingartenpflanzen

Alle Pflanzen und Etiketten, die sich durch den Frost gelockert haben, werden wieder angedrückt (siehe *Februar*). Falls sich Schneckenspuren zeigen, wird Schneckenkorn ausgelegt. Sobald die Oberfläche des Bodens trockener wird, hackt man leicht zwischen den Pflanzen, um keimende Unkrautsämlinge zu beseitigen. Durch eine Schicht aus feinem Kies oder Steinsplitt lassen sich viele Unkräuter unterdrücken.

Zum Unkrautjäten zwischen Steingartenpflanzen eignet sich am besten eine kleine Hacke mit kurzem Griff und einem 5–7 cm breiten Blatt. Einige Unkräuter jedoch, wie einjährige Gräser und Kreuzkraut, bei denen viel Erde am Wurzelballen hängt, wenn man sie herauszieht, schneidet man besser direkt am Boden mit einem Messer ab.

UNKRAUT JÄTEN

Eine Hacke mit kurzem Griff ist ideal für die Beseitigung von Unkraut und für das Lockern der Erde zwischen Steingartenpflanzen

Frostkeimer Falls Kästen oder Schalen mit Samen zur Abhärtung ins Freie gestellt wurden, ist Anfang dieses Monats sorgfältig auf die ersten Anzeichen der Keimung zu achten. Haben stärkere Regenfälle die Samen an die Oberfläche geschwemmt, dann siebt man jetzt feinen Sand über die Samen. Sobald man feststellt, daß die Pflanzen keimen, bringt man besonders empfindliche oder langsam wachsende Pflänzchen in ein ungeheiztes Gewächshaus oder einen Frühbeetkasten, damit sie sich dort rascher entwickeln können. Saatkästen, deren Erde trokken ist, werden vorsichtig gegossen, oder man taucht die Kästen zur Hälfte in einen mit Wasser gefüllten Behälter.

Steingartenpflanzen pflanzen Aus Staudengärtnereien stammende Jungpflanzen werden möglichst rasch nach der Lieferung eingepflanzt, falls der Boden nicht gefroren ist (siehe *Februar*). Langsam wachsende Steingartenpflanzen dürfen nicht in die Nähe von schnellwüchsigen gepflanzt werden (siehe Pflanzenbeschreibungen im *November*). Falls eine größere Menge bestellt worden ist, sortiert man die Pflänzchen nach Gruppen und berücksichtigt dabei die Standortverhältnisse und die Ausbreitung.

Pflanzen, die sich durch Teilung vermehren lassen, werden aus dem Boden genommen. Nur die gesündesten Pflanzen teilt man. Der Boden am alten Standort wird gut gelockert; danach arbeitet man Torf oder frische Erde ein, die mit Hornspänen und Knochenmehl oder einem geeigneten organisch-mineralischen Dünger vermischt wurde. Dann pflanzt man die geteilten Pflanzen wieder ein.

Rasenbildende Pflanzen teilen Einige rasenbildende Pflanzen, wie z. B. Sandkraut, Mannsschild und Fetthenne, teilt man ebenfalls. Sonst kann es passieren, daß sie über den ihnen zustehenden Platz hinauswachsen und weitere Flächen überwuchern.

Unter Glas

Bewurzelte Wurzelstecklinge (siehe *Februar*) werden in Töpfchen oder Kästen pikiert, nachdem sich die ersten kleinen Blätter entwickelt haben.

Die Samen rascher wachsender Steingartenpflanzen werden jetzt in einem Frühbeetkasten oder einem ungeheizten Gewächshaus ausgesät.

SAATKÄSTEN WÄSSERN

Falls die Saatkästen trocken werden, stellt man sie bis zur halben Höhe ins Wasser, bis die Erde durchfeuchtet ist

Einige keimen in drei oder vier Wochen und werden danach abgehärtet. Man verwendet eine Erdmischung aus sterilisiertem Kompost und Sand und sät den Samen im Abstand von 5 mm aus.

Die Samen werden mit Komposterde bis zu einer Höhe übersiebt, die etwa der Dicke der Samen entspricht.

Wasserpflanzen

Der März ist ein wichtiger Monat für den Wassergarten, und zwar vor allen Dingen dann, wenn man in diesem Jahr einen Sumpf- oder Wassergarten anlegen will. Das Wasserbecken sollte bis Mitte oder Ende April fertig sein, da um diese Zeit bereits die verschiedenen Gattungen, Arten und Sorten eingepflanzt werden müssen.

Wenn mit dem Anbruch des wärmeren Wetters das Eis im Teich geschmolzen ist, läßt man ungefähr Dreiviertel des Wassers ab und ersetzt es durch frisches. Dies kommt den Fischen zugute, weil dadurch die Konzentration von Salzen und Giftstoffen, die sich im Verlauf des Winters durch verrottende Pflanzenteile angesammelt haben, abnimmt.

Wenn das Wasser zur Hälfte abgelassen ist, entfernt man sämtliche Algenanhäufungen, also die winzigen Pflanzen, die sich in stehendem Gewässer vermehren und zu dessen Grünfärbung führen. Blätter von Uferpflanzen, die als Winterschutz belassen wurden, schneidet man ab. Man achtet darauf, daß Wasserschnecken, die im Becken leben und zur biologischen Reinigung beitragen, nicht mit entfernt werden, denn sie vertilgen pflanzliche und tierische Reste. Auch die Winterknospen des Froschbisses und des Gemeinen Wasserschlauchs dürfen nicht herausgenommen werden.

Wuchsen im vergangenen Jahr zuwenig Pflanzen im Teich, so entfernt man einen Teil des Bodens und füllt mit guter, frischer Erde nach, der etwas organischer Dünger beigegeben wurde (30 g auf einen Eimer). Wenn die Fische munter werden, bekommen sie regelmäßig proteinhaltiges Futter. Am besten wählt man ein sogenanntes schwimmendes Fischfutter. Dieses darf nicht auf den Grund des Teichs absinken, da unverarbeitete Eiweißstoffe das Wachstum von Algen fördern.

Kinder schützen Ein Wasserbecken im Garten kann für kleine Kinder gefährlich werden. Eine dichte Uferbepflanzung verhindert vielleicht, daß die Kinder ins Becken fallen oder es für ihre Planschversuche auserwählen. Man kann auch zu Beginn der Saison ein Plastiknetz über das Becken spannen. Dieses bietet einen vollkommenen Schutz, und Seerosen und sonstige Pflanzen können durch das Netz hindurchwachsen. Auch hat es sich bewährt, den Teich mit Baustahlgewebe abzudecken.

Einen Wassergarten anlegen Nun ist es an der Zeit, einen Wassergarten neu anzulegen, damit ausreichend Zeit für die Bepflanzung zu Beginn des Frühjahrs bleibt.

Ein freier Platz ist der beste Standort. Das Wasser sollte im Sommer mindestens acht Stunden lang volle Sonne bekommen, damit alle Pflanzen gut gedeihen. Auch sollte man das Becken so weit von Bäumen entfernt anlegen, daß es nicht durch fallendes, verrottendes Laub verunreinigt wird.

Größe, Form und Tiefe Je größer das Becken ist, desto besser – freilich hängt das von dem Platz ab, den man im Garten zur Verfügung hat. Jedes Becken, in dem man Fische halten möchte, sollte eine Wasserfläche von mindestens 1,5 m^2 besitzen. Auch in einem kleinen Garten sollte die Wasserfläche eines Wassergartens, den man bepflanzt, zumindest 6 m^2 betragen.

Ehe man die Grube aushebt, markiert man

mit Hilfe einer Schnur oder eines Gartenschlauchs den geplanten Umriß auf dem Boden. Nun stellt man fest, ob die Größe angemessen, die Form passend und der Teich von vielen Standorten im Garten aus deutlich sichtbar ist.

Wasserpflanzen ertragen keine starken Temperaturschwankungen; daher sollte ein Becken in der Mitte mindestens 40–60 cm tief sein. Diese Tiefe genügt für die meisten Seerosen, für sauerstoffbildende Pflanzen und für Fische.

Für Uferpflanzen, wie Wasseriris oder Pfeilkraut, die Standorte im Flachwasserbereich bevorzugen, legt man einen 20–30 cm breiten Randbereich mit einer Gesamttiefe von ungefähr 15–20 cm unterhalb des Beckenrands an. Dieser Randbereich kann durchgehend oder unterbrochen sein und darf sich zwischen einem Drittel bis zur Hälfte des Beckenumfangs ausdehnen. Nur in sehr rauhen Lagen können Wasserbecken auch tiefer angelegt werden, damit – sofern Fische gehalten werden – das Wasser nicht bis zum Grund einfriert. Tiefer als 1 m braucht aber das Wasserbecken nicht zu sein.

Die Beckenwand darf niemals senkrecht abfallen, auch wenn dadurch mehr Wasser ins Becken geht. Im Winter steigt bei senkrechten Beckenwänden die Gefahr von Frostschäden durch den sogenannten Eisdruck. Deshalb legt man die Beckenwand in einem Winkel von 20° zur Vertikalen an.

Baumaterial Das Baumaterial Beton, das am häufigsten verwendet wird, ist keineswegs ideal. Mit Beton zu arbeiten ist schwierig und das Ergebnis oft enttäuschend, da die starre Betonschale keine Zugfestigkeit besitzt und leicht Frost- und Setzrisse bekommt. Wer sich aber dennoch für Beton entscheidet, hebt zunächst eine Grube aus, die beträchtlich größer sein muß als das spätere Becken. Man muß nämlich eine mindestens 15 cm dicke Betonschicht einrechnen. Dazu kommt eine ungefähr 5 cm dicke Schotterunterlage. Zunächst bringt man den Schotterunterbau ein und stampft ihn fest. Bei der Gesamttiefe des Beckens ist immer darauf zu achten, daß der Unterbau in der sogenannten frostfreien Zone liegt. Im Normalfall muß in unseren Klimaverhältnissen damit gerechnet werden, daß Winterfröste bis zu 90 cm tief in den Boden eindringen. Da sich Wasser beim Gefrieren ausdehnt, kann es zu den oben bereits erwähnten Spannungen und somit zu Rissen im Becken kommen. Aus diesem Grund ist eine frostsichere Grundierung unbedingt erforderlich.

Ist der Untergrund fertiggestellt, wird die Schalung aufgebaut. Sie gibt dem Wasserbecken später seine Form. Bei größeren Becken empfiehlt es sich, Baustahlgewebe in den Boden und in die Wandungen einzubringen, damit das Becken einen sicheren Halt bekommt.

Die Zuschlagsstoffe müssen genau abgemessen werden (3 Teile Grobzuschlag, 2 Teile Sand und 1 Teil Zement). Dann mischt man das Ganze gründlich mit Wasser, so daß eine homogene Masse von gleichmäßiger Konsistenz entsteht. Der Beton wird etwa 10 cm dick auf den Boden und die Wände eingebracht. Nun trägt man einen 2–3 cm dicken Zementglattstrich auf, der aus 3 Teilen scharfem Sand und 1 Teil Zement besteht. Dem Zement kann ein Dichtungsmittel beigemischt werden, das jedoch Mängel, die durch nicht vorschriftsmäßiges, ungleichmäßiges Mischen entstanden sind, nicht ausgleicht.

Beton enthält ungebundenen Kalk. Dieser kann Pflanzen und Fischen schaden. Um dies zu vermeiden, überstreicht man die Kalkschicht mit einem Neutralisierungsmittel. Man kann aber auch die Wirkung des Kalks dadurch auf-

INDUSTRIELL VORGEFERTIGTE BECKEN

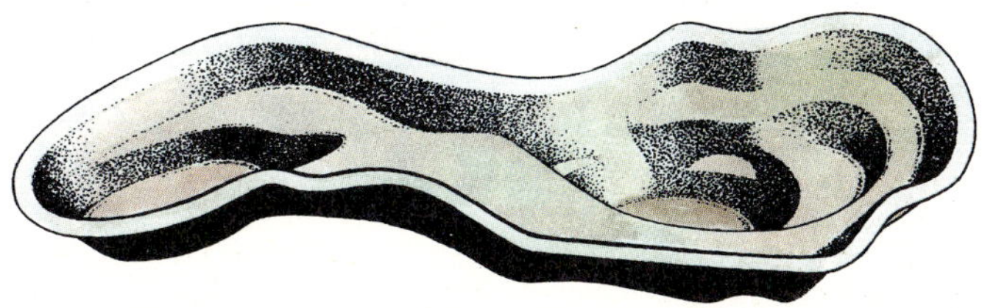

Verschieden große und verschieden geformte Fertigbecken aus Kunststoff mit Sockeln für die Anpflanzung von Wasser- und Sumpfpflanzen erhält man im Handel. Sie sind sehr beständig und lassen sich einfacher einbauen als Betonbecken

Pflanzen und überstehende, mit dem angrenzenden Boden bündig abschließende Steinplatten verbergen den Rand des Beckens. Bei allen Beckenarten sollte der Wasserspiegel fast in Höhe des Beckenrands liegen. Dadurch sieht man nicht die Ränder der Plastikfolie

heben, daß man das Becken mit Wasser füllt, es eine Woche lang stehenläßt und dann entleert. Diesen Vorgang wiederholt man mehrmals. Die dritte Füllung enthält dann keinen Kalk mehr.

Beckenmaterialien aus Kunststoff sind empfehlenswerter als Beton. Gute Kunststoffe lassen sich nicht nur einfach handhaben, sondern zeichnen sich auch durch eine größere Lebenserwartung als das herkömmliche Betonbecken aus. Dies gilt jedoch nicht für Polyäthylen, das leicht Risse bekommt und sich nicht einfach wieder instand setzen läßt.

Nachstehend sind die Kunststoffe aufgeführt, mit denen man zufriedenstellende Ergebnisse beim Beckenbau erzielen kann. Grundsätzlich ist bei einem Kunststoffteich zu überlegen, ob man sich für einen sogenannten Fertigteich entscheiden soll oder ob man einen Teich selbst herstellen will. Fertigteiche werden von der Industrie meistens aus glasfaserverstärkten Kunststoffen hergestellt und in fertigen Maßen und Formen im Fachhandel vertrieben. Für den Teich, den man selbst anlegt, gibt es verschiedene Möglichkeiten.

Fertigteich Fertigteiche aus Plastik gibt es in großer Zahl, in verschiedener Form und Größe. Die Farbe des Materials sagt nichts über die Qualität aus. Ein Vorteil des Fertigteichs ist, daß er absolut dicht ist; auch läßt er sich leichter einbauen.

Einen Fertigteich kann man fast überall einsetzen. Nur in Hanglagen treten häufig Schwierigkeiten auf, weil oft der notwendige Unterbau nicht vorhanden bzw. schwierig zu schaffen ist. Will man einen Fertigteich verwenden, sollte man auf jeden Fall die mitgelieferte Einbauanleitung ganz genau befolgen.

Zunächst muß der Untergrund entsprechend der vorgesehenen Form des Teichs ausgeschachtet, eingeebnet und mindestens 5 cm hoch mit Sand angefüllt werden. Diese Sandunterlage befestigt man ausreichend. Anschließend wird der Fertigteich eingebracht und ausgerichtet. Nun muß man dafür sorgen, daß die Seitenteile gut verfestigt werden. Auch hier sollte Sand eingefüllt und festgestampft oder eingeschlämmt werden. Gleichzeitig mit dem Sand wird das Becken auch mit Wasser gefüllt. Auf diese Weise kann man vermeiden, daß sich die Seitenwände verformen.

AUSKLEIDUNG EINES WASSERBECKENS MIT EINER PLASTIKFOLIE

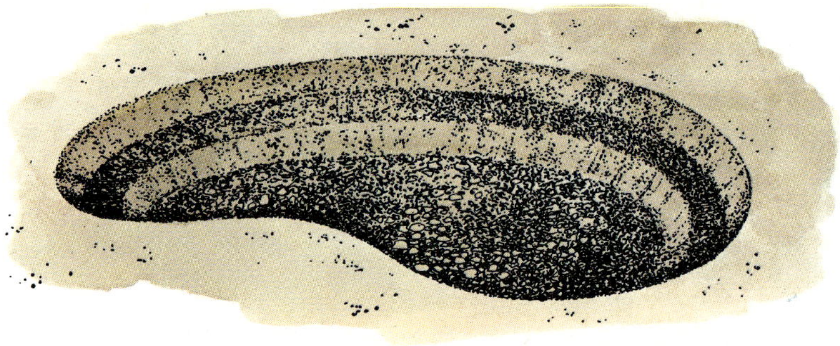

1. Mit einer Schnur markiert man den Standort des Beckens. Der Rand wird mit einem Spaten eingestochen. Danach hebt man die Grube für das Becken und den Sockel aus. Die Wandung sollte eine Neigung von 20° haben

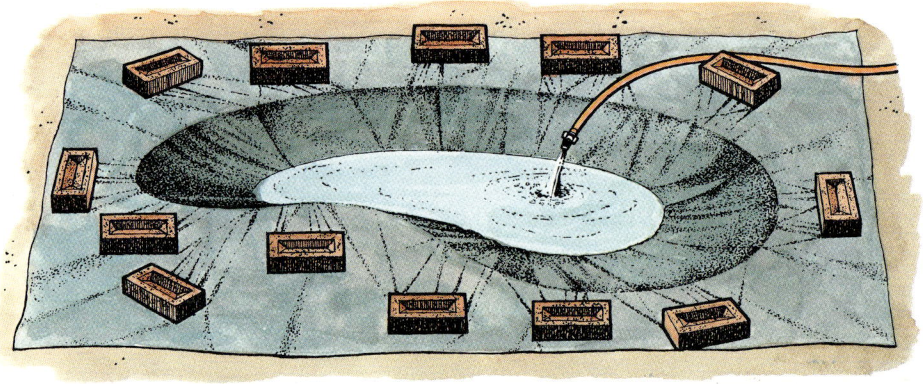

2. Nachdem Sand auf dem Grund und an den Seiten der Grube aufgebracht worden ist, breitet man die Plastikfolie darüber aus. Die Ränder werden mit Steinen beschwert. Mit einem Schlauch läßt man das Wasser in das Becken fließen. Durch das Gewicht des Wassers dehnt sich die Folie und wird nach unten gedrückt. Dabei paßt sie sich der Form der Grube an

Selbsthergestellte Kunststoffteiche PVC-Folie, die unter verschiedenen Markenbezeichnungen verkauft wird, sieht aus wie Polyäthylen, ist aber weitaus stabiler und gut dafür geeignet, einen isolierenden Untergrund zu schaffen. Sie ist ausreichend dick, elastisch und in vielen Größen erhältlich. Einzelne Bahnen kann man miteinander verschweißen, so daß jede gewünschte Größe aus einer PVC-Folie hergestellt werden kann. Auf einen Punkt muß allerdings hingewiesen werden. PVC-Folien enthalten Weichmacher verschiedener Art, so daß es unterschiedliche Folienqualitäten gibt. Wenn man eine Folie kauft, sollte man darauf achten, daß die Folie für den Bau eines Zierteichs geeignet ist. Wird eine PVC-Folie verwendet, darf sie auch nicht zu dünn sein.

Die Fläche, die mit einer PVC-Folie ausgelegt werden soll, errechnet man so: Die Länge der Folie sollte der Gesamtlänge des Beckens entsprechen. Dazu muß man die größte Tiefe doppelt rechnen. Die Breite der Folie bemißt sich nach der Gesamtbreite des Beckens. Auch hier wird die größte Tiefe zweimal zugeschlagen.

3. Das Becken wird bis auf 2–3 cm unterhalb der Oberfläche gefüllt. Man entfernt die Steine am Rand und schneidet die Folie so zurecht, daß ringsum ein Rand von 15–25 cm bleibt. Die Ränder werden unter den Rasen geschoben oder mit Steinplatten abgedeckt

4. Das fertige Becken: Die Steinplatten schließen bündig mit dem Rasen ab. Damit die Plastikfolie nicht zu sehen ist, läßt man einen Ring von Steinplatten über den Rand des fertigen Beckens vorspringen

Das bedeutet, wenn ein Becken 3 m lang, 2,4 m breit und 0,45 m tief ist, benötigt man eine Plastikfolie von 3,9 m Länge × 3,3 m Breite.

Weil diese Materialien sehr elastisch und auch ausreichend dick sind, kann man sie durch Spannen in eine bestimmte Form bringen. Dadurch erreicht man, daß sich nur wenige oder überhaupt keine Falten bilden. Nachdem die Sohle der Grube befestigt und mit einer Lage Sand oder gesiebter Erde bedeckt wurde, legt man die Folie über dem Becken aus. An den Rändern beschwert man die Folie mit Steinen und läßt dann das Wasser einlaufen. Das Gewicht des Wassers zieht nicht nur die Ränder der Folie nach innen, sondern spannt sie auch und paßt sie der Form der Grube an. Der Wasserdruck hält die Folie auf ihrem Untergrund fest und macht eine weitere Befestigung überflüssig.

Um zu verhindern, daß die Ränder der Folie in das Becken schlagen, schneidet man diese so zu, daß sie um das gesamte Becken herum 15–25 cm weit übersteht. Den überstehenden Rand schiebt man unter die Rasensoden oder deckt ihn mit Steinplatten ab. Kunststoffbecken brauchen sich nicht zu stabilisieren und können sofort bepflanzt werden.

Äthylen-Copolymerisat Ganz hervorragend eignen sich Folien aus Äthylen-Copolymerisat. Derartige Kunststoffbahnen werden zur Reinerhaltung des Grundwassers bei Mülldeponien und zur Herstellung von Wasserreservoiren verwendet. Auf der Unterseite haben diese Folien noch eine Glasvlieskaschierung. Diese Folie erträgt hohe Temperaturen, ist unempfindlich gegen die Einstrahlung des Lichts und wird auch nicht von Pflanzenwurzeln oder Bodenmineralien angegriffen. Diese Folie wird aber nur in bestimmten Bahnbreiten angeboten. Normalerweise müssen zwei oder mehrere Bahnen zusammengeschweißt werden. Für diese Arbeit sollte man einen Fachmann heranziehen.

Glasfaserverstärkter Kunststoff Er ist sehr dick, jedoch elastisch genug, um dem Druck des Eises, der durch die Ausdehnung des Wassers beim Gefrieren entsteht, standzuhalten. Man hebt eine Grube aus, die etwas größer als das Becken ist. Dann füllt man Sand oder Erde nach, um einen festen Stand zu erreichen. Besser ist es jedoch, wenn man einen sauberen, geglätteten Untergrund aus einer schwachen Magerbetonschicht herstellt. Darauf werden dann die Glasfasermatten in der entsprechenden Paßform ausgelegt und mit flüssigem Polyester überstrichen. Die Masse wird so lange mit dem Rollpinsel bearbeitet, bis keine Luftblasen mehr vorhanden sind. Es folgen weitere ein bis zwei Lagen, so daß ein stabiles, absolut dichtes Becken entsteht. Dieses Becken ist bei sachgemäßer Ausführung ebenfalls vollkommen unempfindlich gegen Beschädigungen und wird in der Regel nicht von Gehölzen, die in der unmittelbaren Nachbarschaft wachsen, durchwurzelt. Einen Nachteil besitzt der glasfaserverstärkte Kunststoff allerdings: Er ist sehr teuer.

Entleerungs- und Überlaufvorrichtungen Über Entleerungs- und Überlaufvorrichtungen gehen die Meinungen auseinander. Viele Hobbygärtner halten sie für überflüssig. Es muß aber darauf hingewiesen werden, daß es in vielen Fällen doch praktisch ist, wenn man das Wasser ablaufen lassen kann, will man das Becken reinigen. Auch ist es nicht ganz ungefährlich, wenn das Becken nach heftigen Regenfällen überläuft,

SPRINGBRUNNEN UND WASSERFÄLLE

Einige elektrische Unterwasserpumpen versorgen Springbrunnen und Wasserfälle gleichzeitig mit Wasser. Das Bett für Wasserfälle kann aus Stein oder Beton hergestellt oder in Form von Kunststoff-Fertigelementen erworben werden. Bei großen Anlagen ist eine normale Wasserpumpe einer Unterwasserpumpe vorzuziehen

denn dabei kann das Sandbett unter dem Teich durch Abschwemmung Schaden leiden, was sich wiederum nachteilig für das Becken selbst auswirkt. Im Fachhandel gibt es einfache Hilfsmittel, mit denen man entsprechende Armaturen an Fertigbecken und an selbsthergestellten Wasserbecken anbringen kann. Je größer das Wasserbecken ist, um so wichtiger sind derartige Einrichtungen.

Springbrunnen, Wasserfälle und Pumpen Wasserfälle und Springbrunnen verleihen dem Garten eine besonders reizvolle Note. Sie tragen außerdem dazu bei, das Wasser mit Sauerstoff anzureichern und die Wassertemperatur an heißen Tagen zu senken, was besonders für die Fische wichtig ist. Seerosen und die meisten anderen Wasserzierpflanzen bevorzugen aber stehende Gewässer. Also dürfen die Strömungen und Wasserbewegungen nicht zu stark sein. Darauf sollte man gut achten, wenn man die Wasserspiele und die Wasserumwälzung im Becken einstellt. Wasserfälle oder Springbrunnen sollten immer mit dem Wasser, das dem Becken durch Umwälzung entnommen wurde, gespeist werden. Dazu benötigt man eine Pumpe.

Eine Pumpe einbauen Pumpen sollte man immer durch den Elektrofachmann einbauen lassen. Im Becken selbst kann eine völlig ins Wasser getauchte sogenannte Unterwasserpumpe stehen. Sie verfügt über ein in die Pumpe eingelassenes wasserdichtes Kabel, das so lang ist, daß es aus dem Becken herausführt. Ein wetterfestes, wassergeschütztes Anschlußstück verbindet das Pumpenkabel mit einem weiteren Kabel, das zur nächsten Steckdose führt. Einige Unterwasserpumpen können einen Springbrunnen und einen Wasserfall gleichzeitig versorgen.

Bei Springbrunnen stellt man die Pumpe so im Wasser auf, daß die Austrittsöffnung gerade eben über dem Wasserspiegel liegt. Eine Düse oder Rosette wird auf die Austrittsöffnung gesetzt, und der Springbrunnen ist fertig.

Wasserfontänen und Wasserläufe Zierfontänen in Form von Figuren, sogenannte Wasserspeier, können ebenfalls an die verschiedensten Pumpen angeschlossen werden. Der Fachhandel bietet eine ganze Palette von Fontänen oder Aufsatzdüsen an, mit denen sich viele Wasserspiele erzeugen lassen.

Das Bett für den Wasserlauf kann aus Beton gebaut werden, es ist jedoch schwierig, wasserdichte Fugen zwischen verschiedenen Materialien, z. B. Beton und Naturstein, herzustellen. Um zu vermeiden, daß Wasser versickert, fertigt man als erstes eine durchgehende, wasserdichte Betonform. Sie muß jedoch auf einem festen Unterboden ruhen, damit sie nicht absinkt. Hat sich die Betonform gefestigt, kann man sie mit Natursteinen verkleiden, oder man bringt noch mehr Beton auf, um das Bett des Wasserlaufs endgültig zu formen und es harmonisch seiner Umgebung anzupassen.

Wasserläufe aus Kunststoff-Fertigelementen Wesentlich einfacher ist es, Kunststoff-Fertigelemente für Wasserläufe und kleine Becken mit Überlaufrinnen einzubauen. Zunächst wird natürlich auch hier das Gelände entsprechend vorbereitet. Mit größeren Steinen schafft man Erhöhungen. Dann werden die entsprechenden Kunststoffteile eingebaut, so daß das Wasser von der Höhe herabstürzen kann. Die Wirkung läßt sich noch dadurch verstärken, daß das Wasser über einige hervorstehende Felsen kas-

KUNSTSTOFFBEHÄLTER

Kunststoffbehälter mit gitterartigen Wandungen ermöglichen es, Wasserpflanzen aus flachen Becken im Herbst herauszunehmen. Wenn sich die Wurzeln von Wasserpflanzen zu stark ausbreiten, kann man sie oben leicht beschneiden kadenähnlich herabfällt. Falls Kunststoff-Fertigelemente verwendet werden, pflanzt man diese mit feuchtigkeitsliebenden Steingartengewächsen ein und setzt Natursteine dazwischen. Derartige Wasserfälle sollte man immer so anlegen, daß ein wirkungsvoller Wasserlauf entsteht.

Bei großen Wasserfällen oder Anlagen mit großem Wasserbedarf muß man eine leistungsstarke Pumpe einbauen.

Heizelemente für Wasserbecken Die Zierfische in einem Wasserbecken gehen in der Regel nicht an der Kälte ein, sondern erleiden Vergiftungen durch Gase, die sich unter einer dicken Eisdecke bilden.

Der beste Winterschutz für Fische besteht in einem kleinen, an einem Schwimmer befestigten Heizelement, das selbst im strengsten Winter ein Loch im Eis offenhält. Durch dieses können die Giftgase entweichen.

HEIDEKRÄUTER PFLANZEN

Man pflanzt Heidekräuter verhältnismäßig tief. Die Wurzeln werden in krümelige Erde gesetzt. Dann gibt man feuchten Torf zu. Alte Blütenstände werden so tief abgeschnitten, daß sie gerade noch über die gebogenen Triebe herausschauen

HEIDEKRAUT ABSENKEN

Vom äußeren Teil der Pflanze wählt man gesunde Triebe aus. Die umliegende Erde wird aufgelockert; Unkräuter entfernt man. Die Triebenden biegt man nach oben

Die Triebe werden mit einem gebogenen Draht am Boden festgesteckt oder mit einem Stein beschwert. Man umhüllt sie gut mit feuchtem Torf. Ein Jahr lang dürfen sie nicht gestört werden. Dann haben die Absenker Wurzeln bekommen und können von der Mutterpflanze abgetrennt werden

Frostsicherheit Ein Punkt ist besonders zu beachten. Nicht nur die Wasserbecken selbst können durch Frosteinwirkungen Schäden bekommen, sondern auch alle sonstigen Einrichtungen. Das gilt für künstliche Wasserläufe, Wasserfälle, Wasserpumpen, Wasserspeier usw. Deshalb muß man in unserem Klima bei der Planung und Ausführung derartiger Anlagen dafür sorgen, daß man das Wasser im Spätherbst ablassen und die dazugehörigen Einrichtungen entleeren kann. Dies muß leicht möglich sein, um Schäden an den Einrichtungen zu vermeiden. Hier ist unbedingt rechtzeitig entsprechende Vorsorge nötig.

Man kann aber auch geeignete Heizkabel oder mit Schwachstrom beheizte Maschendrahtheizungen in die Wasserbecken einlegen.

Wasserkörbe und -schalen Speziell entworfene Behälter für Wasserpflanzen bestehen aus Plastik und haben eine gitterförmige Struktur. Die Wandung ist somit durchlässig. Man bekommt sie in den Größen von 20 bis 30 cm Durchmesser.

Heidekrautgewächse

Die günstigste Pflanzzeit für die meisten Pflanzen, die man im Heidegarten halten kann, ist das Frühjahr, d. h. die Zeit vor oder während des Austriebs. Dies trifft für Nadelbäume und Gräser und ganz besonders auch für Heidekräuter zu.

Pflanzflächen vorbereiten Die für einen Heidegarten ausgewählte Fläche sollte sonnig sein. Plätze unter dichten Baumkronen oder im Schatten eines Hauses eignen sich nicht für einen Heidegarten, während einzelnstehende Kiefern und Birken gut in einen Heidegarten passen. Der Platz sollte so groß sein, daß eine flächige Wirkung entsteht.

Wenn Sandboden nicht von Natur aus vorhanden ist, sollte man den Gartenboden „abmagern“, indem man Sand aufbringt. Die benötigte Menge hängt von der Zusammensetzung des Gartenbodens ab. Je tonhaltiger und lehmiger er ist, um so mehr Sand trägt man auf. Die Dicke der Schicht kann bei etwa 5 cm beginnen und sich bis zu 15 cm steigern. Günstig wirkt es sich aus, wenn man Torf und Rindenschrot unter die Erde mischt. Die Schicht kann 2–4 cm betragen. Der Heideboden wird nicht gedüngt.

Die Pflanzfläche sollte frei von Unkräutern sein. Im Herbst wurde sie grobschollig umgegraben und planiert. Nachdem man Sand, Torf

STECKLINGE IM GESCHLOSSENEN FRÜHBEET

Man setzt die Stecklinge in ein geschlossenes Frühbeet, um den Feuchtigkeitsverlust während der Bewurzelungszeit gering zu halten. Ungeschützt würden sie welken und eingehen

STECKLINGE UNTER EINER HAUBE

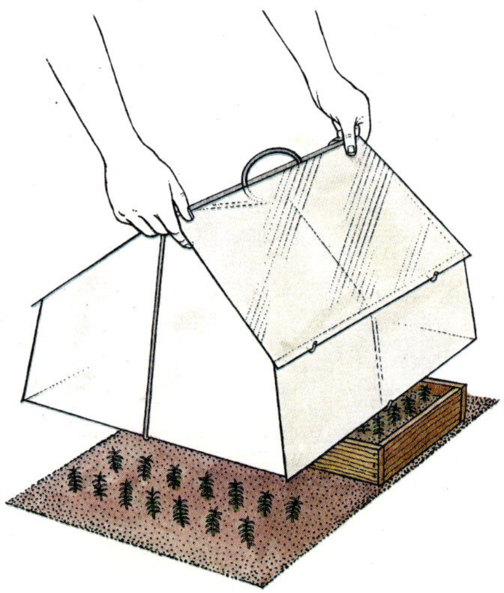

Man kann Stecklinge nicht nur im geschlossenen Frühbeet, sondern auch unter einer Haube bewurzeln, die fest auf dem Boden aufsitzt

und Rindenschrot ausgebracht hat, wird umgegraben. Dabei sollte der Boden mit den Verbesserungsmitteln sorgfältig durchgemischt werden. Außer dem Spaten verwendet man einen Krail oder Rechen, so daß ein feinkrümeliges Pflanzbeet entsteht.

Das Heidebeet bepflanzen Bei günstiger Witterung wird sofort gepflanzt. Ist dies nicht der Fall, kann man damit auch bis April warten.

Zuerst verteilt man die Solitärgehölze, etwa den Säulenwacholder, Kiefern und Birken, auf der Pflanzfläche. Ist man mit der Anordnung zufrieden, werden sie in der üblichen Weise gepflanzt.

Dann ordnet man den Gehölzen die Sträucher und Gräser in kleinen Gruppen zu und pflanzt auch sie. Die dazwischen noch freigebliebenen Flächen sind für das Heidekraut vorgesehen. Bei der Auswahl der Heidekräuter ist der Kalkgehalt des Bodens entscheidend. Auf kalkfreien Böden verwendet man in erster Linie die Besenheide. Dieser ordnet man in kleinen Gruppen die Englische Heide, die Grauheide, die Glockenheide und auf größeren Flächen die Schneeheide zu.

Auf Böden, die von Natur aus kalkhaltig sind, sollte man auf die kalkmeidenden Arten verzichten. Man kann zwar den Kalkgehalt des Bodens binden, z. B. mit Schwefelblüte, und ihn dadurch in einen sauren, für die Heidekräuter günstigen Boden verwandeln. Dies ist jedoch keine Lösung für längere Zeit.

Auf kalkhaltigem Boden verwendet man die Schneeheide als Flächenpflanze. In mildem Klima kann die Cornwallheide in kleinen Gruppen zugeordnet werden.

Bereitet man den Boden für die Schneeheide vor, braucht man nicht soviel Sand: Man reichert den Boden vor allem mit Humus an. Der Pflanzabstand bei Heidekräutern liegt bei ungefähr 30 cm. Man pflanzt verhältnismäßig dicht, um möglichst rasch eine geschlossene Pflanzendecke zu bekommen.

Rhododendron

Jetzt werden die Pflanzstellen vorbereitet. In Gebieten mit kalkfreien, sandigen Böden ist dies nicht mit Schwierigkeiten verbunden. Die vorgesehene Fläche wird planiert, störender Bewuchs entfernt. Man verteilt Kompost oder Torf und – wenn vorhanden – abgelagerten Rinderdung, mit dem man nicht zu sparsam umgehen sollte. Eine ungefähr 5 cm dicke Schicht brauchen die Pflanzen mindestens. Dazu streut man ungefähr 100 g eines organischen Volldüngers auf Horn-Knochenmehl-Basis auf 1 m^2 und gräbt das Ganze mit einem Spaten oder der Grabgabel um. Dabei beachtet man, daß der Boden und die Zugaben gleichmäßig vermischt werden.

In Gebieten mit kalkhaltigem, lehmigem Boden ist mehr Aufwand erforderlich. Es genügt nicht, einfach eine Grube auszuheben, die Pflanze hineinzusetzen und das Loch mit Torf aufzufüllen. Das kalkhaltige Wasser der Umgebung dringt schnell in die Pflanzerde ein und reichert diese mit Kalk an, und die Rhododendren beginnen zu kümmern.

Hat man im Garten einen geeigneten Platz für die Pflanzen, dann sollte man nicht nur ein einzelnes Exemplar pflanzen, sondern gleich eine ganze Gruppe. Sehr hübsch wirken mehrere Arten mit verschiedenem Wuchs und verschiedenfarbigen Blüten.

In dem für Rhododendren vorgesehenen Beet wird nun eine etwa 80 cm tiefe Pflanzgrube aus-

RHODODENDREN IN BEHÄLTERN

In Gebieten, wo der Boden zuviel Kalk enthält, können kleinere Arten der immergrünen niederen Hybriden oder der *R.-Japonica*-Hybriden in Behältern mit Torfsubstrat gehalten werden gehoben. Der Aushub wird entfernt. Auf die Sohle bringt man eine 20 cm dicke Dränschicht aus Splitt oder Kies ein. In besonders schweren Böden sollte man ein Dränrohr verlegen, das dafür sorgt, daß aus dem Pflanzbeet genügend Wasser abzieht. Die Dränschicht deckt man mit Reisig oder 10 cm dick mit Rindenschrot ab. Dann füllt man das Pflanzsubstrat ein. Geeignet ist eine Mischung aus Rhodonum, Torfkultursubstrat, normalem Torf und Sand. Kompost darf man nur verwenden, wenn er nicht zu alkalisch ist. Günstig ist auch Erde aus dafür kompostiertem Laub. Dem Boden mischt man organischen Volldünger bei, und zwar je auf 1 m^2 Pflanzfläche 100–150 g. Der Torf muß vor dem Einbringen so gewässert werden, daß er völlig mit Wasser gesättigt ist.

Ende des Monats kann bei entsprechender Witterung gepflanzt werden, insbesondere frühblühende Arten. Es ist jedoch günstig, wenn sich das eingebrachte Substrat vorher etwas gesetzt hat.

Sind bei bestehenden Pflanzungen Frostschäden aufgetreten, schneidet man beschädigte Pflanzenteile ab. Schnittmaßnahmen siehe *November*.

Zimmerpflanzen

Wie bei Pflanzen, die im Freien wachsen, richtet sich auch bei Zimmerpflanzen die Pflege nach den Jahreszeiten. Jetzt, da die Tage länger werden und die Sonne intensiver strahlt, gibt man den Pflanzen etwas mehr Wasser; allerdings dürfen sie nicht zu naß gehalten werden. Bei sonnigem Wetter werden Pflanzen, die blühen oder empfindliche Blätter haben, von einem Südfenster an ein Westfenster gebracht. Am Südfenster können sie dann stehenbleiben, wenn die Pflanzen dort durch eine Jalousie oder durch eine andere Einrichtung vor direkter Sonnenbestrahlung geschützt sind.

Solchen Pflanzen, die Knospen gebildet haben, blühen oder junge Triebe entwickeln, verabreicht man eine nicht zu hoch konzentrierte Flüssigdüngergabe.

An Kletterpflanzen schneidet man schwache oder kränklich erscheinende Triebe zurück. Lange Triebe, die eine Stütze brauchen, werden festgebunden. Man entfernt nach Bedarf abgestorbene Blätter.

UMTOPFEN

Ist der Ballen stark durchwurzelt, so wie hier, dann muß die Pflanze umgetopft werden. Das kann man feststellen, wenn man sie aus dem Topf nimmt

Umtopfen Wenn eine Pflanze für ihren Topf zu groß geworden ist oder wenn der Wurzelballen zu stark durchwurzelt ist, sollte man die Pflanze umtopfen. Man legt die Handfläche auf die Erde, dreht den Topf um und schlägt den Topfrand leicht gegen eine Tischkante. Nach wenigen Schlägen läßt sich der Wurzelballen leicht herauslösen. Wenn die Wurzeln den gesamten oder fast den gesamten Raum im Topf einnehmen, muß die Pflanze in einen größeren Topf umgesetzt werden.

Man wählt einen etwas größeren Topf, in den zunächst Dränagematerial gegeben wird. Hierfür genügt eine Tonscherbe, die das ganze Loch bedeckt. Danach bringt man etwas frische, angefeuchtete Erde als Unterlage für den Wurzelballen in den Topf. Diese Unterlage sollte so hoch sein, daß zwischen der Oberfläche des Wurzelballens und dem Topfrand noch genügend Platz zum Gießen bleibt. Danach wird der Platz um den Wurzelballen gleichmäßig mit geeigneter Erde aufgefüllt und diese leicht angedrückt.

Als Erde eignet sich für viele Pflanzen eine Mischung aus gut verrotteter Kompost- oder Gartenerde und Torfmull. Man stellt diese Mischung selbst her und mengt noch ein wenig Sand darunter, der für eine gute Durchlässigkeit sorgt. Manche Zimmerpflanzen brauchen jedoch ein Substrat, das aus verschiedenen Komponenten zusammengemischt wird. So benötigen Rhododendren, Heidekräuter und Kamelien vorwiegend stark saure Erden, da diese Pflanzen zu den Moorbeetpflanzen zählen. Hortensien wiederum bevorzugen eine mehr mineralische, aber ebenfalls saure Erde. Am besten informiert man sich vor dem Umpflanzen, welche Erdmischung sich für die jeweilige Gattung am besten eignet. Schließlich wird gründlich am Topfrand entlang gegossen. Man gießt erst wieder, wenn die Oberfläche der Erde trokken ist.

Einige Pflanzen, wie z. B. die Ananas oder die *Vriesea* und andere Gewächse aus der Familie der Bromelien, haben an der Mutterpflanze bereits junge Pflanzen oder Ableger entwickelt. Diese werden von der Mutterpflanze abgetrennt und eingetopft. Man klopft die Pflanze vorsichtig aus ihrem Topf, entfernt etwas Erde und zieht oder schneidet die jungen Pflänzchen ab und achtet darauf, daß möglichst wenige Wurzeln beschädigt werden. Die jungen Pflanzen werden in kleine Töpfe gesetzt. Man gießt gründlich an und bringt die Töpfchen in ein normal temperiertes Zimmer. Die meisten Ananasgewächse werden vor allem dadurch bewässert, daß man Wasser in die Zisterne füllt, die

ABLEGER ABNEHMEN

Pflanzen wie die *Vriesea* vermehrt man ganz einfach, indem man einen Ableger abnimmt, der dann in einen kleinen Topf gesetzt wird

von den Blättern gebildet wird. Außerdem sollte aber die Erde das ganze Jahr über mäßig feucht gehalten werden.

Luftfeuchtigkeit Pflanzen, die eine bestimmte Luftfeuchtigkeit benötigen, können auf die wärmere Witterung vorbereitet werden, indem man den Topf in ein größeres Gefäß stellt. Dann wird zwischen die Wände beider Gefäße feuchter Torf eingefüllt. Diese Torfschicht muß man stets feucht halten: Der Wasserdampf, der daraus aufsteigt, schafft ausreichende Feuchtigkeit um die Pflanze. Außerdem nimmt die Torfschicht die Feuchtigkeit auf, die durch übermäßiges Gießen entstanden ist. Dadurch wird die häufigste Ursache von Störungen an Zimmerpflanzen beseitigt.

Noch besser ist es, wenn man ein spezielles Blumenfenster mit einer Pflanzenwanne anlegt. Diese Pflanzenwanne sollte so tief sein, daß sie normale Blumentöpfe ganz aufnimmt. Die Wanne wird mit Torfmull gefüllt, und in diesen werden die Töpfe eingesenkt. Nun verdunstet wiederum die Feuchtigkeit aus dem Torf und schafft in der Umgebung der Pflanzen ein Kleinklima mit etwas höherer Luftfeuchtigkeit.

VORBEREITUNG FÜR WÄRMERES WETTER

Vielen Pflanzen tut es wohl, wenn man das Pflanzgefäß in einen größeren Topf stellt und den Zwischenraum mit feuchtem Torf auffüllt. Die aus dem Topf aufsteigende Feuchtigkeit bekommt zahlreichen Pflanzen gut

Kleingewächshausgärtnerei

Das Kleingewächshaus eignet sich besonders gut für die Aussaat von Sommerblumen. Sie keimen zwar bei verhältnismäßig niedriger Temperatur, brauchen später jedoch viel Licht. Diese Bedingungen kann man im Kleingewächshaus am besten schaffen. Ausgesät werden im März vor allen Dingen Gattungen, die man sonst nicht direkt auf Beete säen kann. Dazu zählen z.B. Löwenmaul, Studentenblume, Zinnie, Aster, Nemesie, Ringelblume, Mandelröschen, Rittersporn, Sommerchrysantheme, Kapkörbchen, Wicke, Bechermalve und Salvie. Man kauft den Samen dieser Sommerblumengattungen in Portionstüten und sät den Samen in Töpfchen oder Aussaatschalen aus. Die Gefäße werden mit humoser, feiner Erde bis etwa 8 mm unter den Rand gefüllt, und der Samen wird gleichmäßig fein verteilt. Großkörnige Samen deckt man mit einer dünnen Erdschicht ab.

Aufgestellt werden die Töpfe an einem warmen Platz im Kleingewächshaus. Ist dieses im März noch nicht voll beheizt, kann man die Gefäße auch in einen heizbaren Vermehrungskasten stellen. Für die Keimung werden Temperaturen zwischen 16 und 18 °C benötigt. Je nach der Gattung und der Art brauchen die Pflanzen zwischen 7 und 21 Tagen zum Keimen. Die Pflänzchen müssen dann an einem hellen, luftigen Platz im Kleingewächshaus weiterkultiviert werden. Meist genügen dort Temperaturen um 15 °C. Wenn die Sämlinge zu dunkel stehen, vergeilen sie leicht.

Von Schönmalven entfernt man alte und wuchernde Triebe und schneidet vorjährige Stengel kräftig zurück. Wenn man die Pflanzen vermehren will, werden jetzt Stecklinge geschnitten. Man wählt junge, kräftige Triebe und steckt sie zum Bewurzeln an die Seiten eines 8-cm-Topfs ein, der mit Vermehrungssubstrat gefüllt ist. Die bewurzelten Stecklinge werden später einzeln in 8-cm-Töpfe umgepflanzt. Im Lauf des Sommers setzt man sie nach und nach in größere Töpfe. Stecklinge können ebenfalls im September geschnitten werden.

Tomaten aussäen Tomatenpflänzchen, die aus einer Aussaat im Februar gezogen wurden, brauchen jetzt einen besonders hellen Platz, damit sie nicht überlang und spindelig werden und zum Umfallen neigen. Wenn es sich machen läßt, dann stellt man die Töpfchen an die Stelle im Gewächshaus, an der sie später ausgepflanzt werden sollen.

Falls man Tomaten im Mai in ein ungeheiztes Gewächshaus oder ins Freie pflanzen will und über einen beheizten Vermehrungskasten verfügt, sät man die Samen in diesem Monat in Komposterde oder humose Gartenerde bei einer Temperatur von 16 °C aus. Die Samen überdeckt man mit einer dünnen Schicht gesiebter Erde. Sobald sich die Keimblättchen voll entwickelt haben, setzt man die Sämlinge einzeln in 8-cm-Töpfe.

In einem temperierten Gewächshaus wird das Beet zum Pflanzen von Tomaten im April vorbereitet. Man arbeitet gut verrotteten Stallmist oder Kompost und einen geeigneten Grunddünger – ungefähr 100 g auf 1 m^2 – ein. Am besten eignet sich ein organisch-mineralischer Volldünger.

Gemüsepflanzen aussäen Wer selbst Gemüsepflanzen heranziehen will, kann viele Arten in diesem Monat aussäen. Zum Auspflanzen auf Gartenbeete werden jetzt u. a. ausgesät: Kopfsalat, Kohlrabi, Blumenkohl, Frühweiß-, Frührot-, Frühwirsingkohl und Sellerie. Man wählt geeignete Frühsorten und sät in Handkisten oder größere Töpfe in ähnlicher Weise wie die Samen von Sommerblumen.

Gemüse pflanzen Wer in einem größeren Kleingewächshaus noch Platz hat, kann in diesem Monat bereits die ersten Gemüsepflanzen setzen. Dazu zählen Kopfsalat und Kohlrabi. In einer Gärtnerei kauft man die Setzlinge und pflanzt sie auf gut vorbereitete Grundbeete aus. Der Abstand bei Kopfsalat beträgt ungefähr 20 × 25 cm, bei Kohlrabi 15 × 20 cm. In dieser Jahreszeit benötigen die Gemüsepflanzen eine Temperatur von 15 °C. Gegossen wird immer am frühen Morgen.

Zwischen den Kopfsalat können noch Rettichsamen gesät werden. Die Samenkörner werden einzeln oder zu zweien in einem gewissen Abstand ausgelegt. Dieser richtet sich nach der Rettichart. Bei Frühsommerrettichen sollte der Abstand später von Pflanze zu Pflanze etwa 15 cm, bei sogenannten Bundrettichen 10 cm betragen. Auch Radies können in dieser Jahreszeit so ausgesät werden.

Vermehren, säen, pflegen Wurzelstöcke von *Canna* werden in Kästen, die mit feuchtem

Kompost gefüllt sind, vorgetrieben. Dabei teilt man zunächst zu große Wurzelstöcke. Im Mai werden die Pflanzen einzeln in 20-cm-Töpfe umgetopft.

Stecklinge der Buntnessel können jederzeit zwischen März und September geschnitten werden. Man steckt sie in sandigen Kompost oder ein spezielles Vermehrungssubstrat und hält sie bei einer Temperatur von 12–16 °C. Stecklinge der Zonalpelargonien werden jetzt geschnitten, damit man noch kleine Pflanzen für die Blüte im Sommer erhält. Fuchsienstecklinge werden ebenfalls in diesem Monat geschnitten (siehe *August*).

Samen von *Campanula isophylla* werden bei einer Temperatur von 13 °C ausgesät. Von jetzt an bis August können Stecklinge von dieser Pflanze geschnitten werden.

Edel- und Zonalpelargonien, Heliotrop, Fuchsien und in Töpfen gezogenen einjährigen Pflanzen gibt man alle zehn Tage einen Flüssigdünger.

Gegen Ende des Monats topft man Begonien und Gloxinien in 12-cm-Töpfe um, die man zuvor mit Komposterde gefüllt hat.

Pflanzen der im Juli blühenden *Campanula pyramidalis* werden in größere Töpfe umgepflanzt.

Man sät Samen von *Primula kewensis* und *P. obconica*. Die Aussaatkiste wird bei normaler Gewächshaustemperatur auf die Stellage gestellt.

Alle Sämlinge werden pikiert, sobald sie groß genug sind und sich das Keimblatt kräftig entwickelt hat.

Bei wärmerem Wetter treten jetzt Insekten in großer Zahl auf. Die Weiße Fliege bekämpft man mit Etrimfos oder Diazinon, Blattläuse mit Brennesselbrühe oder ebenfalls mit Etrimfos oder Diazinon. Die Rote Spinne, die besonders stark in Erscheinung tritt, wenn es frühzeitig im Jahr warm wird, wird mit Elefant-Sommeröl bekämpft.

Balkongärtnerei

Das ganze Jahr über kann es in den Balkonkästen grünen und blühen. Dem Blumenliebhaber bieten sich viele Möglichkeiten, den Wohnbereich auf Balkon und Terrasse zu jeder Jahreszeit zu schmücken.

Blumenkästen im Frühling Schon im zeitigen Frühjahr können in den Hausgärten auf dem Balkon Tulpen, Narzissen, Hyazinthen, Blausterne und Krokusse mit Stiefmütterchen, Vergißmeinnicht, Tausendschön und verschiedenen Freilandprimeln um die Wette blühen. Diese Frühlingsboten erfreuen den Hobbygärtner von März bis in den Mai hinein. In Gärtnereien und Blumengeschäften werden die Pflanzen bereits im zeitigen Frühjahr setzfertig angeboten. Wer die Anzucht von Blumenzwiebeln selbst übernehmen will, sollte daran denken, daß sie bereits im Herbst in die Kästen gelegt werden müssen.

Beim Einkauf von Blumenzwiebeln sollte man vor allem bei Narzissen und Tulpen niedrige Sorten auswählen, z. B. botanische frühe und kleinere Tulpen, wie *Tulipa kaufmanniana, T. eichleri, T. greigii,* oder botanische kleine Narzissen, wie *Narcissus minimus* und *N. nanus*.

Die Zwiebeln werden in kleinen Horsten so gepflanzt, daß nacheinander immer einige Pflanzen im Kasten blühen. Die Gefäße werden bis zum Vorfrühling an einem kühlen und geschützten Ort bei Temperaturen von ungefähr + 2 °C aufgestellt. Vorteilhaft ist es, die Pflanzgefäße mit einer 10–15 cm starken Erdschicht zu bedecken.

Wenn man die Erdoberfläche in den Pflanzgefäßen mit einer dünnen Schicht Flußsand bestreut, geht beim Herausnehmen die Einschlagerde leichter ab. Noch bessere Erfolge werden dann erzielt, wenn man die Blumenzwiebeln, nach Arten getrennt, in Einzeltöpfe legt und die Pflanzen im Frühjahr nach dem Austrieb zusammen mit den anderen Frühlingsblühern in die Balkonkästen pflanzt. Auch verschiedene frühblühende Polsterstauden, wie Blaukissen, das gelbe Steinkraut oder die weiße Gänsekresse, sollten als Beipflanzen nicht vergessen werden.

Beim Einpflanzen von Blumenzwiebeln dürfen die Wurzeln der Blumenzwiebeln nicht beschädigt werden. Ab und zu sollten auch diese robusten Frühlingsblüher gewässert werden.

Knollenbegonien antreiben und teilen Im März können auch die leicht runzeligen Speicherorgane der überwinterten Knollenbegonien auf feuchtem Torfmull in flachen Schalen zum Antreiben aufgestellt werden. Hält man die Temperatur bei 20 °C, dann treiben sie rasch aus. Wenn die Austriebe etwa 2–3 cm hoch sind, teilt man die größeren Knollen. Mit einem Messer schneidet man die Teilstücke so, daß jedes mindestens einen Austrieb aufweist. Die Schnittflächen müssen einige Tage gut abtrocknen, bevor die Pflanzen einzeln in kleine Töpfe gesetzt werden. Die Pflanzen sollten jetzt möglichst hell stehen und später regelmäßig gedüngt werden.

Einjährige Sommerblumen aussäen Verschiedene Gruppenpflanzen, wie Studentenblume, Kapuzinerkresse, Fleißiges Lieschen, aber auch Schlinger, wie die Edelwicke, Prunkwicke, Glockenrebe und die Schwarzäugige Susanne, sollten Ende des Monats ausgesät werden. Diese einjährigen Schlinggewächse ranken sich nach den Eisheiligen im Freien an Zäunen, Pergolen, Wänden und Spalieren auf Terrassen oder Dachgärten und sogar am Balkon empor.

Obst

Unbedeckter Boden erwärmt sich im Frühjahr rascher als bedeckter. Diese Erkenntnis kann zur Verzögerung der Blüte genutzt werden. Man deckt die Baumscheiben frühblühender Bäume mit Stroh, Rindenkompost oder sonstigem Mulchmaterial ab.

Im Obstgarten sollten jetzt einige Nisthöhlen für Vögel angebracht werden. Das Flugloch muß stets nach Südosten gerichtet sein. Die Zahl der Nisthöhlen richtet sich nicht nach landschaftlichen Gegebenheiten. Es gibt keinen Mindestabstand für Vögel.

Noch ehe man zu spritzen beginnt, muß das Schnittholz aus dem Obstgarten entfernt werden. Die Beseitigung von pflanzlichen Abfällen ist gesetzlich geregelt. Es gibt Bestimmungen darüber, auf welche Weise Abfälle, die auf einem Grundstück anfallen, beseitigt werden dürfen. Wenn jährlich größere Mengen Schnittholz zu beseitigen sind und das Verbrennen von Zweigen auf dem Grundstück nicht zulässig ist, lohnt sich die Anschaffung eines Komposthäckslers.

Wenn der Boden abgetrocknet ist, wird er flach bearbeitet. Dadurch bekämpft man keimende Unkräuter und setzt die Wasserverdunstung herab. Die Winterbodenfeuchtigkeit bleibt also besser erhalten. Schweren Boden darf man keinesfalls zu früh betreten, sonst verfestigt sich die lockere, krümelige Bodenstruktur (Frostgare) für längere Zeit.

Auf die relativ schorfanfällige Apfelsorte 'Golden Delicious' sollte man im Haus- und Kleingarten möglichst verzichten und statt dessen Sorten wie z. B. 'James Grieve', 'Boskoop', 'Berlepsch' oder 'Ontario' wählen. Hinweise auf besondere Maßnahmen beim Auftreten verschiedener Schädlinge gibt der amtliche Pflanzenschutzdienst über Anrufbeantworter. Vorbeugend schneidet man schon jetzt alle Triebe ab, die erkennbar von Mehltau befallen sind. Schädlinge treten im März noch kaum auf. In warmen Lagen könnte der Apfelblütenstecher allerdings an die Knospen fliegen und dort Eier ablegen. Apfelblütenstecher lassen sich in den warmen Mittagsstunden leicht von den Ästen auf eine Unterlage (Karton, Klopftrichter) abklopfen.

Nach den Schnittarbeiten wird im Obstgarten gedüngt. Der Hobbygärtner verwendet dafür im allgemeinen die chlorfreien blauen Mehrnährstoffdünger. Bei intensiver Nutzung des Gartens, d. h. bei Unterkulturen, rechnet man 70–100 g auf 1 m^2 jährlich. Davon wird gut die Hälfte im Frühjahr, der Rest im Frühsommer gegeben.

Obstbäume und Beerensträucher, die im vergangenen Herbst oder jetzt im Frühjahr gepflanzt wurden, erhalten die erste Düngergabe nicht vor Juni, da sonst Wurzelschäden entstehen könnten.

Wenn in Beerenkulturen Wurzelunkräuter, wie etwa Winde, Quecke, Giersch, zu bekämpfen sind, sollte statt einer tieferen Bodenbearbeitung die chemische Unkrautbekämpfung vorgezogen werden. Es gibt Streugranulate, die man stets ausbringt, ehe die Unkräuter zu wachsen beginnen. Diese Mittel können, solange die Knospenschuppen der Beerensträucher noch geschlossen sind, breitwürfig über die Sträucher ausgebracht werden. Eine unkrauthemmende Wirkung kann man bei einjährigen Samenunkräutern erzielen, wenn man den Boden 2–5 cm hoch mit Rindenkompost abdeckt.

Im März werden solche Obstarten und -sorten geschnitten, die wegen ihrer Frostempfindlichkeit bisher zurückgestellt worden sind. Hierzu gehören auch die verhältnismäßig schnittaufwendigen Pfirsiche. Für alle Obstarten, die im Herbst wegen des frühen Wintereinbruchs oder zu feuchter Witterung nicht mehr gepflanzt werden konnten, ist jetzt Pflanzzeit. Dies trifft auch für Arten zu, die ohnehin besser im Frühjahr gepflanzt werden sollten.

Von amtlichen Stellen wird immer wieder empfohlen, keinen Weiß- oder Rotdorn zu pflanzen, weil sie die Feuerbrandkrankheit übertragen. Birn- und Apfelbäume werden in der Regel nur dann in größerem Umfang befallen, wenn in der Nähe feuerbrandkranke Weiß- oder Rotdornbüsche wachsen.

Apfel Bei der Schlanken Spindel fällt bereits dem Pflanzschnitt die Aufgabe zu, ein günstiges Verhältnis zwischen der Mittelachse und den Seitentrieben baldmöglichst herbeizuführen.

Aprikose Diese Obstart, auch Marille genannt, legt die kürzeste Winterruhe ein. Die Aprikose erträgt die in Europa auftretenden normalen Wintertemperaturen. Jedoch können ihr Kälteeinbrüche gegen Ende des Winters gefährlich werden. Die besten Lagen für Aprikosen sind leicht nach Norden geneigte Hänge, wo gewährleistet ist, daß die Bäume spät austreiben und blühen. Ausschlaggebend für den Erfolg ist die Wahl der Unterlage. Gute Sorten sind: 'Monbacher Marille', Reifezeit: Mitte bis Ende Juli; 'Ungarische Beste', Reifezeit: Ende Juli bis Anfang August.

Brombeere Brombeeren sind frostempfindlicher als Himbeeren. Das gilt besonders für stachelige Sorten mit rankendem Wuchs. Standorte, an denen im Frühherbst regelmäßig schon Fröste auftreten, sind daher ungeeignet. Jetzt ist die günstigste Zeit zum Pflanzen. Die Ruten

PFLANZSCHNITT DER SCHLANKEN SPINDEL

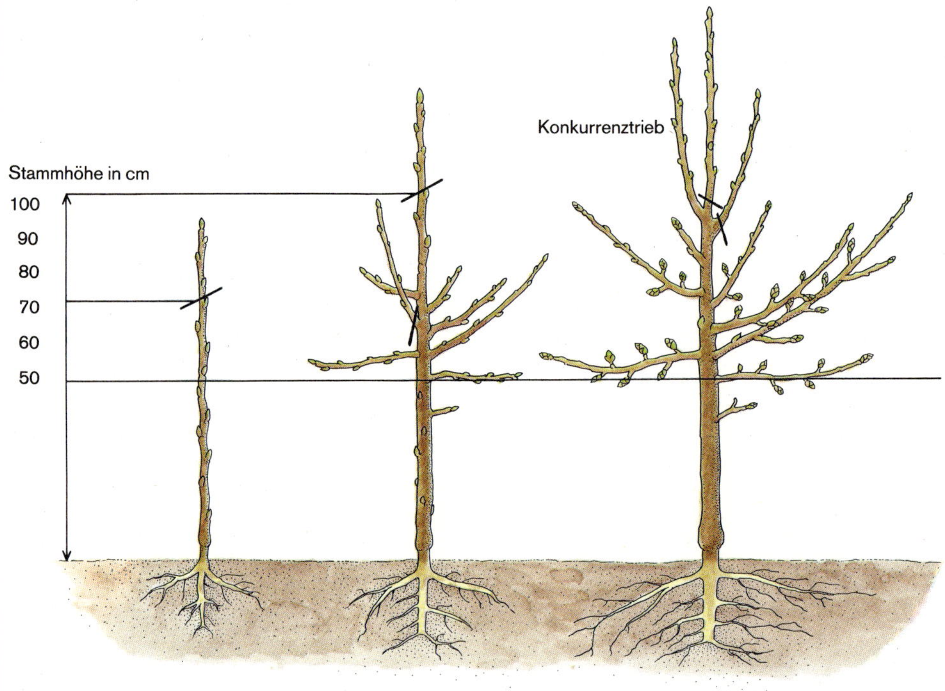

Der Pflanzschnitt der Schlanken Spindel richtet sich nach der Stärke und Verzweigung des Jungbaums. Links: Die einjährige Veredlung wird auf eine Höhe von 70 cm zurückgeschnitten. Mitte: Die einjährige Veredlung mit vorzeitigen Trieben wird auf 1 m zurückgeschnitten. Man entfernt den steilen Seitentrieb. Rechts: Die zweijährige Veredlung wird auf den Konkurrenztrieb umgesetzt. Den darunter spitzwinklig angesetzten Seitentrieb schneidet man weg

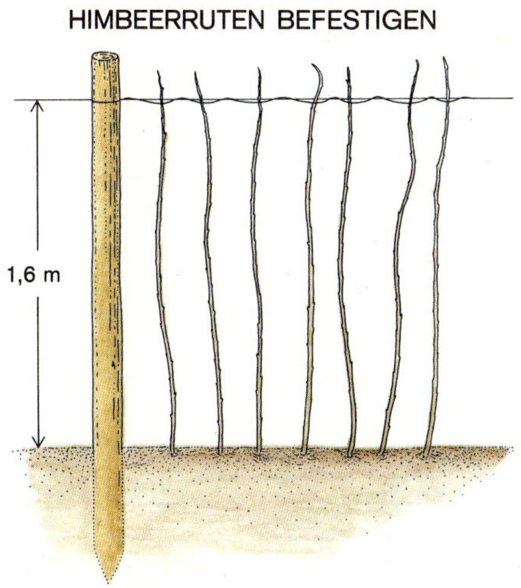

Himbeerruten werden am Spanndraht befestigt, indem man sie fortlaufend mit Bast oder Draht umschlingt

werden nach dem Pflanzen auf eine Länge von 20–30 cm eingekürzt.

Die bekannteste Sorte von Brombeeren mit Stacheln ist 'Theodor Reimers'. Sie ist im Geschmack den stachellosen Sorten überlegen. Stachellose Brombeersorten sind: 'Smoothstem', 'Thornfree', 'Black Satin' und 'Thornless Evergreen'.

Es hat sich bewährt, Brombeeren erst im Frühjahr zu schneiden. In Ertragsanlagen werden die alten, abgetragenen Ranken entfernt. Beim Rückschnitt der Haupttriebe geht man bis auf den gut ausgereiften Triebteil mit kräftig entwickelten Knospen zurück. Das entspricht meist einer Länge von 3–3,5 m.

In Gebieten mit kaltem Winter müssen jetzt die Ranken der Brombeerpflanzen (siehe *November*) wieder hochgebunden werden.

Erdbeere Wenn man die Beete mit Lochfolie abdeckt, reifen die frühen und mittelfrühen Sorten rascher heran. Der Boden erwärmt sich unter der Folie früher, und die Bodenfeuchtigkeit bleibt länger erhalten. Die optimale Bodentemperatur liegt für Erdbeeren bei 18 °C.

Erdbeeren werden im Frühjahr nicht gedüngt, da sie sonst leichter vom Grauschimmel befallen werden. Bei ganzjährig gemulchten Flächen werden die Nährstoffe weniger stark ausgewaschen.

Himbeere Bei Himbeeren kommt es im Pflanzjahr vor allem darauf an, daß die Jungpflanzen anwachsen und junge Ruten treiben. Deshalb werden die Setzlinge auf etwa 40 bis 50 cm zurückgeschnitten, um den Austrieb der Sproßknospen anzuregen. Die Ertragsruten werden jetzt geordnet und angebunden. Ein guter Himbeerbestand treibt jährlich Ruten mit einer Länge von wenigstens 2 m. Leider ist dies häufig nicht der Fall, weil die meisten Bestände nicht gesund sind. Sie leiden oft an einer Virus- oder Rutenkrankheit. Sollten die alten Ruten, die im Vorjahr getragen haben, noch nicht entfernt sein, werden diese nun dicht am Boden abgeschnitten. Ebenso nimmt man alle überzähligen Jungruten heraus. Selbstverständlich werden immer die schwächsten Triebe beseitigt. In der Regel sollen zehn bis zwölf kräftige Ruten auf 1 m stehenbleiben. Wichtig ist das Anbinden der Ruten, denn wenn sie lose wachsen, leiden Triebe und Früchte erheblich, wenn ein starker Wind weht. Der für das Anbinden wichtige Spanndraht wird in einer Höhe von etwa 1,5–1,7 m gezogen. Ungefähr 15–20 cm über dem Draht werden die Ruten abgeschnitten. Auf keinen Fall darf man die nicht geschnittenen Ruten umbiegen und anbinden. Läßt man die Ruten lang, ist der Durchtrieb der kräftigen Knospen im mittleren Rutenbereich benachteiligt, und die schwachen, schlecht ausgereiften Triebspitzen bringen nur einen mäßig entwikkelten Fruchttrieb mit kleinen Früchten.

Johannisbeere Der Rückschnitt begünstigt das Anwachsen frisch gepflanzter Sträucher und regt die Bildung neuer Triebe an.

Zum Aufbau eines Buschs benötigt man fünf bis sechs gleichmäßig verteilte Triebe. Überflüssige Triebe schneidet man dicht über dem Boden ab. Die verbleibenden Triebe werden je nach der Stärke des Strauchs auf eine Länge von 20–30 cm eingekürzt. Dabei soll der Mitteltrieb die übrigen leicht überragen.

Kiwi Dies ist eine zweihäusige Schlingpflanze, d. h., die männlichen und weiblichen Blüten sind auf verschiedenen Pflanzen zu finden. Damit die Kiwis sicher bestäubt werden, setzt man zwischen fünf bis zehn weiblichen Pflanzen eine männliche. Die Bodenreaktion sollte sauer sein. Nachdem die Kiwi gepflanzt ist, schneidet man die Zweige auf zwei bis drei Augen zurück. Für den Anbau dieser exotischen Pflanze in Mitteleuropa kommen nur die Sorten 'Hayward' (weibliche Sorte) und 'Tomuri' (männliche Sorte) in Frage. Die Ansprüche, die die Kiwi an das Klima stellt, sind hoch: Sie braucht viel Wärme und Schutz vor starken Winden, weil die Zweige leicht brechen. Vor Frost muß die Pflanze geschützt werden, vor allem während der Blütezeit im Mai. Die Kiwi gedeiht nur in Weinbaulagen. Die Früchte reifen erst im November.

Loganbeere Auch diese dicht bestachelte Beere, die der Brombeere sehr nahesteht, kann jetzt gepflanzt werden. Der Ertrag an Früchten, die extrem groß sind, ist nur gering. Die Loganbeere hat allerdings ein hervorragendes Aroma und wird gern für die Herstellung von Saft, Marmelade und Gelee verwendet. Es gibt Sträucher,

Im Herbst oder Frühjahr gepflanzte Johannisbeersträucher schneidet man jetzt zurück. Damit wird die Bildung kräftiger Triebe angeregt

Hoch-, Halb- und Fußstämme. Außerdem lassen sie sich als Schnurbäume ziehen.

Nektarine und Pfirsich Beide Obstarten können nur im Frühjahr gepflanzt werden. Es sollten nur einjährige Jungbäume verwendet werden, da ältere veredelte Bäume gelegentlich schlecht anwachsen. Vorteilhaft ist es, die Wurzeln vor dem Pflanzen in einen Erdbrei zu tauchen, die Baumscheiben kräftig einzuschlämmen und mit Stroh, Stallmist, Kompost oder Torf abzudecken. Sofort nach der Pflanzung schneidet man sämtliche Triebe bis auf 60 bis 80 cm Stammhöhe ab und kürzt den Mittelstamm und die oberen noch verbleibenden Triebe auf zwei bis drei sichtbare Augen ein.

Die folgenden Sorten sind empfehlenswert: *Gelbfleischige Nektarinensorten:* 'Morton', Reifezeit: Anfang bis Mitte August; 'Independence', Reifezeit: Mitte August; 'Flavortop', Reifezeit: Anfang September. Für diese besonders wärme- und lichtbedürftige Obstart ist die Erziehung einer Krone ohne Stammverlängerung zu empfehlen. Man spricht dabei von einer Hohl- oder Trichterkrone. Möglichst schon nach dem ersten Standjahr, wenn die gewünschten, im Ansatz gut verankerten, schräggestellten Hauptäste vorhanden sind, wird der Mitteltrieb herausgenommen. An ausreichend kräftigen Jahrestrieben, die seitlich mit gemischten Knospen besetzt sind, wachsen die schönsten Früchte. Schwache Triebe werden zum Teil ganz entfernt oder auf zwei bis drei Knospen zurückgeschnitten. Man kann in der Regel mit einem guten Ertrag rechnen, wenn an kräftigen Blütentrieben fünf bis sechs gemischte Knospenanlagen verbleiben.

Weißfleischige Pfirsichsorten: 'Früher Roter Ingelheimer', Reifezeit: Mitte bis Ende Juli; 'Roter Ellerstadter' (Kernechter vom Vorgebirge), Reifezeit: Mitte bis Ende September.

Gelbfleischige Sorten: 'Dixired', Reifezeit: Ende Juli bis Anfang August; 'Red Haven', Reifezeit: Anfang bis Mitte August; 'South Haven', Reifezeit: Ende August bis Anfang September.

Quitte Es gibt die rundlichen Apfelquitten und die länglichen Birnenquitten. Letztere sind etwas saftiger und weicher im Fruchtfleisch. Empfehlenswerte Sorten sind: 'Vranja', 'Champion', 'Bereczki', 'Portugiesische Quitte', 'Riesenquitte von Lescovac' und 'Konstantinopel'.

Quittenbäume lassen sich gut als Niederstämme ziehen. Beim Kauf sollte man darauf achten, daß die Bäume auf Quitte-A-Unterlage stehen.

Diese Unterlage zeichnet sich gegenüber dem Birnensämling durch einen geringen Wuchs und einen frühen Ertragsbeginn aus; die Bäume bleiben kleiner.

Anfangs braucht man einen Baumpfahl. Die Quitte verlangt einen tiefgründigen, nährstoffreichen Boden in warmer, geschützter Lage. Dem Quittenbaum sagt ein halbschattiger Standort zu. Wenn er tragen soll, dann darf er nicht zurückgeschnitten werden, weil er nur an den Endtrieben blüht. Der einzige erforderliche Schnitt ist das Auslichten zu dicht stehender Triebe. Wegen der hohen Frostempfindlichkeit der Quitte wird der Baum erst in diesem Monat geschnitten.

Stachelbeere Man kann Stachelbeeren an einen sonnigen oder halbschattigen Standort pflanzen. Die Früchte sind je nach der Sorte grün, rot, gelb oder weiß. Häufig werden Stachelbeeren vom Amerikanischen Stachelbeermehltau befallen. Die Krankheit erkennt man am schmutzigweißen Myzelbelag auf den gestauchten Triebspitzen. Nicht ausgelichtete Sträucher oder Stämmchenkronen werden stärker befallen als solche mit lockerem Aufbau. Beim Auslichtungsschnitt werden auch befallene Triebspitzen mit den erwähnten Symptomen entfernt. Zu der mechanischen Bekämpfung des Stachelbeermehltaus kommen in den nächsten Wochen dann noch chemische Maßnahmen. Wenn kein Befall vorliegt, erübrigt sich ein Rückschnitt der Triebspitzen.

Weinrebe Im März und auch noch im April pflanzt man Weinstöcke. Sie gedeihen am besten dort, wo es im Sommer heiß und im Winter mild ist. Ein Weinstock sollte an einer Südwand stehen. Er beansprucht wenig Bodenfläche, seine Wurzeln reichen dafür um so tiefer in den Boden. Geeignete Sorten sind: 'Augusta Luise', hellfrüchtig, früh; 'Blauer Portugieser', früh;

AUSLICHTUNGSSCHNITT BEI STACHELBEERSTRÄUCHERN

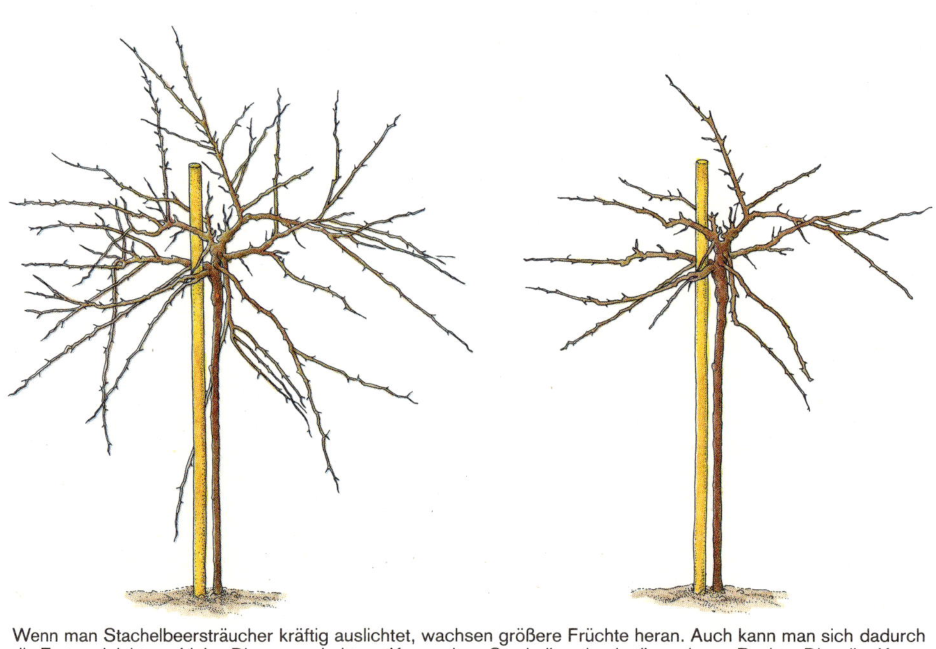

Wenn man Stachelbeersträucher kräftig auslichtet, wachsen größere Früchte heran. Auch kann man sich dadurch die Ernte erleichtern. Links: Die ungeschnittene Krone eines Stachelbeerhochstämmchens. Rechts: Dieselbe Krone nach dem Schnitt. Von Mehltau befallene und zu dicht stehende Triebe wurden entfernt

'Blauer Burgunder', mittelfrüh; 'Kardinal', kernlos, blau, mittelfrüh; 'Ortega', gelb, früh; 'Sieger', rot, sehr früh; 'Gelbe Seidentraube', früh; 'Weißer Gutedel', mittelfrüh; 'Roter Gutedel', mittelfrüh; 'Volta', blau, früh; 'Perle von Czaba', gelbgrün, früh; 'Muskat-Gutedel', gelb, mittelfrüh.

Gemüse

Will man Frühkartoffeln anbauen, dann sollte jetzt rechtzeitig Pflanzgut gekauft und zum Vorkeimen aufgestellt werden. Das Vorkeimen erfolgt vier bis fünf Wochen vor dem Legetermin. Die Knollen werden nebeneinander in flachen Kisten angeordnet und bei 12–15 °C aufgestellt. Man legt die Knollen in der Regel in der zweiten Aprilwoche.

Im Frühjahr den Boden richtig bearbeiten Erst wenn der Boden im Freien gut abgetrocknet ist, kann man ihn bearbeiten. Der Boden, der durch den Frost feinkrümelig geworden ist, wird im Frühjahr auf keinen Fall umgegraben, sondern nur noch eingeebnet. Um die Beete saat- und pflanzfertig zu machen, genügt es deshalb meist, wenn man die Oberfläche mit einem Krail oder Kultivator etwas lockert.

Gleichzeitig mit dieser ersten Bearbeitung können jetzt die notwendigen Bodenverbesserungsmittel, z. B. Düngetorf, und die erforderlichen Düngermengen eingearbeitet werden.

Wenn man die einzelnen Gemüsearten düngt, muß sehr sorgfältig vorgegangen werden. Die Höhe der Düngergaben richtet sich nach den Ansprüchen der verschiedenen Gemüsearten. Zu empfehlen sind organisch-mineralische Düngemittel, wie z. B. Hornoska-Spezial, Kama-Orga, Manna-Spezial, Engelharts Gartendünger und Orgamin. Ebenso können mineralische Düngemittel, z. B. Blaukornvolldünger, verabreicht werden, wenn man sie sorgfältig dosiert.

Bei der Düngung ist nicht nur zu bedenken, welche und wieviel Nährstoffe jede Gemüseart dem Boden entzieht, sondern auch, welche Nährstoffe der Boden enthält. Um eine harmonische Ernährung der Pflanzen zu gewährleisten, sollte der Boden regelmäßig im Abstand von zwei bis drei Jahren untersucht werden. Der Hobbygärtner kann sich an Bodenuntersuchungsanstalten wenden, von denen es zahlreiche gibt. Gegen eine Gebühr kann man eine Bodenprobe zur Untersuchung dorthin bringen.

Bodenanalysepackungen hält der Fachhandel bereit. Man entnimmt die Bodenproben entsprechend der Gebrauchsanweisung, verpackt sie und sendet sie zur Bearbeitung ab. Außer den Hauptnährstoffen werden die Art des Bodens und der Zustand des Humus ermittelt. Der Hausgärtner erhält dann außerdem noch Vorschläge, wie er seinen Boden düngen soll.

Aufgrund des Untersuchungsergebnisses werden dann die fehlenden Nährstoffe gezielt gegeben.

Ernteverfrühung durch Flachabdeckung von Frühgemüsen Je nach der Lage sät oder pflanzt man gegen Mitte oder Ende des Monats Frühgemüse aus.

Viele Gartenfreunde nutzen dabei seit einigen Jahren die Vorteile transparenter Flachabdeckungen, mit deren Hilfe verschiedene Gemüse früher reifen. Wenn man mit solchen Flachabdeckungen arbeitet, kann man zwar nicht früher säen oder pflanzen, jedoch – verglichen mit dem normalen Anbau – wesentlich früher ernten.

Folien oder Vliese Neben den seit längerer Zeit verwendeten gelochten oder geschlitzten Folien aus Polyäthylen werden neuerdings auch verschiedene Vliesstoffe aus Polyesterfäden oder Polypropylen für die Ernteverfrühung angeboten. Von den zahlreichen Produkten hat vor allem eines inzwischen Bedeutung in der Gartenpraxis erlangt. Es ist unter dem Namen Agryl P 17 im Handel.

Die Lichtdurchlässigkeit dieses Materials beträgt etwa 75 % gegenüber 90 % bei Polyäthy-

FLACHABDECKUNG VON FRÜHGEMÜSE

Die Ernte von Frühgemüse kann man durch Flachabdeckungen verfrühen. Der Vorteil der Flachfolie gegenüber dem Folientunnel besteht darin, daß die Flachfolie mitwächst und nicht gelüftet werden muß

Das Material für die Flachabdeckung wird, unmittelbar nachdem man gesät bzw. gepflanzt hat, flach über das Beet gelegt und an der Seite eingegraben oder mit Erde beschwert

lenfolie. Jedoch sind Vliese viel luftdurchlässiger als Folien, so daß sie ohne Schaden länger auf den Kulturen aufliegen können.

Auch bei Flachabdeckungen von Gemüse ist auf eine ausreichende Bodenfeuchtigkeit und Nährstoffversorgung zu achten, damit die Pflanzen keinen Schaden nehmen. Oft sind nicht die Frühjahrsfröste schuld, wenn die Ernte schlecht ausfällt.

Wenn man gelochte Folien verwendet, die mit 250, 500, 750 und 1000 Löchern auf 1 m^2 angeboten werden, schlägt man die Folie beim Gießen nach einer Seite zurück und gräbt sie anschließend wieder ein. Geschlitzte Folien, sogenannte mitwachsende Folien, und Vliese brauchen fürs Bewässern nicht abgenommen zu werden, da diese Materialien Wasser gleichmäßig durchsickern lassen.

Sehr gute Erfahrungen haben Hobbygärtner mit der „wachsenden Folie" gemacht. Wichtig ist nur, daß sie im zeitigen Frühjahr gleich nach dem Säen oder Pflanzen aufgelegt wird, damit das Treibhausklima rasch erreicht wird. Anfangs, bei den noch kühleren Außentemperaturen, sind die unzähligen Schlitze geschlossen. Je größer aber die Pflanzen und je höher die Temperaturen werden, desto mehr dehnen sich die Schlitze und passen sich der Entwicklung der Pflanzen an. Ohne viel Arbeit mit dem Gießen und Lüften zu haben, kann somit die Ernte um zwei bis drei Wochen verfrüht werden.

Vorteile der Flachabdeckung Durch die Flachabdeckung von Frühgemüse mit Folie oder Vlies wird den Jungpflanzen eine Starthilfe gegeben und damit der Erntetermin vorverlegt. Diese Methode erfordert keine Unterkonstruktion, die Materialkosten sind also gering. Die Folien werden unmittelbar nach der Aussaat bzw. nach dem Pflanzen und dem Angießen der Pflanzen ausgelegt. Man legt das Material flach und locker über das Beet und gräbt es an den Seiten ein. Wenn man mit den Folien vorsichtig umgeht, kann man sie mehrere Jahre im Garten verwenden.

Unter der Flachabdeckung erwärmt sich der Boden stärker, kalte Nachttemperaturen können kaum Schaden anrichten, und die Luftfeuchtigkeit erhöht sich. Schäden durch austrocknende Winde sind weitgehend ausgeschlossen, aber auch gegen schädliche Insekten ist ein gewisser Schutz gegeben.

Rechtzeitig abdecken Bei Frühkulturen erzielt man die besten Ergebnisse, wenn man die Flachabdeckung erst kurz vor der Ernte abnimmt. So werden Kopfsalat, Eissalat und Radies beim Beginn der Ernte abgedeckt.

Etwa zwei Wochen vor der Ernte deckt man Blumenkohl, Brokkoli, Kohlrabi, Sellerie und Porree ab.

Blühende Pflanzen, wie Gurken, Melonen oder Zucchini, müssen kurz vor der Blüte abgedeckt werden, um die Bestäubung nicht zu gefährden. Bei Frühkartoffeln erfolgt das Abdekken, nachdem die Gefahr von Spätfrösten vorbei ist.

Grundsätzlich müssen später reifende Gemüsearten von Mitte Mai an abgedeckt werden, weil sonst die Temperaturen unter der Flachabdeckung zu hoch ansteigen. Günstig ist es immer, wenn man an trüben, windstillen Tagen und in den Abendstunden die Pflanzen abdeckt, damit sich die Pflanzen leicht an den Übergang gewöhnen.

Folientunnel aufstellen Von der Mitte des Monats an können auch Folientunnel aufgestellt und bepflanzt werden. Man stellt sie am besten in Ostwestrichtung auf, damit sie dem Wind eine möglichst geringe Angriffsfläche bieten. Gelüftet wird an der Südseite. Unter Folientunneln können praktisch alle Gemüsearten angebaut und verfrüht werden.

Möhren Möhren können sehr früh gesät werden, da sie bereits bei niederen Bodentemperaturen keimen. Vorteilhaft ist eine Flachabdekkung mit Folie oder Vlies, die ungefähr vier bis fünf Wochen auf dem Beet bleibt. Möhren sollten ungefähr 3 cm tief gesät werden. Frühe Sorten sät man in Reihenabständen von 20 cm aus. Nicht zu dicht säen! Der Abstand der Pflanzen in der Reihe sollte 2–3 cm betragen. Geeignete Sorten sind: 'Nantaise', 'Fanal', 'Marktgärtner' und 'Tip-Top'.

FOLIENTUNNEL MIT FEDERSTAHLSTÄBEN

Zum Abdecken des Folientunnels verwendet man 0,1 mm dicke PE-Gartenbaufolie (Polyäthylen-Gartenbaufolie). Bei diesem Tunnel kann man die Folie zum Lüften zwischen zwei Drahtbogen einklemmen

STECKZWIEBELN AUSLEGEN

Im März werden Steckzwiebeln gelegt. Der Reihenabstand sollte 20–25 cm betragen. In der Reihe sollten 4–6 cm eingehalten werden

Radies und Rettiche Diese Gemüsearten sind nicht kälteempfindlich und können zum frühestmöglichen Termin gesät werden. Bei Radies erfolgt die Aussaat im Reihenabstand von 8 cm. In der Reihe muß, nachdem der Same aufgegangen ist, auf 5–6 cm vereinzelt werden. Der Saatgutbedarf beläuft sich auf 2–3 g auf 1 m^2. Geeignete Radiessorten für Freiland und Flachfolienanbau sind: 'Frühwunder', 'Rota', 'Neckarperle' und 'Hilmar'.

Rettiche werden ins Freiland, unter Flachabdeckung, Folientunnel oder in den Frühbeetkasten gesät, indem man zwei bis drei Körner in jeweils eine Saatstelle 2 cm tief in den Boden drückt und leicht mit Erde bedeckt. Nach der Keimung bleibt jeweils der kräftigste Sämling stehen, und die übrigen werden abgezwickt.

Man sät in den folgenden Abständen aus: Bundrettiche 12 × 15 cm, Stückrettiche 20 × 20 cm. Geeignete Rettichsorten sind bei Bundrettichen 'Ostergruß rosa' und 'Schifferstädter Mai', bei Stückrettichen 'Rex', 'Unus' und 'Neckarruhm'.

Sä- und Steckzwiebeln In klimabegünstigten Gebieten ist die Zwiebelaussaat dem Steckzwiebelanbau vorzuziehen. Gesäte Zwiebeln kann man in der Regel länger lagern. Man sät die Zwiebeln in einem Reihenabstand von 25 cm. In der Reihe sollten die Pflanzen auf 4–6 cm vereinzelt werden. Der Saatgutbedarf liegt bei 1,5 g auf 1 m^2. Empfehlenswerte Sorten sind: 'Zittauer Gelbe', 'Stuttgarter Riesen' und 'Allround'. In klimatisch weniger günstigen Gegenden zieht man aus Steckzwiebeln schöne große Speisezwiebeln, die rechtzeitig ausreifen und dann gelagert werden können. Steckzwiebeln erhält man in Samenfachgeschäften, oder man zieht sie selbst heran.

Steckzwiebeln werden in der Regel von Ende März bis April auf Beete ausgelegt. Für 10 m^2 benötigt man rund 700 g Steckzwiebeln. Sie werden im Reihenabstand von 20–25 cm und in einem Abstand von 6 cm in der Reihe in den Boden gesteckt. Zwiebeln mit einem Durchmesser von 0,5–1,5 cm eignen sich am besten. Empfehlenswerte Sorten sind: 'Stuttgarter Riesen' und 'Juwarund'.

Gemüse pflanzen

Kohlrabi Dieses Gemüse hat eine kurze Kulturzeit. Es sollte mehrmals in Abständen von drei bis vier Wochen gepflanzt werden. Man kann die Ernte durch eine Flachabdeckung verfrühen.

Der Pflanzabstand beträgt 25 × 25 cm.

Kopfsalat Von Mitte März bis Anfang April gepflanzter Kopfsalat kann durch eine Flachabdeckung um zwei bis drei Wochen verfrüht werden.

Der Pflanzabstand beträgt 25 × 25 cm.

Kopfsalat reagiert empfindlich auf zu hohe Mineraldüngergaben. Eine Düngung vor der Pflanzung mit 60–80 g auf 1 m^2 eines Blaukornvolldüngers ist ausreichend. Auf guten Böden können auch organische Dünger, wie z. B. Hornoska Spezial oder Engelharts Gartendünger, gegeben werden. Empfehlenswerte Kopfsalatsorten sind: 'Reskia', 'Blondine', 'King' und 'Mayking'.

Rhabarber Um eine frühere Ernte bei Rhabarber zu erreichen, können bereits im zeitigen Frühjahr Folientunnel über den Pflanzreihen aufgebaut werden.

Rotkohl, Weißkraut und Wirsing Diese Gemüsearten lassen sich, wenn man sie früh pflanzt, durch flaches Abdecken mit Folien verfrühen. Die Folie kann bis Mitte Mai auf dem Beet bleiben, man muß jedoch für ausreichende Feuchtigkeit sorgen. Der Pflanzabstand beträgt 40 × 35 cm.

Empfehlenswerte Sorten sind bei Frühweißkohl 'Erstling' und 'Allfrüh', bei Frührotkohl 'Frührot' und 'Langendijker Allerfrühester', bei Frühwirsing 'Vorbote' und 'Praeco'.

Küchenkräuter

Sobald sich der Boden erwärmt, wird das Saatbeet vorbereitet. Bei der Aussaat muß die Saattiefe beachtet werden. Samen von Lichtkeimern dürfen entweder nur dünn oder überhaupt nicht mit Erde bedeckt werden. Dunkelkeimer überdeckt man etwa so hoch, wie der Samen dick ist. Zum Abdecken der Samen verwendet man lockere, feine Humuserde, die der Keimling leicht durchdringen kann. Normalerweise sät man Kräuter im März, April und Mai. Für die Aussaat an Ort und Stelle sind Schnittlauch, Majoran und Basilikum nicht geeignet. Die Anzucht dieser wärmebedürftigen Kräuter erfolgt in der Saatschale, im Frühbeet oder im Kleingewächshaus.

Erst von Mitte Mai an wird in kleinen Büscheln ausgepflanzt.

Im allgemeinen benötigt man zum Würzen einer Speise nur jeweils eine Prise des betreffenden Krautes. Oft genügen also wenige Pflanzen von einer Art. Wer jedoch einen Vorrat an getrockneten Kräutern anlegen will, sät größere Mengen aus. Man braucht beträchtliche Mengen frischer Kräuter, um genügend Trockenkräuter zu bekommen.

Kerbel kann man bereits im März aussäen. Der Gartenkerbel ist ein Lichtkeimer. Der Samen wird deshalb nur ganz leicht mit feiner Erde bedeckt. Der Reihenabstand auf dem Beet beträgt 15 cm. Kerbel sollte weder umgepflanzt noch vereinzelt werden. Folgesaaten in zwei- bis dreiwöchigem Abstand ermöglichen eine ständige Ernte. Vier bis sechs Wochen nach der Aussaat kann man die ersten Triebe abnehmen.

Majoran kann von Ende März an in Töpfchen, Schalen oder ins Frühbeet gesät werden. Diese frostempfindlichen Pflanzen werden erst nach den Eisheiligen ausgepflanzt. Man deckt die Samen nur dünn mit Sand zu. Die Sämlinge werden pikiert und später in Tuffs von zwei bis drei Pflanzen im Abstand von 20 bis 25 cm ausgepflanzt.

Wenn das Wetter trocken und nicht zu kalt ist, sät man Petersilie ins Freiland. Man sät an einer feuchten, halbschattigen Stelle in Saatrillen im Abstand von 10 bis 15 cm.

Russischen Estragon kann man von Mitte März an in Töpfchen, kleinen Saatschalen oder einer Keimbox vorziehen und von Mitte Mai an ins Freiland pflanzen. Der Abstand im Beet beträgt 40 × 60 cm. Die Pflanzen können drei bis vier Jahre am selben Platz stehenbleiben.

Die Aussaat von Schnittlauch erfolgt im März und April ins Frühbeet. Bei der Anzucht zieht man die Horstsaat der Reihensaat meist vor.

Im Abstand von 25 × 25 cm hebt man flache Gruben aus, in die man 30 Samenkörner verteilt. Bei 20 °C keimen die Samen nach zwei bis drei Wochen. Erntebeginn: drei Monate nach der Aussaat.

Fenchelwurzeln teilt man, sobald die Triebe über dem Boden sichtbar werden. Fenchel wird im Abstand von 50 × 50 cm ausgepflanzt. Alte Sauerampferstöcke teilt man und setzt sie im Abstand von 30 cm in nährstoffreichen, feuchten Boden in die volle Sonne.

Einjährige Pflanzen, die im März und April gesät werden

Die nachstehend beschriebenen Gattungen, Arten und Sorten finden sich wahrscheinlich in den meisten Samenkatalogen. Bei der Auswahl der Sorten achtet man außer auf die Größe und Farbe der Blüten auch darauf, ob die Blüten gefüllt sind oder nicht und welche Form sie haben. Vielfach werden heute auch sogenannte F_1-Hybriden angeboten. Sie zeichnen sich durch einen gleichmäßigen Wuchs und eine reiche Blüte aus. Von diesen Hybriden kann man keine Samen ziehen, da man hierfür ausgewählte Elternsorten benötigt. Die Angaben über die Höhe der einzelnen Pflanzen sind bei der Wahl des Pflanzabstands einzubeziehen.

Ageratum Leberbalsam
Diese attraktive Beetpflanze, die von Juni bis Oktober blüht, eignet sich gut für Einfassungen. Die blauen Sorten ergeben zusammen mit weiß-, gelb- und rotblühenden Blumen ein schönes Bild. Gute Sorten sind die F_1-Hybriden 'Blue Blazer' (15 cm), 'Blue Chip' (20 cm), 'Blaue Donau' (20 cm), 'Caprice' (20 cm), 'Nordmeer' (20 cm) und 'Summer Snow', rein weiß (15 cm). Man kann den Leberbalsam schon im März unter Glas vorkultivieren.

Antirrhinum Löwenmaul
Die Sorten unterscheiden sich vor allem in der Stärke und Wuchshöhe. Niedere, sogenannte Zwergsorten, sind besonders für Einfassungen und die Bepflanzung von Steingärten geeignet. Eine bekannte Rasse sind die 'Floral Carpet' F_1-Hybriden. Sie wachsen sehr schnell und werden nur 20 cm hoch. Sie blühen von Juni bis Oktober in den verschiedensten Farben. Bekannt sind außerdem 'Orange Pixie' F_1-Hybriden und 'Sweetheart' F_1-Hybriden. Eine große Anzahl von F_1-Hybriden gehört mit einer Wuchshöhe von 40–50 cm zu den halbhohen Rassen. Dies sind meist sehr standfeste Schnittblumen, die sich auch für die Beetbepflanzung eignen. Bekannt sind z. B. die 'Frontier' F_1-Hybriden und die 'Cornette' F_1-Hybriden. Darüber hinaus gibt es noch die hohen Schnittsorten, die ausschließlich als Schnittblumen kultiviert werden. Bewährt haben sich 'Rocket' F_1-Hybriden und viele Einzelsorten. Sie alle erreichen eine Höhe von 0,8–1 m. Interessant ist auch eine hyazinthenblütige Rasse mit der Sortenbezeichnung 'Hohes Lied'. Bei fast allen Löwenmaularten und -sorten ist eine Vorkultur möglich oder empfehlenswert.

Begonia Begonie
Bei den Beetbegonien wird man für den frühzeitigen Kulturbeginn und die hohen Temperaturen, die für die Anzucht notwendig sind, reich entschädigt. Keine andere Beetpflanze zeichnet sich durch eine längere Blüte und höhere Witterungs- und Lichtverträglichkeit aus. Gute neue F_1-Hybriden sind die Rassen 'Juwel' F_1-Hybriden, 'Diable' F_1-Hybriden mit schwarzbrauner Belaubung sowie die bekannten Sorten 'Bella', leuchtend karminrosa; 'Scarletta', tiefscharlach; 'Linda', dunkelrosa mit Lachsschein; 'Rote Vollendung', dunkelscharlach, und 'Rosa Vollendung', dunkelrosa. Diese Sorten können 15–20 cm hoch werden. Außerdem gibt es auch großblumige, hohe Begonien, die eine Größe von 25–30 cm erreichen. Bekannt sind Sorten wie 'Hybris' in Rot, Rosa und Weiß. 'Danica' gibt es in den gleichen Farben.

Calendula Ringelblume
Diese leicht zu kultivierende Pflanze, die von Mai bis September blüht, sät sich häufig selbst aus. Die Sorte 'Golden King' blüht goldgelb und wird 45 cm hoch. Die Sorte 'Radio' (60 cm) hat geröhrte Strahlenblüten in brillantem Orange. Zu den neuen Sorten zählen die Rasse 'Kablouna' mit besonders dicht gefüllten Blumen, die sich gut als Schnittblumen eignen, und die frühblühende Zwergsorte 'Gitana', die wieder mehr für die Beetbepflanzung empfohlen werden kann.

Ageratum

Antirrhinum

Begonia

Calendula

Centaurea

Chrysanthemum

Clarkia

Convolvulus

Callistephus Sommeraster
Von Sommerastern gibt es zahlreiche Rassen und Sorten. Besonders beliebt sind die sogenannten Schnittastern, die sich sowohl für Beete als auch für Schnittblumen gut eignen. Von allen diesen Rassen gibt es meist verschiedene Sorten in Blau, Rot, Rosa, Weiß und Lachs. Bekannt sind z. B. 'Riesen-Prinzeß-Astern', 'Prinzeß-Astern', 'Herzogin-Astern', 'Germania-Astern' und 'Frühwunder-Astern'.

Mehr für Beete geeignet sind die sogenannten Zwerg- oder Beetastern. Zu den bekannten Rassen zählen 'Pinocchio', 'Zwerg-Astern-Farbenteppich', 'Zwerg-Mylady-Astern' und 'Zwergkönigin-Astern'. Die Blütezeit der Sommerastern erstreckt sich von Juli bis September.

Leider werden viele Sorten von der Asternwelke, einer gefährlichen Pilzkrankheit, befallen. Sollte sie auftreten, dürfen im nächsten Jahr auf diesem Beet keine Astern mehr gepflanzt werden. Auch die Auswahl sogenannter welkeresistenter Sorten ist zu empfehlen. Vorkultur im März.

Centaurea Flockenblume
Sehr hübsch ist die Flockenblume, besonders die gefüllt blühenden Sorten von *C. cyanus,* unserer heimischen Kornblume. Bekannte Sorten sind: 'Jolly Joker', lilarosa, sowie die gefüllt blühenden Sorten 'Blauer Junge', tiefblau; 'Pinkie', rein rosa; 'Roter Junge' und die verschiedenen Farbensorten der Wohlriechenden Flockenblume, *C. moschata.* Flockenblumen werden im April und Mai direkt ins Freiland gesät.

Chrysanthemum Wucherblume
Außer den Stauden gibt es in dieser Gattung auch einjährige Sommerblumen. *C. carinatum* ist anspruchslos und blüht reich von Juli bis Ende September. Eine andere empfehlenswerte einjährige Wucherblume ist *C. coronarium.* Von ihr ist vor allem die einfach blühende Sorte 'Komet' bekannt. *C. multicaule* sind niedere Wucherblumen, die mit goldgelben Blüten reich geschmückt sind. Die Art eignet sich vor allem für Einfassungen, Balkonkästen und Ampeln. Die einjährigen Chrysanthemen werden im März und April in einen kalten Kasten ausgesät.

Clarkia
Von dieser leicht zu kultivierenden Gattung gibt es Sorten mit halbgefüllten und gefüllten roten, rosa, violetten und weißen Blüten, die sich von Juli bis September öffnen. Im Samenfachhandel sind meist nur Prachtmischungen erhältlich. Die Blumen werden im April direkt ins Freie gesät.

Convolvulus Winde
Sie wächst gut auf nährstoffhaltigen Böden und braucht einen sonnigen Standort. Besonders bemerkenswert sind ihre großen trichterförmigen Blüten, die sich morgens öffnen und am Nachmittag verblühen. Die Art *C. tricolor* ist leicht zu kultivieren. Die Prachtmischung ist besonders empfehlenswert. Sie enthält Pflanzen mit hellblauen, karmesinroten, rosa und weißen Tönen. Diese Winden werden im April direkt auf Beete gesät und blühen von Mai bis September.

Cosmos Schmuckkörbchen
Diese reizvollen Sommerblumen sollten in keinem Garten fehlen. Die Mischung 'Sensation' sowie die Sorten 'Gloria', tiefrosa, 'Karminkönig', karminrot, und 'Roggli Rot', leuchtend rot, die alle ziemlich hoch wachsen, eignen sich gut als Hintergrundpflanzung. Schmuckkörbchen können im März vorkultiviert oder im April direkt ins Freiland gesät werden und blühen von Juni bis September.

Dahlia Dahlie
Viele gute Beetsorten können aus Samen gezogen werden, so die einfach blühende Zwergform 'Mignon' und die 'Rigoletto-Prachtmischung' mit gefüllten und halbgefüllten Blumen, die 30 cm hoch werden.

Unter der Bezeichnung kaktusblütige Hybriden gibt es eine Prachtmischung gefüllter und halbgefüllter Edeldahlien

Dahlia

Delphinium

Dimorphotheca

Dorotheanthus

Eschscholzia

(90 cm). Die wohl niedrigste Beetdahlie, die sich auch für den Balkonkasten eignet, ist die 'Figaro-Prachtmischung' (25–30 cm). Sie bildet überwiegend gefüllte und halbgefüllte Blüten aus. Einjährige Dahlien blühen von Juli bis Oktober.

Delphinium Rittersporn
Sämtliche Ritterspornarten brauchen eine gute, nährstoffreiche Erde. Es sind ausgezeichnete Schnittblumen. Die einjährigen Ritterspornarten werden meist in der Prachtmischung 'Exquisite-Rittersporn' angeboten. Es gibt jedoch auch einzelne Farben in Dunkel- und Hellblau, Scharlach, Rosa und Weiß. Blütezeit: Juni bis September.

Dimorphotheca Kapkörbchen
Wie der Name schon sagt, kommt diese prachtvoll blühende Pflanze aus dem südafrikanischen Kapland. *D. sinuata* 'Goliath' hat große, hellorangefarbene Blüten mit brauner Mitte, während *D. pluvialis* 'Polarstern' reinweiße Blüten mit blauschwarzer Mitte hervorbringt. Diese Sorten brauchen einen durchlässigen, nicht zu schweren Boden. Die Pflanzen werden im März und April vorkultiviert und blühen von Juni bis September.

Dorotheanthus (syn. ***Mesembryanthemum***) Mittagsblume
Diese bezaubernden kleinen Blumen sollten in keinem Garten fehlen. Sie lieben einen sonnigen, trockenen Standort und öffnen ihre seidigglänzenden Blüten nur an sonnigen Tagen von Juli bis Oktober. Es wird lediglich die Mischung *D. bellidiformis* (syn. *Mesembryanthemum criniflorum*) angeboten. Eine Vorkultur im März und April ist erforderlich.

Eschscholzia Goldmohn
Diese anspruchslose Sommerblume gedeiht gut an einem vollsonnigen Standort und sät sich oft selbst aus. Neben den Sorten mit goldgelben Blüten und orangefarbenem Grund gibt es viele andere in den verschiedensten Farben. Der Goldmohn wird im März und April direkt ins Freiland gesät und blüht von Juni bis August.

Gaillardia Kokardenblume
Die Mehrzahl der Sorten wird unter der botanischen Bezeichnung *G.*-Hybriden zusammengefaßt. Sie stammen vorwiegend von *G. aristata* ab. Bekannte Sorten sind 'Bremen', dunkelrot mit gelbem Rand; 'Burgunder', weinrot, beide 75 cm, und 'Kobold', gelb mit rot (30–40 cm). Unter der Bezeichnung *G. pulchella* 'Lorenziana' gibt es eine gefüllt blühende Mischung. Zwar kann man die Kokardenblume von April an ins Freiland säen, doch empfiehlt sich in Gebieten mit kühlerem Klima eine Vorkultur unter Glas von März an.

Godetia Atlasblume
Die Atlasblume, die zu den Nachtkerzengewächsen zählt, ist eine wichtige Sommerblume. Die niederen Sorten sind gute Beetpflanzen. Meist werden die gefüllten azaleenblütigen, halbhohen Mischungen angeboten (45 cm). Aussaat von Ende März an ins Freiland, Blütezeit von Juni bis September.

Gypsophila Schleierkraut
Neben den Stauden gibt es auch einjährige Arten. *G. elegans* 'Maxima Alba' bildet große weiße Blüten aus. *G. rosea* entwickelt kleine dunkelrosa Blüten an eleganten Blütenzweigen. Das Schleierkraut blüht von Juni bis September. Direktsaat von März an.

Helianthus Sonnenblume
Am bekanntesten sind die hohen einfachen und gefüllten Sorten mit einer Wuchshöhe zwischen 1,8 und 3 m. Für Beete eignen sich die gedrungenen Sorten, etwa 'Teddybär', besser, weil sie mehrere Blütentriebe hervorbringen. Direktsaat im April.

Helichrysum Strohblume
Diese beliebten Sommerblumen, die von Juli bis Oktober blühen, brauchen einen sonnigen Platz im Garten. Will man sie trocknen, müssen sie geschnitten werden, ehe sie sich voll öffnen. Die hohen, gefüllten, gemischtfarbigen Sorten werden etwa 90 cm hoch, die gemischtfarbigen für Steingärten bis zu 45 cm. Vorkultur im März und April oder Direktaussaat im April.

Iberis Schleifenblume
Die einjährigen Arten *I. amara* und *I. umbellata* werden für Einfassungen, als Schnittblumen und für Beete verwendet. Im März und April sät man sie direkt ins Freiland. Die Schleifenblume wächst sehr schnell und blüht von Mai bis September.

Ipomoea Prunkwinde
Die hübsche Kletterpflanze *I. tricolor* kann bis zu 3 m lange Triebe bilden. Mitte Juni pflanzt man sie an eine geschützte, sonnige Stelle und leitet sie an einem Gestell oder einer Pergola hoch. Von Juli bis Anfang Oktober bilden

Gaillardia

Godetia

Gypsophila

Helianthus

sich große himmelblaue Blüten. Es empfiehlt sich eine Vorkultur im März und April.

Lavatera Bechermalve
Es gibt einige neuere, gedrungen wachsende Sorten, die sich vorzüglich für die Beetbepflanzung eignen. Am bekanntesten ist 'Silver Cup' (60 cm) mit riesigen rosafarbenen Blüten und 'Mont Blanc' (50 cm) mit reinweißen Blüten. Direktaussaat im April.

Linum Lein
Außer vielen ausdauernden gibt es auch einjährige Arten. Die scharlachrote Sorte 'Rubrum' der Art *L. grandiflorum* läßt sich leicht in jedem Boden kultivieren; sie blüht im Juli und August. Der einjährige Lein wird im April direkt ausgesät.

Lobelia Lobelie
Die Lobelie, eine beliebte Beet- und Balkonpflanze, gehört zur Familie der Glockenblumengewächse. Die gedrungen wachsenden Sorten blühen vorwiegend blau, so 'Kaiser Wilhelm', 'Blauer Stern' und 'Kristallpalast'. Vorkultur im Februar und März.

Lobularia (syn. ***Alyssum***)
Der Duftsteinrich, *L. maritima*, wird gerne in Steingärten auf Trockenmauern und für Beeteinfassungen gewählt. Die kleinen duftenden Blütchen blühen

Helichrysum

Ipomoea

Lavatera

Linum

Lobelia

Lobularia

Matthiola

Mimulus

den ganzen Sommer über. Empfehlenswerte Sorten sind: 'Schneeteppich', weiß; 'Orientalische Nächte', purpur, und 'Rosie O'Day', rosa. Gute Beetpflanzen sind: 'Klein Dorrit', weiß, und 'Violettkönigin', lila. Alle werden 5 bis 10 cm hoch. Vorkultur im März und April oder Direktaussaat.

Matthiola Levkoje
Ein starker Duft und zarte Blütenfarben zeichnen die Levkojen aus. Die niederen Sorten eignen sich besonders als Beet- und Gruppenpflanzen. Dazu zählen die sogenannten Buschlevkojen, z.B. 'Rasse Hansen'. Mehr als Schnittblumen eignen sich die hohen Sorten, z.B. 'Mammut Excelsior' und 'Riesen-Excellent'. Vorkultur im März und April.

Mimulus Gauklerblume
Der deutsche Name bezieht sich auf die lebhaft gemusterten, lustigen Blütenfarben vieler Sorten. Die Pflanze gedeiht gut an halbschattigen Standorten. Sie braucht einen feuchten Boden. Neben *M. tigrinus* 'Grandiflorus' mit getigerten und gefleckten Spielarten gibt es die kupferscharlachblühende Sorte 'Red Emperor' (20 cm). Neu sind die F_1-Hybriden der Rasse 'Velvet'. Die Gauklerblume muß im März und April vorkultiviert werden.

Nemesia
Die farbenprächtigen Blüten, die von Juni bis September erscheinen, gedeihen am besten an kühlen, feuchten Standorten. Meist sind Mischungen im Handel, z. B. die 'Triumph-Prachtmischung'. Bekannt sind aber auch einzelne Sorten, etwa 'Feuerkönig' mit scharlachroten und 'Orangeprinz' mit mandarinorangefarbenen Blüten. Einen gedrungenen Wuchs erzielt man bei diesen Sorten, wenn der Boden nicht zu nährstoffreich ist. *Nemesia* wird im März und April vorkultiviert.

Nicotiana Ziertabak
Am bekanntesten ist die Art *N. alata* (syn. *N. affinis*). Von ihr gibt es niedere Sorten (30 cm), die sich vor allen Dingen für die Bepflanzung von Beeten eignen. Eine Mischung aus roten, rosa, gelben und weißen Farben ist die 'Tinkerbell-Prachtmischung'; leuchtend dunkelrot blüht 'Idol'. Bekannt sind die 'Nicki' F_1-Hybriden mit vielen Einzelfarben. *N. sylvestris* bildet reinweiße Röhrenblüten und erreicht eine Höhe von 1–1,5 m. Der Ziertabak wird vorkultiviert. Blütezeit: Juli–Oktober.

Nigella Schwarzkümmel, Jungfer im Grünen
Eine zeitige Aussaat kommt dieser reizenden Pflanze zustatten. Sie blüht von Mai bis August und entwickelt gute Schnittblumen. Es gibt vor allem die blaue Sorte 'Miss Jekyll' und die Mischung 'Persische Juwelen'.

Papaver Mohn
Vom einjährigen Mohn werden meist zwei Arten kultiviert: *P. rhoeas* und die daraus entstandenen Gartenformen. Im Handel werden diese Pflanzen meist als Seidenmohn bezeichnet. Es gibt gefüllte und einfache Blüten. Bekannt ist auch der Schlafmohn, *P. somniferum,* der oft stark gefranste Blütenblätter aufweist. Deshalb wird die Art auch als Federmohn bezeichnet. Nach dem neuen Betäubungsmittelgesetz ist der Anbau dieser Art allerdings nicht mehr zulässig. Mohn wird im März und April direkt ausgesät und blüht von Juni bis September.

Petunia Petunie
Eine der prächtigsten Beet- und Balkonpflanzen für sonnige, geschützte Stellen. Regengüsse ertragen Petunien sehr schlecht. Sowohl bei den *Multiflora-* als auch bei den *Grandiflora*-Petunien gibt es gute F_1-Hybriden. Empfehlenswerte Gartensorten der *Multiflora*-Petunie sind 'Red Satin', scharlachrot; 'Resisto', dunkelblau; 'Pink Satin', hellrosa; 'Satellite', hellrot mit weißem Stern, und die verschiedenen Farbensorten der 'Joy'-Serie. Besonders großblumig sind die *Grandiflora*-Petunien mit den Sorten 'Red Ensign', rot; 'Rose Ensign', karminrosa; 'Sugar Daddy', apfelblütenrosa; 'White Cascade', weiß, und 'Mariner', tiefblau. Petunien blühen von Mai bis Oktober. Vorkultur im März und April.

Phlox Flammenblume
Neben der bekannten Gartenstaude gibt es die einjährige Art *P. drummondii,* eine farbenprächtige Beet- und Gruppenpflanze, die von Juli bis Oktober blüht. Die folgenden Arten sind empfehlenswert: 'Grandiflorum' (30 cm), 'Zwergkugel' (20 cm) und 'Sternenzauber' (15–20 cm). Neu ist die Rasse 'Beauty' mit vielen reinen Farben (20 cm). Von ihr ist auch die 'Beauty-Prachtmischung' erhältlich. Vorkultur im März und April.

Rudbeckia Sonnenhut
Neben den Stauden werden auch ein- und zweijährige Arten kultiviert, die

Nemesia

Nicotiana

Nigella

Papaver

von Juli bis Oktober blühen. Am bekanntesten ist *R. hirta*. Von ihr gibt es Sonderzüchtungen, die zwischen 75 und 80 cm hoch werden. Dazu zählen 'Herbstwald', eine Mischung aus gelben, bronzefarbenen und braunen Tönen. 'Meine Freude' ist sattgelb mit schwarzer Mitte, und 'Gloria Daisy' ist eine großblumige, langstielige Prachtmischung. Eine neuerdings besonders bekannte Sorte mit kompakterem Wuchs ist 'Marmelade' (60 cm) mit tiefgoldgelben Blumen auf starken Stielen. Vorkultur von Mitte März an.

Salvia Salvie
Diese wertvollen Beet- und Gruppenpflanzen, die von Juni bis Oktober blühen, sollten in sonnigen Lagen angepflanzt werden. Die meisten Sorten werden 20–25 cm hoch. Bekannt sind: 'Scharlachzwerg', leuchtend scharlachrot; 'Feuerzauber', leuchtend rot; 'Leuchtfunk', glühend scharlachrot, und 'Johannisfeuer', leuchtend scharlachrot. Hübsch wirken Salvien auf Beeten zusammen mit gelbblühenden Sommerblumen. Vorkultur im Februar und März.

Sanvitalia Husarenknopf
Bewährt hat sich die Art *S. procumbens* mit eirundlichen Blättern und kurz gestielten Blütenköpfchen. Die Strahlenblüten sind orangegelb, die Scheibenblüten dunkelpurpur bis schwärzlich.

Petunia

Phlox

Rudbeckia

Salvia

Scabiosa

Tagetes

Tropaeolum

Verbena

Die aparte Sommerblume eignet sich gut für Beete und Rabatten, für Trokkenmauern, Steingärten, Blumenschalen und Balkonkästen. Besonders gut gedeiht die Pflanze in nährstoffhaltigem, lockerem Boden. Bei Trockenheit ist ausreichend zu wässern. Gedüngt wird nach Bedarf mit einer 0,2- bis 0,3 %igen Volldüngerlösung (2–3 g Dünger auf 1 l Wasser).

Meist ist nur die reine Art im Handel. Es gibt aber auch die einfach blühende Sorte 'Gold Braid' mit zwei bis drei Kränzchen Zungenblüten und die gefüllt blühende Sorte 'Plena'.

Scabiosa Skabiose
Als einjährige Sommerblume ist vor allem *S. atropurpurea,* die Purpurskabiose, bekannt. Von dieser anspruchslosen, hübschen Art, die von Juli bis Oktober blüht, verdienen vor allem die Olympia-Hybriden (90 cm) als Prachtmischung mit großen Blüten in lebhaften Farben Beachtung. Vorkultur im März und April.

Tagetes Studentenblume
Von Mai bis Oktober schmücken diese dankbaren Blumen den Garten. Es gibt die großblütigen hohen *T.-Erecta*-Hybriden und die kleinblütigeren niedrigeren *T.-Patula*-Hybriden. Zu den *T.-Erecta*-Hybriden zählen z. B. die F_1-Hybriden mit den Sorten 'Double Eagle', hellorange; 'Doubloon', zitronengelb, und 'Gold Souvereign', goldgelb. Bei den *T.-Patula*-Hybriden spielen die *Nana-Scabiosaeflora-Anita*-Hybriden eine große Rolle. Alle Sorten haben dichtgefüllte Röhrenblüten und einen mehrreihigen Kranz breiter Zungenblüten. Besonders bewährt haben sich u. a. 'Anita Honeycomb', leuchtend orange mit roter Zeichnung, und 'Anita Queen Bee', goldgelb mit roter Zeichnung. Erwähnenswert ist auch die Art *T. tenuifolia* mit den Sorten 'Gnom' (30 cm), tieforange; 'Lulu' (30 cm), hellgelb, und 'Ornament' (20 cm), rotbraun. Vorkultur im März und April.

Tropaeolum majus Kapuzinerkresse
Die leuchtendgelben und roten Trichterblüten entwickeln sich besonders gut in nährstoffarmem Boden. Es gibt verschiedene Prachtmischungen mit einfachen und halbgefüllten Blüten. Auch einzelne Farbsorten sind erhältlich, z. B. 'Whirly Bird', scharlach, halb gefüllt (25 cm), und 'Whirly Bird Gold', goldgelb, halb gefüllt. Die Blumen werden im April und Mai ins Freiland gesät und blühen von Juli bis Oktober.

Verbena Verbene
Verbenen gedeihen am besten in trokkener Erde und blühen von Juni bis Oktober. Die üblichen Gartensorten sind unter der Bezeichnung *V.*-Hybriden im Handel erhältlich. Es gibt großblumige Rassen und sogenannte Zwergverbenen. Zu den großblumigen Sorten zählen z. B. 'Derby Scharlach' und 'Derby Lachskarmin' sowie die bewährte Sorte 'Tropic', rosenrot. Bekannte Sorten bei den Zwergverbenen sind 'Amethyst', mittelblau mit kleinem weißem Auge, und 'Blaze', scharlachrot. 'Kristall' ist rein weiß. Vorkultur im März und April.

Zinnia Zinnie
Die chrysanthemenähnlichen Blumen brauchen einen warmen, geschützten Platz im Garten. Am besten werden sie vorkultiviert, doch kann man sie auch auf Freilandbeeten unter einer Folienschutzhaube anziehen. Die meisten Gartensorten gehören zu *Z. elegans.* Auch hier gibt es kleinblumige, schwachwüchsige Beetzinnien und starkwüchsige, halbhohe bis hohe Zinnien für die Schnittblumengewinnung. Zu den Beetzinnien gehören z. B. 'Peter Pan' F_1-Hybriden in vielen Farben und die 'Thumbelina-Prachtmischung'. Sehr gute Schnittsorten sind die verschiedenen dahlienblütigen Riesenzinnien. *Z. angustifolia* (syn. *Z. mexicana*) sind buschige Beetzinnien. Sie erreichen eine Höhe zwischen 20 und 40 cm. Bekannte Sorten sind 'Classic', leuchtend goldorange; 'Old Mexico', braunrot mit gelben Spitzen, und 'Perserteppich', eine kleinblumige, gefüllte, bunte Mischung.

Zinnia

Einjährige Pflanzen: Aussaatanleitung

E = Einfassungsbepflanzung: 5–10 cm
N = Niedrige Bepflanzung: 10–25 cm
M = Mittelhohe Bepflanzung: 25–45 cm
H = Hohe Bepflanzung: 45–75 cm
Hi = Hintergrundbepflanzung: über 75 cm
○ = Sonne
◑ = Halbschatten
● = Vollschatten

	Verwendung im Garten	Farben	Blütezeit	Pflanzabstand in cm	Standort	Vorkultur, Aussaat bei 18 °C in Kasten oder Gewächshaus	Vorkultur, Aussaat bei 10 °C in Kasten oder Gewächshaus	Vorkultur, Aussaat in den kalten Kasten oder unter Folien	Ohne Vorkultur, Direktaussaat an Ort und Stelle	Gute Schnittblume	Verblühtes entfernen	Entspitzen
Ageratum Leberbalsam	N, M	Blau, weiß, rosa	Juni–Oktober	15–25	○ ◑	März	März			+	+	
Antirrhinum Löwenmaul	N, M, H, Hi	Verschiedene Farbtöne und Mischungen	Juni–Oktober	25–40	○	Februar–März	Februar–März			+	+	+
Begonia Begonie	E, N, M	Rosa, rot, weiß, Mischungen	Mai–Oktober	15–20	○ ◑	Januar–Februar	Januar–Februar					
Calendula Ringelblume	H	Orange, gelb, creme, Mischungen	Mai–September	30	○ ◑				März–Mai, September	+	+	+
Callistephus Sommeraster	E, N, M, H	Verschiedene Farbtöne und Mischungen	Juli–September	25–40	○	März	März	März		+	+	+
Centaurea Flockenblume	M, Hi	Rot, blau, rosa, weiß, Mischungen	Juni–September	30–40	○				März–April, September	+	+	+
Chrysanthemum Wucherblume (einjährig)	E, H, Hi	Verschiedene Farbtöne und Mischungen	Juli–September	30–45	○	März–April	März–April	März		+	+	+
Clarkia	H	Rot, rosa, Mischungen	Juli–September	30	○				April	+		+
Convolvulus Winde	M	Rot, karmesin, Mischungen	Mai–September	30	○			April				
Cosmos Schmuckkörbchen	H, Hi	Rosa, rot, weiß, orange, Mischungen	Juni–September	40–50	○ ◑	März	März–April		April	+	+	+
Dahlia Dahlie (einjährig)	M, H, Hi	Verschiedene Farbtöne und Mischungen	Juli–Oktober	30–60	○	April	März–April	April		+	+	+
Delphinium Rittersporn (einjährig)	M, Hi	Rot, rosa, blau, weiß, Mischungen	Juni–September	20–30	○ ◑				März–September	+	+	
Dimorphotheca Kapkörbchen	M	Orange, weiß, Mischungen	Juni–September	25–30	○	März	März–April	April			+	
Dorotheanthus (syn. *Mesembryanthemum*) Mittagsblume	E, N	Mischungen	Juli–Oktober	10	○	März	März–April				+	
Eschscholzia Goldmohn	M	Verschiedene Farbtöne und Mischungen	Juni–August	25–30	○				März–April			
Gaillardia Kokardenblume	M, H	Verschiedene Farbtöne und Mischungen	Juni–Oktober	25–30	○	März	März–April	April	April	+	+	+
Godetia Atlasblume	N, M	Verschiedene Farbtöne und Mischungen	Juni–September	25–30	○ ◑				März–April	+	+	
Gypsophila Schleierkraut	M	Rosa, rot, weiß, Mischungen	Juni–September	25–30	○				März–April	+		
Helianthus Sonnenblume	H, Hi	Gelb, Mischungen	Juli–September	40–60	○				April	+		

	Verwendung im Garten	Farben	Blütezeit	Pflanzabstand in cm	Standort	Vorkultur, Aussaat bei 18 °C in Kasten oder Gewächshaus	Vorkultur, Aussaat bei 10 °C in Kasten oder Gewächshaus	Vorkultur, Aussaat in den kalten Kasten oder unter Folien	Ohne Vorkultur, Direktaussaat an Ort und Stelle	Gute Schnittblume	Verblühtes entfernen	Entspitzen
Helichrysum Strohblume	M, H, Hi	Verschiedene Farbtöne	Juli–Oktober	30	○	März	März–April	April	April	+	+	
Iberis Schleifenblume	N, M	Rosa, lila, weiß, rot, Mischungen	Mai–September	15–20	○				März–April	+		
Ipomoea Prunkwinde	Hi	Blau, rosa, weiß, Mischungen	Juli–Oktober	30	○	März	April	April				
Lavatera Bechermalve	H	Rosa, weiß	Juli–September	45	○ ◑				April			
Linum Lein	M	Rot, weiß	Juli–August	25	○ ◑				April			
Lobelia Lobelie	E, N	Blau, weiß, karmin, Mischungen	Juli–Oktober	15–20	○ ◑	Februar–März	Februar–März					
Lobularia (syn. *Alyssum*)	E	Weiß, rosa, lila	Mai–Oktober	15–20	○	April	März–April	April	April–Mai, September			
Matthiola Levkoje	M, H	Verschiedene Farbtöne	Juni–September	30	○	März–April	März	April		+	+	+
Mimulus Gauklerblume	N	Rot, Mischungen	Juli–Oktober	30	◑	März	März–April				+	
Nemesia	N	Blau, rot, orange, Mischungen	Juni–September	15–20	○ ◑	März	März–April	April			+	+
Nicotiana Ziertabak	N, H, Hi	Rot, weiß, Mischungen	Juli–Oktober	40	○	Februar–März	März–April			+	+	+
Nigella Schwarzkümmel	M, H	Blau, rosa, weiß, Mischungen	Mai–August	25	○ ◑				März–April, September	+	+	
Papaver Mohn	H, Hi	Verschiedene Farbtöne und Mischungen	Juni–September	30	○				März–April		+	
Petunia Petunie	M	Verschiedene Farbtöne und Mischungen	Mai–Oktober	25	○	März–April	März–April					
Phlox Flammenblume	N, M	Verschiedene Farbtöne und Mischungen	Juli–Oktober	20	○ ◑	März–April	März–April	April			+	
Rudbeckia Sonnenhut	M, H, Hi	Gold, braun, Mischungen	Juli–Oktober	30–40	○	März–April	März–April			+	+	+
Salvia Salvie	N, M	Rot, rosa, lachs, purpur	Juni–Oktober	20–25	○	März	Februar–März				+	
Sanvitalia Husarenknopf	E, N	Orangegelb mit Schwarz	Juli–Oktober	15–20	○			März–April	Mai			
Scabiosa Skabiose	H, Hi	Verschiedene Farbtöne und Mischungen	Juli–Oktober	30	○ ◑	März	März–April	April		+	+	
Tagetes Studentenblume	E, N, M, H, Hi	Gold, zitrone	Mai–Oktober	20–30	○	März–April	März–April					
Tropaeolum Kapuzinerkresse	M	Rot, gelb, orange, Mischungen	Juli–Oktober	30	○ ◑				April–Mai	+		
Verbena Verbene	N, M	Verschiedene Farbtöne und Mischungen	Juni–Oktober	25	○	März–April	März				+	+
Zinnia Zinnie	E, N, M, H	Verschiedene Farbtöne und Mischungen	Juni–September	20–40	○	März	März–April	April		+	+	

April

Vor den Nachtfrösten und dem sprichwörtlichen Aprilwetter muß man zwar immer noch auf der Hut sein, aber man spürt schon deutlich, daß eine freundlichere Jahreszeit beginnt. Jetzt sollten die letzten Rosen zurückgeschnitten, ältere Rasenflächen ausgebessert und Stauden geteilt und neu gepflanzt werden. Der April ist übrigens ein günstiger Monat, einen Komposthaufen anzulegen.

Steingarten

△ Forsythie

Die goldgelben Blüten der Forsythien sieht man schon von weitem leuchten. Die hier abgebildete *Forsythia x intermedia* hat kräftige, aufrecht wachsende Triebe und bevorzugt einen sonnigen Standort

Unter dem Blattschopf hängen die orangeroten glockigen Blüten der Kaiserkrone, die ihrem Namen alle Ehre macht

Die Küchenschelle mit ihren lila Blumenblättern sollte im Steingarten nicht fehlen. Es gibt auch weiße, rosa und rote Sorten

Ein blühender Apfelbaum ist ein herrlicher Schmuck für Gärten wie für Wiesengrundstücke. Schnitt- und Pflegemaßnahmen sind bei einem Apfelbaum besonders wichtig

Die aparte Inkalilie gedeiht gut im Kleingewächshaus und wird vor allem als Schnittblume sehr geschätzt. Bei jungen Pflanzen sollte man nicht zu viele Schnittblumen abnehmen

△ Kaiserkrone

▽ Küchenschelle

▽ Apfelbaumblüte

▽ Inkalilie

△ Magnolie

△ Gemswurz

▽ Tulpen

▽ Traubenhyazinthe

Die Magnolien mit ihren prachtvollen Blüten sind eine besondere Zier des Gartens. Sehr strenger Frost kann ihnen allerdings schaden. Deshalb brauchen sie einen warmen, geschützten Standort. Der Boden sollte kalkfrei und mit viel Torfmull angereichert sein

Bei der Gemswurz besteht die Neigung, daß sie sich durch zu reiche Blüte selbst erschöpft. Empfehlenswert ist es deshalb, die Pflanze alle drei Jahre zu teilen und umzupflanzen

Leicht zu ziehen ist die tiefblau blühende Traubenhyazinthe, die sich auch als Schnittblume eignet. Im Freien wirkt sie am besten in Gruppen gepflanzt, im Steingarten oder als Beeteinfassung

Auf Schritt und Tritt sieht man jetzt überall Tulpen in voller Blüte stehen. Unter den Zwiebelgewächsen ist dies die sortenreichste Gattung. Mit den vielen Formen und Farben lassen sich mühelos so eindrucksvolle Effekte wie hier erzielen

△ Bergenie

△ Zierkirsche

▽ Blattfahne

▽ Flammenblume

Die immergrüne Bergenie ist eine sehr robuste Staude, die sich vorzüglich als Bodendecker unter Bäumen und Sträuchern eignet. Benannt ist die Bergenie nach dem Botaniker Karl August von Bergen

An einem freien Standort kommt die Zierkirsche besonders gut zur Geltung. Einige Arten dieser wunderschön blühenden Zierbäume erreichen im Lauf der Zeit recht stattliche Höhen

Der Blütenstand der Blattfahne besticht vor allem durch das aparte weiße Hüllblatt, das allerdings nach etwa einer Woche langsam hellgrün wird. Die Blattfahne gehört zur Familie der Aronstabgewächse. Die Pflanze erträgt keine trockene Luft. Man stellt sie deshalb in wassergefüllte Schalen auf Kieselsteine

Hübsche Blütenkissen bildet die beliebte Flammenblume – ein Schmuckstück für Steingartenbesitzer

△ Mahonie

Auf die duftenden gelben, glockenförmigen Blüten der Mahonie folgen im Sommer blauschwarze Beeren. Damit die Farbe der Blüten kräftiger wird, verabreicht man einen kalkreichen Dünger

Das Immergrün ist eine winterharte Pflanze, die mit wenig Pflege auskommt. In normalen Böden und im Halbschatten fühlt sich dieser Bodendecker wohl. Die Wurzelballen können im September oder April geteilt werden

Spiersträucher, die man häufig in Gärten sieht, sind deshalb so beliebt, weil ihre Zweige mit unzähligen Blüten übersät sind. Diese verhältnismäßig anspruchslosen Sträucher gedeihen auch in sandigen, trockenen Böden

An dieser Trockenmauer dominiert das gelbblühende Steinkraut, das an einem gut entwässerten, sonnigen Platz hervorragend gedeiht. Mit dem Steinkraut kann man schöne Farbakzente setzen

▽ Spierstrauch

△ Immergrün

▽ Steinkraut

April

Rasen

Der neue Rasen Falls sich durch schlechtes Wetter die Aussaat um zwei bis drei Wochen verzögert hat, bereitet man den Boden jetzt vor und sät aus (siehe *März*).

Sorgfältig ist auf Vogelschäden und Pilzkrankheiten zu achten. Gegebenenfalls trifft man Abhilfemaßnahmen (siehe *März*). Schadhafte Stellen werden neu eingesät.

Für Nachsaaten gibt es in Fachgeschäften spezielle Samen.

Die Schnitthöhe des Walzenmähers wird auf 4 cm eingestellt. Um die Schnitthöhe zu prüfen, legt man eine gerade Latte von der vorderen zur hinteren Rolle des Rasenmähers. Die Entfernung zwischen der Latte und dem feststehenden Untermesser entspricht der Schnitthöhe.

Beim Sichelmäher gibt es, je nach Fabrikat, verschiedene Einstellmöglichkeiten. Meist werden die Räder in der Einstellhöhe gegenüber dem Gehäuse mit dem Mähmesser verändert. In den Gebrauchsanweisungen sind die jeweiligen Schnitthöhen je nach Mähertyp in der Regel angegeben.

Falls der Rasen rasch wächst, wird zweimal in der Woche gemäht. Einjährige Unkräuter beseitigt man durch häufiges Mähen.

Falls sich der Rasen an einigen Stellen wölbt, wird er mit einer leichten Walze geglättet.

Ältere Rasenflächen Zur Ausbesserung von älteren und verwilderten Rasenflächen wird gemäht, aerifiziert und vertikutiert.

Unter Aerifizieren versteht man das Einbringen von Luft in die Bodenoberfläche. Dazu stehen kleine Handgeräte, aber auch Maschinen für größere Rasenflächen zur Verfügung. Durch die Löcher in der Erdoberfläche findet ein besserer Gasaustausch zwischen den verdichteten Bodenschichten und der Atmosphäre statt. Außerdem können anschließend die Hohlräume mit lockerem Material (Sand) gefüllt werden, damit die Rasengräser auch in Zukunft gut atmen können.

Anschließend wird die Frühjahrsdüngung ausgebracht und, falls erforderlich, mit 12 g/m^2 neu eingesät. Besandet wird in einer Höhe von ungefähr 0,5 cm. Ist der Rasen trocken, kann er gewalzt werden. Dies ist nur bei leichten Böden erforderlich.

Alle älteren Rasenflächen werden bei Bedarf mit einer Frühjahrsdüngung gedüngt, falls dies nicht bereits geschehen ist. Sie kann jedoch auch erst, wie im *März* beschrieben, im Mai ausgebracht werden.

Man mäht weiterhin häufig bei geringer Schnitthöhe, besonders wenn das Wetter warm ist und Schauerneigung besteht. Die Schneidmesser werden bei den folgenden Mähvorgängen etwas niedriger eingestellt, jedoch sollte der Rasen nicht kürzer als bis zu einer Höhe von 1 bis 1,5 cm geschnitten werden (die Mindesthöhe für eine sehr feine Grasnarbe). Diese Schnitthöhe gilt für den sogenannten Englischen Rasen. Dieser ist jedoch nur unter maritimen Klimaverhältnissen zu erzielen. Im kontinentalen Klimabereich sollte man die Halme nicht so kurz schneiden, da die Grasnarbe, wenn das Wetter warm und trocken wird, innerhalb weniger Tage ausbrennt, d. h., die Gräser verdorren und sterben ab. Aus diesem Grund sollte dort die optimale Schnitthöhe etwa zwischen 3 und 4 cm liegen. Es gibt Gebiete, wo Rasengräser nie kürzer als 4 cm geschnitten werden sollen.

Falls die Rasenmäherwalze den Boden nicht ausreichend eingeebnet hat, kann man die Oberfläche des Rasens mit einer leichten Walze bearbeiten. Bei schweren Böden darf man nur sehr selten oder überhaupt nicht walzen.

Die Einebnung von Mulden und Kuppen Will man kleinere Wölbungen einebnen oder Mulden im Rasen auffüllen, wird ein H-förmiger Schnitt gemacht. Mit dem Spaten sticht man in die Grasnarbe zwei Linien so über Kreuz, daß ihr Schnittpunkt in der Mitte der Schadstelle

EINEN RASEN VERTIKUTIEREN

Mit einem Vertikutierrechen bearbeitet man ältere Rasenflächen. Dabei werden abgestorbene Gräser entfernt. Mehr Licht und Luft gelangt so an die jungen Graspflanzen

EINE RASENKANTE MIT PLASTIKSTREIFEN EINFASSEN

Mit einem Plastikstreifen wird die Rasenkante saubergehalten. Er wird in eine Rille eingesetzt, die mit einem Spaten in den Boden eingestochen wurde

Der Streifen wird mit einem Hammer eingeklopft. Über den oberen Rand des Streifens legt man eine Holzlatte, damit er sich nicht verschiebt oder beschädigt wird

liegt. Parallel zu einer der beiden Linien führt man rechts und links zwei weitere Schnittlinien aus. Mit dem Spaten werden dann die Grassoden zurückgeschlagen. Nach Bedarf schüttet man Erde auf, die Fläche wird eingeebnet und festgetreten, und schließlich füllt man die Fugen mit Erde aus.

Fusarium wird mit geeigneten Fungiziden bekämpft (siehe *März*).

Die Bekämpfung von Unkräutern und Krankheiten Etwa sieben bis zehn Tage nach der Düngung, jedoch mindestens drei, besser aber sieben Tage vor dem Mähen werden selektive Unkrautbekämpfungsmittel angewendet. Mehrjährige Unkräuter und harte Gräser jätet man mit einer kleinen Handgabel.

Für die Bekämpfung einzelnstehender Unkräuter eignen sich Plastikbehälter. Der leere Behälter wird mit der Sprühdüse in die Unkrautbekämpfungsmittellösung getaucht. Hierbei wird der Behälter leicht gedrückt. Läßt der Druck nach, wird die Lösung in den Behälter eingesogen. Nun ist es möglich, auf einzelnstehende Unkräuter kleine Mengen des Mittels zu spritzen. Man sollte jedoch auf die Menge der Spritzung achten, da eine zu starke Spritzung das umgebende Gras schädigen kann.

Moospolster im Rasen werden mit Spezialmitteln bekämpft, wenn sich dies als erforderlich erweisen sollte (siehe *März*).

EINEN RASEN EINEBNEN

Will man eine Wölbung in der Grasnarbe einebnen, schneidet man sie H-förmig ein. Dann schlägt man die Grassode zurück und nimmt die überschüssige Erde weg

Bäume und Sträucher

An Tagen mit kühler Witterung ist immer noch Pflanzzeit. Dieser Termin ist auch günstig für das Umpflanzen größerer Gehölze. Wenn man Bäume und Sträucher zur Zeit des Austriebs verpflanzt, wachsen fast alle gut an. Jetzt verpflanzt man auch bewurzelte Steckhölzer auf Beete, sofern dies nicht im Oktober geschah, und ebenso bewurzelte Absenker. Den Pflanzabstand wählt man so, daß sich die Pflanzen ein Jahr lang uneingeschränkt entwickeln können, aber nicht zu weit auseinanderstehen. Von diesem Beet können sie dann im Herbst oder im nächsten Frühjahr an den endgültigen Standort gebracht werden.

Pflege bestehender Pflanzungen In Pflanzungen, die noch nicht dicht zusammengewachsen sind, wird nach den ersten sonnigen Tagen flach gehackt. Auf diese Weise bekämpft man eine Vielzahl keimender Unkräuter, ehe sie in Erscheinung treten. Diese Maßnahme wirkt sich den ganzen Sommer über günstig aus. Wartet man, bis die Unkräuter voll entwickelt sind, ist der Arbeitsaufwand wesentlich größer.

Junge Pflanzungen werden jetzt gedüngt. Man streut 20–40 g eines mineralischen Volldüngers auf 1 m^2 oder ungefähr 80 g eines organischen Volldüngers auf 1 m^2 und hackt den Dünger flach ein.

An warmen Tagen müssen Neupflanzungen gegossen werden. Ältere Pflanzen profitieren noch von der Winterfeuchtigkeit.

Schnittmaßnahmen Die Pflanzenarten, die am Ende des diesjährigen Triebs blühen, werden Anfang April stark zurückgeschnitten, damit sie ganz neu austreiben. Dazu gehören der Schmetterlingsstrauch, die Bartblume und der Silberstrauch. Bei Johanniskraut kann auf größeren Flächen der Rasenmäher eingesetzt werden. Wenn man Lavendel jetzt stark zurückschneidet, verjüngt er sich sehr gut.

Vermehrungsmaßnahmen

Steckhölzer Im April werden die im Winter beschnittenen Steckhölzer ausgepflanzt. Man sollte dazu ein Beet mit lockerer Gartenerde zur Verfügung haben. Darauf steckt man die Steckhölzer in Reihen. Der gegenseitige Abstand sollte 10 cm, der Abstand von einer Reihe zur nächsten 50 cm betragen.

Man zieht eine kleine Furche mit der Hacke und steckt die Stecklinge dann mit Hilfe eines Pflanzholzes so tief, daß nur ungefähr 3 bis 5 cm mit der obersten Knospe herausschauen. Der Boden wird eben angefüllt und gut angegossen. Die Steckhölzer sind im Herbst bewurzelt und werden dann – oder im nächsten Frühjahr – umgepflanzt. Sie sollten noch ein Jahr auf einem Beet stehen, ehe man sie an ihren endgültigen Platz pflanzt.

Teilung Auch für das Teilen von Pflanzen mit Wurzelausläufern ist jetzt der richtige Zeitpunkt gekommen. Pflanzen wie z. B. Johanniskraut nimmt man ganz heraus, teilt sie und pflanzt die kleinen Pflänzchen auf ein Gartenbeet mit guter Erde oder in Töpfe in ein Kompost-Torf-Gemisch. Die Töpfe werden dann in ein Beet eingesenkt. Im nächsten Frühjahr hat man pflanzfähige Jungpflanzen.

Absenken Junge Triebe des letzten Jahres, die aber bereits verholzt und ausgereift sind, werden seitlich von der Pflanze in die Erde abgesenkt und festgehakt, so daß sie mit der Spitze wieder herausschauen. Ruten mit sprödem oder hartem Holz werden dabei in der Längsrichtung gedreht, so daß die Rinde rissig wird und sie, ohne zu brechen, abgesenkt werden können (siehe *Nelken* im *Juli*). Zum Festhaken verwendet man Drahtbügel. Es schadet auch nicht, wenn die Triebe brechen. Sie sollen nur nicht ganz von der Mutterpflanze getrennt sein. Die Absenker werden mit humusreicher Erde ungefähr 10 cm hoch zugedeckt und den Sommer über feucht gehalten. Im nächsten Frühjahr – manchmal auch schon im gleichen Herbst – können die bewurzelten Triebe als Jungpflanzen abgenommen werden. Bei einigen Arten, wie z. B. Magnolien, zieht sich diese Vermehrung allerdings über einen Zeitraum von drei Jahren hinweg.

Aussaat Sofern man nicht bereits im Herbst nach der Samengewinnung ausgesät hat, muß dies jetzt erfolgen.

Hecken

Noch immer ist Pflanzzeit. Für immergrüne Gehölze ist dies sogar die günstigste Zeit. Bei schon bestehenden Hecken beginnt nun die Bodenpflege. Durch flaches Hacken verhindert man, daß sich Unkräuter ansiedeln. Außerdem lockert man dadurch den Boden im Wurzelbereich auf.

Düngung Durch den Schnitt treiben Heckenpflanzen immer wieder aus. Sie sollten deshalb ausreichend mit Nährstoffen versorgt werden. Man streut auf 1 m^2 ungefähr 20–40 g eines Blaukornvolldüngers oder 80–100 g eines organischen Volldüngers aus und hackt den Dünger flach ein.

Stauden

Man pflanzt spätblühende Stauden und solche, die nur langsam aus der Winterruhe erwachen, wie Fackellilien und bestimmte Asternarten.
Alte Wurzelstöcke teilen Astern bleiben schöner und wachsen kräftiger, wenn man sie von Zeit zu Zeit verjüngt. In diesem Monat werden alte Wurzelstöcke ausgegraben und geteilt. Bei der Teilung nimmt man nur die gesündesten Außentriebe ab. Zwei oder drei einzelne Triebe, die man zusammenpflanzt, sehen im Herbst sehr attraktiv aus. Die zwergigen Arten breiten sich oft rascher aus und müssen gelegentlich gestutzt werden.

Will man alte Pflanzen durch junge ersetzen, gräbt man bereits im Herbst den Boden tief um und arbeitet entweder etwas abgelagerten Stallmist, Kompost oder einen anderen Humusdünger ein. Enthält der Humusdünger nur wenig oder keine Nährstoffe, kann gleichzeitig ein Vorratsdünger verabreicht werden. Diese Düngemittel sollten reich an Phosphaten und Kalium, jedoch arm an Stickstoff sein.
Große Stauden neu pflanzen Die höher wachsenden Stauden von Sonnenhut, Sonnenblume, Indianernessel und Sonnenbraut werden gleich behandelt. Diese Pflanzen entziehen dem Boden viele Nährstoffe, und darum werden die Blüten dieser Stauden immer kleiner. Außerdem verlieren die Pflanzen häufig die unteren Blätter. Eine Neupflanzung schafft hier Abhilfe. Im ersten Jahr nach dem Verpflanzen wachsen die Stauden auf jeden Fall nicht so hoch, werden jedoch grüner und bringen größere Blüten hervor.

Durch Hacken zwischen den Pflanzen bekämpft man das Unkraut, solange es noch klein ist. Selbst wenn der Boden zwischen den Pflanzen flach umgegraben und gerecht worden ist, entwickeln sich rasch neue einjährige Unkräuter. Eine bodendeckende Mulchschicht aus Föhrenrinde wirkt unkrauthemmend.
Rittersporn stützen Ritterspornpflanzen werden Ende des Monats oder im Mai gestützt. Dies ist bei Rabatten vor einer Hecke, einer Mauer oder einem Zaun häufiger notwendig als an freien Standorten. Die hochwachsenden Ritterspornsorten mit ihren schweren Blütenständen müssen rechtzeitig gestützt werden. Man nimmt diese Arbeit vor, noch ehe die Pflanzen die halbe Höhe erreicht haben. Man kann dafür Reiser, Holzstäbe oder Bambusstäbe mit einem Durchmesser von 2,5 cm verwenden. Sie werden neben jeder Ritterspornpflanze in den Boden gesteckt.

Danach bindet man grünen Bast oder Schnur einmal mit einer einfachen Schlinge um den Stab. Später wird eine Schlinge unterhalb des Blütenstands angebracht, wobei man ausreichend Platz zur Ausbreitung der Triebe vorsieht. Wenn die Blütenstände höher wachsen, werden sie in Abständen von etwa 45 cm erneut festgebunden. Stäbe mit verstellbaren Metallringen, sogenannte Staudenhalter, sind einfacher in der Anwendung und äußerst wirksam.

Andere Pflanzen mit schwachen Stielen, wie z. B. die Bunte Margerite, stützt man am besten mit Reisern, die um die Pflanze in die Erde gesteckt werden. Wenn sich schwache Stiele umbiegen, können sie nicht mehr gerade gerichtet werden. Stützt man sie später ab, so sieht das nicht gut aus.
Nachpflanzen Ende des Monats haben die meisten Pflanzen ihre Winterruhe beendet, so daß man jetzt feststellen kann, welche nicht mehr kommen. Solche Pflanzstellen werden gesäubert, etwas gelockert und mit neuen Stauden bepflanzt. Günstig ist es, wenn nicht die gleiche

WIE MAN STAUDEN TEILT

Stauden werden einfach mit den Händen auseinandergezogen. Gut bewurzelte Teilpflanzen nimmt man von der Außenseite des Ballens ab und pflanzt sie ein

Größere und festere Ballen werden mit zwei Grabgabeln geteilt. Man sticht sie Rücken an Rücken ein und drückt sie mit Hebelwirkung auseinander

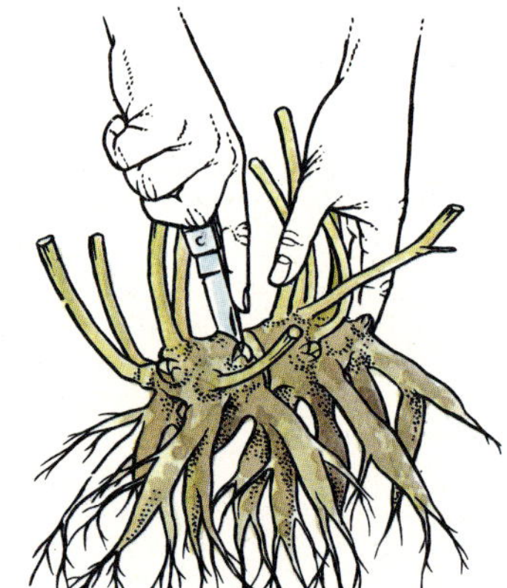

Mit einem starken, scharfen Messer werden Pflanzen mit dicken, fleischigen Wurzeln – wie bei dieser Pfingstrose – geteilt

STÜTZEN VON STAUDEN

Reiser, die um die Pflanze in den Boden gesteckt werden, sind gute und billige Stützen. Bei großen Gruppen kann man sie auch zwischen die Pflanzen stecken

Bei hochwachsenden Pflanzen, wie Rittersporn und Königskerze, steckt man Holz- oder Bambusstäbe hinter der Pflanze in den Boden

An diesen Stäben werden die Pflanzen mit Bast, Sisal oder Schnur befestigt. Um einzelne stärkere Triebe schlingt man das Bindematerial in einer Acht

Bei ausladenden Pflanzen werden drei oder vier Stäbe in den Boden gesteckt und untereinander durch Schnüre verbunden

Art, die im Winter ausgefallen ist, nachgepflanzt wird. Ein gewisser Pflanzenwechsel wirkt sich vorteilhaft aus. Sollte man gerade keine Stauden mehr zur Hand haben, können auch ein- oder zweijährige Sommerblumen an diese Stelle gesetzt werden. Man wähle jedoch zu der Umgebung passende Gattungen und Arten aus.

Rechtzeitig im Herbst werden an den Ausfallstellen neue Stauden nachgepflanzt.

Ein- und zweijährige Pflanzen

Zu Beginn des Monats werden die letzten Sameneinkäufe getätigt. Viele unempfindliche einjährige Pflanzen können in diesem Monat ins Freiland gesät werden, falls die Witterungs- und Bodenverhältnisse günstig sind (siehe Pflanzenbeschreibungen im *März*). Man arbeitet einen Volldünger in den Boden ein, falls dies nicht bereits früher geschehen ist.

Farbenprächtige Sommerblumen Unempfindliche einjährige Pflanzen eignen sich besonders gut dafür, freie Stellen, die im Herbst mit Sträuchern oder Stauden bepflanzt werden sollen, nicht nur zu bedecken, sondern den Sommer über in leuchtende Farbtupfer zu verwandeln.

Viele Sommerblumen sind hübsche Bodendecker und halten außerdem Unkräuter niedrig. So kann man beispielsweise Kapuzinerkresse verhältnismäßig dicht unter Zierkirschen oder sonstige Bäume, die im Frühjahr blühen, säen. Die ausläuferbildende Kapuzinerkresse, ein robuster Bodendecker, füllt rasch kahle Stellen und Lücken.

Unter Glas

Jetzt sät man die letzten frostempfindlichen einjährigen Pflanzen im Zimmer oder Gewächshaus aus (siehe Pflanzenbeschreibungen im *März*).

Man bringt alle frostempfindlichen einjährigen Pflanzen, die früh gesät worden sind und sich gut entwickelt haben, in einen kalten Kasten. Zunächst wird dieser geschlossen gehalten. Wenn die Temperaturen allmählich steigen, lüftet man nach und nach die Fenster, um die Pflanzen abzuhärten.

Auf die empfindlicheren Pflanzen sollte man besonders achten. Wenn Nachtfröste angesagt sind, muß der kalte Kasten mit Strohmatten oder Säcken abgedeckt werden. Der Frostschutz wird so angebracht, daß auch die Kastenränder geschützt sind. Von hier aus dringt meist Kaltluft in den Frühbeetkasten ein und schädigt dann die Pflanzen.

Schäden bekämpfen Später im Monat, wenn es plötzlich sehr warm wird, treten häufig Blattläuse und Blasenfüße (Thrips) in den Kästen auf. Besonders sorgfältig muß man Sommerastern, Salvien und Dahlien beachten. Gegen Blattläuse hilft Brennesselbrühe. Blasenfüße bekämpft man am besten mit einem Insektizid, z.B. mit pyrethrumhaltigen Mitteln oder Endosulfan. Sobald Blattläuse und Blasenfüße auftreten, spritzt man mit diesen Mitteln. Die erste Spritzung ist die wichtigste für die ganze Blütezeit. Sobald es sich als notwendig erweist, spritzt man noch einmal, um die Insekten unter Kontrolle zu halten.

Gelbe Blätter können bei Pflanzen in Frühbeetkästen immer wieder auftreten. Dies deutet häufig auf einen Nährstoffmangel hin. Man begegnet ihm dadurch, daß man regelmäßig jede Woche einmal mit einem flüssigen Blumendünger düngt.

Schwache Konzentrationen sind zu empfehlen. Es reichen 0,1- bis 0,2 %ige Volldüngerlösungen (1–2 g auf 1 ml Wasser). Nach dem Düngen spritzt man die Pflänzchen mit klarem Wasser ab, damit auf den Blättern keine braunen Flecken entstehen.

Zwiebel- und Knollengewächse

Wenn Osterglocken und Tulpen als Schnittblumen gezogen werden, jätet man Unkräuter, die sich zwischen ihnen angesiedelt haben, von Hand.

Man entfernt verwelkte Blüten von frühblühenden Tulpen, damit keine Samen ausgebildet werden. Das gilt auch für Schneeglöckchen und Krokusse, die sich durch Samen selbst vermehren.

Bei trockener Witterung gießt man die Pflanzen reichlich. Sie können ihre neuen Zwiebeln nur in der Zeit bilden, nachdem die Blüten verwelkt sind und ehe das Laub einzieht. In milden Gegenden wird das Blumenrohr ins Freie gepflanzt. Es bevorzugt einen guten, möglichst feuchten Gartenboden. Auch an einem etwas sumpfigen Standort fühlt sich die Pflanze sehr wohl.

Die kleineren Zwiebelpflanzen, wie Blaustern, Schneestolz, Krokus, Märzenbecher und Traubenhyazinthe, bilden bald ihre Samenkapseln aus. Man entfernt den Fruchtstand nicht, sondern läßt den Samen ausfallen und sorgt so für die Vermehrung des Bestands.

Zwiebelkultur unter Glas und im Haus

Zwiebelpflanzen im Gewächshaus und im Zimmer gießt und düngt man weiterhin. Tuberosen werden eingetopft, damit man im Juni und Juli an einem warmen Zimmerfenster oder im Kleingewächshaus schöne Blüten erhält. Man pflanzt sie in 13- bis 15-cm-Töpfe in eine gute Kulturerde und stellt sie bei etwa 12–15 °C auf. Man darf Zwiebelpflanzen erst wässern, wenn das Laub erscheint.

Rosen

Die letzten Rosen müssen so bald wie möglich geschnitten werden (siehe *März*).

Rosen, die in früheren Jahren gepflanzt worden sind, werden mit einem allgemeinen Garten- oder Rosendünger gedüngt. Auf 1 m^2 streut man ungefähr 30–50 g des Düngers aus und arbeitet ihn flach mit einer Hacke in die Bodenoberfläche ein. Bei trockenem Wetter sollte man anschließend wässern.

Schlingrosen aufleiten Die Triebe von Kletter- oder Schlingrosen müssen rechtzeitig an den Stützgerüsten befestigt werden. Dabei ist zu beachten, daß die sich entwickelnden Seitentriebe genügend Platz und Luft haben. Nur so kann man mit einer kräftigen Blütenbildung und einer gesunden Entwicklung der Triebe rechnen. Kletterrosen haben ja nicht, wie andere Schlinggewächse, Haft- oder Kletterorgane, mit denen sie sich an der Unterlage festhalten können.

Durch Mulchen mit verrottetem Stallmist wird die Entwicklung neuer Seitentriebe gefördert.

Wässern und mulchen Bei anhaltender Trokkenheit muß man neugepflanzte Rosen wässern, damit die Triebe nicht welken. Gut ist es, wenn man die Pflanzen abends gießt.

Alte Rosenbeete mulcht man mit einer 5 cm dicken Schicht gut verrottetem Stallmist, reifem Kompost oder feuchtem Torf. Für schwere Böden eignet sich Pferdemist ausgezeichnet, wogegen bei leichten Böden Kuh- oder Schweinemist besser ist. Alternativ kann eine 2–3 cm dicke Schicht Grasschnitt verteilt werden. Feuchten Torf verwendet man für neugepflanzte Rosen, weil sie in diesem Entwicklungsstadium nicht die Nährstoffe brauchen, die Mist und Kompost enthalten.

Durch zu tiefes Hacken können die flachen Wurzeln verletzt werden. Unkräuter werden von Hand entfernt. Man kann sie auch mit einer Mulchdecke niedrig halten.

Containerpflanzen Obwohl die eigentliche Pflanzzeit vorüber ist, sind in Gartencentern noch Containerrosen erhältlich, die man jetzt und in den nächsten Wochen in den Garten pflanzen kann.

Unter Glas

Nach Möglichkeit sollte die Temperatur tagsüber bei 18–20 °C und nachts bei 16 °C liegen.

Topfpflanzen werden, sobald sie rascher wachsen, ausreichend gegossen und einmal jede Woche mit einem handelsüblichen flüssigen oder leicht löslichen mineralischen Dünger gedüngt.

Das Gewächshaus schattieren Das Gewächshaus wird durch Lattenjalousien, Schattenleinen oder grüne Polyäthylenfolie, die man von innen unter dem Glas befestigt, schattiert. Das Glas kann auch von außen mit einer handelsüblichen Schattierfarbe gespritzt werden.

Außer bei kühlem Wetter bleiben die Lüftungsklappen etwas geöffnet, damit frische Luft zirkulieren kann.

Ein kleiner Ventilator im Gewächshaus verbessert die klimatischen Verhältnisse. Vor allen Dingen bilden sich dann keine stagnierenden Luftschichten im Pflanzenbestand. Dadurch wird die Infektionsgefahr durch Krankheitserreger verringert.

Das Laub der Pflanzen wird mit Triforin gespritzt, um Echten Mehltau zu bekämpfen.

Chrysanthemen

In den bereits im Herbst umgegrabenen Boden wird die im *März* angegebene Menge eines organisch-mineralischen Volldüngers eingeharkt, damit man dort später die Freilandsorten auspflanzen kann.

Standort für Topfpflanzen Man bereitet einen Platz im Freien vor, an dem die Topfpflanzen von Mai bis Anfang September stehen können. Er sollte frei liegen und einen gut dränierten Untergrund haben. Asche oder Schlacke eignet sich am besten, jedoch können die Töpfe auch in einen durchlässigen, sandigen Boden im Garten eingesenkt werden. Ein Windschutz ist von Vorteil, zuviel Schatten schadet den Pflanzen jedoch. Den Boden von Unkraut und Pflanzenresten säubern.

Die Töpfe mit den selbstvermehrten Freilandsorten werden in den Garten gebracht. In geschützt liegenden Gärten kann man sie in wenigen Wochen auspflanzen. Kaltem Wind und Frost dürfen sie nicht ausgesetzt sein. Einige der Frühblüher, die schon stärker getrieben haben, müssen noch vor Monatsende gestutzt werden.

Stutzen Beim Stutzen wird der Vegetationspunkt einer Pflanze entfernt, um die Entwicklung von Seitentrieben, die in den Blattachseln entspringen, zu fördern. Diese Seitentriebe entwickeln sich schließlich zu blütentragenden Stengeln.

Töpfe vorbereiten Töpfe mit einem Durchmesser von 12 bis 15 cm sollten für die Topfkultur bereitgestellt werden. Diese kann nur von versierten Hobbygärtnern durchgeführt werden. Sie erfordert eine besondere Aufmerksamkeit, und nur bestimmte Sorten können verwendet werden. Tontöpfe werden, falls sich dies als notwendig erweist, von der Erde des Vorjahres befreit. Die verschiedenen Sorten, die

CHRYSANTHEMEN STUTZEN

Die Spitze des Haupttriebs wird entfernt, um die Entwicklung von Seitentrieben in den Blattachseln anzuregen

a b

Eine soeben gestutzte Jungpflanze (a). Auf Abbildung b haben sich dadurch Seitentriebe entwickelt, von denen jeder eine Kronenknospe ausgebildet hat

im März vermehrt wurden, setzt man in 6-cm-Töpfe.

Einige der Gewächshauschrysanthemen müssen in diesem Monat zum erstenmal gestutzt werden.

Stutztermine Genaue Termine lassen sich nicht festlegen, doch die folgenden Angaben mögen als Richtlinien gelten. Chrysanthemen können sich entweder natürlich verzweigen oder müssen in der letzten Maiwoche gestutzt werden. So bilden die Pflanzen genügend Triebe mit Knospen aus, die sich bei frühen Sorten Mitte August entwickeln.

Pflanzen, die sich natürlich verzweigen, bilden Seitentriebe, ohne gestutzt zu werden. Früher oder später tritt dies bei allen Pflanzen ein, doch das Stutzen beschleunigt den Vorgang bei denjenigen, die sich erst spät von selbst verzweigen.

Später blühende Sorten und solche, die im Topf kultiviert viele Triebe bilden sollen, werden meist zweimal gestutzt, einmal Mitte April und einmal Mitte Juni.

Schädlingsbekämpfung Falls an Pflanzen Blattläuse auftreten, wird mit Schmierseife, Rainfarn-, Brennesselbrühe oder mit Pyrethrum gespritzt. Gegen Minierfliegen, deren Larven im April häufig Gänge in die Blätter bohren, ist vor allem Ekamet wirksam.

Topfpflanzen gießt man frühmorgens. Wichtig ist, daß frisch eingetopfte Pflanzen nicht vernäßt werden. Nasse Erde beeinträchtigt die Entwicklung von gesunden, kräftigen Wurzeln. Wer mittelfrühe oder spätblühende Sorten ziehen will, die an Weihnachten im Gewächshaus blühen, muß die Mutterpflanze kühl halten und ohne Unterbrechung wachsen lassen, damit man Stecklinge erst im Juni schneiden kann.

Natürlich ist es auch möglich, Stecklinge erst in diesem Monat zu schneiden und bewurzeln zu lassen. Die Methode ist die gleiche wie im *März*. Man wird vor allen Dingen dann erst in diesem Monat Stecklinge von den Mutterpflanzen schneiden, wenn sie im kalten Frühbeetkasten überwintert haben.

Wer Freilandchrysanthemen zum erstenmal anpflanzen will, kann Jungpflanzen von einer Staudengärtnerei beziehen und jetzt in die Staudenrabatte im Garten setzen. Meist werden die Pflanzen in kleinen Kunststofftöpfen angeboten. Gepflanzt werden Freilandchrysanthemen, wie dies im *Mai* beschrieben wird.

Dahlien

In warmen, geschützten Gebieten werden ungefähr gegen Ende des Monats die gesunden Knollen, die noch nicht ausgetrieben haben, in den Garten gepflanzt. Unbrauchbare Knollen erkennt man daran, daß sie vollkommen eingeschrumpft sind oder am Stengelansatz faulen.

Vorbereitung des Bodens Der Boden wird gründlich vorbereitet, jedoch nicht mehr umgegraben. Alte Knollen legt man so, daß ihre Oberseite mindestens 8–10 cm hoch mit Erde bedeckt ist. Der Pflanz- sowie der Reihenabstand betragen 60–90 cm. Wenn die Triebe aus dem Boden kommen und Spätfröste noch zu erwarten sind, häufelt man mit Erde an oder schützt die Triebe mit Sackleinen, Papier usw. In rauhen Lagen wie auch bei leichten Böden ist es ratsam, mit dem Auspflanzen der Knollen bis Mitte Mai zu warten.

Knollen treiben Wer seinen Dahlienbestand vergrößern will, teilt die alten Knollen. Jeder Teil muß eine Knospe oder einen Trieb haben.

KNOLLEN TEILEN

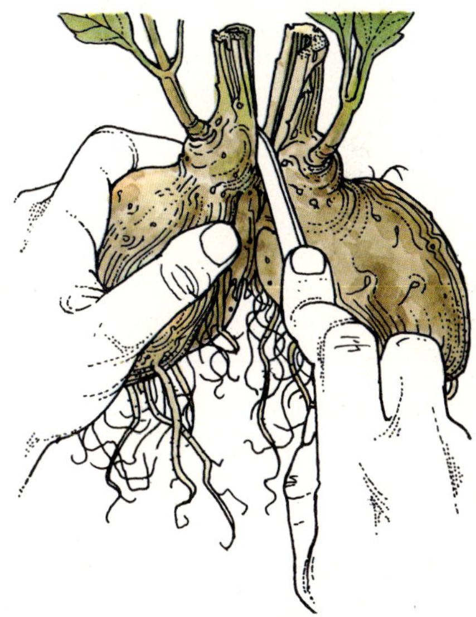

Die Wurzelknollen werden mit einem scharfen Messer so geteilt, daß jedes Teilstück ein Auge oder einen bereits wachsenden Trieb besitzt

Unter Glas

Bereits bewurzelte Dahlienstecklinge werden in 10- bis 12-cm-Töpfe mit sandiger Komposterde oder handelsüblicher Einheits- oder Blumenerde gepflanzt. Neue Stecklinge in Kistchen oder Töpfe stecken (siehe *März*).

Gekaufte oder selbstgewonnene Dahliensamen können nun im Kalthaus ausgesät werden. Im beheizten Gewächshaus oder Frühbeet pikiert man die Sämlinge aus der Aussaat des letzten Monats.

Bewurzelte Stecklinge und aus der Märzsaat gezogene Sämlinge werden nach und nach abgehärtet, indem man sie Ende April oder Anfang Mai in ein kaltes Frühbeet setzt.

Um sie vor Schneckenfraß zu bewahren, wird Schneckenkorn ausgestreut. Man kann aber auch Schneckenfallen oder Schneckenzäune aufstellen.

In kalten Nächten schützt man die Pflanzen mit Zeitungspapier und deckt Frühbeete mit Säcken oder Strohmatten ab. Zum Lüften wird das Frühbeetfenster während der wärmsten Tageszeit 3–5 cm weit geöffnet.

Gladiolen

In diesem Monat werden die Gladiolenknollen ausgepflanzt (Pflanzweise wie im *März*).

Sobald die ersten Triebe erscheinen, beginnt man den Boden regelmäßig flach zu hacken. Dadurch kommt kein Unkraut auf, und der Boden wird gut durchlüftet. Unmittelbar vor dem ersten Hacken streut man ein wenig organisch-mineralischen Volldünger aus. Diese Düngung ist erforderlich, wenn keine Grunddüngung ausgebracht wurde (siehe *Februar*).

Die Gladiolen dürfen nicht gegossen werden, bevor sich Sekundärwurzeln gebildet haben; dies ist gegen Ende des Monats der Fall.

Iris

Die Hauptwachstumszeit der meisten Irisarten ist der April. Die Zwergarten stehen dann in voller Blüte. Schnittblumen halten länger, wenn man sie frühmorgens oder am Abend schneidet und die Stielenden kurz in heißes Wasser taucht, ehe man die Blumen in eine mit kaltem Wasser gefüllte Vase stellt. Wenn die frühblühenden Iris verwelkt sind, entfernt man die Stengel.

Nach Bedarf wird nochmals Schneckenkorn ausgelegt.

Die Blätter der Bartiris werden auf Anzeichen der Irisblattfleckenkrankheit untersucht (braune Flecken mit gelben Rändern, die sich schnell vergrößern und grau werden). Tritt diese Krankheit vor der Blüte auf, spritzt man mit Metiram.

Im Sommer blühende präparierte Holländische Iriszwiebeln, die gelegentlich erhältlich sind, pflanzt man 7 cm tief im Abstand von 10 cm in gute Gartenerde. Bei trockenem Wetter muß man sie gut wässern.

Die verhältnismäßig widerstandsfähige *I. laevigata* wird am besten im Frühjahr verpflanzt. Sie liebt einen möglichst freien Standort bei voller Sonne. Diese Art bevorzugt Böden mit saurer Reaktion. Jedoch nimmt die Schwertlilie auch mit etwas Kalk vorlieb. Ist sie einmal ausgepflanzt, sollte man die Pflanze möglichst viele Jahre ungestört wachsen lassen.

Lilien

Alle Lilienzwiebeln sollten jetzt gepflanzt sein. Mit den vorübergehend eingetopften Zwiebeln kann man allerdings, wenn dies nötig ist, bis Mai oder sogar September warten, falls man sie regelmäßig gießt. Die Lilienbeete werden regelmäßig gejätet. Man achtet darauf, daß keine jungen Schößlinge beschädigt werden.

Liliensamen werden ins Freie und in Kästen ausgesät. Gegen Grauschimmel spritzt man mit Dichlofluanid. Wenn Blattläuse auftreten, spritzt man mit einem Insektizid und verhindert so, daß Viruskrankheiten auf andere Pflanzen übertragen werden (siehe *Juni*).

Unter Glas

Nach Bedarf werden Blattläuse, die eingetopfte Lilien befallen haben, mit Brennessel-, Rainfarnbrühe oder einem Insektizid bekämpft. Die Töpfe werden regelmäßig mit Wasser versorgt. Vorgetriebene Lilien setzt man nach der Blüte ins Freiland. Die Zwiebeln sollte man nicht in zwei aufeinanderfolgenden Jahren zum Treiben verwenden.

Samen von *Lilium auratum, L. speciosum* und *L. sargentiae* werden nun ausgesät. Die Sämlinge läßt man im Gewächshaus, bis sie nach eineinhalb bis zwei Jahren an ihren endgültigen Standort ausgepflanzt werden. Sämlinge in Kästen, die man schon früher ausgesät hat, kann man ins Freie stellen, wenn im Gewächshaus nicht genügend Platz vorhanden ist.

Nelken

Heranwachsende und voll entwickelte Pflanzen werden gedüngt, falls dies nicht schon im März geschehen ist. Bis zur Mitte des Monats pflanzt man weiter Steingartennelken.

Moderne Sorten von Steingartennelken werden, falls notwendig, gestutzt (siehe *März*).

Man muß sorgfältig auf Schädlinge und Krankheiten achten und sie gegebenenfalls bekämpfen (siehe *März*).

In milden Klimagebieten können gegen Ende des Monats bereits die ersten einjährigen Nelken gepflanzt werden. Das ist dann zweckmäßig, wenn man die Setzlinge auf Beete zur Schnittblumengewinnung auspflanzt. Gepflanzt wird in Reihen in einem Abstand von 25 cm. Der Abstand in der Reihe beträgt 20–25 cm.

Unter Glas

In der zweiten Hälfte des Monats können Garten- und Steingartennelken in ein kaltes Frühbeet oder Gewächshaus ausgesät werden. Man sät im Abstand von 5 mm und bedeckt die Samen mit einer dünnen Schicht feiner Erde. Wenn die ersten Laubblätter (nicht die Keimblätter, die zuerst erscheinen) etwa 2 cm lang sind, werden die Sämlinge in Abständen von 5 cm in Handkisten pikiert und von nun an wie winterharte, ausdauernde Pflanzen behandelt. Haben sich buschige Pflanzen entwickelt, pflanzt man sie ins Freie.

Dauerblühende Edelnelken werden im April und Anfang Mai in den Gärtnereien angeboten. Sie benötigen ein Gewächshaus mit viel Licht und guter Lüftung. Die Pflanzen müssen das ganze Jahr hindurch ununterbrochen wachsen können, ohne getrieben zu werden. Wenn die Lichtverhältnisse schlecht sind, darf die Temperatur nicht zu hoch sein. Man muß jedoch für eine Mindesttemperatur von 7 bis 10 °C sorgen. Während der wärmsten Zeit des Jahres wird das Glas über Mittag schattiert. Bei großer Wärme gut lüften.

Zugekaufte Pflanzen müssen meist noch gestutzt werden. Manchmal sind sie bereits zurückgeschnitten worden und haben gute Seitentriebe entwickelt. Selbstvermehrte Pflanzen (siehe *März*) werden, nachdem sie sich bewurzelt haben, in kleine Töpfe mit einer humosen, durchlässigen Kompost- oder Einheitserde gesetzt. Man stellt sie dann in ein temperiertes Kleingewächshaus oder in einen Frühbeetkasten. Haben sich eine Reihe neuer Blätter gebildet, dann wird gestutzt. Durch das Wegnehmen der Pflanzenspitze werden die Jungpflanzen dazu angeregt, Seitentriebe zu bilden.

Ein- und Umtopfen Man setzt die Pflanzen in 10-cm-Töpfe und topft sie in 15-cm-Töpfe um, sobald die Wurzeln die Topfwand erreichen. In beiden Fällen wird humose, sandige Kompost- oder Einheitserde verwendet. In den 15-cm-Töpfen entwickeln sich die ersten Blüten. Auch die selbstvermehrten Pflanzen werden später in ähnlicher Weise gehalten.

Seitentriebe stutzen Die Seitentriebe, die sich nach dem ersten Stutzen entwickelt haben, müssen selbst noch einmal gestutzt werden. Diese Arbeit wird dann vorgenommen, wenn sich die ersten Blüten bilden. Wird bis Mitte Juni gestutzt, entwickeln sich die Blüten im Winter. Wird von Mitte Juli bis Ende August gestutzt, blühen die Nelken zu Beginn des Frühjahrs. Man kann aber auch Pflanzen, die bis Mitte Juli noch nicht gestutzt wurden, ungestutzt im Spätsommer zur Blüte kommen lassen. Wenn man später Blumen schneidet, hat dies die gleiche Wirkung wie das Stutzen.

Die Seitentriebe können gestutzt werden, wenn sie 10–12 cm lang sind, wobei man die oberen 4–5 cm der Triebe ausbricht. Man geht wie beim ersten Stutzen vor. Im Verlauf der Monate April und Mai werden zwei Jahre alte Pflanzen in 20-cm-Töpfe mit der gleichen Erde, die man zum Eintopfen verwendet, gepflanzt.

Dauerblühende Edelnelken Da Edelnelken im zweiten Jahr 1,2–1,5 m hoch werden können, stellt man die Töpfe auf Lattenstellagen nur wenige Zentimeter über dem Boden. Dadurch kann die Luft um die Pflanzen herum gut zirkulieren. Diese werden mit Bambusstöcken und Drahtringen gestützt.

Drei Jahre alte Pflanzen sind für die meisten Gewächshäuser zu groß. Man kann sie jedoch in warmen, geschützten Lagen auch in die Gartenbeete pflanzen, wo sie im Sommer und Frühherbst blühen.

Edelnelken sollten nicht zu naß gehalten werden. Man wartet, bis die Erde fast trocken ist, und gießt dann gründlich. An sehr warmen Tagen kann über Mittag mit klarem Wasser gesprüht werden, während der kälteren Jahreszeit jedoch nicht. Auch offene oder sich öffnende Blüten dürfen nicht besprüht werden.

Pflanzen in 15- und 20-cm-Töpfen düngt man, wenn die Wurzeln bis zur Topfwand vorgedrungen sind. Während der warmen Monate gibt man alle zwei Wochen einen schwach konzentrierten, kalireichen Volldünger, sonst einmal im Monat. Zum Düngen sollte die Erde feucht sein. Bei anhaltend trübem Wetter wird nicht gedüngt. Ein Flüssigdünger ist vorzuziehen.

Es ist auch möglich, Edelnelkenpflanzen direkt in das Gewächshaus zu pflanzen. In diesem Fall muß der Boden des Grundbeets gründlich vorbereitet und mit Humus und Nährstoffen versorgt werden. Ausgepflanzt wird im Abstand von 20 × 20 cm. Die weitere Behandlung ist ähnlich der Kultur in Töpfen.

Die Triebe der Nelken müssen später aufgebunden werden. Dazu kann man ein sogenanntes Schnurgerüst verwenden. Das Beet selbst wird mit Draht umgeben, und von einer Seite des Beets zur anderen wird in mehrere Etagen ein Bindfaden gespannt. Erwerbsgärtner stützen Edelnelkentriebe durch Chrysanthemen- oder Nelkennetze aus Metall. Diese kann auch der Kleingärtner verwenden, wenn er einige Quadratmeter des Netzes von einem Nelkengärtner erhält.

Auf Schädlinge und Krankheiten achten und gegebenenfalls Gegenmaßnahmen ergreifen (siehe *März*).

Wicken

Im März ausgesäte Wicken werden, sobald sie kräftig wachsen, ausgepflanzt.

Es ist möglich, daß von den Wicken, die im März ausgesät und im geschützten Raum zum Keimen gebracht wurden, nur wenige Sämlinge aufgehen. Dann können sie zu einem stärkeren Wachstum der Seitentriebe angeregt werden, indem man einfach die Triebspitze über dem zweiten oder dritten Blattpaar abschneidet oder sie mit dem Daumen und Zeigefinger ausbricht, so daß sich aus den Augen neue Triebe entwikkeln. Das kann im übrigen bei allen Wickenpflanzen bei Bedarf getan werden.

SPALIERWICKEN HOCHZIEHEN

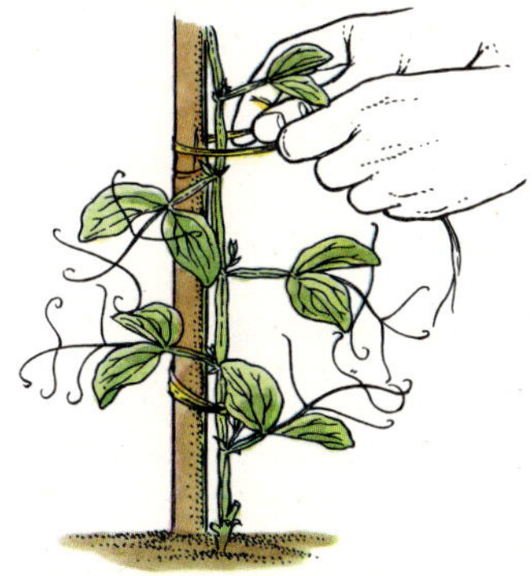

Der Haupttrieb wird locker an den Stützstab gebunden, damit das Dickenwachstum nicht beeinflußt wird. Auch Bast oder Metallringe kann man zum Befestigen verwenden

TRIEBSPITZEN AUSBRECHEN

Der Vegetationspunkt wird über dem zweiten oder dritten Blattpaar ausgebrochen und so die Entwicklung von kräftigen Seitentrieben angeregt

Wenn im Spalierverfahren gezogene Pflanzen 20–30 cm groß sind, beginnt man mit dem Aufbinden. Der Haupttrieb wird locker an den Stützstab gebunden. Die Schlaufe muß so lose sein, daß der Stengel Spielraum hat und noch dicker werden kann. Buschig wachsende Pflanzen werden nicht angebunden. Man hackt jedoch ab und zu, bis die Pflanzen verblüht sind.

Steingartenpflanzen

Solche Pflanzen, die weniger kräftig als im Vorjahr aussehen, sollten umgepflanzt werden. Dasselbe trifft zu für Pflanzen, deren Blätter abfallen oder sich verfärben. In der Beschreibung der Steingartenpflanzen im *November* steht, ob die Pflanzen sofort oder erst nach der Blüte geteilt und wieder eingepflanzt werden sollten.

Umpflanzen und düngen Nachdem man geschädigte Pflanzen aus dem Boden genommen hat, lockert man die Krume und arbeitet einen geeigneten Dünger ein. Die Pflanzen werden danach etwas tiefer als zuvor eingesetzt. Bei trokkenem Wetter drückt man die Pflanzen kräftig an und gießt sie dann ausgiebig.

Infolge großer Kälte, zu hoher Feuchtigkeit oder hohen Alters sind einige Pflanzen ganz ausgefallen. Nimmt man solche Pflanzen heraus, dann muß man darauf achten, daß die durch Selbstaussaat aufgegangenen Sämlinge, die sich wahrscheinlich zwischen den kurzlebigen Steingartenpflanzen entwickelt haben, nicht beschädigt werden. Sie können jetzt ungestört weiterwachsen.

Unter Glas

Sämlinge, die aus Aussaaten im Dezember oder März hervorgegangen sind, werden jetzt pikiert, sobald sich drei oder vier Blättchen entwickelt haben. Ab Mitte des Monats können unter Glas gezogene Sämlinge ins Freie gepflanzt werden.

Wasserpflanzen

In diesem Monat beginnt bei vielen Wasser- und Sumpfpflanzen das eigentliche Wachstum. Anfang April ist die ideale Zeit für die Bepflanzung eines Sumpfgartens. Der Boden sollte aus Lehm bestehen, der mit der gleichen Menge mittel- oder grobfaserigem Sphagnum-Torf vermischt wird und eine organische Düngergabe von ungefähr 50 g auf 1 m^2 erhält. Sumpfpflanzen können etwas dichter als andere Pflanzen gesetzt werden, so daß sie den Boden rasch bedecken. Dadurch wird außerdem das Unkraut ferngehalten. Wenn das Wetter warm ist, kann man schon Anfang des Monats mit der Bepflanzung des Beckens beginnen.

BEPFLANZUNG OHNE BEHÄLTER

Auf den Randflächen, die für Uferpflanzen bestimmt sind, wird eine 10 cm hohe Schicht und auf dem Grund, der mit Seerosen bepflanzt werden soll, eine etwa 15 cm hohe Schicht Erde aufgetragen

Wasserpflanzen benötigen wie alle anderen Pflanzen eine ausgewogene Nährstoffversorgung. Man kann sie auf drei verschiedene Weisen pflanzen.

Entweder wird eine 10–15 cm dicke Schicht Erde überall dort aufgebracht, wo die Wasserpflanzen wachsen sollen; oder man legt eine 5 cm flache Schicht Erde dort ein, wo sauerstoffbildende Pflanzen eingesetzt werden. Für Seerosen verwendet man 15 cm tiefe Pflanzenbehälter, für Sumpf- und Uferpflanzen bringt man eine 10 cm dicke Schicht Erde auf die flacheren Vertiefungen des Beckens auf.

Eine dritte Möglichkeit besteht darin, daß man für alle Arten von Wasserpflanzen Pflanzbehälter unterschiedlicher Größe verwendet. Bei dem letzten Verfahren dauert es oft länger, bis das Becken richtig bestockt ist, da die vielen Kleinlebewesen, die einen wesentlichen Bestandteil des Beckens bilden, sich erst dann vermehren, wenn sich eine ausreichende Sedimentschicht auf dem Grund gebildet hat, die ihnen Nahrung und Unterschlupf bietet.

Die Wahl des Bodens Bei allen Verfahren verwendet man gute Erde. Nährstoffreiche Gartenerde ist geeignet, sie sollte jedoch möglichst neutral oder leicht alkalisch sein. Saurem Boden gibt man etwas kohlensauren Kalk bei.

Da einige Sumpfpflanzen des Randbereichs einen sauren Boden bevorzugen, muß man mit dem Untermischen vorsichtig sein. Soll mehr Säure in den Boden kommen, kann man den Weißtorfanteil erhöhen.

Schwere Böden, sogar Lehmböden, sind normalerweise besser als leichte Böden, da sie oftmals mehr pflanzliche Nahrung enthalten. Auf keinen Fall darf man nicht verrottetes Material und frischen Stallmist sowie schnellöslichen Dünger verwenden. Nährstoffarme Böden können mit einem organischen Dünger angereichert werden. Man rechnet ungefähr 10–15 g auf einen Eimer Erde. Auch von sehr kalkreichen Böden sollte abgesehen werden, da sie oft eine starke Veralgung begünstigen.

Die Erde, die man in den Behälter oder ins Becken gibt, wird befeuchtet, ehe man mit dem Pflanzen beginnt. Die Pflanzbehälter werden zehn Minuten lang ins Wasser gestellt, und die Erde im Becken wird kräftig angegossen, damit die Luft völlig entweichen kann. Auf diese Weise wird verhindert, daß die Pflanzen, wenn das Becken mit Wasser gefüllt wird, hochschwimmen.

Seerosen pflanzen Rhizome oder Knollen von Seerosen werden in einem Winkel von ungefähr 15° zur Horizontalen eingelegt, wobei der Vegetationspunkt bzw. der Wurzelhals gerade unter-

PFLANZEN IN BEHÄLTER EINSETZEN

Man füllt den Behälter mit lehmiger oder ziemlich schwerer Erde, unter die 10–15 g Horn- und Knochenmehl auf einen Eimer gemischt wurden. Dann drückt man die Pflanze an und deckt anschließend die Oberfläche mit einer dünnen Kiesschicht ab. Das ist wichtig, damit die Erde nicht aufschwimmt

BEPFLANZUNG EINES WASSERBECKENS

Für einzelne Pflanzen kann man auch Behälter aus Ziegelsteinen oder anderen Steinen, die auf dem Boden des Beckens im Viereck ausgelegt werden, fertigen. Man füllt die Behälter mit Erde auf

Wenn man den Wasserstrahl in einen Topf statt auf den Beckenboden richtet, werden die Wurzeln der Pflanzen, die man nicht in Behälter gesetzt hat, kaum getroffen

halb der Erde liegen soll. Bei Pflanzen des Unterwasserbereichs, die normalerweise in kleinen Büscheln angeboten werden, sollte man das untere Ende der Stiele 1–2 cm tief in den weichen Boden drücken. Die Wurzeln der Sumpfpflanzen werden flach ausgebreitet und in den Boden gedrückt. Die Rhizome von Pflanzen, wie Iris und Sumpfcalla, sollten waagrecht eingelegt werden. Schwimmpflanzen legt man einfach auf die Wasseroberfläche, wo sie rasch weiterwachsen.

Vermehrung Selbstgezogene Sämlinge der Wasserähre und junge Pflanzen, die sich aus den Ausläufern der Seerosen gebildet haben, werden jetzt gepflanzt. Man sät Primelsamen in Kisten; die Jungpflanzen werden im August oder September ausgepflanzt. Samen der Gauklerblume, die jetzt ausgesät werden, bringen im Juli schöne Blüten hervor.

Seerosen, die sich zu üppig entwickelt haben, nimmt man heraus und teilt sie. Wuchernde Pflanzenteile können im Sommer jederzeit mit einem scharfen Messer zurückgeschnitten werden.

Pflanzdichte Seerosen, die in Wassertiefen von 30–45 cm wachsen, nehmen nach zwei bis drei Jahren eine Fläche von 40 bis 60 cm^2 ein. Solche Seerosen, die in einer Tiefe von 45 bis 60 cm gedeihen, bedecken im gleichen Zeitraum eine Fläche von 0,7–1 m^2, während die sehr großen Arten sich auf einer Fläche von mehr als 1,5–2 m^2 ausdehnen.

In Becken mit einer Wasserfläche von 5 m^2 rechnet man eine Unterwasserpflanze auf 200 cm^2. Bei größeren Becken nimmt eine Pflanze 300–400 cm^2 ein.

Auf je 1 m^2 Oberfläche legt man eine Schwimmpflanze. Für eine Sumpfpflanze kalkuliert man als Faustregel 100 cm^2 Wasserfläche ein.

Heidekrautgewächse

Noch ist Pflanzzeit im Heidegarten. Neupflanzungen sind aber nicht nur mit gekauften, sondern auch mit geteilten und selbst vermehrten Pflanzen möglich.

Vermehrung durch Teilung Ist der Heidegarten im Lauf der Jahre etwas lückenhaft geworden, kann man jetzt alle Heidekräuter herausnehmen, teilen und zurückschneiden. Dann wird die Pflanzfläche mit Torf, Rindenschrot oder je nach Bedarf mit Sand verbessert und neu hergerichtet. Anschließend pflanzt man die geteilten Pflanzen neu aus (siehe *März*).

Absenker Die im Juli des Vorjahrs abgesenkten Triebe sind jetzt gut bewurzelt. Man legt sie frei und trennt sie von der Mutterpflanze ab. Die bewurzelten Absenker können in der Regel gleich ausgepflanzt werden. Nur wenn sie etwas schwach sind, pflanzt man sie nochmals auf ein Beet oder in Töpfe, die man in ein Frühbeet einsenkt.

Stecklinge Auch die im Sommer des letzten Jahrs gesteckten Stecklinge sind jetzt bewurzelt. Man nimmt sie aus dem Vermehrungsbeet und pflanzt sie ziemlich dicht auf ein neues Beet, dessen Erde man mit viel Torfmull verbessert hat. Dort entwickeln sie sich bis zum nächsten Frühjahr zu auspflanzungsfähigen Pflanzen.

Schnitt Alle Jungpflanzen werden jetzt im Frühjahr zurückgeschnitten, damit sie sich verzweigen und buschig werden. Ein kräftiger Rückschnitt ist jedes Jahr bei der Besenheide erforderlich. Die *Erica*-Arten schneidet man nur leicht im grünen Bereich und entfernt die abgeblühten Triebe. Ältere Schneeheidepflanzen müssen kräftig zurückgeschnitten werden, sonst wachsen sie hoch und werden sparrig.

Jetzt im Frühjahr schneidet man auch die im Heidegarten stehenden Gräser zurück. Sie werden nicht im Herbst geschnitten, weil sie den ganzen Winter über sehr reizvoll wirken, auch wenn sie braun sind.

Rhododendron

Der April ist der günstigste Monat für das Pflanzen von Rhododendren. Auch wenn man ältere Exemplare umpflanzen will, kann man sich jetzt an die Arbeit machen, falls dies nicht schon Ende März geschehen ist. Wie man den Boden vorbereitet, ist im *März* beschrieben.

In dem lockeren, humusreichen Substrat müssen die größeren Pflanzen gut verankert werden, damit sie der Wind nicht losreißt. Da Rhododendren immer mit dem Erdballen gepflanzt werden, befestigt man sie an einem schräggestellten Pfahl im Boden.

Selbstverständlich muß nach dem Pflanzen ausgiebig gewässert werden. Auch Neupflanzungen vom Herbst oder vom März brauchen an warmen Apriltagen Wasser.

In Gebieten mit Kalkböden ist das Leitungswasser oft sehr kalkhaltig. Hier empfiehlt es sich, Regenwasser zu sammeln und dieses speziell für das Moorbeet zu verwenden.

Bestehende Pflanzungen brauchen jetzt eine Düngung. Empfehlenswert ist ein organischer

Volldünger, z. B. ein Horn-Knochenmehl-Gemisch. Man streut ungefähr 80 g auf 1 m^2 aus. Zusätzlich kann ein schnell wirkender mineralischer Volldünger, z. B. Blaukorn-Volldünger (20 g auf 1 m^2), im jährlichen Wechsel mit einem sauer wirkenden Stickstoffdünger, z. B. schwefelsaures Ammoniak, gegeben werden. Die Aufwandmenge beträgt auch hier 20 g auf 1 m^2. Der Dünger wird ausgestreut und flach in die Erde eingehackt; anschließend wird gewässert.

Insbesondere bei kalkhaltigem (hartem) Leitungswasser empfiehlt es sich, den Mineraldünger in Gießwasser aufzulösen. Man rechnet 0,5 g auf 1 l Wasser und gießt dann 10 l auf 1 m^2. Die Mineraldüngung verteilt man auf vier Gaben, die je nach der Witterung im April und Mai gegeben werden. Das kalkhaltige Wasser wird durch die Düngung neutralisiert.

Zimmerpflanzen

Zwar sind die Zimmertemperaturen zu dieser Jahreszeit noch nicht wesentlich angestiegen, doch das Tageslicht ist schon intensiver und wirkt länger auf die Pflanzen ein, die darauf reagieren. Jetzt ist es Zeit, die Pflanzen auf ein kräftiges Wachstum während des Sommers vorzubereiten.

Man prüft jede einzelne Pflanze sorgfältig und entfernt abgestorbene oder unansehnlich gewordene Blätter. Staub, der sich in den letzten Wochen auf den Blättern abgelagert hat, wäscht man ab. Kleinblättrige Pflanzen besprüht man im Badezimmer am Waschbecken oder in der Küche am Spültisch mit sauberem, lauwarmem Wasser. Die Blätter großblättriger Pflanzen werden sorgfältig mit einem Schwamm gereinigt, der zuvor in lauwarmes Wasser getaucht worden ist. Damit die Blätter schön glänzen, kann man besondere Präparate verwenden. Bewährt hat sich das Einreiben großblättriger Blattpflanzen mit Bier. Mit Öl oder Milch sollte man die Blätter jedoch nicht einreiben, da sonst die Poren verstopft werden.

Die Wasserzufuhr steigern Nach und nach gibt man etwas mehr Wasser. Am besten richtet man sich dabei nach der jeweiligen Witterung. Nur wenn die Pflanzen mehr Wasser benötigen, sollte man diese Regel anwenden.

Kakteen, die im Zimmer gehalten werden, gießt man zum erstenmal seit dem Herbst gründlich. Hierdurch füllt sich das Gewebe der Pflanzen mit Feuchtigkeit, und diese werden zum Blühen angeregt.

Alle Zimmerpflanzen, die man länger als sechs Monate hat, werden mit einem geeigneten Flüssigdünger gedüngt. Die Konzentration richtet sich nach den jeweiligen Empfehlungen des Herstellers. Als Faustregel gilt: Man gibt 2 g Dünger auf 1 l Wasser.

Pflanzen vermehren Jetzt ist eine günstige Zeit zum Vermehren von Zimmerpflanzen. Pflanzen kann man durch Stecklinge, Teilung, Ableger (siehe *März*) und durch Absenken vermehren.

Ein Triebsteckling wird ganz einfach ins Wasser gestellt, wo er sich bewurzelt. Efeu, Dreimasterblume, Baumfreund, Königswein, Fleißiges Lieschen, Grünlilie, Gummibaum, Chrysantheme, Hortensie, Schönmalve, Glokkenblume u. a. bilden auf diese Weise Wurzeln.

Man wählt einen gesunden, kräftig wachsenden Kopfsteckling und schneidet mit einem scharfen Messer ein 5–10 cm langes Stück ab oder bricht den Steckling aus. Die unteren Blätter streift man ab, damit sie im Wasser nicht faulen. Danach wird der Steckling aufrecht ins Wasser gestellt. Nach einigen Wochen erscheinen die ersten Wurzeln. Wenn diese kräftig genug sind, wird die junge Pflanze in einen Topf gesetzt, der gerade so groß sein soll, daß er die Wurzeln aufnimmt. Der Topf wird mit geeigneter Blumenerde gefüllt.

Stecklinge bewurzeln Wahlweise können Stecklinge auch direkt in Vermehrungserde gesteckt werden. Diese kann aus verschiedenen Mischungen bestehen. Bewährt hat sich immer wieder eine Mischung aus lockerem, grobem Torf (Hochmoor-Weißtorf) und scharfem Sand zu gleichen Teilen. Hochmoor-Weißtorf ist lokker, wenig zersetzt und hält deshalb das Wasser gut zurück; gleichzeitig dringt die Luft gut in die Poren ein. Unter scharfem Sand versteht man Flußsand oder gewaschenen Sand, der eine gute Dränage des Substrats gewährleistet. In einer solchen Mischung bewurzeln sich die Stecklinge rascher und zuverlässiger, besonders wenn zusätzlich Wärme und Feuchtigkeit zugeführt werden. Dies erreicht man am besten mit Hilfe eines Vermehrungskastens im Gewächshaus. Man kann aber auch ganz einfach einen Plastikbeutel über den Topf oder die Pflanzenschale mit den Stecklingen stülpen und die Öffnung mit einem Gummiband verschließen. Danach stellt man den Topf an einen warmen Platz, z.B. auf den Fenstersims über einem Heizkörper. Normale Zimmertemperaturen reichen im allgemeinen aus, damit sich die Pflanze rasch bewurzelt.

Wenn die Vermehrungserde zu feucht ist, kann sich im Beutel zuviel Wasserdampf entwickeln. Dadurch werden die Stecklinge leicht von der Umfallkrankheit befallen. Um dies zu vermeiden, nimmt man den Topf oder die Pflanzenschale heraus, sobald sich viel Kondenswasser bildet. Man dreht den Beutel von innen nach außen und stülpt ihn wieder über den Topf oder die Schale.

Einige Pflanzen, wie das Usambaraveilchen und die *Begonia-Rex*-Hybriden, werden aus Blattstecklingen vermehrt. Hierfür gibt es zwei Methoden.

Blattstecklinge Die meisten Pflanzen, die sich leicht durch Blattstecklinge vermehren lassen, haben dicke, fleischige Blätter, wie das Usambaraveilchen. Bei dieser Pflanze wählt man gesunde, reife Blätter mit einem kräftigen 3–5 cm langen Stiel. Diesen steckt man in ein Töpfchen, das mit einem Gemisch aus gleichen Teilen Torf und Sand besteht. Nachdem sich Wurzeln gebildet haben, nimmt man die Jungpflanzen heraus und setzt sie in Einzeltöpfchen. Der Blattsteckling bildet leichter Wurzeln, wenn das Töpfchen mit einem Plastikbeutel oder einem Glas abgedeckt wird.

Die *Begonia-Rex*-Hybriden können durch eine andere Methode der Blattstecklingsvermehrung vermehrt werden. Man nimmt ein Blatt ab und legt es auf ein Substrat, das aus gleichen Teilen Sand und Torf besteht und in eine Handkiste gefüllt wurde. Die Hauptrippen werden an den Stellen, an denen sich die Adern treffen, durchgeschnitten. Man legt das Blatt auf die Erde und beschwert es mit kleinen Steinchen. An den eingeschnittenen Stellen entwickeln sich nach einiger Zeit neue Pflänzchen. Voraussetzung ist jedoch, daß günstige klimatische Verhältnisse herrschen. Diese Methode führt man am besten in einem Vermehrungskasten durch.

Blätter in Quadraten Man kann das Blatt aber auch in Quadrate von 2–3 cm Seitenlänge schneiden. Beachten muß man dabei, daß an einigen Stellen der Ränder zwei Adern zusammentreffen. Man legt die Stücke auf die Oberfläche des vorbereiteten Vermehrungssubstrats.

ABMOOSEN

Mit einem scharfen Messer bringt man einen schräg nach oben verlaufenden, 2–3 cm langen Schnitt am Stamm an

Damit die Wunde nicht wieder zusammenwächst, schiebt man einen Kieselstein oder ein Streichholz als Keil in den Spalt und bestreicht die Wundfläche mit Bewurzelungshormon

Unterhalb des Einschnitts bindet man ein Plastikstückchen so zusammen, daß eine Hülle entsteht, die oben offen ist

Man umgibt die Wunde mit Torf oder Moos und bindet sie auch oben zusammen

Nachdem sich der Trieb bewurzelt hat, nimmt man die Hülle ab und schneidet den Trieb unter dem Wurzelballen durch

Man setzt den frischen Wurzelballen in einen Topf und füllt ihn mit Erde auf

Der Stamm der Mutterpflanze wird nach dem Abmoosen zurückgeschnitten, damit er bald wieder austreibt

Neue Pflanzen, die sich an einem Rand oder mehreren Rändern entwickeln, können später in Töpfchen gesetzt werden. Eine Temperatur von etwa 20 °C ist bei beiden Arten der Vermehrung durch Blattstecklinge erforderlich.

Einige Pflanzen, z. B. Sansevierien und Efeu, entwickeln oft von unten her so viele neue Triebe, daß die Pflanzen geteilt werden können. Man nimmt die Pflanze vorsichtig aus dem Topf, trennt die Triebe und den Wurzelballen möglichst sorgfältig und pflanzt sie in kleinere Töpfe ein.

Vermehrung durch Absenken Einige Zimmerpflanzen, wie etwa die Efeuaralie, bilden einen einzigen Trieb, der über 1 m hoch werden kann und langsam verholzt. Diese Pflanze kann man durch Absenken vermehren. Man biegt den Trieb nach unten, so daß er auf der Erdoberfläche eines kleineren Töpfchens aufliegt; danach verankert man ihn. In dem Topf bildet der Trieb bald neue Wurzeln. Danach wird die junge Pflanze von der Mutterpflanze abgetrennt und wie eine normale Jungpflanze weiterkultiviert. Andere Pflanzen, wie die Grünlilie, entwickeln Ausläufer an langen Trieben, an denen sich winzige Pflänzchen bilden. Auch diese können abgesenkt werden, indem man die Pflänzchen einfach in frische Blumenerde setzt.

Diese Methode des Absenkens eignet sich weniger für eine hochwachsende Pflanze mit einem einzelnen Mitteltrieb, wie den Gummibaum. Hier wendet man ein Verfahren an, das man als Abmoosen bezeichnet. Dabei entwickeln sich die Wurzeln am Stamm und nicht abgesenkt in der Erde.

Abmoosen Wenn ein nicht zu alter Gummibaum seine unteren Blätter verliert, vielleicht weil er zuviel Wasser bekommen hat, verbleibt ein langer, kahler Stamm mit einigen Blättern. Zunächst schneidet man den Stamm etwa 7 bis 10 cm unter dem untersten noch gesunden Blatt mit einem scharfen Messer etwa bis zur Hälfte quer durch. Damit der Trieb nicht mehr zusammenwächst, wird ein flacher Kieselstein oder ein Plastikstückchen zwischen die Wundflächen geschoben. Anschließend bestreicht man sie mit Bewurzelungshormon und füllt dann feuchten Torf an der Wundfläche ein. Damit der Torf gut hält, wickelt man locker um den Stamm ein längliches Stück Plastikfolie. Dieses wird unten mit einem Bindfaden zusammengebunden oder mit einem Klebestreifen befestigt, so daß eine

Hülle entsteht, die oben geöffnet ist. Den angefeuchteten Torf füllt man in die Hülle und bindet sie auch oben zu, damit keine Feuchtigkeit entweicht. Statt Torf kann man auch Moos verwenden, daher der Name Abmoosen für diese Vermehrungsart.

Nach etwa zehn Wochen entwickeln sich in der Umhüllung an der Wundstelle Wurzeln. Wenn sie an der Plastikfolie sichtbar werden, schneidet man die Pflanze unter dem Wurzelballen ab, entfernt die Umhüllung und das Moos oder den Torf und setzt die junge Pflanze in eine geeignete Erde. Den restlichen Stamm schneidet man nach dem Abmoosen zurück, damit sich aus den Augen bald neue Triebe entwickeln.

Kleingewächshausgärtnerei

Da das Wetter in diesem Monat häufig umschlägt, ist das Gewächshaus starken Temperaturschwankungen ausgesetzt. Bei sonnigem Wetter schattiert man junge Sämlinge und neu umgetopfte Pflanzen mit Schattiergewebe. Bei sonnigem Wetter muß man das Gewächshaus belüften. Wenn Hagelschauer oder kräftige Winde drohen, werden nur die dem Wind abgewandten Fenster geöffnet.

Zusätzlich bewässern Im März umgetopfte Pflanzen müssen jetzt etwas mehr gegossen werden. Solche Pflanzen, die schon kräftig wachsen, wie Zonal- und Edelpelargonien, einjährige Pflanzen in Schalen und Töpfen, Fuchsien und Heliotrop, werden gedüngt. Im Abstand von zehn Tagen gibt man einen Flüssigdünger in schwacher Konzentration.

In Töpfen gezogene Hortensien, die sich jetzt im Hauptwachstum befinden, brauchen eine Temperatur von 15 °C. Man besprüht sie bei sonnigem Wetter häufig mit Wasser. Die Töpfe sind reichlich zu bewässern. Alle zehn Tage gibt man einen Flüssigdünger. Wenn man Hortensien vermehren will, schneidet man 8 cm lange Stecklinge von den Pflanzen, wobei man kräftige und nicht blühende Triebe von etwa 8 cm Länge auswählt. Man läßt diese in einem Vermehrungskasten bei 16 °C in einem Sand-Torf-Gemisch bewurzeln.

Tomaten pflanzen In einem ungeheizten oder schwach beheizten Gewächshaus pflanzt man Tomaten in das Beet, das bereits im vergangenen Monat vorbereitet worden ist. Zwischen den Pflanzen wird ein Abstand von 40 cm und zwischen den Reihen ein Abstand von 45 cm eingehalten. Vor dem Pflanzen gießt man die Töpfe gut aus. Auch kann man noch eine Startdüngung verabreichen. Dazu verwendet man einen leicht löslichen, gekörnten Dünger, der in Wasser aufgelöst wird, oder einen flüssigen Dünger. Man gießt damit die Pflanzen ein bis zwei Tage vor dem Auspflanzen an. Der Nährstoffvorrat im Wurzelballen fördert den Anwachsprozeß und das weitere Wachstum der Pflanzen am neuen Standort.

Eine interessante Kulturmethode ist das Ringkultursystem. Dafür braucht man spezielle Tomatentöpfe aus fester Pappe oder sogenannte Balatumtöpfe. Diese haben im allgemeinen einen Durchmesser zwischen 20 und 25 cm und eine Höhe von 20 cm. In ihnen werden die Pflanzen herangezogen, und mit den Töpfen stellt man die Pflanzen an ihren endgültigen Standort. Zuvor wird der Boden, sofern er nicht schon von selbst verrottet ist, aufgelockert, so daß die Wurzeln in das Erdreich des Kleingewächshauses hineinwachsen können.

Diese Methode hat den Vorteil, daß die jungen Pflanzen in einer hygienisch einwandfreien, gesunden, nährstoffreichen Erde heranwachsen. Wurden nämlich schon sehr oft Tomaten in einem Kleingewächshaus gezogen, treten nicht selten gewisse Bodenmüdigkeitserscheinungen oder auch Krankheitserreger auf. In diesen speziellen Töpfen kann man die Pflanzen zu kräftigen Jungpflanzen heranziehen, die später nicht oder nicht mehr sehr stark infiziert werden können. Daher ist im allgemeinen immer mit einer guten Ernte zu rechnen.

Nachdem man die Töpfe aufgestellt hat, muß die Erdunterlage feucht gehalten werden. Die Pflanzgefäße werden anschließend gerade ausreichend bewässert, so daß die Pflanzen gut wachsen können. Sobald die Wurzeln in die Erdmischung eingedrungen sind, braucht man die Pflanzen nur noch zu wässern, nachdem sie gedüngt worden sind.

Tomaten müssen gestützt werden, ganz gleich, ob man sie im Erdbeet oder in Ringkultur anbaut. Hierfür verwendet man hohe Stäbe aus Holz oder Metall (Stahlstäbe), die dicht neben jede Pflanze eingesteckt werden.

TOMATEN AUFBINDEN

Tomatenpflanzen werden an Stäben aufgebunden. Man steckt dicht neben jede Pflanze einen Stab in die Erde

TOMATENRINGKULTUR

Auf diese Weise gezogene Tomaten entwickeln zunächst kräftige Wurzeln in den Gefäßen. Nach dem Ausstellen wachsen die Wurzeln in der Erde des Kleingewächshauses

Tomaten können jedoch auch an Schnüren hochgeleitet werden. Zu diesem Zweck werden im Kleingewächshaus Längsdrähte gespannt, und an ihnen wird über jeder Tomatenpflanze eine Schnur befestigt. Mit einer Schlaufe wird die Schnur an der Basis der Tomate festgemacht. Im Lauf der Zeit schlingt man den Trieb einfach um die Schnur. Das ist wohl die einfachste Methode für das Hochleiten von Tomaten. Man muß jedoch berücksichtigen, daß dabei das ganze Gewicht der Pflanzen an dem Längsdraht hängt. Das Gewächshaus muß stabil gebaut sein, damit es später die Last der Pflanzen samt den Früchten tragen kann. Entsprechende Berechnungen sollte man zuvor anstellen. Es ist nämlich schon vorgekommen, daß Kleingewächshäuser unter der Last früchtetragender Tomatenpflanzen zusammengebrochen sind.

Sobald die ersten Tomaten blühen, muß eine ausreichende Bestäubung und Befruchtung gewährleistet sein. Tomaten sind Selbstbestäuber, d.h., die Blüten werden im Freiland durch den Wind selbst bestäubt. Das muß man im Kleingewächshaus, wenn die Luftbewegungen unzureichend sind, selbst durchführen. Am einfachsten ist es, wenn man an sonnigen Tagen gegen Mittag vorsichtig ein wenig an der Stützschnur oder dem Stützstab rüttelt, damit sich der Blütenstaub löst.

TOMATEN ENTSPITZEN

Im Sommer müssen die Seitentriebe, die sich aus den Blattachseln der Tomatenpflanzen entwickeln, regelmäßig entspitzt werden

Man entfernt alle Seitentriebe an den Blattachseln, wenn sie ungefähr 3 cm lang sind.

Samen für Tomatenpflanzen, die im Freien wachsen sollen, werden in eine flache Aussaatschale ausgesät. Verwendet wird eine feingesiebte Komposterde oder eine humose Gartenerde.

Man bedeckt die Samen mit einer Schicht feiner Aussaaterde. Wichtig ist, daß man eine geeignete Sorte für die Kultur im Freien wählt. Die Samen keimen bei 16 °C. Die Sämlinge werden später einzeln in 8-cm-Töpfe mit Komposterde eingetopft, sobald sich die Keimblätter entwikkelt haben.

Die Samen von Paprika werden wie die von Tomaten ausgesät.

Die Samen von *Campanula pyramidalis* werden in Komposterde ausgesät. Man pikiert die Sämlinge einzeln in 8-cm-Töpfe, sobald sie sich ausreichend entwickelt haben.

Pantoffelblumen entwickeln sich im April sehr rasch. Es wird alle zehn Tage ein Flüssigdünger verabreicht.

Knollenbegonien und Gloxinien verpflanzt man in 12-cm-Töpfe mit humoser Blumenerde, falls dies nicht schon im letzten Monat geschehen ist.

Empfindliche Pflanzen abhärten Nicht völlig winterharte Pflanzen werden zum Abhärten in einen temperierten Kasten gebracht. Hierdurch erhält man außerdem Platz für die Aussaat von Melonen, Gurken und Zuckermais am Ende des Monats oder Anfang Mai. Gurken sind lohnende Gewächshauspflanzen. Allerdings reicht eine einzelne Pflanze für den Bedarf einer Familie nicht aus. Melonen werden im allgemeinen in einem temperierten Kasten oder unter Folientunneln gezogen. Zuckermais kann Ende Mai oder Anfang Juni ins Freie ausgepflanzt werden.

Melonen und Gurken Melonen und Gurken werden bei einer Temperatur von 18 °C und Zuckermais wird bei einer Temperatur von 10 °C ausgesät. In jedem Fall sät man die Samen einzeln oder zu zweit etwa 2–3 cm tief in 8-cm-Töpfe mit geeigneter Kulturerde aus.

Wenn nur eine einzelne Gurkenpflanze gezogen werden soll, pflanzt man sie auf einen 20–30 cm hohen Erdhügel, der einen Durchmesser von 50–60 cm besitzt. Die Erde sollte aus 1 Teil verrottetem Mist und 2 Teilen guter Erde bestehen. Außerdem gibt man einen geeigneten Dünger. Für zwei oder mehr Pflanzen

GURKEN PFLANZEN

Anfangs werden Gurkenpflanzen mit Stäben gestützt. Später erzieht man die Pflanzen an waagrecht gespannten Drähten

wird ein Hochbeet bzw. ein Erdwall von 30 cm Höhe und 45 cm Breite vorbereitet. Der Pflanzabstand sollte 90 cm betragen. Von einem Ende des Kleingewächshauses zum anderen werden unter Glas waagrecht Drähte im Abstand von 30 cm befestigt, damit die Triebe daran hochgezogen werden können. Den Haupttrieb bindet man an einem Stützstab fest, der bereits nach dem Auspflanzen neben der Pflanze eingesteckt wird. Der Haupttrieb wird erst dann gestutzt, wenn er das Dach des Gewächshauses erreicht hat. Die Seitentriebe bindet man, während sie sich entwickeln, schräg nach oben verlaufend an den Drähten an. Diese Kulturmethode nennt man Spaliergurkenkultur. Man kann jedoch auch die Schnurgurkenkultur wählen. In diesem Fall genügt es, einen Längsdraht unterhalb des Dachs zu spannen. Daran werden, wie bei den Tomaten, senkrechte Schnüre befestigt. Nun schlingt man den Haupttrieb um jeweils eine Schnur, an der er nach oben wächst. Die Seitentriebe, die sich dann entwickeln, werden auf ein – höchstens zwei – Augen geschnitten, wobei sich dann in jeder Blattachsel eine Frucht bildet. Mit dieser rationellen Methode kann man einen frühzeitigen, reichen Ertrag erzielen. Bei der Schnurgurkenkultur können die Pflanzen wesentlich enger als bei der Spaliergurkenkultur gepflanzt werden.

In Frühbeetkästen gezogene Pflanzen müssen regelmäßig bewässert werden. An sonnigen Tagen öffnet man die Fenster. Außerdem legt man Schneckenkorn zwischen den Pflanzen aus oder stellt Schneckenfallen auf.

Balkongärtnerei

Der Hobbygärtner sollte sich allmählich Gedanken machen, wie er seinen Balkon im Sommer gestalten möchte. Am besten zeichnet man einen maßstabgetreuen Plan des Balkons, der Terrasse oder Loggia, die man im Sommer mit Pflanzen gestalten will. Im richtigen Größenverhältnis werden dann die Pflanzgefäße in den Grundriß eingezeichnet. Günstig ist es auch, wenn man in den Plan aufnimmt, welche Standorte sonnig, halbschattig und schattig sind.

Wie man Balkonblumen gut zusammenstellt Erst jetzt werden die verschiedenen Pflanzenarten, ihren Wuchsformen entsprechend, in die Pflanzgefäße eingezeichnet. Wenn man 20 cm breite Balkonkästen wählt, werden die Pflanzen meist zweireihig angeordnet. Die Pflanzen in der vorderen Reihe setzt man dabei auf Lücke.

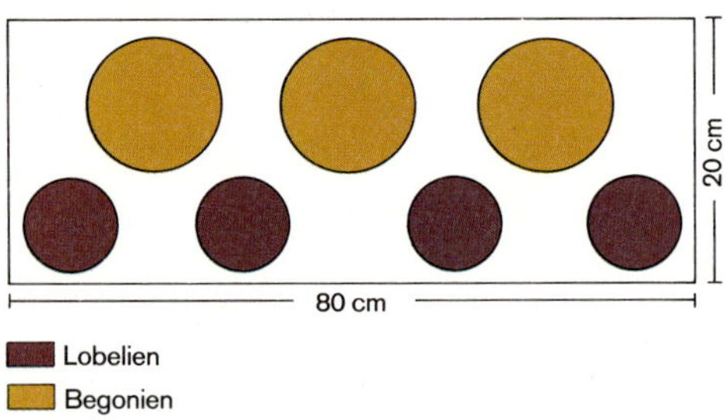

Pflanzgefäße auswählen Ganz wichtig für das Gedeihen der Pflanzen ist die Wahl der Gefäße. Pflanzen wachsen nur gut, solange ihre Wurzeln genügend Platz haben. Die Gefäße dürfen daher nicht zu flach sein. Einjährige Balkonblumen brauchen eine Tiefe von ungefähr 15–18 cm; Kleinstauden, Zwerggehölze und Bodendecker benötigen 20–25 cm, halbhohe Gehölze 30 cm und starkwüchsige Gehölze 40 cm.

Vor dem Einkauf sollte man sich über das Material, das Gesamtvolumen, die Länge, das Gewicht, die richtige Form und auch über die Farbe der Kästen, die man aussuchen will, im klaren sein.

Da sich Pflanzgefäße dem Pflanzenwuchs gestalterisch unterzuordnen haben, spielen Form und Farbe eine weniger wichtige Rolle. Doch sollte andererseits eine schöne Struktur nicht unbedingt von Pflanzen verdeckt werden. Zu einer wertvollen Keramik mit kunstvollem Dekor passen nur sehr edle Gehölze, und diese sollten am besten nur einzeln gepflanzt werden.

Immer mehr Blumenfreunde bevorzugen ein möglichst stabiles, haltbares, leicht zu reinigendes Pflanzgefäß. Zurückhaltende graue, grüne oder braune Farbtöne eignen sich immer.

Größere Gefäße bieten Vorteile Beim Balkonkasten geht in den letzten Jahren der Trend wieder zum größeren Gefäß. Dort, wo es die Balkonbrüstung zuläßt, sollten 18–20 cm breite Balkonkästen verwendet werden. Ihre Vorteile gegenüber dem schmalen Kasten sind:

- Eine größere Substrataufnahme, damit auch eine höhere Wasser- und Nährstoffbevorratung.
- Ein geringerer Pflegeaufwand.
- Es können mehr Pflanzen verwendet werden; dadurch kann man eine schönere Farbwirkung erzielen.
- Die Pflanzen lassen sich besser und ihren speziellen Ansprüchen entsprechend anordnen.
- Die Pflanzen können in zwei Reihen und sogar in kleinen Gruppen gepflanzt werden.
- Die Überwinterung einer Dauerbepflanzung ist risikoloser.

Die Länge des Kastens richtet sich nach der Größe des Balkons, den Anbringungsmöglichkeiten und nicht zuletzt auch nach dem Gewicht, das der Hobbygärtner beim Aufhängen und Abnehmen der bepflanzten Gefäße tragen kann. Balkonkästen gibt es von 0,4–1,2 m Länge.

Materialien Sehr haltbar sind Balkonkästen aus Asbestzement. Da sie jeden Frost überstehen, sind sie auch für die ganzjährige Balkonbepflanzung gut geeignet. Neuerdings werden diese Kästen in mehreren Farben angeboten. Etliche haben Griffmulden, damit man sie besser tragen kann. Auch Holzkästen sind für die Balkonbepflanzung wieder stärker gefragt. Sie erfordern zwar einen größeren Pflegeaufwand, doch kann man sie leicht selbst basteln. Damit sie länger halten, empfiehlt sich eine gründliche Imprägnierung mit pflanzenunschädlichen Mitteln.

Für den Kunststoffkasten spricht sein geringes Gewicht. Er ist absolut wasserdicht und leicht zu säubern. Allerdings eignet er sich für eine Winterbepflanzung mit Zwerggehölzen nicht so gut. Derartige Balkonkästen werden auch zusätzlich mit einem Wasserspeicher angeboten. Bei ihnen ist der Substratraum durch einen Zwischenboden vom Wasservorratsraum getrennt. Durch Saugdochte wird die Verbindung zwischen der Wasserreserve und dem Kultursubstrat hergestellt. Diese Wasserreserve genügt zwar nicht, um die Pflanzen während der Urlaubszeit im Sommer ein paar Wochen lang ausreichend mit Wasser zu versorgen, aber sie kann je nach der Witterung und dem Standort eine Zeitlang den Pflanzen Wasser zuführen.

Interessant erscheint auch eine Kombination von Holz und Kunststoff, die ein Hersteller neuerdings anbietet. In einen Holzkasten hängt man den jederzeit auswechselbaren Kunststoffkasten. Das hat beispielsweise den Vorteil, daß man eine Frühjahrsbepflanzung mit Stiefmütterchen lange auf dem Balkon lassen kann, während nach den Eisheiligen in einem zweiten Kunststoffeinsatz die Sommerbepflanzung vorbereitet wird.

Für die Begrünung von Brüstungen, Terrassen oder Dachflächen werden immer öfter – gerade an Neubauten – 40–60 cm breite und entsprechend tiefe Pflanzgefäße aus Fertigelementen oder spezielle Brüstungsgefäße verwendet. Pflanzgefäße wie die des Optima-Systems haben einen patentierten Schichtaufbau, einen Regenwasserspeicher und eine automatische Bewässerung. Das Erdsubstrat braucht nicht mehr jedes Jahr ausgewechselt zu werden, und bei der Gestaltung kann nach Belieben Dauergrün mit einjähriger Bepflanzung kombiniert werden. Solche Gefäße kann man auch, solange man im Sommer in Urlaub fährt, bedenkenlos sich selbst überlassen.

Abzugslöcher sind besonders wichtig Unabhängig von Material und Größe der Gefäße ist immer auf einen guten Wasserabzug zu achten. Wasserabzugslöcher am Boden der Gefäße gewährleisten nicht nur eine ordnungsgemäße Durchlüftung der Erde, sondern verhindern auch eine Vernässung des Bodens nach Regenfällen.

Damit diese Löcher nicht verstopft werden, kann man von innen ein Filter aus grobem Kies, Blähton oder Tonscherben einlegen.

Balkonpflanzen abhärten Ende des Monats sollten die verpflanzten Geranien und Fuchsien sowie die neu angetriebenen Knollenbegonien abgehärtet werden. Pflanzen, die auf dem Fensterbrett, im Kleingewächshaus oder im Frühbeet aufgestellt sind, werden nach und nach an die volle Sonne gewöhnt. Gleichzeitig sollten die Pflanzen immer reichlich frische Luft erhalten, ehe sie Mitte Mai ins Freie gepflanzt werden.

Einjährige Balkonblumen weiter aussäen Auch im April können noch verschiedene einjährige Balkonblumen ausgesät werden. Für Salvie, Leberbalsam, Lobelie, Husarenknopf, Studentenblume und Wicke ist es immer noch nicht zu spät, wenn diese Pflanzen in Aussaatschalen gesät und im Kleingewächshaus weiterkultiviert werden.

Obst

In Gebieten mit frühem Frühlingseinzug blühen bereits um die Monatsmitte Aprikosen, Pfirsiche und andere frühblühende Obstarten und -sorten. Die Blüte ist zwar die erste Voraussetzung für die Bildung von Früchten, sie gibt aber noch keine Gewähr für eine gute Ernte.

In Obstgrundstücken mit Mulchrasen beginnen jetzt die Mäharbeiten. Es ist sehr wichtig, daß von Beginn der Vegetationszeit an das Gras immer verhältnismäßig kurz gehalten wird. Wächst es hoch, dann steigt der Wasserverbrauch um ein Mehrfaches. Falsch wäre es, den Boden um die Bäume und Sträucher umzugraben, weil dadurch flachliegende Faserwurzeln zum Teil zerstört würden.

Der Boden sollte nicht längere Zeit ohne Bewuchs der Witterung ausgesetzt sein. Eine schützende Pflanzendecke erhält die biologische Aktivität im Boden und ist wirksamer als die Lockerung des Erdreichs mit Spaten, Hacke oder Fräse. Die Qualität des Bodens läßt sich auf biologischem Wege durch die Gründüngung verbessern. Man baut geeignete Gründüngungspflanzen an, etwa Gelbsenf, Kapuzinerkresse, Winterwicke und den Bienenfreund. Zu empfehlen ist auch eine Mischung aus verschiedenen Lupinen-, Wicken- und Erbsenarten, eventuell gemischt mit Hafer oder Roggen. Diese Kombination muß spätestens Ende Juli bis Mitte August eingesät sein, wenn sich die Pflanzen noch voll entwickeln sollen. Für alle Gründüngungseinsaaten gilt, daß sie nicht mit unseren Kulturpflanzen konkurrieren dürfen.

Um die Wirkung von Spätfrösten, die um die Blütezeit auftreten, zu mildern, hält man den Graswuchs unter Obstgehölzen in dieser Zeit kurz. Über hohen Gräsern kühlt sich nämlich die Luft stärker ab als über kurzgemähten Flächen. Mit einem kurzen Rasenschnitt kann man also bis zu einem gewissen Grad Spätfröste bekämpfen. Offener Boden sollte an solchen Tagen feinkrümelig bearbeitet und bereits wieder abgesetzt sein.

Unsere Obstgehölze sind mit Ausnahme der Nüsse Insektenblütler, d. h., die Übertragung des Blütenstaubs auf die Narbe muß durch Insekten erfolgen. Bienen sind unsere wichtigsten Blütenbestäuber. Deshalb sollten Bienenvölker während der Blütezeit in der Nähe des Obstgartens sein. Besonders wenn das Wetter während der Baumblüte schlecht ist – was den Bienenflug stark beeinträchtigt –, ist es vorteilhaft, einen Bienenstand in nächster Nähe zu haben.

Mit dem Beginn der Baumblüte, besser noch kurz zuvor schon, darf man keine Insektizide mehr anwenden, die für Bienen gefährlich sind. Nach der Bienenschutzverordnung dürfen solche Mittel an blühenden Pflanzen nicht angewandt werden. Darunter fallen jedoch nicht nur Obstbäume, sondern auch blühende Unkräuter unter Bäumen. Insektizide sollten stets nur dann angewendet werden, wenn tatsächlich große Schäden drohen. Mögliche Gefahren kündigt der amtliche Warndienst an. Dann sollte man seine Bäume und Sträucher kontrollieren und danach entscheiden, was zu tun ist.

Wenn statt der Winter- oder Austriebsspritzung eine gezielte Schädlingsbekämpfung vorgesehen war, muß jetzt im April aufgrund genauer Beobachtung entschieden werden, ob noch eine Blütenbehandlung mit einem für Bienen ungefährlichen Insektizid vorgenommen werden soll oder ob man nicht doch besser bis kurz nach der Blüte wartet.

Die Empfehlung für biologisch-dynamisch arbeitende Hobbygärtner lautet: Beim Kernobst ist die erste Vorblütenbehandlung gegen Schorf mit 0,9 %igem Netzschwefel notwendig. Die zweite Vorblütenbehandlung sollte kurz vor der Blüte mit 0,5 %igem Netzschwefel erfolgen. Regnet es sehr stark, wiederholt man die Behandlung.

Wenn jetzt bei Gehölzen tierische Schädlinge, wie Läuse, Blattsauger oder Frostspanner, auftreten, setzt man beim Sprühverfahren dem Netzschwefel Pyrethrummittel zu.

Im April ist die richtige Zeit für das Umveredeln. Durch Umpfropfen können auf wüchsige, gesunde Bäume neue oder bessere Sorten gebracht werden. Besonders beliebt ist in Kleingärten das Umveredeln einzelner Äste, da man dann von einem Baum mehrere Sorten ernten kann. Auch kann eine bisher unbefriedigende Bestäubung durch geeignete Befruchtersorten verbessert werden (siehe *November*). Die wichtigsten Veredlungsarten sind für das Umpfropfen von Äpfeln und Birnen die Geißfußveredlung und später bis in den Monat Mai, wenn sich die Rinde löst, das Pfropfen hinter die Rinde. Da der Saftanstieg bei den Kirschen besonders früh beginnt, nimmt man diese zuerst dran.

Apfel und Birne Eine termingerechte Schorfbekämpfung ist im Hausgarten kaum möglich. In regenreichen Gebieten sollte man daher keine schorfanfälligen Sorten, wie 'Goldparmäne'

GEISSFUSSVEREDLUNG

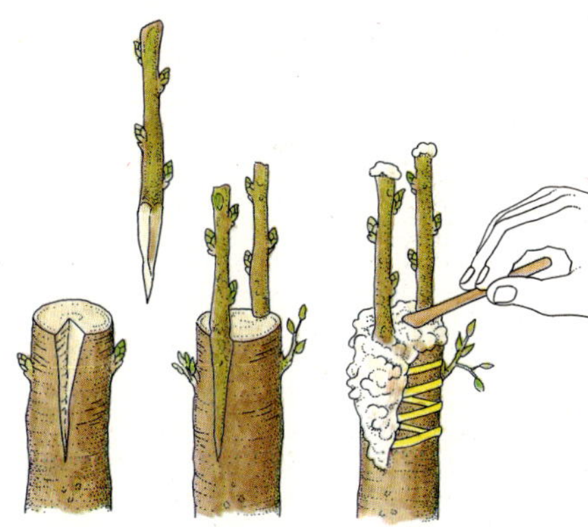

Bei der Geißfußveredlung wird ein einjähriges, verholztes Edelreis, das drei bis fünf Augen besitzt, keilförmig in die Unterlage eingefügt. 1. Das Edelreis muß genau in den dreieckigen Ausschnitt der Unterlage passen. 2. Hat die Unterlage einen starken Durchmesser, kann man auch zwei Edelreiser einsetzen. 3. Die mit Bast verbundene Veredlungsstelle wird mit einem Wundverschlußmittel sorgfältig verstrichen. Auch darf die Schnittstelle über dem obersten Auge nicht vergessen werden oder 'Gellerts Butterbirne', pflanzen sowie das Fallaub zusammenrechen und kompostieren, denn die Schorfsporen überwintern auf den im Herbst gefallenen Blättern am Boden. Beim ersten warmen Frühjahrsregen werden die Sporen ausgeschleudert und gelangen so auf die jungen Blätter, wo sie sich rasch vermehren. Deshalb ist es wichtig, die Infektionsquelle, nämlich das Herbstlaub, zu beseitigen. In biologisch aktiven Böden erledigen das die Regenwürmer. Feuchtwarmes Wetter, bei dem die Nässe lange auf den Blättern bleibt, erhöht die Schorfgefahr, während trockenes, kühles Wetter sie herabsetzt. In trockenen Gebieten tritt der Mehltau häufiger auf. Dort sollte man Sorten wie 'Jonathan' nicht anpflanzen. Mehltaukranke Triebe schneidet man das ganze Jahr über ab und entfernt sie aus dem Garten. Mit einem schwachen Blattlausbefall werden die Feinde von Blattläusen, Marienkäfer, Schweb- und Florfliegen bzw. deren Larven, fertig. Einzelne stark befallene Triebe bzw. Bäume kann man auch einzeln spritzen.

Brombeere Wer Jungpflanzen haben will, sollte jetzt die Absenkertriebe in den Boden legen, damit sich bis zum Herbst Wurzeln bilden können. Im Oktober trennt man dann die Jungtriebe von der Mutterpflanze.

Erdbeere Niedrige Pflanzen schützt man vor Frost, indem man den Boden abdeckt. Dadurch verhindert man, daß die wärmere Luft abzieht. Der Schutzeffekt ist am größten, wenn die Planen, Folien oder Tücher nicht direkt auf den Pflanzen aufliegen, sondern auf einer Stützvorrichtung über den Pflanzen angebracht werden. Erdbeeren können auch mit Stroh gut abgedeckt werden, das man später zum Schutz vor feuchter Erde unter die Früchte legt.

Johannisbeere Die Bekämpfung der Johannisbeergallmilbe bei Schwarzen Johannisbeeren muß zur Blütezeit durchgeführt werden. Will man den Schädling wirksam bekämpfen, muß man dreimal mit Endosulfan spritzen. 60 Tage vor der Ernte darf nicht mehr gespritzt werden. Empfohlen wird zur Zeit auch die Spritzung mit der NAB-Mischung. Diese besteht zu je einem Drittel aus Netzschwefel, Algumin und Bentonit. Die drei Substanzen werden trocken gut vermischt, sorgfältig angerührt und kräftig durchgearbeitet. Auf 10 l Wasser gibt man 40–100 g NAB. Dann spritzt man reichlich mit der Brühe. Die erste Behandlung erfolgt kurz vor Beginn der Blüte, die zweite, wenn die Johannisbeeren in voller Blüte stehen, die dritte gegen Ende der Blütezeit. Befallene Triebe wirft man in die Mülltonne, oder man verbrennt sie.

Kirsche (Sauer- und Süßkirsche) Vor allem die Sauerkirschsorte 'Schattenmorelle' und in nassen Jahren auch Süßkirschenbäume schützt man mit einer oder zwei Blütenspritzungen mit Bio-S (Ledax-san) oder Triforin gegen die Moniliablütenfäule und die Moniliazweigspitzendürre.

Kiwi Die beste Pflanzzeit für Kiwis ist der April und Mai. Nach dem Pflanzen schneidet man die Kiwi auf zwei bis drei Augen zurück.

Da der Austrieb bereits in diesem Monat erfolgt, ist in spätfrostgefährdeten Lagen eventuell Frostschutz notwendig. Die Ansprüche, die die Pflanze an das Klima stellt, sind hoch: Sie braucht viel Wärme und Schutz vor starken Winden und erträgt keinen Frost. Die Kiwi gedeiht nur in Weinbaulagen. Die Früchte reifen erst im November.

Mirabelle und Zwetsche Wer die Winter- oder Austriebsspritzung durchgeführt hat, muß zur Blüte- und Nachblütezeit in erster Linie auf Sägewespenbefall sowie allgemein auf Frostspannerraupen und Spinnmilben achten. Spätzwetschenbäume sind vor allem bei feuchtkühler Witterung zu Beginn der Blüte ein- bis zweimal mit einem organischen Fungizid zu behandeln.

Gemüse

Auch in Gebieten mit rauherem Klima können im April viele Gemüsearten ausgesät oder angepflanzt werden. Die Saat- oder Pflanzbeete bearbeitet man am besten mit dem Krail oder Kultivator. Keinesfalls darf der Boden jetzt umgegraben werden. Gleichzeitig mit der Bearbeitung der Beete sollten Düngetorf und die Grunddüngung ausgebracht werden. Bei Düngetorf sind zwei bis drei Ballen für 100 m^2 vorzusehen.

Richtig düngen Die Düngermengen, die man ausbringen muß, sind nicht nur abhängig von der Bodenart, sondern sie richten sich auch nach den unterschiedlichen Nährstoffansprüchen der einzelnen Gemüsearten und deren Wachstumsdauer. Der Hobbygärtner kann aus einer Vielzahl von Düngemitteln wählen.

In Frage kommen Mineraldünger oder organisch-mineralische Dünger. Verschiedenen Gemüsearten kann man eine Grund- und eine Kopfdüngung geben. Es empfiehlt sich, die Gesamtdüngermenge in einer Grunddüngung, die vor der Saat oder Pflanzung gegeben wird, und in einer oder mehreren Kopfdüngergaben zu verabreichen. Nur so können Schäden an den Pflanzen durch zu hohe Mineralstoffwerte vermieden werden.

Besonders nährstoffbedürftige Kulturen, wie Kohlarten, Sellerie, Tomaten und Rhabarber, brauchen eine größere Menge als Grunddüngung als weniger nährstoffbedürftige Gemüsearten, wie Feldsalat, Spinat.

Werden mineralische Volldünger, z. B. Blaukornvolldünger, als Grunddüngung vor der Saat oder Pflanzung eingesetzt, so können je nachdem, was eine Pflanze braucht, 40–80 g auf 1 m^2 verabreicht werden. Die erste Kopfdüngung wird bei Pflanzgemüsearten etwa drei Wochen nach dem Setzen gegeben. Wenn eine zweite Kopfdüngung notwendig ist, kann diese nach weiteren drei Wochen ausgebracht werden.

Während der Kultur werden immer nur 20–40 g auf 1 m^2 als Kopfdünger berechnet. Anstelle von Blaukornvolldünger kann man als Kopfdüngung auch stickstoffhaltige Mineraldünger, z. B. Kalksalpeter oder Kalkammonsalpeter, verwenden.

Die Einzelgabe bei diesen Düngern sollte in der Regel nicht mehr als 20 g auf 1 m^2 betragen. Bei der Kopfdüngung wird der Dünger breitwürfig um die jungen Pflanzen gestreut und sofort eingewässert.

Den Boden mit Humus anreichern Um den laufenden Verlust an organischer Substanz auszugleichen, ist in gewissen Abständen eine Humusversorgung besonders wichtig. Die organische Düngung mit Stallmist, Kompost oder Torf dient in erster Linie der Humusversorgung des Bodens. Es handelt sich dabei um organische Stoffe, die sich im Boden weiter zersetzen. Dadurch werden die Struktur und die Bodengare günstig beeinflußt.

Einen Komposthaufen anlegen Außer Stallmist, der nicht jedem Gartenfreund zur Verfügung steht, gibt es eine Reihe organischer und organisch-mineralischer Düngemittel, die als Humuslieferanten in Frage kommen und die man im Fachhandel bekommt.

FREILIEGENDER KOMPOSTSTAPEL IN TRAPEZFORM

Weiche Gartenabfälle werden zu einer 30 cm hohen Schicht aufgetragen und angefeuchtet. Dann wird die Oberfläche fingerdick mit Erde oder Torf abgedeckt. So folgt Schicht auf Schicht, bis der Haufen ungefähr 1,2 m hoch ist. Die Sohlenbreite sollte 1,2–1,5 m, die Kronenbreite 0,8–1 m betragen

KOMPOSTIEREN LEICHTGEMACHT

Mit Komposttonnen aus Metall, Eternit, Drahtgeflecht, Beton oder Holz bereitet das Kompostieren im Hausgarten keinerlei Probleme

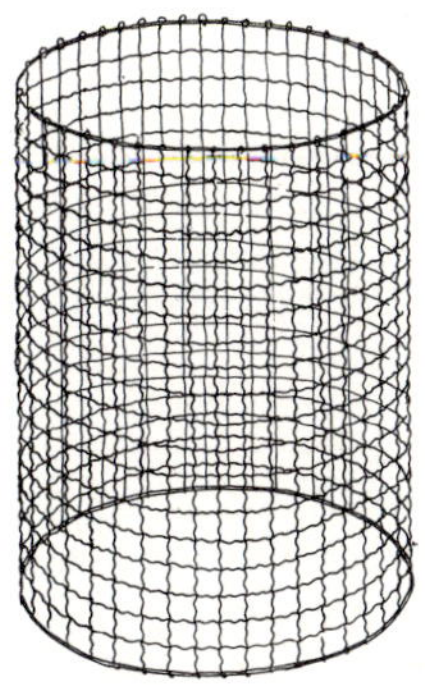

Kompostbehälter aus Drahtgeflecht

Schwarzwälder Kompostlege

Der wichtigste Humusdünger für den Garten ist der Kompost. Er besteht aus pflanzlichen Abfällen, die auf einem Haufen verrotten und nach einer gewissen Zeit als Kompost oder Komposterde im Gemüsegarten und in anderen Gartenbereichen verwendet werden. Ein Komposthaufen braucht einen schattigen Platz im Garten, wo er nicht austrocknet. Kompost kann in verschiedenen Rottestadien im Garten verwendet werden. Man braucht dem Gartenboden nicht nur völlig verrotteten, feinkrümeligen Kompost zuzuführen. Das Material darf grobbrockig sein und auch nicht völlig zersetzte organische Stoffe enthalten. Diese Bestandteile werden im Gartenboden weiter abgebaut.

Neuerdings gibt es für die Kompostbereitung eine große Anzahl von Behältern, bei denen die Verrottung teilweise schneller abläuft als im freiliegenden Kompoststapel.

Gemüse ins Freiland aussäen Die folgenden Gemüsearten werden im April ausgesät: Rettich, Radies, Gelbe Rüben (Möhren), Spinat, Schwarzwurzeln, Zwiebeln (siehe *März*) und außerdem Dicke Bohnen und Erbsen.

Palerbsen kann man ein wenig früher säen als Markerbsen. Auf die Wuchshöhe der einzelnen Sorten ist zu achten. Verschiedene Sorten bis zu einer Wuchshöhe von 40 cm können ohne Klettervorrichtung angebaut werden, z. B. 'Gravita' und 'Winfrida'. Bei diesen Sorten können drei Reihen auf ein Beet gesät werden. Höher wachsende Sorten sät man in Doppelreihen im Abstand von 30–35 cm aus und zieht dazwischen Maschendraht. In der Reihe werden die Erbsen im Abstand von 4–5 cm ausgelegt.

Die meisten Gemüsearten keimen am besten bei einer Saattiefe von 2–3 cm, bei Erbsen ist die Standfestigkeit bei 5–6 cm günstiger.

Samenbänder flach auslegen Sehr vereinfacht wird die Arbeit des Aussäens, wenn man Samenbänder verwendet. Bei Möhren und Radies erspart man sich dadurch beispielsweise das Vereinzeln, da der Samen im richtigen Abstand im Band liegt. Die Anwendung ist denkbar einfach. Nachdem man eine Rille in den Boden gezogen hat, wird das Band in der gewünschten Länge ausgelegt. Danach deckt man es 1 cm hoch mit krümeliger Erde ab und hält es gleichmäßig feucht.

Verschiedene Gemüsearten, wie Kopfsalat, Eissalat, Möhren, Rettich, Radies, Feldsalat, Zwiebeln, aber auch vorgefertigte Mischkulturen, etwa Eissalat mit Rettich, werden im Handel angeboten.

Aussaaten für die Jungpflanzenzucht Auf einem gut vorbereiteten Freilandbeet oder einem Platz im Frühbeetkasten können in diesem Monat Sommer-, Eis- und Pflücksalat, Blumenkohl, Brokkoli, Kohlrabi, Rosenkohl und Spätkohl für die eigene Jungpflanzenzucht ausgesät werden. Am besten erfolgt die Aussaat in Reihen nicht zu dicht, so daß der Pflanzenabstand nach der Keimung ungefähr 3–5 cm beträgt. Meist sind nur geringe Saatgutmengen dafür erforderlich.

Gemüse ins Freiland pflanzen

Blumenkohl Jetzt kann man im Abstand von 50 × 50 cm Blumenkohl ins Freiland auspflanzen. Geeignete Sorten sind: 'Malinus' für sehr frühe Freilandauspflanzung und 'Neckarperle', eine bewährte Sommer- und Herbstsorte.

Brokkoli Sie werden auch Spargelkohl oder grüner Blumenkohl genannt und sind für den Anbau im eigenen Garten ideal geeignet. Man setzt die Pflanzen im Abstand von 40 × 40 cm. Die meist kräftig blaugrünen Blütenstände sitzen auf langen, fleischigen Stielen und entwickeln sich zu lockeren Köpfen. Die Triebe werden geschnitten, kurz bevor sich die Blüten öffnen. Nachdem man die Hauptdolde ausgeschnitten hat, erscheinen noch weitere Nebensprosse, die später geerntet werden. Empfehlenswerte Sorten sind: 'Sparko' für die Früh- und Spätkultur, 'Greenia' für die zeitige Frühjahrsaussaat und 'Atlantic' für die Aussaat von Februar bis Anfang Juni.

Grünspargel pflanzen Im Gegensatz zu Bleichspargel wächst Grünspargel frei über der Erde. Ein Erdwall ist also nicht erforderlich. Er wird, wenn er ungefähr 20 cm lang ist, unmittelbar über dem Erdboden abgeschnitten. Er schmeckt vorzüglich und ist im Gegensatz zum Bleichspargel grün. Die einjährigen Jungpflanzen müssen für die Pflanzung im April rechtzeitig bestellt werden. Der Grünspargel braucht einen warmen, sonnigen Platz und einen durchlässigen Boden.

Für die Pflanzung wird bei einem Reihenabstand von 1 m ein 25 cm tiefer Graben ausgehoben. Den Untergrund gräbt man dann spatentief um. Man kann den Boden mit Kompost, verrottetem Stallmist oder feuchtem Torf verbessern. Die Jungpflanzen werden im Abstand von 35 cm mit ausgebreiteten Wurzeln auf den Boden gelegt. Jetzt sollte man darauf achten, daß eine ungefähr 5 cm dicke Erdschicht aufgebracht wird. Erst nach dem Austrieb werden die Furchen mit Erde aufgefüllt. Mit der Ernte kann erst im dritten Jahr begonnen werden. Im ersten Erntejahr soll nur vier Wochen lang geerntet werden. In den folgenden Jahren kann man von April bis zum 24. Juni ernten. Im Spätherbst wird das abgestorbene Spargelkraut handbreit über dem Boden abgeschnitten. Die Kulturdauer beträgt insgesamt zehn bis fünfzehn Jahre.

Kartoffeln legen Wenn der Boden nicht zu naß ist, können in der zweiten Aprilwoche Frühkartoffeln gelegt werden. In einem Reihenabstand von 70 cm drückt man die Knollen flach in den Boden. Der Abstand in der Reihe beträgt 30 cm. Anschließend werden die Kartoffeln mit einer 10 cm dicken Erdschicht abgedeckt. Rasch wachsen junge Pflanzen heran, wenn man sie mit einer Folie abdeckt.

Kohlrabi Die Pflanzen werden im Abstand von 25 × 30 cm gesetzt. Geeignete Sorten sind: 'Primavera', weiß, und 'Blaro', blau.

Pflücksalat Diese Salatart bildet keine Köpfe. Bei der Ernte werden die unteren Blätter nach Bedarf abgepflückt. Das Herz bleibt stehen und liefert immer neue Salatblätter.

GRÜNSPARGEL PFLANZEN

Das Pflanzloch sollte so groß sein, daß die Wurzeln der Jungpflanzen fächerartig ausgebreitet werden können. Daraufhin werden sie mit einer 5 cm dicken Erdschicht abgedeckt. Erst nachdem der Spargel durchgetrieben hat, wird die Furche aufgefüllt

KARTOFFELN LEGEN

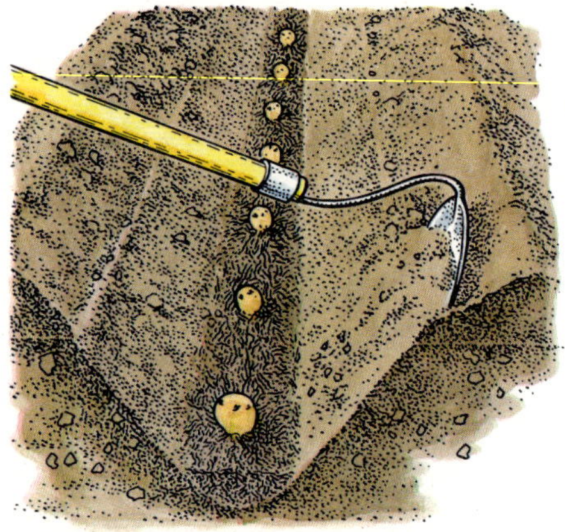

In den mit verrottetem Stallmist, Kompost oder Düngetorf angereicherten Boden werden die Kartoffeln so gelegt, daß die Keime nach oben zeigen. Anschließend deckt man sie mit einer ungefähr 10 cm dicken Erdschicht ab

Wenn man Pflücksalat Anfang April direkt ins Freiland sät und mit einer Folie abdeckt, kann bereits nach fünf bis sechs Wochen geerntet werden. Doch kann man Pflücksalat auch pflanzen. Der Pflanzabstand beträgt 30 × 25 cm. Empfehlenswert sind die Sorten: 'Amerikanischer Brauner', grünlichbraunrote Blätter; 'Australischer Gelber', gelblichgrüne Blätter; 'Ruby Red', rötlichbraune Blätter; 'Salli', gelblichgrüne Blätter.

Hat man einige Wochen lang geerntet, dann sollte man wieder aussäen, da sich die Pflanzen nach einiger Zeit erschöpfen. Durch den Anbau von verschiedenen Sorten wird ein besonders ansprechender, wohlschmeckender Salat erzielt. Nur wenige Pflanzen genügen bereits.

Küchenkräuter

Dill, Fenchel und Ysop werden in kleinen Mengen ausgesät; außerdem sät man nochmals Petersilie aus (siehe *März*). Das Saatbeet darf während der ersten drei Wochen nicht austrocknen. Weil die Kräuter sehr langsam keimen, nimmt man als Markiersaat Radies dazu. Solche Markiersaaten erleichtern die Unkrautbekämpfung und die Lockerung des Bodens. Bei Petersilie muß die Anbaufläche immer gewechselt werden. Da Majoran, Thymian und die Weinraute kälteempfindlich sind, sät man diese Kräuter ins Frühbeet aus.

Ältere Schnittlauchpflanzen nimmt man jetzt oder im Herbst aus dem Boden und teilt sie vorsichtig mit dem Spaten oder einem Messer. Dann setzt man die Teilstöcke im Abstand von 25 × 25 cm an einer anderen Stelle wieder in den Boden.

Ausgesät werden können in diesem Monat auch Bohnenkraut, Borretsch, Kerbel und Schnittlauch.

Bohnenkraut gedeiht gut in gewöhnlichem Boden. Nur in ungünstigen Lagen ist eine Vorkultur im Frühbeet erforderlich. Den Samen sät man im April oder Mai unmittelbar ins Gartenbeet. Der Reihenabstand beträgt 20 cm. Da Bohnenkraut ein Lichtkeimer ist, wird das Saatgut nur leicht bedeckt. Neben Hacken, Wässern und gelegentlichem Düngen sind keine weiteren Pflegemaßnahmen notwendig.

SCHNITTLAUCH TEILEN

Junge Teilstöcke werden im April oder Herbst von den Schnittlauchstöcken getrennt und einzeln im Abstand von 25–30 cm in nährstoffreichen Boden gepflanzt

Borretsch kann von April an (bis Juli sind Folgesaaten möglich) direkt ins Freiland gesät werden. Die relativ großen Samen dieses Dunkelkeimers werden gut mit Erde bedeckt. Der Reihenabstand beträgt 25 cm. In der Reihe wird ein Abstand von 20–25 cm eingehalten. Borretsch sät sich im Garten oft selbst aus und gedeiht auch im Halbschatten.

Von Kerbel (siehe *März*) sind Folgesaaten bis in den Sommer hinein möglich. Kerbel gedeiht auch im Halbschatten.

Dill sät man gelegentlich als Mischkultur mit Kopfsalat, Möhren oder Zwiebeln aus. Dill erträgt jedoch keine hohen Stickstoffgaben. Ausgesät wird von April an in flache Rillen. Der Reihenabstand beträgt 20–25 cm. Folgesaaten in vierwöchigem Abstand sind bis Juni möglich. Zu dicht stehende Pflanzen vereinzelt man. Den Dill sollte man nicht verpflanzen.

Die Bibernelle liebt eine sonnige, warme Lage. Vermehrt wird sie am einfachsten durch Teilung im Frühjahr. Die Teilstücke pflanzt man im Abstand von 30 cm aus. Ebenso kann man die Bibernelle ins Frühbeet aussäen. Der Reihenabstand beträgt 25 cm.

Sofern vom letzten Jahr teilbare Pflanzen zur Verfügung stehen, können weiterhin Estragon, Zitronenmelisse, Pfefferminze und Liebstöckel gepflanzt werden.

Salbei sät man im April ins Frühbeet. Die Jungpflanzen aus dem Frühbeet werden in einem Abstand von 30 × 30 cm gepflanzt. Im Frühjahr kann man Salbei auch durch die Teilung von Stöcken vermehren. Die Beete sollten ausreichend feucht und frei von Unkraut gehalten werden.

Rosmarin wird vorkultiviert. Man sät die Pflanze am besten in Töpfe oder Schalen. Die Keimdauer beträgt vier Wochen. Ausgepflanzt wird Rosmarin im Juni oder Juli im Abstand von 20 × 20 cm.

Mühelos lassen sich Gewürzkräuter aussäen, wenn man Saatbänder verwendet. Die Samenkörner liegen im richtigen Abstand im Band, so daß die Sämlinge nicht vereinzelt zu werden brauchen. Bei Folgeaussaaten können den ganzen Sommer über Gewürze geerntet werden.

VERMEHRUNG DURCH WURZELAUSLÄUFER

Kräuter, wie die Pfefferminze, die zahlreiche Wurzelausläufer bilden, vermehrt man am besten, indem man ungefähr 10 cm lange Wurzelausläufer durchtrennt. Im Frühjahr oder Herbst legt man die Ausläufer reihenweise im Abstand von 20 cm in der Reihe aus. Der Reihenabstand beträgt 30 cm. Am besten eignen sich junge, kräftige Wurzeln. Sie werden leicht mit Erde abgedeckt und gut feucht gehalten

Diese Methode ist besonders für die Aussaat von Gewürzkräutern in Balkonkästen zu empfehlen.

Neben diesen Saatbändern haben sich für die Kultur auf kleinen Flächen oder in Balkonkästen auch Samenteppiche bewährt. In die Samenteppiche, die ungefähr 50 × 75 cm groß sind, werden außer den Samen der verschiedenen Gewürzkräuter, die in Reihen angeordnet sind, auch organische Dünger mit eingearbeitet, die den Pflanzen einen guten Start ermöglichen.

Einjährige Kräuter mit kurzer Kulturzeit lassen sich auch im Zimmer halten, wenn sie hell stehen und genügend frische Luft bekommen. Dazu gehören Dill, Kerbel und Kresse.

Jungpflanzen von Basilikum können von April an angezogen werden. Basilikum ist eine sehr frostempfindliche Pflanze und wird deshalb erst nach den Eisheiligen ins Freie gepflanzt. Die Aussaat erfolgt am besten ins warme Frühbeet oder in Saatschalen, die man im Zimmer aufstellt. Vorkultivierte Jungpflanzen werden in den Frühbeetkasten pikiert.

Mai

Die Blüte der Obstbäume kann bis zu den Eisheiligen, also bis Mitte des Monats, durch Nachtfröste Schaden erleiden. Damit die Ernte nicht gefährdet wird, sollte man kleinere Obstbäume und Spalierobst vor Frösten schützen. Mitte Mai werden Sommerblumen ausgepflanzt; im Gemüsegarten sät man Bohnen und Gurken. Die Balkonkästen werden bepflanzt: mit Geranien, Fuchsien, Leberbalsam, Husarenknopf, Kaisernelke, Pantoffelblume. Man achtet darauf, daß die Farbtöne schön aufeinander abgestimmt sind.

Storchschnabel

△ Quitte

△ Kirschbaum

▽ Goldregen

Die Quitten tragen im Mai und Juni herrliche große, weiße Blüten, auf die im Herbst goldgelbe Früchte folgen. Aus ihnen kann man ein schmackhaftes Gelee oder eine gute Marmelade machen

So prächtig blühende Kirschbäume im Mai verheißen eine gute Ernte. Ob Süßkirschen oder Sauerkirschen – beide Arten gedeihen gut auf tiefgründigem, entwässertem Boden. Süßkirschenbäume wachsen sehr kräftig; deshalb sollte man sie in kleineren Gärten möglichst als Palmetten ziehen. Sie erreichen dann eine Breite von 4,5–6 m

Die langen, herabhängenden Trauben leuchtendgelber Blüten sind das auffälligste Merkmal des Goldregens. Die Früchte sind bei allen Arten giftig

Einen schönen buschigen Wuchs erzielt man bei der Bunten Margerite, *Chrysanthemum coccineum,* indem man die Triebe ein- bis zweimal im Jahr stutzt

▽ Bunte Margerite

△ Rhododendron

△ Scheinzypresse

▽ Maiglöckchen

Von Rhododendren gibt es die verschiedensten Arten und Sorten. Die immergrüne Art, *Rhododendron japonicum,* eignet sich auch für kleine Gärten. Nach der Blüte bricht man den Blütenstand mit den Fingern aus. Dadurch fördert man die Knospenbildung für das nächste Jahr

Chamaecyparis pisifera 'Filifera Aurea', eine Scheinzypressensorte, nimmt im Alter die Form eines breiten Kegels an. Hübsch sind ihre langen, fadenförmigen Zweige und die gelbgrüne Färbung

Die weißen duftenden Maiglöckchen wachsen am besten als Bodendecker unter Bäumen. Als Schnittblumen geben sie zarte Frühlingssträußchen ab

Die Federnelke zählt zu den niederen Nelkenarten und ist deshalb auch für Steingärten und Trockenmauern bestens geeignet. Steingartennelken brauchen viel Sonne und einen wasserdurchlässigen, trockenen Boden

▽ Federnelke

△ Erdbeeren

▽ Geißblatt

△ Weigelie

▽ Akelei

Die Blüten der Erdbeeren sind frostgefährdet, weil die Pflanzen so nah am Boden wachsen. Dies gilt besonders für Sorten, die über dem Laub blühen. Geschädigte Blüten haben einen schwarz verfärbten Blütenboden

Die Weigelie zählt zu den wertvollen Sommerblühern, die sich in jedem Garten gut machen. Es gibt viele Sorten; alle sind winterhart und nicht anfällig für Schädlinge oder Krankheiten

Die Gattung Geißblatt umfaßt Kletterpflanzen und Sträucher. Die abgebildete *Lonicera*-Hybride ist eine Kletterpflanze mit dunkelgrünen Blättern und orangegelben Blüten, mit denen man etwas trist wirkende Mauern schmükken kann

Die niedrigwachsenden Arten der Akelei geben gute Steingartenpflanzen ab, die hohen machen sich gut im Staudenbeet und sind auch als Schnittblumen sehr geeignet. Sonne oder Halbschatten sind die besten Standorte für Akeleien

△ Glyzine

△ Weißdorn

▽ Schwertlilie

▽ Mohn

Mit langen Blütentrauben bestickt die Glyzine, die man an Mauern und Pergolen emporwachsen lassen kann. Die Glyzine braucht genügend Platz und kann, je nach der Art, 9–10 m hoch werden

Der Weißdorn, ein laubabwerfender Großstrauch oder Kleinbaum, wächst gut an sonnigen Standorten. Die verschiedenen Arten können in jeden Boden gepflanzt werden. Die abgebildete Art, *Crataegus monogyna,* ist auch als Heckenpflanze geeignet. Aus ihren Blüten entwickeln sich rote Beeren

Die Schwertlilie oder *Iris* ist mit ihren unzähligen Arten eine bewährte Gartenpflanze. Niedrige bis mittelhohe Arten eignen sich für den Steingarten, die anderen verwendet man für Staudenbeete oder pflanzt sie in den Wassergarten

Mit ziegelroten, schalenförmigen Blüten schmückt sich der Staudenmohn, *Papaver orientale.* Hier die schöne Sorte 'Feuerriese'

Mai

Rasen

Ein Rasen wird neu angelegt Wenn man im Oktober den Rasen neu anlegen will, wird der Boden bereits jetzt vorbereitet. Ist der Boden zu feucht, dann wird er entwässert. Mit einer Grabgabel oder einer Motorfräse bearbeitet man die vorgesehene Fläche gründlich. Anschließend wird kräftig in mehreren Richtungen gerecht. Den Sommer über läßt man den vorbereiteten Boden brachliegen, beseitigt jedoch aufkommendes Unkraut.

Noch besser ist es, nach der Bodenbearbeitung eine Gründüngungssaat vorzunehmen. Die Pflanzen beschatten die Bodenoberfläche und sorgen so für ideale Verhältnisse. Außerdem können die Pflanzen im zeitigen Herbst in den Boden eingearbeitet werden und tragen dadurch zu einer Verbesserung der Humus- und Nährstoffversorgung bei.

Der angelegte Rasen Jetzt wird, falls man im Frühjahr noch keine Düngung ausgebracht hat, der Rasen mit Nährstoffen versorgt. Dazu eignen sich am besten Spezialrasendünger, vor allen Dingen Langzeitdünger. Es gibt in Fachgeschäften zahlreiche Mittel. Die Aufwandmenge richtet sich nach den Angaben des Herstellers. Rasenflächen, die bereits im März zum erstenmal gedüngt worden sind, können jetzt ein zweites Mal einen Volldünger erhalten. Es ist aber auch möglich, nur schwefelsaures Ammoniak in einer Aufwandmenge von 15 g/m^2, mit reichlich Sand vermischt, auszustreuen. Bei trockenem Wetter muß man besonders häufig bewässern.

Wichtig ist, daß regelmäßig gemäht wird. Man überprüft die Schneidmesser auf Schärfe und die richtige Einstellung. Die Schnitthöhe sollte mindestens 3–4 cm betragen.

Die Bekämpfung von Pilzkrankheiten Auftretende Pilzkrankheiten werden mit Fungiziden bekämpft. In bestimmten Gegenden kann die Hexenringkrankheit erhebliche Schäden anrichten. Schwingelarten sind für diese Krankheit, die besonders in stickstoffarmem Boden auftritt, anfälliger als andere Gräser. Typische Anzeichen des Befalls sind kreisrunde braune Flecke, die sich zu ausgeblichenen Stellen von 2,5 bis 5 m Durchmesser entwickeln. Bei ernsthaftem Befall gießt man zwischen Mai und Oktober systemische Fungizide. Zusätzlich wird Ammoniumsulfat mit 15 g auf 1 m^2 eingearbeitet.

Bei gutem Wachstumswetter geht man weiterhin gegen Unkraut vor (siehe *April*).

RASENKANTEN BESCHNEIDEN

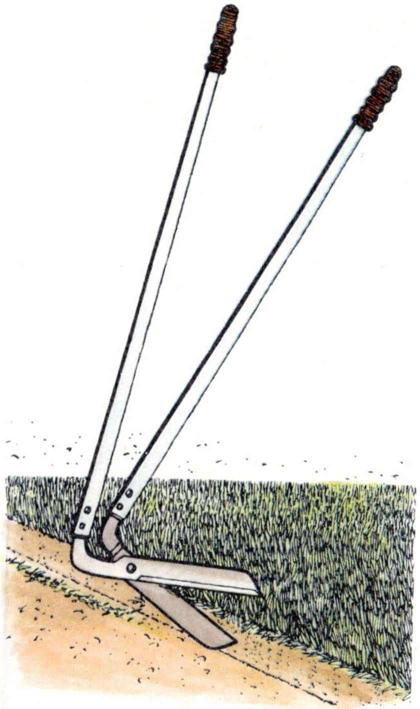

Nachdem man den Rasen geschnitten hat, sollte man die Ränder stets mit einem Rasenkantenschere bearbeiten

Bäume und Sträucher

In normalen Jahren ist die Pflanzsaison für Gehölze im Mai abgeschlossen. Aber in Jahren, in denen es sehr spät warm wird – also in einem kalten, nassen April –, kann in den ersten Maiwochen, sofern es kühl und bewölkt ist, durchaus noch gepflanzt werden. Das gleiche gilt für rauhe, kalte Gegenden. War der April schon sehr warm und trocken, dann ist es möglicherweise besser, mit dem Pflanzen zu warten, bis das Wetter kühl und der Himmel bedeckt ist. Gepflanzt wird dann auch in diesem Fall erst jetzt im Mai.

Pflanzen aus Containern können im Grunde genommen das ganze Jahr über eingepflanzt werden, außer wenn der Boden gefroren ist. Die biologisch günstigste Zeit ist jedoch entweder der frühe Herbst oder das Frühjahr zur Zeit des Austriebs. Pflanzt man im Winter, so muß man mit Ausfällen rechnen. In verstärktem Maße ist dies bei Sommerpflanzungen der Fall.

Pflege von Pflanzflächen In jungen Pflanzungen wird der Boden bei trockenem Wetter nochmals durchgehackt, um aufkommendes Unkraut – im wahrsten Sinne des Wortes – im Keim zu ersticken.

Im übrigen darf – vor allem in älteren Pflanzflächen – nicht dauernd gehackt werden; dadurch zerstört man viele flachwachsende Wurzeln. Man sollte möglichst natürliche Verhältnisse anstreben. Als Vorbild dienen der Wald und der Waldrand. Dort ist der Boden nicht offen, sondern ständig mit mehr oder weniger verrottetem Laub bedeckt. Dadurch entsteht eine Humusschicht, in der sich die Frühjahrsblüher vor dem Laubaustrieb wohl fühlen, ebenso auch die bodenbedeckenden, schattenliebenden Pflanzen. Störende Pflanzen, meist als Unkräuter bezeichnet, kommen gar nicht auf.

Die Bedeckung des Bodens mit organischem Material nennt man Mulchen. Dafür ist jetzt, wenn sich der Boden erwärmt hat, der richtige Zeitpunkt gekommen. Man trägt sowohl in älteren Pflanzbeständen als auch in jungen und neuen Pflanzungen Mulchmaterial auf.

Als Mulchmaterial eignen sich alle organischen Stoffe. Üblich sind feuchter Torf, halbverrottetes Laub, Rindenschrot und auch Strohhäcksel. Frischer Kompost ist weniger empfehlenswert, weil er in der Regel zu viele Unkrautsamen enthält. In älteren Pflanzungen, in denen sich durch das Mulchen schon eine lebendige, halbverrottete Humusschicht gebildet hat, kann auch das Mähgut vom Rasen als Mulch verwendet werden. Es darf nicht zu dick aufgetragen werden, da sonst das Gras fault. Die Dicke einer Mulchschicht sollte 3–5 cm betragen. An warmen Maitagen werden Neupflanzungen ausreichend mit Wasser versorgt.

Sofern nicht im April gedüngt wurde, kann dies jetzt geschehen.

Hecken

Bei Gehölzen wie bei Hecken ist es günstig, den Boden zwischen den Pflanzen im Wurzelbereich zu mulchen. Rindenschrot, Torf oder halbverrottetes Laub sind dafür geeignet. Man deckt damit den Boden 5 cm hoch ab.

Neupflanzungen müssen an warmen Maitagen gewässert werden.

Chemischer Heckenschnitt Bei ausgewachsenen Hecken kann in diesem Monat das Mittel Atrinal gespritzt werden. Die ältesten Blätter des Neuaustriebs sollten jedoch voll entwickelt sein. Das Mittel verhindert, daß die Triebe in die Höhe wachsen, und fördert eine starke Verzweigung.

Der Sommerschnitt kann durch den Einsatz dieses Mittels entfallen; nur im Herbst wird ein Reinigungsschnitt erforderlich. Die Angaben des Herstellers sind genau zu befolgen. Das Mittel wird mit den üblichen Spritzen ausgebracht. Eine Überdosierung ist unbedingt zu vermeiden.

Stauden

Es wird weiterhin zwischen den Pflanzen flach gehackt, um das Unkraut zu beseitigen, solange es noch klein ist. Hochwachsende Pflanzen, die durch Regen und Wind vor der Blütezeit Schaden nehmen können, werden abgestützt (siehe *April*).

Schwachwüchsige Pflanzen oder solche, die von Natur aus nicht aufrecht wachsen, stützt man nicht ab. Solche Stauden sehen attraktiver aus, wenn man sie in Ruhe läßt.

Um das Wachstum von Pflanzen, die leicht in die Höhe schießen, einzudämmen und um die Pflanzen dazu anzuregen, daß sie sich kräftig verzweigen, kürzt man die Triebe ein. Der Fachmann spricht von Stutzen. Pflanzen, die auf eine solche Behandlung günstig reagieren, sind langstengelige Arten, die ihre Blüten im oberen Bereich der Triebe ausbilden. Dazu zählen z. B. Sonnenblumen, hochwachsende Sonnenhüte, Goldruten, Flammenblumen, Astern und Margeriten.

Das Stutzen der Triebe Wenn die Pflanze etwa ein Viertel ihrer endgültigen Höhe erreicht hat und es außerdem mindestens noch einen Monat dauert, bis die Blütezeit beginnt, werden die Haupttriebe eingekürzt. Hierdurch bleibt die Pflanze ungefähr ein Viertel kleiner. Obgleich hierdurch die Blütezeit um eine oder zwei Wochen hinausgezögert wird und in kälteren Gegenden verhältnismäßig spät beginnt, sollte auf dieses Stutzen nicht verzichtet werden. Dadurch erzielt man kompaktere, schönere Pflanzen. Falls die Pflanzen jedoch älter als drei Jahre sind und eine Menge Triebe entwickeln, ist es manchmal besser, wenn man einige davon ausschneidet, so daß sich die verbliebenen Triebe kräftiger entwickeln.

Mitteltriebe entfernen Gleichzeitig mit dem Stutzen der Triebe oder vorzugsweise sogar etwas früher werden zu dicht stehende Triebe ausgedünnt. Man entfernt jeweils die schwächsten Triebe und konzentriert sich auf die innen liegenden Triebe. Wenn die Triebe sehr dicht stehen, entfernt man etwa die Hälfte und

HOCHWACHSENDE PFLANZEN STUTZEN

Um einen buschigeren, verzweigteren Wuchs zu erzielen, werden die Spitzen einer Vielzahl von Stauden gestutzt

ALTE PFLANZEN AUSDÜNNEN

Mit einem scharfen Messer werden unerwünschte Triebe an der Innenseite alter Pflanzen entfernt. Die Triebe schneidet man möglichst dicht am Boden zurück

FRISCH GESETZTE PFLANZEN BEWÄSSERN

Bewässert man frisch gesetzte Pflanzen, kann ein Gießrand durch wallartiges Anhäufeln von Erde geschaffen werden; dann gießt man die Pflanzen an

schneidet sie möglichst nahe am Boden ab. Dadurch können sich die verbliebenen Triebe kräftiger entwickeln, da ihnen mehr Nährstoffe aus dem Wurzelbereich zugeführt werden und sie gleichzeitig mehr Platz zur Entfaltung haben.

Junge Pflanzen bewässern Wenn das Wetter trocken ist und nur wenige neue Arten zwischen die bereits vorhandenen Pflanzen eingesetzt worden sind, bewässert man bei Bedarf jede neue Staude einzeln mit dem Gießrohr oder einem schwachen Wasserstrahl aus dem Schlauch. Wer sich die Mühe machen will, kann um die frisch gepflanzten Stauden den Boden wallartig erhöhen, so daß das Wasser nicht abfließen kann. Zu einem späteren Zeitpunkt wird die Erde dann wieder eingeebnet. Meist lohnt sich dieser Aufwand jedoch nicht, und es wird ganz normal gegossen. Schon nach kurzer Zeit haben die neuen Stauden Wurzeln gefaßt und können wie die älteren weiterbehandelt werden.

Wenn ein neubepflanztes Beet zu trocken ist, besprüht man es mit einem Schlauchgießgerät oder mit einer Gießkanne mit Brausekopf. Wichtig ist, daß das Wasser als feiner Sprühregen austritt und nicht in großen Tropfen, die die Oberfläche zu sehr verschlämmen. Wenn die Feuchtigkeit nicht tief genug in den Wurzelbereich eingedrungen ist, bewässert man ein zweites oder drittes Mal. Sobald der Boden etwas abtrocknet, wird mit einem Rechen oder Krail die Oberfläche bearbeitet, um zu erreichen, daß sie wieder krümelig wird und der Sauerstoff in den Boden eindringen kann. Eine trockene, dichte Kruste auf der Bodenoberfläche ist stets schädlich.

Man notiert alle Pflanzen, die vorteilhafter anderswo in der Rabatte eingepflanzt werden sollten, sobald die Zeit für Neupflanzungen gekommen ist.

Ein- und zweijährige Pflanzen

Um diese Zeit kann man immer noch einjährige Sommerblumen aussäen (siehe Pflanzenbeschreibungen im *März*).

Mit dem Auspflanzen von Sommerblumen kann man beginnen, sobald kein Frost mehr zu befürchten ist. Am besten wartet man jedoch

VERPFLANZEN

1

2

Zwar kann man die Pflanzen einzeln aus den Saatkisten nehmen, doch lassen sie sich leichter teilen, wenn man den ganzen Inhalt auf einmal herausnimmt. Man hält die Kiste angewinkelt, stößt sie mit der Kante auf dem Boden auf (1) und schüttelt dann den Inhalt vorsichtig heraus (2)

3

4

Wer sich nicht zutraut, die Pflanzen so, wie oben gezeigt, herauszunehmen, entfernt am besten eine Seite des Kastens und läßt den Inhalt hinausgleiten (3). Man trennt die Pflanzen mit den Händen oder schneidet sie mit einem Handspaten (4) oder einem Messer auseinander. Dabei sollte ein möglichst großer Erd- bzw. Wurzelballen erhalten bleiben. Sofort einpflanzen, damit die Wurzeln nicht vertrocknen!

PFLANZEN AUSLEGEN UND SETZEN

Ist die Rabatte in regelmäßige Felder eingeteilt, markiert man mit einem Brett die Pflanzstellen. Die Pflanzen werden entweder in die Ecke oder in die Mitte gesetzt

Bei weniger regelmäßigen Mustern bezeichnet man die Pflanzstellen mit einem Stab. Dazu stellt man sich am besten auf ein Brett oder auf den Rasen

Die Pflanzen werden hübsch angeordnet. Dann prüft man, ob sich ein harmonisches Bild ergibt. Für den Wurzelballen werden Löcher gegraben und die Pflanzen eingesetzt

Mit einem Schlauch oder einer Gießkanne ohne Brause werden die Pflanzen angegossen. Das Wasser läßt man in den Boden eindringen

Wenn das Wasser eingesickert ist, werden die verbleibenden Rillen um die Pflanzen herum eingeebnet. Danach streicht man die Erdoberfläche glatt

damit bis nach den Eisheiligen, Mitte Mai. In sehr rauhen Gebieten ist mit Nachtfrösten sogar bis Anfang Juni zu rechnen. Zu diesem Zeitpunkt kann manchmal noch die sogenannte Schafskälte empfindliche Pflanzen schädigen. Deshalb pflanzt man dort diese Arten und Sorten erst in den ersten Junitagen aus. Früher kann gepflanzt werden, wenn Schutzmöglichkeiten vorhanden sind.

Auspflanzen Die abgehärteten Setzlinge wässert man einen Tag vor dem Pflanzen. Sie werden mit einem möglichst großen Wurzelballen aus der Kiste genommen. Man stößt diese an einer Kante auf und lockert dadurch die Wurzelballen. Dann schneidet man die einzelnen Pflanzen mit einem Messer entzwei oder zieht sie mit den Händen auseinander.

Pflanzen gruppieren Am besten pflanzt man immer in einzelnen Gruppen. Man legt die Pflanzen an ihren künftigen Standort, tritt zurück und prüft, ob die Anordnung geglückt ist. Wenn das der Fall ist, werden mit einem Handspaten ausreichend tiefe Gruben ausgehoben und die Pflanzen gesetzt. Um die Pflanzen herum gießt man gründlich mit einer Kanne ohne Brause. Dadurch wird sichergestellt, daß die Pflanzen viel Feuchtigkeit erhalten und die Erde gut zwischen die Wurzeln gespült wird. So erhalten sie den sogenannten Bodenschluß.

Satzweise vorgehen Muß eine größere Freilandfläche mit Sommerblumen bepflanzt werden, empfiehlt sich ein satzweises Vorgehen. Auf einer bestimmten Fläche wird, wie oben beschrieben, ausgepflanzt und gewässert. Anschließend nimmt man sich die zweite Gruppe vor. Auf diese Weise wird vermieden, daß die Pflanzen zu lange an der Erdoberfläche liegen und durch zu spätes Wässern nach dem Pflanzen Schaden erleiden. Das endgültige Einebnen der Fläche kann am Schluß erfolgen oder nachdem mehrere Sätze gepflanzt wurden. Wenn man so vorgeht, kann man selbst an heißen Frühsommertagen vermeiden, daß empfindliche Setzlinge Schaden nehmen. Außerdem muß aber bei anhaltend trockenem Wetter die ganze Fläche mit einem Regner durchdringend gewässert werden, damit die Pflanzen gut anwachsen. Wird nämlich nur leicht beregnet, kann das Wasser nicht bis zu den Wurzeln vordringen. Dadurch werden die Wurzeln und die Pflanzen geschädigt.

Zweijährige Pflanzen säen In diesem und im nächsten Monat werden die zweijährigen Sommerblumen gesät. Die Samen werden in Reihen in ein Saatbeet ausgesät. Fruchtbare, unkrautfreie Erde ist erforderlich. Zwischen den Saatreihen hält man einen Abstand von mindestens 15 cm ein.

Man kann auch in Töpfe, Saatschalen oder Kisten ins Gewächshaus säen. Die Sämlinge werden in Saatkisten pikiert, ehe sie nach geraumer Zeit auf ein Anzuchtbeet versetzt werden (siehe *Juni*).

Bei diesem Verfahren kann man die Pflanzen während des Keimens und im Jugendstadium besser beobachten, und außerdem sind sie nicht kaltem und nassem Wetter ausgesetzt. Auch wachsen sie schneller heran. Dies bedeutet, daß der Aussaattermin um einige Wochen hinausgeschoben werden kann.

Goldlack und Bartnelken lassen sich, besonders wenn sie als Schnittblumen kultiviert werden, direkt ins Standbeet aussäen. Da das Wachstum der Sämlinge durch das Umpflanzen nicht unterbrochen wird, kann man mit der Aussaat bis Ende Juni warten.

Unter Glas

Kisten mit kräftig entwickelten frostempfindlichen einjährigen Pflanzen gibt man in einen kalten Kasten. Zunächst wird der Kasten geschlossen gehalten, doch schon nach wenigen Tagen härtet man die Pflanzen ab, indem man die Fenster lüftet. Allmählich wird die Abdeckung ganz entfernt. Abgedeckt wird dann nur noch, wenn Fröste vorhergesagt werden.

Sollten die Setzlinge gelbe Blätter bekommen, dann ist dies häufig ein Zeichen dafür, daß zuwenig Nährstoffe vorhanden sind. Man versorgt dann die Pflanzen mit einem Flüssigdünger (siehe *April*).

Zwiebel- und Knollengewächse

Verwelkte Blüten an Tulpen, Narzissen und Hyazinthen schneidet man sofort nach dem Abblühen ab.

Die Zeit der Tulpen und Narzissen ist nun vorbei, und so kann es sich als notwendig erweisen, sie aus den Beeten oder Rabatten herauszunehmen, um Platz für die Sommerblumen zu schaffen. Die Zwiebeln werden an einer geschützten Stelle des Gartens eingeschlagen, damit sie allmählich einziehen können. Dafür hebt man zunächst einen kleinen, ungefähr 30 cm tiefen Graben aus. Dann wird ein Drahtnetz der Länge nach auf dem Boden ausgelegt und die Zwiebeln so daraufgesetzt, daß zwischen Netz und Zwiebelspitze ein Winkel von 20° entsteht. Man füllt den Graben so weit mit Erde auf, daß die untere Hälfte der Stiele bedeckt ist. Anfang Juli werden die oberirdischen Pflanzenteile völlig abgetrocknet und verwelkt sein. Zu diesem Zeitpunkt ergreift man beide Enden des Drahtnetzes und zieht einmal stark daran. So werden sämtliche Zwiebeln auf einmal freigelegt. Günstig ist es, wenn einem bei dieser Arbeit jemand hilft.

Säubern und aufbewahren Man säubert die Zwiebeln, legt sie in flache Kisten und bringt sie in einen kühlen, luftigen Schuppen, bis sie im September oder Oktober wieder ausgelegt werden. Kranke Tulpenzwiebeln werden verbrannt. Auf den Komposthaufen darf man sie nicht werfen, da die Krankheit leicht auf noch gesunde Pflanzen übertragen werden könnte.

Man jätet weiterhin das Unkraut auf Beeten, die mit Zwiebelgewächsen bepflanzt sind. Ist das Wetter trocken, dann wässert man sie, noch ehe das Laub anfängt zu vergilben.

In milden Gebieten legt man *Crinum*-Zwiebeln 15–20 cm tief in eine nach Süden gelegene Rabatte. Man kann sie auch in Kübel legen, die im Herbst in kühlen Gegenden an geschützte Stellen gebracht werden können (siehe *Oktober*).

Rosen

Rosenschädlinge müssen, wenn sich dies als notwendig erweist, bekämpft werden. Wenn Blattläuse an Rosen auftreten, kann man sie mit Brennesselbrühe bekämpfen. Hilfreich ist außerdem Spritzen mit Etrimfos, Pirimicarb oder Unden.

Zusammengerollte Blätter enthalten entweder die kleinen grünen Raupen des Wicklerfalters oder die Larven der Rosenblattrollwespe. Die Blätter werden abgepflückt und zertreten. Sternrußtau und Rost kann man mit Triforin und anderen Mitteln bekämpfen. Auch gegen Rosenmehltau wirkt Triforin.

Unter Glas

An sonnigen Tagen bespritzt man den Weg zwischen den Beeten oder Gewächshausstellagen mit Wasser und sorgt für eine gute Lüftung. Topfrosen düngt man nicht mehr, sobald die Blütenknospen Farbe zeigen. Nach der Blüte werden die Töpfe ins Freie gebracht und an einem sonnigen, geschützten Standort auf eine gut dränierte Unterlage gestellt. Die Töpfe können auch ein wenig in sandige Erde eingesenkt werden, damit sie der Erde immer etwas Feuchtigkeit entnehmen können. Bei Trockenheit gießt man weiterhin.

Chrysanthemen

Im Mai setzt man die Freilandsorten in die Beete. Falls die Witterung es erlaubt, wird bereits in der ersten Maiwoche gepflanzt.

Man harkt das im März oder April vorbereitete Beet und setzt die Pflanzen etwa gleich tief in den Boden, wie sie im Topf gestanden haben. Durch zu tiefes Pflanzen wird das Wachstum gelegentlich gehemmt. Pflanzt man die Chrysanthemen nur etwas tiefer, schadet das nicht. Die Pflanzen andrücken, damit sie aufrecht stehen, aber nicht so fest, daß die Wurzeln verletzt werden.

Chrysanthemen stützen Wer Schnittblumen ziehen will, benutzt dazu am besten ein Drahtgitter mit 20 cm großen Quadraten. Es wird flach auf den Boden gelegt und an den Ecken an stabilen Pfosten befestigt. Dann setzt man in jedes oder jedes zweite Quadrat eine Pflanze. Wenn die Pflanzen größer werden, hebt man das Gitter an.

Solche Gitter gibt es auf großen Rollen unter der Bezeichnung *Chrysia*-Netze im gärtnerischen Fachhandel. Da aber ein Hobbygärtner nur ein kleines Stück braucht, spannt man für ein Gartenbeet Längsdrähte, die an Pfosten festgemacht werden, und die Drähte verbindet man mit Schnüren quer zum Beet. Vielleicht ist es auch möglich, einige Meter *Chrysia*-Netz von einem Nelken- oder Chrysanthemengärtner zu einem geringen Preis zu erhalten. Solche Netze können immer wieder verwendet werden. Chrysanthemen, die als Gartenschmuck vorgesehen sind, werden ins Freie gepflanzt. Dies gilt auch für die winterharten Sorten, die sogenannten *C.-Koreanum*-Hybriden. Der gegenseitige Abstand beträgt ungefähr 30–45 cm. Zum Anbinden der ausgesprochenen Freilandsorten verwendet man Rohr- oder Tonkinstäbe oder andere Stützstäbe aus Holz, die man dicht neben den Pflanzen in den Boden steckt und an die man die Triebe dann locker anbindet. Bast oder weiche Schnur vorsichtig erst um die Pflanze, dann um den Stab winden und dort verknoten. Damit die Schlaufe gelockert werden kann, wenn die Pflanze buschiger wird, läßt man die langen Enden von der Schnur oder dem Bast hinabhängen. Man kann aber auch sogenannte Chrysanthemenringe, also kleine Drahtringe, verwenden, mit denen das Anbinden verhältnismäßig schnell vor sich geht. Die Pflanzen werden sorgfältig gewässert. Dann gießt man mehrere Tage lang nicht, besprüht die Pflanzen aber ein wenig mit Wasser, weil Sonne und Wind die Erde austrocknen.

Um die Pflanzen herum wird Schneckenkorn ausgestreut und – falls notwendig – erneuert, bis sie sich gut eingewöhnt haben und die Stengel hart geworden sind. Die Pflanzen können, je nachdem, wie sie sich entwickelt haben, ab Mitte des Monats gestutzt werden (siehe *Juni*).

Mutterpflanzen entfernen Haben die Mutterpflanzen von frühblühenden Sorten ausgedient, werden sie im allgemeinen nicht mehr weiterkultiviert. Durch den Stecklingsschnitt sind sie sehr geschwächt und werden deshalb vom Überwinterungsbeet genommen und auf den Kompost geworfen. Sollten diese Mutterpflanzen jedoch noch einmal kräftig durchtreiben, kann man sie weiterkultivieren. In diesem Fall nimmt man sie wieder aus der Erde und pflanzt sie auf ein Freilandbeet. Sie entwickeln sich wie Jungpflanzen und bringen bis zum Herbst noch einmal Blüten hervor.

Unter Glas

Jetzt werden Topfchrysanthemen in ihre endgültigen Töpfe (Durchmesser: 12–15 cm) gesetzt. Man sorgt für guten Wasserabzug, indem man in jeden Topf eine Schicht Tonscherben legt.

Das letzte Umtopfen Werden die Pflanzen in den Endtopf gesetzt, nimmt man eine handelsübliche Einheits- oder Blumenerde. Man kann aber auch eine gute Kulturerde aus eigener Komposterde herstellen. Dazu nimmt man zwei Teile Komposterde und einen Teil Torf. Bei Bedarf mengt man etwas organisch-mineralischen Volldünger unter. Ein Drittel des Topfs wird locker mit Erde gefüllt. Man nimmt die Pflanze

SCHNITTBLUMEN STÜTZEN

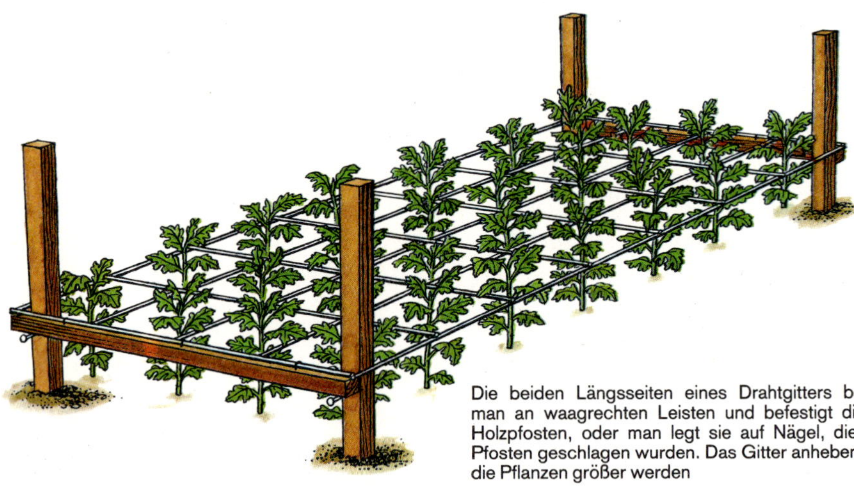

Die beiden Längsseiten eines Drahtgitters befestigt man an waagrechten Leisten und befestigt diese an Holzpfosten, oder man legt sie auf Nägel, die in die Pfosten geschlagen wurden. Das Gitter anheben, wenn die Pflanzen größer werden

BEETCHRYSANTHEMEN PFLANZEN UND STÜTZEN

Neben jeder Pflanzstelle steckt man einen 1 m langen Stab in den Boden und setzt die Chrysanthemen so tief ein, wie sie im Topf saßen

Die Pflanzen werden mit einem Handspaten angedrückt, und um sie herum wird eine flache Mulde gegraben, die das Gießen erleichtert

Pflanzen locker an die Stäbe binden. Bast oder weiche Gartenschnur um die Stengel winden und am Stützstab verknoten

mit dem Erdballen aus dem alten Topf. Dabei hält man diesen so, daß der Stengel zwischen Zeige- und Mittelfinger liegt. Dann wird die Pflanze aufrecht in den größeren Topf gesetzt, so daß zwischen Erdballen und Topfrand noch ein Abstand von mindestens 2–3 cm bleibt. Man füllt um den Ballen herum frische Erde auf und drückt sie zwischendurch leicht an. Der Topf wird nicht ganz mit Erde gefüllt; ein Gießrand von 5 bis 10 mm sollte verbleiben. Nun wird jeder Topf gründlich angegossen, anschließend aber nur bei sehr heißem Wetter bei Bedarf gewässert. Sonst gießt man sieben bis zehn Tage lang nicht. Wenn es gut warm ist, muß jedoch mittags mit Wasser gesprüht werden.

Stützstäbe einsetzen Gleich nach dem Eintopfen kann man in gleichmäßigen Abständen drei ungefähr 1 m lange Stützstäbe in den Topf stekken. An einem wird der Haupttrieb der Pflanze locker angebunden.

Nach weiteren sieben bis zehn Tagen stellt man die Töpfe in Abständen von 20 bis 30 cm an ihren Standort ins Freie. In rauhen Lagen wartet man damit bis Juni. Man muß darauf achten, daß dabei nicht die Seitentriebe, die sich nach dem Stutzen entwickelt haben, beschädigt werden.

CHRYSANTHEMEN UMTOPFEN UND STÜTZEN

Oben: Zum Umtopfen nimmt man die Pflanzen aus den Töpfen. Man faßt den Erdballen so an, daß der Stengel zwischen den Fingern sitzt. Den Topf umdrehen und vorsichtig gegen eine feste Unterlage klopfen.
Rechts: Der Haupttrieb wird locker an einen der Stützstäbe gebunden

Die Mutterpflanzen der spätblühenden Sorten werden weiterhin normal gepflegt, damit noch im Juni Stecklinge, die an Weihnachten zur Blüte kommen, geschnitten werden können.

Dahlien

Junge Dahlien, bewurzelte Stecklinge und auch gekaufte Pflanzen werden ausgepflanzt, wenn keine Frostgefahr mehr besteht. Dies ist im allgemeinen nach den Eisheiligen vom 15. Mai an der Fall. Junge Dahlienpflanzen sind etwa 20–25 cm hoch, wenn man sie in der Gärtnerei kauft.

Der Pflanz- und der Reihenabstand betragen bei Dahlien 60–90 cm. Mit dem Spaten wird ein Pflanzloch ausgehoben, das den Erdballen, bzw. die Knollen, bequem aufnehmen kann. Man füllt zwei oder drei Handvoll feuchten Torf oder torfhaltige Komposterde um den Erdballen herum ein und läßt rund um die Pflanze eine flache Mulde, in der sich Regenwasser sammeln kann. Bei Trockenheit gießt man mit einer Kanne oder einem Gartenschlauch Wasser in die Vertiefung.

Dahlien stützen Alle Dahlien, ausgenommen Beetsorten, die nur 60–75 cm hoch und jedes Jahr neu aus Samen gezogen werden, muß man stützen, da die bis 90 cm hohen Stengel meist zu schwach sind, um die schweren Blütenköpfe zu tragen. Für jede Pflanze wird ein ungefähr 1,5 m langer Stab 30 cm tief in den Boden getrieben. Diese Arbeit führt man vor dem Pflanzen der jungen Dahlien aus, die später mit weicher grüner Schnur oder Bast locker an die Stäbe gebunden werden.

An den Enden der Stäbe werden mit einem kunststoffummantelten Draht Etiketten mit den Sortennamen so befestigt, daß sie während der ganzen Wachstumsperiode sichtbar sind. Ist mit Nachtfrösten zu rechnen, werden die jungen Pflanzen mit Zeitungspapier geschützt, das man am Morgen wieder entfernt.

Unter Glas

Wer im kalten Frühbeet Töpfe mit bewurzelten Stecklingen stehen hat, muß sie gut gießen und einmal wöchentlich mit einem Flüssigdünger düngen. Die jungen Pflanzen sucht man regelmäßig nach Blattläusen ab. Bei Befall wird mit Rainfarn-, Brennessel-, Schmierseifenbrühe oder mit Propoxur gespritzt.

Bei steigenden Temperaturen wird im Mai das Frühbeetfenster jeden Tag etwas länger geöffnet und, wenn schließlich keine Frostgefahr mehr besteht, über Nacht offen gelassen. Bevor man die jungen Dahlien auspflanzt, öffnet man das Fenster mehrere Nächte lang, um die Pflanzen abzuhärten.

Gladiolen

Die Beete werden regelmäßig gehackt, damit kein Unkraut aufkommt und die Bodenfeuchtigkeit erhalten bleibt. Man achte darauf, daß die Stiele nicht beschädigt werden. Bei längerer Trockenheit wässert man die Pflanzen gründlich.

Iris

Jetzt ist die Blütezeit der mittelhohen Bartiris; später folgen die hochwüchsigen Arten.

Von den Zwergiris entfernt man abgestorbene Blütenstiele und die welken Blüten der mittelhohen Pflanzen. Ist das Wetter trocken, sollte man die Pflanzen ab und zu gießen, damit sie gut gedeihen.

Für die Pflanzung im Juli oder August bestellt man jetzt Bartirissorten.

Bei Bedarf stellt man nochmals Schneckenfallen auf, oder man legt Schneckenkorn aus.

Frühblühende Bartiris können für Sträuße geschnitten werden.

Die Blätter der Bartiris werden auf Anzeichen der Irisblattfleckenkrankheit überprüft (siehe *April*).

Bei Trockenheit müssen die im Sommer blühenden Holländischen Iris gegossen werden.

Lilien

Lilienzwiebeln, die man vorübergehend eingetopft hat, werden ausgepflanzt (siehe *März*). Bei feuchter, milder Witterung auf Schädlinge achten.

Fusariumwelke Auf Anzeichen von Basalfäule oder Fusariumwelke ist zu achten. Sie befällt das flache Gewebe zwischen den Schuppen und den Wurzeln, die sogenannte Basalplatte der Lilie. Sobald diese Krankheit einmal eingedrungen ist, vernichtet sie die ganze Pflanze. Man kann die Lilie jedoch retten, wenn man das befallene Gewebe herausschneidet, die Wunde mit einem Fungizid bestäubt und die Zwiebel in einen Topf pflanzt.

BASALPLATTE EINER LILIENZWIEBEL

Auf der Basalplatte zwischen den Schuppen und Wurzeln der Lilie kann die Basalfäule auftreten. Das befallene Gewebe wird herausgeschnitten

Ratsam ist es, die anderen Zwiebeln aus dem befallenen Beet auszugraben, zu versetzen und in dem alten Beet vier Jahre lang keine Lilien mehr zu pflanzen. Bei solchen Zwiebeln, die nicht besonders viel gekostet haben, kann man das Risiko eingehen, sie so lange im Beet zu lassen, wie sie gesund erscheinen.

Unter Glas

Bei Bedarf bekämpft man Blattläuse mit Brennnessel-, Rainfarnbrühe oder einem Insektizid. Die Töpfe, in denen die Lilien gezogen werden, versorgt man regelmäßig mit Wasser. Vorgetriebene, abgeblühte Lilien pflanzt man in den Garten. Die normalen, eingetopften Lilien bleiben jedoch in den Töpfen. Dort kann man sie zwei oder drei Jahre lang wachsen lassen. Wenn das Blattwerk abstirbt, entfernt man die Erde bis zu den Zwiebelspitzen und füllt mit frischer Erde auf.

Nelken

Einjährige Nelken werden in die Beete gepflanzt. Zuvor muß man sich überlegen, ob man sie als Schnittblumen oder als Beet- oder Gruppenpflanzen verwenden will. Erstere werden auf Beete gepflanzt (siehe *März*), letztere zusammen mit anderen Sommerblumen in Rabatten, Beete usw. Im zweiten Fall verwendet man vor allen Dingen kompakte und niederwachsende Beetnelkensorten. Sie werden im Abstand von etwa 20 × 20 cm in Tuffs ausgepflanzt. Besonders hübsch wirken sie im Vordergrund von Beeten, wo sie später ganze Gruppen bilden können. Höher wachsende Arten müssen in den Hintergrund gepflanzt werden.

Auf Schädlinge und Krankheiten achten.

Unter Glas

Dauerblühende Edelnelken werden weiter von 8- in 10- und dann in 15-cm-Töpfe verpflanzt. Das Glas muß an heißen Tagen schattiert werden. Bei warmem Wetter bespritzt man den Boden und die Stellagen mit Wasser. Sofern sich bei den ersten Pflanzen bereits Blütenknospen bilden, können die Triebe mit einem Bambusstab hochgebunden und mit sogenannten Nelkenringen befestigt werden.

Junge Pflanzen weiterhin ein zweites Mal stutzen, damit sie im Herbst Blüten entwickeln.

Zwei Jahre alte Nelken pflanzt man in 20-cm-Töpfe. Drei Jahre alte Pflanzen werden in ein geschützt liegendes Beet ins Freiland gesetzt, wo sie im Sommer blühen.

Auf Schädlinge achten und, falls nötig, Gegenmaßnahmen ergreifen.

Blumen schneiden und Nebenknospen entfernen.

Wer bisher seine Edelnelken noch nicht vermehrt hat, sollte dies in den nächsten Wochen tun. Stecklinge wurzeln in den Sommermonaten besser als im Spätwinter und Frühjahr.

NELKEN STÜTZEN

Nelken, die oft auch in Töpfen gezogen werden, stützt man mit 90 cm langen Bambusstäben. Mit Ringen werden sie befestigt

Wicken

Man hackt den Boden um die Pflanzen herum regelmäßig, um Unkraut zu vernichten und die Bodenfeuchtigkeit zu erhalten. Hacken gehört während der Wachstumsperiode zu den Routinearbeiten, gleichgültig, ob die Pflanzen buschig wachsen oder an Spalieren gezogen werden. Bei anhaltender Trockenheit muß, vor allem bei leichten Böden, alles Unkraut entfernt, gründlich gegossen und um die Spalierpflanzen herum eine Mulchdecke aus Torf oder gut verrottetem Mist ausgebracht werden. So stehen die Wurzeln kühl, die Bodenfeuchtigkeit bleibt erhalten, und das Unkraut kann dann nicht hochwachsen.

Spalierwicken werden, während sie wachsen, immer wieder mit Bast oder Drahtringen an den Stützstäben befestigt.

Steingartenpflanzen

In diesem Monat blüht es im Steingarten besonders prächtig, jedoch wachsen auch die Unkräuter reichlich. Diese können leicht unter Kontrolle gebracht werden, wenn man bei trockenem Wetter hackt. Ratsamer ist es jedoch, größere Unkräuter, wie z. B. Kreuzkraut und Löwenzahn, auf die man zuvor nicht geachtet hat und bei denen sich bald schon wieder Samen bilden, zu entfernen.

Selbstausgesäte Pflanzen von Blaukissen und Moossteinbrech können sich ebenfalls als äußerst störend erweisen. Schneidet man diese Pflanzen nach der Blüte, dann verhindert man

STEINGARTENPFLANZEN SCHNEIDEN

Nach der Blüte werden Pflanzen, wie Blaukissen, beschnitten, um den jungen Durchtrieb zu fördern. Dazu kann man eine gewöhnliche Schere oder eine Gartenschere verwenden

ANREGUNG DES WACHSTUMS

Pflanzen, wie Fetthenne und Steinbrech, gedeihen besser, wenn feine Erde mit untergemischtem Dünger zwischen die Rosetten gestreut wird

nicht nur die Selbstaussaat, sondern verlängert auch die Blütezeit von Blaukissen und fördert das Wachstum des Moossteinbrechs. Falls Fetthenne und Steinbrech zu stark wachsen, streut man eine Mischung aus feiner Erde, Sand, Torf und Dünger zwischen ihre grünen Rosetten. Bei feuchtem Wetter nimmt man die Pflanzen heraus, gräbt den Boden leicht um und arbeitet Dünger ein. Danach setzt man die Pflanzen etwas tiefer als zuvor wieder ein. Wenn die zuvor erwähnte Erdmischung aufgestreut wird, die übrigens auch für andere rasenbildende Pflanzen nützlich ist, achtet man darauf, daß sie gleichmäßig zwischen und unter den Pflanzen verteilt wird.

Wasserpflanzen

In diesem Monat pflanzt man die verschiedensten Gattungen und Arten von Wasserpflanzen. Es können auch sämtliche im Monat *April* beschriebenen Arbeiten jetzt noch ausgeführt werden. Häufig sind Schwimmpflanzen ohnehin nicht vor Mitte April erhältlich, und einige, wie die Wasserhyazinthe und die Wassernuß, sollte man sogar erst Anfang Juni ins Becken auspflanzen.

Algen – und wie man sie bekämpft Bis sich bei Seerosen viele Blätter gebildet haben und die Schwimmpflanzen herangewachsen sind und sich vermehrt haben, ist die Wasseroberfläche größtenteils dem vollen Licht ausgesetzt. Unter diesen Bedingungen können Algen zur Plage werden. Algen sind niedere Pflanzen, die in heller, warmer Umgebung rasch wuchern. Sie bestehen aus Unmengen feiner Fäden, die das Wachstum anderer Unterwasserpflanzen hemmen.

Algen kann man dadurch beikommen, daß man sie mit einem Netz, einer Harke oder von Hand entfernt. Der Einsatz chemischer Mittel ist problematisch, da oft nicht nur die Algen abgetötet, sondern auch andere Pflanzen und Fische gefährdet werden. Sollten derartige Mittel angeboten werden, ist die Gebrauchsanweisung des Herstellers stets peinlich genau zu beachten.

Eine andere Möglichkeit besteht darin, den pH-Wert zu senken. Man verwendet hierfür ganz einfach sauren Hochmoor-Weißtorf. Er wird in Säckchen gefüllt und in das Wasserbekken hineingehängt. Dieses Verfahren ist bei größeren Becken natürlich nicht wirksam bzw. wirtschaftlich.

Empfohlen wird oft auch die Ansäuerung des Wassers mit Aluminiumsulfat. Wenn man 100 g Aluminiumsulfat auf 1 m^3 Wasser gibt, wird der pH-Wert um 0,5 gesenkt. Man kann den pH-Wert auch mit Hilfe von Kupferverbindungen herabsetzen. Angeboten werden Flüssigkeiten, die mit Kupfer-(II)-sulfat angereichert sind. Solche Lösungen werden normalerweise 1%ig (10 g auf 1 l Wasser) angewendet. Besser ist es aber wohl immer, wenn man die Algen auf mechanischem Weg entfernt.

Wenn jedoch chemische Mittel verwendet werden, muß man die Algenreste entfernen, sobald sie sich braun verfärbt haben, damit keine anderen Pflanzen von ihnen überzogen werden und der Sauerstoffgehalt des Wassers nicht absinkt.

Seerosen teilen Zu üppig gewordene Seerosenkolonien werden ausgelichtet. Nachdem man das Wasser abgelassen hat, wählt man die erforderliche Anzahl von Pflanzen aus und schneidet die Rhizome mit einem scharfen Messer ungefähr 15 cm hinter dem Wurzelhals oder dem Vegetationspunkt ab. Die fleischigen weißen Wurzeln werden von unten her beschnitten, die Pflanzen herausgenommen und im Schatten entweder im Wasser schwimmend oder in einer mit nassen Säcken abgedeckten Kiste aufbewahrt. Dann setzt man die Teilstücke in frische Erde um (siehe *April*).

SEEROSEN TEILEN

Nachdem die Rhizome ungefähr 15 cm hinter dem Vegetationspunkt abgeschnitten wurden, bewahrt man sie, ehe man sie wieder auspflanzt, in frischer Erde kühl und feucht auf

Bei warmem, trockenem Wetter füllt man das Becken gelegentlich so weit mit Wasser, daß es über den Rand in den Sumpfgarten fließen kann. Dadurch werden die Pflanzen dort kühl und feucht gehalten.

Sumpf- und Uferpflanzen pflanzen Üppig gedeihende Sumpfpflanzen werden wie Seerosen geteilt und wieder eingepflanzt. Wuchernde Triebe können im Sommer mit einem scharfen Messer oder einer Gartenschere zurückgeschnitten werden.

Heidekrautgewächse

Wenn noch gepflanzt werden muß, sollte man dies so schnell wie möglich tun. Man wählt dafür möglichst einen kühlen, bewölkten Tag aus. Werden die Pflanzen an heißen Tagen angeliefert, dann stellt man die Pflanzen an einen schattigen Ort und hält sie feucht.

Die Heidekrautgewächse ertragen durchaus Trockenperioden und brauchen nicht laufend gegossen zu werden. Bei Neupflanzungen sollte jedoch die Wasserversorgung sichergestellt werden.

In Gebieten mit kalkhaltigem Wasser empfiehlt es sich, für den Heidegarten Regenwasser zu sammeln. Wenn auf Pflanzflächen die Heidekräuter noch nicht dicht zusammengewachsen sind, muß man darauf achten, daß das Unkraut nicht hochkommt. Man hackt die Fläche möglichst flach durch, noch ehe sich das Unkraut zeigt. Günstig ist es auch, wenn man den Boden zwischen den Pflanzen mit feuchtem Torf abdeckt.

Heidekräuter brauchen wenig Nährstoffe. Man düngt nur, wenn man feststellt, daß die Pflanzen nicht gut gedeihen. Geeignet sind dann organische Dünger auf Horn-Knochenmehl-Basis. Man streut sie bei Bedarf jetzt aus und deckt sie mit feuchtem Torf ab.

Rhododendron

In diesem Monat blühen die meisten Rhododendronarten. Die Blütezeit erstreckt sich, vor allem in kühleren Gegenden, bis in den Juni hinein.

VERWELKTE BLÜTEN ENTFERNEN

Welke Blüten werden mit dem Daumen und Zeigefinger ausgeknipst. Man kann dafür auch eine kleine Stickschere benützen. Vorsicht, daß man die Spitzen der jungen Triebe nicht verletzt!

Es ist zweckmäßig, welke und verblühte Blütenstände rechtzeitig zu entfernen. Dies sieht nicht nur schöner aus, sondern führt auch zu einer besseren Verzweigung und damit zu einem buschigen Wachstum.

Aufkommendes Unkraut wird entfernt. Auch im Moorbeet erweist es sich als günstig, wenn man den Boden abdeckt. Man verwendet Torf, Laub (Lauberde) oder Rindenschrot. Jetzt ist der Zeitpunkt zum Aufbringen der Mulchdecke ideal.

Natürlich muß für ausreichend Wasser während der Blütezeit gesorgt werden.

Zimmerpflanzen

Von jetzt an bis zum Herbst gießt man Pflanzen gleichmäßig, jedoch darf die Topferde nicht zu feucht sein. In der schon mehrmals empfohlenen Konzentration (2 g auf 1 l) wird Flüssigdünger verabreicht. Die Pflanzen müssen ausreichend frische Luft erhalten, dürfen aber nicht im Luftzug stehen. Pflanzen, mit Ausnahme von Sukkulenten, die an einem Südfenster stehen, sollte man bei sonnigem Wetter während der heißesten Stunden des Tages – also ungefähr von 10 Uhr vormittags bis gegen 15 Uhr – ausreichend schattieren. Dabei ist zu berücksichtigen, welche Standortansprüche eine Pflanze in ihrer Heimat stellt. Pflanzen, die aus dem Urwald stammen, dürfen in der warmen Jahreszeit nur ganz kurz oder überhaupt nicht der direkten Sonnenbestrahlung ausgesetzt sein.

Steuerung des Wachstums Bei Pflanzen, die sehr rasch wachsen, hält man den Umfang der Pflanze in den gewünschten Grenzen, indem man zu lange Triebe stutzt. Die Triebspitze wird an einer geeigneten Stelle des Stamms abgeschnitten. Bei manchen Pflanzen treiben anschließend schlafende Augen in den Blattachseln durch, und aus ihnen entwickeln sich dann neue Triebe.

Hochwachsende Pflanzen mit einem einzigen Trieb, wie Feigenbaum oder Efeuaralie, wachsen mitunter über die Stützstäbe hinaus. Man ersetzt sie durch höhere Stäbe und bindet den Trieb daran fest. Damit das Dickenwachstum nicht behindert wird, dürfen die Triebe nur ganz locker angebunden werden. Es können auch kleine Metallringe, sogenannte Chrysanthemenringe, für diesen Zweck verwendet werden.

Alte Pflanzen umtopfen Die meisten Zimmerpflanzen können bei der richtigen Pflege mehrere Jahre in ihren Töpfen bleiben, doch sollte man ältere Pflanzen sorgfältig beobachten, um festzustellen, wann man sie umtopfen muß. Dies ist der Fall, wenn der Topfballen völlig durchwurzelt ist und die Wurzeln entweder durch das Abzugsloch schauen oder an der Oberfläche der Pflanzerde erscheinen. Gelegentlich kommt es vor, daß sehr stark wachsende Zimmerpflanzen, z. B. die Sansevierie und der Zierspargel, einen Topf sprengen. Dann ist es höchste Zeit fürs Umtopfen.

Kleingewächshausgärtnerei

Samen von Cinerarien werden jetzt ausgesät, damit man von Dezember an blühende Pflanzen hat. Man sät die Samen dünn in Schalen mit Kulturerde und bedeckt sie mit feingesiebter Komposterde. Die Samen keimen bei einer Temperatur von 10–13 °C. Die Sämlinge werden einzeln in 8-cm-Töpfe pikiert, sobald sie sich ausreichend entwickelt haben. Den Sommer über muß man für ausreichende Bewässerung und Schattierung sorgen.

Gurken, Melonen und Zuckermais werden ausgesät, sobald dies möglich ist.

Knollenbegonien und Gloxinien müssen, sobald sie die erforderliche Größe erreicht haben, in 12-cm-Töpfe umgetopft werden, falls dies nicht bereits im März oder April geschehen ist.

Pflanzen schattieren An warmen Tagen müssen Pflanzen, die jetzt in Blüte stehen, schattiert werden, so etwa Pantoffelblumen, Geranien, Cinerarien, Primeln und Hortensien. Sehr gut eignen sich hierfür Schattierrollos, die gewöhnlich aus Holz- oder Kunststofflamellen oder Schattiergewebe bestehen. Man kann auch die Glasscheiben mit einem Schattiermaterial anstreichen, jedoch darf die Farbe nicht zu dick aufgetragen werden. Die Luftfeuchtigkeit erhöht man dadurch, daß man die Stellagen und den Boden immer wieder anfeuchtet. Das Kleingewächshaus sollte sorgfältig gelüftet werden. An windigen Tagen darf es allerdings nicht von der Seite oder von oben an der dem Wind ausgesetzten Seite gelüftet werden.

Man gießt reichlich und düngt einmal in der Woche alle heranwachsenden Pflanzen.

Fuchsien stutzen Wenn Fuchsien 10–12 cm hoch sind, kürzt man die Haupttriebe jeder Pflanze gleich zu Beginn des Monats, um eine buschige Form zu erzielen. Später werden die Seitentriebe gekürzt, sobald sich dies als erforderlich erweist, um eine symmetrische Form zu erreichen. Bevorzugt man eine Pyramidenform, dann läßt man den Haupttrieb wachsen, bis er die gewünschte Höhe hat. Danach bricht oder

KLEINGEWÄCHSHÄUSER SCHATTIEREN

Mit einer grünen Plastikfolie, die oben mit einer Holzleiste und Nägeln und unten an einem Rundholzstab befestigt wird, kann man die Pflanzen gut schattieren

schneidet man ihn an der Spitze aus. Nachdem sich Spitzentriebe gebildet haben, werden sie in der Weise eingekürzt, daß eine Pyramidenform entsteht. Um die Fuchsien als Bäumchen zu ziehen, wird der Haupttrieb zunächst nicht gestutzt, damit die Pflanze nur einen einzigen Stamm bildet. Statt dessen entfernt man alle Seitentriebe mit Ausnahme der Blätter, die sich direkt am Stamm befinden. Sobald die gewünschte Höhe erreicht ist, bricht man die Spitze aus. Es entwickeln sich nun fünf oder sechs Seitentriebe, aus denen die Krone des Bäumchens aufgebaut wird.

Pflänzchen, die sich an den Blättern des Streifenfarns entwickeln, werden abgenommen und getrennt in 8-cm-Töpfchen mit Pflanzerde gesetzt. Wurzelstöcke von Blumenrohr, die im März in Kästen vorgetrieben wurden, können Anfang des Monats in 20-cm-Töpfe verpflanzt werden.

Campanula pyramidalis, die im letzten Herbst von ihrem Standort im Freien entfernt und im März nochmals verpflanzt wurde, bringt man jetzt an einen geschützten Platz im Freien. Die Blütenstände stützt man mit dünnen Stäben.

Seitentriebe von Gurken entspitzen Die Seitentriebe, die sich aus dem Haupttrieb der Gurken entwickeln, werden bis auf zwei Blätter neben dem ersten oder zweiten Fruchtansatz gestutzt. Nebentriebe, die sich in der Folgezeit entwickeln, werden entspitzt, sobald sie zwei Blätter hinter der ersten Frucht gebildet haben. Alle männlichen Blüten – sie haben keinen Gurkenansatz unter dem Blütenboden – und Ranken werden entfernt. Günstig ist es, wenn man rein weibliche Gurken ausgesät hat, denn dann entstehen natürlich nur weibliche Blüten.

Achseltriebe von Tomatenpflanzen entfernen Die Haupttriebe der Tomatenpflanzen werden um die Stützschnüre gelegt oder an Stäbe gebunden. Sobald man die Achseltriebe sicher greifen kann, entfernt man sie alle. Von dem Zeitpunkt an, an dem die Früchte an den ersten Fruchtständen zu schwellen beginnen, werden die Pflanzen einmal in der Woche oder alle zehn Tage gedüngt.

In einem temperierten Gewächshaus können auch in diesem Monat Tomaten ausgepflanzt werden (siehe *April*).

Melonen auspflanzen Melonen, die aus Aussaaten im April herangezogen wurden, setzt man jetzt in kalte Kästen, und zwar immer eine Pflanze in jedes Frühbeetfenster. Jede Pflanze wird auf einen Erdhügel aus verrottetem Stallmist oder Kompost gesetzt. Die Triebspitze stutzt man, sobald die Pflanze vier oder fünf Blätter entwickelt hat.

Balkongärtnerei

Von Mitte Mai an beginnt die eigentliche Balkonsaison. Jetzt werden die Blumenkästen auf Balkon und Terrasse wieder neu bepflanzt.

Sehr häufig wählen Gartenfreunde nach wie vor die aufrecht wachsenden und die hängenden Geranien sowie Fuchsien, Knollenbegonien, Pantoffelblumen und Petunien für die Sommerbepflanzung. Nur ganz allmählich können sich neben diesen bekannten und bewährten Balkonpflanzen andere Pflanzenarten, vor allem einjährige Sommerblumen, in den Vordergrund schieben.

Es lohnt sich aber, sich mit anderen Pflanzenarten zu befassen, denn gerade mit diesen kann das Farbenspiel auf dem Balkon sehr bereichert werden. Bei vielen Balkongärtnern besteht auch der Wunsch, sich von den bisher üblichen Bepflanzungen zu lösen und etwas anderes zu probieren. Diese Neulinge auf dem Balkon können auch durchaus mit den traditionellen Pflanzen kombiniert werden. Leider aber sind diese Gruppenpflanzen auf vielen Blumenmärkten oft noch nicht in dem Maß vertreten, wie es wünschenswert wäre. Man muß deshalb die Pflanzen oft selbst kultivieren.

Verschiedene Gruppenpflanzen eignen sich sogar als Leitpflanzen in Blumengefäßen. Sie bilden also in buntgemischten Kästen das Gerüst und haben oft auch den größten Anteil darin. Andere Pflanzen werden ihnen als Beipflanzen zugeordnet.

Gruppenpflanzen für Balkonkästen Leberbalsam, Begonien, Zwergmargeriten, Kaisernelken, Gazanien, Fleißiges Lieschen, Wandelröschen, Lobelie, Duftsteinrich, Ziertabak, Feuersalbei, Studentenblume, Husarenknopf und Verbenen eignen sich für Balkonkästen als Gruppenpflanzen. Einige von ihnen haben einen hängenden Wuchs, z. B. Begonien, andere werden, wenn sie am Kastenrand gepflanzt werden, zu Hängepflanzen umfunktioniert, etwa Fleißiges Lieschen und Zwergmargerite.

Wer auf dem Gebiet der Balkongärtnerei noch nicht gearbeitet hat, wird zunächst noch Erfahrungen mit diesen Pflanzenarten sammeln müssen. Nicht immer wird gleich beim ersten Anlauf der richtige Pflanzabstand und der richtige Platz im Balkonkasten gewählt und eine zufriedenstellende Wirkung hervorgerufen. Aber vielleicht macht gerade das Experimentieren mit Pflanzen Spaß, und vielleicht gelingt es dem einen oder anderen Balkongärtner, auf völlig neuartige Zusammenstellungen zu kommen.

Sonniger oder halbschattiger Standort Ehe man Pflanzen anzieht oder kauft, muß man genau wissen, an welchem Platz die Balkongefäße später aufgestellt werden sollen. Nicht alle Pflanzen gedeihen an einem vollsonnigen Standort. So kommen beispielsweise Fuchsien oder Knollenbegonien an der Nord- oder Westseite eines Hauses besser voran als an einer vollsonnigen Südseite. Andere Pflanzen, wie die großblumigen Knollenbegonien, können weder Wind noch starke Regengüsse gut ertragen.

Unübertroffen in ihrer Robustheit sind auch bei großer Hitze die vom Frühjahr bis zum Herbst reich blühenden Geranien.

Seltene Gäste auf dem Balkon Einige Pflanzen können sich erst nach und nach einen festen Platz im Balkonpflanzensortiment erobern. Dazu gehören die *Elatior*-Begonien und die Topf-*Gerbera.* Beide Pflanzenarten sind verhältnismäßig teuer, jedoch bringen sie viele leuchtende Blüten hervor und lassen die Balkonbepflanzung um so reizvoller erscheinen.

Die richtigen Farben wählen Von den nachfolgend aufgeführten verschiedenen Pflanzenarten werden über 350 Sorten kultiviert. Bei der Zusammenstellung der Pflanzen für bunte Kästen sollte man darauf achten, daß die Farben der Blumen gut harmonieren. Doch auch die Tönung der Hauswand muß man berücksichtigen. Vor einen hellen Hintergrund sollte man keinesfalls zu zarte Farbtöne stellen. Stärkere Kontraste wirken hier meist besser. Werden viele bunte Farben gewählt, sollte man auf Weiß nicht verzichten. Weiß trennt bunte Farbtöne, die hart nebeneinander stehen. Zu viele weiße Blüten können natürlich auch langweilig wirken.

Warum sollte man nicht einmal den Versuch machen, verschiedene Pflanzenarten derselben Blütenfarbe miteinander zu kombinieren? Wenn man sich nun beispielsweise für Gelb entschie-

Wichtige Balkonpflanzen

Botanischer Name	Deutscher Name	Standort	Blütenfarbe	Wuchs	Eignung	Bemerkungen
Ageratum houstonianum	Leberbalsam	○	Hellblau, dunkelblau	A	B	Die Blütezeit läßt sich durch Ausschneiden der Blütenköpfchen verlängern
Begonia-Bertinii-Compacta	Kleinblumige Knollenbegonien	○	Gelb, karmin, weiß	A + H	L + B	Reichblühende Sortengruppe
Begonia-Elatior-Hybriden	Elatior-Begonien	○–	Rosa, rot	A	L	Nicht zu eng pflanzen
Begonia-Knollen-begonien-Hybriden	Knollenbegonien	–●	Alle Farbtöne	A + H	L + B	'Nonstop'-Sorten vertragen auch direkte Sonnenbestrahlung
Begonia-Semper-florens-Hybriden	Immerblühende Begonien	○	Rot, rosa, weiß	A	L + B	Unermüdlich blühend
Calceolaria integrifolia	Freilandpantoffelblume	○–	Gelb	A (H)	B	Kann überwintert werden
Chrysanthemum frutescens	Strauchmargerite	○	Weiß, gelb	A	L	Niedrige Sorten verwenden, öfter zurückschneiden
Chrysanthemum multicaule	Zwergmargerite	○	Goldgelb	A (H)	B	Verträgt längere Trockenperioden
Chrysanthemum paludosum	Zwergmargerite	○	Weiß mit gelber Mitte	A (H)	B	Rückschnitt Mitte August sorgt für die Entwicklung neuer Blütenstände
Dianthus caryophyllus	Gebirgshängenelke	–●	Leuchtend rot	H	B	Am besten geeignet in Höhenlagen
Dianthus-Chinensis-Hybriden	Kaisernelke	○	Rot, gelb, weiß	A (H)	B	Rückschnitt nach dem ersten Blütenflor im August
Fuchsia-Hybriden	Fuchsie	–●	Weiß, rot, gelb, blauviolett	A (H)	L	Mehrjährig, müssen frostfrei überwintert werden
Gazania-Hybriden	Gazanie	○	Weiß, creme, gelb, orange, braun	A + (H)	B	Blüten öffnen sich nur bei Sonne
Gerbera jamesonii		○–	Rosa, rot, gelb	A	L	Neue, niedrige Topfsorten, die sich gut für größere Gefäße eignen
Heliotropium arborescens	Vanilleblume	○–	Dunkelblau	A + H	B	Keine besonderen Ansprüche
Impatiens wallerana	Fleißiges Lieschen	○–	Alle Farbtöne, auch zweifarbig	A + (H)	B	Nicht zu eng pflanzen
Lantana-Camara-Hybriden	Wandelröschen	○	Gelb, orange, ziegelrot, scharlach, weiß, lila	A + H	B	Regelmäßige Nährstoffversorgung fördert den Blütenreichtum
Lobelia erinus	Männertreu	○–	Hell- bis dunkelblau, auch weiß und karminrot	A + H	B	Durch Zurückschneiden kann die Blütezeit verlängert werden
Lobularia maritima (Alyssum)	Duftsteinrich	○–	Weiß, dunkelrosa, violett	H	B	Flachkugelige, polsterbildende Pflanze
Nicotiana sanderae	Ziertabak	○	Weiß, rosa, dunkelrot	A	L + B	Nur niedrige Sorten verwenden
Pelargonium-Peltatum-Hybriden	Hängepelargonie (Efeugeranie)	○–	Weiß, rosa, rot, violett, einfach und gefüllt	H	L + B	Nicht zu eng pflanzen, da sie sich stärker ausbreiten
Pelargonium-Zonale-Hybriden	Geranie (aufrecht wachsend)	○	Weiß bis orange, alle Rottöne, einfach und gefüllt	A	L + B	Beliebteste Balkonpflanze, die auch Hitze verträgt. Kann überwintert werden
Petunia-Hybriden	Petunie	○–	Sorten in allen Farben	A + H	B	Nicht zu eng pflanzen; abgeblühte Blütenstände ständig entfernen
Salvia splendens	Feuersalbei	○–	Leuchtend rot	A	B	Abgeblühte Blütenstände regelmäßig entfernen
Sanvitalia procumbens	Husarenknopf	○	Goldgelb, in der Mitte braunschwarz	H	B	Breitwachsende, bodendeckende Pflanze
Tagetes-Erecta-Hybriden **Tagetes-Patula**-Hybriden **Tagetes tenuifolia**	Studentenblume	○	Hellgelb, goldgelb, orange bis bräunlich	A	L + B	Niedrige Sorten verwenden
Verbena-Hybriden	Gartenverbenen	○	Weiß, rot, rosa, violett, blau	A + (H)	B	Verblühte Dolden öfter abschneiden

○ = Sonne
= Halbschatten
● = Schatten

A = Aufrecht wachsend
L = Leitpflanze
H = Hängepflanze

H = Hängefunktion möglich
B = Beipflanze

den hat, setzt man gelbe Pantoffelblumen, gelbe Zwergwucherblumen, gelbe Wandelröschen, gelbe Husarenknöpfe und gelbe Studentenblumen zusammen.

Wuchsformen entsprechend plazieren Werden 20 cm breite Balkonkästen verwendet, dann pflanzt man die Blumen am besten in zwei Reihen. Die Pflanzen in der vorderen Reihe setzt man auf Lücke. Bei einer gemischten Pflanzung in einem 1 m langen Balkonkasten können so zwischen neun und elf Pflanzen von drei bis fünf verschiedenen Pflanzenarten untergebracht werden.

Wichtig ist es, die unterschiedliche Entwicklung der Gattungen und Arten bereits beim Pflanzen richtig zu beurteilen. Breit wachsende, wuchernde Arten sollten am besten einzeln gepflanzt werden. Schwach wachsende Arten, die von anderen Pflanzen während der Vegetationszeit leicht verdrängt werden, sollten besser in Gruppen zu zweit oder dritt nebeneinander gepflanzt werden. Gemeinsam können sie sich besser behaupten.

Außerdem achtet man bei der Bepflanzung darauf, daß in der hinteren Reihe die hohen Pflanzen und in der vorderen Reihe die halbhohen, niedrigen (auch bodendeckenden) und hängenden Pflanzen angeordnet werden.

Einige Anregungen für die Bepflanzung von gemischten Kästen und Terrassengefäßen finden sich auf den Seiten 176–179.

Balkonkästen bepflanzen In den Balkonkasten gibt man zuerst eine ungefähr 3 cm hohe Dränageschicht aus Topfscherben oder Ziegelsplitt, damit überflüssiges Wasser nach Regenfällen gut ablaufen kann. Dann wird das Erdsubstrat in den Kasten gefüllt, mit der Handfläche eingeebnet und leicht angedrückt. Der Kasten ist jetzt zu drei Vierteln mit Pflanzsubstrat gefüllt.

Topfpflanzen gründlich durchfeuchten Topfpflanzen, die den Balkon schmücken sollen, müssen vor dem Auspflanzen gründlich angefeuchtet werden, damit sich der Wurzelballen leicht aus dem Blumentopf löst und die Wurzeln keinen Schaden nehmen. Nur dann wachsen sie im neuen Erdsubstrat ungestört weiter. Jetzt werden die Gewächse sorgfältig aus den Töpfen genommen und am vorgesehenen Platz im Balkonkasten eingesetzt, wobei durch einen leichten seitlichen Druck der Topfballen mit dem umgebenden Erdsubstrat verbunden wird. Die Pflanzen sollten in ausreichendem Abstand eingepflanzt werden, denn sie sollen erst in den folgenden Wochen nach und nach zusammenwachsen.

Sind alle Pflanzen eingesetzt, wird mit Erde vollends aufgefüllt. Man drückt sie an den Rändern leicht an. Schließlich muß noch ein mindestens 2 cm hoher Gießrand bleiben, damit das Wasser beim Gießen nicht über den Rand des Kastens hinabfließt.

Ist diese Arbeit getan, dann sollten die Balkongefäße noch nicht gleich an ihren endgültigen Stammplatz auf der Balkonbrüstung gestellt werden. Besser ist es, die Kästen zunächst einen oder mehrere Tage lang an einen schattigen Platz (eventuell am Boden des Balkons) zu stellen. Hier können die Pflanzen – vor allem bei sonnigem Wetter – in ihrer neuen Umgebung besser anwachsen.

Sichtschutz auf dem Balkon Wer sich einen Wind- oder Sichtschutz auf dem Balkon schaffen will, der kann auch Schling- oder Kletterpflanzen wie z. B. Wicken, Glockenreben, Kaiserwinde, die Schwarzäugige Susanne oder Kapuzinerkresse in Balkongefäße pflanzen. Diese Gewächse brauchen allerdings Stäbe oder Gitter, an denen sie hochwachsen können, und schon nach kurzer Zeit bilden sie dann blühende und grüne Wände.

Kübelpflanzen ins Freie stellen Wer einen größeren Balkon oder eine Terrasse hat, kann sich im Sommer auch noch manche andere Pflanzenwünsche erfüllen. Dazu gehören Zwergsträucher, Rosen, Nadelgehölze, Wasserpflanzen, aber auch Exoten, wie Oleander, Agaven, *Yucca* oder Indisches Blumenrohr. Pflanzgefäße in verschiedenen Formen und Materialien bieten Platz für solche Pflanzengesellschaften.

Auch Fuchsienhochstämmchen werden nach Mitte Mai wieder draußen im Garten aufgestellt. Haben diese Pflanzen bisher recht dunkel gestanden, so müssen sie anfangs vor zu starker Sonnenbestrahlung geschützt werden. Gleichzeitig sollten diese Kübelpflanzen, soweit erforderlich, in ein neues Erdsubstrat gepflanzt werden.

Die richtige Pflanzerde und Düngung Grundsätzlich sollte man seinen Balkonblumen jährlich ein neues Kultursubstrat zukommen lassen. Nur damit schafft man die Voraussetzung für eine prächtige und dauerhafte Blüte in den Balkongefäßen. Denn die auf engem Raum stehenden Balkonpflanzen durchwurzeln in einem fünfmonatigen Balkonsommer das Erdsubstrat vollkommen und zehren alle Nährstoffe auf. Wer einen Garten hat, bringt deshalb die alte Erde auf den Komposthaufen, dem Balkongärtner, der ohne Garten auskommen muß, bleibt jedoch nur die Mülltonne.

Einheitserden und Torfkultursubstrate Gute Erfahrungen in Balkongefäßen und Pflanzentrögen wurden mit Einheitserden und Torfkultursubstraten gemacht. Bei ihnen bleibt die lokkere Struktur relativ lange erhalten. Diese Substrate kann man über Gärtnereien, Gartencenter oder Blumengeschäfte beziehen.

Balkonpflanzenerde selbst herstellen Sehr gut gedeihen Pflanzen auch in einer Erde, die man preiswert selbst zusammenmischen kann. Dazu verwendet man zwei Drittel Torf und ein Drittel Lehm- oder gut verrottete Komposterde. Diesem Gemisch werden etwa 2–3 g eines beliebigen mineralischen Volldüngers auf 1 l Substrat gut untergemischt. Neuerdings werden dafür immer häufiger die sogenannten Depotdünger (Dauerdünger) verwendet. Diese haben den Vorteil, daß sie den Pflanzen über einen längeren Zeitraum hinweg Nährstoffe zur Verfügung stellen. Man spricht deshalb auch von einer Langzeitwirkung, weil ungefähr drei bis vier Monate nach der Pflanzung keine Nachdüngung erforderlich ist. Depotgedüngte Substrate sollten am besten sofort verwendet werden und dürfen nicht längere Zeit lagern.

Obst

In diesem Monat fällt die Entscheidung darüber, ob sich aus den Blüten der Obstgehölze auch Früchte bilden. Sind die Eisheiligen Mitte Mai gut überstanden, kann man wohl auch mit einer zufriedenstellenden Ernte rechnen. Es lohnt sich aber dennoch, im Mai täglich den Wetterbericht zu verfolgen und, sobald Nachtfröste angekündigt sind, entsprechende Frostschutzmaßnahmen zu ergreifen. Im Hausgarten ist dies zumindest bei Spalierobst, Beerensträuchern und Erdbeeren möglich. Wichtig ist, daß man den Abdeckungsschutz nicht morgens bei den ersten Sonnenstrahlen wieder abnimmt. Er sollte nach Frostnächten noch drei bis vier Stunden nach Sonnenaufgang die Pflanzen schützen.

Es ist allgemein bekannt, daß der Griffel das frostempfindlichste Organ einer Blüte ist. Je weiter sich eine Blüte entwickelt, desto frostempfindlicher wird sie. Während die Knospen in der Winterruhe Temperaturen zwischen −20 und −30 °C ertragen, erleiden die Blüten jetzt schon bei −7 °C Schäden. Von nun an bis zum Abblühen und zur Jungfrucht werden sie in zunehmendem Maß frostempfindlich.

Häufig werden Frost- und Kälteschäden an Früchten fälschlicherweise als Krankheiten angesprochen, oder es werden die Ursachen für die Ausfallerscheinungen auf Kulturfehler zurückgeführt.

Häufiges kurzes Mulchen erhält nicht nur die Bodenfeuchtigkeit, sondern ermöglicht auch eine bessere Erwärmung des Bodens und mindert damit die Blütenfrostempfindlichkeit. Gleichzeitig werden blühende Unkräuter unterdrückt.

Eine unbefriedigende Entwicklung der Blätter oder ein besonders reicher Fruchtansatz kann gegen Ende des Monats Düngungsmaßnahmen notwendig machen. Besonders rasch und von Niederschlägen unabhängig wirken Blattdünger. Sie haben sich bei allen Obstarten bewährt. Man benetzt die Blätter reichlich mit dem Dünger und läßt ihn langsam antrocknen. Auf diese Weise erzielt man eine gute Wirkung. Man kann dem Blattdünger auch eine Pflanzenschutzbrühe zusetzen. Natürlich kann man auch leichte Mineraldüngergaben auf den Boden geben.

Ob und wie stark man Obstbäume bewässern soll, hängt vom Wasserbedarf der Bäume ab. Dieser ist während der Vegetationsperiode nicht immer gleich, sondern es gibt eindeutig Höhepunkte des Wasserverbrauchs. Allgemein brauchen die Pflanzen während der Hauptwachstumsperiode viel Wasser und am meisten zur Zeit der Blüten- und Fruchtbildung, während bei der Fruchtreife der Wasserbedarf wieder abnimmt. Auf Obstbäume übertragen heißt das, daß die Bäume in der Zeit vom Austrieb über die Blüte bis zum Abschluß des Hauptwachstums am meisten Wasser verbrauchen. Regengaben im Sommer nützen so gut wie nichts. Vielmehr muß bei anhaltender Trockenheit bereits vor der Blüte bewässert werden, wenn die Wassergaben sich auf die Fruchtbildung auswirken sollen. Schwerere Böden halten das Wasser länger als leichte. Bewässerungen von weniger als 8 l auf 1 m^2 sind wirkungslos.

Erdbeeren dagegen dürfen nicht so stark bewässert werden. Gibt man ihnen mehr als 20 l auf 1 m^2, so können sie davon nicht mehr profitieren. Andere Obstarten, z. B. Apfel, Birne, Zwetsche, dagegen brauchen 30–40 l auf 1 m^2.

Die Tröpfchenbewässerung wird im Erwerbsgartenbau seit Jahren zur Befeuchtung von Topfpflanzen eingesetzt. Auch für Balkonkästen gibt es dieses System, das ohne Probleme auch im Obstgarten angewendet werden kann.

Das Prinzip der Tröpfchenbewässerung besteht darin, daß das Wasser durch ein geschlossenes Rohrleitungssystem, das in den Baumzeilen auf dem Boden liegt oder an Baumpfählen oder Haltedrähten befestigt ist, tröpfchenweise dem Boden zugeführt wird. In den Rohrleitungen muß ein bestimmter Wasserdruck aufrechterhalten werden.

Jedermann weiß, daß während der Blütezeit keine Pflanzenschutzmittel verwendet werden dürfen, die den Bienen schaden könnten. Die für die Schorf- und Mehltaubekämpfung empfohlenen Fungizide und die speziellen Akarizide sind für die Bienen ungefährlich. Notwendige Schutzbehandlungen an Pflanzen können damit also durchgeführt werden. Dennoch sollten die für Bienen ungefährlichen Mittel nach Möglichkeit nur außerhalb der täglichen Flugzeiten der Bienen ausgebracht werden.

Ende Mai werden die Nisthöhlen kontrolliert. Dabei beseitigt man eventuell vorhandene Wespen- und Hornissenköniginnen.

Apfel und Birne Beim Kernobst können sich Frost- und Kälteschäden teilweise auf die Früchte auswirken. Ein verbreitetes Schadbild sind rings um die Früchte angeordnete sogenannte Frostringe. Sie treten dann auf, wenn der Frostschaden erst nach der Befruchtung eingetreten ist.

Anfang des Monats ist die günstigste Zeit für Rindenpfropfungen. Als noch besserer Anhaltspunkt gilt der Zeitpunkt der Vollblüte. Dann löst sich die Rinde bei allen Obstarten gut vom Holzkörper ab, und die Veredlungsarbeit kann schnell und einwandfrei vor sich gehen.

Wenn bestimmte Kernobstsorten auf stark wachsenden Unterlagen stehen, bringen sie häufig erst verhältnismäßig spät Früchte. Der Ertragsbeginn läßt sich durch das Ringeln vorverlegen. Es kann an einzelnen oder an allen Hauptästen oder aber am Stamm vorgenommen werden.

RINGELN

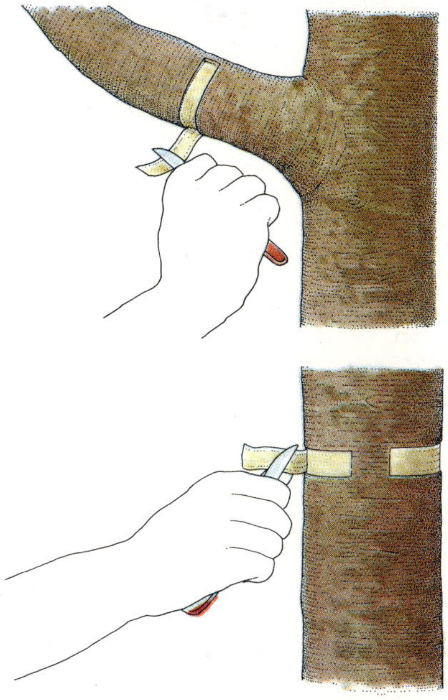

Die Rinde des Asts oder Stamms wird im Abstand von 1 bis 2 cm durchschnitten. Die Wundfläche deckt man mit einem Wundwachs ab

Eine wichtige Arbeit kann um diese Jahreszeit noch getan werden. Man bindet zu steil stehende Triebe in der Baumkrone herab. Stehen die Bäume sehr dicht, dann bindet man die Triebe stärker nach unten. Dies trägt dazu bei, den Kronendurchmesser eines Baums klein zu halten.

Falsch ist es, einen Trieb bogenförmig herabzubinden. In diesem Fall werden die am kräftigsten entwickelten Knospen im mittleren Triebbereich am höchsten gestellt. Daraus entwikkeln sich dann unerwünscht viele starke und von der Stammverlängerung zu weit entfernte Triebe.

Die Schorfgefahr für das Kernobst hält an und nimmt erfahrungsgemäß zu dieser Zeit sogar zu. Im Haus- und Selbstversorgergarten kommt es zwar nicht so darauf an, möglichst viele erstklassige Früchte zu erzeugen, aber wenn Infektionsgefahr durch den Schorf be-

TRIEBE HERABBINDEN

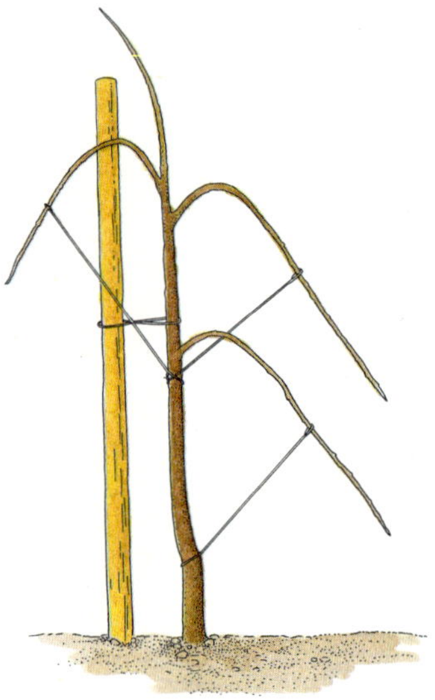

Zu steil stehende Triebe werden herabgebunden. Damit wird der Kronendurchmesser klein gehalten

steht, muß man spritzen. Mit einer anderen Maßnahme kann man den Schorf nicht abhalten. Hinweise des zuständigen Warndiensts über Infektionsgefahren sollte man beachten.

Selbstverständlich werden mehltaukranke Triebe, die ohnehin nicht mehr zu heilen sind, weiterhin abgeschnitten. Im Haus- und Selbstversorgergarten kann man je nach Sorte, Zahl und Größe der Bäume den Mehltau sogar allein mit der Schere bekämpfen. Birnbäume sollten vom Blühbeginn an nur noch mit organischen Fungiziden behandelt werden. Diese Mittel wirken auch gegen den Birnengitterrost.

Erdbeere Als bodennah wachsende Kultur haben Erdbeeren besonders unter Frösten zu leiden. Sehr gefährdet sind solche Sorten, die über dem Laub blühen. Die verbreitete Sorte 'Senga Sengana' entwickelt einen Großteil der Blüten unter dem schützenden Laub. Völlig geschädigte Blüten sind oft schon am Tag nach dem Frostschaden zu erkennen. Sie haben einen schwarz verfärbten Blütenboden, während er bei unversehrten Blüten grün ist. Wurde durch den Frost nur ein Teil der Samenanlagen zerstört oder sind einige Samenanlagen nicht befruchtet worden, dann bilden sich verformte Früchte.

Wenn die Erdbeeren weichfaule Stellen und einen grauen Schimmelrasen aufweisen, sind sie vom Grauschimmel befallen. Dieser Pilz tritt bei feuchtem Wetter stärker auf, und wer nicht rechtzeitig vorgebeugt hat, muß mit beträchtlichen Ausfällen rechnen, so daß die Ernte wenig oder so gut wie keine guten Früchte bringt. Die Bekämpfung kann nur vorbeugend erfolgen. Sobald sich 10–15 % der Blüten geöffnet haben, wird das erstemal gespritzt, bei Vollblüte spritzt man ein zweites Mal. In klimatisch ungünstigen Gegenden ist eine dritte Spritzung notwendig. Will man Erfolg damit haben, muß man die ganzen Pflanzen spritzen, besonders aber die Blattunterseite und die versteckt sitzenden Blüten.

Damit die Erdbeerfrüchte schön groß werden, müssen sie reichlich mit Wasser versorgt werden. In Trockenperioden wird daher im Mai zusätzlich gegossen.

Wenn man nach der Blüte gehäckseltes Stroh unter die Früchte legt, kann man vermeiden, daß sie sehr schmutzig werden. Man kann dafür auch Holzwolle nehmen, doch das Stroh ist vorzuziehen. Saubere Früchte erhält man auch, wenn die Erdbeeren mit schwarzer Mulchfolie unterlegt werden. Allerdings kommt es zuweilen vor, daß reifende Beeren, die direkt auf der Folie liegen, bei starker Sonneneinstrahlung Sonnenbrandschäden bekommen. Für den Freizeitgarten stehen neuerdings Pflanzenkragen aus Kunststoff zur Verfügung, mit denen man die einzelnen Erdbeerpflanzen unterlegt. Sie heben Fruchtstiele und Blätter vom Boden ab, damit sie nicht verschmutzen. Der trichterförmige, steife Kragen hat genügend Löcher, damit das Wasser ablaufen kann. Außerdem ist er so geformt, daß die Schnecken nicht über ihn hinwegkriechen können.

Himbeere Gesunde Himbeerstände entwickeln im Frühjahr und Sommer meist mehr Jungtriebe, als im nächsten Jahr für einen vollen Bestand an Ertragsruten nötig sind. Schon am Ende dieses Monats können, wenn sich viele Jungtriebe gebildet haben, die überzähligen herausgezogen werden. Diese Arbeit läßt sich leicht erledigen, wenn der Boden sehr feucht ist, z. B. nach einem tüchtigen Regenguß. Natürlich bleiben die kräftigsten Triebe stehen. Es reicht, wenn zehn bis zwölf Ruten auf 1 m verbleiben. Die übrigen Jungruten wachsen gesünder heran, weil sie nun mehr Platz haben. Bei Himbeeren sollte man zu Beginn der Blüte und zur Zeit der Vollblüte die Grauschimmelfruchtfäule bekämpfen. Grauschimmelbefall kann auch vorliegen, wenn die Ruten ganz oder teilweise eine auffällige weiße Rinde haben und bis jetzt schlecht oder gar nicht ausgetrieben haben.

Den Himbeerkäfer (Himbeerwurm) bekämpft man bei Beginn der Blüte mit einem bienenungefährlichen Endosulfanpräparat. Auch Pyrethrumpräparate eignen sich für die Bekämpfung.

Johannisbeere und Stachelbeere Erst wenn die Fruchttrauben der Johannisbeeren heranreifen, kann man die Frostschäden richtig erkennen. Tritt in der langen Blütezeit Frost auf oder bleibt das Wetter längere Zeit mit Temperaturen nahe dem Gefrierpunkt sehr kalt, so werden die zu dieser Zeit geöffneten Blüten, die befruchtet werden sollten, zerstört oder zumindest nicht befruchtet. Die bereits verblühten oder noch nicht erblühten Einzelblüten nehmen dagegen oft keinen Schaden.

In der Nachblütezeit dieser Strauchbeerenobstarten muß man vorbeugende Maßnahmen zur Bekämpfung von Blattkrankheiten, wie Echtem Mehltau, Säulchenrost und Blattfallkrankheit, ergreifen. Diese Krankheiten treten zwar meist erst einige Zeit nach der Blüte oder kurz vor der Ernte in Erscheinung, können dann aber nicht mehr ausreichend bekämpft werden, zumal die Büsche durch die reifenden Beeren sehr geschwächt sind.

Kirsche (Sauer- und Süßkirsche) Blattläuse bekämpft man bei Kirschen mit Pirimicarb. Es ist für Bienen ungefährlich und schont die Nützlinge. Bei Einzelbäumen im Hausgarten empfiehlt sich zum jetzigen Zeitpunkt das Anlegen von Leimringen. Damit soll verhindert werden, daß Ameisen auftreten, die die Feinde der Blattläuse vertreiben und bekämpfen. Im Hausgarten ist das Anlegen von Leimringen die sinnvollste vorbeugende Methode der Blattlausbekämpfung.

Wenn man Raupen während der Blüte oder kurz danach bekämpfen muß, kann man die spezifisch gegen Raupen wirkenden Bakterienpräparate Dipel oder Thuricide HP einsetzen. Sonst kommt nur noch ein für Bienen ungefährliches Endosulfanpräparat in Frage.

WICHTIGE ENTWICKLUNGSSTUFEN BEI BIRNEN VON DER KNOSPE BIS ZUR FRUCHT

Weinrebe Im Schutz von Gebäuden und Gärten lassen sich früh- bis mittelfrühreifende Tafeltrauben auch außerhalb von Weinbaugebieten ziehen, vorausgesetzt, der Standort ist sonnig und geschützt.

Für Neupflanzungen hat sich der Boden jetzt genügend erwärmt. Die Pfropfreben werden auf das erste Auge am Jungtrieb zurückgenommen, die Wurzeln vor dem Pflanzen handbreit eingekürzt. Vielfach wird zu tief gepflanzt, d. h., die Veredlungsstelle ist dann mit Erde bedeckt. Dies hat zur Folge, daß das Edelreis Wurzeln bildet. Nach geraumer Zeit wird dann die Unterlagsrebe abgestoßen.

Pflanzreben bestehen aus einem 30 cm langen Stück Rebholz, das entweder sortenecht ist oder als Unterlage dient, mit Wurzeln und einem jungen Holztrieb. Am besten wachsen einjährige

Topfreben mit Erdballen an, wie sie von Baum- und Rebschulen zu beziehen sind. Über die weitere Schnittbehandlung siehe *Februar*.

Grüne und gelbe Tafeltrauben Die ertragreiche Sorte 'Augusta-Luise' wächst stark und reift Ende August bis Anfang September. Die Traube ist groß und dichtbeerig, die Beeren sind gelb, festhäutig, kernarm. 'Bacchus' reift Anfang bis Mitte September. Die gelbgrünen Beeren dieser mittelgroßen, dichten Traube sind etwas fäuleanfällig. Da diese Sorte relativ stark wächst, muß der Pflanzabstand entsprechend weit gehalten werden. Die Sorte ist empfindlich gegen Maifröste. 'Früher Malinger', eine schwachwüchsige Sorte, reift Anfang September. Die mittelgroße Traube besteht aus kleinen gelben Beeren mit dünner Haut. Die Sorte eignet sich auch für rauhe Lagen. 'Gelbe Seidentraube' ('Früher Leipziger') reift Ende August. Die lockere, mittelgroße Traube setzt sich aus länglichen, etwas fäuleanfälligen Beeren zusammen. Die Sorte wächst stark und bevorzugt warme Lagen. 'Königin der Weingärten' reift Anfang bis Mitte September. Die sehr stark wachsende Rebe bildet große Pflanzen, die Beeren sind groß, dunkelgelb, festhäutig und faulen selten. 'Perle von Czaba', eine schwachwüchsige Sorte, reift Anfang bis Mitte September. Die große, lockere Traube hat mittelgroße, gelbgrüne bis gelbbraune, dünnhäutige Beeren. 'Weißer Gutedel' reift Mitte September bis Anfang Oktober. Die Traube ist groß, locker- bis dichtbeerig, die Beeren sind groß, hellgrüngelb und dünnhäutig. Diese weitverbreitete Sorte ist genügend winterfest.

Blaue bis rote Tafeltrauben 'Blauer Portugieser', eine sehr starkwüchsige, mäßig winterfeste, spätfrostgefährdete Sorte, reift früh bis mittelfrüh. Die mittelgroße bis große Traube ist dichtbeerig, die Beeren sind pflaumenblau, dünnhäutig und fäuleanfällig. 'Helfensteiner' reift früh bis mittelfrüh. Eine große, lockere Traube mit großen blauen, festhäutigen Beeren, die höchst selten faulen. Diese starkwüchsige Sorte erträgt nur wenig Kalk. 'Perle von Alzey', eine reich tragende, starkwüchsige Sorte, reift früh bis mittelfrüh. Die Traube ist mittelgroß und dicht, die Beeren sind blaurot. 'Roter Gutedel' reift Mitte bis Ende September. Die graurоten bis roten Beeren sind fäuleanfällig. Die übrigen Eigenschaften wie 'Weißer Gutedel'. 'Siegerrebe' reift Anfang bis Mitte September, hat mittelgroße, lockere Trauben und große rosarote Beeren. Die starkwüchsige Sorte bevorzugt wenig kalkhaltige Böden. Durch einen starken Wespenfraß können erhebliche Schäden entstehen.

Nach den Eisheiligen werden bei Rebspalieren die Seitentriebe, die sich an der einjährigen Rute entwickelt haben, bis auf die obersten zwei ausgebrochen (siehe *Februar*).

Gemüse

Aussaaten und Pflanzungen ins Freiland

Bei Kopfsalat wählt man für den Pflanztermin bis Mitte Mai Frühsommersorten aus. Geeignet sind 'Benita', 'Corelli', 'Capitan' oder 'Hilde'. Liegt der Pflanztermin zwischen Ende Mai und Anfang Juli, dann sollten die sogenannten Sommersorten, wie z. B. 'Kagraner Sommer', 'Savio', 'Brauner Trotzkopf', verwendet werden. Da die einzelnen Sorten unterschiedlich auf die Tageslänge reagieren, muß der Sortenwahl unbedingt Beachtung geschenkt werden, will man Mißerfolge vermeiden. Wo Kopfsalat im Sommeranbau nicht befriedigt, kann man Eissalat säen oder pflanzen. Neue Sorten, wie 'Laibacher Eis', haben sich dadurch ausgezeichnet, daß sie in nassen wie in trockenen Jahren schöne, feste Köpfe bilden. Eissalatsorten sind häufig widerstandsfähiger gegen Mehltau und Viren. Da die Köpfe des Eissalats sehr groß werden, sollte der Reihenabstand mindestens 30 cm betragen. Auch die kleinköpfigen Sorten, wie 'Fulton' oder 'Minetto', sind gut geeignet. Neu im Sortiment ist die rötlich gefärbte Eissalatsorte 'Canasta'.

Bei der Neuaussaat von Rettichen sind Sommersorten, wie 'Halblanger weißer Sommer', 'Format' und 'Neckarruhm', empfehlenswert.

STANGENGERÜSTE FÜR BOHNEN

Am besten baut man das Stangengerüst vor der Aussaat auf. Dabei werden die Stangen, die einander gegenüberstehen, unterhalb der Spitzen zusammengebunden oder durch eingelegte Querstangen stabilisiert

Auch mit einem Wigwam aus Stangen kann man Bohnen stützen. Man bindet vier Stangen unterhalb der Spitze überkreuzt zusammen. Das Gerüst wird dort aufgebaut, wo für Bohnen in der Reihe kein Platz ist

Sät man Rettiche zwischen Ende Mai und August, dann können auf tiefgründigen Böden die japanischen Riesenrettiche, wie 'Minowase', 'Spring Cross' und 'Minowase Summer Cross', angebaut werden.

Bohnen

Buschbohnen Buschbohnen können von Mitte Mai bis Anfang Juli in bestimmten Abständen gesät werden. Im Hausgarten entscheidet man sich für eine Horst- oder Stufensaat. Dabei werden drei Reihen für ein Beet vorgesehen und die Stufen in einem Abstand von 40 cm angelegt. Auf jeder Stufe legt man vier bis sechs Samenkörner 2–3 cm tief aus. Für 10 m^2 braucht man 70–90 g Saatgut. Bohnen werden vor der Saat nur mäßig gedüngt. Zu Beginn der Blütezeit ist eine Kopfdüngung angebracht. Empfehlenswerte Sorten sind: 'Marona', 'Maja', 'Maxi' und 'Dufrix'. Eine gute gelbe Sorte ist 'Hildora'.

Feuerbohnen, Prunkbohnen Für ungünstige Standorte ist diese Bohnenart vorzuziehen. Sie verträgt mehr Feuchtigkeit. Feuerbohnen können nur bis Ende Mai oder Anfang Juni ausgesät werden. Um einen dichten Bestand zu erhalten, sind je Stange vier bis fünf Samenkörner nötig. Empfehlenswerte Sorten sind: 'Weiße Riesen' und 'Preisgewinner'.

Stangenbohnen Mitte des Monats werden die Beete für die erste Aussaat von Stangenbohnen vorbereitet. Vor der Aussaat wird ein Stangengerüst erstellt. Die Pflanzen können an Holz- oder Stahlstangen aufgeleitet werden. In den letzten Jahren haben sich Stahlwelldrähte immer mehr durchgesetzt. Normalerweise werden die Stangen senkrecht in den Boden gesteckt. Nur in windreichen Gebieten empfiehlt sich eine kreuzweise Aufstellung. Die beiden Reihen werden im Abstand von 60 cm angelegt. Auch in der Reihe beträgt der Abstand 60 cm. Stangen, die einander gegenüberstehen, werden unterhalb der Spitzen zusammengebunden und, wenn nötig, durch eine oben eingelegte Querstange stabilisiert.

Man kann die 2 m langen Stangen auch wie einen Wigwam aufstellen und unterhalb der Spitzen zusammenbinden. Mit der ersten Methode erzielt man einen höheren Ertrag. Die zweite Methode ist dekorativer und auch für jedes kleinere Stück Land geeignet.

Stangenbohnen bilden sehr lange Triebe, die sich entgegengesetzt dem Uhrzeigersinn, also linksherum, an den Stangen hochwinden.

GRÜNSPARGEL ERNTEN

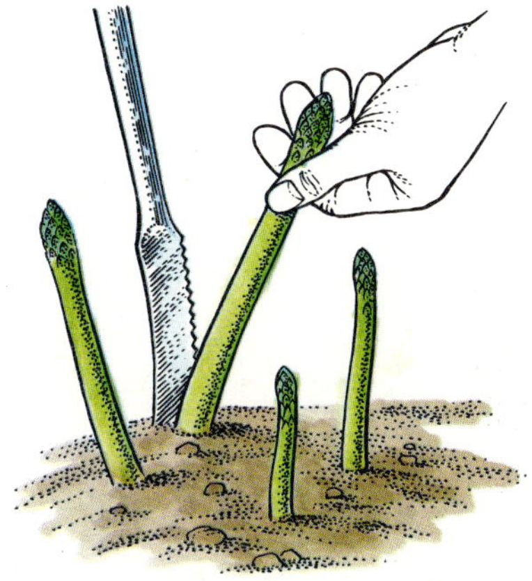

Wenn der Trieb 20 cm lang und der Kopf noch geschlossen ist, ist die Erntereife erreicht. Der Schnitt erfolgt knapp unter der Erdoberfläche, so daß Triebe, die sich noch entwickeln, nicht verletzt werden

Wenn die Triebe um die Aufleitungsgerüste gelegt werden, ist diese Bewegungsrichtung zu beachten. Um jede Stange sät man sechs bis acht Samenkörner 2–3 cm tief aus. Die Saatstelle wird mit etwas Komposterde oder Düngetorf abgedeckt. Für 1 m^2 rechnet man 10 g Saatgut. Empfehlenswerte Sorten sind: 'Neckarkönigin' und 'Markant' mit rundovalen Hülsen oder 'Taplong' und 'Rekord' mit flachovalen Hülsen. Eine gelbhülsige Sorte ist 'Wachs Goldregen'.

Gurken Erst nach dem 20. Mai werden Freilandgurken ausgesät. Eine Verfrühung der Kultur erreicht man, indem man die Pflanzen auf Beete pflanzt, die mit schwarz eingefärbter PE-Folie (Mulchfolie) bedeckt sind. Man legt eine ungefähr 1 m breite, beliebig lange Folie auf ein pflanzfertiges, gedüngtes Beet und gräbt sie an den Rändern ein. An der vorgesehenen Pflanzstelle werden sogenannte Kreuzschnitte angebracht und anschließend die Pflanzen im Abstand von 30 cm gepflanzt. Auch eine Direktsaat ist möglich. Dabei werden jeweils zwei bis drei Samenkörner in den durch Kreuzschnitte geöffneten Boden gelegt. Nachdem der Samen aufgegangen ist, wird auf eine Pflanze vereinzelt. Bei dieser Methode erreicht man nicht nur eine höhere Bodenwärme und eine ausgeglichenere Feuchtigkeit, die zu höheren Erträgen führen, sondern gleichzeitig wird aufkommendes Unkraut unterdrückt.

Gute Sorten mit kurzen Früchten, die nicht bitter schmecken, sind 'Highmarket' F_1 und 'Tanja' F_1. Eine neue bitterfreie und mehltauresistente Sorte mit langen, schlanken Früchten ist 'Bella' F_1. Der Anbau von Salatgurken ist im Freiland aber auch in Frühbeetkästen interessant.

Auch bei Einlegegurken wählt man am besten die mehltauresistenten und bitterfreien Sorten 'Hok', 'Kora' oder 'Naf'.

Lauch Man pflanzt ihn von Ende Mai bis Ende Juni. Der richtige Pflanzabstand liegt bei 30 × 15 cm. Damit die Schäfte möglichst lang und weiß werden, sollte man den Lauch tief pflanzen. Die Pflanzen dürfen aber nicht eingekürzt werden. Geeignete Sorten für die Herbsternte sind: 'Goliath', 'Tropita' und 'Hannibal'. Müssen die Pflanzen winterhart sein, dann sind 'Blaugrüner Winter', 'Genita' und 'Platina' geeignet.

Rosenkohl Bei dieser Gemüseart haben sich die neueren Hybridsorten durchgesetzt. Sie benötigen eine längere Vegetationszeit, zeichnen sich aber durch höhere Erträge und einen gleichmäßigen Röschenansatz aus. Man pflanzt sie in der Regel im Mai. Der Pflanzabstand liegt bei 50 × 60 cm.

Sellerie (Bleich- und Knollensellerie) Ende des Monats kann Sellerie ausgepflanzt werden. Noch besser aber pflanzt man erst im Juni. Sellerie zählt zu den Gemüsearten mit hohem Nährstoffbedarf. Der Pflanzabstand beträgt 40 × 40 cm. Für den Anbau sind die Sorten 'Monarch', 'Alba' und 'Dolvi' zu empfehlen.

Bleichsellerie mit gebleichten, gelbgrünen Stengeln ist eine abgewandelte Form von Knollensellerie. Diese Gemüseart kann bis Ende Juni gepflanzt werden. Man pflegt und düngt sie wie Knollensellerie. Die Jungpflanzen kauft man am besten in einer Gärtnerei. Der Pflanzabstand beträgt 30 × 40 cm. Eine empfehlenswerte Sorte ist 'Goldener Schuß'.

Tomaten Gegen Ende des Monats können Tomaten ins Freiland ausgepflanzt werden. Eine eigene Jungpflanzenzucht bereitet keine Schwierigkeit, wenn die Aussaat dafür Mitte März erfolgt ist. Die Samen werden am besten in Jiffy-7-Torfquelltöpfe gelegt. Bei einer Temperatur

TOMATEN ANBINDEN

Nachdem die Tomatenpflanzen gepflanzt sind, wird der Haupttrieb locker am Pfahl oder an Stahlstäben festgebunden, so daß das Dickenwachstum nicht beeinträchtigt wird

von 20 °C läßt man die Samen in einem Minigewächshaus (Zimmergewächshaus oder Keimbox) keimen. Sobald die Ballen gut durchwurzelt sind, werden die Jungpflanzen in 12-cm-Töpfe umgepflanzt und möglichst hell aufgestellt. Von Mitte Mai an kann ausgepflanzt werden.

Wenn man Jungpflanzen von Tomaten kauft, sollte man unbedingt darauf achten, daß sie einen gedrungenen Wuchs haben. Sie sollten einen guten Wurzelballen und bereits Blüten angesetzt haben. Am besten sind Pflanzen, die in Töpfen herangezogen wurden.

Tomaten müssen tief gepflanzt werden, denn sie bilden am unteren Stengelteil nachträglich Wurzeln. Daher stellt man die Jungpflanzen bis zum Ansatz der Keimblätter ins Pflanzloch.

An einem warmen, sonnigen Standort werden die Pflanzen an Stäben aufgeleitet. Der Abstand von Pflanze zu Pflanze beträgt 50 cm. Werden zwei Reihen in ein Beet gepflanzt, dann beträgt der Reihenabstand 60 cm.

Zu den Pflegemaßnahmen gehört das regelmäßige Ausbrechen der Geiztriebe aus den Blattachseln. Ende Juli sind die ersten Früchte erntereif. Neben den normalfrüchtigen Sorten werden immer mehr auch Fleischtomaten, Spaliertomaten und die kirschgroßen Cocktailtomaten angeboten. Empfehlenswerte Sorten sind: 'Hildares' F_1 und 'Planet' F_1 als normalfrüchtige Tomaten; 'Pyros' F_1 und 'Master' F_1 als Fleischtomaten. Nicht fehlen sollten einige Pflanzen der Sorte 'Sweet 100' mit den sehr aromatisch schmeckenden, kleinfrüchtigen Tomaten, die einen Durchmesser von nur 2–3 cm erreichen. Besonders gut gedeihen Tomaten, wenn sie auf schwarzer Folie (Mulchfolie) ausgepflanzt werden.

Zucchini Zucchini gedeihen am besten an einem warmen, sonnigen Standort. Der Pflanzabstand beträgt 1 × 1 m. Für eine Familie genügen drei bis vier Pflanzen. Auch eine Direktsaat ins Freiland, wie bei Gurken, ist nach den Eisheiligen möglich. Eine frühere Ernte erreicht man mit vorgezogenen Pflanzen oder wenn eine schwarze Mulchfolie (siehe Gurken im *Mai*) verwendet wird. Empfehlenswerte Sorten sind: 'Diamant' F_1 oder 'Gold Rush', eine neue goldgelbe Sorte. Wenn man die ersten Früchte schon sehr bald erntet, steigert sich der Ertrag insgesamt. Die Früchte werden geerntet, wenn sie 20–25 cm lang sind.

Zuckermais Nach dem 20. Mai können auch die Jungpflanzen von Zuckermais, die bereits im April in Torfquelltöpfen angezogen wurden, ausgepflanzt werden. Auch eine Aussaat direkt an Ort und Stelle ist jetzt noch möglich. Der Reihenabstand beträgt 75 cm, der Abstand in der Reihe 30 cm.

Zuckermais ist problemlos anzubauen. Diese wohlschmeckende Gemüsepflanze wirkt sehr dekorativ im Garten. Die Pflanzen erreichen eine Höhe von 1,6–2 m. Die Kolben werden in der Milchreife geerntet. Zuckermais sollte man immer in kurzen Reihen, die ein Rechteck bilden, anbauen. Dadurch wird die Bestäubung gefördert. Jede Pflanze bringt zwei bis drei Kolben hervor. Empfehlenswerte Sorten sind: 'Aztek', 'Goldcoast', 'Merit' und 'Golden Beauty'.

Allgemeine Pflegearbeiten Spätestens Mitte Mai sollte bei allen Frühgemüsen die Flachabdeckung (Folie oder Vlies) entfernt werden. Frühkartoffeln häufelt man an. Auch ist bei Trockenheit für eine reichliche Bewässerung zu sorgen.

Von Mitte Mai an erfolgt der Freilandanbau von Chicoréerüben. Der Reihenabstand beträgt 40 cm. Nach vier bis fünf Wochen müssen zu dicht stehende Pflanzen auf 8–10 cm in der Reihe verzogen werden.

Küchenkräuter

Mit Beginn des Austriebs im Frühjahr gräbt man die drei- bis vierjährigen Thymianpflanzen aus dem Boden und schneidet alle Triebe auf etwa 5 cm zurück. Dann wird die Pflanze geteilt und im Abstand von 20 × 20 cm ausgepflanzt. Schwache, wuchernde Schößlinge von älteren Weinrautenpflanzen werden stark zurückgeschnitten, um ein neues, kräftiges Wachstum zu fördern. Man kann weiterhin Basilikum in das Frühbeet in feine Aussaaterde säen (siehe *April*). Ende Mai werden die Sämlinge im Abstand von 5 cm in Pikierkisten pikiert. Später werden sie im Abstand von 25 × 20 cm ausgepflanzt. Wenn die Spitzen der Triebe regelmäßig abgezwickt werden, verzweigen sich die Pflanzen besser. In wärmeren Gebieten kann man Basilikum von Mai an gleich an Ort und Stelle säen. Die Saat läuft nach 10 bis 14 Tagen auf. Die Sämlinge werden auf einen Abstand von 20 × 25 cm verzogen. Dill, Fenchel, Kerbel, Petersilie und Ysop werden nochmals ausgesät (siehe *April*) und die Sämlinge der im April gesäten Kräuter auf einen entsprechenden Abstand ausgedünnt.

Wenn ein neuer Kräutergarten angelegt werden soll, ist es an der Zeit, die Kräuter nach den im Winter angefertigten Plänen (siehe *Januar*) an ihren endgültigen Standort zu pflanzen.

Salbei kann im Mai an Ort und Stelle gesät werden. Während der Keimzeit muß der Boden feucht gehalten werden. Der Reihenabstand beträgt 25–30 cm. Wenn die Pflanzen zu eng stehen, werden sie vereinzelt und umgepflanzt. Die Beete müssen frei von Unkraut gehalten werden.

Bohnenkraut kann man Anfang Mai direkt ins Gartenbeet säen (siehe *April*). Ebenso sind Folgesaaten von Borretsch direkt ins Freiland möglich (siehe *April*). Wenn keine Frostgefahr mehr besteht, werden die pikierten Sämlinge von Majoran ausgepflanzt. Abgehärtete Jungpflanzen werden auch in Gärtnereien angeboten. Vorkultivierte Pflanzen setzt man in Tuffs von zwei bis drei Pflanzen im Abstand von 20–25 cm ins Beet. Auf nährstoffarmen Böden ist eine Düngung angebracht.

Lilien, die im Mai gepflanzt werden

In den vergangenen Jahren wurden unzählige neue prachtvolle Lilienarten eingeführt und gezüchtet, und so sind heute Hunderte robuster, gegen Krankheit unempfindlicher Arten in den verschiedensten Farben und Formen im Handel. Die Skala reicht von den großen, reinweißen Trompetenlilien bis hin zu den Türkenbundlilien, deren Blüten zierlicher sind.

Man unterscheidet zwischen Lilien, die am Stengel wurzeln, und solchen, die Basiswurzeln hervorbringen. Die ersteren bilden oberhalb der Zwiebel am Stiel und an der Basis Wurzeln, während bei den letzteren nur die Basis bewurzelt ist. Stengelwurzler müssen tief eingepflanzt werden. Sind einige Wurzeln über dem Boden sichtbar, dann werden sie mit Erde bedeckt.

Lilium amabile
Diese unangenehm riechenden Türkenbundlilien mit glänzendorangeroten Blüten sind schwarz gesprenkelt und haben dunkelschokoladenbraune Staubbeutel. Sie gedeihen gut im Halbschatten. Höhe: 1,2 m, Pflanzabstand: 45 cm, Stengelwurzler.

L. auratum Goldbandlilie
Die wohlriechenden, flachen, schalenförmigen Blüten sind weiß, haben einen goldgelben Mittelstreifen und karminrote Köpfe. Sie erscheinen im August und September. Die kalkmeidende Pflanze bildet Stengelwurzeln. Höhe: 0,45–1,5 m, Pflanzabstand: 30 cm, Stengelwurzler.

L. × aurelianense
Große schalenförmige oder trompetenförmige Blüten. Manche haben bandförmige weiße und cremefarbene, goldgelbe oder rosa Blütenblätter im August. Die Pflanze gedeiht am besten an einem sonnigen Standort. Höhe: 1,2–1,8 m, Pflanzabstand: 30 cm, Stengelwurzler.

***L.-Backhouse*-Hybriden**
Die Türkenbundblüten sind meist elfenbeinfarben, gold, orange oder weinrot, einige rosa gesprenkelt und öffnen sich im Juni und Juli. Die Blätter sind quirlständig. *L.-Backhouse*-Hybriden lieben leichten Schatten. Höhe: 1 bis 1,5 m, Pflanzabstand: 20–25 cm, Basiswurzler.

***L.-Bellingham*-Hybriden**
Orangegelbe, glockenförmige Blüten im Juli. Diese Pflanzen wachsen auf kalkfreien, sauren Böden im Halbschatten. Sie gehören zu den schönsten Lilien und gedeihen viele Jahre. An der Basis und am Stengel bilden sie Wurzeln. Höhe: 1,5–1,8 m, Pflanzabstand: 20–25 cm. Die Sorte 'Black Dragon' hat weit geöffnete weiße Trichterblüten, die außen purpurbraun gefärbt sind und im Juli aufblühen. Eine Zwiebel kann bis zu einem Dutzend süß duftender Blüten hervorbringen. Die Pflanzen wachsen in normalem Boden in voller Sonne oder im Halbschatten. Höhe: 1,5 m, Pflanzabstand: 20–25 cm, Stengelwurzler.

L. brownii
Eine besonders schöne Art mit großen cremeweißen Trompetenblüten, die sich im Juli entfalten und außen purpurrosa bis schokoladenfarbig sein können. Die Pflanze wächst im Halbschatten in normalem Boden, verträgt jedoch etwas Kalk. Bei uns ist sie nicht ganz winterhart und setzt keinen Samen an. Höhe: 0,9–1,2 m, Pflanzabstand: 20–25 cm, Stengelwurzler.

L. canadense Kanadalilie
Die Blüten in Türkenbundform sind meist gelb und innen mit dunklen Punkten und Flecken bedeckt. Die Art braucht einen kalkfreien, sauren Boden und erträgt leichten Schatten. Höhe: 0,6–1,5 m, Pflanzabstand: 20–25 cm, Basiswurzler.

L. candidum Madonnenlilie
Diese Lilie bringt im Juni und Juli reinweiße, angenehm duftende Trompetenblüten mit goldgelben Staubblättern hervor. Die Pflanze liebt einen sonnigen Standort und kalkhaltigen Boden. Sie ist schwer zu kultivieren. Auch darf in ihrer Nähe nicht umgegraben werden. Höhe: 0,8–1,2 m, Pflanzabstand: 20–25 cm, Basiswurzler. *L. c. var. salonikae* hat kleinere, spitze, schmale Blütenblätter und blüht früher.

L. cernuum
Im Juni und Juli öffnen sich die wohlriechenden, lila bis fliederfarbenen, dunkler gefleckten Türkenbundblüten mit orangefarbenem Pollen. Diese Art braucht einen sonnigen Standort und einen kalkhaltigen, lehmigen Sandboden. Höhe: 30–80 cm, Pflanzabstand: 20 cm, Stengelwurzler.

L. chalcedonicum
Leuchtendscharlachrote Türkenbundlilien mit scharlachrotem Pollen im Juli und August. Die Art braucht einen sonnigen Standort und kalkhaltigen Boden. Sie ist schwierig zu kultivieren. Höhe: 60–80 cm, Pflanzabstand: 20–25 cm, Stengelwurzler.

L. concolor
Eine hübsche, kleine Lilie mit aufrechtstehenden, sternförmigen roten Blüten im Juni und Juli. Sie braucht einen sonnigen Standort, wächst in normalem Boden und keimt leicht aus Samen. Höhe: 30–90 cm, Pflanzabstand: 15 cm, Basiswurzler.

L. dauricum
Im Juni schmückt sich die winterharte Art mit aufrechten kelchförmigen, orange- bis scharlachroten Schalenblüten mit braunen Flecken. Sie liebt einen sonnigen Standort in kalkfreiem Boden. Höhe: 30–75 cm, Pflanzabstand: 20 cm, Stengelwurzler.

L. davidii
An waagrecht abstehenden Stielen sitzen im Juli und August zinnober- bis scharlachrote Türkenbundblüten mit purpurschwarzen Flecken und scharlachrotem Pollen. Die Art bevorzugt einen sonnigen bis halbschattigen Standort in normalem Gartenboden. *L. davidii* ist die Stammpflanze einer Anzahl schöner Hybriden und läßt sich leicht aus Samen ziehen. Höhe: 30–75 cm, Pflanzabstand: 20–25 cm, Stengelwurzler.

***L.-Fiesta*-Hybriden**
Zitronen- bis goldgelbe Türkenbundblüten im Juli. Einige Sorten haben tiefgrüne, quirlständige Blätter. *L.-Fiesta*-Hybriden blühen sehr reich an einem sonnigen Standort. Auch eignen sie sich gut für die Pflanzung in einer gemischten Rabatte. Höhe: 0,9–1,5 m, Pflanzabstand: 30 cm, Stengelwurzler.

L. formosanum
Im September und Oktober kann man sich an den weißen Trichterblüten erfreuen, die außen meist rosa überlaufene Mittelrippen besitzen und gelben Blütenstaub hervorbringen. Diese Lilien ertragen leichten Schatten, brauchen einen kalkfreien Boden und sind nicht winterhart. Man kann sie leicht aus Samen ziehen. Höhe: 1,2–1,6 m, Pflanzabstand: 30 cm, Stengelwurzler.

L. hansonii
Die duftenden, orangegelben Türkenbundblüten mit ihren dicken, fleischi-

L. × *aurelianense*

L.-Bellingham-Hybriden

L. candidum

L. davidii

L.-Fiesta-Hybriden

L. hansonii

L. martagon

L.-Olympic-Hybriden

gen Blütenblättern, die meist braun gefleckt sind, öffnen sich im Juni und Juli. Die Blätter sind quirlständig. Man sollte die Art an einen halbschattigen Standort pflanzen, da die Blüten in der vollen Sonne verblassen. Diese leicht zu kultivierende Art, die sich oft jahrzehntelang im Garten hält, erträgt keinen Kalk. Höhe: 60–95 cm, Pflanzabstand: 25 cm, Stengelwurzler.

L. henryi
Die orangefarbenen, braungefleckten Blüten dieser robusten Türkenbundlilie erscheinen im August und September. Sie erträgt kalkhaltigen Boden und bevorzugt halbschattige Standorte. Man kann sie leicht durch Tochterzwiebeln vermehren. Höhe: bis 2,4 m, Pflanzabstand: 30 cm, Stengelwurzler.

L. × hollandicum
Im Juni und Juli schalenförmige, gelbe bis dunkelkarmesinrote Blüten. Die Pflanzen brauchen einen sonnigen Standort in nährstoffreichem Boden. Höhe: 0,45–1,2 m, Pflanzabstand: 20–25 cm, Stengelwurzler.

L. × imperiale
Im Juli erscheinen weiße, trompetenförmige Blüten mit purpurfarbener Zeichnung und gelbem Schlund. Die Pflanze ist leicht zu kultivieren, braucht volle Sonne und humosen Boden. Höhe: 1,6–1,8 m, Pflanzabstand: 25 cm, Stengelwurzler.

L. japonicum
Im Juni und Juli entfalten sich duftende, kurze Trompetenblüten, deren Blütenfarbe von Weiß bis Rosa reichen kann. Da die Pflanze nicht winterhart ist, sollte man sie in der kalten Jahreszeit möglichst in ein kühles Gewächshaus stellen. Die Art bevorzugt den Halbschatten und sandigen, kalkfreien, sauren Boden. Diese schöne Lilie wird leider leicht von Pilzen befallen. Höhe: 30–90 cm, Pflanzabstand: 20–25 cm, Stengelwurzler.

L. longiflorum Osterlilie
Lange, weiße Trompetenblüten mit gelbem Pollen im August und September. Die Art erträgt leichten Schatten und bevorzugt kalkhaltigen Boden. Sie ist nicht ganz winterhart und läßt sich leicht aus Samen ziehen. Beliebt ist sie auch als Topfpflanze. Höhe: 30–90 cm, Pflanzabstand: 25 cm, Stengelwurzler. Die bekannteste Sorte ist 'White Nellie'.

L. maculatum
Die großen kelchförmigen, aprikosenfarbenen Blüten mit kräftig goldgelber Mittelrippe öffnen sich im Juni und Juli. Es gibt zahlreiche Sorten und Hybriden, z. B. 'Connecticut King'. Die Art läßt sich leicht in der vollen Sonne und in kalkfreiem Boden kultivieren. Höhe: 0,3–1 m, Pflanzabstand: 20–35 cm, Stengelwurzler.

L. martagon Türkenbundlilie
Dunkel gefleckte, meist karminrosa gefärbte Blüten erscheinen im Juli. Diese winterharte Art gedeiht in kalkhaltigem Boden und bevorzugt halbschattige Standorte. Sie sät sich oft selbst aus. Die attraktive Varietät *L. martagon var. album* bringt weiße, etwas größere Blüten hervor und blüht außergewöhnlich reich. Höhe: 0,6–1,5 m, Pflanzabstand: 20–25 cm, Basiswurzler.

***L.-Midcentury*-Hybriden**
Es gibt viele Sorten und unterschiedlich geformte Blüten, deren Farben von Gelb bis Rot reichen. Gezüchtet wurden diese Hybriden von Jan de Graaff, der die ersten Sorten 1949 in den Handel brachte. Da diese Sorten nicht nur sehr schön, sondern auch standfest und haltbar sind, haben sie geradezu eine Lilienwelle ausgelöst. Zu den bekanntesten Sorten zählen: 'Enchantment', 'Harmony', 'John Evans', 'Valencia', 'Croesos', 'Destiny', 'Prosperity', 'Cinnabar', 'Sunstar', 'Tabasco', 'Paprika'. Sie blühen im Juli, sind äußerst winterhart und bevorzugen einen halbschattigen Standort. Höhe: 0,9–1,5 m, Pflanzabstand: 30 cm, Stengelwurzler.

L. monadelphum
Im Juni erscheinen große, hängende, reingelbe Blüten mit lilarötlicher Sprenkelung und gelbem Pollen. Sie bevorzugen einen halbschattigen Standort und kalkhaltigen Boden. Höhe: 60–80 cm, Pflanzabstand: 20–25 cm, Stengelwurzler. Die Art *L. szovitsianum* ist *L. monadelphum* ähnlich. Ihre zurückgebogenen gelben Blüten sind purpurfarben oder schwarz gefleckt.

***L.-Olympic*-Hybriden**
Die duftenden Trompetenblüten, die sich im Juli öffnen, gehören zu den schönsten Neuzüchtungen. Sie gleichen denen von *L. regale* und sind cremeweiß oder fuchsienrot gefärbt. Die Pflanzen brauchen volle Sonne und wachsen in normaler Gartenerde. Höhe: 0,8–1,2 m, Pflanzabstand: 25 cm, Stengelwurzler.

L. pardalinum Pantherlilie
Im Juli bringt die Pantherlilie orangerote Türkenbundblüten mit karminroten Spitzen und rotbraunen Flecken hervor. Sie braucht einen sonnigen Standort und kalkfreie Erde. Höhe: 1,2–2 m, Pflanzabstand: 30 cm, Basiswurzler.

***L.-Patterson*-Hybriden**
Im Juni entfalten sich rosarote, cremefarbene oder lila Türkenbundblüten. Diese Hybriden brauchen einen sonnigen Standort und wachsen in jedem Boden. Sie sind sehr ausdauernd. Die Sorten 'Edith Cecilia' mit rosa Blüten und 'Rosalind' mit roséfarbenen Blüten sind besonders empfehlenswert. Höhe: 90 cm, Pflanzabstand: 20 bis 25 cm, Stengelwurzler.

L. pomponium
Diese kalkliebende Art gleicht *L. chalcedonicum,* ist jedoch kleiner. Ihre leuchtendroten Türkenbundblüten, die sich im Juni und Juli entwickeln, sind schwarz gepunktet. Die Pflanze liebt einen sonnigen Standort. Höhe: 40–50 cm, Pflanzabstand: 20–25 cm, Stengelwurzler.

L. pumilum
Leuchtendrote, duftende, nickende Türkenbundblüten im Juni mit rotem Pollen. Die kalkliebende Art braucht volle Sonne und einen durchlässigen Boden. Sie ist leicht aus Samen zu ziehen. Höhe: bis zu 45 cm, Pflanzabstand: 15 cm, Stengelwurzler.

L. pyrenaicum
Leuchtendgelbe, unangenehm riechende Türkenbundblüten Ende Mai und im Juni mit schwarzen Flecken und rötlichem Pollen. Die Art gedeiht gut in der Sonne, erträgt aber auch Halbschatten. Eine sehr früh blühende Freilandlilie. Höhe: 0,3–1,2 m, Pflanzabstand: 20–25 cm, Basiswurzler.

L. regale Königslilie
Im Juli erscheinen die duftenden weißen Trompetenblüten, die am Schlund purpurfarben überlaufen sind. Die Blüten brauchen volle Sonne und einen nährstoffreichen Boden. Man kann die Königslilie leicht aus Samen ziehen. Höhe: 0,8–1,2 m, Pflanzabstand: 30 cm, Stengelwurzler.

L. rubellum
Duftende, kleine rosafarbene Trompetenblüten im Mai mit goldgelbem Pollen. Da diese Art nicht winterfest ist, wird sie am besten als Topfpflanze im kühlen Gewächshaus kultiviert. Im Freiland bevorzugt sie halbschattige Standorte und einen kalkfreien, sauren Boden. Höhe: 30–50 cm, Pflanzabstand: 15 cm, Stengelwurzler.

L. speciosum
Eine bezaubernd schöne, duftende Lilie, die im August und September ihre weißen Türkenbundblüten öffnet. Sie sind karminfarben getönt und gefleckt und mit rötlichen Papillen bedeckt. Die Staubfäden und der Griffel ragen über die Blüte hinaus. Höhe: 0,9–1,8 m, Pflanzabstand: 30 cm, Stengelwurzler.

L. tigrinum Tigerlilie
Große, orangerote Türkenbundblüten im August und September mit schokoladebrauner Sprenkelung. Die Tigerlilie braucht einen sonnigen Standort und wächst in normalem Gartenboden. Man kann sie leicht aus Achselbulben kultivieren, die sich von Juni an in den Blattachseln bilden und im Herbst abfallen. Höhe: 0,9–1,6 m, Pflanzabstand: 20–25 cm, Stengelwurzler.

Blumenschmuck für Fenster und Balkone

Rund 150 Tage im Jahr setzen Sommerblumen auf dem Balkon und vor dem Fenster farbige Akzente. Eine große Anzahl von Arten und Sorten blüht ununterbrochen vom Frühjahr bis zum Herbst in den Pflanzgefäßen. Balkongärten haben den Vorteil, daß man sie täglich ganz aus der Nähe vom Fenster aus betrachten und immer wieder aufs neue die Blütenpracht genießen kann.

Balkongärtner leisten außerdem einen beachtlichen Beitrag zur Verschönerung von Häuserfassaden in unseren Städten und Gemeinden. Für viele Blumenliebhaber und Hobbygärtner ist der Balkongarten fast die einzige Möglichkeit, sich mit Pflanzen zu beschäftigen.

Schon bei der Planung moderner Neubauten berücksichtigen Architekten und Bauherren in neuerer Zeit erfreulicherweise die

Anlage von Balkonen oder Dachterrassen, von Loggien, Veranden oder sonstigen Freiräumen, die sich unmittelbar an die Wohnräume anschließen. Auf dem Reißbrett werden häufig schon Pflanzgefäße vorgesehen. Immer mehr wird somit der Blumenschmuck an Häusern zu einer Selbstverständlichkeit. Für manchen Hobbygärtner ist der Balkon ein üppig blühender, erweiterter Wohnraum.

Für die Bepflanzung der Pflanzgefäße steht eine Vielzahl von Blütenpflanzen zur Auswahl: größere und kleinere, aufrecht wachsende und hängende, kriechende und kletternde sowie Gewächse für sonnige, halbschattige und schattige Standorte. Die Balkonbepflanzung soll nicht nur die Fassade verschönern, sondern auch bis in den Wohnraum hinein wirken.

Das Angebot von Balkonpflanzen in Gartencentern, Blumengeschäften, Gärtnereien oder Fensterblumenmärkten ist fast unüberschaubar.

Viele unserer Balkonblumen entfalten ihre Blüten bereits kurz nach der Pflanzung – meist von Mitte Mai an – und werden häufig erst nach den ersten Frostnächten im Herbst unansehnlich.

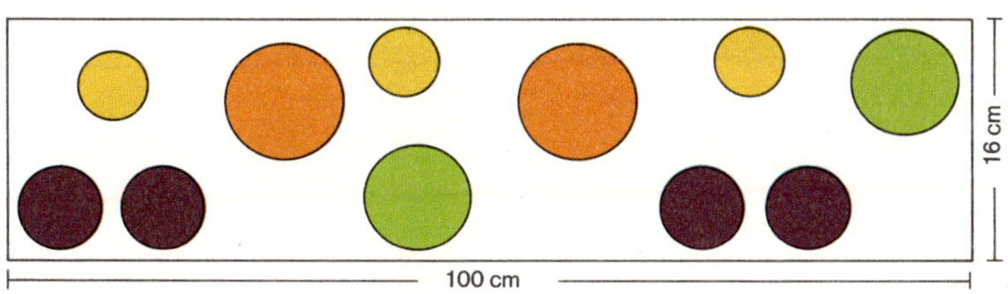

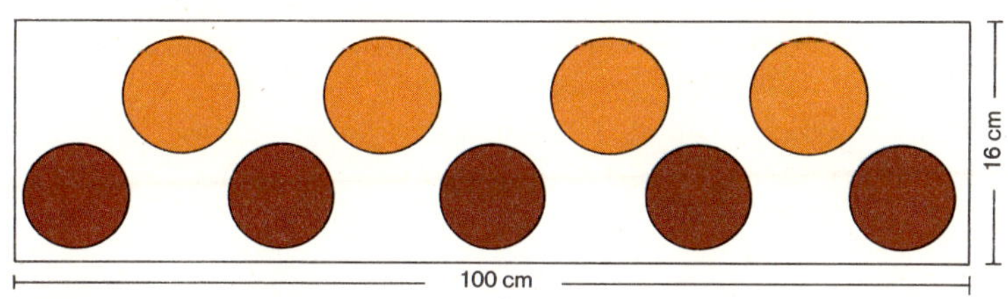

Pelargonium-Zonale-Hybriden
Lobelia erinus
Impatiens wallerana
Chrysanthemum paludosum

Pelargonium-Zonale-Hybriden
Verbena-Hybriden

Verschiedene Balkonpflanzen können – wenn sie rechtzeitig vor den ersten Nachtfrösten in den Überwinterungsraum gebracht werden – mehrere Jahre lang für den Balkonschmuck verwendet werden. Wie die einjährigen Balkonpflanzen sollte man diese ausdauernden Gewächse, z. B. Geranien und Fuchsien, stets mit einem frischen, nährstoffreichen Kultursubstrat versorgen.

Viele Möglichkeiten für die Auflockerung und Belebung der Balkonbepflanzung bieten verschiedene Gruppenpflanzen, mit denen dekorative Farbwirkungen erzielt werden können.

Neben der Reichblütigkeit der Balkonpflanzen wird insbesondere auch auf eine ausreichende Wetterfestigkeit dieser Pflanzen Wert gelegt, damit Hitze oder auch starke Regenfälle ohne Schaden überstanden werden.

Wenn der Balkon zu einem abwechslungsreichen Blüten- und

Pflanzenreich werden soll, muß man auf die richtige Anordnung der verschiedenartigen Gewächse achten. Aufrecht wachsende Leitpflanzen müssen von niedrigeren Bei- und Hängepflanzen umgeben sein.

Soll sich die Anordnung der Blumen nicht ständig wiederholen, müssen Balkongärtner immer wieder versuchen, durch neue Gruppierungen und die vielfältige Verwendung von Pflanzen für mehr Abwechslung in diesen Minigartenanlagen zu sorgen.

Ehe man die Pflanzgefäße auf dem Balkon oder der Terrasse anbringt, sollte man nicht nur den Charakter eines Gebäudes und die Farbe der Fassade berücksichtigen, sondern man muß auch überlegen, wie bestimmte Hauspartien besonders günstig betont, wie Blickfänge geschaffen werden oder aber auch, wie man die Aufmerksamkeit von unschönen Stellen ablenken kann.

Ein individueller Blumenschmuck sollte sich den Gegebenheiten bestmöglich anpassen.

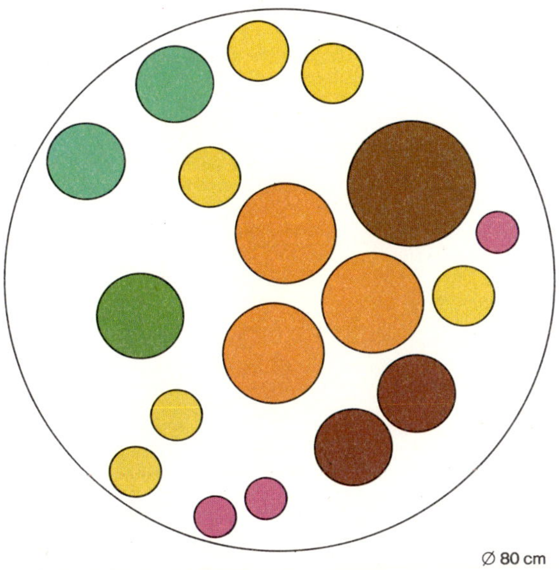

- *Acer palmatum* 'Atropurpureum'
- *Pelargonium-Zonale*-Hybriden
- *Verbena*-Hybriden
- *Festuca glauca*
- *Juniperus horizontalis* 'Glauca'
- *Chrysanthemum paludosum*
- *Chrysanthemum multicaule* 'Kobold'

Wasserpflanzen, die im Mai und Juni gepflanzt werden können

Man unterscheidet im wesentlichen drei Pflanzenarten für den Wassergarten: Wasserpflanzen, wie Seerosen, die sich für die tieferen Teile des Beckens eignen; Flachwasser- oder Uferpflanzen, wie die Binse, die nur wenige Zentimeter tief im Wasser steht, und Sumpf- oder Uferpflanzen, wie die Taglilie und Farne. Außerdem sind Schwimm- und Unterwasserpflanzen angeführt

Pflanzen für große Wassertiefen

Nymphaea Seerose

Je nach der Sorte eignen sie sich für Wassertiefen zwischen 0,3 und 1,5 m. Einige Sorten können in Wassertiefen von 10–20 cm angepflanzt werden, während sich andere mehr für die Bepflanzung von tieferen Seen eignen. Sobald sich die Pflanzen gut entwickelt haben, blühen sie von Juni bis September – allerdings dann nur vier bis fünf Tage lang. Die Blütenfarbe variiert von Weiß über Rosa, Rot und Gelb bis Kupferrot. Einige Sorten haben wohlriechende Blüten. Seerosen werden im April oder Mai durch Teilung vermehrt. Im Sommer schneidet man stark wachsende Kolonien zurück, indem man wuchernde Pflanzenteile mit einem scharfen Messer auslichtet.

Große Seerosen
Die folgenden Sorten eignen sich für Wassertiefen bis zu 1,5 m: 'Attraction' hat granatrote sternförmige Blüten mit weißen Spitzen. 'Charles de Meurville' bringt magnolienförmige weinrote Blüten hervor, die bis zu 25 cm groß werden können. 'Gladstoniana' entwickelt große weiße Blüten und Blätter. 'Mrs. Richmond' besitzt große, kelchförmige, karminrosa Blüten.

Mittelgroße Seerosen
Die folgenden Sorten eignen sich für Wassertiefen bis zu 80 cm: 'Escarboucle', die prächtigste rote Seerose mit duftenden Blüten. Sie bringt große, jedoch wenige Blüten hervor und braucht viel Platz für ihre Wurzeln. 'Hermine' entwickelt reinweiße, tulpenförmige Blüten. 'James Brydon' zeichnet sich durch große, kugelige, kirschrote Blüten und kreisrunde Blätter aus. 'Marliacea Chromatella' mit sternförmigen leuchtendgelben Blüten und bräunlich marmorierten Blättern ist frostempfindlich.

Kleine Seerosen
Die folgenden Sorten eignen sich für eine Wassertiefe von 20–40 cm: 'Candidissima' hat kleine herzförmige Blätter und weiße Blüten. 'Ellisiana' mit leuchtendroten Blüten und weißen Spitzen blüht sehr reich. 'Froebelii' bringt schwach duftende karminrote Blüten hervor. 'Graciella', eine Zwergsorte mit kugeligen Blüten, blüht zuerst blaßgelb; dann verfärben sich die Blüten rot. Sie ist nur für eine Wassertiefe von 10–20 cm geeignet. *N. odorata* 'Maxima' schmückt sich mit weißen, fast kugeligen, duftenden Blüten. 'Rosennymphe' entwickelt sternförmige rosa Blüten, die beim Verblühen blasser werden.

Weitere Wasserpflanzen

Aponogeton distachyus Wasserähre
Die Pflanze eignet sich für Wassertiefen zwischen 15 und 60 cm. Die Schwimmblätter sind lang und grün glänzend. Die wohlriechende Pflanze hat einen geteilten Blütenstand mit wachsartigen weißen Blumenblättern und schwarzen Staubbeuteln. Die Blüten erscheinen von Mai bis Oktober. Vermehrt wird die Wasserähre durch Samen.

Nymphoides peltata Sumpfrose
Diese winterharte Wasserpflanze wächst in Wassertiefen von 15–50 cm. Die Schwimmblätter ähneln denen der Seerose. Goldgelbe ausgefranste Blumenblätter erscheinen im Juni und Juli. Vermehrt wird die Sumpfrose im April oder Mai, indem man junge Pflanzen, die sich an den Ausläufern bilden, umpflanzt.

Orontium aquaticum Goldkeule
Sie benötigt eine Bodentiefe von 35 cm und eine Wassertiefe von 20–50 cm. Die ovalen Blätter haben einen blaugrünen metallischen Glanz. Die schmalen, keulenförmigen, leuchtendgelben Blütenkolben, die im Mai und Juni erscheinen, werden von weißen Stielen getragen. Vermehrt wird die Goldkeule durch Samen oder Teilung im Juni.

Sauerstoffbildende Pflanzen

Diese Unterwasserpflanzen eignen sich für Wassertiefen von 30 bis 90 cm und sind für jedes Becken sehr wichtig. Sie fördern das Wachstum nützlicher tierischer Mikroorganismen. Sauerstoffbildende Unterwasserpflanzen wachsen im Sommer überaus reichlich und müssen im Spätherbst ausgelichtet werden. Vermehrt werden sämtliche Arten durch Teilung von April bis August.

Ceratophyllum demersum Rauhes Hornkraut
Diese Pflanze hat doppelt gegabelte dunkelgrüne Blätter. Sie besitzt keine Wurzeln. Ihr Trieb ist im Schlamm verankert.

Elodea canadensis Kanadische Wasserpest
Diese kräftige Pflanze mit kleinen, dunkelgrünen Blättern und unscheinbaren Blüten ist ein ausgezeichneter Sauerstoffbildner.

Hottonia palustris Wasserfeder
Im Mai und Juni erscheinen an 20–30 cm hohen Stengeln zartrosafarbene schalenförmige Blüten. Die Blätter sind kammförmig gefiedert. Die Wasserfeder liebt mooriges, saures Wasser.

Myriophyllum Tausendblatt
M. spicatum mit rotgrünen Stengeln und Blättern eignet sich am besten für ein Wasserbecken. Die Art hat im Mai und Juni blaßrosa Blüten. Vermehrt wird sie durch Stecklinge oder durch Teilung.

Potamogeton crispus Krauses Laichkraut
Die wellig-gekrausten rötlichgrünen Blätter haben Ähnlichkeit mit dem Seetang. Vermehrt wird das Laichkraut durch Stecklinge oder durch Teilung.

Ranunculus aquatilis Wasserhahnenfuß
Diese Pflanze ist besonders gut für die Reinhaltung des Wassers geeignet. Sie hat verschiedenartige Blätter: gelappte Schwimmblätter und haarfein geschlitzte untergetauchte Blätter. Die

Ranunculus aquatilis

weißen Blüten mit gelber Mitte ragen über die Wasseroberfläche empor.

Schwimmpflanzen

Sie eignen sich für Wassertiefen zwischen 30 und 90 cm. Einige Gattungen, wie die Kleine Wasserlinse, schwimmen frei auf der Oberfläche, während andere Arten, wie der Gemeine Wasserschlauch, zu den Unterwasserpflanzen gehören. Mit Pflanzen, die auf dem Wasser schwimmen, kann man Algen bekämpfen. Sie verbreiten sich rasch.

Azolla mexicana Moosfarn
Dieser Farn schwimmt auf der Wasseroberfläche. Mit seinem hellgrünen, oft ins Rötliche übergehenden Blattwerk kann er rasch die ganze Wasseroberfläche bedecken. Er ist frostempfindlich.

Eichhornia crassipes Wasserhyazinthe
Die blaßlila Blüte mit dem auffallenden gelben Auge hält sich nur einen Tag lang. Die eigenartigen Blätter, deren luftgefüllte Stiele die Pflanze an der Wasseroberfläche halten, glänzen leuchtend grün. Die Pflanze ist nicht winterhart, kann aber von Juni bis September im Freilandbecken gehalten werden. Im Spätherbst wird sie ins Haus gebracht bzw. in einem Wasserbecken im Gewächshaus kultiviert.

Hydrocharis morsus-ranae Froschbiß
Die kleinen, aus drei weißen Blumenblättern bestehenden Blüten erheben sich im Juli und August über runden, auf der Wasseroberfläche schwimmenden Blättern. Die Pflanze übersteht die kalte Jahreszeit mit Hilfe von Winterknospen, die sich im Spätsommer an den Ausläufern bilden. Sie sind etwa 15 mm lang und oval geformt.

Die Winterknospen sinken auf den Grund des Beckens und erscheinen im darauffolgenden Mai wieder an der Oberfläche.

Stratiotes aloides Krebsschere, Wasseraloe
Die rosettig angeordneten, untergetauchten, fleischigen Blätter mit gezähntem Rand ähneln dem Schopf einer Ananas. Die Krebsschere überwintert anders als der Froschbiß. Im Spätsommer bedecken sich die Blätter mit Kalkablagerungen. Dadurch sinkt die Pflanze zu Boden. Im Frühling bilden sich neue Blätter.

Trapa natans Wassernuß
Die einjährige, an der Wasseroberfläche frei schwimmende Pflanze bringt eßbare große Früchte hervor. Diese keimen im späten Frühjahr und entwickeln sich zu langen Schößlingen mit aufgeblasenen Blattstielen. Aus dem rosettig angeordneten, glänzendgrünen Laub, das sich dann bildet, entstehen im Sommer kleine weiße Blüten.

Utricularia vulgaris Gemeiner Wasserschlauch
Die feingeteilten Blätter dieser fleischfressenden Pflanze liegen direkt unter der Wasseroberfläche. Ein Teil der Blätter ist in eiförmige Blasen umgewandelt, mit denen kleine Wassertiere gefangen werden. An den 15–40 cm hohen Stengeln, die über das Wasser emporragen, öffnen sich von Juni bis August gelbe zweilippige Blüten.

Sumpfpflanzen

Diese am Ufer oder flachen Rand eines Beckens wachsenden Pflanzen werden Sumpf- oder Flachwasserpflanzen genannt. Die meisten Arten wachsen gut an Standorten mit einer 10 cm tiefen Erdschicht, die etwa 7–10 cm hoch mit Wasser bedeckt ist. Vermehrt werden diese Pflanzen durch Teilung oder Umpflanzen im Mai. Im Sommer können wuchernde Pflanzenteile durch Zurückschneiden mit einem scharfen Messer oder einer Gartenschere ausgelichtet werden.

Acorus calamus Kalmus
Die Sorte 'Variegatus', die 60–90 cm hoch wird, hat schwertlilienförmige, grüne, cremeweiß gestreifte Blätter und gelbgrüne unscheinbare Blüten. Die Pflanze sieht bis zum ersten Frost gut aus. Vermehrt wird sie durch Teilung.

Calla palustris

Butomus umbellatus Schwanenblume, Blumenbinse
Ihre langen schmalen Blätter sind teilweise dreikantig. Von Juni bis September bringt sie rosafarbene Blüten hervor, die in einer Dolde angeordnet sind. Sie wächst in Wassertiefen bis zu 40 cm und wird 60–90 cm hoch.

Calla palustris Sumpfkalla
Aus kriechenden Rhizomen entwickeln sich dunkelgrünglänzende, herzförmige Blätter. Auf weiße, aronstabähnliche Blüten von Mai bis August folgen leuchtendrote Früchte an den Kolben. Man vermehrt die Sumpfkalla durch Teilung der Rhizome.

Caltha Dotterblume
C. palustris, die Sumpfdotterblume mit ihren goldgelben Blüten, ist oft die erste blühende Pflanze im Wassergarten. *C. p.* 'Multiplex' hat im April und Mai gefüllte, tiefgelbe Blüten. Die Sorte 'Alba' öffnet schon im März ihre weißen Blüten. Alle Dotterblumen gedeihen am besten im flachen Wasser oder auf feuchtem Boden.

Eriophorum Wollgras
E. angustifolium trägt im Mai und Juni weiße Wollschöpfe über dunkelgrünen, rinnigen Blättern, die in eine lange, dreikantige Spitze auslaufen. Das Wollgras wird 20–70 cm hoch und wird durch Teilung oder Aussaat vermehrt.

Glyceria Schwadengras
G. maxima 'Variegata' mit rohrartigen Halmen und weiß- und gelbgestreiften Blättern trägt im Juli und August reichblütige Rispen. Das Schwadengras wird 40–50 cm hoch, friert im Herbst zurück und neigt zum Wuchern.

Iris Schwertlilie
I. laevigata und ihre Sorten eignen sich für das kleine Becken. Diese Art besitzt mittelblaue Blüten, aber es gibt auch noch hellere und dunklere Namenssorten. 'Alba' ist eine weiße Sorte mit drei Blumenblättern; 'Snowdrift' hat reinweiße Blüten mit sechs Blumenblättern; 'Monstrosa' mit weißer Mitte besitzt marineblaue Hängeblätter. Alle blühen im Juni und Juli. *I. pseudacorus*, die Gelbe Sumpfschwertlilie, schmückt sich mit vielen kleinen leuchtenden, goldgelben Blüten. Bei *I. p.* 'Variegata' handelt es sich um eine Sorte mit gelblich gestreiften Blättern.

Mimulus Gauklerblume
M. luteus trägt von Juni bis August tiefgoldene, trompetenförmige Blüten. Die Pflanze wird durch Samen, Stecklinge oder Teilung vermehrt.

Myosotis palustris Sumpfvergißmeinnicht
Von Mai bis Juli bringt die Pflanze, die 20–25 cm hoch wird, mittelblaue Blüten hervor. Die Sorte *M. p.* 'Thüringen' zeichnet sich durch dunkelblaue große Blüten und frischgrüne Blätter aus.

Pontederia cordata Hechtkraut
Die Pflanze braucht einen tiefgründigen Boden. Von Juli bis September entwickelt sie Ähren mit kleinen blauen Blüten.

Sagittaria Pfeilkraut
Diese Pflanzen, die wild besonders an Flußufern wachsen, haben unterschiedliche Blattformen. Die untergetauchten Blätter sind meist lang und schmal, die

an der Wasseroberfläche schwimmenden pfeilförmig. Weiße bis rosa Blüten stehen an langen Stielen in Quirlen um den Stengel und öffnen sich von Juni bis September. Das Pfeilkraut überwintert in kiebitzeiähnlichen Knollen. *S. graminea* ist eine zierliche Pflanze mit bandförmigen Unterwasserblättern. *S. latifolia* hat auffallend große breite Blätter und gelbe Staubbeutel. Bekannt ist vor allem die Art *S. sagittifolia* mit dicken fleischigen Blättern und schwarzen Staubblättern.

Scirpus Simse
S. lacustus albescens hat lange, stielrunde, gelblichweiße Stengel, die 0,9–1,2 m hoch werden und grün gestreift sind. *S. tabernaemontani* 'Zebrinus' mit quergestreiften Stengeln erreicht eine Höhe von 0,4–1,2 m.

Typha Rohrkolben
T. latifolia ist die charakteristische Pflanze ländlicher Teiche. Für den kleinen Gartenteich ist *T. stenophylla*, die 0,9–1,2 m hoch wächst, besser geeignet. Braune, zigarrenförmige Kolben erscheinen im August und September. *T. minima* trägt im Juni und Juli kleine, rundliche, dunkelbraune Kolben. Die Art wird 30–40 cm hoch. Für kleinere Becken und Folienbecken ist die Pflanze ungeeignet.

Feuchtigkeitsliebende Pflanzen

Der Boden um ein künstliches Becken herum ist oftmals trocken, kann aber durch reichliche Beigaben von *Sphagnum*-Torf verbessert werden. Wenn man ihn gründlich durchfeuchtet, hält er sich so lange Zeit. Vermehrt werden die nun folgenden feuchtigkeitsliebenden Pflanzen durch Teilung im Herbst oder Frühjahr.

Astilbe Prachtspiere
Diese buschige Staude mit gefiederten Blättern schmückt sich mit weißen, rosa oder roten federartigen Blütenrispen von Juni bis August.

Hemerocallis Taglilie
Im Juli und August entfalten sich prachtvolle gelbe, rosa oder rote Blüten über reichem Blattwerk. Die modernen Sorten zeichnen sich durch besonders große Blüten aus. Doch einige der älteren Sorten, wie die reichblühende hellgelbe 'Hyperion', sind es immer noch wert, kultiviert zu werden. Einige von vielen empfehlenswerten Sorten sind: 'Pink Damast', rosa; 'Atlas', zitronengelb; 'Bruno Müller', orangerot; 'Crimson Glory', karminrot, und 'Golden Scepter', goldgelb.

Hosta Funkie
Die Funkie bildet große, oft hübsch gezeichnete Blattbüschel. Die hängenden, zumeist glockenförmigen, blauvioletten Blüten, die sich von Juni bis August zeigen, werden von schlanken Stielen getragen. *H. lancifolia* mit tiefgrünen, schmallanzettlichen Blättern blüht violett im Juli und August. *H. sieboldiana* hat blaugraue, gerippte, 30–40 cm lange Blätter.

Es gibt auch Spielarten mit graugrünen, grünen oder bunten Blättern, die häufig unter der Bezeichnung *H.*-Hybriden zusammengefaßt werden.

Iris Schwertlilie
Viele Arten und Sorten gedeihen gut auf feuchten Böden. *I. kaempferi* mit großen radförmig ausgebreiteten Blüten in Weiß, Hell- bis Tiefblau und Violett sind meist netz- oder aderförmig gezeichnet. Die Art wird 0,6–1 m hoch. *I. sibirica* hat schwertförmige grüne Blätter und bringt im Juni eine Fülle von Blüten hervor. Die Sorte 'Caesar's Brother' ist violett; 'Perrys Blue', 'Mountain Lake' und 'Strandperle' sind alle himmelblau, während die 'White Swirl' reinweiße, am Rand gekrauste Blüten entwickelt.

Lysichitum americanum

Lysichitum Scheincalla
L. americanum ist für Standorte neben einem großen Becken geeignet. Große Blüten, dem Aronstab oder der *Calla* ähnlich, erscheinen im April noch vor den Laubblättern. *L. camtschatcense* ist kleiner, entwickelt graugrüne Blätter und reinweiße Blüten.

Peltiphyllum peltatum Schildblatt
Diese Pflanze, die 80 cm hoch wird, ist ideal geeignet für sehr nassen, schweren Boden. Rosa Trugdolden erscheinen im April, noch ehe sich die schildförmigen glänzenden Blätter entfaltet haben.

Primula Primel
Für den Wassergarten sind viele Arten und Sorten geeignet. Am frühesten blüht *P. rosea* mit rosa Blüten im April und Anfang Mai. Sehr schön ist auch die kirschrote *P. japonica* mit ihren verschiedenen Sorten, vor allen Dingen die karminrote 'Atropurpurea'. Am farbenprächtigsten sind wohl die Etagenprimeln. Zu ihnen zählen z. B. die im Sommer blühende *P. beesiana* mit samtigpurpurnen Blüten, *P.* × *bullesiana* in verschiedenen zarten Pastelltönen und *P. bulleyana* mit orangegelben Blüten. Vermehrt werden Primeln durch Samen im März oder April.

Feuchtigkeitsliebende Farne

Die meisten Farne werden im Schatten kultiviert. Die nachstehend aufgeführten Arten benötigen alle einen feuchten Boden und eine hohe Luftfeuchtigkeit. Am besten pflanzt man Farne im März und April. Vermehrt werden sie durch Teilung oder Sporen.

Blechnum spicant Rippenfarn
Die niederliegenden, gefiederten, dunkelgrünglänzenden Wedel werden bis zu 30 cm lang. Steife, aufrechte, sporentragende Wedel werden im Spätsommer ausgebildet.

Dryopteris Wurmfarn
D. cristata, der Moor- oder Kammfarn, gedeiht gut in moorigem Boden und wird 60–90 cm hoch. *D. dilatata* hat mittelgrüne Wedel, die im Frühstadium mit braunen Schuppen besetzt sind. Er erreicht eine Höhe von 0,9–1,2 m.

Matteuccia struthiopteris
Der Strauß-, Becher- oder Trichterfarn ist für einen schweren, nassen Boden geeignet und wird 0,6–1 m hoch. Seine blaßgrünen Wedel werden in auffallend trichterförmiger Anordnung ausgebildet. Fruchttragende Wedel entwickeln sich aus der Mitte der Trichter.

Onoclea sensibilis Perlfarn
Die Pflanze gedeiht gut in sehr feuchtem Boden oder im flachen Wasser. Aus den kriechenden Rhizomen bilden sich breite, dreieckige, doppelt gefiederte Wedel. Der Perlfarn wird ungefähr 40 cm hoch.

Osmunda regalis Königsfarn
Die doppelt gefiederten, nickenden Wedel neigen sich anmutig dem Wasser zu. Im Herbst verfärben sich die Wedel, die 1,2–1,5 m hoch werden können, fuchsrot.

Phyllitis Hirschzunge
P. scolopendrium bildet ungefiederte, breitlanzettliche, lederartige dunkelgrüne Wedel. Es gibt eine ganze Reihe von Sorten, z. B. 'Angustifolia' mit sehr schmalen, dunkelgrünen, am Rand unregelmäßig geschlitzten und gebuchteten Blättern. Die Wedel von 'Crispa' sind am Rande gewellt; 'Cristata' hat Wedel, die am Rande gekräuselt sind. Die Blätter von 'Marginata' sind sehr schmal, dunkelgrün und am Rand gekräuselt.

Schöne Wasserpflanzen

Zweijährige Sommerblumen im Mai säen

Einige zweijährige Pflanzen, wie der Goldlack, werden in einer so reichen Sorten- und Farbpalette angeboten, daß man die Auswahl am besten anhand von Samenkatalogen trifft. Bei Pflanzen, von denen es nicht so viele Sorten gibt, wird in der nachstehenden Beschreibung eine Auswahl der besten Sorten vorgestellt. Die Größenangaben stellen nur allgemeine Richtwerte dar, da das Wachstum von einer Reihe von Faktoren, wie Boden-, Standort- und Witterungsverhältnissen, abhängt. Einige der beschriebenen Pflanzen können auch als einjährige Pflanzen gehalten werden, wenn man sie im zeitigen Frühjahr ausbringt. Beispiele hierfür sind der Fingerhut und die Hundszunge.

Bellis Maßliebchen, Tausendschön
Es gibt verschiedene Rassen in zahlreichen Sorten, meist in den Farben Rosa, Rot und Weiß. Sehr bekannt sind die Rassen 'Pomponette' mit dicht geröhrten, vollkommen gefüllten Blütenköpfchen, 'Blütenteppich' mit dachziegelartig aufgebauten Blüten und die großblumige, leuchtendrote Sorte 'Kardinal' mit nadelartigen Petalen. Die F_1-Hybriden 'Fairy Carpet' sind in bezug auf Quantität und Qualität ihrer Blüten hervorragend. Maßliebchen blühen von April bis Juni.

Campanula Glockenblume
Die beliebte Marienglockenblume, *C. medium,* blüht von Juni bis August, also später als die meisten zweijährigen Pflanzen, und wirkt in Gruppen in der Rabatte besser als im Frühjahrsbeet.

Im Handel sind einfach blühende Sorten in Blau, Rosa und Mischungen sowie verschiedene gefüllt blühende Mischungen. Die Pflanzen erreichen in der Regel eine Höhe von 50 bis 90 cm.

Cheiranthus Goldlack
C. cheiri duftet herrlich und bringt im April und Mai Blüten in den verschiedensten leuchtenden Farbtönen hervor. Die Sorte 'Orange Königin' blüht orangegelb und wird 45 cm hoch; 'Gruppengold' hat tiefgoldgelbe Blüten. Daneben gibt es die niedrigeren Sorten 'Zwergstangengoldlack' und 'Zwerg-Goliath-Lack'. Sie sind ausgezeichnete Gruppenpflanzen. Man muß beim Einkauf der Sorten beachten, daß es einfach und gefüllt blühende Sorten gibt. Gegen Kälte ist der Goldlack empfindlich. Winterschutz ist immer zu empfehlen.

Cynoglossum Hundszunge
Die Sorten 'Blauer Vogel' und 'Firmament' haben im Mai und Juni zartblaue vergißmeinnichtähnliche Blüten an leicht gebogenen Blütenständen. Nur in warmen Lagen kann man sie zweijährig kultivieren. Sonst sät man sie als einjährige Sommerblumen von April an direkt auf Beete aus und behandelt sie wie einjährige Sommerblumen.

Dianthus Nelke
D. barbatus, die Bartnelke, wird in einer breiten Palette in Karmesin, Scharlach, Rosa und Weiß angeboten. Alle Bartnelken werden 30–60 cm hoch und blühen im Mai und Juni. Die meisten Sorten haben einfache Blüten. Dazu zählen 'Albus', weiß; 'Heimatland', dunkelrot mit weißer Mitte; 'Pink Beauty', kirschrosa; 'Scarlet Beauty', scharlach, und 'Atrosanguineus', dunkelpurpur. Es gibt verschiedene einfach blühende und gefüllt blühende Prachtmischungen. 'Red Empress' ist eine leuchtendscharlachrote 40 cm hohe Bartnelke, die auch einjährig gezogen werden kann. *D. caryophyllus* sind beliebte zweijährige Nelken, die sich für Beete und für den Schnitt eignen. Es werden zahlreiche Farbtöne angeboten. Wenn man die Pflanzen nach der Blüte zurückschneidet, können sie auch mehrjährig kultiviert werden.

Digitalis Fingerhut
Diese stattliche Pflanze gedeiht an halbschattigen Standorten. Zu den besten Sorten zählen die 'Excelsior'-Hybriden, die ungefähr 1,2 m hoch werden. Bei ihnen werden die Blüten rings um den Stiel gebildet. Der Fingerhut blüht von Juni bis August.

Lunaria
L. annua, der Silberling, wird sowohl wegen der karminroten Blüten als auch wegen der silberweißen Fruchtstände gezogen, die in getrocknetem Zustand dekorative Trockensträuße ergeben. Da der Silberling frostempfindlich ist, braucht er einen geschützten Standort zum Überwintern. Er blüht von Mai an.

Matthiola Levkoje
Es gibt sehr viele Rassen mit gedrungen und stark wachsenden Sorten. In Gärten wird häufig *M. incana* kultiviert. Als Beet- und Gruppenpflanzen eignen sich vor allem die Buschlevkojen. Sie erreichen eine Höhe von 30 bis 40 cm und blühen von April an. Gefüllt blühende Sorten haben gelblichgrüne Keim- und Laubblätter. Sie können von den einfach blühenden Pflanzen mit dunkelgrünen Blättern aussortiert werden. Für Schnittblumen eignet sich 'Mammut-Excelsior', eine Rasse mit langen Blütenrispen, die 60–90 cm hoch wird.

Myosotis Vergißmeinnicht
M. alpestris (syn. *M.*-Hybriden) ist ein beliebter Frühlingsblüher. Diese anspruchslose Pflanze, die sich oft selbst aussamt, eignet sich als Gruppenpflanze, kann aber auch einzeln zwischen Blumenzwiebeln gepflanzt werden. Es gibt mehrere verschieden hohe Sorten in unterschiedlichen Farbtönen, darunter 'Blaue Kugel' (20 cm), 'Amethyst' (15 cm), 'Blauer Korb' (25 cm), 'Blauer Strauß' (30 cm) und 'Liebesstern Compacta' (15 cm).

Bellis

Campanula

Papaver Mohn
P. nudicaule, der Islandmohn, blüht im Juni in den verschiedensten Pastelltönen und bildet zarte Blumen aus. Wenn man die Art im zeitigen Frühjahr aussät, kann man sie auch als einjährige Pflanze halten.

Primula
P. veris, die Schlüsselblume, ist eigentlich eine Staude. Will man aber einen schönen, reichen Blütenflor erzielen, dann hält man sie am besten als zweijährige Pflanze. Sie bevorzugt einen schattigen, feuchten Standort, gedeiht aber auch an sonnigen Stellen. Hervorragende Mischungen sind 'Pacific Riesen' und 'Zwerg-Pacific-Royal'. Die Blüten können bis zu 8 cm breit werden. Als völlig winterhart gilt die Rasse 'Crescendo', die es in blauen, roten, rosa, gelben und weißen Farbtönen gibt.

Die Schlüsselblume wird 10–25 cm hoch und blüht im April und Mai.

Viola Stiefmütterchen
Die Blüten der *V.-Cornuta*-Hybriden (Hornveilchen) sind in der Regel kleiner als die des Stiefmütterchens. Die Pflanzen blühen sehr reich von März bis August.

Bekannt sind die Sorten 'Blaue Schönheit', leuchtend blau, besonders großblumig; 'König Heinrich', violett mit kräftigem, gelbem Auge, kleinblumig; 'Blaue von Paris', mittelblau; 'Rubin', dunkelweinrot.

***V.-Wittrockiana*-Hybriden**
Von den beliebten Pflanzen, die von März bis Juni blühen, gibt es viele Rassen, die sich durch die Größe und Farbe ihrer Blüten sowie durch den Grad ihrer Winterhärte unterscheiden. Zu den besonders winterharten Rassen zählen u. a. 'Marktwunder', 'Bochumer Riesen', 'Schweizer Riesen' und 'Verbesserte Vierländer'.

Die Sorten erreichen im allgemeinen eine Höhe von 15 bis 20 cm.

Cheiranthus cheiri

Dianthus barbatus

Digitalis

Lunaria

Matthiola

Myosotis

Papaver

Primula veris

Viola-Cornuta-Hybriden

Viola-Wittrockiana-Hybriden

Zweijährige Pflanzen Aussaat- und Pflanzanleitung

N = Niedrige Bepflanzung: 5–25 cm
M = Mittelhohe Bepflanzung: 25–45 cm
H = Hohe Bepflanzung: 45–75 cm
Hi = Hintergrundbepflanzung: über 75 cm
○ = Sonne
◑ = Halbschatten
● = Schatten

	Höhe der Bepflanzung	Farben	Blütezeit	Abstand beim Pflanzen auf Anzuchtbeete (in cm)	Endabstand beim Auspflanzen am endgültigen Standort (in cm)	Standort	Ins Gewächshaus, Frühbeet, in den Kasten oder unter Folien aussäen	In Anzuchtbeete aussäen	An Ort und Stelle aussäen	Als Schnittblume geeignet	Verblühtes entfernen
Bellis Maßliebchen, Tausendschön	N	Rot, rosa, weiß, Mischungen	April–Juni	10	15	○ ◑	Mai–Juni	Mai–Juni		+	+
Campanula medium Marienglockenblume	H, Hi	Blau, rosa, weiß, lila, Mischungen	Juni–August	15	20–30	○ ◑	Juni–Juli	Mai–Juni			+
Cheiranthus cheiri Goldlack	M, H	Verschiedene Farbtöne und Mischungen	April–Mai	10	25–30	○ ◑	Juni	Mai–Juni	Juli	+	
Cynoglossum Hundszunge	M	Blau	Mai–Juni	15	20	○ ◑	April–Juli	April–Juli		+	
Dianthus barbatus Bartnelke	M, H	Verschiedene Farbtöne und Mischungen	Mai–Juni	15	25–30	○	Juni–Juli	Juni–Juli	Juli	+	+
Dianthus caryophyllus Landnelke	M	Verschiedene Farbtöne und Mischungen	Juni–August	15	25–30	○	Juni–Juli	Juni–Juli		+	+
Digitalis Fingerhut	Hi	Mischungen	Juni–Juli	15	30–40	○ ◑	Juni	Mai–Juni	Juli	+	+
Lunaria Silberling	Hi	Weiß, lila	Mai–Juli	10	30	○ ◑	Juni	Mai	Juni	+	
Matthiola Levkoje	H	Verschiedene Farbtöne und Mischungen	April–Mai	15	25–30	○	Juli	Juli		+	+
Myosotis Vergißmeinnicht	N, M	Blau, rosa	April–Mai	10	15–20	○ ◑	Juni	Mai–Juni		+	
Papaver nudicaule Mohn	H	Verschiedene Farbtöne und Mischungen	Juni	10	25–30	○	Juni–Juli	Juni–Juli			
Primula veris Schlüsselblume	M	Verschiedene Farbtöne und Mischungen	März–April	10–15	15–20	○ ◑	April			+	+
Viola-Cornuta-Hybriden Hornveilchen	N	Verschiedene Farbtöne und Mischungen	März–August	10	15	○ ◑	Juni–Juli	Juni–Juli		+	+
Viola-Wittrockiana-Hybriden Stiefmütterchen	N	Verschiedene Farbtöne und Mischungen	März–Juni	10	15–20	○ ◑	Juni–Juli	Juni		+	+

Empfehlenswerte Chrysanthemensorten

In der folgenden Liste ist nur eine kleine Auswahl von Sorten aus dem riesigen Chrysanthemensortiment aufgeführt, das in den Stauden- und Spezial-Jungpflanzengärtnereien erhältlich ist. Jedes Jahr kommen neue Sorten dazu.

Winterharte Freilandchrysanthemen:
'Altgold', goldbronze, purpurblütig, 40 cm; 'Zitrus', zitronengelb, halb gefüllt, 80 cm; 'Fellbacher Wein', weinrot, halb gefüllt, 60 cm; 'Gartenmeister Vegelahn', karminrosa, gefüllt, 70 cm; 'Goldmarianne', tiefgelb, einfach, reich blühend, 80 cm; 'Hebe', leuchtend rosa, einfach, 60 cm; 'Ordensstern', leuchtend goldbraun, gefüllt, 80 cm; 'Schneewolke', schneeweiß, gefüllt, 60 cm; 'Schwabenstolz', dunkelbraunrot, gefüllt, 60 cm.

Großblumige, dekorative Sorten für Unterglaskultur:
'Sunburst Mefo', intensiv gelb, ballförmig, April–September; 'Improved Mefo', ballförmig, weiß, April–September; 'May Shoesmith', weiß, Ballform, gefüllt, September–Mai; 'Golden May Shoesmith', Mutation von 'May Shoesmith'; 'Promenade', ballförmig, rosa, April–Oktober; 'Deep Champagne', lilarosa, September–Dezember; 'Crimson Robe', rotbronze, mittelgroß, April bis Oktober; 'Resilient', leuchtend bernsteinbronze, Oktober–Dezember; 'Breitner', gelb, September.

Kleinblumige Sorten für Unterglaskultur:
'White Marble', rein weiß, einfach, März–Oktober; 'White Sands', weiß, anemonenblütig, April–November; 'White Spider', Spinnenchrysantheme, März–Dezember; 'Long Island Beauty', rein weiß mit gelber Mitte, anemonenblütig, Oktober–Januar; 'Japanerin', rein weiß, Spinnenchrysantheme, November–Februar; 'Improved Yellow Marble', gelb, einfach, April–November; 'Golden Sands', gelb, anemonenblütig, April–November; 'Yellow Spider', gelbe Spinne, März–November; 'Cremon Gelb', rein gelb, anemonenblütig, September–Dezember; 'Long Island Beauty Yellow', rein gelb, anemonenblütig, Januar–Oktober; 'Yellow Galaxy', kräftig gelb, einfach, November–Januar; 'Cream Japanerin', gelbe Spinne, November–Februar; 'Improved Blue Marble', dunkelrosa, einfach, März–Oktober; 'Judith', rein rosa, einfach, April–November; 'Dark Westland', rosa Spinne, April–November; 'Dark Flamenco', violett, gefüllt mit großen Einzelblüten, August–Dezember; 'Cremon Rosa', rosa, anemonenblütig, September–Dezember; 'Dramatic', bernstein, groß mit grüner Mitte, einfach, März–November; 'Amber', orange-bronze, einfach, April–November; 'Red Galaxy', rot, einfach, September–Januar.

Topfsorten:
'Blanche Poitevine Supreme', rein weiß, niedrig, dekorativ, August–September; 'Altis', schneeweiß, mittelhoch, September; 'Improved Yellow Delaware', intensiv gelb, mittelhoch, Oktober; 'Sunny Mandalay', intensiv gelb mit grünlicher Mitte, nieder, Oktober; 'Bride Golden Anne', rein gelb, stark wachsend, Oktober; 'Daphne', rein rosa, großblumig, Oktober; 'Magnoliapurpur', purpurviolett, mittelhoch, Oktober; 'Cognac', bernsteinbronze, dekorativ, Oktober; 'Bronze Princess Anne', bronze, stark wachsend, Oktober; 'Diana', scharlachrot, hoch wachsend, Oktober.

Einfach blühende Chrysanthemensorte mit drei bis vier Kreisen Zungenblüten

Anemonenblütige Sorte mit verlängerten Scheibenblüten

Chrysantheme mit teils nach oben, teils nach unten gebogenen Blütenblättern

Einfach blühende Chrysanthemensorte mit zwei Kreisen Zungenblüten

Ballförmige Sorte, die meist dekorativ oder großblumig gezogen wird

Spinnenchrysantheme mit phantasievoll gedrehten Blütenblättern

Dahlien, die im Mai gepflanzt werden

Es gibt nur wenige Blumen, die einem Garten so viel Farbe verleihen wie die Dahlien. Doch ebenso gut eignen sie sich auch als Schnittblumen. Wer die Sorten aussucht und sie an den richtigen Platz pflanzt, der kann sich von Ende Juli bis zum ersten Frost an prächtigen Blumen erfreuen.

Die größeren Sorten der Schmuck- und Kaktusdahlien eignen sich vor allem für Parks und große Gärten. Natürlich gibt es auch Hobbygärtner, die Freude daran haben, über 30 cm große Blüten ziehen zu können.

Als Gartenschmuck und Schnittblumen erfreuen sich dekorative Schmuckdahlien, Kaktus- und Semikaktusdahlien sowie Mignon- und Pompondahlien großer Beliebtheit.

Riesenblumige Schmuckdahlien
Blütendurchmesser meist über 25 cm, Blütezeit: Anfang September bis zum ersten Frost. Durchschnittlicher gegenseitiger Pflanzabstand: 1,2 m. Empfehlenswerte Sorten: 'Tartan', dunkelschwarzrot mit weißen Spitzen, 1,3 m; 'Violetta', violett, 1,1 m.

Dekorative Schmuckdahlien
Blütendurchmesser: bis 25 cm, Blütezeit: August bis zum ersten Frost. Durchschnittlicher gegenseitiger Pflanzabstand: 90 cm. Empfehlenswerte Sorten: 'Alexander von Humboldt', frischrosa, 1 m, kompakt wachsend; 'Angel Face', leuchtend rosa mit weißen Spitzen, 1,2 m; 'Coriolan', violettlila, 1,3 m; 'Defilee', tief lavendelblau, 1,3 m; 'Deutschland', karminrot, 1,3 m; 'Orange Beauty', feurig orangerot, 1,3 m; 'Orange Sun', leuchtend orange, 1,3 m; 'Rosemary Webb', orangegelb, 1 m; 'Snow Country', weiß, 1,2 m; 'Twiggy', lachsrosa, 1 m.

Kaktusdahlien
Blütendurchmesser: bis etwa 25 cm, Blütezeit: von Mitte August bis zum ersten Frost. Durchschnittlicher gegenseitiger Pflanzabstand: 0,75–1,2 m je nach Wuchsstärke der einzelnen Sorten. Empfehlenswerte Sorten: 'Dainty White', weiß, 1,1 m; 'Drakenburg', lachsrosa und malve, 1,35 m; 'Flammentanz', hellrot, 1,3 m; 'Goldsonne', gelb, 1,3 m; 'Nepal', karminrosa, bläulich überhaucht, 1,2 m; 'Perfectos', leuchtend rot, 1,2 m; 'Purple Gem', hellviolett, 1,1 m; 'Royal Wedding', orange, 1,3 m; 'Sonnenrad', schwefelgelb, 1,3 m.

Semikaktusdahlien
Blütendurchmesser: bis 20 cm, Blütezeit: von Mitte August bis zum ersten Frost. Durchschnittlicher gegenseitiger Pflanzabstand: 0,7–1 m. 'Bodenseeperle', schwefelgelb, 1 m; 'Bonbon', himbeerrosa, 1,3 m; 'Cheerio', leuchtend karminviolett mit silbrigweißen Spitzen, 1 m; 'Feuervogel', leuchtendgelbe Blütenmitte, bis zu den Spitzen in Braunrot übergehend, 1,2 m; 'Lady Sunshine', gelb, 1,3 m; 'Little Brilliant', dunkelrot, 1,1 m; 'Preference', lachsrosa, 1 m; 'Quel Diable', orangerot, 1,2 m; 'Rotterdam', salmrot, 1,2 m; 'Vulkan', leuchtend orangerot, 1,3 m.

Pompondahlien
Die Blütenblätter sind dachziegelartig angeordnet. Blütendurchmesser: ungefähr 5–8 cm. Blütezeit: Ende Juli bis zum ersten Frost. Durchschnittlicher gegenseitiger Pflanzabstand: 60–75 cm. Empfehlenswerte Sorten: 'Billy Boy', lilapurpur, 1 m; 'Corsage', zartrosa, 1 m; 'Daphne', dunkelrosa, 1 m; 'Doxy', weiß, 1 m; 'Kochelsee', leuchtend rot, 1 m; 'Magnificat', orangerot, 1 m; 'Sonnengold', goldgelb, 1 m.

Mignondahlien
Schwach wachsende, meist niedrig bleibende Sorten, die sich für die Bepflanzung von Beeten und Balkonkästen eignen und meist einfache Blüten hervorbringen. Blütezeit: von Juli bis zum ersten Frost; durchschnittlicher gegenseitiger Pflanzabstand: 60 cm. Empfehlenswerte Sorten: 'G. F. Hemerik', leuchtend hellorange, 50–60 cm; 'Irene v. d. Zwet', rein gelb, 15–60 cm; 'Murillo', lebhaft rosa, in der Mitte dunkler, 50 cm; 'Rotkäppchen', rot, 50 cm; 'Schneewittchen', rein weiß, 50 cm.

Halskrausendahlien
Sie stellen einen Übergang von den einfachen zu den halbgefüllten Dahlien dar. Wie die einfachen Sorten haben sie einen einfachen Kranz gut ausgebildeter Blumenblätter. Über diesem steht ein weiterer Kranz Einzelblüten, die jedoch wesentlich kürzer sind und in der Form und Ausbildung an die Röhrenblüten der Blütenscheibe erinnern.

Dieser zweite Blumenblattkranz erinnert an eine Halskrause, die sich um die Blütenscheibe legt und meist eine andere Farbe hat wie die äußeren Blumenblätter.

Der Wuchs der Halskrausendahlien ist in der Regel stark. Die Mehrzahl der Sorten erreichen eine Höhe von über 1,2 m. Sie eignen sich für Gruppenpflanzungen. Besser noch aber ist ihre Verwendung als Schnittblumen.

Beetdahlien
Dies sind meist aus Samen gezogene Dahlien in prächtiger Mischung. Es gibt schwach wachsende Sorten für die Balkonbepflanzung und prächtiger wachsende Sorten für Beete. Die Blüten meist einfach oder halb gefüllt. Der Blütendurchmesser beträgt ungefähr 5–8 cm. Blütezeit: Juli bis zum ersten Frost. Gegenseitiger Pflanzabstand: 40–60 cm. Empfehlenswerte Sorten: Figaro-Prachtmischung, schwach wachsende Balkon- und Beetdahlien, 25 bis 30 cm, sehr früh blühend; Rigoletto-Prachtmischung, 30 cm, buschig wachsende Pflanze.

Beetdahlie

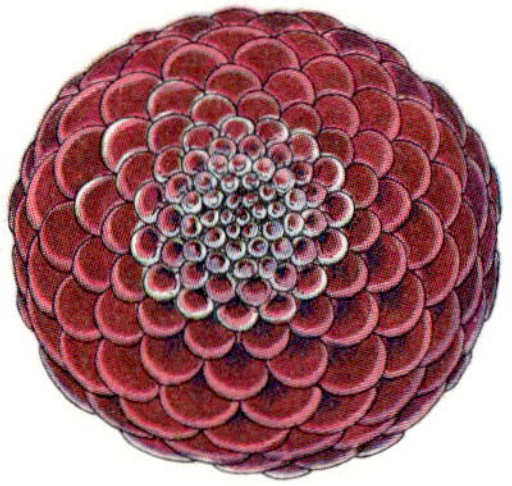

'Billy Boy'
Pompondahlie

'Violetta'
Riesenblumige Schmuckdahlie

'Angel Face'
Dekorative Schmuckdahlie

'Deutschland'
Dekorative Schmuckdahlie

'Kochelsee'
Pompondahlie

'Rosemary Webb'
Dekorative Schmuckdahlie

'Drakenburg'
Kaktusdahlie

'Rotterdam'
Semikaktusdahlie

'Preference'
Semikaktusdahlie

Nelken und Wicken

Einjährige Gartennelken, Chabaud-Nelken: riesenblumige Sorten, z. B. 'Aurora', lachsrosa; 'Carmen', kirschrot; 'Etincelant', feurig rot; 'Jeanne Dionis', rein weiß; 'Magenta', violett.

Zu den Zwerg-Chabaud-Nelken zählen 'Scharlach Ritter', leuchtend scharlachrot; 'Karmin Ritter', dunkelrot; 'Orange Ritter', cremegelb; 'Weißer Ritter', rein weiß; Kaisernelken, Heddewigsnelken; 'Telstar Mixed', ein- und zweifarbige Blumen; 'Feuersturm', leuchtend hellscharlach; 'Orchid Lace', kräftig cattleyenrosa; 'Snowfire', weiß mit rotem Auge; 'Schneeflocke', rein weiß.

Bartnelken: 'Red Empress', scharlachrot; 'Heimatland', dunkelrot mit weißer Mitte; 'Pink Beauty', kirschrosa; 'Scarlet Beauty', scharlach.

Pfingstnelken (Steingartennelken): 'Blauigel', hellpurpurrot; 'Blauer Reif', rosa; 'Rosa Feder', rosa; 'Rotkäppchen', dunkelrot. Federnelken (Steingartennelken): 'Diamant', weiß; 'Heidi', dunkelkarminrot; 'Ine', weiß mit roten Augen; 'Morgenlicht', leuchtend rosa. Edelnelken: 'Mataro', samtrot; 'Scania', leuchtend rot; 'Lena', rosa; 'Yellow Sim', gelb; 'White Sim', weiß.

Miniaturnelken: 'Arabella', rosa, violett gestreift; 'Elegance', kirschrot; 'Scarlet Miniqueen', hellrot mit weißem Rand; 'Sam's Pride', kirschrot.

Hängenelken: Man verwendet sie als Balkonpflanzen an einem Standort, der Morgensonne erhält.

Die nachstehend aufgeführten Wikkensorten sind sowohl für den Garten als auch zur Gewinnung von Schnittblumen geeignet: 'Celeste', hellblau; 'Eleanor', mittelblau; 'Gloria', dunkelrosa; 'Diana', hellrosa; 'Lily', rein weiß; 'Luise', lavendel; 'Margaret', rosa; 'Marilyn', scharlach; 'Minny', marineblau; 'Miranda', dunkelkarmesin; 'Ramona', lachsorange; 'Susie', hellachs; 'Stella', gelb; 'Grace', lavendelblau.

Zu den Zwergwicken zählt die Sorte 'Little Sweetheart'. Sie wird als Prachtmischung gehandelt. Die Pflanzen erreichen eine Höhe von 20 cm und haben einen buschigen Wuchs.

Chabaud-Nelke

Pfingstnelke

Bartnelke

Federnelke

'Diana'

'Celeste'

'Grace'

Juni

Nun ist auch in den kältesten Gegenden die Frostgefahr gebannt. Die Rosen öffnen ihre prallen Knospen. Der Sommer beginnt und mit ihm die Erdbeerernte. Auch die ersten Süßkirschen werden reif. Jetzt ist es an der Zeit, Apfel- und Birnbäume zu spritzen, damit die Früchte nicht von den Raupen des Apfelwicklers befallen werden. Wenn man abgeerntete Beete sofort wiederbepflanzt, verliert der Boden seine Krümelstruktur nicht.

Rose 'Hilda Heinemann'

Die Großen Sommermargeriten beginnen nun zu blühen. Von dieser prächtigen Gartenstaude gibt es einfache und gefüllte Sorten. Die langstieligen Pflanzen mit ihren weißen Strahlenblüten sind gute Schnittblumen

Die Götterblume, *Dodecatheon,* wie sie der Fachmann nennt, wird gerne in Steingärten gepflanzt. Die hübsche Pflanze mit den alpenveilchenähnlichen Blütendolden ist aus Nordamerika in unsere Gärten gekommen

Eine der ältesten Gartenblumen ist die Pfingstrose oder Päonie. Die verschiedenen Sorten blühen rot, rosa, weiß und gelb. Die ausdauernde Pflanze gedeiht auf tiefgründigem Boden besonders gut

An den rutenförmigen, überhängenden Zweigen der Tamariske leuchten jetzt die rosaroten, federartigen Blütenrispen. Diese Sträucher sollte man nur in Einzelstellung pflanzen. Im Rasen und vor dunklen Nadelgehölzen wirken sie besonders attraktiv

△ Große Sommermargerite

▽ Pfingstrose

△ Götterblume

▽ Tamariske

◁ Hochstammrose △ Falscher Jasmin ▽ Waldrebe

Jetzt beginnt die Rosenzeit. Elegant wirken die Teehybriden-Hochstammrosen. Große Blüten und Schnittblumen mit langem Stiel erhält man von Rosen, wenn man rechtzeitig alle Nebenknospen ausgebrochen hat. Auch die Wildtriebe, die aus dem Stamm oder dem Boden herauswachsen, müssen abgerissen werden

Der Pfeifenstrauch, wie der Falsche Jasmin auch genannt wird, steht jetzt in voller Blüte. Die weißen, manchmal auch purpurrot gefleckten Blüten duften intensiv. Dieses anspruchslose Ziergehölz kann man auch verwenden, wenn man eine freiwachsende Hecke pflanzen will

Die Waldrebe oder *Clematis* gehört zu den beliebtesten blühenden Kletterpflanzen. Sie rankt sich an Mauern, Gittern und Pergolen hoch. Hübsch sieht es aus, wenn man die Pflanze an Bäumen hochleitet. Besonders reich blühen die violettblauen, aber auch rosa und weißen Sorten, wenn man die Pflanzen nicht schneidet

△ Johannisbeere

△ Kirsche

▽ Blumenkohl

Die Johannisbeeren reifen nun heran. Mit dem Pflücken sollte man jedoch warten, bis die Früchte vollreif sind. Sie schmecken dann nicht nur besser, sondern sind auch viel saftiger. Sofort nach der Ernte sollte man ältere Ruten ausschneiden

Für Kirschen braucht man einen großen Garten, denn die Bäume bilden kräftige Kronen aus. Außerdem muß man mindestens zwei Bäume pflanzen, da die Süßkirsche selbstunfruchtbar ist. Es gibt sehr viele Sorten. Dieser Zweig trägt eine gelb-rote fleischige Sorte

Frühe Blumenkohlsorten werden jetzt schnittreif. Man schneidet, bevor sich die gut ausgebildete Blume öffnet – und zwar möglichst am frühen Morgen, wenn der Kopf noch taufeucht ist

Erdbeeren muß man vorsichtig ernten, denn die Früchte bekommen leicht Druckstellen. Man knipst die Stengel etwa 1 cm über dem Kelch ab. Bei der Ernte sollten die Früchte trocken sein

▽ Erdbeere

△ Flieder

△ Islandmohn

▽ Rittersporn

Wegen seiner großen Blütenrispen und seines angenehmen Dufts gehört der Flieder zu den beliebtesten Sträuchern in unseren Gärten. Die meisten Sorten blühen im Mai. Diese hier ist eine später blühende Art

Wegen der Farbenpracht – sie reicht von Weiß über Gelb und Orange bis Rot – seiner Blüten eignet sich der Islandmohn gut als Beetpflanze und Füller in Steingärten. Es gibt auch halbgefüllte und gefüllte Sorten

Der Rittersporn wirkt am besten, wenn man ihn in Gruppen anpflanzt. Die prächtige Staude mit den kerzenartigen Blütenständen bevorzugt eine sonnige Lage. Wenn man sie nach der ersten Blüte abschneidet, blüht sie im Herbst zum zweitenmal

Seerosen blühen nur dann schön, wenn sie voll der Sonne ausgesetzt sind. Ihre Blüten sind nur tagsüber geöffnet. Es gibt viele Sorten verschiedener Größe und Farbe für jedes Wasserbecken

▽ Seerose

Juni

Rasen

Der angelegte Rasen Man nimmt eine zusätzliche Düngung vor, falls dies nicht im Mai bereits geschehen ist.

Zwischen Juni und Oktober wird die Schnitthöhe der Mähmesser entsprechend der Höhe des Grases eingestellt. Bei anhaltend trockenem Wetter kann das Gras länger wachsen. Das geschnittene Gras läßt man liegen, damit die Bodenfeuchtigkeit zurückgehalten wird.

Vermeidung von Dürreschäden Längere Trockenheit im Sommer kann dem Rasen beträchtliche Schäden zufügen. Im Sommer sorgt man deshalb für eine ausreichende Bewässerung. Am besten ist es, wenn man geeignete Regengeräte einsetzt. Kreis- oder Viereckregner kommen in Frage. Am besten wird die Rasenfläche am Abend bewässert, damit das Wasser bis in den Wurzelbereich vordringt. Bewässert man am Morgen, dann verdunstet das Wasser so schnell, daß es die Wurzelspitzen nicht mehr erreicht. Auch ist auf ausreichende Wassermengen zu achten.

Pilzkrankheiten Man setzt Fungizide zur Bekämpfung der Hexenringkrankheit (siehe *Mai*) und des *Corticium* ein. Die zuletzt genannte Krankheit befällt viele Gräser, einschließlich der Wiesen- und Straußgräser, Schwingelarten und des Weidelgrases. Von Jahr zu Jahr breitet sich diese Krankheit weiter aus. Hervorgerufen wird sie von einem rosa Pilz, *Corticium fuciforme*. Im Frühstadium sind gleichmäßig geformte Flecken von gebleichtem Gras mit einem roten fadenförmigen Pilz überzogen. Die dünnen rosa Nadeln an den Spitzen des abgestorbenen Grases brechen ab und sorgen so für die Verbreitung der Krankheit. Ein schlecht gepflegter Rasen ist anfälliger für den Befall. Zusätzlich zur Anwendung von Fungiziden und dem Ausbringen von Dünger sollte der Rasen erneuert werden (belüften, vertikutieren und Neuaussaat, siehe *April*).

Unkräuter werden weiterhin mit geeigneten Bekämpfungsmitteln behandelt, ausgenommen während einer Trockenperiode.

Bäume und Sträucher

Neupflanzungen müssen jetzt ausgetrieben haben und im Saft stehen. Man kontrolliert die Pflanzung und schneidet trockene Zweige, die nicht ausgetrieben haben, ab. Schwach austreibende, sommergrüne Sträucher werden noch weiter zurückgeschnitten. Man überprüft die Anbindestellen und versichert sich, daß der Pfahl nicht scheuert und die Bindung fest sitzt.

Wichtig ist, daß die Wasserversorgung sichergestellt ist. In diesem Monat müssen Bäume und Sträucher regelmäßig kräftig gewässert werden. Es genügt nicht, nur ein wenig zu spritzen.

Bei Einzelpflanzen im Rasen hält man den Wurzelbereich von Gras frei und mulcht mit Laub oder Rasenschnitt.

Schnittmaßnahmen Verblühte Blütenstände von Flieder und Goldregen werden entfernt.

GRÜNSTECKLINGE NEHMEN

1

Grünstecklinge nimmt man von jungen, diesjährigen Trieben. Der Steckling sollte zwei bis vier Blattachseln haben. 1. Die Stecklinge können direkt an der Anwachsstelle am holzigen Trieb abgerissen und mit der Abrißstelle gesteckt werden. 2. Man entfernt einige Blätter, um die Verdunstung herabzusetzen. 3. Man steckt die Stecklinge in ein Sand-Torf-Gemisch in Schalen oder Töpfe. Sie sollen zugfrei in warmer, feuchter Luft stehen. Deshalb baut man mit Stäben ein Gerüst und überzieht dieses mit einer Folie

2

3

Beim Mandelbäumchen schneidet man die abgeblühten Triebe auf drei bis fünf Augen zurück. Auch beim Besenginster sollten nach der Blüte alle Triebe eingekürzt werden, dabei darf aber auf keinen Fall ins alte Holz geschnitten werden.

Bei den Zierkirschen kann jetzt ein Auslichtungsschnitt durchgeführt werden. Man schneidet vergreiste oder von Monilia befallene, abgestorbene Äste nahe am Stamm oder am Boden ab. Sonst ist ein Sommerschnitt bei unseren Gartengehölzen nicht erforderlich. Dort, wo ein Gehölz zu groß geworden ist oder Schaden genommen hat, kann bei Bedarf geschnitten werden.

Vermehrung Jetzt kommt die Zeit, in der die laubabwerfenden Sträucher, wie z. B. Spierstrauch, Fingerstrauch, Deutzie, Pfeifenstrauch, Geißblatt, Kolkwitzie, Sommerflieder, Lavendel, Zwergmispel, Jasmintrompete und Pfaffenhütchen, durch sogenannte Grünstecklinge vermehrt werden können.

Diese nimmt man von den jungen, diesjährigen, noch grünen Trieben ab. Die Stecklinge sollten zwei bis vier Blattachseln haben. Sie können direkt an der Anwachsstelle am holzigen Trieb abgerissen und mit der Anrißfläche gesteckt werden.

Längere Triebe schneidet man mit einem scharfen Messer oder einer guten Gartenschere direkt unter einer Blattachsel ab. An den genannten Stellen befindet sich am meisten teilungsfähiges Gewebe.

Den richtigen Zeitpunkt und die richtige Schnittstelle herauszufinden erfordert ein wenig Fingerspitzengefühl und Erfahrung. Der Steckling darf nicht zu weich und nicht zu hart sein.

Die Stecklinge steckt man zu mehreren in ein Torf-Sand-Gemisch in Töpfe oder Schalen und stellt diese in ein Frühbeet unter Glas, in einen Folientunnel, ein Kleingewächshaus oder in der Wohnung am Fenster auf. Für den Fensterplatz sollte man mit Stäbchen ein kleines Gerüst bauen und dieses mit Folie überziehen, denn die Stecklinge sollten warm, feucht und zugfrei stehen.

Bis zum Spätsommer haben sich die Stecklinge bewurzelt. Dann nimmt man sie aus dem Vermehrungsbeet oder aus dem Folientunnel heraus und pflanzt sie einzeln in Töpfe oder ins Frühbeet.

Hecken

Die Arbeiten im Juni beschränken sich auf das Entfernen von aufkommendem Unkraut und die ausreichende Versorgung der Pflanzen mit Wasser.

Für den Heckenschnitt ist es noch zu früh. Man sollte das Ende des Frühjahrstriebs abwarten, sonst muß man bald wieder schneiden. Außerdem sollte man in der Hecke brütende Vögel nicht durch den Schnitt stören.

Der vorsorgliche Gartenbesitzer wird sich allerdings jetzt schon um die Heckenschneidgeräte kümmern, damit sie funktionieren, wenn man sie braucht.

Auf Schädlinge achten und gegebenenfalls die notwendigen Maßnahmen ergreifen.

Heckenscheren Verwendet man die klassische alte mechanische Heckenschere, so sollte man darauf achten, daß sie gummigepuffert ist. Die Schere muß gut geschärft sein und sollte sich mit Hilfe einer Flügelschraube auf die richtige Spannung einstellen lassen. Die Scherenglieder dürfen nicht wackeln, aber auch nicht klemmen. Die beste Schere ist für den Heckenschnitt gerade gut genug. Trotzdem ist die Arbeit mit diesen Geräten anstrengend, vor allem für den ungeübten Laien.

Auch bei elektrischen Heckenscheren sollte man nicht das billigste Modell wählen. Zusatzgeräte zu Bohrmaschinen befriedigen meist nicht. Die Schere sollte möglichst leise und vibrationsarm arbeiten und nicht schwer sein. Günstig sind Scheren mit gegenläufig arbeitenden Messern.

Nach dem Gebrauch sollte man die Scheren reinigen und ölen. Auch während des Schneidens sollten alle zehn bis fünfzehn Minuten ein paar Tropfen Öl auf die Messer getropft werden.

Achtung, Unfallgefahr! Gute Scheren arbeiten nur, wenn man sie mit beiden Händen anfaßt und dabei die Kontakte drückt. Man kann sich dann zumindest nicht in die Hände oder die Arme schneiden. Außerdem muß man sorgfältig darauf achten, daß man das Kabel nicht durchschneidet.

Äste, die dicker sind als ein Bleistift, schneidet die Heckenschere schlecht; auch das elektrische Gerät schafft das nicht. Man sollte daher immer eine gute Gartenschere dabeihaben, um hier eingreifen zu können.

Stauden

Wenn die Pflanzen sorgfältig ausgewählt wurden, sollte das Staudenbeet farbenprächtig von Mai bis Oktober blühen.

Verwelken frühblühende Arten, werden diese auf etwa 10 cm über dem Boden zurückgeschnitten. Eventuell vorhandene Stützen entfernt man. Hierdurch wird eine neue Triebbildung gefördert, die den Sommer über zumindest als grüne Fläche wirkt.

Manche Stauden, z. B. der Rittersporn, blühen bis zum Beginn der kühlen Jahreszeit ein zweites Mal. Das geschieht aber nur dann, wenn die Staude verhältnismäßig früh zurückgeschnitten wird. Natürlich entfernt man die Stützstäbe, nachdem man die Triebe zurückgeschnitten hat, und verwendet sie vielleicht bei anderen Stauden, die erst später blühen.

Falls Primeln und Schlüsselblumen im Garten vorhanden sind, können sie bei regnerischem Wetter in diesem Monat geteilt und neu eingepflanzt werden.

Mulchen Man bringt eine etwa 3 cm dicke Schicht aus Torf oder Kompost zwischen feuchtigkeits- oder schattenliebende Pflanzen auf, um den Boden feucht zu halten und Unkräuter fernzuhalten.

Ein- und zweijährige Pflanzen

In diesem Monat werden die letzten frostempfindlichen einjährigen Blumen gepflanzt. Nun braucht man nicht mehr zu befürchten, daß Nachtfröste die Pflanzen schädigen. Die geräumten Rabatten und die abgehärteten Pflanzen wässert man gründlich, ehe sie an ihren endgültigen Standort gepflanzt werden (siehe *Mai*).

Setzlingen sollte man eine Startdüngung geben, damit sie besser anwachsen. Zu diesem Zweck werden sie einen Tag vor dem Pflanzen angegossen und anschließend mit einer Düngerlösung versorgt. Verwendet werden kann ein üblicher Blumenvolldünger in 0,2%iger Konzentration (2 g oder ml Dünger auf 1 l Wasser). Nach dem Düngen spritzt man die Setzlinge mit klarem Wasser ab, um Verbrennungen zu vermeiden.

Bei Trockenheit wässern Bei länger anhaltender Trockenheit werden die früh gepflanzten einjährigen Pflanzen gründlich gewässert, damit sie vor dem Beginn der Blüte ausreichend wachsen können. Die Menge der Wassergaben richtet sich immer nach der Witterung und den jeweiligen Bodenverhältnissen. Auf leichten Böden muß häufiger, auf schweren Böden weniger oft gegossen werden, weil diese das Wasser besser halten. Eigentlich muß der Boden immer gleichmäßig feucht sein, um einen kontinuierlichen Wuchs zu gewährleisten. Staunässe ist jedoch stets zu vermeiden.
Höhere Pflanzen stützen Höhere Sommerblumen stützt man bei Bedarf ab. Dies ist besonders in ungeschützten Lagen wichtig. Man verwendet dünne Reiser, die etwas niedriger sind, als die Pflanzen auf dem Höhepunkt ihres Wachstums voraussichtlich sein werden. Man schiebt sie neben die einzelnen Tuffs in die Erde, so daß sie zwar von den Pflanzen verdeckt werden, ihnen aber gleichzeitig eine Stütze bieten. Wenn keine Reiser zur Verfügung stehen, kann man dünne Stäbe verwenden, die mit Gartenschnur verbunden werden. Rohrstöckchen und Gartenschnur werden innerhalb der Pflanzentuffs angebracht.
Insekten- und Unkrautbekämpfung Nach Bedarf wird mit Brennessel-, Rainfarn-, Ackerschachtelhalmbrühe oder einem handelsüblichen Insektizid gespritzt, um Blattläuse und andere saugende Insekten zu bekämpfen.

Man hackt regelmäßig, damit das Unkraut zwischen den Beetpflanzen verschwindet. Am leichtesten kommt man mit dieser Arbeit voran, wenn die Erde etwas feucht ist, und man erzielt die größte Wirkung, wenn gehackt wird, ehe sich das Unkraut ausbreitet.
Zweijährige Sommerblumen Man sät zweijährige Sommerblumen, sofern dies nicht bereits im vergangenen Monat geschehen ist. Sie können sowohl im Freiland als auch unter Glas gezogen werden (siehe *Mai*).

Sobald die Sämlinge eine handliche Größe erreicht haben, pikiert man sie aus den Saatkisten oder Saatbeeten im Freiland in ein Anzuchtbeet. Die Pflanzen werden im allseitigen Abstand von 15–20 cm in Reihen pikiert oder gepflanzt, so daß sich aus ihnen kräftige, buschige Pflanzen entwickeln können, die dann im September einzeln oder in Gruppen an ihren endgültigen Standort verpflanzt werden.

Im Idealfall nimmt man diese Pflanzarbeit bei regnerischem Wetter vor. Ist dies nicht der Fall, beregnet man die Pflanzen nach dem Versetzen ausgiebig.
Goldlack säen Gegen Ende des Monats oder Anfang Juli können Goldlack und Bartnelken direkt an ihren endgültigen Standort ausgesät werden. Die Samen werden dünn ausgesät. Später vereinzelt man zu dicht stehende Pflanzen.

Zwiebel- und Knollengewächse

Gegen Ende des Monats beginnt man in wärmeren Gegenden die im Frühjahr blühenden Zwiebelgewächse, deren Laub vergilbt ist, herauszunehmen. Tulpen sollten immer ausgegraben werden. Wenn man Blumen von besonderer Qualität haben möchte oder wenn sich die Pflanzen so stark vermehrt haben, daß sie nur noch viel Laub hervorbringen, werden auch die meisten anderen Zwiebelgewächse, einschließlich der Osterglocken, herausgenommen, geteilt und dann neu eingepflanzt.

BLUMENZWIEBELN HERAUSNEHMEN

Um zu vermeiden, daß die Zwiebeln beschädigt werden, sticht man die Gabel weit genug entfernt von der Pflanze so tief in die Erde ein, daß man direkt unter die Wurzeln gelangt

Mit einem Spaten oder einer Gabel sticht man so weit entfernt von den Zwiebeln so tief in den Boden ein, daß man direkt unter die Zwiebeln gelangt.

ZWIEBELN TROCKNEN

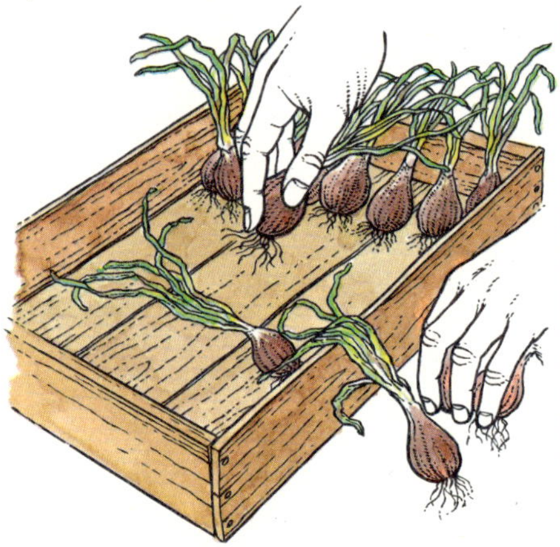

Nachdem man die Zwiebeln herausgenommen hat, werden sie zum Trocknen in flache Kisten gelegt und in einen gutbelüfteten Schuppen gestellt

BLUMENZWIEBELN SÄUBERN

Trockene Häute nimmt man ab und schneidet die Wurzeln und das eingezogene Laub weg, nachdem die Zwiebeln gut getrocknet sind. Dann werden die Zwiebeln in einem kühlen Schuppen aufbewahrt

BRUTZWIEBELN ABNEHMEN

Einige Zwiebelpflanzen, z. B. Narzissen, vermehren sich durch Brutzwiebeln. Diese bewahrt man getrennt auf und legt sie später in ein Anzuchtbeet. Nach zwei bis drei Jahren können sie blühen

Man legt sie in flache Kisten und trocknet sie in einem gut belüfteten Schuppen.

Zwiebeln ausputzen und aufbewahren Wenn die Zwiebeln gut abgetrocknet sind, entfernt man abgestorbene Blätter, Wurzeln und Zwiebelhäute. Soll der Bestand nicht vergrößert werden, werden die kleinsten Zwiebeln ausgesondert. Faule und beschädigte Zwiebeln verbrennt man. Die getrockneten, gesäuberten Zwiebeln legt man in Kisten und gibt dabei nicht mehr als drei oder vier Lagen Zwiebeln in eine Kiste. Diese wird in einem kühlen, trockenen Schuppen oder sonstigen Lagerraum aufbewahrt.

Rosen

Viele Teehybriden entwickeln Blütentriebe, an denen sich außer der Hauptknospe an der Spitze noch zwei oder drei Nebenknospen entwikkeln. Wer Wert auf schöne große Blüten oder langstielige Schnittblumen legt, entfernt alle Nebenknospen, sobald sie sich mit Daumen und Zeigefinger ausbrechen lassen.

Man lockert den Boden flach mit einer Hakke, um ihn zu belüften und Unkräuter zu entfernen. Geschnittenes Gras von Rasenflächen, die mit Unkrautbekämpfungsmitteln behandelt worden sind, darf man nicht als Mulchdecke verwenden.

Wildtriebe entfernen Bei allen Edelrosen werden Wildtriebe dort abgerissen, wo sie aus dem Stamm herauswachsen. Wildtriebe, die bei Buschrosen und Teehybriden aus der Erde kommen, werden bis zu ihrem Ansatz zurückverfolgt und dort ausgebrochen.

NEBENKNOSPEN AUSBRECHEN

Wenn man an den Blütentrieben der Teehybriden Nebenknospen ausbricht, entwickeln sich die verbleibenden endständigen Knospen schöner und besser

WILDTRIEBE ENTFERNEN

Wildtriebe schneidet man dort ab, wo sie aus der Wildlingsunterlage entspringen. Man kann auch die Wildtriebe in der Erde bis zu ihrem Ursprung verfolgen

In Trockenperioden werden Zwergrosen in Kübeln oder Balkonkästen kräftig gewässert.

Sternrußtau Gärten in Industriegebieten leiden weniger unter Sternrußtau. In anderen Lagen muß man unter Umständen öfters mit Schachtelhalmtee oder Triforin spritzen. Von Triforin werden auch der Echte Mehltau und der Rost erfaßt.

Chrysanthemen

Im Mai ausgepflanzte Freilandsorten müssen jetzt gestutzt werden.

Stutzen Im Garten gezogene Pflanzen gedeihen besonders gut, wenn die Triebspitzen ausgebrochen werden, sobald sich die kleinen Seitenknospen in den Blattachseln der Stengel zeigen. Von Mitte Mai bis Mitte Juni kann man die Pflanzen entspitzen. Chrysanthemen, die im Freien blühen sollen, müssen spätestens bis 21. Juni gestutzt sein, sonst entwickeln sich die Blüten zu spät und sind von schlechter Qualität. Auch können sie von den Herbstfrösten überrascht werden.

Gießen, sprühen, düngen Die Wurzeln der Pflanzen dürfen nicht zu trocken werden. In Zeiten, in denen es wenig oder gar nicht regnet, wird mindestens einmal in der Woche reichlich gegossen und an heißen Sommertagen, wenn möglich, abends mit Wasser gesprüht. In der zweiten Juniwoche wird zum Düngen Kalkammonsalpeter oder schwefelsaures Ammoniak in einer Menge von 15 g auf 1 m^2 in den Boden eingehackt, um bei den im Freien blühenden Sorten das Wachstum anzuregen. Diese Stickstoffdünger sollten jedoch nur dann verwendet werden, wenn ein schwaches Triebwachstum deutlich auf Stickstoffmangel hinweist.

Nach Bedarf gegen Blattläuse und Minierfliegen spritzen (siehe *April*).

Topfpflanzen, die im Freien stehen, dürfen nicht vernäßt werden, da ihr Wurzelsystem noch nicht voll entwickelt ist.

Unter Glas

Nun nimmt man Stecklinge der mittel- und spätblühenden Sorten. Diese werden im Juli direkt in die Gewächshausrabatte gepflanzt. In rauheren Gebieten pflanzt man die Gewächshaussorten in ihre endgültigen Töpfe (Durchmesser 12–15 cm) und stellt sie an ihren Sommerstandort ins Freie.

Chrysanthemen stutzen Etwa Mitte des Monats werden die einfachen und gefüllten, dekorativen und großblumigen Chrysanthemen, die im November blühen sollen, ein zweites Mal gestutzt.

Sie sollten bereits im April einmal gestutzt worden sein.

Dahlien

Bis Mitte des Monats kann man Dahlien immer noch auspflanzen.

Wenn die Dahlien zwei oder drei Wochen später angewachsen sind, werden die Spitzen der Haupttriebe ausgebrochen, man entspitzt also die Pflanzen. Auf diese Weise unterstützt man die Entwicklung mehrerer Seitentriebe, die Pflanzen wachsen buschig heran und werden lange blühen.

Wenn sie eine Höhe von ungefähr 45 cm erreicht haben, dann bindet man sie mit einer weichen Schnur oder mit Bast in lockeren Schlingen an die Stäbe.

DAHLIEN ENTSPITZEN

Um einen buschigen Wuchs und eine größere Anzahl von Blütentrieben zu erzielen, wird zwei oder drei Wochen nach dem Auspflanzen die Spitze des Mitteltriebs ausgebrochen

Schädlingsbekämpfung Von Juni an können an den Pflanzen Schädlinge, etwa Blattläuse, auftreten. Man bekämpft sie mit Rainfarn-, Brennessel-, Schmierseifenbrühe oder mit einem handelsüblichen Insektizid, z. B. mit Pyrethrum oder Propoxur.

Mulchen Während der Wachstumsperiode brauchen Dahlien viel Wasser. Eine 3–5 cm dikke Mulchdecke aus Torf, halbverrotteten Blättern, Gartenkompost, Stroh oder Sägemehl setzt die Verdunstung herab und verhindert das Aufkommen von Unkraut. Ehe man mulcht, wird alles Unkraut gejätet und der Boden gut gewässert.

Gladiolen

Bis bei frühblühenden Sorten die ersten Blütenknospen erscheinen, fällt meist genügend Regen, der den Boden feucht hält. Sobald die ersten Blütenähren fühlbar sind, müssen die Pflanzen, wenn das Wetter trocken ist, unbedingt gegossen werden. Auf 1 m^2 gibt man den Pflanzen bis zu 10 l Wasser. Ist der Boden nährstoffarm, so düngt man ihn mit einem mineralischen Volldünger.

Iris

Hochwüchsige Bartiris stehen in diesem Monat in voller Blüte. Blütenstengel, die hoch gewachsen oder ungünstiger Witterung ausgesetzt sind, bindet man an dünnen Stäben fest, damit sie nicht abknicken. Man kann auch Stäbe um eine Gruppe von Irispflanzen einstecken und die Triebe mit Bast oder Bindfaden anbinden. Schnittblumen nach Bedarf schneiden. Welke Blüten werden entfernt, damit die nachfolgenden genügend Platz haben.

Rückschnitt nach der Blüte Abgeblühte Stengel werden zurückgeschnitten. Nährstoffarmen Böden setzt man bis zu 120 g auf 1 m^2 eines organisch-mineralischen Volldüngers zu, damit die Pflanzen im nächsten Jahr kräftig wachsen.

Die Blätter der Bartiris werden auf Anzeichen der Irisblattfleckenkrankheit untersucht (siehe *April*).

Beete, die für die Bepflanzung mit Iris im Juli oder August vorgesehen sind, werden vorbereitet, indem man gut verrotteten Mist oder Kompost mit einem Volldünger oder Knochenmehl untergräbt. Der Standort sollte sonnig und trocken sein.

Wenn bei Holländischen Iris, die im Sommer blühen, die Knospen erscheinen, gibt man 30 g Kalksalpeter oder Kalkammonsalpeter auf 1 m^2 und harkt ihn leicht unter. Dadurch erzielt man eine intensive Blütenfarbe.

Lilien

Bei feuchtem, schwülem Wetter muß man auf Grauschimmel achten. Diese Pilzkrankheit ist besonders stark verbreitet. Auf den Blättern und auf den Stengeln der Pflanzen bildet sich ein grauer Schimmelbelag. Man kann mit Dichlofluanid spritzen.

Einmal im Monat spritzt man mit Ackerschachtelhalm-, Rainfarn-, Brennesselbrühe oder einem Insektizid gegen Blattläuse, die gelegentlich Viruskrankheiten verbreiten. Lilien sind für Viren anfällig; einige Symptome sind im folgenden aufgeführt.

Anzeichen von Viruskrankheiten 1. Gelbe Streifen oder Flecken auf den Blättern. Dies kann allerdings auch auf übermäßiges Gießen, Schadinsekten oder übermäßige Kalkzufuhr zurückzuführen sein.

2. Schwächung des Stengels. Die Blätter drängen sich unnatürlich zusammen, und die Spitze ist wie ein Spazierstock gekrümmt.

3. Unnatürliche Krümmung der Blätter oder Blütenblätter, wobei die Spitzen der Blütenblätter manchmal zusammenkleben.

4. Purpurrote Färbung von Stengel und Blättern.

Von Viren befallene Lilien werden entfernt. Ehe man andere Lilien berührt, sollte man sich die Hände waschen, da das Virus durch den Saft übertragen wird. Tigerlilien können ohne sichtbare Anzeichen von Viren befallen sein. Man sollte deshalb erst am Schluß in diesen Beständen arbeiten oder Blüten schneiden.

Unter Glas

Blattläuse bekämpft man bei Bedarf mit Ackerschachtelhalm-, Brennessel-, Rainfarnbrühe oder einem handelsüblichen Insektizid. In Töpfen gezogene Lilien müssen stets ausreichend mit Wasser versorgt werden.

Nelken

Jetzt werden die hochgewachsenen Gartennelken zur Schnittblumengewinnung gestützt. Das kann auf verschiedene Weise geschehen. Entweder stützt man jede Einzelpflanze mit einem kleinen Bambusstock und befestigt sie mit Bindfaden oder Staudenringen, oder man zieht um das ganze Beet einen Draht und verbindet die Längsseiten mit Bindfaden. Auch eine Verwendung von Chrysanthemennetzen (siehe *Mai*) ist möglich.

Auf jeden Fall müssen die Triebe gestützt werden, damit sich die langen Blumenstiele nicht umbiegen und die Knospen und Blüten auf den Boden hängen.

Auch kann man die Nebenknospen ausbrechen. Der Haupttrieb einer jungen Gartennelke hat an der Spitze eine Knospe (Kronenknospe) und entlang des Stengels etwa 10 cm lange Seitentriebe mit Knospen. Die Kronenknospe und die endständigen Knospen der Seitentriebe läßt man stehen; alle anderen Knospen werden jedoch entfernt, wenn sie etwa 6 mm groß sind. Diese Arbeit wird in einem Zeitraum von einer Woche oder zehn Tagen durchgeführt. Dadurch ergeben sich besonders schöne Einzelblüten.

Alte Pflanzen mit mehreren Haupttrieben haben oft keine Seitentriebe. In diesem Fall werden mit Ausnahme der Mittelknospen sämtliche Knospen entfernt. Bei Steingartennelken bricht man die Nebenknospen nicht aus.

Auf Schädlinge und Krankheiten achten und, falls nötig, Gegenmaßnahmen treffen.

Alte Edelnelken werden in ein freies Beet ins Freiland gepflanzt, bis sie verblüht sind.

Für die Herbstpflanzung werden zweijährige Garten- und Steingartennelken bestellt (siehe Pflanzenbeschreibung im *Mai*).

Unter Glas

Steingartennelken werden durch Stecklinge vermehrt. Geeignet sind kräftige, gedrungene Seitentriebe mit vier oder fünf vollentwickelten Blattpaaren. Man streift das letzte Blattpaar nach unten ab und schneidet den Stengel direkt unter dem Blattknoten mit einem scharfen Messer durch. Die Stecklinge werden in 8-cm-Töpfe mit sandiger Erde gesetzt. Das untere Blattpaar muß über der Erde sitzen. In einen Topf pflanzt man neun bis zehn Stecklinge. Kräftig wässern und die Stecklinge in ein schattiertes, kaltes Frühbeet stellen.

Nach etwa drei Wochen sind sie bewurzelt und beginnen zu wachsen. Im Lauf der folgenden Woche wird die Lüftung nach und nach verstärkt.

Zwei Wochen später können die bewurzelten Stecklinge ins Freiland oder einzeln in 8-cm-Töpfe mit humoser, sandiger Erde oder Einheitserde gepflanzt werden.

STECKLINGE VON STEINGARTENNELKEN

1. Man schneidet Seitentriebe mit vier bis fünf Blattpaaren. 2. Das untere Blattpaar wird entfernt. 3. Der Trieb wird auf eine Zeitungsunterlage gelegt und mit einem glatten Schnitt unterhalb des Blattknotens durchgeschnitten

STECKLINGE STECKEN

Die so behandelten Stecklinge werden bis zur Basis des unteren Blattpaars in 8-cm-Töpfe mit sandiger Erde gesteckt. Für einen Topf rechnet man neun bis zehn Stecklinge

TÖPFE AUFSTELLEN

Die Töpfe werden in einen etwa 25 cm tiefen, offenen Kasten oder ein schattiertes Frühbeet gestellt

Edelnelken umtopfen In Töpfen kultivierte Edelnelken werden weiterhin in 15-cm-Töpfe, ein Jahr alte Pflanzen in 20-cm-Töpfe umgetopft. Falls notwendig, wird die Schattierung erneuert. Bei heißem Wetter bespritzt man den Boden und die Stellagen mit Wasser.
Das zweite Stutzen Bis Mitte des Monats werden die Pflanzen weiter gestutzt, die im Herbst blühen sollen, und bis Mitte Juli diejenigen, die dann im Winter Blüten entwickeln.

Auf Schädlinge und Krankheiten achten und, falls nötig, Gegenmaßnahmen ergreifen.

Blumen schneiden und Nebenknospen ausbrechen.

Wicken

Bei warmem, beständigem Wetter gießt man die Pflanzen regelmäßig. Besser ist es, einmal mehr Wasser in größeren Abständen zu geben, als in kürzeren Zeitabständen den Boden nur oberflächlich zu befeuchten.

Eine durchschnittliche Wassergabe sollte bei mittelschweren bis schweren Böden etwa 10 l auf 1 m^2 betragen. Auf leichten Böden kann die Wassermenge sogar auf 20 l auf 1 m^2 erhöht werden.
Schädlinge und Krankheiten Nach Bedarf spritzt man mit einem Insektizid gegen saugende Insekten.

Wenn die Pflanzen eingehen und die Blätter erst gelb, dann braun werden, sind Bodenschädlinge am Werk oder die Pflanzen von einer Krankheit befallen. Was immer die Ursache sein mag – in diesem Stadium kann man die Pflanzen nicht mehr retten, und sie müssen entfernt werden.
Knospenfall Wenn Knospen gelb werden und abfallen, ehe sie sich öffnen, sind die Pflanzen nicht krank, und meist dauert diese Phase auch nicht lange. Zuviel Feuchtigkeit im Wurzelbereich, zu reichliches Düngen, Kalkmangel, zuwenig Sonne, ungewöhnliche Kälte oder wechselhaftes Wetter können die Ursache für den Knospenfall sein. Bis dieses Stadium vorüber ist, wird nur sehr spärlich gegossen und nicht gedüngt. Hat man das Beet richtig vorbereitet, sollte es jedoch kaum zum Knospenfall kommen.

Man bindet die Haupttriebe der Spalierwikken weiterhin an die Stützstäbe.

Steingartenpflanzen

Unkraut wird weiterhin durch Jäten und Hakken beseitigt. Die Unkräuter wirft man sofort in einen Eimer, damit keine Samen auf den Boden fallen.

Einjährige Gräser werden unmittelbar unter der Oberfläche des Bodens mit einem Messer abgeschnitten. Zieht man sie heraus und schüttelt die Erde von den Wurzeln ab, dann kann es vorkommen, daß sich die Samen über eine weite Fläche ausstreuen.
Welke Blüten entfernen Verwelkte Blüten und Triebe von Blaukissen und Steinbrech werden abgeschnitten, um die Selbstaussaat zu vermeiden.

Bei anderen Pflanzen ist ein solcher Schnitt nicht erforderlich, jedoch sollte man die Blüte mit einer kleinen Schere abschneiden, damit der Steingarten immer ordentlich aussieht. Außerdem schneidet man zu lange Triebe von Pflanzen mit kriechenden Ausläufern zurück.
Kräftige Pflanzen auspflanzen Wo immer ein Steingarten neu angelegt worden ist, können sich jetzt Fehler in der Anordnung zeigen. Besonders häufig geschieht es, daß schnellwüchsige Arten und Sorten zu dicht neben langsam wachsenden Pflanzen stehen. Man kann sie nun neu anordnen, vorausgesetzt, das Wetter ist feucht.

Wenn es aber zu heiß ist, dann macht man einen Plan und legt fest, was Ende September oder Anfang Oktober im Steingarten getan werden muß, damit bestimmte Pflanzen den richtigen Platz erhalten.
Bewässern Wenn Steingartenpflanzen durch trockenes Wetter leiden, bewässert man sie. Dies muß aber sehr vorsichtig geschehen, weil die Pflanzen leiden, wenn sie zuviel Wasser erhalten.

Zum Bewässern nimmt man vorzugsweise einen Regner, der einen feinen Niederschlag ergibt. Durch große Wassertropfen wird die Oberfläche des Bodens verschlämmt, die Nährstoffe werden ausgewaschen. Wenn man eine Gießkanne verwendet, dann muß man eine feine Brause nehmen.

Steingartenpflanzen bewässert man am Abend. Man gibt ihnen so viel Wasser, daß es tief in den Boden einsickert. Im allgemeinen rechnet man mit einem Bedarf von etwa 8–10 l Wasser für 1 m^2.

Wasserpflanzen

In diesem Monat werden die letzten Wasserpflanzen eingesetzt. Bei schwülem, heißem Wetter sorgt man für sauerstoffreiches Wasser im Becken, indem man mit einem Schlauch, dem eine Düse aufgesetzt wurde, frisches Wasser in den Teich sprüht. Dadurch sinkt die Wassertemperatur, was bei flachen Becken, in denen das Wasser rasch verdunstet, wichtig ist.
Blattläuse bekämpfen Man achtet ständig darauf, ob Blattläuse auftreten, und ergreift dann sofort Gegenmaßnahmen. Wenn man Fische im Becken hält, muß man besonders vorsichtig mit Insektenbekämpfungsmitteln sein, da die Fische sonst eingehen. Mit Wasser die Läuse ins Wasser abzuspritzen ist eine einfache, ungefährliche Möglichkeit der Bekämpfung.
Schädliche Mücken Oft entwickeln sich Mücken der Gattung *Chironomas* zu einer noch größeren Plage als Blattläuse. Die Larven sind schwer zu erkennen. Sie werden nur 3 mm lang, sind grünlich und nicht viel dicker als ein Haar. Sie befallen die Blattober- und -unterseite von Seerosen, der Wasserähre und einigen Unterwasserpflanzen und zerfressen das Blattgewebe bis auf die Blattrippen. Die Bekämpfung der Mücken ist schwierig. Man kann gegen sie wie gegen Blattläuse vorgehen.
Weitere Arbeiten Ehe Algen in Massen auftreten, entfernt man diese und achtet darauf, daß man nicht gleichzeitig junge Fische herausnimmt. Wenn Wasserpflanzen zu rasch wachsen, schneidet man von einigen die Blätter ab, damit das Sonnenlicht bis zu den Unterwasserpflanzen vordringen kann.

Junge Primeln, die im Februar gesät worden sind, werden in Kisten pikiert, die mit Einheitserde gefüllt sind. Im September können sie dann ausgepflanzt werden.

Heidekrautgewächse

Eingewachsene Bestände erfordern nun wenig Pflege. Es genügt, die Unkräuter nicht aufkommen zu lassen.

Wer selber Jungpflanzen nachziehen will, kann in diesem Monat Stecklinge abnehmen. Der Zeitpunkt ist günstig für die Schnee- und die Cornwallheide.

Man verwendet bereits verzweigte, ungefähr

5 cm lange zweijährige Triebe, die man am besten vom Zweig abreißt. Man schneidet sie nicht nach, sondern entfernt nur im unteren Bereich vorsichtig die Blättchen. Die Triebe sind reif, wenn sie auch an der Spitze die Blättchen abspreizen.

Die Stecklinge steckt man in Schalen oder Kistchen, die mit einem Torf-Sand-Gemisch gefüllt wurden. Nun stellt man die Gefäße in ein Frühbeet, das mit Glas abgedeckt wird, oder unter einen Folientunnel.

Die Stecklinge müssen stets feucht gehalten werden. Wenn sie sich bewurzelt haben, nimmt man die Abdeckung ab. Pflanzen, die schon früh vermehrt wurden, können meist schon im Herbst auf ein Beet umgepflanzt werden.

Rhododendron

In diesem Monat und noch bis in den Juli hinein können Rhododendren durch Ableger vermehrt werden. Man nimmt einen gesunden, verholzten Trieb und schneidet ihn 30 cm unterhalb der Triebspitze halb durch oder biegt ihn steil nach oben. Die Schnittstelle wird fest in die Erde gedrückt und mit einem Drahtbügel oder einer Astgabel festgesteckt. Nach ungefähr zwei Jahren hat der abgelegte Trieb so viele Wurzeln entwickelt, daß er von der Mutterpflanze abgetrennt und an einen anderen Platz gepflanzt werden kann. Man führt den Schnitt dicht an der neuen Pflanze aus. Die abgesenkte Stelle wird gut mit nassem Torf umfüttert; sie sollte ungefähr 10 cm tief im Boden liegen und regelmäßig feucht gehalten werden. Abgewelkte Blüten werden weiterhin abgenommen, und die Wasserversorgung wird gesichert.

Schädlinge treten an Rhododendren selten auf. Jetzt können jedoch die Larven der Rhododendronwanze schlüpfen, die an den Blattunterseiten sitzen. Sollte man diese Schädlinge in größerer Zahl entdecken, müßte man mit einem Insektenbekämpfungsmittel spritzen.

RHODODENDREN DURCH ABLEGER VERMEHREN

1. Man sucht einen verholzten Trieb, schneidet ihn auf der Unterseite an und biegt ihn auf den Boden hinab
2. Der Trieb wird mit einem Drahtbügel oder einer Astgabel am Boden befestigt. Das Triebende muß wieder hochgebogen und an einem Pflock befestigt werden
3. Der abgesenkte Teil wird sorgfältig mit nassem Torf umfüttert und feucht gehalten
4. Der abgelegte Trieb bildet Wurzeln und kann erst im Herbst des übernächsten Jahres abgetrennt und verpflanzt werden

Zimmerpflanzen

Man setzt die Bewässerung und Düngung, wie für den Sommer empfohlen, fort (siehe *Mai*). An warmen, feuchten Tagen öffnet man die Fenster, damit die Pflanzen von der feuchten Luft profitieren, jedoch dürfen sie nicht im Luftzug stehen.

Bei leichtem, warmem Regen kann man Zimmerpflanzen, die den Regen gut vertragen, auf den Balkon oder in den Garten stellen.

Pflanzen, die weiche, fleischige, behaarte Blätter haben, wie beispielsweise das Usambaraveilchen und Gloxinien, sollte man besser im Zimmer lassen.

Falls jedoch mehrere Tage hintereinander trockenes, sonniges Wetter herrscht, sinkt auch die Luftfeuchtigkeit. In diesem Fall werden die Pflanzen leicht mit Wasser besprüht. Geeignet ist dafür eine kleine Handblumenspritze, die das Wasser fein zerstäubt. Dieses Besprühen sollte besonders in den wärmeren Tagesstunden, also zwischen 10 und 13 Uhr, erfolgen. Am Abend müssen die Blätter der Pflanzen wieder trocken sein.

Kleingewächshaus-gärtnerei

In diesem Monat muß reichlich gegossen werden. Pflanzen in Tontöpfen brauchen bei heißem Wetter täglich zwei oder mehr Wassergaben.

Für ausreichende Luftfeuchtigkeit sorgt man, indem man die Wände, den Boden und die Stellagen mit Wasser bespritzt. Durch diese Maßnahme wirkt man auch dem Befall durch die Rote Spinne entgegen.

Damit man weniger Zeit für die Bewässerung aufbringen muß, stellt man möglichst viele Pflanzen in kalte Kästen. Junge Alpenveilchen, Sämlinge von Cinerarien, Pantoffelblumen, Primeln und Korallenstrauch gedeihen zufriedenstellend den Sommer über in einem leicht schattierten kalten Kasten. Man senkt die Töpfe mit diesen Pflanzen etwas in die Erde ein und hält sie mäßig feucht.

Azaleen im Freien

Andere Pflanzen, die schon verblüht sind, einschließlich Azaleen, Hortensien und Edelpelargonien, können ins Freie gestellt werden. Man senkt die Töpfe bis zur Hälfte in sandige Erde ein. Sie benötigen auf diese Weise weniger Wasser, als wenn man sie unter Glas stehen läßt.

Edelpelargonien zurückschneiden Die Triebe von Edelpelargonien, die zu lang geworden sind, werden ungefähr um die Hälfte zurückgeschnitten. Die jungen Austriebe der Kamelien erleiden leicht Schaden durch starke Sonnenbestrahlung, wenn die Wurzeln der Pflanzen austrocknen. Kamelien gedeihen am besten im Halbschatten an der Nordseite einer Mauer oder einer Hecke.

Man sät Cineriensamen, falls dies nicht bereits im vergangenen Monat geschehen ist, damit man im folgenden Winter und Frühjahr blühende Pflanzen erhält. Ebenso sät man *Primula malacoides* aus.

TÖPFE EINSENKEN

Jetzt können viele Zimmertopfpflanzen in den Garten gebracht werden. Sie werden an schattiger Stelle unter Bäumen oder in einem Frühbeetkasten in eine sandige, durchlässige Erde nahezu bis zum Rand eingesenkt. In schweren Böden sorgt man für eine gute Entwässerung

Pflege der Drehfrucht Drehfruchtpflanzen, die aus Samen im Januar oder Februar herangezogen wurden, topft man in 12-cm-Töpfe mit Kulturerde um. Die Blätter müssen mit größter Vorsicht behandelt werden, da sie leicht Schaden nehmen.

Man sät weiter Pflanzen aus, so daß man wieder frühzeitig im nächsten Jahr blühende Pflanzen erhält. Die Samen werden in flache Schalen mit Blumenerde bei einer Temperatur von 16–18 °C ausgesät.

Alpenveilchen umtopfen Alpenveilchen, die im August oder später im Vorjahr ausgesät wurden und im kommenden Herbst und Winter blühen sollen, werden in 10- bis 12-cm-Töpfe eingetopft. Man verwendet eine humose Kulturerde und stellt die Töpfchen in einen kalten Kasten, sobald sich neue Blätter bilden. In Abständen von etwa zehn Tagen kann man im Sommer Flüssigdüngerlösungen geben. Mischungen mit hohem Kaliumanteil eignen sich besonders gut.

Schönmalven, Hortensien, Zonalpelargonien und Fuchsien, die jetzt im Gewächshaus blühen, brauchen in diesem Monat eine sorgfältige Pflege, damit sie möglichst lange blühen. Verblühte Blumen werden regelmäßig entfernt. Alle zehn Tage gibt man einen Flüssigdünger und achtet sorgfältig auf Blattläuse. Die Pflanzen werden regelmäßig gegossen und, falls notwendig, mit einem Insektenbekämpfungsmittel besprüht.

***Polyantha*-Rosen in Töpfen** Durch moderne Züchtungsarbeiten sind schöne *Polyantha*-Rosen für das temperierte Gewächshaus entstanden. Wer sich einmal mit dieser besonderen Kulturmethode befassen will, kauft im Oktober oder November junge Rosenpflanzen in einer Baumschule. Für die Topfkultur eignen sich allerdings nur bestimmte Sorten. Diese Rosen werden in 10- bis 12-cm-Töpfe, am besten in tiefe Rosen- oder *Clematis*-Töpfe, in lehmige Erde eingepflanzt und in den Frühbeetkasten gestellt. Dort bleiben sie zum Einwurzeln, bis die ersten strengeren Fröste einsetzen. Dann stellt man sie in das Kleingewächshaus und überwintert sie bei möglichst niedrigen Temperaturen. Im Februar oder März werden die Rosenpflanzen etwas wärmer gestellt. Bald treiben sie durch und bilden im Mai oder Juni hübsche Blüten aus.

EINE MELONE BESTÄUBEN

Wenn sich die weiblichen Blüten geöffnet haben, bestäubt man sie, indem man mit den Staubgefäßen einer männlichen Blüte, von der die Blütenblätter entfernt wurden, über die Narbe der weiblichen Blüte streicht

STECKLINGE VON *BEGONIA-REX*-HYBRIDEN SCHNEIDEN

Man nimmt ein Blatt ab, dreht es mit der Unterseite nach oben und macht mit einem scharfen Messer oder einer Rasierklinge mehrere Schnitte an den Verbindungsstellen der Adern

Danach legt man das Blatt mit der Oberfläche nach oben auf eine mit einem Torf-Sand-Gemisch gefüllte Schale. Das Blatt wird mit gebogenem Draht oder kleinen Steinen festgehalten

Nachdem das Blatt in einen Vermehrungskasten gebracht wurde, bilden sich Wurzeln und kleine Pflänzchen an einigen oder allen Stellen, an denen die Adern durchtrennt wurden

Wer sich einmal an die Vermehrung von Rosen wagen will, kann jetzt von geeigneten Sorten Stecklinge schneiden und sie in einem Vermehrungssubstrat bewurzeln. Später werden die Jungpflanzen in kleine Töpfe gepflanzt, ein- oder zweimal gestutzt und dann in der oben erwähnten Weise weiterkultiviert.

Glockenblumensämlinge Sämlinge von *Campanula pyramidalis* verpflanzt man in 10- bis 11-cm-Töpfe, sobald die Ballen der Pflanzen in 8-cm-Töpfen gut bewurzelt sind. Man sorgt für eine gleichmäßige Entwicklung bis zum kommenden März. Danach werden sie bei Bedarf nochmals in etwas größere Töpfe für die Blüte im Sommer umgetopft. Wahlweise kann man die Pflänzchen aus den 8-cm-Töpfen unmittelbar ins Freie setzen. In diesem Fall werden sie im Herbst ausgegraben und in Töpfe umgepflanzt. Diese müssen so groß sein, daß sie den Wurzelballen gut aufnehmen können. Im Winter achtet man darauf, daß sich die Pflanzen im Gewächshaus gut weiterentwickeln. Im März werden die Pflanzen in größere Töpfe umgetopft.

Vermehrung aus Blattstecklingen Usambaraveilchen und *Begonia-Rex*-Hybriden werden aus Blattstecklingen vermehrt. Man nimmt von der Mutterpflanze vollentwickelte Blätter mit einem 3–5 cm langen Stiel und steckt sie in ein Torf-Sand-Gemisch. Begonienblätter werden flach in Schalen, die mit der gleichen Substratmischung gefüllt sind, gelegt, nachdem man die Unterseiten der Blattadern an mehreren Stellen eingeschnitten hat. Die Blätter beschwert man mit Steinchen.

Die Gefäße werden in einen Vermehrungskasten gestellt, in dem so lange eine Temperatur von 16–18 °C herrschen sollte, bis sich an den Einschnittstellen Wurzeln und Pflänzchen entwickelt haben.

Melonen bestäuben Bei Melonenpflanzen, die im letzten Monat in kalte Kästen ausgepflanzt wurden, schneidet man alle Seitentriebe bis auf vier Triebe aus. Die verbliebenen Triebe müssen ebenfalls gestutzt werden, sobald sie die Ränder des Kastens erreicht haben. Man wartet, bis an jedem Trieb eine weibliche Blüte offen ist. Danach nimmt man die Bestäubung vor. Dies geschieht am besten um die Mittagszeit, wenn der Blütenstaub trocken ist. Man zieht die Blütenblätter der männlichen Blüte zurück und führt die Staubgefäße in die weibliche Blüte ein. Weibliche Blüten erkennt man an dem unterständigen Fruchtknoten, aus dem sich die Frucht entwickelt. Bei heißem Wetter werden die Pflanzen schattiert.

Gegen Ende des Monats wird man die Heizungsanlage für das Kleingewächshaus nicht mehr benötigen. Man reinigt die Heizeinrichtungen. Falls eine kleine Ölheizung verwendet wird, lagert man sie bis zum Herbst an einem trockenen Platz, nachdem man den Öltank geleert und alle Teile des Brenners sorgfältig gereinigt hat.

Gurken ernten Gurkenpflanzen brauchen eine hohe Luftfeuchtigkeit. Diese entsteht, wenn man die Pflanzen und ihre Umgebung regelmäßig besprüht. Die Früchte werden geerntet, sobald sie ungefähr 30 cm lang sind. Man kontrolliert auch die Tomatenpflanzen. Läßt das Wachstum nach oder sind die Triebe nicht mehr stark genug, muß man zusätzliche Kopfdüngergaben verabreichen. Am besten verwendet man einen üblichen mineralischen oder flüssigen Volldünger in einer Konzentration von 0,2–0,3% (2–3 g auf 1 l Wasser).

Wenn das Wetter gegen Ende des Monats sehr warm ist, läßt man die Dachbelüftung an der dem Wind abgewandten Seite des Kleingewächshauses über Nacht je nach der Außentemperatur ein wenig offen.

Balkongärtnerei

Zu den wichtigsten Pflegemaßnahmen gehören das Gießen und das Düngen. Balkonblumen kann man nicht nach einem starren Schema gießen. Nicht nur die unterschiedlichen Ansprüche der Pflanzen, auch die Lage des Balkons, das Stadium des Wachstums, die Wetterlage, die Zusammensetzung des Substrats und das Material der Pflanzgefäße sind jeweils zu berücksichtigen. Der Balkongärtner sollte darauf achten, daß das Substrat feucht, aber nicht naß ist.

An Sommertagen leiden Balkonpflanzen häufig in ihren schmalen Gefäßen, weil die Erde leicht austrocknet. Zu der Jahreszeit sollte man an heißen Tagen möglichst zweimal gießen.

Auch Kübelpflanzen auf der Terrasse müssen bei trockener Witterung gut gewässert werden. Vor allem Oleander benötigt außer einem warmen, vollsonnigen Standort viel Feuchtigkeit.

Balkonpflanzen gießt man am besten am frühen Vormittag oder in den Abendstunden, niemals jedoch während der Mittagshitze.

Nachdüngen ist notwendig Neben einem guten, mit ausreichend Nährstoffen versorgten Pflanzsubstrat gedeihen die Pflanzen nur dann prächtig, wenn man nachdüngt, sobald die Grunddüngung erschöpft ist.

Erden, denen vor der Pflanzung ein Volldünger beigemischt wurde, sollten nach vier bis sechs Wochen nachgedüngt werden. Man nimmt die üblichen Blumenvolldünger in flüssiger oder fester Form. Sie werden in einer 0,2 %igen Konzentration (2 g Dünger auf 1 l Wasser) dem Gießwasser zugesetzt und jede Woche einmal den Balkonpflanzen gegeben. Pflanzen, die überwintert werden sollen, etwa Geranien und Fuchsien, dürfen spätestens Anfang September nicht mehr nachgedüngt werden, damit die Triebe nicht zu weich in den Winter gehen. Wenn man düngt, sollten die Pflanzenteile möglichst nicht benetzt werden, um Verbrennungen zu vermeiden. Ausgetrocknete Substrate werden, ehe man düngt, ausreichend gegossen. Blätter, die von der Düngerlösung bespritzt wurden, braust man sogleich mit klarem Wasser ab.

Dauerdünger für Balkonkästen Regelmäßiges flüssiges Nachdüngen kann man sich ersparen, wenn beim Pflanzen die Erde mit einem sogenannten Langzeit- oder Dauerdünger versorgt wurde. Solche Dünger, z. B. Osmocote-Blumenkastendünger, wirken ungefähr drei bis vier Monate lang. Vor Ablauf dieser Zeit nachzudüngen empfiehlt sich nicht, damit Überdüngungsschäden vermieden werden.

Zweijährige Sommerblumen aussäen Zweijährige Sommerblumen für den Balkonschmuck im kommenden Frühjahr sät man am besten im Juni oder Juli aus. Diese Pflanzen, wie Tausendschön, Stiefmütterchen, Vergißmeinnicht oder Goldlack, werden im März und April gepflanzt. Wem die langwierige Anzucht zu mühsam ist oder wer dafür keinen Platz hat, kann die Pflanzen auch im nächsten Jahr kaufen.

Obst

Im Monat Juni und auch im Juli brauchen Obstgehölze viel Wasser für das Wachstum von Blättern und Trieben, für die Entwicklung der Früchte sowie für die Anlage von Blütenknospen fürs nächste Jahr. Eine Mulchdecke wirkt sich wassersparend aus. Gleichzeitig wird dadurch Unkraut unterdrückt, das Vorhandensein von Kleinlebewesen im Boden gefördert und der Humus- und Nährstoffgehalt des Bodens erhöht.

Das Gras sollte im Garten gemäht werden, sobald es handhoch ist. Man läßt das Schnittgut liegen und breitet es im Bereich der Kronentraufe um den Baum aus.

Bäume und Sträucher, die im vergangenen Herbst oder im Frühjahr dieses Jahres gepflanzt wurden, erhalten jetzt, nachdem sie gut eingewurzelt sind, eine erste Düngergabe von 30–50 g eines Blaukornvolldüngers auf 1 m^2.

Zur Zeit der Erdbeer- und Kirschenernte schädigen vor allem Amseln und Stare, aber auch Haussperlinge die Früchte. Die Vögel gewöhnen sich leider schnell an die üblichen Vogelscheuchen, ebenso an Katzen- und Raubvogelattrappen. Lange flatternde Schreckbänder und glitzernde Folienstreifen wirken zwar, aber nur für kurze Zeit.

In Obst- und Rebanlagen werden seit einiger Zeit akustische Vogelabwehrgeräte, die mit Ultraschall wirken, mit Erfolg angewendet. Leider gibt es bis heute noch keine entsprechenden preiswerten Kleingeräte für den Obstgarten. Deshalb gehören Schutznetze immer noch zu den wirkungsvollsten Abwehrvorrichtungen. Allerdings bedeuten sie auch eine Gefahr für die Vögel, die sich darin verfangen können. Netze dürfen deshalb nicht auf dem Boden aufliegen und müssen stets straff gespannt sein. Wer Netze verwendet, muß jeden Tag nachsehen, ob sich Vögel darin verfangen haben, und sie dann befreien.

Pflanzenschutz Wer im Obstgarten Pflanzenschutzmittel einsetzen will, muß auf Beerensträucher und Erdbeerbeete Rücksicht nehmen. Solange diese Obstarten blühen, dürfen keine Pflanzenschutzmittel gespritzt werden, die Bienen gefährden könnten. Das gilt auch für andere blühende Pflanzen (z. B. für Unkräuter). Diese Spritzungen sollten auch nicht bei hochsommerlicher Mittagshitze durchgeführt werden, sondern frühmorgens oder spätabends. Bei hohen Temperaturen verdampfen die Wirkstoffe schneller und sind deshalb weniger wirksam.

Wer bisher gegen Schorf gespritzt hat, sollte dies auch jetzt tun, da die am Holz überwinternden Sommersporen eine schädliche Wirkung hervorrufen. Entscheidend für den Spritzerfolg ist die Blattnaßdauer. Bei Sorten, die leicht Mehltau bekommen, schneidet man weiterhin die befallenen Triebspitzen ab. Zu speziellen Mehltaufungiziden ist zu sagen, daß sie nur dann gut wirken, wenn sie in regelmäßigen Abständen gespritzt werden. Von Blattläusen können nur die Grüne Apfellaus – sie saugt an den jungen Trieben – und die Mehlige Apfellaus – sie saugt an den Triebspitzen – gefährlich werden. Mit Blattlausbekämpfungsmitteln, die zum Teil auch gegen Blutläuse wirken, wie z. B. Adlerfarnjauche oder Propoxur, läßt sich der Befall stoppen. Eine Abtrift der Pflanzenschutzmittel auf andere Pflanzenbestände sollte man unbedingt vermeiden. Wenn der Wind stark weht, darf nicht gespritzt werden.

Apfel und Birne Am Spalier sollte man im Juni und Juli die neuen Triebe entspitzen, damit sich die Augen der jungen Triebe kräftigen und sich für das kommende Jahr möglichst viele Blütenknospen ausbilden. Bäume, die in diesem Jahr keine Früchte tragen, lassen sich im Juni und Juli leicht verjüngen. Starke und zu dicht stehende Äste erkennt man am besten, wenn ein Baum voll belaubt ist. Große Wunden, die durch das Aussägen von Ästen entstehen, verheilen im Sommer wesentlich schneller als im Winter.

Der Schnitt ist eigentlich ein Thema, das das ganze Jahr über aktuell ist. Im Juni können und sollten schon die jungen, noch krautigen Konkurrenztriebe bei Jungbäumen und Veredlungen ausgebrochen werden. Dies geht jetzt ohne Schere sehr leicht und schnell. Auch bei älteren Bäumen sind Wassertriebe, die sich im Kroneninnern oft zahlreich und zu stark entwickeln, nun an der Basis leicht auszubrechen, weil sie noch krautig sind.

Wenn man die sogenannten Wassertriebe in der zweiten Junihälfte ausreißt, kombiniert mit einem mittleren Sommerschnitt nach dem Abschluß der Kurztriebe Ende Juli/Anfang August, dann wachsen die Triebe nicht so stark, und die Stippigkeit der Früchte wird dadurch eingeschränkt.

Im Obstgarten wird der Fruchtbehang bei Kernobst nur von Hand ausgedünnt. Diese Arbeit sollte man nicht vor Abschluß des Junifruchtfalls vornehmen. Erst dann kann entschieden werden, ob die Ausdünnung notwendig ist.

Wenn der dichte Behang ein Ausdünnen von Hand erforderlich macht, werden zuerst mißgestaltete, kranke und kleine Früchte entfernt. Ist dann der Fruchtbehang immer noch zu stark, dünnt man ihn so weit aus, daß die übrigbleibenden Früchte ungefähr eine Handbreit voneinander entfernt sind. Bei besonders leistungsfähigem Fruchtholz kann man zwei oder drei Früchte an jedem Fruchtstand belassen.

Die Stiele der jungen Früchte werden bei langstieligen Sorten zwischen Daumen und Zeigefinger genommen; mit dem Mittel- oder Ringfinger drückt man dann die Frucht ab. Bei kurzstieligen Sorten und wenn nur bestimmte Früchte im Fruchtstand entfernt werden sollen, ist eine kräftige Schere zweckmäßiger.

Dünnt man die Früchte aus, dann erntet man zwar im Ausdünnungsjahr weniger Obst, die Qualität der verbleibenden Früchte ist aber besser, und vor allem wird die Blütenknospenbildung für das folgende Jahr gesichert. Bei Sorten wie 'Boskoop', 'Goldparmäne', 'Cox Orange', 'Glockenapfel' und 'Berlepsch' kann dadurch ein mittlerer Ertrag im sonst meist ertraglosen Folgejahr erzielt werden.

Brombeere Die Ranken wachsen in den Sommermonaten besser, wenn man die Geiztriebe auf ein bis drei Blätter einkürzt. Je nach der Wüchsigkeit werden an der einzelnen Pflanze drei bis sechs Ranken belassen. Die angeschnittene Rankenlänge beträgt dann 3–4 m. Ob länger oder kürzer angeschnitten wird, ist von der Stärke und der Verteilung der Ranken und von dem jeweils zur Verfügung stehenden Raum abhängig.

Erdbeere Die Obsternte beginnt im Juni mit den Erdbeeren. Sie haben einen hohen Vitamin-C-Gehalt und enthalten außerdem verschiedene B-Vitamine sowie Mineralstoffe.

Bei feuchter Witterung vor und während der Ernte ist eine Schneckenplage vorprogrammiert. Bekämpft werden Schnecken durch Aufstellen von Schneckenfallen. Man füllt entweder Bier in Joghurtbecher und senkt sie in die Erde ein, oder aber man streut Schneckenkorn in die Becher und verhindert so, daß das Mittel mit den Früchten in Berührung kommt. Außerdem kann man Schneckenkorn auf eine ganz flache Schale legen und sie mit einem größeren, seitlich an mehreren Stellen aufgeschnittenen Becher (z. B. Margarinebecher) überdecken.

Will man Erdbeeren aus eigenen Beständen vermehren, muß man die Pflanzen vor dem ersten Pflücken kritisch kontrollieren, Jungpflanzen sollte man nur von einjährigen, gesunden, leistungsstarken Pflanzen nehmen. Diese werden vom Beginn der Ernte an mit einem Stab gekennzeichnet. Empfehlenswerter ist es, Ende Juli/Anfang August Hochzucht-Erdbeerpflanzen aus speziellen Vermehrungsbetrieben zu kaufen.

Himbeere Die Pflege von Himbeeren ist relativ einfach, weil das Hacken des Bodens entfällt. Zu leicht könnte man damit die Wurzeln beschädigen. Um die notwendige Bodenfeuchtigkeit im Wurzelbereich zu erhalten und der Verunkrautung vorzubeugen, muß gemulcht werden. Die Flächen werden also mit organischer Substanz, z. B. Stroh, Torf, Grasschnitt, Sägemehl oder Baumrinde, abgedeckt.

Kirsche (Sauer- und Süßkirsche) Nicht selten werden die Hoffnungen auf einen guten Ertrag bei Süßkirschen durch anhaltenden Regen in der Reifezeit zerstört. Die Früchte platzen dann häufig nach geraumer Zeit auf. Spritzungen gegen die Fruchtfäule (Monilia) wirken auf die Fruchthaut entspannend und reduzieren als Nebenwirkung auch den Prozentsatz der geplatzten Früchte. Netzmittel haben einen ähnlichen Effekt. In der Regel platzen Knorpelkirschen, also feste Kirschen, eher als solche mit weichem Fruchtfleisch. Jedoch sollte bei der Sortenwahl beachtet werden, welche Sorten oft und welche selten platzen.

Hohe Bäume bedeuten erhöhte Unfallgefahr. Beim Aufstellen von Leitern muß daher ganz dringend zu größter Vorsicht geraten werden. Die Pflückbehälter sollten nicht am Körper getragen werden, sondern mit einem Haken an die Leiter oder die Äste gehängt werden. So kann man sich besser bewegen.

Um diese Zeit tritt bei Kirschen häufig die Schwarze Kirschblattlaus auf. Falls das Anlegen von Leimringen nicht verhindern konnte, daß sich Ameisen einfinden und sich in ihrem Gefolge Blattlauskolonien bildeten, sollten unbedingt rechtzeitig vor der Kirschenernte die Blattläuse bekämpft werden, wobei dem nützlingsschonenden Pirimicarb der Vorzug zu geben ist. Wenn auch die Kirschfruchtfliege bekämpft werden muß, ergreift man bei Sorten, die etwa von der dritten bis vierten Juliwoche an reifen, entsprechende Maßnahmen. Die Flugkontrolle läßt sich leicht mit Hilfe einer dünn mit Raupenleim bestrichenen leuchtendgelben, 15 × 20 cm großen Kunststofftafel durchführen. Der Bekämpfungstermin liegt bei den mittelspäten bis späten Sorten dann, wenn sich die Früchte gelbrot zu färben beginnen. Frühreifende Sorten werden nicht behandelt, da hier kein Befall zu erwarten ist.

Bei Sauerkirschen muß man von Juni an mit dem Auftreten der Sprühfleckenkrankheit rechnen. Meist wird man auf eine Behandlung verzichten können. Sollte jedoch eine Spritzung erforderlich werden, kann Metiram eingesetzt werden.

Kiwi Die Blütezeit beginnt im zweiten Standjahr meist Anfang bis Mitte Juni. An der Basis des Jahrestriebes bilden sich Blüten. Nun sollte man auch ein wenig düngen. Man gibt jeder Pflanze ungefähr 50 g eines Blaukornvolldüngers während der Blütezeit und 50 g im August, damit sich die Früchte gut entwickeln.

Nektarine und Pfirsich Den Fruchtbehang zu vereinzeln und auszudünnen gehört zu den wichtigsten Sommerarbeiten. Man darf damit jedoch erst nach dem natürlichen Fruchtfall Mitte bis Ende Mai beginnen, wenn die Früchte noch nicht ganz haselnußgroß sind.

Pflaume und Zwetsche Die erste Generation des Pflaumenwicklers ist Anfang bis Mitte Juni zu erwarten. Zur Bekämpfung eignen sich Pyrethrummittel, Deltametrin u. a. Ob die erste Generation des Pflaumenwicklers bekämpft werden muß, richtet sich nach der Behangstärke und Befallslage.

Weinrebe Wiederholte Spritzungen mit organischen Präparaten schützen vor Infektionen durch Falschen und Echten Mehltau.

Den Stockarbeiten ist eine große Bedeutung beizumessen. Ein rascher Stockaufbau wird sichergestellt durch das Ausbrechen auf ein bis zwei Triebe, ständiges Ausgeizen bis zur endgültigen Stammhöhe und mehrmaliges Aufbinden, um Bruchschäden zu vermeiden. Die Geiztriebe werden in noch grünem, nicht verholztem Zustand abgeschnitten. Reißt man die Triebe ab, dann können größere Wunden entstehen, als wenn man sie spät schneidet. Sie dürfen auf keinen Fall haarscharf am Stämmchen abgetrennt werden. An der Basis der Geiztriebe entwickeln sich kleine schlafende Augen, die vor allem nach Frösten austreiben. Entfernt man die Geiztriebe zu früh und zu nahe am Stamm, dann haben sich noch keine Augen gebildet.

Beim Ausbrechen werden unfruchtbare, doppelte und zu dicht stehende Triebe entfernt. Solche, die zum Anschnitt fehlender Reservezapfen benötigt werden, läßt man stehen. Die Triebe zum Aufbau einer geschlossenen Laubwand leitet man in den Drahtrahmen ein. Wenn der Boden naß ist, sollte man ihn nicht bearbeiten. Nach Gewitterregen lockert man ihn nur flach, um die Schlechtwetterchlorose zu vermeiden.

Gemüse

In diesem Monat werden viele Frühgemüse geerntet: Kopfsalat, Kohlrabi, Frühblumenkohl, Spinat, Erbsen, Rettiche und Radies. Nach der Ernte räumt man die Beete ab.

Für den Hobbygärtner bedeutet dies, daß er rechtzeitig an Folgekulturen denken muß. Wer die abgeräumten Beete zu lange liegenläßt, riskiert, daß die Struktur des Bodens nachteilig beeinflußt wird. Deshalb sät oder pflanzt man baldmöglichst die nächste Gemüseart. Auf diese Weise wird die sogenannte Schattengare schneller wieder erreicht. Sie sorgt dafür, daß die Bodenstruktur erhalten und damit der Boden fruchtbar bleibt. In dieser Jahreszeit werden die Beete nicht umgegraben, ehe man sie bestellt, sondern mit einem Krail flachgründig bearbeitet. Vorher werden kranke Gemüserückstände oder auch Strünke entfernt. Nur Blätter und weiche Stengelteile können eingearbeitet werden. Als Folgegemüse kommen folgende Arten in Frage:

Endivie Die Jungpflanzen sollten in diesem Monat angezogen werden. Die Anzucht dauert in der Regel vier bis fünf Wochen. Man pflanzt die Jungpflanzen in der letzten Juliwoche. Endivie kann auch direkt an Ort und Stelle ausgesät werden. Der beste Saattermin für diese Anbauart ist die Zeit von Mitte bis Ende Juni. Der Pflanzabstand liegt bei 30 × 30 cm. Empfehlenswerte Sorten sind: 'Bubikopf', 'Malan' und 'Grolo'.

Grünspargel Am 24. Juni sollte die Spargelernte abgeschlossen sein. Dann läßt man die Spitzen hochwachsen. Später steckt man eventuell Stäbe um das Beet und zieht eine Schnur von Stab zu Stab. Auf diese Weise wird das Spargelkraut aufrecht gehalten, und die Pflanzkronen werden nicht verletzt.

Knollenfenchel Der Knollenfenchel war schon bei den alten Griechen und Römern bekannt. Als Gemüse mit aparter Geschmacksnote gewinnt er schnell an Beliebtheit. Man bereitet ihn auch als Salat zu oder mischt ihn anderen Salaten bei.

Die Aussaat erfolgt am besten zwischen Mitte Juni und Mitte Juli. Der Reihenabstand beträgt 40 cm. Die kleinen Pflanzen werden in der Reihe auf 25 cm vereinzelt. Geeignete Sorten für den Herbstanbau sind: 'Zefa Tardo' und 'Wädenswilder Perfektion'. Die Neuzüchtung 'Zefa Fino' kann man auch von April bis Juni aussäen, weil sie nicht schießt. Damit Fenchel gut wächst, braucht er viel Wasser und ausreichend Nährstoffe. Eine mineralische Düngung von etwa 80 g Blaukornvolldünger auf 1 m^2, in zwei Gaben verteilt, genügt. Bei der Ernte wird das Laub ungefähr 10 cm über der Knolle abgeschnitten. Man erntet Knollenfenchel von Ende Oktober an.

Lauch Jetzt ist die ideale Pflanzzeit für Lauch. Man sucht die dicksten Setzlinge aus und schneidet die Blätter um ein Viertel, die Wurzeln um die Hälfte zurück. Lauch wird oft in ein Beet gepflanzt, das nach der Kartoffelfrühernte geleert worden ist. Sorten und Pflanzabstand siehe *Mai*.

Möhren Für die Einwinterung können bis Mitte Juni nochmals Möhren gesät werden. Sorten wie 'Nantaise', 'Marktgärtner', 'Tip Top' oder 'Rotin' sind gut geeignet. Werden die

LAUCH PFLANZEN

Man darf die Setzlinge nicht festdrücken. Mit einem Wasserstrahl wird die Erde an die Wurzeln gespült

Möhren in Mischkultur mit Porree angebaut, wird dadurch der Befall durch die Möhrenfliege größtenteils unterbunden. Man kann auch den Saattermin so wählen, daß die Möhren Ende Juni und Ende August noch sehr klein sind, wenn die Möhrenfliege ihre Eier ablegt. Vorbeugend können auch Bromophosstreumittel eingesetzt werden.

Radicchio Ein Salat für die Spätherbst- und Winterernte. Er stammt aus der Familie der Zichoriengewächse und besitzt einen kernigen, kräftigen Geschmack ähnlich dem der Chicorée. Für die Ernte im Herbst eignen sich die 'Palla-Rossa'-Typen. Die Aussaat dafür erfolgt von Mitte Juni bis Anfang Juli direkt an Ort und Stelle. Der Reihenabstand beträgt 20 cm. Geerntet wird von Mitte Oktober an. Wenn man Radicchio für die Frühjahrsernte kultiviert, sollte man der Sorte 'Roter Veroneser' den Vorzug geben. Der Aussaattermin ist erst für Juli und Anfang August vorzusehen. Im Spätherbst werden die Blätter ungefähr zwei Fingerbreit über dem Boden abgeschnitten, und das Beet wird mit Reisig abgedeckt.

Rettich und Radies Von beiden Gemüsearten können noch Folgesaaten ausgebracht werden. Die richtige Sortenwahl ist dabei zu beachten. Für den Sommerrettichanbau sind 'Halblanger weißer Sommer', 'Rex' und 'Mainkrone' oder die japanischen langen Sommerrettiche 'Minowase Summer Cross Nr. 3' geeignet. Gute Sommerradiessorten sind 'Parat', 'Neckarperle', 'Champion' und 'Prinz Rotin'. Wo die Rettichfliege häufig auftritt, müssen Gegenmaßnahmen getroffen werden. Man stäubt vorbeugend mit Gesteinsmehl, streut oder gießt Bromophos.

Rosenkohl, Rot- und Weißkohl Anfang des Monats pflanzt man Rosenkohl, Weiß- und Rotkohl. Rosenkohl wird im Abstand von 50 × 60 cm ausgepflanzt (siehe *Mai*). Bei Weiß- und Rotkohl hält man einen Pflanzabstand von 50 × 40 cm ein. Für den Spätherbst und die Lagerung ist 'Marner Lagerrot' (Rotkohl) empfehlenswert. Will man Weißkohlköpfe lagern, dann sollte man sich für die Sorten 'Marner Lagerweiß' oder 'Hidena' F_1 entscheiden. Für die Herstellung von Sauerkraut sind 'Marner September' und das bekannte Filderkraut vorteilhaft.

Salat Salate dürfen in den Sommermonaten nicht ausgehen. Deshalb wird Kopfsalat in regelmäßigen Abständen (z. B. alle 14 Tage) direkt aufs Beet nachgesät. Für den Sommeranbau eignen sich die Sorten: 'Corelli', 'Capitan', 'Savio', 'Kagraner Sommer' oder 'Brauner Trotzkopf'. Neuerdings sind auch andere Salatarten, wie Eis-, Pflück- und Bindesalat (Römersalat), vor allem dort im Vormarsch, wo der Kopfsalat im Sommeranbau nicht gut gedeiht.

Eissalat Die meisten Eissalatsorten benötigen einen Reihenabstand von 30 cm. Die Entwicklung dauert 14 Tage länger als bei Kopfsalat. Empfehlenswerte Sorten sind: 'Laibacher Eis', 'Great Lakes', 'Minetto' und 'Elfin Lake'.

Bindesalat (Römersalat, Lattich, Kochsalat) Er gedeiht überall dort, wo auch Kopfsalat wächst. Er kann vom Frühjahr bis in den Herbst gepflanzt oder an Ort und Stelle gesät werden. Pflanzabstand: 35 × 35 cm. Bei den neueren Sorten erübrigt es sich, die Blätter zusammenzubinden. Sie schließen sich von selbst. Empfehlenswert ist die Sorte 'Sperlings Crato'.

Der Sommersalat braucht nur wenig gedüngt zu werden. 50–60 g eines Blaukornvolldüngers auf 1 m^2 genügen.

Man achtet auf Blattläuse und bekämpft sie möglichst schon im Jugendstadium mit Brennnesseljauche oder Gesteinsmehl.

Pflücksalat (siehe *April*)

Zuckerhutsalat Diese Salatart wird als Nachfrucht von Mitte Juni bis Mitte Juli an Ort und Stelle ausgesät. Die Aussaat erfolgt in Reihen in einem Abstand von 35 cm. Später wird in der Reihe auf 40 cm vereinzelt. Der Zuckerhutsalat bildet im Spätherbst tütenförmige, fest geschlossene Köpfe aus, die sich im Einschlag bis Februar halten. Empfehlenswerte Sorten sind: 'Sperlings Kristallkopf', 'Elmo' und 'Zuckerhut Stamm Hilmar'.

Sellerie (Bleich- und Knollensellerie) Sellerie pflanzt man besser im Juni als im Mai. Damit verringert sich die Gefahr des vorzeitigen Schossens, wobei die Knollengröße bei ausreichender Wasser- und Nährstoffversorgung keine Einbuße erleidet. Der Pflanzabstand beträgt bei Knollensellerie 40 × 40 cm. Die Düngung sollte in mehreren kleinen Gaben erfolgen. Gute Sorten sind: 'Alba', 'Monarch' und 'Dolvi'.

Bleich- bzw. Stangensellerie ist eine abgewandelte Form von Knollensellerie. Sie schmeckt ausgezeichnet. Gegessen werden die dicken Blattstiele. Es bilden sich keine Knollen. Bleichsellerie wird wie Knollensellerie angebaut. Die Anzucht erfolgt als Pflanzgemüse. Wenn man die Pflanzen dicht setzt (20 × 30 cm) und mit Erde anhäufelt, bleichen sie von selbst. Geerntet werden die 30–40 cm langen, hellgelben Stiele. Geeignete Sorten sind: 'Goldener Schuß', 'Goldgelber Stamm Blancato', 'Goldgelber Selbstbleichender' und 'Goldgelber Verbesserter'.

Sonstige Arbeiten Erbsen, Bohnen, früher Porree sowie alle Kohlpflanzen (außer Kohlrabi) werden jetzt beim Hacken angehäufelt. Damit alle Gemüsearten beständig weiterwachsen, sorgt man dafür, daß der Boden immer gleichmäßig feucht ist. Auch müssen ihm weiterhin regelmäßig ausreichend Nährstoffe zugeführt werden.

Wenn es längere Zeit regnet, werden Nährstoffe, vor allem Stickstoff, häufig ausgewaschen. Der Verlust muß durch eine zusätzliche Düngung ausgeglichen werden. Am besten ist es, wenn man den Gemüsepflanzen mehrere kleine Kopfdüngergaben verabreicht, z. B. 20 g Kalkammonsalpeter auf 1 m^2, 25 g Kalksalpeter auf 1 m^2 oder 30 g Blaukornvolldünger auf 1 m^2.

Der Dünger wird ausgestreut und in die Bodenoberfläche eingearbeitet. Vorteilhaft ist es, wenn man anschließend wässert.

Da nach Regenfällen mit einer Verschlämmung des Bodens zu rechnen ist, wird mit einer Hacke der Boden flach gelockert. Die feinen Haarwürzelchen der Pflanzen dürfen nicht beschädigt werden.

Küchenkräuter

Dill und Kerbel werden nochmals in Reihen ausgesät. Der Reihenabstand beträgt bei Dill 20–25 cm, bei Kerbel 10–15 cm. Beide Kräuter können zwischen Salat angebaut werden. Vor allem Kerbel und Kopfsalat fördern sich gegenseitig in der Entwicklung.

Durch häufiges Hacken zwischen den Pflanzen sorgt man dafür, daß kein Unkraut aufkommt. Der Kräutergarten sollte nicht zu oft gewässert werden. Die meisten Kräuter stammen aus den Mittelmeerländern und leiden nicht darunter, wenn die Erde im Wurzelbereich etwas trocken ist.

Die meisten Kräuter können nun geerntet werden. Man verwendet die frischen Blätter von Pfefferminze, Salbei und Thymian und beginnt auch, Kräuter zum Einfrieren zu sammeln. Einige weichblättrige Pflanzen, wie Schnittlauch, Liebstöckel, Borretsch, Zitronenmelisse, Bohnenkraut, Estragon, Bibernelle, Petersilie und Sauerampfer, lassen sich durch Einfrieren gut konservieren.

Hierfür schneidet man kleine Zweige von den Pflanzen ab und wäscht den Staub von den Blättern. Es empfiehlt sich, Schnittlauch vor dem Einfrieren feinzuhacken. Die gewaschenen Kräuter legt man auf einem sauberen Tuch zum Trocknen aus. Dann füllt man sie in Plastikbeutel, etikettiert sie und legt sie sofort in die Tiefkühltruhe. Da die Kräuter durch Einfrieren unansehnlich werden, eignen sie sich nur noch zum Würzen.

Einfrieren in Eiswürfel Auch in Eiswürfelschalen kann man Gewürzkräuter einfrieren. Man füllt die kleingeschnittenen Kräuter portionsweise in die Würfelschalen des Eisfachs, gießt etwas Wasser darüber und friert es im Gefrierfach ein. Bei der Zubereitung von Suppen und Soßen kann jeweils ein Würfel zugesetzt werden. Auf diese Weise werden Kräuter einzeln oder als Gemisch eingefroren. Vor allem geeignet ist eine Mischung aus Petersilie mit Zitronenmelisse und Rosmarin. Ungeeignet sind Schnittlauch und Borretsch.

Die verschiedenen Wuchsformen

Rosen sind so unterschiedlich wie die Gärten, in denen sie wachsen. Die kompakten Beetrosen sind heute die beliebtesten Beetpflanzen. Für andere Zwecke gibt es die hübschen niederen Zwergrosen, die Hochstamm- und die Trauerrosen. Wo eine Mauer verkleidet, ein Sichtschutz geschaffen oder eine Pergola mit Blumen geschmückt werden muß, pflanzt man rankende Kletter- und Schlingrosen. Es gibt kaum einen Platz im Garten, der durch Rosen nicht noch schöner wird. Im Juni und Juli blühen die meisten Rosen besonders prächtig

Zwergrose

Beetrose

Strauchrose

Hochstammrose

Trauerrose

Schlingrose

Kletterrose

'Primaballerina'

Trauerrose 'Gloria Dei'

'Maskerade'

Hochstammrosen

Floribunda-Rosen und Teehybriden kann man auf eine etwa 0,9–1 m hohe Wildlingsunterlage okulieren. Halbstämme sind 30–60 cm hoch. Für Trauerrosen, die 1,4–1,5 m hohe Stämme und hängende Triebe haben, die fast bis zum Boden reichen, werden Schlingrosensorten verwendet. Trauerrosen pflanzt man in Abständen von 1,8 m. *Floribunda*- und Teehybriden-Hochstammrosen werden ebenso geschnitten wie Buschrosen. Die jungen Triebe der Trauerrosen werden neu erzogen, nachdem das alte Holz herausgeschnitten wurde.

Empfehlenswerte Sorten:
'Allgold', goldgelb, FL
'Climbing Super Star', salmorange, TR
'Dorothy Perkins', rosarot, TR
'Gloria Dei', goldgelb und rot, TH
'Königin der Rosen', lachsorange, TH
'Landora', kanariengelb, TH
'Lilli Marleen', feurig rot, FL
'Maskerade', gelb, rosa und rot, FL
'New Dawn', weißlichrosa, TR
'Orange Sensation', hellzinnoberrot, FL
'Pascali', weiß, TH
'Paul's Scarlet Climber', scharlachrot, TR
'Piccadilly', scharlach mit Gelb, TH
'Primaballerina', tiefrosa, TH
'Prominent', orangelachs, FL
'Queen Elizabeth', rein rosa, FL
'Rosarium Uetersen', rosa, TR
'Superstar', salmorange, TH
'Sympathie', rot, TR
'Träumerei', lachsorange, FL
'The Queen Elizabeth Rose', rein rosa, FL

TH = Teehybride TR = Trauerrose
FL = *Floribunda*-Rose

'Black Lady' 'Flamingo' 'Freude'

Teehybriden

Als beliebteste Rosen gelten immer noch die Teehybriden oder Edelrosen, und die Schönheit ihrer großen, wohlgeformten Blüten bleibt unübertroffen. Die Knospen sind lang und anmutig, und viele der Teehybriden duften angenehm. Sie werden zwischen 0,75 und 1,2 m hoch – ein Punkt, der berücksichtigt werden muß, wenn man verschiedene Sorten in ein Beet pflanzt. Der gegenseitige Pflanzabstand beträgt 60 cm.

Empfehlenswerte Sorten:
'Aalsmeer Gold', kräftig gelb mit leicht rötlichem Anflug
'Alec's Red', kirschrot
'Alexander', orangekarminrot
'Ave Maria', lachsorange, später kräftig lachsrot, duftend
'Baccara', schwärzlichrot

'Adolf Horstmann' 'Ballett' 'Pristine'

'Ballett', rein rosarot
'Black Lady', schwarzrot
'Carina', silbrig rosa
'Duftwolke', blutorange
'Electron', hellrot
'Erotika', dunkelrot mit Orangeschein
'First Lady', zartrosa
'Feuerzauber', feurig orange

'Freude', lachsfarben mit hellgelber Unterseite
'Gloria Dei', lichtgelb, am Rand braunrot
'Herzog von Windsor', lachsrot
'Ilona', blutorange
'Jessica', fleischfarben mit Kupfer
'King's Ransom', goldgelb
'Königin der Rosen', lachsorange mit goldgelben Außenseiten

'Konrad-Adenauer-Rose', dunkelblutrot
'Landora', kanariengelb
'Lolita', leuchtend kupferlachs
'Mainzer Fastnacht', hellila
'Pascali', rahmweiß
'Piccadilly', scharlachrot mit Gelb
'Primaballerina', tiefrosa
'Roter Stern', mennigerot

'Geisha' 'Edelweiß' 'Goldjuwel'

Floribunda- und *Polyantha-*Rosen

Die farbenprächtigen und beliebten *Floribunda*-Rosen wurden aus *R. multiflora* und Teehybriden gezüchtet. *Multiflora* bedeutet vielblütig und damit das gleiche wie das griechische *polyantha*. Daher werden *Multiflora*-Rosen auch als *Polyantha*-Rosen geführt. Von *R. multiflora* haben sie die Blühwilligkeit, und manche besitzen die anmutige Blütenform der Teehybriden. Die meisten haben fünf einfache Kronblätter oder halbgefüllte Blüten, die von Juni bis in den Herbst in großen Büscheln erscheinen. Am schönsten kommen sie zur Wirkung, wenn man mehrere Exemplare einer einzigen Sorte in Gruppen zusammensetzt. Die Höhe beträgt zwischen 45 und 90 cm, der Pflanzabstand 60 cm.

Empfehlenswerte Sorten:
'Allgold', goldgelb, F
'Andalusien', leuchtend blutrot, P
'Bellona', goldgelb, F
'Chorus', zinnoberrot, F
'City of Belfast', leuchtend rot, F
'Dalli Dalli', dunkelblutrot, F
'Duftwolke', korallenrot, F
'Edelweiß', cremeweiß, F
'Elysium', zartrosa, duftend, F
'Esther Ofarim', leuchtend orange auf goldenem Grund, F

'Laminuette'

'Paprika'

'Lagerfeuer'

'Europeana', dunkelrosa, F
'Fantasia', leuchtend hellrot mit weißer Unterseite, F
'Friesia', goldgelb, F
'Geisha', rein rosa, F
'Goldjuwel', goldgelb, F
'Goldtopas', bernsteinbraun und hellbernsteingelb, F
'Heinz Erhardt', samtartig schwarzrot, F
'Insel Mainau', blutrot, F
'Julischka', signalrot, F
'Lagerfeuer', samtblutrot, P
'Laminuette', weißlichrosa mit hellrotem Rand, F
'Lilli Marleen', scharlachrot, F

'Ludwigshafen am Rhein', kräftig karminrosa, F
'Marlena', leuchtend rot, P
'Maskerade', gelb, rosa und rot, F
'Mercedes', leuchtend granadarot, F
'Meteor', scharlachzinnoberrot, F
'Mirato', kupferorange, F
'Molde', leuchtend blutorangerot, F
'Montana', blutorange, F
'Natali', cattleyenrosa, F
'Neues Europa', feurig rotorange, F
'Olympisches Feuer', salmorange, F
'Orange Sensation', zinnoberrot, F

'Prominent', rein orange auf gelbem Grund, F
'Pußta', leuchtend dunkelrot, F
'Rodeo', zinnoberblutrot, F
'Sarabande', leuchtend geranienrot, P
'Schweizer Gruß', samtartig dunkelrot, P
'Taora', kräftig orange, F
'The Queen Elizabeth Rose', rein rosa, F
'Tip Top', warmrosa, P
'Topsi', scharlachorange, P
'Tornado', brennend blutrot, F

F = *Floribunda*-Rosen P = *Polyantha*-Rosen

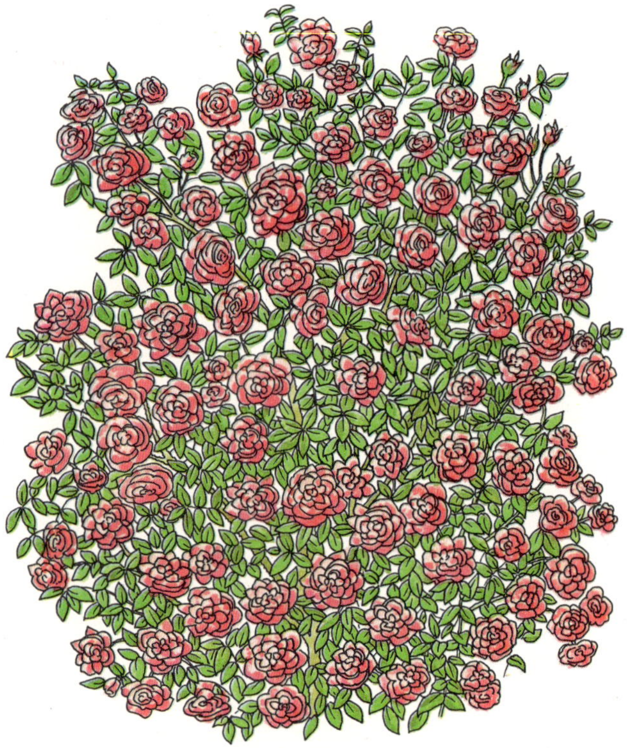

'Coral Dawn'

'Goldstern'

Kletter- und Schlingrosen

Die echten Kletterrosen, einschließlich der kletternden Teehybriden und *Floribunda*-Rosen, haben einen kräftigeren, aufrechteren Wuchs als Schlingrosen. Sie eignen sich für Mauern und hohe Zäune, wogegen Schlingrosen besser an niedrigeren Zäunen oder Pfeilern wachsen. Schlingrosen haben kleine Blüten und blühen im Frühsommer nur kurz. Sie werden im September geschnitten. Kletterrosen haben große Blüten, und die hier aufgeführten Sorten blühen mehrmals. Sie werden im März geschnitten. Die Unterschiede sind jedoch heute bei den neueren Sorten oftmals verwischt, so daß man im allgemeinen Sprachgebrauch meistens nur noch von Kletterrosen spricht. Der Pflanzabstand liegt bei diesen Rosen je nach der Wuchshöhe zwischen 1 und 2 m.

Empfehlenswerte Sorten:
'Blaze Superior', feurig scharlachrot, KL
'Casino', gedämpft gelb, KL
'Climbing Superstar', salmorange, KL
'Coral Dawn', korallenrosa, KL
'Dortmund', scharlachrot, KL
'Golden Showers', goldgelb, KL
'Goldstern', tiefgoldgelb, KL
'Gruß an Heidelberg', feurig rot, KL
'Hamburger Phönix', karmesinblutrot, KL
'Leverkusen', rein gelb, KL
'New Dawn', fleischfarben, KL
'Parkdirektor Riggers', blutrot, KL
'Paul's Scarlet Climber', leuchtend scharlach- bis karminrot, S
'Rosarium Uetersen', kräftig rosa, KL
'Schwanensee', weiß, KL
'Solo', samtig dunkelrot, KL
'Sympathie', samtig dunkelrot, KL

KL = Kletterrose S = Schlingrose

'Händel'

'Bischofsstadt Paderborn'

Strauchrosen

Diese Rosengruppe schließt viele alte, prächtige Rosenarten und Formen ein, jedoch auch zahlreiche moderne Züchtungen. Viele haben einen starken Duft. Sie können sowohl einzeln als auch in Gruppen gepflanzt werden. Sie wachsen zu großen Büschen von 1,8 m und mehr heran. Oft eignen sie sich selbst für arme Böden. Die Pflegemaßnahmen sind gering. Man muß lediglich totes oder zu dicht wachsendes Holz herausschneiden. Strauchrosen können auch als Hecken gepflanzt werden. Die Sorten blühen fast alle mehrmals.

Empfehlenswerte Sorten:
'Bischofsstadt Paderborn', orangerot
'Chinatown', gelb mit kirschrotem Rand
'Dirigent', blutrot
'Elmshorn', hellkarminrot
'Feuerwerk', feurig orange
'Grandhotel', samtig blutrot
'Gruß an Koblenz', feurig blutrot
'Händel', rot-weiß
'Heidelberg', hellrot
'Kassel', kirschrot
'Lichterloh', samtig blutrot
'Lichtkönigin Lucia', kräftig zitronengelb
'Oskar Scheerer', schwärzlich dunkelrot
Rosa centifolia bullata, tiefrosa
'Schneewittchen', weiß
'Shalom', ziegelrot
'Westerland', gelb mit Orange

Bodendecker

Neuerdings werden Rosen wieder vielseitiger verwendet als vor einem Jahrzehnt. Vermehrt spielen Park- und Moosrosen eine Rolle. Sie werden als frei stehende Einzelbüsche und für lockere Hecken verwendet. Auch für Gruppenpflanzungen oder als blühende Unterpflanzungen bei großen Bäumen sind sie geeignet.

Eine besondere Verwendung finden die sogenannten Bodendecker. Dabei handelt es sich um Rosenarten und -sorten, die einen flach wachsenden, oftmals fast kriechenden oder einen breit wachsenden, bogenförmigen Wuchs haben.

Es gibt zahlreiche Sorten, die sich vor allem für großflächige Pflanzungen in sonnigen Lagen gut eignen. 'Max Graf' ist eine altbewährte Sorte mit flachem Wuchs, langen Trieben und glänzendem, robustem Laub. Die Blüten sind mittelgroß, einfach und leuchtend rosa mit goldgelber Mitte. Die Sorte ist auch für rauhere Lagen geeignet. 'Fair Play' wächst breitbuschig und hat bogenförmige, fast auf dem Boden liegende, bis zu 1,5 m lange Triebe und glänzende Blätter. Die 6–7 cm großen Blüten sind halb gefüllt, hellrot mit heller Mitte und stehen in großen Dolden.

Zwergrosen

Die hübschen kleinen Pflanzen, die oft nur 20–30 cm hoch werden, sind für Kübel und Blumenkästen oder für den Steingarten und für Beeteinfassungen geeignet. Es gibt zahlreiche Sorten, von denen einige einen buschigeren Wuchs haben als andere. Blühende Topfpflanzen kann man ins Zimmer stellen; sonst sollten sie aber im Freien kultiviert werden. Der Pflanzabstand beträgt bei Zwergrosen 20 cm.

'Rote Max Graf'
Dies ist eine sehr winterharte Sorte mit langen Trieben und glänzendem Laub. Sie eignet sich gut als Bodendecker in sonniger Lage. Die Blüten sind rot, einfach, mittelgroß und haben eine goldgelbe Mitte

'Fair Play'
Die Triebe dieser breitbuschig wachsenden robusten Sorte liegen fast auf dem Boden auf. Die Blätter stehen dicht und glänzen leicht. Die Blüten sind halb gefüllt und hellrot mit gelber Mitte. Sie stehen in riesigen Dolden

'Baby Maskerade'
Diese Sorte zeichnet sich durch einen aufrechten, buschigen Wuchs aus. Sie ist winterhart und widerstandsfähig gegen Krankheiten. Ihre kupfergelben Blüten gehen an den Rändern oft in Kupferrot über. Die Pflanze blüht sehr reich

'Scarletta'
Die Sorte hat einen buschigen Wuchs und eine frischgrüne Belaubung. Die edel geformten Blumen sind leuchtend scharlachrot

Juli

Es ist Hochsommer, und der Blumengarten steht in voller Pracht. Im Nutzgarten beginnt die Ernte von Salat, Kohlrabi, Spinat und Mangold. Die Beerenobsternte hält noch an. Wer jetzt in Urlaub gehen will, sollte seinen Garten nicht vergessen und die nötigen Vorkehrungen treffen, denn gerade um diese Zeit braucht der Garten den Gärtner. Unkräuter müssen gejätet werden, und wenn es trocken ist, heißt es gründlich wässern.

Blumenkästen und -töpfe mit Pelargonien und *Tagetes*

△ Bechermalve

△ Vogelbeere

▽ Taglilie

▽ Pompondahlie

Nicht jedem bekannt ist die Bechermalve. Dabei eignet sich diese einjährige Pflanze mit ihren schönen Trichterblüten gut als Sichtschutz und für Zäune. Sie wird 1–1,2 m hoch und braucht einen sonnigen, geschützten Standort. Auch in Rabatten zusammen kann man sie gut verwenden

Die anspruchslose Eberesche oder Vogelbeere kann bis zu 15 m hoch werden. Nur die Früchte der Mährischen Eberesche, *Sorbus aucuparia var. edulis,* sind eßbar. Aus ihnen wird auch Marmelade bereitet. Die Früchte der übrigen Vogelbeeren sind bitter und für Menschen ungenießbar

Außer gelb- und orangefarben blühenden Sorten gibt es auch solche mit braunen und roten Blüten. Man sollte die langlebige Staude möglichst selten verpflanzen

Die zierlichen Pompondahlien mit ihren fast kugelförmigen Blütenköpfen eignen sich gut als Schnittblumen, denn sie halten lange

△ Sonnenhut

▽ Lupine

Fuchsie ▷

Seinen leuchtendgelben Zungenblüten, über die sich die braunen oder schwarzen Röhrenblüten hutförmig wölben, verdankt der Sonnenhut seinen deutschen Namen. Die dankbare, sehr reich blühende Rabattenstaude liefert gute Schnittblumen. Es gibt ein- und zweijährige Arten. Hohe Pflanzen sollte man etwas stützen. Der wissenschaftliche Name des Sonnenhuts lautet *Rudbeckia*

Die nach dem Vater der Botanik, dem Tübinger Professor Leonhart Fuchs, benannte Fuchsie stammt aus den feuchtkühlen Bergwäldern Mexikos, Südamerikas und Neuseelands. Sie braucht einen halbschattigen Standort. Da diese Pflanzen größere Kälte nicht ertragen, werden sie in hellen, nicht zu warmen Räumen den Winter über gehalten

Die anspruchslose Lupine mit ihren prächtigen Blütenkerzen ist eine beliebte Beetpflanze. Wenn man die Pflanze rechtzeitig zurückschneidet, blüht sie im Herbst zum zweitenmal

△ Prachtspiere

▽ Fingerhut

△ Sonnenblume

Astilben, wie die Prachtspieren auch genannt werden, lieben zwar den Schatten, gedeihen jedoch auch in sonnigen Lagen. Besonders gut sehen die anmutigen Pflanzen vor Gehölzen aus. Die federartigen Blütenrispen eignen sich als Schnittblumen

Sonnenblumen sind geradezu eine Verkörperung des Sommers und passen in jeden Garten. Es gibt rund 100 Arten. Einige davon werden bis zu 3 m groß und haben riesige Blütenköpfe, andere sind niederer und buschig verzweigt. Die großen Arten werden gerne als Sichtschutz angepflanzt

In Gruppen vor Gehölze gepflanzt, wirkt der Fingerhut sehr dekorativ. Die Trichterblüten stehen in langen, dichten Trauben. Alle Arten des Fingerhuts sind giftig

Seit langer Zeit gehört der Phlox zu den beliebtesten unserer Gartenpflanzen. Man unterscheidet die niederen Arten für den Steingarten von dem hohen Staudenphlox

▽ Phlox

▽ Salatgurke

Die Stachelbeere ist mit der Johannisbeere nahe verwandt. Die Früchte sehen sich allerdings nicht ähnlich. Die weißen, grünen, gelben oder roten Beeren werden vollreif geerntet, wenn man aus ihnen Marmelade machen will

Genügend Wärme ist die wichtigste Voraussetzung für den Anbau von Gurken. Deshalb zieht man sie meist im Frühbeetkasten, unterm Folientunnel oder im Kleingewächshaus. Es gibt aber auch Sorten, die im Freiland angebaut werden können. Der Gurke nahe verwandt sind zwei andere rankende Kletterpflanzen, nämlich die Melone und der Kürbis

Die in unseren Gärten angepflanzten Himbeeren stammen von der Waldhimbeere ab. Himbeeren wachsen daher am besten unter Bedingungen, wie sie am Rand von Wäldern herrschen. Wenn die Früchte heranreifen, sollten sie ausreichend mit Wasser versorgt werden. Nach der Ernte werden die Triebe zurückgeschnitten

△ Stachelbeere

▽ Himbeere

Juli

Rasen

Bei trockenem Wetter wird der Rasen bewässert. Wenn schon braune Flecken erscheinen, ist es zu spät, dem Rasen sein grünes Aussehen wiederzugeben.

Auf die verschiedenen Arten von Regengeräten und die richtige Bewässerung wurde bereits im *Juni* hingewiesen.

Bei sehr großen Rasenflächen lohnt es sich, eine unterirdische Bewässerungsanlage einzurichten. Hierzu werden im Rasen an bestimmten Stellen unter der Oberfläche Regner eingebaut, die mit einem Deckel abgeschlossen sind. Sie sind untereinander mit der Wasserleitung verbunden. Wird nun an einer zentralen Stelle der Wasserhahn geöffnet, heben sich von den Regnern automatisch die Deckel hoch, und die gesamte Rasenfläche wird bewässert. Hat man genügend Wasser gespritzt, wird der Zufluß abgestellt, die Regner senken sich wieder unter das Bodenniveau und werden durch die Deckel zur Oberfläche hin wieder verschlossen.

Belüftung des Rasens Wenn sich die Rasenoberfläche zu stark verdichtet hat, bearbeitet man sie mit einer Grabgabel oder einem Belüftungsgerät, damit das Wasser besser abzieht. Bei starker Sonnenbestrahlung spritzt oder sprüht man nicht, sondern erst am Morgen oder am Abend. Wenn beim Bewässern die Feuchtigkeit nur 1–2 cm in den Oberboden eindringt, nützt dies wenig. Das Wasser sollte mindestens 15 cm tief einsickern. Die geeignete Wassermenge dürfte bei 10–20 l auf 1 m² liegen. Die genaue erforderliche Menge hängt von der Bodenart und dem Klima ab.

Bekämpfung von Krankheiten Fungizide werden besonders bei heißem und feuchtem Wetter zur Bekämpfung der Hexenringkrankheit und von *Corticium* angewendet. Wenn erneut Unkräuter aufkommen oder sie zuvor nicht ausreichend bekämpft worden sind, behandelt man den Rasen bei warmem, feuchtem Wetter mit selektiven Unkrautbekämpfungsmitteln (siehe *März*).

Bäume und Sträucher

Im Sommer braucht man Gehölze nicht zu pflegen, insbesondere dann nicht, wenn im Frühjahr dafür gesorgt wurde, daß kein Unkraut aufkommt.

Pflanzen, die Mangelerscheinungen aufweisen, oder Jungpflanzen, die sich noch entwikkeln, kann man jetzt noch düngen. Später sollte nicht mehr gedüngt werden, weil sonst die Gefahr besteht, daß die Pflanzen nicht ausreifen, die Triebe nicht verholzen und dann im Winter erfrieren.

Bei Neupflanzungen muß man auch in diesem Monat für genügend Wasser sorgen. Ältere Gehölze brauchen nur in ausgeprägten Trokkenperioden gewässert zu werden.

Man beobachtet, ob die Bäume und Sträucher nicht Anzeichen von Krankheiten aufweisen (z. B. Pilzbefall) oder unter Schädlingen leiden (z. B. Blattläuse). Bei einer anfangs nur geringen Verbreitung entfernt man die befallenen Triebe. Oft liegen auch nichtparasitäre Erscheinungen vor, die durch Magnesium-, Mangan- oder Kalziummangel hervorgerufen wurden. Ist der Befall stärker, spritzt man mit einem Fungizid oder Insektizid. Dabei greift man nicht gleich zum stärksten Mittel und spritzt zunächst nur die befallenen Teile. Oft kommt man mit diesen begrenzten Maßnahmen aus. Nur in Jahren mit starkem Befall muß auch mal großflächig gespritzt werden.

Vermehrung Die im Frühjahr geteilten oder abgesenkten Pflanzen sowie die Steckhölzer müssen gepflegt werden. Man hält das Unkraut von ihnen fern und wässert regelmäßig.

Sofern die Grünstecklinge schon Wurzeln gebildet haben, brauchen sie nun mehr Luft. Man entfernt die Folie und bringt die Vermehrungsgefäße ins Freie oder in ein Frühbeet ohne Glas.

Von immergrünen Zwergmispeln schneidet man jetzt nach dem im *Juni* beschriebenen Verfahren Grünstecklinge. Absenker können jetzt gemacht werden. Dabei verwendet man jedoch

BELÜFTEN ODER AERIFIZIEREN

Wenn sich die Rasenoberfläche verdichtet hat, sticht man mit einer Grabgabel oder einem Aerifizierungsgerät Löcher in die Grasnarbe ein. Bei kleinen Rasenflächen genügt dieses Verfahren, bei größeren Flächen empfiehlt sich ein fahrbares Aerifizierungsgerät. Dieses hat gefederte Zinken, die die Narbe nicht aufreißen nicht letztjährige verholzte, sondern weiche diesjährige Triebe, die man nach der im *April* beschriebenen Methode in den Boden absenkt. Die jungen, noch fast grünen Triebe lassen sich leicht biegen und bewurzeln sich gut. Sie können in der Regel im nächsten Frühjahr abgetrennt und auf Beete gepflanzt werden.

Hecken

Jetzt wird es Zeit für den Sommerschnitt. Nur bei kleinen Hecken verwendet man dazu die klassische handbetriebene Heckenschere. Die heute üblichen elektrischen Heckenscheren stellen eine wesentliche Erleichterung dar. Sie sind gut zu handhaben, so daß man auch mit relativ wenig Übung gerade Flächen erzielt. Damit die Hecke auch oben exakt geschnitten werden kann und schön eben wird, spannt man eine Schnur.

Die Seitenwände der Hecke sollten immer leicht schräg geschnitten werden, damit die Hecke einen trapezförmigen Querschnitt aufweist. Ob man die Oberfläche rund oder gerade schneidet, ist Geschmacksache. Senkrechte Wände sind nur bei sehr austriebswilligen Heckenpflanzen, wie Hainbuche oder Liguster, zu empfehlen. Aber auch hier besteht die Gefahr, daß die Hecke im unteren Bereich schütter und später kahl wird.

Wieviel man wegschneidet, muß man an Ort und Stelle selber entscheiden. Man schneidet auf jeden Fall nicht zu tief, so daß auch die frisch geschnittene Hecke noch grün ist.

Stauden

Frühblühende Arten werden weiterhin zurückgeschnitten. Verwelkte Blüten sind nach der Blüte abzuschneiden. Skabiosen, Kokardenblume, Hundskamille, Schafgarbe und *Chrysanthemum-Maximum*-Hybriden gehören zu den Pflanzen, die länger blühen, wenn verwelkte Blüten abgeschnitten oder frische Blüten als Schnittblumen geschnitten werden. Einige Arten, wie z. B. die *Achillea × taygetea*, blühen ein zweites Mal, wenn man sie, ehe sie ganz verblüht sind, kräftig zurückschneidet.

Stauden zurückschneiden Pfingstrosen werden nach der Blüte nicht zurückgeschnitten; man entfernt lediglich die verwelkten Blütenköpfe. Diese Stauden müssen auf natürliche Weise absterben, weil das ein Teil ihres Reifeprozesses ist.

ENTWICKLUNG UND SCHNITT VON LAUBHOLZHECKEN

Im ersten Jahr nach der Pflanzung — Im zweiten Jahr nach der Pflanzung — Im fünften Jahr nach der Pflanzung

Man schneidet die Seitenwände der Hecken möglichst so, daß ein trapezförmiger Querschnitt entsteht. Die Gefahr, daß die Hecke im unteren Bereich schütter wird, ist dann wesentlich geringer. Man darf nicht zuviel wegschneiden, denn nach dem Schnitt soll die Hecke ja immer noch grün sein

In warmen, geschützten Gärten blühen Rittersporn und Lupinen noch einmal, wenn man sie in diesem Monat bis dicht an den Boden zurückschneidet.

Falls Astern nicht kräftig genug sind, arbeitet man nochmals organischen Dünger um die Pflanzen ein (siehe *Februar*). Sowohl die hochwachsenden Arten als auch die Zwergarten sind anfällig für Mehltau, der einen weißlichen Film auf den Blättern bildet. Abhilfe schafft Spritzen mit schwefelhaltigen Mitteln.

Die Bekämpfung von Rost Rost kann in diesem Monat die *Campanula persicifolia* und deren Arten befallen. Er schädigt häufig die neuen Blätter, die sich nach der Blüte entwickeln. Die Bekämpfung ist schwierig. Man entfernt befallene Blätter; danach wird um die Pflanzen gehackt.

Neue Staudenbeete planen Jetzt überlegt man, wo man im Herbst ein neues Staudenbeet anlegen könnte und welche Form es haben soll. Ein offener Standort ist empfehlenswert. Das Beet sollte nicht zu breit sein, damit es ringsherum zugänglich ist. Die Pflege ist dann einfacher, und die Pflanzen können von allen Seiten aus gut gesehen werden.

Staudenbeete können ganz verschieden geformt sein. Entweder legt man Beete entlang von Gebäuden, am Garteneingang oder entlang der Einfahrt zur Garage an. Ein Beet mitten im Rasen, das man als freiliegendes Beet bezeichnet, bildet einen zauberhaften Blickfang. Da die meisten Stauden Sonne mögen, kann man zwischen einer Vielzahl von Pflanzen wählen. Für ein freiliegendes Staudenbeet kommt eine rechteckige, ovale oder kreisrunde Form in Frage.

Die Zahl der Gattungen und Arten, die an einem trockenen und schattigen Standort gepflanzt werden können, ist begrenzt. Man vermeidet nach Möglichkeit einen Standort, in dem viele Bäume wurzeln, da hier der Boden im Sommer stark austrocknet. Wenn das neue Beet vor einer bereits bestehenden Hecke liegt, sollte man einen Abstand von mindestens 50 cm einhalten, damit sich die Wurzeln der Stauden gut entwickeln.

Jeder Hintergrund, gleichgültig ob Mauer, Hecke oder Zaun, nimmt den Stauden Licht weg, so daß sie höher wachsen und schwächere Stiele bekommen. Bei einem solchen Beet müssen oft mehr Pflanzen abgestützt werden, es sei denn, man wählt von vornherein schwachwüchsige Arten aus. Sollten die Stauden direkt an der Südseite einer Mauer oder eines Zauns stehen, dann haben sie genügend Licht und entwickeln sich völlig normal.

Beetformen Das Beet sollte nicht so schmal sein, daß hochwachsende Pflanzen wie Fremdkörper wirken. Andererseits bereitet – wie zuvor schon erwähnt – ein breites Beet Schwierigkeiten bei der Pflege. Falls das Beet vor einer Hecke oder Mauer liegt, sollte man ein Beet mit gerader Kante oder passenden geschwungenen Kurven wählen. Eine wellenförmig verlaufende Kante sieht nicht gut aus.

Sobald Standort und Art des Beets feststehen, beginnt man mit den Vorbereitungen für die Herbstpflanzung. Das ist natürlich nur dann möglich, wenn auf der Fläche zu diesem Zeitpunkt keine anderen Kulturen wachsen.

Bekämpfung von Unkräutern Zunächst werden alle Unkräuter bekämpft. Einjährige Unkräuter, wie Kreuzkraut, Vogelmiere, Gänsedistel, die sich nur durch Aussaat vermehren, werden mit einem Mittel bespritzt, das nur das Oberflächenwachstum tötet und nicht in den Boden eindringt und auch nicht mehr als einige Stunden wirkt. Man beachte genau die Hinweise des Herstellers. Nach einigen Tagen, wenn die Unkräuter zu welken beginnen, werden sie abgemäht, ausgeharkt und verbrannt. Man kann sie auch einfach in die Erde einarbeiten. Der Boden wird grob umgegraben. Nachdem die Erde von den Unkräutern abgeschüttelt worden ist, läßt man sie eine oder zwei Wochen liegen, so daß sie an der Oberfläche des Bodens absterben. Die Sonne vernichtet die meisten dauerhaften Unkräuter am wirksamsten, z. B. Quecken, Nesseln, Disteln und Winden. Eventuell schüttelt man sie nochmals aus oder entfernt und verbrennt sie. Mitunter ist es nicht einfach, die Erde von den Unkräutern abzuschütteln, wenn sie hart oder schwer ist. Das Wetter im Herbst wird jedoch die Erdklumpen aufbrechen.

Leichten Boden kann man – nachdem die Unkräuter entfernt sind – umgraben. Er ist nun bereit für die Herbstpflanzung. Bei schwereren Böden, also Lehm- und Tonböden, muß man sich gut überlegen, was zu tun ist. Gräbt man nämlich bereits im Sommer um, trocknet der Boden in regenarmen Perioden völlig aus und wird klumpig. Dann ist es schwierig, im Herbst zu pflanzen. In diesem Fall ist es wohl besser, den Boden erst im Herbst grobschollig umzugraben und ihn so den Winter über ruhen zu lassen. Der Boden wird dann erst im Frühjahr bepflanzt.

PFLEGE VON PFINGSTROSEN NACH DER BLÜTE

Verwelkte Blütenköpfe werden mit einer Gartenschere oder einem Messer entfernt. Das Laub muß auf natürlichem Weg absterben. Dies ist Teil des Reifeprozesses

Düngen Nachdem die Unkräuter bekämpft worden sind, wird geeigneter Dünger in die Erde eingearbeitet, möglichst abgelagerter Stallmist oder Kompost. Falls Torf verwendet wird, setzt man ihm einen geeigneten organischen Dünger zu. Will man sich die Mühe des Vermischens mit dem Torf sparen, wird der Dünger in einer Aufwandmenge von ungefähr 60 g auf 1 m^2 ausgestreut, ehe umgegraben wird.

Beete umgraben Zunächst wird an einem Ende des Beets ein Graben ausgehoben. Die Erde daraus häufelt man am anderen Ende auf. Sie kann später zum Auffüllen des letzten Grabens verwendet werden.

Der Boden des Grabens wird mit einer Grabgabel gelockert, falls die Erde zu sehr verdichtet ist. Hierdurch werden der Wasserabzug und die Belüftung des Bodens verbessert, besonders wenn der Boden längere Zeit nicht kultiviert worden ist. Man wendet die Erde des Grabens nicht um, wenn der Mutterboden zu schlecht beschaffen ist, also aus reinem Ton, Kalk, Mergel, Sand oder Kies besteht. Stallmist, Kompost oder Torf wird gleichmäßig über den Boden des Grabens verteilt. Danach wendet man den angrenzenden Streifen.

Ist der Boden verhältnismäßig schwer, darf kein organisches Material in den Graben gefüllt werden. Es zersetzt sich dort nur ungenügend und fördert daher das Wachstum der Pflanzen nicht. Besser ist es in einem solchen Fall, den Dünger auf der gesamten Bodenoberfläche gleichmäßig zu verteilen und beim Umgraben der oberen Bodenschicht in die Krume einzubringen. Wurzeln von Disteln und Winden werden entfernt, ebenso diejenigen von Unkräutern, die bei den anfänglichen Vorbereitungen übersehen wurden.

Man gräbt stets über die Breite eines Beets oder einer Rabatte und versucht, Senken aufzufüllen, damit später eine möglichst ebene Fläche entsteht.

Ein- und zweijährige Pflanzen

Viele einjährige Pflanzen sterben früher ab, wenn sie Samen bilden. Entfernt man aber rechtzeitig die verwelkten Blütenstände, dann entwickeln sich die Pflanzen ständig weiter, und die Beete bleiben farbenprächtig und attraktiv. Wenn das Wetter sehr trocken ist, kann man die Blütezeit durch reichliche Wassergaben verlängern.

Stark wachsende einjährige Pflanzen muß man rechtzeitig stützen bzw. aufbinden.

Zu Beginn des Monats kann man Goldlack und Bartnelken in Reihen an ihrem endgültigen Standort aussäen. Wenn sie als Schnittblumen Verwendung finden sollen, wird dünn ausgesät. Zu dicht stehende Pflanzen werden später vereinzelt.

Insekten- und Unkrautbekämpfung Nach Bedarf wird mit Brennesselbrühe oder einem Insektizid gespritzt, um Blattläuse und andere saugende Insekten zu bekämpfen. Man hackt regelmäßig, um das Unkraut zwischen den Beetpflanzen auszumerzen. Vorteilhaft ist es, wenn man hackt, solange noch kein Unkraut aufgegangen ist.

Sobald die Sämlinge der zweijährigen Pflanzen eine handliche Größe erreicht haben, setzt man sie aus den Saatkisten oder Saatbeeten ins Freiland (siehe *Juni*).

Zwiebel- und Knollengewächse

Der Juli ist der wichtigste Monat für das Herausnehmen und Lagern von Frühjahrsblühern, wie Tulpen, Narzissen und Hyazinthen. Schneeglöckchen, Märzenbecher und andere Pflanzen mit kleinen Zwiebeln haben nach mehreren Jahren Horste gebildet, die jetzt geteilt und neu eingepflanzt werden (siehe *Juni*).

Tulpen und Freilandhyazinthen sollten jedes Jahr ausgegraben werden. Narzissen, die als Schnittblumen gezogen werden, alle zwei oder drei Jahre. Die meisten anderen Arten läßt man längere Zeit im Boden.

Schädlinge, die Osterglocken befallen Zwiebelälchen und die Maden der Narzissenfliege sind Schädlinge, die in schlechter Zwiebelware vorkommen.

Den Befall durch Älchen kann man daran erkennen, daß die Zwiebeln, die sich ganz weich anfühlen, beim Durchschneiden konzentrische Kreise aus braunem und hellbraunem Gewebe zeigen. Die Maden der Narzissenfliege zerstören die Blütenanlagen in den Zwiebeln, so daß diese weich und faul werden.

Im Großanbau bekämpft man beide Schädlinge durch eine Warmwasserbehandlung. Dafür sind jedoch spezielle Geräte erforderlich. Im Garten werden kleinere Mengen Zwiebeln herausgenommen und entfernt. Sonst kann man lediglich darauf achten, daß nur gesundes Pflanzmaterial angebaut wird.

Zwiebeln für den Herbstflor In diesem Monat legt man die im Herbst blühenden Zwiebelgewächse. Sie bringen spät im Jahr zwischen Sträuchern und Bäumen schöne farbige Blüten hervor. Zu den wichtigsten Herbstblühern zählen Herbstkrokus und Herbstzeitlose. Die Herbstkrokusse bilden zahlreiche Blüten, die von Ende September bis in den November hinein blühen. Die meisten besitzen malvenfarbige oder weiße Blüten. Es gibt mehr als ein Dutzend echter Herbstkrokusse. Man pflanzt sie 5–8 cm tief in die Erde, die vorher nicht tiefgründig bearbeitet werden muß, oder in den Rasen, der, nachdem die Zwiebeln ausgelegt worden sind, im Juli und August gemäht werden kann; dann aber erst wieder, nachdem die Blätter der Pflanzen im darauffolgenden Jahr im Mai und Juni wieder eingezogen haben.

Zu ausgesprochenen Raritäten zählt die *Sternbergia lutea*. Ihre Blüten sehen ähnlich aus wie die von Krokussen. Ihr Laub erscheint jedoch gleichzeitig mit der Blüte. Man braucht also mit dem Rasenschnitt im Frühjahr nicht zu warten. Die Pflanzen sind zwar winterhart, entfalten aber ihre Blüten nur dann, wenn sie an warmen Standorten gepflanzt werden. Man kann im Sommer ein Stück Folie oder eine Frostschutzhaube über den Bestand stülpen, damit die Zwiebeln bei großer Wärme gut ausreifen. Im Winter sollte man zusätzlich eine Schicht Kiefernnadeln ausbringen, um die empfindliche Pflanze vor Frost zu schützen.

Die Herbstzeitlose hat ebenfalls krokusähnliche Blüten. Sie sind meist zartrosa bis malvenfarbig oder weiß, jedoch kann sich ihr großes, breites Laub in einem gepflegten Rasen oder einem kleinen Blumenbeet als störend erweisen. Daher pflanzt man sie besser in Wiesen oder in kleinen Gruppen in Rabatten vor Ziergehölzen, wo die Blüten im Herbst eine malerische Wirkung hervorrufen und das Laub im Frühjahr nicht unangenehm auffällt.

Pflanzvorbereitungen Schon jetzt kann man die Vorbereitungen für die herbstliche Pflanzperiode treffen. Das ist natürlich nur dann möglich, wenn die Flächen, die bepflanzt werden sollen, geräumt und nicht mit anderen Pflanzen belegt sind.

Der Boden wird umgegraben, das Unkraut gejätet, und die Schollen werden so zerkleinert, daß eine feine Krume entsteht. Die aus der Erde genommenen Zwiebeln kann man entweder sofort wieder legen, oder man lagert sie bis zum Herbst an einem kühlen, trockenen Ort. Dann werden sie zusammen mit den zugekauften Zwiebeln an dem vorbereiteten Platz ausgelegt. In nährstoffarmen Böden ist eine Vorratsdüngung empfehlenswert.

Blumenzwiebelgewächse sind für eine Düngung mit Kali besonders dankbar. Daher streut man entweder ungefähr 100 g eines organischen, kalireichen Volldüngers auf 1 m^2 oder 40 g schwefelsaures Kali und Superphosphat und 35 g schwefelsaures Ammoniak auf 1 m^2 des Gartenbodens aus.

Wenn die Kataloge der Zwiebelpflanzen eintreffen, bestellt man jetzt vor allem Osterglokken, da man sie schon frühzeitig legen kann. Der späteste Pflanztermin für Narzissen ist der September.

Rosen

Jetzt im Sommer werden Blumen für die Vase geschnitten und verwelkte Blüten entfernt. Wenn beide Arbeiten richtig durchgeführt werden, entwickeln sich neue kräftige Triebe, die so wachsen, daß die Pflanzen ihre schöne, gleichmäßige Form behalten. Gleichzeitig wird auch die schnelle Entwicklung des nächsten Blütenflors unterstützt.

Da sich in den Blättern Nährstoffe für die Pflanze bilden, sollten von neugepflanzten, nicht kräftig wachsenden Rosen nur kurze Stiele mit möglichst wenigen Blättern geschnitten werden. Man schneidet immer auf ein vollentwickeltes Laubblatt zurück, an dem fünf Einzelblättchen sitzen. Diese größeren Blätter haben in ihren Achseln kräftige schlafende Augen, die rasch wieder durchtreiben und einen guten Blütentrieb entwickeln.

Wenn man von Rosenstöcken, die schon ein Jahr und länger im Garten stehen, Blumen schneidet, sollten die Stiele nicht länger als nötig sein. Im Idealfall schneidet man nur ungefähr ein Drittel des Stengels ab, der sich während der laufenden Wachstumsperiode entwikkelt hat. Verwelkte Blüten werden mit einem, höchstens aber zwei darunterliegenden Blättern abgenommen. Man verwendet stets eine scharfe Gartenschere und setzt ungefähr 6 mm oberhalb eines Blatts zu einem schrägen Schnitt an.

SOMMERSCHNITT

Rosen für die Vase schneidet man mit möglichst kurzen Stielen. Oberhalb eines Blatts setzt man die Schere an und führt dann einen schrägen Schnitt durch. So wird das Wachstum neuer Triebe gefördert

Werden verwelkte Blüten nicht entfernt, verzögert sich dadurch der zweite Blütenflor. Das abgeschnittene Pflanzenmaterial darf nicht auf den Kompost geworfen werden, weil Krankheitskeime und Schädlinge von den Rosen auf den Kompost übertragen werden können.

Düngen und sprühen Sobald der erste Blütenflor abgeblüht ist, werden alle Rosen mit einem handelsüblichen Rosendünger gedüngt. Man streut auf 1 m^2 ungefähr 20–30 g eines handelsüblichen mineralischen Volldüngers fein verteilt auf die Fläche aus. Der Dünger wird flach in den Boden gehackt.

In Trockenperioden muß anschließend gut gewässert werden, damit sich der Dünger auflöst und in den Wurzelbereich eindringt. Wird nicht gewässert, bleibt der Dünger im trockenen Gartenboden liegen und kann seine Wirkung nicht entfalten.

Wenn Blattläuse auftreten, bekämpft man sie mit Brennesselbrühe oder einem Insektizid. Gegen Sternrußtau und Rost wird, wo notwendig, weiter gespritzt (siehe *Juni*). Falls Echter Mehltau auftritt, spritzt man mit Bio-S (Ledax-san).

Chrysanthemen

Freilandsorten wachsen in diesem Monat rasch und entwickeln oft sehr viele Triebe. Wer Wert auf große Blüten legt, vermindert die Anzahl der Triebe jeder Pflanze auf fünf, indem die schwächeren ausgebrochen werden. Bei pomponblütigen und kleinblumigen Sorten ist das nicht notwendig, da sie durch die Vielfalt der Blumen besonders schön wirken.

Jede Woche überprüft man die Stützen und bindet die Pflanzen gegebenenfalls wieder fest. Wer Drahtgitter verwendet, schiebt sie, wenn die Pflanzen in die Höhe wachsen, nach oben, so daß sie sich immer etwa 20 cm unterhalb der Spitzen befinden.

Düngen Mitte des Monats wird ein flüssiger oder fester Volldünger in der vom Hersteller angegebenen Menge ausgebracht. Fester Dünger darf nicht auf die Blätter kommen. Empfehlenswert ist es, die Pflanzen nach dem Düngen immer mit klarem Wasser abzuspritzen. Ist das Wetter trocken, werden die Pflanzen vor und nach dem Düngen gewässert.

Gegen Ende des Monats zeigen sich bei einigen der sehr früh blühenden Freilandsorten die ersten Knospen. Gegebenenfalls die Nebenknospen ausbrechen (siehe *August*).

Auf Blattläuse und Rote Spinnen achten.

KNOSPEN AUSBRECHEN

Um große, langstielige Blumen für die Vase zu bekommen, werden bei allen Seitentrieben die beiden kleineren Knospen entfernt und nur die endständigen Knospen stehengelassen

Unter Glas

Bei großblumigen Chrysanthemen läßt man von den blütentragenden Trieben drei an jeder Pflanze stehen, bei den dekorativen Sorten vier.

Die Gewächshausbeete werden flach umgegraben und geharkt. Dann pflanzt man die im letzten Monat angezogenen mittel- und spätblühenden Sorten.

Dahlien

Die jungen Stengel werden weiterhin mit weicher Schnur oder Bast festgebunden.

Wachsen die Pflanzen nicht kräftig genug (Mitte Juli sollten die meisten Dahlien etwa 60 cm hoch sein), düngt man alle zwei Wochen mit einem Flüssigdünger. Zum Düngen muß die Erde feucht sein. Wenn der Boden trocken ist, wird er zuerst gewässert.

Knospen ausbrechen Damit sich lange Stengel und schöne Blüten entwickeln, wird ein Teil der Knospen ausgebrochen. Geschieht dies nicht, dann bleiben die Blütenstiele möglicherweise so kurz, daß man die Dahlien nicht als Schnittblumen verwenden kann. An der Spitze eines jeden Seitentriebs entwickelt sich eine Blütenknospe mit zwei kleineren Nebenknospen, die direkt darunterliegen. Man kann nun entweder die beiden unteren Knospen entfernen oder aber die endständige Knospe ausbrechen und die Nebenknospen stehenlassen, um so eine größere Anzahl von Blüten zu erzielen.

Verwelkte Blüten werden regelmäßig entfernt. Will man versuchen, aus selbstgewonnenen Dahliensamen neue Sorten zu ziehen, läßt man einige der verwelkten Blüten an der Pflanze, damit sich Samenkapseln ausbilden können.

Gladiolen

Wenn man verhindern will, daß Gladiolen umfallen, müssen die heranwachsenden Pflanzen gestützt werden. Man kann sie einzeln an Stäben mit Drahtringen oder Bast befestigen oder aber, vor allen Dingen Schnittgladiolen auf Beeten, zwischen Drahtnetzen – sogenannten Chrysanthemennetzen – aufleiten.

GLADIOLEN ANHÄUFELN

Pflanzen, die nur als Beetschmuck gezogen werden, braucht man nicht zu stützen. In Gärten, die starkem Wind ausgesetzt sind, empfiehlt es sich jedoch, um die Triebe Erde anzuhäufeln

GLADIOLEN ABSTÜTZEN

Ein Stab wird auf der den künftigen Blüten abgewandten Seite in den Boden gesteckt. Die Blüten öffnen sich entgegen der nach vorne gebogenen Blütenährenspitze. Der Blütenstiel wird mit Drahtringen oder Bast am Stab befestigt

Kultiviert man Gladiolen als Schmuck für den Garten, dann braucht man sie nicht zu stützen.

Gegen Thrips spritzen Auf Anzeichen von Gladiolenthrips achten. Diese Schädlinge rufen auf dem Blattwerk braunsilberne Streifen hervor. Die Knospen schrumpfen und öffnen sich bei schwerem Befall nicht. Man spritzt mit Pyrethrum oder Ekamet und wiederholt die Spritzung nach Bedarf, um den Schädling unter Kontrolle zu halten.

Iris

Anfang Juli gräbt man solche Zwerg- und mittelhohe Bartiris aus, die schon drei Jahre lang im Boden sind. Von Ende des Monats an kann man hohe Bartiris, die man teilen will, ausgraben. Die Teilung kann jedes Jahr oder alle zwei Jahre vorgenommen werden. Besser aber ist es, die Pflanzen drei Jahre lang ungestört wachsen zu lassen.

Teilung der Rhizome Will man die Pflanzen teilen, dann schneidet man die jungen Rhizome am Rand mit einem oder zwei Blattbüscheln ab und pflanzt sie in eine Erde, in die man gut verrotteten Stallmist oder Kompost sowie Volldünger oder Knochenmehl spatentief untergegraben hat. Der obere Teil der Rhizome wird nicht mit Erde bedeckt. Um die Wurzeln herum wird der Boden gut festgedrückt. Zwergiris pflanzt man in einem Abstand von etwa 15 cm, mittelhohe Iris von 20 cm und hohe Iris von 25 cm.

Nach dem Pflanzen schneidet man die oberen Teile der Blätter zur Hälfte ab. Dadurch wird die Verdunstung herabgesetzt.

Neue Pflanzen, die man von der Staudengärtnerei bezieht, werden ebenfalls so gepflanzt. Bartiris setzt man stets an einen sonnigen, gut dränierten Standort. Schatten und Feuchtigkeit schaden den Pflanzen. Bei trockener Witterung gießt man die neu gepflanzten Rhizome, bis sie gut angewachsen sind. Blätter, die infolge des natürlichen Wachstumsprozesses absterben, werden entfernt.

Zwiebeliris für die Herbstpflanzung sollten jetzt bestellt werden.

ENTWICKLUNG VON IRIS

Wenn man Zwergiris, mittelhohe und hohe Bartiris zwei bis drei Jahre lang völlig ungestört wachsen läßt, entwickeln sie sich besonders gut und bringen viele prächtige Blüten hervor. Erst dann wird es Zeit, sie auszugraben

RHIZOMTEILUNG

Mit einem scharfen Messer trennt man die jüngeren Rhizome am Rand ab. Man legt den Schnitt ungefähr 5–7 cm hinter den Ansatzpunkt des jungen Rhizoms

EIN ABGETRENNTES IRISRHIZOM

Jedes junge Rhizom, das man vom Mutterrhizom abtrennt, hat sein eigenes Wurzelsystem. Außerdem sollte es ein oder zwei kräftige Blattbüschel tragen

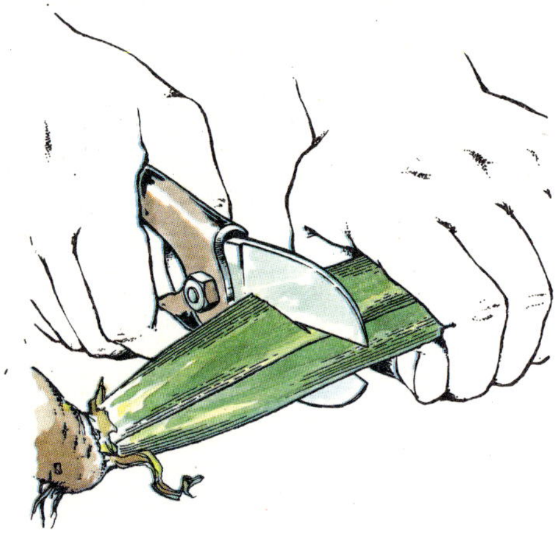

Um die Verdunstung möglichst gering zu halten, schneidet man die obere Hälfte der Blätter vor oder nach dem Pflanzen der Rhizome ab

Beim Auspflanzen in schweren Boden läßt man die oberen Teile der Rhizome frei (a); bei lockerem Boden setzt man sie dicht unter die Oberfläche (b)

Im Sommer blühende Holländische Iris düngt man mit Kalkammonsalpeter oder Kalksalpeter (30 g auf 1 m^2). Dieser Dünger wird in die Bodenoberfläche eingeharkt.

Zwiebeliris ausgraben Sind die Blätter der Zwiebeliris abgestorben, kann man sie ausgraben, wenn der Bestand zu dicht geworden ist oder wenn man sie versetzen muß. Man trocknet die Zwiebeln in einem luftigen Schuppen, teilt sie und entfernt vorbeugend gegen Krankheiten die Außenhaut, ehe man sie im September neu auspflanzt.

Wenn man feststellt, daß Raupen an den Pflanzen sitzen, liest oder klopft man sie ab. Man kann aber auch eine Spritzbrühe selbst bereiten.

In 10 l Wasser gibt man 100–300 g Schmierseife, ½ l denaturierten Spiritus, 1 Eßlöffel Kalk und 1 Eßlöffel Salz. Alles wird gut verrührt und unverdünnt gespritzt.

Lilien

Der Juli ist die Hauptblütezeit der Lilien. Abgewelkte Blütenstände werden entfernt.

Bei feuchter oder schwüler Witterung muß man auf Grauschimmel achten. *Botrytis elliptica*, eine durch Pilze hervorgerufene Grauschimmelkrankheit, bewirkt, daß sich an den Adern der Lilienblüten schwarzbraune Faulstellen bilden. Feuchtes Wetter fördert die Ausbreitung des gewöhnlichen Grauschimmels. Die Symptome sind bräunlichrote Flecken oder graue, schimmelige Stellen oder beides auf den Blättern. Die Sporen, die auf der Bodenoberfläche überwintern können, vermehren sich auf unbepflanzten, feuchten Flächen besonders rasch. Die Gefahr, daß sich diese Krankheit ausbreitet, wird durch sonniges Wetter sowie durch Spritzen mit einem Fungizid herabgesetzt. Sobald die Krankheit auftritt, entfernt man die befallenen Blätter.

Nach Bedarf spritzt man mit Brennessel-, Rainfarnbrühe oder einem Insektizid gegen Blattläuse, die Viruskrankheiten verbreiten. Die Beete werden regelmäßig gejätet und bei großer Trockenheit gründlich gewässert.

Unter Glas

Bei Bedarf bekämpft man Blattläuse mit Brennessel-, Rainfarnbrühe oder einem Insektizid und hält die Töpfe feucht.

Nelken

Auch in diesem Monat können noch die Nebenknospen der Gartennelken entfernt werden.

Auf Schädlinge und Krankheiten achten.

Für die Herbstpflanzung werden Garten- und Steingartennelken bestellt (siehe Pflanzenbeschreibung im *Mai*).

Bei Steingartennelken entfernt man verwelkte Blüten, gießt trockene Pflanzen gründlich und düngt mit einem flüssigen Volldünger; auch die Gartennelken werden gedüngt.

Gartennelken absenken Mehrjährige Gartennelken werden durch Absenken vermehrt. Dies ist die einfachste Vermehrungsmethode. Empfehlenswert ist es in jedem Fall, die Pflanzen nach zwei Jahren zu ersetzen. Die besten Absenker gewinnt man von jungen Pflanzen.

Um die Mutterpflanze herum werden in die obere Erdschicht etwa 2–3 cm tief zu gleichen Teilen Torf und scharfer Sand eingearbeitet. Man entfernt die unteren Blätter von einigen kräftigen Seitentrieben, so daß an den Spitzen jeweils vier bis sechs vollentwickelte Blattpaare verbleiben. Direkt unter dem Blattknoten des letzten Blattpaars wird der Stengel mit einem scharfen Messer aufgeschlitzt und das Messer dann stengelabwärts nach außen geführt. Auf diese Weise entsteht eine Zunge. Nun werden die aufgeschlitzten Triebe, die man als Absenker bezeichnet, in die vorbereitete Erde gedrückt, so daß die jeweilige Triebspitze nach oben schaut. Sollte der Stengel, der den Absenker und die Mutterpflanze miteinander verbindet, zu steif sein, wird er zwischen den Blattknoten mit den Fingern ein wenig gequetscht.

Das Ende des Absenkers wird 2–3 cm tief in die Erde gedrückt und mit einer Metall- oder Holzklammer befestigt. Man gießt mit einer feinen Brause und achtet darauf, daß die Erde während der Bewurzelung nicht austrocknet.

Nach sechs Wochen wird der Absenker von der Mutterpflanze getrennt, indem man dicht am Absenker den Trieb abtrennt. Nach weiteren drei bis vier Wochen kann er herausgenommen und verpflanzt oder eingetopft werden.

Unter Glas

Falls es sich als notwendig erweist, erneuert man die Schattierung und bespritzt bei heißem Wetter den Boden und die Stellagen mit Wasser.

GARTENNELKEN ABSENKEN

1

Einen kräftigen Seitentrieb aussuchen und die unteren Blätter abstreifen, so daß an der Spitze vier bis sechs voll entwickelte Blattpaare verbleiben

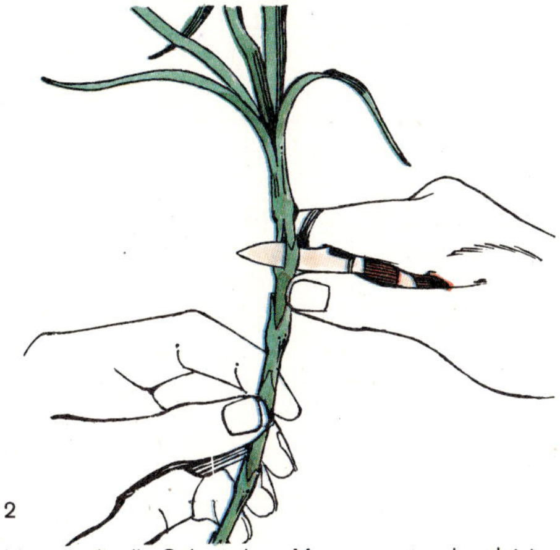

2

Man steckt die Spitze eines Messers unter dem letzten Blattpaar in den Stengel und spaltet dann den Stengel mit einem Längsschnitt

3

Das Messer drehen und den Stengel unterhalb des Blattknotens durchtrennen, so daß eine Zunge stehenbleibt, die sich nach unten aufklappen läßt

4

Den Absenker herabbiegen und aufrecht halten, damit die Schnittfläche geöffnet ist. In die vorbereitete Erde drücken und mit einer Klammer feststecken

5

Nach sechs Wochen hat sich der Absenker bewurzelt und wird von der Mutterpflanze abgetrennt. Dicht am neuen Stengel abschneiden und dann weiterwachsen lassen

Die Pflanzen, die im Winter blühen sollen, werden bis zur Monatsmitte ein zweites Mal gestutzt.

Blumen schneiden und Nebenknospen ausbrechen. Weiterhin Stecklinge von den Steingartennelken schneiden und bewurzelte Stecklinge abhärten.

Auch in diesem Monat kann man von Edelnelken Stecklinge schneiden, die sich dann verhältnismäßig schnell im Sand bewurzeln. Später werden sie eingetopft und normal weiterkultiviert.

Auf Schädlinge und Krankheiten achten und gegebenenfalls Gegenmaßnahmen ergreifen.

Wicken

Wenn das Beet richtig vorbereitet wurde, braucht bis zu diesem Zeitpunkt nur bei Bedarf gegossen zu werden. Jetzt wird es notwendig, die Wicken in gewissen Abständen zu düngen. Meist reicht eine Düngergabe alle 14 Tage.

Man verwendet einen handelsüblichen Flüssigdünger. Es ist wichtig, daß man Spalierwicken nicht überdüngt.

Steingartenpflanzen

Man beseitigt weiterhin Unkräuter und schneidet verblühte Pflanzenteile ab. Wenn der Boden trocken ist, wässert man die Pflanzen.

Zeigen rasenbildende Pflanzen nach der Blüte keinen ausreichenden Neuaustrieb, wird feine Erde aufgebracht, der man Torf, Sand und etwas Dünger beimischt.

Spätblühende Pflanzen Von jetzt an bis Oktober ist es schwierig, viele blühende Pflanzen im Steingarten zu haben. Empfehlenswert ist es, zu dieser Jahreszeit botanische und andere öffentlich zugängliche Gärten zu besuchen, um sich dort spätblühende Steingärten anzusehen. Man notiert sich dort solche Pflanzen und Pflanzengruppierungen, die einem am interessantesten erscheinen. Mit diesen Pflanzen kann man solche frühblühenden Arten ersetzen, die sich als nicht zufriedenstellend erwiesen haben.

Samen sammeln und lagern Die Samen von Akelei, Primeln und anderen kurzlebigen Steingartenpflanzen werden gesammelt. Hierfür werden reife Fruchtstände kurz vor der Vollreife geerntet und an luftiger Stelle nachgetrocknet. Anschließend löst man die Samen aus den Hüllen. Das muß je nach Fruchtstand auf verschiedene Art und Weise getan werden. Bei Trockenfrüchten werden die Samen nach dem Zerbrechen der Hüllen auf einem großen Blatt Papier ausgebreitet und durch vorsichtiges Ausblasen von Verunreinigungen befreit. Anschließend bewahrt man das Saatgut in kleinen Papiertüten auf.

Primelsamen sollten gleich nach der Reife während des Sommers ausgesät werden. Andere Samen lagert man an einem trockenen Platz. Sie dürfen jedoch nicht in luftdicht verschlossene Dosen gelegt werden.

Wasserpflanzen

Es werden weiterhin Maßnahmen gegen Blattläuse und sonstige Schädlinge durchgeführt (siehe *Juni*).

Bei warmer Witterung ersetzt man das Wasser, das verdunstet ist, mit einem Gartenschlauch. Eine besonders gute Wirkung erzielt man, wenn man dem Schlauch eine Düse vorschaltet. Dadurch wird das Wasser mit Sauerstoff angereichert.

Seerosenblätter entfernen Wenn üppig sprießende Seerosenblätter die Blüten verdecken, schneidet man die Blätter unterhalb des Wasserspiegels ab.

Unterwasserpflanzen auslichten Stark wachsende, sauerstoffbildende Unterwasserpflanzen lichtet man von Zeit zu Zeit aus und achtet darauf, daß mit den Trieben nicht junge Fische entfernt werden.

Zwischen den Sumpfpflanzen jätet man regelmäßig Unkräuter.

Heidekrautgewächse

Ein Heidegarten braucht wenig Pflege. In alten Pflanzungen gibt es in diesem Monat nichts zu tun. Wenn man will, kann man jetzt Absenker für die Vermehrung machen.

Zunächst säubert man die Umgebung der Pflanzen von Unkraut und lockert die Erde durch Hacken auf. Dann sucht man gesunde Triebe aus, biegt sie auf die Erde hinab und befestigt sie in einer kleinen Mulde mit einem Drahtbügel. Die Pflanze wird gut mit feuchtem Torf umfüttert. Auch in der nächsten Zeit sorgt man für genügend Feuchtigkeit. Doch im übrigen läßt man sie bis zum nächsten Frühjahr ungestört. Die Gewächse haben sich dann bewurzelt und können abgenommen werden.

Rhododendron

In den Sommermonaten fällt bei diesen Pflanzen nicht viel Arbeit an; sie beschränkt sich auf das Entfernen von Unkraut, und im Bedarfsfall sollte man wässern.

Bei veredelten Pflanzen muß man auf Wildtriebe achten. Stellt man fest, daß sie sich gebildet haben, entfernt man sie schon jetzt.

Wenn man beobachtet, daß die Rhododendren schwach wachsen, dann bietet sich jetzt die letzte Gelegenheit, um mit Kali und Phosphorsäure zu düngen. Die Aufwandmenge beträgt ungefähr 20 g Superphosphat und schwefelsaures Kali auf 1 m^2.

Ist das Gießwasser kalkhaltig, dann werden diese Dünger dem Wasser beigegeben: 0,5 g Dünger auf 1 l Wasser und 10 l Wasser auf 1 m^2. Man bringt den Dünger dann aus, wenn gegossen werden muß, bei Bedarf auch schon im Juni, aber nicht mehr nach Ende dieses Monats, damit die Pflanzen vor dem Herbst ausreifen. Durch das Beimischen von geringen Mengen von sauer reagierenden Düngern bindet man den Kalkgehalt des Wassers und versorgt die Pflanzen gleichmäßig mit Nährstoffen.

Jetzt muß man auf die Septoriablattfleckenkrankheit achten und befallene Blätter entfernen, ehe sich die Krankheit weiter ausbreitet.

Zimmerpflanzen

Es wird weiterhin, wie für den Sommer empfohlen, gegossen und gedüngt (siehe *Mai*). Einige Pflanzen brauchen mehr Wasser als andere, je nachdem, wo sie stehen und welche natürlichen Bedürfnisse sie haben. An heißen, sonnigen Tagen gießt man ausgiebig.

Auch die Luftfeuchtigkeit sollte erhöht werden. Am besten sprüht man die Gewächse mit einer Blumenspritze mehrmals am Tag (siehe *Juni*).

Jetzt ist es auch günstig, die Pflanzen mit dem Topf in ein mit feuchtem Torf gefülltes Gefäß zu stellen. In den Sommermonaten bewährt sich auch der Pflanzentrog, in den die Töpfe in Torfmull eingesenkt werden.

Staub abwaschen Wenn Türen und Fenster längere Zeit geöffnet sind, sammelt sich in der Luft eine beträchtliche Menge Staub an. Die Blätter der Blattpflanzen müssen deshalb häufig gereinigt werden. Wenn man die Pflanzen an einem milden, regnerischen Tag ins Freie stellt, werden die Blätter gesäubert und gleichzeitig die Pflanzen bewässert.

Kleingewächshausgärtnerei

Man gießt regelmäßig und achtet darauf, daß die Luftfeuchtigkeit im Gewächshaus hoch ist.

Noch kann man Cinerarien aussäen (siehe *Mai*).

Pantoffelblumen sollten ebenfalls in diesem

Monat in mit Aussaaterde gefüllte Schalen gesät werden. Man stellt die Schalen an einen schattigen Platz im Gewächshaus oder in einen Frühbeetkasten. Sobald die Sämlinge ausreichend groß sind, pikiert man sie einzeln in 7- bis 8-cm-Töpfe in eine humose Blumen- oder Einheitserde.

Tomaten und Gurken ernten Die Früchte der Tomatenpflanzen sollten sich nun so entwickelt haben, daß man fast jeden Tag einige Früchte ernten kann.

Man windet die Triebe weiterhin um die Stützschnüre oder bindet sie an den Stäben fest; Seitentriebe werden wie bisher ausgebrochen. Jede Woche oder alle zehn Tage verabreicht man einen Flüssigdünger.

Auch die Gurken werden sich jetzt so weit entwickelt haben, daß die Haupternte einsetzt. Man nimmt die Früchte ab, wenn sie etwa 30 cm lang sind. Männliche Blüten entfernt man stets, nachdem sie sich geöffnet haben. Falls sich an der Oberfläche des Beets eine Menge weißer Wurzeln entwickeln, deckt man verrotteten Stallmist, humose Garten- oder Komposterde oder eine Mischung aus beidem etwa 5 cm hoch darüber.

Die Blüte fördern Zu den zahlreichen Pflanzen, die jetzt in voller Blüte stehen, gehören Knollenbegonien, Gloxinien, Fuchsien, Glokkenblumen, Heliotrop und Zonalpelargonien. Damit die Pflanzen möglichst lange blühen, schattiert man sie bei sonnigem Wetter und sorgt – besonders am Vormittag – für eine reichliche Belüftung. Wenn man die Lüftungen zu spät öffnet, entstehen zu hohe, für die Pflanzen schädliche Temperaturen. Nur bei kühlem oder windigem Wetter läßt man die Dachlüftungen während der Nacht an der dem Wind abgewandten Seite des Gewächshauses etwas offen.

Edelpelargonien, die im Juni zurückgeschnitten wurden, haben wieder durchgetrieben und stehen jetzt in vollem Wuchs. Von den jungen Trieben kann man nun Stecklinge schneiden. Man wählt solche mit festen, ausgereiften, etwa 10 cm langen Triebspitzen und steckt sie am Rand eines 12-cm-Topfs in das Substrat. Jeweils fünf oder sechs Stecklinge kommen in jeden Topf. Die Töpfe werden mit sandiger, durchlässiger Komposterde oder einem Vermehrungssubstrat aus Torf und Sand zu gleichen Teilen gefüllt.

TOPFPFLANZEN GIESSEN

Da die Blätter möglichst nicht naß werden dürfen, gießt man das Wasser vorsichtig aus einer Kanne mit langem Gießrohr dicht am Topfrand entlang

Wasserbedarf Bei warmem Wetter besprüht man die Seitenwände, Wege und Stellagen mindestens einmal täglich mit Wasser. Man darf jedoch nicht von oben sprühen, weil die Wassertröpfchen auf den Blüten Flecken hinterlassen könnten. Wenn die Pflanzen nicht automatisch bewässert werden, müssen die meisten von ihnen einmal täglich und bei sehr heißem Wetter möglichst zwei- oder dreimal am Tag gegossen werden.

Will man feststellen, ob eine Pflanze Wasser braucht, berührt man die Erde leicht mit den Fingerspitzen. Feuchte Erde ist weich und elastisch, trockene dagegen fühlt sich hart und krümelig an. Wenn man bereits etwas Erfahrung besitzt, kann man den Wassergehalt eines Topfs dadurch feststellen, daß man ihn anhebt und sein Gewicht schätzt. Wichtig ist, mit dem Gießen nicht zu warten, bis die Pflanzen bereits welken, sondern man sollte immer dann gießen, wenn sich die Erde an der Oberfläche trocken anfühlt, jedoch der Wurzelballen noch nicht völlig ausgetrocknet ist.

Hortensien und Akazien vermehren Man wählt gut ausgereifte, nicht blühende Triebe aus und steckt sie einzeln in 8-cm-Töpfe. Reife Triebe sind grünlichbraun, während unreife Triebe hellgrün aussehen. Die Stecklinge sollten 8–10 cm lang sein. Man trennt sie unmittelbar unter einem Blattansatz ab und entfernt die unteren Blätter. Die Töpfe stellt man auf die Gewächshausstellagen. Diese jetzt verhältnismäßig spät gesteckten Triebe läßt man, ohne sie zu stutzen, weiterwachsen, so daß später ein einzelner Blütenstand entsteht.

Wer Akazien selbst kultiviert, kann jetzt Stecklinge schneiden und sie in eine Mischung aus gleichen Teilen Sand und Torf stecken. Nach dem Bewurzeln werden die Jungpflanzen einzeln in 8-cm-Töpfe gesetzt.

Hygiene im Gewächshaus Zu dieser Jahreszeit ist Hygiene im Gewächshaus besonders wichtig. Man entfernt alle Pflanzenabfälle. Verbrauchte Erde wird aus Töpfen und Kästen entleert. Ehe man Pflanzgefäße wieder verwendet, müssen sie sorgfältig gereinigt werden.

Balkongärtnerei

Zur Balkonblumenpflege gehört auch, daß man die verblühten Teile, vor allem von Petunien, Geranien und Fuchsien, regelmäßig entfernt. So können sich keine Samen bilden, und die Knospen- und Blütenbildung wird angeregt. Wenn man diese Pflegearbeiten jetzt vernachlässigt, dann öffnen sich sehr bald schon wesentlich weniger Blüten. Um die Blütezeit zu verlängern, sollte man bei einigen Gruppenpflanzen bereits Ende des Monats die abgeblühten Blüten herausschneiden. Dazu gehören Kaisernelken, Strauchmargeriten, Leberbalsam, Zwergmargeriten, Männertreu und Verbenen.

Wässern und düngen Auch im Juli gießt man regelmäßig und sorgt für eine ausreichende Nährstoffzufuhr. Ist die Erde trocken, so muß sie zuerst gut durchfeuchtet werden, ehe man düngt. Damit die Erde in den Gefäßen nicht so rasch austrocknet, bringt man in den Sommermonaten eine 2–3 cm starke Schicht aus feuchtem Torfmull auf die Pflanzerde auf.

Der Balkon in der Urlaubszeit Wenn der Balkongärtner im Sommer einige Wochen in Urlaub fährt, müssen meist Nachbarn oder Freunde das Gießen übernehmen. Weil sich dafür aber oft niemand findet, verzichten manche Hobbygärtner lieber auf einen Balkonschmuck.

Für die automatische Bewässerung von Balkonpflanzen werden heute mehrere brauchbare Systeme angeboten, mit denen ganze Balkonfronten ausreichend bewässert werden können. Trotzdem sind solche Geräte immer noch relativ selten in Gebrauch. Dies ist wohl darauf zurückzuführen, daß auf dem Balkon gewöhnlich kein Wasseranschluß vorhanden ist. Für die Wasserzufuhr müßte also erst gesorgt werden. Wesentlich einfacher kann dagegen ein Stromanschluß installiert werden, der bei einigen Fabrikaten zum Öffnen und Schließen des Magnetventils benötigt wird.

Die meisten Systeme arbeiten mit einem sogenannten Tensiometer, einem Fühler, der feststellt, wann die Pflanzen Wasser brauchen. Er schaltet ein Magnetventil ein, das so lange geöffnet bleibt, bis das Substrat in den Pflanzgefäßen wieder ausreichend mit Wasser versorgt ist. Der Fühler mit seinem Tonkörper muß in unmittelbarer Nähe des Wurzelballens einer Pflanze in den Balkonkasten gesteckt werden.

Bei automatischen Bewässerungssystemen wird das Wasser am besten über Tröpfchenbewässerungsanlagen verteilt. Diese bestehen aus einer Verteilerleitung, in die in bestimmten Abständen Tröpfelschläuche oder Tröpfelkörper eingesetzt sind.

Die Verteilerleitung kann auf dem Balkon unsichtbar hinter den Balkonkästen verlegt werden. Die Tröpfelschläuche besitzen am Ende ein Bleiköpfchen, damit sie immer an derselben Stelle liegenbleiben. Jede Pflanze im Balkonkasten erhält eine Tropfstelle.

Neben dem Tensioschalter und dem Tröpfchenbewässerungssystem wird ein Magnetventil zum Öffnen und Schließen der Wasserleitung benötigt. Aus Sicherheitsgründen arbeiten solche Systeme mit 24 Volt Wechselspannung.

Tröpfchenbewässerungssysteme besitzen die folgenden Vorteile:

- Ein geringerer Arbeitsaufwand ist notwendig.
- Es gibt keine Gießprobleme im Urlaub.
- Der Wasserverbrauch ist geringer.
- Die Pflanzen wachsen besser, weil sie gleichmäßig feucht gehalten werden.

Vollautomatische Bewässerungssysteme bieten verschiedene Hersteller in Hobbypackungen an.

Obst

Das Gras unter Obstbäumen wird immer kurz gehalten. Falsch wäre es, dieses nach dem Schnitt dicht um die Stämme zu schichten, weil sich dort sonst Mäuse einfinden könnten. Offenen Boden bearbeitet man flach und beugt damit der Verkrustung und infolge davon stärkerer Wasserverdunstung vor.

Wichtig ist es, die Bäume regelmäßig auf Schädlinge zu kontrollieren. Um diese Zeit können z. B. die Grüne Apfellaus an den Triebspitzen, Spinnmilben an den Blättern und Blutläuse am Holz wieder stärker auftreten.

Bei Einzelbäumen sollte man mit Hilfe eines Leimgürtels verhindern, daß die Schädlinge an den Stämmen hochwandern. Wenn man feststellt, daß Schädlinge vorhanden sind, ist dies allein noch kein Grund, gleich etwas gegen sie zu unternehmen. Man muß den Schaden, der eventuell entstehen könnte, mit den Kosten für die Bekämpfung vergleichen. Außerdem beobachtet man bei den Kontrollen, ob nützliche Insekten, etwa Schwebfliegen, Florfliegen, Marienkäfer und deren Larven, vorhanden sind, die die chemische Abwehr in einigen Fällen ersetzen. Gerade im Haus- und Kleingarten ergeben sich gute Chancen für Nutzinsekten, weil die Vielfalt der Pflanzen im Garten auch eine artenreichere Insektengesellschaft mit sich bringt als z. B. in einer modernen Apfelanlage. Wenn man aber eingreifen will, dann gibt es heute Mittel, die selektiv wirken, die also Freund und Feind nicht gleichermaßen treffen. Vorwiegend gegen Blattläuse und schonend gegenüber Nützlingen wirken z. B. Butocarboxim, Pirimicarb u. a. Wenn es um die Obstmade (Raupe des Apfelwicklers) und Raupen von Schalenwicklern geht, hält man sich am besten an die Empfehlungen des zuständigen amtlichen Warndiensts.

In Kleinbeständen und Hausgärten kann man, wenn kein oder so gut wie kein Schorfbefall vorhanden ist, die Schorfbekämpfung nun einstellen. Dem Apfelmehltau sollte man stets mit der Schere beizukommen versuchen.

Birnen können von Schorf und Birnengitterrost befallen werden. Die roten Flecken auf den Blättern und auch die knorpeligen Auswüchse auf der Blattunterseite sind das Erkennungsmerkmal für den Gitterrost. Dieser sichtbare Schaden läßt sich jetzt nicht mehr beheben.

Ehe man bestimmte Mittel anwendet, überlegt man, ob sie für Bienen gefährlich sind. Obstbäume blühen jetzt zwar nicht mehr, aber unter den Bäumen stehen vielleicht blühende Pflanzen, die von der für Bienen gefährlichen Spritzbrühe nicht getroffen werden dürfen. Man mulcht und mäht deshalb rechtzeitig unter den Bäumen. Auch eine Abtrift kann gefährlich werden. Wenn der Wind so stark weht, daß er die Spritzbrühe abtreibt, darf nicht gespritzt werden. Das sollte man besonders im Kleingarten beachten, wo viele Pflanzen oft auf kleinem Raum nebeneinanderstehen.

Bei allen Obstarten, die viele Früchte tragen, kann die Nährstoffversorgung jetzt mit mehrmaliger flüssiger Blattdüngung verbessert werden.

Der offene Boden unter Obstbäumen sollte eingesät werden. Geeignete Gründüngungspflanzen sind Erbsen, Wicken, Lupinen, Bienenfreund, Senf und andere Pflanzen, die in kurzer Zeit viel Grün liefern und den Boden mit Stickstoff anreichern (Leguminosen).

OBSTBÄUME STÜTZEN

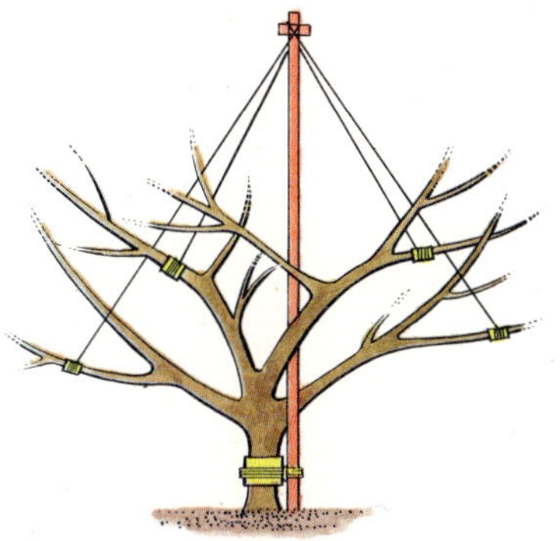

Obstbäume kann man mit Stützbändern, die von einem Mittelpfahl ausgehen, abstützen. Man befestigt diese an den Ästen und umwickelt sie mit Sackleinenstreifen oder Gummibändern, damit die Rinde nicht beschädigt wird

Einfacher ist es jedoch, die schwerbeladenen Äste mit gegabelten Stangen abzustützen

Apfelbäume, die in einem Jahr nur wenige Früchte bringen, bilden meist viele Jungtriebe aus. Die Früchte sind oft von mangelhafter Qualität und neigen zu Stippigkeit. Anfällige Sorten, wie 'Cox Orange', 'Goldparmäne', 'James Grieve', auch 'Boskoop' und 'Glockenapfel', erhalten von jetzt an vorbeugend bei schwachem Fruchtbehang mehrere Kalziumspritzungen im Abstand von 10 bis 14 Tagen.

Jungtriebe der Veredlungsunterlage, die in den Bereich der Triebe der Edelsorte hineinwachsen, werden jetzt weggeschnitten. An der Veredlungsstelle muß der Bast gelöst bzw. aufgeschnitten werden, ehe er einschnürt.

Bei Jungbäumen können jetzt schon Triebe, die entbehrlich sind (z. B. Konkurrenztriebe), sowie überzählige Jungtriebe im Kroneninneren bei älteren Bäumen entfernt werden. Man reißt die an der Basis noch krautigen Triebe ganz einfach aus. Da hierbei der Trieb samt seiner Basis beseitigt wird, entwickeln sich keine unerwünschten Nebentriebe, was beim Rückschnitt mit der Schere häufig vorkommt. Bei Gehölzen, die noch in vollem Wachstum stehen, sollten jetzt keine größeren Eingriffe gemacht werden, da sonst unerwünschte Nachtriebe entstehen könnten.

Obstbäume stützen Mit Früchten beladene Äste brechen dann nicht, wenn man rechtzeitig schwächere Leitäste an reich tragenden Bäumen stützt. Ist ein Ast angebrochen, dann sollte man versuchen, die Teilstücke längere Zeit aneinanderzupressen, damit sie wieder zusammenwachsen. Die Wundränder werden mit Wundwachs bestrichen.

Dort, wo gegen Ende des Winters Frost- oder Wildschäden behandelt wurden (siehe *Januar* und *Februar*), sollte jetzt der Verband wieder abgenommen werden. Er bietet sonst unerwünschten Insekten Unterschlupf, und es könnten sich außerdem Rindenkrankheiten entwikkeln. Abgestorbene Rindenteile werden beseitigt und Holzteile, die nicht mit Wundkallus bedeckt sind, mit Wundwachs bestrichen.

Apfel und Birne Durch Ausdünnung von Hand (siehe *Juni*) kann jetzt bei Kernobst die Größe der Früchte noch beeinflußt werden. Damit wird auch die Blütenbildung für das kommende Jahr gefördert.

Brombeere Jungranken werden locker zwischen den fruchttragenden Trieben gefächert angebunden.

Erdbeere Gleich nach der Ernte werden Kulturmaßnahmen getroffen, die für die Ertragsleistung im nächsten Jahr wichtig sind. Erdbeeren bleiben in der Regel ein bis zwei Jahre, höchstens drei Jahre stehen. Je älter die Pflanzen sind, desto kleiner bleiben die Früchte, und der Befall durch Schädlinge und Krankheiten steigt meist an. Soll ein gesunder Bestand ein weiteres Jahr stehenbleiben, wird sofort nach der Ernte entrankt und abgemäht. Der Schnitt darf nicht zu tief erfolgen, damit die Herzblätter keinen Schaden nehmen.

Gleichzeitig wird eine Grunddüngung ausgebracht. Man streut entweder 60 g Blaukornvolldünger auf 1 m^2 oder 80 g eines organischen Düngers auf 1 m^2 aus. Anschließend wird der Boden nicht zu tief bearbeitet. Stroh und abgemähtes Laub arbeitet man mit dem Dünger ein, und danach wässert man leicht.

Für die Neupflanzung können jetzt Ausläufer von den Mutterpflanzen, die man während der Ernte markiert hat, entweder in kleine, mit Erde gefüllte Becher eingesenkt oder abgetrennt werden. Anschließend pikiert man die Ausläufer im Frühbeetkasten.

Das Beet für die Neuanlage sollte bereits jetzt umgegraben und bis zum Pflanzen mit einer dünnen feuchten Torfschicht abgedeckt werden. Gepflanzt wird zum frühestmöglichen Termin, d. h., sobald gut bewurzelte Jungpflanzen zur Verfügung stehen.

Wenn man Jungpflanzen kauft, achtet man auf das Gütezeichen mit der Aufschrift „Deutsche landwirtschaftliche Markenware", in der Schweiz auf „virusgetestete Setzlinge". Diese Pflanzen stammen aus kontrollierten anerkannten Vermehrungsbetrieben.

Die Sortenwahl für den Kleingarten erfolgt nach den Reifezeiten. Bewährte und neuere Sorten sind z. B. 'Korona', 'Hummi-Stugarta', 'Senga-Sengana', 'Tenira', 'Hummi-Ferma', 'Senga Fructarina', 'Bogota', 'Senga Pantagruella' und 'Gorella'.

Wer auf Aroma und Fruchtgenuß außerhalb der Saison Wert legt, sollte sich die folgenden Sorten besorgen: 'Klettererdbeere-Hummi'; aufgebunden oder im Balkonkasten hängend, trägt sie von Ende Juli bis zum ersten Frost; 'Hummi-Gento' trägt viele Monate, am meisten jedoch von August bis Oktober; 'Hummi-Eroma', eine früh- und spättragende Sorte (Anfang Juni und Anfang August), bringt mittelgroße Beeren mit feinem Aroma hervor.

Himbeere Eine Himbeerkultur sollte spätestens nach acht bis zehn Jahren erneuert werden. In Neupflanzungen ebenso wie in Ertragsanlagen wird der Boden mit organischer Substanz abgedeckt. Die flach wurzelnden Himbeeren brauchen diese waldrandähnlichen Bedingungen mit feuchtem Boden mehr als alle anderen Beerensträucher.

Bei jungen, noch gesunden Beständen lohnt sich eine Kontrolle der Blattunterseiten auf saugende Insekten, wie Spinnmilben und Läuse. Letztere sind die Überträger von Viruskrankheiten. Bei Befall hilft eine Behandlung nach der

HIMBEERSTRÄUCHER SCHNEIDEN UND STÜTZEN

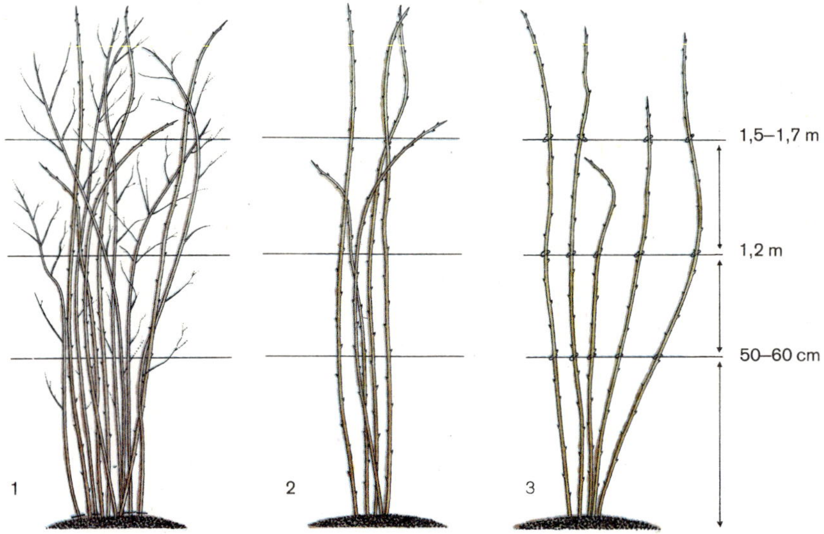

1. Ein nicht geschnittener Strauch
2. Die älteren Ruten, die in diesem Jahr Früchte getragen haben, sind entfernt worden
3. Die neuen Triebe werden an Stützdrähten befestigt
Die Ruten sind ohne Blätter gezeichnet, damit man den Schnitt gut sieht

Ernte mit einem Insektizid, um Jungbestände über mehrere Jahre gesund zu erhalten.

Himbeeren sollten, besonders während sich die Früchte entwickeln und reifen, ausreichend und gleichmäßig mit Wasser versorgt werden.

Die Himbeere bringt, wie die Brombeere, Früchte an den Trieben des letzten Jahres hervor. Diese müssen sofort nach der Ernte herausgeschnitten werden, denn warme Witterung erzeugt in den meist zu dicht stehenden Ruten ideale Bedingungen für Infektionen durch die Rutenkrankheit. Die abgetragenen Ruten werden dicht am Boden abgeschnitten. Dabei nimmt man auch schwächere, überzählige Jungruten heraus. Auf 1 m bleiben etwa zehn bis zwölf kräftige Ruten für den Ertrag des nächsten Jahres stehen.

Johannisbeere und Stachelbeere Johannisbeeren sollten möglichst vollreif geerntet werden, da sie in den letzten Tagen vor der Reife einen ausdrucksvolleren Geschmack bekommen und vor allem mehr Saft ergeben.

Gleich nach der Ernte schneidet man ältere Ruten aus und gleicht den Nährstoffentzug bei Sträuchern, die reichlich getragen haben, mit einer Blaukornvolldünger-Gabe von 50 g auf 1 m^2 aus. Günstig ist es, den Boden anschließend mit Stroh oder Gras abzudecken. Wenn die Blattränder bei Johannis- und Stachelbeeren zu dieser Jahreszeit braun werden und vertrocknen, dann handelt es sich nicht immer um die Blattfallkrankheit. Dieses Symptom ist in etlichen Fällen auf Kalimangel zurückzuführen. Abhilfe kann dann erst im folgenden Winter durch eine Düngergabe von 40 g Kalimagnesia auf 1 m^2 geschaffen werden.

Die Blattfallkrankheit wird erfolgreich bekämpft durch eine Behandlung mit Gesteinsmehl oder Metiram nach der Blüte und jetzt nach der Ernte. Bei Befall sollten die kranken Blätter aufgesammelt und verbrannt werden.

Kirsche (Sauer- und Süßkirsche) Die Reifezeit der verschiedenen Süßkirschensorten wird in Deutschland, in sieben Kirschwochen untergliedert, angegeben. Diese Angaben sind beim Kauf von Süßkirschenbäumen hilfreich. Auf die Schweiz lassen sie sich allerdings wegen der großen Höhenunterschiede in diesem Land nicht einfach übertragen. Die Bezeichnungen der acht Schweizer Kirschwochen beziehen sich auf die relative Reife einer Sorte innerhalb des ganzen Sortiments an einem Standort.

Notwendige Verjüngungsmaßnahmen werden bei oder nach der Ernte durchgeführt.

Wenn Symptome der Sprühfleckenkrankheit auftreten, spritzt man nach der Ernte.

Da Sauerkirschen oftmals an einem Baum zu verschiedenen Zeiten reifen, müssen die Bäume mehrmals durchgepflückt werden. Ob mit oder ohne Stiel gepflückt wird, hängt von der anschließenden Verwendung ab. Will man die Kirschen verkaufen, wird natürlich mit Stiel gepflückt. Für die Saftbereitung und fürs Einmachen kann ohne Stiel direkt in Kunststoffgefäße oder -beutel geerntet werden.

Auch Sauerkirschen haben zur Erntezeit mit dem Trieb abgeschlossen. Deshalb kann man sie jetzt ebenfalls zurückschneiden.

Wenn die Moniliablütenfäule und die Moniliazweigspitzendürre stärker in Erscheinung getreten sind, müssen die dürren Zweige und Äste entfernt werden. Diese Arbeit sollte regelmäßig erfolgen und nicht nur einmal im Jahr, denn die befallenen Äste stellen dauernde Infektionsherde dar.

Kiwi Bei Pflanzen, die als Spalier oder an einer Pergola gezogen werden und älter als zwei Jahre sind, wird jetzt entspitzt, d. h., nach dem fünften oder sechsten Blatt nach der Frucht wird der Trieb abgeschnitten.

REBEN ERZIEHEN

Triebe von Rebspalieren werden jetzt an Drähten befestigt

Pflaume und Zwetsche Die zweite Pflaumenwicklergeneration wird in diesem Monat bekämpft (siehe *Juni*). Die genauen Termine sind vom Pflanzenschutzwarndienst zu erfahren. Bäume mit starkem Behang werden gestützt.

Walnuß Vielfach in Vergessenheit geraten ist, daß man Walnüsse schon Anfang Juli grün zum Einmachen ernten kann. Die Früchte müssen unbeschädigt vom Baum geholt werden, was bei manchen Nußbaumriesen sicher nicht einfach ist.

Weinrebe Triebe an Rebspalieren, die sich an der Oberseite der Seitentriebe entwickelt haben, werden jetzt angeheftet (siehe *Februar*), solche mit Gescheinen auf drei Blätter über dem obersten Geschein entspitzt. (Unter Geschein versteht man den Blütenstand einer Rebe.) Dagegen läßt man bei blütenlosen Trieben sieben bis acht Blätter stehen. Die sich aus den Blattachseln entwickelnden Geiztriebe schneidet man auf ein Blatt zurück.

Nach der Blüte schützt man Trauben vor der Infektion durch Echten und Falschen Mehltau und Graufäule.

GRÜNKOHL PFLANZEN

Bis Ende Juli kann Grünkohl gepflanzt werden. Man pflanzt ihn im Abstand von 40 × 50 cm

Gemüse

Auf Folgepflanzungen sollte man bei diesen Gemüsearten jetzt nicht verzichten.

Blumenkohl und Brokkoli In der kühleren Jahreszeit erzielt man bei Blumenkohl und Brokkoli oft noch bessere Qualitäten als im Sommer.

Chinakohl Chinakohl ist – vor allem durch die intensive Züchtungsarbeit der Japaner (die neuen Hybridsorten werden auch Japankohl genannt) – im letzten Jahrzehnt in unseren Hausgärten immer beliebter geworden. Chinakohl kann sehr abwechslungsreich zubereitet werden. Verwendet wird er vorzugsweise als Salat, aber auch gekocht, ähnlich wie Wirsing, schmeckt er vorzüglich.

Chinakohl ist eine ausgesprochene Nachfrucht. Deshalb muß man den Saattermin genau beachten. Spät gesät wird er deshalb, weil sich Köpfe nur dann bilden, wenn die Tage kürzer werden. Der richtige Saattermin liegt in der zweiten Julihälfte. Als allerletzter Termin kommt die erste Augustwoche in Betracht. Chinakohl, der so spät gesät wird, läßt sich besser einwintern.

Gesät wird direkt ins Freiland in Reihen, die einen Abstand von 30–40 cm haben. Nachdem die Sämlinge herausgewachsen sind, werden sie in der Reihe in einem Abstand von mindestens 30 cm vereinzelt. Die Entwicklungszeit beträgt zwischen 60 und 85 Tage, das bedeutet, daß im Oktober und November geerntet werden kann.

Vorteilhaft ist es, wenn man die Pflanzen in kleinen Töpfen vorkultiviert. Die Aussaat dafür erfolgt Mitte Juli in Schalen; gepflanzt wird im Abstand von 40 × 35 cm.

Während der Kultur genügen im allgemeinen ein bis zwei Kopfdüngergaben in der Hauptwachstumszeit. Man gibt insgesamt 60–70 g eines Mehrnährstoffdüngers auf 1 m^2.

Spätere Sorten, die sich auch zum Lagern eignen, sind: 'Chinaking', 'Nippon spät', 'WR Super 80'. Sorten für die Herbsternte sind 'Hongkong', 'WR 55 Tage', 'Nagaoka WR 70 Tage' und 'Nagaoka King'.

Eissalat und Herbstkopfsalat Der letzte Saattermin für eine Kopfsalaternte im Herbst ist der 20. Juli. Dagegen kann noch in der ersten Augustwoche gepflanzt werden. Geeignete Kopfsalatsorten für den Herbstanbau sind 'Reskia' und 'Hilde'. Bei Eissalat können noch alle Sorten gesät werden.

Endivie Von Mitte bis Ende Juli sollte Endivie für die Erntezeit von Oktober bis November gepflanzt werden. Nur in günstigen Klimagebieten kann dies noch bis Anfang August geschehen. Der Pflanzabstand beträgt 30 × 25 cm. Empfehlenswerte Sorten sind: 'Bubikopf', 'Escariol Grüner' und 'Diva'.

Besonders im Herbst gefragt ist ein neuer fein gekrauster Endiviensalat mit der Bezeichnung Frisee-Endivien. Eine empfehlenswerte Sorte ist 'Elodie'.

Bis Anfang des Monats kann auch noch Römischer Salat (Bindesalat, Kochsalat) ausgesät werden. Dieser Salat ähnelt dem Chinakohl oder Zuckerhutsalat. Seine inneren Blätter sind zart, aber knusprig und im Geschmack etwas kräftiger als die von Kopfsalat. Die Sorte 'Kasseler Strümpfchen' ist selbstschließend.

Wo regelmäßig Wurzelläuse vorkommen, wird Endivie drei Wochen nach dem Pflanzen mit Pirimicarb angegossen.

Grünkohl Eine ideale Nachfrucht im Gemüsegarten ist der Grünkohl, auch Blätter- oder Krauskohl genannt. Die Kultur ist ziemlich einfach, denn Grünkohl gedeiht auch im Halbschatten. Gepflanzt wird bis Ende Juli. Die Aussaat erfolgt zwischen Ende Mai und Ende Juni breitwürfig auf ein Beet. Die Pflanzung erfolgt im Abstand von 40 × 50 cm. Ehe man pflanzt, bringt man eine Grunddüngung von ungefähr 60 g eines Blaukornvolldüngers auf 1 m^2 aus. Zwei mäßige Kopfdüngergaben während der Kultur sind ausreichend. Empfehlenswerte Sorten sind 'Spurt' und 'Frosty'.

Tomaten Seitentriebe, die aus den Blattachseln der Tomatenpflanzen wachsen, sollten rechtzeitig entgeizt werden. Während der Wachstumsperiode muß dies regelmäßig geschehen. Gesunde Blätter werden nicht abgeschnitten, da sie die Fruchtreife beschleunigen. Man achtet auf Kraut- und Stengelfäule, und bei den ersten Befallssymptomen wird mit Grünkupfer, Bio-S oder Metiram gespritzt.

Gründüngung für abgeräumte Gartenbeete In abgeerntete Gemüsebeete, die jetzt nicht mehr bestellt werden, kann man Gründüngungspflanzen säen. Dadurch erhält der Boden Schatten, und gleichzeitig wird er mit Nährstoffen und Humus angereichert.

Die meist im Spätsommer ausgebrachten Gründüngungspflanzen bleiben bis zum Herbst oder bis zum Frost auf dem Boden. Spätestens bei Beginn der Blüte werden sie abgemäht. Danach sollte man sie noch etwas liegenlassen, bis sie ein wenig welken, da der Boden frisches Grün nicht verarbeiten kann. Meist wird so verfahren, daß auf das angewelkte Grün Kompost oder organischer Dünger ausgebracht wird und alles zusammen in die oberen Bodenschichten (5–8 cm) eingearbeitet wird.

Am besten eignen sich solche Gründüngungsmischungen, die schnell den Boden beschatten. Es entstehen dann rasch große Mengen Grünmasse, und Unkraut kann nicht hochkommen.

Gute Gründüngungspflanzen sind Lupinen, die den Boden sprengen und ihn mit organisch gebundenem Stickstoff versorgen, und Bienenfreund, eine sehr schnell wachsende Pflanze, die zugleich ein ideales Bienenfutter liefert. Verschiedene fertige Gründüngungsmischungen in Kleinpackungen für 10–50 m^2 Gartenfläche sind im Fachhandel erhältlich.

Pflegearbeiten Verschiedene Gemüsearten, wie Gurken, Tomaten und Zucchini, haben jetzt Früchte angesetzt und brauchen nun viel Nährstoffe. Dasselbe trifft zu für Blumenkohl, Brokkoli, Stangenbohnen, Spätkohl, Spätmöhren, Zwiebeln, Porree und Schwarzwurzeln. Eine schwache Kopfdüngung (siehe *Juni*) mit schnellwirkenden Düngern ist deshalb angebracht.

KRÄUTER TROCKNEN

Es werden immer nur geringe Mengen gepflückt. Die verschiedenen Arten bewahrt man getrennt auf, damit sich das Aroma der Pflanzen nicht miteinander vermischt

Küchenkräuter

Dill und Petersilie werden nochmals ins Freiland ausgesät.

Um den Geschmack der Kräuter zu erhalten, muß man sie zum richtigen Zeitpunkt ernten. Entscheidend ist dabei, ob man Blüten, Samen, Blätter oder Stengel verwendet. Kräuter, die für den Winterbedarf konserviert werden, erntet man im allgemeinen kurz vor der Blüte, weil sie dann den höchsten Anteil an aromatischen Stoffen enthalten.

Küchenkräuter trocknen Viele Kräuter behalten ihren Duft, auch wenn sie getrocknet sind. Zum Trocknen eignen sich Bohnenkraut, Salbei, Basilikum, Majoran, Liebstöckel und Thymian. Man pflückt jeweils nur eine geringe Menge, legt die geschnittenen Kräuter in flache Behälter und trocknet sie sofort. Die verschiedenen Arten hält man stets voneinander getrennt, damit sich ihr Aroma nicht vermischt. Am besten trocknet man die Kräuter auf dem Dachboden oder in einem trockenen Schuppen. Auch im Backofen können Kräuter getrocknet werden. Ungeeignet für das Trocknen ist jedoch die Küche, weil die Kräuter den Geschmack und Geruch der Speisen annehmen, die dort bereitet werden. Während des Trockenvorgangs werden die Kräuter möglichst wenig berührt. Es genügt, wenn man sie einmal täglich wendet. In den ersten 24 Stunden sollte die Temperatur 30 bis 35 °C betragen. Danach senkt man sie auf 20 °C ab, bis der Trocknungsprozeß abgeschlossen ist. Wenn die Kräuter spröde sind und beim Berühren rascheln, werden die Blätter von den Stengeln gestreift. Die Stengel wirft man weg, da sie nur eine geringe Würzkraft besitzen. Das Erntegut wird zerkleinert und in gut schließenden Gefäßen dunkel aufbewahrt.

Die erste Juliwoche ist in der Regel die richtige Zeit, um Lavendel zum Trocknen und Lagern zu ernten. Man schneidet die Stiele ab, sobald sich die Blüten gefärbt, aber noch nicht vollständig geöffnet haben. Die Stiele werden zu losen Bündeln zusammengebunden und im warmen Schuppen zum Trocknen aufgehängt. Von Ende August an sollte Lavendel nicht mehr geerntet werden, da die Pflanzen im Winter leicht ausfrieren.

Getrocknete Lavendelblüten kann man in kleine Stoffsäckchen füllen und sie als Duftkissen in den Wäscheschrank legen.

GETROCKNETE KRÄUTER AUFBEWAHREN

Die getrockneten Kräuter zerreibt man mit der Hand und lagert sie in sauberen, luftdichten Behältern, nachdem man die Stiele entfernt hat

LAVENDEL TROCKNEN

Für den Winterbedarf werden die Triebe von Lavendel kurz vor der Blüte geschnitten, zu Sträußen gebündelt und getrocknet

Iris, die im Juli neu gepflanzt werden

Die Gattung Iris *ist sehr umfangreich und vielseitig. Zwiebeliris brauchen nur sehr wenig Pflege. Zur Gruppe der Zwiebeliris gehören die Holländischen, Spanischen und Englischen Iris, die von Mai bis Juli in verschiedenen Schattierungen von Blau, Weiß und Gelb erscheinen. Zuerst kommen die Holländischen, zuletzt die Englischen Zwiebeliris. Darüber hinaus sind auch präparierte Holländische Zwiebeliris erhältlich, die im Sommer blühen. Die Bartiris stellen die größte und beliebteste Gruppe dar. Im zeitigen Frühjahr kann man sich für kurze Zeit an den Blüten der Zwergbartiris erfreuen. Darauf folgen die mittelhohen Bartiris, die auf jedem Stengel mehrere Blüten tragen und repräsentativer wirken als die Zwergiris. Am prachtvollsten sind die hochwüchsigen Sorten der Bartiris.*

Iris danfordiae
Die leuchtendgelben Blüten dieser 10 bis 15 cm großen Zwergzwiebeliris erscheinen im Februar und März. Diese Irisart, die z. B. für Steingärten geeignet ist, kann auch in Töpfen oder Schalen unter Glas gezogen werden, damit die Pflanzen früher blühen. 'Blue Veil' ist eine sehr schöne blaublühende Sorte.

I. germanica
Diese Gruppe von Bartirishybriden, die 60–90 cm hoch werden, blühen im Mai und Juni. Man pflanzt sie in die volle Sonne und in gut dränierten Boden. Empfehlenswerte Sorten sind: 'Blue Sappire', lavendelblau; 'Firecracker', rotbraun auf goldenem Grund; 'Belle Meade', silbrigweiß mit blauer Zeichnung; 'Goldfackel', leuchtend goldgelb.

I. histrioides
Diese Zwergzwiebeliris, die 10 cm hoch wird, bringt im Februar und März blaue, weiße oder gelbe Blüten hervor. Sie eignet sich für die Kultur in Töpfen unter Glas. Man pflanzt die Zwiebeln im September und führt im Januar etwas Wärme zu. 'Major' ist die großblumigste Sorte, die dunkelblau blüht.

I. laevigata
Diese Schwertlilie mit glatten Blättern und weißen oder rosa Blüten liebt ganzjährig einen feuchten Standort. Sie wird 60–80 cm hoch und blüht im Juli und August. Empfehlenswerte Sorten sind: 'Monstrosa' mit auffallend großen tiefblauen Blüten und weißer Mitte. 'Rose Queen' blüht prächtig rosa; 'Monstrosa' tiefblau mit weißer Mitte.

I. pseudacorus Sumpfschwertlilie
Diese Schwertlilie mit breiten, schwertförmigen Blättern – sie wird 60–80 cm hoch – eignet sich für sumpfige Teichränder. Ihre leuchtendgelben Blüten, die von Mai bis Juni erscheinen, sind in der Mitte schwarzbraun geädert.

I. pumila
Die blauen, blaßgelben und weißen Blüten dieser Rhizombartiris, die 10 bis 15 cm hoch wird, erscheinen im April und Mai.

I. reticulata
Eine im März und April blühende Zwiebeliris mit blauvioletten, duftenden Blüten. Sie wird im September ins Freiland oder unter Glas gepflanzt; Höhe: 15–20 cm. Empfehlenswerte Sorten sind: 'Cantab', hellblau mit quittengelbem Flaum; 'Harmony', himmelblau mit gelbem Fleck.

I. sibirica Sibirische Schwertlilie
Diese bartlose Rhizomiris gedeiht am besten am Ufer von Teichen. Ihre blauen oder weißen Blüten erscheinen im Mai und Juni. Man pflanzt Sibirische Schwertlilien, die 90 cm hoch werden, im September. Empfehlenswerte Sorten sind: 'Blue Brillant', mittelblau; 'Mountain Lake', lichtblau; 'Mrs. Rowe', silberweiß mit lavendelrosa; 'Perry's Blue', klarblau; 'Schwan', weiß; 'Dragonfly', blaßblau.

I. tingitana
Diese zarte, bis 60 cm hohe Zwiebeliris wird im allgemeinen in Töpfen oder Schalen unter Glas gezogen, damit sie früh blüht. Die Blüten sind lilablau, tiefblau oder gelb. Man pflanzt sie im September.

Iris sibirica

Iris germanica

August

Im August stehen die Sommerblumen in voller Blüte, die frühen Apfel- und Birnensorten reifen heran. Jetzt muß das Fallobst aufgelesen werden. Verwelkte Blütenstände von Stauden und Sommerblumen entfernt man, damit sie möglichst lange blühen. Blumenzwiebeln werden herausgenommen, falls dies nicht schon im Juli geschehen ist. Jetzt werden Bartiris und Madonnenlilie gepflanzt. Bei Chrysanthemen bricht man Knospen aus, damit die Blüten möglichst groß werden.

Montbretie

△ Zinnie

△ Glockenblume

▽ Sonnenbraut

Zinnien sind hervorragende Beetpflanzen und gute Schnittblumen. Es gibt sie außer in Gelb auch in Rot, Weiß, Violett und Orange. Zinnien lieben einen sonnigen Standort

Glockenblumen gehören eigentlich in jeden Garten. Es gibt von ihnen zahlreiche Arten und Sorten; hohe pflanzt man auf Staudenbeete, niedere in den Steingarten

Wie im Gebirge, so muß das Edelweiß auch im Garten in voller Sonne stehen. Je intensiver die Sonneneinstrahlung, um so schöner wird die weißfilzige, sternförmige Blüte. Das Edelweiß bevorzugt magere, kalkhaltige Böden und ist die ideale Pflanze für den Steingarten

Die Sonnenbraut mit ihren prachtvollen roten, braunen und gelben Blüten pflanzt man am besten in Gruppen. Die meisten Arten und Sorten dieser langlebigen Staude werden sehr hoch. Als Schnittblumen halten sie sich lange

▽ Gartenedelweiß

◁ Gladiole

△ Bunte Balkonbepflanzung

▽ Petunie

Gladiolen verkörpern die ganze Pracht des Hoch- und Spätsommers. Sie blühen in allen Farben. Man sieht die hohen Blütenschäfte in Gruppen auf Staudenbeeten und in Reihen als begehrte Schnittblumen in den Gärten stehen. Ihre Blütezeit kann man durch satzweises Legen staffeln

Wer seinen Balkon prächtig mit Pflanzen schmückt, kann vom Frühjahr bis zum Herbst das Wachsen und Blühen aus unmittelbarer Nähe beobachten. Der Balkon wird zum Blütengarten – zu einem Stück Natur. Hier sind Pelargonien mit Petunien, Lobelien, Husarenknopf und Zwergchrysanthemen miteinander kombiniert

In Blumenkästen an Fenstern und Balkonen leuchten im August die trompetenförmigen prächtigen Blüten der Petunien in allen Farben. Was verblüht ist, sollte man regelmäßig entfernen. Viele Sorten sind auch als Beetpflanzen beliebt. Petunien brauchen viel Sonne und gedeihen am besten in heißen, trockenen Sommern

△ Heidelbeere

Heidelbeeren brauchen einen sauren, feuchten Boden. Man sollte sie möglichst mit Regenwasser gießen. Die Früchte schützt man vor Vogelfraß durch Netze. Sie werden meist im Lauf des Augusts geerntet

Tomaten werden in der Regel an Stäben gezogen. Man sollte sie regelmäßig ausgeizen und hochbinden. Nachdem sich fünf Blütentrauben ausgebildet haben, bricht man die nachwachsenden aus, damit die reifenden Früchte die nötigen Nährstoffe erhalten

Jetzt ist es Zeit, Stangenbohnen zu ernten. Damit wartet man nicht, bis die Samen anschwellen, sondern sie werden jung und zart gepflückt. Nach der Ernte schneidet man das Laub ab, läßt aber das stickstoffreiche Wurzelwerk im Boden

Während man jetzt noch Sommerrettiche erntet, sollte man bis Mitte des Monats die Herbst- und Winterrettiche ausgesät haben

▽ Stangenbohne

△ Tomate

▽ Rettich

August

Rasen

Der neue Rasen Im *Mai* wurde bereits auf die vorgesehene Rasenneuanlage hingewiesen. Der Boden wurde zu dieser Zeit entsprechend bearbeitet. Ende des Monats wird die Krume mit geeigneten Zusätzen verbessert. Eingebracht werden Torf und organisches Material bei leichten Böden (ungefähr 1 m^3 auf 1 a), Schaumstoffe, z. B. Styromull (1 m^3 auf 1 a), und grober Sand bei schweren Böden.

Die Zugaben werden gründlich und gleichmäßig einige Zentimeter tief in den Boden eingearbeitet, anschließend wird abgerecht, so daß eine ebene Oberfläche entsteht. Die Grunddüngung (siehe *März*) arbeitet man ein, anschließend harkt man nochmals in verschiedenen Richtungen, um eine feine, gleichmäßige Krume zu erzielen, in die eine Woche nach der Düngung eingesät wird. Man sät nur bei trockenem, schönem Wetter bzw. vor einer Regenperiode.

Der angelegte Rasen Auch im August wird der Rasen noch regelmäßig geschnitten. Nur so bleibt er dicht und grün. Den Rasenschnitt läßt man liegen. Er schützt den Boden bei großer Wärme vor dem Austrocknen und düngt ihn gleichzeitig.

Man kontrolliert den Zustand des Rasens. Unkräuter, beispielsweise Klee, Giersch oder Breitwegerich, werden von Hand entfernt und die Lücken durch eine Nachsaat geschlossen.

Bäume und Sträucher

Wenn der Gartenfreund in diesem Monat in Urlaub fährt, braucht er nicht zu fürchten, daß seine Gehölze in seiner Abwesenheit Schaden leiden, denn im Augenblick gibt es in bezug auf die Pflege an ihnen nichts zu tun.

Vermehrung Jetzt können in der im *April* beschriebenen Weise junge Triebe von Pflanzen abgesenkt werden.

Grünstecklinge nimmt man jetzt noch von immergrünen Laubgehölzen. Sie wachsen besser, wenn die Triebe schon ausgereift und hart sind.

Hecken

Will man eine ganz exakt geschnittene Hecke, so muß man Ende des Monats einen zweiten Sommerschnitt durchführen.

Neu gepflanzte Hecken werden gut gewässert. Sonst fallen in diesem Monat keine Arbeiten bei Hecken an.

Stauden

Verwelkte Blüten werden weiterhin entfernt. Hierbei ist jedoch zu überlegen, ob die Pflanze nicht besser aussieht, wenn man sie sonst ungestört läßt, denn Pflanzen, die erst von August an blühen, kommen nach einem Rückschnitt kaum ein zweites Mal zur Blüte. Die Hundskamille, die Kokardenblume und einige weitere Pflanzen sind durch die reichliche Blüte geschwächt und entwickeln wenig oder kein neues Basalwachstum, nachdem sie verblüht sind. Diese Pflanzen schneidet man daher nach der Blüte kräftig zurück. Stützen von Pflanzen, die verblüht sind, werden entfernt. Hohe, schwache Stiele heranwachsender, spätblühender Stauden schneidet man zurück.

Alte Beete herrichten Ein altes Beet, das gründlich bearbeitet werden muß, weil es von Unkräutern überwuchert ist, oder dessen Pflanzen zu stark miteinander verwachsen sind, wird wie ein neues Beet umgegraben (siehe *Juli*). Dies kann bedeuten, daß man einige Stauden opfern muß. Der Vorteil ist jedoch, daß durch Sonne und Wind unerwünschte Pflanzen austrocknen werden.

Pläne für den Herbst Ehe man für die Herbstpflanzung bei einer Gärtnerei Stauden bestellt, sollte man sich mit den Pflanzenbeschreibungen (siehe *Oktober*) befassen und die Anordnung der Stauden im Hinblick auf ihre Höhe, Breite und Blütezeit planen. Verschiedene Möglichkeiten der Beetbepflanzung sind im *Oktober* abgebildet. Man sollte die Bestellung möglichst früh aufgeben, weil die Aufträge häufig nach der Reihenfolge des Eingangs ausgeführt werden. Falls die Gärtnerei eine Lieferung bis Ende Oktober nicht garantieren kann, sollte man darum bitten, daß die Pflanzen erst im Frühjahr geliefert werden.

Zuerst berechnet man die Fläche des Beets. Auf 1 m^2 plant man im Durchschnitt fünf bis sechs Pflanzen ein, wobei zu beachten ist, daß zwischen kräftig wachsenden Arten mehr Abstand als zwischen schwächer wachsenden erforderlich ist. Die Pflanzabstände sind in den Pflanzenbeschreibungen im *Oktober* angegeben.

Man pflanzt etwas dichter, wenn Gruppen von drei oder mehr Pflanzen einer Art verwendet werden. Um die Gruppe herum läßt man 25 % mehr freien Raum als zwischen den einzelnen Pflanzen innerhalb der Gruppe. Ratsam ist es, solche Pflanzengruppen nebeneinander anzuordnen, die ungefähr gleich schnell in die Höhe und Breite wachsen. Dies ist wichtig, da sich einige Gattungen wesentlich rascher entwickeln als andere.

Pflanzen auswählen Zunächst legt man fest, wie viele Staudengattungen und -arten das Beet oder die Rabatte aufnehmen soll.

Die ausgewählten Pflanzen sollten nicht höher werden, als das halbe Beet breit ist. Will man eine Rabatte, die vor einem Hintergrund liegt, bepflanzen, dann darf der Abstand von 50 cm zwischen Hintergrund und Rabatte (siehe *Juli*) nicht mitgerechnet werden. Bei einer einseitigen Rabatte werden die höheren Pflanzen hinten, die niedrigeren vorn angeordnet, bei einem freiliegenden Beet stehen die höchsten Pflanzen in der Mitte, und die übrigen fallen kontinuierlich zum Rand hin ab. Es ist empfehlenswert, abwechselnd Stauden mit flachen Blüten und solche mit höheren Blütenständen zu pflanzen. In der Nähe der vorderen Kante des Beets werden Pflanzen mit dekorativen Blättern und hübschen Blütenständen, wie die Funkie und die Fackellilie, eingeplant, damit deren wirkungsvolle Blätter und Blüten gut zu sehen sind.

Wie man einen kontinuierlichen Blütenflor erzielt Die Verteilung der Blütezeiten ist bei der Planung ebenfalls wichtig. Wo es sich machen läßt, pflanzt man Arten mit unterschiedlichen Blüteperioden in benachbarte Gruppen, damit auf dem Staudenbeet während der ganzen Vegetationsperiode blühende Pflanzen vorhanden sind. Die Blütezeit für Stauden reicht von April bis November, doch hält sich der Blütenflor einer Gattung oder Art immer nur etwa zwei bis vier Wochen. Bei einer geschickten Pflanzenauswahl ist es daher möglich, einen kontinuierlichen Blütenflor zu erreichen, indem man Pflanzen mit Blüteperioden im Frühjahr, Frühsommer, Hochsommer, Spätsommer oder Herbst auswählt und in Gruppen zusammenpflanzt.

Einen Plan ausarbeiten Wer nun ein Staudenbeet nach den oben angeführten Gesichtspunkten gestalten will, sollte sich bereits während der Planungsphase eine möglichst maßstabgetreue Zeichnung zurechtlegen. Auf Millimeter- oder Zeichenpapier wird in einem entsprechenden Maßstab das Beet aufgezeichnet. Danach zeichnet man die einzelnen Staudengattungen und -arten ein. Werden die Stauden numeriert, kann man auf einer Liste die Höhe der Pflanzen, ihre Blütezeit und Blütenfarbe vermerken. Auch besondere Daten, z. B., ob man manche Stauden besser im Herbst oder erst im Frühjahr pflanzt, notiert man. Auf diese Weise ist es möglich, alle wichtigen Fakten im Plan und in einer Liste festzuhalten.

Ein- und zweijährige Pflanzen

Man entfernt regelmäßig die abgeblühten Blütenstände und hackt bei feuchtem Sommerwetter, damit sich das Unkraut nicht ausbreiten kann.

Nach Bedarf werden Blattläuse mit Brennesselbrühe oder einem Insektizid bekämpft.

Zwiebel- und Knollengewächse

Sind im letzten Monat noch nicht alle Blumenzwiebeln herausgenommen worden, holt man diese Arbeit jetzt schleunigst nach (siehe *Juni*).

Osterglocken pflanzen Gegen Ende des Monats können bereits Osterglocken gepflanzt werden. Voraussetzung dafür ist natürlich, daß frische Blumenzwiebeln schon erhältlich sind. Das ist häufig noch nicht der Fall, weil die Auslieferung holländischer Blumenzwiebeln in der Regel erst von Ende August an erfolgt. Deshalb wird man in vielen Fällen noch bis September warten müssen.

Bei den Osterglocken setzt das Wurzelwachstum bereits wieder im Spätsommer ein. Narzissen sind für einen nährstoffreichen, mäßig feuchten Boden dankbar. Sie können die im Boden vorhandenen Nährstoffe noch verwerten, was sich auf die Entwicklung der Blüten günstig auswirkt. Mit Ausnahme der kleinsten Exemplare legt man sämtliche Zwiebeln 10–15 cm tief ein.

Blumenzwiebeln für den Frühjahrsflor bestellen Frühjahrsblüher, die im Herbst gelegt werden müssen, bestellt man jetzt. Will man für den Winter blühende Zwiebelpflanzen in Schalen und Töpfen ziehen, wählt man Hyazinthen, kleine Iris, frühe botanische Tulpen, Krokusse, Schneestolz, Traubenhyazinthen, Schneeglöckchen und Zwergnarzissen aus. Zur Bepflanzung von Frühjahrsbeeten oder für die Gewinnung von Schnittblumen bestellt man Tulpen, Hyazinthen und Osterglocken. Für die Bepflanzung von Rabatten und Steingärten eignen sich Zwiebelgewächse wie Zierlauch, winterharte Alpenveilchen, Wintergrün, Hundszahn, Sommerhyazinthe, Knotenblume, Traubenhyazinthe, Krokus und Schneeglöckchen.

Rosen

Verwelkte Blüten werden entfernt. Blumen für die Vase sollten möglichst kurz geschnitten werden (siehe *Juli*). Von diesem Monat an sollte nicht mehr gedüngt werden, weil Holz bis zum Winter nicht mehr ausreifen kann. Setzen im Spätherbst oder Frühwinter kräftige Fröste ein, sind Schäden unausbleiblich. Etwas anderes ist es, wenn nur mit einem Phosphorsäure- und Kalidünger gedüngt wird. Solche Düngemittel festigen das Pflanzengewebe und sorgen sogar für eine gewisse Widerstandsfähigkeit gegen Fröste.

Blattläuse bekämpfen Wenn man feststellt, daß Blattläuse an Blättern und Stengeln sitzen, wird mit Brennesselbrühe oder einem Insektizid gespritzt (siehe *Mai*).

Nach Bedarf spritzt man mit einem Fungizid gegen Rosenmehltau, Sternrußtau und Rost (siehe *Juni*).

Jetzt werden neue Rosen bestellt, die Anfang November geliefert werden sollten.

Chrysanthemen

In diesem Monat entwickeln sich die Knospen bei den Freilandsorten rasch. Sollen die Blüten groß werden, läßt man an jedem Stiel die Mittelknospe stehen. Wer Knospen ausbricht, entfernt alle Seitentriebe, die sich in den Blattachseln der Stengel ausbilden. Sie erscheinen zur gleichen Zeit, zu der sich an der Triebspitze eine Knospe entwickelt.

Die Triebe sollten mindestens 2 cm lang sein, wenn man sie entfernt, sonst beschädigt man unter Umständen den Stengel, und dies kann zu einer Verformung der Blüten führen, wenn sie sich öffnen. Unerwünschte Triebe werden mit einem Ruck seitwärts abgebrochen. Man darf sie weder mit den Fingernägeln auszwicken noch nach unten abbrechen.

Bei den Freilandsorten sollten bis zur dritten Augustwoche alle Knospen ausgebrochen sein, damit die Pflanzen nicht erst im Spätherbst zu blühen beginnen.

Wenn das Wetter längere Zeit trocken ist, muß man die Pflanzen einmal wöchentlich gießen. Nachdem die Knospen erschienen sind, wird gedüngt (siehe *Juli*), damit sie sich kräftig entwickeln. Sobald sie aber Farbe zeigen, düngt man nicht mehr.

Stützen und Knospen ausbrechen Die Pflanzen müssen gut gestützt werden, damit sie das zunehmende Gewicht der blütentragenden Triebe halten können. Sehr früh blühende Sorten beginnen noch vor Monatsende zu blühen.

Damit die sich öffnenden Blüten nicht von Ohrwürmern angefressen werden, wird zuvor um jeden Stiel ein gut 1 cm breiter Ring aus Vaseline aufgetragen.

Topfpflanzen gießt man und gibt ihnen alle 10 bis 14 Tage einen Volldünger, damit sie gleichmäßig und stetig wachsen.

Bei großblumigen Chrysanthemen und bei Sorten, die im Oktober blühen, werden gegen Monatsende die Nebenknospen entfernt. Dies muß unbedingt bis nach dem 15. August hinausgezögert werden. Sollten manche Sorten früher Knospen ausbilden, bricht man die Kronenknospe auch aus und läßt an ihrer Stelle die beiden besten Seitentriebe weiterwachsen. Dadurch wird die Blüte um etwa 14 Tage hinausgezögert und die Ausbildung einfacher Blüten verhindert.

Unter Glas

Die spätblühenden Pflanzen im Gewächshaus werden weiterhin gegossen. Sie wachsen rasch und müssen gegen Monatsende auf drei Triebe reduziert werden (siehe *Juli*).

Dahlien

Man bekämpft weiterhin Schädlinge (siehe *Juni*). Außerdem sieht man nach, ob die Pflanzen Flecken oder verfärbte Blätter haben. Solche Merkmale können auf eine Viruserkrankung hindeuten, vor allem dann, wenn der Wuchs der Pflanzen verkümmert ist. Pflanzen, bei denen man vermutet, daß sie erkrankt sind, werden gekennzeichnet, damit man sie im Herbst vernichtet und nicht im folgenden Jahr für den Stecklingsschnitt verwendet. Solche Stecklinge sind dann ebenfalls krank.

Die Pflanzen werden mit einem Flüssigdünger gedüngt und festgebunden, damit der Wind sie nicht beschädigen kann.

Gladiolen

Gladiolen für die Vase schneidet man, sobald sich die erste Blüte an einer Blütenähre öffnet. Schneidet man eine Blütenähre ab, dann muß man mindestens vier bis fünf Blätter stehenlassen, da sonst der neuen Knolle keine Nährstoffe mehr zugeführt werden können. Eine Blütenähre schneidet man am besten so: Man setzt ein scharfes Messer tief unten am Stiel an, bewegt die Blütenähre mit einem vorsichtigen Ruck hin und her und dreht sie ab. Der Stiel bricht durch und kann aus der schützenden Blatthülle herausgezogen werden.

Man achtet auf Anzeichen von Gladiolenthrips (siehe *Juli*) und spritzt bei Bedarf.

GLADIOLEN SCHNEIDEN

Mit einem scharfen Messer schneidet man über dem vierten oder fünften Blatt den Stiel ein, bewegt ihn vorsichtig hin und her und dreht ihn, bis er abbricht

Iris

Bartiris sollten bis Ende des Monats gepflanzt sein (siehe *Juli*).

Zwiebeliris für die Herbstpflanzung werden jetzt bestellt.

Ausgegrabene Iriszwiebeln, die im Herbst wieder eingepflanzt werden sollen, müssen überprüft werden.

Alle Zwiebeln, die schwarze Flecke aufweisen, werden ausgesondert. Die Flecke werden durch einen Fäulnispilz verursacht. Vorbeugend kann man die Zwiebeln in Metirambrühe tauchen. Ebenso sollte man alle Iriszwiebeln aussondern, die weich sind und so aussehen, als ob die Basalplatte fault – eine Krankheit, die als Grünschimmel oder Zwiebelgrundfäule bezeichnet wird.

Wenn man an den Pflanzen Raupen entdeckt, bekämpft man sie (siehe *Juli*).

Lilien

Die Madonnenlilie sollte man möglichst bald pflanzen. Ihre Zwiebeln dürfen höchstens 5 cm hoch mit Erde bedeckt sein. Lilien, die man im Herbst braucht, sollten möglichst bald bestellt werden. Bei der Auswahl der Arten muß man die Bodenbeschaffenheit berücksichtigen. Es wäre falsch, orientalische und andere kalkfeindliche Lilienarten (siehe Pflanzenbeschreibung im *Mai*) in alkalischen Boden pflanzen zu wollen. Man kann sie jedoch in Töpfe, Kübel und tiefe Kästen legen, die mit einer geeigneten, kalkarmen Erdmischung gefüllt wurden. Natürlich können diese wiederum in mehr sauren Böden im Garten ausgelegt werden. Wichtig ist auf jeden Fall, daß man sich vor der Auswahl der Arten und Sorten überlegt, welche für sandigen, lehmigen oder humosen Boden in Frage kommen.

Bei feuchtem, warmem Wetter auf Grauschimmel achten und bei Bedarf mit Dichloflu-

ANZUCHT VON LILIEN AUS ACHSELBULBEN

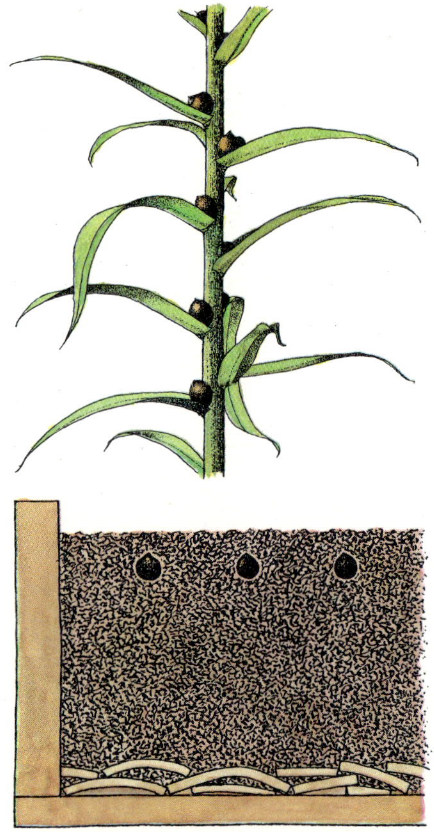

Links: *Lilium tigrinum*, *L. sargentiae* und einige Hybriden bilden zwischen Stiel und Blättern Achselbulben. Oben: Man sammelt die reifen Bulben ab und legt sie 2 cm tief im Abstand von 5 cm in einen Saatkasten

anid spritzen. Wenn es sich als notwendig erweist, werden Blattläuse mit Brennessel-, Akkerschachtelhalm-, Rainfarnbrühe oder einem handelsüblichen Insektizid bekämpft.

Anzucht von Lilien aus Achselbulben Tigerlilien und einige Hybriden bilden Brutzwiebeln in den Blattachseln zwischen Blättern und Stiel. Diese bezeichnet man als Achselbulben.

Die Bulben werden eingesammelt, wenn sie bei leichter Berührung abfallen, und im Abstand von ungefähr 5 cm in einen tiefen Saatkasten gelegt. Die Bulben werden entweder 2 cm hoch mit Erde bedeckt oder nur mit den Fingerspitzen in die Erdoberfläche gedrückt.

Selbstgesammelte Samen sät man aus, sobald sie reif sind. Eine reife Samenkapsel ist etwa auf die Größe einer Walnuß angeschwollen, beigefarben und beginnt oben aufzuplatzen. Sie enthält 200 bis 500 Samen. Die Lilien blühen oft schon zwei bis drei Jahre nach der Keimung.

Noch besser ist es jedoch, die Samen bis zum nächsten Frühjahr aufzubewahren und ab Februar auszusäen. Samen, die man lagert, müssen gut getrocknet in einen kühlen Raum gebracht werden. Die Keimkraft bleibt am besten erhalten, wenn man sie in einem kühlen Raum bei 0 °C lagert.

Unter Glas

Auf Blattläuse achten und sie gegebenenfalls mit Brennessel-, Rainfarnbrühe oder einem Insektizid bekämpfen. Die Töpfe hält man stets feucht.

Nelken

Für die Herbstpflanzung werden Garten- und Steingartennelken bestellt (siehe Pflanzenbeschreibung im *Mai*) und die Beete vorbereitet. Man wählt einen freien, sonnigen Standort und erhöht das Beet um 15 cm, falls der Boden zu feucht ist.

Den Boden untersuchen Sofern die Beete für die Herbstpflanzung von Nelken freigeworden sind, kann man den Boden auf seine Reaktion und den Nährstoffgehalt untersuchen. Mit handelsüblichen Hilfsmitteln wird der Reaktionsgrad getestet. Liegt der pH-Wert unter 6,5, bringt man Kalk aus. In die Krume werden außerdem bis zu 120 g Knochenmehl auf 1 m^2 eingearbeitet. Wenn gekalkt wurde, wartet man damit jedoch noch einen Monat.

Kalidünger wird erst im Frühjahr ausgebracht. Dennoch kann man Beete, die im Winter für die Frühjahrspflanzung vorbereitet werden, mit 60 g schwefelsaurem Kali oder 240 g Holzasche auf 1 m^2 düngen. Noch besser ist es, wenn man eine Bodenprobe in ein Labor schickt und aufgrund der Ergebnisse die Vorratsdüngung vornimmt.

Absenken fortsetzen Wer diese Arbeit nicht schon im letzten Monat abgeschlossen hat, senkt weiter Gartennelken ab. Nach einer Bewurzelungszeit von sechs Wochen wird die Klammer gelockert und leicht an dem Absenker gezogen, um festzustellen, ob er angewachsen ist. Sollte das der Fall sein, wird der Absenker von der Mutterpflanze mit einem Messer abgetrennt. Der abgetrennte Absenker bleibt noch drei bis vier Wochen an seinem Platz, ehe man ihn verpflanzt.

Auf Schädlinge und Krankheiten achten, falls nötig, Gegenmaßnahmen ergreifen.

Unter Glas

Die Schattierung wird, falls nötig, erneuert und bei Hitze werden der Boden und die Stellagen mit Wasser bespritzt.

Auf Schädlinge und Krankheiten achten und weiterhin düngen.

Blumen schneiden und Nebenknospen entfernen. Man kann immer noch Stecklinge von den Steingartennelken schneiden und bewurzelte Stecklinge abhärten (siehe *Juni*).

Wicken

In diesem Monat wird gemulcht und, falls notwendig, gegossen und gedüngt, damit sich über einen langen Zeitraum Blüten entwickeln. Wer keine Mulchdecke ausgebracht hat, muß regelmäßig hacken.

Unabhängig von der Kulturmethode sollten regelmäßig Blüten geschnitten werden. Es darf nicht dazu kommen, daß Blüten an der Pflanze verwelken und abfallen oder sich sogar Samen ausbilden, weil sich dadurch die Blütezeit stark verkürzt.

Auf Blattläuse und Echten Mehltau achten und bekämpfen.

Steingartenpflanzen

Unter Glas

Von solchen Steingartenpflanzen, die im Lauf der Zeit zu stark wuchern, schneidet man Stecklinge. Beispiele hierfür sind Sonnenröschen, Nelken, Garbe, Moossteinbrech und andere

VERSCHIEDENE STECKLINGSARTEN

Die vier Stecklingsarten für die Vermehrung von Steingartenpflanzen sind: a) Triebstecklinge b) Achselstecklinge c) Basalstecklinge d) Wurzelschnittlinge

STECKLINGE STECKEN

Die Basis von Trieb-, Achsel- und Basalstecklingen steckt man in Löcher, die man zuvor mit einem Pikier- oder Pflanzholz gemacht hat, und drückt die Stecklinge vorsichtig mit den Fingern an

niedrigwachsende Gattungen und Arten. Sie sind jetzt verblüht. Ein beschatteter Kasten oder sogar ein Folientunnel bietet ausreichenden Schutz für eine ungestörte Bewurzelung. Ein Gewächshaus ist dann geeignet, wenn man eine entsprechende Vermehrungseinrichtung besitzt. Der Boden des Vermehrungsbeets wird umgegraben, wobei man für eine feine Krume sorgt. Schwerer Boden wird durch Untermischen von Sand locker und durchlässig gemacht. Falls erforderlich, bewässert man trockene Erde. Außerdem streut man eine Schicht von etwa 1–2,5 cm Sand auf die Oberfläche und bewässert anschließend leicht.

Verschiedene Stecklingsarten Die Pflanzenbeschreibungen (siehe *November*) beziehen sich auf vier Hauptgruppen von Stecklingen:

1. Triebstecklinge. Dies sind die Triebspitzen nicht blühender Seitentriebe. Die Stecklinge werden unmittelbar unter einer Blattachsel geschnitten. Das ist vorteilhaft, weil sich in dem sogenannten Nodium die schlafenden Augen für eine spätere Seitentriebbildung und zusätzliche Reservenährstoffe befinden.

Die Länge der Stecklinge variiert zwischen 4 und 8 cm. Sie ist von den Wuchseigenschaften der Pflanze abhängig. Wenn man einen Steckling abnimmt, darf der Trieb nicht beschädigt werden.

2. Achselstecklinge. Man entfernt kurze Seitentriebe von einem größeren Zweig und zieht den Seitentrieb vorsichtig nach unten, so daß man ihn mit einem kleinen Stück der Ansatzstelle (Achsel) schneiden kann. Vorher entfernt man die Blätter im unteren Bereich des Stecklings.

3. Basalstecklinge. Hierbei erfolgt die Vermehrung durch die jungen Triebe, die an der Pflanzenbasis aus der Erde treiben. Man schneidet einige der Basaltriebe am Ansatzpunkt ab und steckt sie direkt in den Boden.

4. Wurzelschnittlinge. Man schneidet in der Ruhezeit der Pflanze kräftige oder fleischige Wurzeln ab. Die Wurzeln werden in etwa 5 cm lange Abschnitte unterteilt.

Stecklinge stecken Die Basis von Triebstecklingen, Achselstecklingen und Basalstecklingen wird in Löcher gesteckt, die man zuvor mit einem Pflanzstab vorbereitet hat. Danach drückt man die Stecklinge mit dem Zeigefinger und Daumen leicht an. Anschließend wird die Oberfläche des Beets eingeebnet, und die Stecklinge werden gründlich bewässert. Günstig ist es, wenn man die Stecklinge mit einer Folie abdeckt, damit eine gewisse „Dampfspannung“ die Verdunstung der noch unbewurzelten Stecklinge möglichst einschränkt.

Man besprüht die Stecklinge bei heißem Wetter täglich mit Wasser und schattiert sie bei sonnigem Wetter. Die Stecklinge dürfen nicht der Zugluft ausgesetzt sein. Nach und nach belüftet man etwas mehr.

Wenn die Stecklinge Wurzeln gebildet haben und zu wachsen beginnen, nimmt man den Folien- oder Glasschutz ganz ab.

STECKLINGE SCHÜTZEN

Falls die Stecklinge nicht in einem Kasten bewurzelt werden, schützt man sie mit einem Folien- oder Glastunnel. Bei starker Sonneneinstrahlung wird mit Sackleinen oder einem anderen Material schattiert

Wasserpflanzen

Man bekämpft Blattläuse und sonstige Schädlinge (siehe *Juni*).

Dadurch, daß man frisches Wasser mit einem Schlauch in das Becken leitet, sorgt man bei heißem Wetter für sauerstoffreiches Wasser.

Große Seerosenblätter schneidet man ab, falls sie die Blüten verdecken. Kräftige Triebe von Unterwasserpflanzen werden von Zeit zu Zeit ausgelichtet. Man achtet stets darauf, daß dabei keine jungen Fische mit entfernt werden.

Im Sumpfgarten wird regelmäßig Unkraut gejätet.

Heidekrautgewächse

Wer einen Heidegarten hat, kann unbesorgt in Urlaub fahren. Ein solcher Garten braucht nun keine Pflege.

Will man junge Pflanzen nachziehen, ist jetzt die Zeit günstig für Stecklinge der Besenheide, der Glockenheide, der Englischen Heide und der Grauheide (siehe *Juni*).

Stecklinge, die so spät geschnitten werden, bleiben dann meist bis zum Frühjahr in den Vermehrungsgefäßen.

Zimmerpflanzen

Es wird weiterhin, wie für den Sommer empfohlen, gegossen und gedüngt (siehe *Mai*).

Ehe man in Urlaub geht, sorgt man dafür, daß die Pflanzen während der Abwesenheit nicht leiden. Am besten bittet man einen Nachbarn oder Hausbewohner, die Pflanzen zu pflegen, solange man selbst nicht da ist. Es genügt, wenn die Pflanzen regelmäßig gegossen werden.

In ganz seltenen Fällen ist auch ein Gärtner bereit, die Pflanzen über die Urlaubszeit in seinen Gewächshäusern weiterzupflegen. Ein solcher Service ist natürlich besonders vorteilhaft, weil sich die Pflanzen in den Gewächshäusern wohl fühlen und der Gärtner gleichzeitig die notwendigen Pflanzenschutzmaßnahmen durchführt.

Pflege während des Urlaubs Falls die Betreuung durch einen Gärtner oder einen Nachbarn nicht möglich ist, können die Pflanzen auch eine Zeitlang sich selbst überlassen bleiben. In diesem Fall sind jedoch einige Vorkehrungen zu treffen. Kleinere Pflanzen werden vor der Abreise gründlich gegossen und danach in einen Plastikbeutel gestellt. Der Beutel wird von oben her aufgeblasen, damit er sich ausdehnt und die Blätter nicht berührt. Danach wird er mit einem Gummibändchen fest verschlossen. Wenn die Pflanzen nicht gerade dem direkten Sonnenlicht ausgesetzt sind, überstehen sie dann gut zwei oder drei Wochen.

Größere Pflanzen stellt man in tiefe Schüsseln oder andere Gefäße, die man zuvor mit feuchtem Torf gefüllt hat. Der Torf wird, nachdem man die Töpfe eingebettet hat, nochmals gegossen, damit in den folgenden Wochen die Feuchtigkeit nach und nach an den Pflanztopf abgegeben werden kann. Erfolgreich ist diese Methode vor allem bei Tontöpfen. Bei Plastiktöpfen kann die Feuchtigkeit nicht durch die Seitenwände des Topfs, sondern nur durch das Loch im Boden aufgenommen werden.

Die selbsttätige Bewässerung Es gibt verschiedene selbsttätige Bewässerungsvorrichtungen. Einige Hobbygärtner verwenden einen Vorratsbehälter oder eine Flasche, deren Inhalt nach und nach tropfenweise abgegeben wird. Bei anderen Methoden wird mit Hilfe von Dochten aus Glasfaser bewässert, die das Wasser von einem Behälter in den Topf leiten. Man kann auch einen Eimer Wasser auf einen Küchenstuhl stellen und am Ende eines Lampendochts einen kleinen Stein anbinden. Diesen legt man in den Eimer, während das andere Ende des Dochts in die Erde gesteckt wird. Das Wasser sickert dann aus dem Gefäß in die Erde. Wenn der Eimer groß genug ist, kann man auf diese Weise eine größere Anzahl von Töpfen bewässern. Für welche Art der Bewässerung man sich nun auch entscheidet – solange man die Pflanzen nicht selbst versorgen kann, werden sie auch nicht gedüngt. Und ganz sicher schadet es den Pflanzen nicht, wenn sie kurze Zeit keine Nährstoffe zusätzlich bekommen. Zuviel Dünger könnte jedoch Schaden anrichten. Notwendig ist es in allen Fällen, die richtige Methode der Bewässerung selbst herauszufinden und in geeigneter Weise anzuwenden.

Kleingewächshausgärtnerei

Dies ist ein günstiger Monat für Reparatur- und Anstreicharbeiten am und im Gewächshaus. So wird es für den Winter vorbereitet. Zerbrochene Glasfenster und undichte Stellen am Dach, die im Sommer kaum stören, können im Herbst und Winter zu einer ernsthaften Bedrohung der Pflanzen werden.

Konstruktionsteile aus Holz werden gestrichen, ehe die Herbstfeuchtigkeit tief in das Holz eindringt. Klebebänder eignen sich ausgezeichnet zum Abdichten von lecken Stellen. Reparaturen am Heizsystem sollte man ausführen, ehe man im Oktober heizen muß.

Der Ritterstern hat jetzt das vegetative Wachstum abgeschlossen, seine Blätter sterben ab. Man lagert die Zwiebeln in ihren Töpfen unter der Stellage eines ungeheizten Gewächshauses, bis man sie im Spätherbst oder Winter wieder benötigt.

Stecklinge von Edel- und Zonalpelargonien werden weiterhin geschnitten (siehe *Juli*).

Alpenveilchen, die im Herbst des nächsten Jahres blühen sollen, werden bei einer Temperatur von 18 °C ausgesät. Man verwendet eine humose, sandige Erde und sät die Samen im Abstand von etwa 1–2 cm aus. Abgedeckt werden sie mit einer ganz dünnen Erdschicht. Die Kisten deckt man am besten mit einer schwarzen Folie ab, damit sich die Feuchtigkeit hält. Der Keimprozeß dauert etwa vier Wochen. Man kann die Kisten auch mit einer etwa 5 cm hohen Torfschicht abdecken. Diese muß man aber abnehmen, sobald der Keimvorgang einsetzt. Wenn sich die ersten Blätter entwickelt haben, pikiert man die Sämlinge im gegenseitigen Abstand von 5 cm in Handkisten oder Schalen, die mit Komposterde gefüllt sind.

Fuchsienstecklinge In der zweiten Hälfte des Monats schneidet man Fuchsienstecklinge, falls man für den Sommer des nächsten Jahres blühende Hochstämmchen haben will. Man wählt kräftige, junge, 8 cm lange Triebe und schneidet sie unterhalb eines Blattansatzes ab. Gesteckt werden die Stecklinge um den Rand eines 8-cm-Topfes in eine Mischung aus gleichen Teilen Torf und Sand. Die Fuchsien bewurzeln sich nach drei oder vier Wochen auf der Stellage des Gewächshauses. Manchmal geht es etwas rascher, wenn man sie in einen Vermehrungskasten stellt.

BLÄTTER ABNEHMEN

Alle Blätter, die die glänzenden Beeren verdecken, werden abgenommen

Nachdem sich die Jungpflanzen bewurzelt haben, werden sie einzeln in 8-cm-Töpfe, gefüllt mit lockerer Komposterde, gesetzt. Die Fuchsien entwickeln sich während des Winters weiter bei einer Temperatur von 7 °C.

Pelargonienstecklinge Stecklinge von Zonalpelargonien können ebenfalls im August bewurzelt werden. Man wählt kräftige, ausgereifte, ungefähr 8 cm lange Triebe von gesunden Pflanzen. Eingepflanzt und gepflegt werden sie wie die oben beschriebenen Fuchsien.

Jungpflanzen von *Campanula isophylla* können in diesem Monat aus Stecklingen vermehrt werden. Man steckt drei oder vier Stecklinge von je 8 cm Länge um den Rand eines 5-cm-Topfs in lockere, humose Erde. Den Topf stellt man auf die Stellage des Gewächshauses. Sobald die Stecklinge kräftig bewurzelt sind, topft man sie, ohne daß man sie zuvor vereinzelt, in einen mit Komposterde gefüllten Topf, der einen Durchmesser von 8 cm hat.

Balkongärtnerei

Pelargonien und Fuchsien kann man entweder im Keller oder Kleingewächshaus überwintern oder durch Stecklinge vermehren und dann im kommenden Frühjahr junge und kräftige Gewächse selbst heranziehen.

Der günstigste Zeitpunkt für diese Vermehrung ist der August. Wichtig ist, daß die Stecklinge von den kräftigsten, gesündesten und am reichsten blühenden Pflanzen geschnitten werden.

Man schneidet 6–8 cm lange Triebspitzen von den Mutterpflanzen ab. Anschließend werden diese abgeschnittenen Pflanzenteile mit einem scharfen Messer unmittelbar unter einem Blattknoten abgeschnitten. Bei Geranien sollte der Steckling drei bis vier Blätter, bei Fuchsien drei bis vier Blattpaare besitzen. Alle Knospen- und Blütenorgane werden vor dem Stecken entfernt. Bei Geranien werden die Schuppen am Trieb abgestreift, damit sie im Vermehrungssubstrat nicht faulen.

Während man die so vorbereiteten Stecklinge von Geranien kurze Zeit antrocknen läßt, werden Fuchsienstecklinge sofort gesteckt. Kleine Tontöpfe mit einem Durchmesser von 5–8 cm werden mit einem feuchten Torf-Sand-Gemisch gefüllt, oder man verwendet Torfquelltöpfe (Jiffy-7), steckt den Steckling ungefähr 2 cm tief in das Substrat ein und drückt es leicht an. Anschließend werden die Pflanzen mit Wasser überbraust und an einen Standort gebracht, an dem sie vor direkter Sonnenbestrahlung geschützt sind. Geeignet dafür sind absonnige Fensterbretter, Zimmer- oder Kleingewächshäuser und Frühbeetkästen.

Während der Bewurzelungszeit gießt man nur mäßig. Geranien können in diesem Stadium keine zu hohe Luftfeuchtigkeit ertragen, weil sie sonst leicht faulen. Nach etwa vier bis sechs Wochen haben sich meist kräftige Wurzeln gebildet.

Beim Torfquelltopf treten die Wurzeln durch das Netz heraus, das den Topf umgibt, so daß die Pflanzen umgetopft werden müssen. Dafür verwendet man 8- bis 10-cm-Töpfe. Als Substrat eignen sich Einheitserde oder Torfkultursubstrate.

Wichtig ist, daß die Pflanzen vor der Überwinterung noch die Möglichkeit haben, den neuen Topfballen zu durchwurzeln. Im zeitigen Frühjahr pflanzt man die überwinterten Jungpflanzen in größere Töpfe mit einem Durchmesser von 11 cm und bringt sie an einen hellen, warmen Standort. Bis Mitte Mai sind dann aus den Stecklingen, die im August vermehrt wurden, wieder blühende Balkonpflanzen herangewachsen.

STECKLINGE SCHNEIDEN

Pelargoniensteckling

Fuchsiensteckling

Pelargonien und Fuchsien kann man durch Stecklinge vermehren. Dabei wird der sogenannte Kopftrieb mit einem scharfen Messer unmittelbar unter dem Blattknoten abgeschnitten

Obst

Triebe der Unterlage, die mit den veredelten Trieben konkurrieren, entfernt man oder kürzt sie ein. Jetzt kann man auch den Veredlungsbast aufschneiden.

Wespen Die Wespen werden jetzt zur Plage. Man hängt Wespengläser in den Ästen und Zweigen von Obstbäumen auf. Dabei verwendet man am besten Flaschen aus hellem Glas und füllt Zuckerwasser oder Fruchtsaft mit Bier gemischt ein. Die Flaschenöffnung bestreicht man mit Sirup.

Vogelschutz Nisthöhlen kann man nun reinigen. Alte Nester werden entfernt.

Apfel und Birne Besondere Beachtung sollte man in diesem Monat reifenden Frühsorten schenken, damit man den richtigen Pflückzeitpunkt von Apfelsorten, wie 'Weißer Klarapfel', 'Stark Earliest', 'Lodi' und 'Discovery', erwischt oder von Birnensorten wie 'Bunte Julibirne', 'Williams Christbirne', 'Clapps Liebling' und 'Frühe von Trévoux'. Weil die letztere sehr druckempfindlich ist, sollte man gepolsterte Pflückkörbe oder Plastikeimer mit Haken verwenden. Die Bäume werden mehrmals durchgepflückt, weil die Früchte zu verschiedenen Zeiten reifen und der Geschmack erst dann befriedigt, wenn Äpfel und Birnen voll ausgereift sind.

Jetzt werden die Behälter und der Raum für die Lagerung von Herbst- und Wintersorten vorbereitet. Beide reinigt man gründlich, z. B. mit Dimanin A.

An den Apfelbäumen schneidet man weiterhin mehltaukranke Triebe ab. Bei anhaltenden Niederschlägen, wenn die Bäume tagelang nicht abtrocknen, muß man in der zweiten Augusthälfte bei Apfelsorten, die gelagert werden sollen, ein bis zwei Lagerschorfspritzungen mit organischen Fungiziden durchführen. In manchen Lagen können um diese Zeit auch die Schalenwickler oder die Raupen der zweiten Obstmadengeneration noch gefährlich werden. Der zuständige Warndienst gibt entsprechende Hinweise. Befallene Früchte reifen schneller und fallen vor dem allgemeinen Fruchtreifetermin ab. Da sich im Inneren derartiger Früchte oft noch eine Raupe befindet, die bald darauf herauskommt und sich verpuppt, sollten abgefallene Früchte rasch aufgesammelt und vernichtet werden, um den Entwicklungszyklus der Schädlinge zu unterbrechen.

Apfel- und hie und da auch Birnbäume werden in letzter Zeit häufiger von der Feuerbrandkrankheit befallen. Alle Kernobstbäume sollten bis zum Abschluß der Vegetationsperiode laufend auf verdächtige Befallssymptome – Verfärbung, Welken und Absterben von Trieben – kontrolliert und befallene Teile kräftig zurückgeschnitten werden. Nur bei einem großzügigen Rückschnitt können die Bakterien vollständig bekämpft werden. Selbstverständlich muß das Schnittmaterial sogleich eingesammelt und verbrannt werden. Die Baumschere wird zwischen den Schnittvorgängen desinfiziert, indem man sie in eine Formalin-, Alkohol- oder Spirituslösung legt.

Nachdem bei Jungbäumen die Entwicklung der Langtriebe abgeschlossen ist, sollten möglichst viele Triebe herabgebunden werden. Je stärker ein Trieb und je bevorzugter seine Stellung in der Krone ist, um so mehr sollte er bis unter die Waagrechte oder gar bogenförmig herabgebunden werden (siehe *Mai*).

Ein später Sommerschnitt (siehe *Juni*) von Mitte August an kann sich recht vorteilhaft auswirken. Wenn man einige Langtriebe entfernt, dringt mehr Licht in die Krone. Dies ist besonders wichtig bei den Sorten 'Jonagold' und 'Idared'. Kleine beschädigte Früchte kann man natürlich immer noch entfernen.

Aprikose Die bekanntesten Sorten, die in diesem Monat reifen, sind 'Ungarische Beste' und 'Nancy-Aprikose'. Die Früchte sind nicht zur gleichen Zeit reif. Deshalb müssen die Bäume mehrmals durchgepflückt werden. Mit der Ernte wird begonnen, wenn die Aprikosen auf der Schattenseite gelb werden.

Brombeere Wenn die Brombeeren reifen, schneidet man die Seitentriebe an den diesjährigen jungen Ranken auf vier bis sechs Blätter zurück. Die Jungtriebe, die sich neu bilden, heftet man laufend an den Draht. Dornenlose Sorten, wie z. B. 'Thornfree', werden oft zu früh geerntet. Man muß warten, bis sich die Beeren schwarz gefärbt haben und sich leicht lösen lassen, sonst sind die Früchte zu sauer, und der Geschmack ist noch nicht voll entwickelt.

Erdbeere Je früher man Erdbeeren pflanzt, desto reicher ist die Ernte bereits im nächsten Jahr. Damit Erdbeeren sicher anwachsen, müssen die Pflanzen einen guten Wurzelballen haben. Erdbeerpflanzen in Töpfen sind zwar am teuersten, bringen aber besonders viele Blüten und Früchte hervor, und dies auch dann noch, wenn erst im Lauf dieses Monats gepflanzt werden kann.

Deckt man den Boden rund um die Pflanze mit Torf ab, dann bleibt der Boden länger feucht, und die Pflanze wächst dann besonders gut. In den ersten drei Wochen nach der Pflanzung gibt man Erdbeeren 4 l Wasser auf 1 m^2, wenn es nicht regnet.

Erdbeeren kann man auch unter schwarzer Folie pflanzen. Unkräuter werden unter der Folie nicht hoch, es verdunstet weniger Wasser, und die Bodenstruktur bleibt erhalten.

Heidelbeere Die reifenden Früchte werden jetzt mit einem Netz überzogen, damit Vögel keinen Schaden anrichten.

Himbeere Wenn die abgeernteten Vorjahrestriebe noch nicht entfernt sind, sollte das jetzt geschehen. Man schafft damit Platz für die Jungruten (siehe *Juli*). Anschließend wird der Boden wieder mit Mulchmasse, z. B. Stroh, bedeckt.

Johannisbeere und Stachelbeere Wenn diese Strauchbeeren eine gute Ernte gebracht haben, werden die jüngeren überzähligen Triebe dicht über der Erdoberfläche abgeschnitten. Man läßt acht junge, kräftige Bodentriebe stehen. Falls die Sträucher noch nicht gedüngt worden sind, holt man dies nun nach (siehe *Juli*).

Man bekämpft weiterhin die Blattkrankheiten der Roten und der Schwarzen Johannisbeere. Triebspitzen von Johannisbeeren und Stachelbeeren, die vom Amerikanischen Stachelbeermehltau befallen sind, werden zurückgeschnitten.

Kirsche (Sauer- und Süßkirsche) Dieser Monat eignet sich für Schnittmaßnahmen zum Verjüngen und Auslichten, aber auch zur Begrenzung der Baumhöhen. Vor allem sind dürre Äste und Zweige als Folge von Moniliazweigspitzendürre zu entfernen. Sie stellen nämlich dauernde Infektionsherde dar.

Kiwi Auch in diesem Monat kann noch der Grün- oder Sommerschnitt durchgeführt werden (siehe *Juni*). Die langen Fruchttriebe werden so weit zurückgenommen, daß genügend Laub für die Entwicklung der Früchte bleibt. Gleichzeitig werden schlecht entwickelte Früchte entfernt. Damit sich die Früchte besonders gut entwickeln, kann man eine Volldüngergabe (ungefähr 50 g für eine Pflanze) geben (siehe *Juni*).

Mirabelle, Reneklode, Pflaume und Zwetsche Jetzt werden die frühen Sorten dieser Obstarten geerntet. Früchte für den Frischverzehr sollten nicht geschüttelt, sondern gepflückt werden.

Bei später reifenden Sorten tritt gelegentlich die zweite Generation des Pflaumenwicklers auf. Man spritzt mit Metiram und Mancozeb und beobachtet, was der regionale Warndienst meldet (siehe *Juni*). Abgeerntete Bäume werden mit einem organischen Fungizid, z. B. mit Metiram und Mancozeb, vorbeugend gegen den Zwetschenrost und die Schrotschußkrankheit gespritzt. Wenn sich die Obstbaumspinnmilbe stark entwickelt, sollte sie mit Pyrethrummitteln oder Dimethoat bekämpft werden. Falls man die Scharkakrankheit an einem Baum festgestellt hat, muß er spätestens jetzt gerodet werden, damit Blattläuse, die im September zur Eiablage zurückkehren, die Krankheit nicht weiterverbreiten.

Nektarine und Pfirsich In diesem Monat reifen Pfirsichsorten wie z. B. 'Anneliese Rudolph', 'Rekord aus Alfter', 'Dixired', 'Red Haven' und Nektarinensorten wie z. B. 'Morton' und 'Independence'. Frühe Pfirsichsorten, wie z. B. 'Früher roter Ingelheimer', 'Amsden' und 'Mayflower', die bereits im Juli reifen, lösen sich nicht vom Stein. Das ist erst bei den Sorten der Fall, die von August an reif werden.

Walnuß Dieser Monat ist für Schnittkorrekturen geeignet. Zwar braucht man Walnußbäume keinen strengen Schnittmaßnahmen zu unterziehen, jedoch sind auch bei ihnen regulierende Eingriffe, die zu einem gleichmäßigen und lockeren Aufbau der Krone führen, notwendig. Hängen Früchte an den abgetrennten Zweigen, kann man sie für die Zubereitung von Nußlikör verwenden.

Weinrebe Bei Jungreben bindet man weiterhin die Triebe auf. Geiztriebe werden bei ein- und zweijährigen Anlagen vom Boden an der Länge des Stamms entlang entfernt. Im Bereich oberhalb des späteren Stämmchens werden sie belassen oder auf zwei bis drei Blätter eingekürzt. Echter und Falscher Mehltau werden weiterhin bekämpft. Man hält den Boden um die Stöcke herum locker. Ende August können gutgewachsene Triebe entspitzt werden. Bei zweijährigen Reben prüft man, ob das Edelreis junger Stöcke Wurzeln gebildet hat. Wenn dies nicht der Fall ist, entfernt man die Edelreiswurzeln.

Bei Ertragsreben werden in diesem Monat alle Arbeiten auf die bald beginnende Lese ausgerichtet.

Um Wespen fernzuhalten, können die Weinstöcke vollkommen mit engmaschigen Netzen eingehüllt werden. Zum Schutz von Kleinsäugern (Igeln) darf das Netz nicht ganz bis zum Boden hinab geführt werden.

Wenn das Laub des Weinstocks nicht zu dicht ist, bilden sich meist viele Blütenknospen für das kommende Jahr aus, und Grauschimmel kommt weniger leicht auf. In der Traubenzone werden deshalb die neugebildeten Geiztriebe entfernt, diejenigen im darüberliegenden Bereich jedoch geschont. Bei starktriebigen Sorten werden Geiztriebe nur eingekürzt. Gegen Ende des Monats entspitzt man die Triebe ungefähr 20–30 cm über dem letzten Draht. Nachdem man eine Bodenuntersuchung durchführen lassen hat, können die erforderlichen Düngergaben ausgebracht werden. Zu dieser Zeit dürfen nur gekörnte Düngemittel verwendet werden.

Gemüse

Feldsalat Bei Feldsalat empfiehlt es sich, die Aussaat in zwei bis drei Sätzen durchzuführen. Man merkt sich einen frühen Saattermin kurz vor der Mitte des Monats für die Ernte von Ende Oktober an vor. Ein letzter Termin (Anfang September) ist dann möglich, wenn man im Frühjahr ernten will. Gesät wird am besten in Reihen mit einem Reihenabstand von 10 cm. Die Saattiefe beträgt 1 cm. Wichtig ist, daß man nicht zu dünn sät. Etwa 2 g auf 1 m^2 genügen vollauf. Sät man zu dicht, dann entwickeln sich die einzelnen Röschen nicht befriedigend. Wenn es sich herausstellt, daß die Pflanzen zu dicht stehen, müssen sie vereinzelt werden.

Verwendet man Saatbänder, dann ist der richtige Abstand vorgegeben. Packungen mit einem 7,5 m langen Saatband werden im Fachhandel angeboten. Eine schwache Grunddüngung ist bei Feldsalat bereits ausreichend.

Empfehlenswerte Sorten sind: 'Vit' (weitgehend mehltauresistent), 'Polar' und 'Dunkelgrüner Vollherziger'. Von der zuletzt genannten Sorte gibt es auch Saatbänder.

Rettiche Um die Mitte des Monats sollte die Aussaat von Herbst- und Winterrettichen abgeschlossen sein. Zu empfehlen ist ein Saatabstand von 25 × 25 cm. Geeignete Sorten sind: 'Münchner Bier', 'Blauer Herbst und Winter' und 'Langer schwarzer Winter'.

Spinat Für die Herbsternte von Spinat können von Anfang August bis Anfang September Aussaaten vorgenommen werden. Günstig ist ein Reihenabstand von 20–25 cm, weil damit die Pflege- und Erntearbeiten erleichtert werden. Der Saatgutaufwand liegt im Schnitt bei 5–7 g auf 1 m^2. Der Boden muß vorher feinkrümelig vorbereitet und das Saatgut ungefähr 3 cm tief in den Boden eingebracht werden. Spinat darf nur sehr sparsam gedüngt werden, da hohe Stickstoffgaben eine Nitratanreicherung verursachen. Geeignete Sorten sind: 'Vital', 'Monnopa', 'Butterfly'. Alle diese Sorten sind mehltauresistent.

Zwiebeln Seit einigen Jahren werden neue Überwinterungssorten von Zwiebeln, meist japanische Züchtungen, angeboten, die bei einer Aussaat im August noch eine Höhe von ungefähr 15 cm erreichen und ohne Schaden überwintern. Gesät werden diese Frühlingszwiebeln mit einem Reihenabstand von 25 cm. Nachdem der Samen aufgegangen ist, wird in der Reihe auf 3 cm vereinzelt. Von Anfang Juni des nächsten Jahres an können diese schoßfesten Zwiebeln mit dem Laub geerntet werden. Mit dem Laub kann man Suppen, Salate und Soßen würzen. Geeignete Sorten sind: 'Weiße Frühlingszwiebel', 'Senshyu Yellow' und 'Keep Well'.

Speisezwiebeln sollten erst dann geerntet werden, wenn das Laub abgestorben ist. Die geernteten Zwiebeln bleiben ungefähr eine Woche auf dem Beet zum Nachtrocknen liegen. Dadurch lassen sie sich besser lagern. Bei Regenwetter werden sie zum Nachtrocknen an einen trockenen, luftigen Platz gebracht.

Allgemeine Pflegearbeiten im Gemüsegarten Jetzt wird es höchste Zeit für die Aussaat von Chinakohl. Nur die erste Augustwoche kommt dafür noch in Frage (siehe *Juli*). Auf dem Beet, das für Chinakohl vorgesehen ist, sollten als Vorkultur keine Kohlarten oder Rettiche gestanden haben, damit sich die Kohlhernie nicht ausbreitet.

Radies können den ganzen Monat über noch angebaut werden. Von der Aussaat bis zur Ernte vergehen in dieser Jahreszeit nur etwa vier bis fünf Wochen. Empfehlenswerte Sorten sind: 'Neckarperle', 'Signal' und 'Rondeel'.

Endivie kann bis zum 10. August ausgepflanzt werden (siehe *Juli*). Zu Beginn des Monats ist auch die Aussaat von Knollenfenchel noch möglich. Für die Herbstaussaat sind 'Latina' und 'Zefa Tardo' besonders geeignet. Auch die übrigen Herbstgemüsearten, wie Blumenkohl, Weißkohl, Rotkohl, Wirsing oder Kopfsalat, kann man noch pflanzen. Kopfkohlgewächse entwickeln sich sehr gut, wenn man sie relativ spät pflanzt. Bis Mitte oder Ende Oktober kann man mit mittelgroßen Köpfen rechnen.

Küchenkräuter

Stecklinge von Lavendel, Lorbeer, Pfefferminze, Rosmarin, Salbei, Weinraute und Ysop werden geschnitten und ins Freiland in sandige Erde gesteckt. In den ersten beiden Wochen schützt man die Stecklinge mit einer Haube vor Sonne und Wind und gießt sie abends, bis sich Wurzeln gebildet haben. Man kann die Stecklinge auch in einen mit Sand gefüllten Topf stecken und in den Frühbeetkasten stellen oder ganz einfach direkt in den Frühbeetkasten in sandige Erde stecken.

Getrocknete Kräuter lagern Getrocknete Kräuter müssen sofort gelagert werden, damit sie aus der Luft keine Feuchtigkeit aufnehmen. Man zerreibt die Kräuter nach dem Trocknen zwischen den Händen, wirft die Stiele weg und gibt sie sofort in saubere, lichtdurchlässige, luftdicht verschlossene Behälter, in denen sich die Würzkraft über einen längeren Zeitraum hinweg hält. Empfehlenswert sind Holzbehälter mit fest verschließbaren Deckeln oder Schraubdeckeln. Schraubdeckelgläser eignen sich nur für kleine Kräutermengen, die für den sofortigen Gebrauch bestimmt sind.

Kerbel, der auch im Halbschatten gedeiht, kann noch bis Ende August ausgesät werden. Man läßt die Pflanzen nicht zur Blüte kommen, damit sie sich nicht unerwünscht stark vermehren.

Für den Spätanbau von Petersilie werden die mooskrausen Sorten 'Smaragd' oder 'Clivi' bevorzugt. Der Reihenabstand beträgt 15 cm. Petersilie liebt einen feuchten Boden. Man darf sie nicht zweimal hintereinander am selben Standort anbauen. In milden Lagen kann Petersilie auf dem Beet überwintern. Bei strengeren Frösten deckt man sie mit Fichtenreisig ab.

September

Der September ist ein wichtiger Erntemonat. Wer einen Nutzgarten hat, in dem viel Obst und Gemüse angepflanzt wurde, bekommt jetzt eine Menge zu tun. Wenn alles gepflückt, verarbeitet und eingelagert ist, beginnen schon die Vorbereitungen für die kalte Jahreszeit. Das gilt auch für Zierpflanzen. In rauhen Gegenden muß man Ende des Monats schon mit den ersten Nachtfrösten rechnen. Darum sollte man empfindliche Pflanzen vor Kälte schützen.

Weintraube

△ Sonnenauge

△ Enzian

▽ Mittagsblume

Bis weit in den Herbst hinein blüht das Sonnenauge. Die goldgelbblühende langstielige Staude gibt besonders gute Schnittblumen ab und gedeiht gut in einem normalen Gartenboden, der aber nicht zu feucht sein darf. Das Sonnenauge kann zu den besten Stauden gezählt werden, da es sehr widerstandsfähig gegen Schädlinge und Krankheiten ist

Enziangewächse, *Gentiana,* sind eigentlich Gebirgsblumen und daher an ein rauhes Klima gewöhnt. Flachlandbewohner kennen sie oft nur von Besuchen in den Alpen. Es gibt aber auch einige Arten, die man gut in den Steingarten pflanzen kann. Diese Art, *G. septemfida,* mit ihren schönen blauen Trichterblüten zeichnet sich durch eine besonders lange Blütezeit aus

Auch die Mittagsblume, *Dorotheanthus,* eignet sich gut für Steingärten, ist aber auch als Rabattpflanze beliebt. Da sich ihre leuchtenden Blüten nur in der vollen Sonne öffnen, wurde sie Mittagsblume genannt

△ Pampasgras

△ Essigbaum ▽ Lampionblume

Die Heimat des Pampasgrases ist Südamerika. Die prächtigen silberweißen Federbüsche dieses beliebten Horstgrases entwickeln sich bei uns im September oder oft auch erst im Oktober. Die Pflanze wird 2–3 m hoch. Man kann die Blütenstände trocknen und dann in eine Vase stellen. So geben sie einen dekorativen Zimmerschmuck ab. Die Wurzeln der Pflanze müssen den Winter über vor Staunässe geschützt werden

Der Essigbaum, *Rhus*, ist ein sommergrüner, winterharter Strauch. Im Herbst sieht er am schönsten aus. Dann färben sich seine gefiederten Blätter gelb, feuerrot oder scharlachrot und bilden einen reizvollen Kontrast zu den dunklen, braunroten, samtigen kolbenförmigen Fruchtständen der weiblichen Pflanzen

Im Herbst leuchten die Fruchtstände der Lampionblume, *Physalis*, orangefarben wie bunte Lampions. Ihre pergamentartigen Hüllen umschließen je eine orangefarbene Beere

△ Pfirsiche

△ Apfelbaum, Sorte 'Cox Orange'

△ Birnen der Sorte 'Alexander Lucas'

▽ Wirsing

Pfirsiche sollten in keinem Garten fehlen, wenn es das Klima erlaubt. Es gibt Sorten für beinahe jeden Geschmack

Herbst- und Winteräpfel pflückt man im September oder Oktober; sie müssen dann meist noch eine Weile lagern. Pflückreife Äpfel lassen sich leicht mit dem Stiel vom Baum abdrehen

Auch zahlreiche Birnensorten werden jetzt geerntet. Birnbäume sind etwas empfindlicher gegen Trockenheit und Kälte als Apfelbäume

Wirsing gehört zu den Herbst- und Winterkohlgewächsen. Seine Anbaudaten sind ähnlich wie die von Rot- und Weißkohl. Damit Kohlköpfe gedeihen, müssen die Abstände zwischen den Reihen groß genug sein

Kopfsalat gibt es fast das ganze Jahr hindurch. Jetzt wird die letzte Sommersaat geerntet, während man den Wintersalat schon einsät

▽ Kopfsalat

September

Rasen

Mit einer Grabgabel oder einem Aerifiziergerät werden in gleichmäßigen Abständen Löcher in den Rasen gestochen. Nach dem Belüften streut man auf dem Rasen Sand oder Kompost aus. Dieser Zusatz, der sich nach der Zusammensetzung des Bodens richtet, wird zuerst mit der Harke, dann mit einem harten Besen verteilt. Beschädigte Flächen im Rasen sät man neu ein (siehe *März*), oder es werden Grassoden aufgebracht (siehe *Oktober*).

Der Rasen wird kräftig in zwei Richtungen vertikutiert und abgerecht, um die Grasnarbe zu öffnen und anschließend die Abfälle zu beseitigen. Dadurch wird der Rasen anhaltend belüftet und besser entwässert. Diese Maßnahmen wirken sich auf die nützlichen Bodenbakterien positiv aus.

Rasenneuanlage Auf die bereits gründlich vorbereitete Fläche folgt die Neueinsaat (siehe *März*). Für die Neuanlage von Rasenflächen ist der Monat September am besten geeignet. Zu der Zeit sind die Witterungsverhältnisse günstig. Der Samen keimt rasch, und die Pflänzchen können sich noch bis zum Herbst bestocken. Gleichzeitig entsteht bereits bis zum kommenden Jahr eine dichte Rasennarbe. Die Auswahl einer guten Rasenmischung ist empfehlenswert.

Von Krankheiten befallene Flächen werden nach Bedarf behandelt (siehe *Mai* und *Juni*).

Bäume und Sträucher

Im Frühherbst beginnt man, immergrüne Laub- und Nadelgehölze zu verpflanzen. Man nimmt sich diese Arbeit nicht gerade an heißen oder windigen Tagen vor, sondern dann, wenn der Himmel etwas bedeckt ist. Pflanzt man so früh, dann ist der Boden noch warm; es bilden sich dann schnell neue Wurzeln, und damit ist die Wasserversorgung der Pflanzen auch für den Winter gesichert. Da immergrüne Pflanzen auch den Winter über ihre Blätter oder Nadeln Feuchtigkeit abgeben, müssen sie wieder Wasser aufnehmen. Werden die Pflanzen also im Herbst zu spät verpflanzt, dann bilden sich die Wurzeln zu spät, und es kann sein, daß die Pflanzen dann den Winter nicht überstehen und eingehen. Kommt man aber jetzt oder in den ersten Oktoberwochen nicht zum Pflanzen, sollte man sich die Arbeit erst wieder im April vornehmen.

Die laubabwerfenden Gehölze stehen noch voll im Laub. Man verpflanzt sie erst nach dem Laubfall, wenn die Pflanzen die Assimilate aus den Blättern im Stamm und in den Wurzeln gespeichert haben.

Spätestens jetzt sollte man sich Gedanken machen, wohin man welche Pflanzen setzen möchte. Bei der Auswahl der Pflanzen geben die Pflanzenbeschreibungen im *September* wichtige Hinweise. Jetzt ist der Zeitpunkt günstig, sich in Baumschulen Pflanzen anzuschauen, sie auszuwählen und zu bestellen.

Auch die Pflanzflächen können schon vorbereitet werden. Es ist günstiger, den ganzen Bereich, auf dem gepflanzt werden soll, auf einmal zu bearbeiten und zu düngen als nur eine Pflanzstelle nach der anderen in größeren Zeitabständen. Man bringt auf die künftige Pflanzfläche eine 2–5 cm dicke Torf- oder Kompost-

EINE BESCHÄDIGTE STELLE AUSBESSERN

Neueinsaat ist eine gute Alternative zum Einsetzen frischer Soden. Man sticht die beschädigte Rasenfläche aus und lockert die darunterliegende Erde

Das Loch wird mit gesiebter Erde gefüllt und diese leicht angetreten. Danach füllt man weitere Erde nach, bis eine ebene Fläche entsteht. Ausgesät wird eine übliche Rasenmischung oder eine spezielle Regenerationsmischung

Über die Saat siebt man ein Erde-Torf-Gemisch. Zum Schutz gegen Vögel spannt man kreuz und quer schwarze Fäden zwischen kurzen Pflöcken

schicht auf. Ebenso streut man ungefähr 100 g eines organischen oder organisch-mineralischen Volldüngers auf 1 m^2 aus. Dann gräbt man die ganze Fläche mit dem Spaten oder der Grabgabel um, so daß die Bodenverbesserungsmittel gut mit dem Boden vermischt werden. Auf diese Weise vermeidet man, daß in das Pflanzloch und damit direkt an die Wurzeln zuviel Torf oder Dünger kommt.

Vermehrung Bei einer Reihe von Pflanzen ist die Vermehrung durch Aussaat möglich. Meist handelt es sich dabei um reine Arten, die viel Samen bilden. Züchtungen, also Sorten, lassen sich in der Regel nicht durch Aussaat vermehren, weil sie nicht reinerbig sind. Die aus den Samen sich entwickelnden Pflanzen sehen also nicht so aus wie die Mutterpflanze.

Im übrigen ist die Aussaat jedoch die natürlichste Form der Vermehrung. Voraussetzung dafür ist die Beschaffung von Saatgut. Darum muß man sich jetzt kümmern und Zapfen oder Beeren von den Pflanzen sammeln, die man vermehren will. Wenn man die Früchte hat, gilt es, an den Samen heranzukommen. Bei Zapfen von Nadelgehölzen gelingt dies meist durch Trocknen. Beeren müssen zuerst eingeweicht und vom Fruchtfleisch befreit werden.

Wie man das Saatgut weiter behandelt, ist von Pflanze zu Pflanze verschieden und teilweise kompliziert. Wenn es darauf ankommt, durch die Aussaat einen wirtschaftlichen Erfolg zu erzielen, müssen verschiedene Feinheiten beachtet werden.

Für den Gartenliebhaber, der durch eine Aussaat ohnehin viel mehr Pflanzen bekommt, als er eigentlich braucht, ist nur wichtig, hier die gleichen Verhältnisse zu schaffen, wie sie in der Natur herrschen. Dies erreicht er in der Regel mit der Aussaat im Herbst. Viele Gehölzsamen keimen erst dann, wenn sie eine Frostperiode mitgemacht haben. Sie treiben dann im Frühjahr aus. Pflanzen ohne diese Keimhemmung keimen bereits im Herbst. Es ist auch möglich, die aufbereiteten Samen den Winter über im Freien aufzubewahren und dann im Frühjahr zu säen.

Man sät in Schalen oder Töpfe in eine sandige, humose Erde. Die Saat deckt man mit Sand ab. Die Saatgefäße bleiben im Freien, müssen jedoch vor Mäusen mit einem engmaschigen Drahtgitter geschützt werden. In der frostfreien Zeit werden die Gefäße feucht gehalten.

Die Keimdauer ist sehr unterschiedlich, manchmal erstreckt sie sich bis zu einem Jahr. Wenn sich die Sämlinge entwickelt haben und gegenseitig bedrängen, nimmt man sie heraus. Bewurzelte Sämlinge und Grünstecklinge werden eingetopft oder in ein Frühbeet gepflanzt. Sie werden die erste Zeit noch unter Glas oder Folie gehalten, dann aber abgehärtet. Im Winter bleiben sie im Freien.

Hecken

Nun wird es Zeit für den schon mehrfach erwähnten Reinigungsschnitt. Man wartet damit jedoch bis Ende des Monats, denn wenn das Wetter warm ist, treibt die Hecke sonst nach dem Schnitt nochmals aus.

Dieser Schnitt ist stets dann erforderlich, wenn man eine in Form geschnittene Hecke haben will. In Gebieten mit rauhem Klima führt man ihn im Frühjahr aus.

Anzahl der Schnitte Will man keine streng geschnittene, sondern eine natürliche Hecke, so reicht dieser Schnitt allein aus.

Bei etwas höheren Ansprüchen an die Geradlinigkeit wird der Sommerschnitt im Juli zusätzlich erforderlich. Für Nadelgehölzhecken reichen diese beiden Schnitte in der Regel aus.

Exakt geschnittene Laubholzhecken müssen noch ein zweites Mal im August geschnitten werden.

Immergrüne Gehölze pflanzen Immergrüne Nadel- und Laubgehölze sollten bereits jetzt gepflanzt werden, damit sich noch im Herbst Wurzeln bilden können und somit die Wasserversorgung für den Winter gesichert ist. Dies ist bei immergrünen Gehölzen wichtig, weil ihre Nadeln bzw. Blätter ja auch in der kalten Jahreszeit Feuchtigkeit abgeben, während dies bei laubabwerfenden Gehölzen nicht der Fall ist.

Stauden

In den ersten zwei oder drei Wochen werden verwelkte Blüten und Triebe entfernt und zurückgeschnitten (siehe *Juni*). Man bereitet neue Beete weiterhin vor oder setzt die Vorbereitung für die Neubepflanzung eines alten Beets fort (siehe *Juli* und *August*). Ein Beet, das im Juli oder August vorbereitet wurde, muß man einen Monat, nachdem es tief umgegraben wurde, durchhacken, besonders wenn es kurz nach dieser Arbeit geregnet hat.

Ein- und zweijährige Pflanzen

Mitte bis Ende des Monats werden abgeblühte einjährige Pflanzen abgeräumt, um Platz für die Frühjahrsblumen zu schaffen.

In milden Gegenden kann man die robusten, kälteunempfindlichen einjährigen Blumen ins Freiland aussäen (siehe Pflanzenbeschreibung im *März*). Pflanzen, die im November eine Höhe von ungefähr 5–8 cm haben, haben die besten Aussichten, Frost im Winter zu überstehen. Diese Aussaat und Kultur von Sommerblumen ist aber nur in sehr milden Klimagebieten empfehlenswert.

Zweijährige Sommerblumen werden gesetzt. Bei sehr trockener Witterung sollte man die Beete am Tag zuvor wässern. Auch die Setzlinge gießt man einen Tag vor dem Pflanzen gründlich an. Die Pflanzen werden mit Hilfe eines Handspatens gesetzt und der Wurzelstock durch reichliches Wässern eingeschlämmt. Wenn das Wetter sehr trocken ist, wird einige Tage später mit einem Regner ausreichend für Feuchtigkeit gesorgt.

Zwiebel- und Knollengewächse

Zwiebeln werden zwischen Sträucher oder Stauden, in Steingärten und Rasenflächen gelegt. Für die Pflanztiefe gilt die folgende Regel: Jede Zwiebel legt man doppelt so tief ein, wie sie hoch ist. Eine 5 cm große Narzissenzwiebel muß also mit einer 10 cm dicken Schicht Erde bedeckt werden.

Nach einer altbewährten Methode werden die Zwiebeln einfach an Ort und Stelle ausgestreut und dort gepflanzt, wo sie liegenbleiben. Für kleine Zwiebeln verwendet man einen Handspaten, für größere ein Zwiebelpflanzgerät oder einen kleinen Spaten.

Einfache Pflanzverfahren Kleine Zwiebeln, wie die von Schneeglöckchen, Krokus, Winter-

NÜTZLICHES GERÄT FÜR DAS EINLEGEN VON BLUMENZWIEBELN

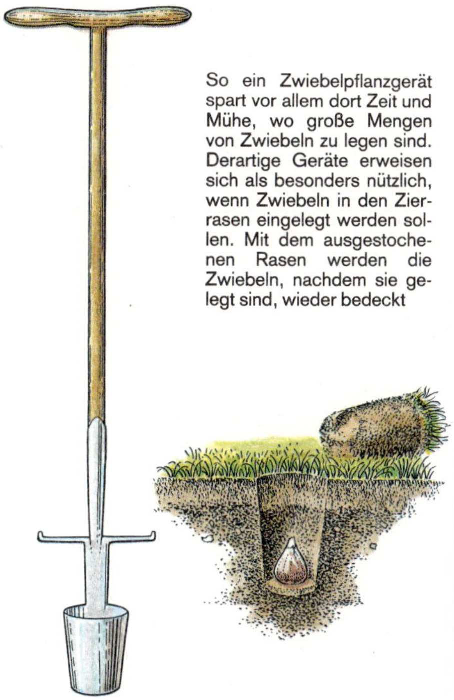

So ein Zwiebelpflanzgerät spart vor allem dort Zeit und Mühe, wo große Mengen von Zwiebeln zu legen sind. Derartige Geräte erweisen sich als besonders nützlich, wenn Zwiebeln in den Zierrasen eingelegt werden sollen. Mit dem ausgestochenen Rasen werden die Zwiebeln, nachdem sie gelegt sind, wieder bedeckt

ling und Blaustern, pflanzt man mit einem Zwiebelpflanzer in den Rasen. Mit diesem Gerät sticht man 8–10 cm tiefe Löcher in unregelmäßigem Abstand in die Grünfläche. Auf den Grund der Löcher wird Sand gestreut. Dies ist vor allem bei schweren Böden zu empfehlen. Dann wird in jedes Pflanzloch eine Zwiebel gelegt und das Loch bis zur Oberfläche mit Torf, Komposterde oder Sand aufgefüllt. Das Gras überwuchert rasch die kleinen Lücken, und es kann so lange weitergemäht werden, wie es erforderlich ist.

Wenn man frühe Sorten wählt, kann man im Frühjahr das Gras wie gewöhnlich schneiden. Frühe Sorten blühen nämlich, ehe die Rasengräser zu wachsen beginnen. Wenn man bemerkt, daß einige Zwiebeln ausgefallen sind, kann man sie jetzt durch neue ergänzen.

Vorbereitungen für den Blütenflor im Frühjahr Gegen Ende des Monats räumt man die Sommerblumen ab, wenn sie unansehnlich geworden sind oder bereits durch Nachtfröste gelitten haben, und ersetzt sie durch Blumenzwiebeln. Osterglocken und Hyazinthen eignen sich für eine frühe Blüte am besten. Tulpen kommen erst etwas später. Die Zwiebeln werden in Gruppen freiliegend oder zwischen andere Frühjahrsblüher, wie Goldlack, Vergißmeinnicht oder Schlüsselblume, gelegt.

Zunächst plant man die Anlage, dann beginnt man mit dem Pflanzen in der Mitte einer Gruppe und arbeitet nach außen zu den Rändern hin. Werden nur Zwiebeln gelegt, hält man einen Abstand von 15 cm zwischen den Zwiebeln ein. Bei gemischten Anpflanzungen werden zuerst die anderen Pflanzen gesetzt und danach die Zwiebeln dazwischen gelegt. Bei dieser Methode muß man größere Abstände zwischen den Zwiebeln einhalten.

Zwiebeln in Töpfen für die Winterblüte Jetzt werden Töpfe und Schalen für Zwiebeln, die von Weihnachten bis Ostern blühen sollen, vorbereitet. Wenn ein Gefäß kein Abzugsloch besitzt, wird ein spezielles Zwiebelpflanzsubstrat verwendet. Es besteht aus faserigem, wasserdurchlässigem und dennoch luftführendem Torf, etwas Kalk und Holzkohlestückchen. Für 10 l Torf benötigt man etwa 30 g kohlensauren Kalk. Günstig wirkt es sich aus, wenn man Styromullflocken untermischt. Ein solches Substrat fördert das Wurzelwachstum, sorgt für ausreichende Feuchtigkeit und ist luftdurchlässig.

Pflanzschalen ohne Abzugsloch, die mit einem solchen speziellen Zwiebelpflanzsubstrat gefüllt sind, kann man auf Tische und andere Möbelstücke stellen, ohne daß deren Oberfläche Schaden nimmt. Andererseits ist es aber besser, Pflanzgefäße mit einem Abzugsloch zu benützen.

Blumentöpfe mit Abzugslöchern müssen in Untersetzer gestellt werden, damit keine Schäden durch überschüssiges ablaufendes Wasser oder hindurchwachsende Wurzeln entstehen. Doch die Luft- und Wasserverhältnisse im Wurzelbereich sind hier einfacher zu regulieren als in Schalen ohne Abzugslöcher.

Man füllt die Gefäße mit Einheits- oder Komposterde. Auch reine Lauberde ist brauchbar.

Zwiebeln eng zusammenpflanzen Wenn Zwiebelgewächse im Haus kultiviert werden, so will man vor allem ein reiches Farbenspiel der Blüten erreichen. Daher pflanzt man so viele Zwiebeln wie nur möglich in ein Gefäß. Das Abzugsloch im Topfboden wird mit Ton- oder Topfscherben abgedeckt und mit grobem Torf, Erde oder Moos überdeckt, damit sich keine Staunässe bildet. In Schalen, die keine Abzugslöcher haben, sollte man, ehe das Substrat eingefüllt wird, eine Schicht Topfscherben, Sand oder Kies bringen.

Zwiebeln in Töpfen und Gefäßen Die Zwiebeln werden auf das Substrat in der Schale so ausgelegt, daß die Spitzen kleiner Zwiebeln 2 bis 3 cm unterhalb des Topf- oder Gefäßrands liegen. Dann wird mit Topferde oder Substrat weiter aufgefüllt, bis zwischen der Oberfläche der Pflanzerde und dem Topfrand nur noch 1 cm frei bleibt. Große Zwiebeln, wie die von Hyazinthen oder Narzissen, legt man so in den Topf, daß ihre Spitzen halb aus dem Gefäß herausschauen. Auch hier wird mit Erde so weit

ZIMMERHYAZINTHEN

Hyazinthen gehören zu den beliebtesten Zwiebeln, die sich im Zimmer in Schalen kultivieren lassen. Die Gefäße müssen so tief sein, daß sich die Wurzeln gut entwickeln können

ZWIEBELN IN SCHALEN EINLEGEN

1. Die Schale wird mit Substrat bis zur erforderlichen Pflanztiefe gefüllt. Kleine Zwiebeln benötigen eine Substratschicht, die so hoch ist, daß ihre Spitzen 2–3 cm unter dem Topfrand abschließen. 2. Bei großen Zwiebeln sollten die Spitzen über den Rand hinausragen. Nach dem Legen wird mit Substrat weiter aufgefüllt. 3. Man füllt Substrat so hoch ein, daß es ungefähr 1 cm unter dem Gefäßrand abschließt

aufgefüllt, daß ungefähr 1 cm zwischen dem Rand und der Oberfläche des Substrats frei bleibt. Wenn man den Topf ganz auffüllt, fließt beim Gießen Erde über den Topfrand und verschmutzt die Umgebung.

Will man eine besonders attraktive Narzissen- oder Tulpenblüte erzielen, dann pflanzt man Zwiebeln in zwei Schichten in Töpfe, die einen Durchmesser von 25 cm haben. Eine Zwiebelschicht wird in halber Topfhöhe eingelegt und fast vollständig mit dem Substrat bedeckt. Darauf folgt eine weitere Schicht. Sie nimmt den Raum zwischen den Lücken ein. Die Zwiebeln blühen alle gleichzeitig auf. Das Verfahren läßt sich bei Hyazinthen jedoch nicht anwenden.

Gefäße einschlagen Bei sämtlichen in Zimmerkultur gezogenen Zwiebelgewächsen müssen die Schalen und Töpfe völlig durchwurzelt sein, ehe die Blätter und Blütenstiele zu wachsen beginnen. Dies dauert etwa zehn Wochen. Zu diesem Zweck stellt man die Schalen oder Töpfe an einem dunklen, kühlen Ort auf. Man gießt die Zwiebeln an, damit die Nährstoffe mobilisiert werden und sich anschließend Wurzeln bilden können. Die beste Bewurzelungstemperatur liegt zwischen 7 und 10 °C. Man kann die Schalen in Zeitungspapier einhüllen und in einem kühlen Zimmer oder einem Schuppen aufstellen. Eine andere Möglichkeit besteht darin, die Gefäße im Freien entlang der Nordwand des Hauses aufzustellen. Sie werden 15 cm dick mit Torf, Asche oder Erde abgedeckt. Man kann aber auch jede Schale einzeln in schwarze Kunststoffolie einhüllen. Falls genügend Platz vorhanden ist, hebt man eine ungefähr 30 cm tiefe Erdgrube aus und stellt die Gefäße nebeneinander hinein. Darauf wird eine etwa 2 cm hohe Schicht Sand aufgebracht und das Ganze mit lockerer Erde oder Torf abgedeckt. Man kann die Zwiebeln aber auch einfach in einen kühlen Keller stellen, wo man sie regelmäßig beobachten kann.

BLUMENZWIEBELN IN SCHICHTEN EINLEGEN

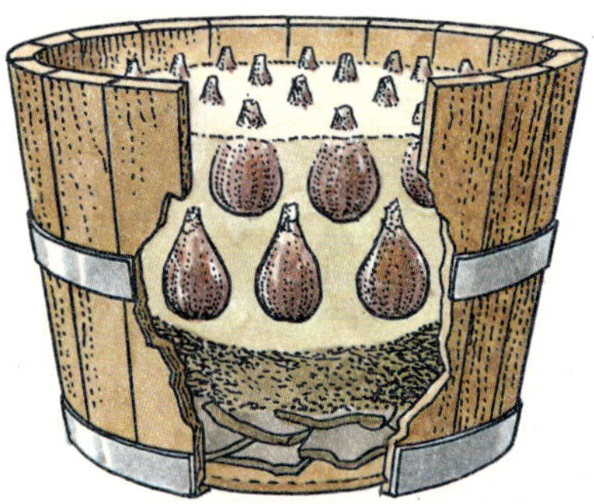

Soll bei Tulpen oder Narzissen ein besonders reicher Flor erzielt werden, legt man die Zwiebeln in zwei Schichten in ein tiefes Gefäß ein. Dabei werden in der oberen Lage die Zwiebeln in die Lücken gelegt, die zwischen den darunterliegenden entstehen

Rosen

Verwelkte Blüten werden mit einer scharfen Gartenschere abgeschnitten. Man setzt den Schnitt 6 mm oberhalb eines Blatts an und schneidet schräg nach unten (siehe *Juli*). Bei schwächlichen Trieben führt man ihn direkt über dem ersten Blatt aus, bei kräftigen oberhalb des zweiten oder dritten Blatts unter der Blüte. Blumen für die Vase werden mit kurzen Stielen geschnitten. Sollte an jungem Laub Rosenmehltau auftreten, spritzt man rechtzeitig mit Bio-S (Ledax-san) oder Triforin. Blattläuse bekämpft man mit Brennesselbrühe oder einem Insektizid.

Nebenknospen bei Teehybriden ausbrechen Wenn es auf den Herbst zugeht, blühen Teehybriden meist ebenso willig wie *Floribunda*-Rosen. Wer besonders schöne, große Blüten erhalten will, bricht bei jedem Blütenstand mit drei Knospen so bald wie möglich die beiden kleinen Nebenknospen mit Daumen und Zeigefinger aus und läßt nur die Hauptknospe stehen. Auf die Beete werden auf 1 m^2 30 g schwefelsaures Kali oder zwei Handvoll Holzasche gestreut. Dadurch unterstützt man das Ausreifen des Holzes und seine Widerstandsfähigkeit gegen Winterfröste. Der Dünger wird flach in den Boden gehackt.

Kletterrosen erziehen Junge Triebe der Kletterrosen werden jetzt an Spalieren oder sonstigen Haltevorrichtungen angebunden. Diese Arbeit muß regelmäßig durchgeführt werden, denn Triebe, die nicht befestigt wurden, werden leicht vom Wind beschädigt. Lange Bodentriebe zieht man fächerförmig hoch und bindet sie waagrecht fest, um die Entwicklung von blühenden Seitentrieben anzuregen. Man bindet sie locker an, damit das Dickenwachstum nicht verhindert wird.

Schling- und Kletterrosen schneiden Gelegentlich sieht man in den Gärten noch Schling- und Kletterrosen, die nur einmal im Jahr blühen. Diese Rosensorten blühen im nächsten Jahr am besten an den neuen Trieben dieser Wachstumsperiode. Man entfernt deshalb nunmehr alles alte Holz, das in diesem Jahr geblüht hat.

Wo sich mehrere lange, blütenlose Bodentriebe entwickelt haben, bleiben diese für das nächste Jahr erhalten, während man abgeblühte alte Triebe zurückschneidet. Sollten alte Triebe jedoch 30–60 cm über dem Boden einen kräftigen Seitentrieb haben, werden sie direkt über diesem Seitentrieb abgeschnitten. Der Seitentrieb blüht im nächsten Jahr ebenso wie die Bodentriebe.

Neue Triebe fördern Wenn eine Kletterrose keine neuen langen Bodentriebe ausgebildet hat, muß der kräftigste der alten Triebe erhalten bleiben. Seine abgeblühten Seitentriebe werden auf 8–10 cm zurückgenommen, damit sie neue Seitentriebe entwickeln, die im nächsten Jahr Blüten tragen.

Man kann sich aber auch überlegen, ob man mit dieser Rose nicht eine Radikalkur machen will und sie im März des folgenden Jahres verjüngt. In diesem Fall werden zu dem genannten Zeitpunkt alle Triebe knapp über dem Boden abgeschnitten. Meist treibt eine so behandelte Rose wieder von selbst stark aus. Eine zusätzliche Düngung nach dem Austrieb fördert die Entwicklung der jungen Triebe.

Trauerrosen schneiden Trauerrosen sind Schling- oder Kletterrosen, die auf Hochstämmen wachsen. Sie werden ebenso wie Kletterrosen geschnitten. Triebe, die in diesem Jahr geblüht haben, werden eingekürzt, während man neue Leittriebe stehenläßt, die dann im nächsten Jahr Blüten entwickeln.

Stecklinge Ausgereifte Triebe, die beim Schnitt entfernt wurden, liefern Stecklinge zur Anzucht neuer Pflanzen. Man nimmt ungefähr 25 cm lange, kräftige Triebe und macht jeweils 6 mm über dem oberen und unteren Blatt einen schrägen Schnitt. Die Stacheln werden entfernt und alle Blätter bis auf die oberen zwei abgeschnitten.

An einem schattigen Platz im Garten, wo der Boden leicht bis mittelschwer ist, wird ein V-förmiger Graben ausgehoben. Man sticht den Spaten ein und bewegt den Griff vor und zurück. Auf die Grabensohle gibt man groben Sand. Die Stecklinge werden so in den Sand gesteckt, daß das untere der beiden Blätter gerade über der Erde sitzt. Um die Wurzelbildung zu unterstützen, kann man die unteren Schnittflächen der Stecklinge in Bewurzelungsmittel tauchen. Die Stecklinge werden im Abstand von 15–20 cm in den Sand gesteckt. Sind alle Stecklinge untergebracht, füllt man den Graben mit Erde auf und tritt sie mäßig fest. Stecklinge, die sich bewurzeln, können nach 15 Monaten verpflanzt werden.

Floribunda-Rosen und kräftigere Teehybriden lassen sich auf diese Weise aus ausgereiftem, diesjährigem Holz ziehen. Es muß jedoch darauf hingewiesen werden, daß diese Methode, die zwar interessant ist, sich für das Klima Mitteleuropas nicht so gut eignet. Solche „wurzelechten“ Sorten sind nämlich wenig widerstandsfähig gegen Winterfröste. Deshalb sollte man diese Vermehrungsart nur in sehr milden Gebieten praktizieren. Edle Rosenarten werden in unseren Breiten auf eine robuste, winterharte Unterlage veredelt. Dieser Vorgang wird in der Regel in der Baumschule ausgeführt. Veredelt werden *Floribunda*-Rosen im Sommer durch Okulation auf den Sämlingsunterlagen der heimischen Heckenrose.

Sternrußtau In Gebieten, in denen häufig Pilzerkrankungen auftreten, muß weiterhin gegen Sternrußtau und Echten Mehltau gespritzt werden. Gegen Echten Mehltau hilft Triforin. Sternrußtau wird mit Ackerschachtelhalmtee oder ebenfalls mit Triforin bekämpft.

EIN VORBEREITETER ROSENSTECKLING

An diesem zurechtgeschnittenen ungefähr 25 cm langen Trieb wurden alle Stacheln und Blätter bis auf das obere Paar entfernt

ROSENSTECKLINGE STECKEN

Man steckt die Stecklinge in einen V-förmigen Graben, auf dessen Sohle eine 3 cm dicke Schicht grober Sand aufgebracht wurde. Dann füllt man mit leichter Erde auf

Chrysanthemen

Die Freilandsorten beginnen jetzt zu blühen. Will man sie selbst vermehren, sucht man die schönsten als neue Pflanzen für das kommende Jahr aus und kennzeichnet sie deutlich.

Schnittblumen Wenn man von Chrysanthemen Schnittblumen gewinnen will, dann wartet man so lange, bis sich an den Pflanzen die Blüten schön entwickelt haben.

Mitunter verwendet man Pergamintüten, um die Blüten vor den Einflüssen des schlechten Wetters zu schützen.

Es werden dafür auch besondere Nylonnetze angeboten. Nach dem Schneiden entfernt man die unteren Blätter und stellt die Pflanzen an einem kühlen Platz 25–30 cm tief ins Wasser.

Unter Glas

Bis gegen Mitte des Monats werden Topfpflanzen ins Gewächshaus gestellt. Große Pflanzen trägt man zuerst hinein, weil so die Gefahr, daß sie beschädigt werden, geringer ist.

Man bereitet eine ebene Stellfläche für die Töpfe vor und putzt die Scheiben des Gewächshauses, damit die Pflanzen möglichst viel Licht erhalten. Die Töpfe werden gesäubert. Sind die Pflanzen von Schädlingen befallen, müssen Gegenmaßnahmen ergriffen werden. Am Tag, ehe die Töpfe hineingebracht werden, gießt man die Pflanzen gründlich. Darauf achten, daß sie im Gewächshaus gerade und sicher stehen und einen Mindestabstand von 30 cm haben.

Lüftung In den ersten sieben bis zehn Tagen sollte man die Lüftungsklappen und, falls möglich, auch die Türen ständig offen lassen und den Ventilator ausschalten. Den Boden hält man sauber und trocken; das Gewächshaus darf nicht geheizt werden.

Bei den Spätblühern bricht man weiter die Nebenknospen aus und achtet aufmerksam auf Blattläuse. Falls es sich als notwendig erweisen sollte, wird mit Schmierseifenbrühe, mit Rainfarn-, Ackerschachtelhalm- oder Brennesselbrühe gespritzt (siehe auch *April*).

Die Pflanzen nehmen so lange schwache Düngerlösungen auf, bis die Knospen Farbe zeigen. Dann wird nicht mehr gedüngt. Die Pflanzen im Gewächshaus brauchen eine Nachttemperatur von mindestens 13 °C, wenn sich gegen Ende des Monats Knospen entwickeln.

Dahlien

Stützstäbe und Schnüre werden überprüft, denn starke Winde können großen Schaden anrichten. Alle zwei Wochen gibt man einen kalireichen Flüssigdünger, damit sich schöne Blüten und kräftige Knollen entwickeln.

Will man Samen gewinnen, dann schneidet man die gelben walnußgroßen Samenkapseln mit einem ungefähr 20 cm langen Stengel ab, bindet sie zu Sträußen zusammen, etikettiert sie und bringt sie an einen trockenen, mäßig warmen Platz, wo sie mit dem Kopf nach unten zum Trocknen aufgehängt werden. Später nimmt man die Samen aus den Kapseln.

Gladiolen

Die im Frühjahr gepflanzten Knollen sind im Lauf der Wachstumsperiode verbraucht und geschrumpft, doch hat sich auf jeder alten Knolle eine neue Knolle gebildet. Auch Brutknöllchen haben sich gebildet, die zwei oder drei Jahre nach der weiteren Kultur Blütenähren hervorbringen. Um den Schrumpfprozeß der alten Knollen zu beschleunigen, werden alle Blütenstände nach dem Verblühen abgeschnitten. Man läßt die Knollen so lange in der Erde, bis sie voll ausgereift sind.

Iris

Alle Blätter, die seit der Blüte durch die Irisblattfleckenkrankheit verursachte braune Flekken aufweisen, müssen abgeschnitten werden. Diese Behandlung genügt im Herbst, um die Krankheit unter Kontrolle zu bringen.

Jetzt ist Pflanzzeit für Holländische, Spanische und Englische Iris, die ihre Blüten von Mai bis Juli entfalten. Zuerst blühen die Holländischen Iris. Die Spanischen Iris blühen ungefähr 14 Tage später und weisen ein geringeres Wachstum auf. Den Abschluß bilden die Englischen Iris, deren Blüten am robustesten sind. Alle eignen sich gut als Beetpflanzen und sind außerdem ausgezeichnete Schnittblumen.

In dieser Jahreszeit werden auch Sumpfiris *(Iris kaempferi)* und *I. pseudacorus* gepflanzt.

Zwiebeliris pflanzen Zwiebeliris lieben einen sonnigen, trockenen Standort, der reichlich organische Stoffe enthält. Die Zwiebeln werden 7 cm tief und im Abstand von 10 bis 15 cm gesetzt. Die Zwiebeln läßt man mehrere Jahre ungestört wachsen, bis der Bestand zu dicht wird (siehe *Juli*). Will man Schnittblumen heranziehen, so pflanzt man die Zwiebeln in Reihen, damit man sie später mit Folienhauben abdecken und so frühe, qualitativ hochwertige Blüten erzielen kann. Die Zwiebeln pflanzt man in fünf Reihen im Abstand von 7 cm, so daß sie unter einen üblichen Folientunnel passen (siehe *Februar*).

IRIS FÜR DEN SCHNITT PFLANZEN

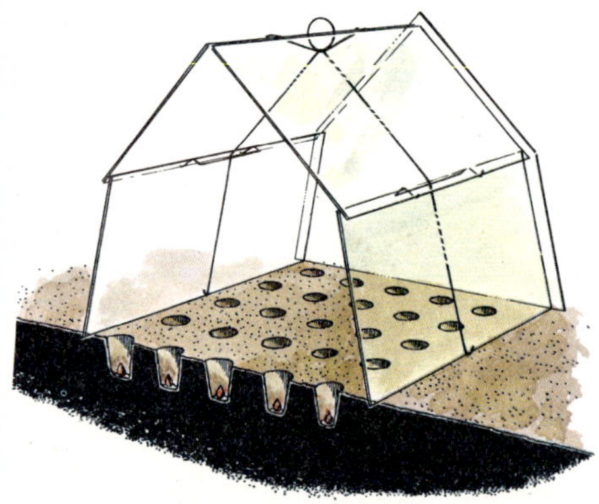

Zwiebeliris werden in Reihen in einem Abstand von ungefähr 7 cm gesetzt und im Winter mit Folientunneln oder Glas geschützt. Dadurch bekommt man frühere und hochwertigere Blüten

I. reticulata wird 5 cm tief in einem Abstand von 5 cm in Reihen gepflanzt, so daß man Schnittblumen ziehen oder die Pflanzen später mit Folienhauben abdecken kann.

I. sibirica werden in feuchten Boden und an einen Standort gepflanzt, wo die Pflanzen einige Jahre lang ungestört wachsen können. Sie eignen sich gut für die Bepflanzung von Teichufern und blühen im Mai und Juni.

Wenn man Raupen entdeckt, bekämpft man sie (siehe *Juni*).

Unter Glas

Zwiebeliris pflanzt man in Töpfe, die mit einem Kompost aus gleichen Teilen Lehm, Lauberde und Sand gefüllt sind. Man stellt die Töpfe in einen Frühbeetkasten und wässert erst, wenn sich Triebe zeigen. Je nach Größe werden die Zwiebeln 5–7 cm tief eingepflanzt, je fünf Zwiebeln in einen 12-cm-Topf. Holländische, Spanische und Englische Iris können so gezogen werden, desgleichen *I. danfordiae, I. histrioides* und *I. reticulata*. Holländische, Englische und Spanische Iris vertragen keine künstliche Wärme; den anderen Arten kann man jedoch ab Januar etwas Wärme zuführen.

Lilien

Man achtet auf Blattläuse und Grauschimmel (siehe *April*).

Mit dem Pflanzen beginnt man, sobald man die Zwiebeln bekommt. Zuerst ist die Madonnenlilie, *Lilium candidum*, an der Reihe. Diese Zwiebeln dürfen nur 5 cm hoch mit Erde bedeckt werden, während man andere Lilienzwiebeln etwa zweieinhalbmal so hoch mit Erde bedeckt, wie sie selbst groß sind.

An der Basis wurzelnde Lilien pflanzen Lilien, die sowohl über wie unter der Zwiebel Wurzeln bilden, lassen sich gut im Frühjahr verpflanzen. Die meisten Lilien europäischen Ursprungs und viele in Amerika heimische Lilien bilden jedoch nur an der Basis Wurzeln. Diese Arten pflanzt man am besten im Herbst. An der Basis wurzelnde Lilien, die in Töpfen gezogen werden sollen, werden im Herbst gepflanzt.

LILIEN, DIE AM STENGEL WURZELN TREIBEN

Manche Lilien bilden am Stengel und unterhalb der Zwiebel Wurzeln. Am Stengel wurzelnde Lilien können ohne weiteres im Frühjahr gepflanzt werden

LILIENZWIEBELN PFLANZEN

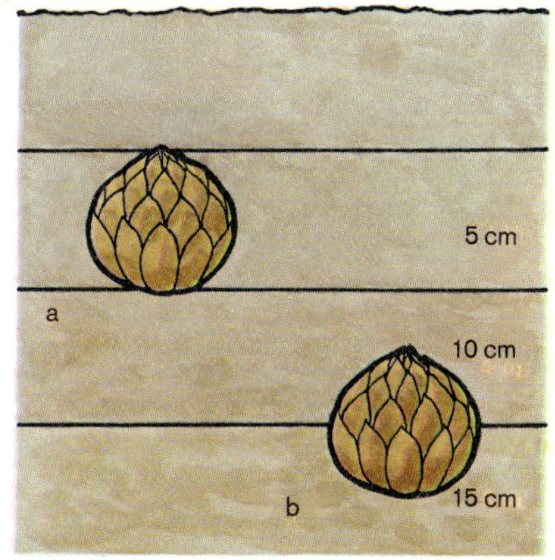

Oben: Besonders effektvoll sind in Gruppen ausgelegte Lilien. Rechts: Zwiebeln von *Lilium candidum* (a) werden 5 cm tief gelegt; andere Arten (b) legt man zweieinhalbmal so tief, wie sie groß sind

Wenn man unmittelbar unter der Bodenoberfläche vorsichtig nachschaut, findet man wahrscheinlich in der Nähe von gesunden Pflanzen der Art *L. auratum* mehrere kleine, bewurzelte Zwiebeln. Diese nimmt man behutsam heraus und läßt sie in Töpfen oder Kästen anwachsen. Blieben sie im Boden, dann würden sie vielleicht von Schnecken aufgefressen.

Kräftige Sämlinge in Kästen sowie zu dicht gewordene alte Bestände werden verpflanzt, sobald die Blätter absterben.

Unter Glas

Die Samen können jetzt ausgesät oder bis zum Frühling aufbewahrt werden. Um das Wachstum von Lilien mit hypogäischer Keimung zu beschleunigen, sät man die Samen jetzt aus und stellt das Gefäß bei mäßiger Wärme sechs bis zwölf Wochen lang ins Gewächshaus. Danach bringt man sie sechs Wochen ins Freie und stellt sie anschließend wieder in die Wärme zurück, bis sie keimen. Durch diese Wärme-Kälte-Behandlung wird die Keimung der Samen beschleunigt. Oft kann es sein, daß die Keimzwiebelbildung erst im nächsten Frühjahr einsetzt. Bis dann die eigentliche Keimung erfolgt, vergehen noch einmal zwölf Monate. Aus diesem Grund dürfen die Gefäße nicht ausgeschüttet

LILIEN DURCH ZWIEBELSCHUPPEN VERMEHREN

Die Schuppen steckt man mit der abgetrennten Seite nach unten in ein Torf-Sand-Gemisch und hüllt das Gefäß in Plastikfolie ein

werden. Sie müssen bis zum Frühjahr des übernächsten Jahres gepflegt werden, denn es ist durchaus möglich, daß erst zu diesem Zeitpunkt die Keimlinge erscheinen.

Gesunde Zwiebelschuppen, die beim Verpflanzen abgebrochen wurden, können ebenfalls zur Vermehrung verwendet werden. Zu diesem Zweck füllt man Handkistchen oder größere Töpfe mit einem Sand-Torf-Gemisch und steckt die Schuppen mit der abgetrennten Seite nach unten in den Sand. Den Kasten stellt man bei etwa 10 °C ins Kleingewächshaus und hält ihn feucht.

Vorteilhaft ist es, wenn die Kistchen vollständig mit einer Plastikfolie umhüllt werden. Sie hält die Feuchtigkeit, so daß über einen längeren Zeitraum hinweg nicht mehr gewässert werden muß.

Nelken

Jetzt werden die Beete für zweijährige Garten- und Steingartennelken vorbereitet. Man gräbt den Boden um und versorgt ihn reichlich mit Humus.

Gut geeignet ist verrotteter Stallmist oder Kompost. Eine Vorratsdüngung kann ausgebracht werden (siehe *August*).

Sechs Wochen alte Absenker werden geprüft und, sofern sie bewurzelt sind, von den Mutterpflanzen abgetrennt.

Bewurzelte Stecklinge von Steingartennelken werden weiterhin abgehärtet und die bereits abgehärteten, die kräftig wachsen, ausgepflanzt.

Steingartennelken stutzen Gegen Monatsende bringen einige der jungen, neugepflanzten Steingartennelken schon Blüten hervor, ohne gute Seitentriebe ausgebildet zu haben. Die Pflanzen werden kräftiger, wenn sie jetzt nicht blühen, sondern gestutzt werden. Haben sich an einer Pflanze zehn Blattpaare gebildet, dann nimmt man sie am siebten Knoten zwischen Daumen und Zeigefinger und bricht die Spitze mit der anderen Hand im rechten Winkel ruckartig ab. Läßt sie sich nicht abbrechen, wird der Stengel direkt unter dem Knoten durchgeschnitten. Die Spitzen lassen sich am besten frühmorgens bei feuchtem Wetter abbrechen.

Manche kompakt wachsenden Steingartennelkensorten brauchen nicht gestutzt zu werden.

STEINGARTENNELKEN STUTZEN

Um eine junge Steingartennelke zu stutzen, hält man den Stengel am siebten Blattknoten und biegt die Spitze mit der anderen Hand zur Seite, damit sie abbricht

Unter Glas

Dauerblühende Edelnelken werden weiterhin gedüngt.

Schattierung entfernen Zu Beginn des Monats wird die Schattierung des Glases entfernt. An warmen Tagen bespritzt man den Boden und die Stellagen mit Wasser.

Nebenknospen werden im Bedarfsfall entfernt. Bei den Edelnelken läßt man an einem Stengel nur eine Knospe stehen, nämlich die endständige oder Kronenknospe. Alle anderen Knospen bricht man aus, wenn sie 6–12 mm lang sind.

Jungpflanzen, die früh gestutzt wurden, blühen nun zum erstenmal. Darauf achten, daß kein Wasser auf die sich öffnenden Blüten gelangt. Sollte ein Kelch dabei aufplatzen, hält man ihn mit einem dünnen Drahtring aus Plastik zusammen.

Blumen schneiden Die Blumen mit langen Stielen werden direkt über einem Seitentrieb an der Basis abgeschnitten. Ehe man sie in eine Vase bringt, stellt man sie an einem kühlen Platz zwölf Stunden lang bis zu den Knospen in Wasser.

Man achtet auf Schädlinge und Krankheiten und bekämpft sie gegebenenfalls.

Steingartenpflanzen

Gegen Ende des Monats werden diejenigen Pflanzen umgepflanzt, für die ein anderer Standort vorgesehen ist. Dies trifft z. B. für schnellwüchsige Pflanzen zu, die in der Nähe von langsam wachsenden Arten eingesetzt worden sind.

Der September ist der günstigste Monat für die Anlage eines Steingartens oder Alpinums. Ehe man mit der Planung eines Steingartens im üblichen Sinne beginnt, sollte man zunächst überlegen, ob nicht ein Steingartenbeet, vorzugsweise ein Hochbeet, geeigneter ist. Steingärten, die der Natur nachgebildet sind, wirken oft fremd in einem kleinen, flachen Vorstadtgarten. Kauft man passende Steine in großer Menge, ist das kostspielig, und Routinearbeiten, wie Unkrautjäten, sind in Steingärten äußerst mühsam.

Ein Steingartenbeet anlegen Im Gegensatz hierzu wird ein Beet nicht nach dem Vorbild der Natur geschaffen. Man benötigt nur wenige Steine, und Arbeiten wie Jäten und Pflanzen erweisen sich als nicht schwierig, wenn das Beet ungefähr 60 cm über der Bodenfläche angelegt wird. In einem ungefähr 6–7 m^2 großen Beet lassen sich bis zu 50 verschiedene Steingartenarten unterbringen.

Falls man nicht einen echten Steingarten als besonderen Blickfang anlegen will, ist in jedem Fall die Anlage eines Beets zu empfehlen, besonders wenn das Hauptinteresse den Pflanzen gilt. In jedem Fall sollte man offene Plätze wählen. Standorte unter den Kronen von Bäumen, von wo Regenwasser auf die Pflanzen tropft, sind für Steingärten ebensowenig geeignet wie trokkene Ecken, wo die Pflanzen zu wenig Feuchtigkeit erhalten. Auch den Schatten ertragen alpine Stauden nicht.

Die Beete sollten von gleichmäßiger Form sein. Alte Ziegelsteine sind das beste Material für die Einfassung des Hochbeets. Ist der Boden feucht oder schwer, wird zunächst die Oberschicht ausgehoben. Danach füllt man in die Vertiefung den Splitt von Ziegeln oder Klinkersteinen ein. Bei leichterem, wasserdurchlässigem Boden bringt man eine Schicht aus Schotter auf, die die Entwässerung unterstützt.

Geeignete Erde für Steingartenpflanzen Eine Standardmischung für die meisten üblichen Steingartenpflanzen besteht aus 2 Teilen Lehm-

ANLAGE EINES STEINGARTENS

Bei der Anlage einer steil abfallenden Fläche werden kleine Steine zwischen die großen gelegt, damit sie nicht unmittelbar aufeinanderliegen. Die Pflänzchen setzt man in die Erde zwischen den Ritzen. Stets liegt die bossierte Fläche der Steine außen

QUERSCHNITT DURCH EINEN STEINGARTEN

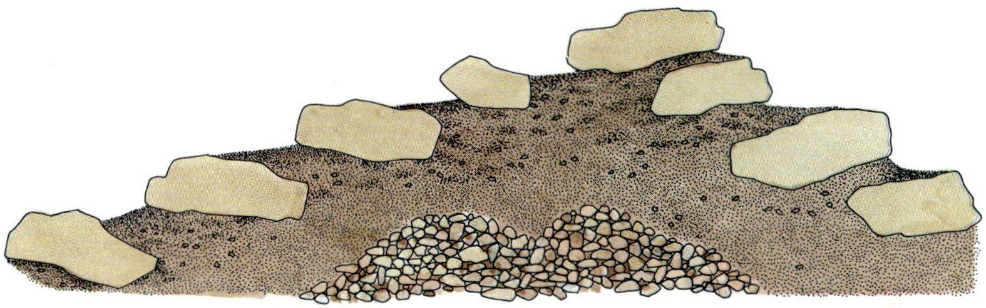

Wichtig ist, daß die Steine stufenförmig und nach innen geneigt angeordnet werden. Auf diese Weise wird Wasser ins Innere zu den Wurzeln der Pflanzen geleitet. Am Grund des Steingartens liegt Dränagematerial

DAS STEINGARTENHOCHBEET

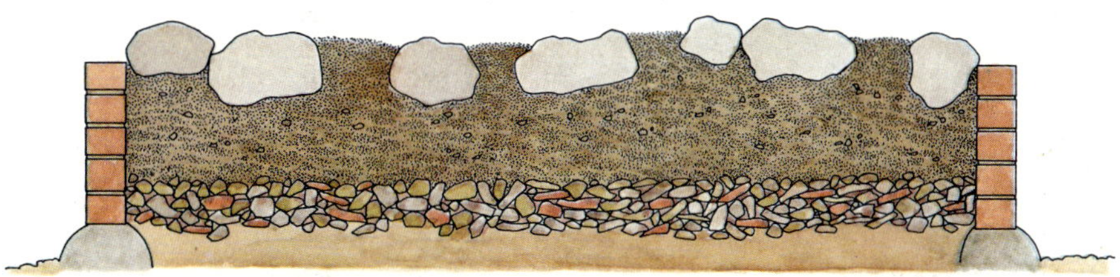

Querschnitt durch ein Hochbeet, auf dem die Kiesschicht unten und die Anordnung der Steine auf der Oberfläche ersichtlich sind. Solche Beete lassen sich leichter pflegen als die üblichen Steingärten. Zahlreiche Pflanzen können auf einer kleinen Fläche gezogen werden

erde, 1 Teil grobem Sand und 1 Teil gut verrotteter Lauberde. Diesem Gemisch mengt man organisch-mineralischen Dünger bei. Schwerem Boden wird Kalksteinsplitt zugesetzt, sofern der Boden sauer ist. Diese Mischung eignet sich auch für langsam wachsende Steingartenpflanzen.

Nachdem die Pflanzstelle mit der neuen Erdmischung aufgefüllt worden ist, gräbt man einige kleinere Steine zur Hälfte in die Oberfläche ein.

Bei der Anlage eines konventionellen Steingartens achtet man darauf, daß sich kein Stauwasser an dem gewählten Platz bildet. Schweren Boden kann man auch mit einer Grabgabel oder einem Spaten lockern. Dabei arbeitet man reichlich Kies ein. Anschließend wird die Oberfläche mit Splitt abgedeckt.

Die Wahl der Steine Wenn natürliche Steine in der Umgebung vorhanden sind, ist die Wahl nicht schwierig. Diese Steine passen im allgemeinen auch gut in den Garten, und außerdem sind die Transportkosten verhältnismäßig gering. Man kann natürlich auch Steine in einem Gartencenter oder einem Baugeschäft erwerben. Beim Kauf beachte man, daß einige Steinarten wesentlich leichter sind, also bei gleichem Gewicht einen größeren Rauminhalt haben als andere. So hat eine Tonne Sandstein das doppelte Volumen einer Tonne Kalkstein.

Andererseits ist zu berücksichtigen, daß Sandsteine meist weniger dauerhaft und frostempfindlicher sind. Kalksteine sind weniger frostempfindlich und bekommen im Lauf der Zeit durch Witterungseinflüsse ein äußerst attraktives Aussehen.

Imitationen Tuffstein ist leicht, porös und für den Steingarten ideal geeignet, jedoch mitunter schwierig zu beschaffen und meist ziemlich teuer. Doch kann man Kunststein auch selbst herstellen. Hierfür mischt man 1 Teil Zement mit 2 Teilen Sand und 2 Teilen Torf. Die Masse wird gut angefeuchtet, bis sie sich formen läßt. Dann bringt man sie in eine Form.

Ein alter Karton eignet sich dafür ausgezeichnet. Nachdem sich die Mischung gesetzt hat, wird der Karton abgerissen. Mit einem Messer oder einem Meißel kann man den „Stein" bearbeiten. Wichtig ist, daß die Form etwas unregelmäßig ausfällt.

Steine setzen Nach Möglichkeit sollte man die Steine so auswählen, daß ein Gleichgewicht zwischen großen und kleinen Steinen besteht. Einige große, geschickt angeordnete Steine sollten das Fundament der Anlage bilden. Ehe man die Steine setzt, prüft man sorgfältig, welche Seite besonders attraktiv ist und darum nach oben gekehrt werden sollte. Auch die Anordnung der einzelnen Steine muß genau geplant werden.

Zwischen den Steinen läßt man unterschiedlich breite Fugen: schmalere für kleine Pflanzen, breitere für Kleinsträucher und stärker wachsende Staudenarten. Jeder Stein muß fest an seiner Stelle sitzen.

Ehe man pflanzt, läßt man eine oder zwei Wochen vergehen, damit sich die Steine und der Boden etwas setzen.

WIE MAN EINEN STEINGARTEN AUF EINER EBENEN FLÄCHE ANLEGT

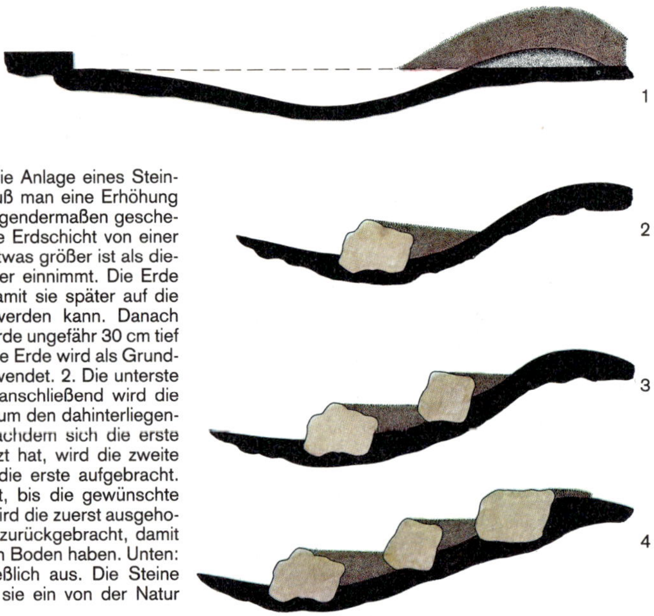

Falls im Garten kein Hang für die Anlage eines Steingartens zur Verfügung steht, muß man eine Erhöhung künstlich schaffen. Dies kann folgendermaßen geschehen: 1. Man entfernt die oberste Erdschicht von einer vorher bestimmten Fläche, die etwas größer ist als diejenige, die der Steingarten später einnimmt. Die Erde wird an einer Seite gelagert, damit sie später auf die Pflanzflächen zurückgebracht werden kann. Danach hebt man die darunterliegende Erde ungefähr 30 cm tief vor dem geplanten Hügel aus. Die Erde wird als Grundmaterial für den Steingarten verwendet. 2. Die unterste Steinschicht wird aufgebracht; anschließend wird die Erde auf eine Seite geschoben, um den dahinterliegenden Freiraum aufzufüllen. 3. Nachdem sich die erste Steinschicht ausreichend gesetzt hat, wird die zweite Schicht in gleicher Weise wie die erste aufgebracht. 4. So setzt man die Arbeit fort, bis die gewünschte Höhe erreicht ist. Zum Schluß wird die zuerst ausgehobene Erde auf die Pflanzfläche zurückgebracht, damit die Pflanzen fruchtbaren, leichten Boden haben. Unten: So sieht der Steingarten schließlich aus. Die Steine sind so angeordnet, als wären sie ein von der Natur geschaffenes Alpinum

Steingartenpflanzen an einer Trockenmauer Trockenmauern kann man verschönern, wenn man Steingartenpflanzen am Rand entlang oder zwischen die Steinfugen setzt. Kleine Setzlinge lassen sich in die Ritzen pflanzen, in denen sie bald weitere Wurzeln bilden. Wenn man an einer Trockenmauer Samen einsäen will, steckt man einen oder zwei Samen in ein winziges Erdkügelchen und preßt dieses in einen Spalt.

Steingarten in einem Trog Echte Steintröge sind heute oft nur schwierig aufzutreiben und teuer. Aus einem alten Küchenspülstein kann man einen Trog herstellen. Damit der Zement an der Glasur hält, bestreicht man die Oberfläche des Spülsteins zunächst mit einem geeigneten Mittel. Danach wird 1 Teil Zement mit 2 Teilen Sand und 2 Teilen Torf vermischt. Diese Masse verteilt man über die Oberfläche des Spülsteins am besten mit der Hand. Die Mischung trocknet und bildet eine steinähnliche, grobe Schicht. Anschließend wird der Trog mit der erwähnten Erdmischung gefüllt. Natürlich kann man im Fachgeschäft auch viele Kunststeintröge, die sich für diesen Zweck ebenfalls gut eignen, bekommen.

Wasserpflanzen

In diesem Monat gibt es im Wassergarten wenig zu tun. Die Seerosen bringen bei warmem, sonnigem Wetter ihren letzten Blütenflor hervor.

Primeln, die im Juni in Einheitserde pikiert worden sind, setzt man in 8-cm-Töpfe um oder pflanzt sie an ihren endgültigen Standort aus,

STEINE ANORDNEN

Hier wird die Natur im kleinen nachgeahmt. Jeder Stein wird sorgfältig eingesetzt. Man füllt die Zwischenräume zwischen den Steinen mit Erde auf

EIN STEINGARTEN IM TROG

Ein altes Spülbecken, beschichtet mit Zement, wirkt wie ein Kunststeinbecken. Der Boden wird mit Steinen oder Ziegelsplitt bedeckt und mit Erde aufgefüllt. Die Steine werden darauf angeordnet

nachdem im Sumpfgarten dafür Platz geschaffen wurde.

Fische füttern Im September und Oktober müssen die Fische gefüttert werden, da die lebende Nahrung nun zur Neige geht. Man füttert sie jeden Tag mit proteinreicher, einwandfreier Fischnahrung. Den Winter über werden die Fische überhaupt nicht gefüttert. Sie zehren dann von den körpereigenen Vorräten.

Heidekrautgewächse

In eingewachsenen Beständen entfernt man aufkommendes Unkraut. Wer eine Neuanlage plant, kann den Boden allmählich vorbereiten. Dabei verfährt man so, wie dies im *März* beschrieben wurde.

Es ist günstig, den pflanzfertig hergerichteten Boden zwei bis drei Wochen liegenzulassen. Dann keimen bereits vorhandene Unkrautsamen und können durch Krailen oder Abrechen leicht bekämpft werden, ehe man pflanzt. Zwischen den Pflanzen ist die Unkrautbekämpfung schwieriger. Koniferen im Heidegarten sollten im Spätsommer kräftig gewässert werden.

Rhododendron

Ende des Monats können Rhododendren bereits verpflanzt werden. Man sucht sich für diese Arbeit nach Möglichkeit nicht gerade sonnige, windige Tage, sondern besser Regentage aus oder solche, an denen der Himmel bedeckt ist. Auch Anfang Oktober kann noch gepflanzt werden. Wenn man im Spätherbst pflanzen möchte (Pflanzvorgang siehe *März*), sollte man schon jetzt an die Vorbereitung des Beets gehen.

Im Vorjahr abgesenkte Triebe müßten nun genügend Wurzeln haben. Sie werden von der Mutterpflanze abgetrennt und entweder an ihren endgültigen Standort oder nochmals auf ein Beet gepflanzt, je nachdem, wie groß sie inzwischen geworden sind und welche Bedürfnisse sie haben.

Zimmerpflanzen

Zwar sind die Tage im Frühherbst meist noch warm, doch die Lichtintensität nimmt schon merklich ab, und Zimmerpflanzen passen sich nicht so leicht dem Wechsel der Jahreszeiten an. Ein wenig zusätzliche Aufmerksamkeit ist daher erforderlich.

Man gießt und düngt nun etwas weniger als im Hochsommer. Die empfindlichen Pflanzen (siehe Pflanzenbeschreibungen im *Dezember*) dürfen nicht länger in der Nähe eines offenen Fensters stehen, besonders nicht über Nacht. Andererseits sollen diejenigen Pflanzen, die viel Licht benötigen, von einem Westfenster zu einem Südfenster gebracht werden.

Kakteen gießt man weniger und stellt sie an einen Platz, wo sie möglichst viel Sonnenlicht erhalten.

Dies ist in der Regel der letzte Monat, in dem es möglich ist, Pflanzen umzutopfen oder zurückzuschneiden, ehe sich das Wachstum vor Beginn des Winters verlangsamt.

Die Feuchtigkeit überprüfen In den folgenden Wochen sollte man auf alle Anzeichen von Staunässe in der Erde achten. Dies kann sich dadurch äußern, daß die Blätter der Pflanzen gelb werden und abfallen. Ist dies der Fall, läßt man die Pflanze fast völlig austrocknen, ehe man sie wieder gießt. Außerdem prüft man, ob die Pflanzen nicht etwa von der Roten Spinne befallen sind. Diese winzigen rötlichen oder gelben Milben bilden an der Unterseite der Blätter silbrige Gespinste. Gelbfleckige Blätter, die allmählich hellgelb werden, zeigen den Befall an. Er breitet sich rasch über die ganze Pflanze aus. Die Blätter fallen ab, frische Triebe bleiben im Wachstum zurück.

Bekämpfung der Roten Spinne Mit Elefant-Sommeröl oder Para-Sommer kann man die Rote Spinne bekämpfen. Beim Sprühen achtet man darauf, daß die Blattunterseiten gut getroffen werden. Stark befallene Blätter werden abgeschnitten. Die Blätter großer Pflanzen werden mit einem Schwamm bestrichen, den man zuvor in ein Insektizid getaucht hat. Vorbeugend kann man Zimmerpflanzen täglich mit Wasser absprühen.

Die Feuchtigkeit erhöhen Ein Befall durch die Rote Spinne tritt vor allem bei warmer, trockener Luft auf. Man sollte daher die Luftfeuchtigkeit eines Raumes erhöhen. Es werden mit Wasser gefüllte Gefäße an solchen Stellen aufgestellt, wo sie nicht störend wirken, oder man hängt im Handel erhältliche Wasserverdunster an die Heizkörper. Eine weitere Möglichkeit besteht darin, die Töpfe in größere Gefäße zu stellen, wobei man den freien Raum zwischen Topf und Gefäß mit feuchtem Torf füllt, oder man stellt die Pflanzen auf mit Kies ausgelegte Schalen, die stets feucht gehalten werden müssen. Sehr gut bewährt hat sich auch die bereits erwähnte Methode, Zimmerpflanzen in einen mit Torf gefüllten Trog zu stellen.

Kleingewächshausgärtnerei

Dies ist ein äußerst wichtiger Monat für die Arbeiten im Kleingewächshaus, da zahlreiche Pflanzen jetzt aus Samen und Stecklingen gezogen werden können. Es ist außerdem die Zeit des Übergangs von der Sommer- zur Herbstpflege. Gegen Ende des Monats kann bereits etwas zusätzliche Wärme notwendig werden. Bei elektrischen Heizgeräten wird der Thermostat auf 7–10 °C eingestellt. Öl- oder gasbeheizte Kessel sollten in Betrieb genommen werden, wenn die ersten Nachtfröste drohen oder wenn das Wetter sehr feucht ist.

Einjährige Pflanzen für das Frühjahr aussäen Einjährige Sommerblumen, wie Mandelröschen, Kornblume, Nemesie, Löwenmaul und Ringelblume, die von Ende September an ausgesät und in einem Kalthaus in Töpfen oder auf dem Erdbeet gezogen werden, bilden im Frühjahr und Frühsommer ein farbenprächtiges Bild. Man sät die Samen in Schalen mit Kulturerde bei einer Temperatur von 13–16 °C. Sobald die Sämlinge ausreichend große Blättchen entwickelt haben, werden sie in 7- bis 8-cm-Töpfe verpflanzt.

Sämlinge pikieren Von Pflanzen, die rasch groß werden, setzt man in jedes Töpfchen einen Sämling. Von solchen, die sich langsamer entwickeln, setzt man drei oder vier Sämlinge ein. Die Pflanzen überwintert man auf einer Stellage in der Nähe der Glaswand. Im Februar werden die Pflänzchen in 12- oder 15-cm-Töpfe umgetopft oder auf ein Erdbeet ausgepflanzt.

Löwenmaul und Levkojen gehören zu den Pflanzen, die sich am besten auf diese Weise ziehen lassen. Die Sämlinge werden einzeln eingetopft.

Stecklinge schneiden Man schneidet weiterhin Stecklinge von Edelpelargonien (siehe *Juli*). Auch von Fuchsien und Zonalpelargonien nimmt man Stecklinge, falls dies nicht schon im letzten Monat geschehen ist (siehe *August*), ebenso von Schönmalven (siehe *März*).

Zu den übrigen Gewächshauspflanzen, die in diesem Monat aus Stecklingen vermehrt werden können, gehören *Campanula isophylla*, Buntnessel, Heliotrop, Fleißiges Lieschen, Pantoffelblume und Bleiwurz. Sie lassen sich im allgemeinen zufriedenstellend in Kästen oder Töpfen bewurzeln, die auf der Stellage des Gewächshauses stehen. Rascher und sicherer kann dies geschehen, wenn man die Gefäße in einen Vermehrungskasten stellt.

Die Dauerschattierung entfernen Gegen Ende des Monats entfernt man Dauerschattierungen. Bei sonnigem Wetter sorgt man bei Sämlingen und Stecklingen für eine begrenzte Schattierung und verwendet dazu Papier oder Matten.

Ehe die Nächte zu kalt werden, bringt man Cinerarien, Primeln, Alpenveilchen, Korallenstrauch, Edelpelargonien, Begonien und Gloxinien, die in Frühbeetkästen im Freien gestanden haben, ins Gewächshaus. Pflanzen von mäßiger Qualität werden aussortiert.

Balkongärtnerei

Auch im Herbst gibt es für den Balkongärtner noch einiges zu tun. Viele einjährige Pflanzen haben jetzt ausgedient. Doch sollten auch im

BALKONBEPFLANZUNG IM HERBST

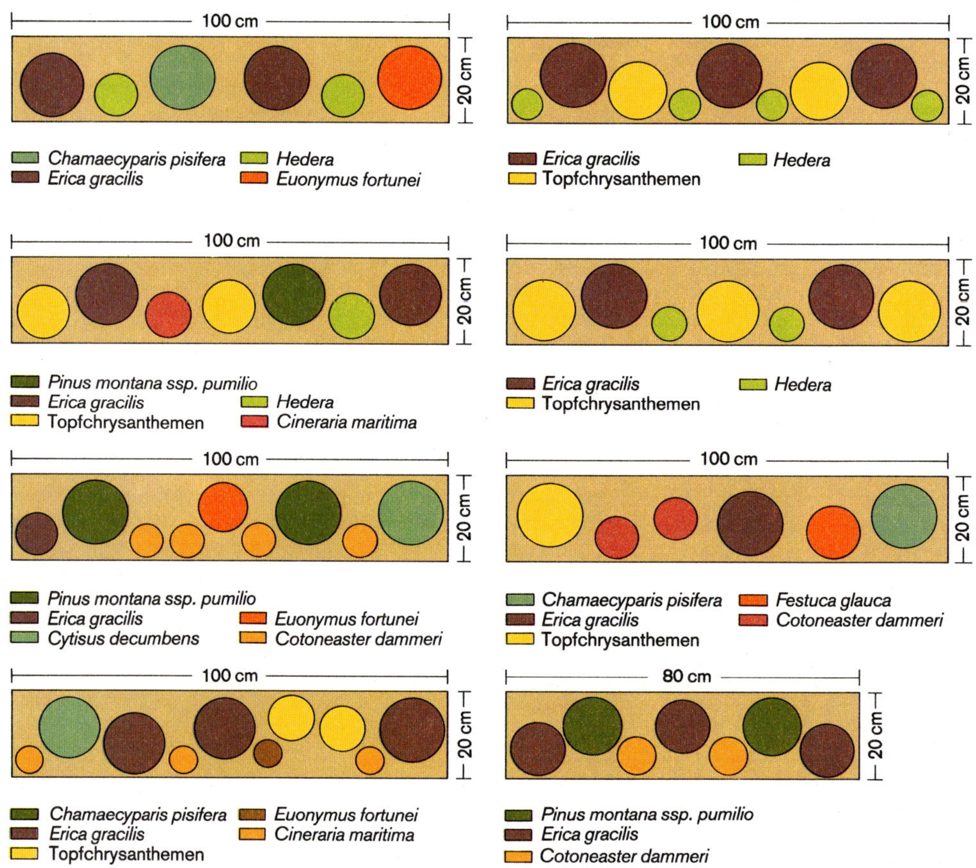

Herbst die Balkon- und Fensterkästen, Pflanztröge und mobilen Gärten nicht ohne blühende Pflanzen sein. Vor allem in gemischten Bepflanzungen rufen Gruppenpflanzungen von Herbstblumen prächtige Wirkungen hervor.

Für eine Herbstbepflanzung eignen sich besonders gut die fälschlich oft als Winterastern bezeichneten Chrysanthemen. Vor allem die niederen, nur 20–30 cm hohen, kleinblumigen Sorten sind zur Blütezeit überaus reich mit Blüten besetzt. Topfchrysanthemen gibt es in vielen Blütenfarben. Sie können auch in voller Blüte in ein Balkongefäß eingepflanzt werden. Denn auch bei den Herbstblühern auf dem Balkon empfiehlt es sich, die Pflanzen aus den Töpfen herauszunehmen und erst, nachdem der Wurzelballen gut durchfeuchtet ist, in die Balkonkästen zu setzen.

Weniger frostempfindlich als die in leuchtenden roten, rosa, orangebraunen, gelben und weißen Farben blühenden Topfchrysanthemen ist die Glockenheide. Zwei, drei Monate lang, bis in den Winter hinein, kann diese aus Südafrika stammende Pflanze den Balkon in ein rotviolettes bis lachsrosa oder auch weißes Blütenmeer verwandeln.

Mit Chrysanthemen, Stauden oder Kleingehölzen und buntblättrigem Efeu lassen sich Erikagewächse sehr gut kombinieren. Sie werden in voller Blüte gekauft. Vor dem Auspflanzen sollten die Töpfe so lange in Wasser getaucht werden, bis die Wurzelballen gut durchfeuchtet sind. Man setzt den Ballen ohne Topf in die Erde und drückt ihn gut an. Erikagewächse sollten immer in feuchter Erde stehen. Bei stärkeren Nachtfrösten kann man die Pflanzen mit einer Plastikhaube oder Plastikfolie schützen. Man braucht diese Pflanzen nicht zu düngen.

ÄPFEL UND BIRNEN PFLÜCKEN

Die Früchte müssen in trockenem Zustand geerntet werden
1. Die Pflückhand umschließt die Frucht und dreht sie so, daß der Stielansatz vom Fruchtast getrennt wird

Wenn dies nicht gelingt, muß der Fingernagel zu Hilfe genommen werden
2. Keinesfalls darf man den Stiel ausreißen, weil dadurch die Lagerfähigkeit beeinträchtigt wird

Obst

In den Herbstmonaten sollte man besonders darauf achten, daß das Gras unter den Obstbäumen niedrig bleibt. So läßt sich leicht überprüfen, ob Feld- und Wühlmäuse auftreten.

In diesem Monat kann man sich auch schon Gedanken über Herbstneupflanzungen machen. Wer frühzeitig plant, sich mit vielen Katalogen versorgt und gleichzeitig in den Gärten der Nachbarn beobachtet und vergleicht, was dort gepflanzt wird, hat gute Aussichten, die richtige Wahl zu treffen. Entscheidend für eine gleichmäßig gute vegetative Entwicklung und für eine hohe Ertragsleistung ist nicht nur ein relativ frostsicherer Standort, sondern auch ein guter, tiefgründiger Boden mit einem ausgeglichenen natürlichen Wasservorrat.

Im Obstgarten treten nicht selten Probleme im Nachbau (Obstgehölz nach Obstgehölz) auf. Wechselt man die Obstart, pflanzt man also Kernobst nach Steinobst oder umgekehrt, dann kann dem Problem in hohem Maß begegnet werden. Soll mit derselben Obstart nachgepflanzt werden, erreicht man wenig, wenn man die Pflanzstelle um 1–2 m nach vorn oder hinten verlegt. Wenn man den gesamten Boden jedoch tief lockert, so daß er gut belüftet wird, ist dies allein schon sehr nützlich. Bei Einzelbäumen kann man die Erde im Bereich der Pflanzstelle mit humusreichem Boden auswechseln.

Spätestens in diesem Monat werden Raupenleimringe an die Baumstämme gebunden. Damit fängt man die Frostspannerweibchen, die während der Wintermonate ihre Eier ablegen. Zur Bekämpfung von Wespen sollten auch in diesem Monat Flaschen mit großen Öffnungen, die zur Hälfte mit Zuckerlösung oder Apfelsaft gefüllt sind, in den Bäumen aufgehängt werden.

Der September ist ein wichtiger Erntemonat für Stein- und Kernobst. Jedes Jahr kommt es bei der Ernte zu Unfällen. Deshalb sollte man nur Leitern verwenden, die an den Enden Eisenspitzen haben und bei denen alle Sprossen in Ordnung sind. Anstelleitern müssen gewissenhaft angelegt und Bockleitern stets gegen den Berg gestellt werden.

Als Erntegefäße sind gepolsterte Pflückkörbe oder Kunststoffeimer geeignet, die man entweder umhängt oder die mit einem Haken versehen sind, damit man sie an eine Sprosse der Leiter oder einen Ast hängen kann.

Apfel Die Färbung der Früchte zeigt an, wann geerntet werden kann. Wenn sich der Stiel leicht vom Fruchtfleisch löst, ist auch dies ein Anhaltspunkt für den Erntetermin. Auf den Fruchtfall allein kann man sich nicht verlassen. Manche Sorten drücken sich bei dichtem Behang gegenseitig ab, ohne daß sie schon reif sind, und es gibt auch Sorten, wie 'Jonathan', 'Jonagold' und 'Golden Delicious', die auch dann noch fest am Baum hängen, wenn man sie schon längst ernten könnte. Die Sorte 'Goldparmäne' neigt zu vorzeitigem Fruchtfall. Die braune Farbe der Kerne ist kein sicheres Zeichen für den Erntetermin.

Sorten, die gleich verzehrt werden, kann man lange am Baum hängen lassen, während Lagersorten rechtzeitig, d. h. bei Beginn der Baumreife, geerntet werden. Wegen der unterschiedlichen Reifegrade pflückt man die Bäume mehrmals durch. Baumreife Früchte sind besonders druckempfindlich. Deshalb darf man sie nicht nur mit den Fingerspitzen anfassen, sondern man nimmt sie mit der ganzen Hand ab.

Eingelagert werden nur wirklich lagerfähige, unbeschädigte Früchte. Übergroße Früchte von Jungbäumen oder Früchte mit zu fortgeschrittenem Reifegrad oder gar solche mit Schalenfehlern eignen sich nicht fürs Einlagern.

Vor dem Einbringen des Lagerobsts ist eine Generalreinigung des Lagerraums angebracht. Er darf nicht zu feucht sein, da sonst leicht Fäulniserreger auftreten, doch auch nicht zu trokken, weil sonst die Früchte schnell schrumpfen. Kellerräume mit Ziegelsteinböden eignen sich für die Lagerung besonders gut, da die Ziegel ein gewisses Maß an Feuchtigkeit halten und sie nach und nach an die Luft abgeben. In trockenen Kellerräumen bewirkt das Aufstellen von Gefäßen mit Wasser zu wenig. Man muß schon Wasser versprühen oder auf den Boden schütten. Kartoffeln und Gemüse sollte man nicht zusammen mit Obst lagern. Äpfel bevorzugen eine Lagertemperatur von 3–4 °C.

Birne Tafelbirnen dürfen grundsätzlich nicht bis zur vollen Genußreife hängen bleiben. Ihr Aroma ist ausgeprägter, wenn die Früchte baumreif gepflückt und entsprechend nachgelagert werden. Auch Birnbäume sollten ein- bis zweimal überpflückt werden. Ursachen für mißgebildete Birnen lassen sich häufig auf Jungfernfrüchtigkeit oder Bormangel zurückführen.

Erdbeere Die Beete werden flach gehackt, damit der Boden gelockert und Unkräuter unterdrückt werden. Bestände, die im Juli und August gepflanzt wurden, erhalten jetzt eine erste Düngergabe von 30–40 g auf 1 m^2, Altbestände bekommen die zweite Düngergabe von 40–50 g Blaukornvolldünger auf 1 m^2. Von der Mitte des Monats an wird reichlich gewässert. Dies ist wichtig für den Blütenansatz des nächsten Jahres. Man erntet die Früchte der mehrmals tragenden Sorten, wie z. B. 'Hummi Gento'.

Heidelbeere Falls sie nicht schon im August geerntet wurden, müssen spätreifende Sorten von Kulturheidelbeeren weiterhin vor Vogelfraß geschützt werden.

SCHNITT EINES PFIRSICHBAUMS

Wenn alle Früchte gepflückt sind, werden die Triebe, die Früchte getragen haben, auf einen günstig stehenden Neutrieb zurückgeschnitten

Himbeere Auch in diesem Monat kann man noch abgetragene alte und schwächere junge Ruten herausschneiden. Mehrmals tragende Sorten bringen in diesem Monat noch Früchte. Himbeeren werden von nun an nicht mehr gedüngt, damit sie möglichst bis zum einsetzenden Frost nicht mehr treiben.

Holunder Die Ernte und anschließende Verarbeitung sind vorzubereiten. Die Sorte 'Donau', die sich durch besonders große Fruchtstände auszeichnet, reift zehn bis vierzehn Tage früher als 'Haschberg', die man Mitte bis Ende des Monats erntet.

Kirsche (Sauer- und Süßkirsche) Man schneidet weiterhin abgestorbene Äste und Zweige heraus, und zwar so, daß noch 15–20 cm vom gesunden Holz mit entfernt werden. Wunden werden mit Wundwachs verschlossen.

Nektarine und Pfirsich Von unten her kahl werdende ältere Bäume verjüngt man jetzt. Die Wunden sind gründlich zu verstreichen.

Weinrebe Die wichtigste Arbeit ist die Traubenlese. Sie erfolgt wegen der unterschiedlichen Reifegrade der Trauben in mehreren Arbeitsgängen. Man sollte nur bei trockenem Wetter ernten. Vogelschutznetze werden laufend auf Schäden kontrolliert. Bei den Jungreben kontrolliert man die Edelreiswurzeln, vorhandene Jungwurzeln werden entfernt.

Mitte des Monats wird die Spitze des Haupttriebs abgenommen. Dadurch kräftigt er sich, und der spätere Hauptstamm verholzt leichter.

Zwetsche Den Reifezeitpunkt der Zwetschen erkennt man an der Färbung der Früchte. Er ist dann gekommen, wenn mehrere gesunde Früchte in einigen Tagen abfallen oder am Stielansatz leicht schrumpfen. Die Qualität ist besser, wenn die Früchte gepflückt und nicht geschüttelt werden.

Gemüse

Immer mehr Gartenfreunde bevorzugen den Anbau von Gemüse auf einem Hügelbeet. Durch diese Anbaumethode erzielt man frühere und größere Ernten.

Sperriger Abfall von Sträuchern, Bäumen und Hecken, außerdem Laub, Rasenschnitt und halbverrotteter Kompost können bei der Hügelkultur verwertet werden. Im Vergleich zum normalen Beetanbau bewirken eine höhere Bodentemperatur und ein guter Wasserabzug bei den meisten Gemüsearten ein besseres Wachstum. Vor allem in den ersten beiden Jahren bildet sich durch den Prozeß der Verrottung des aufgeschichteten Materials Wärme, die das Wachstum der Pflanzen fördert.

Ein Hügelbeet kann vier bis sechs Jahre lang genutzt werden, ohne daß die Fruchtbarkeit nachläßt, weil durch die Zersetzung des organischen Materials von Jahr zu Jahr mehr Humus entsteht. Ein Hügelbeet wird weder im Frühjahr noch im Herbst umgegraben. Wenn man den Boden im Spätherbst mit einer Hacke aufreißt, genügt dies vollkommen. Dort, wo für den Gemüseanbau wenig Platz zur Verfügung steht, kann durch die Hügelkultur die Anbaufläche bis zu einem Drittel vergrößert werden.

Man kann die Pflanzen auf dem Hügelbeet ganz verschieden anordnen. Besonders vorteilhaft ist der Anbau in Mischkultur. Im ersten Jahr kann man Tomaten, Blumenkohl, Wirsing, Kohlrabi, Sellerie oder Salat anbauen. Darauf können im zweiten Jahr Möhren, Zwiebeln, Sellerie, Salat, Buschbohnen und Erbsen folgen. Hat man vier Jahre lang Gemüse angebaut, dann gedeihen auch Erdbeeren, die zwei Jahre stehenbleiben, ausgezeichnet. Abschließend pflanzt man Kartoffeln auf das alte Hügelbeet. Nach fünf bis sechs Jahren hat sich auf dem

Hügelbeet eine 30–40 cm starke Kompostschicht gebildet, mit der ein neues Hügelbeet aufgebaut werden kann.

Ein Hügelbeet anlegen Vorteilhaft ist es, wenn man im Herbst ein Hügelbeet anlegt. Zu der Jahreszeit kann man viele Gartenabfälle nutzbringend verwenden, und außerdem setzt sich das Beet bis zum Frühjahr, wenn gepflanzt wird, genügend ab.

Zuerst wird eine ungefähr 1,5 m breite und 4–10 m lange Mulde 25 cm tief ausgehoben. Das Beet sollte an einem sonnigen Platz in nordsüdlicher Richtung liegen. Der ausgehobene Mutterboden wird am Beetrand aufgesetzt, damit das Beet zum Schluß wieder abgedeckt werden kann. Entlang der Mittellinie schüttet man als unterste Schicht grobes Material, wie zerkleinerte Holzabfälle (bis 30 cm Länge), Äste, Zweige oder Reisig, etwa 40–50 cm hoch halbkreisförmig auf. Als nächstes folgt eine Schicht aus umgekehrten, etwa 15 cm dicken Grassoden. Sollten keine Grassoden zur Verfügung stehen, kann auch eine Mischung aus Gartenerde, Torf und geschnittenem Gras aufgebracht werden.

Nun schichtet man eine 25 bis 30 cm starke Laubdecke auf den bereits erkennbaren Hügel auf. Damit sich keine Hohlräume bilden, packt man das Material sorgfältig und wässert es gut. Als nächstes folgt eine 10 cm starke Lage Stallmist, wenn dieser zur Verfügung steht. Eine weitere, ungefähr 20 cm dicke Schicht aus organischen Garten- und Küchenabfällen, die sonst kompostiert werden, schließt sich an. Dieses Material sollte mit organischem Dünger, z. B. Engelharts Gartendünger, Hornoska Spezial, angereichert werden. Die Außenschicht wird aus gut verrotteter Komposterde, der seitlich gelagerten Humusschicht und reichlich Torf gemischt. Dann klopft man das Ganze gut an. Das Hügelbeet ist nun in der Mitte ungefähr 1 m hoch. Durch den Regen sackt es in den folgenden Wochen noch etwas zusammen. Zuletzt sollte es noch ungefähr 80 cm hoch sein.

Während der Kultur sorgt man dafür, daß das Regen- und Gießwasser nicht zu schnell abläuft, sonst trocknet das Beet aus, und die darauf stehenden Kulturen welken. Werden mehrere Hügelbeete angelegt, dann sollte zwischen den Beeten ein ungefähr 70 cm breiter Weg vorgesehen werden.

Nach vier bis sechs Jahren ebnet man das Hügelbeet wieder ein. Es kann nun wieder normal bepflanzt werden. Auf diese Art und Weise wird der Gartenboden von Zeit zu Zeit nachhaltig verbessert.

Verschiedene Arbeiten im Gemüsegarten Bis zur Mitte des Monats kann man noch Feldsalat für die Überwinterung auf das Freilandbeet säen. Bis Mitte September sollte auch der Winterspinat für die Frühjahrsernte ausgesät werden. Für die Überwinterung von Spinat sind die Sorten 'Monnopa', 'Butterfly', 'Montaku' und 'Nores' geeignet (siehe *August*).

Die beste Pflanzzeit für Rhabarber ist der Herbst. Es können sich so bis zum Wachstumsbeginn im Frühjahr genügend Wurzeln bilden. Beim Pflanzen ist darauf zu achten, daß die Knospen eben mit der Erde abschließen. Neue Pflanzen erhält man in Baumschulen oder Gartencentern. Man kann auch alte Rhabarberpflanzen aus dem Boden ausgraben und dann mit dem Spaten in Teilstücke (Klumpen) mit zwei Knospen teilen. Der Pflanzabstand beträgt in der Regel 1 m. Das vorgesehene Rhabarberbeet ist vor der Pflanzung gründlich zu bearbeiten. Verrotteter Stallmist, Kompost oder Torf werden reichlich in den Boden eingearbeitet.

Allen Kohlgemüsen und sonstigen Lagergemüsen, wie Möhren, Sellerie, Schwarzwurzeln und Roten Rüben, gibt man nochmals viel Wasser, damit sie kräftig wachsen.

Gegen Ende des Monats können an ungünstigen Standorten bereits die ersten Nachtfröste auftreten. Empfindliche Gemüsearten, wie Gurken, Tomaten, Paprika und Kürbisse, müssen vorher abgenommen oder mit einem Schutz versehen werden.

EIN HÜGELBEET ANLEGEN

Ähnlich wie bei einem Komposthaufen werden verrottbare Gartenabfälle in Schichten aufgetragen und mit Erde abgedeckt

Küchenkräuter

Die im Frühjahr ins Frühbeet ausgesäte Zitronenmelisse kann jetzt in den Kräutergarten gepflanzt werden. Für den Winter empfiehlt sich ein leichter Frostschutz.

Ysop kann man vermehren, indem man ältere Sträucher teilt. Die Teilpflanzen werden im Abstand von 25 × 30 cm ausgepflanzt.

Liebstöckel kann man im September vermehren. Dazu schneidet man den Wurzelstock einer Staude in Teilstücke und pflanzt sie im Abstand von 40 × 40 cm aus. Für den Frischverbrauch im Hausgarten genügt meist eine Pflanze.

Bäume und Sträucher, die von Ende September an gepflanzt werden können

Alle hier beschriebenen Bäume und Sträucher sind, wenn nichts anderes angegeben ist, bei uns winterhart. Ein gelegentlicher Auslichtungsschnitt entspricht einem Turnus von drei bis acht Jahren. Bei Pflanzenarten, die ohne allzu großen Aufwand vermehrt werden können, wird im Text ein kurzer Hinweis gegeben. Wo dieser fehlt, ist die Vermehrung durch den Hobbygärtner nicht erfolgversprechend.

Abies Tanne
Dieses immergrüne Nadelgehölz hat meist einen schlanken Wuchs. Es braucht einen guten Boden und bevorzugt kühle, feuchte Standorte. Ein Schnitt ist nicht erforderlich. *A. concolor,* die Coloradotanne, wird 10–30 m hoch und 5–7 m breit. Ihre langen grauen Nadeln sind an den Zweigen in zwei Reihen angeordnet. Die walzenförmigen Zapfen werden bis zu 10 cm lang; sie sind grün bis purpurfarben und färben sich später hellbraun. Der

Abies concolor

Baum eignet sich nur für sehr große Gärten. *A. koreana,* die Koreatanne, bringt auffallende Zapfen hervor. Sie ist auch für kleinere Gärten geeignet, weil sie höchstens 5–7 m hoch und 3 bis 4 m breit wird.

Acer Ahorn
Diese weitverbreitete Gattung von Laubbäumen und Großsträuchern ist wegen ihres schönen Laubs beliebt. Der

Acer platanoides

Ahorn gedeiht am besten auf leicht lehmigem Boden in freier Lage. Japanische Arten brauchen einen geschützten Platz. Ein Schnitt ist nicht erforderlich. *A. campestre,* der Feldahorn, ist ein robuster, heimischer Baum, der bis 15 m hoch wird und kleine, gelappte Blätter hat. Sehr schön ist die Herbstfärbung. *A. ginnala,* der Feuerahorn, ist ein Großstrauch oder ein kleiner Baum. Er wird bis 6 m hoch und als Strauch ebenso breit. Der Feuerahorn ist anspruchslos und wegen seiner schönen roten Herbstfärbung beliebt. Von *A. japonicum* und *A. palmatum* gibt es zahlreiche Arten mit blaßgrünen, scharlachroten oder bronzefarbigen Blättern, die meist fünflappig sind. Bei einigen Arten haben die Blätter tiefe Einschnitte. Die Blätter aller Arten verfärben sich im Herbst sehr schön. Im Juni entwickeln sich purpurfarbene Blüten. Höhe: 3–6 m, Breite: 5–9 m. *A. negundo* 'Variegatum', der Buntblättrige Eschenahorn, erreicht eine Höhe bis 8 m. Die Blätter sind gelb, weiß und grün getönt. *A. platanoides,* der Spitzahorn, wächst sehr rasch heran. Seine fünflappigen, hellgrünen Blätter färben sich im Herbst gelb. Im Frühling nach dem Blattaustrieb bilden sich gelbgrüne, ungefähr 5 cm lange Blütentrauben. Die Sorte 'Faassen's Black' zeichnet sich durch ihre dunkelrote Belaubung aus und wird höchstens 15 m hoch. *A. pseudoplatanus,* der Bergahorn, wird ungefähr 20 m hoch und bis 8 m breit. Im Frühsommer entwickeln sich grünliche Blüten in Traubenform. Berg- und Spitzahorn sind für kleinere Gärten zu groß.

Actinidia Kiwi
Der Strauch wurde durch seine Früchte bei uns bekannt, doch verdient er auch wegen seiner Wuchsform Beachtung.

Actinidia chinensis

A. chinensis ist ein windender, sommergrüner Strauch, der an Drähten, Gestellen, Wänden, Zäunen und Pergolen gezogen wird. Er hat filzig behaarte Triebspitzen und Blätter und blüht im Juni gelb. Vermehrt wird die Kiwi durch Samen oder durch Stecklinge im Juni. Es gibt weibliche und männliche Pflanzen. Will man Früchte ernten, dann pflanzt man mehrere weibliche und männliche Exemplare zusammen. Die Art ist verhältnismäßig winterhart. Früchte bilden sich jedoch nur in wärmeren Gegenden. Höhe: 5–8 m, Breite: 4–5 m.

Aesculus hippocastanum

Aesculus Roßkastanie
Der große, raschwüchsige Baum eignet sich für alle Gartenböden. Ein Schnitt ist nicht erforderlich. *A. hippocastanum,* die Gemeine Roßkastanie, hat auffallend weiße, rötlich gefleckte, aufrechte Blütenstände im Mai und Juni.

Die stacheligen grünen Früchte enthalten die bekannten braunen Kastanien. Vermehrt wird die Pflanze durch Aussaat der Früchte sofort nach der Ernte. *A. carnea,* die Rote Roßkastanie, wird nur 10–15 m hoch und 6–8 m breit. Damit ist die Art also etwas kleiner als die Gemeine Roßkastanie. Sie blüht rot und bringt wenige Früchte hervor.

Amelanchier canadensis

Amelanchier Felsenbirne
Ein außergewöhnlich schöner, winterharter, laubabwerfender Strauch. Im Frühjahr sind die Triebe mit leuchtendweißen Blüten übersät. Vermehrt wird die Felsenbirne durch Absenker oder Aussaat im Herbst. Die Beeren müssen früh geerntet werden, da sich sonst die Vögel über sie hermachen. Es ist kein Schnitt erforderlich. *A. canadensis,* die Schneemispel, wird 2–3 m hoch und breit. Aus weißen Blüten im April entwickeln sich im Juni karminrote Beeren. Die jungen Blätter sind länglich und an beiden Seiten mit Flaum bedeckt. Im Herbst färben sich die Blätter bronzegelb.

Aralia Aralie
Der malerisch wachsende, wenig verzweigte Strauch mit großen, gefiederten Blättern eignet sich gut als Einzelstrauch für sonnige Plätze am Haus. Er schätzt einen durchlässigen Boden. Die Triebe von *A. elata* sind stark bestachelt. Im August bringt diese Art cremeweiße große Dolden hervor. Sie ist auch für kleine Gärten geeignet. Vermehrt wird sie durch Ausläufer. Höhe: 5–8 m, Breite: 4–5 m. Bekannt sind außerdem die Arten *A. chinensis,* die bis zu 8 m hoch wird, und *A. spinosa.*

Aucuba Aukube
Dieser immergrüne Strauch braucht eine gute, lehmige Gartenerde und einen warmen, geschützten Platz. Da die Aukube nicht völlig winterhart ist, hält man sie oft in Gefäßen. Vermehrt wird sie durch Stecklinge im August. Ein Schnitt ist nicht erforderlich. *A. japonica* hat schmale, ovale, lederartige grüne Blätter und purpurfarbene, aufrechtstehende Blüten im März und April. Höhe und Breite: bis 2,5 m.

Aucuba japonica

Berberis Berberitze, Sauerdorn
Die artenreiche Gattung stark bedornter Ziersträucher ist wegen ihres schönen Wuchses, ihrer Blüten und Früchte beliebt. Sie gedeiht in fast jedem Boden. Ausgesät wird sie nach Beerenernte im Herbst. Außerdem kann man die Berberitze auch durch Grünstecklinge im Sommer vermehren. Ein Schnitt ist nicht erforderlich. Gelegentlich sollte man die holzigen Triebe ausdünnen. *B. julianae* und *B. stenophylla* sind immergrün. *B. julianae* hat lange, schmale, dunkelgrüne Blätter mit scharf gezähntem Rand. Im Mai erscheinen zahlreiche gelbe Blüten, aus denen später blauschwarze bereifte Beeren hervorgehen. Diese Art wird 2,5 m hoch und breit. *B. stenophylla* erfreut im April durch ihre goldgelben Blüten und im Herbst durch rote Beeren. Die Blätter sind schmal und ungeteilt. Höhe: 3 m, Breite: 4 m. Die Art ist auch für Hecken geeignet, die nur wenig in

Berberis thunbergii

Form geschnitten werden müssen. *B. thunbergii,* ein laubabwerfender Strauch, blüht blaßgelb im Frühling. Die Beeren und das Herbstlaub sind flammend rot. Die schmalen grünen Blätter haben auf der Unterseite eine blaugraue Färbung. Die Sorte 'Atropurpurea' ist rotlaubig. *B. thunbergii* 'Atropurpurea Nana', ebenfalls eine rotlaubige Art, wird nur 50 cm hoch. Der reizende Strauch eignet sich für Steingärten und als Minihecke. Der immergrüne Strauch *B. verruculosa* hat kleine, glänzende Blätter und blüht orangegelb im Mai und Juni; später reifen purpurrote Beeren heran. Höhe und Breite: 2–3 m.

Betula Birke
Der laubabwerfende Baum mit fast weißer Rinde ist für alle Bodenarten geeignet und erträgt Sonne und Schatten. Er braucht nicht geschnitten zu werden. Birken vertragen sich gut mit Heidekrautgewächsen. Man vermehrt die Birke durch Aussaat. *B. pendula,* die Sandbirke, wird 10–20 m hoch und

Betula pendula

3–6 m breit. Die Sorte 'Dalecarlica' hat hängende Zweige und tief eingeschnittene Blätter. Höhe: 15–20 m, Breite: 9–11 m. *B. youngii,* Youngs Hängebirke, ist eine auffallend schöne Trauerbirke, die sich ideal für Rasenflächen in kleineren Gärten eignet.

Buddleja Sommerflieder
Dieser Zierstrauch zeichnet sich durch eine reiche Blütenpracht von Juli bis September aus. Er wächst auf allen Böden in sonniger Lage. Höhe: 2–3 m, Breite: 2–3 m. *B. alternifolia* bringt im Juni und Juli zartpurpurne Blüten in Traubenform hervor. Kleine, lanzettförmige Blätter sind wechselständig an

Buddleja davidii

schlanken, gebogenen Zweigen angeordnet. Man vermehrt den Strauch im Juli durch Grünstecklinge. Altes Holz wird sofort nach der Blüte ausgedünnt. Höhe: 2–3 m, Breite: 5 m. *B. davidii,* der Schmetterlingsstrauch, blüht weiß und lila bis purpurrot im Spätsommer. Der Strauch hat große lanzettförmige Blätter. Vermehrt wird er im Juli durch Grünstecklinge oder im Herbst durch Steckholz. Rückschnitt ins alte Holz im April. Höhe: 2–3 m, Breite: 2 m.

Buxus Buchsbaum
Diese immergrünen, schattenverträglichen Sträucher sind für nicht zu schwere Böden geeignet. Man vermehrt den Buchsbaum durch Grünstecklinge im August. Die Art *B. sempervirens* ist dicht mit kleinen, länglichen Blättern belaubt. Der Strauch eignet sich als Sichtschutz, zur Unterpflanzung unter Bäumen, als Hecke und für Kübel.

Callicarpa Schönfrucht
Dieser laubabwerfende Strauch, der wegen seiner glänzendvioletten Beeren im Herbst beliebt ist, bevorzugt einen

Callicarpa bodinieri var. giraldii

lehmigen, möglichst kalkarmen Boden in geschützter, sonniger Lage. Vermehrt wird *Callicarpa* durch Grünstecklinge im Juli. *C. bodinieri var. giraldii* bringt im Juli kleine rosa Blüten und später zahlreiche perlenförmige violette Beeren hervor und ist als Solitärstrauch geeignet. In rauhen Lagen braucht die Pflanze Winterschutz. Zurückgeschnitten wird sie im Frühjahr. Höhe: 2 m, Breite: 1 m.

Campsis Jasmintrompete, Trompetenblume
Diese Kletterpflanze eignet sich zum Bewachsen von Zäunen und Mauern. Man pflanzt sie möglichst in lehmigen

Campsis radicans

Boden vor einer geschützten Wand, die der direkten Sonnenbestrahlung ausgesetzt ist. Vermehrt wird die Jasmintrompete im Juli durch den Schnitt junger Stecklinge oder durch Absenker. *C. radicans* entwickelt im August und September große orangerote Trompetenblüten. Die gefiederten Blätter haben eine flaumige Unterseite. Die Sorte 'Madame Gallen' ist lachsrot. Höhe: 8 m.

Carpinus Hain- oder Weißbuche
Der laubabwerfende Baum, der häufig auch als Heckenpflanze verwendet wird, gedeiht auf allen Böden. Es ist kein Schnitt erforderlich. Die doppelt geschlitzten, ovalen Blätter von *C. betulus* bleiben den Winter über an den Zweigen, bis im Frühjahr neue Blätter erscheinen. Die sehr schönen Bäume ertragen Schatten. Sie wachsen in der Jugend relativ langsam, so daß sie in nicht zu kleinen Gärten durchaus noch verwendet werden können. Höhe: bis 15 m, als Hecke bis 6 m.

Carpinus betulus

Caryopteris Bartblume
Der laubabwerfende Strauch wächst fast überall an sonnigen Standplätzen. Er wird im Juni durch Stecklinge vermehrt. Im März ist ein kräftiger Rückschnitt erforderlich. *C. × clandonensis*

Caryopteris x clandonensis

ist wegen seiner violetten Blüten beliebt, die im August und September oder noch später erscheinen. Die graugrünen Blätter duften angenehm. Höhe und Breite: 1,2–1,5 m.

Ceanothus Säckelblume
Die weitverzweigte Gattung winterfester, laubabwerfender Halbsträucher trägt viele meist blaue Blüten von Juli bis in den Herbst. Die Säckelblume bevorzugt warme, geschützte Standorte mit durchlässigem, humosem Boden. Vermehrt wird die Pflanze durch Grünstecklinge von Juni an. Im März wird sie zurückgeschnitten. *C.-Delilianus*-Hybriden blühen häufig hellblau. Die Sorten 'Gloire de Versailles' und 'Topace' entwickeln tiefblaue Blüten im Sommer und Herbst.

Ceanothus-Hybriden

Celastrus Baumwürger
Die laubabwerfende Kletterpflanze gedeiht in der Sonne und im Halbschatten in guten, nicht zu nassen Böden vorzugsweise an Mauern und Zäunen. Vermehrt wird der Baumwürger durch

Celastrus orbiculatus

Aussaat oder durch Absenken der einjährigen Triebe. Es ist kein Schnitt erforderlich. *C. orbiculatus,* ein fleißiger Kletterstrauch, trägt im Herbst und Winter zahlreiche erbsenähnliche Früchte, die nach der Reife in drei Teile zerspringen und scharlachrote Samen freigeben. Höhe: 12 m und mehr.

Cercis Judasbaum
Der laubabwerfende Baum gedeiht in nahezu jedem Boden. Er braucht einen sonnigen, warmen Standort und muß nicht zurückgeschnitten werden. Höhe: bis 8 m. Die purpurrosa Blüten von

Cercis siliquastrum

C. siliquastrum, die in Trauben direkt am Stamm sitzen, erscheinen im Mai, ehe sich die hellgrünen Blätter entwickeln.

Chaenomeles Japanische Quitte, Zierquitte
Diese laubabwerfenden Sträucher blühen schon von März an und brauchen einen sonnigen Standort. Man vermehrt sie durch Absenker im Sommer. *C. japonica* öffnet ihre großen rötlichen Blüten im April und Mai. Die gelben quittenähnlichen Früchte, die im Herbst reifen, kann man zu Gelee verarbeiten. Der Strauch läßt sich auch an einer Wand hochziehen. Höhe und Breite: 1–2 m. *C. speciosa* wird 2–3 m hoch und ebenso breit. Von dieser Art gibt es schöne, in kräftigen Farben

Chaenomeles japonica

reichblühende Sorten, die nur 1–2 m hoch werden, z. B. 'Andenken an Carl Ramcke' oder 'Crimson and Gold'.

Chamaecyparis Scheinzypresse
Diese immergrüne Konifere ist für alle Gartenböden geeignet. Es gibt große, schlanke und buschige, strauchige Arten und Sorten. Man vermehrt die Pflanze durch Aussaat im Frühjahr. Der Solitärbaum wird nicht geschnitten. Hecken schneidet man im Mai und August. *C. lawsoniana* 'Alumii', ein blaubenadelter Baum, wächst in der Jugend säulenförmig und wird später breiter. Er ist sowohl als Solitärbaum wie auch für Hecken geeignet. Höhe: 5–10 m, Breite: 1–2 m. Die Sorte 'Columnaris Glauca' bleibt auch im Alter säulenförmig. Die Sorten 'Kelleris Gold', 'Golden Wonder' und 'Lane' sind mehr oder weniger gelbnadelig und werden nicht so groß. *C. nootkatensis* 'Pendula' bietet mit ihren lockerstehenden, waagrechten Ästen einen malerischen Anblick. *C. obtusa* 'Nana Gracilis' ist ein schönes, buschig wachsendes Nadelgehölz, das bis zu 2 m hoch und breit wird. Die Sorte eignet sich für die Einzelstellung. *C. pisifera* 'Filifera' wird 2–5 m hoch, bis 3 m breit und wirkt durch ihre feinen, fadenförmig herabhängenden Zweige. Charakteristisch ist der buschige Wuchs. Solitärgehölz.

Chamaecyparis lawsoniana

Chimonanthus Winterblüte
Der laubabwerfende Strauch blüht von Januar bis März. Er braucht einen möglichst warmen, sonnigen Standort und bevorzugt lehmhaltige Böden mit gutem Wasserabzug. Man vermehrt die Pflanze durch Absenken von Trieben.

Chimonanthus praecox

C. praecox öffnet sehr früh im Jahr seine stark duftenden, wachsartigen gelblichen Blüten mit purpurfarbener Mitte. Die Pflanze blüht nur in warmen Gegenden.

Clematis Waldrebe
Die große Gattung blühender Kletterpflanzen liebt einen kalkhaltigen, humosen Boden mit dicker Laubmulchdecke. Vermehrt wird die Waldrebe durch Absenken oder durch Stecklinge im Juli. Die sommerblühenden Arten werden im Februar geschnitten, Frühjahrsblüher nach der Blüte. Die Waldrebe rankt sich an Gittern, Drähten oder anderen Stützvorrichtungen hoch.

Clematis-Hybriden 'Nelly Moser'

Unter dem Begriff *C.*-Hybriden faßt man die großblumigen Sorten zusammen. Sie werden 3–4 m hoch und blühen von Juni bis September in Blau- und Purpurtönen. Besonders schön ist die Sorte 'Nelly Moser'. *C. montana,* eine kleinblütige Form, klettert bis zu 8 m und ist bereits im Mai reich mit zartrosa Blüten bedeckt. *C. tangutica* bringt kleine, goldgelbe, glockige Blüten von Juni an hervor und wird bis zu 8 m hoch.

Cornus Hartriegel
Die große Gattung umfaßt viele Sträucher bzw. kleine Bäume, die alle laubabwerfend sind. Sie stellen keine besonderen Ansprüche an den Boden und ertragen auch etwas Schatten. Der Hartriegel braucht nicht geschnitten zu werden. Vermehrt wird er durch Grünstecklinge oder Absenker. Das Holz der Zweige von *C. alba* 'Sibirica' ist korallenrot. Im Mai erscheinen die kleinen gelbweißen Blüten. Die Sorte 'Variegata' hat silberfarbene Ränder an graugrünen Blättern. Höhe und Breite: 2 bis

Cornus kousa

3 m. *C. sericea* 'Flaviramea' gleicht im Wuchs *C. alba,* hat jedoch eine auffallend gelbgrüne Rinde. Eine Kombination beider Arten ergibt vor allem im Winter ein hübsches Bild. Höhe und Breite: 2–3 m. Im Juni bringt *C. kousa* große, cremefarbene Hüllblätter hervor. Später bilden sich an den weit ausladenden, waagrechten Zweigen erdbeerähnliche Früchte. Die eiförmigen Blätter färben sich im Herbst scharlachrot. Höhe und Breite: bis 6 m. *C. mas,* die Kornelkirsche, hat kleine gelbe Blüten im Februar. Im Spätsommer entwickeln sich daraus kirschenartige, eßbare rote Beeren.

Corylopsis spicata

Corylopsis Scheinhasel
Diese laubabwerfenden, früh blühenden Sträucher gedeihen auf fast jedem Boden, auch auf Sandboden. Der Standort sollte vor der Morgensonne geschützt sein. Vermehrt wird die Scheinhasel durch Absenken. Es ist kein Schnitt erforderlich. *C. pauciflora* bringt im zeitigen Frühjahr duftende gelbe Blüten hervor, die jedoch in rauhen Lagen unter Spätfrösten leiden. Höhe und Breite: 1–2 m. *C. spicata,* die ungefähr 1,8 m hoch und ebenso breit wird, blüht nach *C. pauciflora* und ist deshalb nicht so frostgefährdet. Die Art *pauciflora* hat hängende Blütenähren mit blaßgelben Blüten im April.

Corylus Haselnuß
Einer der bekanntesten heimischen Sträucher ist *C. avellana,* die Haselnuß. Der Strauch wird 4–6 m hoch und 4,5 m breit. Ganz früh im Frühjahr erscheinen noch vor den Blättern die gelben Kätzchen. Im Spätsommer trägt der Strauch die bekannten Nüsse. Vermehrt wird die Haselnuß durch Absenken.

Cotinus Perückenstrauch
Der laubabwerfende Strauch fällt durch seinen eigenartigen Blüten- und Fruchtstand auf. Er liebt einen sonnigen, warmen Standort und einen wasserdurchlässigen, kalkhaltigen Boden. Der Perückenstrauch braucht nicht regelmäßig geschnitten zu werden. Man vermehrt die Pflanze durch Absenken. *C. coggygria* hat frischgrüne, ovale Blätter. Seine eigentliche Zierde sind seine federigen Fruchtstände, die sich im Juli bilden. Wie eine Perücke sitzen sie auf dem Strauch und halten bis in den Herbst hinein, wenn sich die Blätter orangerot färben. Höhe: 3–4 m, Breite: 2–3 m. Die Sorte 'Royal Purple' besticht schon im Sommer durch ihr rotes Laub. Der Perückenstrauch ist eine ausgesprochene Solitärpflanze, die nur zur Geltung kommt, wenn sie sich entfalten kann.

Cotoneaster Zwergmispel
Diese große Gattung laubabwerfender und auch immergrüner Sträucher ist wegen ihrer roten Beeren und wegen ihres schönen Herbstlaubs beliebt. Höhe: von flach am Boden sich ausbreitenden Pflanzen bis 6 m und höher. Kleine weiße oder rosa Blüten erscheinen im Mai und Juni, die Beeren im Spätsommer und Herbst. Die Zwergmispel gedeiht gut in jedem nicht zu feuchten Boden und erträgt Sonne und Schatten. Vermehrt wird sie durch Aussaat im März oder durch Grünstecklinge im Juni und Juli. Die meisten Arten erfordern keinen Schnitt. *C. adpressus,* ein laubabwerfender Strauch, bekommt im Herbst scharlachfarbene Blätter und rote Beeren. Die Art ist ideal für den Steingarten geeignet. Höhe: 30 cm. *C. bullatus,* der ebenfalls im Herbst seine Blätter abwirft, hat weit ausladende Zweige, die mit eiförmig lanzettlichen Blättern besetzt sind. Im Herbst entwickeln sich rote Beeren, die Blätter verfärben sich rötlich. Höhe

Cotoneaster horizontalis

und Breite: 3–6 m. Die ganz flach am Boden liegenden Triebe von *C. dammeri* werden 10–20 cm hoch und tragen immergrüne, glänzende kleine Blättchen. Als bodenbedeckende Pflanze ist die Art unentbehrlich. Die Sorte 'Skogsholm' wächst stark. 'Coral Beauty' blüht besonders reich und bringt viele Beeren hervor. Eine laubabwerfende Art mit bogig überhängenden Zweigen und scharlachroten Beeren im Herbst ist *C. dielsianus.* Sie wird 1,5–2 m hoch und 2,3–3,5 m breit. *C. horizontalis* wirft ebenfalls das Laub ab. Im Herbst erscheinen leuchtendrote Beeren an fischgrätartigen Zweigen. Höhe: 60 cm, Breite: 2 m. Ein immergrüner, sehr schöner Strauch, der sich auch zur Einzelstellung eignet, ist *C. salicifolius var. floccosus.* Höhe: 3–4 m, Breite: 1,5–2,5 m. Die Sorte 'Herbstfeuer' ist ein schöner Bodendecker.

Crataegus Weißdorn
Die laubabwerfenden Kleinbäume oder Großsträucher bringen im Mai weiße oder zartrosa Blüten hervor. Sie gedeihen in jedem Boden an offenen, sonni-

Crataegus laevigata

gen Standorten. Kein Schnitt ist erforderlich. Vermehrt wird der Weißdorn durch Aussaat im Herbst. Von *C. laevigata* gibt es mehrere Sorten mit gefüllten Blüten in Rot, Rosa und Weiß. Höhe: 6 m, Breite: 3,5 m. *C. × lavallei* hat glänzend frischgrüne Blätter, die sich im Herbst schön gelbrot färben. Die großen orangeroten Früchte halten bis zum ersten Frost. Höhe: bis 7 m, Breite: 5 m. *C. monogyna* bringt im Mai und Juni weiße Blüten hervor, aus denen sich rote Beeren entwickeln. Auch als Heckenpflanze ist die Art geeignet. Höhe: 2–3 m, Breite: 1–2 m.

Cytisus Geißklee, Besenginster
Diese laubabwerfenden Sträucher blühen sehr reich. Sie gedeihen nur in voller Sonne, stellen aber keine Ansprüche

Cytisus scoparius

an den Boden. Man vermehrt die Sträucher durch Aussaat im Frühjahr. Geschnitten werden sie unmittelbar nach der Blüte. *C. decumbens,* der Zwergginster, wird ziemlich breit und eignet sich für den Steingarten. Trauben mit leuchtendgelben Blüten erscheinen im Mai und Juni. Höhe: 20 cm. *C.* × *praecox,* der Elfenbeinginster, öffnet seine butterblumengelben Blüten von Ende März bis Anfang Mai. Höhe und Breite: 2 m. *C. scoparius,* der Besenginster, bringt von April bis Juli duftende gelbe Blüten hervor. Höhe und Breite: 2 m. Empfehlenswerte Sorten: 'Andreanus Splendens', gelb- und scharlachrot; 'Firefly', gelb und bronze-scharlachrot; 'Burkwoodii', gold, braun, karminrot.

Daphne cneorum

Daphne Seidelbast
Diese immergrünen, laubabwerfenden, süß duftenden Sträucher wachsen auf lehmhaltigen, nicht zu feuchten Böden. Durch eine Laub- oder Torfdecke werden die Wurzeln kühl gehalten. Vermehrt wird der Seidelbast durch Absenken im Frühjahr und Sommer. Es ist kein Schnitt erforderlich. *D. cneorum,* der Rosmarinseidelbast, ist ein immergrüner Strauch, der im Mai und Juni rosa blüht. Er gedeiht auch auf kalkhaltigen Böden und ist für Steingärten in sonnigen Lagen geeignet. Höhe: 10 bis 15 cm, Breite: 60 cm. Noch ehe sich die Blätter von *D. mezereum* entwickeln, erscheinen im Februar und März blaßrosa Blüten an aufrecht stehenden Zweigen. Hellrote Beeren, die sehr giftig sind (Vorsicht bei Kindern!), bilden sich von Juni an. Die Art gedeiht am besten im Halbschatten. Es gibt auch eine weißblühende Art. Höhe und Breite: 1 m.

Deutzia Deutzie, Maiblumenstrauch
Diese laubabwerfenden, reich blühenden Sträucher gedeihen auf fast jedem Boden an sonnigen, aber auch halbschattigen Standorten. Man vermehrt

Deutzia gracilis

sie durch Grünstecklinge im Juni oder Juli oder durch Steckhölzer. Auslichtungsschnitt im Winter. *D. gracilis* schmückt sich im Mai und Juni mit weißen Blüten, die an aufrechten Zweigen stehen. Höhe: 1 m, Breite: 50 bis 80 cm. *D.*-Hybriden sind anspruchslose Ziersträucher mit vielen weißen, zum Teil auch rosa Blüten im Mai. Höhe: 2–2,4 m, Breite: 1,8–2,7 m.

Elaeagnus angustifolia

Elaeagnus Ölweide
Der laubabwerfende Strauch oder kleine Baum ist beliebt wegen seiner silbrigen Belaubung. Er braucht volle Sonne und Böden mit gutem Wasserabzug. Vermehrt wird die Ölweide am besten durch Aussaat im Sommer. Die Pflanze braucht nicht geschnitten zu werden. *E. angustifolia,* eine wertvolle Bienenweide, hat einen sparrigen Wuchs. Die gelben Blüten öffnen sich von Mai bis Juli. Höhe: 5–7 m, Breite: 3–5 m.

Euonymus Pfaffenhütchen
Die immergrünen und auch die laubabwerfenden, winterharten Sträucher gedeihen auf Kalkböden, jedoch auch in fast jedem anderen Boden an sonnigen und auch an schattigen Standorten. Die immergrünen Arten vermehrt man durch Grünstecklinge im Spätsommer, die sommergrünen im Juni. Die grünen Blätter von *E. alatus,* einer laubabwerfenden Art, färben sich im Herbst rosa. Höhe: 2–3 m, Breite: 1,8–2,4 m. *E. europaeus,* der Gemeine Spindelstrauch, ist sehr anspruchslos. Besonders schön sind die Herbstfärbung seiner Blätter und die hellorangefarbenen Früchte. Höhe: 4–6 m, Breite: 2–4 m. *E. fortunei,* ein immergrüner, kriechender Bodendecker, gedeiht in der Sonne und im Schatten. Höhe: 40 cm. Es gibt mehrere Sorten, z. B.: 'Coloratus' mit dunkelgrünen Blättern. Die Pflanze ist niederliegend flach, klettert aber auch an Mauern oder Bäumen. 'Variegatus' hat weiß-bunte Blätter. *E. fortunei var. vegetus* mit rundlichen, grünen Blättern wächst mehr buschig.

Euonymus europaeus

Fagus Buche
Die großen, laubabwerfenden Bäume gedeihen in allen nicht zu mageren Böden. In der Jugend ertragen Buchen

Fagus sylvatica

Schatten. Ein Schnitt ist nicht erforderlich.

F. sylvatica, die Rotbuche, ist nur für größere Gärten oder für Hecken geeignet. Die Blätter bleiben oft bis zum nächsten Frühjahr am Baum. Sehr wirkungsvoll ist die Herbstfärbung. Höhe: 20–25 m, Breite: bis 18 m. *F. s.* 'Atropunicea', die Blutbuche mit dunkelrotem Laub, eignet sich für große Gärten. Auch *F. s.* 'Pendula', die Hängebuche, wird sehr groß.

Forsythia Forsythie, Goldglöckchen
Diese laubabwerfenden Ziersträucher blühen früh im Jahr. Man pflanzt sie an einen sonnigen Platz und vermehrt sie durch Steckholz. Einen Auslichtungs-

Forsythia x intermedia

schnitt kann man nach der Blüte oder im Winter vornehmen. *F. × intermedia* schmückt sich mit goldgelben Blüten im April und Mai vor dem Blattaustrieb. Der Strauch hat einen aufrechten Wuchs. Höhe: 3–4 m, Breite: 2–3 m. An den Triebspitzen der bogig überhängenden Zweige von *F. suspensa* bilden sich oft Wurzeln, die den Boden berühren. Die bewurzelten Spitzen können leicht von der Mutterpflanze abgetrennt und zur Vermehrung auf ein Beet gepflanzt werden. Höhe: 2–3 m, Breite: 3–4 m.

Fothergilla Federbuschstrauch
Wegen ihrer orange- und scharlachro-

Fothergilla monticola

ten Herbstfärbung werden diese laubabwerfenden, langsam wachsenden Blütensträucher geschätzt. Man pflanzt sie in leichten, möglichst kalkfreien Boden in sonniger, warmer Lage. Vermehrt werden die Sträucher durch Grünstecklinge im Sommer oder durch Absenken. Der Federbuschstrauch braucht nicht geschnitten zu werden. *F. major* entwickelt duftende, bis 8 cm lange weiße Blütenbüschel im Mai. Höhe: 2–2,5 m, Breite: 1–2 m. *F. monticola* hat rahmfarbene Blüten im Mai. Höhe: 1,5–2 m, Breite: 1–2 m.

Fuchsia magellanica

Fuchsia Fuchsie
Die bekannten laubabwerfenden Sträucher blühen im Sommer und Herbst. Man pflanzt sie im Halbschatten in guten Gartenboden. Da Fuchsien größere Kälte nicht ertragen, werden sie in Töpfen oder größeren Gefäßen in hellen, aber nicht zu warmen Räumen überwintert, im Frühjahr zurückgeschnitten und dann wieder ausgepflanzt. In milderen Gegenden frieren sie zurück und treiben dann wieder aus. Geeignet ist *F. magellanica* mit den Sorten 'Gracilis' und 'Riccartonii'. Höhe: 1,5 m, Breite: 40 cm.

Genista Ginster
Die laubabwerfenden Blütensträucher gedeihen gut in voller Sonne auf leichten Böden mit gutem Wasserabzug. Sie sind ideal für den Steingarten geeignet. Vermehrt werden sie durch Aussaat im März oder April. Der Ginster braucht nicht geschnitten zu werden. *G. hispanica,* der Spanische Ginster, bringt im Mai und Juni viele hellgelbe Blüten her-

Genista lydia

vor. Er ist ein ausgezeichneter Strauch für trockene Lagen. Höhe: 60 cm, Breite: 1,2 m. Die hellgelben Blüten von *G. lydia* erscheinen im Mai und Juni an schlanken, hängenden, graugrünen Zweigen. Der Strauch ist für eine trokkene Wand oder einen sonnigen Steingarten geeignet. Höhe: 30–50 cm, Breite: 1 m. *G. tinctoria,* der Färberginster, hat tiefgelbe Blüten von Juni bis August. Höhe: 90 cm, Breite: 0,9–1 m. Eine niedrigwachsende Form ist *G. tinctoria* 'Plena', die nur 30 cm hoch wird.

Ginkgo
Der laubabwerfende, langsam wachsende Baum steht zwischen Laub- und Nadelgehölzen. Er stellt keine besonde-

Ginkgo biloba

ren Ansprüche an den Standort, braucht aber viel Platz, denn er sollte frei stehen. Es ist kein Schnitt erforderlich. Die hellgrünen, fächerartigen Blätter von *G. biloba* färben sich im Herbst goldgelb. Höhe: 18–20 m, Breite: 7 bis 8 m.

Gleditsia Gleditschie, Christusdorn
Die laubabwerfenden Bäume, die bis 13 m hoch und 5 m breit werden, haben 20 cm lange, gefiederte Blätter und eine lockere, schirmförmige Krone. Die langen dekorativen Dornen sind oft verzweigt. Die Gleditschie stellt nur geringe Ansprüche an den Boden und erträgt gut die Trockenheit. Man vermehrt den Baum durch Aussaat im Mai. Es ist kein Schnitt erforderlich.

G. triacanthos, der Falsche Christusdorn, ist die bei uns am meisten verwendete Art. Aus unscheinbaren Blüten entwickeln sich bis zu 40 cm lange flache Hülsen, die bis in den Winter hinein am Baum bleiben. Ein sehr schönes Gehölz für die Einzelstellung. Die Sorte

Gleditsia triacanthos 'Inermis'

'Inermis' hat keine Dornen und wird deshalb besonders gern gepflanzt.

Hamamelis Zaubernuß
Diese laubabwerfenden Sträucher blühen gelegentlich schon Ende Januar. Die Sträucher tragen viele strahlige Blüten, deren Farben von Goldgelb bis Kupferrot reichen. Die Blätter nehmen im Herbst, ehe sie abfallen, feurige Färbungen an. Man pflanzt die Zaubernuß an sonnigen Standorten auf nicht zu trockenem Boden möglichst in der Nähe des Hauses, damit man ihre Blüten im Winter gut sehen kann. Der Strauch eignet sich für die Einzelstellung. Es ist

Hamamelis mollis

kein Schnitt erforderlich. Vermehrt wird die Pflanze durch Absenken im Frühjahr. *H. japonica* bringt im Februar grellgelbe Blüten hervor. Höhe und Breite: 2–4 m. *H. mollis* schmückt sich mit vielen goldgelben Blüten im Februar. Höhe und Breite: 2,5–4 m.

Hebe Strauchveronika
Die immergrünen, hübschen kleinen Sträucher, die weiß, rosa, blau, lila oder malvenfarben blühen, gedeihen in Gegenden mit mildem, maritimem Kli-

Hebe speciosa

ma. Sie bevorzugen einen sonnigen Standort und Böden mit gutem Wasserabzug. Die Strauchveronika ist für Tröge und Schalen geeignet. Vermehrt wird sie durch Grünstecklinge im Sommer. Der Strauch braucht nicht geschnitten zu werden. Frostgeschädigte Triebe entfernt man im März. *H. cupressoides* blüht blaßblau im Juni und Juli. Die Blätter sind grünlichblau. Höhe: 60–90 cm, Breite: 0,9–1,2 m. *H.* × *armstrongii* ist weniger kälteempfindlich als die übrigen. Höhe und Breite: 50–60 cm. *H. speciosa* 'Midsummer Beauty' schmückt sich mit lavendelblauen Blüten von Juni bis August. Höhe und Breite: 60–90 cm.

Hedera Efeu
Die immergrüne Kletterpflanze kann sich mit ihren Haftwurzeln an fast jeder Oberfläche festhalten. Der Efeu wächst

Hedera helix

aber auch flach am Boden und ist dann ein wertvoller Bodendecker. *H. helix* gedeiht auf jedem normalen Boden und bevorzugt den Schatten. Wenn es feucht genug ist, kommt er auch in der Sonne voran. Vermehrt wird der Efeu durch Grünstecklinge im August oder September. Es ist kein Schnitt notwendig.

Hibiscus Roseneibisch
Diese laubabwerfenden Sträucher blühen im Spätsommer. Sie brauchen einen fruchtbaren, gut durchlässigen Boden und einen sonnigen, warmen, geschützten Standort. Man vermehrt die Pflanze durch Grünstecklinge im Juli.

Hibiscus syriacus

Sie braucht nicht geschnitten zu werden. Die malvenähnlichen blauen, purpurfarbenen, rosa und weißen Blüten von *H. syriacus* erscheinen im August und September. Zu den beliebtesten Sorten gehören 'Blue Bird' mit mittelblauen Blüten, 'Coelestis' mit blauvioletten Blüten, 'Totus Albus' mit weißen Blüten und 'Woodbridge' mit roten Blüten.

Hippophae Sanddorn
Der laubabwerfende, robuste Strauch gedeiht auch auf den magersten, trokkenen Böden. Vermehrt wird er durch Aussaat im Frühjahr oder durch Abtrennen der Ausläufer. Ein gelegentlicher Auslichtungsschnitt ist empfehlenswert.

Hippophae rhamnoides

H. rhamnoides hat schmale, silbrige Blätter und unscheinbare Blüten. Im Herbst tragen die weiblichen Pflanzen unzählige orangerote, eßbare, sehr vitaminreiche Beeren. Höhe: 5 m, Breite: 2,4–3 m.

Hydrangea Hortensie
Die meisten Arten dieser laubabwerfenden Sträucher lieben die Sonne, einige

mehr den Halbschatten; alle brauchen lehmige Gartenböden. In der Wachstumszeit muß man die Pflanzen gut feucht halten.

Man unterscheidet drei große Gruppen von Hortensien: die Schneeballhortensie mit kegeligen Blütendolden, solche mit kugeligen Blüten und außerdem die mit flachgewölbten Dolden und kleinen Blüten in der Mitte. Vermehrt wird die Pflanze durch Stecklinge im Sommer.

H. macrophylla hat im Sommer große kugelige Blütendolden in Blau-, Rosa-, Rot- und Weißtönen. Im Herbst bilden sich bei dieser Art Knospen. Wenn der Strauch im Winter stark zurückgeschnitten wird, blüht er erst wieder im übernächsten Jahr. Höhe: 1,2 bis 2 m, Breite: 1,2 bis 1,8 m. Die großen Dolden mit cremeweißen Blüten von *H. paniculata* 'Grandiflora' erscheinen im August und September. Die Pflanze muß im Frühjahr stark zurückgeschnitten werden. Höhe: 2,5 bis 3,5 m, Breite: 1,2 bis 1,8 m. Als Kletterstrauch kann *H. petiolaris* über 15 m hoch klettern; frei stehend wird er ungefähr 2 m hoch und breit. Er eignet sich für Nord-, Ost- oder Westwände. Die flachen Köpfe tragen im Juni weiße Blüten. Die Blätter sind herzförmig und dunkelgrün. Es ist kein Schnitt erforderlich. Vermehrt wird die Art durch Stecklinge und Absenker.

Hydrangea macrophylla

Hypericum Johanniskraut
Die meist immergrünen Sträucher blühen im Sommer und Herbst gelb oder goldfarben. Man pflanzt sie an einen sonnigen bis halbschattigen Standort auf wasserdurchlässige Böden. *H. calycinum* ist ein guter, immergrüner Bodendecker für sonnige, trockene und auch schattige Standorte. Man vermehrt die Pflanze durch Teilung im März/April. Im April wird kräftig zurückgeschnitten. Höhe: 30–40 cm, Breite: bis 80 cm. *H. patulum* 'Henryi', ein halbimmergrüner Strauch, blüht im Juli und August. Im März schneidet man ihn leicht zurück. Höhe und Breite: 0,9–1,2 m.

Hypericum calycinum

Ilex aquifolium 'Golden King'

Ilex Stechpalme
Der weitgehend winterharte, immergrüne Strauch ist für sonnige bis halbschattige Plätze auf allen normalen Böden geeignet. In rauhen Lagen ist er nicht ganz winterhart. Vermehrt wird er durch Grünstecklinge im August. Es ist kein Schnitt erforderlich. *I. aquifolium* 'Golden King' hat hellgelbe Ränder. Die breiten Blätter von 'Silver Queen' sind cremeweiß gemustert. Höhe: 1,5–8 m, Breite: 3–4 m.

Jasminum Echter Jasmin
Die laubabwerfende Pflanze eignet sich gut für die Bekleidung von Wänden, wächst aber auch auf Mauerkronen und an Böschungen. Gerne entscheidet man sich für diese Pflanze, weil sie so früh im Jahr schon blüht. Sie stellt keine besonderen Ansprüche an den Boden, braucht aber eine warme, sonnige Lage. *J. nudiflorum,* der Winterjasmin, bringt von Januar bis April zahlreiche gelbe Blüten hervor. Vermehrt wird die Art durch Grünstecklinge im Sommer. Nach der Blüte nimmt man gelegentlich einen Auslichtungsschnitt vor.

Jasminum nudiflorum

Juniperus Wacholder
Die immergrünen Nadelgehölze gedeihen an sonnigen Standorten auf allen Böden. Vermehrt werden die Pflanzen durch Stecklinge von jungen Trieben im Sommer. Es ist kein Schnitt erforderlich. *J. chinensis* wächst strauchartig mit breit ausladenden Ästen. Die Sorte 'Pfitzeriana' hat moosgrüne Nadeln und wird 1,5–2 m hoch und 2–3 m breit. Die Sorte 'Pfitzeriana Aurea' ist mehr gelbgrün benadelt. *J. communis* 'Hibernica' hat graugrüne Nadeln und wächst ebenfalls säulenförmig. Höhe: bis 3 m, Breite: 1 m. *J. horizontalis, J. communis* 'Hornibrookii' und *J. sabina* 'Tamariscifolia' wachsen ausgesprochen flach und werden nur ungefähr 50 cm hoch. Sie eignen sich ausgezeichnet als Bodendecker.

Juniperus communis 'Hibernica'

Kerria Ranunkelstrauch
Diese laubabwerfenden, im Frühjahr blühenden Sträucher gedeihen auf fast

Kerria japonica

jedem Boden an schattigen und auch sonnigen Standorten. Vermehrt wird der Ranunkelstrauch durch Teilung im März. Nur gelegentlich ist ein Auslichtungsschnitt erforderlich. Bei *K. japonica* bilden sich im Mai goldgelbe Blüten. Kleine Blätter sitzen an Zweigen mit hübscher grüner Rinde. Die Sorte 'Pleniflora' hat gefüllte Blüten. Höhe und Breite: 1,2–2 m.

Koelreuteria Blasenbaum
Der Blasenbaum wächst langsam und ist deshalb auch für kleinere Gärten geeignet.

Er ist zwar frosthart, blüht aber nur in warmen Gegenden. Vermehrt wird er durch Absenker im Frühjahr.

Koelreuteria paniculata

K. paniculata wird 8–10 m hoch und 6 m breit. An endständigen, aufrecht stehenden Rispen entwickeln sich von Juli bis September kleine gelbe Blüten, die sich zu papierdünnen Blasenfrüchten entwickeln. Diese sind sehr dekorativ. Ein schönes Gehölz, das sich für die Einzelstellung eignet.

Kolkwitzia Kolkwitzie
Der laubabwerfende Strauch eignet sich für alle normalen Böden in sonniger Lage. Vermehrt wird er durch Grünstecklinge im Sommer. Nur gelegentlich ist ein Auslichtungsschnitt erforderlich. Die bogig überhängenden Zweige von *K. amabilis* sind im Mai und Juni reich mit kleinen rosa Blüten übersät. Der Strauch eignet sich sowohl für die Einzelstellung als auch für die Gruppe. Höhe und Breite: 2–3 m.

Laburnum Goldregen
Die laubabwerfenden, strauchigen Bäume sind im Mai mit langen, herabhängenden Trauben leuchtendgelber Blü-

Laburnum × watereri 'Vossii'

ten geschmückt. Der Goldregen gedeiht auf allen normalen Böden an sonnigen Plätzen. Vermehrt wird er im März durch Aussaat. Die Früchte und die Rinde sämtlicher Goldregenarten sind giftig. Im zeitigen Frühjahr dünnt man die schwachen Triebe aus. Die Blütenstände sollten nach der Blüte entfernt werden. *L. × watereri* 'Vossii' ist die schönste Sorte. Sie bildet im Mai und Juni besonders lange gelbe Blütentrauben. Höhe: bis 7,5 m, Breite: 4–5 m.

Lavandula Lavendel
Der angenehm duftende immergrüne Strauch bringt im Juli blauviolette Blüten hervor. Man pflanzt Lavendel an einen sonnigen Standort in wasserdurchlässigen Boden. Vermehrt wird die Pflanze durch Grünstecklinge im Sommer. Im Spätsommer schneidet man die Blütenstände ab. Ältere Sträucher schneidet man im April kräftig zurück. Blaue, duftende Blüten zeichnen die Art *L. angustifolia* aus, die sich auch als Flächendecker eignet. Höhe: 40–60 cm, Breite: 60–90 cm.

Ligustrum Liguster
Die laubabwerfenden, halbimmergrünen, robusten Sträucher verwendet man häufig für Hecken. Sie gedeihen in normalem und sogar in armem Boden an sonnigen wie auch an schattigen oder windigen Standorten. Vermehrt wird der Liguster durch Steckholz im Frühjahr oder Herbst. Von Mai bis August kann man die Hecke schneiden. *L. ovalifolium,* eine wintergrüne Pflanze, treibt im Juli weiße Blüten, aus denen sich im Herbst schwarze Beeren entwickeln. In kalten, windigen Gegenden fallen die Blätter im Winter ab. Höhe: 3–5 m, Breite: 1,8–3 m. *L. vulgare* gleicht *L. ovalifolium,* ist aber anspruchsloser, robuster und frosthärter. Die Sorte 'Atrovirens' ist wintergrün.

Ligustrum ovalifolium

Liriodendron Tulpenbaum
Der große, laubabwerfende Baum mit tulpenartigen Blüten liebt einen sonnigen Standort und einen wasserdurchlässigen Boden. Er braucht nicht geschnitten zu werden. Von besonderem Reiz sind die tulpenähnlichen, gelblichgrünen duftenden Blüten von *L. tulipifera,* die im Juli an über 15 Jahre alten

Liriodendron tulipifera

Bäumen erscheinen. Die auffallend geformten Blätter haben im Frühling einen gelben Rand. Wunderschön ist die gelbe Herbstfärbung der Blätter. Der Baum ist nur für große Gärten geeignet. Höhe: über 20 m, Breite: 10 m.

Lonicera Geißblatt, Heckenkirsche
Das immergrüne, laubabwerfende Geißblatt ist vor allem als Kletterpflanze bekannt, doch gibt es auch Sträucher und Bodendecker von dieser Gattung. Das Geißblatt wächst auf jedem guten Boden an sonnigen und halbschattigen Standorten. Vermehrt werden Sträucher durch Steckhölzer, Kletterarten durch Stecklinge im Juli aus den Trieben des laufenden Jahrs. Nur gelegentlich empfiehlt sich ein Auslichtungs- oder Verjüngungsschnitt. Der laubabwerfende, windende Kletterstrauch *L. caprifolium* wird 3–5 m hoch. Gelblichweiße Blüten erscheinen im Mai und Juni, rote Beeren im Herbst. Der immergrüne, bis 4 m hohe Kletterstrauch *L. henryi* blüht gelbrot von Juni bis August; im Herbst setzt er schwärzliche Früchte an. *L. maackii,* der laubabwerfende Großstrauch mit breit ausladenden Ästen und großen lanzettlichen Blättern, bringt im Juni gelblichweiße Blüten hervor, aus denen sich im Herbst rote, leicht giftige Beeren entwickeln. Höhe und Breite: 4–5 m. Die flächenbedeckende Pflanze

Lonicera caprifolium

L. nitida ist immergrün und wird bis 1 m hoch und ebenso breit. *L. xylosteum,* die Gemeine Heckenkirsche, gleicht *L. maackii,* wird aber nur ungefähr 3 m hoch und breit.

Magnolia Magnolie
Die bei uns winterharten Magnolien sind laubabwerfende Bäume und Großsträucher, an deren exotisch wirkenden Blüten man sich im Frühjahr erfreuen kann. Magnolien gedeihen auf humusreichen, kalkarmen Gartenböden an sonnigen, vor Spätfrösten geschützten Standorten. Vermehrt wird die Magnolie durch Absenken. Es ist kein Schnitt

Magnolia × soulangiana

erforderlich. *M.* × *soulangiana* entwickelt große weiße Blüten, die unten rosarot gefärbt sind. Die Sträucher blühen reichlich im April und Mai. Höhe: bis 6 m. *M. stellata,* die Sternmagnolie, öffnet im März und April zahlreiche sternförmige, halbgefüllte, duftende weiße Blüten. Der Strauch wächst langsam, blüht jedoch schon im frühen Jugendstadium. Höhe und Breite: 2,5–3,5 m.

Mahonia Mahonie, Fiederberberitze
Die immergrünen Blütensträucher mit großen, fiederständigen, glänzendgrünen Blättern gedeihen in der Sonne oder im Schatten in nahezu jedem Boden. Vermehrt wird die Mahonie durch Aussaat im Frühjahr. Es ist kein Schnitt erforderlich. Im April und Mai trägt *M. aquifolium* gelbe endständige Blü-

Mahonia aquifolium

tenrispen, im Sommer schwarze, blaubereifte Beeren. Der wertvolle Kleinstrauch wird 1 m hoch und 80 cm breit.

Malus Zierapfel
Die laubabwerfenden, meist kleinen Bäume gedeihen auf jedem guten Boden in direkter Sonne. Gelegentlich ist ein Auslichtungsschnitt im Winter erforderlich. Die scharlachroten Knospen von *M. floribunda* öffnen sich im Mai zu zartrosa Blüten, aus denen erbsengroße gelbe und rote Früchte entstehen. Höhe: 7,5 m, Breite: 6 m. *M. purpurea* 'Eleyi' trägt im Mai weinrote Blüten.

Malus floribunda

Im Herbst wirken die rötlichen Blätter und vielen kleinen roten Früchte sehr reizvoll. Höhe und Breite: 6 m. *M. sargentii* ist im Mai mit unzähligen silbrigweißen Blüten übersät, auf die rote, besonders lange haftende Früchte folgen. Schönes Herbstlaub zeichnet die Art aus. Höhe: bis 5 m, Breite: bis 3 m.

Morus Maulbeerbaum
Diese sommergrünen Bäume oder Großsträucher, die sehr langsam wachsen, brauchen ein warmes Klima (Weinbauklima) und einen durchlässigen, nicht zu schweren Boden. Im April und Mai kann man sie durch Aussaat ins Freiland vermehren.

M. alba, der Weiße Maulbeerbaum, wird bis 15 m hoch und 8 m breit. Die eßbaren Früchte sind weiß, rot oder schwarzrot; sie schmecken süß, aber ein wenig fad. *M. nigra,* der Schwarze Maulbeerbaum, ist in Größe und Wuchs dem Weißen Maulbeerbaum gleich, hat jedoch behaarte Zweige und größere, dunklere Blätter. Die Früchte sind etwas würziger.

Morus

Pachysandra Ysander
Der immergrüne Kleinstrauch ist für schattige und halbschattige Standorte geeignet. Er wächst auf nicht zu trockenen, humusreichen Böden. Man vermehrt ihn durch Teilung im Sommer. Es ist kein Schnitt erforderlich. *P. terminalis* breitet sich durch unterirdische Ausläufer aus. Der wertvolle Bodendecker entwickelt sich sehr langsam. Kleine weiße Blüten zeigen sich im April. Höhe: 30 cm, Breite: 45 cm.

Paeonia Strauchpfingstrose
Die laubabwerfenden Blütensträucher pflanzt man an einen sonnigen, ge-

Paeonia suffruticosa

schützten Standort in nährstoffreiche Gartenerde. Die jungen Schößlinge müssen in rauhen Lagen im zeitigen Frühjahr vor Frost geschützt werden. Kein Schnitt ist erforderlich. Von *P. suffruticosa* gibt es mehrere Sorten mit weißen, rosa bis scharlachroten Blüten im Mai und Juni. Die Sträucher wirken nicht nur durch ihren schönen Blütenschmuck, sondern auch durch ihre großen, geschlitzten Blätter. Höhe: 1,2–1,5 m, Breite: 1,5–1,8 m.

Parrotia Eisenholzbaum
Der laubabwerfende Baum gedeiht auf fruchtbaren, nicht zu kalkhaltigen Böden an freien, sonnigen Plätzen. Es ist kein Schnitt erforderlich. *P. persica,* ein Solitärbaum, trägt im März kleine Blüten mit roten Staubgefäßen. Die oberen Zweige verlaufen fast waagrecht. Im Herbst verfärbt sich das Laub bernsteinfarben und scharlachrot. Höhe und Breite: 4–8 m.

Parrotia persica

Parthenocissus Wilder Wein, Jungfernrebe
Die laubabwerfende, selbstklimmende Pflanze verfärbt sich im Herbst leuchtend rot. Zum Klimmen benutzt sie winzige Haftscheiben, die an den Spitzen der Ranken sitzen. Mauern und Wände werden durch die Pflanzen nicht zerstört, sondern geschützt. Zu Beginn wächst der Wilde Wein langsam, doch nach einigen Jahren reicht er bis zur Höhe eines zweistöckigen Hauses. Man pflanzt ihn in normalen Boden an sonnigen und auch schattigen Stellen. Vermehrt wird der Wilde Wein durch Steckhölzer. *P. quinquefolia* braucht zum Klimmen ein Holz- oder Drahtgerüst. Die Sorte 'Engelmannii' klettert an der glatten Wand und ebenso *P. tricuspidata* 'Veitchii'. Alle Arten eignen sich zum Begrünen von Zäunen, Pergolen und Sichtschutzwänden. Beide Arten werden 15 m hoch und 10–15 m breit.

Parthenocissus tricuspidata

Passiflora Passionsblume
Diese laubabwerfende, in milden Gebieten immergrüne Kletterpflanze braucht einen nicht zu trockenen, aber wasserdurchlässigen Boden. Gut wächst sie an einer geschützten, sonnigen Wand. Es ist kein Schnitt erforderlich. *P. caerulea* bringt von Juni bis September große weiße und blaue Blüten hervor. Die Passionsblume ist nur für wärmere Gegenden geeignet, benötigt aber auch dort einen gewissen Winterschutz.

Passiflora caerulea

Pernettya Torfmyrte
Die immergrünen Sträucher mit leuchtend gefärbten Früchtetrauben im Herbst und Winter gedeihen nur auf absolut kalkfreiem, feuchtem Boden im Teilschatten in geschützten Lagen. Vermehrt wird die Torfmyrte durch Aussaat im Frühjahr. Es ist kein Schnitt erforderlich. *P. mucronata* schmückt sich im Mai und Juni mit kleinen weißen Blüten, auf die Trauben mit großen Beeren folgen. Will man einen schönen Fruchtschmuck, dann sollte man männliche und weibliche Sträucher zusammensetzen. Höhe und Breite: 0,5–1 m.

Pernettya mucronata

Philadelphus Pfeifenstrauch, Falscher Jasmin
Die laubabwerfenden Sträucher sind wegen ihrer duftenden weißen Blüten, die sich im Juni und Juli öffnen, beliebt. Die Pflanze gedeiht gut auf jedem fruchtbaren Boden in der Sonne oder im Teilschatten. Vermehrt wird sie durch Steckhölzer. Gelegentlich ist ein Auslichtungsschnitt erforderlich. Die bekanntesten Arten sind: *P. coronarius, P. × lemoinei, P.-Purpureomaculatus-* und *P.-Virginalis-*Hybriden. Alle eignen sich für Gruppenpflanzungen und als Sichtschutz. Höhe: 2,5–3 m, Breite: 3 m.

Philadelphus coronarius

Picea Fichte
Diese immergrünen Nadelgehölze weisen die verschiedensten Wuchsformen auf. Sie gedeihen auf nahezu allen Böden, brauchen aber viel Feuchtigkeit. Der Standort kann sonnig bis halbschattig sein. Vermehrt wird die Fichte durch Aussaat im April. Ein Schnitt ist nicht erforderlich. *P. abies,* die Gemeine Fichte – fälschlicherweise oft Rottanne genannt –, ist bei uns der häufigste Waldbaum. Sie wird für den normalen Garten zu groß. Als Heckenpflanze ist sie nur bedingt geeignet, weil die Hecken leicht verkahlen. Von der Gemeinen Fichte gibt es viele interessante Sorten, z. B. *P. a.* 'Inversa', die Hängefichte. Der Baum wächst langsam. Nach zehn Jahren ist er etwa 2 m hoch. Seine Äste hängen eng am Stamm hinab. Ein malerisches Gehölz als einzelnstehender Baum. Höhe: 5–7 m, Breite: 1 m. *P. a.* 'Nidiformis', die Nestfichte, ist eine langsam wachsende Zwergform, *P. a.* 'Virgata', die Schlangenfichte, wächst ebenfalls langsam. In zehn Jahren wird der Baum ungefähr 3 m

Picea

hoch. Die wenigen Äste stehen waagrecht. Die hängenden Zweige sind dicht buschelig benadelt. Höhe: 8–10 m, Breite: 5 m. *P. omorika*, die Graufichte oder Serbische Fichte, ist ein schlanker Baum, dessen Nadeln auf der Unterseite grau sind. Höhe: 15–18 m, Breite: 2–4 m. *P. pungens* 'Glauca', die Blaufichte, hat eine dichte, auffallend blaubereifte Benadelung. Die Pflanze eignet sich für die Einzelstellung oder als Gruppenpflanze. Höhe: 10–20 m, Breite: 3–6 m.

Pieris Lavendelheide
Die weißen Blütenrispen dieser immergrünen Sträucher erinnern an Maiglöckchen. Man pflanzt die Lavendelheide mit ihren tiefgrünen lederartigen Blättern an einen schattigen, geschützten Ort in kalkfreien, humusreichen Boden. Nur ein geringer Schnitt ist erforderlich. Zu dicht wachsende Pflanzen können im Frühjahr zurückgeschnitten werden, verwelkte Blüten schneidet man ab. Die Lavendelheide gedeiht gut zusammen mit *Rhododendron. P. floribunda* entwickelt von Ende März an duftende, hängende weiße Blüten. Später im Jahr wird das Laub leuchtend rot. *P. japonica* hat von März an glockenförmige Blütenstände mit wachsartigen weißen Blüten. Höhe: 2–3 m, Breite: 1,8–3 m.

Pieris japonica

Pinus Kiefer
Diese immergrünen Nadelbäume stellen geringe Ansprüche an den Boden und an das Klima und ertragen Trokkenheit gut. Sie sind für sonnige Standorte geeignet. Es ist kein Schnitt erforderlich.

P. mugo, die Bergkiefer, weist einen meist mehrstämmigen, strauchigen Wuchs auf. In Gegenden, wo im Winter wenig Schnee fällt, wächst sie nicht niederliegend, sondern aufrecht. Höhe: 0,6–5 m, Breite: 1,5–3,5 m. Es gibt verschiedene Varietäten, die buschiger und niedriger bleiben, z. B.: *P. mugo var. mughus, P. m. ssp. pumilio* und die Sorte *P. m.* 'Mops'. Etwas größer wird die Sorte 'Gnom'. Die klein bleibenden Kiefern eignen sich sehr gut für kleinere Gärten und auch zur Bepflanzung von Trögen. *P. nigra ssp. nigra,* die Schwarzkiefer, wächst in der Jugend mehr schmal pyramidal und ist nach zehn Jahren 3–5 m hoch. Erst im Alter bekommt sie eine schirmförmige Krone. Auffallend ist die dichte Benadelung. Höhe: 5–20 m, Breite: 5–8 m. *P. wallichiana,* die Tränenkiefer, ist eine besonders langnadelige Art. Die Tränen- wie die Schwarzkiefer eignen sich nur für größere Gärten. Höhe: 10–20 m, Breite: 5–8 m. *P. parviflora* 'Glauca', die Blaue Mädchenkiefer, ist eine besonders schöne, langsam wachsende Kiefer, die man auch in einen kleinen Garten pflanzen kann. Höhe: 5–10 m, Breite: 2–3 m.

Platanus Platane
Dieser sommergrüne Baum wird sehr groß. Er erreicht eine Höhe von 30 m und eine Breite von 15–20 m. Deshalb ist er für Gärten nur bedingt oder nur eine beschränkte Zeit lang geeignet. Er hat große drei- bis fünflappige Blätter. Die Rinde löst sich in Platten ab, wodurch sich interessante Zeichnungen ergeben. Die Früchte, die an langen Stielen in runden Köpfchen herabhängen, sind ein schöner Schmuck.

Die Platane stellt keine besonderen Ansprüche an den Boden. Sie bevorzugt warme Standorte und erträgt daher gut das trockene, warme Klima in Großstädten.

Schnittmaßnahmen sind, wenn man vom Erziehungsschnitt absieht, nicht erforderlich. Jedoch erträgt der Baum jeden Schnitt sehr gut.

P. hybrida ist die wichtigste Art.

Polygonum Knöterich
Den laubabwerfenden Schlingstrauch setzt man in normalen Boden an einen sonnigen oder auch schattigen Standort vor einen großen Zaun oder eine Wand. Vermehrt wird der Knöterich durch Steckhölzer. Er braucht nicht geschnitten zu werden. *P. aubertii* klettert in einem Jahr bis zu 6 m hoch und wird auch sehr breit. Dazu braucht er ein Gerüst. Im Spätsommer ist er mit langen weißen Blütenrispen bedeckt.

Polygonum aubertii

Populus Pappel
Die großen laubabwerfenden Bäume, die im März und April kätzchenähnliche Blüten tragen, gedeihen gut in normalen Böden. Man sollte sie nicht in die Nähe von Gebäuden pflanzen, da ihre kräftigen Oberflächenwurzeln Fundamente und Wasserrohre beschädigen. Vermehrt werden Pappeln durch Steckholz. Sie werden nicht zurückgeschnitten.

P. nigra 'Italica', ein säulenförmiger, rasch wachsender Baum, ist für große Gärten geeignet. Höhe: bis 25 m, Breite: 3–5 m. *P. simonii,* die Birkenpappel, bleibt verhältnismäßig klein und hat bogig hängende Zweige; die Blätter treiben schon sehr früh aus. Höhe: 10 m, Breite: 4–5 m.

Populus nigra 'Italica'

Potentilla Fingerstrauch
Die laubabwerfenden Sträucher, die den ganzen Sommer blühen, gedeihen in allen üblichen Böden an sonnigen Standorten. Im Juni wird der Fingerstrauch durch Grünstecklinge vermehrt. Er wird nicht zurückgeschnitten. *P. fruticosa* blüht goldgelb von Mai bis September. Höhe und Breite: 0,9–1,5 m. *P. fruticosa var. arbuscula* ist als Bodendecker besonders gut geeignet. Höhe: 60 cm, Breite: 1,2 m. Von *P. fruticosa* sind mehrere Sorten unentbehrliche Kleinsträucher.

Potentilla fruticosa

Prunus Zierkirsche, Zierpflaume, Zierpfirsich
Diese große Familie dekorativer, meist laubabwerfender Bäume gedeiht in jedem guten Gartenboden an sonnigen Standorten. Im allgemeinen ist kein Schnitt erforderlich.

P. triloba, das Mandelbäumchen, hat schlanke Äste, die im März und April mit gefüllten rosa Blüten übersät sind. Höhe und Breite: 1,5–2 m. *P. avium,* die Vogelkirsche, ist nur für größere Gärten geeignet. Dieser Baum bringt im April einfache, weiße Blüten hervor und zeichnet sich durch eine farbenprächtige Herbstlaubfärbung aus. Höhe: 15–20 m, Breite: 9–12 m. *P. subhirtella* 'Autumnalis' wächst breit strauchig. Sie trägt halbgefüllte, weißliche Blüten, zum Teil schon von November an bis April. Höhe: 3,5–6 m, Breite: 2,5–4,5 m. *P. serrulata,* die Japanische Zierkirsche, wächst baumartig und breit ausladend. Weiße, zartrosa oder dunkelrosa, einfache und gefüllte Blüten öffnen sich im April und Mai. Höhe: 6–12 m, Breite: 4–6 m. Die Sorte 'Kanzan' hat gefüllte purpurrosa Blüten und eine orangerote Herbstlaubfärbung. Die Sorte 'Amanogawa', beliebt wegen ihres säulenförmigen Wuchses, ist auch für kleine Gärten gut geeignet. Höhe: bis zu 5 m, Breite: 1–1,5 m. *P. cerasifera* 'Nigra', die Blutpflaume, blüht weiß im März. Besonders schön sind die purpurfarbenen Blätter. Höhe: 3,5–6 m, Breite: 2,5 bis 3,5 m. *P. laurocerasus,* der Kirschlorbeer, ist ein immergrüner Strauch mit großen, glänzenden Blättern. Höhe: 2 bis 3 m; Breite: bis zu 4 m.

Prunus triloba

Pseudosasa Bambus
Die immergrüne, grasartige Pflanze blüht nur selten. Sie braucht einen guten, feuchten Boden in sonniger Lage, geschützt vor kalten Winden. Die Pflanze wächst sehr rasch. Vermehrt wird sie durch Teilung im Juni. *P. japonica,* der Japanische Bambus, ist eine der widerstandsfähigsten Bambuspflanzen, die gerne als Sichtschutz gewählt wird. Höhe: 2,5–5 m, Breite: 1–2 m.

Pseudotsuga douglasii

Pseudotsuga Douglasie
Dieser immergrüne, tannenähnliche Nadelbaum kann 35 m hoch und 6 bis 8 m breit werden. Er weist einen schmalen, pyramidalen Wuchs auf. Die Douglasie ist ein wertvoller Parkbaum, jedoch für kleinere Gärten nicht geeignet. Sie wächst auf fast allen normalen Böden und ist absolut frosthart. In der Jugend erträgt sie Schatten. Es ist kein Schnitt erforderlich.

P. menziesii ist die bei uns am meisten verwendete Art. Die Sorte 'Fletcheri' bleibt verhältnismäßig klein und hat schöne lange bläulichgrüne Nadeln.

Pyracantha Feuerdorn
Die immergrünen, winterharten Sträucher sind als Gruppenpflanzen, zur Bepflanzung von Mauern, für Hecken, die geschnitten werden, und für die Einzelstellung geeignet. Im Juni blühen sie weiß, im Herbst und Winter tragen sie hellrote oder orangefarbene Beeren. Die Sträucher gedeihen auf jedem fruchtbaren Boden in der Sonne und auch im Teilschatten. Vermehrt wird der Feuerdorn durch Grünstecklinge im Sommer. Wird die Pflanze als Solitärstrauch gepflanzt, braucht man sie nicht zu schneiden. Heckenpflanzen schneidet man im März oder Juli. Von *P. coccinea* gibt es mehrere Sorten, 'Orange Glow' wird 2–3 m hoch und breit und bekommt im Herbst korallenrote Beeren; 'Soleil d'Or' bringt gelbe Früchte hervor und wird 1,5 m hoch.

Pyracantha coccinea

Quercus Eiche
Diese Großbäume sind weitgehend anspruchslos, was den Boden und das Klima angeht. Sie werden nicht zurückgeschnitten. Man vermehrt sie durch Aussaat im Frühjahr. *Q. robur* 'Fastigiata' ist ein säulenförmig wachsender Solitärbaum. Höhe: 5–15 m, Breite: 1,5 bis 3 m. Andere Eichen, z. B. *Q. robur* (Stieleiche), *Q. petraea* (Traubeneiche) und *Q. rubra* (Roteiche), sind ebenfalls sehr schön, werden jedoch für den normalen Hausgarten zu groß.

Quercus robur

Rhus Essigbaum
Die laubabwerfenden Großsträucher sind vor allem wegen ihrer prächtigen Herbstfärbung beliebt. Man pflanzt sie an einen sonnigen Standort in norma-

Rhus typhina

len Boden. Vermehrt werden sie durch Absenker bzw. Ausläufer im April. Es ist kein Schnitt erforderlich. *R. typhina* hat einen sparrigen Wuchs und große, farnwedelartige Blätter. Er eignet sich gut für die Einzelstellung, insbesondere vor dem Haus. Höhe und Breite: 3–5 m.

Ribes Zierjohannisbeere
Diese laubabwerfenden, im Frühjahr blühenden Sträucher gedeihen in den meisten Böden in sonniger Lage. Man vermehrt sie durch Steckholz. Gelegentlich sollte ein Auslichtungsschnitt vorgenommen werden. *R. aureum* bringt im April duftende gelbe Blüten hervor. Höhe: 1,2–1,5 m, Breite: 1,2 m. *R. sanguineum,* die Blutjohannisbeere, öffnet ihre duftenden rosaro-

Ribes sanguineum

ten Blüten im März und April. Die bekannteste Sorte ist 'King Edward VII'. Besonders geschätzt werden diese Sträucher, weil sie sehr früh blühen. Wenn man sie neben Forsythien pflanzt, ergibt sich eine besonders schöne Farbzusammenstellung.

Robinia Robinie
Man pflanzt die laubabwerfenden, im Sommer blühenden Bäume und Sträucher an einen sonnigen Standort. Sie kommen auch in trockenen, nährstoffarmen Böden voran. *R. hispida* entwik-

Robinia pseudoacacia

kelt im Juni rosa Blüten, die in Trauben angeordnet sind. Ein schöner Strauch für die Einzelstellung. Höhe: 2 m, Breite: 2,4 m. *R. pseudoacacia,* die Scheinakazie, ist ein Baum mit lockerer, schirmartiger Krone. Im Juni erscheinen duftende weiße Blütentrauben, die eine wertvolle Bienenweide sind. Höhe: 15 m und darüber, Breite: 6–8 m.

Salix Weide
Die laubabwerfenden Bäume kann man in fast alle Böden in sonniger Lage pflanzen. Vermehrt werden sie durch Steckholz. Von Zeit zu Zeit entfernt man das abgestorbene Holz. Die Zwei-

Salix caprea mas

ge von *S. alba* 'Tristis', der Trauerweide, hängen oft bis auf den Boden herab. Der Baum braucht viel Platz. Besonders schön macht er sich am Wasser. Höhe und Breite: 6–12 m. *S. caprea mas,* die Salweide, ist mit ihren silbergrauen weiblichen Kätzchen und den gelben männlichen Kätzchen im zeitigen Frühjahr die schönste Kätzchenweide. Höhe: 3–6 m, Breite: 3–4 m. *S. repens ssp. argentea,* ein niedrig bleibender Strauch, eignet sich als Bodendecker. Sehr schön wirken die silberfarbene Belaubung und die gelben Kätzchen. Höhe: 0,3–1,2 m, Breite: 1–2 m.

Sambucus Holunder
Die laubabwerfenden, stark wachsenden Sträucher ertragen Schatten und Sonne und sind im Grunde anspruchslos. Man vermehrt den Holunder durch Grünstecklinge oder durch Steckholz im Sommer. Gelegentlich sollte man einen Auslichtungsschnitt vornehmen. *S. nigra,* der Schwarze Holunder, hat eine lockere, gefiederte Belaubung. Im Juni und Juli trägt er weiße Blüten, aus denen sich schwarzblaue eßbare Früchte entwickeln. Höhe: 4–7 m, Breite: 3 bis 4 m. *S. racemosa,* der Traubenholunder, bleibt etwas kleiner als der Schwarze Holunder. Der Traubenholunder blüht ebenfalls weiß, bringt aber im Spätsommer rote, leicht giftige Beeren hervor. Höhe: 3–5 m, Breite: 3–4 m.

Skimmia Skimmie
Die immergrünen Ziersträucher tragen im Frühjahr duftende, rahmweiße Blü-

Skimmia japonica

ten und scharlachrote, flachkugelige, erbsengroße Beeren im Winter. Die Skimmie gedeiht gut in wasserdurchlässigem, lehmhaltigem, mit Kompost vermischtem Boden im Schatten oder Teilschatten. Vermehrt wird sie durch halbreife Stecklinge im August. Die Skimmie braucht nicht zurückgeschnitten zu werden. *S. japonica* entwickelt im April Trauben mit rahmweißen Blüten. Die Blätter sind ledrig und elliptisch. Der Strauch eignet sich auch für die Flächendeckung. Höhe: 0,9–1,5 m, Breite: 1,2–1,8 m.

Sorbus Eberesche, Vogelbeere
Diese laubabwerfenden, verhältnismäßig kleinkronigen Bäume sind wegen ihrer gelben oder orangefarbenen Herbstblätter und ihrer orangeroten Beeren beliebt. Sie brauchen einen sonnigen Standort, stellen aber keine Ansprüche an den Boden. Die Eberesche braucht nicht geschnitten zu werden. *S.*

Sorbus aucuparia

aria, die Mehlbeere, öffnet ihre weißen Blüten im Mai, auf die dann scharlachrote Früchte folgen. Die eiförmigen Blätter sind auf der Unterseite silbrig behaart. Höhe: 6–12 m, Breite: 4–6 m. *S. aucuparia,* die Eberesche, hat gefiederte Blätter. Im Mai und Juni entwikkelt sie weiße Blütendolden, aus denen von Ende Juli an bis September Büschel scharlachroter, fleischiger Früchte heranreifen. Dieses wertvolle Gehölz ist auch für kleinere Gärten geeignet. Höhe: 9–15 m, Breite: 4–9 m.

Spiraea Spierstrauch
Die laubabwerfenden Blütensträucher gedeihen an sonnigen Standorten in normalem Boden. Man vermehrt sie durch Teilung. *S.* × *arguta* schmückt

Spiraea x bumalda

sich im April und Mai mit zartweißen Blüten. An schlanken, bogig überhängenden Zweigen sitzen schmale, spitze, hellgrüne Blätter. *S.* × *bumalda* bringt von Juli bis September leuchtendkarminrote Blüten hervor. Die Sorte 'Anthony Waterer' hat weißlich-grün gefleckte Blätter. *S. japonica* blüht im Juli und August rosa. Höhe: 60–90 cm, Breite: 0,9–1,2 m. *S.* × *vanhouttei* hat im Mai und Juni weiße Blüten, die in zahlreichen kleinen Dolden auf den bogig überhängenden Zweigen stehen. Höhe: 1,5–2 m, Breite: 1,8 bis 2,4 m. *S. arguta* und *S. vanhouttei* müssen gelegentlich ausgelichtet werden.

Stephanandra Kranzspiere
Die laubabwerfenden Sträucher mit bogig überhängenden Zweigen zeichnen sich durch hübsche Blüten und eine schöne Herbstfärbung aus. Sie eignen sich für sonnige bis halbschattige Lagen auf allen normalen Böden. Vermehrt wird die Kranzspiere durch Grünstecklinge im Sommer. Sie braucht nicht geschnitten zu werden. Höhe und Breite: 1,5–2 m. Im Juni erscheinen die kleinen weißen Blüten von *S. incisa*. Die Sorte 'Crispa' wird nur etwa 80 cm hoch und 1,5 m breit. Sie eignet sich hervorragend als Bodendecker.

Symphoricarpos Schneebeere
Die laubabwerfenden, anspruchslosen Sträucher wachsen an sonnigen oder schattigen Standorten in normalen Böden. Man vermehrt sie durch Steckholz im Frühjahr. Altes Holz sollte man gelegentlich ausdünnen. *S. albus,* die Schneebeere, trägt von Juni bis September kleine rosa Blüten. Aus ihnen entwickeln sich große weiße Beeren. Höhe: 1,5–2 m, Breite: 2–2,5 m. *S.* × *chenaultii* 'Hancock' mit purpurroten Beeren ist ein sehr guter Bodendecker,

Symphoricarpos albus

der nur 50–80 cm hoch wird. *S. orbiculatus,* die Korallenbeere, schmückt sich mit rosa Früchtetrauben im Winter. Höhe und Breite: 1,5 m.

Syringa Flieder
Die laubabwerfenden Sträucher tragen im Mai und Juni große Rispen duftender Blüten. Der Flieder gedeiht gut in direkter Sonne in lehmhaltigem Boden. Die verwelkten Blüten werden abgeschnitten. Sonst ist kein Schnitt notwendig.

S. vulgaris, ein bekannter Strauch, trägt duftende Blüten im Mai. Es gibt

Syringa 'Andenken an Ludwig Späth'

viele schöne Sorten: z. B. 'Andenken an Ludwig Späth', dunkelpurpur; 'Charles Joly', tiefpurpur; 'Madame Lemoine', weiß; 'Michael Buchner', hellila. Höhe: 3–5 m, Breite: 3–4 m.

Viel zu wenig bekannt sind die Fliederarten, die meist etwas später und länger blühen als die genannten Sorten, aber einen eleganteren, gefälligeren Wuchs aufweisen, z. B. *S.* × *chinensis, S. josikaea* und *S.* × *swegiflexa*. Höhe: 3–5 m, Breite: 3–4 m.

Tamarix Tamariske
Die laubabwerfenden, meist rötlich blühenden Sträucher sollte man nur in Einzelstellung pflanzen. Sie machen sich gut im Rasen, am Zaun und vor Nadelgehölzen. Man pflanzt sie in direkter Sonne in jeden, auch in trockenen Boden. Vermehrt wird die Tamariske durch Steckholz. *T. parviflora,* die Frühlingstamariske, wird 3–4 m hoch. An den dünnen, bogig überhängenden Zweigen sitzen winzig kleine Blättchen. Im Mai und Juni erfreut sie durch einen hellrosa federartigen Blütenflor. Die Art wird nach der Blüte, falls dies notwendig sein sollte, zurückgeschnitten. *T. pentandra,* die Sommertamariske, wird 3,5–4,5 m hoch und breit. Die schlanken Zweige sind im Juli und August mit rosaroten duftenden Blüten besetzt. Gelegentlich ist ein Auslichtungsschnitt im Winter erforderlich.

Tamarix pentandra

Taxus Eibe
Das immergrüne Nadelgehölz hat einen baumartigen, buschigen oder auch säulenförmigen Wuchs. Die dunkelgrünen kurzen Nadeln sind giftig, ebenso die Samen in den fleischigen roten Früchten. Man pflanzt die Eibe in alle nor-

Taxus baccata

malen Böden an einen schattigen oder auch sonnigen Standort. Sie braucht nicht geschnitten zu werden, erträgt aber als einziges Nadelgehölz jeden Schnitt und kann sogar ins alte Holz verjüngt werden.

Die baumartig wachsenden Formen von *T. baccata* bleiben schmal. Die Art ist auch als Heckenpflanze für streng geschnittene oder frei wachsende Hekken geeignet. Die Hecken werden im August und September geschnitten. Es gibt viele Sorten, z. B. die Goldeibe, *T. b. Fastigiata* 'Aurea', und die säulenförmige Irische Eibe, *T. b.* 'Fastigiata'.

Thuja Lebensbaum
Das immergrüne Nadelgehölz ist eine ausgezeichnete Heckenpflanze, aber auch für die Einzelstellung geeignet. Sie

Thuja plicata

gedeiht in allen nicht zu trockenen Böden an sonnigen und schattigen Standorten. Wenn sie frei steht, ist kein Schnitt erforderlich. Die *Thuja*-Hecke wird im Juli oder August geschnitten. Vermehrt wird der Lebensbaum durch Aussaat im Frühjahr. *T. occidentalis* hat aufwärts gerichtete Äste und schuppenförmige Nadeln, die an der Oberseite mattgrün, an der Unterseite blaßgrün sind. Höhe: 5–15 m, Breite: 1–4 m. *T. plicata* 'Excelsa' hat regelmäßig angeordnete, waagrecht abstehende Äste. Höhe: 2,5–15 m, Breite: 2–5 m.

Tilia Linde
Die laubabwerfenden, großen Bäume tragen im Juni und Juli kleine, stark duftende weiße oder gelbe Blüten. Linden pflanzt man in lehmhaltigen, feuchten Boden in die Sonne oder in den Halbschatten. Man kann sie als Solitärbaum, aber auch als Schutzwand in

Tilia platyphyllos

Reihen heckenartig pflanzen. Außer dem Aufbauschnitt ist kaum ein Schnitt erforderlich. Die Pflanze erträgt jeden Rückschnitt. *T. cordata* bildet eine schöne Krone aus herzförmigen Blättern. Der Baum ist nur für große Gärten geeignet. Höhe: bis 30 m, Breite: bis 18 m. *T. platyphyllos,* die Sommerlinde, ist ebenfalls nur für große Gärten geeignet. Höhe: bis 30 m, Breite: bis 20 m.

Ulmus Ulme
Die großen, laubabwerfenden Bäume pflanzt man an offenen Standorten in normalen, wasserdurchlässigen Boden.

Ulmus glabra

Ulmen werden nicht geschnitten. *U. glabra,* die Bergulme, eignet sich nur für sehr große Gärten. Höhe: bis 40 m, Breite: bis 15 m. *U. glabra* 'Horizontalis', die Trauerulme, hat steif abstehende, später hängende Äste. Sie eignet sich nur für die Einzelstellung. Höhe: 4,5–6 m, Breite: 4–5 m.

Viburnum Schneeball
Die immergrünen und die laubabwerfenden Sträucher werden wegen ihrer reichen Blütenpracht im Frühjahr und Sommer und wegen ihres herbstlichen Fruchtschmucks geschätzt. Die immergrünen Arten lieben einen fruchtbaren Boden, während die übrigen geringere Ansprüche stellen. Man pflanzt sie möglichst an sonnige Standorte; einige Arten gedeihen jedoch auch im Teilschatten. Vermehrt wird der Schneeball durch Absenker im Sommer. Nur gelegentlich ist ein Auslichtungsschnitt nötig. Zu den immergrünen Arten gehören: *V.* × *burkwoodii* und *V. rhytidophyllum. V.* × *burkwoodii* hat tiefgrü-

Viburnum carlesii

ne ovale Blätter. Im April und Mai entfalten sich duftende weiße Blüten. Der Strauch gedeiht am besten im lichten Schatten. Höhe und Breite: 1,5–2,5 m. Die folgenden Arten sind laubabwerfend: *V. rhytidophyllum* hat lange, schmale, glänzende Blätter. Diese widerstandsfähigen, robusten Pflanzen gedeihen im Halbschatten und in der Sonne. Höhe: 3–4,5 m, Breite: 3 bis 3,5 m. *V. tomentosum* trägt im Juni

Weigela-Hybriden

weiße Blüten auf waagrecht sich ausbreitenden Ästen. Die Blätter färben sich im Herbst karminrot. Höhe: 2,4 bis 3 m. *V. carlesii,* deren rosa Blütenrispen im Mai erscheinen. Die großen, dunkelgrünen Blätter sind oval und lederartig. Höhe: 1–2 m, Breite: 1,2 bis 1,5 m. Duftende weiße Blüten mit rosa Musterung entwickelt *V. farreri* im Vorwinter und Vorfrühling. Die Sträucher gedeihen im lichten Schatten und in der Sonne. Höhe und Breite: 2,5 bis 3,5 m. Im Mai und Juni erscheinen die weißen Blütendolden von *V. lantana,* im Spätsommer die roten, später

Wisteria floribunda

schwarzen Früchte. Die Blattunterseite ist behaart. Der anspruchslose, robuste Strauch erträgt auch Trockenheit. Höhe: 3–5 m, Breite: 3–4 m. *V. opulus*, der Gemeine Schneeball, bringt im Mai und Juni duftende weiße Blüten hervor, gefolgt von Trauben leuchtendroter Beeren. Die Blätter färben sich im Herbst rot. Höhe und Breite: 3–4 m. Große Köpfe mit weißen bis blaßrosa Blüten entwickelt im Mai und Juni.

Weigela Weigelie
Die laubabwerfenden, im Mai und Juni blühenden Sträucher pflanzt man an sonnige Standorte in fruchtbare Böden. Man vermehrt die Weigelie durch Steckholz im Frühjahr. Gelegentlich muß ein Auslichtungsschnitt vorgenommen werden. Die trompetenförmigen Blüten von *W. florida* sind innen blaßrosa, außen rosarot und sitzen an gebogenen Zweigen. Es gibt sehr viele Züchtungen. Zu den bekanntesten zählen: 'Bristol Ruby' (bis 2,5 m) und 'Eva Rathke', bis 2,5 m hoch. Beide blühen karminrot von Mai an.

Wisteria Wistarie, Glyzine
Der laubabwerfende Schlingstrauch bedeckt im April und Mai Wände und Pergolen mit langen blauvioletten oder weißen Blütentrauben. Er gedeiht gut in fruchtbarem, lehmhaltigem Gartenboden an sonnigen geschützten Standorten. Man vermehrt die Pflanze durch Absenker im Juli. Ein gelegentlicher Auslichtungsschnitt im Winter empfiehlt sich. *W. floribunda* wächst nicht ganz so stark wie *W. sinensis* und blüht etwas später, hat aber größere Blüten. Höhe und Breite: 9 m. *W. sinensis* hat im Mai und Juni lange, blauviolette, duftende Blütentrauben. Höhe und Breite: 6–9 m.

Bäume und Sträucher für besondere Zwecke

Schöne Herbstfärbung
Acer campestre
Acer ginnala
Acer palmatum
Aesculus
Amelanchier
Betula
Carpinus
Corylopsis
Cotinus
Euonymus alatus
Ginkgo
Hamamelis
Parrotia
Rhus
Sorbus

Ganzjährig buntes Laub
Acer palmatum 'Atropurpureum'
Acer platanoides 'Faassens Black'
Corylus avellana 'Purpurea'
Elaeagnus
Fagus 'Atropunicea'
Hippophae
Prunus cerasifera 'Nigra'

Immergrüne Nadelgehölze
Abies
Chamaecyparis
Juniperus
Picea
Pinus
Taxus

Immergrüne Laubgehölze
Aucuba
Berberis julianae, B. stenophylla, B. verruculosa
Buxus
Cotoneaster dammeri
Cotoneaster salicifolius
Euonymus fortunei
Hedera
Hypericum
Ilex
Lonicera nitida
Mahonia
Pyracantha
Viburnum burkwoodii
Viburnum rhytidophyllum

Winterblüher
Chimonanthus
Cornus mas
Corylus avellana
Daphne mezereum
Erica carnea
Jasminum
Viburnum farreri

Frühjahrsblüher
Aesculus
Amelanchier
Berberis
Buddleja alternifolia
Chaenomeles
Clematis montana
Cornus
Corylopsis
Forsythia
Kerria
Laburnum
Magnolia
Mahonia
Malus
Paeonia
Prunus
Sambucus
Sorbus
Spiraea arguta
Spiraea vanhouttei
Syringa
Tamarix parviflora
Viburnum
Wisteria

Sommerblüher
Aralia
Buddleja davidii
Campsis
Clematis
Cotinus
Deutzia
Fuchsia
Hebe
Hydrangea
Hypericum
Kolkwitzia
Philadelphus
Potentilla
Spiraea bumalda
Spiraea japonica
Tamarix pentandra
Weigela

Herbstblüher
Caryopteris
Ceanothus
Fuchsia
Hibiscus
Polygonum
Potentilla

Fruchtschmuck
Aesculus
Berberis
Cornus
Cotoneaster
Crataegus
Euonymus
Hedera
Hippophae
Ilex
Pyracantha
Rhus
Sambucus
Sorbus
Viburnum

Duftende Gehölze
Buddleja
Chaenomeles
Clematis montana
Corylopsis
Daphne
Hamamelis
Jasminum
Philadelphus
Syringa
Viburnum burkwoodii
Wisteria sinensis

Pflanzen für kalkhaltige Böden
Acer campestre
Aralia
Buxus
Carpinus
Chaenomeles
Clematis
Cornus mas
Cornus sanguinea
Corylopsis
Corylus
Cotinus
Cotoneaster
Crataegus
Euonymus europaeus
Fagus
Hedera
Hippophae
Jasminum
Juniperus
Kerria
Laburnum
Ligustrum
Malus
Philadelphus
Picea
Prunus
Pyracantha
Rhus
Sorbus
Spiraea
Symphoricarpos
Syringa
Taxus
Viburnum lantana
Viburnum opulus
Weigela

Pflanzen für saure (kalkfreie) Böden
Acer japonicum
Amelanchier
Buddleja
Erica
Fothergilla
Hydrangea
Hypericum
Magnolia
Pachysandra
Pernettya
Rhododendron
Skimmia

Schattige Standorte
Acer campestre
Berberis
Buxus
Cornus mas
Corylus
Euonymus
Hydrangea
Hypericum
Ilex
Kerria
Ligustrum
Lonicera pileata
Mahonia
Pachysandra
Symphoricarpos
Taxus

Bodendecker
Cotoneaster dammeri
Euonymus fortunei
Hedera
Hypericum calycinum
Juniperus horizontalis
Lonicera nitida
Mahonia
Pachysandra
Potentilla (niedere Sorten)
Stephanandra incisa

Eine Folge farbenprächtiger Blüten

m Frühjahr und Sommer

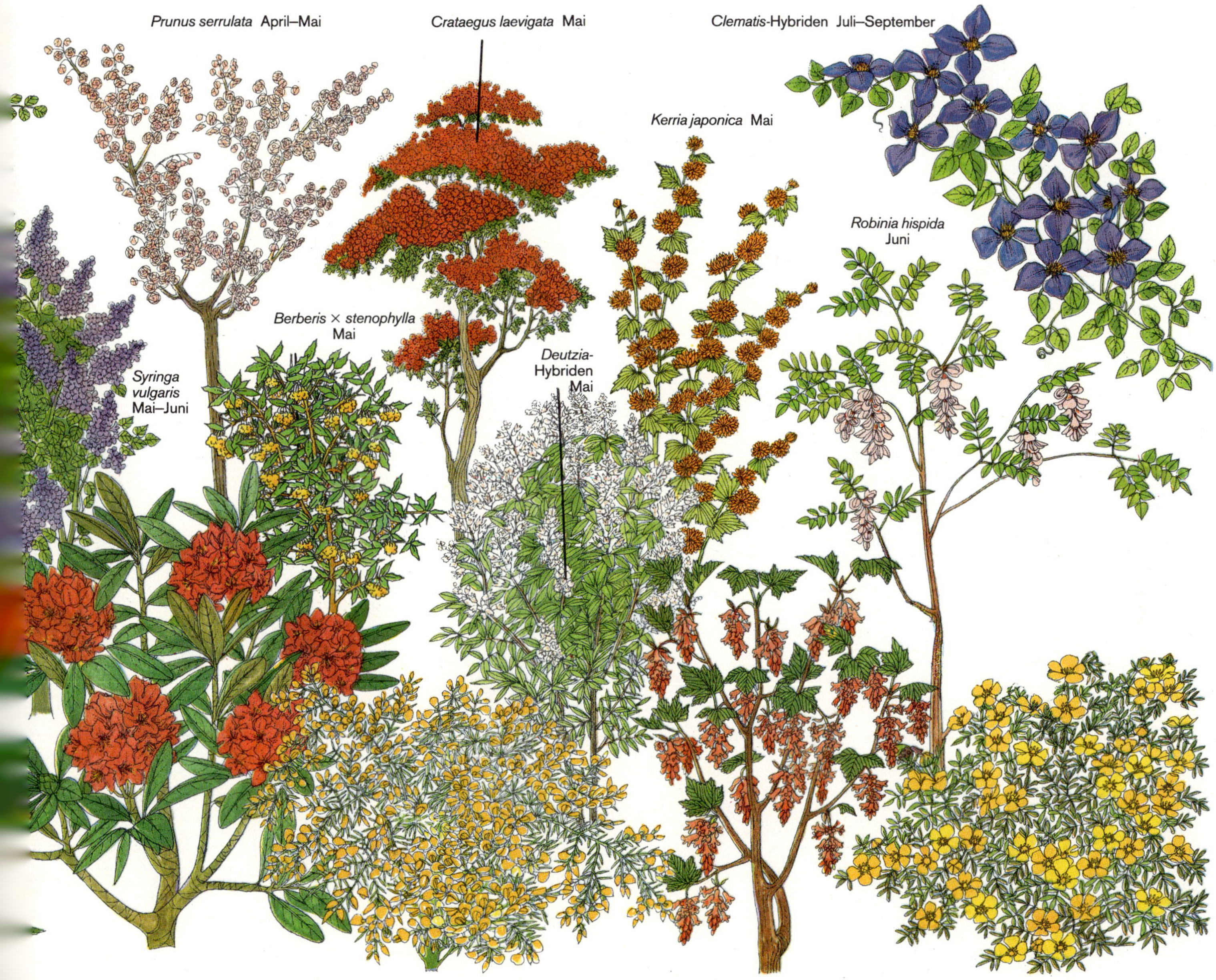

Auf schöne bunte Blätter und Beeren im Herbst und Winter

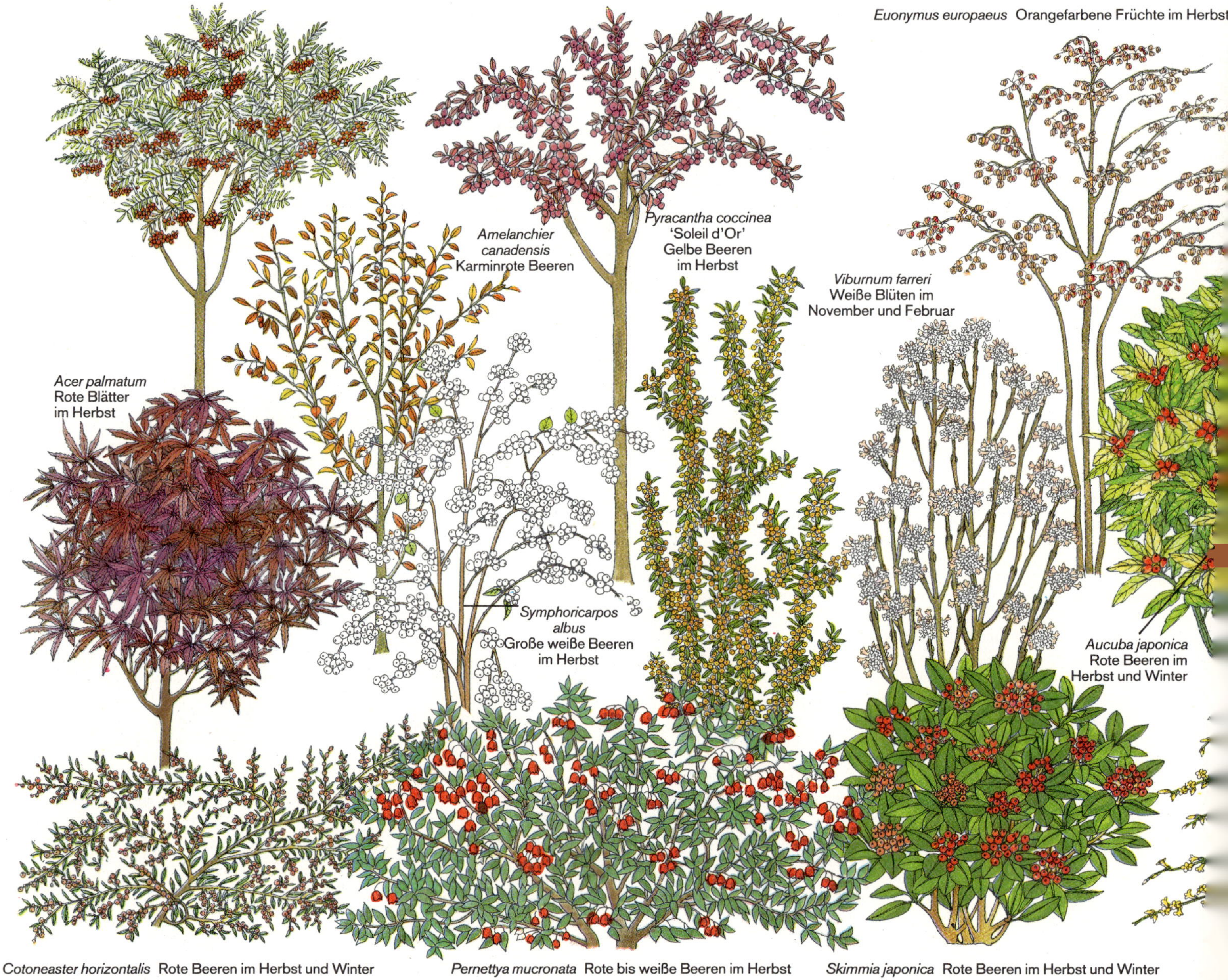

olgen die ersten Blüten im Vorfrühling und Frühling

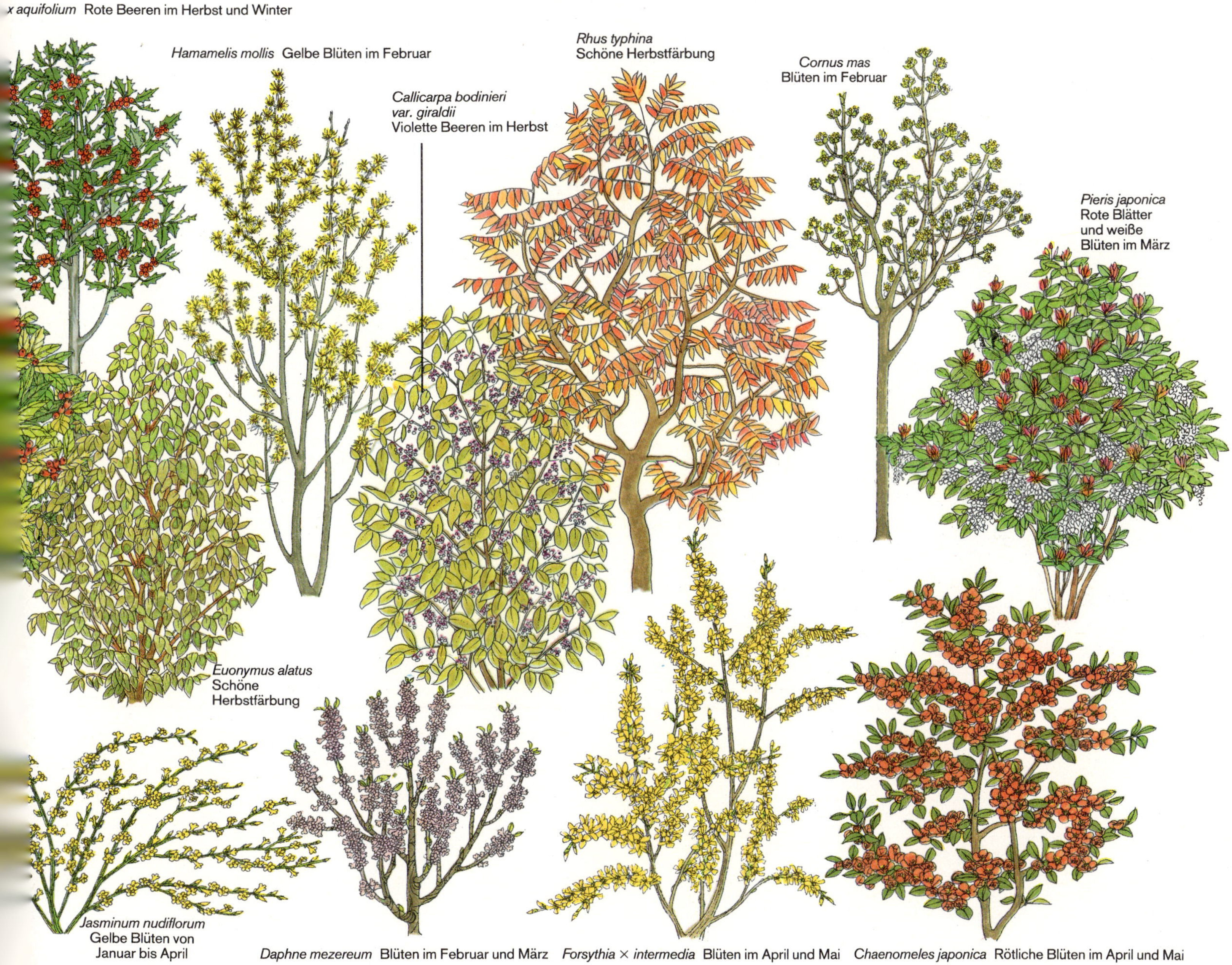

Die Kombination verschiedener Wuchsformen vo

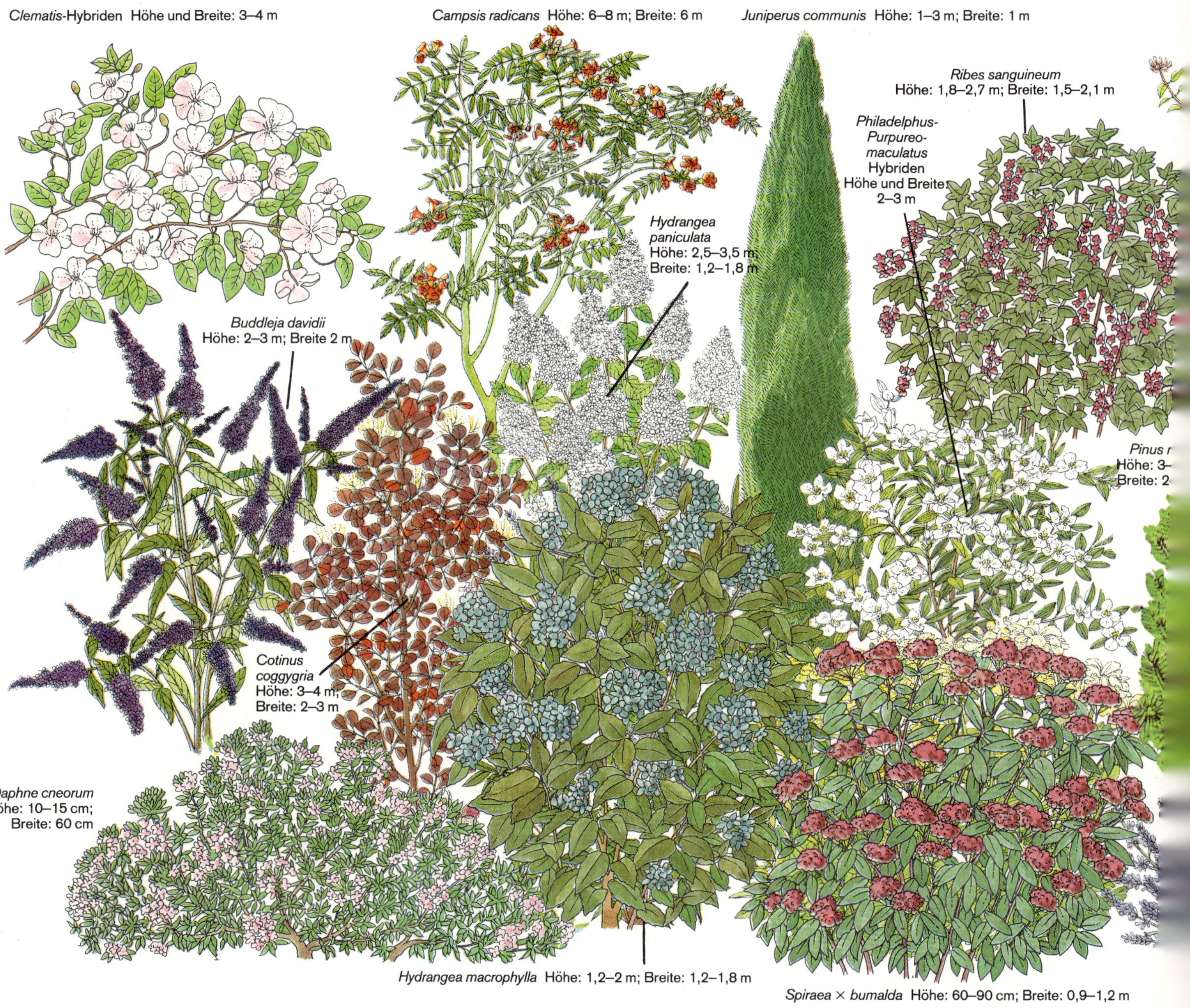

Bäumen und Sträuchern belebt das Bild einer Pflanzung

Oktober

Im Zauber goldener Tage zeigt sich der Herbst von seiner schönsten Seite. Der Garten sieht jetzt fast täglich ein wenig anders aus. Einjährige Sommerblumen werden abgeräumt und auf den Kompost gelegt. Zwiebeln von Tulpen, die im Frühjahr des kommenden Jahrs blühen werden, kann man jetzt noch legen. Neue Stauden werden gepflanzt, und nicht winterharte Pflanzen bringt man in den Keller.

Junge Birken im Herbst

△ Hauswurz

▽ Kürbisse

Wer Ableger von der Hauswurz, *Sempervivum,* abtrennen will, kann das nicht nur im März und April tun, sondern auch jetzt. Von den rosettenbildenden Dickblattgewächsen mit ihren dicken, fleischigen Blättern gibt es eine Fülle von Arten. Da sie aus dem Gebirge stammen, sind sie als Steingartenpflanzen gut geeignet

Jetzt ist es an der Zeit, mit der Quittenernte zu beginnen. Quittenbäume sind anspruchslos und leicht zu pflegen. Die rohen Früchte sind ungenießbar, schmecken jedoch hervorragend, wenn man sie zu Gelee, Marmelade oder Saft verarbeitet

Ehe die ersten Fröste einsetzen, also spätestens im Oktober, schneidet man die reifen Kürbisse ab. Wenn die Früchte fest und unbeschädigt sind, kann man sie in einem kühlen Raum viele Wochen lang aufbewahren. Um die Kürbisse, die für die Lagerung vorgesehen sind, vor Schneckenfraß und anderen Schäden zu bewahren, legt man z. B. Steinplatten unter

△ Quitten

△ Feuerdorn

△ Wilde Alpenveilchen

▽ Kapuzinerkresse

▽ Federbuschstrauch

Die verschiedenen Arten und Sorten des Feuerdorns, *Pyracantha,* werden als Hecken oder als Solitärsträucher immer beliebter. Ihr leuchtender herbstlicher Beerenschmuck hält sich oft bis weit in den Winter hinein

Das Herbstalpenveilchen, *Cyclamen hederifolium,* ist ein Freiland- oder Wildalpenveilchen, das aus sommerwarmen Gebieten stammt und auf schweren, feuchten Böden gedeiht. Man pflanzt es in kleinen Gruppen in den Schatten von Zwerggehölzen. Im Winter sollte man es mit Nadelstreu abdecken

In geschützten Lagen blüht die Kapuzinerkresse, *Tropaeolum majus,* von Juli bis Oktober. Diese einjährigen Pflanzen gibt es in zahlreichen hängenden, kriechenden oder kletternden Sorten

Nicht zuletzt wegen seines Herbstlaubs wird der Federbuschstrauch, *Fothergilla major,* geschätzt. Die Pflanze ist mit der Zaubernuß verwandt

△ Stechpalme

△ Japanischer Fächerahorn

Die weiblichen Pflanzen der Stechpalme, *Ilex aquifolium,* tragen in der kalten Jahreszeit unzählige korallenrote Beeren zwischen den immergrünen Blättern. Die dekorativen Gehölze werden bis zu 8 m hoch und bringen leuchtende Farbtupfer in den herbstlichen und winterlichen Garten

Die Blätter der meisten Sorten des japanischen Fächerahorns, *Acer palmatum,* haben auch im Frühjahr und Sommer rote bis tiefrote Blätter. Es gibt jedoch auch Sorten, deren Blätter sich erst im Herbst rot färben

Es gibt über 200 Chrysanthemenarten, darunter nicht wenige winterharte Freilandsorten. Zusammen mit den Astern sind dies die bekanntesten und beliebtesten Herbstblumen

Das laubabwerfende Pfaffenhütchen bringt im Herbst aparte orangerote Früchte hervor, die wie Glockenklöppel aus den geöffneten Fruchtkapseln hängen. Diese Ziersträucher sind robust und anspruchslos in der Pflege

▽ Chrysanthemen

▽ Pfaffenhütchen

Oktober

Rasen

Der neue Rasen Neu eingesäte Rasenflächen werden, wie im *März* und *April* beschrieben, behandelt.

Der angelegte Rasen Jetzt ist es Zeit, den Boden gut zu entwässern. Man überprüft solche Stellen, die zu Staunässe neigen, da nach schweren Regenfällen das Wasser nicht genügend abzieht.

Die Unterbodendränage Bei Rasenflächen in Hausgärten ist die Anlage einer Dränage aus Röhren im allgemeinen nicht notwendig. Falls jedoch der Grundwasserspiegel sehr hoch liegt oder das Wasser gelegentlich sogar bei einem starken Gefälle über den Rasen fließt, kann ein System von Dränageröhren im Winkel von 90° zur Wasserfließrichtung 80 cm tief verlegt werden. Grober Kies oder Schotter werden bis zu 15–25 cm unter der Oberfläche aufgefüllt. Wenn ein Gefälle zu einem Graben oder einer anderen Sickervorrichtung vorhanden ist, kann das Wasser dort abfließen.

Nachdem man die Röhren verlegt hat, werden Oberboden und Grassoden fest aufgelegt, so daß eine glatte, normal verfestigte Oberfläche entsteht.

Einfacher und weniger kostspielig ist es, schmale Gräben anzulegen, die mit grobem Material, wie Kies oder Schotter, aufgefüllt werden.

Über dieses grobe Material wird eine Schicht aus kleinen Steinen oder feinem Kies aufgefüllt, ehe Erde und Soden wieder zurückgebracht werden.

Oberflächendränage Häufig stellt sich die Oberflächendränage als problematisch heraus. Bei schweren Böden, besonders bei solchen, die stark betreten worden sind, verdichtet sich die Oberfläche. Es bildet sich eine wasserundurchlässige Schicht, die verhindert, daß hohe Niederschläge in tiefere Schichten eindringen. Wenn man hier Abhilfe schaffen möchte, so läßt sich dies leicht bewerkstelligen.

Zunächst wird die Oberfläche gründlich geharkt oder vertikutiert; danach wird sie mit einer Grabgabel bearbeitet. Im Abstand von 5 bis 8 cm sticht man ungefähr 10 cm tiefe Löcher in den Boden. Anschließend wird Sand und Styromull eingearbeitet. Düngt man dann noch, so wachsen die Graswurzeln um so besser. Wenn der Rasen sehr naß oder zugefroren ist, sollte man ihn möglichst nicht betreten.

In schwierigen Fällen befragt man einen Landschaftsgärtner. Die Anlage einer Dränage aus Röhren kann sehr kostspielig werden und, wenn sie fehlerhaft ausgeführt wird, unter Umständen mehr schaden als nutzen.

Das Verlegen von Fertigrasen Der Oktober ist der günstigste Monat für das Verlegen von Fertigrasen, da die Soden noch vor Beginn des Winters Wurzeln bilden können. Zunächst wird eine unkrautfreie Fläche in der gleichen Weise wie bei einem Saatbeet vorbereitet (siehe *Mai* und *August*); eine lockere Krume ist besonders gut geeignet.

Vor dem Verlegen der Rasensoden muß sich der Boden gesetzt haben. Bei trockenem Wetter wird leichter Boden gewalzt. Dünger wird bei nährstoffarmem Boden mit einer Aufwandmenge von 70 g auf 1 m^2 leicht in die Oberfläche eingearbeitet. Eine geeignete Düngermischung ist: vier Teile Knochenmehl, vier Teile Superphosphat, ein Teil schwefelsaures Kali. Es kann aber auch jeder dafür angebotene Fertigrasendünger verwendet werden. Die Aufwandmengen richten sich nach den Angaben des Herstellers.

DRÄNAGEROHRE VERLEGEN

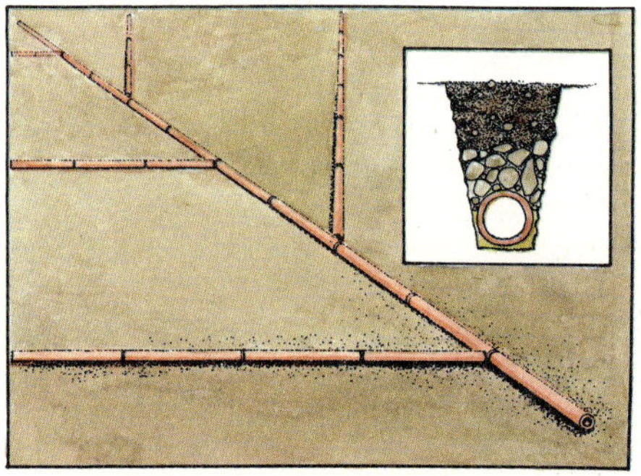

Dieses Röhrensystem in Fischgrätenform, das ein leichtes Gefälle besitzt, sorgt für die wirksame Entwässerung eines großen Rasens. Die einzelnen Abschnitte, die 15–20 cm unter der Oberfläche liegen, werden mit porösem Material überdeckt

Fertigrasenqualitäten Guter Fertigrasen ist teuer und schwierig zu bekommen. Selbst unter optimalen Bedingungen gewachsener Fertigrasen kann durch die veränderte Umgebung rasch seine Wüchsigkeit verlieren. Für Hausrasen eignet sich am besten unkrautfreier Parkrasen. In jedem Fall ist es ratsam, Fertigrasen nur von einem namhaften Hersteller zu kaufen. Die größten Schwierigkeiten bei der Beschaffung liegen in der gewünschten Menge. Meist wird Fertigrasen nur in größeren Mengen, z. B. ein Lastwagen voll, angefahren. Kleinere Mengen bekommt man kaum.

Die Maße des Fertigrasens Der Rasen wird in Rollen geliefert. Die Normrolle ist 1,67 m lang und 30 cm breit. Andere Maße sind möglich. Die Schälstärke beträgt ungefähr 2,5 cm. Der angelieferte Rasen darf höchstens zwei Tage aufgerollt liegen. Deshalb sollte die vorgesehene Rasenfläche fertig vorbereitet sein, wenn der Rasen kommt. Eine genaue Terminabsprache mit dem Lieferanten ist unbedingt erforderlich.

Rasensoden verlegen Mit dem Verlegen der ersten Sodenreihe beginnt man am Rand der vorbereiteten Fläche. Die Rollen werden einzeln ausgebreitet und festgedrückt. An den Außenrändern der Fläche läßt man sie etwas überstehen und sticht sie später ab.

Auf die fertige Reihe legt man ein Brett und stellt sich darauf. So kann man dicht an die erste die zweite Sodenreihe fügen. Die einzelnen Stücke werden wie die Ziegelsteine einer Mauer gegeneinander versetzt. Ist die zweite Reihe fertig, legt man das Standbrett darauf und beginnt mit der nächsten.

Wenn man die Soden dicht zusammenlegt, wird dadurch die Wurzelbildung im Herbst und Winter unterstützt.

Belüftungs- und Erneuerungsmaßnahmen ebenso wie das Einarbeiten von Düngern und die Verabreichung von Fungiziden werden fortgesetzt (siehe *März*).

Regenwürmer und Unkräuter Regenwürmer können sich im Rasen als lästig erweisen. Die kleinen Erdhäufchen sehen nicht nur unschön aus, sondern können auch dem Rasen schaden. Wenn man sie flachtritt oder niederwalzt, ersticken die Gräser darunter, und Moos und Unkraut breiten sich dann um so leichter aus. Eine Bekämpfung wird dennoch nicht empfohlen, da die Regenwürmer zur Durchlüftung des Bodens beitragen.

VERLEGEN VON FERTIGRASEN

1. Die erste Sodenreihe verlegt man in der Nähe des Rands der vorbereiteten Fläche so, daß sie über die endgültige Rasenkante – sie wird mit einer gespannten Schnur bezeichnet – ein wenig hinausragt
2. Jede Sode wird beim Auflegen in der Mitte angehoben
3. Durch leichtes Festtreten wird die angehobene Mitte nach unten gedrückt
4. Die zweite Sodenreihe wird fest gegen die erste Reihe gedrückt, indem sie seitlich mit dem Fuß angehoben wird
5. Nachdem alle Soden verlegt sind, füllt man in eventuell noch vorhandene Ritzen Erde und drückt sie fest
6. Die Soden werden mit einem waagrecht gehaltenen Rechen vorsichtig angedrückt
7. Man kehrt wieder zur ersten Reihe zurück. Falls sich die Schnur verschoben hat, wird sie angehoben und wieder in die richtige Lage gebracht
8. Der Rand wird abgestochen; dabei dient die gespannte Schnur als Führungslinie

1

2

3

4

5

6

7

8

Bäume und Sträucher

Gegen Ende des Monats beginnt die optimale Pflanzzeit für laubabwerfende Gehölze. Wenn man so früh pflanzt, bilden sich noch im Herbst neue Wurzeln. Von der Herbstpflanzung kann man nur in Gegenden mit sehr schweren, nassen Böden und rauhem Klima abraten.

Dort ist es günstiger, die Pflanzen im Herbst an einer geschützten Stelle einzuschlagen (siehe *Januar*) und im Frühjahr zu pflanzen.

Selbstherangezogene Jungpflanzen werden jetzt verpflanzt, soweit ihre Wurzelbildung und Entwicklung dies zulassen. Man trennt Absenker von der Mutterpflanze ab und pflanzt sie auf sorgfältig vorbereitete Beete mit gutem, humosem Boden.

Die bewurzelten Steckhölzer werden aus dem Vermehrungsbeet genommen und neu ausgepflanzt. Auch sie sollten zunächst noch nicht an ihren endgültigen Platz, sondern nochmals auf ein Beet gepflanzt werden, damit sie sich noch ein Jahr entwickeln. Durch das Umpflanzen bildet sich auch ein kräftiges, fein verzweigtes Wurzelwerk.

Die im Frühbeet oder in Töpfen stehenden Sämlinge oder Grünstecklinge pflanzt man ebenfalls auf Beete. Nach einem Jahr hat man dann kräftige Pflanzen für den endgültigen Standort.

Hecken

Wie für Bäume und Sträucher, so ist auch für laubabwerfende Heckenpflanzen jetzt die günstigste Pflanzzeit. Bei günstiger Witterung kann während der gesamten Vegetationsruhezeit gepflanzt werden. Besser ist es jedoch, im Frühherbst oder im Frühjahr zu pflanzen. In Gebieten mit rauhen, kalten Wintern sollte man der Frühjahrspflanzung den Vorzug geben.

Den Boden vorbereiten Flächen, auf denen man eine Hecke pflanzen will, sollte man rechtzeitig vorbereiten. Man planiert den Boden und lockert ihn durch Umgraben auf. Ehe man umgräbt, bringt man Mittel zur Bodenverbesserung auf, bei normalen Gartenböden z. B. eine ungefähr 5 cm dicke Kompost- oder Torfschicht. Bei schweren, tonigen Böden empfiehlt es sich, eine ebenso dicke Sandschicht aufzutragen. Auch eine Vorratsdüngung ist günstig. Auf 1 m^2 gibt man 100 g organischen Volldünger. Durch das Umgraben wird das Ganze mit der Erde vermischt. In die so vorbereitete Erde läßt es sich gut pflanzen, und Dünger und Bodenverbesserungsmittel kommen nicht direkt mit den Wurzeln in Berührung.

Stauden

Wenn im Oktober der Boden noch warm und nicht zu feucht ist und die Pflanzen rasch neue Wurzeln bilden, ist dies der beste Monat zum Pflanzen der meisten Stauden, ausgenommen in Gebieten mit extremer Witterung, also in zu kalten und feuchten Lagen.

Falls die bestellten Pflanzen während einer Regenperiode eintreffen, sollte man während des Pflanzens auf Brettern gehen und stehen, um die Erde nicht zu sehr festzutreten. Besser ist es natürlich, von einem Weg oder vom Rasen aus zu pflanzen.

Man legt die Pflanzen an den geplanten Stellen aus. Falls das Wetter sonnig und trocken ist, bleiben die Pflanzen verpackt, bis mit dem Pflanzen begonnen werden kann.

Zunächst wird mit einem Handspaten ein Pflanzloch ausgehoben und anschließend mit der Pflanzung begonnen.

Pflanztechniken Jede Pflanze wird zuerst aufrecht in das Pflanzloch gestellt. Man achtet darauf, daß die Wurzeln möglichst senkrecht nach unten zeigen bzw. gleichmäßig im Pflanzloch ausgebreitet werden. Danach füllt man mit Erde auf, so daß sie sowohl zwischen als auch auf die Wurzeln fällt. Die Erde wird, wenn sie feucht und schwer ist, mit den Fingern mäßig angedrückt. Ist der Boden locker und trocken, kann die Erde fester angedrückt werden.

Bei größeren Stauden kann man die Erde, wenn sie trocken ist, auch mit dem Fuß mäßig fest antreten. Es ist darauf zu achten, daß die Staude nach dem Pflanzen auf keinen Fall tiefer als 2 cm im Vergleich zu ihrem früheren Standort sitzt.

Oft kommen die jungen Stauden aus der Gärtnerei in Containern oder Töpfen. In diesem Fall kann man die Pflanztiefe durch die Oberkante des Topfs genau bestimmen. Kommen die Stauden jedoch aus Erdbeeten, läßt sich die frühere Pflanztiefe am Wurzelballen deutlich ablesen. Werden Stauden ohne Triebe, also nur in Form knolliger Wurzelstöcke mit ruhenden Knospen, angeliefert, z. B. Pfingstrosen, pflanzt man sie so tief, daß sich die Knospe 2–3 cm tief unter der Erdoberfläche befindet. Wird zu tief gepflanzt, dann wachsen die Stauden oft schlecht an und treiben auch nicht gut aus.

Pflanzenstandorte Viele Gattungen und Arten zeigen kein Zeichen eines neuen Wachstums bis in das Frühjahr hinein. Falls also kein genauer Plan gemacht wurde, auf dem der Name jeder Pflanze und deren genauer Standort ersichtlich sind, sollte man den Standort der Pflanzen durch eine klare Etikettierung kennzeichnen. Man verwendet Etiketten aus Metall, Kunststoff oder Holz. Die Pflanzennamen werden mit wasserfestem Stift oder Tusche aufgezeichnet. Wenn die Etiketten in den Boden gesteckt werden, müssen sie mindestens 15–20 cm lang sein. Falls man sie jedoch an einem Stab befestigt, können sie auch kürzer sein.

Beete und Rabatten werden gesäubert. Verwelkte und vertrocknete Triebe schneidet man jetzt zurück, weil sie häßlich aussehen, und die Mehrzahl der Stauden überwintern auch nur mit unterirdischen Organen. Auch verwelkte Blütenstände werden im Lauf des Monats entfernt. Unkräuter bekämpft man, wenn das Wetter trocken ist.

Ältere Stauden können jetzt geteilt und neu eingepflanzt werden.

Rabatten vorbereiten Alle Beete oder Rabatten, bei denen der Boden zuvor zu hart und zu fest gewesen ist oder die bis zum jetzigen Zeitpunkt noch mit Pflanzen belegt waren, gräbt man nun im Hinblick auf eine Frühjahrspflanzung um. Hierbei wird die gleiche Methode wie bei der Vorbereitung zur Herbstpflanzung angewendet (siehe *Juli*). Verwilderte Beete, die vollständig neu überarbeitet werden müssen, werden ebenfalls umgegraben.

Sind auf diesen Beeten und Rabatten noch guterhaltene Stauden vorhanden, werden sie zunächst vorsichtig ausgegraben und von Wurzelunkräutern befreit. Größere Pflanzen können in der im *April* beschriebenen Weise geteilt werden. Natürlich sollen nur solche Stauden wiederverwendet werden, die völlig gesund sind und gut wachsen. Alle kranken oder schlechten Pflanzen oder Pflanzenteile schneidet man aus. Sie kommen entweder auf den Kompost oder, wenn die Gefahr besteht, daß Krankheiten übertragen werden, auf den Müll. Man gräbt

1. Für kleine Stauden wird das Loch mit einem Handspaten ausgehoben, für größere mit einem Spaten. 2. Während die Pflanze aufrecht gehalten wird, füllt man Erde zwischen und über die Wurzeln. 3. Ist der Boden feucht, dann wird die Erde leicht mit den Fingern angedrückt. 4. Bei lockerer oder zu Trockenheit neigender Erde tritt man sie mit dem Fuß fest und schwemmt sie anschließend ein

anschließend den Boden tief um und arbeitet abgelagerten Stallmist ein. Man prüft, ob noch Wurzeln ausdauernder Unkräuter vorhanden sind.

Grüne einjährige Unkräuter können untergegraben werden, wenn sie mit einer 20–25 cm dicken Erdschicht abgedeckt werden. Ausdauernde Unkräuter entfernt man.

Neue Beete anlegen Wenn Gras an dem für das neue Beet gewählten Standort wächst, kann der Boden in der Regel erst im Oktober oder später umgegraben werden, weil er bis dahin noch zu trocken oder zu hart ist. Man sticht zunächst die Soden ab, die man vielleicht an einer anderen Stelle einsetzen kann. Zum Abheben der 4 cm dicken und 30 cm breiten Soden braucht man einen scharfen Spaten. Anschließend wird ebenfalls Stallmist oder Kompost ausgebracht und in den Boden eingearbeitet (siehe *Juli*).

Nicht benötigte Grassoden ergeben einen ausgezeichneten Kompost, wenn man sie zu Haufen aufsetzt. Dabei geht man so vor, daß einmal das Gras nach oben und einmal nach unten schaut. Grassoden können auch unter den anderen Kompost gemischt werden. Große Grassoden verrotten langsamer und trocknen oft aus. Man kontrolliert daher den Kompost ab und zu und befeuchtet ihn bei Bedarf gründlich. Beete und Rabatten, die erst im Oktober umgegraben werden, sollen nur dann sofort bepflanzt werden, wenn die Oberfläche noch in einen pflanzfertigen Zustand gebracht werden kann. Man bearbeitet sie mit einem geeigneten Arbeitsgerät von Hand oder mit einer Motorbodenfräse. Ist das nicht möglich, sollte man den Boden über Winter grobschollig liegenlassen, damit er genügend ausfriert. Im Frühjahr läßt er sich dann meist mühelos bearbeiten.

Die Oberfläche bearbeiten Eine Motorfräse, die auf eine Tiefe von 5–8 cm eingestellt ist, zerkleinert die Oberfläche meist so gut, daß sie krümelig wird. Ist der Boden in seiner Struktur insgesamt verhältnismäßig gut, kann anschließend meist sofort gepflanzt werden. Nur auf ausgesprochen schlechten Böden sollte auf diese Bearbeitung verzichtet und die endgültige Bodenbearbeitung und Bepflanzung erst im Frühjahr vorgenommen werden.

Ein- und zweijährige Pflanzen

Sämtliche einjährigen Blumen werden abgeräumt, noch ehe sie zu unansehnlich werden. Man darf die Beete nicht zu spät abräumen, wenn Stauden oder zweijährige Sommerblumen an diese Stellen gepflanzt werden sollen.

Zwiebel- und Knollengewächse

Das Zwiebelpflanzprogramm, das im September begonnen wurde, schließt man jetzt ab. In milden Gegenden entwickeln sich ab und zu einige Wochen nach dem Legen der Zwiebeln bereits Unkräuter. Nur bei großen Flächen lohnt sich der Einsatz eines Unkrautbekämpfungsmittels.

Im Haus- und Kleingarten hackt man den Boden flach und merzt dabei das Unkraut aus. In dieser Jahreszeit lassen sich Unkräuter so besser bekämpfen als im Frühjahr, da sie noch relativ schwache Wurzeln haben.

In diesem und im kommenden Monat können Tulpen, Hyazinthen und andere Zwiebelgewächse gelegt werden. Wenn man Tulpen früher legt, können die Blätter Frostschäden erleiden, und die Zwiebeln sind dann anfälliger für das Tulpenfeuer. Diese Pilzkrankheit erkennt man daran, daß die Zwiebeln graue Flecken bekommen und sich die trockene Schale von der Zwiebel abhebt. Kranke Zwiebeln werden aussortiert.

Zwiebelkultur unter Glas und im Haus

Die nicht winterharten Zwiebeln der Sommerblüher, wie Sterngladiole, *Ixia* und Milchstern, werden aus der Gartenerde genommen. Kübel und große Töpfe mit Ritterstern und Hakenlilie stellt man ins Haus, um sie vor Winterfrösten zu schützen. Wenn Zwiebeln und Knollen in dieser Jahreszeit herausgenommen werden, müssen sie so schnell wie möglich abtrocknen. Wenn feuchte Erde, Wurzeln und Laub an den Knollen verbleiben, können an ihnen leicht faule Stellen entstehen.

Zwiebeln und Knollen trocknen Die Zwiebeln trocknen innerhalb weniger Tage in flachen Kisten, die man in einem luftigen, mäßig temperierten Raum aufstellt. Gut geeignet ist ein Trockenraum, der Heizkeller oder ein anderer Raum im Untergeschoß. Wichtig ist, daß die Zwiebeln und Knollen rasch trocknen.

Treibzwiebeln kontrollieren Eingetopfte Zwiebeln, die in einem Schuppen oder kühlen Raum stehen, werden kontrolliert und gegossen, wenn das Substrat völlig trocken ist. Bei Töpfen und Schalen, die im Freien eingeschlagen wurden (siehe *September*), dürfte eine solche Maßnahme nicht erforderlich sein.

Hyazinthen auf Glas

Besonders reizvoll ist es, Zwiebeln im Winter auf Gläsern anzutreiben. Dafür eignen sich Hyazinthen am besten. In Fachgeschäften erhält man spezielle Hyazinthengläser, doch kann man auch alte Einmachgläser, Honiggläser u. ä. verwenden, wenn sie entsprechend groß sind. Gekauft werden große Hyazinthenzwiebeln, also solche, die sich zum Treiben eignen.

Nun füllt man die Gläser mit Wasser so hoch, daß beim Aufsetzen der Zwiebel nur der unterste Bereich des Zwiebelbodens in das Wasser hineinragt. Wird die Zwiebel zu tief ins Wasser gesetzt, geht sie schon bald in Fäulnis über. Nun werden die Gefäße an einem kühlen Platz, am besten im Untergeschoß oder Keller, aufgestellt. Natürlich können sie auch in einen anderen kühlen Raum, z. B. ins Treppenhaus, gebracht werden. Wichtig ist nämlich, daß die Zwiebeln nicht sofort durchtreiben, sondern zunächst Wurzeln bilden. Die Treibzwiebeln auf Glas müssen sich also genauso entwickeln wie die Zwiebeln in Töpfen und Schalen. Wurzeln bilden sich am besten bei Temperaturen zwischen 10 und 13 °C. Hyazinthen vertragen immer einige Grad mehr als Narzissen und Tulpen.

Sollte sich nach mehreren Wochen der Trieb regen, stülpt man ein Hütchen über die Zwiebel, so daß der Durchtrieb zunächst vom Tageslicht nicht getroffen wird. Diese Maßnahme ist sinnvoll, damit der Blütenstand nicht zu dicht über der Zwiebel erblüht. Durch das Hütchen wird der Pflanze Licht entzogen, und sie streckt sich zunächst in die Höhe.

Nach etwa acht bis zehn Wochen stellt man die Hyazinthenzwiebeln in ein warmes Zimmer. Nun bleibt das Hütchen so lange über dem Trieb, bis er sich kräftig entwickelt hat und ungefähr 5–8 cm aus der Zwiebel herausragt. Dann kann es entfernt werden. Nun braucht die Pflanze einen sehr hellen Standort am Fenster, wo sich dann im Lauf der nächsten Tage die Blüten alle öffnen.

Wenn man die Temperatur bei 18–21 °C hält, nimmt die Treibdauer ungefähr drei Wochen in Anspruch.

Rosen

Wer neue Rosen bestellt hat, bereitet nun den Boden vor. Am besten werden die Beete zwei Spatenstich tief umgegraben. Je nach der Art des Bodens trifft man verschiedene Maßnahmen, um seine Qualität zu verbessern.

Neue Beete auf leichtem Boden Rosen lieben einen mittelschweren, humosen Boden. Ist ein solcher vorhanden, dann wird nur etwas Humusdünger eingearbeitet. Wenn der Boden jedoch sehr leicht ist, also z. B. sandig, dann sollte man bindigeres Material einbringen. Nachdem man den Boden umgegraben hat, wird daher eine 5–10 cm dicke Lehm- oder Komposterdeschicht aufgetragen. Dieses Material vermischt man gut mit dem sandigen Mutterboden. Außerdem kann Torfmull, der den Boden feucht hält, eingearbeitet werden. Auch Hygropor, eine Mischung aus Styromull und Hygromull, leistet gute Dienste. Selbst Hygromull allein ist vorteilhaft, weil dieses Material das Wasser bindet. Anstelle von Torf kann natürlich auch verrotteter Stallmist eingearbeitet werden. Auf ihn reagieren Rosen immer günstig. Als Vorratsdünger eignet sich ein langsam wirkender organischer Dünger. Junge Rosen brauchen nur sehr wenige Nährstoffe. Es genügt, wenn man z. B. 20–40 g Hornmehl, Hornspäne oder Knochenmehl auf 1 m^2 als Vorratsdüngung ausbringt und mit der Bodenkrume vermischt.

Neue Beete auf schwerem Boden Mittelschwere bis schwere Böden werden in ähnlicher Weise vorbereitet. Hier ist es noch wichtiger als bei leichten Böden, den Boden tiefgründig umzugraben. Niemals darf jedoch der Unterboden mit der Krume vermischt werden. Der zweite untere Spatenstich bleibt also nach dem Wenden in diesem Bereich des Bodens, während der obere Spatenstich nach dem Wenden obenauf liegen bleibt. Um die Bodenstruktur zu verbessern und den Boden gut zu durchlüften, kann in schwere Böden scharfer Sand (Flußsand) oder Styromull eingearbeitet werden. Außerdem ist es günstig, wenn man Humus in Form von Kompost, Torf oder Stallmist ausbringt. Auch dieses Material wird gründlich mit der Krume vermischt.

Eine Vorratsdüngung sorgt – wie beim leichten Boden – für genügend Nährstoffe im Anfangsstadium. Keinesfalls sollten leichtlösliche Nährstoffe ausgebracht werden, da diese, bis die Rosen sie aufnehmen, bereits ausgewaschen sind. Anstelle von Knochenmehl kann auch Thomasphosphat ausgestreut werden.

Sollen Rosen an einen Platz gepflanzt werden, auf dem schon einmal Rosen gestanden haben, muß der Boden ein wenig anders behandelt werden. Wenn man nämlich zwei- oder mehrmals hintereinander Rosen an denselben Platz gepflanzt hat, können Bodenmüdigkeitserscheinungen auftreten. Die neuen Rosen wachsen dann nicht mehr sehr gut und bringen meist einen geringeren Blütenflor hervor. Daher sollte man in diesen Fällen den Mutterboden 30 bis 50 cm tief abgraben und mit frischem Boden auffüllen. Auf diese Weise werden die Wurzelrückstände entfernt, die vor allem für diese Bodenmüdigkeitserscheinungen verantwortlich sind.

Da Rosen einen leicht sauren Boden mögen, braucht häufig nicht gekalkt zu werden. Sollte sich bei einem Kalktest der Boden als sehr sauer erweisen, gibt man 80–120 g kohlensauren Kalk auf 1 m^2. Der ideale Reaktionsgrad liegt bei Rosen bei einem pH-Wert von 5,5 bis 6,5. Ein pH-Wert von 7 entspricht einem neutralen Reaktionsgrad.

Rosen pflanzen In rauhen Lagen kann man bereits Ende des Monats Rosen pflanzen (siehe *November*). Wenn die Temperaturen noch nicht zu niedrig sind, bilden sich neue Wurzeln, ehe die strengen Fröste einsetzen.

Krankheiten Am Rosenstamm können verschiedene Krankheiten im Winter erhebliche Schäden verursachen. Befallene Zweige und Stämme schneidet man rechtzeitig aus und verschmiert sie mit Wundwachs. Vor dem Einbruch der Winterkälte, Ende Oktober, werden Stämme und Zweige mit Kupferoxychlorid gründlich gespritzt.

Chrysanthemen

Sind die Pflanzen verblüht, muß man entscheiden, nach welcher der drei folgenden Methoden man sie über den Winter bringen will.

MUTTERPFLANZEN ETIKETTIEREN

Ehe man die Pflanzen herausnimmt, schneidet man die grünen grundständigen Triebe ab. Die Etiketten werden geschrieben und am Stengel festgebunden

CHRYSANTHEMEN ZURÜCKSCHNEIDEN

Bei Pflanzen, die nicht im Freien überwintern, werden die Stützstäbe entfernt und die Haupttriebe mit einer Gartenschere auf 15 cm zurückgeschnitten

Im Garten überwintern Die meisten harten Freilandsorten (*C.-Koreanum*-Hybriden) überstehen einen normalen Winter im Freien gut, vorausgesetzt, sie wachsen in einem durchlässigen Boden.

Um sie herum werden Unkräuter und abgestorbene Blätter entfernt.

Wenn dann Ende des Monats oder im November die Triebe ganz abgestorben sind, werden sie etwa 6–8 cm über dem Boden mit der Gartenschere abgeschnitten.

Herausnehmen und ins kalte Frühbeet setzen Nicht winterharte Pflanzen schneidet man auf 10 cm zurück, und alle grundständigen Triebe, die grün sind und nicht blühen, werden unmittelbar am Boden abgeschnitten. Man beschriftet die Mutterpflanzen sorgfältig, hebt sie heraus, schüttelt den Wurzelballen etwas aus, ehe man die Pflanze in Kompost- oder übliche Kastenerde einschlägt.

Das kalte Frühbeet muß einen guten Wasserabzug haben und mit Matten vor starkem Frost geschützt werden.

Herausnehmen und im Gewächshaus überwintern Mit den Mutterpflanzen verfährt man wie unter Punkt 2 und stellt sie in Kästen, die mit Erde gefüllt sind, auf ein Gewächshausregal, wo sie viel Licht und Luft bekommen. Die Mutterpflanzen müssen die gleiche Pflanztiefe wie im Garten haben und bei Bedarf gegossen werden.

Unbrauchbare Mutterpflanzen werden herausgenommen und auf den Kompost geworfen.

Unter Glas

Mitte des Monats beginnen die ersten mittelfrühen Sorten zu blühen. Sie brauchen trockene Luft, viel Licht und immer eine gute Lüftung, selbst bei schlechtem Wetter, wenn das Gewächshaus etwas geheizt werden muß. Kalte, feuchte Luft schadet blühenden Chrysanthemen.

Jetzt muß man besonders sorgfältig gießen. Wenig ist besser als zuviel. Beim Gießen sollte man möglichst kein Wasser auf die Blüten oder das Laub tropfen lassen.

Verfärbungen Erscheinen auf den Blütenblättern braune Flecken (Blattfleckenkrankheit), muß man die Pflanzen möglichst bald mit Triforin spritzen.

ÜBERWINTERUNG

Die Wurzelballen der Mutterpflanzen werden ausgeschüttelt, ehe man sie zum Überwintern im kalten Frühbeet einschlägt oder in Kästen, die mit Erde gefüllt sind, ins Gewächshaus stellt

Weiterhin die Nebenknospen der sehr späten Sorten ausbrechen.

Großblumige Chrysanthemen und dekorative Sorten werden nicht mehr gedüngt, sobald die Knospen Farbe zeigen.

Dahlien

Sobald der erste Frost die Pflanzen dunkel gefärbt hat, werden die Stengel 15 cm über dem Boden abgeschnitten. Dann hebt man die fleischigen Knollen vorsichtig mit einer Grabgabel aus der Erde, ohne sie dabei zu verletzen. Wird dennoch eine Knolle aus Versehen beschädigt, muß man die verletzte Stelle mit einem scharfen Messer glatt herausschneiden und die Schnittflächen mit Captan bestäuben. Es wird möglichst viel Erde von den Knollen entfernt. Anschließend bringt man die Pflanzen an einen luftigen, frostfreien Platz, damit sie gut abtrocknen können und sich der Saft aus den Stengeln zurückzieht.

Nach ungefähr 14 Tagen setzt man die Pflanzen in flache Kisten und füllt trockenen Torf oder Sand ein, so daß die Knollen gerade bedeckt sind. Das Einschlagmaterial darf jedoch nicht bis an die Ansatzstelle des Stengels an der Knolle reichen. An dieser Stelle treibt die Pflanze im nächsten Frühjahr neu aus. Es ist wichtig, daß sie hier nicht fault.

Vorbeugend wird die Oberfläche der Knollen mit Captan bestäubt.

An den dicken, fleischigen Knollen entwickeln sich keine neuen Triebe. Sie dienen lediglich als Nahrungsspeicher.

Knollen lagern Die Kisten mit den Knollen werden in einen frostfreien Schuppen oder in ein frostfreies Gewächshaus gestellt. Ein Platz im Haus eignet sich ebenso gut.

Dahlien können im Winter auch in Vermiculite, Perlite oder Blähton gelagert werden, die ausgezeichnete isolierende Eigenschaften besitzen. Wer größere Mengen Dahlien überwintern will, muß auf dem Boden des Schuppens eine 30 cm dicke Schicht dieser Materialien aufschütten. Nachdem die Stengel abgetrocknet sind, werden die Dahlien aufrecht in Vermiculite, Perlite oder Blähton eingeschlagen. Darüber kommt eine weitere, mindestens 30 cm dicke Schicht der genannten Stoffe. Das Ganze wird mit einer dünnen Folie abgedeckt. So können die Dahlienknollen bis zum nächsten Frühjahr lagern, ohne Schaden zu nehmen. Anstelle von Vermiculite, Perlite oder Blähton kann auch scharfer (grobkörniger) Sand verwendet werden.

Knollen überprüfen Im Winter schaut man ein- oder zweimal nach den Knollen. Sollten sie geschrumpft sein, legt man sie über Nacht in einen Eimer mit Wasser. Ehe man sie jedoch in das Vermiculite zurücklegt, müssen sie gut abtrocknen.

In Kisten lagernde Dahlien werden alle paar Wochen geprüft. Falls sie geschrumpft sind, feuchtet man den Torf an oder legt sie über Nacht in einen Eimer mit mäßig temperiertem Wasser.

LAGERUNG IN VERMICULITE, PERLITE ODER BLÄHTON

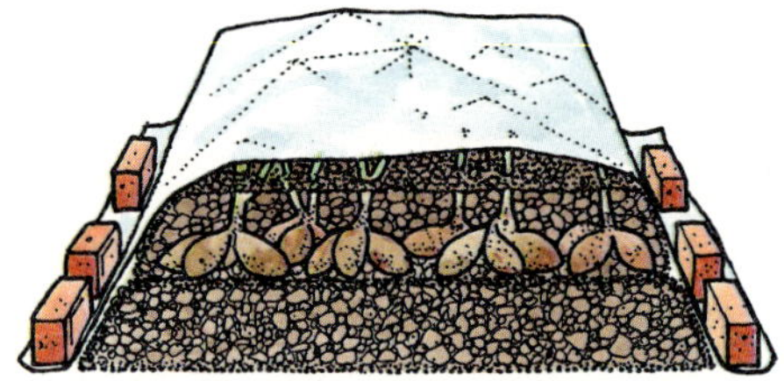

Eine gute Alternative zur Lagerung in Kisten ist die Aufbewahrung in Vermiculite, Perlite oder Blähton, die mit einer Folie abgedeckt werden

DAHLIEN ABSCHNEIDEN

Nach dem ersten Frost stirbt das Laub ab. Man schneidet die Stengel 15 cm über dem Boden ab und hebt die Pflanzen mit einer Grabgabel heraus

DAHLIENKNOLLEN LAGERN

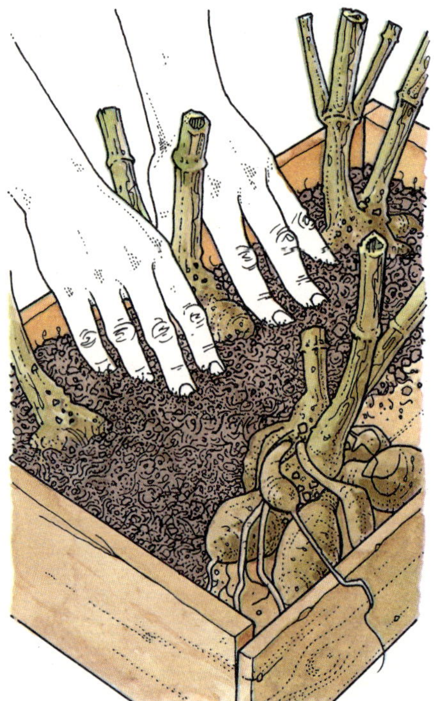

Wenn die Stengel abgetrocknet sind, schlägt man die Knollen in flache Kisten mit Torf ein, so daß sie gerade bedeckt sind. Nicht die Stengelansatzstellen bedecken!

Samen aufbewahren Man nimmt die Samen aus den getrockneten Samenkapseln. Bis zur Aussaat im März lagern sie gut in Streichholzschachteln oder Plastikgefäßen.

Gladiolen

Gladiolen sollte man nicht im Gartenboden überwintern lassen. Wie Dahlien müssen sie vor dem ersten kräftigen Frost herausgenommen werden. Dies geschieht am besten Mitte Oktober, wenn sich die Blätter gelbbraun zu verfärben beginnen. Vorsichtig hebt man mit der Grabgabel die Knollen heraus und achtet darauf, daß sie nicht verletzt werden. Die an den Knollen haftende Erde wird entfernt.

Den Stiel schneidet man bis auf 2 cm Länge zurück; dann legt man die Knollen sieben bis zehn Tage lang an einen trockenen, luftigen Platz.

Nach dem völligen Abtrocknen lagert man sie auf Hürden oder in flachen Kisten in einem trockenen, frostsicheren Raum oder im Gewächshaus. Zuviel Wärme führt dazu, daß die Knollen schrumpfen. Sie können vor dem Lagern gesäubert werden oder erst später, wenn es im Garten wenig zu tun gibt.

GLADIOLEN AUSGRABEN

Wenn sich die Blätter gelbbraun verfärben, nimmt man die Gladiolenknollen mit einer Grabgabel heraus; sie dürfen nicht verletzt werden

GLADIOLENSTIELE ZURÜCKSCHNEIDEN

Nach dem Ausgraben schneidet man die Stiele der Gladiolen bis auf etwa 2 cm zurück, bevor man die Knollen zum Trocknen an einen luftigen Platz legt

Iris

Das Bartirisbeet wird vor Anbruch des Winters gesäubert. Welke Blätter werden zusammengerecht. Das Unkraut entfernt man sorgfältig, und längere Blätter werden ungefähr um ein Viertel zurückgeschnitten.

Unter Glas

Die Pflanzung von Zwiebeliris in Töpfen sollte möglichst bald abgeschlossen werden (siehe *September*).

Lilien

In diesem Monat pflanzt man so viele Lilien wie möglich. Die Zwiebeln werden zweieinhalbmal so tief gepflanzt, wie sie hoch sind.

Die meisten Lilien bevorzugen einen gut dränierten, ziemlich nährstoffreichen, feuchten Boden, der neutral oder schwach sauer ist (pH-Wert: 6,5). Im Zweifelsfall und bei sehr schweren Böden empfiehlt es sich, die Zwiebeln weniger tief zu setzen.

Lilien für den Schnitt Will man Lilien nicht nur als Schmuck im Garten haben, sondern auch als Schnittblumen für die Vase, dann bestellt man dreimal so viele Zwiebeln, wie man wahrscheinlich Blüten brauchen wird. Man schneidet nur von jeweils einem Drittel der Zwiebeln Schnittblumen, damit sich die Pflanzen mindestens zwei Jahre lang erholen können. Dabei sollte man nicht mehr als ein Drittel des Stiels abschneiden.

Wer Lilien in Töpfen ziehen will, gräbt einige Zwiebeln aus dem Garten aus, sobald die Stiele absterben, und setzt sie je nach ihrer späteren Größe in 15–25 cm große Töpfe. Die Töpfe bringt man an einen geschützten Ort und bedeckt sie 8–10 cm hoch mit Torfmull.

Unter Glas

Wenn man neu eingetopfte Lilien vortreiben will, dann stellt man die Töpfe etwa 13 Wochen lang ins Gewächshaus. Bis das Wachstum einsetzt, sorgt man für eine gleichmäßige Temperatur von 7–10 °C, die man dann später auf 16–21 °C erhöht (siehe *Januar* und *Februar*). Dadurch wird gewährleistet, daß die Pflanzen ein kräftiges Wurzelsystem entwickeln, ehe das oberirdische Wachstum gefördert wird.

Nelken

Zweijährige Garten- und Steingartennelken werden auf die Beete gepflanzt, die man im September vorbereitet hat. Gartennelken benötigen einen Abstand von 30 cm, Steingartennelken von 25 cm. In kalten Lagen mit sehr schwerem Boden sollte man die Pflanzen in 10-cm-Töpfe setzen, in ein kaltes Frühbeet stellen und erst im März auspflanzen.

So wird gepflanzt Die Wurzeln werden sorgfältig in das Pflanzloch gebracht und die Erde über ihnen wird vorsichtig angedrückt. Das untere Blattpaar muß über der Erde sitzen.

Beete für die Frühjahrspflanzung werden nach der im *September* beschriebenen Methode vorbereitet. Man trennt die Absenker der Gartennelken ab und stutzt, falls erforderlich, die Jungpflanzen (siehe *September*).

Unter Glas

Dauerblühende Edelnelken brauchen weiterhin eine Temperatur von 7 bis 10 °C und immer etwas Luft.

Sparsam gießen und düngen (siehe *April*).

Man schneidet Blumen und entfernt Nebenknospen.

Auf Schädlinge und Krankheiten achten und sie, falls nötig, bekämpfen.

Wicken

Man wählt einen freiliegenden, sonnigen Platz mit gutem Boden und bereitet dort die Pflanzstelle für das kommende Jahr vor. Die Beete sollten am besten in Nord-Süd-Richtung angelegt werden. Der Boden wird tief umgegraben. Ist er fruchtbar, dann düngt man nicht, sonst arbeitet man gut verrotteten Mist oder Kompost in die Erde ein.

Ausgesprochen nährstoffarme Böden kann man außerdem mit Knochenmehl und Hornmehl bzw. Hornspänen anreichern. Man rechnet ungefähr mit 30–40 g auf 1 m^2. Den Boden läßt man grobschollig ruhen.

SCHUTZ FÜR STEINGARTENPFLANZEN

1

2

Steingartenpflanzen mit wolligen oder haarigen Blättern brauchen Schutz vor Winterregen. Die Abbildungen zeigen: 1. eine Glasplatte, die über der Pflanze mit Hilfe eines gebogenen Metallbands festgehalten wird; dicker Draht eignet sich ebenso. 2. Diese Glasscheibe wird von vier Holzkeilen gestützt und mit einem Stein beschwert

Steingartenpflanzen

Ungefähr in der dritten Woche dieses Monats pflanzt man aus Samen gezogene Jungpflanzen oder bewurzelte Stecklinge aus. In Töpfchen herangezogene Jungpflanzen können fast jederzeit eingesetzt werden. Pflanzt man Setzlinge allerdings zu spät aus, dann können die empfindlichen neuen Wurzeln durch Frost geschädigt werden. Solche Pflanzen, die in Töpfchen herangezogen worden sind und einen kräftigen Wurzelballen haben, erleiden jedoch keinen Schaden.

Beim Verpflanzen älterer Pflanzen an einen anderen Standort sollte an den Wurzeln möglichst viel Erde verbleiben.

Ist der Boden trocken, dann bewässert man die Pflanzen. Den feuchten Boden darf man nicht betreten. Sonst muß man damit rechnen, daß sich der gut gelockerte Boden sofort wieder stark verfestigt. Falls es sich als erforderlich erweist, legt man Bretter aus oder tritt auf vorhandene Steine.

Die unleserlich gewordene Beschriftung auf Etiketten erneuert man, ehe sie durch die einsetzende ungünstige Herbstwitterung völlig unleserlich wird.

Bei feuchtem Wetter legt man Schneckenkorn aus oder stellt Schneckenfallen auf, insbesondere in der Nähe von immergrünen, kriechenden und strauchartigen Pflanzen, wo sich Schnecken besonders gern aufhalten.

Wasserpflanzen

Gegen Ende des Monats werden die Unterwasserpflanzen kräftig ausgelichtet und die alten Seerosenblätter entfernt. Wenn nun mit dem Einbruch der kalten Jahreszeit der Teich zufriert, befinden sich nicht allzu viele abgestorbene Pflanzenteile auf dem Grund des Beckens. Somit bilden sich kaum giftige Gase unter der Eisdecke, und es tritt dann kein Sauerstoffmangel auf.

BLÄTTER HERAUSFISCHEN

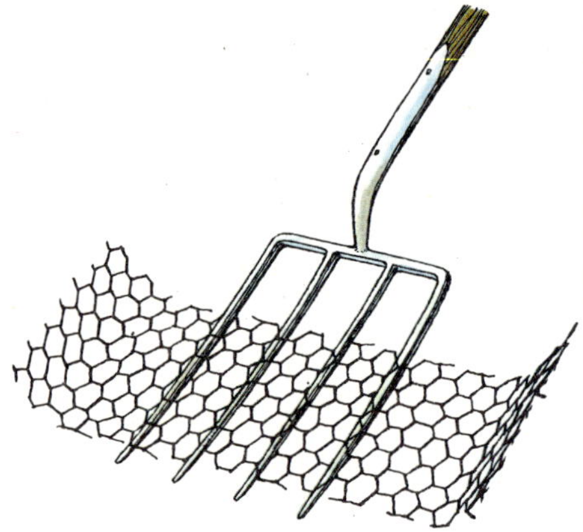

Blätter, die auf der Wasserfläche schwimmen, können mit einer Grabgabel, an deren Zinken man ein Drahtnetz befestigt hat, herausgehoben werden. Mit diesem Instrument sollte man dann besonders vorsichtig umgehen, wenn das Becken mit einer Plastikfolie ausgelegt ist, damit sie nicht verletzt wird

Sieht das Wasser dunkelgrün oder schwärzlich aus, läßt man die Hälfte des Wassers ab. Dies ist eine günstige Gelegenheit, alte Blätter und Unrat vom Beckengrund zu entfernen. Den Schlamm, der nützliche Wasserinsekten enthält, läßt man dort.

Nach dieser Arbeit wird das Becken wieder mit frischem Wasser gefüllt. Pflanzen, die feuchte Standorte bevorzugen, werden nun nach den im *April* beschriebenen Verfahren geteilt und verpflanzt.

Man gibt den Fischen Futter, solange sie die Nahrung gerne annehmen.

Heidekrautgewächse

In Gebieten, in denen der Winter nicht zu streng ist, kann man nun Heidekräuter pflanzen. Wer jetzt *Erica herbacea*, die Schneeheide, pflanzt, kann schon in wenigen Wochen mit ihren Blüten rechnen.

Rhododendron

Neu- oder Umpflanzungen können – möglichst schon Anfang des Monats – vorgenommen werden. Im Winter sollte man Rhododendren nicht pflanzen.

Bei immergrünen Rhododendren ist es wichtig, daß vor Beginn des Winters nochmals gründlich gewässert wird, damit die Pflanzen und das sie umgebende Erdreich genügend mit Wasser versorgt sind. Rhododendren verdunsten nämlich auch im Winter viel Wasser, da sie ja immergrüne Pflanzen sind.

Das Abdecken des Wurzelbereichs mit einer lockeren Torf-, Laub- oder Rindenschicht hat sich auch im Herbst bewährt. Sie hält die Feuchtigkeit zurück und bietet einen gewissen Schutz vor Frost im Boden. Die oberen Schichten werden natürlich dennoch durchfrieren, doch reicht dann der Frost nicht in größere Tiefen und bindet dort das Wasser, das dann der Pflanze nicht zur Verfügung steht.

In Gebieten, wo das Klima für Rhododendren ungünstig ist, pflanzt man kleinere Arten im Herbst in Behälter und hält sie den Winter über an geschützten Stellen. Im Frühjahr blühen sie dann im Haus und werden im Sommer wieder ausgepflanzt.

Von Braunfäule (Phytophthora) geschädigte und abgestorbene Triebe muß man sofort entfernen, damit die Haupttriebe nicht von dem Pilz befallen werden.

Zimmerpflanzen

Pflanzen, die man in diesem Monat kauft, haben ausreichend Zeit, sich zu akklimatisieren, ehe die Tage sehr kurz werden und die kalte Jahreszeit beginnt.

Die Pflanzen werden an einen günstigen, mäßig temperierten Standort gebracht. Sie dürfen jedoch nicht der direkten Wärme ausgesetzt sein. Wichtig ist, daß sie keinen Luftzug bekommen und reichlich Licht erhalten. Empfindliche Pflanzen dürfen nicht in die Nähe eines offenen Fensters gestellt werden, besonders nicht über Nacht, da sie durch die niedrigen Temperaturen geschädigt werden können.

Jetzt schränkt man auch das Bewässern ein und richtet es ganz auf die Bedürfnisse jeder einzelnen Pflanze aus. Achtung, der Wurzelballen darf bei keiner Zimmerpflanze in der jetzt einsetzenden kühlen Jahreszeit vernässen.

Man achtet weiter auf den Befall durch die Rote Spinne und ergreift entsprechende Maßnahmen (siehe *September*).

Kleingewächshausgärtnerei

Jetzt müssen alle Pflanzen, die noch in Frühbeetkästen im Freien stehen, möglichst rasch ins Gewächshaus gebracht werden, da Nachtfröste die Pflanzen vernichten können.

Wenn die Tage kürzer und die Nächte kühler werden, wird weniger gesprüht und gegossen. Man gießt möglichst nur am Vormittag. Gelegentlich sollte man am Abend die Heizung überprüfen, um sicherzustellen, daß sie einwandfrei arbeitet und der Thermostat richtig eingestellt ist.

Wenn Tomaten von Pilzen befallen sind, lüftet man das Gewächshaus oder spritzt mit Maneb oder Mancozeb.

WÄRMESPARENDE MASSNAHMEN IM KLEINGEWÄCHSHAUS

Wenn man in einem Kleingewächshaus eine Plastikfolie verspannt, spart man Heizenergie. Man kann dann höhere Temperaturen erreichen und dennoch Heizkosten sparen

Man schneidet zu dicht stehende Triebe von Kletterpflanzen, wie Bleiwurz und Passionsblume, aus, damit diese Pflanzen während des Winters mehr Licht und Luft bekommen.

Energie im Kleingewächshaus sparen Die wichtigste Maßnahme der Energieeinsparung im Gewächshaus ist die Wärmedämmung. Empfehlenswert ist es, eine Folie im Innern entlang der Wände einzuziehen. Hierbei soll ein Luftpolster zwischen Glas und Folie entstehen. Die Belüftungen werden getrennt mit Folie überspannt. Man kann aber auch die Folie außen anbringen, das Gewächshaus also mit einer Folie überziehen. Um den Lichtverlust durch die Folie möglichst niedrig zu halten, wird das Glas sorgfältig gereinigt, ehe man die Folie anbringt. Wenn das Gewächshaus mit einer Ölheizung geheizt wird, muß man dafür sorgen, daß die Rauchgase völlig aus dem Gewächshaus abgeführt werden. Sie dürfen keinesfalls in das Kleingewächshaus eindringen, da sie sonst die Pflanzen schädigen.

Ist die Luftfeuchtigkeit im Kleingewächshaus etwas zu hoch, kann man über Nacht die Lüftung einen Spalt offen lassen. Es entsteht dann ein günstiges Kleinklima, weil die Feuchtigkeit entweichen kann.

Wurzelstöcke von Blumenrohr trocknen Nach und nach schränkt man die Wassergaben beim Blumenrohr ein, damit die Wurzelstöcke trocknen, ehe sie unter den Stellagen des Gewächshauses den Winter über gelagert werden. Die Erde darf jedoch nicht staubtrocken werden.

Man achtet auf Schleimspuren von Schnekken und liest die Schädlinge entweder ab oder legt Schneckenkorn aus.

Im Oktober müssen die Frühbeetkästen jeden Abend verschlossen werden, da plötzlich Fröste auftreten können.

Balkongärtnerei

Rechtzeitig ehe die ersten Nachtfröste auftreten, müssen die Balkonpflanzen eingeräumt werden, die für eine Überwinterung vorgesehen sind. Während ausdauernde Gewächse, wie Geranien und Fuchsien, ohne Schwierigkeiten überwintert werden, leidet die Pantoffelblume meist etwas während des Winters. Einjährige Sommerblumen bleiben so lange im Freien, bis der Nachtfrost die Pflanzen vernichtet hat.

Die Pflanzen überwintern am besten im Balkonkasten. Werden die Gefäße für den Schmuck des Winterbalkons benötigt, dann können die Pflanzen entweder in Blumentöpfen oder Kisten mit feuchtem Torf eingeschlagen werden. Zurückgeschnitten werden sie am besten vor dem Einräumen. Das hat den Vorteil, daß nicht so viel Pflanzenmaterial in den Überwinterungsraum gelangt, und außerdem entwickeln sich die Pflanzen dort nicht weiter.

Die im August gesteckten Stecklinge können den Winter über in ihren Töpfchen bleiben. Die Jungpflanzen werden erst im Frühjahr umgetopft, nachdem sie sich gut durchwurzelt haben.

Knollenbegonien läßt man am besten noch so lange im Freien, bis das Laub vom Nachtfrost geschädigt ist. Dann werden die Knollen aus der Erde genommen und alle Teile, die faulen könnten, entfernt. In fast trockenem Zustand werden sie dann kühl überwintert.

Das Winterquartier Als Winterquartier sind Räume mit einer Temperatur von ungefähr 4 bis 6 °C geeignet. Über 8 °C sollte das Thermometer nicht ansteigen. Man stellt die Pflanzen am Überwinterungsort so hell wie möglich auf.

Blumenzwiebeln eintopfen Bei frostfreiem Wetter kann man im Oktober noch Blumenzwiebeln legen (siehe *März*). Die Zwiebeln und Knollen von Narzisse, Tulpe, Hyazinthe, Zwergiris, Winterling und Krokus werden am besten in Töpfe oder Schalen gepflanzt. Während Hyazinthen einzeln in 8- bis 10-cm-Töpfe gelegt werden, gibt man von den anderen Arten am besten drei bis fünf Knollen oder Zwiebeln zusammen in etwa 9- bis 10-cm-Töpfe. Einfache Gartenerde, mit etwas Sand vermengt, eignet sich gut dafür.

Damit sich die Zwiebeln und Knollen gut bewurzeln, stellt man die Gefäße bis zum zeitigen Frühjahr an einem kühlen, geschützten Ort bei ungefähr 2–6 °C auf.

Obst

Das Umgraben der Baumscheiben zählt man oft noch zu den Herbstarbeiten. Das sollte man jedoch unterlassen, denn damit werden die Faserwurzeln beschädigt. Es genügt, die festgetretene, wurzellose Oberschicht zu lockern und von Unkräutern zu säubern. Die Baumscheiben kann man mit Mulchmasse, z. B. Stroh, Torf, Gras, Pflanzenresten, abdecken, die allerdings nicht bis dicht an den Stamm gelegt werden soll, damit auf diese Weise Wühlmäuse nicht angelockt werden.

In Strauchbeerenobstkulturen, die als Flachwurzler bekannt sind, sollte man den Boden überhaupt nicht bearbeiten. Wenn sich unter den Beerenobststräuchern keine Wurzelunkräuter befinden, empfiehlt es sich, die Fläche mit Kompost oder ähnlichem organischem Mulchmaterial abzudecken.

Apfel- und Birnbäume sind gelegentlich durch einen sehr reichen Ertrag stärker geschwächt. In solchen Fällen kann eine leichte Stickstoffgabe, z. B. Kalkammonsalpeter oder Kalksalpeter, zur Kräftigung der Bäume beitragen. Dies ist jedoch nur sofort nach der Ernte sinnvoll, wenn der Boden feucht ist, damit sich die Nährstoffe auflösen können.

Einer der verbreitetsten Schädlinge ist der Kleine Frostspanner. Seine Raupen richten im Frühjahr an allen Obstarten Schäden an, insbesondere aber an Apfel-, Zwetschen- und Kirschbäumen.

Die Weibchen haben nur kurze Flügelstummel und können nicht fliegen. Sie klettern deshalb an den Bäumen hoch bis in die äußersten Spitzen, und jedes Weibchen legt dort 200 bis 300 Eier ab. Da alle Weibchen, um in die Baumkrone zu gelangen, zuerst den Baumstamm passieren müssen, können sie dort mit Leimringen abgefangen werden. Leimringe sind Papierstreifen, die fest um den Baumstamm gebunden und mit Raupenleim bestrichen werden. Es gibt schon fertig präparierte Leimringe; man kann aber die aufgelegten Papierstreifen auch selbst präparieren.

Für die Bekämpfung von Wühlmäusen kann man vorbeugend die Baumstreifen frei und das Gras unter den Bäumen niedrig halten. Sind Wühlmäuse bereits aufgetreten, dann kann man sie mit der bayerischen Drahtfalle fangen oder Quiritox einsetzen.

Die aufgeführten Bekämpfungsmethoden können das ganze Jahr über – außer bei Frost – angewendet werden. Zweckmäßig ist es, wenn sich an der Bekämpfung auch die Nachbarn beteiligen.

Der Befall durch rinden- und holzzerstörende Pilze nimmt zu. Die Blattfallspritzung mit Kupferoxychlorid wirkt bei Obstbaumkrebs sowie bei Bakteriose, Schrotschuß und Zweiggrind. Deshalb sollten nicht nur Steinobst und Birnen, sondern auch Äpfel behandelt werden. Man spritzt zum erstenmal, wenn ein Drittel der Blätter abgefallen ist, ein zweites Mal gegen Ende des Laubfalls. Natürlich muß in jedem Fall das Obst vorher restlos abgeerntet und aufgelesen sein.

Scharkakrankheit Diese gefährliche Steinobstkrankheit wird durch Blattläuse übertragen. Im Herbst, wenn die Blattläuse von ihren krautigen Sommerwirten auf die Winterwirte zurückwandern, ist die Gefahr der Infizierung am größten. Bei Suchflügen werden dabei oft mehrere Zwetschenbäume nacheinander aufgesucht, wodurch die Gefahr einer mehrmaligen Ansteckung erhöht wird. Gefährdete Zwetschenbäume sollen deshalb nach der Ernte, solange sie noch grünes Laub tragen, ein- bis zweimal in Abständen von ungefähr zwei Wochen mit Dimethoat gespritzt werden.

Pflanzung von Obstgehölzen Bei der Auswahl von Obstbäumen sollte man sich weitgehend auf bewährte Sorten beschränken und kein Risiko mit neuen Züchtungen eingehen. Auf eine allzu frühe Lieferung der Pflanzen aus der Baumschule sollte man nicht drängen.

Ein erstklassiges Pflanzmaterial zeichnet sich dadurch aus, daß alle Triebteile gut ausgereift sind. Darauf muß man besonders achten, wenn man Gehölze von Baumschulen aus kühleren Klimazonen einkauft. Jetzt wird der Boden für die Pflanzung vorbereitet, falls dies nicht schon geschehen ist. Wurzelunkräuter, wie Quecken, Winden und Giersch, müssen sehr gründlich entfernt werden. Die Pflanzgrube wird dem Wurzelkörper des Obstgehölzes entsprechend groß genug gegraben. Für die unmittelbare Umgebung der Wurzeln ist humose, lockere Erde und/oder nasser Torf bereitzuhalten. Mist und Stroh gehören nicht in den Wurzelbereich. Sie eignen sich zur oberflächlichen Abdeckung der Baumscheiben nach der Pflanzung.

Hat man die Pflanzen gekauft, richtet man sein Augenmerk darauf, daß die blanken Wurzeln nicht zu lange der Luft ausgesetzt sind, weil vor allem die kleinen Faserwurzeln schnell austrocknen. Ehe man die Pflanzen transportiert, umwickelt man das Wurzelwerk mit einem Tuch. Manche Baumschulen stecken die Pflanzenwurzeln gleich in einen Foliensack. Zu Hause angekommen, müssen die Bäume entweder sofort gepflanzt oder provisorisch so eingeschlagen werden, daß die Wurzeln vollständig mit Erde bedeckt sind.

Die Pflanzarbeiten beginnt man mit dem Strauchbeerenobst. Für diese im zeitigen Frühjahr austreibenden Gehölze empfiehlt sich die Herbstpflanzung besonders. Johannisbeersträucher werden etwas tiefer gepflanzt, als sie in der Baumschule gestanden haben. Pfirsich und Aprikose pflanzt man besser im Frühjahr.

Den Pflanzschnitt führt man erst im Frühjahr durch. Eine Ausnahme bilden Obstgehölze, die nur ein sehr schwaches Wurzelwerk haben. Sie sollten, gleich nachdem sie gepflanzt sind, geschnitten werden.

Apfel und Birne In diesem Monat werden vor allem die Sorten für die Lagerung sehr sorgfältig geerntet. Früchte mit Schorfflecken eignen sich nicht für die Lagerung.

Wie man die Pflückreife feststellt und die Einlagerung vorbereitet, ist im *September* beschrieben. Die Früchte dürfen nicht vorzeitig vom Baum genommen werden. Obst, das nicht ganz ausgereift geerntet wird, schrumpft, wenn man es lagert, und wird saftlos. Auch Mostobst muß am Baum gut ausreifen. Leichte Bodenfröste schaden den am Baum hängenden Früchten nicht; sonnige Oktobertage verbessern dagegen die Fruchtqualität. Wenn man aber zu spät erntet, werden die Früchte mehlig und schmecken dadurch fad.

Leider sind die Kellerräume in modernen Häusern meist sehr trocken und daher nur bedingt für die Aufbewahrung von Obst geeignet. Sehr gut bewährt hat es sich, Äpfel und Birnen in Polyäthylenbeuteln, die 3–4 kg Obst aufnehmen können, aufzubewahren. Die Stärke der Folie sollte 0,03–0,05 mm betragen. (Stärkere Folien unterbinden den notwendigen Gasaustausch, zu dünne Folien zerreißen leicht und sind auch nicht dicht genug.) Werden die Früchte in solchen Folienbeuteln aufbewahrt, dann schrumpfen sie kaum, und Lagerkrankheiten treten nur in geringem Maß auf. Für die Lagerung in Folienbeuteln eignen sich besonders gut 'Golden Delicious', aber auch 'Cox Orange', 'Berlepsch', 'Roter Boskoop', 'Jonathan' und 'Glockenapfel'; bei Birnen 'Conférence' und 'Gute Luise'. Man sollte immer nur eine Sorte in einen Beutel füllen.

Brombeere Die letzten der spät reifenden, dornenlosen Sorten werden in diesem Monat geerntet. Unmittelbar danach kann das abgetragene Holz dicht am Boden abgeschnitten und den Winter über als Frostschutz im Drahtgerüst belassen werden.

Haselnuß Man bezieht die Sträucher möglichst von Markenbaumschulen. Haselnußsträucher eignen sich als Decksträucher und für den Sichtschutz, liefern aber außerdem großkernige, mineralstoffreiche Früchte. Da Haselnüsse auf Fremdbefruchtung angewiesen sind, müssen immer wenigstens zwei Sträucher von einer Sorte gepflanzt werden. Es gibt auch Haselnußstämmchen, die keine lästigen Bodentriebe bilden. Sie sind dann auf Baumhasel veredelt.

Holunder Für ländliche Gartengrundstücke und für Bauerngärten zur Hofeingrünung sollte der Holunderstrauch auch wieder Verwendung finden. Die Beeren haben einen sehr hohen Kalium- und Vitamin-C-Gehalt. Die Früchte werden gerne zu Säften und Konfitüren verarbeitet.

Quitte Sie eignet sich nicht nur für die Saft- und Geleeherstellung, sondern ist auch ein schönes Ziergehölz im Garten.

Walnuß Walnüsse werden nicht mit Stangen vom Baum geschlagen, sondern man schüttelt die Äste mehrmals leicht und sammelt die Nüsse vom Boden auf. Die grünen Schalen nimmt man ab. Dann werden die Nüsse gewaschen und auf einem Sieb oder einem Rost in einem gut belüfteten Raum getrocknet. Anfangs müssen sie täglich, später seltener gewendet werden. Nüsse kann man in Netzbeuteln aufgehängt am besten vor Mäusen schützen.

Weinrebe Trauben, die gleich gegessen werden, sollte man möglichst spät ernten. Bei sonnigem Herbstwetter werden sie noch süßer. Nach der Ernte nimmt man die Netze ab. Bei jungen Rebstöcken entfernt man Edelreiswurzeln, soweit sie noch vorhanden sind.

Gemüse

Ehe das Gartenjahr zu Ende geht, fallen im Gemüsegarten noch einmal reichlich Erntearbeiten an. Natürlich wird man die Ernte von Lagergemüse etwas von den jahreszeitlichen Witterungsbedingungen abhängig machen.

In der Regel wird Lagergemüse möglichst spät geerntet. Dadurch wird nicht nur eine Gewichtszunahme erzielt, sondern gleichzeitig erhöht sich die Lagerhaltbarkeit noch wesentlich. Für Möhren, Knollensellerie, Rote Rüben, Winterrettich, Schwarzwurzeln und die verschiedenen Spätkohlarten liegt der Erntetermin gewöhnlich zwischen Ende Oktober und Mitte November.

Günstig ist es, bei trockenem Wetter zu ernten. Wenn das Erntegut feucht ist, besteht die Gefahr, daß es von Pilzen und Bakterien befallen wird. Abgeerntetes Gemüse darf nicht zu lange in der Sonne liegen, sondern sollte möglichst rasch an einen kühlen Ort gebracht werden.

Lagergemüse muß bei der Ernte besonders schonend behandelt werden. Beschädigte, faule oder überreife Pflanzenteile eignen sich nicht für die Einlagerung, da sie bald in Fäulnis übergehen und dann gesunde Pflanzen anstecken. Beschädigte Pflanzen werden aussortiert und möglichst bald in der Küche verwendet.

Für die Erntearbeiten selbst sollte man nur zweckmäßige Geräte verwenden. Dies gilt für Grabgeräte genauso wie für Scheren und Messer. So werden beispielsweise die Wurzelgemüsearten mit einer Grabgabel viel schonender als mit dem Spaten geerntet, weil sie dann keine Druckstellen bekommen.

Vor dem Einlagern wird das Gemüse gründlich gereinigt, doch sollte man es nicht waschen. Lagergemüse muß in trockenem Zustand eingelagert werden.

Gemüse einlagern Gemüse kann man im Keller, in Frühbeetkästen, Mieten, frostfreien Scheunen oder in einem Schuppen einlagern.

Am einfachsten lagert man die verschiedenen Kohlarten, indem man die Köpfe in Erdfurchen schichtet. Dafür wird auf einem Beet ein etwa spatentiefer und ebenso breiter Graben ausgehoben. Mit dem Kopf nach unten werden die Kohlköpfe hineingelegt und mit Erde abgedeckt, so daß nur ein paar Wurzeln des Strunks aus dem Boden ragen. Wenn stärkere Fröste auftreten, kann man zusätzlich das Gemüse mit Laub oder Stroh abdecken. So eingeschlagen hält sich Kohl viele Wochen lang. Der Nachteil dabei ist, daß man bei längeren Frostperioden die Köpfe nicht auslagern kann.

Größere Gemüsemengen werden in einer Miete im Freien eingelagert. Allerdings müssen hier zur Bekämpfung von Mäusen vorbeugende Maßnahmen getroffen werden. Will man eine Miete anlegen, dann wird der Boden ungefähr 40 cm tief ausgegraben. Die Sohlenbreite be-

ROTE RÜBEN EINLAGERN

Ehe man Rote Rüben einlagert, werden die Blätter ungefähr 5 cm über der Knolle abgedreht

trägt mindestens 60–80 cm. Die Länge kann beliebig gewählt werden.

Vorteilhaft ist es, die Miete in nordsüdlicher Richtung anzulegen, damit die Wintersonne das Lagergut nicht zu stark erwärmt. Wenn man eine dünne Sandschicht auf den Boden der Miete aufträgt, wird das Erntegut vor Verschmutzung geschützt. Die vom Laub befreiten Gemüsearten (Wurzelgemüse) oder Kohlarten ohne Strünke werden einfach geschichtet. Damit eine gute Durchlüftung gewährleistet ist, wird ein Luftkanal aus Dränrohren in der Miete angelegt, der nach oben eine Verbindung hat. Diese Öffnung wird bei strengen Frösten mit Reisig oder Stroh verschlossen.

Abgedeckt wird die Miete mit einer 10 bis 20 cm starken Erdschicht. Bei Bedarf legt man Stroh darüber. Darauf folgt eine weitere Schicht Deckerde. Für die Lagerung von Wurzelgemüse, Porree, Zichorie, Zuckerhut und Endivie kann ein leerstehender Frühbeetkasten verwendet werden. Dazu wird die Erde spatentief ausgehoben.

Während Sellerie und Porree in Erde eingeschlagen werden, genügt bei den übrigen Gemüsearten ein einfaches Einschichten.

Abgedeckt wird die Miete mit Frühbeetfenstern. Bei tieferen Temperaturen können zusätzlich Strohdecken oder Deckbretter aufgelegt werden. Wenn das Wetter mild ist, lüftet man den Frühbeetkasten. Bei dieser Methode kann das Gemüse ab und zu durchgeputzt werden. Gemüse kann auch in Kellerräumen gelagert werden, wenn diese kühl sind. Die modernen isolierten Kellerräume sind jedoch in der Regel zu warm und zu trocken. Ideal eignen sich Temperaturen von 1–3 °C und eine Luftfeuchtigkeit von 70–80 %. Bei höheren Temperaturen und geringerer Luftfeuchtigkeit verliert das Gemüse rasch seine Festigkeit und den Geschmack. Wurzelgemüse kann in Kisten mit einem feuchten Torf-Sand-Gemisch eingeschichtet werden. Kohl wird häufig auf Regalen gelagert. Während der Lagerung muß der Keller ständig durchlüftet werden. Nach Möglichkeit sollte man in Kellerräumen Obst und Gemüse räumlich getrennt lagern.

Bodenbearbeitung im Herbst Sobald die Gemüsebeete restlos abgeerntet sind, wird der Boden bearbeitet. Man gräbt ihn gut um. Für diese Arbeit verwendet man einen gut geschliffenen Spaten oder eine Spatengabel. Der umgegrabene Boden wird nicht zerkleinert, sondern grobschollig liegengelassen, damit der Frost eine größere Angriffsfläche hat.

Weitere Pflegearbeiten Gemüsearten, die im Freien überwintern, wie Spinat, Feldsalat, Winterkopfsalat und Frühlingszwiebeln, sollten jetzt noch einmal gehackt und gejätet werden. Für die Abdeckung im Winter hält man Reisig bereit.

Ältere Rhabarberstöcke können nun geteilt und neu ausgepflanzt werden. In der Regel werden die Teilstücke (Klumpen) im Abstand von 1 m ausgepflanzt. Vorher sollte der Boden tief gelockert und mit Kompost versorgt werden. Bei Grünspargel schneidet man das Spargelkraut handbreit über dem Boden ab, sobald es sich bräunlich verfärbt hat.

Küchenkräuter

Das Beet für den Kräutergarten wird jetzt vorbereitet. Man gräbt den Boden spatentief um, damit der Frost gut einwirken kann. Schwerer Boden wird durch Zugabe von Torf, Kompost oder gut verrottetem Stallmist verbessert. Frischen Stallmist vertragen die meisten Gewürzkräuter nicht. Auch Jauche sollte während der Entwicklungszeit nicht gegeben werden. Um den Stickstoffbedarf der Pflanzen zu decken, können dem Boden mehrere Gaben von Hornspänen oder Hornmehl verabreicht werden.

Unter Glas

Die Wurzelausläufer von Pfefferminze werden abgetrennt. Einige davon pflanzt man ins Freiland, während man die übrigen in Töpfen oder Kästen ins Gewächshaus stellt, um sie für die Ernte im Winter vorzutreiben.

Gewürzkräuter sollte man immer wieder zurückschneiden. Dadurch verhindert man, daß sich Blüten bilden, und gleichzeitig sorgt man dafür, daß ständig frisches Grün geerntet werden kann. Bei einigen Gewürzkräutern, die leicht von Schädlingen und Krankheiten befallen werden, wirkt der laufende Rückschnitt als vorbeugende Maßnahme gegen solche Schäden.

Bei Thymian, Rosmarin, Salbei, Weinraute und Lavendel wird durch den Rückschnitt verhindert, daß die Pflanzen zu stark verholzen. Doch sollte man sie Mitte August zuletzt zurückschneiden, damit sie, ehe es kalt wird, nochmals gut austreiben.

PFEFFERMINZE FÜR DEN WINTER

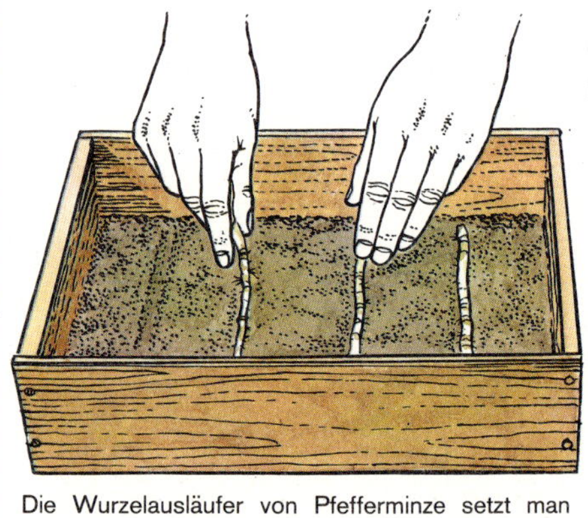

Die Wurzelausläufer von Pfefferminze setzt man 5 cm tief in einen Kasten und läßt sie im Gewächshaus vortreiben. Sie liefern im Winter frische junge Triebe

Jahresplan für den Gemüseanbau

Gemüseart	Erntezeitraum	Aussaat-termin	Saat-tiefe in cm	Pflanz-termin	Reihen-abstand in cm	Abstand in der Reihe in cm	Schädlinge und Krankheiten	Allgemeine Hinweise
Artischocken	Ende Juli bis Oktober	März–April	–	Mitte Mai	100	100	–	Nur in warmen Lagen ist der Anbau empfehlenswert. Im Winter werden Artischocken mit Stroh, Fichtenreisig oder Laub geschützt
Bleichspargel	April bis Juni	–	–	Mitte April	150	40	Spargelfliege, Spargelrost, Spargelhähnchen, Spargelkäfer	Erst im dritten Jahr nach dem Pflanzen beginnt die Ernte. Im allgemeinen können Spargelbeete 12 bis 15 Jahre beerntet werden
Grünspargel	April bis Juni	–	–	Anfang April	100	40		
Buschbohnen	Juli bis Oktober	Anfang Mai bis Mitte Juli	2–3	–	40	50	Bohnenfliege, Blattläuse	Bewährt hat sich die Horst- oder Stufensaat. Auf eine Stufe werden jeweils vier bis sechs Samenkörner gelegt
Stangenbohnen	Juli bis Oktober	Mitte Mai bis Ende Juni	2–3	–	60	60	Wie Buschbohnen und Rost	Regelmäßiges Pflücken ist wichtig, damit immer neue Früchte heranreifen
Puffbohnen (Dicke Bohne, Saubohne)	Ende Mai bis Ende Juni	März	3	–	40–60	20	Schwarze Bohnenlaus	Die Puffbohne ist unempfindlich gegen Kälte und wie alle Leguminosen eine ausgezeichnete Vorfrucht
Rote Rüben (Rote Bete)	August bis Oktober	Mitte April bis Ende Juni	2–3	Ende Juni	25	8–10	–	Die Ernte sollte vor den ersten Frösten beendet sein. Nur unverletzte Rüben lassen sich gut lagern. Bei der Ernte wird das Laub vom Rübenkörper abgedreht
Blumenkohl	Juni bis Mitte November	Mitte Februar bis Mitte Juni	–	Anfang April bis Ende Juli	40	40 (–50)	Erdflöhe, Kohlfliege, Raupen, Kohlhernie	Für die Aussaat der ersten Sätze ist ein Kleingewächshaus oder Frühbeetkasten erforderlich. Von April an ist die Aussaat ins Freiland möglich
Brokkoli	Juni bis Anfang November	April bis Juni	–	April bis Mitte Juli	40	40 (–50)	Erdflöhe, Kohlfliege, Raupen, Kohlhernie	Brokkoli können mehrmals geerntet werden. Die Ernte erfolgt, wenn die Blütenstände einen knospigen Stand entwickelt haben
Rosenkohl	Oktober bis Januar	Ende April	–	Ende Mai bis Anfang Juni	50 (–60)	50	Erdflöhe, Kohlfliege, Kohlhernie, Raupen	Rosenkohl kann in milden Standorten bis zum Frühjahr im Freien bleiben. In rauhen Lagen werden die Pflanzen ausgegraben und an geschützter Stelle eingeschlagen
Kopfkohl (Weißkohl, Rotkohl, Wirsing)								
Frühkohl	Mitte Juni bis Anfang Juli	Februar/März März	–	April	40	35	Erdflöhe, Kohlfliege, Kohlhernie, Raupen	Frühkohl wird so zeitig wie möglich geerntet. Sobald die Köpfe dicht geschlossen sind und sich die Umblätter etwas von den Deckblättern abheben, wird geerntet
Mittelfrüher Kohl	Von Juli an	Ende März bis Anfang April	–	Mai	40	40		
Spätkohl	Von Ende September an	Ende April bis Mai	–	Juni bis Juli	50 (–60)	50		
Kohlrabi	Ende Mai bis Oktober	Februar bis Anfang Juli	1	Mitte März bis August	20 (–30)	20 (–30)	Erdflöhe, Kohlhernie, Kohlfliege, Raupen	Jungpflanzen für den Frühanbau kauft man am besten. Spätere Sätze auf Saatbeete säen und dann direkt pflanzen
Grünkohl (Winterkohl)	November bis März	Mai bis Ende Juni	–	Ende Juni bis Ende Juli	40	50	Erdflöhe, Raupen	Grünkohl wird erst geerntet, wenn andere Gemüsearten knapp werden. In vielen Gebieten völlig winterhart
Chinakohl	Oktober bis November	Mitte bis Ende Juli	–	August	40	30	Erdflöhe, Kohlhernie	Anbau kann als Saat- oder Pflanzgemüse erfolgen
Knollensellerie	September bis November	Mitte März	–	Ende Mai bis Ende Juni	40 (–50)	40 (–50)	Blattfleckenkrankheit	Jungpflanzen kauft man am besten nach Mitte Mai. Bei der Ernte werden die Wurzeln und das Laub bis auf einige Herzblätter entfernt
Bleichsellerie	Ende August bis Oktober	Mitte April	–	Mitte Mai bis Anfang Juni	40	35	–	Gegen Ende der Kultur kann zusätzlich gebleicht werden, damit die Blattstiele zart bleiben
Chicorée	Ende Oktober bis November	Mitte Mai	2–3	–	40	8–10	–	Die Wurzeln werden entweder gleich nach der Ernte oder im Lauf des Winters angetrieben. Die Raumtemperatur muß ungefähr 15 °C betragen

Fortsetzung auf Seite 314

Gemüseart	Erntezeitraum	Aussaat-termin	Saat-tiefe in cm	Pflanz-termin	Reihen-abstand in cm	Abstand in der Reihe in cm	Schädlinge und Krankheiten	Allgemeine Hinweise
Freilandgurken	Anfang Juli bis Mitte September	Mitte Mai	2	Mai	30	80–100	Echter Mehltau	Bei Salat- und bei Einlegegurken sollten bitterfreie und mehltauresistente Sorten verwendet werden
Porree (Lauch) (Lauch)	Anfang Juli bis Winter	Mitte Januar bis Ende Juni	–	Ende März bis Mitte August	30	10–15	Lauchmotte, Zwiebelfliege	Je nach dem Anbautermin zwischen Sommer-, Herbst- und Winterlauchsorten unterscheiden
Kopfsalat	Mai bis Oktober	Anfang Februar bis Anfang Juli	–	Mitte März bis Mitte August	25	25 (–30)	Salatfäule, Blattläuse	Entsprechend dem Anbautermin nimmt man Früh-, Frühsommer-, Sommer-, Herbst- oder Wintersorten
Eissalat	Mai bis Oktober	März bis Anfang Juli	–	Anfang April bis Ende Juli	30	30 (–35)	Salatfäule, Blattläuse	Anbau und Pflege ähnlich wie bei Kopfsalat
Pflücksalat	Mai bis Oktober	März	–	April bis Mitte August	25	30	Salatfäule, Blattläuse	Der Pflücksalat bildet keine Köpfe. Die Blätter werden nach und nach gepflückt
Kürbis	Oktober	Ende April bis Mai	3	Von Mitte Mai an	150	100	–	Der Kürbis ist frostempfindlich. Darum pflanzt man ihn erst nach den Eisheiligen
Zucchini	Mitte Juli	Mitte April bis Mai	–	Von Mitte Mai an	100	100	–	Die Früchte werden geschnitten, wenn sie 20 bis 25 cm lang sind
Zwiebeln Säzwiebeln	Von August an	Anfang März	3 cm	–	25	4–6	Zwiebelfliege, Falscher Mehltau	Säzwiebeln sind länger lagerfähig
Frühlingszwiebeln	Mai bis Juni	Ende August bis Anfang September		–	25	3	Zwiebelfliege, Falscher Mehltau	Frühlingszwiebeln bleiben im Winter auf dem Beet
Steckzwiebeln	Juli	–		April	25	4–6	Zwiebelfliege, Falscher Mehltau	Für 10 m² werden 500–700 g Steckzwiebeln benötigt
Erbsen	Juni bis Juli	Ende März bis April	5–6	–	25–35	4–5	Erbsenwickler	Erbsen sät man im zeitigen Frühjahr aus. Hohe Sorten benötigen eine Klettervorrichtung
Frühkartoffeln	Juni bis Juli	–	10	April	70	30	–	Ernteverfrühung durch Flachabdeckung mit Folien
Rhabarber	April bis Ende Juni	–	–	Herbst oder Frühjahr	100	100	–	Beim Pflanzen ist darauf zu achten, daß die Knospen eben mit der Erde abschließen
Rettiche	Mai bis Oktober	März bis August	2	–	20 (–30)	15 (–25)	Rettichschwärze, Rettichfliege	In zwei- bis dreiwöchigem Abstand Folgesaaten vornehmen
Radies	April bis Oktober	März bis August	1	–	6–10	5–6	Erdflöhe	Die ersten Radiesaussaaten können unter Folien verfrüht werden
Schwarzwurzel	Oktober bis November	März	2–3	–	25–30	4–6	Echter Mehltau, Weißer Rost	Anbau nur auf tiefgründigen Böden
Spinat	April bis Mai, September bis November	März bis Mitte Mai, Mitte August bis Ende September	3	–	20	1	Mehltau	Wie Rote Rüben und Mangold nicht nacheinander anbauen
Mangold	Von Juni an	April	2	–	30	25	–	Die Ernte kann laufend erfolgen
Zuckermais	Ende Juli bis August	Ende April bis Anfang Mai	2–3	Von Mitte Mai an	75	30		Man erntet Zuckermais in der Milchreife. Direktsaat aufs Beet erst nach den Eisheiligen
Tomaten	Juli bis Oktober	März	–	Von Mitte Mai an	60	50	Krautfäule	Seitentriebe aus den Blattachseln müssen ausgebrochen werden
Endivie	Oktober bis November	Juni	–	Juli	30	30	Wurzelläuse	Jungpflanzen für einen Frühanbau am besten kaufen
Feldsalat	Herbst bis Frühjahr	August bis September	1	–	8–10	–	Falscher Mehltau, Grauschimmel	Die optimale Saatmenge liegt bei 2–3 g auf 1 m²
Knollenfenchel	Oktober bis November	Mitte Juni bis Mitte Juli	–	–	35	25	–	Für Aussaaten von April bis Juni hat sich die Sorte 'Zefa Fino' bewährt
Möhren	Juni bis November	März bis Mitte Juni	3		20–25	2–3	Möhrenfliege, Möhrenminierfliege, Blattläuse	Je nach dem Anbautermin Früh-, Sommer-, Spät- oder Dauersorten verwenden
Radicchio	Herbst und Frühjahr	Juni bis Juli, Juli bis Anfang August	–	–	25	20	–	Für die Herbsternte die Sorte 'Palla Rossa', für Frühjahrsernte die 'Veroneser' verwenden
Zichorie (Zuckerhutsalat)	Oktober bis Mitte November	Mitte bis Ende Juni	–	–	35	35–40	–	Zuckerhutsalat kann nicht verpflanzt werden

Rhododendren, die in unseren Gärten am häufigsten gepflanzt werden

Die Gattung Rhododendron *umfaßt ungefähr 1000 Arten und ein Vielfaches davon an Sorten. Man verwendet verhältnismäßig selten reine Arten, sondern meist Hybriden. Diese können in vier große Gruppen eingeteilt werden*

Immergrüne großblumige Hybriden
***Rhododendron-Catawbiense*-Hybriden**
Unter günstigen Verhältnissen im Norden Mitteleuropas werden die Pflanzen bis zu 8 m hohe, mächtige Gehölze. In anderen Gebieten erreichen sie nur 2 bis 3 m Höhe. Die lila Sorten sind offenbar etwas robuster als die roten und rosafarbenen. Auch ohne Blüten sind die immergrünen Pflanzen mit ihren großen, schmalen, meist glänzenden Blättern und ihrem buschigen, harmonischen Wuchs sehr wirkungsvoll. Zur Zeit der Blüte gibt es kein Gehölz, das sich mit diesen Rhododendren an Schönheit vergleichen ließe. Empfehlenswerte Sorten sind: 'Album Novum' und 'Cunningham's White', weiß; 'Humboldt' und 'Roseum Elegans', rosa; 'Caractacus', 'Amerika', 'Edward S. Rand', rot; 'Catawbiense Grandiflorum' und 'Catawbiense Boursault', lila.

Immergrüne niedere dichtwüchsige Hybriden
Diese Rhododendren sind wesentlich niedriger als die vorige Gruppe und haben große glockenförmige Blüten. Es handelt sich um die *R.-Williamsianum*-Hybriden mit dichtem, kugeligem Wuchs, die bis zu 1,5 m hoch werden. Einige gute Sorten sind u. a.: 'Görlitz', hellrosa; 'Lissabon', karminrot; 'Oldenburg', rosa. *R. forrestii,* die ehemaligen *R.-Repens*-Hybriden mit flachem, niederem Wuchs, werden nur etwa 60 cm hoch und haben sich als nicht ganz so empfindlich gegen Kalk erwiesen. Gute Sorten sind u. a.: 'Baden-Baden', 'Scarlet Wonder', 'Salute'.

Sommergrüne großblumige Hybriden
Diese große Gruppe winterharter, sommergrüner Hybriden ist besonders farbenprächtig. Ihre Blüten haben auffallend zarte Farben. Sie brauchen lichten Schatten und sollten vor einen ruhigen Hintergrund, z. B. vor Nadelgehölze oder geschnittene Hecken, gepflanzt werden. Auch sie lieben einen durchlässigen, humosen, kalkfreien Boden.

Die laubabwerfenden Arten nannte man früher *Azalea,* während die heutigen Züchtungen von *A. mollis* und *A. pontica* abstammen.

***R.-Mollis*-Hybriden** werden etwa 1,5 bis 2,5 m hoch. Die Blüten erscheinen vor dem Blattaustrieb, was ihnen einen eigenartigen Reiz verleiht. Gute Sorten sind: 'Koster's Brilliant Red', tief orangerot; 'Winston Churchill', korallenrot; 'Directeur Mœrlands', gelb.

R. luteum wächst etwas stärker und wird 2–5 m hoch. Die Pflanze hat kleinere Blüten als *R. mollis,* dafür blüht sie reicher. Die Blütezeit erstreckt sich von Mai bis in den Juni hinein.

Einige Sorten: 'Bouquet de Flore', karminrot mit Gelb, eine spätblühende Sorte; 'Corneille', hellrosa, mittelfrüh; 'Nancy Waterer', gelb, mittelfrüh; 'Pallas', orangerot, früh. Sowohl von *R. luteum* als auch von *R. mollis* gibt es außer den Namenssorten auch sehr schöne Sämlinge, die nicht so teuer sind.

Englische Züchtungen
Von den Exbury- und Knap-Hill-Azaleen gibt es wertvolle Sorten mit auffallend schönen Blüten. Die Pflanzen werden 1–2 m hoch und sind gut winterhart. Empfehlenswerte Sorten sind: 'Cäcilie', hellrosa mit gelbem Fleck; 'Gibraltar', kupferrot; 'Satan', scharlachrot, orange und lachsfarben; 'Golden Eagle', bronzegelb; 'Golden Sunset', goldgelb; 'Persil', weiß; 'Silver Slipper', rahmweiße, leicht rosalila getönte Blüten.

Halbimmergrüne niedere Arten
Japanische Azaleen (heute *R. japonicum)* sind unseren im Winter blühenden Topfpflanzen sehr ähnlich. In günstigen Lagen, d. h. in nach Norden gelegenen Gärten und im lichten Schatten, behalten sie ihre kleinen Blätter bis zum Frühjahr. Sie haben viele kleine Blüten in zarten Farben. Etwa bis 1 m hoch werden die Sorten 'Fedora', rosa; 'Beethoven', purpurn; 'John Cairns', scharlachrot; 'Muttertag', rot; 'Schubert', rosa; 'Palestrina', weiß; 'Silvester', hellrosa-lila.

Kleinblumige, niedriger bleibende Sorten sind: 'Hatsugiri', purpurn; 'Hinodegiri', hellrubinrot; 'Hinomayo', rosa.

Diamantazaleen
Niedere, bis 60 cm hohe, dicht buschige, sehr reich blühende, gut winterharte Züchtungen. Die Sorten haben keine Namen. Im Handel unterscheidet man sie nur nach der Farbe ihrer Blüten. Es gibt Lachs, Purpur, Rosa und Rot.

***R.-Arendsii*-Hybriden**
Dies sind sehr gute, ungefähr 1 m hohe zierliche, reichblühende Züchtungen.

Arendssche Zwergazaleen
R.-Aronense-Hybriden sind 20–30 cm hohe Pflanzen für Steingärten.

R.-Hybriden Knap-Hill-Azaleen 'Sunset'

R.-japonicum 'Palestrina'

R.-Catawbiense-Hybriden 'Grandiflorum'

Stauden für die Pflanzung im Oktober

Das Bepflanzen von Beeten oder Rabatten mit Stauden kann man als Dauerinvestition betrachten. Wenn man seine Wahl richtig trifft, bereiten Stauden viel Freude; dabei sind die Kosten gering, und Stauden brauchen verhältnismäßig wenig Pflege.

Beete vorbereiten Zunächst überlegt man, ob das Beet auch an einer Stelle entsteht, wo es sich harmonisch in den Garten einfügt. Obgleich sich eine Reihe von Pflanzen auch für feuchte, sehr trockene, schattige oder exponierte Standorte eignen, mögen dennoch die meisten Pflanzen offene und überwiegend sonnige Flächen. Eine gründliche Vorbereitung bedeutet harte Arbeit, besonders wenn man dabei mehrjährige Unkräuter entfernen muß. Bekämpft man sie jedoch nicht von vornherein, können alle späteren Anstrengungen vergeblich sein. Der Boden muß gut umgegraben und, wenn sich dies als notwendig erweisen sollte, mit Dünger angereichert werden.

Zunächst macht man sich Gedanken, wie das Beet oder die Rabatte später aussehen soll. Die Form, Größe und der allgemeine Charakter des Gartens bestimmen die Gestaltung des Staudenbeets.

Die Pflege eines solchen Beets entlang eines Zauns oder einer Mauer ist nicht einfach. Man kommt nicht ohne Mühe an die Pflanzen direkt vor einer Mauer oder einem Zaun heran, und sowohl Mauern als auch Zäune nehmen den Pflanzen häufig Licht weg. Das Ergebnis ist ein geschwächtes Wachstum.

Als Blickfang eignet sich besonders gut ein freiliegendes Beet, das man von allen Seiten betrachten kann. Solche freiliegenden Beete können verhältnismäßig klein sein und einfache oder auch kompliziertere Formen aufweisen. Die Form sollte aber immer möglichst regelmäßig sein.

Boden und Standort Bei der Auswahl von Pflanzen für Beete oder Rabatten im Schatten ist Vorsicht geboten. Standorte mit feuchtem Boden bereiten keine besonderen Schwierigkeiten. Problematisch ist jedoch ein schattiges Beet mit trockenem Boden.

Falls man Stauden mit Sträuchern kombinieren will, muß man für die Stauden viel Raum vorsehen, damit sie nicht mit den Sträuchern konkurrieren.

Bei der Auswahl der Pflanzen sollte man die Eigenschaften des Bodens und auch den jeweiligen Standort berücksichtigen. Obgleich die meisten Stauden sehr anpassungsfähig sind, gibt es dennoch einige, die nicht in schwerem Lehmboden oder in kalkhaltigem Boden gedeihen. Diese Gesichtspunkte werden in den Pflanzenbeschreibungen (siehe Seite 333–356) berücksichtigt, die man zusammen mit Pflanzenkatalogen sorgfältig studieren muß.

Sehr wichtig ist die Vorbereitung des Bodens. Die meisten Stauden stehen sehr lange an dem einmal gewählten Platz. Deshalb ist eine gründliche Lockerung des Bodens wichtig.

In zu schwere Böden sollte man keine Stauden pflanzen. Solche Böden müssen mit Sand, Styromull und vor allem mit Humus gelockert bzw. verbessert werden. Als Humussubstanz kommen vor allem Torf, Kompost und neuerdings auch Rindensubstrate in Frage. Nicht brauchbar sind reine frische Rindenprodukte. Sie enthalten Stoffe, die den Pflanzen schaden. An Stellen, wo der Boden unter Bäumen sehr trocken ist, reichert man ihn mit Torf an. Er hält das Wasser besonders gut.

Die Pflanzen sollten stets von einer Staudengärtnerei gekauft werden.

Ständiger Blütenflor Wenn man Wert darauf legt, daß ständig einige Stauden blühen, wählt man solche Pflanzen aus, die teilweise im Frühjahr, teilweise im Sommer und teilweise im Herbst blühen. Wählt man solche Pflanzen aus, die alle gleichzeitig blühen, wirkt das Beet vor oder nach der Blütezeit ein wenig langweilig.

Es kann sehr reizvoll sein, ein Beet in einem Farbton zu gestalten, also Pflanzen zu kombinieren, die z. B. vor allem gelb oder rot oder blau blühen. Auch solche Staudenbeete können geplant werden, die durch ihre schöne Belaubung wirken.

Jede Gruppe sollte sich aus mindestens drei Pflanzen einer Gattung oder Art zusammensetzen. Man kann selbstverständlich auch noch sehr viel mehr zu einer Gruppe zusammenfassen. Weniger ist jedoch nicht empfehlenswert.

Bei der Planung eines Beets oder einer Rabatte muß man die endgültige Höhe einer Pflanze berücksichtigen. Zu hoch wachsende Gattungen und Arten sind in schmalen Beeten fehl am Platz. Will man herausfinden, welche Pflanzen sich in ihrem Höhenwachstum für ein Beet eignen, dann mißt man die Breite des Beets – gleichgültig ob es sich um ein freistehendes Beet oder ein Beet vor einer Mauer oder einem Zaun handelt. Die gefundene Zahl wird durch zwei geteilt. Wenn das Beet z. B. 2,4 m breit ist, sollte man keine Pflanzen wählen, die höher als 1,2 m werden.

Hochwachsende Pflanzen anordnen Allgemein gilt, daß die höchsten Arten in einem an eine Mauer oder einen Zaun angrenzenden Beet den Hintergrund bilden, während sie in einem freistehenden Beet in die Mitte gepflanzt werden. Eine besonders dekorative Wirkung kann man allerdings auch dadurch erzielen, daß man hie und da höher wachsende Pflanzen zwischen solche mit kompakterem Wuchs anordnet. Pflanzen, die besonders rasch oder langsam wachsen, sollten auch jeweils eigenen Gruppen zugeordnet werden. In den Pflanzenbeschreibungen werden die Pflanzabstände angegeben, die auf der Grundlage der wahrscheinlichen Entwicklung der Pflanzen berechnet sind. Pflanzt man in Gruppen, dann muß man zwischen den Gruppen jeweils 25 % mehr Platz einrechnen als zwischen den einzelnen Pflanzen einer Gruppe.

Pflanzzeit Oktober und März bis April sind die günstigsten Monate zum Pflanzen. Ist der Boden noch klebrig und sehr feucht, darf man die Oberfläche nicht betreten. Man stellt sich zum Arbeiten besser auf ein Holzbrett. Wenn der Boden trocken ist, werden die Pflanzen eingeschwemmt. Stauden packt man erst unmittelbar vor dem Pflanzen aus, um vor allem bei trockener Witterung Wurzelschäden zu vermeiden. Nach Möglichkeit markiert man die geplanten Standorte zuvor mit Stäben oder Etiketten, so daß die Pflanzen sofort nach dem Eintreffen eingesetzt werden können.

Oft befriedigt beim ersten Versuch die Anordnung der Pflanzen nicht ganz. Doch alles, was einem nicht gefällt, kann im folgenden Herbst geändert werden.

Freiliegendes gemischtes Beet in Kreisform in kalkfreiem Boden

Ein derartiges Beet, in dem Stauden mit Gehölzen kombiniert sind, kann man in einem kleineren Garten an einem halbschattigen Standort anlegen. Der Boden muß sauer sein, da die vorgestellten Pflanzen vorwiegend kalkmeidend sind. Im Frühjahr bietet das Beet den farbigsten Anblick, doch blüht im Verlauf des Jahres ständig eine Pflanze nach der andern. Die vorherrschenden Farbtöne sind Weiß, Rosa und Lila. Das Beet hat einen Durchmesser von ungefähr 2 m. H bedeutet Höhe, PA Pflanzabstand; die Monatsangabe bezieht sich auf die Blütezeit.

Pflanzplan
1 Farn
2 *Bergenia cordifolia*
3 *Dicentra spectabilis*
4 *Anemone hupehensis*
5 *Heuchera*-Hybriden
6 *Astilbe- Arendsii*-Hybriden
7 *Rhododendron*-Knap-Hill-Hybriden
8 *Hosta sieboldiana*
9 *Rhododendron*-Kurume-Hybriden
10 *Geranium endressii*
11 *Rhododendron*
12 *Rhododendron*

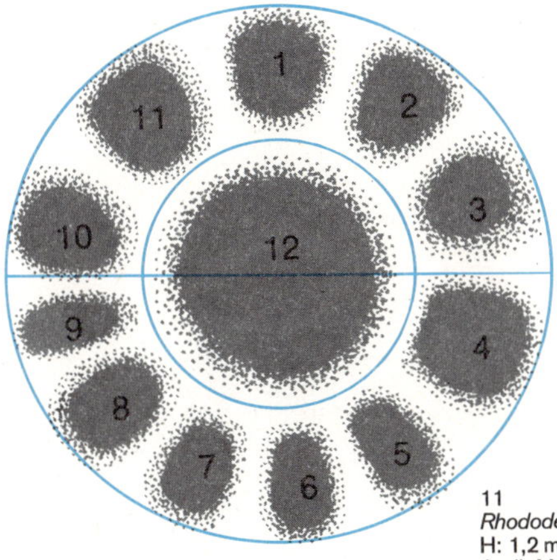

Maßstab: 1 Quadrat = 1 m²

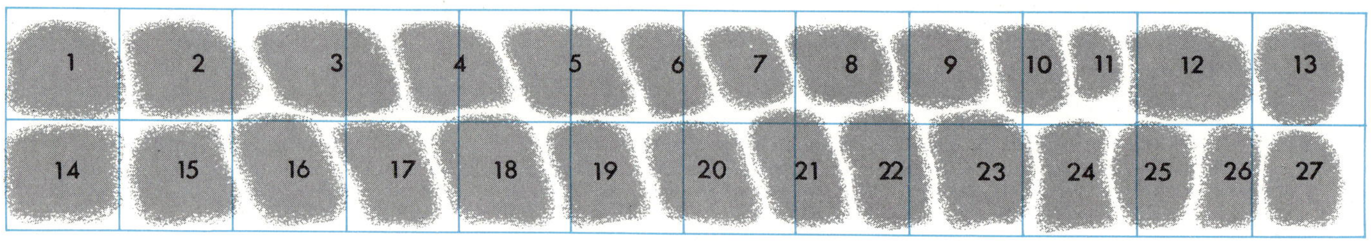

Pflanzplan

1 *Hosta fortunei*
2 *Brunnera macrophylla*
3 *Helleborus*-Hybriden
4 *Aconitum × arendsii*
5 *Hemerocallis*
6 *Veronica gentianoides*
7 *Polygonatum multiflorum*
8 *Meconopsis betonicifolia*
9 *Iris foetidissima*
10 *Digitalis grandiflora*
11 *Lamium maculatum*
12 *Geranium silvaticum*
13 *Bergenia cordifolia*
14 *Erigeron*-Hybriden
15 *Heuchera*-Hybriden 'Red Spangles'
16 *Lamium maculatum*
17 *Epimedium grandiflorum*
18 *Geranium macrorrhizum*
19 *Filipendula purpurea*
20 *Doronicum caucasicum*
21 *Mertensia virginica*
22 *Gentiana asclepiadea*
23 *Hosta undulata*
24 *Ajuga pyramidalis*
25 *Heucherella tiarelloides* 'Bridget Bloom'
26 *Pulmonaria angustifolia* 'Azurea'
27 *Calamintha nepetoides*

Schmale Rabatte im Schatten

Diese Stauden gedeihen am besten in einem mäßig feuchten Boden. Die abgebildete Rabatte umfaßt eine Fläche von 2 × 12 m. Für jede Gruppe sind drei Pflanzen vorgesehen. H bedeutet Höhe, PA Pflanzabstand.

Ovales freiliegendes Beet

Eine Auswahl mehrjähriger Pflanzen, die vom Frühjahr bis zum Herbst durch ihre Farbenpracht erfreuen. Das abgebildete Beet ist ungefähr 10 × 4 m groß. Für jede Gruppe sind fünf Pflanzen vorgesehen. Die Höhe wird mit H bezeichnet, der Pflanzabstand mit PA.

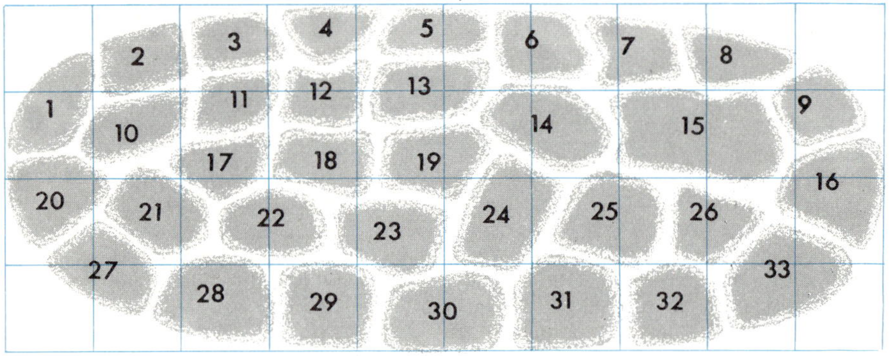

Maßstab: 1 Quadrat = 1 m²

Pflanzplan

1 *Bouteloua oligostachys*
2 *Gentiana septemfida var. lagodechiana*
3 *Anaphalis triplinervis*
4 *Veronica teucrium* 'Shirley Blue'
5 *Doronicum caucasicum*
6 *Linum narbonense*
7 *Physostegia virginiana* 'Summer Snow'
8 *Viola cornuta*
9 *Potentilla farreri* (*P. prostrata*)
10 *Sedum spectabile*
11 *Heuchera*-Hybriden
12 *Campanula lactiflora*
13 *Helenium* 'Waltraut'
14 *Geranium sanguineum*
15 *Coreopsis verticillata* 'Grandiflora'
16 *Kniphofia galpinii*
17 *Lupinus*-Hybriden
18 *Verbascum*-Hybriden
19 *Delphinium*-Hybriden
20 *Armeria maritima*
21 *Polemonium* × *richardsonii*
22 *Aster novi-belgii* 'Royal Blue'
23 *Aquilegia* 'McKana's Riesen'
24 *Geum-Chiloense*-Hybriden
25 *Rudbeckia fulgida*
26 *Phlox paniculata* 'Starfire'
27 *Solidago*-Hybriden 'Cloth of Gold'
28 *Dicentra formosa* 'Bountiful'
29 *Gypsophila paniculata*
30 *Erigeron*-Hybriden
31 *Eryngium bourgatii*
32 *Ranunculus gramineus*
33 *Salvia nemorosa*

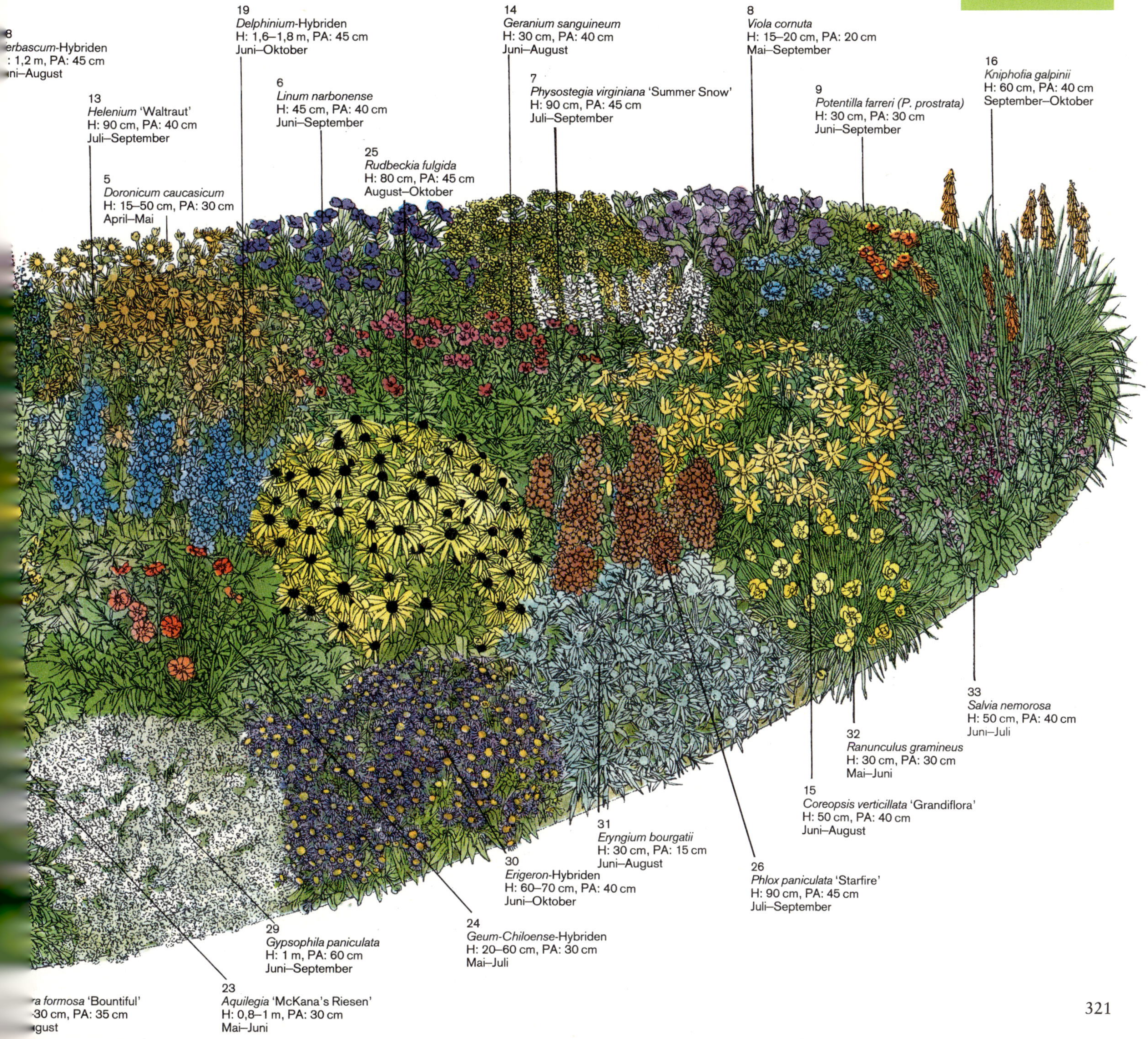
8
erbascum-Hybriden
: 1,2 m, PA: 45 cm
ni–August
19
Delphinium-Hybriden
H: 1,6–1,8 m, PA: 45 cm
Juni–Oktober
14
Geranium sanguineum
H: 30 cm, PA: 40 cm
Juni–August
8
Viola cornuta
H: 15–20 cm, PA: 20 cm
Mai–September
16
Kniphofia galpinii
H: 60 cm, PA: 40 cm
September–Oktober
13
Helenium 'Waltraut'
H: 90 cm, PA: 40 cm
Juli–September
6
Linum narbonense
H: 45 cm, PA: 40 cm
Juni–September
7
Physostegia virginiana 'Summer Snow'
H: 90 cm, PA: 45 cm
Juli–September
9
Potentilla farreri (P. prostrata)
H: 30 cm, PA: 30 cm
Juni–September
25
Rudbeckia fulgida
H: 80 cm, PA: 45 cm
August–Oktober
5
Doronicum caucasicum
H: 15–50 cm, PA: 30 cm
April–Mai
33
Salvia nemorosa
H: 50 cm, PA: 40 cm
Juni–Juli
32
Ranunculus gramineus
H: 30 cm, PA: 30 cm
Mai–Juni
15
Coreopsis verticillata 'Grandiflora'
H: 50 cm, PA: 40 cm
Juni–August
31
Eryngium bourgatii
H: 30 cm, PA: 15 cm
Juni–August
30
Erigeron-Hybriden
H: 60–70 cm, PA: 40 cm
Juni–Oktober
26
Phlox paniculata 'Starfire'
H: 90 cm, PA: 45 cm
Juli–September
29
Gypsophila paniculata
H: 1 m, PA: 60 cm
Juni–September
24
Geum-Chiloense-Hybriden
H: 20–60 cm, PA: 30 cm
Mai–Juli
ra formosa 'Bountiful'
-30 cm, PA: 35 cm
gust
23
Aquilegia 'McKana's Riesen'
H: 0,8–1 m, PA: 30 cm
Mai–Juni

Rabatte in Weiß und Silber

Dekorative Pflanzen zur Begrenzung einer Rasenfläche oder eines Gartenwegs. Die abgebildete Rabatte ist 3 × 11 m groß. Auf 1m² wurden jeweils fünf bis sechs Pflanzen angeordnet. H = Höhe, PA = Pflanzabstand.

Maßstab: 1 Quadrat = 1 m²

Pflanzplan

1 *Delphinium* 'Alabastersäule'
2 *Iris pseudacorus* 'Variegatus'
3 *Tiarella cordifolia*
4 *Anaphalis triplinervis* 'Sommerschnee'
5 *Cimicifuga racemosa*
6 *Eryngium planum*
7 *Physostegia virginiana* 'Summer Snow'
8 *Achillea taygetea* 'Moonshine'
9 *Verbascum bombyciferum*
10 *Aster novi-belgii*
11 *Bergenia cordifolia*
12 *Morina longifolia*
13 *Phalaris arundinacea* (Gräser)
14 *Geranium pratense* 'Album Plenum'
15 *Phlox paniculata* 'Mia Ruys'
16 *Cynara scolymus*
17 *Senecio bicolor* 'White Diamond'
18 *Heuchera*-Hybriden 'Silberregen'
19 *Campanula persicifolia*
20 *Paeonia-Lactiflora*-Hybriden 'Duchesse de Nemours'
21 *Epimedium* × *youngianum*
22 *Buddleja*
23 *Astilbe-Arendsii*-Hybriden 'Brautschleier'
24 *Nepeta* × *faassenii*
25 *Aruncus sylvester*
26 *Filipendula hexapetala* 'Plena'
27 *Stachys byzantina*
28 *Erigeron*-Hybriden
29 *Carex morrowii* (Gräser)
30 *Iris orientalis*
31 *Chrysanthemum arcticum*
32 *Artemisia lactiflora*
33 *Achillea ptarmica* 'Schneeball'
34 *Hosta sieboldiana*

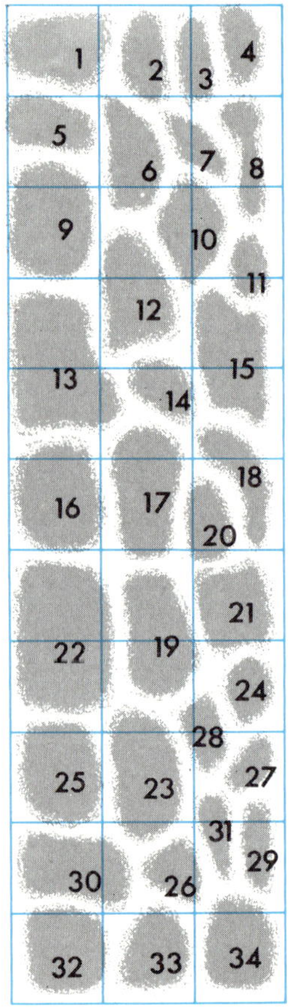

3
Tiarella cordifolia
H: 20 cm, PA: 25 cm
Mai–Juni
2
Iris pseudacorus 'Variegatus'
H: 60–80 cm, PA: 40 cm
Mai–Juli
7
Physostegia virginiana 'Summer Snow'
H: 90 cm, PA: 45 cm
Juli–September
4
Anaphalis triplinervis 'Sommerschnee'
H: 40 cm, PA: 40 cm
Juli–September
9
Verbascum bombyciferum
H: 1,5 m, PA: 30 cm
Juni–August
8
Achillea taygetea 'Moonshine'
H: 40–60 cm, PA: 30 cm
Juni–August
6
Eryngium planum
H: 90 cm, PA: 40 cm
Juni–August
11
Bergenia cordifolia
H: 30 cm, PA: 45 cm
April–Mai
10
Aster novi-belgii
H: 1,2 m, PA: 40 cm
September–Oktober
15
Phlox paniculata 'Mia Ruys'
H: 40 cm, PA: 45 cm
Juli–September
14
Geranium pratense 'Album Plenum'
H: 60–70 cm, PA: 40 cm
Juni–Juli
18
Heuchera-Hybriden 'Silberregen'
H: 50–70 cm, PA: 40 cm
Juni–August
17
Senecio bicolor 'White Diamond'
H: 30 cm, PA: 40 cm
Juli–September
21
Epimedium × youngianum
H: 20–30 cm, PA: 30 cm
April
20
Paeonia-Lactiflora-Hybriden
'Duchesse de Nemours'
H: 60–90 cm, PA: 60 cm
Mai–Juni
23
Astilbe-Arendsii-Hybriden 'Brautschleier'
H: 70 cm, PA: 40 cm
Juli–September
24
Nepeta × faassenii
H: 25 cm, PA: 30 cm
Juli–September
27
Stachys byzantina
H: 25–30 cm, PA: 40 cm
Juli–August
28
Erigeron-Hybriden
H: 60 cm, PA: 40 cm
Juni–Juli
29
Carex morrowii (Gräser)
H: 30 cm, PA: 40 cm
31
Chrysanthemum arcticum
H: 30 cm, PA: 40 cm
September–Oktober
34
Hosta sieboldiana
H: 80 cm, PA: 60 cm
Juli

Gemischtes Beet mit Stauden und Sträuchern

Die Stauden dieses farbenprächtigen Beets blühen nach den Sträuchern, so daß eine Blütenfolge von Frühjahr bis Herbst gewährleistet ist. Das Beet ist 2,3 × 12 m groß. Zwischen den Sträuchern ist genügend Platz für drei bis fünf Pflanzen. H = Höhe, PA = Pflanzabstand.

Maßstab: 1 Quadrat = 1 m²

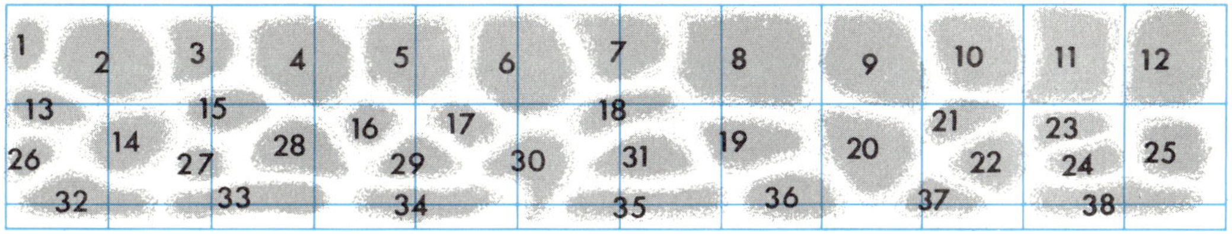

Pflanzplan

1 *Achnatherum calamagrostis*
2 *Philadelphus coronarius*
3 *Macleaya cordata*
4 *Buddleja*
5 *Verbascum*-Hybriden
6 *Forsythia × intermedia*
7 *Cortaderia selloana*
8 *Hydrangea paniculata*
9 *Acanthus longifolius*
10 *Hibiscus syriacus* 'Blue Bird'
11 *Kniphofia*-Hybriden
12 *Viburnum tomentosum*
13 *Hosta*-Hybriden
14 *Kniphofia galpinii*
15 *Hemerocallis*-Hybriden
16 *Heuchera*-Hybriden
17 *Salvia nemorosa* 'Ostfriesland'
18 *Sedum spectabile*
19 *Alchemilla mollis*
20 *Deutzia*-Hybriden
21 *Centaurea dealbata* 'Steenbergii'
22 *Anemone hupehensis*
23 *Liatris spicata*
24 *Euonymus fortunei* 'Coloratus'
25 *Potentilla*-Hybriden
26 *Skimmia japonica*
27 *Spiraea japonica*
28 Delphinium-Hybriden
29 *Berberis thunbergii*
30 *Kniphofia*-Hybriden
31 *Iris germanica*
32 *Gypsophila paniculata*
33 *Platycodon grandiflorus* 'Mariesii'
34 *Oenothera missouriensis*
35 *Nepeta × faassenii*
36 *Geranium sanguineum*
37 *Satureja montana*
38 *Polygonum affine* 'Donald Lowndes'

Beet im Schatten von Bäumen

Die Pflanzen wurden im Hinblick auf ihre Verwendbarkeit als Bodendecker zur Eindämmung von Unkraut gewählt. Das abgebildete Beet ist 3 × 12 m groß. Jede Gruppe besteht aus vier bis fünf Pflanzen. H bezieht sich auf die Höhe, PA auf den Pflanzabstand.

Pflanzplan

1 *Lamium maculatum* 'Argenteum'
2 *Iris foetidissima*
3 *Helleborus corsicus*
4 *Tellima grandiflora*
5 *Helleborus foetidus*
6 *Hypericum calycinum*
7 *Digitalis purpurea*
8 *Luzula silvatica*
9 *Polygonum affine* 'Darjeeling Red'
10 *Pachysandra terminalis*
11 *Vinca minor* 'Bowles'
12 *Ajuga reptans* 'Purpurea'
13 *Saxifraga umbrosa*
14 *Vinca major* 'Variegata'
15 *Anaphalis triplinervis*
16 *Pulmonaria saccharata* 'Mrs. Moon'
17 *Lamium galeobdolon*

Maßstab: 1 Quadrat = 1 m²

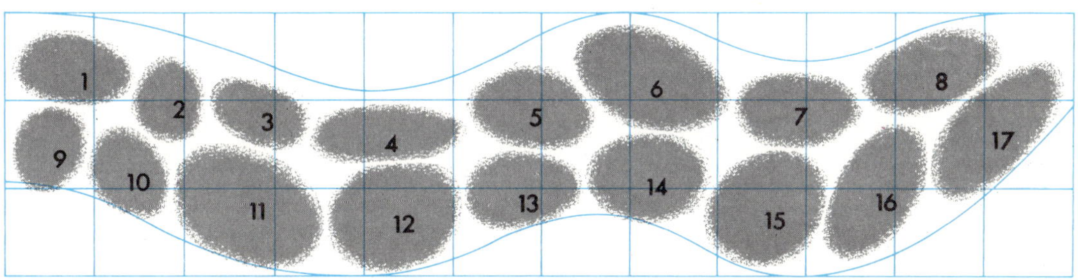

Rabatte vor einem Hintergrund aus Kletterpflanzen

Dieser Pflanzplan ist für solche Standorte geeignet, wo freistehende Beete sich nicht als praktisch erweisen und wo sich im Hintergrund eine Wand oder eine Mauer befindet. Die abgebildete Rabatte ist 2 × 12 m groß. Jede Gruppe setzt sich aus fünf Pflanzen zusammen. H bezieht sich auf die Höhe, PA auf den Pflanzabstand.

Pflanzplan

1 *Anemone hupehensis* 'Septembercharme'
2 *Achillea millefolium*
3 *Forsythia × intermedia*
4 *Hemerocallis*-Hybriden
5 *Euphorbia griffithii* 'Fireglow'
6 *Salvia nemorosa*
7 *Iris germanica*
8 *Phlox paniculata*
9 *Lonicera henryi*
10 *Lupinus-Polyphyllus*-Hybriden
11 *Scabiosa caucasica* 'Clive Greaves'
12 *Aster sedifolius*
13 *Chaenomeles japonica*
14 *Chrysanthemum maximum* 'Wirral Supreme'
15 *Solidago* 'Golden Shower'
16 *Rudbeckia fulgida*
17 *Aconitum × arendsii*
18 *Clematis*-Hybriden
19 *Kniphofia*-Hybriden
20 *Hosta undulata* 'Univittata'
21 *Doronicum caucasicum*
22 *Platycodon grandiflorus*
23 *Sedum spectabile*
24 *Veronica gentianoides*
25 *Dianthus plumarius*
26 *Oenothera tetragona*
27 *Polemonium reptans*
28 *Potentilla*-Hybriden
29 *Cynoglossum nervosum*
30 *Lychnis coronaria*
31 *Aster novi-belgii*
32 *Geum coccineum* 'Borisii'
33 *Geranium renardii*

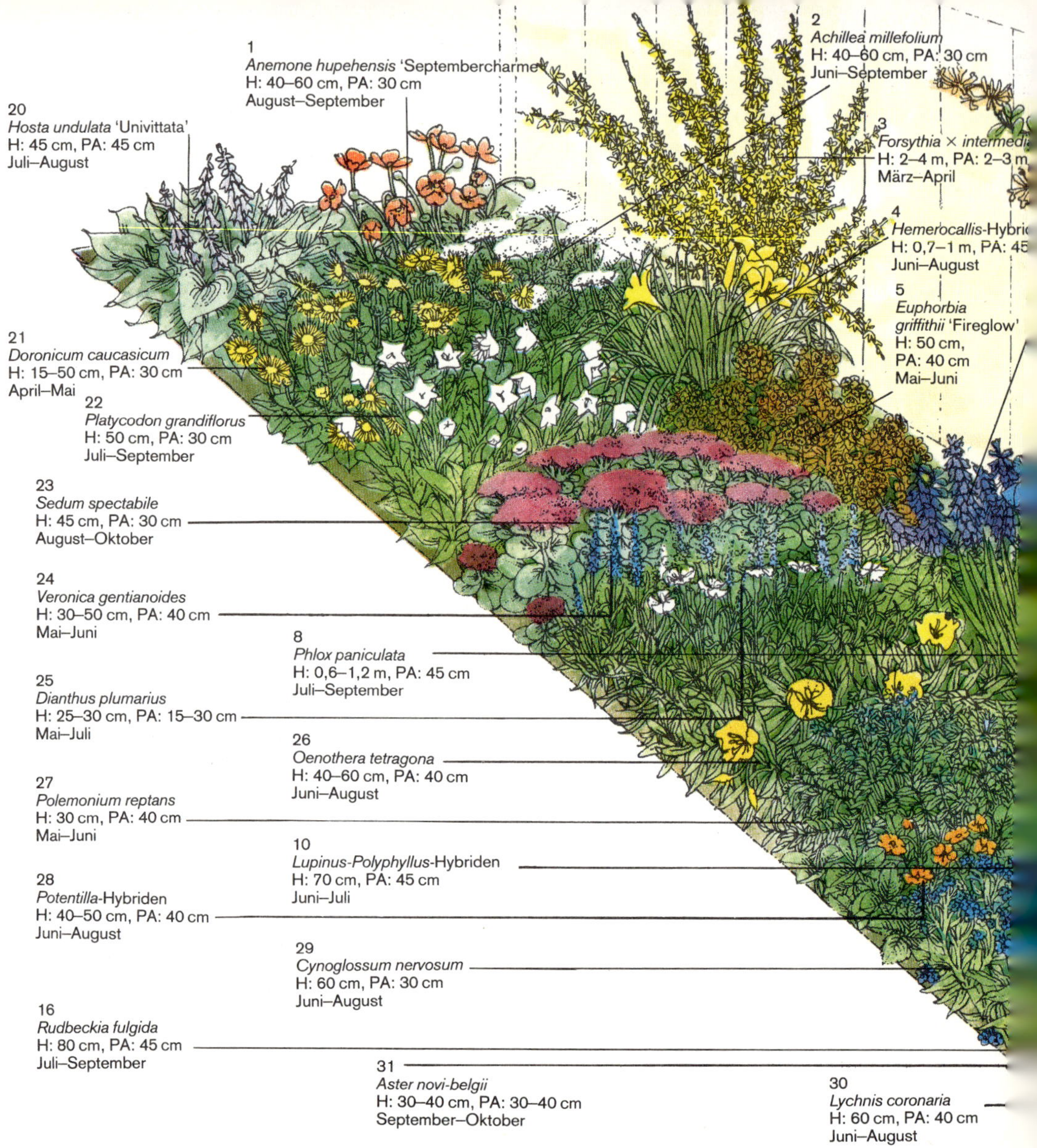

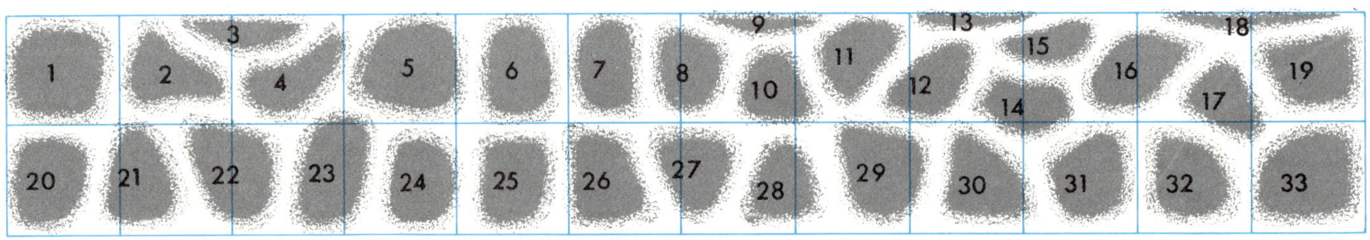

alvia nemorosa
: 50 cm, PA: 40 cm
uni–Juli
9
Lonicera henryi
Juli–August
7
Iris germanica
H: 60–90 cm, PA: 35 cm
Juni
11
Scabiosa caucasica
'Clive Greaves'
H: 80 cm, PA: 45 cm
Juni–September
15
Solidago 'Golden Shower'
H: 80 cm, PA: 40 cm
August–September
14
Chrysanthemum maximum 'Wirral Supreme'
H: 60–90 cm, PA: 40 cm
Juni–August
19
Kniphofia-Hybriden
H: 0,6–1 m, PA: 40–50 cm
Juni–September
18
Clematis-Hybriden
H: 3–4 m, PA: 4 m
Juli–September
13
Chaenomeles japonica
H: 1–2 m, PA: 1–2 m
März–April
12
Aster sedifolius
H: 75 cm, PA: 40 cm
August–September
17
Aconitum × arendsii
H: 1 m, PA: 40 cm
September–Oktober
33
Geranium renardii
H: 30 cm, PA: 40 cm
Juni
occineum 'Borisii'
n, PA: 30 cm

Ein freiliegendes Beet

Freiliegende Beete können durch schwingende, asymmetrische Linien begrenzt sein, die mit den benachbarten Sträuchern und Bäumen in Einklang stehen. Das Beet ist ungefähr 8 m lang und 4 m breit. H = Höhe, PA = Pflanzabstand.

Maßstab: 1 Quadrat = 1 m²

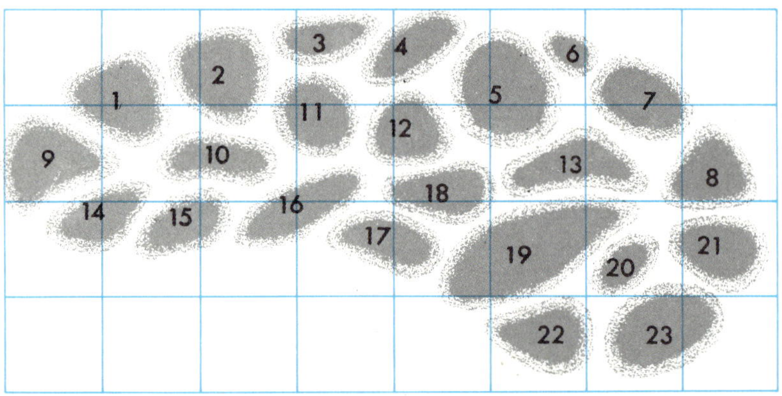

Pflanzplan

1 *Papaver orientale*
2 *Achillea filipendulina* 'Altgold'
3 *Monarda*-Hybriden
4 *Kniphofia*-Hybriden
5 *Robinia hispida*
6 *Platycodon grandiflorus* 'Mariesii'
7 *Delphinium*-Hybriden
8 *Artemisia lactiflora*
9 *Stachys byzantina*
10 *Erigeron*-Hybriden
11 *Rudbeckia fulgida*
12 *Helenium*-Hybriden 'Moerheim Beauty'
13 *Lupinus-Polyphyllus*-Hybriden
14 *Iris germanica*
15 *Dianthus plumarius*
16 *Anemone hupehensis* 'Septembercharme'
17 *Anchusa italica* 'Little John'
18 *Paeonia-Lactiflora*-Hybriden 'Inspecteur Lavergne'
19 *Hemerocallis*-Hybriden
20 *Veronica spicata*
21 *Campanula persicifolia*
22 *Hosta sieboldiana*
23 *Dianthus plumarius*

5
Robinia hispida
H: 2m
Juni
Kniphofia-Hybriden
H: 0,6–1 m, PA: 40–50 cm
Juni–September
12
Helenium-Hybriden
'Moerheim Beauty'
H: 80 cm, PA: 45 cm
Juni–Juli
6
Platycodon grandiflorus 'Mariesii'
H: 40 cm, PA: 30 cm
Juli–September
7
Delphinium-Hybriden
H: 0,9–1,5 m, PA: 50 cm
Juni–Oktober
13
Lupinus-Polyphyllus-Hybriden
H: 70–90 cm, PA: 45 cm
Juni–Juli
21
Campanula persicifolia
H: 90 cm, PA: 40 cm
Juli–August
8
Artemisia lactiflora
H: 1,2 m, PA: 45 cm
August–September
20
Veronica spicata
H: 14–40 cm, PA: 40 cm
Juli–August
22
Hosta sieboldiana
H: 80 cm, PA: 60 cm
Juli
23
Dianthus plumarius
H: 20–30 cm, PA: 25–30 cm
Mai–Juli

Kleines Staudenbeet

Ein Pflanzplan, bei dem auf begrenztem Raum sehr viele verschiedene Gattungen und Arten untergebracht werden können. Das abgebildete Beet ist 1,8 × 3,6 m groß. H bezieht sich auf die Höhe, PA auf den Pflanzabstand.

1 *Heuchera* -Hybriden 'Scintillation'
H: 50–70 cm, PA: 40 cm, Juni–August
2 *Stokesia laevis* 'Blue Moon'
H: 25 cm, PA: 15 cm, August–September
3 *Aster tongolensis*
H: 10–50 cm, PA: 25 cm, Mai–Juni
4 *Inula ensifolia* 'Compacta'
H: 20 cm, PA: 20 cm, Juni–September
5 *Dianthus plumarius*
H: 20–30 cm, PA: 25–30, Mai–Juni
6 *Sedum spectabile*
H: 45 cm, PA: 30 cm, August–Oktober
7 *Armeria maritima*
H: 15–20 cm, PA: 20 cm, Juni–Juli
8 *Pennisetum compressum* (Gräser)
H: 40–70 cm, PA: 35 cm, Juli–September
9 *Doronicum caucasicum*
H: 15–50 cm, PA: 30 cm, April–Mai
10 *Kniphofia*-Hybriden
H: 0,6–1 m, PA: 40–50 cm, Juni–September
11 *Salvia nemorosa*
H: 50 cm, PA: 40 cm, Juni–Juli
12 *Alcea rosea*
H: 1,5–2 m, PA: 40 cm, Juni–August

13 *Helenium*-Hybriden
H: 0,6–1 m, PA: 45 cm, Juni–September
14 *Aster novi-belgii* 'Dauerblau'
H: 1,5 m, PA: 30–40 cm, September–Oktober
15 *Aconitum napellus*
H: 0,6–1,5 m, PA: 60 cm, Juni–Juli
16 *Rudbeckia sullivantii* 'Goldsturm'
H: 80 cm, PA: 45 cm, Juli–September
17 *Aster sedifolius* 'Nanus'
H: 45 cm, PA: 30 cm, August–September
18 *Solidago*-Hybriden
H: 70–80 cm, PA: 40 cm, August–Oktober
19 *Phlox paniculata*
H: 0,6–1,2 m, PA: 45 cm, Juni–September
20 *Campanula trachelium*
H: 80 cm, PA: 25 cm, Juli–September

21 *Lythrum salicaria* 'Robert'
H: 80 cm, PA: 40 cm, Juli–September
22 *Erigeron*-Hybriden 'Foerster's Liebling'
H: 60 cm, PA: 40 cm, Juni–September
23 *Anemone hupehensis*
H: 40–60 cm, PA: 30 cm, August–September
24 *Scabiosa graminifolia*
H: 25 cm, PA: 25 cm, Juni–September
25 *Centaurea montana*
H: 45 cm, PA: 30 cm, Mai–Juni
26 *Potentilla*-Hybriden
H: 40–50 cm, PA: 40 cm, Juni–August
27 *Polygonum carneum*
H: 60 cm, PA: 45 cm, Mai–Juni
28 *Oenothera tetragona*
H: 40–60 cm, PA: 40 cm, Juni–August
29 *Veronica teucrium* 'Knallblau'
H: 20 cm, PA: 25 cm, Mai–Juli
30 *Coreopsis verticillata*
H: 50 cm, PA: 40 cm, Juni–August
31 *Gentiana septemfida*
H: 15 cm, PA: 20 cm, Juli–September
32 *Geum-Chiloense*-Hybriden
H: 40 cm, PA: 30 cm, Mai–Juli

Stauden, die man im Herbst und Frühjahr pflanzen kann

Der Pflanzabstand (PA), der bei jeder Gattung und Art verschieden ist, hängt auch vom Boden und vom Klima ab. Die Angaben in den nachstehenden Beschreibungen beziehen sich auf einen üblichen Gartenboden, in dem sich die Pflanzen ab dem zweiten Jahr nach dem Pflanzen normal entwickeln. Besteht eine Gruppe aus drei oder mehr Exemplaren, dann wird etwas dichter gepflanzt. Um die Gruppe herum läßt man 25% mehr Raum als innerhalb der Gruppe. Die Höhenangaben (H) gelten bei normalen Wachstumsbedingungen.

Acanthus Bärenklau
Die dekorative Schmuckstaude mit dunkelgrünen, buchtig-gezähnten oder fiederspaltigen Blättern bringt große, endständige Blütenähren hervor. Man pflanzt den Bärenklau im Oktober oder im März/April an einen sonnigen Standort in leichten Boden. Vermehrt wird die Pflanze durch Teilung im Oktober oder März oder durch Wurzelstecklinge im März. *A. longifolius* (H: 80–90 cm, PA: 60 cm) bringt von Juli bis September weiße und violette Blüten mit großer Lippe hervor. Die

Acanthus spinosus

Blüten stehen in langen Ähren. *A. spinosus* (H: 50–90 cm, PA: 30 cm), der Stachlige Bärenklau hat dornige, gezähnte Blätter und bräunlich gefärbte Blüten. Die Blütenstände sind jedoch etwas kleiner. Blütezeit: Juli–August.

Achillea Schafgarbe
Alle Arten lieben die Sonne. Die meisten bevorzugen einen trockenen Boden. Gepflanzt und geteilt werden diese Stauden im Oktober oder März. *A. clypeolata* (H: 45–60 cm, PA: 40 cm): Die

Achillea ptarmica

tiefgelben Blüten stehen in 10 cm breiten Köpfchen und öffnen sich von Juni bis September. Die Blätter sind silbrig und wollig. *A. filipendulina* 'Coronation Gold' (H: 0,9–1,2 m, PA: 45 cm) zeichnet sich durch tiefgelbe Blüten aus, die in 10 cm großen Köpfchen stehen. Die Blüten erscheinen von Juli bis September; grüne gefiederte Blätter. *A. f.* 'Parker' (H: 1,2 m, PA: 45 cm) ist ähnlich, wird jedoch höher und hat graugrüne Blätter. Beide Sorten eignen sich zum Schnitt; sie haben jedoch scharf riechende Blätter. Die Sorte 'Parker' eignet sich gut zum Trocknen. *A. f.* 'Altgold' (H: 60 cm, PA: 40 cm) mit graugrünen Blättern bringt breite, goldgelbe Blütenköpfchen hervor, die bräunlich getönt sind. Blütezeit: Juni bis September. Die Sorte eignet sich gut als Schnittblume. *A. ptarmica* (H: 75–90 cm, PA: 40 cm) hat große, gefüllte, weiße Köpfchenblüten, die in einer zusammengesetzten Dolde stehen und im Juli und August aufgehen. Die glänzenden Blätter sind dunkelgrün und fein gesägt. Die Wurzeln breiten sich gelegentlich stark aus. Bekannt ist auch die Sorte 'Schneeball' mit feinzerteilten Blättern und reich gefüllten Blütenköpfchen. *A. taygetea:* Die breiten Blütenstände mit hellgelben Blüten stehen auf 40–60 cm hohen Stengeln und öffnen sich von Juni bis August. Der Pflanzabstand beträgt 30 cm. Die Sorte 'Moonshine' blüht hellzitronengelb.

A. millefolium mit fein zerteilten Blättern und weißen Köpfchenblüten, die von Juni bis September blühen. 'Kelway', dunkelrote Blüten, 15 cm; 'Sammet Riese', tiefrote Blüten, H: 40 bis 60 cm, sehr gute Schnittblume.

Aconitum Eisenhut
Stattliche Bergwaldstaude mit fingerförmig geschlitzten Blättern und helmartigen Blüten in attraktivem Blütenstand. Blütezeit: Juni-Oktober. Die Staude gedeiht gut in der Sonne oder im Halbschatten. Geteilt und gepflanzt wird der Eisenhut im Oktober oder März. *A.* × *arendsii* (H: 1 m, PA: 40 cm), eine ausgezeichnete Hybride, deren große, amethystblaue Blüten auf kräftigen Stielen sich im September und Oktober öffnen. Die Sorte 'Spark' hat lockere, tiefviolette Blüten und wird 1,5 m hoch. 'Bicolor' mit blauen, weiß gezeichneten Blüten erreicht eine Höhe von 1,2 m. 'Newry Blue' (H: 1 m, PA: 40 cm) hat tiefblaue Blüten auf dicht angeordneten Rispen im Juni und Juli. *A. napellus* (H: 0,6–1,5 m), eine beliebte

Aconitum × arendsii

Gartenstaude, hat glänzende, handförmige Blätter. Im Juni und Juli bringt sie weißblaue bis dunkelblaue Blüten hervor. *A. pyrenaicum* hat gelappte Blätter und hellgelbe Blüten (H: 1 m; Blütezeit: Mai–Juli). *A. wilsonii* mit glänzendgrünen, lederartigen Blättern und amethystblauen Blüten wird 1,5 m hoch und blüht von August bis Oktober.

Ajuga Günsel
Obgleich diese Pflanzen, die niederliegende, kriechende Ausläufer bilden, gut im Halbschatten vorankommen, gedeihen sie dennoch auch an fast jedem anderen Standort. Die Teilung ist jederzeit möglich, wenn der Boden feucht ist. *A. reptans* (H: 15 cm, PA: 30 cm) bildet im April und Mai tiefblaue Blüten aus. Die Art ist vor allem als Bodendecker gut geeignet. Die Sorte 'Purpurea' hat braunrote Blätter und lilablaue

Blüten. Die Hybride *A. reptans* × *pyramidalis* 'Rosakerze' bildet grünes Laub und rosa Blüten aus. *A. pyramidalis* (H: 5–20 cm, PA: 15 cm) blüht hellblau im Juni und Juli.

Alcea Stockmalve
A. rosea (H: 1,5–2 m, PA: 40 cm) wird als Hintergrundbepflanzung vor Mauern und Wänden sehr geschätzt. Es gibt Sorten mit gefüllten und einfachen Blüten. Man sät Malven im Mai in den Vermehrungskasten aus. Die jungen Pflanzen werden im September und

Alcea rosea

Oktober gepflanzt. Sie blühen im folgenden Jahr von Juni bis August. Man pflanzt sie an einen sonnigen Standort in nicht zu feuchten Boden.

Alchemilla Frauenmantel
A. mollis (H: 30–45 cm, PA: 45 cm) zeichnet sich nicht nur durch schön geformte, hellgelbe Blütensträuße im Juni und Juli aus, sondern auch durch runde, gezähnte, hellgrüne Blätter. Dieser hervorragende Bodendecker eignet sich für alle Standorte, ausgenommen heiße und trockene Lagen. Die Staude läßt sich leicht aus Samen oder durch Teilung im Frühjahr ziehen. Sie bildet einen guten Hintergrund für andere Pflanzen. Die Sorte 'Robusta' wirkt in allen Teilen etwas gröber und besitzt

Alchemilla mollis

ein sattgrünes Laub. Sie wird häufig als zweijährige Pflanze kultiviert, die sich auch leicht selbst durch Samen verbreitet.

Anaphalis Perlpfötchen, Perlkörbchen
Diese robusten Stauden mit wechselständigen, ganzrandigen, unterseits oft dicht weißwolligen Blättern entwickeln kleine Blütenköpfchen in endständigen Doldentrauben. Blütezeit: Juli-September. Die Stauden verbreiten sich rasch durch unterirdische Rhizome. In vielen Bereichen sind sie gute Bodendecker. Gepflanzt wird das Perlpfötchen an einigermaßen trockenen, sonnigen oder

Anaphalis triplinervis

leicht schattigen Standorten. Teilung der Aussaat im Frühjahr in einen kalten Kasten.

A. margaritacea (H: 40 cm, PA: 45 cm), die Silberimmortelle, mit silbriger Behaarung und weißen Blütendolden. *A. triplinervis* (H: 30–45 cm, PA: 40 cm) hat einen kompakten Wuchs. Mit ihren eiförmigen bis elliptischlänglichen, unterseits dicht weißwolligen, oberseits graugrünen Blättern und weißen Blütendolden eignet sie sich gut als Vorgarten- oder Rabattenpflanze. Besonders empfehlenswert ist die Sorte 'Silberregen' mit silbergrauen Blättern und silbrigweißen Blüten. Sie blüht erst im September und Oktober und erreicht eine Höhe von 30 cm. Die Sorte 'Sommerschnee' hat silbrige Blätter und weiße Blüten, die in dichter Doldentraube stehen. Diese Sorte blüht von Juli bis September und wird 40 cm hoch.

Anchusa Ochsenzunge
Diese Pflanzen bevorzugen einen sonnigen, trockenen Standort. Die Wurzeln faulen im Winter in nassem Boden. Be-

Anchusa italica

währt hat sich *A. italica* (H: 0,9–1,2 m, PA: 30 cm), eine kräftig wachsende, reich blühende Schmuckstaude mit dicken, sich verzweigenden Stengeln und kleinen, leuchtendblauen Blüten, die sich von Mai bis August öffnen. Die großen, zungenförmigen Blätter sind behaart, die Wurzeln dick und fleischig. Man vermehrt diese Staude durch Wurzelstecklinge im zeitigen Frühjahr. 'Little John' (H: 45 cm, PA: 30 cm) mit leuchtendtiefblauen Blüten und langer Blütezeit. 'Loddon Royalist' (H: 90 cm, PA: 40 cm) erfreut durch tiefblaue große Blüten; 'Dropmore' (H: 1 m, PA: 40 cm) bildet breit-lanzettliche Blätter und blüht enzianblau von Juni bis September.

Anemone
Von den Anemonen sind 130 verschiedene Arten bekannt. Zu den beliebtesten Frühjahrsblühern zählen *A. blanda* und das Buschwindröschen, *A. nemorosa*. Von Gärtnern sehr geschätzt sind die im Herbst blühenden Anemonen,

Anemone hupehensis

vor allem *A. hupehensis* und *A.-Japonica*-Hybriden. *A. hupehensis* wird etwa 40–60 cm hoch, hat dreiteilige Blätter und entwickelt im August und September etwa 6–8 cm breite, meist rosafarbene Blüten in attraktiven Rispen aus. Meist sind die *A.-Japonica*-Hybriden im Handel erhältlich. Sie stammen aus verschiedenen Kreuzungen, bei denen vor allem *A. hupehensis var. japonica* beteiligt war, erreichen eine Höhe zwischen 60 und 80 cm und blühen in verschiedenen Farben. Die Hauptblütezeit liegt im August und September. Die Pflanzen lieben einen halbschattigen bis schattigen Standort und eignen sich gut für Pflanzungen vor Sträuchern und Gehölzen. Die Vermehrung erfolgt durch Teilung im Herbst oder im zeitigen Frühjahr. Die Sorte 'Praecox' (H: 40 cm, PA: 30 cm) hat tiefgelappte Blätter, die Blüten sind einfach und rosarot; 'Septembercharme' (H: 60 cm, PA: 40 cm) hat große rosafarbene Blüten; 'Honorine Jobert' (H: 80 cm, PA: 40 cm) entwickelt schneeweiße, einfache Blüten. 'Königin Charlotte' (H: 80 cm, PA: 40 cm) mit lilarosa halbgefüllten Blüten; 'Prinz Heinrich' (H: 60 cm, PA: 30 cm) hat ebenfalls halbgefüllte Blüten, dunkelrot; 'Wirbelwind' (H: 80 cm, PA: 40 cm), reinweiße halb gefüllte Blüten. Besonders hübsch ist die Küchenschelle, *A. pulsatilla* (syn. *Pulsatilla vulgaris*). (H: 10–20 cm, PA: 20 cm). Diese Kleinstaude hat feinfiederschnittige Blätter und große, glockige, pelzigbehaarte Blüten. Bei der ursprünglichen Art sind

Anemone pulsatilla

sie violett. Es gibt jedoch auch rote, hellgelbe und weiße Sorten. Empfehlenswert sind die Sorten 'Rubra', rot, 'Weißer Schnee', weiß, und 'Alba', ebenfalls weiß.

Es gibt auch eine ähnliche herbstblühende Anemone, *A. tomentosa* 'Robustissima' mit rosa Blüten (H: 1 m, PA: 40 cm).

Anthemis Hundskamille
Diese gelben oder weißen margeritenähnlichen Blüten gedeihen am besten in trockenen Lagen in voller Sonne. Man vermehrt die Staude durch Teilung im Frühjahr oder durch Stecklinge von

Anthemis tinctoria

Basaltrieben. *A. tinctoria,* die Färberkamille, wird 30–60 cm hoch und bildet verzweigte, filzig behaarte Stengel. Die graugrünen Blätter sind doppelt kammartig gefiedert. Die Blüten werden in bis zu 4 cm großen Köpfchen ausgebildet. Die Strahlenblüten sind goldgelb, die Scheibenblüten gelb. Angeboten wird die Sorte 'Grallagh Gold' mit großen, goldgelben Blüten (H: 50–70 cm, PA: 30 cm), ein guter Dauerblüher. *A. marschalliana* (syn. *A. biebersteiniana*), die Silberkamille, hat fein zerteilte, silbrige Blätter. Ihre Blüten, die sich im Mai und Juni öffnen, sind gelb. Die Art wird 25 cm hoch, der Pflanzabstand beträgt 30 cm. Die Sorte 'Tetra' ist robuster, ihre Blüten sind deutlich größer.

Aquilegia Akelei
Die farbenprächtige Beetpflanze sät sich häufig selbst aus. Man kann sie im Frühjahr unter Glas aussäen. Ein Jahr später entwickeln sich dann die großblumigen Pflanzen. An einen sonnigen Standort in mäßig feuchten Boden kann man sie auch im Mai gleich ins Freie aussäen.

A.-Caerulea-Hybriden (H: 70–80 cm, PA: 30 cm) schmücken sich mit roten, weißen, gelben, blauen und violetten Blüten. 'Crimson Star' (H: 45 cm, PA: 30 cm) entwickelt rote und weiße sternförmige Blüten.

'McKana's Riesen', die 0,8–1 m hoch werden, sind für ihre großen, verschiedenfarbigen Blüten bekannt, die sehr lange Sporen tragen. Die Sorte 'Olympia-Rot-Gelb' wird 75 cm hoch. Der Pflanzabstand beträgt 30 cm. Die äußeren Blütenblätter der großen, gelbroten Blüten sind scharlachfarben. *A. flabellata* (H: 15 cm, PA: 20 cm) hat kurzspornige, tiefblaue Blüten und derbe, blaugrüne Blätter. *A. flabellata* × *A. sibirica* (H: 30 cm, PA: 25 cm) mit graugrünen Blättern bringt leuchtend-

Aquilegia-Hybriden

blaue Blüten mit gekrümmtem Sporn hervor. Die Sorte 'Helena' hat größere, blaue und weiße Blüten (H: 50 cm, PA: 30 cm). Außerdem gibt es zahlreiche Gartenhybriden mit den verschiedensten Sorten.

Armeria Grasnelke
Die zarten, wintergrünen Pflanzen, die sich für Rabatten eignen, tragen zierliche Blüten auf kurzen Stengeln. Die Grasnelke braucht viel Sonne. Man teilt sie im September oder Oktober. Kultiviert wird meist *A. maritima,* die im Juni und Juli blüht, in folgenden Sorten: 'Alba' (H: 15 cm, PA: 20 cm), weiße Blütenköpfe; 'Düsseldorfer Stolz' (H: 15 cm, PA: 20 cm), leuch-

Armeria maritima

tendpurpurrosa Blütenköpfe; 'Frühlingszauber' (H: 10 cm, PA: 15 cm), karminrosa Blüten; die Zwerggrasnelke, *A. caespitosa,* bildet dichte, kugelige Polster, die vor Winternässe geschützt werden müssen, rosa Blüten (H: 5 cm, PA: 20 cm). *A. albola* 'Silverqueen' (H: 70 cm, PA: 40 cm) bringt silberweiße Blätter und im Juni und Juli weiße Blüten hervor. *A. schmidtii* 'Nana' (H: 20 cm, PA: 20 cm) hat fein zerteilte, stark silbrige Blätter. *A. stelleriana* (H: 40 cm, PA: 25 cm) mit weißsilbrigen Blättern und niederliegenden Zweigen.

Artemisia Beifuß, Edelraute
Diese Staude wird hauptsächlich wegen ihrer silbergrauen, gefiederten, wohlriechenden Blätter gepflanzt. Sie braucht einen sonnigen Standort in ausreichend wasserdurchlässigem Boden. Im Frühjahr teilt man die Pflanze.

A. lactiflora (H: 1,2 m, PA: 45 cm), die einzige *Artemisia,* die wegen ihrer rahmweißen Blüten gepflanzt wird. Sie

Artemisia lactiflora

erscheinen an straffen Stengeln im August und September; grüne, gefiederte Belaubung. Die Staude braucht einen feuchten Boden.

Aruncus Geißbart
A. sylvester (syn. *A. dioicus*), H: 1,2–1,8 m, PA: 50 cm. Große Rispen

Aruncus sylvester

mit winzigen, cremeweißen Blüten im Juni; tief eingeschnittene Blätter. Der Geißbart bevorzugt Schatten und braucht einen ausreichend feuchten Boden. Vermehrt wird er durch Aussaat. Als anspruchslose Waldstaude ist er besonders für größere Gärten geeignet. Man verwendet den Geißbart zur Unterpflanzung von Gehölzpartien.

Asphodeline Junkerlilie
Diese Pflanzen bevorzugen einen warmen, sonnigen Standort. Man teilt die Junkerlilie im Frühjahr. *A. liburnica* (H: 80 cm, PA: 40 cm) entwickelt kleine, glänzendgelbe Blüten im Juni und August. Schmale, graugrüne, grasähnliche Blätter. *A. lutea* (H: 1 m, PA:

Asphodeline lutea

40 cm) hat in Trauben an starken Schäften angeordnete schwefelgelbe Blüten, die sich von Juni bis August öffnen. Vor allem für Steingärten und Rabatten geeignet.

Aster
Eine Gattung mit vielen Arten und Sorten, die in verschiedenen Farben blühen. Alle haben margeritenähnliche Blüten mit gelben oder orangefarbenen Scheibenblüten. *A. sedifolius* (H: 75 cm, PA: 40 cm) bringt im August und September kleine lavendelblaue Blüten hervor; dichte Buschform. Die zwergwüchsige Sorte 'Nanus' (H: 45 cm, PA: 30 cm) gleicht *A. sedifolius. A. amellus* (H: 60–90 cm, PA: 40 cm) ist etwas schwächer im Wuchs, jedoch gegen Krankheiten sehr resistent. Sie benötigt selten eine Stütze und blüht im allgemeinen von August bis Oktober. Die Blätter sind graugrün, die Stengel holzig. Man pflanzt im April. Nach der Blüte muß man die Staude ungestört lassen. Die Pflanzen brauchen mehrere Jahre lang keine Pflege. Sie sind leicht zu teilen. Diese Art, die unter dem deutschen Namen Bergaster bekannt ist, liebt einen nährstoffreichen, eher kalkigen Boden und entwickelt sich besonders gut auf sogenannten Steppenheiden und Felssteppen. Gute Sorten sind: 'Breslau' (H: 50 cm, PA: 55 cm), rauhhaarige Blätter, dunkelviolettblaue Blüten; 'Dr. Otto Petscheck' (H: 60 cm, PA: 40 cm) mit lavendelblauen Blüten; 'Lady Hindlip' (H: 60 cm, PA: 40 cm) bringt große rosa Blüten hervor; 'Rudolf Goethe' (H: 50 cm, PA: 40 cm) hat violette Blüten; 'Sternkugel' (H: 50 cm, PA: 40 cm), feinstrahlige, zartviolette Blüten; 'Veilchenkönigin' (H: 50 cm, PA: 40 cm), dunkelviolettblaue Blüten; *A. a.* × *frikartii* 'Wunder von Stäfa' (H: 90 cm, PA: 40 cm), hellblaue Blüten von Juli bis Oktober; *A. linosyris* (H: 60–75 cm, PA: 30 cm), goldgelbe Blüten auf drahtigen Stengeln im August und September; nadelförmige Blätter. Vermehrt wird die Art durch Teilung. *A. novae-angliae* (Rauhblattaster), eine sehr robuste Asternart mit straff aufrechtem Wuchs und rauhbehaarten Blättern. Die Blüten werden in dichten Doldentrauben ausgebildet. Blütezeit: September und Oktober. Gute Sorten sind: 'Alma Pötschke' (H: 80 cm, PA: 70 cm), lachsrote Blüten; 'Andenken an Paul Gerber' (H: 1,5 m, PA: 50 cm), weinrote Blüten; 'Barrs Blue' (H: 1,6 m, PA: 50 cm), tiefblaue Blüten; 'Rubinschatz' (H: 1,3 m, PA: 60 cm), rubinrote Blüten; 'Rudelsburg' (H: 1,2 m, PA: 50 cm), leuchtendlachsrosa Blüten. *A. novi-belgii* (Glattblattaster). Die Blätter dieser Art sind lanzettlich und dunkelgrün. Die Blüten stehen in lockeren, verzweigten Rispen. Die Art ist nicht so robust wie Rauhblattastern. Häufig wird sie von Mehltau und Milben befallen. Kranke Pflanzenteile entfernt man vor der Blütezeit im September und Oktober und verbrennt sie. Vermehrt wird diese Aster durch Stecklinge. Man schneidet sie im April, läßt sie unter Glas bewurzeln und setzt sie dann in frischen Boden aus. Jüngere Pflanzen bringen meist die schönsten

Aster amellus

Blüten hervor. Daher sollte man alte, gesunde Pflanzen durch Teilung im März und April vermehren. Hierbei werden nur die äußeren Pflanzenteile neu eingepflanzt. Es gibt zahlreiche Sorten. Empfehlenswert sind die folgenden, bei denen der Pflanzabstand stets 30–40 cm beträgt: 'Autumn Glory' (H: 1,2 m); der Durchmesser der halbgefüllten, dunkelblutroten, schön gekräuselten Blüten beträgt 7–8 cm; 'Blandie' (H: 1,2 m), halbgefüllte, weiße Blüten; 'Crimson Brocade' (H: 90 cm), halbgefüllte rote Blüten; 'Dauerblau' (H: 1,5 m), eine lange und reichblühende, dunkelblaue Sorte; 'Eventide' (H: 1,2 m), große, halbgefüllte, tiefviolettblaue Blüten; 'Fellowship' (H: 90 cm), hellrosa Blüten; 'Flamingo' (H: 80 cm), sehr große, rosa gefüllte Blüten; 'Patricia Ballard' (H: 1,2 m), karminrosa gefüllte Blüten; 'Gayborder

Splendour' (H: 80 cm), halbgefüllte, zyklamenrosa Blüten; 'Lady Frances' (H: 90 cm), tiefrosa Blüten, sehr gute Schnittsorte; 'Marie Ballard' (H: 90 cm), große, gefüllte, zarthellblaue Blüten; 'Percy Thrower' (H: 80 cm), große, einfache, leuchtendtiefblaue Blüten; 'Rosenhügel' (H: 1,2 m), hellrosa Blüten; 'Royal Blue' (H: 1 m), große tiefblaue Blüten; 'Schöne von Dietlikon' (H: 80 cm), dunkelblaue Blüten mit leuchtendgelber Mitte. *A. dumosus,* die Kissenaster, bildet kugelige Büsche, die reich mit Blüten übersät sind. Der Pflanzabstand beträgt bei fast allen 40 cm. Gute Sorten sind: 'Herbstgruß vom Bresserhof' (H: 70 cm), rosarote Blüten; 'Kassel' (H: 40 cm), halbgefüllte, karminrote Blüten; 'Lady in Blue' (H: 25 cm, PA: 30 cm), halbgefüllte, sattblaue Blüten; 'Prof. Anton Kippenberg' (H: 40 cm), reinblaue Blüten; 'Wachsenburg' (H: 40 cm), leuchtendrosa Blüten. *A. tongolensis* (H: 10 bis 50 cm) ist eine frühblühende Art, die von Mai bis Juni ihre großen, langgestielten Blüten öffnet. Sie bildet mit ihren kräftigen Blättern flache Teppiche.

Astilbe Prachtspiere
Obgleich sich diese anmutigen Pflanzen mit ihren aufrecht stehenden Blütenrispen über tiefgrüner Belaubung nur für schattige Standorte und nährstoffreiche, feuchte Böden eignen, sind sie wegen ihrer Farbe und ihres zierlichen Wuchses bemerkenswert. Sie blühen von Juni bis August. Stets bilden sie einen kräftigen Wurzelstock, der im zeitigen Frühjahr geteilt werden muß. Alte Pflanzen lieben eine Mulchdecke im September und Oktober. Empfehlenswerte Arten und Sorten: *A.-Arendsii*-Hybriden: 'Amethyst' (H: 1,1 m, PA: 40 cm), große violette Blütenrispen; 'Anita Pfeifer' (H: 70 cm, PA: 40 cm), dunkelrosa Blütenrispen; 'Brautschleier' (H: 70 cm, PA: 40 cm), lockere, reinweiße Blütenrispen; 'Cattleya' (H: 1,1 m, PA: 50 cm), kräftig wachsende Sorte mit hellrosa Blütenrispen; 'Feuer' (H: 80 cm, PA: 40 cm), leuchtendrote Blütenrispen; 'Glut' (H: 80 cm, PA: 40 cm), leuchtendfeuerrote Blütenrispen. *A.-Chinensis*-Hybriden: 'Finale' (H: 30–40 cm, PA: 30 cm), frischrosa Blütenrispen; 'Serenade' (H: 30–40 cm, PA: 30 cm), fedrige, rosarote Blütenrispen. *A.-Japonica*-Hybriden: 'Deutschland' (H: 50 cm, PA: 40 cm), weiße Blütenrispen; 'Mainz' (H: 50 cm, PA: 40 cm), lilarosa Blütenrispen; 'Red Sentinel' (H: 70 cm, PA: 40 cm), federartige, leuchtendtiefrote Blütenrispen. Von *A.-Simplicifolia*-Hybriden gibt es verschiedene Sorten, z. B. *A. tacquetii* 'Superba' (H: 1 m, PA: 45 cm), purpurrosa Blüten.

Astilbe

Astrantia Sterndolde
Die anspruchslose heimische Waldstaude mit weißen oder rosa Blüten gedeiht in jedem Boden. Sie wird im März geteilt. *A. major* (H: 60 cm, PA: 40 cm) mit sternförmigen weißlichen Blüten im Juni und Juli. *A. maxima* (H: 90 cm, PA: 40 cm) mit größeren, ebenfalls weißlichen Blüten, die sich von Juni bis August öffnen.

Bergenia Bergenie
Die immergrünen, äußerst genügsamen Stauden mit ledrigen, großen Blättern sind gute Bodendecker. Blütenstand (Trugdolde) auf starken Stielen über den Blättern. Nach der Blütezeit, die sich von März bis Mai erstreckt, entwickeln sich neue Blätter. Bergenien gedeihen gut auf jedem Boden, auch im Halbschatten. Teilung und Neupflanzung im September oder Oktober. *B. cordifolia* (H: 30 cm, PA: 45 cm) blüht violett und rosa im April und Mai. Auffallend sind die großen, fleischigen Blätter. Gute Sorten mit unterschiedlichem Wuchs und variierenden Blütenfarben sind: *B.* × *cultorum* 'Abendglocken' (H: 40 cm), rötlichgrüne Blätter, glockige, dunkelrote Blüten; 'Abendglut' (H: 30 cm), frischgrüne Blätter, die sich im Herbst bronzebraun färben, dunkelpurpurrote Blüten; *B.* × *cultorum* 'Admiral' (H: 40 cm), auffallend große sattgrüne Blätter, die im Winter braunrot werden; 'Glockenturm' (H: 40 cm), hellgrüne Blätter; die rosa Blüten stehen in großen Trugdolden; *B.* × *cultorum* 'Morgenröte' (H: 30 cm), rosa Blüten; 'Purpurglocken' (H: 40 cm), grüne Blätter, glockige purpurrote Blüten, nachblühend; *B.* × *cultorum* 'Silberlicht' (H: 40 cm), weiße Blüten, die rosa überhaucht sind.

Bergenia cordifolia

Brunnera Kaukasusvergißmeinnicht
B. macrophylla (syn. *Anchusa myosotidiflora).* Die leuchtendhimmelblauen vergißmeinnichtähnlichen Blütenstände erscheinen von Mai bis Juli über großen, herzförmigen, grünen Blättern. Die Staude (H: 50 cm, PA: 45 cm) ist leicht zu kultivieren, braucht jedoch reichlich Platz. Geteilt wird sie im Frühjahr.

Brunnera macrophylla

Calamintha Bergminze
Sie gedeiht am besten an einem nicht zu trockenen, sonnigen Standort. Man teilt sie im Frühjahr, wenn das neue Wachstum begonnen hat. *C. nepetoides* (H: 30 cm, PA: 30 cm) bildet runde Büsche mit hellgrünen Blättern und lange blühenden kleinen, hellblauen Blüten, die sich von August bis Oktober entfalten können.

Campanula Glockenblume
Eine umfangreiche Gattung mit verschiedenen Arten. An aufrechten, beblätterten Stielen sitzen die glockenförmigen Blüten. Sie eignen sich für Stein-

Campanula glomerata

gärten und Beete und gedeihen gut in der Sonne und im Halbschatten. Gepflanzt wird im Frühjahr oder Herbst. Fast alle Arten werden durch Teilung vermehrt. *C. glomerata,* die Knäuelglockenblume (H: 40–50 cm, PA: 45 cm), hat dichtstehende blaue Blüten und rauhe, behaarte Blätter. Eine bekannte Sorte ist 'Acaulis' (H: 15 cm, PA: 30 cm) mit dunkelvioletten Blüten, die man im Juli und August bewundern kann. Die glockenförmigen, blauen Blüten der Blütenstände von *C. lactiflora* sind nach oben gerichtet und öffnen sich von Juni bis August (H: 90 cm, PA: 45 cm). Zu den empfehlenswerten Sorten gehören: 'Loddon Anna' (H: 1,2–1,5 m, PA: 45 cm), zartlilarosa; *C. persicifolia* mit dunkelgrünen Blättern. Die schalenförmigen Blüten dieser Art blühen im Juli und August in verschiedenen Schattierungen von Blau und Weiß. Bekannte Sorten sind: 'Grandiflora Alba' (H: 90 cm, PA: 40 cm) mit schmallanzettlichen Blättern und weißen Blütenglocken; 'Grandiflora Coerulea' (H: 1 m, PA: 40 cm), große leuchtendblaue Blütenglocken; *C. trachelium,* die Nesselglockenblume (H: 80 cm, PA: 40 cm), mit brennesselähnlichen Blättern und violettblauen Blüten, die in 40 cm langen, einseitswendigen Trauben stehen und von Juli bis September blühen. Diese Sorte gedeiht an halbschattigen und schattigen Standorten.

Centaurea Flockenblume
Diese Pflanzen gedeihen ausgezeichnet an sonnigen Standorten in nicht zu feuchtem Boden. Geteilt werden sie im Herbst oder Frühjahr. *C. dealbata* 'Steenbergii' (H: 60 cm, PA: 45 cm) bringt im Mai und Juni purpurrote Blüten hervor. Es ist eine robuste Pflanze mit reicher Belaubung. Die Blüten von *C. macrocephala* werden von Juni bis August in großen gelben Köpfchen ausgebildet (H: 0,9–1,5 m, PA: 50 cm). Die robuste Pflanze ist stark belaubt. *C. ruthenica* (H: 1,2 m, PA: 45 cm) blüht schwefelgelb von Juni bis Juli. Die Blätter sind fiederschnittig und gesägt. *C. glastifolia,* die Straußflockenblume, hat lanzettliche graugrüne Blätter und leuchtendgelbe Blütenköpfe in lockeren Sträußen. Sie gilt als gute Schnittblume und blüht von Juni bis September (H: 1 m, PA: 40 cm). *C. montana,* die Bergflockenblume, mit flockig behaarten Blättern und leuchtendblauen kornblumenähnlichen Blüten, die man im Mai und Juni bewundern kann (H: 45 cm, PA: 30 cm); *C. rhapontica,* die Riesenflockenblume, hat längliche bis 60 cm lange Blätter. Die silbergrauen Blütenknospen werden so groß wie ein Hühnerei. Die lilarosa Blüten, die von Juli bis August geöffnet sind, sind für den Schnitt geeignet (H: 1,5 m, PA: 50 cm).

Centaurea dealbata

Cephalaria Riesenskabiose, Schuppenkopf
C. gigantea (H: 1,5–1,8 m, PA: 60 cm) mit kurzen Stengeln, fiederschnittigen Blättern sowie hellgelben, kugeligen Blüten, die von Juni bis August erscheinen, zeichnet sich durch starkes Wachstum aus. Die Wurzelstöcke können im März geteilt werden.

Chelone Schildblume
Die Staude ist einfach zu kultivieren. Man vermehrt sie durch Teilung im Frühjahr. *C. obliqua* (H: 60 cm, PA: 40 cm) hat purpurrote und weiße, löwenmäulchenähnliche Blüten, die an steifen, glänzenden, blättrigen Rispen sitzen. Blütezeit: von Juli bis September.

Chelone obliqua

Chrysanthemum Chrysantheme
Diese Stauden, die in den verschiedensten Farben blühen, sind auch als Schnittblumen beliebt. Einige Arten müssen gestützt werden. Alle brauchen einen sonnigen Standort und einen mittelschweren bis leichten Boden. Vermehrt werden die Pflanzen durch Teilung im Frühjahr oder nach der Blüte, durch Stecklinge oder durch Samen. Rückschnitt gleich nach der Blüte. Junge Pflanzen können ein zweites Mal blühen. *C. arcticum* (H: 30 cm, PA: 40 cm) schmückt sich im September und Oktober mit großen weißen Margeritenblüten. Die hellgrünen Blätter sind grob gezähnt.

Chrysanthemum coccineum

C. coccineum (syn. *Pyrethrum roseum*), H: 60–90 cm, PA: 45 cm. Beliebte Sorten sind: 'Alfred' (H: 60 cm), dunkelrote gefüllte Blüten auf festen, drahtigen Stielen; 'Eileen May Robinson' (H: 70 cm), einfache rosa Blüten; 'Regent' (H: 80 cm), einfache, rotblühende, bewährte Sorte; 'Robinsons Rosa' (H: 80 cm), einfache dunkelkarmesinrote Blüten, wird oft aus Samen gezogen; 'Rosabella' (H: 70 cm), gefüllte dunkelrosa Blüten.

C. maximum, die Große Sommermargerite, entfaltet von Juni bis August ihre weißen, einfachen oder gefüllten Blüten. Die Staude ist leicht zu kultivieren. Man teilt sie im März oder September. Zu den besten Sorten zählen: 'Christine Hagemann' (H: 80 cm) mit reinweißen locker gefüllten Blüten; 'Gruppenstolz' (H: 60 cm) weist einen kompakten Wuchs auf und blüht weiß; 'Harry Pötschke' (H: 1 m) mit reinweißen Riesenblumen; 'Julischnee' (H: 80 cm), spätblühende Schnittsorte mit halbgefüllten weißen Blüten auf kräftigen Stielen; 'Polaris' (H: 90 cm), einfache, großblumige Blüten; 'Schwabengruß' (H: 1 m) mit sehr großen reinweißen Blüten und gewölbter, röhrenblüti-

Chrysanthemum maximum

ger Mitte; 'Wirral Supreme' (H: 60 bis 90 cm), große, dichtgefüllte, weiße Blüten.

Cimicifuga Silberkerze
Alle diese Pflanzen haben von August bis Oktober weiße oder elfenbeinfarbene federähnliche Blütenstände. Die

Cimicifuga racemosa

Blätter sind mehrteilig gefiedert. Die Pflanzen benötigen einen guten, ausreichend feuchten Boden und bevorzugen den Halbschatten. Geteilt wird die Staude im Februar oder März. *C. cordifolia* (H: 1,2 m, PA: 40 cm), weiße Blütentrauben von August bis Oktober. *C. racemosa,* die Julisilberkerze (H: 1,8–2 m, PA: 60 cm), ist eine sehr dekorative Pflanze mit doppelt bis dreifach dreiteiligen Blättern und weißen, leicht überhängenden Blütenkerzen. *C. ramosa,* die Septembersilberkerze (H: 2 m, PA: 50 cm), mit dreiteilig gefiederten Blättern und großen, cremeweißen Blütenkerzen. *C. simplex* 'Armleuchter', die Oktobersilberkerze (H: 1,4 m, PA: 40 cm), hat doppelt gefiederte Blätter und stark verzweigte reinweiße Blütenkanten. Blütezeit: September–Oktober.

Coreopsis Mädchenauge
Die sonnenliebenden Pflanzen mit langer Blütezeit lassen sich leicht aus Samen ziehen. *C. grandiflora* (H: 30 bis 80 cm, PA: 45 cm) hat von Juni bis September einfache, tiefgelbe Blüten auf drahtigen Stengeln. Die kurzlebige Pflanze verkümmert meist nach zwei Jahren. Eine gute Sorte ist 'Badengold' mit großen, goldgelben Blüten und lappig fiederteiligen Blättern. *C. lanceolata* bildet kompakte Büsche und goldgelbe Blüten (H: 25 cm, PA: 30 cm). Die Sorte 'Goldfink' (H: 20 cm, PA: 25 cm) ist ähnlich und kann im Frühjahr geteilt werden, falls sie im September zurückgeschnitten wurde. *C. verticillata* (H: 50 cm, PA: 40 cm) mit vielen goldenen, sternförmigen Blüten, die von Juni bis August über den schön geformten Büschen stehen. Die Art ist sehr zuverläs-

Coreopsis verticillata

sig und leicht zu kultivieren. *C. verticillata* 'Grandiflora' ist ähnlich, aber etwas höher und bildet größere Blüten aus.

Cortaderia Pampasgras
Die mehrjährigen, immergrünen Gräser eignen sich als Solitärpflanzen auf Beeten und zwischen Sträuchern. *C. selloana* hat gefiederte, silbrige Blütenwedel und blaugrüne Blätter. Das Pampasgras gedeiht am besten an einem sonnigen Standort. Ausgewachsene Pflanzen können 1,5–3 m hoch werden. Der Pflanzabstand beträgt 90 cm. Man teilt sie im April. Im März schneidet man abgestorbenes Laub zurück.

Crocosmia Montbretie
C. masonorum (H: 90 cm, PA: 45 cm) blüht orangegelb von Juli bis August. Sie hat schwertförmige Blätter. Man pflanzt die Montbretie an einen sonni-

Crocosmia masonorum

gen Standort in leichten Boden. Sie wird durch Rhizome vermehrt. Eine ausgezeichnete Schnittblume.

Cynara Artischocke
C. scolymus (H: 1,5 m, PA: 1,2 m) mit großen, distelähnlichen, purpurfarbenen Blüten und silbrigem Laub; lange, kräftige Wurzeln. Diese ansprechende Solitärpflanze wird im April an einen sonnigen Platz gepflanzt. Sie braucht einen tiefen, leichten Boden und in kalten Gegenden einen guten Winterschutz. Nur in milden Klimagebieten übersteht sie den Winter. Vermehrt wird die Staude durch Aussaat; meist ist nur eine zweijährige Kultur möglich. In südlicheren, wärmeren Gebieten kommt sie mehrere Jahre.

Cynoglossum Hundszunge
Die Staude gedeiht gut in jedem Boden in der Sonne oder im Halbschatten. Man teilt die Pflanze im März. *C. nervosum* (H: 60 cm, PA: 25 cm) entwikkelt von Juni bis August kleine, hängende, kurzröhrige, enzianblaue Blüten. Die grauen Blätter sind zungenförmig, die Wurzeln fleischig.

Delphinium Rittersporn
Die beliebte, elegante Beetpflanze mit dreizähligen bis vierteiligen manchmal behaarten Blättern hat von Juni bis August und von September bis Oktober große Blüten an langen, aufrechten Trauben. Die Pflanzen brauchen einen nährstoffreichen, tiefgründigen Boden und einen sonnigen Standort. Hochwachsende Sorten werden ab Ende April mit Stäben gestützt. Die Aussaat unter Glas ist im März oder April möglich. Pflanzt man im Juni, erhält man im darauffolgenden Jahr kräftige Pflanzen.

D.-Pacific-Hybriden (H: 1,6 bis 1,8 m, PA: 45 cm) sind durch Kreuzung aus zahlreichen Arten entstanden. Sie schließen auch Sorten mit gefüllten Blüten ein, die bei rechtzeitiger Aussaat schon im ersten Jahr blühen. Diese und andere Arten kann man auch im Mai ins Freiland aussäen. Die Mehrzahl der Arten und Sorten (*D.*-Hybriden, H: 0,9 bis 1,5 m) werden am besten aus Stecklingen im März oder April vermehrt.

Delphinium-Hybriden

Alte Pflanzen kann man im März teilen. Neue Pflanzen sind natürlich oftmals ergiebiger. Man kann sie von einer Staudengärtnerei, einem Gartencenter oder einer üblichen Gärtnerei beziehen. Für Randbepflanzungen sind die kleineren Sorten (H: 0,9–1,5 m, PA: 50 cm) den hochwachsenden vorzuziehen, die bis zu 1,8 m hoch werden können. Am besten trifft man die Wahl anhand von Spezialkatalogen, falls man ein Sortiment in verschiedenen Farbtönen aussuchen will. Die Blütenstände werden im ersten Jahr bis auf drei bei jeder Pflanze abgeschnitten, die schwachen Triebe gestützt. Jedes Jahr im April werden die Pflanzen gestützt. Im zweiten Jahr läßt man ungefähr sechs Blütenstände stehen, später bei großen Pflanzen maximal zwölf. Man düngt jedes Jahr mit einem organisch-mineralischen Volldünger im März. Im Herbst und Frühjahr achtet man auf Schnecken.

D. × *Belladonna*-Hybriden haben kleinere Blüten und Blätter und kürzere, stärker verzweigte Blütenstände. Ihre Farbskala reicht von Hellblau bis Tiefblau. Besonders empfehlenswert sind die Sorten: 'Capri' (H: 1,2 m, PA: 45 cm), hellblau mit weißem Auge; 'Kleine Nachtmusik' (H: 80 cm, PA: 40 cm), dunkellila, und 'Völkerfrieden' (H: 1 m, PA: 45 cm), leuchtend ultramarinblau.

Dianthus Nelke
Nelken eignen sich ausgezeichnet für eine Randbepflanzung sonniger Rabatten. Die einfachen und gefüllten Blüten stehen auf 15–45 cm langen Stengeln und haben blaugrüne Kelche. Viele Sorten blühen von Mai bis Juli. Vermehrt werden die Nelken durch Stecklinge nach der Blüte oder durch Teilung im Herbst oder durch Absenken. Aus Samen gezogene Pflanzen blühen noch im selben Jahr. Aussaat unter Glas im März oder April und Auspflanzung im Juni. Besonders beliebt ist *D. plumarius,* die Federnelke, sie wird 20–30 cm hoch. Die teils ganzrandigen, teils schwach gefransten, mehr oder weniger gefüllten Blüten erscheinen im Juni und Juli. Bei Pflanzen, die aus Samen herangezogen werden, überwiegen die roten Töne. Im übrigen gibt es Sorten mit verschiedenen Blütenfarben. Bekannt sind z. B. 'Altrosa' (H: 20 cm), rosa; 'Delicata' (H: 25 cm), rosa; 'Diamant' (H: 25 cm), weiß; 'Heidi' (H: 20 cm), dunkelkarminrot; 'Maggie' (H: 20 cm),

Dianthus

dunkelrosa; 'Morgenlicht' (H: 30 cm), leuchtend rosa. Bei den genannten Sorten beträgt der Pflanzabstand 25–30 cm.

Dicentra Tränendes Herz
Eine anmutige Pflanze mit hängenden, herzförmigen Blüten an elegant geschwungenen Trieben. *D. formosa* gedeiht besonders gut im Halbschatten. Die Art wird 20–30 cm hoch und hat farnartige Blätter. Die Sorte 'Bountiful' blüht dunkelrosa im Juli und August. Der Pflanzabstand beträgt 45 cm. *D. eximia,* die Zwergherzblume, hat farnartige, blaugrüne Blätter und herzförmige, tiefpurpur gefärbte Blüten, die in hängenden Trauben ausgebildet werden. Eine seltene, weißblühende Sorte trägt den Namen 'Alba'. *D. spectabilis* (H: 60–80 cm, PA: 45 cm) besitzt geschwungene Triebe mit roten und weißen herzförmigen Blüten im Mai und Juni. Die Art mit ihrer zarten Belaubung wird auch Tränendes Herz genannt. Sie hat winterharte Wurzelstöcke. Diese dekorative Pflanze braucht einen guten, tiefgründigen Boden und einen ausreichend geschützten Standort. Die Vermehrung ist schwierig. Alte Pflanzen können jedoch mit Hilfe eines scharfen Messers geteilt werden. Sind die Pflanzen am neuen Standort festgewachsen, dann sind sie sehr standfest.

Dicentra spectabilis

Dictamnus Diptam
D. albus (syn. *D. fraxinella*), H: 80 cm, PA: 40 cm, entwickelt im Juni und Juli rosa Blüten an kräftigen Blütentrauben.

Dictamnus albus

'Albus' ist eine Sorte mit weißen Blütentrauben. Man pflanzt die Staude an einen sonnigen Platz in gut wasserdurchlässigen Boden. Nachdem sie angewachsen ist, darf man sie nicht mehr stören. Vermehrt wird der Diptam durch Samen.

Digitalis Fingerhut
Der Fingerhut wird am besten als zweijährige Pflanze gehalten, da er häufig nach ungefähr drei Jahren abstirbt.

Digitalis grandiflora

Man pflanzt ihn am besten an einen halbschattigen Platz. Vermehrt wird er durch Teilung der Aussaat im April oder Mai. *D. ferruginea* 'Gigantea' (H: 1,8 m, PA: 40 cm) mit spitzlanzettlichen Blättern und großen, mattgelben, rostbraun geäderten Blüten, die im Juli und August aufgehen. *D. grandiflora* (H: 80 cm, PA: 35 cm) hat lanzettliche Blätter und blaßgelbe, innen braun geäderte Blütenglocken, die in einer einseitswendigen Traube stehen und von Juni bis August zu sehen sind. Die großen salmrosa Blüten von *D.* × *mertonensis* erscheinen im Juni und Juli (H: 75 cm, PA: 30 cm). *D. purpurea,* der bekannte Rote Fingerhut (H: 0,8 bis 1,2 m, PA: 40 cm), hat langgestielte, lanzettliche Blätter und große rote Blütenglocken, die im Juni und Juli zu sehen sind. Bekannt ist die großblumige Sorte 'Gloxiniaeflora'. Weiße Blütenglocken bildet die Sorte 'Gloxiniaeflora Alba' aus.

Doronicum Gemswurz
Diese beliebten Pflanzen blühen zeitig im Jahr mit hübschen, gelben, margeri-

tenähnlichen Blüten. Man pflanzt sie an einen sonnigen oder halbschattigen Standort. Geteilt werden sie alle zwei oder drei Jahre im September oder Oktober.

Die bekannteste Art ist *D. orientale,* die oft noch unter der Bezeichnung *D. caucasicum* in den Katalogen geführt wird. Diese Staude, die im April und Mai blüht, ist sehr widerstandsfähig. Sie wird 15–50 cm hoch; der Pflanzabstand beträgt 30 cm. Beliebte Sorten sind: 'Frühlingspracht' mit gefüllten, goldgelben Blüten auf kräftigen Stielen. Sie sind gut für den Schnitt geeignet. 'Riedels Goldkranz' bringt sehr

Doronicum orientale

große goldgelbe Blüten mit breiten, doppelten Randblütenblättern hervor. Wirkungsvolle, kompakte Sorte für Gruppen und Steingärten. 'Riedels Lichtspiegel' gleicht 'Riedels Goldkranz', ist jedoch etwas höher und blüht später. *D. plantagineum* 'Excelsum' (H: 80 cm, PA: 40 cm) hat große, goldgelbe Blüten.

Echinops Kugeldistel
Die hochwachsende Pflanze mit metallisch schimmernden Blütenköpfen ist sehr anspruchslos, braucht aber ausreichend Raum zur Entwicklung. Sie blüht von Juli bis September. Ihre Blätter sind häufig oben dunkelgrün, an der Unterseite weiß oder grau. Geteilt wird die Kugeldistel im Herbst oder Frühjahr. Manche Pflanzen treiben aus den alten Wurzeln wieder aus. *E. bannaticus* blüht hellblau. *E. ritro,* eine sehr widerstandsfähige Art, hat stahlblaue

Echinops ritro

Blüten. *E. ritro* 'Veitch's Blue' (H: 80 cm, PA: 40 cm) erfreut durch stahlblaue Blüten.

Epimedium Elfenblume
Die Elfenblume, ein geschätzter Bodendecker, gedeiht an schattigen oder halbschattigen Standorten in mäßig feuchten Böden. Aus den kriechenden Rhizomen entwickelt sich ab April ein

Epimedium × youngianum

reicher Blütenflor. Danach erscheinen dekorative runde Blätter, die viele Monate lang einen dichten Teppich bilden (H: 20–30 cm, PA: 30 cm). Geteilt wird die Staude im Oktober oder Februar. *E. alpinum* (H: 30 cm, PA: 30 cm) hat eiförmige, hellgrüne, rötlich getönte Blätter und violettrote Blüten; *E. grandiflorum* (syn. *E. macranthum*) 'Rose Queen' zeichnet sich durch tiefrosa, lang gespornte Blüten aus. *E. pinnatum* 'Elegans' hat große, gelbe Blüten, während *E.* × *rubrum* rote Blüten hervorbringt. *E.* × *versicolor* 'Sulphureum' mit schwefelgelben Blüten; *E.* × *warleyense* hat kupferbraune Blüten; *E.* × *youngianum* 'Niveum' entwickelt weiße, große Blüten und zierliche kleine Blätter.

Erigeron Berufkraut, Feinstrahl
Eine relativ anspruchslose Gattung, die einen sonnigen Standort braucht und margeritenähnliche Blüten in vielen Farben hervorbringt. Sie ähneln der Aster, blühen aber früher. Orangefarbene Röhrenblüten in der Mitte; Blütezeit: Juni–September. Einige Sorten sind fast gefüllt. Man teilt und pflanzt die Staude im Frühjahr. Empfehlenswerte Sorten: 'Adria', sehr große, leuchtendviolette Blüten, ausgezeichnete Schnittsorte; 'Rosa Triumph', leuchtendrosa halbgefüllte Blüten; 'Sommerneuschnee', weiße Blüten, die in Rosa übergehen; 'Wuppertal', große, halbgefüllte, dunkellila Blüten. 'Foerster's Liebling', eine halbgefüllte, karminrosa Sorte; 'Lilofee', dunkellila, halbgefüllt. Diese Sorten sind alle 60–70 cm hoch, der Pflanzabstand beträgt 40 cm.

Erigeron-Hybriden

Eryngium Edeldistel
Eine anspruchslose, dekorative Staude mit kugeligen oder zylindrischen Blütenköpfen. In getrocknetem Zustand ergeben die Blüten einen reizvollen Vasenschmuck. Man pflanzt die Edeldistel an offene Standorte und vermehrt sie durch Wurzelstecklinge im zeitigen Frühjahr. *E. alpinum,* die Alpenmannstreu (H: 70 cm, PA: 40 cm), zeichnet sich durch große, amethystfarbene Blüten aus, die von Juni bis August erscheinen. *E. bourgatii* (H: 30 cm, PA: 15 cm) hat von Juni bis August silberblaue Blüten. *E. planum* (H: 90 cm, PA: 40 cm) mit kleinen stahlblauen Blütenköpfchen von Juni bis August. Wertvoll ist die Sorte 'Blauer Zwerg'. *E. tricuspidatum* (H: 30 cm, PA: 30 cm) hat scharf gekerbte, auffallend weißmarmorierte Blätter und silbrig-

Eryngium planum

stahlblaue Blütenköpfe, die sich von Juli bis September zeigen. *E.* × *zabelii* (H: 50 bis 80 cm, PA: 30 cm). Die Blätter sind herzförmig geteilt, die Blütenköpfe, die man im Juni und Juli sehen kann, groß. Gute Sorten sind 'Violetta', dunkelviolettblau, und 'Juwel', dunkelblau.

Eupatorium Wasserdost
E. purpureum (H: 1,8 m, PA: 50 cm), eine buschige, aufrecht wachsende Pflanze, entwickelt von Juli bis September Blütenköpfe mit kleinen, purpurrosa Blüten. Die Staude gedeiht am besten in nährstoffreichen, tiefgründigen Böden. Geteilt wird sie im Oktober oder März. *E. rugosum* (H: 1 m, PA: 50 cm) wächst buschiger und hat von Juli bis September viele weiße gefüllte Blüten.

Euphorbia Wolfsmilch
Die Blüten dieser Pflanze sind von auffallenden farbigen Hochblättern umgeben. Die Stauden sind langlebig und gedeihen auch auf ärmerem Boden. Man pflanzt sie an einen sonnigen oder auch halbschattigen Standort. Vermehrt werden sie im Oktober oder April. *E. polychroma* (syn. *E. epithymoides*) bildet halbrunde Büsche mit schwefelgelben Blüten von April bis Juni (H: 40 cm, PA: 30 cm). *E. griffithii* 'Fireglow' (H: 50 cm, PA: 40 cm) schmückt sich im Mai und Juni mit orangeroten Hochblättern. Nachdem sie verwelkt sind, wächst die Pflanze als grüner Busch weiter. Bei *E. lathyris* (H: 80 cm, PA: 30 cm) wachsen aus steif aufrechten Stengeln blaugrün bereifte Blätter. Die Hochblätter sind grün; die Blüten, die im Juli und August aufgehen, haben zwei hellgelbe Drüsen. Man pflanzt die Art, um Maulwürfe und Wühlmäuse fernzuhalten. *E. myrsinites,* die Walzenwolfsmilch (H: 20 cm, PA: 25 cm), hat blaugrüne Blätter, die rund um die Triebe angeordnet sind; die Blütenstände sind gelb.

Euphorbia polychroma

Filipendula Spierstaude
Diese Pflanzen benötigen Feuchtigkeit und einen mit organischem Dünger angereicherten Boden. Man teilt sie im Frühjahr. *F. digitata* (H: 30 cm, PA: 25 cm) entwickelt rosa Blütenköpfe auf beblätterten Stengeln. Die Sorte 'Nana' hat gefiederte Blätter und tiefrosa Blüten. *F. hexapetala* 'Plena', eine Sorte mit Wildstaudencharakter (H: 40 cm, PA: 40 cm), blüht weißlich im Juni und Juli und hat fiederspaltige, dunkelgrüne Blätter. *F. palmata* (H: 1 m, PA: 40 cm) hat drei- bis fünflappige Blätter und karminrote Blüten, die in Doldenrispen angeordnet sind. *F. purpurea* (H: 90 cm, PA: 40 cm) erfreut durch wunderschöne, kirschrote Blütenköpfe im Juni und Juli. *F. rubra* (H: 1,5 m, PA: 45 cm) mit rosaroten, duftenden Blüten auf starken Trieben im Juli und August. *F. ulmaria* 'Plena' (H: 1 m, PA: 45 cm), die Weiße Scheinspiere hat gefiederte Blätter und blüht von Juni bis Juli. Die Sorte 'Aurea' besitzt auffallend weißgelbe Blätter.

Filipendula hexapetala (syn. *F. vulgaris*)

Gaillardia Kokardenblume
Dieser unermüdliche Sommerblüher hat rauhbehaarte, lanzettlich-spatelförmige Blätter und margeritenähnliche Blüten. Man schneidet die Kokardenblume Ende August oder im September nach der Blüte kräftig zurück. Alle Arten blühen von Juli bis September und erreichen eine Höhe von 50 bis 70 cm. Die Pflanzen brauchen Sonne und einen gut dränierten Boden. Vermehrt wird die Staude durch Wurzelstecklinge im Frühjahr oder durch Aussaat. Die Aussaat erfolgt im Freien im Mai oder Juni. Im Jahr darauf blühen die Pflanzen zum erstenmal. Die Mehrzahl der Sorten werden unter der botanischen Bezeichnung *G.*-Hybriden (*G.* × *grandiflora*) zusammengefaßt. Dazu zählen: 'Burgunder' mit braunroten Blüten; 'Bremen', Blüten rot mit Gelb; 'Fackelschein' mit dunkelroten Blüten und gelbem Rand; 'Kobold' mit zwergigem Wuchs (H: 20 cm), Blüten rot mit Gelb; 'Tokajer', leuchtend orangebraun.

Gaillardia-Hybriden

Gentiana Enzian
Die meisten im Sommer blühenden Enziane gedeihen gut in jedem Boden an sonnigen Standorten. Wenn die Pflanzen im Herbst oder Winter ins Freie ausgesät werden, blühen sie nach zwei Jahren. Besser ist es allerdings, Pflanzen aus einer Spezialgärtnerei in Töpfen zu beziehen. Bei *G. asclepiadea,* dem Schwalbenwurzenzian (H: 40 cm, PA: 30 cm), erscheinen tiefblaue Trichterblüten von Juli bis September. An den gebogenen Stengeln sitzen eiförmig-lanzettliche Blätter. Die Pflanze erträgt Sonne, jedoch keinen kalkhaltigen, trockenen Boden. *G. septemfida* und deren Varietät, *G. septemfida var. lagodechiana* (H: 15 cm, PA: 20 cm), entwickeln von Juli bis September zahlreiche blaue Trichterblüten an liegenden bis aufrecht wachsenden Blütenstengeln.

Geranium Storchschnabel
Diese widerstandsfähigen, dankbaren Stauden haben meist tief eingeschnittene Blätter und große, weit geöffnete Blüten. Echte *Geranium*-Pflanzen sind im allgemeinen winterhart und mehrjährig. Sie wachsen gerne in sonnigen oder halbschattigen Lagen und stellen keine besonderen Ansprüche an den Boden. Im Herbst oder zeitigen Frühjahr sind sie leicht zu teilen. Die höheren Arten werden nach der Blüte fast bis zum Boden zurückgeschnitten, damit sie ein zweites Mal blühen. Im Herbst schneidet man alle abgestorbenen Blüten bis zum Boden zurück. *G. endressii* (H: 35 cm, PA: 30 cm) trägt rosa Blüten von Juni bis August und verträgt Trockenheit. *G. macrorrhizum* (H: 25 cm, PA: 40 cm) hat wohlriechende Blätter und im Juni und Juli Rispen mit rötlichen Blüten. Als Bodendecker in sonnigen und schattigen Lagen geeignet. Geteilt wird die Staude im Oktober oder März. *G. meeboldii,* auch *G. grandiflorum* genannt (H: 30 cm, PA: 40 cm), hat im Mai und Juni schalenförmige Blüten an stark verzweigten Trieben. Bekannt ist vor allem

die Sorte 'Johnson' mit leuchtendviolettblauen Blüten mit einem purpurroten Ring am Auge. *G. platypetalum* (H: 50 cm, PA: 40 cm) mit kräftigen, brei-

Geranium platypetalum

ten Rhizomen blüht im Juli und August sehr reich leuchtend violett. *G. pratense,* Echter Storchschnabel, (H: 60 bis 70 cm, PA: 40 cm), blüht hellblau im Juni und Juli. Hiervon gibt es eine gefüllt blühende Sorte 'Plenum' mit blauen Blüten und eine gefüllte weiße Sorte 'Album Plenum'. *G. psilostemon* (H: 90 cm, PA: 50 cm) blüht kirschrot von Juni bis Juli. *G. renardii* (H: 30 cm, PA: 40 cm) hat nierenförmige, olivgrüne Blätter, die oberseits schön gezeichnet sind. Die Blüten, die sich im Juni öffnen, sind weiß und violett geädert. *G. sanguineum* (H: 30 cm, PA: 40 cm) mit leuchtendroten Blüten, die von Ende Mai bis August erscheinen. Einige Sorten unterscheiden sich durch den Wuchs und die Blütenfarbe von der Art. Bekannt sind 'Album' mit reinweißen Blüten und 'Prostratum', eine zierlich wachsende Sorte mit purpurrosa Blüten (H: 10 cm). *G. silvaticum* (H: 60 cm, PA: 40 cm), reiche Belaubung und im Mai und Juni zart lavendelblaue, scheibenförmige Blüten. Gute Sorten sind 'Mayflower' und 'Album'. Alle gedeihen in der Sonne und im Halbschatten. Man teilt die Pflanzen im Oktober oder März.

Geum Nelkenwurz
Diese Pflanzen gedeihen gut an einem sonnigen Standort. Einige sind kurzlebig, wenn sie nicht alle zwei Jahre im zeitigen Frühjahr oder im September geteilt und neu eingepflanzt werden. *G. coccineum* 'Borisii' (H: 20 cm, PA: 30 cm) hat leuchtendorangefarbene Blüten im Mai und Juni, ein reich belaubter Bodendecker. Weitere Sorten, die sich bewährt haben, sind: 'Feuermeer' mit orangeroten Blüten; 'Werner Arends' mit halbgefüllten, orangeroten Blüten. Etliche Sorten werden heute auch unter der botanischen Bezeichnung *G.-Chiloense*-Hybriden zusammengefaßt. Dabei handelt es sich um Kreuzungen aus verschiedenen Arten. Bekannte und bewährte Sorten sind: 'Dolly North' (H: 60 cm, PA: 30 cm) mit halbgefüllten, dunkelorangefarbenen Blüten auf gebogenen Stengeln von Mai bis Juli; 'Rubin' mit karminroten Blüten, sonst ähnlich 'Dolly North'. Bei

Geum

'Bernstein' (H: 50 cm, PA: 30 cm) sind die Blätter in grundständigen Rosetten angeordnet, große, goldgelbe Blüten; 'Prinzess Juliana' (H: 50 cm, PA: 30 cm), halbgefüllte Blüten in Altgold.

Gräser
Einige mehrjährige Gräser passen gut zu Rabattenpflanzen, ebenso eignen sie sich als Randbepflanzung oder zwischen Sträuchern. Leichte Teilung im Frühjahr bei Beginn des neuen Wachstums. Keine der folgenden Arten verbreitet sich selbständig oder durch Selbstaussaat. *Achnatherum calamagrostis* (syn. *Stipa calamagrostis*), H: 0,6–1 m, PA: 40 cm, aufrecht stehende cremefarbene Rispen von Juni bis September. *Avena sempervirens* 'Pendula', Blaustrahlhafer (H: 40 cm, PA: 30 cm). Das bekannte, halbhohe Steppenblaugras wuchert nicht, bildet jedoch dichte Horste. Die Blätter sind blaugrau bereift, die gelben Ähren aufrecht oder geneigt. *Bouteloua oligostachys,* Moskitogras (H: 30 cm, PA: 30 cm). Feingliedriges Präriegras aus Nordamerika mit schmalen bräunlichgrünen Blättern und waagrecht abstehenden, braunen Ähren. Für durchlässigen Boden geeignet. *Carex morrowii,* Japansegge (H: 40 cm, PA: 40 cm), grüngelbe Blütenrispen im März und April. Die gestreiften, goldfarbenen, immergrünen Blätter werden 15–25 cm lang. *Festuca glauca,* Schwingel (H: 25 cm, PA: 25–30 cm), eignet sich mit ihren blaugrauen, dichtbelaubten Rispen als Randpflanze. *Luzula silvatica* (H: 25–40 cm, PA: 30 cm) trägt im Juni und Juli grüne Blütenrispen. Dieses immergrüne Gras gedeiht auch im Schatten. *Miscanthus sinensis* 'Variegatus', Weißbuntes Chinaschilf (H: 90 cm, PA: 50 cm), hat aufrecht wachsende, silberweiß gestreifte, grüne Blätter und bildet keine Blütenstände. Die Sorte 'Gracillimus' hat schmalere, überhängende Blätter. *Pennisetum compressum,* Australisches Lampenputzergras (H: 40–70 cm, PA: 35 cm), schmale, graugrüne Blätter, walzenförmige, graurotbraune Ähren von Juli bis September. Die Sorte 'Hameln' wirkt insgesamt zierlicher und kleiner. Sie blüht früher und reicher. *P. japonicum,* Japanisches Lampenputzergras (H: 50 bis 80 cm, PA: 50 cm), die Blätter hängen etwas über, die Ähren haben eine weiße Spitze. *Phalaris arundinacea* 'Tricolor' (H: 0,6–1 m, PA: 40 cm), gestreifte Blätter. Um zu vermeiden, daß sie sich zu sehr verbreiten, teilt man sie im März oder April. *Stipa gigantea,* Riesenfedergras (H: 1,8 m, PA: 50 cm), mit hübschen, purpurfarbenen Rispen von Juni bis September; dunkle, immergrüne Belaubung. Siehe auch *Cortaderia.*

Gypsophila Schleierkraut
Ein- und mehrjährige Pflanzen mit zahlreichen winzigen Blüten, die auf schlanken, verzweigten Blütenständen

Gypsophila paniculata

sitzen. Ältere Pflanzen bilden tiefreichende, fleischige Wurzeln aus. Man wählt einen Standort, an dem die Pflanze jahrelang ungestört gedeihen kann. *G. paniculata* (H: 1 m, PA: 60 cm) hat zahlreiche einfache weiße Blüten, die von Juni bis September erscheinen. Vermehrt wird sie durch Aussaat. Die Art 'Bristol Fairy' hat gefüllte weiße Blüten, während die gefüllten Blüten von 'Compacta Plena' weißrosa sind. *G. repens,* das Teppichschleierkraut, bildet lineal-lanzettliche, dunkelgrüne Blätter mit weißen Blütenrispen. Diese rasenbildende Art bleibt verhältnismäßig klein. Die Pflanzen werden nur ungefähr 10 cm hoch und blühen im Mai und Juni. Bekannte Sorten sind: 'Rosa Schönheit' (H: 15 cm), 'Rosea', zartrosa (H: 10 cm) und 'Rosenschleier' mit gefüllten rosa Blüten (H: 30 cm).

Helenium Sonnenbraut
Eine langlebige Staude mit prächtigen, margeritenähnlichen Körbchenblüten

von Juni bis September. Die Sonnenbraut läßt sich im April leicht teilen. Man kann sie in jeden normalen Gartenboden an einen sonnigen Standort

Helenium 'Moerheim Beauty'

setzen. Die 4–5 cm breiten Blütenblätter schlagen sich bei heißem Wetter oder vor dem Verwelken nach unten um. Ältere Pflanzen sollten verpflanzt werden. Die höheren Arten sind weniger attraktiv und verlieren häufig die Blätter, noch ehe sie verwelkt sind.

Empfehlenswerte Sorten der *H.*-Hybriden sind: 'Baudirektor Linné' (H: 1 m, PA: 40 cm), rote Zungenblüten, braune Scheibenblüten; 'Blütentisch' (H: 90 cm, PA: 40 cm), goldgelb mit samtbrauner Mitte; 'Goldene Jugend' (H: 80 cm, PA: 30 cm), goldgelb; 'Goldlackzwerg' (H: 80 cm, PA: 30 cm), braunrote Blüten mit gelbem Rand; 'Helena' (H: 1,3 m, PA: 45 cm), hellgelbe Blüten, reich blühend; 'Kanaria' (H: 1,1 m, PA: 40 cm), goldgelbe Blüten mit hellerer Mitte; 'Königstiger' (H: 1,8 m, PA: 45 cm); die goldgelbe Blütenmitte verläuft nach außen strahlenförmig, breiter, rotbrauner Blütenrand; 'Septemberfuchs' (H: 1,2 m, PA: 40 cm) mit hellbraunen Blüten; 'The Bishop' (H: 60 cm, PA: 30 cm), große Blüten, gelbe Zungenblüten, braune Scheibenblüten; 'Waldhorn' (H: 1 m, PA: 40 cm), samtbraune Blüten; 'Waltraut' (H: 90 cm, PA: 40 cm), goldbraune große Blüten; 'Moerheim Beauty' (H: 80 cm, PA: 45 cm), blaßrote Blüten; 'Zimbelstern' (H: 1,3 m, PA: 45 cm) mit braun geflammten Blüten.

Helianthus Sonnenblume

Die mehrjährigen Arten mit ihrem weitverzweigten Wurzelwerk sollten nur dann verwendet werden, wenn sie sich ungehindert ausbreiten können. Man pflanzt sie in guten Gartenboden und teilt sie im Frühjahr.

Die folgenden Arten und Sorten entwickeln sich zu kräftigen Büschen mit gelben Blüten: *H. atrorubens (*syn. *H. sparsifolius)* wird 1,8 m hoch, der Pflanzabstand beträgt 50 cm. Die Blätter sind lanzettlich bis eiförmig und rauh behaart, die Blüten goldgelb.

Die Blätter von *H. decapetalus* 'Capenock Star' (H: 1,2 m, PA: 40 cm) sind an der Oberseite fast kahl und an der Unterseite rauh, die Blüten groß, einfach, zitronengelb; eine reichblühende Staude.

H. salicifolius (H: 2,5 m, PA: 60 cm)

Helianthus decapetalus

hat weidenblattartige Blätter, die Blüten sind gelb. Während die beiden ersten Arten im August und September blühen, entfaltet *H. salicifolius* seine Blüten erst im September und Oktober.

Heliopsis Sonnenauge

Alle Sorten gedeihen am besten an sonnigen Standorten in normalem Gartenboden. Sie blühen verhältnismäßig lange von Ende Juni bis September. Geteilt wird die Staude im März. *H. scabra (H. helianthoides var. scabra)* ist die am meisten verwendete Varietät. Es gibt von ihr eine ganze Reihe vorzüglicher Sorten. Dazu zählen 'Goldgefieder' (H: 1,2 m, PA: 45 cm) mit großen stark gefüllten, goldgelben Blüten; 'Karat' (H: 1,3 m, PA: 45 cm), mit großen, einfachen, goldgelben Blüten; 'Mars' (H: 1,5 m, PA: 50 cm) hat eiförmig-lanzettliche Blätter und große, einfa-

Heliopsis scabra

che, gelborangefarbene Blüten; 'Sonnenschild' (H: 1,4 m, PA: 45 cm) bringt goldgelbe, großblumige, gefüllte Blüten hervor; 'Spitzentänzerin' (H: 1,2 m, PA: 45 cm) besitzt orangegelbe, feinstrahlige, halbgefüllte Blüten.

Helleborus Christrose, Schneerose, Nieswurz

H. atrorubens (H: 30–45 cm, PA: 45 cm) schmückt sich mit pupurrosa Blüten von Februar bis April. Die Staude wächst langsam und sät sich nicht selbst aus. *H. corsicus* (H: 40–50 cm, PA: 45 cm) zeigt nickende, glockige Blüten im März und April. Die Staude ist leicht zu kultivieren, braucht jedoch Schatten. Vermehrt wird diese Art

Helleborus niger

durch Aussaat oder durch Teilung im Herbst. *H. foetidus* (H: 30–50 cm, PA: 40 cm) hat kleine hängende Glöckchen an verzweigten Stengeln von Februar bis April, schönes, frischgrünes Laub. Gepflanzt wird die Art im Oktober oder März. Man kann sie nur durch Aussaat der gereiften Samen vermehren. *H. niger,* die Christrose (H: 20 cm, PA: 45 cm), blüht im allgemeinen von Januar bis März. Sie braucht Schatten und einen guten, nährstoffreichen Boden. Für eine Rabattenbepflanzung eignet sie sich nicht, doch kann man sie im Schatten von Sträuchern oder einer Mauer pflanzen. Nach der Blüte mulcht man mit Torf. Man vermehrt die Pflanze durch Aussaat oder durch Teilung.

Hemerocallis Taglilie

Diese schönen, lilienähnlichen Pflanzen gewinnen immer mehr an Beliebtheit, seitdem die ursprünglich gelben und orangefarbenen Sorten durch weitere Farbtöne ergänzt wurden. In jedem guten Boden und möglichst an einem sonnigen Standort sind sie leicht aufzuziehen. Taglilien teilt man im Oktober oder März. Jede Blüte hält nur einen Tag, aber viele öffnen sich nacheinander, so daß Taglilien von Juni bis Ende August lange unablässig blühen. Zu den bekannten Sorten der *H.*-Hybriden gehören: 'Athlone', goldgelb, bräunlich getönt, innen rosig orangebraun mit goldgelbem Mittelstrich; 'Atlas' (H: 1 m), hellgelbe, riesige Blüten mit leicht gewelltem Rand; 'Bess Ross' (H: 70 cm), leuchtend rot; 'Black Prince', dunkelrotbraun mit gelber Mitte; 'Bonanza', gelb mit braunem Schlund, reich blühend; 'Buzz Bomb', leuchtend braunrot; 'Crimson Glory', karminrot, reich blühend, eine der besten rotblühenden Sorten; 'Golden Scepter', tief goldgelb in Orange übergehend; 'Jake Russell', große, leuchtendgoldgelbe Blüten; 'Lady Inra', rein rosa, rundliche Blüten; 'Luxury Lace', lavendelrosa mit grünem Schlund, am Rand gekraust; 'Nashville', goldgelb, im Schlund rot, hellrot gezeichnet; 'Pink Damast', rosa; 'Revolute', hellgrüngelb, großblumig

Hemerocallis

und gewellt; 'Sammy Russell', ziegelrot mit orangefarbenem Schlund; 'Shooting Star', sehr große zitronengelbe Blüten; 'White Jade', cremeweiße, leicht rosa überhaucht mit gelbem Schlund.

Heuchera Purpurglöckchen
Die langlebige Pflanze trägt von Juni bis August kleine Glöckchenblüten an dünnen Stielen in vielen Farben. Die Blätter sind immergrün. Die Pflanzen brauchen einen sonnigen bis halbschattigen Platz und einen leichten bis mittelschweren Boden. Die Pflanzen sollte man nach drei oder vier Jahren ausgraben, teilen und tiefer pflanzen. Die Sämlinge entwickeln sich langsam und bringen nur gemischte Farbtöne. Einige gute Sorten der *H.*-Hybriden sind: 'Feuerregen', feuerrot; 'Gracillima', rosa Blüten mit feinverzweigten Rispen; 'Rakete', leuchtend zinnoberrot, spät blühend; 'Red Spangels', scharlachrot, schöne gedrungene Rispen; 'Scintillation', leuchtend rosa, korallenrot ge-

Heuchera-Hybriden

tupft; 'Silberregen', rein weiß; 'Weserlachs', lachsrosa, sehr standfest; 'Splendens', leuchtend karminrot, elegante Rispen. Alle diese Sorten werden 50–70 cm hoch, der Pflanzabstand beträgt 40 cm.

× *Heucherella*
Die Pflanze ist eine Kreuzung zwischen *Heuchera* und *Tiarella* und hat winzige, in Trauben angeordnete Glockenblüten. Man pflanzt sie an einen sonnigen oder halbschattigen Standort. Die Staude läßt sich im August und September oder im Februar und März leicht teilen. × *H. tiarelloides* (H: 30 cm, PA: 40 cm), kurze Rispen mit leuchtendrosa Blüten von Juni bis August; guter Bodendecker mit goldgrünen Blättern. Die Sorte 'Bridget Bloom' (H: 45 cm, PA: 30 cm) bildet über schön gezeichneten Blättern Rispen mit tiefrosa Blü-

× *Heucherella* 'Bridget Bloom'

ten und weißer Mitte von Ende Mai an. Die Sorte blüht oft ein zweites Mal im Herbst, wenn in gut durchlässigen, nicht zu trockenen Boden gepflanzt wurde.

Hosta Funkie
Diese langlebigen Stauden sind wegen ihrer schönen, häufig gestreiften oder gefleckten Blätter sowie wegen ihrer Glockenblüten sehr beliebt. Obgleich sie in jedem normalen Boden gedeihen, entwickeln sie sich am besten in feuchtem, nährstoffreichem Boden. Die Pflanzen brauchen ein wenig Schatten. Ein schwerer Boden hält die Feuchtigkeit länger. Pflanzen mit gefleckten Blättern können an trockenen oder sonnigen Standorten Schaden nehmen. Ehe die Pflanzen groß werden, teilt man sie im Frühjahr oder im Herbst mit zwei Gabeln oder mit einem scharfen Spaten. *H. crispula* (H: 75 cm, PA: 50 cm) blüht im Juli und August. Die malvenfarbigen Blätter haben einen gewellten, leicht weißen Rand. *H. fortunei* (H: 75 cm, PA: 50 cm) bringt von Juni bis August lavendelviolette Blüten hervor. Die großen Blätter sind graugrün. *H. fortunei* 'Aurea' ist ähnlich, hat jedoch buntgezeichnete Blätter im Frühjahr. *H. lancifolia* (H: 50 cm, PA: 40 cm), violette Blüten im Juli und August; tiefgrüne schmallanzettliche Blätter. *H. plantaginea* (H: 60–80 cm, PA: 45 cm), hellgrüne glänzende, breite Blätter und Rispen mit wohlriechenden weißen Blüten im August und September. *H. sieboldiana* (H: 60 cm, PA: 40 cm) mit fast weißen Blüten im August; die Blätter sind meergrün bereift. *H. sieboldiana* 'Elegans' (H: 80 cm, PA: 60 cm), eine Sorte mit riesigen, blaubereiften Blättern und blaßvioletten Blüten im Juli. *H. undulata* 'Univittata' (H: 45 cm, PA: 45 cm), malvenfarbene Blüten im Juli und August; kleinere gelbgestreifte Blätter mit gewellten Rändern. Die Sorte 'Erromena' gleicht der zuvor erwähnten. *H. ventricosa* (H: 90 cm, PA: 50 cm) hat kräftige Rispen mit lavendelfarbenen Blüten von Juli bis September; große grüne Blätter. Die

Hosta lancifolia

Sorte 'Minor' zeigt schöne violettfarbene Glockenblüten mit heller Zeichnung; die Blätter sind klein, herzförmig und gewellt.

Hypericum Johanniskraut
H. calycinum (H: 40 cm, PA: 30 cm) entwickelt von Juni bis September schöne große gelbe Blüten. Die dunkelgrünen Blätter sind ein guter Bodendecker. Das Johanniskraut gedeiht im Schatten und in der Sonne in jedem Bo-

den und verträgt auch einen trockenen Standort. Geteilt wird die Staude im Frühjahr.

Incarvillea Freilandgloxinie
Die großen Trichterblüten dieser anspruchslosen Pflanze erscheinen vor den Blättern. Man pflanzt die Staude an offene Standorte mit gutem Wasserabzug. In der Regel vermehrt man die Pflanze durch Samen, doch sie blüht erst nach zwei Jahren. Man kann sie

Incarvillea delavayi

auch im Herbst teilen, aber dies ist sehr schwierig. Die folgenden Arten sind empfehlenswert: *I. delavayi* (H: 60 cm, PA: 40 cm) mit rosaroten Blüten im Juni bis Juli und dunkelgrün gefiederten Blättern; *I. grandiflora* (H: 25 cm, PA: 30 cm), große, tiefrosa Blüten im Mai. *I. compacta* 'Bess Pink' (H: 15 cm, PA: 30 cm), zartrosa Blüten im Juni und Juli.

Inula Alant
Eine buschige, reichblühende Pflanze mit großen gelben Blüten, die keine besondere Pflege braucht. Vermehrt wird der Alant durch Aussaat oder durch Teilung im Oktober oder März. *I. barbata* (H: 45 cm, PA: 45 cm) hat 5 cm breite, goldgelbe Blüten von Juni bis September; dichte, niedrige Buschform, rasche Ausbreitung. *I. ensifolia* 'Compacta' (H: 20 cm, PA: 20 cm), tiefgelbe Blüten von Juni bis September; buschi-

Inula orientalis

ges Wachstum. *I. orientalis* (H: 50 cm, PA: 40 cm) mit goldgelben, sehr großen Blüten im Juni und Juli; aufrechter Wuchs. *I. magnifica* (H: 1,5 m, PA: 50 cm) bringt von Juli bis September verzweigte, gelbe Blütenstände hervor; sehr große Blätter.

Iris Schwertlilie
I. foetidissima (H: 50–70 cm, PA: 30 cm), meist schmutziglila Blüten im April. Die Samenstände öffnen sich im Herbst so, daß die orangefarbenen Beeren wie Perlen aufgereiht lange zu sehen sind. Die dunklen, immergrünen Blätter werden bis zu 55 cm lang. Die Art gedeiht gut an halbschattigen, trokkenen Standorten, verträgt aber auch etwas Sonne. Die Pflanzen lassen sich jederzeit leicht teilen. *I. germanica* ist die ursprüngliche Art der heute weit verbreiteten Bartiris. Man unterscheidet im wesentlichen drei Gruppen, die Hohe Bartiris (*Barbata-Elatior*-Gruppe), die Mittelhohe Bartiris (*B.-Media*-Gruppe) und die Niedere Bartiris (*B.-Nana*-Gruppe). Von allen diesen Gruppen gibt es unzählige Sorten. Jedes Jahr entstehen viele neue. Sie unterscheiden sich in der Höhe, Blütezeit und vor allen Dingen im prächtigen Farbenspiel der Blüten voneinander. *I. ochroleuca* (H: 0,9–1,8 m, PA: 40 cm) mit tiefgelben Blüten im Juni und Juli und straff aufrecht stehenden Blättern. Die Art gedeiht gut in mäßiger Sonne. Geteilt wird sie im September oder Oktober. *I. pseudacorus* (H: 90 cm, PA: 40 cm) blüht gelb im Juni, schwertförmige Blätter. Die Pflanzen brauchen viel Feuchtigkeit, gedeihen jedoch auch im Wasser bis in einer Tiefe von 5 cm. Daher auch der deutsche Name Sumpfschwertlilie. Gepflanzt oder geteilt wird diese Iris im September oder Oktober.

Kirengeshoma Wachsglocke
K. palmata (H: 80 cm, PA: 50 cm), eine anmutige, sehr seltene Pflanze mit hellgrünen herzförmigen Blättern und dikken, wachsartigen Glocken, die im September und Oktober an gebogenen Trieben hängen. Obgleich die Staude winterhart ist, wird der Austrieb mitunter von späten Frühjahrsfrösten geschädigt.

Kniphofia Fackellilie
Die Fackellilie mit ihren leuchtenden Blütenkolben und ihren saftiggrünen Blättern erfreut sich großer Beliebtheit. Ihre Blütezeit fällt bei uns meist in die Zeit von Juni bis September. Die

Kniphofia galpinii

Blüten können alle Töne von Weiß und Gelb bis Flammendorange annehmen. Die Höhe schwankt zwischen 60 cm und 1 m; der Pflanzabstand beträgt 40–50 cm. Alle Arten und Sorten lieben direkte Sonne und gut durchlässigen Boden. Gepflanzt wird im September oder Anfang Oktober. Man kann auch bis zum neuen Austrieb im April damit warten. Alte Pflanzen teilt man im April. Die Pflanze läßt sich auch durch Aussaat vermehren. Man sät im Mai oder Juni Reihen ins Freiland. Aus Samen gezogene Pflanzen unterscheiden sich in der Höhe und der Farbe meist von den Mutterpflanzen. In rauhen Gebieten bindet man die Blätter als Winterschutz in der Mitte zusammen. Im übrigen mulcht man die Pflanzen. *K. galpinii* (H: 60 cm, PA: 40 cm), eine zierliche Art mit schmalen, wenigen Blättern und orangegelben Blütenkolben im September und Oktober. Zahlreiche Sorten werden unter der allgemeinen botanischen Bezeichnung *K.*-Hybriden zusammengefaßt. Bekannt sind z. B. 'Bronzeleuchter' (H: 60 cm, PA: 50 cm), hellbronzefarbene Blüten mit rötlichgelbem Schimmer. Die Blüten sind kerzenartig an sehr grazilen Blütenschäften angeordnet, die Blätter sind zierlich, schmal und frosthart; 'Express' (H: 90 cm, PA: 50 cm), hell- bis dunkelorange, frühblühend und frosthart; 'Fyrverkeri' (H: 1,4 m, PA: 50 cm), leuchtend orangerot; 'Luna' (H: 1,5 m, PA: 60 cm), leuchtendgelbe Blüten an 30 cm langen Kolben, die an der äußersten Spitze in Orange übergehen; breite, dunkelgrüne Blätter; 'Maid of Orleans' (H: 1 m, PA: 50 cm), zartcremefarbig; 'Mars' (H: 1,2 m, PA: 50 cm), blaugrüne Blätter, die in einer Rosette auf dem Boden aufliegen, orangegelbe und rote Blüten an mächtigen, bis 40 cm langen, keulenartigen Kolben; 'Roßdorfer Auslese' (H: 50–80 cm, PA: 40 cm), lange weißlichgelbe, gelbe bis rote Blütenkolben, die sehr widerstandsfähig sind, gute Schnittblume; 'Royal Standard' (H: 1 m, PA: 50 cm), schwefelgelb und rot, hervorragende Schnittsorte; 'Safranvogel' (H: 90 cm, PA: 40 cm), lachsrosa; 'Saturn' (H: 1 m, PA: 50 cm), dunkelorangerote Blütenkolben, früh und lang blühend, kräftige, breite Blätter; *K. uvaria* 'Grandiflora' (H: 1,2 m, PA: 50 cm). Die Blütenkolben sind sehr dicht mit gelben, in Rot übergehenden Blüten besetzt.

Liatris spicata

Lamium Taubnessel
L. galeobdolon (syn. *Galeobdolon luteum*), H: 30 cm, PA: 40 cm, gelbe Blüten im Mai und Juni; die Blätter sind gefleckt. *L. galeobdolon* 'Florentinum' blüht ebenfalls gelb, hat jedoch stark silbriggefleckte Blätter. Die Blätter der Sorte 'Silberteppich' sind silbrig und grün geädert. *L. maculatum* 'Argenteum' (H: 20 cm, PA: 40 cm), rötliche Blüten im April und Mai; hellgrüne, silbriggefleckte Belaubung. Vermehrung durch unterirdische Ausläufer. Eine dekorative Taubnessel für schattige Standorte. Gepflanzt wird die Staude im Herbst, geteilt im Oktober. Rückschnitt im August oder September, um wuchernden Wuchs zu vermeiden. *L. maculatum* 'Roseum' (H: 20 cm, PA: 40 cm) blüht rosa im April und Mai. Die silbriggestreiften Blätter breiten sich rasch aus. Pflanzung und Teilung wie bei *L. galeobdolon*.

Lathyrus Wicke
L. vernus (H: 30 cm, PA: 40 cm), eine niedrige, buschige Pflanze, blüht von Juli bis September in verschiedenen Farben von Blaßrosa bis Hellviolett, in Blau und Weiß. Obgleich die Pflanze winterhart ist, kann ein junger Austrieb durch späte Frühjahrsfröste angegriffen werden.

Liatris Prachtscharte
Die buschig wachsenden Pflanzen bringen dichte, ährentraubige Blütenstände und grasähnliche Blätter hervor. Sie sind als Schnittblumen beliebt und blühen von oben nach unten an der Ähre auf. Prachtscharten gedeihen gut an einem sonnigen Standort. Geteilt werden sie im März. *L. spicata* (H: 80 cm, PA: 30 cm). Von Juli bis Oktober kann man kräftigviolette, dicht angeordnete Blüten sehen. Die Sorte 'Kobold' (H: 40 cm, PA: 30 cm) ist kompakter.

Ligularia Kreuzkraut
Die meisten Arten dieser reizvollen Stauden gedeihen am besten in der Nähe des Wassers. Alle entwickeln sich zu großen Pflanzen, die im März geteilt werden können. *L. dentata* (syn. *L. clivorum*) wird 90 cm hoch; der Pflanzabstand beträgt 60 cm. Die Art hat verzweigte Blütenstände mit gelben Blüten, die sich im August und September öffnen, und kräftige runde Blätter. Die Sorte 'Desdemona' (H: 1,2 m, PA: 60 cm) hat schöne, rotbraune Blätter und im Juli und August Ähren mit orangefarbenen Blüten. *L. × hessei* (H: 1,5 m, PA: 60 cm) entwickelt im August und September tiefgelbe Blüten. *L. przewalskii* (H: 1 m, PA: 50 cm) zeigt im Juli viele kleine, gelbe Blüten an schmalen Blütenständen; fingerförmig geteilte Blätter und dunkle Stengel. *L. wilsoniana* (H: 1,5 m, PA: 50 cm) bringt gelbe Blütenstände hervor.

Ligularia

Limonium Strandflieder
Diese Stauden mit ovalen, derben Blättern haben gabelig verzweigte Blütenstände. Die Pflanzen brauchen einen sonnigen Standort und gedeihen in normalem Boden. Die Aufzucht aus Samen ist möglich. *L. latifolium* (H: 60 cm, PA: 50 cm), eine tief wurzelnde Art, hat dunkelgrüne Blätter und im Juli und August winzige, lavendelblaue Blüten an steifen, verzweigten Rispen. *L. tataricum* (H: 30 cm, PA: 30 cm), weiße Blütenschirme von Juli bis September, graugrüne Blätter. Die Art ist besonders für Trockensträuße geeignet.

Limonium latifolium

Linum Lein, Flachs
Diese Pflanzen mit langer Blütezeit bevorzugen einen sonnigen Standort und guten Wasserabzug. Sie werden im Oktober oder März gepflanzt oder im Frühjahr unter Glas ausgesät. *L. narbonense* (H: 45 cm, PA: 40 cm), die schönste blaue Art, bringt von Juni bis September leuchtende Blüten hervor. Die Sorte 'Heavenly Blue' (H: 40 cm, PA: 35 cm) hat große, himmelblaue Blüten und nadelförmige, lanzettliche Blätter. *L. flavum* 'Compactum', der Goldflachs (H: 20 cm, PA: 25 cm), blüht gelb und besitzt länglichspatelige, derbe, tiefgrüne Blätter. Die Sorte 'Goldzwerg' (H: 10 cm, PA: 20 cm) bringt von Juni bis August goldgelbe, sehr große Blüten über dicht geschlossenen Blütenpolstern hervor, die Blätter sind blaugrün. *L. altaicum* (H: 15 cm, PA: 20 cm) mit großen hellblauen Blüten und lanzettlichen hellgrünen Blättern.

Linum

Lupinus Lupine
Diese beliebte Beetpflanze blüht schon im Jahr der Aussaat – vorausgesetzt, man hat Ende Februar oder Anfang März unter Glas ausgesät und die Pflanzen im Mai ausgepflanzt. Man kann Lupinen aber auch ins Freie im Mai oder Juni aussäen. Sie blühen dann aber erst im Jahr darauf. Es empfiehlt sich, das Saatgut immer zu kaufen, da Pflanzen aus selbstgezogenen Samen keine so leuchtenden Blütenstände entwickeln. Lupinen halten sich im allgemeinen nur zwei oder drei Jahre, besonders auf kalkhaltigen Böden. Sie vertragen keinen Stallmist. Alle Sorten der *L.-Polyphyllus*-Hybriden blühen im Juni und Juli. Wenn die verblühten Triebe rechtzeitig entfernt werden, kann es im selben Jahr noch zu einer zweiten Blüte kommen. Im Herbst schneidet man die Triebe bis zum Boden ab, um zu vermeiden, daß sich die Lupinen selbst aussäen. Alte Pflanzen

Lupinus-Hybriden

werden im März geteilt. Neueinpflanzung tief und fest vornehmen. Mitunter verursachen Viruskrankheiten Flecken auf den Blättern. Gute Sorten (H: 70–90 cm, PA: 45 cm) sind: 'Edelknabe', karminrote Farbtöne; 'Fräulein', cremeweiß bis weiß; 'Kastellan', blaue Farbtöne mit weißer Fahne; 'Kronleuchter', gelbe Farbtöne; 'Mein Schloß', ziegelrote Farbtöne; 'Schloßfrau', rosa Farbtöne mit weißer Fahne.

Lychnis Lichtnelke
Die Arten der Lichtnelke brauchen alle einen sonnigen Standort und normale

Lychnis chalcedonica

Gartenerde. Vermehrt wird sie durch Aussaat oder durch Teilung im Frühjahr. *L. chalcedonica,* die Brennende Liebe (H: 90 cm, PA: 40 cm), ist eine kompakte Pflanze mit hübschen scharlachroten Blüten an blättrigen Stengeln im Juni und Juli. *L. coronaria* (H: 60 cm, PA: 40 cm) hat verzweigte Stengel und von Juni bis August leuchtendrosa oder karminrote Blüten mit offenen Blütenblättern mit zarter, silbergrauer Belaubung. *L. viscaria* 'Plena' (H: 30 cm, PA: 30 cm), gefüllte, karminrosa Blüten im Juni und Juli; dunkelgrüne, schmale Blätter.

Lysimachia Felberich
Für feuchten Boden an sonnigem oder halbschattigem Standort geeignet. Man teilt die Pflanzen im Herbst oder Frühjahr. *L. clethroides* (H: 80 cm, PA: 40 cm) bildet von Juli bis September überhängende, endständige Rispen mit weißen Blüten an kräftigen Stengeln mit dunklen Blättern. *L. nummularia,* ein vorzüglicher Bodendecker, sendet kriechende Triebe mit lebhaften, gelben Blüten im Sommer aus; *L. punctata* (H:

Lysimachia punctata

80 cm, PA: 50 cm), große Blütenstände mit zahlreichen gelben Blüten von Juni bis August. Diese Art breitet sich auf feuchten Böden stark aus.

Lythrum Weiderich
Die anspruchslosen, lange blühenden Pflanzen eignen sich für feuchte Böden, können sich aber auch an trockene anpassen. Alle Weidericharten haben einen festen, holzigen Wurzelstock. Von Juli bis September erfreuen sie durch ihre leuchtenden Blüten. Alte Pflanzen können im Oktober oder April geteilt werden. *L. salicaria* 'Feuerkerze' (H: 1,2 m, PA: 45 cm), rosarote Blütenrispen, sehr lange Blühdauer, buschiger Wuchs; 'Rakete' (H: 1,5 m, PA: 45 cm), tiefrosenrote Blütenrispen; 'Robert' (H: 80 cm, PA: 40 cm), lachskarminrote Blütenrispen. Die Sorten von *L. virgatum* haben feinere Ähren; z. B. 'Rose Queen' (H: 60 cm, PA: 40 cm), die hellrosa blüht.

Lythrum virgatum 'Rose Queen'

Macleaya Federmohn
Diese Pflanzen bevorzugen die Sonne oder den Halbschatten. Sie wirken besonders dekorativ zwischen hohen Sträuchern. Vermehrt werden sie durch Stecklinge im Sommer. Die Pflanzen wachsen aus fleischigen Wurzeln, die sich beträchtlich ausbreiten. Soll sich der Federmohn in bestimmten Grenzen halten, steckt man in der gewünschten Ausdehnung um die Pflanzen einen Streifen Dachpappe senkrecht in die Erde. *M. cordata* (syn. *Bocconia cordata),*

Macleaya cordata

H: 2 m, PA: 45 cm, hat kleine, jedoch attraktive elfenbeinweiße Röhrenblüten an kräftigen Rispen von Juli bis September; große blaugrüne Blätter. Eine besonders schöne Sorte ist 'Korallenfeder' mit korallenrosafarbenen federartigen Blütenständen.

Malva Malve
Die Malve ist ein Dauerblüher, dessen rosa bis rote oder weiße Blüten sich von Juni bis September öffnen. Die Blüten von *M. moschata* (Moschusmalve) duften leicht nach Moschus. Die Pflanze hat einen aufrechten, verzweigten Wuchs; ihre unteren Blätter sind kreisrund. Die Art ist für sonnige Lagen geeignet. Die Sorte 'Alba' blüht weiß.

Meconopsis Scheinmohn
Die mehrjährigen Arten bevorzugen einen absonnigen, jedoch nicht trockenen Standort und torf- oder reichlich humushaltigen Boden. Man vermehrt den Scheinmohn durch Aussaat, überwintert ihn im Freien und pikiert ihn im März. Danach kultiviert man ihn in Töpfen, bis er im folgenden Jahr blüht. *M. betonicifolia* (H: 90 cm, PA: 30 cm) entfaltet im Juni und Juli große himmelblaue Blüten an aufrechten Stengeln. Die Blätter sind bräunlich behaart. Diese Art ist schwierig zu kultivieren. *M. cambrica* (H: 30 cm, PA: 25 cm) mit fiederschnittigen Blättern blüht gelb und wächst leichter.

Mertensia Blauglöckchen
Die meisten dieser Pflanzen gedeihen gut in halbschattigen Lagen in frischem, humosem Boden. Vermehrt wird die Staude im Herbst durch Aussaat oder Teilung. *M. primuloides* (H: 15 cm, PA: 20 cm) mit enzianblauen Blüten, die von Mai bis Juli in dichten Trauben stehen. *M. virginica* (H: 40 cm, PA: 30 cm) entwickelt im April und Mai blaue Blüten mit purpurvioletten Röhren.

Mertensia virginica

Mimulus Gauklerblume
Reichblühende Staude mit eigenartig geformten und gefärbten Lippenblüten, die sich besonders für Teich- und Uferränder eignet. Es gibt zahlreiche Arten und Sorten. Am meisten verwendet werden die Hybriden. Viele davon sind allerdings frostempfindlich.

Monarda Indianernessel
Die Blätter dieser attraktiven Pflanzen duften aromatisch. Die Blütezeit erstreckt sich von Juni bis September, die Höhe reicht von 60 cm bis 1,3 m. Nach einigen Jahren sollte man diese Stauden teilen und umpflanzen, damit sie wuchsfreudig bleiben und sich die Blütenstände kräftig entwickeln. Verpflanzt wird die Indianernessel im April. Die folgenden Sorten der *M.*-Hybriden sind empfehlenswert: 'Adam', karminrot; 'Croftway Pink', leuchtend rosa; 'Präriebrand', lachsrot; 'Prärienacht', dunkellila; 'Schneewittchen', weiß.

Monarda 'Croftway Pink'

Morina Kardendistel
Diese Pflanzen gedeihen am besten in direkter Sonne in gut wasserdurchlässigem Boden. Man pflanzt sie im Frühjahr. Vermehrt werden sie durch Aussaat unter Glas im Frühjahr. *M. longifolia* (H: 60 cm, PA: 30 cm), Blütenstände mit rosalippigen Blüten von Juli bis September; halbimmergrüne Rosetten mit langen, glänzenden, distelartigen Blättern.

Nepeta Katzenminze
Diese duftende Staude mit graugrünen Blättern kann an sonnigen oder halbschattigen Standorten gepflanzt werden. Im Juli blühen unzählige blaue Blüten auf. Vermehrt wird die Katzenminze durch Stecklinge oder durch Teilung im März. *N.* × *faassenii,* die Blauminze, wird 25 cm hoch; der Pflanzabstand beträgt 30 cm. Die Blüten stehen in Quirlen und öffnen sich von Juli bis September. Die Staude eignet sich für Beete, Rabatten und für den Steingarten. Die Sorte 'Blauknirps' ist eine kugelige Zwergform.

Nepeta 'Six Hills Giant'

Oenothera Nachtkerze
Diese Stauden sind für sonnige Standorte geeignet. Je nach der Art und der Sorte sind die Triebe aufrecht oder niederliegend und tragen schöne Schalenblüten. *O. missouriensis* (H: 15 cm, PA: 25 cm), eine niederliegende Art mit 20–30 cm langen Trieben und hellgelben, großen Blüten von Juli bis September. *O. tetragona* 'Fyrverkeri' (H: 40–60 cm, PA: 40 cm), dunkelrote Blütenknospen, goldgelbe Blütendolden von Juni bis August, lanzettliche Blätter; 'Hohes Licht' (H: 60 cm, PA: 40 cm) ist eine besonders reichblühende Sorte mit leuchtendgelben Blüten.

Oenothera-Hybriden

Omphalodes Gedenkmein
Langlebige Pflanze für den Schatten oder Halbschatten an nicht zu trockenen Standorten. Die Staude wird im September oder Oktober geteilt. *O. cappadocica* (H: 20 cm, PA: 25 cm) hat vergißmeinnichtähnliche Blüten im April und Mai. Die graugrünen, lanzettlichen, seidig behaarten Blätter bilden dichte Teppiche. Daher ist Gedenkmein ein guter Bodendecker.

Origanum Dost
O. laevigatum (H: 40 cm, PA: 30 cm) mit blaubereiften, schmalen Blättern. Von August bis Oktober entwickeln sich zierliche Rispen mit winzigen purpurfarbenen Blüten. Der Dost gedeiht am besten an einem sonnigen Standort und wird im März geteilt.

Pachysandra Ysander
Eine der schönsten immergrünen, schattenliebenden Pflanzen, die auch unter Bäumen vorankommt. Sie gedeiht in jedem Boden. Gepflanzt oder geteilt wird sie im September, Oktober oder März. *P. terminalis* (H: 15 bis 20 cm, PA: 25–30 cm) hat unscheinbare Blüten und glänzende Blätter; eine immergrüne, niedrig wachsende Pflanze mit kriechenden Trieben, die sich am Anfang langsam entwickelt. Die Sorte 'Variegata' hat auf den Blättern hellgelbe Flecken.

Paeonia Pfingstrose
Pfingstrosen brauchen einen nährstoffreichen, tiefgründigen Boden. Sie sollten viele Jahre ungestört wachsen. Man pflanzt sie an einen offenen Standort im Abstand von mindestens 60 cm vorzugsweise im September oder Oktober. Wenn Pfingstrosen zu tief gepflanzt werden, blühen sie wenig oder überhaupt nicht. Man düngt sie im Herbst oder Frühjahr mit organischen Düngemitteln. Die Teilung erfordert Geschicklichkeit und Geduld. Man nimmt ein kräftiges, scharfes Messer zum Trennen der Wurzelstöcke. Die für die

Pflanzung vorgesehenen Teile müssen Wurzeln haben; die Augen oder Knospen dürfen nicht beschädigt sein. Man sollte nur von gut entwickelten Pflanzen Schnittblumen nehmen. Die Blätter läßt man bis September an der Pflanze. Es gibt zahlreiche Arten und Sorten mit meist duftenden, gefüllten und einfachen Blüten der *P.-Lactiflora*-Hybriden (*P. chinensis*), die von Ende Mai bis Ende Juni blühen. Gute gefüllte Sorten sind: 'Duchesse de Nemours', weiß; 'Felix Crousse', karminrot; 'Noemie Demay', rosa; 'Sarah Bernhardt', zartrosa; 'Avalanche', weiß, am Grund in Lichtgelb übergehend; 'Inspecteur Lavergne', rot; 'Karl Rosenfield', dunkelkarminrot; 'Lady Alexandra Duff', hellrosa; 'Mme. de Vernéville', hellcremefarbig mit rosa Schimmer. Einfachblühende Sorten sind in ähnlichen Farben erhältlich. *P. mlokosewitschii* (H: 70 cm), eine anspruchsvollere Art mit einfachen gelben Blüten im Mai und Juni. *P. officinalis* (Bauernpfingstrose) wird höher und blüht etwas früher und ist anspruchslos. Gefüllte weiße, rosa und rote Blüten in vielen Sorten.

Paeonia mlokosewitschii

Papaver Mohn
Alle Arten von *P. orientale* blühen einfach und lassen sich gut an sonnigen Standorten auf durchlässigem Boden kultivieren. Charakteristische riesige, schalenförmige Blüten und auffallende, große Samenkapseln. Der Gartenmohn blüht im Mai und Juni an kräftigen Trieben, die aber oft gestützt werden müssen. Er wird 50–80 cm hoch. Das Laub ist silbrig behaart und fiederteilig. Nach der Blüte schneidet man die Stengel bis zum Boden zurück. Häufig treibt wieder ein neuer Blattschopf aus. Man vermehrt den Mohn entweder durch Teilung alter Pflanzen oder durch Wurzelstecklinge im März. Die folgenden Sorten von *P. orientale* sind empfehlenswert (PA bei allen 45 cm): 'Catharina' (H: 80 cm), lachsrosa, am Grund schwarz; 'Feuerriese' (H: 80 cm), ziegelrot, auf straffen Stielen, starkwüchsig; 'Sturmfackel' (H: 50 cm), auch als Schnittblume geeignet; 'Marcus Perry' (H: 70 cm), orangescharlach, braucht keine Stützen; 'Perrys White' (H: 75 cm), eine gute weiße Sorte.

Papaver orientale 'Perrys White'

Peltiphyllum Schildblatt
P. peltatum (H: 80 cm, PA: 50 cm): Die blaßrosa Blüten sind in Trugdolden angeordnet und erscheinen im Frühjahr, gefolgt von großen, schildförmigen Blättern. Die Pflanze gedeiht gut in der Nähe des Wassers. Geteilt und gepflanzt wird sie im März.

Penstemon Bartfaden
Diese lange und prächtig blühenden Stauden haben eine gewisse Ähnlichkeit mit dem Fingerhut. Alle Arten mögen viel Sonne und einen trockenen, warmen, kalkarmen Standort. Die Pflanzen werden nur etwa drei bis vier Jahre alt. Ihre Anzucht aus Samen, die im Frühjahr ausgesät werden, ist nicht schwierig. Vermehrt werden diese Stauden außerdem durch Stecklinge. *P. barbatus* (syn. *Chelone barbata*) wird 80 cm hoch. Der Pflanzabstand beträgt 30 cm. Es gibt weiße, lachsfarbene, rote, rosa und violett blühende Sorten von Juni bis September.

Einige wertvolle Sorten werden heute unter der Bezeichnung *P.*-Hybriden zusammengefaßt. Dazu zählen z. B.: 'Scharlachkönigin' (H: 80 cm, PA: 45 cm), rote Blüten, und 'Paul Schönholzer' (H: 70 cm; PA: 40 cm), mit dunkelroten Blüten auf buschigen Trieben. Diese Sorte blüht von Juni bis September.

Penstemon barbatus

P. pinifolius (H: 15 cm, PA: 25 cm) bringt scharlachrote Blüten im Juli und August hervor.

Perovskia Blauraute
Diese Pflanze eignet sich gut für Rabatten, da sie jedes Jahr im März oder Anfang April auf eine Höhe von ungefähr 50 cm zurückgeschnitten werden muß. An einem sonnigen Standort ist sie leicht zu kultivieren. Vermehrt wird sie durch Stecklinge im Juli.

Perovskia atriplicifolia

P. atriplicifolia (H: 1 m, PA: 60 cm) hat graublättrige Rispen mit kleinen, lavendelblauen Blüten, die sich von August bis Oktober öffnen. Die Sorte 'Blue Haze' ist ähnlich, hat jedoch leuchtendblaue Blüten, die drei Wochen früher erscheinen.

Phlox Flammenblume
Diese farbenprächtigen Beetpflanzen blühen von Juli bis September. Sie bevorzugen einen mittelschweren, nicht zu trockenen Boden. Günstig wirkt sich eine leichte Mulchdecke aus. Im April oder Mai sollte man düngen. Vermehrt wird die Flammenblume durch Wurzelstecklinge im Februar und März oder aber durch Teilung der Wurzelstöcke im Oktober.

Zu den besten modernen Sorten von *P. paniculata,* die von Juni bis September blühen, gehören: 'Abenddämmerung' (H: 80 cm), dunkelviolett; 'Aida' (H: 90 cm), rotviolett; 'Bornimer Nachsommer' (H: 1 m), lachsrosa; 'Dorffreude' (H: 1,2 m), rosarot mit dunkelrotem Auge; 'Düsterlohe' (H: 1,2 m), dunkelviolett; 'Frau A. von Mauthner' = 'Spitfire' (H: 90 cm), lachsorangerot mit karminrotem Auge; 'Furioso' (H: 1 m), große dunkellilarote Dolden; 'Landhochzeit' (H: 1,2 m), hellrosa Blüten mit rotem Auge, große Blütendolden; 'Mia Ruys' (H: 40 cm), weiß;

Phlox-Arendsii-Hybriden

'Nymphenburg' (H: 1,4 m), weiß; 'Orange' (H: 80 cm), orangerot, reich blühend; 'Pax' (H: 90 cm), weiß, bildet dichte Büsche; 'Sommerfreude' (H: 90 cm), große rosa Dolden; 'Spätrot' (H: 1 m), orangescharlachrot; 'Starfire' (H: 90 cm), leuchtendrote große Blüten; 'Wilhelm Kesselring' (H: 80 cm), rotviolett mit weißem Auge; 'Württembergia' (H: 60 cm), karminrosa mit hellem Auge.

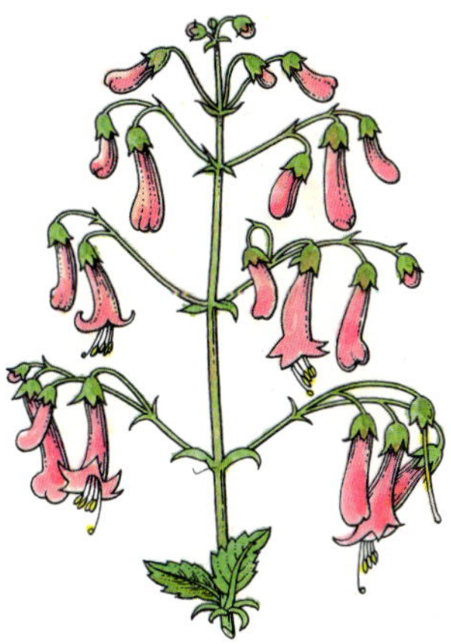

Phygelius capensis

Phygelius Kapfuchsie, Kaffernlilie
Diese Pflanze gedeiht am besten in voller Sonne. Sie kann durch Aussaat oder Stecklinge vermehrt werden.

P. capensis (H: 80 cm, PA: 45 cm) hat zinnoberrote Röhrenblüten, die in rispigen Trauben angeordnet sind und von August bis Oktober blühen. Die Pflanze bevorzugt nährstoffreiche, lehmige Böden. Sie muß vor Winternässe geschützt werden.

Physalis Lampionblume
Diese Pflanzen brauchen einen fruchtbaren Boden und einen sonnigen Standort mit gutem Wasserabzug. Gepflanzt wird im März oder April. Man vermehrt die Staude durch Samen oder Teilung im April.

P. franchetii (H: 60–90 cm, PA: 40 cm) bringt unscheinbare weiße Blüten hervor, aus denen im Herbst dekorative, orangefarbene Früchte hervor-

Physalis franchetii

gehen. Die Pflanze breitet sich durch kriechende Wurzelausläufer stark aus. Deshalb gräbt man im Herbst regelmäßig rund um die Pflanze um und entfernt abgetrennte Wurzelteile. Die Fruchtstände ergeben dekorative Trokkenblumen im Winter.

Physostegia Gelenkblume
Den deutschen Namen Gelenkblume bekam die Staude, weil jede ihrer Blüten beliebig gedreht werden kann – so, als säßen sie an einem Gelenk –, ohne

Physostegia virginiana

daß sie in ihre frühere Stellung zurückschnellen. Die Pflanzen haben glänzende Stengel mit dunklen Blättern. Die kriechenden Wurzeln breiten sich rasch aus. Man pflanzt die Blume an einen sonnigen oder halbschattigen Platz. Vermehrt wird die Staude durch Teilung der Wurzeln oder durch Stecklinge im Frühjahr. Die Gartensorten stammen von *P. speciosa* und *P. virginiana* ab: 'Bouquet Rose' (H: 70 cm, PA: 45 cm), violettrosa Röhrenblüten im August und September; 'Summer Snow' (H: 90 cm, PA: 45 cm), weiße Blüten von Juli bis September, lange, große Blütenstände; 'Vivid' (H: 60 cm, PA: 45 cm), weinrote Blüten von Juni bis August.

Platycodon Ballonblume
Die weißen, fleischigen Wurzeln dieser Pflanzen wachsen langsam, die Pflanzen gedeihen jedoch in jedem durchlässigen guten Gartenboden. Vermehrt wird die Ballonblume durch Samen oder durch Teilung alter Pflanzen. *P. grandiflorus* (H: 50 cm, PA: 30 cm) mit ballonartigen Knospen, die sich zu großen hellblauen Glockenblüten mit spitz zulaufenden Blütenblättern entwickeln. Blütezeit: Juli bis September. Die Sorte 'Mariesii' (H: 40 cm, PA: 30 cm) ist tiefer blau.

Platycodon grandiflorus

Polemonium Jakobsleiter
Der deutsche Name dieser Pflanze bezieht sich auf die hübsch angeordneten gefiederten Blätter. Die Pflanzen sind leicht in der Sonne oder im Halbschat-

Polemonium

ten zu kultivieren. Einige Arten sind kurzlebig und stören im Bestand, wenn sie sich selbst aussäen. Man teilt die Pflanzen im März. Empfehlenswerte Arten und Sorten sind: *P. reptans* 'Blue

Pearl' (H: 30 cm, PA: 40 cm), blaue Blüten im Mai und Juni. *P.* × *richardsonii* (H: 40 cm, PA: 40 cm), kompakte Büsche mit himmelblauen großen Blüten von April bis Mai und von Juni bis Juli. Die Sorte 'Album' ist eine weißblühende Sorte.

Polygonatum Salomonssiegel
P. multiflorum (H: 60–90 cm, PA: 25 cm) mit hängenden, weißen Röhrenblüten an gebogenen Ähren im Mai und Juni. Die Pflanzen wachsen in jedem normalen Gartenboden im Schatten. Man teilt den Wurzelstock im Herbst oder Frühjahr.

Polygonum Knöterich
Alle *P.* -Arten kann man leicht in der Sonne oder im Halbschatten kultivieren. Man vermehrt sie durch Teilung

Polygonum campanulatum

im März oder durch Aussaat. Die folgenden Arten und Sorten sind die besten dieser großen Gattung: *P. affine* 'Darjeeling Red' (H: 15 cm, PA: 40 cm), tiefrosa Ähren von Juli bis September; lanzettliche Blätter, kompakter Wuchs. Die Sorte 'Donald Lowndes' (H: 20 cm, PA: 40 cm) entwickelt kurze rosa Blütenstände von Juli bis September und breitet sich rasch, aber nicht zu sehr aus. Die breit-lanzettlichen Blätter bleiben den Winter über rötlichbraun. Diese ausgezeichnete Teppichbeetpflanze eignet sich für die Unterpflanzung blühender Sträucher. *P. amplexicaule* 'Atropurpureum' (H: 1 m, PA: 55 cm), schlanke rubinrote Blütenstände im August und September. Die Sorte 'Speciosum' ist ähnlich, hat jedoch lachsrosa Blüten. *P. bistorta* 'Superbum' (H: 90 cm, PA: 50 cm) hat hellrosa Rispen von Mai bis Juli und oft nochmals im Herbst. Die robuste Pflanze wächst besonders gut auf feuchten Böden und bildet dort große Büsche. *P. campanulatum* (H: 80 cm, PA: 50 cm) ist von August bis Oktober mit rubinroten Blüten übersät. *P. carneum* (H: 60 cm, PA: 45 cm) mit vielen rosa Blüten, die im Mai und Juni in flachen, bürstenartigen Ähren stehen; kräftige Büsche mit glänzendgrünen Blättern.

Potentilla Fingerkraut
Diese Staude mit grauen oder erdbeerähnlichen, silbrigen, behaarten Blättern ist eine Polsterpflanze. Die Blüten sind oft in trugdoldenähnlichen Blütenständen angeordnet, manchmal stehen sie aber auch einzeln. Die Pflanzen gedeihen am besten in voller Sonne. Geteilt und gepflanzt wird das Fingerkraut im Herbst oder Frühjahr. *P. atrosanguinea* 'Gibsons's Scarlet' (H: 25 cm, PA: 30 cm) mit leuchtendroten Blüten von Juni bis August. *P.*-Hybriden 'Flamenco' (H: 50 cm, PA: 45 cm) mit leuchtendroten Blüten von Juni bis August. 'Yellow Queen' (H: 40 cm, PA: 40 cm), gefüllte, reingelbe Blüten im Juni und Juli. *P. nepalensis* 'Miss Willmott' (H: 50 cm, PA: 30 cm), karminrosa Blüten von Juni bis August; die Blätter sind drei- bis fünfzählig und behaart; *P. recta* 'Warrensi' (H: 60 cm, PA: 40 cm), große lebhaft kanariengelbe Blüten, die in dichten Doldenrispen stehen und sich im Juni und Juli öffnen. Die Blätter sind fünf- bis siebenzählig gefiedert und auf beiden Seiten rauhhaarig.

Prunella Braunelle
Diese bodendeckende Pflanze mit hübschen Lippenblüten gedeiht gut an sonnigen Standorten und blüht von Juli bis September. Geteilt wird sie im Oktober oder März. *P. grandiflora* (H: 20 cm,

Prunella grandiflora

PA: 40 cm) blüht rosa. Die Sorte 'Loveliness' (H: 25 cm, PA: 40 cm) bringt große hellila Blüten hervor. 'Webbiana' entwickelt große violette Blüten.

Pulmonaria Lungenkraut
Diese hübsche Staude mit rauhhaarigen Blättern und trichterförmigen Blüten blüht im April und Mai. Sie gedeiht im Schatten wie im Halbschatten und liebt

Pulmonaria angustifolia

feuchte Böden. Geteilt wird sie nach der Blüte oder von Oktober bis März. *P. angustifolia* 'Azurea' (H: 30 cm, PA: 40 cm) hat hübsche kleine leuchtendblaue Blüten und schmale Blätter. *P. rubra* blüht ziegelrot und hat lanzettliche Blätter. Die leuchtendroten Blüten von *P. saccharata* 'Mrs. Moon' öffnen sich im April und Mai und verblühen später bläulich. Die lanzettlich-herzförmigen Blätter haben silbrige Flecken.

Pulsatilla siehe *Anemone pulsatilla*

Ranunculus Hahnenfuß
Alle Arten mögen Sonne, ertragen oft aber auch Halbschatten und bevorzugen einen guten, durchlässigen Boden. Vermehrt wird die Pflanze durch Teilung im Herbst oder Frühjahr oder durch Aussaat. *R. bulbosus* 'Pleniflorus' (H: 20 cm, PA: 25 cm), goldgelbe, gefüllte Blüten von April bis Juli. *R.*

Ranunculus bulbosus

gramineus (H: 30 cm, PA: 30 cm), Rispen mit glänzendgelben Blüten an anmutigen Stengeln im Mai und Juni; blaugrüne, grasartige Blätter.

Rodgersia Schaublatt
Diese Staude mit ihren auffallenden, großen Blättern braucht einen feuchten Boden und einen schattigen Standort. Vermehrt wird sie durch Teilung der

Rhizome im Herbst oder Frühjahr. *R. pinnata* (H: 1 m, PA: 50 cm) zeigt fedrige Blütenrispen mit cremeweißen Blüten im Juni und Juli; große, handförmige, glänzende Blätter. *R. podophylla* (H: 1,5 m, PA: 60 cm), überhängende, gelblichweiße Blütenrispen. Die handförmigen Blätter mit tiefgesägten Rändern sind beim Austreiben bronze-

Rodgersia pinnata

farben; die Sorte 'Rotlaub' hat auffallend rote Stengel, Stiele und Blattnerven und kupferrote Blätter.

Rudbeckia Sonnenhut
Alle Sorten, ausgenommen die mit gefüllten Blüten, haben kegelig hochgewölbte Scheibenblüten. Die Pflanzen brauchen einen guten, nicht zu trockenen Boden. Vermehrt wird die Staude durch Aussaat ins Frühbeet oder durch Teilung der Wurzelstöcke im Herbst oder Frühjahr. Die älteren Sorten sind für die meisten Gärten zu groß. Empfehlenswert sind die schwachwüchsigen Sorten: *R. nitida* 'Herbstsonne' (H: 2 m, PA: 50 cm) mit gelben Blüten im August und September. *R. fulgida var. deamii* (H: 80 cm, PA: 45 cm), ähnlich *R. speciosa,* jedoch mit reicherem Blütenflor, der von Juli bis September anhält. *R. laciniata* 'Goldquelle' (H: 70 cm, PA: 45 cm), gefüllte, zitronen-

Rudbeckia laciniata

gelbe Blüten im August und September. *R. purpurea* (syn. *Echinacea purpurea*), H: 1 m, PA: 40 cm, Blüten mit karmin- bis purpurfarbenen Blütenblättern von Juli bis September; grobe, behaarte Blätter, mäßig verzweigte Stengel. 'Roßdorfer-Hybriden' variieren leicht in der Farbe, wachsen jedoch straff aufrecht. 'The King', dunkelkarminrote Blüten, die bekannteste Sorte, jedoch stehen bei ihr die Stengel nicht immer aufrecht. *R. speciosa* (H: 60 cm, PA: 45 cm), gestreifte gelbe Blüten mit schwarzer Mitte, August bis September. *R. sullivantii* 'Goldsturm' ist ähnlich, sie blüht jedoch länger, wenn der Boden gut ist.

Ruta Weinraute
Man pflanzt sie in die volle Sonne und in durchlässigen Boden in geschützter Lage. Im April geschnittene Stecklinge bilden im Vermehrungskasten Wurzeln, jedoch lassen sich die Pflanzen nicht teilen. Rückschnitt mit der Schere im März. *R. graveolens,* schwefelgelbe Blütenköpfe im Juni und Juli; blaugrüne, wohlriechende Blätter, die man als Würzkraut verwenden kann, vor allem zu Fleisch- und Fischgerichten.

Salvia Salvie, Salbei
Zahlreiche Arten, die in normalem Boden ohne Schwierigkeiten kultiviert werden können, entweder in der Sonne oder im Halbschatten. *S. haematodes* (H: 80 cm, PA: 45 cm), volle Ähren mit lavendelblauen Blüten von Juni bis August. Die kräftige Pflanze wird meist durch Aussaat ins Frühbeet ausgesät. *S. nemorosa* (H: 50 cm, PA: 40 cm)

Salvia nemorosa

wächst in kalkhaltigem Boden gut heran. Sie blüht im Juni und Juli dunkelviolett. Schneidet man die Triebe zurück, nachdem der erste Flor verblüht ist, kann man fast den ganzen Sommer über bis in den Herbst Blüten erzielen. Geteilt wird der Wurzelstock im Herbst oder Frühjahr. Die folgenden Sorten haben sich bewährt: 'Mainacht', (H: 40 cm, PA: 30 cm), eine neue kleinere Sorte, die im Mai mit der Blüte beginnt und bei guter Behandlung unermüdlich blüht; 'Ostfriesland' (H: 50 cm, PA: 40 cm), mit blauen Blüten im Juni und Juli: *S. officinalis* 'Purpurascens' (H: 50 cm, PA: 30 cm), blaulila Blüten von Juli bis August und stumpfrote Blätter. Weitere gute Sorten sind: 'Tricolor' mit lilablauen Blüten und dreifarbigen Blättern; 'Variegata' besitzt gelbgrün gefleckte Blätter und bringt lilablaue Blüten hervor.

Sanguisorba (syn. *Poterium*)
Wiesenknopf
S. obtusa (H: 1 m, PA: 50 cm) mit dunkelrosa Blüten an graziösen Blütenähren von Juni bis August und blaugrünen Blättern. Die Staude gedeiht am besten an einem sonnigen Standort. Geteilt wird sie im Oktober oder März.

Saxifraga Steinbrech
S. fortunei (H: 30 cm, PA: 20 cm) ist zuerst eine bodendeckende Pflanze mit kupfergrüner Belaubung den Sommer über. Im September und Oktober wächst ein Teppich aus cremeweißen Blüten heran. Man pflanzt den Steinbrech in guten Boden an einen kühlen, schattigen Platz. Vermehrt wird die Staude durch Teilung im März und April. In kalten Gegenden wird sie im

Saxifraga umbrosa

Winter mit Laub abgedeckt. *S. umbrosa* (H: 30 cm, PA: 45 cm) bildet immergrüne Blattrosetten und zahlreiche rosa Blüten im Mai und Juni. Die Art wächst an offenen Standorten oder an trockenen, schattigen Plätzen, an denen kaum eine andere Pflanze gedeiht. Vermehrt wird die Art durch Teilung im Frühjahr.

Scabiosa Skabiose
Diese Staude zählt zu den beliebtesten Schnitt- und Beetstauden. Sie braucht einen offenen Standort und leichten, kalkhaltigen Boden. Man pflanzt sie im März. Da alte Pflanzen oft absterben,

sollte man die Gruppen alle zwei Jahre im März teilen und die jüngeren Pflanzenteile wieder auspflanzen. Aus Samen ergeben sich gemischte Farbtöne. Empfehlenswerte Sorten der *S. caucasica,* die von Juni bis September blühen, sind: 'Clive Greaves' (H: 80 cm, PA: 45 cm), hellblau, starker Wuchs; 'Mrs. Willmott' (H: 80 cm, PA: 40 cm), weiße Blüten; 'Blauer Atlas' (H: 70 cm, PA: 40 cm), dunkelblaue schalenförmige Blüten; 'Nachtfalter' (H: 80 cm, PA: 40 cm), große dunkelviolette Blüten auf straffen Stielen; 'Prachtkerl' (H: 90 cm,

Scabiosa caucasica

PA: 40 cm), große leuchtendblaue Blüten auf sehr festen Stielen. *S. graminifolia* (H: 25 cm, PA: 25 cm), eine Fülle blauvioletter Blüten von Juni bis September.

Sedum Fetthenne
Diese dickblättrigen Pflanzen sind alle dekorativ. Sie gedeihen überwiegend an offenen Standorten in normalem Boden. Sie lassen sich im Herbst oder Frühling leicht teilen. *S. spectabile* (H: 45 cm, PA: 30 cm) trägt von August bis Oktober breite, runde Dolden mit rosa Blüten und während des Sommers blaugrüne, fleischige Blätter. Die Art ist am besten für die Beetbepflanzung geeignet. 'Carmen' mit karminrosa Blüten ist die bekannteste Sorte. *S.* × *telephium* 'Herbstfreude' (H: 60 cm, PA: 30 cm) hat im September und Oktober

Sedum spectabile

große rostrote Blütendolden. Die Blätter sind oval, unregelmäßig gezähnt und bläulichgrün.

Senecio Greiskraut
S. bicolor wird durch Stecklinge oder durch Teilung im April oder Mai vermehrt. Die Sorten 'White Diamond' (H: 30 cm, PA: 40 cm) blüht gelb. Attraktiv sind vor allem die tief eingeschnittenen, leuchtendsilbrigen Blätter, die bis zum Spätsommer zu einem kleinen Busch heranwachsen. Die Pflanze braucht in Gegenden mit harten Wintern einen entsprechenden Schutz.

Solidago Goldrute
Prächtige Pflanzen, die in jedem normalen Boden an einigermaßen sonnigem Standort gedeihen. Empfehlenswert ist die Wahl von niederen Sorten, da einige der älteren hochwachsenden Sorten zu stark wuchern. Man teilt die Goldrute im März.

Kultiviert werden viele Sorten, die alle unter der botanischen Bezeichnung *S.*-Hybriden zusammengefaßt werden und von August bis Oktober blühen. Bekannt sind 'Golden Shower' (H: 80 cm, PA: 40 cm) mit dunkelgelben, schön geformten Blütenrispen. 'Goldenmosa' (H: 80 cm, PA: 40 cm) mit büscheligen Rispen im August und September. 'Cloth of Gold' (H: 50 cm, PA: 45 cm), volle Blütenstände mit tiefgelben Blüten von Juli bis September; kräftiger Wuchs. 'Ledsham' (H: 80 cm, PA: 45 cm), hellgelbe Blüten in lockeren Rispen; 'Strahlenkrone' (H: 70 cm, PA: 40 cm), wirkungsvolle, flache,

Solidago-Hybriden

strahlige, goldgelbe Blütenstände, sehr gleichmäßiger Wuchs. Außerdem gibt es verschiedene Zwergformen.

Stachys Ziest
Die meisten Arten gedeihen auf jedem normalen Boden und können leicht im Oktober oder März geteilt werden. *S. byzantina* (syn. *S. lanata*), H: 30 cm, PA: 40 cm, Blütenquirle mit kleinen rosa Blüten im Juli und August; guter Bodendecker mit dicken, weißfilzigen Blättern. Leicht zu kultivieren – auch in trockenem, nährstoffarmem Boden – ist die nichtblühende Art 'Silver Carpet'. *S. grandiflora* (syn. *Betonica macrantha*), eine Teppichbeetpflanze mit leuchtendpurpurrosa Lippenblüten, die im Juli und August in dichten Ähren stehen. Die Art wird 50 cm hoch; der Pflanzabstand beträgt 40 cm. *S. nivea* (syn. *Betonica nivea*) bringt im Juni und Juli weiße Blüten hervor (H: 25 cm, PA: 30 cm). In hübschem Kontrast dazu stehen die dunkelgrünen Blätter. *S. spicata* 'Rosea' (H: 20 cm, PA: 25 cm) ist eine stark belaubte Pflanze, die sich von Juni bis August

Stachys grandiflora

mit zahlreichen kurzen, leuchtendrosa Blütenähren schmückt.

Stokesia Kornblumenaster
Diese zierliche Liebhaberstaude besitzt breit-lanzettliche Blätter. Ihre kornblumenähnlichen Blüten sitzen auf verzweigten Stielen. Die Blütezeit fällt in den August und September.

Stokesia laevis

S. laevis: Die Art ist empfindlich gegen stauende Nässe und erträgt im Winter große Kälte nicht allzugut (H: 25 cm, PA: 15 cm). 'Blue Moon' ist eine empfehlenswerte Sorte für nicht zu trockene, sonnige Plätze mit durchlässigem, mineralreichem Boden.

Tellima Falsche Alraunwurzel
Diese anpassungsfähige Staude mit herzförmigen, gekerbten Blättern ist leicht zu kultivieren. Sie gedeiht am besten im Halbschatten, erträgt aber auch die volle Sonne. Geteilt werden die Pflanzen zwischen Oktober und April. Man kann sie aber auch durch Aussaat vermehren. *T. grandiflora* blüht grünlich im Mai und Juni und wird 20 bis

Tellima grandiflora

40 cm hoch. Der Pflanzabstand beträgt 45 cm. Sehr hübsch ist die Sorte 'Purpurea' mit weinroten Blättern im Herbst und Winter.

Thalictrum Wiesenraute
Die hübschen kleinen Blüten dieser elegant wirkenden Pflanze sind in großen, lockeren Dolden angeordnet. Die Pflanzen bevorzugen einen fruchtbaren, feuchten Boden. Vermehrt werden sie durch Teilung im Herbst oder Frühjahr und durch Samen. *T. aquilegifolium* (H: 1 m, PA: 40 cm) zeigt lockere Dolden mit malvenfarbigen Blüten von Mai bis Juli. Nennenswerte Sorten: 'Album', weiße Blüten; *T. dipterocarpum* (H: 1,5 m, PA: 40 cm) mit stark

Thalictrum dipterocarpum

verzweigten, lockeren Blütenständen, in denen unzählige kleine rosaviolette Blüten mit gelber Mitte sitzen; Blütezeit Juli bis September. Die Pflanzen müssen im allgemeinen gestützt werden. 'Hewitt's Double', eine feine gefüllte Art, die langsam wächst, einen fruchtbaren Boden und etwas Schatten braucht. *T. minus* 'Adiantifolium' (H: 40 cm, PA: 30 cm) hat gelbliche Blüten von Juni bis August. Die feinzerteilten Blätter kann man als Schnittgrün verwenden.

Tiarella Schaumblüte
Diese Pflanzen bevorzugen einen torfhaltigen oder kalkfreien Boden und schattige Standorte, die nicht zu trokken sein dürfen. Vermehrt wird die Staude durch Teilung im Herbst oder Frühjahr oder durch Aussaat. *T. cordifolia* (H: 20 cm, PA: 25 cm) entwickelt cremeweiße Blüten im Mai und Juni. Ein guter Bodendecker mit schöner Herbstfärbung. *T. wherryi* (H: 30 cm, PA: 25 cm), cremeweiße Blüten im Mai und Juni, hellgrüne, sehr schön braun gezeichnete Blätter.

Tradescantia Dreimasterblume
T.-Andersoniana-Hybriden werden 40 bis 60 cm hoch; der Pflanzabstand beträgt 40 cm. Jede Blüte hat drei Blütenblätter. Die Blüten öffnen sich von Juni bis September über dunkelgrüner Belaubung. Sie gedeihen gut in der Sonne oder im Halbschatten in mäßig feuchtem Boden. Man teilt die Staude im Herbst oder Frühjahr. Die Teilung bereitet keine Schwierigkeiten. Die Aussaat ist nicht zu empfehlen. Zu den bekanntesten Sorten gehören: 'I. C. Weguelin', himmelblaue Blüten; 'Innocence', rein weiß; 'Karminglut', leuch-

Tradescantia-Andersoniana-Hybriden

tend karminrot; 'Leonore' mit violetten Blüten; 'Marianne' blüht leuchtend violett; 'Zwanenburg Blue' bringt dunkelblaue, sehr große Blüten hervor.

Trollius Trollblume
Diese schönen Pflanzen mit ihren kugeligen goldgelben Blüten lieben einen feuchten, lehmigen, humusreichen Boden und einen sonnigen Standort. Sie blühen im Mai und Juni. Wenn man sie rechtzeitig nach der Blüte zurückschneidet, blühen sie später oft noch ein zweites Mal. Man teilt sie im Herbst oder Frühjahr oder vermehrt sie durch Aussaat. Bekannte Arten und Sorten sind: *T. europaeus* (H: 50 cm, PA: 40 cm); *T.*-Hybriden (alle PA: 40 cm) 'Earliest of All' (H: 50 cm), zitronengelb; 'Goldquelle' (H: 70 cm), gelborange; 'Lemon Queen' (H: 60 cm), hellzitronengelbe, große Blüten, sehr lange blühend; 'Orange Globe' (H: 90 cm), orangegelb. *T. chinensis* 'Golden Queen' (H: 70 cm), orangefarbene, schalenförmige Blüten, die sich von Juni bis August öffnen.

Trollius

Verbascum Königskerze
Diese dekorativen Pflanzen mit ihren großen Blattrosetten und ihren eindrucksvollen Blütenständen brauchen viel Sonne und einen gut durchlässigen Boden. Man vermehrt sie entweder durch Wurzelschnittlinge oder durch Nebenrosetten im März und läßt sie unter Glas bewurzeln. *V. bombyciferum* (H: 1,5 m, PA: 30 cm), leuchtendgelbe Blüten von Juni bis August; silberfilzig behaarte Blätter; eine meist zweijährig kultivierte Pflanze, die auf jedem Boden in der Sonne oder in leichtem Schatten gedeiht. Vermehrung nur durch Aussaat im März unter Glas. *V.*-Hybriden (H: 0,5–1,5 m, PA: 45 cm), hellgelbe Blüten von Juni bis August. Von Juni bis August blühende Arten sind: 'Cotswold Queen' (H: 1–1,2 m,

PA: 40 cm), lange bernsteinfarbene Blütenrispen; 'Densiflorum' (H: 1,5 m), zitronengelb mit dunkler Mitte; 'Golden Bush' (H: 50 cm) mit leuch-

Verbascum

tendgelben Blüten und graugrünen Blättern bildet dichtverzweigte, aufrechte, kleine, zierliche Büsche; 'Pink Domino' (H: 1 m), rosa Blütenrispen.

Veronica Ehrenpreis
Die meisten laubabwerfenden Arten haben blaue Blüten und gedeihen in normalem Gartenboden an sonnigen Standorten. Vermehrt wird durch Teilung im Herbst oder Frühjahr, durch Stecklinge und durch Aussaat. *V. gentianoides* (H: 30–50 cm, PA: 40 cm) hat dunkelgrüne, breit-lanzettliche, fein gefiederte Blätter. Die hellblauen Blüten sind in einer langen, endständigen Traube angeordnet und öffnen sich im Mai und Juni. *V. incana* (H: 30 cm, PA: 40 cm), zarte, blauviolette Blütenstände, Juni bis August; aschgraue Blätter; 'Saraband' (H: 50 cm, PA: 40 cm), blauvioletter reicher Blütenflor von Juli bis September. *V. longiflora* (H: 80 cm, PA: 45 cm), kleine, mittelblaue Blüten von Juli bis September; lanzettliche, gezähnte Blätter und schlanke Blütenrispen. Gute Sorten sind: 'Blauriesin' mit strahlendblauen Blütenkerzen und lanzettlichen, gegenständigen Blättern; 'Schneeriesin', weiß. *V. spicata* (H: 15 cm, PA: 30 cm) blüht im Juli und August blau, weiß oder rosa. Die folgenden Sorten von *V. teucrium* blühen von Mai bis Juli: 'Erika' (H: 30 cm, PA: 30 cm), dunkelrosa Blüten im Juni und Juli; 'Heidekind' (H: 20 cm, PA: 25 cm), leuchtendweinrote Blüten in aufrechter Ährentraube; 'Knallblau' (H: 25 cm, PA: 25 cm); die tiefenzianblauen Blüten stehen in lokkeren Trauben; 'Kapitän' (H: 25 cm, PA: 20 cm), tiefenzianblau; *V. virginica* (H: 1,2 m, PA: 50 cm), lichtblaue Blü-

Veronica teucrium

tentrauben von Juli bis September, die lanzettlichen Blätter stehen in Quirlen. Bekannte Sorten sind: 'Alba' (H: 1,2 m), weiß; 'Rosea' (H: 1,2 m), zartrosa.

Vinca Immergrün
Diese Pflanzen gedeihen auf jedem normalen Boden. Sie eignen sich als Bodendecker an schattigen Plätzen. *V. major* 'Variegata' (H: 30 cm, PA: 30 cm), hellblaue Blüten im Mai und Juni; leuchtendbunte Blätter an niederliegenden Trieben, die immer wieder neue Wurzeln bilden; daher ein guter Bodendecker. Man teilt oder pflanzt Immergrün im Oktober oder März. *V. minor*

Vinca major

'Bowles' (H: 10–20 cm, PA: 30 cm), tiefblaue Blüten im April und Mai; dichtstehende, dunkle, immergrüne Blätter.

Die Staude breitet sich ziemlich rasch aus. Geteilt und gepflanzt wird im Herbst. Weitere Sorten: 'Alba', weiß; 'Rubra', rotviolett. Die Sorte 'Grüner Teppich' bildet eirunde, große Blätter an langen Trieben, die Blüten sind hellblau.

Viola Veilchen
V. cornuta, das Hornveilchen, ist ein großblumiges, stiefmütterchenähnliches Veilchen, das den ganzen Sommer hindurch blüht. Es eignet sich für sonnige und halbschattige Standorte und blüht von Mai bis September (alle H: 15–20 cm, PA: 20 cm).

Bewährte Sorten sind: 'Angerland', zartlilablau; 'Blaue Schönheit', leuchtendblaue, große Blüten; 'Boullion', dunkelzitronengelb; 'Famös', weinrot; 'Germania', dunkelpurpurviolett; 'Hansa', dunkelblau; 'Perfecta Alba', weiß; *V. odorata* (H: 10 cm, PA: 20 cm), blauviolette Blüten im März und April, für sonnige und halbschattige Lagen geeignet. Bekannte Sorte: 'Königin Charlotte'.

Yucca Palmlilie
Die fast stammlose Pflanze bildet einen verholzenden, unterirdischen Grundstamm. Etwa 30 bis 50 schwertförmige Blätter sind dicht rosettig angeordnet. Sie haben eine Länge von etwa 45 bis 60 cm.

Im Sommer bildet sich ein bis 1,2 m hoher Blütenstand mit prächtigen, rahmfarbigen, glockigen Blüten.

Ausgepflanzt wird die Staude einzeln oder in Gruppen in frischen, nährstoffhaltigen, aber durchlässigen Gartenboden.

Nach dem Einwurzeln kann das Wachstum durch eine Kopfdüngergabe gefördert werden. Weitere Pflegemaßnahmen sind nicht erforderlich. In rauher Lage sollte man die Blattrosette bei strengen Frösten durch eine Reisigdecke schützen.

Man kann die Pflanze durch Teilung vermehren.

Am häufigsten ist die Art *Y. filamentosa*. Die Sorte 'Rosenglocke' hat rosa Blüten, 'Schneefichte' hohe, locker verzweigte Rispen und 'Schneetanne' gelblichgrüne Blüten. Stärker im Wuchs ist *Y. glauca*. Diese Sorte ist absolut winterhart.

Yucca filamentosa

Schöne Zwiebel- und Knollengewächse

Zwiebel- und Knollengewächse sorgen für den ersten wie auch den letzten Blütenflor im Garten. Schneeglöckchen und Winterling sind Vorfrühlingsblüher. Auf sie folgen Krokusse, Narzissen, Hyazinthen und Tulpen. Im Herbst geben das Freilandalpenveilchen und die Herbstzeitlose dem Garten Farbe. Und auch als Zimmer- und Gewächshauspflanzen sind Zwiebel- und Knollengewächse überaus beliebt.

Acidanthera
A. bicolor var. murielae, ein gladiolenähnliches Zwiebelgewächs, stammt aus Äthiopien. Die Pflanze besitzt zwiebelartige Knollen und linealische, steife Blätter an einem rauhen Stengel, an dem die zweireihig angeordneten bis 10 cm breiten Blüten sitzen. Die Pflanze wird 50–90 cm hoch.

Die Knollen werden von Ende April an in einem Abstand von 15–20 cm ungefähr 10 cm tief in die Erde gelegt. Ein geschützter Standort mit mittelschwerem Boden in voller Sonne ist günstig. Während der Kultur sorgt man für mäßige Feuchtigkeit und normale Düngung.

Da die Knollen nicht winterhart sind, müssen die Pflanzen vor dem ersten Frost aus der Erde genommen, getrocknet und die Knollen dann bei 15–17 °C überwintert werden. Bei zu kühler Lagerung verhocken sie. Die Knollen können mehrmals verwendet werden.

Acidanthera bicolor

Allium Zierlauch
Diese Zwiebelpflanzen, zu denen auch Lauch, Küchenzwiebeln und Schalotten zählen, besitzen endständige Blütenstände an langen Stielen. Die aufrecht stehenden Blätter sind oft röhrig und hohl oder grasartig und flach. Alle können 5–8 cm tief in Gruppen zu sechst oder mehr im Abstand von 7–15 cm gelegt werden. Man läßt sie Jahr für Jahr an derselben Stelle, ohne sie zu verpflanzen. Vermehrt werden sie durch Herausnehmen und Teilen der Zwiebeln oder Pflanzen bald nach der Blüte oder durch Aussaat von Samen, sobald dieser ausgereift ist. *A. aflatunense,* eine hervorragende Schnittblume, schmückt sich von Ende Mai an mit hellvioletten, purpurn gestreiften Blüten, die an 1 m hohen Schäften sitzen. *A. caeruleum* wird 60–75 cm hoch und entwickelt tiefblaue Blüten von Mai bis Juli. *A. giganteum,* der Riesenlauch, wird bis 1,5 m hoch. Seine purpurrosa Blüten, die sich im Juni und Juli öffnen, stehen in Dolden, die bis zu 20 cm breit werden können. *A. moly,* der Goldlauch, der eine Höhe von 15–30 cm erreicht, blüht gelb im Juli. *A. neapolitanum* wächst 15–30 cm hoch und entwickelt weißliche Blüten im Juli. *A. oreophilum* wird 15–30 cm hoch und öffnet seine tiefrosa Blüten im Juni. *A. roseum* erreicht eine Höhe von 40–60 cm und blüht rosa im Mai. *A. schoenoprasum,* der Schnittlauch, blüht purpurfarben im Mai und Juni und wird 20–30 cm hoch.

Allium neapolitanum

Alstroemeria Inkalilie
Fast alle Arten besitzen ein knolliges Rhizom und längliche, schmale Blätter, die an aufrechten Trieben sitzen. Die Trichterblüten erscheinen in Dolden oder in Trauben. Da die Inkalilie nicht ganz winterhart ist, wird sie häufig im Gewächshaus gezogen.

A. aurantiaca, eine gute Schnittblume, wird 90 cm hoch und bringt orangegelbe Blüten mit roten Adern hervor. Sehr schön sind auch die *A.-Ligutu*-Hybriden, die nur 60 cm hoch werden und weiß, rosa, rot, orange und gelb blühen.

Alstroemeria aurantiaca

Amaryllis Belladonnalilie
A. belladonna hat 7–10 cm breite, birnenförmige Zwiebeln und bildet riemenförmige, 2 cm breite und bis zu 45 cm lange Blätter aus. Der Blütenschaft wächst im August heran und wird etwa 40–60 cm hoch. An seinem Ende entwickeln sich sechs bis zwölf trichterförmige große Blüten.

Amaryllis belladonna

Die Kultur ist nur an einem sehr warmen Standort im Freien möglich. Bevorzugt wird ein kräftiger, sandig-lehmiger Boden mit gutem Wasserabzug. Winterschutz ist unbedingt erforderlich. Alle fünf bis sechs Jahre muß die *Amaryllis* verpflanzt werden. Die beste Pflanzzeit ist das Frühjahr. Die Zwiebeln müssen etwa 25 cm tief gelegt werden.

In rauherem Klima sollte man die *Amaryllis* in Töpfen kultivieren. In diesem Fall läßt man die Zwiebeln im

Herbst völlig abtrocknen und überwintert sie in einem nicht zu kühlen Raum. Im Frühjahr wird der Austrieb dadurch angeregt, daß man die Pflanze mäßig feucht hält. Nach den Eisheiligen Mitte Mai kann die Pflanze auf dem Balkon oder im Garten kultiviert werden.

Anemone
Zu dieser Gattung, die hauptsächlich den Stauden und Steingartenpflanzen zuzuordnen ist, zählt aber auch *A. coronaria*, die Kronenanemone. Die

Anemone

Pflanze hat einen klauenartigen Wurzelstock, dessen einzelne Bestandteile als Knollen bezeichnet werden. Bekannt sind verschiedene Rassen, z. B. die einfachen De-Caen- und die gefüllten St.-Brigid-Anemonen. Sie blühen weiß, rot und purpurblau. Bei optimalen Umweltbedingungen bringt eine Pflanze bis zu 20 Blüten hervor. Die Knollen werden in milden Gegenden im Herbst gelegt. Den Winter über deckt man sie gut ab. Man kann dann mit einer Blüte im Mai oder Juni rechnen. In rauheren Gegenden legt man die Knollen besser im Frühjahr. Die Pflanzen blühen in diesem Fall jedoch bedeutend später. Man kann zudem noch einen anderen Weg einschlagen. Man legt die Knollen im Februar in Töpfe, die man zuerst kühl und dunkel aufstellt. Sobald sich der Trieb regt, werden sie in einen hellen, kühlen Raum gebracht und an einem möglichst hellen Platz aufgestellt. Besonders günstig ist natürlich ein Kleingewächshaus. Im April werden die Pflanzen am vorgesehenen Platz in den Garten ausgepflanzt. Bei dieser Pflanzart ist mit einer Blüte im Mai zu rechnen. Die Pflanztiefe der Knollen beträgt ungefähr 3–5 cm.

Canna siehe Seite 63

Chionodoxa Schneestolz
Diese Gattung kleiner Zwiebelpflanzen bringt kräftig blaue, purpurfarbene und gelegentlich auch weiße Blüten hervor, die im späten Winter oder zeitigen Frühjahr aufblühen. Sie gedeihen am besten, wenn man sie im Garten verwildern läßt. Man kann sie aber auch antreiben. Im Herbst werden die Zwiebeln 5–8 cm tief in Gruppen gelegt. Die Töpfe oder Schalen brauchen

Chionodoxa

eine kühle Umgebung, bis die Blüten fast geöffnet sind, sonst blühen sie nur kümmerlich, und die Blätter wachsen zu stark. Vermehrt wird der Schneestolz durch anhaftende Brutzwiebeln oder auch durch Samen. *C. gigantea* wird bis zu 20 cm hoch. Sie blüht violettblau und hat eine weiße Mitte; es gibt außerdem die weiße Sorte 'Alba'. *C. luciliae* blüht prächtig blau, weiß oder rosa und wird 15 cm hoch.

Clivia Clivie, Riemenblatt
Die Clivie, die als Zimmerpflanze gehalten wird, entwickelt von Februar bis Mai eine 12- bis 20blütige Dolde. Blühende Pflanzen werden an einem hellen Platz bei einer Temperatur von 14 bis 20 °C aufgestellt. Je kühler die Pflanze steht, um so länger hält die Blüte. Nach der Blüte wird der Blütenstand entfernt und die Pflanze durch kräftiges Wässern und Düngen zu reichem Blattaustrieb angeregt. Im Sommer wird eine Ruhepause von sechs Wochen eingehalten. Man verpflanzt die Clivie im Frühsommer. Verwendet wird dabei eine humose, durchlässige Erde.

Clivia

Colchicum Herbstzeitlose
Diese Gattung im Herbst blühender Pflanzen hat hellila oder weiße Blüten, die den Krokussen ähneln. Sie unterscheiden sich jedoch von den Krokussen durch die Zahl ihrer Staubblätter. Krokusse entwickeln nur drei, die Herbstzeitlose dagegen bringt sechs Staubblätter hervor.

Im Juli werden die großen Knollen vorzugsweise an einem sonnigen Platz 10 cm tief eingelegt. Dort können sie mehrere Jahre ungestört bleiben.

Die Blätter erscheinen im darauffolgenden Frühjahr und werden in manchen Fällen so groß, daß sie in der Nachbarschaft wachsende kleinere Pflanzen bedecken.

Sämtliche oberirdischen Teile der

Colchicum

Pflanze enthalten das giftige Alkaloid Kolchizin. Wenn kleine Kinder in den Garten kommen, sollte man vorsichtshalber keine Herbstzeitlosen anpflanzen. *C. autumnale* wächst in Europa auch wild. Die lila und weißen Blüten werden bis zu 10 cm hoch. Es gibt neben den einfachen auch gefüllt blühende Sorten. Bei *C. byzantinum*, einer großknolligen Art, entwickeln sich im Herbst bis zu 20 lilafarbene Blüten aus einer Knolle. Im Frühjahr folgen dann breite, bis zu 35 cm lange Blätter. Von *C. speciosum*, einer ähnlichen Art, gibt es mehrere Sorten in den verschiedensten Farben. Günstig stehende Pflanzen können bis zu 50 Blüten aus einer Knolle hervorbringen.

Convallaria Maiglöckchen
C. majalis, die 15–25 cm hoch wird, entwickelt ihre glockenförmigen Blüten normalerweise Ende April und im Mai, kann jedoch aus präparierten Rhizomen zu jeder Jahreszeit getrieben und zur Blüte gebracht werden. Zusätzlich zu der gewöhnlichen Art gibt es großblumige Auslesen sowie eine Sorte mit zartrosa Blüten. Die Blätter des Maiglöckchens erscheinen unmittelbar vor den Blüten und sterben dann im Lauf des Sommers ab. Im Frühherbst pflanzt man sie an einen halbschattigen, mäßig feuchten Standort und arbeitet Lauberde, Torf oder anderes organisches

Material in den Boden ein. Man läßt das Maiglöckchen viele Jahre ungestört an Ort und Stelle, gibt ihm jedoch jeden Winter erneut organische Stoffe.

Convallaria

Crinum Hakenlilie
Die Mehrzahl der bekannten Arten dieser Gattung stammen aus den Tropen und sind deshalb nicht winterhart. Sie werden im Mai 20–25 cm tief in eine sonnige, geschützte Rabatte oder einen großen Kübel gepflanzt und vorsichtig gegossen. Während der kalten Jahreszeit stellt man die Zwiebeln, wenn sie

Crinum

in Kübeln wachsen, ins Haus oder sorgt für einen ausreichenden Winterschutz. Dies geschieht, indem man auf die Pflanzen viel trockenes Laub schichtet und schließlich noch einen Korb darüber stülpt. Nur in ausgesprochen geschützten Lagen in warmen Gebieten sollte man die Hakenlilie ins Freie pflanzen. Im übrigen ist die Kultur in Kübeln vorzuziehen.

C. *bulbispermum* entwickelt an jedem Stiel bis zu einem Dutzend Blüten, die innen weiß und außen rot sind. Die Zwiebeln dieser Art können einen Durchmesser von 10 cm erreichen.

C. *moorei* hat Ähnlichkeit mit *C. bulbispermum,* besitzt jedoch noch größere Zwiebeln. Die weniger farbenprächtigen, gelegentlich auch reinweißen Blüten stehen auf längeren Stielen.

C. × *powellii,* das rosa bis weiß blüht, ist eine Kreuzung aus den beiden obengenannten Arten. Meist ist nur diese Hybride im Handel erhältlich. Es bilden sich ungefähr 1 m lange, riemenförmige, überhängende Blätter und bis zu 1 m hohe Blütenschäfte. Sie tragen vier bis zwölf leicht nickende, große Blumen mit einem schmalen, trichterförmigen Schlund. Es gibt rosa- und weißblühende Sorten. Der Blütenflor beginnt im Juli.

Crocosmia Montbretie
C. × *crocosmiiflora* (syn. *Montbretia crocosmiiflora*) entwickelt kleine, platte, zwiebelförmige Knollen und bis 3 cm breite schwertförmige Blätter. Die Blüten sitzen an kurzen Stielen in zweizeiligen Ähren und haben eine etwa 1,5 cm lange, trichterförmig gebogene Röhre. Die Blütenfarben schwanken zwischen Gelb und Orange.

Ausgelegt werden die Knollen 7 bis 8 cm tief zu mehreren in Gruppen Anfang bis Mitte April. Ein möglichst warmer, geschützter Standort mit einem normalen Gartenboden ist erforderlich. Staunässe erträgt die Montbretie nicht. Die Pflanzen wachsen gut heran und blühen in den Sommermonaten. Im Herbst sterben die Triebe und das Laub ab. Nun werden die Pflanzen, ähnlich den Gladiolen, gerodet, getrocknet, geputzt und in einem kühlen,

Crocosmia

luftigen Raum überwintert. Nur in sehr milden Lagen kann man die Knollen im Freien überwintern. Man deckt sie mit einer 25 cm starken Schicht aus trockenem Laub, Torfmull oder einem ähnlichen Material ab.

Crocus Krokus
Es gibt etwa 80 Arten und zahlreiche Sorten dieser farbenprächtigen Herbst- und Frühjahrsblüher. Jahraus, jahrein bringen sie gelbe, violette oder weiße Blüten hervor und bedürfen keiner besonderen Pflege. Im Frühherbst werden die Zwiebeln 5–8 cm tief an Stellen gelegt, wo sie sich ungestört entwickeln können. Viele Arten eignen sich auch für die Bepflanzung von Töpfen und Schalen, dürfen aber nicht ins warme Haus gebracht werden, ehe die Knospen Farbe zeigen.

Im September und Oktober werden die Zwiebeln so dicht wie möglich in übliches Substrat oder lockere Erde in Schalen oder Töpfe gelegt und an einer Nordwand im Freien oder in einem kühlen Schuppen zum Einwurzeln aufgestellt. Man gießt die Erde gut an. Die Töpfe werden an einen mäßig kühlen Standort gebracht, sobald sich das erste Wachstum bemerkbar macht. Ins Haus holt man sie, sobald die Knospen Farbe zeigen. Gleich nachdem die Pflanzen verblüht sind, bringt man sie bei sehr mildem Wetter in den Garten und pflanzt sie an einer günstigen Stelle aus.

In der Regel ist das aber im Winter nicht möglich, weil der Boden dann gefroren ist. So stellt man die Krokusse in einem kühlen Raum direkt ans Fenster oder bringt sie ins Kleingewächshaus. Dort muß man sie mäßig feucht halten, damit die Blätter nicht einziehen.

Sobald es die Witterung im Spätwinter erlaubt, werden die Krokusse in den Garten gepflanzt. Jahr für Jahr bleiben sie am selben Platz. Die besten Standorte sind Steingärten. Gut wachsen sie auch in Rabatten, die zwischen größeren Pflanzen oder Sträuchern liegen, jedoch nicht von diesen verdeckt werden. Im Herbst legt man frische Knollen an ähnliche Stellen, in Zierrasenflächen oder Blumenwiesen. Die Vorfrühlingsblüher eignen sich am besten für den Zierrasen, da sie verblüht sind, wenn das erste Mal gemäht wird und die Blätter schon ziemlich groß sind.

Crocus

Ist eine Dauerbepflanzung mit Krokussen vorgesehen, sollten sie nicht in den Zierrasen gepflanzt werden, da man erst dann mähen kann, wenn die Krokusblätter anfangen zu vergilben. Am besten pflanzt man die Krokusse in schmale Rabatten oder zwischen andere Steingartenpflanzen an geeigneten Stellen aus.

C. *byzantinus* mit großen violetten äußeren und kleineren lila inneren Blüten, die sich im September und Oktober öffnen, gehört zu den Herbstblühern. *C. kotschyanus* bringt im September lilarosa Blüten mit goldfarbenem Schlund hervor. Von dem schönsten Herbstkrokus, *C. speciosus,* gibt es zahlreiche farbige Sorten, die ebenfalls im September und Oktober blühen. Vorfrühlingsblüher sind *C. biflorus* mit mehreren Unterarten und Sorten, die zumeist weiß-, violett- oder lilagestreift oder -gesprenkelt sind und ab Februar blühen. *C. chrysanthus,* ein typischer Gartenkrokus mit zahlreichen Sorten, blüht im Februar meist gelb, aber auch violett und weiß. Frühjahrsblüher sind *C. chrysanthus* und *C. neapolitanus* (syn. *C. vernus*). Von der zuletzt genannten Art gibt es zahlreiche Sorten in vielen Farbtönen mit großen Blüten, die von Ende Februar bis April erscheinen. Während die Sorten von *C. neapolitanus* vor allen Dingen für Rabatten und Steingärten geeignet sind, wird *C. chrysanthus* mehr für die Verwilderung verwendet. *C. tomasinianus* setzt sich gut in lockerem Rasen fest. Es gibt mehrere, meist violettblühende Sorten.

Cyclamen Alpenveilchen
Die bekannten, in Töpfen kultivierten Alpenveilchen sind Sorten von *C. persicum.* Die kleineren winterharten Arten blühen im Herbst, Frühjahr und Frühsommer im Freien und entwickeln weiße, rosa oder purpurfarbene Blüten. Die Blätter der meisten Arten sind attraktiv. Man sät die Samen sofort nach der Reife im Frühjahr oder Frühsommer in Töpfe oder Schalen und bringt sie im Frühbeetkasten zum Keimen. Ein Gemisch aus Buchenlauberde, Sand, etwas Lehm oder Torfkultursubstrat eignet sich für die Aussaat am besten. Die Keimtemperatur sollte zwischen 10 und 20 °C liegen. Sobald die Pflanzen eine gewisse Größe erreicht haben, setzt man sie an den Standort, an dem sie endgültig bleiben. Im Freien gedeihen sie in jeder guten Gartenerde und eignen sich besonders für schattige oder halbschattige Standorte unter Bäumen oder hohen Sträuchern. Der Gartenboden muß mit Humus angereichert werden. Auf eine gute Entwässerung des Bodens ist zu achten. Trockene, heiße Standorte sind ungeeignet. *C. coum* blüht karminrot im Oktober und November und wird 7–10 cm groß. *C. purpurascens* (syn. *C. europaeum*) hat von Juni bis August dunkelrosa Blüten. *C. hederifolium* (syn. *C. neapolitanum*) zeichnet sich durch tiefrosa oder weiße Blüten aus, die sich von Juli bis zum ersten Frost öffnen.

Cyclamen

Eranthis Winterling
E. hyemalis wird 10–15 cm hoch und hat im Februar und März schalenförmige, große Blütenhüllblätter. Später entwickelt sich das kurzblättrige Laub, das im Frühsommer abstirbt. Man legt die Knollen 5 cm tief in kleinen Tuffs im allseitigen Abstand von 5–10 cm in Steingärten oder zu mehreren in Rasenflächen. Gut gedeihen sie auch auf Rabatten in feuchter Erde im Halbschatten. Die Hybride *E.* × *tubergenii* besitzt größere Blüten an kräftigen Stielen.

Eranthis

Erythronium Hundszahn
E. dens-canis wird 10–20 cm hoch und entwickelt violette, purpurfarbene und weiße Blüten. Die eirunden bis länglichen Blätter sind ansprechend gefleckt und überdauern die Blüten noch eine Zeitlang. Man legt die Knollen 10 cm tief im Abstand von 15 cm in den Steingarten oder in den vorderen Bereich der Rabatte, wo sie jahrelang ungestört bleiben können. *E. revolutum* ist höher und blüht rosa oder gelb. Die Sorte 'White Beauty' wird 25 cm hoch und blüht im März und April rein weiß.

Erythronium

Fritillaria Kaiserkrone, Schachbrettblume
Diese Frühjahrsblüher aus der Familie der Liliengewächse haben hängende, becher- oder glockenähnliche Blüten auf beblätterten Stielen. Während ihrer Ruhezeit im Spätsommer brauchen sie völlige Trockenheit und Wärme sowie eine kalkhaltige Erde. *F. imperialis,* die Kaiserkrone, wird 60–90 cm hoch und bringt im April und Mai bronzefarbene, gelbe und rote Blüten hervor. Charakteristisch ist der Blattschopf an der Spitze der Pflanze, aus dem die großen, nickenden Blüten herauskommen. Die großen Zwiebeln sollte man möglichst schon im August 10 cm tief im Abstand von 15–20 cm einlegen. Laub und Stengel ziehen bald nach der Blüte ein und können dann entfernt werden. In schwerem, kalkhaltigem Boden blühen die Zwiebeln immer wieder viele Jahre lang. Die Pflanzen müssen jedoch bald durch neue ersetzt werden, wenn sie in leichterem saurem Boden stehen oder durch Kulturarbeiten oder Verpflanzen gestört werden. *F. meleagris,* die Schachbrettblume, wird 30–40 cm hoch. Im April und Mai erscheinen gefleckte und geaderte Blüten in Purpur, Grün und Weiß. Schachbrettblumen gedeihen am besten in sumpfigen Wiesen und sollten im Garten unter ähnlichen Bedingungen gehalten werden, also in einem kräftigen, humusreichen, kühlen und – im Gegensatz zu *F. imperialis* – leicht sauren Boden. Günstig ist ein Standort in der Nähe von Sträuchern oder an Böschungen, die jedoch nach Norden geneigt sein sollten. Ein

Fritillaria

etwas geschützter Standort ist empfehlenswert. Die Zwiebeln werden ebenfalls bereits im Frühherbst 8–10 cm tief gelegt. Um Fäulnis zu verhindern, sollte man unter die Zwiebeln eine Schicht scharfen Sand einbringen.

Galanthus Schneeglöckchen
Schneeglöckchen sind die ersten Zwiebelgewächse, die zu Beginn des Jahres blühen. Mehrere Arten und zahlreiche Sorten bilden von November bis März ihre Blüten aus. Diese haben die Gestalt eines Glöckchens und sind vor allem weiß und grün gefärbt. Einige sind auch gefüllt. Die Zwiebeln halten sich jahrelang. Sie werden 10 cm tief in Rabatten, Steingärten, ins Gras oder an einen anderen günstigen Platz gelegt, wo sie durch Kulturarbeiten nicht gestört werden. Will man Schneeglöckchen verpflanzen, sollte man dies gleich nach der Blüte tun, noch ehe die Blätter

Galanthus

absterben. Neue Zwiebeln kauft man gewöhnlich im Spätsommer. Sie müssen dann auch gleich gelegt werden. Wenn sie in Töpfen und Schalen als Weihnachtsblüher gezogen werden, legt man sie im Spätsommer oder Frühherbst ein und stellt sie so lange kühl, bis sich die Blütenknospen zeigen. Die Zwiebeln pflanzt man nach der Blüte in den Garten. *G. nivalis* ist das gewöhnliche, bei uns heimische Schneeglöckchen. Es wird ungefähr 15 cm hoch, während *G. elwesii,* das großblumige Schneeglöckchen aus Anatolien, 15 bis 20 cm hoch werden kann.

Galtonia Sommerhyazinthe
Die weißen Blüten der hyazinthenähnlichen Blütenstände öffnen sich von Juli an. Die schmalen Blätter sind grundständig und werden bis zu 50 cm lang. In milden Gegenden legt man die Zwie-

Galtonia

beln im Herbst, in rauheren Gegenden im Frühjahr. Die Pflanztiefe liegt bei 15–20 cm, der allseitige Abstand beträgt 30 cm. Wichtig ist ein geschützter, möglichst sonniger Standort. Staunässe im Winter schadet den Sommerhyazinthen. Deshalb sollte man sie im Herbst vorsorglich 15 cm hoch mit trockenem Torf oder sonstigem Material abdekken. Bekannt ist die Art *G. candicans,* die verhältnismäßig leicht zu ziehen ist und 70–90 cm hoch wird.

Gladiolus Gladiole, Siegwurz
Die Pflanzen dieser artenreichen Gattung haben zwiebelförmige Knollen, schwertförmige, häufig zweizeilig stehende Blätter und einen kräftigen Blütenschaft, der eine meist einseitswendige Ähre trägt. In Kultur sind farbenreine Arten. Die Gartensorten werden unter der Bezeichnung *G.*-Hybriden zusammengefaßt. Neben den riesenblumigen Sorten, die 1–1,5 m hoch werden, gibt es auch kleinblumige Gruppen, z. B. die *Primulinus*-Hybriden, oder solche mit besonderen Blütenformen, z. B. die Butterfly-Hybriden. Beide werden 45–90 cm hoch.

Man legt die Knollen von Ende April bis Mitte Mai an einen sonnigen Platz im Garten. Ein humoser, nährstoffreicher Boden ist wichtig. Vor dem Legen können etwa 40 g eines organisch-mineralischen Volldüngers auf 1 m^2 in den Boden eingearbeitet werden.

Die Beete müssen von Unkraut freigehalten, die Pflanzen gedüngt und gewässert werden. Pflanzen, die sich im Wachstum befinden, brauchen viel Wasser, jedoch sollte man Staunässe vermeiden.

Gladiolen beginnen 80 bis 100 Tage nach dem Legen zu blühen. Zu einem früheren Zeitpunkt blühen diese Blumen dann, wenn man ausgelegte Knollen durch einen Folientunnel oder eine Flachfolie schützt.

Nach den ersten Nachtfrösten im Herbst werden die Pflanzen aus der Erde genommen und getrocknet. Anschließend schneidet man die oberirdischen Teile ab. Dann werden die Knollen geputzt und die alten Knollenteile abgetrennt. Gelagert werden die Knollen bis zum nächsten Frühjahr in einem kühlen, luftigen Raum bei 5–7 °C. Wenn man die Pflanzen putzt, kann man gleichzeitig die Brutzwiebeln einsammeln und im nächsten Frühjahr auf einem gesonderten Beet auslegen.

Hippeastrum Ritterstern
Die riemenförmigen, tiefdunkelgrünen Blätter dieser beliebten Zimmerpflanze erscheinen erst nach der Blüte. Die großen, trichterförmigen, lebhaft gefärbten Blüten bilden sich meistens zu vieren auf einem langen, hohlen Schaft. Blühende Pflanzen werden an einem hellen Platz im Zimmer bei Temperaturen von 17–20 °C aufgestellt. Nach der Blüte schneidet man den ganzen Schaft ab. Nun bilden sich die Blätter aus. Im Sommer wird eine Ruheperiode eingehalten. Gehandelt werden farbenprächtige Hybriden. An der Entstehung waren verschiedene Arten, u. a. auch *H. vittatum,* beteiligt.

Hippeastrum

Hyacinthus Hyazinthe
In Töpfe und Schalen gepflanzte Hyazinthen sorgen von Weihnachten bis Ostern für Farbenpracht und Duft in den Wohnräumen. Im April und Mai blühen Hyazinthen üppig im Freiland.

Ausgelegt werden die Zwiebeln von September an in Gruppen in einen humusreichen, guten Gartenboden. Günstig ist ein möglichst warmer Standort. Stauende Nässe schadet den Pflanzen.

Es gibt viele Sorten mit blauen, purpurfarbenen, roten, rosa, weißen, cremefarbenen und gelben Blüten. Will man im Winter blühende Pflanzen im Haus haben, legt man die Zwiebeln von September an einzeln in 8-cm-Töpfchen oder zu mehreren in größere Töpfe oder Schalen. Für Schalen oder Töpfe ohne Abzugslöcher ist ein sehr lockeres Pflanzsubstrat, für Töpfe mit Abzugslöchern eine übliche Gartenerde, lockerer, mürber Lehm oder eine Mischung aus Lehm und Sand geeignet.

Man legt die Zwiebeln so tief, daß ihre Spitzen gerade aus dem Substrat oder der Erde herausschauen. Dann gießt man die Erde an und stellt die Gefäße an einem kühlen Platz auf. Erst nachdem sich Blätter oder Triebe zeigen, werden die Pflanzen an einen helleren Standort ins warme Zimmer gestellt. Um ständig blühende Pflanzen zu haben, bepflanzt man von September bis November Gefäße mit Zwiebeln und bringt sie nach und nach während des Winters ins warme Zimmer. Vorher müssen die Zwiebeln jedoch etwa zehn Wochen einwurzeln. Sind die Hyazinthen verblüht, stellt man sie an einen hellen Platz in einem kühlen Raum und hält sie mäßig feucht. Die Blätter dürfen nicht einziehen. Verblühte Pflanzenteile werden abgeschnitten. Sobald es die Frühjahrswitterung erlaubt, werden die Hyazinthen an einen geeigneten Platz in den Garten gepflanzt. Dort können die Zwiebeln später wieder zum Blühen gebracht werden. Ein zweites Mal kann man sie nicht im Zimmer treiben.

Hyazinthen lassen sich auch auf Gläsern mit reinem Wasser antreiben.

Hyacinthus

Ixia Klebschwertel
Die Kultursorten werden heute unter dem Sammelbegriff *I.*-Hybriden zusammengefaßt. Es handelt sich dabei um südafrikanische Knollengewächse mit etwa 5 mm breiten, schwertförmigen Blättern und einem stielrunden Schaft. An ihm stehen zweizeilig die bunten Blüten in Ähren oder Rispen. Die sternförmigen Blüten sind etwa 4 cm breit und je nach der Sorte gelb, rosa, bronzefarben, rot oder weiß gefärbt. *I.*-Hybriden werden 40–80 cm hoch.

Ixia

Die Pflanzen sind nur in den mildesten Klimagebieten in geschützten Lagen winterhart. Ausgepflanzt wird Ende Oktober oder im November. Die Pflanzstelle muß mit Reisig, Laub oder Torfstreu abgedeckt werden. Im Frühjahr entfernt man den Frostschutz, so daß sich die Triebe entwickeln können. Die Blüten entfalten sich im Hochsommer, allerdings nur an vollsonnigen Tagen.

Neben der Pflanzung ins Freiland kann man die *Ixia* auch in Gefäße pflanzen. Man legt sechs bis acht Knollen in sandig-lehmige Erde in 15-cm-Töpfe und stellt sie an einem frostfreien Ort auf. Erst wenn das Laub erscheint, werden die Töpfe in ein mäßig warmes Zimmer gebracht. Die Pflanzen treiben auf diese Weise langsam durch. Mit einer Blüte ist im Spätfrühjahr zu rechnen. Nach der Blüte gießt man immer weniger und schließlich überhaupt nicht mehr. Wenn das Laub anfängt abzusterben, werden die Knollen aus dem Topf genommen und bei etwa 20 °C bis zum Spätherbst gelagert.

Leucojum Knotenblume
Die Glockenblüten der Knotenblume sind weiß oder weiß und grün, seltener weiß mit rötlichem Hauch. Sie erscheinen von April bis Juni oder im September und Oktober. Die verschiedenen Arten gedeihen in der Regel gut, am besten jedoch in feuchten, mit Lauberde oder Torf angereicherten Böden, wo man sie so wie Schneeglöckchen verwildern lassen kann. Die Frühjahrsblüher werden im Frühherbst, die Herbstblüher im Sommer gelegt. Der allseitige Abstand beträgt 10–12 cm, die Pflanztiefe 8–10 cm.

L. aestivum, die Sommerknotenblume, wird bis zu 50 cm hoch und blüht im Mai und Juni. Die Blüten sind weiß und haben grüne Spitzen. *L. autumnale,* ein seltener Herbstblüher, hat rötlich angehauchte weiße Blüten auf 20–25 cm hohen Schäften. Diese Art ist nicht überall winterhart und braucht Winterschutz. Feuchte Böden sollten ausreichend dräniert werden.

L. vernum, der Märzbecher, ist die bekannteste Art dieser Gattung. Sie eignet sich am besten für unsere Gärten.

Leucojum

Sie ist verhältnismäßig widerstandsfähig und blüht etwa zur gleichen Zeit wie das Schneeglöckchen.

Muscari botryoides Traubenhyazinthe
Die Blüten, die von April bis Juni erscheinen, sind im allgemeinen blau, manchmal auch weiß. Die Zwiebeln werden 8 cm tief im allseitigen Abstand von 10–15 cm im Spätsommer oder Frühherbst gelegt, sobald sie im Handel zu haben sind. Sie schrumpfen und verderben, wenn sie nicht nach kurzer Zeit in die Erde gebracht werden. In jeder guten Gartenerde gedeihen die Pflanzen, vermehren sich jedoch rascher in nährstoffreichem, gut entwässertem Boden in milderen Gegenden. Man

Muscari

nimmt die Zwiebeln heraus, nachdem das Laub im Sommer eingezogen und abgetrocknet ist. Die neuen Zwiebeln legt man sogleich wieder. Die Pflanzen können aber auch viele Jahre lang sich selbst überlassen werden.

Narcissus Narzisse, Osterglocke
Es gibt so viele Sorten und Blütenformen, daß man die Gartensorten nach und nach in neun Klassen eingeteilt hat. Dies sind: Trompetennarzissen, großkronige Narzissen, kleinkronige Narzissen, gefüllte Narzissen, *Triandrus*-Hybriden, *Cyclamineus*-Hybriden, Jonquillen, Tazetten und Dichternarzissen. Bei den Trompetennarzissen ist die Trompete so lang wie die Blütenblätter oder noch länger. An jedem Stiel sitzt nur eine Blüte. Die großkronigen Narzissen zeichnen sich dadurch aus, daß die Schale oder Krone etwas größer ist als ein Drittel der Länge der Blütenblätter. Auch hier entspringt nur jeweils eine Blüte dem Schaft. Bei den kleinkronigen Narzissen sind die Blütenblätter dreimal so lang wie die Krone. Die Krone und die Blütenblätter

Trompetennarzisse

sind bei den gefüllten Narzissen ähnlich geformt. Auch hier entwickelt sich immer nur eine Blüte an jedem Stiel. Die charakteristischen Merkmale der *Triandrus*-Hybriden sind umgebogene Blütenblätter und eine hängende Krone. Die Blütenblätter der *Cyclamineus*-Hybriden sind ganz zurückgebogen, die Krone ist lang und hängt nach unten. Bei den Jonquillen sind die Blütenblätter länger als die Krone. Drei bis sechs Blüten entwickeln sich an einem Schaft. Die Tazetten haben flache Schalen. Jedem Schaft entspringen mehrere Blüten. Sehr schön sind auch die Dichternarzissen mit flacher Krone und weißen Blütenblättern.

Gefüllte Narzisse

Neben diesen Hauptgruppen gibt es noch verschiedene Wildarten. Besonders beliebt ist *N. bulbocodium*, die Reifrocknarzisse, mit zartgelben, petticoatähnlichen Blüten. Diese Pflanze wird im allgemeinen zu den Narzissen gezählt, obgleich sie eigentlich eine eigene Gattung darstellt. Sie wird gerne in den Steingarten gesetzt.

Die meisten der größeren Narzissen blühen dann früh, wenn man sie in Töpfen oder Kästen antreibt. Im September und Oktober legt man die Zwiebeln in gute Gartenerde in Töpfe oder Kästen, deckt sie mit einer 15 cm dicken Torfschicht ab und stellt sie an einem kühlen Ort auf. Wenn die Blätter nach acht Wochen eine Länge von 5 cm oder mehr erreicht haben, nimmt man die Torfschicht ab und bringt die Zwiebeln in ein Gewächshaus oder einen Frühbeetkasten, einzelne Töpfe auch in Wohnräume, und stellt sie ins volle Licht. In den ersten Wochen hält man die Temperatur bei ungefähr 7 °C, dann steigert man sie allmählich auf 13 °C. Die Zwiebeln blühen von Weihnachten bis Februar. Im zeitigen Frühjahr kommen die großblumigen Narzissen in Beeten und Rabatten gut zur Geltung. Im September und Oktober legt man die Zwiebeln in der üblichen Weise in den Garten.

Großkronige Narzisse

Triandrus-Narzisse

Am besten macht man Tuffs mit mehreren Zwiebeln. Gelegt werden können Narzissen vor Gehölzgruppen, in Rabatten und Beete, Steingärten oder auch in den Rasen. Im Rasen sollte man sie immer zu mehreren in bestimmten Zonen anpflanzen, da man das Gras an dieser Stelle erst dann mähen darf, wenn die Blätter im Frühsommer abgestorben sind. Verteilt man die Zwiebeln über die ganze Rasenfläche, kann man erst sehr spät mit dem Mähen beginnen. Dies bedeutet, daß der Rasen im Frühjahr einige Wochen lang keine Zierde ist. Deshalb sollte man sich gründlich überlegen, ob man Narzissen tatsächlich in Rasenflächen pflanzen will.

Kleinkronige Narzisse

Cyclamineus-Hybriden

Fast alle Sorten blühen in der Zeit zwischen März und Mai. Nachdem die Blumen verblüht sind, entfernt man die Samenansätze, und wenn die Blätter vergilben, nimmt man die Zwiebeln heraus und gräbt sie an einer freien Stelle im Garten ein. Man kann sie auch in Strächerrabatten umpflanzen, wo sie bleiben und in den folgenden

Reifrocknarzisse

Jonquille

Jahren wieder blühen. Legt man Wert auf Schnittblumen, dann pflanzt man Narzissen am besten alle zwei bis drei Jahre um.

Die schönsten Schnittblumen erhält man immer nur aus neuen Zwiebeln. Durch bestimmte Kulturmethoden entwickeln sich kräftige Knospen, aus denen besonders große Blüten hervorgehen. Wenn man die Pflanzen kräftig düngt, nachdem sie verblüht sind, entstehen im kommenden Jahr ebenfalls große Blüten.

Im übrigen bevorzugen alle Narzissen einen frischen, nicht zu feuchten, nährstoffreichen Boden. Vom Frühjahr bis zum Frühsommer brauchen die Pflanzen reichlich Wasser. Im Sommer sollte der Standort jedoch trockener sein, damit die Zwiebeln gut ausreifen. Das ist vor allem bei den meisten Wildarten erforderlich, da sie sonst schon nach wenigen Jahren eingehen.

Tazette

Die großblumigen Sorten werden ungefähr 15–20 cm tief, die Sorten mit den kleineren Zwiebeln 7–10 cm tief gelegt. Vor dem Legen der Zwiebeln kann man etwas Hornspäne und Kno-

Dichternarzisse

chenmehl in den Boden einarbeiten. Alle Narzissen sind Starkzehrer. Deshalb müssen sie nach dem ersten Standjahr jeweils nach der Blüte kräftig gedüngt werden.

Ornithogalum Milchstern
Diese artenreiche Gattung ist in Europa, Asien und Afrika beheimatet. Für den Garten kommt vor allem *O. thyrsoides* in Frage. Die Pflanze stammt aus Südafrika. Sie besitzt eirunde Zwiebeln und entwickelt bis zu 4 cm breite, lanzettliche, fleischige Blätter. Der stattliche Schaft wird 40 cm hoch und trägt eine Traube, die sich aus 15 bis 40 Blüten zusammensetzt. Eine starke Zwiebel kann von Juni bis August bis zu fünf Blütenschäfte ausbilden.

Im Garten werden immer fünf bis zehn Zwiebeln in einem Horst im Mai ausgelegt. Normale Gartenerde ist günstig. Während des Hauptwachstums muß der Boden ziemlich feucht sein. Im allgemeinen werden die Zwiebeln im Herbst nicht mehr ausgegraben, sondern frische Zwiebeln werden im nächsten Frühjahr wieder ausgepflanzt.

Einige weitere Arten, z. B. *O. narbonense* und *O. umbellatum*, kann man unter lichtem Gebüsch oder in Wildstaudenpflanzungen verwildern lassen. Die Zwiebeln werden im Spätsommer 6–8 cm tief in Kolonien ausgelegt.

Scilla Blaustern
Die Hauptblütezeit dieser kleinen, blaublühenden Pflänzchen liegt im Frühjahr. Zu dieser Gattung zählt auch *S.-non-scripta* (syn. *S. nutans*), das Hasenglöckchen, das sich am besten im Halbschatten in laubreicher Erde entwickelt. *S. sibirica* und *S. tubergeniana* werden beide ungefähr 15 cm hoch. An jedem Stiel bilden sich mehrere weitgeöffnete, leuchtendblaue Blüten. Man kann sie auch als Topfpflanzen verwenden. Sie blühen von Januar an. Im September und Oktober legt man die Zwiebeln in lockere Erde in Schalen oder Töpfe. Man hält sie feucht, jedoch kühl, bis sich das Laub und die Knospen zeigen. Dann stellt man die Pflanzen ins Gewächshaus oder an ein helles Fenster im Zimmer. Die Zwiebeln werden nach der Blüte ausgepflanzt. Man kann sie dann mehrere Jahre lang ungestört wachsen lassen. Im Herbst legt man neue Zwiebeln 5 cm tief und im allseitigen Abstand von 5–8 cm in Gruppen. Die beste Wirkung erzielt man mit diesen Pflanzen, wenn möglichst viele in einer Gruppe stehen. Verwendet wird der Blaustern im Steingarten, vor Sträuchern, vor Rabatten und möglichst immer in der Nähe des Wohnhauses.

Scilla

Sparaxis Fransenschwertel
Im Handel sind meist nicht mehr die reinen Arten, sondern nur noch *S.-Tricolor*-Hybriden. Dies sind Pflanzen mit zwiebelförmigen Knollen und schwertförmigen oder breit-linealischen Blättern. Es bildet sich ein 30–50 cm hoher Blütenschaft aus, an dem sich in der Regel nur drei bis fünf wechselständig sitzende, sternförmige, prächtig gefärbte Blüten entwickeln.

Die Knollen dieses seltenen Gewächses können in sehr milden Klimagebie-

Sparaxis

ten Ende Oktober oder im November ausgelegt werden. Zum Schutz gegen Winterfröste deckt man die Pflanzstellen mit Reisig, Laub oder Torfstreu ab. Im Frühjahr erfolgt der Durchtrieb. Die Blüte erscheint im Sommer.

Sicherer ist es allerdings, wenn man die Knollen in 15-cm-Töpfe in eine sandig-lehmige Erde legt und frostfrei aufstellt. Sobald die Blätter erscheinen, kommen die Töpfe in ein mäßig warmes Zimmer mit Temperaturen um 13 °C. Die Blüten erscheinen meist von April an. Nachdem das Laub abgestoßen ist, nimmt man die Knollen aus dem Boden und lagert sie bei 17–20 °C. Können diese Temperaturen nicht eingehalten werden, bilden sich oft keine Blüten mehr aus.

Sprekelia Jakobslilie
S. formosissima hat 5 cm breite Zwiebeln mit schwärzlichen Häuten. Die linealischen bis riemenförmigen Blätter werden bis 40 cm lang und erscheinen meist erst nach dem Flor. Die Blüten werden auf 30 cm hohen, hohlen Schäften ausgebildet. Jeder Schaft bringt im allgemeinen nur eine Blüte hervor. Sie ist ungefähr 10–12 cm lang und ebenso breit.

Die Zwiebeln werden Anfang bis Mitte Mai an einem warmen, geschützten Standort in voller Sonne ausgelegt. Der Zwiebelhals muß 2–3 cm hoch mit Erde bedeckt sein. Eine lehmig-sandige, nährstoffreiche Erde ist günstig. Bei guten Bedingungen treiben die Zwiebeln rasch durch und entwickeln bis Juni ihre Blüten.

Im Herbst, ehe die ersten Nachtfröste einsetzen, werden die Zwiebeln aus dem Boden genommen, getrocknet und gereinigt. Anschließend werden sie bei 17–20 °C gelagert. Von Mitte Februar an kann die Temperatur auf 7–8 °C abgesenkt werden.

Sternbergia Goldkrokus
S. lutea ist die bekannteste Art. Sie bildet kleine Zwiebeln aus, die eine gewisse Ähnlichkeit mit Narzissenzwiebeln haben. Die Blätter sind riemenförmig, tiefgrün und erreichen eine Länge von 25 cm. Die Blüten stehen auf einem kurzen Schaft, werden etwa 5 cm lang und sind lebhaft gelb gefärbt. Die Blütezeit erstreckt sich von Anfang September bis Ende Oktober.

Kultiviert wird der Goldkrokus gerne in Steingärten. Er braucht einen warmen, sonnigen, geschützten Platz. Bevorzugt wird ein sandig-lehmiger, nährstoffreicher, neutraler Boden mit gutem Wasserabzug. Man legt die Zwiebeln bis Mitte August 5–10 cm tief. Ein ausreichender Winterschutz ist erforderlich. Am besten ist es, wenn der Bestand zusätzlich mit einer Folie abgedeckt wird. So vermeidet man, daß die Zwiebeln im Winter vernässen. Diese Art ist verhältnismäßig robust und kann sich an einem günstigen Standort zu stattlichen Kolonien entwickeln.

Tulipa Tulpe
Gartentulpen werden nach ihrer Blütezeit und der Form ihrer Blüten in verschiedene Klassen eingeteilt. Beliebt sind die einfachen und gefüllten frühen Tulpen, die von Mitte April an im Freiland blühen und dabei 20–35 cm hoch werden. Die Triumphtulpen blühen von Ende April an und werden höher als die frühen (40–50 cm), erreichen jedoch nicht die Höhe der später blühenden Sorten. Die lilienblütigen Tulpen haben spitz zulaufende Blumenblätter, die gewöhnlich nach außen gebogen sind. Die Cottage- oder Maitulpen haben abgerundete oder eckige Blüten, die oben flach sind. Darwintulpen und Darwin-Hybriden, bei denen der Blütenboden rund ist und die 60–90 cm hoch werden, zählen zu den bekanntesten Gruppen. Außerdem gibt es Papageitulpen und zahlreiche weitere Hybriden. Die Blumenblätter der Papageitulpen sind gekräuselt und haben gewellte Ränder. Die einfachen und gefüllten frühen Tulpen sind von Weihnachten an als Zimmerpflanzen geeignet. Man legt die Zwiebeln im September in Töpfe oder Kübel und schlägt die Gefäße im Garten ein oder stellt sie an geschützter Stelle in die Erde, bis die Triebe 5–7 cm hoch sind. Von November an brauchen sie volles Licht. Man hält die Schalen und Töpfe gut feucht. Die Temperatur sollte jedoch 16 °C nicht übersteigen. Erst wenn sich Knospen zwischen den Blättern zeigen, kann man die Temperatur über 18 °C ansteigen lassen.

Lilienblütige Tulpe

Gefüllte frühe Tulpe

Einfache frühe Tulpe

Papageientulpe

Will man die Tulpen für den Garten haben, dann legt man die Zwiebeln von September bis November 10–15 cm im allseitigen Abstand von 12–15 cm ins Beet. Einfarbige Tulpenzwiebeln kommen in jedem Beet im allgemeinen besser zur Geltung. Es lassen sich jedoch schöne Kontraste erzielen, wenn man zwei Sorten, die gleich hoch werden und gleichzeitig blühen, zusammen legt. Nur wenige Zwiebeln halten sich über einen langen Zeitraum hinweg, wenn man sie Jahr für Jahr ungestört am gleichen Standort läßt. Man nimmt die Zwiebeln also nach der Blüte heraus und lagert sie an einem kühlen Platz. Ausnahmen bilden die Arten *T. clusiana, T. fosterana, T. greigii, T. kaufmanniana* und *T. praestans*. Diese und ähnliche Arten werden im November 10–15 cm tief und in allseitigem Abstand von 10–15 cm in Gruppen an einen Platz im Garten gelegt, wo sie sich ungestört über viele Jahre hinweg entwickeln können.

November

Während man Rosen bei mildem Wetter noch bis Mitte des Monats pflanzen kann, wird der übrige Garten langsam für den Winter vorbereitet. Manche Pflanzen kommen zum Überwintern ins Kleingewächshaus, andere müssen abgedeckt und so vor Frost und Schnee geschützt werden. Gartengeräte, die im Winter nicht gebraucht werden, sollte man jetzt reinigen und, falls nötig, reparieren lassen.

Schneeheide

△ Dattelpalme

△ Wunderstrauch

▽ Schönmalve

▽ Korallenstrauch

Die Dattelpalme, *Phoenix,* hat gefiederte Wedel, die sich bogenförmig nach unten neigen. Der Stamm der meisten Arten ist zwiebelförmig. *P. canariensis* (hier im Bild) ist die härteste und beliebteste Art

Damit sich die Blätter des Wunderstrauchs bunt färben, muß man ihn an einen hellen Platz mit direktem Sonnenlicht stellen. Die Form der Blätter und ihre Farbe ändern sich manchmal im Lauf der Jahre

Mit ihren herrlichen Blüten und den gelbgescheckten Blättern ist die Schönmalve eine attraktive Zimmerpflanze. Sie läßt sich leicht vermehren und liebt helle, temperierte Räume

Im Spätsommer oder Herbst bilden sich die hübschen leuchtendroten Beeren des immergrünen Korallenstrauchs. Meist kauft man ihn um diese Zeit, in der er am dekorativsten aussieht. Die Beeren halten einige Monate, schrumpfen dann ein und fallen ab

△ Silberling

△ Winterbalkon

▽ *Neoregelia*

Die silberweißen Fruchtstände des Silberlings ergeben in getrocknetem Zustand dekorative Trockensträuße

Blumenkästen lassen sich auch im Herbst sehr schön bepflanzen. Hier ein Beispiel mit niedrigen, gelbblühenden Chrysanthemen, rotviolettem Heidekraut und Efeu. Die Pflanzen werden aus den Töpfen herausgenommen, die Wurzelballen gut durchfeuchtet und dann in den Balkonkasten gesetzt. Auch Herbstblüher müssen übrigens gut mit Wasser versorgt werden

Neoregelien sind Ananasgewächse, deren leuchtende Blätter eine hübsche Rosette bilden. Beim Gießen sollte man daran denken, daß auch die Zisterne in der Rosettenmitte immer wieder mit Wasser aufgefüllt werden muß

Die Buntnessel eignet sich als Kleingewächshaus- oder Zimmerpflanze und besticht durch ihre samtartigen, schön gefärbten Blätter

▽ Buntnessel

November

Rasen

Der neue Rasen In diesem Monat kann man weiterhin Fertigrasen verlegen, falls diese Arbeit noch nicht abgeschlossen ist. Auch im Dezember läßt sich das noch fortsetzen, wenn das Wetter einigermaßen günstig ist.

Vorbereitung für die Aussaat Der für die Aussaat im Frühjahr vorgesehene Boden wird vorbereitet. Ideal ist es, die Fläche zwei Spaten tief umzugraben, jedoch reicht in den meisten Fällen auch schon normales Umgraben. Beim Umgraben dreht man auch alte Grassoden um. Wurzeln von Unkräutern sammelt man sorgfältig und achtet dabei besonders auf die Wurzeln von Quecken und Winden. Die so vorbereitete Fläche bleibt den Winter über liegen, damit der Boden gut durchfrieren kann. Die endgültige Vorbereitung des Bodens wird erst im Frühjahr vorgenommen (siehe *März*). Beim Umgraben arbeitet man gut verrotteten Stallmist oder Kompost ein.

Einebnen eines Gefälles Falls die für den Rasen vorgesehene Fläche ein Gefälle hat, will man es oft ausgleichen, um eine ebene Rasenoberfläche zu bekommen. Zunächst wird der Mutterboden – also die oberste Bodenschicht – abgehoben und am Rand der Fläche gelagert, vorzugsweise auf einer großen Plastikplane. Ein leichtes Gefälle kann man nach Augenmaß einebnen, oder man verwendet eine lange Holzlatte als Richtmaß.

Ist das Gefälle stärker, dann legt man eine Terrasse an. Der Boden wird an einer Stelle abgetragen und an einer anderen wieder aufgefüllt. Man beginnt ungefähr in der Hälfte des Gefälles. Von der oberen Hälfte der Fläche wird Unterboden zur unteren Hälfte gebracht, bis die Fläche eben erscheint. Danach werden in Abständen Pflöcke so tief in den Boden getrieben, daß ihre Oberkanten auf gleicher Höhe sind, was sich mit Hilfe einer geraden Latte und einer Wasserwaage prüfen läßt. Zum Schluß verteilt man den Mutterboden gleichmäßig über die ganze Fläche.

Bei einer solchen Anlage kommt es vor, daß zu beiden Seiten der Fläche ansteigende oder abfallende Bereiche vorhanden sind, die sich nur schwierig mähen lassen. Solche Flächen sollte man besser nicht einsäen, sondern sie als Steingarten nutzen. Überhaupt ist bei der Anlage eines Rasens darauf zu achten, daß das Mähen später nicht zur Plage wird. Man sollte die Fläche jederzeit mit einem normalen Rasenmäher bequem mähen können.

Der angelegte Rasen Bei geeignetem Wetter wird weiterhin der Wasserabzug verbessert (siehe *Oktober*). Außerdem belüftet man die Rasenfläche bei Bedarf (siehe *September*). Eine Herbstdüngung wird eingearbeitet, falls dies nicht bereits geschehen ist (siehe *September*).

Die Düngung soll bewirken, daß sich die Grasnarbe kräftigt und der Rasen im Frühjahr rasch austreibt. Die Düngermenge ist verhältnismäßig klein zu bemessen. Verwendet werden kann jeder mineralische Volldünger, z. B. ein Blaukornvolldünger. Natürlich kann man auch einen Rasenvolldünger nehmen. Die Aufwandmenge liegt bei etwa 10 g auf 1 m^2.

Da jetzt in den meisten Fällen nicht mehr gemäht wird, muß der Rasenmäher gründlich gesäubert werden. Zur Überwinterung wird er in den Schuppen oder Geräteraum gebracht. Auch sollte der Ölstand überprüft und das Benzin abgelassen werden. Haben sich während des Betriebs im Sommer oder Herbst Störungen gezeigt, bringt man ihn zur Reparatur. Meist wird diese in der kalten Jahreszeit günstiger ausgeführt als im Frühjahr, wenn die Saison beginnt.

Die Larven der Wiesenschnaken können mit Pyrethrum bekämpft werden.

Bäume und Sträucher

Wenn es die Witterung zuläßt, werden auch im November noch laubabwerfende Gehölze verpflanzt.

Außerdem gilt es jetzt, den Garten auf den Winter vorzubereiten. Es ist die Zeit des Laubfalls. Der ordnungsliebende Hobbygärtner neigt dazu, das Laub säuberlich zusammenzurechen und zu entfernen. Dies steht jedoch nicht im Einklang mit den Gegebenheiten in der freien Natur. So wie man es dort beobachten kann, sollte man es auch im Garten machen – also das Laub nicht aus den Pflanzflächen hinaus-, sondern es eher in sie hineinfegen. Auch das von den Rasenflächen abgekehrte Laub gehört in die Pflanzflächen. Damit schafft man eine Mulchdecke und schließlich eine Humusschicht, die für die Pflanzen optimal ist.

Läßt die Ordnungsliebe des Gartenfreundes es nicht zu, daß das Laub auf die Pflanzung kommt, sollte es zumindest kompostiert werden, damit man es später den Pflanzen in Form von Lauberde wieder zuführen kann.

Häufig beobachtet man, daß im November zwischen den Gehölzen umgegraben wird. Dies ist auf keinen Fall zu empfehlen.

Immergrüne Gehölze sollten noch mehrmals gründlich gewässert werden, denn sie geben ja auch im Winter viel Feuchtigkeit ab, und wenn diese nicht ausreichend zur Verfügung steht, kommt es zu Trockenschäden, die der Hobbygärtner häufig als Frostschäden betrachtet.

Nach dem Laubfall kann man – soweit dies erforderlich ist – bereits Schnittarbeiten, insbesondere den Auslichtungsschnitt, durchführen, wie dies im *Januar* erläutert wurde. Dabei können auch Ruten für die Steckholzvermehrung geschnitten werden.

Hecken

Langsam kehrt die Winterruhe ein. Abgefallenes Laub sollte man bei Hecken nicht zwischen den Pflanzen liegen lassen. Man recht es zusammen und bringt es auf den Kompost.

Immergrüne Hecken sollten, ehe der Winter kommt und strenge Fröste einsetzen, nochmals kräftig gewässert werden.

Stauden

Das Umgraben von Beeten und Rabatten, deren Erde den Winter über aufgebrochen liegen soll, muß man nun abschließen. Bei solchen Staudenbeeten, die bereits bestehen, werden alle verblühten und verwelkten Pflanzenteile zurückgeschnitten.

Kompost herstellen Abgestorbene Pflanzenteile, außer holzigen Trieben von Sträuchern, die jetzt zurückgeschnitten werden, enthalten noch etwas Saft und bilden besseren Kompost, als wenn man sie völlig vertrocknen läßt. Falls Kompost sehr rasch gebraucht wird, zerteilt man die Pflanzenstücke mit Hilfe eines Spatens in ungefähr 15–30 cm lange Abschnitte und

BÄUME SCHNEIDEN

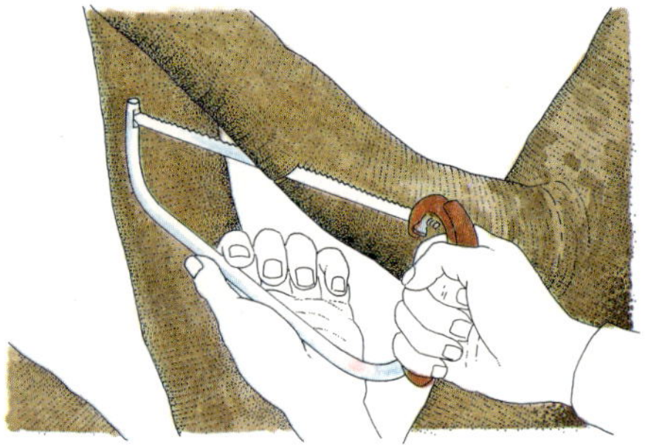

1. Dicke Äste kann man nicht auf einmal absägen, weil die Gefahr besteht, daß sie während des Sägens brechen und dabei die Rinde am Stamm ausschlitzt

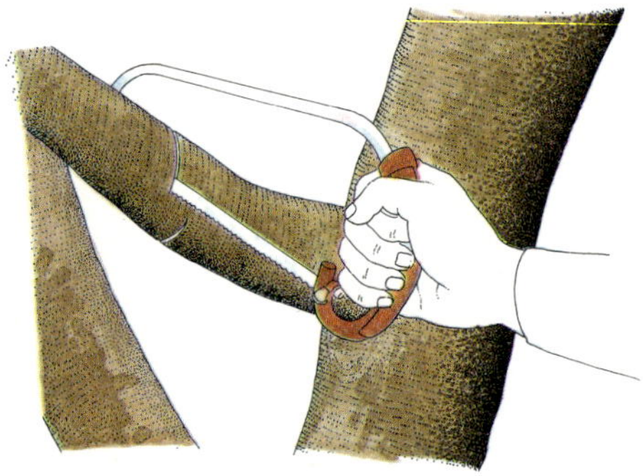

2. Man sägt den Ast zunächst ein Stück vom Stamm entfernt von unten her an, damit das Ausschlitzen vermieden wird

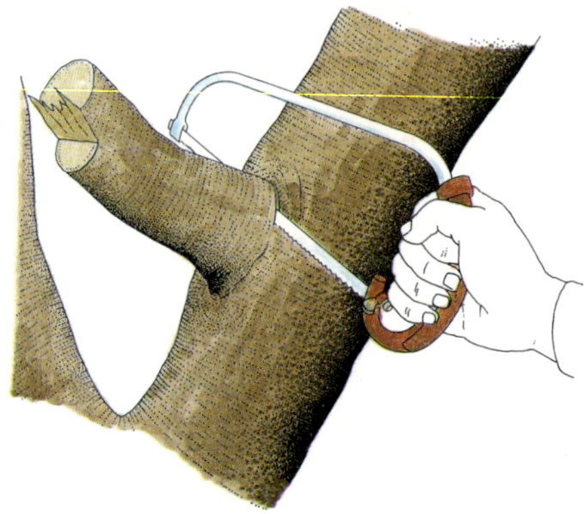

3. Der zweite Schnitt erfolgt von oben her, und zwar noch ein Stückchen weiter außen als der untere Schnitt. Den Stummel sägt man anschließend dicht am Stamm ab

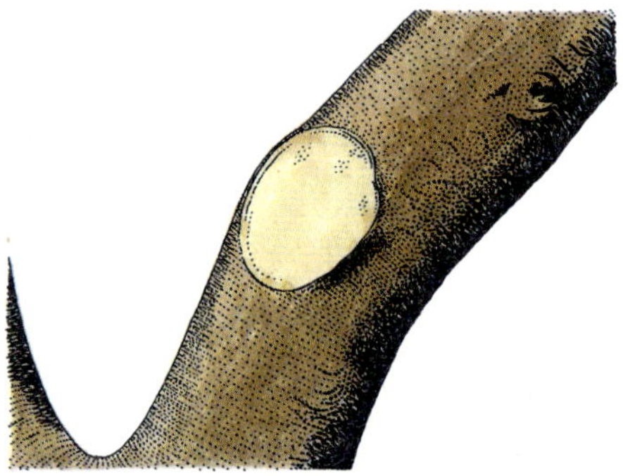

4. Die Schnittstelle muß dicht am Stamm liegen, es darf kein Stumpen stehenbleiben. Dieser würde nicht mehr im Saftstrom liegen und dadurch nicht überwallen

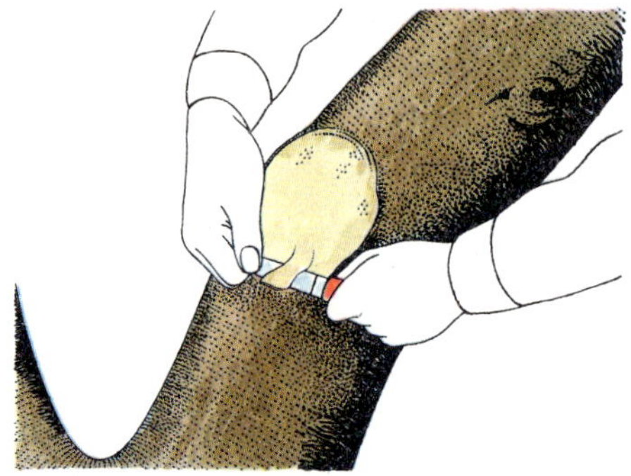

5. Mit einem scharfen Messer schneidet man die Sägestelle glatt. Das teilungsfähige Gewebe liegt am Rand direkt unter der Rinde. Hier besonders glatt schneiden

6. Die durch den Schnitt entstandene Wunde muß nun gegen eindringendes Wasser und Schädlinge geschützt werden. Man streicht ein Wundverschlußmittel auf

setzt sie mit feuchtem Torf oder Erde in Schichten auf. Dann fügt man entweder einen Schnellkomposter oder schwefelsaures Ammoniak hinzu. Auch Kalkstickstoff oder Kalkammonsalpeter können in einer Aufwandmenge von etwa 1,5– 3 kg auf 1 m^2 verwendet werden. Man setzt das Kompostmaterial locker auf, damit genügend Sauerstoff in den Kompost eindringen kann. Ist der Haufen aufgeschichtet, dann wird er zum Schluß mit einer Erdschicht überdeckt. Holzige Pflanzenteile, also Äste, Triebe und Zweige, verrotten langsam. Sie werden, wenn das Feuermachen statthaft ist, am besten verbrannt. Die Holzasche kann man als Dünger auf den Kompost bringen oder im Garten verteilen. Doch die Kompostierung ist vorzuziehen, weil dadurch wertvoller Humus entsteht, während die Asche aus verbrannten Pflanzenteilen geringeren Düngewert besitzt.

Falls sich die Anlieferung neuer Pflanzen aus irgendwelchen Gründen verzögert hat, ist es in extremen Klimalagen sicherer, sie an einem geschützten Ort bis zum Frühjahr einzuschlagen. Ist das Wetter noch mild und kann man erwarten, daß die Pflanzen bis zum Einsetzen strengerer Fröste noch Wurzeln bilden, dann setzt man die Stauden sofort in den Garten.

Bei mildem Herbstwetter treten verstärkt Schnecken auf. Man stellt entweder Schneckenfallen auf oder streut Schneckenkorn aus.

Stützstäbe lagert man an einem trockenen Ort, damit man sie im kommenden Jahr wiederverwenden kann.

Schwere Böden umgraben Schwere Böden sollte man vor Beginn des Winters umgraben. Man beginnt damit bereits im Oktober. Für diese Arbeit wählt man eine günstige Witterungsperiode aus. Die Bodenoberfläche sollte möglichst abgetrocknet sein. Ist der Boden verhältnismäßig feucht, wartet man zu, bis die Oberfläche durch einen ersten Frost leicht gefroren ist. Das Umgraben im Herbst hat auch heute noch große Bedeutung bei Beeten, die nicht mit Pflanzen besetzt sind.

Zum Umgraben nimmt man einen Spaten. Nur gelegentlich kann auch eine Grabgabel eingesetzt werden. Sie ist dann gut geeignet, wenn zwischen Pflanzen gegraben wird. Grundsätzlich wird aber heute nach modernen Gesichtspunkten in Pflanzenbeständen nicht mehr umgegraben, da durch diese Art der Bodenbearbeitung zu viele feine, flach unter der Erdoberfläche liegende Wurzeln beschädigt werden. Auf unbepflanzten Böden wird tiefgreifend umgegraben.

Wenn dabei grobe Schollen entstehen, werden sie beim Graben gewendet, so daß die ehemalige ausgewaschene Oberfläche nach unten zu liegen kommt. Gleichzeitig werden einjährige Unkräuter untergegraben.

Einjährige Unkräuter untergraben Zu Beginn des Umgrabens werden zunächst an einem Ende eines Beets oder einer Rabatte einige Schollen ausgehoben, so daß ein Graben entsteht. Danach wird rückwärts gearbeitet und Scholle für Scholle gewendet.

Wenn man auf der umzugrabenden Fläche Wurzelunkräuter entdeckt, liest man sie beim Umgraben aus. Das ist sehr wichtig, da sie sonst im nächsten Jahr wieder kommen. Nur die einjährigen Unkräuter, die man genügend tief durch das Umgraben in den Boden einarbeitet, erscheinen im Jahr darauf nicht mehr. Sie verrotten im Boden und geben einen wertvollen Humus.

Freie, nicht mit Pflanzen bestandene Flächen werden im allgemeinen immer tief umgegraben. Darunter versteht man eine Spatentiefe. Ist der Boden sehr schwer oder ist der Untergrund verdichtet, kann man auch zwei oder sogar drei Spaten tief umgraben. Ersteres nennt man Holländern, letzteres Rigolen. Dies sind jedoch mühsame Arbeiten, die nur in seltenen Fällen ausgeführt werden.

Zwischen den einzelnen Pflanzen sollte, wie bereits an anderer Stelle erwähnt, nicht gegraben werden. Erweist es sich einmal als unbedingt notwendig, damit einjährige Unkräuter in den Boden eingearbeitet werden, verwendet man dazu nach Möglichkeit eine Grabgabel. Sie verletzt die Wurzeln weniger, und man kann mit ihr etwa eine ähnliche Arbeit vollbringen. In diesem Fall wird auch nicht so tief umgegraben. Es genügt, wenn der Boden nur ungefähr 6 bis 8 cm tief gewendet wird. Stets muß man darauf achten, daß möglichst wenige Wurzeln von Kulturpflanzen beschädigt werden.

Beete säubern An einem windstillen Tag gegen Ende des Monats harkt man das abgefallene Laub von Bäumen und Sträuchern von den Beeten. Laub läßt sich gut kompostieren. Man kann es aber auch zum Mulchen verwenden. Fackellilien und solche Irisarten, die nicht völlig winterhart sind, brauchen in einem strengen Winter Schutz und können mit Laub gemulcht werden.

Rings um die Pflanzen wird eine 15 cm dicke Schicht aus Fallaub angebracht. Die Oberteile der Pflanzen läßt man unbedeckt, falls diese noch grün sind. Nur die Knospen auf den Rhizomen und die Wurzeln brauchen Schutz. Anschließend legt man Stäbe oder Zweige über die Blätter, damit sie nicht weggeweht werden. Man entfernt den Schutz erst ab der zweiten Märzwoche.

Ein- und zweijährige Pflanzen

Die Beete, die im nächsten Jahr für einjährige Pflanzen vorgesehen sind, werden umgegraben. In den Boden arbeitet man dabei eine aus gut verrottetem Stallmist oder Kompost bestehende organische Düngung ein. Wenn der Boden grobschollig liegenbleibt, kann der Frost im Winter den Boden „aufbrechen". Es entsteht dann eine feine Krume oder Oberfläche für die Aussaat (Frostgare).

Bei schwerem Boden ist das Umgraben im Herbst von besonders großer Bedeutung, jedoch gilt es, diese Arbeit vorzunehmen, ehe winterliche Schnee- und Regenfälle den Boden für eine Bearbeitung zu schwer machen oder früh einsetzende Fröste das Umgraben ganz verhindern.

Jetzt fordert man Samenkataloge an, so daß man die Bepflanzung für das nächste Jahr in Ruhe planen kann.

Zwiebel- und Knollengewächse

Zu Beginn des Monats können die letzten Tulpen und Hyazinthen gelegt werden. Der Hobbygärtner muß wissen, daß ein guter Blütenflor nur dann zu erwarten ist, wenn die Zwiebeln am neuen Standort gut einwurzeln. Sollte kurz nach dem Legen der Zwiebeln ein strenger Frost einsetzen, wachsen die Zwiebeln nicht mehr fest. Dann blühen die Pflanzen im Frühjahr nur sehr spärlich. Dieses Risiko sollte man lieber nicht eingehen und die Zwiebeln, vor allem in rauhen Lagen, schon im September oder Oktober pflanzen.

Zwiebelkultur unter Glas und im Haus

Mit Zwiebeln bepflanzte Schalen und Töpfe werden kontrolliert und diejenigen, bei denen sich bereits 2–3 cm lange Triebspitzen gebildet haben, in ein Kleingewächshaus, einen Frühbeetkasten oder ans Fenster eines mäßig temperierten Raums gestellt, wo sie einige Wochen lang bleiben. Die Temperaturen sollten zunächst bei etwa 10 °C liegen. Es muß ausreichend gegossen werden, damit das Substrat oder die Erde nicht austrocknet.

Ausnahmen von dieser Regel können nur bei den sogenannten Tazetten gemacht werden. Es handelt sich dabei um die süßduftenden, büschelig blühenden Narzissen, die in mediterranen Gebieten beheimatet sind. Ihre Klassifizierung ist etwas schwierig, denn im Handel erhältliche Sorten stellen oft auch Kreuzungen mit anderen Gruppen dar. Bekannt sind vor allen Dingen die Sorten 'Paper White' und 'Soleil d'Or'. Sie können gleich in ein Gewächshaus oder in ein wärmeres Zimmer gebracht werden, wo sie zum Teil schon vor Weihnachten zu blühen beginnen.

Rosen

Anfang bis Mitte November beginnt die allgemeine Pflanzzeit. Bis zum Einsetzen strengerer Fröste können Rosen gepflanzt werden.

Einschlagen Rosen, die nicht sofort gepflanzt werden, leiden keinen Schaden, wenn man sie eine Woche in der Verpackung läßt. Sollte man jedoch längere Zeit noch nicht pflanzen können, nimmt man die Rosen aus der Verpackung, löst die Bündel auf und schlägt die Pflanzen ein. Dafür hebt man einen flachen Graben aus, der so tief ist, daß die Wurzeln und die Basis der Triebe oder Stämme darin Platz finden. Man wässert die Wurzeln, füllt mit Erde auf und tritt sie leicht an.

Pflanzvorbereitungen Vor dem Pflanzen der Rosen stellt man die Wurzeln zuerst eine Stunde lang in einen Eimer mit Wasser. Dann markiert man die Pflanzstelle mit kleinen Stäben.

Mit einer scharfen Gartenschere schneidet man alle Blätter, Blüten, Früchte und dürren Seitentriebe weg, außerdem kürzt man beschädigte Wurzeln und solche, die länger als 30 cm sind, ein.

Rosen pflanzen Man hebt nun das erste Pflanzloch aus und bringt die Erde dorthin, wo die letzte Rose gepflanzt werden soll. Das Loch muß so groß sein, daß die ausgebreiteten Wurzeln ausreichend darin Platz haben.

Die Tiefe des Pflanzlochs hängt von den Rosen ab. Es soll so tief gegraben werden, daß sich die Veredelungsstelle am Wurzelhals, also am Übergang von der Wurzel zu den grünen Trieben, etwa 2–3 cm unter der Bodenoberfläche befindet. Die Grubensohle wird zusätzlich gelockert, damit die feinen Faserwurzeln ungehindert in tiefere Bodenschichten eindringen können.

Außerdem kann man die gelockerte Erde in der Grubensohle zu einem kleinen Hügel zusammenziehen. Nun wird die Rose mit ausgebreiteten Wurzeln in die Grube auf den kleinen Hügel gesetzt. Dann bedeckt man die Wurzeln mit der Erde, die man zu diesem Zweck vorbe-

PFLANZEN EINSCHLAGEN

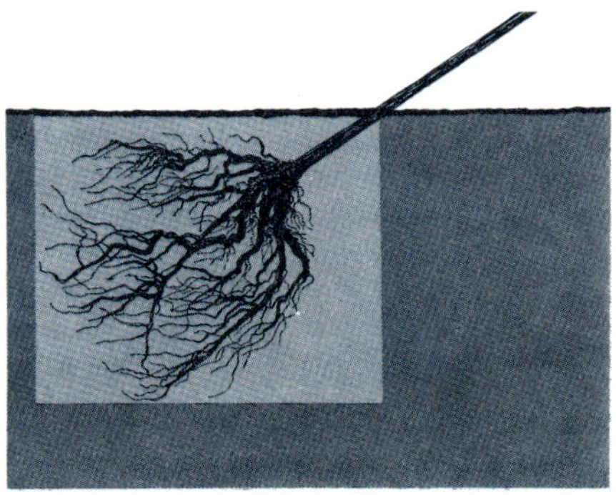

Wenn man eine Woche, nachdem die Pflanzen geliefert wurden, immer noch nicht pflanzen kann, packt man die Rosen aus, öffnet die Bündel und schlägt die Pflanzen an einer geschützten Stelle im Garten ein. Hochstammrosen legt man schräg, damit sie vom Wind nicht beschädigt werden

ROSEN PFLANZEN

1. Man hebt ein Pflanzloch aus, in dem die ausgebreiteten Wurzeln ausreichend Platz haben

2. Pflanze hineinstellen, Erde einfüllen und die Rose leicht schütteln, damit Erde zwischen die Wurzeln rieselt

3. Das Pflanzloch wird teilweise aufgefüllt und die Erde über den Wurzeln leicht festgetreten

4. Die Verbindungsstelle zwischen Stamm und Wurzelstock muß 2–3 cm unter die Erdoberfläche kommen

reitet hat. Das ist vor allen Dingen dann wichtig, wenn der Gartenboden verhältnismäßig schwer ist. In diesem Fall wird ein Pflanzsubstrat aus Komposterde, Torf und Sand hergestellt. Man feuchtet den Torfmull an, um zu vermeiden, daß trockener Torf das Wasser aus der Umgebung abzieht. Wurde die Beetfläche vorab nicht mit einem Grunddünger versehen, kann man dem Pflanzsubstrat etwas Hornspäne und Knochenmehl beigeben. Auf 10 l Erde (1 Eimer) rechnet man ungefähr 30 g Hornspäne und 30 g Knochenmehl.

Das erste Loch wird teilweise mit der Erde des zweiten Pflanzlochs gefüllt, vorausgesetzt, daß sie sich dafür eignet. Dann tritt man die Erde von innen nach außen leicht fest und füllt weitere Erde aus dem zweiten Pflanzloch auf, bis sie bündig mit dem umliegenden Boden abschließt. Nun kann die zweite Rose gepflanzt werden. Auf diese Weise fährt man fort und verwendet zum Pflanzen jeweils den Erdaushub des nächsten Pflanzlochs.

Stammrosen dürfen nicht tiefer als zuvor eingesetzt werden. Da die Stämme oft unterschiedlich hoch sind, sollte man nicht versuchen, die Kronen auf die gleiche Höhe zu bringen, indem man einige Rosen einfach tiefer pflanzt. Zuerst wird ein kräftiger, mindestens 3 cm dicker Stützpfahl an der Seite der Pflanze in die Erde getrieben, die vorwiegend dem Wind ausgesetzt ist. Er sollte gerade bis an die Krone reichen. Mit einem handelsüblichen Kunststoffband oder einem Kokosstrick wird der Stamm oben an der Stütze festgebunden.

Kletter- und Schlingrosen pflanzen Kletter- und Schlingrosen sollten einen Mindestabstand von 45 cm zu einer Mauer oder einem Zaun haben. Um zu verhindern, daß die Wurzeln austrocknen, werden sie schräg von der Mauer weg gepflanzt. Anschließend bindet man Leittriebe in Fächerform locker mit einem Bindfaden oder Bast an.

Unter Glas

Wer ein Gewächshaus oder einen Wintergarten hat, in dem Rosen, die im April oder Mai blühen, kultiviert werden können, pflanzt diese in Töpfe. Man verwendet am besten tiefe Tontöpfe, deren Durchmesser sich nach der jeweiligen Größe der Rosenpflanzen richtet. Die Abzugslöcher werden mit Tonscherben abgedeckt. Darauf kommt eine 2–3 cm dicke Schicht aus Torf und Sand. Die Wurzeln werden auf 15 cm eingekürzt, und den Topf füllt man mit Kompost- oder Gartenerde auf. Vorteilhaft ist es, wenn man einen 2 cm breiten Gießrand läßt. Die Töpfe werden auf eine durchlässige Unterlage gestellt und bleiben bis Dezember im Garten.

TRAUERROSEN ERZIEHEN

Für Trauerrosen mit steifen Trieben ist ein Drahtgerüst notwendig. Man zieht die Triebe durch die Mitte und bindet sie fest

ROSEN EINTOPFEN

Das Abzugsloch eines tiefen Topfs wird mit Tonscherben abgedeckt. Anschließend wird eine Mischung aus Torf und Sand eingefüllt

Wurzeln, die länger als 15 cm sind, kürzt man vorsichtig ein. Am besten verwendet man dafür eine scharfe Gartenschere

Der Topf wird mit Kompost oder guter Gartenerde aufgefüllt und ein 2 cm breiter Gießrand gelassen. Die Erde wird ein wenig angedrückt

Chrysanthemen

Bei Pflanzen, die im Garten überwintern, achtet man darauf, daß keine Staunässe entsteht. In einzelnen Fällen hat man Erfolge erzielt, wenn man mit einer Grabgabel rund um jede Pflanze tief in den Boden gestochen hat, um das Wasser in tiefere Bodenschichten abzuführen.

Die Beete werden von Unkräutern, die Schädlingen als Wirtspflanzen dienen, freigehalten.

Unter Glas

Die Mutterpflanzen im Gewächshaus oder kalten Frühbeet feucht, aber nicht naß halten. Außer bei starkem Wind oder Frost sorgt man für gute Lüftung; die Höchsttemperatur liegt bei 10 °C.

Blühende Pflanzen In diesem Monat blühen die großblumigen Chrysanthemen, die einfachen und anemonenblütigen Sorten. Alle brauchen lange, bis sie Blüten entwickeln, und man sollte nicht versuchen, den Prozeß zu beschleunigen. Die Temperatur darf nicht mehr als 10 °C betragen, und die Lüftungsklappen dürfen außer bei starkem Wind oder Frost nie ganz geschlossen werden. Durch gute Lüftung wird dem Grauschimmelbefall vorgebeugt.

Nach der Blüte werden die Pflanzen 15 cm über dem Boden abgeschnitten, damit Licht und Luft an den Topf gelangen und der Austrieb von grundständigen Stecklingen angeregt wird, die im kommenden Jahr zur Vermehrung benutzt werden (siehe *März*).

Dekorative Spätblüher Die Knospen der spätblühenden dekorativen Sorten im Gewächshaus beginnen Farbe zu zeigen. Nachts brauchen sie eine Temperatur von 10 °C und etwas Lüftung. Sie werden weiterhin alle sieben bis zehn Tage gegossen, das Laub darf dabei aber nicht naß werden.

Diese und andere Pflanzen leiden im Warmhaus leicht unter Minierfliegenbefall, deshalb spritzt man rechtzeitig mit Ekamet, ehe starker Besatz auftritt.

Dahlien

Man schaut nach den lagernden Knollen. Falls sie schrumpfen, legt man sie die Nacht über in mäßig temperiertes Wasser, läßt sie anschließend wieder abtrocknen und bringt sie dann in den Torf oder Vermiculite zurück (siehe *Oktober*). Sollten die Knollen faule Stellen haben, werden diese mit einem scharfen Messer herausgeschnitten, und die Schnittflächen werden anschließend mit Captan bestäubt.

Gladiolen

Die Knollen können jederzeit, nachdem sie trocken sind, bis kurz vor dem Auspflanzen im nächsten Frühjahr gesäubert werden. Besser ist es jedoch, sie noch vor dem Einräumen ins Winterlager gründlich zu säubern.

Alte Knollen wegwerfen Die alten, geschrumpften Knollen werden abgebrochen und weggeworfen. Will man die Brutknöllchen für die Anzucht aufbewahren, so entfernt man sie ebenfalls und bewahrt sie getrennt auf. Die derbe Außenhaut der großen Knollen wird gelöst. Stellt man dort Thripsbefall fest oder ist in der Wachstumszeit ein schwerer Thripsbefall aufgetreten, so behandelt man die Knollen mit Propoxurstaub.

Kranke Knollen vernichten Alle kranken Knollen werden weggeworfen. Kleine, narbige Vertiefungen weisen auf Trockenfäule hin, die zu schweren Verlusten führen kann, wenn die Gladiolen Jahr für Jahr auf demselben Beet wachsen.

Hartfäule äußert sich in großen schwarzen eingesunkenen Flecken auf der Knolle. Manchmal schrumpft die Knolle und stirbt ab. Fusariumwelke, die in der Regel zu einem Zerfall der Knolle im Boden oder am Lagerplatz führt, kann man an gefurchten Oberflächenverletzun-

GLADIOLENKNOLLEN SÄUBERN

Nach dem Trocknen werden die Gladiolenknollen gereinigt. Zuerst entfernt man die Brutknöllchen und lagert sie in Papiertüten

DIE ALTE KNOLLE ENTFERNEN

Die alte eingeschrumpfte Knolle wird abgebrochen und weggeworfen. Sie haftet an der Basis der neuen Knolle, die sich in diesem Jahr gebildet hat

DIE AUSSENHAUT WEGWERFEN

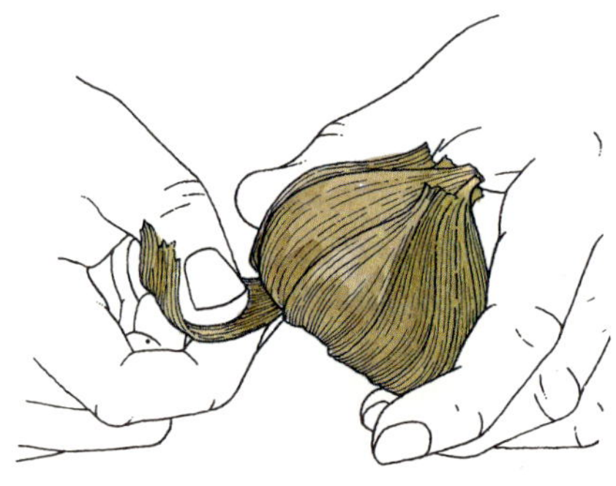

Die Außenhaut wird entfernt. Wenn man Thripsbefall feststellt oder im Sommer Krankheiten aufgetreten sind, stäubt man die Knollen mit einem Insektizid

gen erkennen. Grauschimmel, der die Knollen befallen hat, äußert sich in Form einer schwarzen, schwammigen Fäule.

Ein Beet fürs nächste Jahr Schon jetzt kann man für die Gladiolenpflanzung im nächsten Jahr einen geeigneten Standort auswählen. Am besten gedeihen die Pflanzen in einem mittelschweren Boden. Gladiolen brauchen viel Feuchtigkeit, vertragen jedoch keine Staunässe. Das Beet wird zwei Spaten tief umgegraben. Vorher bringt man eine organische Düngergabe aus gut verrottetem Stallmist oder Kompost aus. Eine Nährstoffgabe folgt später.

Iris

Noch können Sumpfschwertlilien *(I. kaempferi)* gepflanzt werden. Sind schon einige Pflanzen im Garten vorhanden, können sie nach etwa drei bis vier Jahren vorsichtig aus der Erde gegraben, aufgeteilt und wieder gepflanzt werden. Jedes Rhizom sollte etwa fünf bis sechs Triebe aufweisen.

Ein normaler Gartenboden, der im Winter möglichst trocken, im Sommer jedoch feucht ist, eignet sich für die Sumpfschwertlilien. Ein besonders gutes Wachstum erzielt man in einem kräftigen, lehmigen, kalkfreien Boden. *I. kaempferi* ist kalkempfindlich.

Bei bestehenden Pflanzungen wird das Laub im Herbst nicht abgeschnitten.

I. pseudacorus gilt als Starkzehrer. Dieser Schwertlilienart sollte jetzt eine Gabe verrotteten Kuhdüngers verabreicht werden. Auch kann man etwas Blaukornvolldünger ausstreuen.

Lilien

Die ideale Pflanzzeit für Lilien ist zwar der Spätsommer, doch treffen viele Lilienzwiebeln erst im November oder Dezember bei den Lieferanten ein. Wenn das Wetter mild ist und der Boden noch bearbeitet werden kann, pflanzt man die Zwiebeln jetzt ein (siehe *September* und *Oktober*).

Unter Glas

Wenn der Winter früh seinen Einzug hält und eine Pflanzung ins Freiland unmöglich macht, kann man die Zwiebeln in Schalen oder Töpfe legen, die man mit mäßig feuchtem Torfmull gefüllt hat. Die Spitzen der Zwiebeln sollen nur knapp über die Bodenoberfläche hinausragen. Die Zwiebeln der Lilie besitzen im Gegensatz zu denen anderer Zwiebelgewächse keine so robuste Schale, die sie vor Beschädigung oder Austrocknung schützt. Darum empfiehlt es sich, zu diesem Zeitpunkt keine Zwiebeln mehr zu beschaffen, sondern sie in der Obhut des Fachmanns zu belassen. Sobald man im nächsten Frühling wieder pflanzen kann, werden die Zwiebeln gekauft und ausgelegt. Töpfe und Schalen bleiben im frostsicheren Kleingewächshaus oder Schuppen.

Man legt Schneckenkorn aus, stellt Schneckenfallen auf und geht gegebenenfalls gegen Mäuse und Blattläuse vor.

Nelken

Wer im letzten Monat Garten- und Steingartennelken noch nicht gepflanzt hat, tut dies in diesem Monat, wenn das Wetter mild ist. Man untersucht den Boden. Liegt der pH-Wert unter 6,5, wird Kalk gegeben.

Unter Glas

Die Temperatur für die Edelnelken wird bei 7–10 °C gehalten, und bei mildem Wetter wird für etwas Lüftung gesorgt.

Sparsam gießen und düngen, Blumen schneiden und, falls notwendig, Nebenknospen entfernen.

Man achtet auf Nelkenrost und Blattläuse (siehe *März*). Im Winter verwendet man statt Spritz- besser Stäubemittel.

Steingartenpflanzen

Man schneidet die letzten welken Blüten und andere Pflanzenteile ab. Wer Samen gewinnen will, sammelt ihn ein (siehe *Juli*).

Abgefallenes Herbstlaub harkt man zusammen und bringt es auf den Komposthaufen oder verwendet es als Winterschutz für empfindliche Pflanzen. Damit die Blätter nicht von den Pflanzen weggeweht werden, legt man Holzpfähle darauf.

Stauden, Heidekraut und im Topf gezogene Steingartenpflanzen können noch ausgepflanzt werden.

Die Oberflächenbehandlung Dies ist eine günstige Zeit, um eine 1–2 cm dicke Schicht Steinsplitt auf ebene Flächen zwischen den Pflanzen aufzubringen. Eine solche Schicht verhindert weitgehend, daß Unkraut hochwächst. Flächen, auf denen viel Unkraut wächst, jedoch keine Pflanzen stehen, werden mit einer kleinen Gabel gesäubert.

Diese ungefähr 15–20 cm lange und 10 cm breite Handgabel, die flache Zinken besitzt, ist für diese Arbeit am besten geeignet. Die Wurzeln aller mehrjährigen Unkräuter entfernt man sorgfältig.

Wasserpflanzen

Jetzt werden die letzten Vorbereitungen für den Winter getroffen, u. a. lichtet man die sauerstoffbildenden Unterwasserpflanzen aus (siehe *Oktober*).

Das Laub von Schilfrohr- und Binsengewächsen wird nicht entfernt, da es bei strenger Kälte einen gewissen Schutz bietet.

Die Wasserfläche schützen Ist das Becken so gelegen, daß das Laub von Bäumen und Sträuchern leicht hineinfällt oder hineingeweht werden kann, dann deckt man die gesamte Wasserfläche mit einem kleinmaschigen Netz ab. Dieses läßt sich, an einem Rahmen befestigt, auf das Becken legen und zusammen mit dem Laub wieder abnehmen.

Geräte überholen Pumpen, die für Wasserfälle und Springbrunnen verwendet worden sind, werden nun abmontiert und überholt. Unterwasserpumpen nimmt man aus dem Wasser und reinigt und trocknet die beweglichen Teile, bevor man sie an einem trockenen Ort aufbewahrt.

Oberflächenpumpen trennt man von den Saugleitungen und Pumpen, läßt sie anschließend nur wenige Sekunden laufen, damit sich die Pumpenkammer entleert. Falls es möglich ist, werden die zugehörigen Armaturen abgenommen, die Metallteile gereinigt, getrocknet und mit Fett abgeschmiert, ehe man sie an einem trockenen Ort lagert.

Sobald es kalt wird, füttert man die Fische nicht mehr.

Heidekrautgewächse

Die Pflanzzeit ist vorüber. Wer noch nicht gepflanzt hat, sollte damit jetzt besser bis zum Frühjahr warten.

Eventuell angelieferte Pflanzen schlägt man in einem Frühbeet oder an einem anderen geschützten Platz ein, versorgt sie mit Wasser und deckt sie leicht mit Reisig ab.

Im bestehenden Heidegarten entfernt man das letzte Unkraut. Der Boden wird mit Torf oder Rindenschrot abgedeckt.

Rhododendron

Neu gepflanzten oder älteren Pflanzen, die an weniger günstigen Stellen stehen, gibt man einen Wind- und Sonnenschutz und baut dafür ein Gerüst. Man kann es schon jetzt im Garten vorbereiten, sofern es nicht störend wirkt. Wenn dies aber der Fall sein sollte, dann stellt man es erst Ende Dezember oder im Januar auf, denn vorher ist kaum mit ungünstigen Witterungsverhältnissen zu rechnen.

Schnittmaßnahmen Rhododendren müssen im allgemeinen nicht zurückgeschnitten werden. Sie treiben aber nach einem Rückschnitt willig wieder aus. Man kann also in das Wachstum eingreifen, wenn dies erforderlich ist, z. B., wenn die Pflanzen zu groß werden, etwas zu sparrig wachsen oder auch durch Frost gelitten haben.

Zur Erziehung junger Pflanzen kann ein solcher Schnitt ebenfalls jetzt erfolgen; lediglich Frostschäden korrigiert man erst im kommenden Frühjahr.

Zimmerpflanzen

Nur wenige Zimmerpflanzen eignen sich für einen wirklich kalten Standort; andererseits benötigen nur wenige mehr als mäßige Wärme (siehe Pflanzenbeschreibungen im *Dezember*).

Die meisten Zimmerpflanzen gedeihen gut bei normaler Zimmertemperatur. Starken Temperaturschwankungen sollte man seine Pflanzen allerdings nicht aussetzen. Dieser Fall tritt dann leicht ein, wenn ein Wohnraum am Abend warm ist und sich gegen Morgen stark abkühlt. Die Pflanzen fühlen sich in Räumen wohler, in denen die Temperatur einigermaßen gleichmäßig gehalten wird. Geringe Temperaturschwankungen zwischen der Tag- und Nachttemperatur überstehen die meisten Pflanzen ohne weiteres. Die Temperaturdifferenz zwischen Tag und Nacht sollte jedoch in der Regel nicht mehr als 3–5 °C betragen.

Jetzt gibt man allmählich weniger Wasser. Die Erde sollte an der Oberfläche die meiste Zeit fast trocken, die Wurzeln jedoch etwas feucht sein. Dünger wird nur solchen Pflanzen gegeben, die blühen oder stark wachsen. Alle Pflanzen müssen möglichst viel Licht bekommen, dürfen jedoch nicht am offenen Fenster stehen. Natürliches Tageslicht kann auch durch künstliches Licht ergänzt werden. Wichtig ist dabei, daß die Blätter nicht so dicht an der Lichtquelle stehen, daß sie Verbrennungen erleiden.

Kleingewächshausgärtnerei

An sonnigen Tagen wird das Gewächshaus belüftet. Es darf jedoch kein kalter Luftzug an die Pflanzen kommen. Am Nachmittag schließt man die Lüftungen rechtzeitig, damit die Wärme nicht wieder entweicht. Schmutziges Glas sperrt wertvolles Licht aus. Daher wäscht man das Glas innen und außen mit warmem Wasser ab, dem ein Reinigungsmittel zugesetzt wurde. Bei nebeligem Wetter hält man das Haus geschlossen.

Wenn man bemerkt, daß die Luftfeuchtigkeit zu stark ansteigt, heizt man ein wenig und lüftet gleichzeitig schwach. Bei dieser Methode geht wohl Energie verloren, doch hat sie sich bei allen Pflanzen bestens bewährt.

Pflanzen, die noch umgetopft werden müssen, nimmt man sich Anfang des Monats vor. Einjährige Pflanzen aus Samen, die im September oder Oktober ausgesät worden sind, können jetzt in 8-cm-Töpfe mit humoser Komposterde umgetopft werden. Stecklinge von Zonalpelargonien, Fuchsien, Heliotrop und Glockenblumen, die im September gesteckt wurden, haben jetzt wohl Wurzeln gebildet und können einzeln in 8-cm-Töpfe mit Komposterde umgetopft werden.

Überwinterung in Töpfen Nachdem das Laub von Schiefteller jetzt abgestorben ist und sich die knolligen Wurzelstöcke im Ruhestadium befinden, lagert man sie in ihren Töpfen unter der Stellage des Gewächshauses. Erforderlich ist im Winter eine Mindesttemperatur von 7 °C. Fuchsien, Knollenbegonien, Heliotrop und Hortensien, die im Sommer und Herbst geblüht haben, werden jetzt trockener gehalten. Die Töpfe von Hortensien und Knollenbegonien stellt man unter die Stellage eines temperierten Gewächshauses oder bringt sie in einen frostgeschützten Schuppen. Die Erde darf allerdings niemals staubtrocken werden. Noch besser ist es jedoch, wenn man nach dem Abtrocknen die Knollenbegonien aus den Töpfen nimmt und die Knollen in einem Handkistchen in trockenen Torfmull einschlägt. Auf diese Weise wird wertvoller Platz gespart.

Fuchsien und Heliotrop müssen an einer hellen Stelle des Gewächshauses überwintert werden. Wenn man sie unter die Stellage stellt, werfen sie meist schon sehr frühzeitig ihre Blätter ab.

Die Weiße Fliege oder Mottenschildlaus, eine nahe Verwandte der Blattläuse, die sich sehr rasch vermehrt, ist zu dieser Jahreszeit oft ein störender Schädling im Gewächshaus. Bei den

RHABARBER ANTREIBEN

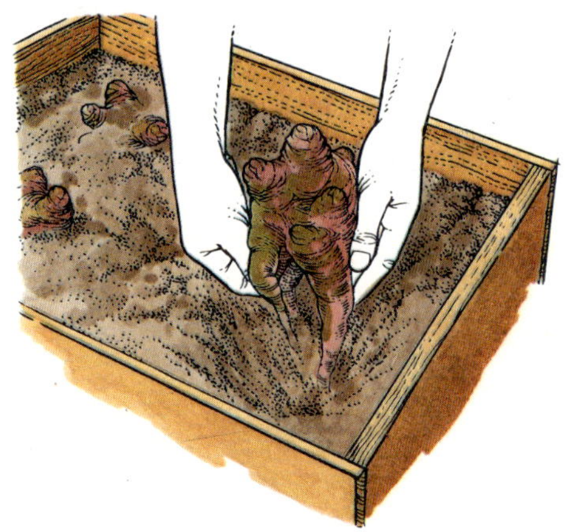

Die Rhizome werden in eine Kiste mit feuchter Erde gepflanzt, mit Stroh oder Torfmull abgedeckt und feucht gehalten. Dann stellt man die Kiste in einen dunklen Raum

RITTERSTERNZWIEBELN PFLANZEN

Trotz ihrer beträchtlichen Größe können Rittersternzwiebeln in 12- bis 15-cm-Töpfe gepflanzt werden. Man setzt nur die untere Hälfte der Zwiebeln in die Erde

ersten Anzeichen eines Befalls kann man mit Mitteln wie Deltamethrin spritzen.

Platz schaffen für Cinerarien Wenn frühblühende Cinerarien ihre Blütenköpfe entwickeln, brauchen die Pflanzen zusätzlichen Platz, um sich frei entfalten zu können und um möglichst viel Licht zu erhalten.

Winterharte Pflanzen antreiben Zahlreiche winterharte Pflanzen blühen im ungeheizten Gewächshaus, wenn man sie jetzt aus dem Garten nimmt und in 15-cm-Töpfe topft. Beispiele hierfür sind Astilbe, Tränendes Herz, Kugelprimel und Christrose, die zu Weihnachten unter Glas blüht.

Rhabarber antreiben Eine frühzeitige Ernte kann man dadurch erreichen, daß man die Pflanzen in einem Schuppen oder Gewächshaus antreibt. Man gräbt kräftige Pflanzen aus und legt sie mit den Blättern nach unten, so daß die Wurzeln nach oben schauen und durchfrieren können. Ende November und im Dezember pflanzt man die Rhizome in Kisten. Nach vier bis sechs Wochen kann man die Stengel ernten.

Rittersternzwiebeln pflanzen Jetzt legt man Ritternsternzwiebeln in 12- bis 15-cm-Töpfe. Nur die untere Hälfte der Zwiebel wird in die Erde gesetzt. Man hält die Temperatur bei 10–13 °C und gießt nur wenig, bis sich die ersten Blütenknospen zeigen. Die Luftfeuchtigkeit sollte ziemlich hoch sein.

Einjährige Pflanzen überwintern Einjährige Pflanzen, die in Töpfen auf einer Stellage im temperierten Gewächshaus überwintern, werden nur mäßig gegossen. Die Luft muß möglichst trocken sein. Hohe Temperaturen sind zu vermeiden, da die Sämlinge sonst spindelig wachsen und vergeilen.

Balkongärtnerei

Immer mehr geht man in den letzten Jahren dazu über, Balkonkästen, aber auch Tröge und Schalen mit dauerhaften Pflanzen zu bepflanzen. Viele Hobbygärtner verzichten sogar auf die traditionelle Balkonbepflanzung mit Pelargonien und Petunien und ersetzen sie durch eine Dauerbepflanzung.

Besonders an Wohnhäusern mit fest eingebauten Brüstungströgen bietet eine dauerhafte Bepflanzung mit Kleingehölzen und Stauden einige Vorteile: Sie ist das ganze Jahr attraktiv und zudem mehrere Jahre lang haltbar. Größere Gefäße können außerdem während der sommerlichen Urlaubswochen wesentlich einfacher bewässert werden.

Wenn man Pflanzen für den Winterbalkon auswählt, ist es ratsam, vor allem langsam wachsende Kleingehölze und Zwergkoniferen zu kaufen, denn die Pflanzen sollte man minde-

BEPFLANZUNGSBEISPIEL EINES WINTERBALKONS

In einem Winterbalkonkasten kann man kleinblättrigen Efeu, der über das Pflanzgefäß hinabrankt, kombinieren mit Koniferen, z. B. Zwergkiefern, Zwergwacholder oder einer Säuleneibe. Sehr gut passen dazu Schneeheide, Torfmyrte und Scheinbeere stens drei bis vier Jahre im Balkonkasten, in Trögen und Schalen lassen können, damit sich die höheren Kosten für die Koniferen und Gehölze lohnen.

Für eine Dauerbepflanzung eignen sich besonders Zwergkiefer, Zuckerhutfichte, Zwergwacholder, Zwerghemlocktanne, Goldhaarzypresse, Kriechender Wacholder oder Laubgehölze, wie Fingerkraut, Felsenmispel, Zwergrhododendron und Ginsterarten mit kriechendem Wuchs. Zur Auflockerung des Gesamtbilds können zwischen diese immergrünen Laub- und Nadelgehölze einige Exemplare Schneeheide oder auch kleinblättriger Efeu, verschiedene Stauden, wie Blaukissen, Grasnelke, Glockenblume, Teppichphlox, Fetthenne, und sogar Gräser, wie Blauschwingel, gepflanzt werden. Neuerdings werden sogar Balkonkästen, die ausschließlich mit Zwergstauden, wie Dachwurz, Mauerpfeffer und anderen Steingartenpflanzen, bepflanzt werden, immer beliebter.

Balkongefäße, die überwiegend mit immergrünen Gehölzen bepflanzt sind, können im Frühjahr, Sommer und Herbst durch verschiedene blühende Pflanzen, die man in Gruppen zwischen die Kleingehölze setzt, bereichert werden.

Bei größeren Balkongefäßen nimmt die mehrjährige Dauerbepflanzung ungefähr 30–70 % der Fläche ein. Damit können genügend jahreszeitliche Akzente, z. B. mit Zwiebelgewächsen, Sommerblumen und Heidekraut, gesetzt werden.

Anordnung der Pflanzen im Kasten Die meisten dieser Pflanzen werden heute von Baumschulen oder in Gartencentern in Töpfen oder Containern angeboten. Wenn man einen Kasten bepflanzt, nimmt man die Pflanzen aus den Behältern, in denen sie geliefert werden, und drückt sie gut in die Erde des Balkongefäßes ein.

Es empfiehlt sich, zuvor den Topfballen in Wasser zu tauchen, damit er beim Pflanzen nicht zu trocken ist. Die Pflanzen werden im Balkonkasten so angeordnet, daß sich immer eine oder zwei hochwachsende Pflanzen über die niederen oder hängenden Pflanzen erheben. Hübsch macht es sich auch, wenn man kleine Steine oder Wurzelstücke beim Einpflanzen mit verwendet.

Damit die Pflanzen einen guten Halt im Balkonkasten bekommen, sollte das Erdsubstrat nicht zu locker sein. Es muß den extremen Bedingungen des begrenzten Wurzelraums genügen, durchlässig und porös sein, damit eine gute Durchlüftung gewährleistet ist. Gleichzeitig wird damit verhindert, daß die Erde vernäßt und sich im Winter zuviel Eis im Substrat bildet. Eine Mischung aus 1 Teil Komposterde, 1 Teil Lauberde und 1 Teil Weißtorf eignet sich gut. Der Torf muß vorher gut angefeuchtet werden.

Für eine Winter- oder Dauerbepflanzung sollten mindestens 20 cm breite Balkonkästen verwendet werden, weil nur breite Kästen den Wurzelballen der Zwergkoniferen genügend Platz bieten.

Anlage von Pflanztrögen Größere Pflanztröge und Gefäße aus Fertigelementen besitzen eine Mindesttiefe von 40 cm. Sie sind in drei Schichten gegliedert: in die Dränschicht, die Filterschicht und die Vegetationsschicht.

Jede Schicht hat eine bestimmte Funktion. Zunächst müssen auch solche Gefäße Öffnungen für den Abzug des überschüssigen Gießwassers erhalten.

Ganz unten in das Gefäß kommt die Dränschicht. Sie muß mindestens 10 cm hoch sein. Ihre Aufgabe ist es, große Wassermengen, z. B. nach einem starken Regen, schnell abzuführen. Als Material kommen hierfür Kies, gewaschener Flußschotter, Blähton oder Styropor-Dränplatten in Frage.

Die Filterschicht, die sich daran anschließt, soll verhindern, daß Humusstoffe aus der obersten Vegetationsschicht in die Dränschicht einsickern und zu Verstopfungen führen. Man verwendet hierfür Filtervliese aus Kunststoff oder Glasfaser, wie z. B. Lutraflor, Agrifilzmatten, Polypropylenmatten oder Terra-Tel.

Die oberste Schicht, die eine Höhe von mindestens 25 cm aufweisen muß, ist die sogenannte Vegetationsschicht. Gute Ergebnisse erzielt man mit gut abgelagerter Komposterde, wenn sie im Verhältnis 1 : 1 mit Torf gemischt wird. Aber auch die sogenannten Industrieerden, wie z. B. Einheitserden oder Torfkultursubstrate, sind gut geeignet.

Obst

Man hält den Boden am Stammgrund der Bäume stets von Aufwuchs frei. Eine letzte Kontrolle ist jetzt angebracht. Dies gilt natürlich auch für das Material, das auf Baumscheiben aufgebracht worden ist, also für Mist, Gras, Stroh und Laub.

Feld- und Wühlmäuse sind nicht nur eine Gefahr für schwachwüchsige Kernobstbäume, sondern sie gefährden auch Kirsch- und Zwetschenbäume. Regelmäßige Kontrollen schützen vor Überraschungen (Bekämpfungsmaßnahmen siehe *Oktober*). Fallobst, das noch unter den Bäumen liegt, muß nun beseitigt werden. Wenn im Herbst die Wühlmausplage wieder zunimmt, kann die Springwurz ihre Wirkung tun. Die Pflanze schleudert ihre reifen Samen aus. Die Wühlmäuse fressen die Früchte des Wolfsmilchgewächses und gehen daran ein. Die Samen der Springwurz keimen allerdings so reich, daß die Pflanze selbst zur Plage im Garten werden kann. Sie ist aber dennoch leichter zu entfernen als Wühlmäuse.

Von diesem Monat an sollte man besonders darauf achten, daß der Obstgarten so gut eingezäunt ist, daß das Wild nicht einbrechen kann. In Obstpflanzungen, die nicht eingezäunt sind, schützt man einzelne Bäume mit Drahtgeflecht oder Kunststoffspiralen.

Die einzelnen Teile der Pflanzenschutzspritze, Behälter, Spritzrohr, Leitung und Düse, werden gründlich mit Wasser durchspült und, falls notwendig, repariert. Schließlich wird die Pflanzenschutzspritze frostfrei überwintert.

Wenn das Bodenleben intakt ist, verarbeiten die Regenwürmer in offenem Boden die abgefallenen Blätter bis zum Frühjahr. Liegt eine dicke Schicht Blätter auf dem Rasen, kann man das Laub auch zusammenrechen und auf den Kompost bringen, obgleich man in neuerer Zeit dazu übergeht, im Garten einen natürlichen Zustand zu schaffen, d. h., das Laub liegenzulassen.

Anfang November nach dem Laubfall werden die Obstbäume gedüngt. Eine Untersuchung des Bodens gibt Aufschluß darüber, ob der Boden gedüngt werden muß und wie hoch die Düngergabe sein sollte. Kalk streut man in der Regel alle drei Jahre im Spätherbst aus.

Größere Baumwunden und Astbrüche behandelt man jetzt. Bruchstellen und Wundränder werden mit einem Messer geglättet, Krebswunden bis ins gesunde Holz ausgeschnitten und danach mit einem Wundverschlußmittel verstrichen.

Nach dem Laubfall kann mit dem Verjüngungschnitt älterer Apfel- und Birnbäume begonnen werden. Nach einer reichlichen Ernte

WAS MAN BEIM KAUF EINES APFELBAUMS BEACHTEN MUSS

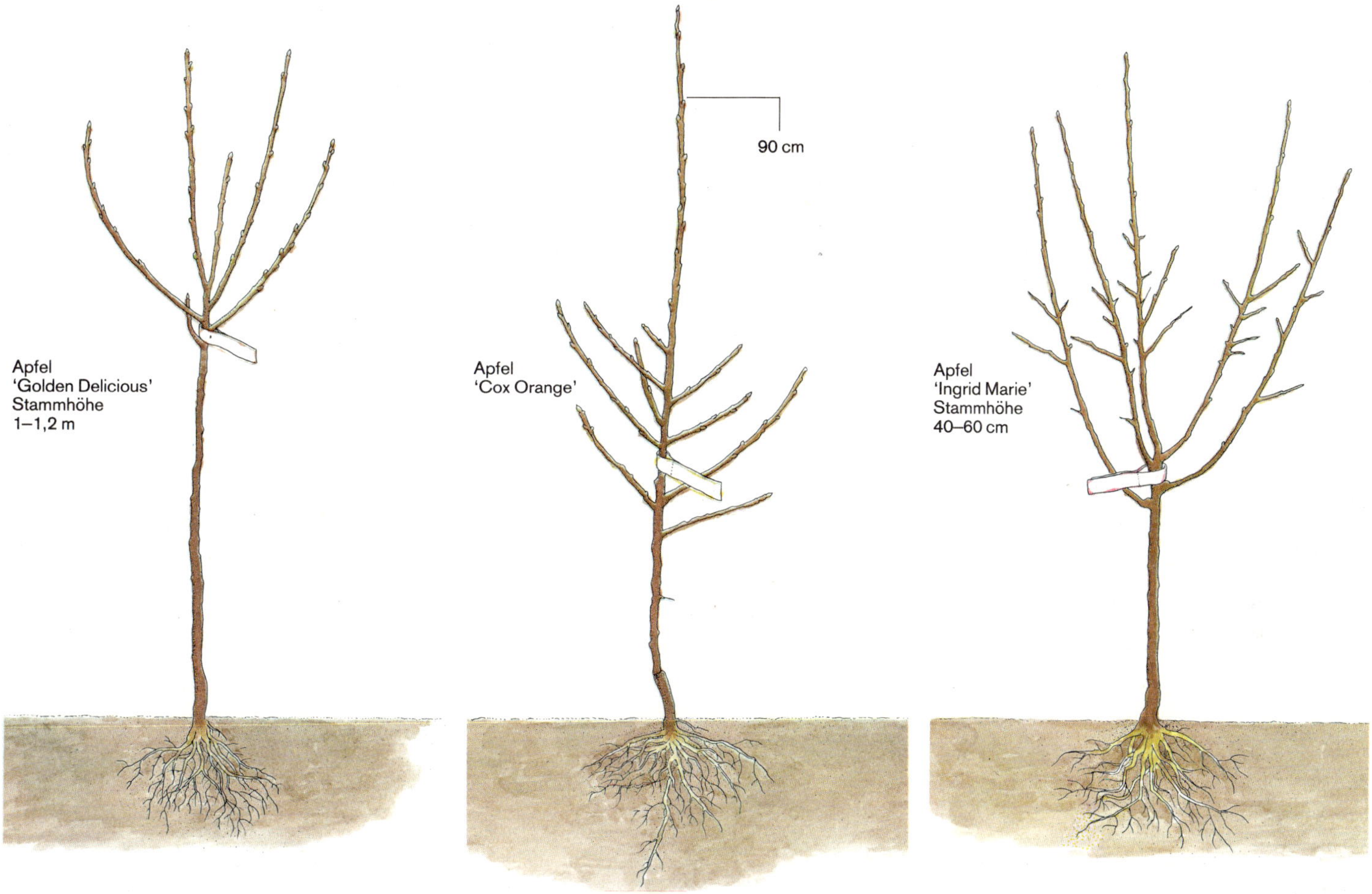

Halbstämme müssen einen geraden, 1–1,2 m hohen Stamm besitzen. Der Umfang des Stamms sollte in halber Stammhöhe mindestens 6 cm betragen. Auch hier müssen die Wurzeln gesund und gut ausgebildet sein

Bei einjährigen Veredlungen von Kern- und Steinobst muß sich die Veredlungsstelle mindestens 10 cm über dem Boden befinden. Der Trieb muß eine Länge von 90 cm haben und darf nur leicht gekrümmt sein.
Beim Kauf einer einjährigen Schlanken Spindel sollte ein Baum diese Eigenschaften besitzen. Obstbäume (Cox Orange, Renette) mit dem Markenetikett entsprechen den Gütebestimmungen

Zweijährige Büsche müssen einen kräftigen, geraden Stamm und eine tragfähige Krone mit mindestens vier kräftigen Trieben haben. Kopfveredelungen sollten mindestens drei gute Triebe besitzen. Die Wurzeln müssen gesund und gut ausgebildet sein sollte der Schnitt bei Sorten mit schwachem Blütenansatz etwas behutsamer als gewöhnlich erfolgen. Bäume, die in diesem Jahr wenig getragen haben, schneidet man stärker zurück.

Größere Schnittwunden müssen versorgt werden, damit sich dort nicht Schadpilze ansiedeln. Sauber nachgeschnittene Wundränder fördern die Bildung von Wundgewebe. Anschließend streicht man ein Wundverschlußmittel auf.

Jetzt werden in den Obst- und Gartenbauvereinen wieder Schnittkurse abgehalten. Wer sich auf dem Gebiet des Schnitts unsicher fühlt, sollte unbedingt daran teilnehmen. Unter fachkundiger Anleitung stellt sich rasch der Mut zu eigenem Handeln ein.

Obstbäume und Beerensträucher pflanzt man in diesem Monat, solange der Boden noch nicht gefroren ist. Die Herbstpflanzung hat den Vorteil, daß die Jungbäume, wenn sie aus der Baumschule kommen, gleich an den endgültigen Standort gepflanzt werden können und nicht zuvor eingeschlagen werden müssen. Bei der Auswahl von Gehölzen sollte man daran denken, daß sie leichter anwachsen, wenn sie jünger sind. Manche Baumschulen bieten beim Kernobst einjährige Veredlungen an, die man dann ganz nach Belieben als Spindelbusch oder Spalier erziehen kann. Sie sind wesentlich billiger als fertige Büsche. Allerdings müssen sie dann sehr sorgfältig erzogen werden.

Beim Kauf von Obstbäumen achtet man auf das Markenzeichen. Obstbäume mit Markenzeichen stammen aus qualitätsgeprüften Obstbaumschulen. Die Bäume entsprechen dann den Gütebestimmungen und sind von den zuständigen Pflanzenschutzämtern auf Virusbefall kontrolliert worden. Virusgetestete Obstbäume werden mit besonderen Markenetiketten gekennzeichnet. Solche Obstbäume bringen schneller höhere Erträge und schönere Früchte.

Im Obstlagerraum sollte man jetzt die Fenster öffnen und die Temperatur auf 4–5 °C absenken. Darüber hinaus ist eine hohe Luftfeuchtigkeit von 85–90 % notwendig. Wenn man Gefäße mit Wasser aufstellt, bewirkt dies ziemlich wenig. Besser ist es, das Wasser im Raum auszuschütten. Ist der Boden eines Obstlagerraums mit gebrannten Platten oder Steinen ausgelegt, saugt das verhältnismäßig poröse Material Wasser auf. Die in Folienbeuteln oder -säcken eingelagerten Früchte müssen ständig kontrolliert werden. Das gilt ganz besonders für ziemlich reife Früchte, denn sie haben eine höhere Atmungsintensität und produzieren dadurch verhältnismäßig viel Kohlendioxid.

Apfel und Birne Äpfel und Birnen sind meist schon im Oktober eingelagert worden. Dort, wo noch Früchte am Baum hängen, bekommen sie gelegentlich Nachtfrost. Man darf die Früchte nicht anfassen, solange sie noch gefroren sind, denn in diesem Zustand sind sie äußerst druckempfindlich. Stunden später, wenn sich die Früchte langsam erwärmt haben, können sie meist unbeschadet geerntet werden. Der kritische Gefrierpunkt der reifen Apfelfrucht liegt je nach Sorte und Zuckergehalt zwischen −1,4 und −2,8 °C. Eine kurze Zeit vertragen manche Sorten Kältegrade bis −5 °C, ohne Schaden zu nehmen. Erfrorene Früchte zersetzen sich nach dem Auftauen relativ rasch und werden braun. Früchte, die Frost bekommen haben, kann man, wenn sie aufgetaut sind, zu Apfelsaft verarbeiten. Zum Einlagern eignen sie sich nicht mehr.

Aprikose und Pfirsich Diese Obstbäume werden erst im Frühjahr zurückgeschnitten.

Es empfiehlt sich, gegen die Kräuselkrankheit des Pfirsichs zu spritzen. Man sollte möglichst bei milder Witterung zur Zeit des vollen Laubfalls diese Arbeit vornehmen.

Brombeere Neu gepflanzte Brombeeren werden zurückgeschnitten. Bei den rankenden Sorten erfolgt der Schnitt auf eine Länge von 50 cm. Seitentriebe werden auf ein Auge eingekürzt. Die aufrecht wachsenden, d. h. nicht rankenden Sorten schneidet man auf ungefähr 30 cm zurück. Falls die abgetragenen Ranken noch nicht zurückgenommen wurden, schneidet man sie jetzt nahe dem Boden ab, entfernt sie aber nicht (siehe *März* und *Oktober*).

Hagebutte Die Hagebutte braucht einen freien, sonnigen Standort. Sie kann auch als Hecke gepflanzt werden. Aus den Früchten läßt sich eine wohlschmeckende Marmelade bereiten.

Haselnuß Jetzt ist die beste Pflanzzeit für Haselnüsse. Die in dieser Zeit gesetzten Jungpflanzen nutzen die Winterfeuchtigkeit zum Anwachsen besser aus und haben gegenüber den im Frühjahr gepflanzten Sträuchern einen Wachstumsvorsprung.

Heidelbeere und Preiselbeere Beide Beerenobstsorten brauchen einen sauren Boden mit einem pH-Wert von 3,5–5. Sie sind chlorempfindlich und stellen geringe Ansprüche an Stickstoff, Phosphor und Kali. Erprobte Kulturheidelbeersorten sind: 'Blueroy', 'Darrow', 'Goldtraube', 'Selektion 23' und 'Heerma I'. Bei Preiselbeeren heißen die selektionierten Sorten 'Koralle', 'Erntedank' und 'Erntekrone'.

Himbeere Manche Gartenfreunde schneiden beim Pflanzen die Ruten der Himbeeren gar nicht oder nur wenig zurück. Im nächsten Jahr erscheinen dann zwar an den langgebliebenen Ruten schon Früchte. Das geht im ersten Jahr aber auf Kosten der Bildung von Neutrieben. Bei den Jungpflanzen ist es wichtig, daß sich im Jahr nach der Pflanzung zahlreiche kräftige Bodentriebe bilden. Dies ist aber nur durch einen kräftigen Pflanzschnitt zu erzielen. Man schneidet also die Ruten auf eine Länge von ungefähr 30 cm zurück.

Johannisbeere Das alte Holz wird entfernt, ebenso zu flach stehende und schwache Triebe. Es genügt, wenn sechs bis acht kräftige Jungtriebe verbleiben. Jungpflanzen haben häufig bis zu zwölf Triebe. Diese Zahl reduziert man auf vier bis fünf Triebe. Sie werden, nachdem die Sträucher eingepflanzt sind, um die Hälfte eingekürzt.

Kirsche (Sauer- und Süßkirsche) In den Hausgärten sieht man oft völlig verkahlte Sauerkirschbäume. Hier muß ein kräftiger Rückschnitt erfolgen, damit sich das Holz regeneriert. In regenreichen Jahren werden diese Bäume auch von Monilia, einer Pilzerkrankung, befallen. Abgestorbenes Holz muß jetzt sorgfältig ausgeschnitten werden, neu infizierte Triebe sind während bzw. nach der Blüte zu entfernen und zu vernichten.

Über die Wuchsstärke von Süßkirschenbäumen bestehen oftmals falsche Vorstellungen. Manche Hobbygärtner sind der Meinung, daß Bäume mit niedrigen Stämmen auch kleinere Kronen ausbilden. Das trifft nicht zu. Leider gibt es in den Baumschulen noch keine kleinbleibenden Süßkirschenbäume. Die gewählten Pflanzabstände sind daher gerade in Gärten oft viel zu gering bemessen.

Kiwi Im November reifen die Früchte. Wenn das Fruchtfleisch auf leichten Daumendruck nachgibt, kann man sie ernten. In Gebieten mit frühem Frosteinbruch reifen die Früchte nicht voll aus. Genießbar, also vollreif, sind Kiwifrüchte, wenn sich die pelzartige braune Schale leicht abziehen läßt.

Man lagert die Früchte bei +4 °C bis Anfang Februar, bei +1 °C bis März oder April. Die erforderliche Luftfeuchtigkeit liegt bei 50–70 %. Wird sie nicht eingehalten, dann schrumpfen die Früchte vorzeitig und werden ungenießbar.

In den letzten Jahren wurden die Sorten 'Bruno', 'Monty' und 'Hayward' auf den Markt gebracht. Von den genannten Sorten eignet sich für unsere Breiten nur die Sorte 'Hayward'. Man kann die Pflanze jetzt oder im Frühjahr nach den Spätfrösten pflanzen.

Mirabelle, Reneklode und Zwetsche Auch diese Steinobstarten bringen bessere Früchte hervor, wenn die Bäume ausgelichtet wurden. Ein Rückschnitt ist nicht notwendig.

Sanddorn Dieser fruchttragende Strauch, der bis zu 6 m hoch werden kann, sollte in größeren Gärten wieder häufiger angepflanzt werden. Die Beeren schmecken zwar roh nicht besonders gut, aber zu Saft und Marmelade verarbeitet ist Sanddorn eine Delikatesse. Die Beeren haben einen sehr hohen Vitamin-C-Gehalt. Da die Pflanzen zweihäusig sind, muß man außer weiblichen auch männliche Pflanzen kaufen.

Stachelbeere Die Sträucher oder Stämmchen lichtet man gut aus. Triebspitzen, die vom Mehltau befallen sind, werden abgeschnitten und verbrannt.

Walnuß Bei Katalogangeboten von Walnußbäumen wird oftmals von Heistern gesprochen. Das sind Jungbäume, die strauchförmig wachsen. Wer also einen derartigen Walnußbaum möchte, sollte Heister kaufen. Große Früchte, verhältnismäßig kleine Kronen und einen frühen Ertragsbeginn bringen nur veredelte Walnußbäume.

Gemüse

Wenn die letzten Erntearbeiten abgeschlossen sind, nimmt man die herbstliche Bodenbearbeitung vor (siehe auch *Oktober*). Besonders schwere, lehmige Böden sollten zeitig umgegraben werden. Die Ernterückstände, aber auch Laub, halbverrotteter Kompost, frischer Stallmist und anderes organisches Material können im Herbst mit eingegraben werden. Dagegen müssen Wurzelunkräuter und Kohlstrünke aus dem Garten beseitigt werden.

Sämtliche Pflanzenreste können aber auch auf den Kompost gebracht werden. Für größere Gärten haben sich Kleinhäcksler bewährt. Sie zerkleinern sperriges Gut, damit es sich auf dem Kompost rascher zersetzt.

Chicorée antreiben Zwischen Ende Oktober und Anfang November sollte man die Chicoréerüben mit einer Grabgabel aus dem Boden nehmen und zum Treiben aufstellen. Die Rüben läßt man einige Tage nach der Ernte mit dem Laub auf Haufen liegen. Dann werden die Blätter 3–4 cm über dem Wurzelansatz abgeschnitten. Zum Treiben eignen sich 35–40 cm tiefe Holzkisten, Blecheimer und ähnliche Gefäße. Die Behälter müssen am Boden Wasserabzugslöcher besitzen.

Entweder gleich nach der Ernte oder im Lauf des Winters werden die Wurzeln angetrieben. Nachdem man die Rüben gereinigt hat, werden sie an einen kühlen Ort gebracht und dort bis zum Beginn des Treibens in feuchte Erde oder Torf eingeschlagen.

Man stellt die vorbereiteten Rüben senkrecht in ein Gefäß, das mit einer 10 cm hohen Erdschicht bedeckt ist. Darüber wird eine 3 cm dicke Erdschicht gestreut und mit Wasser eingeschwemmt. Es folgt darauf eine 15–20 cm starke Lage humoser Erde. In diese Schicht müssen die Schosse hineinwachsen.

Bei einer Temperatur von 12–17 °C werden die Rüben satzweise zum Treiben aufgestellt. Nach fünf bis sechs Wochen, wenn sich die Blattschöpfe ausreichend entwickelt haben, kann die Ernte beginnen. Man kann Chicorée auch ohne Deckerde antreiben. Statt dessen werden die Gefäße mit einer schwarzen Folie abgedeckt und dunkel aufgestellt. Diese Methode ist nur dann erfolgversprechend, wenn die richtige Sortenwahl getroffen wurde. Geeignet ist hierfür beispielsweise die Sorte 'Mitado'.

Den Boden untersuchen Ehe man den Boden umgräbt, sollte man prüfen, ob der Kalkspiegel in Ordnung ist. Kalk neutralisiert überschüssige Säure, beschleunigt Umsetzungsvorgänge und trägt zur Verbesserung der Erde bei.

Ideale Lebensbedingungen finden Mikroorganismen und Kleinlebewesen bei einem schwach sauren bis leicht alkalischen pH-Wert. Für die meisten Gemüsearten liegt der günstigste pH-Wert im Bereich zwischen 6 und 7,5. Im Fachhandel gibt es verschiedene Hilfsmittel, mit denen man den pH-Wert einfach bestimmen kann. Günstig ist es auch, in zwei- bis dreijährigem Turnus eine Bodenuntersuchung durch eine landwirtschaftliche Untersuchungsanstalt durchführen zu lassen. Bei einer normalen Untersuchung wird neben dem Reaktionsgrad der Stickstoff-, Phosphorsäure- und Kaligehalt des Bodens ermittelt. Auf Wunsch kann auch eine Düngeempfehlung erbeten werden. Die Kosten für eine derartige Untersuchung liegen bei 20 bis 30 DM.

Wer eine Bodenuntersuchung machen lassen will, muß eine Durchschnittsprobe einsenden. Für diesen Zweck zieht man im Herbst nach der Vegetationsperiode Proben. Am besten geschieht dies mit einem Bohrstock, der ungefähr 20 cm tief in den Boden gestochen wird. Auf 100 m^2 werden etwa zehn Einstiche an verschiedenen Stellen entnommen und anschließend auf einer sauberen Unterlage gemischt. Hiervon wird eine Probe von etwa 500 cm^3 entnommen und in einem Folienbeutel verschickt.

Sollte die Untersuchung ergeben, daß im Boden Kalk fehlt, bringt man diesen im Oktober und November aus. Im allgemeinen verwendet man im Hausgarten den kohlensauren Kalk. Meist genügt es, alle drei Jahre ungefähr 150 g auf 1 m^2 auszustreuen.

Wird mit Kalk gedüngt, dann muß der Boden trocken sein. Der Dünger wird sofort in die Krume eingearbeitet. Seit einiger Zeit gibt es den gekörnten Düngekalk, der nicht stäubt.

Küchenkräuter

Einjährige Gewürzkräuter, wie Basilikum, Dill und Kerbel, werden vom Beet abgeräumt. Den Boden gräbt man vor Ende des Monats um. Im August gesäte Petersilie und Kerbel werden mit Folienhauben abgedeckt, um die Wintertriebe zu fördern. Salbei braucht vom Spätherbst an einen Winterschutz mit Fichtenreisig. Auf diese Weise behält er die Blätter, wodurch im Frühjahr der Austrieb begünstigt wird. Rosmarin sollte vom Spätsommer an möglichst wenig geschnitten werden, damit die Triebe gut ausreifen und die Pflanzen ohne Schaden überwintern. Vor Frost werden sie mit einer Torfschicht und Fichtenreisig geschützt. Die Pfefferminze sollte in rauhen Lagen im Winter mit einem Frostschutz versehen werden. Liebstöckel und Lavendel brauchen nur in extremen Lagen eine leichte Frostschutzdecke. Estragon kann im Winter durch Anhäufeln geschützt werden.

Pflanzen, die sich für geschnittene Hecken am besten eignen

Botanischer Name	Deutscher Name	Erzielbare Heckengröße in Metern Höhe	Breite	Bemerkungen
Acer campestre	Feldahorn	1,5–4 m	0,5–1,5 m	Widerstandsfähig, robust, interessanter Austrieb, schöne Herbstfärbung
Berberis julianae	Berberitze	1–3 m	0,5–1,5 m	Immergrün, dicht, stachelig, undurchdringbar
B. thunbergii	Berberitze	0,4–2 m	0,4–1 m	Undurchdringbar
B. t. 'Atropurpurea'	Rotblättrige Berberitze	0,4–2 m	0,4–1 m	Undurchdringbar, rotblättrig
B. t. 'Atropurpurea Nana'	Rotblättrige Zwergberberitze	0,2–0,4 m	0,2–0,4 m	Für Einfassungen geeignet
Buxus sempervirens	Buchsbaum	0,4–2 m	0,25–1 m	Immergrün, auch für schattige Plätze geeignet; erträgt jeden Schnitt
Carpinus betulus	Hainbuche	1–4 m	0,4–2 m	Wertvollste Heckenpflanze; das braune Laub bleibt im Winter am Baum, guter Sichtschutz
Chamaecyparis lawsoniana 'Alumii'	Scheinzypresse	1,5–4 m	0,4–1,5 m	Immergrünes, blaubereiftes Nadelgehölz
Cornus mas	Kornelkirsche	1–3 m	0,5–1,5 m	Im Februar und März Blütenschmuck; im Herbst eßbare Beeren
Cotoneaster dielsianus	Felsenmispel	1–2 m	0,3–0,6 m	Läßt besonders schmale Hecken zu
Fagus sylvatica	Rotbuche	2–4 m	0,6–2 m	Nur für größere Hecken geeignet; das Herbstlaub bleibt zum Teil auch im Winter erhalten
Ligustrum vulgare 'Atrovirens'	Liguster	1–2,5 m	0,4–1,5 m	Weitverbreitete dankbare wintergrüne Heckenpflanze
L. v. 'Lodense'	Zwergliguster	0,4–1 m	0,3–0,6 m	Wintergrün, manchmal frostgefährdet
L. ovalifolium	Zwergliguster	1–2,5 m	0,4–1 m	Interessant durch den niederen Wuchs
Lonicera nitida	Heckenkirsche	0,3–1 m	0,4–0,6 m	Immergrün, für Einfassungen
Mahonia aquifolium	Mahonie	0,5–1 m	0,5–1 m	Immergrün, schon bei lockerem Schnitt für Einfassungen
Pyracantha coccinea	Feuerdorn	1–3 m	0,4–1,5 m	Weitgehend immergrün
Taxus baccata	Eibe	1–4 m	0,4–1,5 m	Immergrünes Nadelgehölz mit dunkelgrüner Benadelung, nicht billig
Thuja occidentalis	Lebensbaum	1,5–4 m	0,4–2 m	Weitverbreitetes immergrünes Nadelgehölz

Pflanzen, die im November entweder Früchte oder buntes Laub tragen

Steingartenpflanzen
Cyclamen coum
Gentiana

Bäume und Sträucher mit bunten Blättern
Acer
Amelanchier
Berberis thunbergii
Callicarpa
Cornus kousa
Cotoneaster
Gingko
Hamamelis
Lindera
Viburnum

Bäume und Sträucher mit Früchten
Amelanchier
Arbutus
Aucuba
Berberis
Callicarpa
Chaenomeles
Cotoneaster
Crataegus
Euonymus
Malus
Pernettya
Pyracantha
Skimmia japonica
Sorbus
Symphoricarpos
Viburnum

Zimmerpflanzen
Aphelandra
Begonia semperflorens
Cyclamen persicum
Euphorbia pulcherrima
Saintpaulia

Reifes Gemüse
Artischocke
Blumenkohl
Brokkoli
Chicorée
Chinakohl
Endivie
Feldsalat
Grünkohl
Knollenfenchel
Knollensellerie
Möhren
Rettiche
Rosenkohl
Schwarzwurzel
Spinat
Zuckerhutsalat

Steingartenbeete und Steingärten, die man im November anpflanzt

Hunderte von Steingartenpflanzen benötigen so wenig Raum zum Wachsen, daß ein Steingarten oder ein Beet überall auf geringstem Raum angelegt werden kann. Gewisse Dinge sind jedoch zu beachten, wenn man Erfolg haben will.

Die Wahl des Standorts Nach Möglichkeit sollte man einen sonnigen, luftigen Standort wählen, da die Mehrzahl der Steingartenpflanzen am besten in der Sonne gedeiht und frischen Wind gut erträgt. Ist kein sonniger Standort vorhanden, kann man auf Gattungen und Arten, die den Schatten ertragen, ausweichen. Dem Dauerschatten durch überhängende Zweige von Bäumen hält keine Steingartenpflanze stand.

Ein konventioneller Steingarten ist nicht allzu schwierig zu planen und zu pflegen, vorausgesetzt, man hat ein leicht geneigtes Gelände im Garten. An einem zu steilen Hang sollte man keinen Steingarten anlegen, da dort die Erde zu leicht abgeschwemmt wird. Auch ist zu bedenken, daß mehrjährige Unkräuter sich nur schwer beseitigen lassen, wenn sich die Wurzeln oder Triebe erst einmal zwischen den Steinen festgesetzt haben.

Reizvoll lassen sich Steingartenpflanzen in einem Hochbeet kultivieren. Solche Beete kann man leicht anlegen und pflegen, und man kann sie von allen Seiten bewundern.

Nachdem man den Standort für den Steingarten festgelegt und sich überlegt hat, wie man ihn am besten anlegt, sollte man prüfen, ob der Boden durchlässig und frei von mehrjährigen Unkräutern ist. Einjährige Unkräuter lassen sich zwar leicht bekämpfen, doch besser ist es, wenn man gleich zu Beginn keimfreie, möglichst sterilisierte Erde, die sich für Steinpflanzen eignet, verwendet (siehe *September*).

Die Durchlässigkeit des Bodens spielt eine wichtige Rolle. Sollte er schwer und naß sein, dann lohnt es sich, eine dicke Schicht Ziegelschotter oder groben Kies am Grund des Steingartens aufzubringen.

Mit Steingartengewächsen kann man auch sehr gut eine Böschung bepflanzen. Hier werden, nachdem der Boden gründlich vorbereitet wurde, ebenfalls Steine eingesetzt, so daß der Eindruck eines Steingartens entsteht. Zeigt die Neigung der Böschung nach Süden, Südosten oder Südwesten, entwickelt sich dort schon bald ein üppiges Wachstum und eine reiche Blüte.

Trockenmauern kann man ebenfalls sehr schön mit Steingartenpflanzen schmücken. Sie finden dort ideale Wachstumsbedingungen vor und bilden üppige Polster. Verwendet werden hier vor allem Gattungen und Arten, die im Frühjahr blühen, doch auch im Sommer blühende Pflanzen können gewählt werden.

Unter Trockenmauern versteht man Mauern, deren Steine nur locker, ohne Bindemittel aufgesetzt werden. Ein typisches Beispiel dafür sind alte Weinbergmauern. Läßt man nun an bestimmten Stellen einen Spalt frei, kann man dort Pflanzen hineinsetzen. Sie brauchen nur mit ihren Wurzeln Kontakt zum Erdreich haben.

Die Wahl der Pflanzen Zunächst muß man entscheiden, ob man vielen Gattungen und Arten langsam wachsender Steingartenpflanzen den Vorzug gibt oder ob man lieber Pflanzen haben möchte, die rasch heranwachsen und frühzeitig eine üppige Farbenpracht ergeben. Ist genügend Platz vorhanden, läßt sich natürlich beides verwirklichen, jedoch sollte man die sich rasch ausbreitenden Arten, die oft besonders schön sind, von den langsam wachsenden Arten trennen. In den Pflanzenbeschreibungen (siehe *November*) findet man genaue Angaben über die Höhe und Breite der verschiedenen Pflanzen, die als Richtlinien für die Pflanzabstände dienen können. Solche Gattungen und Arten, die von Natur aus stark wuchern, sollte man – besonders in kleine Beete – nicht pflanzen.

Die Blütezeit für Steingartenpflanzen liegt zwischen Februar und Oktober, die Hauptzeit zwischen März und Juni. Falls die Auswahl nicht sehr sorgfältig getroffen wird und auch spätblühende Pflanzen einschließt, kann das Beet im Spätsommer und Herbst ohne Blüten sein. Bei der Auswahl der Pflanzen richtet man sich nach den Pflanzenbeschreibungen im *November* und nach den Angaben im Katalog eines Staudenspezialisten.

Nachdem das Beet oder der Steingarten vorbereitet ist, können in Töpfen angezogene Pflanzen fast das ganze Jahr über ausgepflanzt werden – ausgenommen natürlich Zeiten, in denen die Erde gefroren oder von Schnee bedeckt ist. Auch wird man, wenn es im Sommer sehr heiß ist, nicht gerade dann pflanzen. Ist die Erde trocken, dann wird sie zuerst reichlich befeuchtet. Es genügt nicht, nur die Oberfläche zu bewässern. Das Wasser muß tief in die Erde eindringen. Zusätzlich werden dann noch in Trokkenzeiten die Pflanzen mit einem feinen Sprühstrahl, vorzugsweise gegen Abend, bewässert.

Zwischenpflanzung von Gehölzen Zwerggehölze, besonders Koniferen, können eine gute Wirkung hervorrufen, wenn man sie zwischen Stauden pflanzt. Sie bieten auch im Winter einen wohltuenden Anblick und bringen Leben in einen Steingarten. Doch sollten sie nur in geringer Zahl eingesetzt werden, da sie mit der Zeit zu groß werden. Je kleiner das Hochbeet oder der Steingarten ist, um so sorgfältiger muß man seine Auswahl treffen. Für kleine Flächen eignen sich niederliegende Arten nicht. In jedem Fall sind die heranwachsenden Gehölze regelmäßig zu beschneiden, damit sie nicht zu groß werden.

Steingartenpflanzen beschneiden Das Beschneiden ist auch bei schnellwüchsigen Steingartenpflanzen, wie Steinkraut, Blaukissen und Sonnenröschen, notwendig. Man nimmt dafür eine Gartenschere und beschneidet die Pflanzen möglichst gleich nach der Blüte, noch ehe die Fruchtstände ausreifen und den Samen ausstreuen. Andere schnellwüchsige, rasen- oder rosettenbildende Arten muß man unter Umständen nach dem zweiten Jahr herausnehmen, teilen und neu einpflanzen, damit junges Wachstum gefördert und eine zu starke Ausbreitung eingedämmt wird.

Stets sollte man Unkräuter im Auge behalten. Wenn einjährige erscheinen, nimmt man eine kleine Hacke, um späteres mühseliges Jäten mit der Hand zu vermeiden. Unkräuter dürfen keine Samen ausbilden, da sonst einjährige Gräser, Kreuz- oder Hirtentäschelkraut und andere Arten rasch überhandnehmen. Eine etwa 2 cm dicke Schicht aus feinem Kies oder Steinsplitt, die man auf die Erde aufbringt, erspart bei der Unkrautbekämpfung viel Mühe und Zeit.

Hochbeet für Steingartenpflanzen

Eine größere Anzahl Pflanzen kann vorteilhafter in einem Beet dieser Art als in einem üblichen Steingarten kultiviert werden. Das abgebildete Beet ist etwa 2 × 12 m groß. Jede Gruppe besteht aus drei Pflanzen; weitere Pflanzen sind in die Lücken an der Außenmauer eingesetzt. H bezieht sich auf die Höhe. Wenn keine Höhe angegeben ist, haben die Pflanzen kriechende oder hängende Triebe.

Pflanzplan

1 *Hyssopus aristatus*
2 *Dianthus*
3 *Gentiana lagodechiana*
4 *Saxifraga*
5 *Achillea tomentosa*
6 *Campanula carpatica*
7 *Geranium wlassovianum*
8 *Veronica teucrium*
9 *Potentilla aurea*
10 *Polygonum affine*
11 *Penstemon pinifolius*
12 *Iris-Pumila*-Hybriden
13 *Achillea serbica*
14 *Cheiranthus cheiri*
15 *Sedum*
16 *Helianthemum*-Hybriden
17 *Veronica prostrata*
18 *Hypericum olympicum*
19 *Aubrieta*-Hybriden
20 *Gypsophila repens*
21 *Iberis sempervirens* 'Schneeflocke'
22 *Dianthus deltoides*
23 *Helianthemum*-Hybriden
24 *Phlox subulata*
25 *Genista lydia*
26 *Campanula portenschlagiana*
27 *Alyssum saxatile* 'Citrinum'
28 *Helianthemum*-Hybriden
29 *Aubrieta*-Hybriden
30 *Saponaria ocymoides*
31 *Armeria maritima*
32 *Alyssum saxatile* 'Citrinum'
33 *Campanula garganica*
34 *Potentilla aurea*
35 *Penstemon scouleri*
36 *Veronica incana*
37 *Aubrieta*-Hybriden
38 *Aubrieta*-Hybriden
39 *Campanula portenschlagiana*

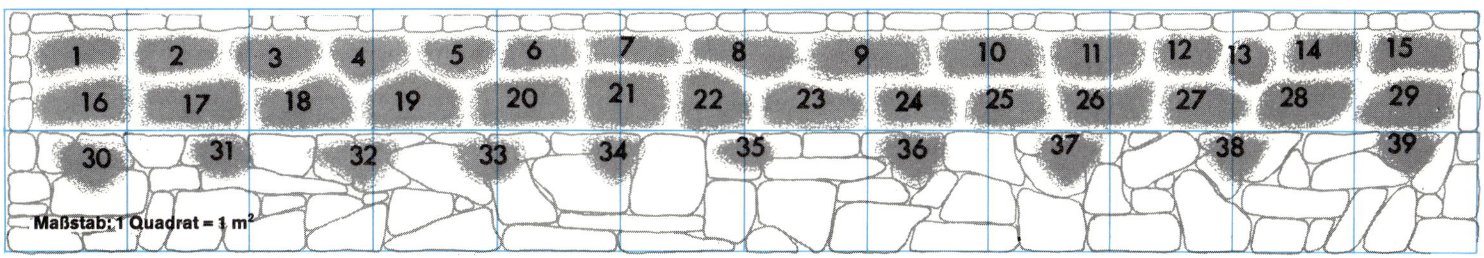

Ein Steingartenbeet

Ein Steingarten bietet nur dann einen erfreulichen Anblick, wenn er richtig angelegt wird. Will man einem Steingarten gestalten, wie er hier gezeigt wird, dann sollte im Garten ein natürliches, leichtes Gefälle des Bodens vorhanden sein. Man schafft außerdem Erhöhungen und Vertiefungen und setzt die Steine so, wie sie in der Natur vorkommen. Wichtig ist auch, daß man nicht zu viele hochwachsende Pflanzen einplant.

Pflanzplan

1 *Alyssum saxatile*
H: 20 cm
April und Mai

2 *Campanula carpatica*
H: 20–30 cm
Juni–August

3 *Dryas octopetala*
H: 5–10 cm
Mai und Juni

4 *Leontopodium alpinum*
H: 10–15 cm
Juni–August

5 *Sedum reflexum*
H: 10–20 cm
Juli–August

6 *Potentilla nitida*
H: 5 cm
Mai und Juni

7 *Hyssopus aristatus*
H: 30 cm
August–Oktober

8 *Sempervivum arachnoideum*
H: 2–3 cm
Juni–August

9 *Tunica saxifraga* 'Rosette'
H: 5–15 cm
Juli–August

10 *Genista pilosa*
H: 20–40 cm
Juni und Juli

11 *Aquilegia*-Hybriden
H: 10–25 cm
Mai und Juni

12 *Dianthus alpinus*
H: 5–10 cm
Juni und August

13 *Aster alpinus*
H: 15 cm
Mai–Juni

14 *Sedum spurium*
H: 10 cm
Juni–August

15 *Ajuga reptans* 'Atropurpurea'
H: 10 cm
Juni und Juli

16 *Erodium chrysanthemum*
H: 20 cm
Juni–September

17 *Acaena microphylla*
H: 5 cm
Juni–Juli

18 *Gypsophila repens*
H: 5–10 cm
Mai–September

19 *Satureja montana*
H: 15–30 cm
August und September

20 *Genista tinctoria*
H: 20 cm
Juni und Juli

21 *Polygonum affine*
H: 5–15 cm
Juni–September

22 *Anemone pulsatilla*
H: 15–30 cm
April und Mai

23 *Achillea tomentosa*
H: 10–25 cm
Juni–August

24 *Aethionema × warleyense*
H: 10 cm
Mai–Juli

25 *Hypericum olympicum*
H: 15 cm
Mai–August

26 *Aquilegia*-Hybriden
H: 10–25 cm
Mai und Juni

27 *Phlox douglasii*
H: 8–10 cm
April–Juni

28 *Helianthemum*-Hybriden
H: 20–30 cm
Juni und Juli

29 *Viola cornuta*
H: 15–20 cm
Mai–September

30 *Saxifraga umbrosa*
H: 5–30 cm
Juli–September

31 *Polygonum affine*
H: 5–15 cm
Juni–September

32 *Campanula glomerata*
H: 40–50 cm
Juni–August

33 *Dianthus deltoides*
H: 15–20 cm
Juli–August

34 *Saxifraga aizoon*
H: 10 cm
April–Juni

35 *Penstemon pinifolius*
H: 20 cm
Juli–Oktober

36 *Thymus serpyllum*
H: 3–8 cm
Juli und August

37 *Sisyrinchium angustifolium*
H: 20 cm
Mai und Juni

38 *Genista pilosa*
H: 20–40 cm
Mai und Juni

39 *Vinca minor*
H: 15 cm
April–Juni

40 *Pinus mugo ssp. pumilio*
H: 0.6–5 m

41 *Mimulus*-Hybriden
H: 10–15 cm
Juni–September

42 *Sisyrinchium angustifolium*
H: 20 cm
Mai und Juni

43 *Dianthus arenarius*
H: 15 cm
Juni–Juli

44 *Dodecatheon*
H: 20–45 cm
Mai–Juli

45 *Lychnis flos-jovis*
H: 20–30 cm
Mai und Juni

46 *Iberis sempervirens*
H: 10–20 cm
Mai und Juni

47 *Helianthemum*-Hybriden
H: 20–30 cm
Juni und Juli

48 *Lithospermum diffusum*
H: 10–20 cm
April–Juni

49 *Juniperus communis* 'Compressa'
H: 70 cm
Immergrüne Pflanze

50 *Veronica prostrata*
H: 15 cm
Mai–Juli

51 *Silene schafta*
H: 15 cm
Juli–September

52 *Acaena buchananii*
H: 5–10 cm
Juni–Juli

53 *Primula elatior*
H: 15 cm
April–Mai

54 *Geranium wlassovianum*
H: 40 cm
Juni–Juli

55 *Erinus alpinus*
H: 10–15 cm
Mai–September

56 *Spiraea bullata*
H: 30–40 cm
Juni–Juli

57 *Gentiana acaulis*
H: 10 cm
Mai–Juni

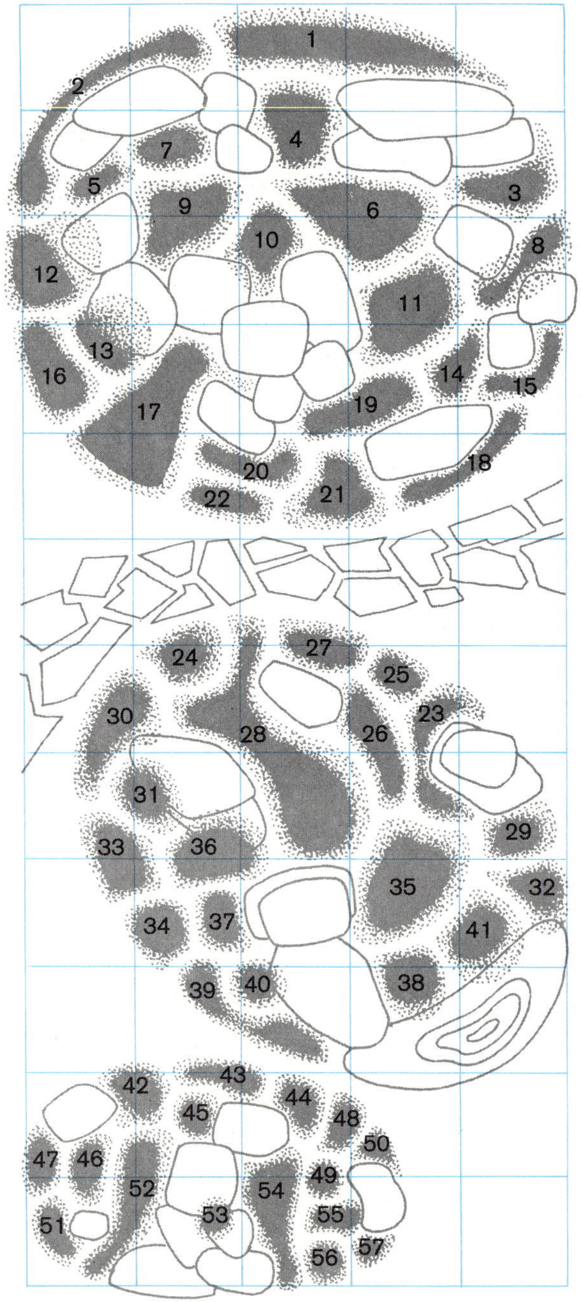

Maßstab: 1 Quadrat = 1 m²

1
2
3
4
5
6
7
8
9
10
11
12
13
14
15
16
17
18
19
20
21
22
23
24
25
26
27
28
29
30
31
32
33
34
35
36
37
38
39
40
41
42
43
44
45
46
47
48
49
50
51
52
53
54
55
56
57

Steingartenpflanzen für die Pflanzung im November

Die beschriebenen Pflanzen wachsen, falls nicht anders angegeben, zufriedenstellend Jahr für Jahr in normalem Boden mit gutem Wasserabzug ohne besondere Düngergaben. Im folgenden bezieht sich H auf die Höhe, B auf die Breite der jeweiligen Pflanzen.

Acaena Stachelnüßchen
Langlebige, immergrüne, teppichbildende Pflanzen, die sich an sonnigen Standorten rasch ausbreiten. Man vermehrt sie durch Teilung. *A. buchananii* (H: 5–10 cm, B: 45 cm) hat besonders schöne Blätter, die meist silber- oder graugrün schimmern. Aus den unscheinbaren Blüten entwickeln sich im August hübsche, borstige Fruchtstände. Man pflanzt die Art gern zwischen Platten, Pflastersteine usw. *A. microphylla* (H: 5 cm, B: 45–60 cm) wächst langsamer. Sie hat bräunliche Blätter und karminrote Blütenstände im Juni und Juli. Eine gute Sorte ist 'Kupferteppich', die in allen Teilen zierlicher als

Acaena microphylla

die eigentliche Art ist und auffallend braunrotes Laub besitzt. *A. caesiiglauca* hat graugrüne Blätter an langen Trieben und wächst verhältnismäßig stark. *A. glaucophylla* (syn. *A. magellanica*) bildet graublaue, zierende Blätter aus.

Achillea Garbe
Diese Pflanze braucht einen sonnigen Standort. Man sollte sie alle zwei oder drei Jahre nach der Blüte teilen und neu einpflanzen, damit sie stets gut wächst. Es gibt höher- und niederwachsende Arten. Letztere kommen vor allem für den Steingarten in Frage. Die robusten, anspruchslosen Sommerblüher haben doldige Blütenstände. *A. conjuncta* (H: 15 cm, B: 25 cm) hat silbergraue Blätter und besonders große weiße Blüten; *A. serbica* besitzt gekerbte, silbergraue Blätter und weiße Blüten. *A. tomentosa* (H: 10–25 cm, B: 30 cm) bildet grüne, filigranartige Matten und von Juni bis August leuchtendgelbe Blütenköpfe.

Aethionema Steintäschel
Diese meist zweijährigen Pflanzen, die sich selbst aussäen, eignen sich ausgezeichnet für einen sonnigen Standort mit gutem Wasserabzug. *A. grandiflorum* (H: 15–25 cm, B: 40 cm) mit lilarosa Blüten im Juni und Juli wird im März in den kalten Kasten oder ins Kleingewächshaus ausgesät. *A. × warleyense* 'Warley Rose' (H: 10 cm, B: 20 cm) hat blaugrüne Blätter und zahlreiche tiefrosa Blüten von Ende Mai bis Juli. Diese Pflanze vermehrt man durch Achselstecklinge nach der Blüte.

Ajuga Günsel
Obgleich dieser Bodendecker stark wuchert, ist er doch leicht unter Kontrolle zu halten. Er ist für schattige Standorte geeignet, wo die Pflanzen eine lange Lebensdauer haben. Vermehrt werden sie durch Teilung zu jeder Zeit. *A. pyramidalis* (H: 20 cm, B: 15 cm) breitet sich langsam aus. Sie hat dunkle, glänzende Blätter und bringt im Juni und Juli viele enzianblaue Blütenähren hervor. Die Sorte 'Rosa Kerze' bildet rosa Blüten. *A. reptans* (H: 15–20 cm, B: 15 cm) zeichnet sich durch eine reiche grüne Belaubung aus. Im Juni und Juli entwickeln sich Ähren mit blauen Blüten. Die Sorte 'Multicolor' hat mehr gelbliche Blätter. *A. r.* 'Purpurea' (H: 10 cm, B: 20 cm) hat bronzepurpurfarbene Blätter und rote Blüten. Die Sorte 'Alba' hat grünes Laub und weiße Blüten, während 'Teppichrosa' mit rötlichgrünen Blättern und rosa Blüten besonders hübsch wirkt.

Ajuga pyramidalis

Alyssum Steinkraut
Die süß duftenden Pflanzen, die einen sonnigen Standort mit gutem Wasserbezug bevorzugen, gedeihen in armem, trockenem Boden. *A. saxatile* (H: 20 cm, B: 30 cm) ist eine graugrün belaubte, sich stark ausbreitende Pflanze. Im April und Mai schmückt sie sich mit unzähligen leuchtendgelben Blüten. Damit die Pflanze kompakt bleibt, wird sie nach der zweiten oder dritten Blüte zurückgeschnitten. Die Sorte 'Citrinum' entwickelt zitronengelbe Blüten. 'Plenum' mit gefüllten, goldgelben Blüten wächst langsamer. Diese Sorte kann nur durch Achselstecklinge, die im August und September geschnitten und in einem Frühbeet bewurzelt werden, vermehrt werden. *A. spinosum,* das im Mai und Juni weiße oder blaßrosa Blüten hervorbringt, entwickelt kleine, verästelte Büsche. Die Sorte 'Coccineum' zeichnet sich durch rote Blüten aus.

Androsace Mannsschild
Die Pflanzen lieben die Sonne und brauchen einen gut dränierten Boden, der möglichst mit Sand oder Steinsplitt durchsetzt ist. Im Mai und Juni wachsen aus den grauen Rosetten Stiele, auf denen meist runde Blütenköpfe sitzen. Die Vermehrung gelingt dem Hobbygärtner selten. Am besten kauft man neue Pflanzen in einer Staudengärtnerei. *A. lanuginosa* (H: 10 cm, B: 30 cm) mit silberfarbenem Laub und kriechendem Wuchs blüht hellrosa von Mai bis Juli. *A. sarmentosa* und *A. sempervivoides* (beide H: 10 cm, B: 20 cm) entwickelt hübsche Rosetten und hellrosa Blüten. *A. sarmentosa* ist auch für halbschattige Lagen geeignet.

Androsace sempervivoides

Anemone pulsatilla Küchenschelle
Sie braucht einen sonnigen Platz und einen gut entwässerten, kalkhaltigen Boden. Vermehrt wird sie durch Samen, die man nach der Reife sofort ins Freie aussät. Die Pflanze (H: 15–30 cm, B: 20 cm) mit ihren farnartigen Blät-

tern blüht im April und Mai. Die becherförmigen Blüten haben spitz zulaufende Blütenblätter. Später ziert die Küchenschelle den Steingarten mit ihren Fruchtständen. Es gibt Sorten in verschiedenen Schattierungen von Weiß über Malve bis Purpurviolett mit rotgoldenen Staubgefäßen.

Aquilegia Akelei
Sie kommt in sonnigen und in halbschattigen Standorten in feuchtem, gut dräniertem Boden voran. Diese meist kurzlebige Pflanze vermehrt man durch Aussaat von Samen im Juli und August oder im März ins Frühbeet. *A. discolor* (H: 15 cm, B: 10 cm) hat lichtblaue Blüten mit Weiß. *A. ecalcarata* (syn. *Semiaquilegia ecalcarata),* H: 20 cm, B: 10 cm, braucht etwas Schatten und Feuchtigkeit. An den dekorativen Rispen erscheinen im Mai und Juni purpurrote Blüten. Es handelt sich um eine empfindliche Art. *A. einseleana* (H: 25 cm, B: 15 cm) bringt im Mai und Juni kleine blauviolette Blüten hervor. Die Pflanze steht gern auf Kalkschotter. *A. flabellata* (H: 15–20 cm, B: 15 cm) mit aufrecht stehenden, lilablauen und weißen Blütenständen im Mai und Juni. Die Sorte 'Alba' ist weiß.

Arabis Gänsekresse
Die langlebige Pflanze braucht einen gut entwässerten, sonnigen Platz. Vermehrt wird sie durch Teilung, Aussaat oder Achselstecklinge im Oktober. *A. caucasica* (H: 20 cm, B: 30 cm) pflanzt man gern auf Trockenmauern, zwischen Steinplatten, an Böschungen. Besonders beliebt ist die gefüllte weiße Sorte 'Plena', die im April und Mai blüht. Sie breitet sich häufig zwischen anderen Steingartenpflanzen zu stark aus. Weitere empfehlenswerte Sorten sind: 'Monte Rosa' mit graugrünen, gezähnten Blättern und auffallenden rosaroten Blüten; 'Schneehaube' bildet große, weiße Blüten aus. *A. ferdinandi-coburgi* 'Variegata' hat immergrüne, weißbunte, im Herbst rötlich überlaufene, verkehrt-eiförmige Blätter und weiße Blüten. *A.* × *suendermannii* bildet dichte, grüne Polster mit graugrünen Blättern und weißen Blüten.

Arenaria Sandkraut
Die kriechende, rasenbildende Zwergpflanze für sonnige Standorte muß im

Arenaria grandiflora

Winter vor Nässe geschützt werden. Vermehrt wird sie durch Teilung oder Aussaat im Frühjahr. *A. grandiflora* (H: 10 cm, B: 20 cm) hat nadelförmige, grüne Blätter und bringt von Juni bis August weiße, große Blüten hervor. *A. montana* (H: 5–10 cm, B: 30 cm) trägt von Mai bis Juli eine Fülle weißer Blüten über flachen, lockeren, grünen, rasenbildenden Stengeln. *A. rigida* (H: 10 cm, B: 25 cm) mit nadelförmigen Blättern an dünnen Trieben und weißen Blüten am vielblütigen Blütenstand liebt sandige, humose Böden. *A. tetraquetra* (H: 4 cm, B: 20 cm) hat graugrüne Blätter und im Juni und Juli weiße Blüten.

Armeria Grasnelke
Diese zierlichen Pflanzen haben grasartige, graugrüne Blätter. Die kugeligen Blütenköpfe stehen auf mittellangen Stengeln und sind rosa bis hellkarminrot. Die Grasnelke braucht viel Sonne und einen gut entwässerten Boden. Man teilt sie im September oder Oktober. *A. caespitosa* bildet dichte, kugelige Polster, die Winterschutz brauchen. Die Art blüht rosa und wird nur ungefähr 5 cm hoch. Eine ideale Pflanze für den Steingarten! Sehr beliebt ist auch *A. maritima* (H: 15 cm, B: 20 cm) mit purpurrosa Blütenköpfen. Bekannt sind die Sorten 'Alba' mit weißen Blüten, 'Düsseldorfer Stolz' mit purpurrosa Blüten und 'Frühlingszauber' mit karminrosa Blüten. *A.* × *suendermannii* schmückt sich im Mai mit rosa Blütenbällen.

Asperula Waldmeister
Die für Steingärten geeigneten Arten brauchen einen sonnigen Standort. Sie sind im allgemeinen langlebig. Vermehrt werden sie durch Teilung im zeitigen Frühjahr. *A. lilaciflora var. caespitosa* (H: 5 cm, B: 15 cm) ist eine ausgezeichnete Steingartenpflanze, die dichte, grüne Polster bildet. Im Juli und August schmückt sie sich mit hellrosa Blüten. *A. nitida* wächst zu dichten Pflanzenkissen heran. Stengellose rosa Blüten im Juni und Juli. *A. suberosa* (syn. *A. arcadiensis*), H: 5 cm, B: 10 cm, braucht einen sehr gut entwässerten Boden, möglichst mit Steinsplitt vermischt, und außerdem Winterschutz in rauhen Lagen. Die Art entwickelt

Asperula suberosa

zarte, grauwollige Stengel mit dekorativen Ähren, an denen sich im Mai und Juni hellrosa Röhrenblüten öffnen.

Aster Alpenaster
Einige der mehrjährigen Zwergsorten eignen sich für Steingärten, deren Boden nicht zu trocken ist. Benötigt wird ein sonniger Standort. Astern sind im allgemeinen langlebig. Vermehrt werden sie durch Teilung im März oder nach der Blüte, durch Stecklinge oder durch Aussaat. *A.* × *alpellus* (H: 15 cm, B: 20 cm) entwickelt über dichtem Laubwerk im Juni und Juli Rispen mit rosafarbenen Blüten. Die Sorte 'Triumph' ist ähnlich, trägt jedoch violettblaue Blüten. *A. alpinus* (H: 20 cm, B: 15 cm) ist der zuvor erwähnten Hybride ähnlich. Die verschiedenen Arten haben einen gedrungenen Wuchs, spatelförmige Blätter und große Blüten im Mai und Juni. Die Sorte 'Abendschein' blüht rosarot, 'Albus' weiß und 'Dunkle Schöne' violett, während 'Susanne' reinweiße, gefüllte Blüten ausbildet. *A. andersonii* (H: 15 cm, B: 20 cm) ist eine Teppichaster mit kriechendem Wuchs und spatelförmigen Blättern. Sie bildet dichte, im Alter größere Teppiche, blaue Blüten im Mai und Juni. *A. tongolensis* (H: 10–50 cm, B: 30 cm) hat ganzrandige, länglich-ovale Blätter und langgestielte, große Blüten im Juni. Die Art bildet meist flache Teppiche. Nach drei bis vier Jahren sollte man sie umpflanzen. Für Steingärten verwendet man nur kompakte Sorten, z. B. 'Berggartenzwerg' mit lilablauen Blüten und goldgelber Mitte.

Astilbe Prachtspiere
Die langlebige Pflanze ist nur für einen feuchten, humosen Boden und einen schattigen Standort geeignet. Vermehrt wird sie durch Teilung im März und April. *A.* × *crispa* 'Perkeo' (H: 10 bis 15 cm) ist eine reizende Zwergform mit dunkelgrünen Blättern und kurzen dunkelrosa Blütenähren im Juni und Juli. *A. glaberrima* 'Sprite' (H: 30 cm, B: 25 cm) ist eine kompakte Art mit zierlichen Blättern und blaßrosa Blüten im August. Die Sorte 'Saxatilis' (H: 10 cm, B: 25 cm) gleicht der obengenannten Art, ist aber kleiner. *A.-Simplicifolia*-Hybriden (H: 10–30 cm, B: 15 cm) zeichnen sich durch glänzendgrüne Blätter und lachsrosa überhängende Blütenrispen im Juli und August aus. Die Sorte 'Aphrodite' (H: 40 cm) hat dunkles Laub und hellrote Blüten. *A. chinensis var. pumila* (H: 10–25 cm, B: 30 cm) breitet sich rasch durch unterirdische Triebe aus. Aufrechte lilarosa Blütenrispen von Juli bis September.

Aubrieta Blaukissen
Diese Pflanzen bilden im Lauf der Zeit große Polster und müssen ab und zu, vor allem, wenn sie eng stehen, etwas beschnitten werden. Die Pflanzen säen sich zum Teil selbst aus, und doch sollte man diese Sämlinge nicht weiterkultivieren, da sie keine reinen Nachkommen liefern, selbst wenn ursprünglich schöne Sorten gepflanzt wurden. Um die Selbstaussaat zu vermeiden und um die gute Form der Pflanzen zu erhalten,

sollte man sie sofort nach der Blüte beschneiden.

Blaukissen brauchen einen sonnigen Standort, eine gute Dränage und einen kalkhaltigen Boden. Aus Samen gezogene Pflanzen ergeben oft Mischungen in verschiedenen Farben. Es gibt im Fachhandel auch einige Sorten, die ziemlich rein ausfallen. Dazu gehören z. B. 'Leichtlinii', karminrosa; 'Campbellii', ageratumblau; 'Whitewell Gem', dunkelpurpur, großblumig; 'Royal Blue', tiefblau, großblumig, und 'Royal Red', kräftig karminrot, großblumig.

Wenn Samen im April und Mai ins Freie ausgesät werden, pflanzt man die Jungpflanzen Ende Oktober an ihren endgültigen Standort aus. Man kann Blaukissen jedoch auch schon von Januar bis April im Kleingewächshaus und Frühbeetkasten bei 15 °C aussäen. Später, von März bis Juli, werden die Pflanzen pikiert, und wenn sie die richtige Größe erreicht haben, an den Standort gebracht, wo sie blühen sollen. Alte Pflanzen können auch durch Achselstecklinge im Oktober vermehrt werden.

Die folgenden Sorten blühen zwischen März und Juni (alle H: 5–15 cm, B: 25–35 cm): 'Barker's Double', karminrot, gefüllt; 'Blue Emperor', dunkelviolettblau; 'Feuervogel', tiefrot; 'Frühlingslied', sehr reich blühend, tiefrot; 'Frühlingszauber', violettrot, halb gefüllt, sehr großblumig; 'Neuling', besonders kräftig wachsend, lavendelblau; 'Red Carpet', tiefrot; 'Rosengarten', ausgesprochene Liebhabersorte, schöne wüchsige rosa Polster; 'Schloß Eckberg', sehr wertvolle Sorte, fast rein blau; 'Tauricola', lila, sehr kompakt; 'Vesuv', schöne dichte rubinrote Polster.

Calamintha Bergminze
Sie braucht volle Sonne, verträgt aber auch Halbschatten. *C. grandiflora* und *C. nepetoides* sind langlebige Arten. *C. alpina* ist jedoch kurzlebig. Die Art wird heute botanisch richtig als *Acinos alpinus* bezeichnet. Vermehrt werden alle Arten durch Achselstecklinge im Frühjahr. *C. alpina* (H: 10–30 cm, B:

Calamintha alpina

20 cm) entwickelt lockere Polster und kleine rotviolette Blüten von Juni bis August. *C. grandiflora* (H: 15 cm, B: 25 cm) mit niedrigem, buschigem Wuchs öffnet ihre kleinen, tiefrosa Blüten von Juli bis September. *C. nepeta* (H: 30 cm, B: 25 cm) entwickelt von Juli bis September zahlreiche hellblaue Blüten an kräftigen Büschen. Nicht nur für trockenen Boden geeignet.

Campanula Glockenblume
Sie ist wertvoll für die Fortsetzung der Blüte im Steingarten im Spätsommer. Die Pflanze braucht einen gut durchlässigen Boden und einen sonnigen bis halbschattigen Standort. Sie eignet sich für Trockenmauern, Böschungen, Plattenwege und Tröge. Vermehrt wird die Glockenblume im März und April oder durch Aussaat. Die empfehlenswerten Arten und Sorten unterscheiden sich nach ihren Wuchseigenschaften. Einige wachsen langsam und sind kompakt, während sich andere rasch ausbreiten. Auf die besonderen Eigenschaften wird im folgenden jeweils hingewiesen. Man unterscheidet zwischen den niederen und den hohen Glockenblumen. Während die hohen Arten zu den Stauden für Beete, Gruppen usw. gezählt werden und bei den Stauden behandelt werden, zählen die niederen Arten und Sorten in erster Linie zu den Steingartenpflanzen.

C. carpatica, die Karpatenglockenblume, hat einen buschigen Wuchs (H: 20–30 cm, B: 30 cm), herzförmige Blätter und breitglockige große Blüten von Juni bis August. Zu den besonders wertvollen Sorten zählen: 'Blaue Clips', 'Himmelblaue Blütenglocken', 'Blaumeise', eine Liebhabersorte mit violetten Blütenglocken; 'Isabel', schalenförmige, dunkelblaue Blüten; 'Karpatenkrone', schalenförmige, hellblaue Blüten; 'Weiße Clips', weiße Blütenglokken; 'White Star', große weiße Blütenglocken.

C. c. var. turbinata 'Karl Foerster', eine niedrige, kompakte Sorte mit herzförmigen Blättern und violettblauen Blüten, die von Juni bis August erscheinen (H: 10–15 cm). *C. garganica* (H: 10–15 cm) ist eine polsterförmig wachsende Pflanze, die keine Ausläufer bildet. Die sternförmigen Blüten, die sich im Mai und Juni öffnen, sind hellblau. *C. glomerata* (Knäuelglockenblume), niedere Büsche mit breitlanzettlichen, rauhen Blättern und violetten Blütenköpfen von Juni bis August. *C. poscharskyana* (H: 15 cm) ist eine stark wachsende Glockenblume mit langen Trieben, herzeiförmigen, gekerbten Blättern und sternförmigen, hellila Blüten, die von Mai bis August erscheinen. Gute Sorten sind: 'E. H. Frost', sternförmige, weiße Blüten mit blauem Auge; 'Lisduggan', lavendelrosa, und 'Stella', große, sternförmige, blaue Blüten. *C. portenschlagiana* (H: 10 bis 15 cm), rundliche, herzeiförmige Blätter und aufrechte Blütenglocken. *C. pusilla* (syn. *C. cochleariifolia*), H: 10 cm, mit kleinen, eiförmigen Blättern und hellblauen Blütenglöckchen von Juni bis August. *C. raddeana* (H: 15 cm), herzförmige, scharf gezähnte, langstielige Blätter und glockige, blauviolette Blüten von Mai bis Juni. *C. sarmatica* (H: 5–25 cm) mit herzförmigen, graugrünen Blättern und glockigen hellblauen Blüten, die in lockeren Rispen angeordnet sind. Die Art blüht von Juni bis Juli.

Cotula Laugenblume
Die langlebige Pflanze braucht einen sonnigen Standort. Man vermehrt sie durch Teilung während der Wachstumsperiode. *C. squalida* (H: 15 cm) wuchert leicht, ist jedoch wichtig als Bodendecker. Die Pflanze hat dichte, bronzefarbene, fiederteilige Blätter.

Dianthus Nelke
Die Nelke braucht in der Regel einen sonnigen Standort und einen gut dränierten, humosen, kalkhaltigen Boden. *D. alpinus* bildet grüne Polster. Von Juni bis August öffnen sich karminrosa Blüten auf kurzen Stengeln (H: 5 bis 10 cm, B: 15 cm). Diese Art bevorzugt einen kühlen, absonnigen Platz. *D. arenarius,* die Sandnelke, bildet lockere Polster mit graugrünen spitzen Blättern und weißen geschlitzten Blüten im Juni und Juli (H: 15 cm, B: 25 cm). *D. deltoides* (H: 15–20 cm, B: 30 cm) ist kurzlebig und blüht im Juli und August, die übrigen Arten haben jedoch eine ziemlich lange Lebensdauer. Vermehrt werden die bekannten Sorten

Dianthus gratianopolitanus

durch Stecklinge. Man schneidet diese nach der Blüte und läßt sie in einem Kasten bewurzeln. Außerdem vermehrt man die Art durch Teilung der rasch wachsenden horst- und rasenbildenden Sorten im Herbst; auch die Aussaat unter Glas im Februar und März ist möglich. *D. × arvernensis* (H: 5 cm, B: 25 cm) ist eine zwergige Art mit dichten, blaugrünen Polstern und hellrosa Blüten auf dünnen Stielen. Sie blüht von

Mai bis Juni. Die Sorte 'Graukissen' (H: 5 cm, B: 25 cm) bringt mehr Blüten hervor. *D. deltoides* (H: 15–20 cm, B: 30 cm) ist rankend. Ihre leuchtendkarminrosa Blüten erscheinen im Juni und Juli. Die Sorte 'Brilliant' ist leuchtend rosa. *D. gratianopolitanus* (syn. *D. caesius*), die Pfingstnelke, ist eine reichblühende Art, die dichte, meist blaugrüne Polster bildet (H: 10–20 cm, B: 20–30 cm). Sie blüht im Juni und Juli. Zu den besten Sorten zählen: 'Blauigel', eine Liebhabersorte mit festem, geschlossenem Polster und vielen hellpurpurroten einfachen Blüten; 'Feuerhexe', graublaue, silbrig bereifte Blätter, die igelähnliche Polster bilden, leuchtendpurpurrote Blüten; 'Hexenmeister', prächtige Polster mit graublauen Blättern, purpurvioletten Blüten mit auffallend roter Mitte; 'Märchenfee', kräftige, silberblaue Polster, lachsrote Blüten; 'Märchenprinz', silbergraue, feste Blattpolster und einfache orchideenähnliche purpurfarbene Blätter; 'Nordstjernen', feste, stahlblaue Polster, rosarote Blüten; *D. carthusianorum*, Karthäusernelke, linealische Blätter, purpurrote Blütenköpfe von Juni bis September; *D. plumarius*, die Federnelke, blüht im Mai und Juni. Gute Sorten sind: 'Altrosa', rosa, gefüllt; 'Delicata', zartrosa, gefüllt; 'Diadem', karminrot mit dunkler Mitte, gefüllt; 'Diamant', weiß, gefüllt; 'Heidi', große dunkelrote gefüllte Blüten; 'Helen', großblumig, lachsrosa, gefüllt, auch zum Schnitt geeignet; *D. subacaulis,* Blätter in dichten, graugrünen Polstern, hellrosa Blüten im Juni und Juli.

Dryas octopetala

Dodecatheon Götterblume
An den Spitzen aufrecht stehender Stengel entwickeln sich von Mai bis Juli Rispen mit schön gefärbten, alpenveilchenähnlichen Blüten und gelben Staubgefäßen. Die langlebige Pflanze braucht Schatten und feuchten Boden. Vermehrt wird sie durch Samen oder durch Teilung im Herbst. Es gibt mehrere Sorten, die alle 20–45 cm hoch und ungefähr 20 cm breit werden.

Dodecatheon

Dryas Silberwurz
Langlebige Pflanzen für sonnige Standorte. Man vermehrt sie im August oder März durch Achselstecklinge von Seitentrieben. *D. octopetala* (H: 5–10 cm, B: 50 cm) entwickelt kriechende Polster mit grünen Blättern und einigen großen, weißen Blüten im Mai und Juni. Die Art ist leicht unter Kontrolle zu halten. *D. × suendermannii*, eine sehr wüchsige Hybride mit silbrig behaarter Blattunterseite und cremeweißen schalenförmigen Blüten im Mai und Juni.

Erinus Leberbalsam
Die wintergrüne kurzlebige Staude braucht einen sonnigen bis halbschattigen Platz. Sie wird durch Aussaat oder Teilung im Frühjahr vermehrt. *E. alpinus* (H und B: 10–15 cm) bildet zierliche Blattpolster aus, die sich langsam ausbreiten. Von Mai bis September bringt sie kleine, purpurrosa Blüten hervor. Die Sorte 'Albus' blüht weiß, 'Dr. Hähnle' rot.

Erinus alpinus

Erodium Reiherschnabel
Die anspruchsvolle Pflanze ist im allgemeinen langlebig, wenn man sie an einen sonnigen Standort pflanzt. Vermehrt wird sie durch Achselstecklinge im Spätsommer. *E. chrysanthum* (H: 20 cm, B: 25 cm) mit grauen, farnartigen Blättern und hellgelben Blüten von Juni bis September. *E. petraeum,* feingefiederte, grüne Blätter mit hellrosa Blüten im Juni und Juli. Es gibt einige Unterarten, die sich im Wuchs und in den Blättern unterscheiden.

Erodium chrysanthum

Genista Ginster
Langlebiges Kleingehölz, das Sonne braucht. Vermehrt wird es durch Achselstecklinge nach der Blüte. *G. lydia* (H: 40 cm, B: 80 cm) mit leuchtendgelben Blüten im Mai und Juni. *G. pilosa* (Sandginster), H: 20–40 cm, B: 30 bis 90 cm, kriechende Strauchform mit tiefgrünen Stengeln, die sich langsam ausbreiten. Mit leuchtendgelben Blüten schmückt sich der Ginster im Juni und Juli. *G. sagittalis* (H: 5–10 cm) kriecht ebenfalls. Einfache gelbe Blüten im Juni und Juli. *G. tinctoria* (Färberginster), H: 20 cm, B: 25 cm, ist eine niedrige, strauchartige Pflanze. Tiefgelbe Blüten im Juni und Juli. Die Sorte 'Plena' hat gefüllte Blüten.

Gentiana Enzian
Enziane brauchen einen gut durchlässigen, etwas lehmhaltigen, feuchten Boden und Sonne oder Halbschatten. Die verschiedenen Arten blühen zu verschiedenen Jahreszeiten.

Die im Frühjahr blühenden Arten bevorzugen einen sonnigen Standort und kalkhaltige Erde. *G. acaulis* (Stengelloser Enzian), H: 10 cm, B: 15 cm, hat im Mai und Juni große, blaue, stengellose, trompetenförmige Blüten. Diese Art blüht mitunter spärlich. Eine leichte Düngung im Frühherbst mit Knochenmehl kann die Blüte fördern. Vermehrt wird die Art durch Teilung im Juni. *G. verna* (Frühlingsenzian), H: 10 cm, B: 10 cm, entwickelt zahlreiche blaue Blüten im April und Mai. Man vermehrt die Art durch Samen im Herbst.

Die im Sommer blühenden Enzianarten sind am einfachsten zu kultivieren. Sie wachsen in einem kalkhaltigen oder kalkfreien Boden. Am besten gedeihen sie an einem sonnigen Standort. Man vermehrt sie durch Samen im Herbst oder Frühjahr. Zu den zuverlässigen Arten (alle H: 15–25 cm) zählen: *G. cruciata* und *G. lagodechiana* (syn. *G. septemfida var. lagodechiana*). Sie haben blaue Blüten und blühen zwischen Juni und September. Vermehrt werden sie durch die Aussaat frischer Samen im Oktober, durch Teilung oder durch Stecklinge.

Im Herbst blühende Enzianarten haben grasähnliche Stengel und bilden trompetenförmige Blüten in verschiedenen Blauschattierungen aus. Sie brauchen Halbschatten und – mit Ausnahme von *G. farreri* – gedeihen nicht in kalkhaltigen Böden. Vermehrt werden sie durch Teilung, die möglichst jedes Jahr durchgeführt werden sollte. Bei der Neupflanzung ist zusätzlich Torf in

Gentiana acaulis

den Boden einzuarbeiten. *G. farreri* (H: 15 cm, B: 15 cm) hat hellblaue Blüten im September und Oktober. *G. sino-ornata* (H: 10–15 cm, B: 30–40 cm) entwickelt im September und Oktober tiefblaue, trompetenförmige Blüten.

Geranium Storchschnabel
Wenn man diese Stauden an einen sonnigen Standort pflanzt, blühen sie zuverlässig und erweisen sich als langlebig. Man vermehrt sie durch Teilung im zeitigen Frühjahr oder im Herbst oder durch Aussaat im Herbst. *G. dalmaticum* (H: 10 cm, B: 20 cm) entwickelt grundständige rundliche Blätter und hellrosa Blüten von Juni bis August. Eine weißblühende Sorte heißt 'Album'. *G. endressii* ist sehr wüchsig und trägt frischgrünes Laub (H: 20 bis 30 cm, B: 30 cm). Es gibt verschiedene Sorten mit überwiegend rosa und karminroten Blüten. *G. sanguineum* (H: 15 cm, B: 40 cm) verbreitet sich ziemlich stark. Die sich bildende Matte ist

Geranium endressii

von Juni bis September mit karminroten Blüten überdeckt. Die Sorte 'Prostratum' bildet tiefpurpurrosa Blüten. *G. subcaulescens* (H: 15 cm, B: 30 cm) entwickelt von Mai bis Oktober karminrote Blüten. Die Sorte 'Splendens' ist weniger kräftig; sie blüht lachsrosa. *G. wlassovianum* (H: 40 cm, B: 40 cm) hat dunkelviolette Blüten und langstielige Blätter und blüht im Juni und Juli.

Globularia Kugelblume
Die immergrüne, langlebige Pflanze ist für einen normalen oder feinschotterigen Boden an einem sonnigen Standort geeignet. Man teilt sie im September. *G. cordifolia* (H: 15 cm, B: 20 cm) bildet dichte, dunkelgrüne Matten aus verholzenden, wurzelnden Zweigen und im Mai und Juni hellblaue kugelige Blüten. *G. trichosantha* entwickelt dunkelgrüne, wintergrüne Teppiche auf dunkelbläulichgrünen Rosetten mit länglichen, stumpfen Blättern. Viele blaue Blüten im Mai und Juni.

Gypsophila Schleierkraut
Die beschriebenen Arten kriechen oder ranken alle. Sie eignen sich als Mauerpflanzen, haben schmale, glänzende Blätter und kurze Blütenrispen von Mai bis Juli. Sie brauchen viel Sonne und sind langlebig. Vermehrt werden sie durch Aussaat im April und Mai, durch Teilung und Stecklinge. *G. paniculata* 'Compacta Plena', eine Zwergform der sonst stark wachsenden *G. paniculata*, hat lineallanzettliche Blätter und im Juli und August weiße, gefüllte Blüten (H: 50 cm). *G. repens* (Teppichschleierkraut) bildet flache, dichte Rasen mit graugrünen Blättern an niederliegenden bis aufsteigenden Stengeln. Wenig oder nicht rasig wachsen verschiedene Sorten, z. B. 'Rosa Schönheit', leuchtendrosarot, von Mai bis September; 'Rosea', zartrosa Blütenrispen; 'Rosenschleier', gefüllte rosa Blüten.

Helianthemum Sonnenröschen
Diese beliebten, langlebigen Pflanzen zählen natürlich nicht zu den Rosen, doch erinnern die gefüllten oder einfachen Blüten an die der Rosen. Sie brauchen einen offenen, sonnigen Standort. Nach der Blüte werden sie mit der Schere zurückgeschnitten. Man vermehrt sie durch Stecklinge im September oder März. Von den *Helianthemum*-Hybriden gibt es zahlreiche Sorten in Weiß, Gelb, Rot, Rosa und Orange. Einige wachsen niederliegend dicht am Boden, andere sind aufrecht stehend und buschig (H: 20–30 cm). Die Blätter variieren von Graugrün über Hellgrün bis Dunkelgrün. Zu den bekannten Sorten zählen: 'Blutströpfchen', blutrot; 'Braungold', widerstandsfähige Sorte mit hellbraunen Blüten und goldgelber Mitte; 'Cerise Queen', rosarot, gefüllt; 'Die Braut', Liebhabersorte mit großen, weißen Blüten; 'Gelbe Perle', gelb, gefüllt; 'Golden Queen', goldgelb; 'Lawrensons' Pink', hellrosa mit heller Mitte; 'Rubin', dunkelrot, gefüllt; 'Sterntaler' mit flachem Wuchs und auffallend dunkelgrünen Blättern und goldgelben Blüten; 'Supreme', dunkelrot; 'Wisley Primrose', großblumig, leuchtend hellgelb. *H. lunulatum* (H: 10–20 cm, B: 30 cm) mit graugrünen Blättern und goldgelben Blüten im Juni und Juli.

Helianthemum-Hybriden

Helichrysum Strohblume
Die sonnenliebenden Pflanzen eignen sich für feuchten, durchlässigen Boden. Vermehrt werden sie durch Samen oder Stecklinge im Frühjahr. *H. milfordiae* (syn. *H. marginatum*), H: 5 cm, B: 20 cm, bildet dichte, silbrige Kissen mit karminrosa, später weißen Blüten von Mai bis Juli. *H. thianshanicum* (Turkestanstrohblume) bildet rasige Polster mit wollig behaarten, würzig duftenden Blättern und gelben Blüten (H: 5 cm, B: 25 cm). Die *Helichrysum*-Hybride 'Schwefellicht' hat graugrüne, wollig behaarte Blätter und schwefelgelbe Blüten, die im Juli in dichten Doldentrauben stehen.

Hieracium Habichtskraut
An sonnigen Standorten ist die Pflanze leicht zu kultivieren. Vermehrt wird sie durch Samen oder Teilung im Frühjahr. *H. villosum* (H: 15–20 cm, B: 20 cm) mit silbrig behaarten Blättern und gelben löwenzahnähnlichen Blüten im Juni und Juli. *H. × rubrum* ist eine anspruchslose Teppichstaude für trockene Böden. Sie bildet kurze Ausläufer mit behaartem, grünem Blattwerk (H: 5–20 cm). Von Juni bis August erscheinen kleine, orangerote Blütenköpfe.

Hypericum Johanniskraut
Die nicht sehr langlebige Pflanze braucht einen sonnigen Platz. Vermehrt wird sie durch Stecklinge im August oder durch Aussaat im Frühjahr. *H. olympicum* und *H. polyphyllum* (beide H: 15 cm, B: 30 cm) sind kräftige Pflanzen mit blaugrünen Blättern. Hellgelbe Blüten schmücken von Mai bis August den Halbstrauch. *H. o.* 'Citri-

Hypericum polyphyllum

num' bildet kleine Polster aus blaugrünen, durchscheinend punktierten Blättern. Von Juni bis August öffnen sich große leuchtendzitronengelbe Blüten in Trugdolden.

Hyssopus Ysop
Die langlebige Pflanze braucht einen trockenen und sonnigen Standort. Vermehrt wird sie durch Teilung im Frühjahr. *H. aristatus* (H: 30 cm, B: 20 cm) entwickelt einen aufrechten, dunkelgrünen Busch; tiefblaue, rosarote oder weiße Blüten von August bis Oktober.

Iberis Schleifenblume
Nützliche, immergrüne, langlebige Pflanzen, die sich besonders für Mauern eignen. Sie brauchen Sonne und eine gute Entwässerung. Vermehrt werden sie durch Stecklinge im Juni und August. *I. sempervirens* (H: 10–20 cm, B: 15–40 cm) hat tiefgrüne Blätter und zahlreiche weiße Blüten im Mai und Juni. Die Sorte 'Schneeflocke' (H: 25 cm, B: 25 cm) ist weniger starkwüchsig, trägt jedoch zahlreiche große Blütenköpfe von Mai bis Juli. Die Sorte 'Zwergschneeflocke' entwickelt einen kompakten, nicht völlig immergrünen Busch, der im Mai und Juni viele weiße Blüten hervorbringt. 'Findel', eine verhältnismäßig starkwüchsige Sorte, zeichnet sich durch große Blüten aus.

Leontopodium Edelweiß
Es braucht einen gut durchlässigen Boden und einen sonnigen Platz. Vermehrt wird die nicht sehr langlebige Pflanze durch Aussaat unter Glas im März.

L. alpinum (H: 10–15 cm, B: 25 cm) hat grauweiße Blätter und gelblichweiße Blütenstände von Juni bis August. Die Sorte 'Mignon' ist in allen Teilen zierlicher. *L. souliei* (H: 10 bis 15 cm, B: 15 cm) hat die gleichen schönen Blüten, die Blätter sind jedoch silberweiß gefärbt. Der Wuchs ist dichtrasig. Sie ist langlebiger als *L. alpinum*.

Leontopodium alpinum

Linum Lein
Die langlebige Pflanze gedeiht gut in der Sonne in durchlässigem, nicht zu schwerem Boden. Man vermehrt sie durch Aussaat unter Glas im März und April.

L. altaicum (Zwerglein) mit lanzettlichen, hellgrünen Blättern (H: 15 cm) und großen, hellblauen Blüten; *L. flavum* 'Compactum' (Goldflachs), tiefgrüne, länglich bis spatelige Blätter und gelbe Blüten (H: 20 cm); *L. f.* 'Goldzwerg' bildet blaugrüne, dicht geschlossene, kompakte Polster und öffnet seine großen, goldgelben Blüten von Juni bis August.

Lithospermum Steinsame
Diese Pflanzen sind langlebig, wenn sie in geeigneter Erde und an einem sonnigen Standort wachsen. *L. diffusum* (syn. *Lithodora diffusa*) braucht einen

Lithospermum diffusum

kalkfreien, humosen Boden. Die Art blüht enzianblau von April bis Juni (H: 10–20 cm, B: 60 cm). Sie wird durch Achselstecklinge im Juli und August vermehrt. Bekannt ist die Sorte 'Heavenly Blue' mit großen blauen Blüten. *L. purpureo-caeruleum* hat rosarote Knospen und blaue Blüten von April bis Juni (H: 15–20 cm, B: 30 cm). Mit ihren Ausläufern überzieht die Pflanze in kurzer Zeit den Boden. Sie kommt auch gut im Halbschatten voran.

Lychnis Lichtnelke
Die ziemlich langlebige Lichtnelke braucht einen sonnigen Platz mit durchlässiger Erde. Man vermehrt sie durch Aussaat ins Frühbeet im Frühjahr. *L. flos-jovis* (H: 20–30 cm, B: 15 cm) bildet graufilzige Blatthorste mit leuchtendrosa Blüten von Mai bis Juli. *L. alpina* (Alpenpechnelke) wird 10 cm hoch und hat lanzettliche Blätter, die in dichten Rosetten stehen. Die rötlichen Blüten erscheinen im Mai und Juni.

Mertensia Blauglöckchen
Die kalkempfindliche, langlebige Pflanze benötigt einen kühlen, sonnigen bis halbschattigen Platz. Vermehrt wird sie durch Teilung der Wurzeln im Oktober oder März oder durch Aussaat. *M. echioides* (H: 20 cm, B: 25 cm) bildet dichte Rasen, die im Herbst absterben. Kurze Rispen mit dunkelblauen Blüten im Mai und Juni. *M. primuloides* (H: 15 cm, B: 20 cm) hat kleine, behaarte, elliptische Blätter und schmückt sich von Mai bis Juli mit enzianblauen Blüten, die in dichten Trauben stehen. Eine anspruchsvolle Art!

Mertensia echioides

Mimulus Gauklerblume
Die ein- oder mehrjährigen Pflanzen brauchen einen feuchten Boden und einen sonnigen Standort. Vermehrt werden sie meist durch Aussaat im Frühjahr unter Glas oder durch Stecklinge im August. Für den Steingarten eignet sich *M. cupreus* 'Roter Kaiser' (H: 10–15 cm, B: 15 cm). Die empfindliche Sorte blüht von Juni bis September scharlachrot. *M. luteus* mit frischgrünen Blättern und großen, gelben Blüten von Juni bis September verbreitet sich sehr stark durch Selbstaussaat. *M.* ×

Mimulus cupreus

tigrinus 'Grandiflorus' ist für ausgesprochen feuchte Stellen geeignet. Die Blüten sind gelb und rot gefleckt.

Nierembergia Weißbecher
Die Pflanze braucht einen sonnigen oder absonnigen Platz und feuchten Boden. Bei diesen Wachstumsbedingungen ist die Pflanze langlebig. Man vermehrt sie durch Teilung im März. *N. repens* (H: 3–5 cm, B: 25 cm) breitet sich ziemlich rasch aus. Von Juni bis September zeigen sich große, weiße, becherförmige Blüten.

Omphalodes Gedenkemein
Guter, langlebiger Bodendecker an halbschattigem Standort. Vermehrt wird die Pflanze durch Teilung im März/April oder nach der Blüte. *O. cappadocia* (H: 15 cm, B: 45 cm) hat dunkelgrüne Blätter und Rispen mit leuchtendblauen Blüten von April bis Juni. *O. verna* besitzt eiförmige Blätter und bringt im April und Mai leuchtendblaue, vergißmeinnichtartige Blüten hervor. Zu der Art zählt auch die weißblühende Sorte 'Alba'.

Origanum Dost
Die Pflanze wächst gut in normaler

Omphalodes cappadocia

Gartenerde an einem sonnigen Standort. Man vermehrt sie durch Teilung im Herbst. *O. laevigatum* (H: 25–40 cm, B: 20 cm) hat von August an Rispen mit kleinen, purpurfarbenen Blüten.

Nierembergia repens

Oxalis Sauerklee
Einige Arten wuchern in milden Klimagebieten beträchtlich. Sie brauchen einen sonnigen Standort und sind sehr langlebig.

Oxalis adenophylla

O. adenophylla (H: 10 cm, B: 15 cm) entwickelt blaugrüne Blätter in dichten Büscheln mit rosaroten bis blauvioletten Blüten von Mai bis Juli. Die Art zieht nach der Blüte ein und braucht einen Winterschutz.

Penstemon Bartfaden
Die Pflanze liebt einen sonnigen Platz und guten, durchlässigen Boden. Vermehrt wird sie durch Teilung im Frühjahr.
P. davidsonii (H: 15 cm, B: 25 cm) wächst strauchartig, hat unterirdisch kriechende Triebe und entfaltet von Juni bis August lilarosa Blüten. *P. pinifolius* (H: 20 cm, B: 10 cm) entwickelt schöne Büsche mit zierlichen nadelartigen Blättern und leuchtenden scharlachroten Blüten von Juli bis Oktober. *P. scouleri* (H: 15 cm, B: 20 cm) wächst rasenartig dicht; lavendelfarbene Blüten im Mai und Juni. Die Pflanzen müssen vor Kälte und Nässe geschützt werden.

Phlox Flammenblume
Die alpinen Arten bilden Matten. Sie sind an einem sonnigen Standort mit sandigem Boden langlebig. Man vermehrt sie durch Teilung im März, durch Stecklinge im Frühjahr oder durch Aussaat im Spätherbst. *P. douglasii* (H: 8–10 cm, B: 35 cm) hat rundliche Blätter und stengellose Blüten von April bis Juni. *P. d.* 'Georg Arends' bildet rundliche, wintergrüne Polster und blüht rosalila. Die Sorten der Art *P. subulata* wachsen etwas höher, bilden jedoch größere Teppiche. Die Blüten entwickeln sich an kleinen Rispen im Mai und Juni. Bewährte Sorten sind: 'Betty', leuchtend hellrosa; 'G. F. Wilson'. stark wachsend, lilablau; 'Schnee', rein weiß; 'Samson', rasenartiger Wuchs, zartrosa; 'Temiskaming', dunkelrot; 'White Delight' ist stark wüchsig und bringt eine Fülle reinweißer Blüten hervor.

Polygonum Knöterich
Dieser langlebige Bodendecker breitet sich sehr stark aus und wuchert oft. Er kommt in der Sonne und im Schatten voran. Vermehrt wird er durch Teilung im Frühjahr oder Herbst. *P. affine* 'Darjeeling Red' (H: 5–15 cm, B: 45 cm) bildet Matten, ist grün im Sommer und braun im Winter. Rispen mit tiefrosa Blüten von Juni bis September. Die Sorte 'Donald Lowndes' (H: 5 bis 20 cm, B: 30 cm) hat kräftige leuchtendrosa Blütenähren von Juni bis September. *P. a.* 'Superbum' (H: 25 cm, B: 30 cm) mit schönen rosa Blütenähren.

Potentilla Fingerkraut
Eine leicht zu kultivierende, langlebige Pflanze für einen sonnigen Standort. Man vermehrt sie am besten durch Stecklinge im April. *P. aurea* (Goldfingerkraut), H: 10 cm, B: 10 cm, entwickelt lockerpolsterige Teppiche und goldgelbe Blüten im Mai und Juni. *P. a.* 'Aurantiaca' ist eine Zwergsorte mit orangefarbenen Blüten. *P. a.* 'Plena' hat gefüllte Blüten. *P. a.* 'Goldklumpen' blüht sehr reich und schmückt sich mit großen, goldgelben Blüten. *P. nitida* (H: 5 cm, B: 10 cm) entwickelt silbrigseidige Blätter und Blütenstände mit ro-

Potentilla nitida

sa Blüten im Mai und Juni. *P.* × *tonguei* (H: 10 cm, B: 25 cm) hat kräftige Blütenstände mit kriechenden, aprikosenfarbenen Blüten im Juli und August.

Primula Primel
Primeln können für viele Zwecke verwendet werden, da ihre Form, Blütenfarbe, Blütezeit und Kulturansprüche ganz verschieden sind. Die Hauptblütezeit liegt im Frühjahr, doch gibt es auch Arten, die im Sommer blühen. Für Steingärten werden solche Arten und Sorten gewählt, die in der Regel einen vollsonnigen Standort und einen durchlässigen Boden brauchen. Viele Arten vermehrt man durch Samen, einige aber auch durch Teilung. *P. alpicola* ist eine wüchsige und verhältnismäßig ausdauernde Primel mit ledrigen Blättern und trichterförmigen gelben Blüten, die im Juni und Juli erscheinen. Im Winter sollte man sie mit Reisig vor allzu hohen Kältegraden schützen. *P. auricula* (Alpenaurikel) mit fleischigen, kräftigen, weißbestäubten Blättern und duftenden Blüten von April bis Juni. Die Art ist für sonnige, kalkhaltige Standorte geeignet. *P. denticulata* (Kugelprimel) hat kugelförmige Blütenstände, die auf starken Schäften stehen. Die Blätter, die sich erst nach der Blüte im März und April bilden, sind in Rosetten angeordnet. Zu den bekannten Sorten zählen: 'Alba', weiß; 'Cachemiriana-Rubin', rotviolett, und 'Grandiflora' mit zahlreichen Farbtönen von Rosa über Lila bis Violett. *P. elatior* (H: 15 cm) gedeiht in jedem feuchten Boden und erträgt auch den Halbschatten. *P. juliae* (Polsterprimel), H: 6 cm, zeichnet sich durch dichten, rasigen Wuchs aus. Die Blätter sind nierenförmig. Die Pflanze breitet sich nach allen Seiten kriechend, rasenartig aus und ist für absonnige Standorte und feuchte Böden geeignet. Die violettroten Blüten haben ein gelbes Auge. *P. marginata* hat gezähnte, rahmgelbe, gepuderte Blätter, die Rosetten bilden und im März und April lilafarbene Blüten mit einem weißen Schlundring in der Dolde hervorbringen. *P.* × *polyantha* (Gartenhimmelschlüssel) ist eine umfangreiche Primelgruppe mit vielen Sorten. Die Pflanzen blühen oft schon, ehe die Blätter austreiben (H: 8–25 cm). Bekannte Sorten sind: 'Grandiflora', Mischung mit großen Blüten in gelben, roten oder violetten Farben; 'Pacific Giant', Riesenblüten in zahlreichen Farben. *P. polyneura*, eine veränderliche Art mit rundlichen bis dreieckigen, flaumig behaarten Blättern und quirlständigen tiefrosa Blüten mit gelbem Auge im Mai und Juni (H: 30 cm). *P.* × *pruhoniciana* (Teppichprimel), H: 5–15 cm; die Art mit schaftlosen Blüten ist langlebig und wird durch Teilung vermehrt. Bemerkenswerte Sorten sind: 'Gartenmeister Bartens', leuchtend rot; 'Oberschlesien', rotviolett mit gelbem Auge; 'Ostergruß', bläulichrot, 'Purpurkissen', karminpurpur; 'Schneewittchen', rein weiß; 'Wanda', rötlichpurpur mit gelbem Auge. *P. vulgaris* (syn. *P. acaulis*), Kissenprimel, beliebte Polsterprimel mit ausgebreiteten Blattquirlen und zahlreichen Blüten an kurzen Stielen. Es gibt viele Sorten in Weiß, Gelb, Blau und Rot.

Primula denticulata

Raoulia Schloßteppich
Die Pflanze braucht volle Sonne. Man vermehrt sie durch Teilung im April. *R. australis* (H: 3–5 cm, B: 30 cm) ist eine niederliegende Staude mit seidig behaarten Blättern und unscheinbaren gelben Blüten im April und Mai. In kalten Wintern sind die Pflanzen gefährdet. Deshalb sollte man ihnen einen Winterschutz geben.

Raoulia australis

Saponaria Seifenkraut
S. ocymoides (H: 20 cm, B: 35 cm) ist eine kurzlebige Pflanze mit niederliegenden, reichverzweigten Stengeln, die

Saponaria ocymoides

sich für sonnige Mauern eignet. Sie muß gelegentlich geschnitten werden. Vermehrt wird sie durch Aussaat im Frühjahr. Hellrosa Blüten von Juli bis September.

Satureja Bergminze
Die langlebige, in der Sonne oder im Halbschatten wachsende Pflanze vermehrt man durch Teilung im April. *S. montana* (H: 15–30 cm, B: 20 cm) entwickelt niedrige Stauden mit würzig duftenden Blättern und kleinen weißen oder hellblauen Blüten im August und September. *S. repandens* (H: 8–15 cm, B: 30 cm) bekommt zwischen Juli und September niedrige, grüne Triebe mit weißen Blüten. Die Pflanze zieht im Herbst ein.

Saxifraga Steinbrech
Zu dieser formenreichen Gattung gehören viele schöne alpine Stauden. Sie wirken zunächst einmal attraktiv durch ihre immergrünen Polster und die

Satureja montana

formvollendeten Blattrosetten, überdies natürlich aber auch durch ihre hübschen Blüten. Die Gattung wird am besten in vier Gruppen geteilt: Der Polstersteinbrech, Sektion *Kabschia*, zeichnet sich durch dichte, rosettenförmige Polster aus. Er braucht einen mit Sand, feinem Kalkschotter und Ziegelsteinbröckchen durchsetzten humosen Boden. Stauende Nässe verträgt er nicht. Ein offener Standort an einem nach Norden liegenden Hang ist ideal. Vermehrt wird der Polstersteinbrech durch Stecklinge unter Glas im Mai. Alle Pflanzen blühen im März und April. *S.* × *apiculata* (H: 10 cm, B: 15 cm) trägt hellgelbe Blüten; es gibt aber auch eine weiße Sorte 'Alba'. *S.* × *pungens* ist der zuvor genannten Sorte ähnlich, jedoch etwas kräftiger gelb. Rosettensteinbrech, Sektion *Euazoonia*. Die dazu zählenden Arten haben meist silbriggrüne Blätter in größeren Rosetten. Obgleich sie weniger anspruchsvoll sind als die Pflanzen der Sektion *Kabschia*, gedeihen sie dennoch am besten an einem sonnigen Platz in gut entwässertem Boden. Diese langlebigen Pflanzen werden durch Achselstecklinge nach der Blüte vermehrt. Alle blühen im Mai und Juni. *S. aizoon* (H: 10 cm, B: 15 cm) ist kompakt und entwickelt einige weiße Blütenrispen; 'Rosea' (H: 20 cm, B: 15 cm) hat rosa Blüten; 'Lutea' (H: 20 cm, B: 15 cm) blüht gelb; 'Esther' (H: 15 cm, B: 15 cm) mit graugefärbten Blättern und hellrosa Blüten an aufrecht stehenden Rispen. *S. burnati* (H: 20 cm, B: 14 cm) hat silbrige Blätter und weiße Blütenstände. *S. cotyledon* (Silberfahnensteinbrech) bildet flache, glänzende, graugrüne Rosetten mit länglichen Blättern. Die weißen Blüten, die im Juni aufblühen, sitzen an verzweigten Rispen. Dieser Steinbrech eignet sich für frisches, leicht feuchtes Felsgestein. Empfehlenswert ist die Sorte 'Pyramidalis', deren Blütenstände auch als Schnittblumen verwendet werden können.

Der Moossteinbrech, Sektion *Dactyloides*, hat leuchtendgrün gefärbte immergrüne Blattrosetten, die hübsche Polster bilden. Sie brauchen Halbschatten und einen nicht zu trockenen Boden. Vermehrt werden sie durch Teilung nach der Blüte, solange der Boden feucht ist. Abgetrennt werden müssen die Nebenrosetten auf jeden Fall, wenn die Pflanzen im Lauf der Zeit wuchern. Alle Arten und Sorten blühen im April und Mai in Rispen auf aufrechten Stengeln. *S.-Arendsii*-Hybriden bilden schöne sternförmige Einzelrosetten aus. Sie lieben einen gut durchfeuchteten, humosen, schotterreichen Boden und halten sich zwischen Steinen und Mauern länger als auf Beeten. Beliebt sind viele Sorten, besonders empfehlenswert aber sind: 'Blütenteppich', karminrosa; 'Leuchtkäfer', leuchtend rot; 'Schneeteppich', weiß; 'Triumph', dunkelrubinrot. Ausgesprochene Zwergsorten (H: 3–10 cm) sind 'Peter Pan', dunkelrot, und 'Rosenzwerg', dunkelrosa. *S. muscoides* 'Findling' (H: 10 cm) bildet widerstandsfähige, dunkelgrüne Polster mit großen weißen Blüten.

Zu den übrigen Steinbrecharten gehören: *S. oppositifolia,* die niedrige, dichte Rasen bildet und im März und April leuchtendrote Blüten hervorbringt. Die Art wächst unter ähnlichen Bedingungen wie die *Euazoonia*-Arten. Man vermehrt sie durch Abnehmen von Rosetten nach der Blüte. *S. umbrosa*, das Porzellanblümchen, bildet dichte, schöne, rosettige Blatteppiche. Die Blätter sind spatelig, die Blüten, die sich im Mai und Juni öffnen, rot oder weiß (H: 5–30 cm, B: 30–40 cm). Dieser Steinbrech gehört zur Sektion *Diptera*, dem Schattensteinbrech. Die Pflanze ist also für halbschattige bis schattige Lagen geeignet.

Scabiosa Skabiose
Langlebige, widerstandsfähige Pflanze für einen sonnigen Standort. Sie wird durch Aussaat im Herbst oder Frühjahr vermehrt. *S. japonica var. alpina* (H: 20 cm, B: 20 cm) hat feingefiederte Blätter und von Juli bis September einen reichen hellila Blütenflor. Diese Liebhaberpflanze ist für sonnige und absonnige Plätze geeignet.

Sedum Fetthenne
Hierzu gehören viele Arten, Unterarten und Sorten für jeden Standort. Es sind meist sukkulente Arten mit fleischigen Blättern, die auf nicht zu feuchten Böden kultiviert werden sollten. Viele ertragen die Trockenheit ausgesprochen gut, sind also für Steingärten ideal geeignet. Wichtig ist ein sonniger Standort. *S. acre* (Mauerpfeffer), H: 5 cm, B: 15 cm, hat walzenförmige Blätter und im Juni und Juli leuchtendgelbe Blüten. Vermehrt wird die Pflanze durch Teilung im Frühjahr oder Herbst. *S. album* 'Coral Carpet' (Rotmoossedum) blüht selten, bildet jedoch bronzierte Rasen und wird gern für Plattenwege genommen. *S. cauticolum* hat blaugrüne Blätter mit rötlichem Rand. Die Sorte 'Likadens' schmückt sich mit roten Blüten von Juli bis September. Empfehlenswert ist 'Robustum' mit karminroten Blüten, eine Sorte der *S.*-Hybriden. *S. floriferum* 'Weihenstephaner Gold' hat dunkelgrüne Blätter und goldgelbe Blütenköpfe von Juni bis August; besonders schön ist die rötliche Herbstfärbung. *S. kamtschaticum* bringt orangegelbe Blüten hervor. Die Art ist jedoch weniger wuchsfreudig, hat graugrüne Blätter und braucht einen durchlässigen Boden. *S. pluricaule* und *S. cauticolum* (beide H: 10 cm, B: 15 cm) mit ähnlichen Wuchseigenschaften und leuchtendrosa Blüten. Empfehlenswert ist die Sorte 'Rosenteppich' mit leuchtendkarminrosa Blütendolden von Juli bis September *S. reflexum* (H: 10 bis 20 cm, B: 20 cm) blüht gelb im Juli und August. *S. spathulifolium* (H: 10 cm, B: 15 cm) entwickelt graugrüne Rosetten, die sich bei großer Trockenheit rötlich verfärben. Einige wertvolle Sorten sind: 'Cape Blanc' mit silberweiß bemehlten, zierlichen, reizvollen Blattrosetten und gelben Blüten an rötlichen Stielen; 'Purpureum', tiefpurpurfarbene Blätter und gelbe Blüten; 'William Pasade', spatelförmige Blätter in silbergrauen Rosetten mit rötlichem Anflug, gelbe Trugdolden. *S. spurium* 'Schorbuser Blut' (H: 10 cm, B: 25 cm) bildet grüne Matten mit gut ausgebildeten Polstern und roten Blüten von Juni bis August. Die Sorte 'Purpurteppich' zeichnet sich durch dunkelpurpurne Blätter und dunkelkarminfarbene Blüten aus. *S. tartarinowii* (H: 10 cm, B: 15 cm) hat einen ausgeglichenen Wuchs und blüht zartrosa im August und September.

Sempervivum Hauswurz
Diese äußerst anspruchslosen langlebigen Pflanzen bilden immergrüne Roset-

Sempervivum-Hybriden

ten. Was sie brauchen, ist ein durchlässiger Boden und ein sonniger Standort. Die Hauswurz wächst an Trockenmauern, in Felsspalten, auf Böschungen und Plattenwegen und braucht kaum Pflege. Der Durchmesser der Rosetten schwankt zwischen 1 und 10 cm. Einige der kleineren Arten sehen spinnwebenartig aus, die größeren haben purpurfarbene und bronzerot gefärbte Blätter. Die Blüten sind meist rosafarben und in aufrechten oder nickenden Rispen angeordnet. Fast zu jeder Zeit kann man Ableger abtrennen und bewurzeln lassen.

Es gibt ungefähr 200 Arten, die kultiviert werden können. Die folgenden Arten und Sorten gehören zu den attraktivsten: *S. arachnoideum ssp. tomentosum* mit kugeligen, oben abgeflachten Blattrosetten und karminroten Blüten; *S. ciliosum var. borisii*, mittelgroße, ballförmig geschlossene, silbergraue, langbehaarte Blattrosetten, sternförmige, gelbe Blüten; *S.*-Hybriden 'Rheinkiesel', mittelgroße Blattrosetten, rosa Blüten.

Rotbraune bis violette Rosetten haben die *S.*-Hybriden 'Alpha', 'Beta', 'Donarrose', 'Gamma', 'Granat', 'Mahagoni', 'Othello', 'Rubin', 'Topas'. Grüne Rosetten findet man bei *S.* × *funckii*, die rötlich blüht; *S. tectorum* 'Gigante' entwickelt große olivgrüne Blattrosetten und rote Blüten. *S. t.* 'Atroviolaceum' zeichnet sich durch grüne große Blattrosetten mit braunen Spitzen und rote Blüten aus. Riesige hellbraune bis violette Blattrosetten, die in grüne Spitzen auslaufen, hat die Sorte *S.*-Hybriden 'Commander Hayl.' *S. marmoreum* (syn. *S. schlehanii*) 'Rubicundum' mit großen Blattrosetten und purpurrosa Blüten.

Silene Leimkraut
An sonnigen Plätzen haben diese Pflanzen eine lange Lebensdauer. Vermehrt werden sie durch Aussaat im Frühjahr, durch Stecklinge nach der Blüte und durch Teilung. *S. acaulis* (H: 10 bis 15 cm, B: 30 cm) bildet langsam kriechende, leuchtendgrüne Teppiche mit hellrosa Blüten von Juni bis August. *S. alpestris* (syn. *Heliosperma alpestre*),

Silena schafta

H: 10 cm, B: 20 cm, entwickelt Matten mit Rispen kleiner, weißer Blüten von Juni bis August. *S. schafta* (H: 15 cm) bildet lockere Rasen und bringt eine Fülle tiefrosafarbener Blüten zwischen Juli und September hervor.

Sisyrinchium bermudiana

Sisyrinchium Binsenlilie
Diese winterharte Pflanze mit irisähnlichen Blüten bevorzugt einen sonnigen Standort und feuchte, moorige Böden. Vermehrt wird sie durch Teilung im März. *S. angustifolium* (H: 20 cm, B: 15 cm) mit violettblauen, im Schlund gelben Blüten im Mai und Juni braucht einen Winterschutz. *S. bermudiana* gleicht *S. angustifolium* und trägt von Mai bis Juli blauviolette Blüten.

Thymus Thymian
Besonders beliebt als teppichbildende Pflanze, die sich rasch ausbreitet. Ihre

Thymus serpyllum 'Coccineus'

Blätter duften angenehm. Der Thymian braucht Sonne. Vermehrt wird er durch Teilung von März bis September. *T.* × *citriodorus* (H: 15 cm, B: 30 cm), bekannt als Zitronenthymian, entwickelt niedrige Stauden mit unscheinbaren Blüten. Die Sorte 'Aureus' hat gelbgerandete Blätter. Ähnlich ist auch 'Golden Dwarf'. *T.* × *doerfleri* bildet grüne Polster, übersät mit kleinen, leuchtendrosa Blüten im Mai und Juni; *T.* × *d.* 'Bressingham Seedling' bildet graue Teppiche und blüht ebenfalls rosa. *T. pseudolanuginosus* (H: 5 cm, B: 40 cm) ist weißwollig behaart und eine der besten Pflanzen für Steinplatten und die Bildung von Rasen. Die rosa Blütchen entwickeln sich spärlich. *T. rotundifolius* 'Purpurteppich' mit rundlichen Blättern, die etwas größer sind als bei *T. serpyllum* (H: 3–8 cm), leuchtendpurpurrote oder weiße Blüten im Juli und August. Die Sorte 'Coccineus' bildet dunkelgrüne Teppiche, übersät mit karminroten Blüten im Juni und Juli. Eine weißblühende Sorte ist 'Albus'. *T. vulgaris* 'Compactus', graugrüne, stark duftende Blätter, kleine hellila Blüten von Juli bis September.

Tiarella Schaumblüte
Eine wintergrüne, langlebige Staude für einen schattigen Platz und gut durch-

Tiarella cordifolia

lässigen, feuchten Boden. Man vermehrt die Schaumblüte durch Teilung im Oktober, März/April oder durch Aussaat im Frühjahr. *T. cordifolia* (H: 20 cm, B: 30 cm) breitet sich stark aus. Mattgrüne Blätter und Blütenstände mit winzigen weißen Blüten im Mai und Juni. *T. wherryi* (H: 15–30 cm, B: 30 cm) ist nicht besonders wuchsfreudig, entwickelt jedoch zahlreiche cremeweiße Blüten von Mai bis Juli.

Tunica Felsennelke
Die kurzlebige Felsennelke braucht einen sonnigen Standort. *T. saxifraga* hat nadelartige Blätter und wird im Frühjahr durch Samen vermehrt. *T. saxifraga* (H: 5–15 cm, B: 20 cm) bildet grasartige Büschel, die sich nur begrenzt ausbreiten; rosa Blüten im Juli und August. 'Rosette', eine attraktivere Sorte, hat rosa gefüllte Blüten, die sich bis tief in den Herbst hinein halten.

Tunica saxifraga

Veronica Ehrenpreis
Eine umfangreiche Pflanzengattung, zu der wintergrüne und laubabwerfende Stauden gehören. Es gibt aufrecht stehende und kriechende Arten. Die Pflanzen lieben einen offenen, sonnigen oder halbschattigen Standort und einen gut durchlässigen Boden. Vermehrt wird durch Teilung im März/April oder durch Stecklinge von Seitentrieben im Juli/August. Niedrige bodenbedeckende Arten und Sorten: *V. prostrata* (syn. *V. rupestris),* H: 15 cm, B: 30 cm, längliche Blätter an niederliegenden Trieben. Hellblaue, rosa und weiße Blüten von Mai bis Juli. Halbhohe Arten: *V. incana,* silberweiße Blätter, dunkelblaue Blüten in aufrechten Trauben im Juni und Juli; *V. spicata* 'Heidekind', stumpflanzettliche, gekerbte Blätter. Die Blüten stehen in leuchtendweinroten Ähren von Juli bis August; *V. teucrium* (H: 15–25 cm) mit eiförmig zugespitzten Blättern. Die Blüten bilden pyramidenförmige Trauben im Mai und Juni. Schöne Sorten sind: 'Knallblau' mit tiefenzianblauen Blüten in lockeren Trauben, 'Kapitän', enzianblau, 'Shirley Blue', leuchtendblau.

Vinca Immergrün
Diese Pflanzen eignen sich für sonnige und für schattige Standorte. Da sie jedoch auch im Schatten wachsen und außerdem die Trockenheit gut ertragen, werden sie meist nur an solche Standorte gepflanzt. Das Immergrün eignet sich ausgezeichnet als Bodendekker und stellt keine Ansprüche an die Pflege. Die Pflanzen verbreiten sich durch bewurzelte Ausleger. Man vermehrt das Immergrün durch Stecklinge im Sommer und Herbst oder durch Teilung des Wurzelballens zwischen September und April. Von den beiden Hauptarten ist nur *V. minor* für den Steingarten geeignet. *V. major* pflanzt man unter Bäume und Sträucher. Alle *Vinca*-Sorten blühen im Frühjahr und Frühsommer, doch nur verhältnismäßig kurze Zeit. *V. minor* 'Bowles Variety' entwickelt große hellblaue Blüten im April und Mai, die dicht über den niedrigen, immergrünen Blättern sitzen. Außer *V. minor* 'Alba' mit weißen Blüten gibt es die rotviolettblühende Sorte 'Rubra'. Einige Sorten von *V. minor* haben bunte Blätter. *V. minor* 'Grüner Teppich' bildet große, eirunde Blätter an langen, dicht beblätterten Trieben. Die Blüten sind hellblau.

Vinca minor

Viola Veilchen
Die meisten Arten und Sorten brauchen einen sonnigen Standort; sie blühen reichlich, sind jedoch kurzlebig. Es gibt zwar zahlreiche Arten und Sorten. Sie bleiben so klein, daß man sie in den Steingarten pflanzen kann, doch sollte man sich auf die wirklich winterharten, mehrjährigen Pflanzen beschränken. Angeboten werden in der Regel vor allem Sorten des Hornveilchens, *V. cornuta.* Dies ist ein großblumiges, stiefmütterchenähnliches Veilchen, das fast den ganzen Sommer über blüht und 15–20 cm hoch wird. Zu den guten Sorten zählen: 'Angerland', zartlilablau; 'Blaue Schönheit' bildet kompakte Büsche und blüht leuchtend blau; 'Bouillon', zitronengelb; 'Famös', weinrot; 'Germania', dunkelviolett; 'Hansa', dunkelblau. Eine nützliche Art für ausreichend trockenen Boden an einem schattigen Platz ist *V. labradorica* 'Purpurea' (H: 10–15 cm, B: 10 cm) mit purpurfarbenen Blättern und rosa Blüten im April und Mai.

Viola cornuta

Waldsteinia Ungarwurz
Eine langlebige Pflanze für Sonne oder Schatten. Vermehrt wird sie durch Teilung oder Stecklinge nach der Blüte. *W. ternata* (syn. *W. sibirica*), H: 10 cm, B: 35 cm, bildet immergrüne Teppiche mit kurzen Rispen mit leuchtendgelben Blüten im April und Mai. Eine beliebte Art für Tröge und Mauern. Auch als Bodendecker geeignet.

Waldsteinia ternata

Wulfenia
Immergrüne, langlebige Pflanzen, die feuchten Boden und etwas Schatten brauchen.

W. carinthiaca ist eine reizende Bergpflanze für Liebhaber. Die blauvioletten Blüten stehen in einer dichten Traube und öffnen sich im Mai und Juni.

Steingartenpflanzen für besondere Zwecke

Steingartenpflanzen können an vielen Stellen im Garten vorteilhaft eingesetzt werden. Wenn nicht genügend Platz für einen Steingarten oder ein Hochbeet vorhanden ist, kann man die meisten Steingartenpflanzen in Mauerritzen, zwischen Steinplatten oder in Trögen anpflanzen.

Während die Mehrzahl der Steingartenpflanzen am besten an einem trockenen und sonnigen Standort gedeihen, bevorzugen einige jedoch Feuchtigkeit und Schatten. Ehe man eine Wahl unter den Steingartenpflanzen trifft, ist es ratsam, die Pflanzenbeschreibungen auf den Seiten 388–392 möglichst eingehend zu lesen, um festzustellen, welche Gattungen und Arten für die vorhandenen Standorte am besten geeignet sind

Steingartenpflanzen für Plattenwege und Trockenmauern
Acaena
Androsace
Arenaria
Asperula
Campunala portenschlagiana
Cotula
Globularia
Helichrysum
Nierembergia
Raoulia
Saxifraga
Sedum
Silene
Thymus

Steingartenpflanzen, die sich als Bodendecker eignen
Diese sollten an einen trockenen, sonnigen Platz gepflanzt werden, falls es nicht anders vermerkt ist.
Ajuga (Schatten)
Arabis
Asperula
Campanula
Cotula
Dianthus
Dryas
Genista lydia
Helianthemum
Nierembergia
Omphalodes (Schatten)
Oxalis
Polygonum
Potentilla
Raoulia
Saxifraga (auch Halbschatten)
Sedum

Androsace lanuginosa

Thymus
Veronica
Vinca

Steingartenpflanzen für trockene und sonnige Standorte
Achillea
Aethionema
Anemone pulsatilla
Anthemis
Armeria
Artemisia
Dianthus
Dryas
Erinus
Erodium
Genista
Globularia
Helianthemum
Helichrysum
Hypericum
Iberis
Linum
Penstemon
Phlox
Potentilla
Saponaria
Satureja
Scabiosa
Sedum
Sempervivum
Silene
Thymus
Tunica
Veronica (buschige Sorten)

Steingartenpflanzen für trockene und schattige Standorte
Ajuga
Campanula
Geranium
Polygonum affine

Dianthus

Saxifraga (bestimmte Arten)
Tiarella
Vinca
Waldsteinia

Steingartenpflanzen für feuchte, torfhaltige, halbschattige Standorte
Aquilegia (auch Sonne)
Astilbe
Calamintha
Dodecatheon
Epimedium
Gentiana (im Herbst blühende Sorten)
Lysimachia nummularia
Mertensia
Mimulus
Omphalodes
Primula
Saxifraga (die meisten grünblättrigen Arten)
Tiarella

Dezember

Winterliche Ruhe ist im Garten eingekehrt. Die Aufmerksamkeit des Hobbygärtners richtet sich nun mehr auf Zimmerpflanzen. Alpenveilchen und Weihnachtsstern, Chrysanthemen und Usambaraveilchen werden in diesem Monat gern gekauft. Wer ein Kleingewächshaus hat, kann sie selbst heranziehen. Damit sich diese Pflanzen gut entwickeln, brauchen sie genügend Wärme und Feuchtigkeit.

Nadelbaum im Winter

△ Alpenveilchen

△ *Calathea*

△ Zierspargel

▽ Seeigelkaktus

Alpenveilchen, die man im Winter blühend kauft, kann man im Juni an eine schattige Stelle im Garten, auf der Terrasse oder auf den Balkon bringen und dort weiterkultivieren

Die dekorativen Blätter machen den Reiz der *Calathea* oder Korbmarante aus. Man darf sie nicht zu hellem Licht aussetzen und sie möglichst nur mit kalkfreiem Wasser gießen

An einen Fuchsschwanz erinnern die bis zu 40 cm langen und 6 cm breiten Wedel der Zierspargelsorte *Asparagus densiflorus* 'Meyeri'

Seeigelkakteen sind einfach zu pflegen. Sie brauchen nicht besonders sonnig zu stehen und auch keine spezielle Kakteenerde. Im Sommer kann man die Pflanze an einen halbschattigen Platz im Garten stellen

Auch im tiefsten Winter erfreut uns die Schneeheide, *Erica herbacea,* im Garten oder im Balkonkasten mit ihren hübschen Blüten

▽ Schneeheide

Aechmea fasciata ist die beliebteste Lanzenrosette. Wie alle Ächmeen blüht sie nur als reife Pflanze und bringt nur einen Blütenstand hervor. Er besteht aus rosettig angeordneten rosafarbenen Hochblättern. Zwischen den Hochblättern des Blütenstands erscheinen kleine blaßblaue Blüten, die sich später rot färben

Der Saumfarn, *Pteris,* hat breite Fiedern mit einem weißlichen Mittelband. Die Fiedern sitzen an rund 30 cm langen Wedeln. Dieser Zimmerfarn wächst unter idealen Bedingungen das ganze Jahr hindurch

Die auffallend gefärbten, schotenartigen Früchte machen den Paprika zum Blickfang zwischen anderen Zimmerpflanzen. Wenn die Früchte nach acht bis zwölf Wochen abgestorben sind, wirft man die Pflanze weg. Hier die Art *Capsicum annuum*

In der Advents- und Weihnachtszeit ist der Weihnachtsstern, *Euphorbia pulcherrima*, fast in jedem Wohnzimmer zu finden

△ Lanzenrosette

△ Saumfarn

▽ Paprika

▽ Weihnachtsstern

Dezember

Rasen

Wenn man die für die Frühjahrsaussaat vorgesehene Fläche noch nicht vorbereitet hat (siehe *November*), gräbt man den Boden bei günstiger Witterung um und arbeitet gut verrotteten Stallmist oder Komposterde ein. Wird ein größeres Grundstück bewirtschaftet, sollte man stets eine kleine Rasenfläche zur Verfügung haben, die speziell zur Ausbesserung beschädigter Stellen eingesät wurde.

Maßnahmen zur Bekämpfung von Wiesenschnakenlarven werden im Frühjahr fortgesetzt (siehe *November*), ebenso belüftet man weiter den Rasen. Man säubert und überholt Maschinen und Geräte und lagert sie bis zum Frühjahr an einem trockenen Ort, nachdem sie zuvor sorgfältig geölt wurden. Bei Bedarf müssen Mähmaschinen und andere Rasenpflegegeräte zur Reparatur gebracht werden (siehe *November*).

Bäume und Sträucher

Nun halten die Pflanzen Winterruhe.

Wenn es die Witterung zuläßt, können Schnittarbeiten durchgeführt werden. In Gebieten mit rauhem Klima wartet man damit, bis die Zeit der strengsten Fröste vorüber ist. Man kann dann die zurückgefrorenen Zweige gleich mit entfernen.

Nach starkem Schneefall muß der Schnee von den immergrünen Gehölzen abgeschüttelt werden, damit keine Bruchschäden entstehen.

Hecken

Wenn viel Schnee gefallen ist, sollte man Hekken leicht abschütteln, damit es nicht zu Schneebruch kommt.

Ist ein starker Rückschnitt erforderlich (siehe *Januar*), so kann dieser Schnitt auch jetzt durchgeführt werden, wenn die Witterung es zuläßt. Bei starkem Frost sollten jedoch keine Schnittmaßnahmen erfolgen.

Stauden

Beete und Rabatten werden weiterhin gesäubert. Man setzt das Umgraben zwischen den Pflanzen fort (siehe *November*).

Falls die Beete zu dicht an Bäumen, Hecken oder großen Sträuchern liegen, achtet man auf schädigende Einwirkungen durch Baumwurzeln, die den Pflanzen sehr viel Nahrung entziehen, wenn sie in ein Beet oder eine Rabatte hineinwachsen. Ahorn, Esche, Ulme, Kiefer, Birke und Buche breiten ihre Wurzeln besonders stark aus.

Wurzeln eingrenzen In Beete einwachsende Wurzeln müssen jedes Jahr zurückgeschnitten werden, indem man einen scharfen Spaten tief in den Boden um den Rand des Beets sticht und die hineinwachsenden Wurzeln abtrennt. Falls man auf eine dicke Wurzel trifft, wird die Stelle freigegraben und die Wurzel mit einem Beil abgehauen. Der abgetrennte Teil stirbt ab und verrottet. Es ist nicht notwendig, die Wurzel auszugraben, es sei denn, sie stammt von einer Ulme oder von einem Pflaumenbaum, der auch aus abgetrennten Wurzeln durch schlafende Augen neue Triebe bilden kann.

Man ersetzt alte Grassoden neben einem Beet oder einer Rabatte und streut, wenn sich dies als notwendig erweisen sollte, frischen Kies auf Gartenwege.

Die Zweige überhängender, laubabwerfender Bäume oder Sträucher werden zurückgeschnitten.

Falls die Zweige aus dem Nachbargarten über den Zaun hängen, muß der Besitzer davon verständigt werden. Ihm ist, nach den geltenden Rechtsvorschriften, eine genügende Frist zur Beseitigung einzuräumen.

Samen oder Pflanzen, die für Frühjahrsaussaat oder Frühjahrsauspflanzung im März benötigt werden, müssen in diesem Monat bestellt werden.

Ein- und zweijährige Pflanzen

Wenn jetzt die Samenkataloge eintreffen, kann man den Samenbedarf für die kommende Saison in Ruhe zusammenstellen.

Falls das Wetter noch mild ist, werden jetzt Beete und Rabatten umgegraben, auf die im kommenden Jahr einjährige Sommerblumen ausgesät werden sollen (siehe *November*).

Zwiebel- und Knollengewächse

Zwiebelkultur unter Glas und im Haus

Mit Zwiebeln bepflanzte Schalen und Töpfe werden kontrolliert und in geschützte Räume gebracht, sobald sie ausgetrieben haben. Schalen, die bereits früher ins kühle Gewächshaus oder Zimmer gestellt worden sind, können nun ins wärmere Wohnzimmer geholt werden. Stehen die Schalen in der Nähe eines Fensters, dreht man sie jeden Tag um 45°, damit die Pflanzen gleichmäßig wachsen und nicht schräg dem Licht entgegen wachsen.

Drei Wochen nachdem man die Pflanzen aus dem Einschlag oder dem Bewurzelungsraum ins Zimmer geholt hat, kann man die ersten Blüten erwarten. Bei manchen Zwiebelgewächsen dauert es etwas länger, bei manchen auch etwas kürzer. In den folgenden Wochen nimmt man immer wieder Zwiebelgewächse aus dem Einschlag herein, und je mehr sich das Frühjahr nähert, um so kürzer dauert die Treibperiode.

Um diese Jahreszeit erhält man auch bereits die ersten Kataloge der Spezialgärtnereien für die Frühjahrslieferungen. In der arbeitsärmeren Zeit werden die Kataloge geprüft und die Blumenzwiebeln, die man im Frühjahr pflanzen will, bestellt.

Rosen

Noch können Rosen gepflanzt werden (siehe *November*). Der Boden darf aber weder naß und bindig noch gefroren sein oder unter einer Schneedecke liegen. Ideal ist ein trockener oder nur leicht feuchter Boden. Rosen, die nicht gleich gepflanzt werden können, leiden keinen Schaden, wenn man sie eine Woche lang in der Verpackung läßt. Muß das Pflanzen noch länger hinausgeschoben werden, packt man die Rosen aus, entfernt alle Blätter, schlägt die

Wurzeln und unteren Stammteile in feuchte Sackleinwand ein und bewahrt die Pflanzen an einem frostfreien Platz auf. Gut geeignet ist ein Gartenhaus oder ein kühler Keller. Dort kann man die Rosen aber auch in Erde in Kisten einschlagen. Auf diese Weise halten sie sich wochenlang frisch.

Vorbereitungen für den Winter Die Rosenbeete werden nun für den Winter hergerichtet. Mit einer scharfen Gartenschere kürzt man lange Rosentriebe auf etwa 75 cm ein. Dann recht man alle von Sternrußtau befallenen Blätter zusammen und wirft sie in die Mülltonne. Bei schwerem oder verdichtetem Boden wird die obere 2–3 cm dicke Erdschicht mit einem Spaten gelockert und gleichzeitig etwas Humusmaterial ausgebracht.

In rauhen Lagen ist ein Winterschutz angebracht. Geschützt werden müssen vor allen Dingen die Veredelungsstelle und die Basis der Triebe bei Busch- und Edelrosen. Zu diesem Zweck häufelt man ganz einfach die Erde um die Rosenpflanzen etwas an. Man kann auch dort etwas Komposterde oder Torf ausbringen. Auf diese Weise ist die Basis der Pflanzen geschützt und kommt gut durch den Winter.

Manche Gartenfreunde schneiden die Rosen in dieser Jahreszeit kurz zurück und decken die Pflanzen mit Reisig ab. Solche Rosenbeete sehen den Winter über gepflegt aus. Die Maßnahme hat jedoch den Nachteil, daß bei sehr strengen Frösten die Stummel der Triebe zurückfrieren und die Rosenpflanzen eingehen. Deshalb ist der zuerst genannte schwache Rückschnitt und der Schutz der Veredelungsstelle und der Triebbasis durch Anhäufeln in der Regel günstiger.

Wer verrotteten Mist beziehen kann, sollte diesen jetzt zwischen den Rosenbeeten ausbringen. Der Mist schützt die Pflanzen ebenfalls vor Kälte und versorgt den Boden gleichzeitig mit Nährstoffen, von denen die Pflanzen im nächsten Jahr profitieren können.

Hochstammrosen müssen vor Frostschäden geschützt werden. Bei ihnen liegt die Veredelungsstelle am oberen Stammende an der Kronenbasis. Man löst die Pflanzen vorsichtig von ihrem Stützstab und biegt sie zur Erde nieder. Dort werden sie mit einem Drahthaken oder mit Holzstäben befestigt. Die Krone deckt man mit lockerer, durchlässiger Erde ab. Auf diese Weise werden die Veredelungsstelle und die Triebe vor Frostschäden geschützt. Ältere Stammrosen lassen sich nicht mehr zur Erde niederbiegen. In solchen Fällen hüllt man die Krone ein. Man verwendet dazu keine Plastikhüllen. Gut ist es, wenn die Krone zusammengebunden und im äußeren Bereich mit Fichtenreisigzweigen abgedeckt wird. Man kann auch die Krone locker mit Holzwolle ausfüllen und darüber ein schützendes Tuch oder ein anderes Material binden. Eine Klarsichtfolie ist deshalb ungünstig, weil durch sie die Strahlen der Wintersonne eindringen können und die die Triebe umgebende Luft zu stark erwärmen. In kalten Nächten sinkt die Temperatur auch unter der Kunststoffhülle stark ab, und Triebe, die Saft führen, können dann leicht Frostschäden bekommen.

Unter Glas

Topfrosen werden ins Gewächshaus oder in den Wintergarten eingeräumt und nicht mehr gegossen, bis man sie in der zweiten Monatshälfte zurückgeschnitten hat. Man schneidet die Triebe mit einer scharfen Gartenschere stark auf etwa 15 cm über dem Boden liegende außenstehende Augen zurück (siehe *März*). Nach dem Schnitt wird der Topf gründlich gewässert. Jetzt werden die Topfrosen in den nächsten Wochen gerade frostfrei gehalten.

Chrysanthemen

Unter Glas

Die Qualität und Haltbarkeit der späten Blüten hängen weitgehend von einer gleichmäßigen Feuchtigkeit, einer konstanten Temperatur von 10 °C und einer guten Lüftung ab. Bei sehr trübem Wetter wird die Temperatur um 2 °C gesenkt.

Besonders schön blühende Sorten können als Mutterpflanzen verwendet werden. Man schlägt sie am besten in Handkisten ein und überwintert sie im Gewächshaus (siehe *Oktober*).

Die Mutterpflanzen der Gartensorten, die im Gewächshaus oder kalten Frühbeet überwintern, werden kühl, aber nicht zu naß gehalten. Von diesen Mutterpflanzen nimmt man erst dann Stecklinge, wenn sie im März neu austreiben.

Dahlien

Man schaut nach den eingelagerten Knollen; falls sie geschrumpft sind, legt man sie in einen Eimer mit mäßig temperiertem Wasser. Anschließend läßt man sie abtrocknen. Danach werden sie in Torf oder Vermiculite zurückgebracht (siehe *Oktober*). Sollten die Knollen faule Stellen haben, werden diese mit einem scharfen Messer herausgeschnitten und die Schnittfläche mit Captan bestäubt.

Gladiolen

Gelagerte Knollen werden überprüft, ob sie nicht von einer Krankheit befallen sind. Kranke Knollen wirft man weg.

Iris

Unter Glas

Zwiebeliris in Töpfen werden nach Bedarf gegossen, wenn das Wachstum eingesetzt hat. Die früheren Arten nimmt man aus dem Frühbeetkasten und stellt sie in ein unbeheiztes Gewächshaus, wenn sie schneller wachsen sollen.

Lilien

Wenn es die Boden- und Witterungsverhältnisse zulassen, kann man noch spät eingetroffene Zwiebeln pflanzen (siehe *Oktober*).

Unter Glas

Wenn nicht mehr ins Freiland gepflanzt werden kann, legt man die Zwiebeln in Schalen mit angefeuchtetem Torfmull und stellt sie ins frostsichere Gewächshaus oder in einen Schuppen. Man stellt Schneckenfallen auf oder legt Schneckenkorn aus.

Nelken

Wo Frost den Boden um die Pflanzen gelockert hat, wird dieser an milden Tagen wieder angedrückt. Man prüft, ob die Pflanzen ausreichend gestützt sind.

Unter Glas

Die Temperatur für dauerblühende Edelnelken wird bei 7–10 °C gehalten. Es muß stets etwas gelüftet werden. Sparsam gießen und düngen (siehe *April*). Blumen schneiden und, falls nötig, Nebenknospen ausbrechen (siehe *September*).

Auf Rost und Blattläuse achten (siehe *März*) und sie gegebenenfalls bekämpfen. Im Winter setzt man am besten Stäubemittel ein.

Steingartenpflanzen

Man entfernt weiterhin abgefallenes Herbstlaub. Leere Zwischenräume zwischen Pflanzen werden mit einer Handharke oder einer Gabel gesäubert. Mehrjährige Unkräuter jätet man.

Die Samen langsam keimender Arten und auch solche Gattungen und Arten, die zur Förderung der Keimung dem Frost ausgesetzt werden sollen, werden jetzt ausgesät (siehe Pflanzenbeschreibungen im *November*).

Die Samen werden in Tontöpfchen, Schalen oder in Holzkästen ausgesät. Als Substrat verwendet man eine Mischung aus 2 Teilen sterilisierter oder unkrautfreier Erde mit je 1 Teil Torf und Sand. In den Boden des Gefäßes füllt man eine etwa 2–3 cm hohe Schicht Kies oder Ziegelsplitt. Danach wird Erde locker aufgefüllt. Überschüssige Erde streift man mit einem Brett ab. Danach drückt man die Erde mit einem Holzbrettchen leicht an, und zwar so, daß sich die Oberfläche danach etwa 1 cm unter dem Topf- oder dem Kistenrand befindet. Eine dünne Schicht Sand wird aufgebracht, wenn man winzige Samenkörner sät. Sonst kann auch grober Sand aufgestreut werden.

Richtig säen Man sät die Samen vorsichtig direkt aus der Tüte auf die Erde. Man kann sie jedoch auch aus dem Vorratsbehälter oder der Tüte in die Hand schütten und von dort aus gleichmäßig auf der Aussaaterde verteilen. Auf 1 cm^2 sollten nicht mehr als drei bis vier kleine Samenkörner ausgesät werden, bei größeren Samen braucht man noch weniger. Anschließend werden die Samen leicht mit feiner Erde oder Sand überdeckt.

Aufstellen von Saatgefäßen Da die Gefäße während des Winters im Freien stehen, braucht man sie nicht zu bewässern. Man stellt die Kübel oder Töpfe auf Steine oder eine andere Unterlage an der Nordseite eines Schuppens oder einer Mauer. Es muß darauf geachtet werden, daß die Kisten und Töpfe durch die Witterung nicht ungünstig beeinflußt werden. Auch sollten die Gefäße nicht herabfallenden Wassertropfen von überhängenden Bäumen oder Dachrinnen ausgesetzt sein.

Im März bringt man die Gefäße in einen ungeheizten Kasten, damit sie nicht austrocknen. Ende März sollten die Samen bereits anfangen zu keimen.

Wasserpflanzen

Bei strenger Kälte hält man eine kleine Fläche des Teichs mit einer Heizung eisfrei. Dort können giftige Gase entweichen.

Eine ähnliche Wirkung kann man erzielen, wenn man Holzbretter oder Rohrmatten in das Becken legt und somit verhindert, daß sich eine dicke Eisschicht bildet.

SCHÄDEN DURCH EISDRUCK VERMEIDEN

Will man vermeiden, daß durch den Eisdruck das Becken Risse bekommt, läßt man auf der Wasseroberfläche einen Gummiball oder ein Reisigbündel schwimmen. Diese Gegenstände werden durch das sich ausdehnende Eis zusammengepreßt und sorgen daher für einen Druckausgleich. Damit die Fische auch dann genügend Sauerstoff bekommen, wenn der Teich zugefroren ist, stellt man eine Kanne aus Metall, die mit heißem Wasser gefüllt ist, auf die Eisfläche, bis sich ein Loch gebildet hat

Ist das Becken zugefroren, dann stellt man einen Behälter aus Metall auf das Eis und füllt ihn mit kochendem Wasser. Dieser Vorgang wird so lange wiederholt, bis der Behälter ein Loch in das Eis geschmolzen hat.

Eine dicke Eisschicht auf einem Becken darf keinesfalls aufgehackt werden, da man dabei leicht die Fische verletzen könnte. Auch werden diese durch den Lärm und die Erschütterungen, die beim Aufhacken des Eises entstehen, aus dem Winterschlaf aufgeschreckt und kommen dadurch zum Teil um. Wenn die Eisdecke vollständig zerstört wird, geht ihre isolierende Wirkung verloren, und die Temperatur des Wassers sinkt rasch ab.

Um dem Druck des Eises auf die Beckenwandung zu begegnen, kann man auch Gummibälle, Styroporblöcke oder einfach Reisigbündel ins Wasser werfen, solange es noch nicht gefroren ist.

Heidekrautgewächse

Im Winter gibt es im Heidegarten nichts zu tun, man kann sich an den Blüten der Schneeheide, *Erica herbacea,* die oft schon im Dezember erscheinen, erfreuen.

Rhododendron

Der Garten ruht. Es sind keine Maßnahmen erforderlich, es sei denn, es hat schon viel geschneit und der Schnee müßte abgeschüttelt werden, damit keine Zweige oder Äste abbrechen.

Zimmerpflanzen

Man bewässert die Pflanzen weiterhin nur wenig und sorgt dafür, daß sie möglichst viel Licht bekommen. Wenn die Blätter vergilben und abfallen, kann dies ein Zeichen dafür sein, daß sie entweder zuviel oder zuwenig Wasser bekommen. Meist leiden Pflanzen im Dezember durch zu intensives Gießen. Die Blätter von Zimmerpflanzen fallen jedoch auch ab, wenn das Licht nicht ausreicht. Dann wachsen die Pflanzen an der Spitze weiter, während sie von unten nach oben die Blätter abwerfen. Eine solche Entwicklung ist ein untrügliches Zeichen für auftretenden Lichtmangel.

Zimmerpflanzen schenken In diesem Monat werden gewisse Pflanzen in großer Zahl vor allem für Weihnachten herangezogen und am Fest verschenkt. Einige erfordern eine besondere Pflege, insbesondere die farbenprächtige Azalee, *Rhododendron simsii*, die viel Feuchtigkeit braucht. Man besprüht sie häufig mit zimmerwarmem Wasser, vorzugsweise mit Regenwasser, aber nur so lange, bis sich die Knospen öffnen.

Alpenveilchen sind ein anderes beliebtes Geschenk. Auch sie benötigen eine hohe Luftfeuchtigkeit. Alpenveilchen sind stets von unten zu bewässern. Wenn die Knollen der Staunässe ausgesetzt sind, faulen die Pflanzen. Am besten hält man Alpenveilchen und Azaleen in einem kühlen Raum oder einem hellen Flur, wo die Temperatur so gut wie nie über 16 °C ansteigt.

Der vielbegehrte Weihnachtsstern benötigt dagegen eine Temperatur zwischen 18 und 20 °C.

Zwiebelgewächse pflegen Blühende Zwiebelgewächse, wie etwa Hyazinthen, Narzissen und Tulpen, werden ebenfalls oft zu Weihnachten als Topfpflanzen verschenkt. Sie sind alle zu frühzeitiger Blüte angetrieben worden, halten sich jedoch überraschend gut, wenn die Erde feucht und der Standort nicht zu warm ist. Nachdem die Blüten abgestorben sind, kann man die Pflanzen bei mildem Wetter in den Garten pflanzen.

Kleingewächshausgärtnerei

Fast alle Pflanzen haben in diesem Monat ihr Wachstum völlig eingestellt. Das hängt damit zusammen, daß nahezu kein Licht mehr für eine ausreichende Assimilation zur Verfügung steht. Es wäre falsch, jetzt ein besseres oder schnelleres Wachstum erreichen zu wollen, indem man die Temperatur erhöht. Das fehlende Licht kann nicht durch zu große Wärme ersetzt werden. Während des ganzen Winters müssen Licht und Temperatur im richtigen Verhältnis zueinander stehen.

Eine Nachttemperatur von 7 °C reicht für Pflanzen im normalen Gewächshaus.

STELLAGEN FÜR ZIMMERTOPFPFLANZEN

Etagenförmig angeordnete Pflanztische aus Holz schaffen zusätzlichen Platz für Topfpflanzen und bringen die Pflanzen wirkungsvoll zur Geltung

Anfang des Monats widmet man solchen Pflanzen, die zu Weihnachten in Blüte stehen sollen, zusätzliche Aufmerksamkeit. Man wählt den wärmsten Platz im Gewächshaus für solche Cinerarien, Alpenveilchen, Weihnachtssterne und Primeln, die in ihrer Entwicklung ein wenig zurück zu sein scheinen. Pflanzen, die sich offenbar zu rasch entwickelt haben, werden an einen kühleren Platz gebracht.

Auch im Winter lüften An sonnigen Tagen öffnet man die Lüftungen ein wenig, schließt sie jedoch wieder zeitig am Nachmittag. Die meisten Pflanzen, ausgenommen diejenigen, die zur Zeit in Blüte stehen, hält man ziemlich trocken. Sie dürfen jedoch nicht so stark austrocknen, daß die Erde beginnt, sich von den Seitenwänden des Topfes zu lösen.

Feuchte Luft – trockene Luft Falls der Boden und die Wände besprüht werden müssen, damit sich die Luftfeuchtigkeit erhöht, sollte dies früh am Vormittag geschehen. Vorübergehend sollten die Pflanzen nicht mehr direkt besprüht werden.

Hortensien, die ihre Blätter der Jahreszeit entsprechend abgeworfen haben, jedoch Knospen angesetzt haben, benötigen eine trockene Atmosphäre und nur wenig Wasser, damit die Erde nicht staubtrocken wird.

Aufräumungsarbeiten Man wirft alte Samenpäckchen, zerbrochene Kisten und anderen Abfall weg, um das Auftreten von krankheitserregenden Organismen nicht zu begünstigen. Nachdem verbrauchte Erde aus Töpfen und Saatschalen entfernt worden ist, werden diese sorgfältig gereinigt und so für die kommende Saison vorbereitet. Wenn Handkisten aus Holz völlig trocken sind, behandelt man sie mit einem nichttoxischen Holzschutzmittel. Auch Pflanzenschutzmittel, die nicht mehr benötigt werden, sondert man aus. Sie sollten jedoch nicht in den Mülleimer geworfen werden. Am besten gibt man sie in eine Sondermülldeponie, wo sie fachmännisch beseitigt und vernichtet werden.

Verschiedene Arten von Gewächshäusern

Es gibt drei Grundtypen von Gewächshäusern, das Gewächshaus mit Satteldach, das Anlehngewächshaus mit Pultdach und das Gewächshaus mit einem ungleichschenkligen Dach. Im Handel und auch für den Eigenbau gibt es außerdem Kleingewächshäuser mit rechteckigem, quadratischem, rundem und sechseckigem Grundriß und außerdem den achteckigen Pavillontyp.

Gewächshäuser mit Satteldach Dies ist vermutlich der am meisten verbreitete Typ, denn bei diesem Haus kann man den Raum am besten nutzen. Ein solches Gewächshaus hat senkrechte Seitenwände und ein Satteldach in Form eines gleichschenkligen Dreiecks. Falls ein solches Haus als Allzweckhaus verwendet werden soll, in dem Pflanzen wie Tomaten oder Chrysanthemen im Grundbeet gezogen werden sollen, muß das Gewächshaus von den Stehwänden bis fast nach unten verglast sein. Wenn man darin jedoch nur Pflanzen in Töpfen auf Stellagen kultivieren will, können die Seitenwände bis zur Höhe der Stellagen aus Mauerwerk oder Holz bestehen.

Das Anlehngewächshaus Es wird an eine Mauer angebaut. Da es sich bei einer solchen Mauer im allgemeinen um eine Hauswand handelt, erhalten diese Gewächshäuser im Winter zusätzlich etwas Wärme, die vom Wohnhaus abstrahlt. Dies wirkt sich günstig auf die Heizkosten aus. Allerdings fällt das Licht bei diesem Haustyp nur von einer Seite ein, so daß Pflanzen, die in einem Anlehngewächshaus kultiviert werden, sich häufig der Lichtseite entgegen entwickeln. Ein Anlehngewächshaus kann praktisch in jeder Himmelsrichtung aufgestellt werden, mit Ausnahme einer nach Norden gerichteten Mauer. Am besten ist aber eine nach Süden gerichtete Wand.

Kleingewächshaus mit ungleichschenkligem Satteldach ist im wesentlichen ein Anlehngewächshaus mit einem Satteldach, bei dem die Schrägung an der hinteren, meist nach Norden zeigenden Seite entsprechend verkürzt ist, während die vordere Schrägung einem normalen Satteldach entspricht. Ein solches Haus ist etwas teurer, und die Wartung ist aufwendiger als bei einem normalen Anlehngewächshaus, jedoch erhalten die Pflanzen mehr Licht, und im vorderen Teil des Hauses ist mehr Platz vorhanden.

Balkongärtnerei

Die eingewinterten Balkon- und Kübelpflanzen müssen in bestimmten Abständen kontrolliert werden. Damit keine Fäulnis auftreten kann, müssen die Pflanzen durchgeputzt werden, d. h., alte, abgefallene Blätter werden entfernt. Ab und zu gibt man etwas Wasser, damit der Wurzelballen der Pflanzen nicht völlig austrocknet. Ist das Wetter mild, dann sollte im Überwinterungsraum möglichst oft gelüftet werden.

Den Winterbalkon gießen Auch im Winter müssen Balkonpflanzen gegossen werden. Gerade in dieser Jahreszeit brauchen wintergrüne Pflanzen viel Wasser. Das gilt besonders, wenn die Gefäße einen sonnigen Platz haben. Sobald sich die Oberfläche trocken anfühlt, muß reichlich gegossen werden, damit die Pflanzen nicht austrocknen. Voraussetzung für diese Arbeit ist allerdings, daß es zu der Zeit keinen Frost gibt.

Obst

Scheren, Messer, Sägen und Leitern müssen jetzt überholt und instand gesetzt werden. Wenn man die Spritze und den Rasenmäher in den Geräteraum gestellt hat, ohne sie zu reinigen, sollte dies jetzt nachgeholt werden. Manchmal vergißt man, aus den Schläuchen der Spritze die Flüssigkeit abzulassen. Der Brühebehälter wird mit klarem Wasser durchgespült. Schläuche bewahrt man knickfrei auf. Gummiteile, Dichtungen und Düsenblättchen nutzen sich am stärksten ab. Sie müssen eventuell ersetzt werden. Messer und Keilriemen des Rasenmähers schärft und ersetzt man.

Wenn man starke Äste absägen will, verwendet man eine Leichtmetallbügelsäge mit einem Schwedensägeblatt. Bei der normalen kleinen Baumsäge sollte man das Sägeblatt mühelos spannen und lösen können. In engen Astwinkeln haben sich Stich- und Fuchsschwanzsägen bewährt. Zum Nachschneiden der Wundränder bei größeren Sägestellen verwendet man leichte Hippen, zum Umveredeln ein Kopuliermesser.

Eine beachtliche Arbeitserleichterung stellen die neuen Astscheren dar, die mit einer geraden Klinge und mit ungefähr 50–60 cm langen Hebeln ausgestattet sind. Holzteile mit einem Durchmesser von 2–3 cm lassen sich damit leicht durchtrennen. Diese Astscheren erleichtern den Schnitt von Beeren- und Ziersträuchern.

Große Schäden an Obstgehölzen richten in manchen Gegenden die Hasen an. Die Stämme von Jungbäumen lassen sich durch Schutzspiralen oder Drahthosen vor Fraßschäden schützen. Drahthosen sollten nicht am Pfahl angenagelt werden, damit man sie, wenn die Schneedecke im Winter sehr hoch und verharscht ist, hochziehen kann.

Von Ende Dezember an fressen Gimpel, Grünfink und Sperling wieder die Knospen an. Versuche haben ergeben, daß man diesen Schäden zuvorkommen kann, wenn man mit Kalk oder weißer Farbe spritzt. Dies sollte jedoch erst dann geschehen, wenn man festgestellt hat, daß bereits erste Fraßschäden vorhanden sind.

Falls gedüngt werden muß, sollte die Phosphat-, Kali- oder Kalkdüngung noch vor Beginn der Schnittarbeiten ausgebracht werden. Ob eine solche Düngung überhaupt notwendig ist, kann nur aufgrund einer Bodenuntersuchung mit Sicherheit gesagt werden. Liegt ein neuer Bodenuntersuchungsbefund vor, dann düngt man nach den dort angegebenen Werten. Im übrigen gilt folgendes: Wenn in der zurückliegenden Zeit vorwiegend mit Volldünger im Frühjahr oder regelmäßig im Herbst mit Kali- und Phosphorsäuredüngern gearbeitet wurde, dürften ausreichend Kali und Phosphorsäure im Boden vorhanden sein, so daß eine zusätzliche Gabe kaum erforderlich ist.

Kranke, virusverseuchte und auch ältere Bäume, die nur noch minderwertige Früchte liefern, sollten jetzt gerodet werden. Nach Möglichkeit wird der Stamm unterhalb der Bodenoberfläche abgesägt, damit der Stumpf nicht zu sehen ist. Dieser verrottet schneller, wenn man im Abstand von 15 cm ungefähr 2 cm breite und 15 cm tiefe Löcher in den Wurzelstock bohrt und sie mit einer Düngermischung aus 3 Teilen Nitrokalk auf 1 Teil Superphosphat füllt. Die Löcher werden verschlossen; man deckt den Baumstumpf mit Gras zu.

Der Obstbaumkrebs ist eine weitverbreitete pilzliche Erkrankung, die vor allem bei Apfelbäumen, aber auch bei Birnbäumen auftritt. Befallen werden Zweige, Äste und der Stamm.

Liegt bereits Krebsbefall vor, dann hilft nur das Messer oder die Schere. Das Ausschneiden der Krebsstellen empfiehlt sich allerdings nur dann, wenn die betreffenden Äste für den Aufbau des Baums wichtig sind. Erfolgreicher als das Ausschneiden ist das Absägen der befallenen Äste und Zweige. Dies sollte möglichst weit unterhalb der Krebsstelle geschehen. Diese Arbeit ist leichter zu bewältigen als das Ausschneiden. Man sammelt den Abfall sorgfältig und verbrennt ihn. Alle Wunden sind mit einem Wundverschlußmittel zu verschließen.

In wenig gepflegten Obstanlagen trifft man häufig Bäume, deren Stamm konsolenartige Auswüchse trägt. Es sind die Fruchtkörper der Porlinge, einer Gruppe holzzerstörender Pilze, die große Schäden verursachen. Gegen den Baumschwamm kann man nicht viel ausrichten. Wenn man durch die Fruchtkörper auf den Pilz aufmerksam wird, kommt meist schon jede Maßnahme zu spät. Der im Stamm wuchernde Pilz läßt sich nicht vernichten. Wenn man den Fruchtkörper herausschneidet, kann man lediglich verhindern, daß er sich weiter ausbreitet. Über kurz oder lang sollte man befallene Bäume entfernen. Größte Bedeutung kommt in jedem Fall der Wundpflege zu.

Will man im Frühjahr Bäume umpfropfen, dann muß man rechtzeitig überlegen, welche dafür in Frage kommen. Nur bei jüngeren und wirklich gesunden Bäumen lohnt sich dieser Aufwand. Sind diese Voraussetzungen erfüllt, wird man jetzt schon mit dem Schnitt der Edelreiser von Steinobst beginnen. Sie müssen bis zum Frühjahr an einer günstigen Stelle aufbewahrt werden.

Während des Schnitts kontrolliert man die Obstgehölze besonders gründlich auf bereits erkennbare Anzeichen von Pilzkrankheiten. Betrachtet man das Schnittholz mit der Lupe, dann können, besonders in der Umgebung von Knospen und Blattnarben, auch jetzt schon Anzeichen für das Auftreten von Schädlingen zum Zeitpunkt des Austriebs vorhanden sein.

Wenn in einem Jahr die Ernte ausgefallen ist, kann man bei Obstgehölzen meist einen reichen Besatz an Blütenknospen feststellen. Beeindruckt durch die vielen Blütenknospen, lassen sich manche Hobbygärtner dazu verführen, die Bäume nur wenig oder gar nicht zurückzuschneiden. Jedoch ist ein strenger Schnitteingriff hier als regulative Maßnahme hervorragend geeignet, die Bäume wieder in einen gleichmäßigen Ertragsrhythmus zu bringen. Dies gilt insbesondere für ältere Bäume und Sorten, wie z. B. 'Klarapfel', 'Cox Orange', 'Boskoop' und 'Ontario', die ohnehin dazu neigen, unregelmäßig zu fruchten (zu alternieren). Stark wachsende Sorten, wie 'Boskoop', werden allerdings erst im Frühjahr geschnitten. Die Sorte 'Cox Orange' schneidet man noch später, d. h. erst kurz vor der Blüte.

Bäume, die durch einen sehr hohen Ertrag geschwächt sind, sind frostempfindlicher als andere. Bei solchen Bäumen sollten ohnehin nur sehr schonende Eingriffe erfolgen, um den meist schwachen Besatz an Blütenknospen nicht noch mehr zu reduzieren (siehe *Oktober*).

Obstbäume pflanzen Bei frostfreiem Wetter kann auch in diesem Monat noch gepflanzt werden. Die Pflanzstelle wird, nachdem sie gründlich bewässert wurde, mit Stroh, Mist, Torf oder anderem organischem Material abgedeckt. Falls Bäume zu einer Zeit geliefert werden, in der nicht gepflanzt werden kann, weil es zu kalt dafür ist, werden die Bäume im Garten bis zum Frühjahr eingeschlagen. Beim Einschlagen ist darauf zu achten, daß keine Hohlräume im Wurzelbereich entstehen. Die Einschlagstelle muß vor Mäusen und Hasen geschützt sein.

Apfel und Birne Von Zeit zu Zeit prüft man die eingelagerten Äpfel auf ihren Reifegrad und kontrolliert, ob nicht einige Früchte faulen.

Solange es nicht zu kalt ist, sollte das Kellerfenster geöffnet werden. Ist die Luft zu trocken, besprüht man alle paar Tage Boden und Wände mit Wasser (siehe *November*). Erst bei Temperaturen unter −3 bis −5 °C schließt man die Fenster.

Haselnuß Kultursorten von Haselnüssen sind für Randpflanzungen in größeren Gärten und für die Eingrünung von landwirtschaftlichen Hofstellen empfehlenswert. Natürlich werden auch diese Sträucher einem regelmäßigen Instandhaltungsschnitt unterzogen. Da sich Haselnüsse gut verzweigen, ist in der Regel ein Rückschnitt nicht erforderlich. Dagegen sollte man die zahlreichen Jungtriebe auslichten und alte, oft sehr hohe Strauchteile ganz herausnehmen (siehe *November*).

Johannisbeere Rote Johannisbeeren fruchten an den vorjährigen Kurztrieben und bringen auch an der Basis vorjähriger längerer Triebe sehr gute Früchte hervor. Zurückgeschnitten werden diese Sträucher nur, wenn die Triebe über 25 cm lang sind und sie sich ohne Rückschnitt nicht ausreichend verzweigen würden. Die einzelnen Sorten verhalten sich verschieden. Man muß sie also sorgfältig beobachten.

Schwarze Johannisbeeren fruchten an der ganzen Länge der einjährigen (vorjährigen) Triebe. Ein Rückschnitt ist hier in der Regel nicht notwendig. Die Verzweigung ist ohne Rückschnitt meist ausreichend, außerdem würde man durch den Rückschnitt den künftigen Ertrag mehr als nötig reduzieren.

Kirsche (Sauer- und Süßkirsche) Wenn Sauerkirschen nicht schon im Sommer nach der Ernte geschnitten wurden, können sie jetzt beim Winterschnitt frühzeitig behandelt werden.

Süßkirschenbäume führen oft schon im Januar Saft. Hat man nicht schon gleich nach der Ernte Korrekturen an der Krone vorgenommen, dann ist dies jetzt nachzuholen. Dazu gehören Auslichten, Verjüngen und Herabsetzen zu hoher Kronen. Radikale Eingriffe müssen unterbleiben. Wenn umfangreichere Maßnahmen erforderlich sind, verteilt man diese Arbeiten auf mehrere Jahre.

Stachelbeere Stachelbeeren fruchten an der ganzen Länge vorjähriger Triebe. Grundsätzlich sollten alle vom Mehltau befallenen Triebspitzen entfernt werden. Gesunde Triebe werden nicht zurückgeschnitten. Nur recht lange oder zu stark hängende Triebe sollten einen Rückschnitt erfahren, damit sich der Strauch und die Krone gut entwickeln. Bei Stämmchen gilt generell für alle Beerenarten, daß die Krone etwas stärker zurückgeschnitten werden muß, damit sich das Fruchtholz ständig erneuert.

Gemüse

Im Gemüsegarten ist nun die winterliche Ruhe eingekehrt. Wintergemüse, wie Spinat, Feldsalat, Winterkopfsalat und Frühlingszwiebeln, die noch im Freiland bleiben, haben inzwischen einen Frostschutz erhalten.

Porree und Rosenkohl läßt man noch einige Zeit an einem geschützten Ort eingeschlagen und verwertet sie im Januar oder Februar. Wesentliche Kulturarbeiten fallen im Gemüsegarten in diesem Monat nicht mehr an.

Werkzeuge und Geräte reinigen Jetzt ist Zeit, an die Pflege von Werkzeugen und Gartengeräten zu denken. Sie werden gereinigt und entrostet. Wenn man die Eisenteile einfettet, verlängert dies ihre Lebensdauer. Wo Reparaturen notwendig sind, sollte man sie bis zum Beginn des Gartenjahrs im Frühjahr erledigt haben.

Sicher lohnt es sich auch zu überlegen, welche weiteren Gartenwerkzeuge man anschaffen sollte. Durch gutes Werkzeug wird die Gartenarbeit wesentlich erleichtert und Zeit gespart.

Ehe der Werkzeugschuppen gesäubert und in Ordnung gebracht wird, müssen Tomatenpfähle, Bohnenstangen und Gartenschläuche gereinigt, getrocknet und danach einsortiert werden. Und letzten Endes darf man nicht vergessen, daß Wasserleitungen und Gießwasserbecken zu entleeren sind, ehe der erste stärkere Frost einsetzt.

Küchenkräuter

Küchenkräuter haben im allgemeinen eine lange Ruheperiode, und manche brauchen im Winter Schutz. In kälteren Gebieten müssen Salbei und Rosmarin mit einer Schutzschicht aus Torf, Lauberde oder Stroh abgedeckt werden. Eine kräftige Rosmarinpflanze kann im Freien überwintern, wenn sie vor Nord- und Ostwinden geschützt ist.

Schnittlauch und Pfefferminze sterben völlig ab. Ein- und zweijährige Kräuter sollte man jetzt abräumen, falls dies noch nicht geschehen ist (siehe *November*).

Zimmerpflanzen

Das Angebot an Zimmerpflanzen mit der verschiedenartigsten Belaubung und den unterschiedlichsten Wuchsformen, das dem Zimmergärtner heutzutage zur Verfügung steht, ist überaus reichhaltig. Die großen, lederartigen Blätter des Gummibaums und die bunten Blätter der Begonien sind wohl jedem bekannt. Doch gibt es darüber hinaus eine ganze Reihe anderer, kaum bekannter, ebenso dekorativer Pflanzen, die einen Raum schmücken und dem Hobbygärtner Freude bereiten. Obgleich viele Zimmerpflanzen wegen ihrer zierenden Blätter gezogen werden, gibt es doch auch eine beträchtliche Anzahl, die wegen ihrer Blüten beliebt sind, wie das Alpenveilchen und der Weihnachtsstern (siehe auch Gewächshauspflanzen *im* Januar*). Die Abbildungen von Pflanzengruppen auf den folgenden Seiten zeigen, wie geschickt man kontrastierende Formen und Farben von Blättern miteinander kombinieren kann. Und selbst die unverwüstliche Schusterpalme kann überraschende Wirkungen erzielen, wenn sie von Farnen und kletterndem Efeu umgeben ist.*

Adiantum Frauenhaarfarn
A. raddianum, das Brasilianische Frauenhaar, ist eine der beliebtesten Grünpflanzen. Der Name Frauenhaarfarn bezieht sich auf die dünnen, glänzenden Blattstiele, die dem menschlichen Haar ähnlich sehen. Die Pflege ist nicht ganz einfach, da die Pflanze stets feuchte, reine Luft braucht. Man gießt reichlich mit kalkfreiem Wasser und schützt die Pflanze vor Zugluft. Bei sehr warmem Wetter sorgt man für zusätzliche Luftfeuchtigkeit.

Aechmea Lanzenrosette
A. fasciata, die bekannteste Art, hat grüne Blätter, deren Rückseite gebändert ist. Nach drei bis vier Jahren entwickelt sich ein Blütenstand, der vor allem aus rosafarbenen Hochblättern besteht. Zwischen ihnen sprießen blaßblaue Blüten, die sich bald rot färben. Temperaturen von 15 bis 20°C reichen für die Kultur. Die Luftfeuchtigkeit sollte etwa 60% betragen. Nach der Blüte können die Kindel weiterkultiviert werden.

Aglaonema Kolbenfaden
A. commutatum, eine dekorative Zimmerpflanze aus der Familie der Aronstabgewächse, die wegen ihrer ungefähr 20 cm langen, glänzenden, lanzettenförmigen, dunkelgrünen Blätter mit silbergrauer Zeichnung geschätzt wird. Sie bevorzugt Wärme und Feuchtigkeit, ist im Winter jedoch ziemlich trocken zu halten. Vermehrt wird sie durch Stockteilung im Frühjahr. Es gibt zahlreiche gute Arten und Sorten.

Anthurium Flamingoblume
A.-Scherzeranum-Hybriden haben ledrige, dunkelgrüne, lanzettliche Blätter. Das große wachsartige, scharlachrote Hüllblatt umgibt einen spiralig gedrehten Blütenkolben. Die Pflege ist schwierig, wenn kein humoses, saures Erdsubstrat und weiches Wasser zur Verfügung stehen. Die Blätter sollte man jede Woche einmal mit einem Schwamm reinigen. Die Pflanze braucht, wenn sie blühen soll, viel Wärme und Licht, verträgt aber keine direkte Sonne.

Aphelandra Glanzkölbchen
A. squarrosa 'Louisae', eine auffallend schöne Pflanze mit dunkelgrünen, glänzenden, lanzettlichen Blättern. Die Hauptrippe und die Seitenadern zeigen elfenbeinfarbene Streifen. Hellgelbe, schuppenförmige Blütenähren entwickeln sich an den Triebspitzen jedes Haupttriebs. Die kleinen gelben Blüten fallen nach wenigen Tagen ab, doch die prächtige Blütenähre mit ihren gelben Deckblättern bietet noch mehrere Wochen lang ein attraktives Bild. Nach der Blüte wird der Trieb über einem Blattpaar gestutzt, um die Bildung neuer Triebe aus schlafenden Augen zu fördern. Die Pflanze braucht einen hellen Platz im Zimmer, darf jedoch nicht der direkten Sonnenbestrahlung ausgesetzt werden. Außerdem benötigt sie während des Wachstums eine hohe Luft-

Aglaonema commutatum

Anthurium-Scherzeranum-Hybriden

Aphelandra squarrosa 'Louisae'

Begonia masoniana

Begonia-Rex-Hybriden

Calathea makoyana

Chamaedorea elegans

Chlorophytum comosum

feuchtigkeit. Im Sommer wird reichlich gegossen. Im Winter sollte so viel gegossen werden, daß die Erde nicht vollständig austrocknet. Temperaturen unter 13 °C verträgt die Pflanze nicht.

Asparagus Zierspargel
A. setaceus besitzt drahtartige Stiele, die mit 1 cm langen Scheinblättern dicht besetzt sind. Die Wedel werden häufig von Blumenhändlern als Bindegrün für Sträuße verwendet. Im Frühjahr und Sommer gießt und düngt man reichlich, im Winter werden die Pflanzen nur so viel gegossen, daß der Ballen nicht vollständig austrocknet. *A. densiflorus* 'Meyeri' ist eine attraktive Art mit fuchsschwanzähnlichen Wedeln.

Aspidistra Schusterpalme
A. elatior Die Pflanze hat dunkelgrüne, ledrige, längliche Blätter, und gelegentlich erscheinen nahe dem Boden kleine Blüten, die oft von den Blättern verdeckt sind. Die Pflanze ist leicht zu kultivieren. Sie gedeiht auch an lichtarmen Standorten und an warmen wie an kühlen Standorten gleich gut. Im Sommer gießt man etwas mehr als im Winter und wäscht die Blätter gelegentlich ab. Im Winter sollte die Pflanze nur mäßig warm stehen und darf nicht zu stark gegossen werden. Wichtig ist, daß das Wasser immer gut abzieht.

Begonia Begonie
Zu dieser Gattung gehören zahlreiche Arten, die in der Form, Farbe und im Wuchs sehr verschieden sind. Manche sind vor allem wegen ihrer Blüten beliebt, andere wegen ihrer dekorativen Blätter. *B. masoniana* hat herzförmige Blätter, die in der Mitte auf goldgrünem Grund eine mahagonibraune, kreuzförmige Zeichnung tragen. Daher wurde die bekannteste Sorte 'Iron Cross' ('Eisernes Kreuz') genannt. In der Hauptwachstumszeit hält man die Pflanze stets feucht und düngt sie gelegentlich. Im Winter sollte man jedoch mit Wasser sparsam umgehen. Sie gedeiht am besten bei gutem Licht, darf aber keinen Zug bekommen und auch nicht direkt von der Sonne bestrahlt werden. Eine Mindesttemperatur von 13 °C ist wichtig. Die Pflanze wächst ziemlich langsam. Vermehrt wird sie durch Stecklinge von blütenlosen Trieben. *B.-Rex*-Hybriden sind wegen ihrer besonders prächtigen Blätter beliebt, die bei den meisten Sorten länglich-herzförmig sind. Alle Blätter sind auffallend gefärbt. Im Sommer bilden sich manchmal hellrosa oder weiße Blüten. Die Pflanze bevorzugt feuchte Luft. Gepflegt wird sie wie *B. masoniana*. *B.-Semperflorens*-Hybriden sind buschige Pflanzen für eine sonnige Fensterbank. Bekannt sind sie jedoch als Beet- und Rabattenpflanzen für den Garten. Die Blätter sind hellgrün bis bronzerot und haben eine wachsartige Oberfläche. Die Blüten entwickeln sich in ununterbrochener Folge. Sie können weiß, rosarot oder rot sein. Besonders reich ist die Blüte im Sommer und Herbst, wenn die Pflanzen genügend Wasser, Dünger und viel Luft bekommen. Im Winter gießt man wenig. Die Mindesttemperatur liegt bei 13 °C. Vermehrt werden diese Begonien durch Aussaat in Gärtnereien. Zu den wertvollsten Zimmerpflanzen zählen die *B.-Elatior*-Hybriden.

Calathea Korbmarante
C. makoyana ist eine buschige Pflanze mit durchscheinenden zartgrünen bis blaßrosa ovalen Blättern, die auf der

Cissus rhombifolia

Codiaeum variegatum

Cyclamen persicum

Dieffenbachia amoena

Unterseite dunkel sind und auf der Oberseite schokoladenfarbene Streifen und Flecken haben. Man muß die Pflanze vor direktem Licht und vor Luftzug schützen. Die Mindesttemperatur von 16 °C sollte im Winter nicht unterschritten werden. Wichtig ist eine hohe Luftfeuchtigkeit. Die Pflanze eignet sich sehr gut für einen Flaschengarten.

Zur Zeit des Hauptwachstums gießt man reichlich und so oft, daß der Torfballen gleichmäßig feucht bleibt. In der winterlichen Ruhezeit wird nur verhältnismäßig sparsam gegossen. Wenn man in den Sommermonaten düngt, bekommen die Blätter eine intensivere Färbung.

Capsicum Paprika
C. annuum ist die beliebteste Art. Sie ist klein, buschig und wegen ihrer leuchtend gefärbten Früchte, die von August bis Anfang November heranreifen, beliebt. Die Pflanzen benötigen einen sehr hellen, sonnigen Standort in einem kühlen Zimmer. Dort halten sich die Pflanzen viele Wochen, bis die Triebe kurz vor dem Beginn des Winters langsam absterben. Die Pflanze ist für eine Weiterkultur nicht geeignet. Die Samen können im April ausgesät werden. Kultiviert wird die Art *C. annum* wie *Solanum capsicastrum*, siehe Seite 417.

Chamaedorea Bergpalme
C. elegans ist eine attraktive, leicht zu kultivierende Pflanze, die bei normaler Zimmertemperatur gut wächst. Sie bevorzugt feuchte Luft, gedeiht aber auch in trockener Luft. Allerdings werden dann ihre Blattspitzen gelegentlich braun. Man schützt die Pflanze vor direkter Sonne, gießt im Sommer reichlich, besprüht die Blätter gelegentlich mit Wasser oder wischt sie mit dem Schwamm ab. Die Pflanze sollte vor Zugluft geschützt werden.

Chlorophytum Grünlilie
C. capense, eine attraktive Blattpflanze mit gestreiften grünen und weißen grasähnlichen Blättern. Während der Hauptwachstumszeit bilden sich zwischen den Blättern hellgelbe, leicht gebogene Blütenschäfte, an denen kleine, sechsblättrige weiße Blüten sitzen. Später folgen Ausläufer mit kleinen Pflänzchen. Diese Ausläufer können später verpflanzt werden. Während der Hauptwachstumszeit braucht die Pflanze reichlich Wasser; der Topfballen muß gleichmäßig feucht bleiben.

Cissus Känguruhwein
C. antarctica ist eine unempfindliche, beliebte Kletterpflanze mit glänzenden, ungeteilten grünen Blättern. An Wänden, Gerüsten und Spalieren hält sie sich mit ihren Ranken fest. So läßt sich der Känguruhwein über eine ganze Wand ziehen. In der Regel ist er ziemlich robust. Was er allerdings nicht verträgt, sind Temperaturen unter 8 °C. Er bevorzugt einen hellen bis halbschattigen Standort. *C. rhombifolia* (syn. *Rhoicissus rhomboidea*) ist eine stark wachsende Kletterpflanze mit glänzenden Blättern, die über Jahre im Zimmer an einem kühlen Standort mit wenig Licht gedeiht. Mit ihren gegabelten Ranken hält sie sich überall fest. Bei beiden Arten ist die Erde im Sommer feucht zu halten; regelmäßige Düngung ist wichtig. Im Winter bevorzugen beide etwas Wärme und eine geringe Wasserzufuhr. Man vermehrt sie durch Kopfstecklinge.

Clivia Siehe Seite 358

Codiaeum Wunderstrauch
C. variegatum var. pictum ist eine schwierig zu kultivierende Pflanze, deren Pflege sich jedoch lohnt, da sie wunderschöne farbige Blätter ausbildet, die alle Schattierungen von Gelb über Orange und Rosa bis Scharlachrot aufweisen können. Meist sind die glänzenden Blätter entweder gefleckt oder gestreift. Sie können schmal oder breit, glattrandig oder eingeschnitten sein. Der Wunderstrauch liebt die Wärme. Daher muß die Zimmertemperatur immer mehr als 15 °C betragen. Außerdem braucht er eine hohe Luftfeuchtigkeit. Die Erde darf jedoch nur mäßig feucht sein. Während der Hauptwachstumszeit wird normal gedüngt. Man vermehrt den Wunderstrauch durch Kopfstecklinge.

Cordyline Keulenlilie
C. fruticosa ist eine der schönsten Blattpflanzen mit länglichen Blättern, die leuchtend rot oder rosa gefärbt sind und grüne, unregelmäßige Streifen und Flecken hat. Sie benötigt einen nährstoffreichen Boden mit viel Torf oder Lauberde und eine Mindesttemperatur von 16 °C im Sommer. In dieser Zeit muß sie ausreichend bewässert werden. Im Winter wird weniger Wasser gegeben. In dieser Jahreszeit verträgt die Pflanze auch etwas niedrigere Temperaturen.

Cyclamen Alpenveilchen
Eine sehr beliebte Pflanze, deren rosa, rote, zartviolette und weiße Blüten sich vom Spätsommer an den ganzen Winter über bilden. Die Knollen des Alpenveilchens sitzen etwa zur Hälfte in der Erde und sollten nicht begossen werden, da sonst die Blatt- und Blütenknospen leicht faulen. Man wässert die Pflanzen daher in der Regel von unten und gießt Wasser in den Untersetzer. Man kann auch die Töpfe etwa zehn Minuten in ein flaches Gefäß mit Was-

Dizygotheca elegantissima

Dracaena terminalis

Euphorbia pulcherrima

Fatshedera lizei

ser stellen. Von oben sollte nur dann gegossen werden, wenn feststeht, daß die Blätter und Knospen abtrocknen, ehe es Nacht wird. Sicher schadet es nicht, wenn man vorsichtig am Gießrand bewässert. Wichtig ist ein Standort mit gleichmäßiger Temperatur und ausreichendem Licht, jedoch darf die Pflanze im Winter nicht in der Nähe eines offenen Fensters stehen. Nachdem die Blütezeit vorüber ist, wird weniger gegossen. Man stellt die Pflanze an einen kühlen Standort. Von Mitte Mai an kann man sie ins Freie stellen. Im Spätsommer topft man das Alpenveilchen um. Günstig ist eine Erdmischung aus 2 Teilen Lauberde, 2 Teilen Lehm und 1 Teil Torf. Die Pflanzen können bis Ende September im Freien bleiben. Nach und nach gewöhnt man sie an höhere Temperaturen und erhöht langsam die Wassermenge. Mit einer neuen Blüte kann im November gerechnet werden.

Dieffenbachia
D. amoena, eine der wüchsigsten Arten, hat große, längliche dunkelgrüne Blätter, die entlang der Hauptader cremeweiß gefleckt sind. Von Zeit zu Zeit wirft die Pflanze die unteren Blätter ab, entwickelt jedoch neue Blätter an der Spitze. Der Saft dieser Pflanze ist giftig und kann im Mund Schwellungen und Schmerzen hervorrufen. Wenn man die *Dieffenbachia* berührt hat, sollte man sich gründlich die Hände waschen. Die Pflanze braucht Licht, Wärme und Feuchtigkeit, wenn sie gut wachsen soll. Die Temperaturen dürfen 15 °C nicht unterschreiten. Sollte es doch einmal kurze Zeit kühler sein, darf die Pflanze nur äußerst vorsichtig gegossen werden. Der Wurzelballen ist dann möglichst trocken zu halten.

Dizygotheca Fingeraralie
D. elegantissima ist eine besonders schlanke, zierliche Pflanze. Die Blätter setzen sich aus sieben bis elf schmalen, ledrigen Einzelblättchen zusammen, deren Ränder gezähnt sind. Die Blattfarbe ist zunächst kupferrot und wird dann dunkelgrün. Die langsam wachsende Pflanze braucht vor allem viel Wärme, verträgt aber keine direkte Sonnenbestrahlung.

Dracaena Drazäne
Die Pflanze gehört in die Familie der Agavengewächse. *D. fragrans* ist eine Blattpflanze mit sehr langen, gebogenen, glänzendgrünen Blättern. Der Name *fragrans* – duftend – bezieht sich auf die duftenden Blüten, die sich aber bei Zimmerpflanzen nur sehr selten entwickeln. Besonders beliebt ist die Sorte 'Massangeana', deren Blätter breite, hellgrüne bis gelbliche Streifen tragen. *D. marginata* läßt sich von allen *Dracaena*-Arten am leichtesten kultivieren. Ihre schmalen, lanzettlichen Blätter bilden einen Schopf an der Spitze der Pflanze und weisen häufig einen feinen rötlichen Rand auf. Wenn die Blätter abfallen, hinterlassen sie am geraden, meist kahlen Stamm dreieckige Narben.

Epipremnum Efeutute
E. aureum (syn. *Scindapsus aureus*) ist eine attraktive Kletter- oder Hängepflanze mit grün- und gelbmarmorierten, herzförmigen Blättern. Diese werden besonders groß und prächtig, wenn die Pflanze an einem Moosstab gezogen wird. Die Efeutute bevorzugt einen hellen Standort, sollte aber nicht in der Sonne stehen. Auch im Schatten wächst die Pflanze, doch die Blätter verlieren dann ihre Zeichnung. Im Winter darf nicht zu reichlich gegossen werden. Wenn die Blätter abfallen, weil die Erde zu feucht ist, muß sie, ehe man wieder gießt, austrocknen. *E. a.* 'Marble Queen' hat fast ganz weiße Blätter mit grünen Flecken. Bekommt die Pflanze nicht genügend Licht, dann werden die Blätter grün.

Euphorbia Wolfsmilch
E. pulcherrima (Poinsettie), auch Weihnachts- oder Adventsstern genannt, ist eine beliebte Zierpflanze zur Advents- und Weihnachtszeit. Die Blätter sind am Rand gezähnt und dunkelgrün gefärbt. Den Blütenstand, der sich aus kleinen gelben Blüten zusammensetzt, umgeben prächtig gefärbte rote, rosa oder weißliche Hochblätter. Wenn die Blätter abfallen, wird die Pflanze kräftig zurückgeschnitten. Die Wunde bestreicht man mit Holzkohlepulver oder Zigarettenasche. Danach bringt man die Pflanze an einen hellen, kühlen Standort.

Im April, nachdem man den Weihnachtsstern in eine nährstoffreiche Blumenerde umgetopft hat, wird er wieder an ein Südfenster gestellt. Nach und nach steigert man die Wassergaben. Im Sommer ist eine regelmäßige Düngung erforderlich. Sobald die Tage im Herbst kürzer werden, setzen die Triebe Blütenknospen an. Dies tritt dann nicht ein, wenn der Weihnachtsstern in einem Wohnzimmer steht, das am Abend normal beleuchtet ist. Der Weihnachtsstern setzt nur dann Blütenknospen an, wenn er längere Zeit mindestens 14 Stunden lang im Dunkeln steht. Um das zu erreichen, sollte man die Pflanze in einen Raum stellen, der abends nicht mehr bewohnt wird. Man kann sich jedoch auch behelfen, indem man die Pflanze von 18 bis 8 Uhr mit einer schwarzen Folienhaube abdeckt. Selbst eine Straßenlaterne kann bewirken, daß die Poinsettie keine Blütenknospen hervorbringt.

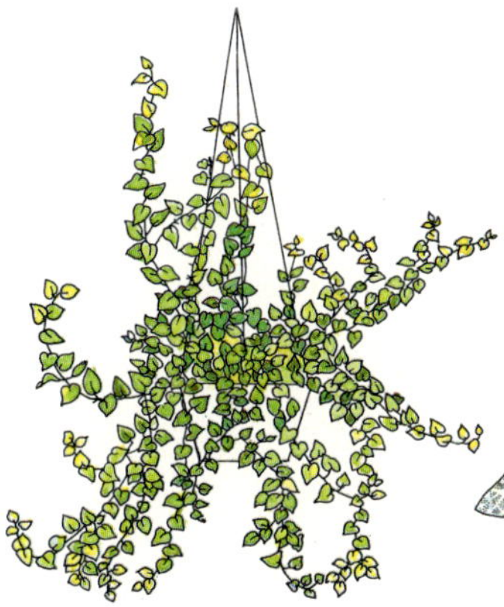

Ficus pumila

Fittonia verschaffeltii 'Argyroneura'

Hedera canariensis

Hedera helix 'Glacier'

Fatshedera Efeuaralie
F. lizei, eine Kreuzung zwischen *Fatsia japonica* und *Hedera helix*, hat große, glänzende, palmenartige Blätter. An einem günstigen Standort wird die Pflanze bis zu 3 m hoch. Meist pflanzt man drei bis vier Pflanzen in einen Topf. Die Efeuaralie wächst gut an einem hellen Standort, sollte aber nicht der Sonne ausgesetzt werden. Man gießt reichlich im Sommer, sonst nur mäßig und düngt im Abstand von zwei Wochen. Der Pflanze tut es gut, wenn die Blätter regelmäßig mit dem Schwamm gereinigt werden oder wenn man den Topf gelegentlich bei Regenwetter ins Freie stellt.

Ficus Feigenbaum
Es gibt zahlreiche Arten, von denen sich viele ausgezeichnet als Zimmerpflanzen eignen. *F. benjamina* (Kleinblättriger Gummibaum oder Birkenfeige) ist ein kleiner, dekorativer Baum, den man als Jungpflanze in gemischte Gruppen pflanzen kann. Seine Blätter sind etwas gewellt, in der Jugend apfelgrün, später aber dunkler gefärbt. Die kurzen Zweige hängen nach unten. Die Pflanze braucht eine Mindesttemperatur von 10 °C. Im Sommer ist sie stets feucht zu halten, im Winter sollte sie zwischen dem Gießen immer etwas antrocknen. Sie bevorzugt einen hellen bis halbschattigen Standort, erträgt aber im Sommer keine direkte Sonne. Im Winter werden die Blätter zuweilen gelb und fallen ab. Dies ist ein natürlicher Vorgang. Der Verlust wird jedoch in der Hauptwachstumszeit wieder voll ausgeglichen. *F. elastica* 'Decora' (Gummibaum) hat große, glänzende, ledrige Blätter mit auffallender Mittelrippe. Sie sind auf der Unterseite rot gefärbt und wachsen in Spiralform, vom Haupttrieb ausgehend. Das dunkelrote Hüllblatt an der Triebspitze wird braun und fällt ab, wenn das neue Blatt erscheint. Man nimmt es ab, weil das neue Blatt sonst fault. Die Pflanze bevorzugt Temperaturen zwischen 13 und 16 °C, verträgt jedoch auch wesentlich niedrigere und höhere Temperaturen, solange sie vor Zugluft geschützt ist. Man hält die Pflanze im Frühjahr und Sommer gleichmäßig feucht, im Winter jedoch einigermaßen trocken. Man reinigt die Blätter regelmäßig mit einem Schwamm. Direkte Mittagssonne verträgt die Pflanze nicht. Vermehrt wird sie durch Kopfstecklinge (siehe *Zimmerpflanzen* im *April*). *F. pumila* (Kletterfeige) ist eine kleine, klimmende Pflanze mit herzförmigen grünen Blättern, die leicht gewellt sind. Die Kletterfeige gedeiht am besten an einem schattigen oder halbschattigen Standort. Sie ist stets feucht zu halten, die Erde darf nicht austrocknen. Regelmäßige Düngung ist wichtig. Die Blätter werden gelegentlich besprüht. Die Pflanze hält sich am besten bei mäßigen bis kühlen Temperaturen. In einem mäßig beheizten Gewächshaus klettert sie rasch an einer Wand hoch und bildet Luftwurzeln aus, mit denen sie überall Halt findet.

Fittonia
F. verschaffeltii 'Argyroneura' ist eine kleinblättrige Pflanze mit flachem, niedrigem Wuchs und rundlichen mittelgrünen Blättern, die von silbrigen Adern durchzogen werden. Diese recht empfindliche Pflanze braucht einen schattigen Platz und eine Mindesttemperatur von 15 °C. In einem zu warmen, trockenen Raum gedeiht sie nicht gut. Sie braucht feuchte Luft und stirbt rasch ab, wenn man sie austrocknen läßt. Zu reichliche Bewässerung kann jedoch die gleiche Wirkung haben.

Hedera Efeu
Eine der sortenreichsten Zimmerpflanzen. Fast alle Sorten kann man im Haus ziehen. Wenn die Blätter der Pflanzen abfallen, können viele Sorten in milden Klimagebieten auch in den Garten gepflanzt werden. Alle Sorten lassen sich einfach durch Kopfstecklinge vermehren. *H. canariensis* ist eine hochwachsende Art mit etwas gelappten, an der Basis herzförmigen Blättern. Sie ist etwas empfindlicher als unsere üblichen grünblättrigen Sorten, kann jedoch dennoch verhältnismäßig einfach im Zimmer gezogen werden. Wichtig ist ein Standort mit ausreichendem Licht ohne direkte Sonnenbestrahlung.

Während der Wachstumsperiode düngt man den Efeu regelmäßig. Die Erde muß feucht gehalten werden, im Winter sollte sie jedoch zwischen dem Gießen immer etwas abtrocknen. Wenn man in dieser Jahreszeit zuviel Wasser gibt, verfärben sich die Blätter braun. Bei zu hohen Temperaturen legen die Pflanzen im Winter keine Ruhezeit ein, die Triebe werden dann bei unzureichendem Licht manchmal dünn und spindelig: sie vergeilen. Diese schwachen Triebe werden im zeitigen Frühjahr zurückgeschnitten. Auch zu lange Triebe kürzt man ein. *H. helix* 'Chicago' mit breiten, mittelgrünen Blättern ist eine der beliebtesten Sorten. Sie wächst sehr kräftig und ist leicht zu pflegen. Sie ist eine durch Auslese entstandene Sorte des üblichen Efeus. Sie kann als Kletterpflanze gezogen werden und sollte während der Wachstumsperiode mäßig geschnitten werden. *H. h.* 'Glacier' hat mittelgrüne Blätter mit graugrünen Flecken, weißen Randflecken und rosafarbenen Rändern. Die ausgezeichnete Kletterpflanze verträgt mäßigen Frost und eignet sich daher gut für Standorte in geschützten, freien Lagen. Die buntblättrigen Sorten sind etwas empfindlicher als die grün-

Impatiens wallerana

Monstera deliciosa

Neoregelia carolinae 'Tricolor'

Nephrolepis cordifolia

blättrigen, sollten jedoch vor trockener Wärme geschützt werden und ausreichend Licht bekommen – besonders im Winter, damit die Färbung der Blätter erhalten bleibt. Ein Standort in direkter Sonne ist ungünstig. Während der Wachstumsperiode wird ausreichend gedüngt, im Winter läßt man die Erde zwischen den Wassergaben immer etwas antrocknen. *H. h.* 'Marmorata' wächst langsam. Die Pflanze hat ziemlich große Blätter mit dunkelgrünen Flecken auf mittelgrünem Laub oder grüne Flecken auf elfenbeinfarbenem Laub. Die Blattstengel sind rosa. Die Pflege erfolgt in gleicher Weise wie bei *H. h.* 'Glacier'. Außerdem gibt es noch zahllose Sorten, die im einzelnen nicht aufgeführt werden können.

Hibiscus Eibisch
H. rosa-sinensis (Chinesischer Roseneibisch, Chinarose) ist eine sparrig wachsende Pflanze, die für die Kultur in einem großen Topf geeignet ist. Sie entwickelt im Sommer und Herbst an jungen Trieben eine Fülle großer, rosaroter oder scharlachroter Blüten. Außerdem gibt es auch weiß- und gelbblühende Sorten. Während der Hauptwachstumszeit gießt man gleichmäßig und läßt die oberste Schicht der Erde zwischen den Wassergaben antrocknen. Während der Ruhezeit wird nur so viel gegossen, daß der Wurzelballen nicht austrocknet. Die Temperatur sollte im Winter nicht unter 10°C absinken. Im Frühjahr wird die Pflanze bis fast zur halben Länge der Triebe zurückgeschnitten und in einen etwas größeren Topf umgepflanzt, bis sie die gewünschte Maximalgröße erreicht hat. Sobald das Wachstum beginnt, wird mehr gegossen. Gleichzeitig besprüht man die ganze Pflanze an warmen Tagen mit Wasser, so daß sich neue Triebe gut entwickeln. Im Sommer kann man die Töpfe an einen geschützten Standort auf den Balkon stellen, jedoch dürfen sie niemals austrocknen.

Hippeastrum Siehe Seite 361

Impatiens Springkraut, Fleißiges Lieschen
I. wallerana ist eine buschige Pflanze mit dickfleischigen Trieben und grünen Blättern. Lange Zeit bringt sie fast ununterbrochen weiße, rosa, orangefarbene Blüten hervor. Je mehr Licht die Pflanze erhält, um so mehr Blüten setzt sie an. Die Triebspitzen werden gelegentlich gestutzt, damit die buschige Form der Pflanze erhalten bleibt. Im Sommer gießt man reichlich, bei heißem Wetter zweimal täglich, im Winter jedoch, wenn das Licht schwächer ist und die Pflanzen eine Ruheperiode einlegen, gießt man nur mäßig, läßt aber den Topfballen nicht gänzlich austrocknen. Während der Hauptwachstumszeit wird häufig gedüngt. Im Sommer schneidet man Stecklinge. Diese bilden im Wasser rasch Wurzeln und können dann in gewöhnliche Gartenerde eingepflanzt werden.

Kalanchoe Flammendes Käthchen
Diese Pflanze, die aus Madagaskar stammt, ist ein Halbstrauch mit fleischigen, länglichen, grünen und oft rot geränderten Blättern. Die leuchtendrot, rosa, orange oder gelb gefärbten Blüten von *K. blossfeldiana* sind in Trugdolden angeordnet. Als Dickblattgewächs liebt diese Pflanze einen hellen bis vollsonnigen Standort am Fenster. Die üblichen Zimmertemperaturen werden gut ertragen. Im Frühjahr und Sommer

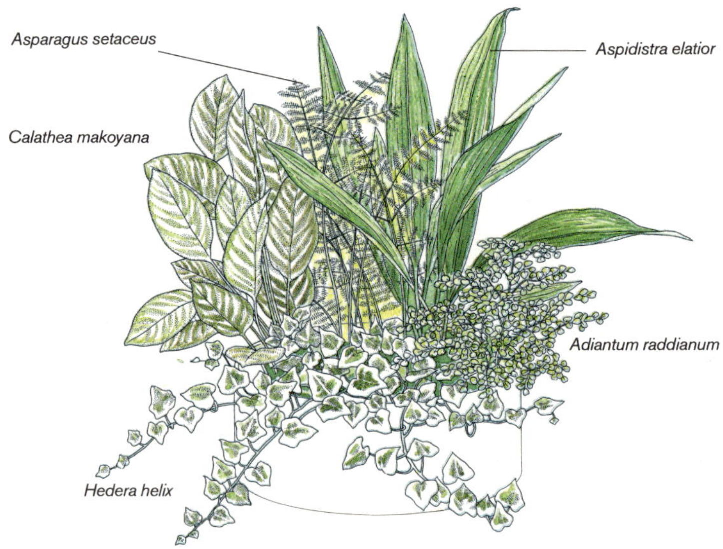

Nidularium innocentii

Peperomia caperata 'Variegata'

Philodendron scandens

Phoenix dactylifera

gießt man mäßig und gibt ab und zu eine schwache Volldüngerlösung. Im Winter genügen Temperaturen um 10–13 °C. In dieser Jahreszeit wird relativ wenig gegossen.

Die *Kalanchoe* blüht oftmals nach. Ist der Blütenflor endgültig vorbei, trennt man sich meist von der Pflanze. Will man sie aber weiterkultivieren, dann werden längere Triebe im Frühjahr zurückgeschnitten und in eine lehmige, humose Erde verpflanzt.

Monstera Fensterblatt
M. deliciosa hat herzförmige Blätter, die jedoch vom Rand aus bis fast zur Mittelrippe fiederartig gelappt sind. An den übrigen Teilen haben sie fensterartige Öffnungen, daher der Name Fensterblatt. Die Einschnitte und Öffnungen treten bei Pflanzen, die im Gewächshaus kultiviert worden sind, stärker hervor. Dicke Luftwurzeln entwickeln sich an jedem Blattknoten. Die unteren Luftwurzeln werden in die Erde im Topf abgesenkt, die oberen befestigt man an einem Moosstab. Im Frühjahr oder im Frühsommer wird nur dann umgetopft, wenn die Pflanze kopflastig ist. Wird sie regelmäßig gedüngt und gegossen, kann sie weiterhin in einem kleinen Topf wachsen. Am besten gedeiht sie im Halbschatten. Man hält sie feucht, jedoch nicht zu naß, besonders nicht im Winter. Eine Temperatur von 16°C und darüber ist ideal, jedoch hält die Pflanze auch niedrigeren Temperaturen stand.

Neoregelia
N. carolinae 'Tricolor' ist eine beliebte Bromeliensorte mit weiß-, rosa- und grüngestreiften Blättern. Ausgewachsene Pflanzen haben rosarot überlaufene Blätter. Kurz vor der Blüte färben sie sich im Herzen der Rosette leuchtend hellrot. Die Pflanze bevorzugt Schatten oder Halbschatten und feuchte Luft, hält jedoch auch heißer und trockener Luft stand. Man gießt die Pflanzen mäßig, läßt den Wurzelballen zwischen den Wassergaben etwas abtrocknen. Die Zisterne in der Mitte der Rosette muß immer wieder mit Wasser aufgefüllt werden. Man kann die Pflanze leicht durch Kindel vermehren. Sie werden, wenn sie sich an der Mutterpflanze kräftig entwickelt haben, vorsichtig mit einem scharfen Messer abgetrennt und in normaler, humoser Blumenerde weiterkultiviert.

Nephrolepis Schwertfarn
N. cordifolia hat hellgrüne, lange Wedel, die sich zur Spitze hin verjüngen und aus zahlreichen breiten Fiedern zusammengesetzt sind. Die Pflanze wächst gut an einem schattigen wie an einem hellen Standort, erträgt aber keine direkte Sonne. Die Erde ist gleichmäßig feucht zu halten. Da der Schwertfarn eine hohe Luftfeuchtigkeit braucht, besprüht man ihn regelmäßig mit Wasser.

Nidularium
N. innocentii hat dunkelgrüne Blätter. Zur Blütezeit färbt sich die Rosette in der Mitte nach und nach leuchtend kupferrot. Man füllt die Zisterne regelmäßig mit Wasser. Die Pflanze braucht nicht viel Licht und gedeiht am besten bei gleichmäßiger, nicht zu hoher Temperatur.

Pachystachys
P. lutea ist ein attraktiver, reich verzweigter Strauch mit eiförmigen Blättern und auffallenden, endständigen Blütenähren. Die eigentlichen Blüten

Platycerium bifurcatum

Plectranthus fruticosus

Pteris umbrosa 'Major'

Saxifraga sarmentosa

sind weiß. Sie erscheinen zwischen den leuchtendgelb gefärbten Deckblättern. Die Pflanze liebt einen hellen, nicht vollsonnigen Platz am Fenster und Zimmertemperaturen zwischen 18 und 20 °C.

Während der Hauptwachstumszeit im Sommer wird normal gegossen und gelegentlich mit einer schwachen Volldüngerlösung gedüngt. Verblühte Blütenstände bricht man aus, damit sich neue Floreszenzen bilden können. Den Winter über wird die Pflanze kühl und trocken gehalten. Im Frühjahr werden die Triebe zurückgeschnitten und in frische Erde verpflanzt.

Peperomia Zwergpfeffer
Eine beliebte, niedrigwachsende Pflanze von schönem Wuchs. Sie ist leicht zu ziehen. Es gibt mehrere Arten mit verschiedenen Blattformen, -farben und -strukturen. Alle haben fleischige Blätter, die leicht faulen, wenn man sie zu reichlich gießt. Wichtig ist beim Gießen, daß man nicht zuviel Wasser in das Herz der Pflanze gibt. Es ist vorteilhaft, wenn man immer nur am Rand des Topfs wässert. Zwischen den einzelnen Wassergaben läßt man den Topfballen gut abtrocknen. Im Sommer gießt man etwas mehr, im Winter weniger. Warme, feuchte Luft bekommt dem Zwergpfeffer besonders gut. Man düngt die Pflanze vor allem im Frühjahr und Sommer. *P. caperata* 'Variegata' besitzt herzförmige, dunkelgrüne Blätter mit weißen Rändern. Weiße Blütenähren erscheinen im Sommer und Herbst.

Philodendron Baumfreund
P. scandens ist eine hervorragende Kletterpflanze. An ihren schlanken Trieben sitzen spitz zulaufende Blätter, die in der Jugend leicht bronzefarben, nahezu durchscheinend und herzförmig, im Alter dunkelgrün, dickledrig, breitherzeiförmig und fast doppelt so lang sind wie in der Jugend.

Man kann die Art als Kletter- oder als Hängepflanze kultivieren. Die Pflanze ist ziemlich anspruchslos, gedeiht jedoch am besten in der Wärme bei hoher Luftfeuchtigkeit. Ein halbschattiger Standort ist zu empfehlen. Im Sommer gießt man gleichmäßig und gibt alle zwei Wochen einen Flüssigdünger. Im Winter ist die Pflanze, falls sie an einem kühlen Standort steht, ziemlich trocken zu halten. Im Frühjahr werden die Triebe des Vorjahrs zurückgeschnitten, um einen neuen Austrieb anzuregen. Man vermehrt die Pflanze durch Kopfstecklinge.

Phoenix Dattelpalme
P. dactylifera, die Echte Dattelpalme, hat grüne gefiederte Wedel, die sich vom schlanken Stamm nach unten biegen. Die Pflanze gedeiht im Haus recht gut und bleibt verhältnismäßig klein, wenn sie als Topfpflanze gezogen wird. In diesem Fall erreicht sie eine Höhe von etwa 60 cm. Man kann Dattelsamen im Sommer ins Freie aussäen und die Pflanzen dann, ehe der Winter kommt, ins Haus bringen. Die Pflanze liebt einen sonnigen Standort und reichlich Wasser. Jedoch darf sie niemals stauender Nässe ausgesetzt sein. Im Winter hält man sie fast trocken. Gedüngt wird nur im Sommer.

Piper Pfeffer
Die Tropenpflanze *P. crocatum* braucht einen halbschattigen bis schattigen, warmen Platz. Volle Sonne verträgt sie nicht. Den Winter über jedoch sollte der Standort hell bis sonnig sein.

Sedum sieboldii 'Variegatum'

Solanum capsicastrum

Die Temperatur im Sommer muß mindestens 15 °C betragen, weil sonst die Blätter abfallen, und auch im Winter darf sie nicht unter 12 °C absinken.

Während der Hauptwachstumszeit ist die Erde immer gleichmäßig feucht zu halten. Alle zwei bis drei Wochen kann eine schwach konzentrierte Volldüngerlösung verabreicht werden. Im Winter schränkt man die Wassergaben ein, da sonst die Wurzeln faulen.

Verpflanzt wird der Pfeffer im Frühjahr in eine humose Blumenerde. Eine Vermehrung durch Stecklinge ist von April bis Juli möglich.

Platycerium Geweihfarn
P. bifurcatum ist die Art, die sich im Zimmer am leichtesten kultivieren läßt. Die Blätter an der Basis der Pflanze sind schildförmig und klammern sich an der Unterlage der Pflanze fest; andere Blätter sind wie ein Hirschgeweih gegabelt und ausgebreitet oder hängen herab. Die Geweihform der Blätter kommt am besten zur Geltung, wenn man sie an einem Rinden- oder Korkstück befestigt.

Die Pflanze gedeiht im Haus an einem warmen, leicht schattigen Standort. Wenn die Blätter welken, stellt man den Geweihfarn so lange ins Wasser, bis die Erde völlig durchtränkt ist. Es wird erst wieder gegossen, wenn die Blätter leicht welken.

Plectranthus Harfenstrauch
P. fruticosus ist eine hochwachsende Pflanze mit gestielten, rundlichen, fast herzförmigen, doppelt gesägten Blättern, die von kurzen Haaren bedeckt sind. Die Blätter riechen stark, wenn man sie zwischen den Fingern zerreibt. Angeblich soll der Geruch Motten vertreiben. Daher auch der Name Mottenkönig für die Pflanze. Die kleinen blaßblauen Blüten erscheinen in Quirlen an den Triebspitzen. Die Triebe sind vierkantig. Der äußerst unempfindlichen Pflanze gibt man viel Wasser und einen hellen Standort, ohne direkte Sonnenbestrahlung. Im Sommer, wenn sie kräftig wächst, düngt man ab und zu, damit sich die Blätter gut entwickeln und glänzen. Die Pflanze braucht Wärme, soll jedoch nicht direkt an oder über der Heizung stehen. Da der Harfenstrauch leicht Wurzeln bildet, ist er problemlos durch Stecklinge zu vermehren. Man schneidet Kopfstecklinge und steckt sie in normale Erde oder ein Vermehrungssubstrat, gießt mäßig und stellt sie an einen hellen, nicht sonnigen Ort.

Pteris Saumfarn
Der Saumfarn, auch Flügelfarn genannt, ist eine umfangreiche Gattung, zu der zahlreiche Zimmerpflanzen gehören. *P. cretica* und *P. umbrosa* 'Major' haben rippenförmige, feste und ziemlich ledrige Wedel. Beide sind widerstandsfähig und ertragen warme, trockene Zimmerluft gut, ebenso halten sie auch niedrigen Temperaturen stand, Kälte und Frost schaden ihnen jedoch. Im Sommer gießt man den Saumfarn reichlich. Wichtig ist, die Blätter regelmäßig zu besprühen und die Pflanze alle zwei Wochen zu düngen.

Rhoeo
R. discolor bildet eine lockere Rosette meist aufrecht wachsender Blätter, die an der Oberseite grün und an der Unterseite rötlich gefärbt sind. Bei älteren Pflanzen bildet sich ein kurzer Stamm aus. Eine Fülle unscheinbarer kleiner, weißer Blüten ist von scheidenförmigen rötlichen Hochblättern umgeben, die in den Achseln der unteren Blätter stehen. Durch eine warme, feuchte Umgebung vertieft sich die Rotfärbung der Blätter.

Saintpaulia Usambaraveilchen
S.-ionantha-Hybriden sind eine rosettenförmig wachsende Art mit einfachen oder gefüllten, veilchenähnlichen weißen, rosa oder violetten Blüten. Die Pflanze stellt gewisse Ansprüche an das Klima und ist vor allem nicht leicht über den Winter zu bringen. Sie kann jedoch das ganze Jahr über blühen, wenn sie ausreichend Wärme, Feuch-

Soleirolia soleirolii

Spathiphyllum wallisii

Syngonium podophyllum

Tradescantia fluminensis

tigkeit und Licht bekommt. Der Standort sollte im Sommer leicht schattig, im Winter hell, aber nicht sonnig sein. Das Usambaraveilchen erträgt keine Zugluft und ist vor schwankenden Temperaturen zu schützen, man gießt mäßig und möglichst mit zimmerwarmem Regenwasser. Dabei sollten keine Tropfen auf die Blätter fallen, da sie sonst Flekken bekommen und faulen. Während der Blüte düngt man von Zeit zu Zeit.

Sansevieria Bogenhanf
S. trifasciata 'Laurentii' ist eine beliebte Pflanze mit steifen, fleischigen, dicken, schwertförmigen Blättern und goldgelben Längsstreifen entlang der Blattränder. Die Größe der Blätter hängt etwas von der Größe des Topfs ab. Der Bogenhanf ist leicht zu pflegen. Wichtig ist, daß man ihn nicht zu reichlich gießt. Er erträgt auch längere Trockenzeiten. Viel Licht und volle Sonne bevorzugt diese einfach zu kultivierende Pflanze, doch schadet ihr auch etwas Schatten nicht. Im Sommer gießt man wöchentlich, im Winter einmal im Monat, in einem sehr warmen Raum mit trockener Luft etwas häufiger. Die Blätter der Pflanze faulen, wenn sie Frost bekommen oder wenn der Topf, solange er feucht ist, kalt steht. Vermehrt wird der Bogenhanf durch Blattstecklinge oder durch Teilung zu großer, dicht zusammengewachsener Pflanzen. Bis sich neue Wurzeln bilden, werden die Stecklinge an einem Stab festgebunden.

Saxifraga Steinbrech
S. sarmentosa (syn. *S. stolonifera*) ist eine hübsche kleine Pflanze mit erdbeerähnlichen Blättern, die grazile Blütenrispen mit hübschen, hängenden, fadenförmigen Ausläufern hervorbringt. Die Ausläufer, an denen sich winzige Pflänzchen bilden, können leicht in Töpfchen abgesenkt werden. Die Pflege ist leicht. In kühler, mäßig feuchter Umgebung gedeiht die Pflanze am besten. Sie sollte nicht der direkten Sonne ausgesetzt werden.

Schefflera
Diese widerstandsfähige Blattpflanze bildet lange Blattstiele und dunkelgrün glänzende, handförmige Blätter aus. Diese bestehen in jungem Zustand aus drei bis fünf, bei älteren Pflanzen aus sieben und mehr Einzelblättchen.

Die Pflanze braucht einen hellen Standort, nimmt aber auch mit einem absonnigen Platz vorlieb. Während der Hauptwachstumszeit vom Frühjahr bis zum Herbst sollten die Temperaturen 18–20 °C betragen. Im Winter kann die Temperatur bis auf 15 °C absinken. Während dieser Zeit wird gleichmäßig gegossen, ohne den Wurzelballen zu vernässen. Die Pflanze ist für ein gelegentliches Besprühen sehr dankbar. Durch zusätzliche Kopfdüngergaben sorgt man für einen kontinuierlichen Wuchs. Im Winter kann die Temperatur absinken.

Verpflanzt wird die *Schefflera* im Frühjahr in eine lehmig-humose Erde. Die Pflanze eignet sich vorzüglich für die Hydrokultur.

Scirpus Simse
Das hübsche binsenähnliche Ziergras gehört zu den Ried- oder Sauergräsern. Kultiviert wird es in Töpfen mit möglichst freiem Stand, damit die Triebe nach allen Seiten frei herunterhängen können.

Die Simse bevorzugt einen hellen Standort, erträgt aber auch den Halbschatten. Temperaturen zwischen 14 und 20 °C sagen ihr am besten zu. Die Pflanze braucht relativ viel Wasser, und auch die Luftfeuchtigkeit sollte hoch sein. Wenn die Luft trocken ist, werden die Blattspitzen braun. Am besten ist es, wenn etwas Wasser im Untersetzer steht. Man kann die Simse durch Teilung vermehren, indem man den Wurzelballen mit einem scharfen Messer durchtrennt. Angeboten wird vor allem die Art *S. cernuus.*

Sedum Fetthenne
Die Gattung *Sedum* umfaßt mehrere hundert, meist leicht zu kultivierende Arten, von denen die meisten fleischige Stengel und Blätter haben. Blüten treten bei Zimmerpflanzen dieser Gattung nicht allzu häufig auf. *S. rubrotinctum*, eine beliebte Art, hat stielrunde, langgestreckte, hellgrüne Blätter, die sich in warmer, trockener Umgebung rot färben. Man kann die Pflanzen leicht durch Stecklinge vermehren. *S. sieboldii* besitzt flachere, graugrüne, rotgeränderte, fast runde, gekerbte Blätter, die meist in Quirlen zu dritt stehen. Ehe die Pflanze im Herbst abstirbt, bilden sich rote Blüten. Die Pflanze wird auch in Ampeln gezogen. Man hält sie im Winter ziemlich trocken. Anfang März wird sie in einen größeren Topf umgetopft. Man beginnt langsam mit dem Gießen, so daß die Pflanze allmählich austreiben kann. Zwischen den Wassergaben sollte der Ballen austrocknen.

Solanum Nachtschatten
S. capsicastrum (Korallenstrauch), ein hübscher, kleiner, immergrüner Strauch, bringt im Spätsommer oder Herbst leuchtendrote, weiße oder gelbe Beeren hervor. Wenn die Pflanze ausreichend gegossen wird, halten sich die Beeren mehrere Monate lang. Die Weiterkultur des Korallenstrauches ist nicht ganz einfach. Deshalb wird man sich meist von ihm trennen, nachdem die Früchte abgefallen sind, und sich im nächsten Jahr eine neue, junge Pflanze

Vriesea fenestralis

zulegen. Man kann aber auch die Pflanze stark zurückschneiden, wenn keine Früchte mehr vorhanden sind, und in humushaltige Erde umtopfen. Mit ein wenig Glück und Geschick treibt der Korallenstrauch im Frühjahr an einem hellen Standort wieder aus.

Soleirolia Bubiköpfchen
S. soleirolii, eine kleine, kriechende, immergrüne Pflanze mit dünnen Trieben und unzähligen winzigen grünen Blättchen, die Kissen bilden. Das Bubiköpfchen wächst häufig über den Topfrand hinaus und kriecht dann nach unten. Daher ist es als Ampelpflanze gut geeignet. Die Pflege der Pflanze ist einfach. Sie gedeiht fast überall, doch ein feuchter, kühler Standort im Halbschatten ist am günstigsten. Stauende Nässe bei einem zu kühlen Standort erträgt das Bubiköpfchen nicht. Da es eine hohe Luftfeuchtigkeit schätzt, stellt man den Topf am besten in einen mit Wasser gefüllten Untersatz. Die Pflanze darf niemals austrocknen. Tropfen auf den Blättern können im Winter rasch faule Stellen hervorrufen.

Spathiphyllum Blattfahne
S. wallisii, ein leicht zu ziehendes Aronstabgewächs mit dunkelgrünen, glänzenden, lanzettlichen Blättern. Die hübschen weißen Blüten sitzen an einem langen Stiel; der cremefarbene Blüten-

Zebrina pendula

kolben wächst aufrecht an der Basis des cremeweißen Hüllblatts. Die Pflanze bevorzugt Halbschatten, Wärme und Feuchtigkeit, verträgt jedoch auch Temperaturen bis 14 °C und auch warme, trockene Luft. Im Sommer gießt und düngt man ziemlich häufig, im Winter wenig. Man sollte jedoch den Ballen nicht völlig austrocknen lassen.

Syngonium Purpurtute
S. podophyllum, eine anspruchslose Pflanze, die einen hellen Standort liebt, jedoch keine direkte Sonnenbestrahlung erträgt. Die Blätter sind im Jugendstadium der Pflanze pfeilförmig und nicht geteilt, die der ausgewachsenen Pflanze sind fußförmig fünf- bis neunfach geteilt. Die Blätter der Sorte 'Emerald Gem' zeigen weiße Streifen entlang der Ader. Die Purpurtute braucht im Sommer viel Wasser, im Winter gießt man nur sparsam.

Tradescantia Dreimasterblume
T. fluminensis ist eine aufstrebende oder hängende Pflanze mit kleinen, spitzen, meist gestreiften Blättern, die an langen Trieben sitzen. Wenn die Pflanze ausreichend Licht erhält, färben sich die Blätter von manchen Arten rot. Um einen buschigen Wuchs anzuregen, muß man bei den meisten dieser Pflanzen die jungen Triebspitzen regelmäßig ausbrechen. Trockene Blätter werden stets entfernt. Die Pflanze ist feucht zu halten, verträgt aber auch eine gewisse Trockenheit. Sie gedeiht in jedem Boden und braucht fast keine Düngung. Die Dreimasterblume vermehrt man durch Kopfstecklinge.

Vriesea
Die Gattung gehört zu den Bromelien oder Ananasgewächsen. *V. fenestralis* hat glänzende, hellgrüne, überhängende Blätter mit dunkelgrünen Adern und Querstreifen. Die Unterseite ist geschuppt, die Spitzen der Blätter sind braunrot. Der lange, schwertförmige, leuchtendrote Blütenstand steht auf einem hohen Schaft. Die gelben Blüten, die zwischen den roten Hochblättern erscheinen, öffnen sich bei Nacht. Die Pflanze bevorzugt einen halbschattigen Standort und eine gleichmäßige Temperatur. Die Zisterne muß stets mit Wasser gefüllt sein. *V. splendens*, deren dunkel gebänderte Blätter in einer lockeren Rosette stehen, bringt eine bis zu 1 m hohe Ähre hervor, die aus roten Hochblättern besteht.

Zebrina Zebrakraut
Das Zebrakraut ist mit der Dreimasterblume verwandt und wird häufig mit ihr verwechselt.

Z. pendula hat silbrig gestreifte Blätter mit einer irisierenden Oberfläche und einer lilagefärbten Unterseite. Die Art wird häufig in Ampeln kultiviert oder an Spalieren hochgeleitet. Die Pflanzen brauchen einen hellen Standort und viel Wärme, ertragen aber auch kurze Zeit tiefere Temperaturen bis 12 °C. Man gießt in der Hauptwachstumszeit mäßig und in der Ruhezeit noch weniger. Die Zeichnung der Blätter ist dann am schönsten, wenn die Pflanzen immer ziemlich trocken gehalten wurden.

Platycerium bifurcatum

Philodendron scandens

Monstera deliciosa

Chlorophytum comosum

Kakteen und andere Sukkulenten

Sukkulente Pflanzen haben die Fähigkeit, längere Trockenperioden ohne Schaden zu überstehen. Viele sind in Wüsten und Trockengebieten beheimatet, andere stammen aus Regionen, in denen auch nicht immer genügend Wasser zur Verfügung steht. Am bekanntesten sind die amerikanischen Kakteen, die alle der gleichen Familie angehören. Außerdem wachsen in den Trockengebieten Südafrikas viele Sukkulenten. Insgesamt gesehen benötigen diese Pflanzen im Winter etwas mehr Wärme als Kakteen und leiden weniger, wenn man sie in ein warmes Wohnzimmer stellt.

Die meisten Pflanzenfreunde haben verschiedene sukkulente Pflanzen. Die folgenden Kulturhinweise treffen für die meisten von ihnen zu. Wüstenkakteen brauchen viel Licht. Wer die Pflanzen auf der Fensterbank zieht, kann sie von Mai bis September ins Freie stellen. Kakteen und Sukkulenten müssen während der Winterruhe in der Regel kühl und trocken gehalten werden, wenn sie in der folgenden Saison reich blühen sollen. Eine Wintertemperatur von 5 °C ist für die meisten Gattungen und Arten richtig. Sukkulenten, die in durchlässiger Erde wachsen, können während der Vegetationsperiode normal gegossen werden. Von April bis September sollte man deshalb die Erde nicht austrocknen lassen. Danach wird das Gießen langsam eingeschränkt, und im Dezember und Januar werden die Pflanzen überhaupt nicht gegossen. Wenn im Februar das Licht intensiver wird, beginnt man langsam wieder zu gießen.

Viele Kakteen und andere Sukkulenten lassen sich, besonders im Frühjahr und Sommer, gut aus Stecklingen vermehren. Es gibt Pflanzen, von denen sich leicht Ableger oder Seitensprosse, sogenannte Kindel, abnehmen lassen. Diese werden sofort eingetopft, nachdem man sie abgelöst hat. Wer jedoch Triebe abschneidet, muß die Schnittfläche vor dem Eintopfen einige Tage abtrocknen lassen, weil sie sonst fault.

Viele dieser Pflanzen können auch aus Samen gezogen werden. Bekannte Gattungen und Arten bekommt man bei jedem größeren Samenhändler; eine breitere Auswahl bieten Spezialisten an.

Eine gute Erde wird aus 3 Teilen käuflicher Blumenerde oder gut verrotteter Komposterde und 1 Teil scharfem Sand hergestellt. Ehe man die Erdmischung in Töpfe oder Schalen füllt, legt man eine Schicht Tonscherben auf den Grund, damit das Wasser gut abziehen kann. Nachdem man die Erde eingefüllt hat, glättet man vorsichtig die Oberfläche. Das Substrat darf nur leicht angedrückt werden. Dann sät man die Samen aus. Während die meisten Samen nicht bedeckt werden, versieht man große Samenkörner mit einer dünnen Sandschicht. Sehr große Samen, wie etwa die des Feigenkaktus, werden einzeln in die Erde gedrückt. Man stellt die Töpfe in ein Gefäß mit Wasser, damit sich das Substrat vollsaugen kann, deckt die Sandschicht mit Glas oder Kunststoff ab und hält die Erde bei einer Temperatur von 20 bis 27 °C. Die Samen brauchen viel Licht, wenn sie zu keimen beginnen, müssen aber vor der direkten Sonnenbestrahlung geschützt werden. Wo eine Heizung vorhanden ist, wird früh ausgesät, andernfalls wartet man bis zum späten Frühjahr.

Wie manche Gewächshauspflanzen sind Kakteen und Sukkulenten für einige Schädlinge und Krankheiten anfällig. Am häufigsten tritt die Woll- oder Schmierlaus auf, ein kleines weißliches Tierchen, das oft wollige Ablagerungen auf den Pflanzen hinterläßt. Man kann sie mit einer Schmierseifenlösung, Elefant-Sommeröl oder Para-Sommer bekämpfen. Wurzelläuse greifen die Wurzeln der Pflanzen an und werden durch regelmäßiges Umtopfen oder Gießen mit Etrimfos bekämpft.

Die häufigste Krankheit ist die Fäule. Sie wird durch zu reichliches Wässern während der Ruheperiode oder bei empfindlichen Arten durch zu niedrige Wintertemperaturen verursacht. Falls Pflanzen an der Basis faulen und die faulen Stellen nicht zu groß sind, schneidet man den oberen Teil der Pflanze ab und behandelt ihn wie einen Steckling. Die Schnittflächen werden mit Metiram bestäubt, um Infektionen fernzuhalten.

Aloe
A. variegata ist die beliebteste Art. Ihr Stamm ist von lanzettlichen Blättern umgeben. Zunächst stehen die Blätter dreizeilig und aufrecht, doch an den reiferen Pflanzen rollen sie sich ein. Auf dunkelgraugrünem Grund tragen sie eine auffallende Zeichnung oder unregelmäßige weiße Querbänder. Korallenrote Blüten werden gegen Ende des Winters an langen Schäften ausgebildet. Man hält die Pflanzen an einem hellen Standort, an dem sie von der Morgensonne getroffen werden. Im Frühjahr und Sommer gießt man die *Aloe* reichlich. Im Winter gedeiht die Pflanze am besten in einem kühlen Raum in ziemlich trockener Erde.

Aporocactus Peitschen- oder Schlangenkaktus
A. flagelliformis stammt aus Mexiko. Seine langen schlanken Triebe hängen herab, die karmesinroten Blüten erscheinen im Frühjahr. Der Kaktus braucht einen sonnigen Standort und während der Wachstumsperiode sehr viel Wasser. Man sollte ihn aufmerksam beobachten, denn die „Peitschen", die bis zu 90 cm lang werden können, werden häufig von Wolläusen befallen. Vermehrt wird die Pflanze durch Kopfstecklinge oder Stammteilstücke, die man einige Tage abtrocknen läßt und dann eintopft.

Astrophytum Bischofsmütze
A. myriostigma ist in den Trockengebieten Mexikos beheimatet. Die fast kugelförmige Pflanze wächst einzeln und kann 15–20 cm hoch werden. Der ganze Körper ist mit silbrigweißen Flöckchen bedeckt, und die hellgelben Blüten, die mitunter süß duften, erscheinen im Sommer und Herbst. Die Bischofsmütze läßt sich rasch aus Samen ziehen, die oft innerhalb von zwei oder drei Tagen keimen. Diese Pflanze braucht eine besonders durchlässige, mehr mineralische als humose Erde und muß sehr vorsichtig gegossen werden.

Chamaecereus Zwergcereus
C. silvestrii stammt aus Argentinien. Die reichverzweigten Triebe werden 1–1,5 cm breit und bis zu 15 cm lang. Im Frühsommer erscheinen zahlreiche scharlachrote Blüten. Im Winter muß die Pflanze kühl und trocken stehen. Dadurch wird die Blühwilligkeit erhöht. Vermehrt wird der Kaktus durch Seitensprosse, die man leicht von den Haupttrieben abnehmen kann.

Cleistocactus
C. strausii, die Silberkerze, eine Pflanze aus dem Bergland Boliviens, ist widerstandsfähig, wenn sie im Winter mäßig trocken gehalten wird. Sie wird bis zu 1,2 m hoch und ist dicht mit silbergrauen Stacheln bedeckt. Erst nach 10 bis 15 Jahren bilden sich gelegentlich schmale, röhrenförmige, karminrote Blüten. Sie erscheinen am Ende des Haupttriebs und halten nur wenige Tage. Man vermehrt die Pflanze durch Samen.

Crassula Dickblatt
C. lycopodioides ist eine beliebte Pflanze, die im Kapland zu Hause ist. Die langen, dünnen Triebe sind dicht mit dachziegelartig angeordneten Blättern bedeckt. Im Sommer erscheinen in den Blattachseln unscheinbare gelbe Blüten. Die Pflanzen werden vermehrt, indem man Triebe abtrennt und eintopft.

Echeveria
E. derenbergii gehört zu einer großen Gruppe von Rosettenpflanzen. Die

Aloe variegata

Aporocactus flagelliformis

Astrophytum myriostigma

Chamaecereus silvestrii

blaugrünen Blätter sind mit einem weißlichen wachsartigen Überzug bedeckt und haben rote Spitzen. Obwohl viele Echeverien lange Blütenstände haben, sind sie bei dieser Pflanze verhältnismäßig kurz. Die rötlichgelben Blüten erscheinen im Frühjahr. Die Pflanze ist sehr attraktiv, doch im Winter kann sie leicht infolge von Lichtmangel etwas vergeilen. Deshalb ist ein heller Standort unbedingt erforderlich. Häufig entwickelt sie Ableger. Eine weitere, sehr ähnliche Art ist *E. setosa*. Diese sowie *E. derenbergii* wurden durch gärtnerische Zuchtarbeit gekreuzt. Daraus sind viele wertvolle Hybriden entstanden.

Echinocactus Kugelkaktus
E. grusonii, der Goldkugelkaktus, wächst extrem langsam. Es würde viele Jahre dauern, bis aus Samen gezogene Pflanzen einen Durchmesser von 15 cm erreichen. Exemplare mit einem Durchmesser von 60 cm, wie man sie manchmal in botanischen Gärten sieht, sind sehr alt. Kleine Pflanzen mit ihren dichten, hellgelben Dornen wirken sehr hübsch. Die gelben Blütchen entwikkeln sich nur an großen Pflanzen und in unserem Klima selten, weil die Sonne gewöhnlich nicht intensiv genug scheint, um die Knospenbildung anzuregen. Vermehrt wird die Pflanze durch Samen. Während der Kultur sollte man Staunässe vermeiden.

Echinocereus Igelsäulenkaktus
E. knippelianus, ein fünfrippiger dunkelgrüner Kaktus mit unscheinbaren Dornen, wächst langsam und erreicht schließlich einen Durchmesser von 5 cm. Die kleinen zartrosa Blüten erscheinen im Frühsommer. Vermehrt wird die Pflanze durch Samen.

Echinopsis Seeigelkaktus
E. rhodotricha, eine der größten *Echinopsis*-Arten, wird 30–60 cm hoch. Sie blüht bereits im Frühjahr. Die langen trichterförmigen weißen Blüten sind mit rötlichen Wollhaaren bedeckt, öffnen sich am Abend und halten nur den darauffolgenden Tag. Die Pflanze ist widerstandsfähig, wenn man sie während der Wintermonate trocken hält. Vermehrt wird sie durch Ableger (Kindel).

Epiphyllum
Am leichtesten blühen die roten Hybriden dieser Blattkakteen, die als *E.-Ak-*

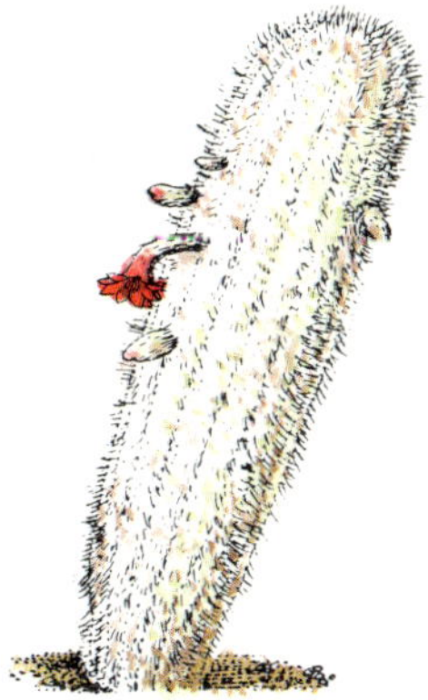

Cleistocactus strausii

Crassula lycopodioides

Echeveria derenbergii

Echinocactus grusonii

Echinocereus knippelianus

Echinopsis rhodotricha

Epiphyllum-Ackermannii-Hybriden

Gasteria verrucosa

kermannii-Hybriden im Handel sind. Die Pflanzen brauchen ein nährstoffreiches Substrat mit viel Lauberde und müssen im Sommer reichlich gegossen werden. Alle kultivierten *Phyllo*-Kakteen sind Hybriden (mit Ausnahme einiger Pflanzen in Spezialsammlungen). Die ursprünglichen Arten kommen aus tropischen Wäldern. Sie dürfen nicht in voller Sonne stehen und sollten im Winter mehr als 5 °C haben. Sie überstehen aber auch niedrigere Temperaturen, blühen dann jedoch nicht so reichlich. Man darf sie nicht austrocknen lassen. Die Blüten, die bis zu 15 cm breit werden, öffnen sich meist im Mai oder Juni. Vermehrt wird die Pflanze durch Triebstecklinge.

Euphorbia
E. meloformis ist eine hochsukkulente Euphorbie aus dem Kapland. Der graugrüne Körper ist kugelig und tief gerippt. Die Blütenstiele, die meist längere Zeit an den Pflanzen bleiben, werden holzig und dornenähnlich. Die winzigen grünlichen Blüten erscheinen im Frühjahr und Sommer. Männliche und weibliche Blüten wachsen auf verschiedenen Pflanzen. Vermehrt wird die Art durch Samen, die frisch schnell keimen.

Faucaria Rachenblatt
F. tigrina, Tigermaul, ist eine südafrikanische Sukkulente, deren gezähnte Blätter gegenständig angeordnet sind und Rosetten bilden. Sie können bis zu 5 cm lang werden und sind mit vielen weißen Flecken bedeckt. Die Blüten sind goldgelb und öffnen sich im Herbst. Die Pflanzen sollten in der kalten Jahreszeit eine Ruheperiode einlegen. Anfang Mai beginnt man wieder zu gießen. Vermehrt wird das Tigermaul durch Stecklinge oder durch Aussaat.

Gasteria Gasterie
G. verrucosa ist in Südafrika beheimatet und besitzt 10–15 cm lange Blätter, die mit weißen Warzen bedeckt sind. Die kleinen rötlichen glockenförmigen Blüten entwickeln sich vorwiegend im Sommer und Herbst in einer langen Traube. Gasterien bilden leicht Bastarde, so daß reine Arten im Handel kaum erhältlich sind. Vermehrt werden Gasterien gewöhnlich durch Ableger, die sich an der Pflanzenbasis entwickeln und sich leicht ablösen lassen.

Gymnocalycium
G. multiflorum, das man hauptsächlich in Argentinien findet, ist ein bläulichgrüner Kaktus. Ein großes Exemplar kann einen Durchmesser von 15 cm erreichen und bis zu 10 cm hoch werden. Blüten entwickeln sich, wenn dieser Kaktus 7–10 cm hoch ist. Der Pflanzenkörper besteht aus tiefen, quergefurchten, kinnhöckerigen Rippen, einem Charakteristikum aller *Gymnocalycium*-Arten. Die Dornen sind gespreizt, dick und spitz. Die trichterförmigen Blüten treten am Scheitel auf. Sie sind außen bräunlichgrün und innen weißlichrosa. Man vermehrt die Pflanze durch Samen. Wenn Ausläufer auftreten, schneidet man sie ab und zieht darauf eine neue Pflanze.

Hamatocactus Hakenkaktus
H. setispinus, eine blühwillige Pflanze, ist in Texas und Mexiko beheimatet. Wenn die Pflanzen einen Durchmesser von knapp 5 cm haben, entwickeln sie im Sommer bereits große goldene, stark duftende Blüten mit einem roten Schlund. Durch die kurzen, hakenförmigen Mitteldornen wirken die Pflanzen attraktiv, auch wenn sie nicht blühen. Werden sie trocken gehalten, überstehen sie den Winter gut. Vermehrt werden die Pflanzen durch Samen.

Haworthia
H. reinwardtii ist eine attraktive sukkulente Pflanze aus dem Kapland. Die länglichen Blätter sind mit perlenartigen weißen Warzen bedeckt und um einen kaum sichtbaren, bis zu 15 cm hohen Stamm angeordnet. Die kleinen weißen Blüten, die auf langen Stielen stehen, entwickeln sich über einen langen Zeitraum hinweg hauptsächlich im Sommer. Vermehrt wird die Pflanze durch Kindel oder durch Samen.

Lithops Lebender Stein
L. olivacea ist in den Trockengebieten Südafrikas beheimatet. Die Lebenden Steine stehen oft in Gruppen zusammen, doch jede einzelne Pflanze hat nur zwei Blätter, die sehr dickfleischig sind und auf der Oberseite eine attraktive Zeichnung haben. Sie werden etwa 2–5 cm groß, sind dunkelolivgrün bis bräunlich und entwickeln im Herbst hellgelbe Blüten. Eine wasserdurchlässige Erde ist für diese Pflanzen lebensnotwendig. Die Wachstumsperiode dauert vom Frühjahr bis in den Spätherbst. Dann sollte man das Gießen einstellen und bis zum folgenden Frühjahr kein Wasser mehr geben. Man wartet, bis die alten Blätter vollkommen eingezogen haben. Oft bleibt eine dünne, seidenpapierartige Haut übrig. Die zurückgezogenen Säfte werden von dem neu sich bildenden Körperchen benötigt. Erst nachdem dieser Vorgang abgeschlossen ist, beginnt man wieder zu gießen. Vermehrt wird die Pflanze durch Aussaat oder durch Teilung der Gruppen.

Lobivia
Diese Gattung stammt aus Südamerika. Die Pflanzen der Art *L. hertrichiana*

Gymnocalycium multiflorum

Hamatocactus setispinus

Haworthia reinwardtii

Lithops olivacea

bilden oft Gruppen, doch jede einzelne Pflanze wird nur 5 cm breit und 10 cm hoch. Vermehrt wird die Pflanze durch Kindel, die sich leicht abnehmen und bewurzeln lassen. Viele haben an der Mutterpflanze bereits Wurzeln. Die Blüten, die sich im Sommer in großer Zahl öffnen, halten nur einen Tag.

Mammillaria Warzenkaktus
M. bombycina sind einzeln wachsende oder gruppenbildende, hellgrüne, zunächst kugelige, später zylindrische Körper. Sie werden gut 6–8 cm groß. In Scheitelhöhe entwickeln sich weißwollige Axillen. Manche Dornen sind weiß und glänzen, andere sind rötlich oder gelb und haben Haken. Die hellkarminroten Blüten stehen im Sommer in Kränzen um den Scheitel. Vermehrt wird der Kaktus durch Ableger oder durch Aussaat. *M. zeilmanniana* gehört zu den wenigen Mammillarien, die schon als junge Pflanzen blühen. Die einzelnen Körper werden etwa 5 cm lang und sind mit weißlichen Dornen bedeckt. Kränze aus dunkelkirschroten Blüten erscheinen im Sommer. Diese Pflanze ist das schönste Exemplar ihrer Art. Vermehrt wird sie durch Ableger oder durch Samen. Sie ist eine der besten und blühwilligsten Arten. Wer sich mit Kakteen befassen will, kann mit dieser Art beginnen.

Notocactus Buckelkaktus
N. leninghausii ist recht widerstandsfähig. Dieser Kaktus wächst sehr langsam, hat einen säulenförmigen Körper und besitzt lange, goldgelbe, borstige Dornen. Im Frühling und Sommer erscheinen bei alten Exemplaren in Scheitelnähe reingelbe Blüten. Alte Pflanzen entwickeln auch Seitentriebe, während jüngere einzeln wachsen. *N. tabularis* wächst zu einer kugeligen Pflanze heran. Der dunkelgrüne vielrippige Körper ist mit feinen Dornen bedeckt. Die großen goldgelben Blüten haben einen karminroten Schlund und erscheinen im Frühsommer in großer Zahl. Die Pflanzen lassen sich einfach aus Samen ziehen. Man kann sie leicht überwintern, wenn man sie trocken hält.

Opuntia Feigenkaktus
O. microdasys var. rufida gehört zu den mexikanischen Feigenkakteen. Die hellgrünen Scheiben, bei denen es sich um Sproßglieder handelt, sind mit stachellosen Aerolen dicht übersät. Diese tragen zwar keine Dornen, jedoch viele winzige mit Widerhaken versehene Borsten (Glochidien). Man muß sehr vorsichtig sein, wenn man die Pflanze anfaßt, weil diese Glochidien Hautreizungen hervorrufen können. Attraktive, bis zu 30 cm große Exemplare hält man in 15-cm-Töpfen. Nur selten ent-

Lobivia hertrichiana

Mammillaria bombycina

Mammillaria zeilmanniana

Notocactus tabularis

Opuntia cylindrica

Opuntia microdasys var. rufida

Pachyphytum oviferum

Parodia aureispina

Rebutia minuscula

Rhipsalidopsis gaertneri

wickeln sich Blüten. Eine Wintertemperatur von 5 °C ist ausreichend. Bei niederen Temperaturen bilden sich zuweilen Flecken an der Oberfläche dieser Feigenkaktusart. Hält man die Pflanzen bei etwas höheren Temperaturen, läßt sich dies vermeiden. Die Areolen der eigentlichen Art *O. microdasys* sind gelb, die der Varietät *O. m. var. albispina* weiß. Vermehrt wird die Pflanze durch Sproßglieder oder Samen. *O. cylindrica,* die aus Südamerika kommt, gehört nicht zu den Feigenkakteen. Die Triebe sind bis zu 90 cm hoch und zylindrisch. Sie verzweigen sich selten, doch es können verzweigte Exemplare gezogen werden, indem man die Triebe stutzt. Junge Triebe haben kleine zylindrische Blätter.

Pachyphytum

P. oviferum, in Mexiko beheimatet, ist eine kleine Pflanze, deren dicke, verkehrt-eiförmige, weißlich bereifte Blätter rosettenartig angeordnet sind. Beim Gießen darf kein Wasser auf die Blätter gelangen, weil sie leicht Flecken bekommen. Man sollte sie auch nicht anfassen, weil sonst die Bereifung abgeht. Vermehrt wird die Pflanze durch Blattstecklinge.

Parodia

P. aureispina kommt aus Argentinien. Dieser Kaktus wächst sehr langsam und erreicht schließlich eine Höhe von 15 cm. Er ist mit goldgelben Dornen bedeckt und in der Jugend fast kugelig. Nach sieben Jahren kann er zu einer 20 cm hohen Säule herangewachsen sein. Die goldgelben Blüten erscheinen im Frühsommer in großer Zahl. Parodien haben empfindliche Wurzeln und brauchen eine sehr gute Dränage. Man vermehrt die Pflanze durch Seitentriebe oder Samen.

Rebutia

Diese kleinen, fast kugelförmigen Wüstenkakteen sind leicht zu kultivieren. *R. minuscula* aus Argentinien blüht so üppig, daß die Pflanze während der Blüte schrumpft und anschließend oft eingeht. Die hellroten Blüten erscheinen im Spätsommer und bilden sich meist nur aus den unteren Areolen. An der Mutterpflanze entwickeln sich so viele Sprosse, daß sie in drei bis vier Jahren einen 15-cm-Topf ausfüllen. Man vermehrt die Pflanzen am einfachsten durch Seitensprosse.

Rhipsalidopsis

R. gaertneri (syn. *Schlumbergera gaertneri*), der Osterkaktus, bringt an 15 cm langen Trieben scharlachrote Blüten hervor, die sich um Ostern öffnen. Die Pflanze stammt aus dem brasilianischen Urwald und braucht das ganze Jahr über etwas Wärme und Feuchtigkeit. Im Sommer stellt man sie ins Freie in den Halbschatten. Besonders schön wirkt der Osterkaktus als Ampelpflanze. Man vermehrt ihn vor allem durch Sproßglieder.

Stapelia Aasblume

S. variegata bildet dicke, vierkantige, blattlose Triebe, die zuerst aufrecht wachsen, später aber niederliegen. Man findet sie in den Trockengebieten Südafrikas, wo die aasartig riechenden Blüten von Fliegen bestäubt werden. Die gelben, rotbraun gefleckten Blüten haben einen Durchmesser von 5–10 cm und öffnen sich im Sommer. Aus ihnen entwickeln sich später lange Samenkapseln. Vermehrt wird die Aasblume durch Teilung der Pflanzengruppen oder durch Samen, die rasch keimen.

Trichocereus Haarcereus

Von den zahlreichen *Trichocereus*-Arten ist *T. spachianus* die schönste und beliebteste. Diese Pflanze bildet aufrechte Säulen und verzweigt sich leicht an der Basis. Die Art kann bis zu 2 m hoch werden, erreicht aber gewöhnlich nur 30–40 cm. Der hellgrüne Stamm besitzt breite Rippen. Wer gerne Kakteen pfropft, kann diesen Kaktus als Unterlage benutzen.

Stapelia variegata

Trichocereus spachianus

Die Feinde des Gärtners

Schädlinge, Krankheiten, Unkräuter

Die häufigsten Schädlinge und Krankheiten, die Kulturpflanzen befallen, kann man mit Hilfe dieses Abschnitts erkennen und bekämpfen. Verwandte Schädlinge werden unter einer Sammelüberschrift aufgeführt. Pflanzenkrankheiten sind in die beiden Hauptgruppen, Bakteriosen und pilzliche Krankheiten, unterteilt. Die wichtigsten Unkräuter werden in Wort und Bild dargestellt

Schädlinge

Älchen
Diese winzigen Fadenwürmer, die mit bloßem Auge im allgemeinen nicht wahrgenommen werden können, befallen die Wirtspflanzen meist vom Boden aus. Sie schädigen viele Gemüsepflanzen und Stauden.

Die chemische Bekämpfung ist im Gartenbereich bisher nicht möglich. In fast allen Fällen entfernt man die befallenen Pflanzen. Man sollte dort keine Wirtspflanzen der gleichen Art mehr kultivieren.

Chrysanthemenälchen
Dieser Schädling richtet bei Chrysanthemen im Freien und unter Glas häufig beträchtliche Schäden an. Die mikroskopisch kleinen Würmer leben in den Geweben von Blättern und Knospen. Anzeichen für den Befall sind dunkle Flecken an den unteren Blättern; dann sterben die Blätter ab, und die Blüten gehen nicht auf. Astern, Dahlien und andere Blumen werden ebenfalls befallen und müssen entfernt werden.

Erdbeerälchen
Erdbeerälchen sind schwierig zu bestimmen, da die Schadbilder denen zahlreicher Viruserkrankungen ähnlich sind. Die Hauptsymptome des Befalls durch diese Schädlinge sind deformierte Blätter und dunkle Flecken in der Nähe der stark verdichteten Mittelrippe; außerdem sind die Laubstengel von Erdbeeren angeschwollen. Zwiebeln, Pastinake und Narzissen werden ebenfalls befallen. Alle Pflanzen in einem erkrankten Beet muß man entfernen. Mindestens drei Jahre lang kann man an derselben Stelle keine Erdbeerpflanzen mehr pflanzen. *Tagetes,* Zuckerhut und Zichorie sind dagegen geeignete Nachfolger.

Kartoffelwurzelälchen
Diese Älchen rufen stecknadelkopfgroße gelbe oder braune Anschwellungen an den Wurzeln hervor. Am besten beugt man einem Befall durch Fruchtwechsel vor. Für die Hauptkultur ist eine fünfjährige Fruchtfolge am günstigsten. Frühe Sorten können jedoch in kürzeren Abständen angebaut werden, ohne daß sich der Schädling gefährlich vermehrt. Wenn der Befall stark ist, darf man auf dem verseuchten Boden vorläufig keine Kartoffeln mehr anbauen.

Stengelälchen
Zu den befallenen Pflanzen gehören vor allem Narzissen, Tulpen, Hyazinthen, Iris, doch auch Rhabarber, Phlox und andere Stauden können befallen werden. Die erkrankten Zwiebeln sind innen gelblichbraun verfärbt und faulen schließlich. Die Pflanzen kümmern und verkrüppeln. Ein Schnitt durch die Zwiebel zeigt dunkle Ringe im weißen Fleisch. Eine wirksame chemische Bekämpfung gibt es nicht. Geschädigte Pflanzen vernichtet man. Mindestens drei Jahre lang dürfen in dem verseuchten Boden keine Zwiebeln mehr angepflanzt werden.

Wurzelgallenälchen
Diese kleinen Schädlinge gehen hauptsächlich an Gewächshauspflanzen, besonders an Tomaten, Gurken und Begonien. Das Schadbild zeigt unregelmäßig geformte Anschwellungen und Knoten an den Wurzeln. Die Folge ist ein schwaches Wachstum. In den Knoten sitzen die weiblichen Würmer, die junge Älchen in den Boden entlassen, so daß gesunde Pflanzen verseucht werden.

Erkrankte Tomatenpflanzen können vorübergehend gerettet werden, indem man eine Schicht Torf um sie legt, so daß sich die Luftwürzelchen in gesunder Umgebung entwickeln können. Im Herbst entfernt man die Pflanzen und sterilisiert den Boden durch Dämpfen. In einem kleinen Gewächshaus ist der Boden insgesamt zu erneuern. Durch Bodenfröste werden die Wurzelgallenälchen abgetötet.

Ameisen

Diese kleinen Insekten erweisen sich im Garten häufig als störend, u. a. verschleppen sie Blattläuse, die sich auf diese Weise rasch verbreiten. Ameisen nisten sich häufig im Boden von Blumenbeeten ein. Sie legen unterirdische Straßen an und beschädigen dabei die Wurzeln der Stauden. In Frühbeeten und Gewächshäusern ernähren sie sich von den Ausscheidungen der Blatt- und Schildläuse. Reife Früchte werden oft von Ameisen angenagt.

Zur Bekämpfung der Ameisen kann man verschiedene Mittel einsetzen. Nester können durch Übergießen mit kochendem Wasser, Derris oder Pyrethrum vernichtet werden. Außerdem kann man Leimringe an Bäumen anbringen.

Auch Honig, vermischt mit Hefe und etwas Wasser, in einem Behälter aufgestellt, erfüllt seinen Zweck.

Apfelblütenstecher

Im März oder April legen die Weibchen ihre Eier in die noch geschlossenen Blüten von Äpfeln, Birnen und Quitten. Die Folge ist, daß sich die Blütenknospen nicht öffnen und braun werden. Im Innern findet man eine weißlichgelbe Larve oder Puppe.

Im zeitigen Frühjahr wendet man Endosulfan an, das auch für die Bekämpfung von Blattläusen geeignet ist.

Asseln

Man findet die grauen Lebewesen mit harter Haut in feuchten und schattigen Teilen des Gartens, wo sie sich von verrotteten oder abgestorbenen Pflanzenteilen ernähren. Sie fressen nachts und verursachen ernsthaften Schaden. Wenn sie in großer Zahl auftreten, fressen sie auch an Stengeln und Wurzeln.

Wichtig ist, daß man alle Gartenabfälle wegräumt. Dunkle und feuchte Nistplätze sind auszuschalten. Man kann Asseln mit Kartoffelschnitten abfangen.

Blasenfüße (Thrips)

Als Schadbild zeigen Blätter eine weißliche bis gelbliche feine Sprenkelung und kleine silbrige Flecken. An den befallenen Teilen sieht man etwa 1 mm lange, gelbliche oder dunkle Insekten, die sich auf der Unterseite von Blättern aufhalten. Bei starkem Befall verkorken oder vergilben sie vollständig. Thripse übertragen auch Viruskrankheiten.

Erbsenblasenfuß
Bei trockenem, heißem Wetter findet man Erbsenblasenfüße in großer Zahl auf jungen, sich entwickelnden Erbsenschoten. Sie saugen an der Oberfläche und verursachen verkrüppeltes Wachstum, Mißbildung und silbrige Streifen an den Blättern. Bei erstem Auftreten des Befalls spritzt man Pyrethrum.

Gewächshausblasenfuß
Alpenveilchen, Nelken, Fuchsien, Rosen und Gurken sind die wesentlichen Wirtspflanzen. Blasenfüße im Gewächshaus bekämpft man durch Spritzen mit Pyrethrum oder Dimethoat. Falls erforderlich, wird die Anwendung wiederholt.

Gladiolenblasenfuß
Die Blasenfüße, die Gladiolen und mitunter Iris, Lilien und Freesien befallen, überwintern an den Zwiebeln. Wenn die jungen Triebe durchbrechen, zeigen sie silberfarbene Streifen; die Blütenblätter haben unansehnliche weiße Flecken. Man bestäubt die Zwiebeln mit Propoxur, ehe man sie pflanzt. Junge Blätter bestäubt oder spritzt man mit Propoxur, Etrimfos oder Pyrethrum. Pflanzen nicht zu trocken halten!

Blattläuse

Die Blattläuse gehören zu den saugenden Insekten. Sie sind klein, haben eine weiche Haut und vermehren sich rasch. Bestimmte Arten fügen Apfel- und Birnbäumen Schäden zu. Die Blattläuse legen ihre kleinen, glänzenden, schwarzen Eier an Ästen und Zweigen dieser Obstbäume im Herbst ab. Um zu vermeiden, daß sich aus den Eiern wieder Blattläuse entwickeln, die die jungen Blätter, Blüten und Fruchtansätze schädigen, spritzt man die Bäume im Winter mit Winterspritzmitteln. Wenn die Knospen aufbrechen, kann man mit Austriebsspritzmitteln spritzen, sofern keine Winterspritzmittel eingesetzt worden sind.

Blattläuse im Gewächshaus
Blattlauskolonien entwickeln sich unter Glas rascher als im Freien. Die Bekämpfungsmethoden im Gewächs-

Die wichtigsten Schadbilder

Schädlinge und Krankheiten, die Schäden an Pflanzen im Garten anrichten, müssen rechtzeitig erkannt und eventuell bekämpft werden. Mit Insektiziden kann man Rosen und andere blühende Sträucher vor saugenden Insekten schützen. Es gibt eine ganze Reihe umweltfreundlicher Mittel, mit denen man Pilze unschädlich macht. Pflanzenzüchter bemühen sich, vor allem solche Sorten zu züchten, die gegen Schädlinge und Krankheiten resistent sind. Dennoch sollte man alle Pflanzen ständig kontrollieren, um möglichst früh Gegenmaßnahmen ergreifen zu können. Die folgenden Schadbilder zeigen, daß trotz vorbeugender Maßnahmen noch zahlreiche Feinde im Garten auftreten.

Löwenmäulchenrost Er breitet sich bei feuchtem Wetter rasch aus. Auf den Blättern entstehen gelbe Flecken, unten Rostpusteln

Schwarze Bohnenblattlaus Sie befällt Bohnen, Stauden, Rhabarber und Dahlien. Die Blätter verkrüppeln, die Triebe verkümmern

Gurkenmehltau Auf der Unter- und Oberseite der Gurkenblätter bilden sich erst tupfenförmige, dann flächige weiße Beläge

Rosenlaus Ihre Farbe variiert von Grün bis Rosa. Die Rosenlaus findet man vor allem an den Trieben und Knospen von Rosen

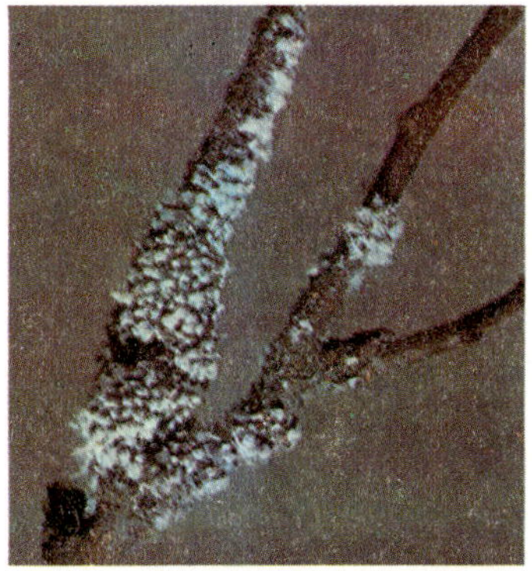

Blutlaus Sie befällt u.a. Apfelbäume, Zwergmispeln und Feuerdorn. Man erkennt sie an ihren weißen, wolligen Ausscheidungen

Apfelschalenwickler Dieser Schaden entsteht im frühen Stadium, wenn die Larven an der Oberhaut von jungen Früchten fressen

Apfelsägewespe Die Larven verursachen an den sich entwickelnden Früchten innen und außen beträchtlichen Schaden

Apfelschorf Diese Pilzerkrankung befällt Früchte und Blätter und verursacht oft Schäden, besonders bei feuchter Witterung

Johannisbeergallmilbe Sie verursacht dicke Knospen. Außerdem kann durch sie das Brennesselvirus übertragen werden

Wanze Sie saugt an den Blättern und Blüten, die sich dadurch verformen. Schaden entsteht u. a. an Chrysanthemen und Dahlien

Sternrußtau Diese Rosenkrankheit schädigt ältere Blätter, die dann abgestoßen werden. Die Pflanzen werden von unten her kahl

Botrytis (Grauschimmel) Die Krankheit tritt bei feuchtem Wetter auf. Sie schädigt u. a. Erdbeerpflanzen und -früchte

Kohlfliege Die Larven schädigen die Wurzeln von Kohlpflanzen; diese welken dann, und die Wurzeln werden zerstört

Kohlweißling Die Raupen treten häufig im Spätsommer an Kohlpflanzen auf. Die Blätter werden bis auf die Blattrippen kahlgefressen

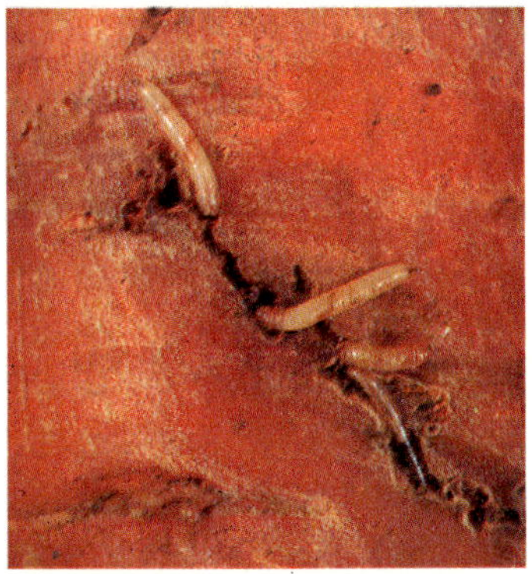

Möhrenfliege Im Juli werden die Eier gelegt, aus denen bald schon Larven schlüpfen. Sie legen in den Wurzeln der Möhre Gänge an

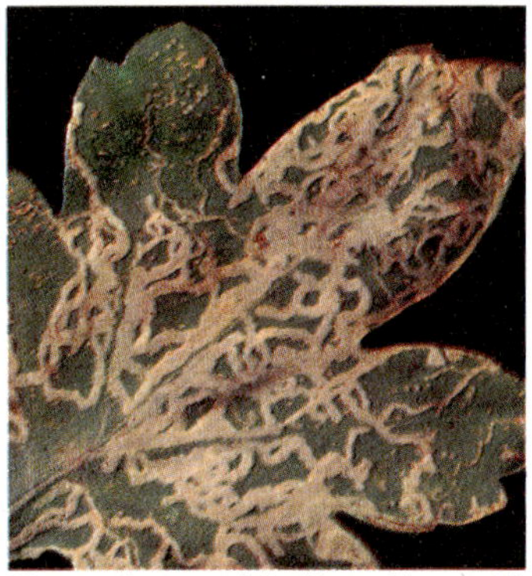

Chrysanthemenminierfliege Sie befällt Chrysanthemen und andere Pflanzen und legt Miniergänge im Blattgewebe an

Kohlhernie Sie tritt bei den meisten Kohlarten, bei Goldlack und Levkojen auf. Die Wurzeln sind verdickt, die Pflanzen gelblich

Gladiolenblasenfuß Er tritt hauptsächlich bei Gladiolen auf. Erste Anzeichen sind gelbe Blätter mit silbrigen Streifen

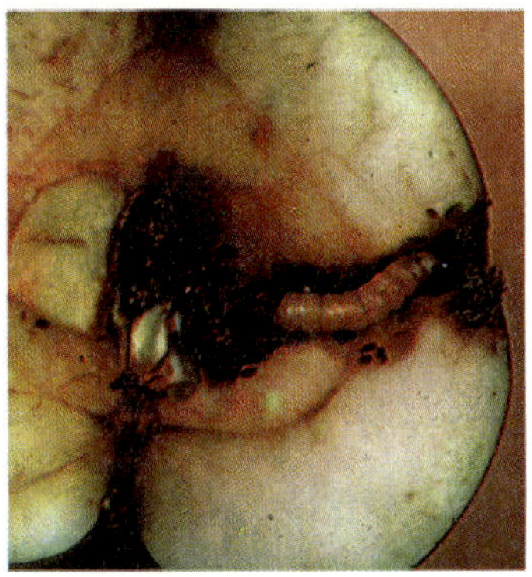

Obstmade Die Larven der Obstmade fressen in heranreifenden Äpfeln und Birnen. Es entstehen dadurch erhebliche Schäden

Zikade Diese Insekten sitzen meist an der Unterseite von Blättern. Auf der Oberseite entstehen weißliche Flecken

Eulenraupe Diesen Schädling findet man an verschiedenen Gemüsearten, wo er Triebe, Blätter und Blüten zerfrißt

Vom Birnengitterrost werden nur die Blätter befallen. Bei starkem Befall können auch die Früchte beschädigt werden

Erdfloh In die Blätter von Kohl, Rettich, Goldlack und anderen Kreuzblütlern frißt der Erdfloh viele kleine Löcher

Stachelbeerblattwespe Sie befällt Stachelbeeren und zerfrißt das Blattgewebe, bis oft nur noch die Blattrippen übrigbleiben

Schnakenlarve Die Larve der Wiesenschnake frißt an den Wurzeln von Nutz- und Zierpflanzen und schädigt auch den Rasen

Echter Mehltau Zahlreiche Pflanzen werden vom Echten Mehltau befallen, besonders bei warmem, feuchtem Wetter

Tausendfüßer Dieser Bodenschädling befällt Sämlinge. Er tritt aber auch an Zwiebel- und Knollenpflanzen, besonders an Lilien, auf

Raupen Die verschiedensten Raupenarten können derartige Schäden an den Knospen von Rosen anrichten

Narzissenfliege Die Larven überwintern in Narzissen und anderen Blumenzwiebeln. Die Pflanzen wachsen kümmerlich und faulen

Kräuselkrankheit Die Blätter von Pfirsichen und Nektarinen bekommen rote Blasen, verfärben sich und fallen dann ab

Erbsenwickler Die Larven fressen die Samen in den Hülsen an. Eier werden auf den Schoten oder in deren Nähe abgelegt

Krautfäule der Kartoffel Ein Pilz befällt die Blätter; er kann auch in die Knollen eindringen. Die Blätter sterben ab

Braunfäule der Tomate Befallen werden Tomaten und Kartoffeln. Die Krankheit entwikkelt sich stark in feuchten Sommern

Himbeerkäfer Die Larven des Himbeerkäfers ernähren sich von den Früchten von Himbeeren, Brombeeren und Loganbeeren

Rosenzikade Auf den Blättern erscheinen erst einzelne, dann viele weiße Sprenkel. Das Schadbild gleicht dem der Roten Spinne

Rosenblattrollwespe Ihre Larven befallen junge Blätter, die sich der Länge nach aufrollen und danach einschrumpfen

Rosenrost Die Blätter von Rosen bekommen orangefarbene Flecken; an der Blattunterseite findet man braune Pusteln

Schnecke Sie ernährt sich von Blättern und Blüten; besonders zahlreich tritt sie bei feuchtem Wetter an schattigen Plätzen auf

Schildlaus Sie verursacht Schäden an Blättern und Trieben. Man findet sie in großen Mengen im Gewächshaus (Honigtaubildung)

Wurzelbohrer Die Raupen ernähren sich von den Wurzeln von Gemüse- und Zierpflanzen und höhlen Zwiebeln und Knollen aus

Samtfleckigkeit Diese Krankheit breitet sich bei hohen Temperaturen und hoher Luftfeuchtigkeit bei Tomaten rasch aus

Fusariumwelke Sie kommt besonders häufig bei Tomaten im Gewächshaus vor. Befallene Pflanzen welken

Weiße Fliege Im Frühjahr treten die Larven an Tomaten, Gurken und Zierpflanzen auf. Die Blätter werden schwarz durch Honigtau

Frostspanner Seine Raupen fressen an den jungen Blättern, Blüten und Früchten verschiedener Obstarten

Drahtwurm Die Larven des Saatschnellkäfers verursachen ernsthafte Schäden an den Wurzeln und Zwiebeln von Pflanzen

Assel Sie fressen nachts an den Wurzeln junger Pflanzen. Die Fraßschäden gleichen denen von Schnecken

haus sind die gleichen wie im Freien. Besonders gut wirkt sich das Räuchern im Gewächshaus aus. Als Räuchermittel verwendet man häufig Dosen von Pirimicarb, das angezündet wird.

Blutläuse
Befallen werden Apfelbäume und zahlreiche Ziersträucher und Zierbäume, wie Feuerdorn, Weißdorn und Eberesche. Es entstehen krebsartige Schwellungen, in denen weiße, wollige Knäuel sitzen. Die Pflanzen werden auf diese Weise stark geschwächt und sind häufig verkrüppelt. Befallene Kolonien kann man mit einem Auszug von Wurmfarn behandeln (1 kg Wurmfarn mit 10 l Wasser ansetzen und unverdünnt spritzen). Abhilfe schaffen außerdem Propoxur, Pirimicarb oder eine Winterspritzung.

Kohlblattlaus
Diese Blattläuse befallen die meisten Kohlpflanzen, besonders Weiß-, Blumen- und Rosenkohl. Die dichtgedrängten Kolonien muß man bekämpfen, solange es noch möglich ist, ins Innere der sich entwickelnden Herzchen und Röschen zu spritzen. Geeignete Mittel sind z. B. Pirimicarb, Derris, Pyrethrum oder ein systemisches Insektizid. Außerdem kann man Gesteinsmehl stäuben.

Rosenlaus
Die Schädlinge befallen häufig die Blätter und Knospen von Rosen und verursachen ein schwaches Wachstum. Bei Befall wird mit Propoxur oder mit den bei der Schwarzen Bohnenblattlaus genannten Mitteln gespritzt. Die Behandlung wiederholt man, wenn sich dies als nötig erweisen sollte.

Schwarze Bohnenblattlaus
Man findet diese Schädlinge an den Spitzen von verschiedenen Pflanzen, z. B. an Bohnen und Spinat. Ähnliche schwarze Blattläuse befallen Rhabarber und Dahlien. Es kommt zu Wachstumsstörungen und Triebkrümmungen. Man kann entweder einen Brennnesselauszug (auf 1 kg Brennessel gibt man 10 l Wasser, läßt das Ganze 12 bis 24 Stunden lang stehen und spritzt damit unverdünnt) herstellen oder mit Derris, Pyrethrum oder einem systemischen Insektizid arbeiten.

Wollaus
In den Blattachseln oder am Grund von Trieben findet man kleine Wollknäuel. Unter diesen wollartigen Wachsausscheidungen der Läuse sitzen die ausgewachsenen Tiere und die Eier. Wolläuse richten an verschiedenen Zierpflanzen erhebliche Schäden an, vor allem aber an Zimmer- und Gewächshauspflanzen, beispielweise an Kakteen und anderen Sukkulenten. Wirksame Mittel sind Propoxur, Pirimicarb oder Farnkraut.

Wurzelläuse
Sie befallen hauptsächlich die Wurzeln von Herbst- und Wintersalat. Als Schadbild zeigen sich Kolonien weißer, mit wachsartigem Überzug versehener Läuse an den Wurzeln. Falls der Befall rechtzeitig erkannt wird, spritzt man kräftig mit Pirimicarb, so daß die Brühe am Stengel hinabläuft.

Blattwanzen

Eine große Familie saugender Insekten, die hauptsächlich an Obstbäumen und Stauden Schäden anrichten. Die folgenden Arten gehören zu den häufigsten Blattwanzen:

Apfelblattwanze
Im April schlüpfen die Larven aus den Eiern. Sie saugen vor allem an den jungen Blättern. Diese Insekten sehen ähnlich wie Blattläuse aus, sind jedoch größer (bis zu 4 mm); außerdem leben sie nicht in Kolonien. Die ausgewachsenen Wanzen sind grün. Nach der Blüte verursachen sie die ersten Schäden. Sie stechen in die jungen Blätter und Früchte, die dann braune Stellen bekommen. Vernichten kann man die Eier durch eine Winterspritzung. Im Frühjahr und Sommer spritzt man mit Propoxur oder Endosulfan.

Gemeine grüne Blattwanze
Die kleinen beflügelten Insekten stechen Blätter von Erdbeeren, Johannisbeer-, Stachelbeer-, Himbeer- und Brombeersträuchern an, von Kirsch-, Pfirsich- und Birnbäumen. Die ausgewachsenen grünen Tiere verlassen diese Pflanzen im Juni und Juli und richten Schäden an Stauden und anderen Zierpflanzen an. Zur Bekämpfung wird mit Propoxur oder Endosulfan gespritzt.

Blattwespen

Kirschblattwespe
Ihre schwarzen Raupen befallen die Oberseite von Blättern und verursachen Fraßschäden. Nach der Blüte spritzt man mit Endosulfan.

Rosenblattwespe
Das Schadbild zeigt Blätter, die zerfressen und manchmal auch eingerollt sind. Das Wachstum wird dadurch gehemmt. Befallene Blätter werden entfernt, oder man spritzt Propoxur, Etrimfos oder Pyrethrum. Gespritzt werden muß, ehe sich die Blätter einrollen.

Die Larven ähnlicher Blattwespen können die Blätter von Spierstrauch und Schneeball befallen.

Stachelbeerblattwespe
Die grün- und schwarzgefleckten Larven sind gefährliche Schädlinge an Stachelbeersträuchern. Sie fressen die Blätter rasch und häufig bis auf die Blattrippen ab. Dadurch leiden die Pflanzen so sehr, daß sie oft die Früchte abstoßen. Bei den ersten Anzeichen des Schadens spritzt man mit Propoxur, Pyrethrum oder Endosulfan. Falls nötig, wird die Behandlung wiederholt.

Dickmaulrüßler

Die ausgewachsenen Käfer fressen nachts an dem Laub zahlreicher Gewächshaustopfpflanzen. Die Larven richten Schaden an den Wurzeln und an den im Boden liegenden Stengelteilen an. Im Freien schaden die Käfer den Blättern und die Larven an den Wurzeln von Rhododendron, Clematis, Weinstöcken und einigen anderen Pflanzen, ebenso befallen sie häufig Steingartenpflanzen. Man fängt die Käfer in zusammengerolltem Wellpapier oder Sackleinen. Die Insekten verstekken sich dort und werden anschließend vernichtet. Außerdem kann man mit Etrimfos spritzen oder gießen.

Drahtwürmer

Die Drahtwürmer sind die Larven verschiedener Saatschnellkäfer. Ihre Eier legen die Käfer im Juni und Juli in dichtbewachsenem Boden. Besonders große Schäden richten sie in Saatbeeten an. Das Schadbild zeigt welkende Pflanzen. Junge Pflanzen können absterben. Man legt Kartoffel- oder Möhrenscheiben in den Boden und sammelt die Drahtwürmer ab.

Erbsengallmücken

Die winzigen Larven zeigen sich häufig bei Erbsenblüten und an der Innenfläche der Schoten; sie mindern die Qualität der Ernte. Möglichst früh Erbsen anbauen. Außerdem kann kurz vor der Blüte mit Pyrethrum gespritzt werden.

Fliegen

Kohlfliege
Sie legt ihre Eier am Stengelgrund von Kohlpflanzen oder an Rettichen und Radies ab. Die Larven schädigen den Wurzelhals der Pflanzen oder bohren sich in die Rettiche ein. Die ersten Eier werden Anfang Mai abgelegt. Bis zu diesem Zeitpunkt treten keine Schäden auf. Später kann Bromophos eingesetzt werden. Auch durch Stäuben mit Gesteinsmehl läßt sich der Schaden eindämmen.

Möhrenfliege
Die Larven legen Gänge in den Möhrenwurzeln an. Schadsymptome sind am oberen Teil der Pflanze nicht sichtbar. Bei trockenem Wetter können Sämlinge stark geschädigt werden. Bei Frühmöhren liegt der Erntetermin vor dem Befall durch die erste Generation. Diese legt ihre Eier Ende Juni. Keinen Mist bei Möhrenkulturen verwenden! Zwischen die Reihen kann man Rainfarn, Wurmfarn, Dill oder Lavendel legen. Auch Mischkulturen mit Lauch und Zwiebeln wehren die Möhrenfliege ab.

Narzissenfliege
Befallen werden Narzissen, aber auch andere Zierpflanzen, wie Schneeglöckchen und Amaryllis. Das Schadbild zeigt weiche und faulige Zwiebeln, in denen sich erdbraune Maden befinden. Befallene Zwiebeln sind sofort zu vernichten. Beim Zukauf von Narzissen befallene Zwiebeln aussortieren.

Die weibliche Narzissenfliege legt im Juni Eier auf die Zwiebeln, indem die Larve durch die Löcher, die sich oben an den Zwiebeln nach dem Absterben des Laubs bilden, nach unten kriecht.

Häufige Bearbeitung des Bodens um die Zwiebeln verhindert dies.

Selleriefliege
Ab Mai fressen die Maden Gänge in die Blätter. Man entfernt die befallenen Blätter und zerdrückt die Maden mit den Fingern. Bei stärkerem Befall spritzt man mit Propoxur. Bei sehr starkem Befall kann die Behandlung nach 14 Tagen wiederholt werden.

Zwiebelfliege
Die kleinen weißen Maden dieser Fliege bohren sich in Zwiebeln hinein, und die Pflanzen welken. Die Zwiebeln werden weich; man sieht kleine weiße Maden im faulenden Gewebe. Befallene Pflanzen sofort vernichten.

Man gießt die Zwiebeln Ende Mai mit Bromophos. Spät gesäte Zwiebeln werden weniger befallen. Eine Mischkultur mit Karotten wirkt dem Befall entgegen. Ehe die Zwiebelfliege Eier legt, stäubt man mit Gesteinsmehl.

Gallmilben

Johannisbeergallmilbe
Diese Milben leben in den Knospen Schwarzer Johannisbeeren, die auf ein Vielfaches ihrer Größe anschwellen, im Frühjahr nicht mehr austreiben und absterben. Rote und Weiße Johannisbeeren können ebenfalls befallen werden, jedoch schwellen bei ihnen die Knospen nicht an, ehe sie absterben.

Es ist wichtig, diese Schädlinge zu bekämpfen, da sie für die Ausbreitung der als Brennesselvirus bekannten Viruserkrankung verantwortlich sind, die die Erträge erheblich mindert. Man spritzt vor der Blüte mit Netzschwefel. Einige Sorten der Schwarzen Johannisbeeren sind empfindlich gegen Schwefel; diese Sorten sollten mit einer schwächeren Lösung gespritzt werden. Im übrigen ist es ratsam, die befallenen Knospen Anfang März abzunehmen. Wenn die Sträucher sehr stark von diesen Schädlingen befallen sind, kann man auch NAB oder Endosulfan spritzen.

Käfer

Erbsenblattrandkäfer
An den Blättern von Erbsen kann man am Rand gelegentlich runde Einbuchtungen beobachten – die Arbeit von Blattrandkäfern. Nur wenn diese in größeren Mengen auftreten, müssen sie bekämpft werden. Der Einsatz von Pyrethrum und Endosulfan ist möglich.

Erdfloh
Zwei Arten dieser kleinen schwarzen, gelbgestreiften Käfer befallen einige Gemüsepflanzen. Sie richten Schäden bei Kohlarten an, deren Blätter sie häufig durchlöchern. Oft vernichten sie ganze Beete, indem sie die jungen Pflanzen an der Oberfläche des Bodens abfressen.

Man bestäubt die Saatreihen mit Gesteinsmehl (mit Derris oder Pyrethrum). Man kann auch Propoxur einsetzen. Bis sich die Pflanzen ausreichend entwickelt haben, werden sie nach Bedarf behandelt.

Gartenlaubkäfer
Diese Schädlinge können im Frühjahr an Obstbaumblättern und Blüten Schaden anrichten. Eine Bekämpfung ist vielfach nicht notwendig.

Himbeerkäfer
Die ausgewachsenen Käfer erscheinen im Mai und Juni und fressen an den Blütenknospen von Himbeeren und Gartenbrombeeren. Dort legen sie auch ihre Eier ab. Die Larven dringen in die reifen Früchte ein. Wenn nicht rechtzeitig etwas unternommen wird, sind viele Früchte mit Larven besetzt. Man spritzt Derris oder Pyrethrum zehn Tage nach Beginn der Blüte und wiederholt die Behandlung 14 Tage später.

Kohlgallrüßler
Das Schadbild zeigt Schwellungen in den Wurzeln von Kohl- und Blumenkohlsämlingen, die ausgepflanzt werden sollen. In diesen Schwellungen sind die Larven der Käfer. Solche Pflanzen muß man vernichten.

Rüsselkäfer
Eine große Familie kleiner, sehr aktiver Käfer. Sowohl die ausgewachsenen Tiere als auch die Larven können Obst und Pflanzen schädigen.

Milben

Erdbeermilbe
Im April oder Mai befallen diese Schädlinge die Blätter der Erdbeerpflanzen; sie kräuseln sich und werden dann gelb. Man spritzt mit Netzschwefel, wenn die Lufttemperatur über 16 °C liegt. Auch Bio-S oder Knoblauchbrühe kann man verwenden. Knoblauch wird fein gehackt, 75 g mit 10 l Wasser angesetzt und unverdünnt gespritzt.

Narzissenmilbe
Diese extrem winzigen Lebewesen leben an der Zwiebel oder jungen Blättern von Zwiebelgewächsen, insbesondere von solchen, die in der Wärme getrieben oder gelagert wurden. Blätter und Blüten haben braune Streifen, und wenn man die Zwiebeln herausnimmt, entdeckt man braune Flecken zwischen den Schalen. Man nimmt die Zwiebeln vorsichtig heraus, um zu vermeiden, daß die Häute aufbrechen. Befallene Zwiebeln sollten aussortiert und die übrigen mit Endosulfan behandelt werden.

Minierfliege

Die Minierfliege befällt die Blätter von Tomaten und vielen Topfpflanzen unter Glas sowie von Chrysanthemen und Cinerarien. Die ausgewachsenen Fliegen erscheinen ab April und legen Eier in die Blätter. Die Larven fressen zwischen der Blattunterhaut und -oberhaut das Gewebe aus und legen gangförmige Minen an. Auf den Blattflächen erscheinen dann weiße, wellenförmig verlaufende Fraßgänge.

Gespritzt wird mit Etrimfos, sobald man den Schaden entdeckt. In hartnäckigen Fällen wiederholt man die Behandlung im Abstand von 14 Tagen. Bei Gurken, Melonen und anderen Kürbispflanzen darf Etrimfos nicht eingesetzt werden.

Ohrwürmer

Bei feuchtem, warmem Wetter können diese Insekten die Blätter von Blumenkohl, Gurken und Tomaten sowie die Blütenköpfe von Chrysanthemen und Dahlien schädigen. Im Garten richten Ohrwürmer im allgemeinen keinen großen Schaden an, obgleich sie gelegentlich an die Blätter gehen. Im Gewächshaus hingegen kann der Schaden an Blütenköpfen etwas größer sein. Ohrwürmer fressen nachts. Sie ernähren sich u. a. von Blattläusen. Eine Bekämpfung ist wohl in den seltensten Fällen notwendig.

Bei größerem Schaden im Gewächshaus kann man die befallenen Pflanzen dadurch schützen, daß man sie mit einem Wellkarton umgibt. Den Garten von Abfällen freihalten, da sich Ohrwürmer gern dort verbergen.

Raupen

Raupen sind die Larven verschiedener Arten von Schmetterlingen, die die Pflanzen nicht schädigen, sondern Nektar aus den Blüten holen. Die Raupen jedoch sind ernsthafte Schädlinge im Garten. Sie ernähren sich hauptsächlich von Blättern und anderen Pflanzenteilen, befallen jedoch auch die Wurzeln sowie die Samen und Früchte zahlreicher Pflanzen. Der Lebenszyklus der verschiedenen Arten ist ähnlich. Raupen schlüpfen im Frühjahr aus Eiern und beginnen sofort zu fressen. Im Frühsommer verpuppen sie sich, mitunter in kleinen Erdöffnungen, oder sie hängen an geschützten Wänden von oben herab. Später schlüpfen die Falter aus der verpuppten Raupe.

Erbsenwickler
Gartenerbsen werden von den blaßgelben Raupen, die die Erbsenkörner in den Hülsen anfressen, befallen. Weniger häufig werden die frühen Sorten befallen (Ernte bis Juli). Spätere Sorten sollten erst nach Mitte Juni ausgesät werden.

Erdraupen (Eulenraupen)
Diese fetten Raupen, die grün oder grau sein können, halten sich den Tag über in den oberen Bodenschichten auf. Bei Nacht kommen sie heraus und fressen an den Stengeln und Blättern zahlreicher Stauden und Gemüsepflanzen, wie Rote Bete, Möhren, Salat, Kohl und Zwiebeln. Die Bekämpfung ist nicht einfach, da die Schädlinge oft erst entdeckt werden, nachdem der Schaden angerichtet wurde. Bei Befall wird der Boden abends mit Deltamethrin gespritzt. Rechtzeitig Farnkraut von Wurmfarn zwischen den Pflanzen auslegen.

Frostspanner
Die grünen Raupen kann man im Frühjahr an Obstbäumen und -sträuchern

beobachten, ebenso an Zierbäumen und -sträuchern und auch an Rosen. Sobald die Knospen aufbrechen, richten die Frostspanner an jungen Blättern und Fruchtansätzen in kurzer Zeit beträchtlichen Schaden an. Die Blätter werden abgefressen oder miteinander versponnen. Man kann mit Etrimfos spritzen, wenn sich die Blattknospen im Frühjahr öffnen. Im Herbst lassen sich Leimringe an den Bäumen anbringen, damit die flügellosen weiblichen Insekten nicht nach oben klettern und in den Zweigen Eier ablegen.

Spannerraupen
Unter Glas Tomaten und Chrysanthemen werden am ehesten von Raupen befallen. Sie fressen an den Blättern und müssen möglichst bald mit Etrimfos oder Propoxur gespritzt werden.

Kohlraupen
Die grünen, braunen oder grauen Raupen fressen im Sommer an den Blättern und im Herzen von Kohlpflanzen. Gelegentlich werden Pflanzen völlig kahlgefressen. Diese gefährlichen Schädlinge befallen alle Kohlarten. Gespritzt wird mit Etrimfos, oder man bestäubt die Pflanzen mit Derris oder Pyrethrum. Hierbei sollte auch besonders die Unterseite der Blätter getroffen werden. Eine Mischkultur von Tomaten und Sellerie vermindert den Befall durch diese Schädlinge. Man kann auch Tomatenblätterbrühe spritzen (zwei Handvoll Blätter zerkleinern und zwei Stunden in 2 l Wasser ziehen lassen).

Obstmaden (Apfelschalenwickler)
Die kleinen blaßrosa Raupen sind gefährliche Schädlinge von Äpfeln. Die Larven fressen im Innern heranreifender Früchte.

Im Herbst verlassen die Raupen die Äpfel und verpuppen sich an der Rinde des Baums. Bei warmem Wetter wird Mitte Juni und Mitte Juli Etrimfos angewendet, oder man fängt ab Anfang September die Raupen in einem Wellkarton, der um die Stämme gewickelt wird. Der Wellkarton wird im Herbst mit den gefangenen Kokons abgenommen und verbrannt.
Raupen unter Glas Tomaten und Chrysanthemen werden am ehesten von Raupen befallen. Sie fressen an den Blättern und müssen möglichst rasch mit Etrimfos oder Propoxur gespritzt werden.

Wicklerraupen
Es gibt mehrere Arten dieser Raupen, die sich in der Farbe unterscheiden. Sie ernähren sich von den Blättern von Zierbäumen, Sträuchern und Rosen. Das Schadbild zeigt unregelmäßige, kleine Löcher in den Blättern, die durch ein seidiges Gespinst zusammengezogen sind. Dieses Gespinst läßt sich mit einem Spritzmittel nur schwer durchdringen. Am besten liest man die Schädlinge mit der Hand ab und vernichtet sie.

Wurzelbohrer
Seine schmutzigweißen Raupen ernähren sich von den Wurzeln zahlreicher Pflanzen. Sie befallen viele Gemüsearten und Zierpflanzen.

Häufiges Hacken und Umgraben des Bodens schafft am besten Abhilfe. Mehrjährige befallene Pflanzen sollte man herausnehmen, die Raupen absammeln und vernichten. Danach die Pflanzen wieder einsetzen. Durch die Bekämpfung von Unkräutern kann bereits die Eiablage weitgehend verhindert werden.

Rosenzikade

Diese kleinen gelben, saugenden Insekten entdeckt man bei heißem, trockenem Wetter an der Unterseite der Rosenblätter. Auf den Blättern zeigen sich weißliche oder grünlichgelbe Flecken, die Insekten sitzen an der Blattunterseite. Bei starkem Befall können die Pflanzen ganz gelb aussehen. Man spritzt die Blätter, besonders die Unterseite, mit Etrimfos, Propoxur oder Pyrethrum, sobald man den Schaden entdeckt hat. Falls erforderlich, wird die Behandlung im Abstand von 14 Tagen wiederholt.

Sägewespen

Die Larven oder Raupen dieser kleinen Insekten verursachen erhebliche Schäden an Obst und Zierpflanzen.

Apfelsägewespe
Ausgewachsene Sägewespen legen ihre Eier in die Blüten von Apfel- und Pflaumenbäumen. Die cremeweißen, fetten Raupen fressen im Innern der kleinen Früchte und hinterlassen narbenähnliche Spuren in den Früchten, die einen unangenehmen Geruch haben, wenn man sie aufschneidet. Wenn die Blütenblätter abfallen, spritzt man mit Endosulfan oder Etrimfos.

Schildläuse

Mehrere Arten dieser kleinen Insekten saugen an Zier- und Obstbäumen, ebenso an Gewächshauspflanzen, die dadurch oft im Wachstum zurückbleiben. Sie ähneln kleinen Bläschen auf Rinde, Stengeln und Blättern. Viele Arten scheiden Honigtau aus, der sich als klebrige Masse auf Blättern niederschlägt.

Zur Bekämpfung von Schildläusen an Gehölzen empfiehlt sich eine Winterspritzung laubabwerfender Bäume mit Obstbaumkarbolineum. Ziergehölze und Zierpflanzen spritzt man mit Sommeröl.

Kommaschildlaus
Die Stämme vernachlässigter Apfel-, Birnen- und Pflaumenbäume können von diesen Insekten geschädigt werden.

Schnecken

Schnecken schädigen die Blätter und Blüten von Gemüsearten und Zierpflanzen durch Loch- oder Schabefraß. Es gibt Nackt- und Gehäuseschnecken. Schnecken fressen vorwiegend nachts, in der übrigen Zeit halten sie sich unter Steinen oder unter Blättern verborgen. Bei trübem Wetter kommen sie auch tagsüber zum Vorschein.

Schnecken kann man mit Lockfallen bekämpfen. Man drückt kleine Gefäße, die halb mit Bier gefüllt sind, in die Erde. Die Schnecken werden vom Duft des Biers angezogen und ertrinken darin. Da Schnecken keinen Kalk mögen, kann man um Sämlinge und wertvolle Pflanzen Kalk oder Gesteinsmehl ausstreuen. Wichtig ist, daß es nicht kurz darauf regnet. Ein bekanntes Schneckenbekämpfungsmittel ist das Schneckenkorn, das man ausstreut.

Spinnmilben

Die mikroskopisch kleinen Lebewesen gehören zu der Familie der Spinnen. Einige Arten sind oft erste Schädlinge im Garten und Gewächshaus. In heißen, trockenen Perioden bringen sie in kurzen Zeitabständen mehrere Generationen hervor. Wenn man sie nicht bekämpft, sinken die Erträge drastisch. Viele Insektizide, die bei Insekten gut wirken, haben bei Spinnmilben keine Wirkung und tragen sogar noch dazu bei, ihre Zahl ansteigen zu lassen, da solche Insekten vernichtet werden, die die natürlichen Feinde von Milben sind. Dazu zählen Raubmilben und Wanzen. Bei Trockenheit sorgt man für Feuchtigkeit. Im Gewächshaus kann man Raubmilben aussetzen. Eine reduzierende Wirkung bringen Spritzungen mit Pyrethrum.

Gewächsspinnmilbe (Rote Spinne)
Dies sind gefährliche Schädlinge vieler unter Glas gezogener Pflanzen. Sie befallen Gurken, Melonen, Chrysanthemen, Nelken, Orchideen und Topfpflanzen. Die Milben saugen an den Blättern, wodurch das Wachstum erheblich beeinträchtigt wird. Die Blätter bekommen kleine Flecken, vergilben, welken und fallen vorzeitig ab; oft sind auch die Triebe geschwächt und mit einem feinen Gespinst überzogen. Zu wirksamen chemischen Bekämpfungsmitteln gehört das Spritzen mit Mitteln wie Pyrethrum, Sommeröl (an Zierpflanzen) u. a. Diese Milben gedeihen bei hoher Luftfeuchtigkeit nicht so gut. Wenn man die Pflanzen regelmäßig mit Wasser besprüht, kann man größeren Schaden vermeiden.

Obstbaumspinnmilbe
(Rote Spinne)
Die winzigen roten Eier werden im Herbst an die Rinde und an junge Triebe von Obstbäumen, wie Äpfeln, Pfirsichen, Pflaumen und Quitten, abgelegt. Wenn die Schädlinge in großer Zahl vorhanden sind, kann erheblicher Schaden an den Blättern entstehen. Ältere Blätter werden allmählich bronzegelb, vertrocknen und sterben ab.

Noch ehe die Knospen aufbrechen, bekämpft man die schlüpfenden Eier mit Etrimfos + Öl, oder man spritzt im Sommer mit Pyrethrum oder Dimethoat. Netzschwefel kann man ebenfalls einsetzen, doch kann man ihn nur bei solchen Apfelsorten anwenden, die gegen Schwefel unempfindlich sind.

Stachelbeerspinnmilbe
Dieser Schädling saugt hauptsächlich an den Blättern von Stachelbeersträuchern; verwandte Arten kommen an anderen Pflanzen vor. Die Belaubung wird blaß oder bronzerot, die Früchte bleiben klein. Man wendet nach der Blüte Pyrethrum oder Dimethoat an. Falls es sich als notwendig erweist, wiederholt man die Behandlung zwei Wochen später.

Tausendfüßer
Die langsam sich fortbewegenden Tiere mit ihrem meist langgestreckten Körper und ihren zahlreichen „Beinhaaren" leben im Boden. Tagsüber halten sie sich versteckt und gehen nur nachts auf Nahrungssuche. Sie fressen an weichen Pflanzen und sich zersetzenden organischen Substanzen. Sie schädigen viele Pflanzen und vergrößern den Schaden, den bereits Schnecken angerichtet haben. Außerdem bereiten sie den Weg für den Befall durch Pilze und bakterielle Erkrankungen vor.

Die Bekämpfung ist nicht einfach. Als Köder können ausgehöhlte Kartoffeln unmittelbar unter der Oberfläche des Bodens ausgelegt werden. Hacken schafft ebenfalls oft Abhilfe, weil dadurch die Tiere gestört werden. Außerdem kann man Mesurol-Schneckenkorn auslegen.

Wanzen
Blumenwanze
Diese Wanzen schädigen die Blätter und Blütenknospen von Chrysanthemen, Dahlien und Zinnien. Sobald sich die ersten Schäden zeigen, wird mit Propoxur oder Endosulfan gespritzt.

Weiße Fliege (Mottenschildlaus)
Die ausgewachsenen Weißen Fliegen sind kleine weiße, mottenähnliche Insekten. Man findet sie häufig im Gewächshaus, wo sie sich in Kolonien an der Unterseite von Blättern aufhalten. Sie schädigen vor allem die Blätter von Tomaten und Gurken, verschonen aber auch andere Gewächshauspflanzen nicht. Die Blätter werden durch die Ausscheidung der Larven mit Honigtau überzogen.

Es ist nicht einfach, diese Schädlinge zu bekämpfen. Im Gewächshaus kann man die Schlupfwespe Encarsia einsetzen. Wirksam ist das Spritzen mit Permethrin oder Pyrethrum.

Im Freien kommt die Weiße Fliege lediglich an Kohlpflanzen und an Erdbeeren vor.

Wespen
Wespen fressen Löcher in Äpfel, Birnen, Pflaumen und andere Früchte. Diese werden dann leicht von Pilzerkrankungen befallen. Man zerstört die Nester, die oft in Erdlöchern, Bäumen oder unter Dächern gebaut werden, am besten am Abend, wenn die Wespen im Nest sind. In Bäumen kann man Flaschen aufhängen, die mit Obstessig und Zucker halb gefüllt werden. Man kann auch Pyrethrum in die Nester spritzen und die Einfluglöcher mit feuchten Säkken versperren.

Wiesenschnaken
Die harthäutigen, graubraunen, beinlosen Maden fressen an den Wurzeln. Sie bevorzugen vor allem die Wurzeln der Gräser von Rasenflächen. Zahlreiche Stauden und Gemüsepflanzen werden ebenfalls befallen, besonders nach einem nassen Herbst, da sie viel Feuchtigkeit zum Überleben im Winter brauchen.

Weil die Eier nur in dichten Beständen abgelegt werden, muß der Boden gründlich umgegraben und gehackt und Unkraut beseitigt werden. Wenn man neues Land kultiviert, gräbt man gut um und entfernt das Unkraut. Da bei feuchter Witterung die Larven nachts aus dem Boden kommen, können sie abgesammelt werden. Chemische Bekämpfung auf Rasenflächen durch Deltamethrin Mitte Oktober oder im April.

Zikaden
Diese blaßgrünen oder gelben Insekten springen und fliegen. Das Schadbild zeigt weißliche oder grünlichgelbe Flekken auf den Blättern. Die Insekten befallen nur die Blätter von Rosen und anderen Pflanzen. Gespritzt wird mit Etrimfos.

Krankheiten

Bakteriosen
Bakterien sind einzellige Organismen, die, wie die Pilze, zu den Krankheitserregern gehören und Kulturpflanzen schädigen.

An Obst, Gemüse, Zimmer- und Zierpflanzen im Garten rufen sie typische Welkekrankheiten, Blattflecken, Naß- und Trockenfäule hervor sowie Wucherungen im Wurzelbereich oder an oberirdischen Pflanzenteilen. Die Bakterien dringen überwiegend durch Wunden ein, schädigen die Wasserleitungsbahnen und das benachbarte Pflanzengewebe oder verursachen krebsartige Wucherungen. Bakterienkrankheiten sind nicht oder nur schwierig zu heilen. Die Infektionsgefahr wird durch Regen und Gießen erhöht, da die Bakterien auf Nachbarpflanzen geschwemmt oder verspritzt werden.

Bakterienbefall der Möhre (und anderer Gemüsearten)
Wurzelgemüse wird ab und zu durch Bakterien geschädigt. Die Bakterien können jedoch nicht nur Möhren, sondern auch Sellerie und Kartoffeln befallen. Das Schadbild zeigt eine weiche, schleimige Fäule an den Wurzeln. Will man Wurzelgemüse lagern, muß man darauf achten, daß keine kranken Pflanzen darunter sind. Man nimmt die Arbeit bei trockenem Wetter vor, um so der Ausbreitung von Bakterien entgegenzuwirken.

Bakterienfäule der Hyazinthen
Eine Weichfäule kann gelegentlich Hyazinthen befallen. Die Zwiebeln werden sehr rasch zerstört. Die Blütentriebe entwickeln sich nicht weiter und fallen um. Die Krankheit wird durch Feuchtigkeit gefördert, ebenso durch größere Mengen stickstoffhaltiger Düngemittel.

Bakterienringfäule der Kartoffel
Diese Krankheit tritt gelegentlich im Juni bei feuchtem Wetter auf. Die Pflanzen bekommen dann blasses Laub und steife, aufrecht stehende Blätter. Wenn man die Pflanzen herauszieht, entdeckt man, daß der untere Teil des Stengels schwarz und verfault ist. Bei verseuchten Pflanzen entstehen keine Knollen. Man gräbt sie aus und verbrennt sie.

Feuerbrand
Diese Krankheit kann im Frühjahr Blüten und Triebspitzen von Birnen und verschiedenen Ziergehölzen befallen. Das Schadbild zeigt vertrocknetes Laub und an den Triebspitzen ausgetrocknete Früchte. Aus befallenen Zweigen treten braune, zähflüssige Tröpfchen aus. Diese Erkrankung ist dem nächsten Pflanzenschutzamt zu melden, da der Baum sofort behandelt oder vernichtet werden muß.

Ölfleckenkrankheit der Begonien
Sie kann bei Begonien im Gewächshaus beträchtlichen Schaden anrichten. Die Infektion breitet sich von den Blättern, die braune, glasige Flecken zeigen, durch den Stengel bis zu den Wurzeln aus. Man vernichtet alle Pflanzen und entseucht die Gewächshaustische.

Rhabarberwurzelfäule
Wurzelfäule an Rhabarber wird durch Bakterien verursacht, die das Gewebe der Pflanze unmittelbar unter den

Knospen infizieren. Die äußeren Symptome, die man nicht leicht entdeckt, sind welkendes Laub, kleine Stangen und abgestorbene Knospen. Eine Heilung ist nicht möglich. Verseuchte Pflanzen müssen entfernt werden.

Wurzelkropf
Der Wurzelkropf tritt hauptsächlich an Gehölzen auf. Man findet diese Krankheit bei Äpfeln, Birnen, Pflaumen, Pfirsichen und Himbeeren. Das Schadbild zeigt walnußgroße, kropfartige Wucherungen an den Wurzeln oder am Wurzelhals. Eine chemische Bekämpfung dieser Krankheit ist nicht möglich. Doch kann man vorbeugend nasse Böden entwässern. Die Wurzeln von Pflanzen dürfen nicht verletzt werden. Nur sehr stark befallene Pflanzen werden verbrannt.

Pilzliche Krankheiten

Blattfleckenkrankheiten

Viele Pflanzenarten werden von Pilzen, die an Blättern Schäden verursachen, befallen. Das Schadbild zeigt braune, runde oder ovale Flecken, die oft einen ausgeprägten Rand und sehr kleine schwarze Pusteln in den Flecken haben. Man entfernt die befallenen Blätter. Außerdem kann man die Pflanzen spritzen.

Erdbeerweißfleckenkrankheit
Rote oder purpurfarbene Flecken auf den Erdbeerblättern mindern nur selten die Lebenskraft der Pflanzen. Es ist jedoch ratsam, die Blätter zusammen mit dem Stroh oder Gras, auf dem die Früchte liegen, im Herbst zu entfernen, damit die Pilzsporen gleich vernichtet werden.

Gurkenblattfleckenkrankheit
(Didymella)
Die Didymella kann Gurken unter Glas ernsthaft gefährden. Weiße, eingetrocknete Flecken erscheinen auf den Blättern, die anschließend braun werden und verwelken. Man spritzt mit Mancozeb.

Samtfleckenkrankheit
Bei Tomaten unter Glas zeigt die Oberseite der Blätter gelbe Flecken, während die Unterseite von einem graubraunen Pilzrasen bedeckt ist. Meist tritt der Befall, der durch einen Pilz verursacht wird, ab Juni auf. Man lüftet das Gewächshaus sorgfältig und erhöht die Nachttemperatur. Resistente Sorten anbauen! Man kann auch mit Mancozeb spritzen.

Sellerieblattfleckenkrankheit
Sellerie wird gelegentlich von einem Pilz befallen, der braune Flecken auf den Blättern hervorruft. Bei feuchtem Wetter breitet sich die Krankheit rasch aus, und oft stirbt dann das alte Laub völlig ab. Man spritzt von Juni an mit einem Grünkupfermittel oder mit Propineb.

Blattfallkrankheit (Rote und Schwarze Johannisbeeren)

Sowohl Rote als auch Schwarze Johannisbeeren können nach der Blüte die Blattfallkrankheit bekommen. Die Blätter weisen zahlreiche dunkle Flekken auf. Das Laub wird gelb und stirbt kurz nach der Ernte ab. Gespritzt wird mit Triforin oder Metiram ab Mitte Mai. Man kann auch, nachdem die Früchte geerntet wurden, mit Grünkupfer spritzen.

Bleiglanzkrankheit

Bei dieser Krankheit zeigt sich ein silbriger Glanz auf den Blättern von Stein- und Kernobst. Nach ein bis zwei Jahren sterben befallene Äste ab. Schneidet man diese ab, dann sieht man an der Schnittstelle zwischen Holz und Rinde dunkelbraune Flecken. Am abgestorbenen Holz siedeln sich häufig weitere Pilze an.

Echter Mehltau

Der Echte Mehltau, der zahlreiche Pflanzen befällt, ist ein weißlicher, mehliger Belag. Das Wachstum der Pflanzen wird stark gemindert. Sporen dieses Pilzes können an den Pflanzen überwintern.

Apfelmehltau
Apfelbäume sind je nach der Sorte durch diese Krankheit gefährdet, die beträchtliche Verluste verursachen kann. Die Blätter der Triebspitzen werden schmal und rollen sich ein. Befallene Knospen setzen kaum Früchte an, die Triebspitzen verlieren das Laub. Der Pilz befällt auch gesunde Teile des Baums. Beim Winterschnitt sollten kranke Triebspitzen zurückgeschnitten werden. Wo diese Maßnahme nicht genügt, spritzt man im Frühjahr mit Netzschwefel. Später kann man auch mit Triforin und anderen Mitteln spritzen.

Erdbeermehltau
Das Schadbild beim Erdbeermehltau zeigt sich in einer purpurroten Färbung der Blätter, die von einem weißen Belag überzogen sind. Sie rollen sich nach oben ein, so daß die Unterseite sichtbar wird. Man spritzt unmittelbar vor der Blüte mit Dichlofluanid oder Bio-S. Die Spritzung wird nach Bedarf wiederholt. Außerdem eignet sich auch ein Schachtelhalmtee (1 kg Schachtelhalm auf 10 l Wasser mit 1–2 % Wasserglas, 5 × verdünnt).

Erbsenmehltau
Beim Erbsenmehltau zeigt sich ein weißer Schimmelrasen auf den Blättern der späteren Kulturen. Man entfernt stark befallene Pflanzen und spritzt mit Netzschwefelpräparaten.

Gurkenmehltau
Bei Gurken, die man im Gewächshaus zieht, tritt gelegentlich Mehltau auf. Weißliche Flecken oder ein Überzug auf der Blattoberseite ist das Symptom dieser Krankheit. Die Blätter können vertrocknen. Man verwendet resistente Sorten. Außerdem kann mit Triforin oder Bio-S gespritzt werden. Man hält die Wurzeln feucht. Die Luft im Gewächshaus sollte jedoch möglichst trocken sein.

Kürbismehltau
Kürbisse werden ebenfalls vom Echten Mehltau befallen. Dadurch reifen die Früchte oft langsamer. Gespritzt wird bei Bedarf mit Triforin oder Bio-S.

Rosenmehltau
Blätter und Triebe von Rosen sind oft mit einem weißen Pilzbelag überzogen. Man spritzt ab Anfang Juni mit Triforin oder Dichlofluanid, um die Krankheit unter Kontrolle zu halten. Es sind auch resistente Rosensorten auf dem Markt.

Stachelbeermehltau
Das Schadbild zeigt auf Blättern, Trieben und Beeren einen weißen, mehligen Belag, der sich später braun färbt; die Triebe sind oft etwas kürzer. Im Sommer und Herbst schneidet man die befallenen Triebe heraus. Im Winter kürzt man die Triebspitzen. Außerdem kann man mit Rainfarn (300 g auf 10 l Wasser, unverdünnt) oder Schachtelhalm (1 kg auf 10 l Wasser, 5 × verdünnt) spritzen.

Zierpflanzenmehltau
Viele Zierpflanzen werden vom Echten Mehltau befallen. Bei Pflanzen wie Lupinen, Phlox, Scabiosen, Glockenblumen und anderen ist der Befall selten besorgniserregend. Bei Bedarf mit Triforin spritzen.

Falscher Mehltau

Diese Krankheit befällt die verschiedenartigsten Pflanzen, wie Goldlack, Kohl, Salat, Zwiebeln, Rosen u. a. An der Blattunterseite zeigt sich grauer Schimmelrasen; außerdem entstehen gelbe Flecken auf der Oberseite von Blättern. Man sät die Pflanzen jedes Jahr an einer anderen Stelle aus. Außerdem kann man Kupferoxychlorid einsetzen.

Falscher Mehltau bei Salat und Kohl
In Frühbeeten, Gewächshäusern und in Folientunneln werden die Außenblätter von Salat und Kohl gelegentlich gelb. Auch zeigen sich Flecken auf der Unterseite. Man lüftet stärker und entfernt befallene Blätter. Gespritzt wird bei Salat mit Dichlofluanid, bei Kohl mit Kupferoxychlorid.

Falscher Mehltau bei Strohblumen
Strohblumen können Schaden durch Falschen Mehltau erleiden. Dabei zeigt sich ein Pilzwachstum an der Unterseite von Blättern. Sporen entstehen in großer Zahl, und rasch steckt eine Pflanze die andere an. Man spritzt am besten schon junge Pflanzen mit Kupferoxychlorid.

Falscher Mehltau bei Zierpflanzen
Zahlreiche Pflanzen können vom Falschen Mehltau befallen werden. Man setzt dagegen Kupferoxychloridpräparate ein.

Falscher Mehltau bei Zwiebeln
Vor allem bei feuchter Witterung können graue Streifen und Flecken an den Blättern auftreten. Sobald sich der Mehltaubelag auf den Blättern bemerkbar macht, spritzt man mit Kupferoxychlorid.

Grauschimmel (Botrytis)

Der Grauschimmel gehört zu den häufigsten Krankheiten. Er kann alle Pflanzen befallen. Zunächst zeigen sich fahle, glasige, danach braune, faule Stellen an Blättern, krautigen Stengeln, Blüten und Früchten, die sich rasch mit einem mausgrauen Schimmelrasen überziehen. Triebe und Blätter sterben oft ab.

Der Pilz ist besonders im Gewächshaus aktiv. Eine hohe Luftfeuchtigkeit und Lichtmangel begünstigen die Entwicklung dieser Parasiten. Nicht zuviel mit Stickstoff düngen! Mit Gesteinsmehl stäuben. Wirksam kann Botrytis mit Vinclozolin bekämpft werden.

Grauschimmel bei Bohnen
Bei Bohnen, besonders bei Buschbohnen, faulen die Spitzen der Schoten durch Grauschimmel. Man wirkt dem Befall entgegen, indem man die Pflanzen und Reihen weiter auseinandersät.

Grauschimmel bei Erdbeeren
Wenn Erdbeeren von Grauschimmel befallen sind, färben sich die Früchte grau und sind mit einem grauen Schimmelrasen überzogen. Bei feuchtem, kühlem Wetter zur Reifezeit kann der Pilz einen großen Teil der Ernte vernichten.

Um zu verhindern, daß sich die Krankheit ausbreitet, setzt man die Pflanzen weit auseinander und legt Stroh unter die Früchte, damit sie den Boden nicht berühren. Vorbeugend kann man auch Knoblauch zwischen die Erdbeeren pflanzen. Eine weitere Möglichkeit ist, mit Dichlofluanid zu spritzen, sobald sich die ersten Blüten öffnen. Die Behandlung kann wiederholt werden.

Grauschimmel bei Himbeeren
Grauschimmelpilze können auch Himbeerfrüchte und vereinzelt Ruten befallen. Ruten, die grau sind und deren Oberflächenhaut eingerissen ist, schneidet man ab.

Grauschimmel bei Narzissen und Tulpen
Zwiebelgewächse, insbesondere Narzissen und Tulpen, können durch den Grauschimmel schon sehr früh befallen werden. Das Schadbild zeigt sich an Zwiebeln, Blättern oder Blüten. Die Blätter bekommen braune Flecken und Streifen, das sogenannte Tulpenfeuer. Ist die Pflanze befallen, dann müssen die Zwiebeln schon im Herbst mit Dichlofluanid oder Vinclozolin gegossen werden. Tulpenfeuer kann ganze Beete vernichten. Der Pilz überwintert an den Zwiebelschalen oder im Boden. Zwiebeln dürfen nicht in Beete gepflanzt werden, die verseucht sind.

Grauschimmel bei Nelken und Chrysanthemen
Nelken und Chrysanthemen, die unter Glas kultiviert werden, sind im frühen Stadium oder in der Blüte durch Grauschimmel gefährdet. Man belüftet das Gewächshaus ausreichend, um die Feuchtigkeit herabzusetzen. Kranke Pflanzen werden entfernt. Spritzen mit Dichlofluanid schafft Abhilfe.

Grauschimmel bei Pfirsichen
Auch Pfirsiche können von Grauschimmel befallen werden, besonders unter Glas, da hier die Sporen durch hohe Luftfeuchtigkeit gefördert werden. Im Freien kommt der Pilz kaum vor. Das Gewächshaus gut lüften heißt meistens schon, die Krankheit ausschließen.

Grauschimmel bei Salat
Salat, besonders wenn man ihn unter Glas zieht, wird häufig von Grauschimmel befallen. Im Gewächshaus kultiviert man Salat am besten auf kleinen Hügeln, so daß mehr Luft zwischen die Pflanzen kommt. Man bewässert die Pflanzen nicht von oben, sondern hält lediglich die Wurzeln durch vorsichtige Bewässerung zwischen den Pflanzen feucht.

Ehe sich die Köpfe bilden, können die Salatpflanzen mit Dichlofluanid oder Vinclozolin behandelt werden.

Grauschimmel bei Tomaten
Sie werden sowohl unter Glas als auch im Freien von Grauschimmel befallen. Der Pilz dringt in Wunden nach dem Entspitzen ein. Wenn diese Krankheit nicht sofort bekämpft wird, breitet sie sich auf Stengel und Blätter aus. Ebenso können die Fruchtstände infiziert werden, und die Früchte fallen ab. Unter Glas wird gut gelüftet und möglichst von unten bewässert. Im Freien und unter Glas kann man Dichlofluanid einsetzen.

Grauschimmel bei Zierpflanzen
Die Blätter und Blüten zahlreicher Zierpflanzen wie Pfingstrosen, Lilien, Dahlien u. a. können bei feuchtem, kaltem Wetter von Grauschimmelpilzen befallen werden. Die Infektion breitet sich von abgestorbenem Gewebe auf gesunde Pflanzen aus. Im allgemeinen genügt es, die befallenen Pflanzenteile zu entfernen, oder man spritzt mit Dichlofluanid.

Hallimasch

Ein schädlicher Pilz, der Obstbäume und Sträucher befällt, ist der Hallimasch. Er kann bei vielen Gehölzen auftreten. Der Pilz befällt die Wurzeln und unteren Teile der Stämme, und nach und nach werden die Bäume geschwächt und sterben schließlich ab. Wenn ein kranker Baum entfernt wird, kann man an den Wurzeln lange, schwarze, ineinander verwobene Fäden beobachten. Unter der Rinde ist das weiße, fächerförmige Myzel des Pilzes, das das Gewebe unter der Rinde zerstört.

Diese schwarzen Fäden wachsen durch den Boden und befallen andere gesunde Bäume und Sträucher. Die Sporenträger des Pilzes erscheinen an der Oberfläche als honigfarbene Hutpilze. Man findet den Hallimasch auch auf toten Baumstümpfen. Da er nicht bekämpft werden kann, dürfen auf solchen Flächen keine Gehölze mehr gepflanzt werden.

Erkrankte Bäume müssen mitsamt der Wurzel ausgegraben und verbrannt werden. Wenn man danach einen ungefähr 60 cm tiefen Graben um die befallene Fläche gräbt, kann man verhindern, daß sich die Krankheit auf andere Bäume ausbreitet.

Himbeerrutenkrankheit

Bei dieser Krankheit welken die Blätter der Tragruten; sie verdorren im Sommer und sterben ab. Befallene Ruten kann man durch Spritzungen nicht mehr retten. Man schneidet sie tief über dem Boden ab und verbrennt sie. Der Boden sollte durch eine Mulchschicht bedeckt sein. Trockene Standorte sind nicht günstig. Im Frühjahr spritzen mit Kupferoxychlorid.

Kohlhernie

Kohlarten werden von diesem Pilz befallen. Die häufig verfärbten Blätter welken, und an den Wurzeln bilden sich walzenförmige Knollen. Die Pflanzen bleiben klein und sehen kränklich aus.

Die Krankheit tritt besonders in sauren, nassen Böden auf und dort, wo viele Jahre lang Kohl gepflanzt worden ist. Man senkt den Säuregehalt des Bodens durch Kalk und sorgt für einen einwandfreien Wasserabzug. Das Ausstreuen von Algenkalk ist zu empfehlen. Auf verseuchtem Land darf mindestens fünf bis sieben Jahre kein Kohl mehr gepflanzt werden. Bestimmte Unkräuter, wie das Hirtentäschel- und das Hellerkraut, auf welchen die Krankheitserreger überwintern, entfernt man.

Kräuselkrankheit

Sie tritt bei Pfirsichen, Nektarinen und Ziergehölzen auf. Das Schadbild zeigt rötliche, große Blasen an den Blättern, die später weißlich, dann braun werden und schließlich abfallen. Viele Blätter sind völlig gekräuselt, angeschwollen und verfärbt. Befallene Blätter entfernt man, sobald man den Schaden entdeckt hat. Im Frühjahr spritzt man befallene Pfirsichbäume kurz vor dem Aufbrechen der Knospen mit einem Grünkupfermittel oder mit Dichlofluanid. Wenn sich die Blüten öffnen, kann man auch mit Algenkalk spritzen.

Kraut- und Knollenfäule der Kartoffeln

Die Krautfäule ist wahrscheinlich die häufigste Krankheit der Kartoffeln. Die ersten Zeichen dieser Krankheit sind braune Flecken an den Rändern und Spitzen der Blätter. Wenn sich diese Flecken ausbreiten, sterben die befallenen Blätter ab, die Stengel werden schwarz. Schließlich stirbt die ganze Pflanze vorzeitig ab.

Warmes und feuchtes Wetter begünstigt die Krautfäule bei Kartoffeln. Die Sporen infizieren auch die Knollen, die danach an einer übelriechenden Fäule leiden. Infizierte Knollen kann man nicht essen.

Die Krautfäule läßt sich vermeiden, falls rechtzeitig Vorkehrungen getroffen werden. Wenn die Symptome sichtbar werden, ist es im allgemeinen für eine Behandlung schon zu spät. Vorbeugend spritzt man die Kartoffeln mit Kupferoxychlorid. Ab Anfang Juli (oder in feuchten Gegenden Mitte Juni) spritzt man wiederholt im Abstand von drei Wochen.

Krautfäule der Tomaten

Der gleiche Pilz, der Kartoffeln schädigt, kann auch Tomaten befallen und schweren Schaden anrichten. Braune Flecken erscheinen an den Blättern. Reifende Früchte werden braun und hart und färben sich nicht rot. Wenn man die Krautfäule bei Kartoffeln entdeckt, müssen auch Tomatenpflanzen mit Kupferoxychlorid oder Bio-S gespritzt werden.

Krebs

Diese Krankheit kommt im wesentlichen an Obstbäumen vor, insbesondere an Apfelbäumen. Krebsgeschwülste erscheinen als eingesunkene Flächen an der Rinde in der Nähe einer Knospe oder einer Wunde, die durch Schorf oder durch Schneiden verursacht wurde. Pilzsporen infizieren die Wundränder, legen das Holz frei und umgeben schließlich den ganzen Zweig. Die Krankheit breitet sich nach oben und nach unten von der infizierten Fläche aus, das Holz verfärbt sich, die Triebe oberhalb können absterben.

Krebserkrankungen müssen beim ersten Auftreten behandelt werden. Man schneidet die erkrankte Fläche mit einem Messer aus, reinigt die Wunde und bestreicht sie mit Wundwachs. Falls ein Zweig bereits umrundet ist, schneidet man ihn bis unterhalb der infizierten Fläche zurück. Bei schwerem Befall werden die Bäume gefällt.

Oft wird durch einen falschen Standort (feuchte und eingeschlossene Lage) der Krebsbefall gefördert. Nachdem die Blätter abgefallen sind, spritzt man mit Kupferoxychlorid. Dadurch beugt man Neuinfektionen über die Blattnarben vor.

Monilia

Sporen dieses weitverbreiteten Pilzes schädigen Triebe von Äpfeln, Pfirsichen, Pflaumen, Kirschen und Zierkirschen. Die Triebe zeigen braune Flekken, und nach einiger Zeit stirbt der Trieb bis zur Spitze ab. Später kommen Sporen durch Wunden in die Fruchtansätze. Solche Wunden werden von Wespen und anderen Insekten, durch Hagel- und Frostschäden oder Schorfbefall verursacht. Geerntete Früchte können ebenfalls durch Monilia an den Stielenden befallen werden.

Die geschädigten Früchte schrumpfen ein und bleiben oft an den Bäumen hängen. Auf diese Weise schaffen sie neue Infektionsquellen.

Regelmäßiger Winterschnitt befallener Triebe verhindert neue Infektionen im Frühjahr. Das befallene Holz wird verbrannt. Verdorbene Früchte nimmt man ab. Während der Blüte kann man mit Triforin spritzen.

Rindenkrankheit der Rosen

Verschiedene Pilze können Rindenkrankheiten an Rosen verursachen. Die Rindenkrankheit entwickelt sich am Holz der Pflanzen und ruft braune und violette Flecken hervor, die einzelne Triebe zerstören können. Krankes Holz rechtzeitig abschneiden und verbrennen.

Rostpilze

An Blättern und vereinzelt an Stengeln befallener Pflanzen zeigen sich rostbraune bis dunkelbraune oder auch weiße Pusteln. Die befallenen Pflanzenteile werden gelbgrün. Die Pilze entziehen den Zellen der Wirtspflanze die Nährstoffe. Befallene Pflanzenteile entfernt man. Spritzungen der übrigen Teile mit geeigneten Fungiziden sind empfehlenswert.

Birnengitterrost

Birnen, besonders bestimmte Arten, werden mitunter von Birnengitterrost befallen. Zahlreiche dunkelbraune Pusteln treten an der Unterseite der Blätter auf. Man beseitigt *Juniperus sabina* als Hauptwirt.

Chrysanthemenweißrost

Bei Chrysanthemen kann sich Rost an den Blättern schwerwiegender als Echter Mehltau erweisen. Die Infektion führt zu vermindertem Wachstum der Pflanzen. Diese sehen gelblich aus. Vorbeugend spritzt man mit Triforin.

Johannisbeersäulenrost

Johannisbeersträucher zeigen im Frühsommer häufig Befallstellen an den Blättern. Sie zeigen kleine, gelbe Pusteln auf der Unterseite. Es handelt sich um einen Rostpilz, der Sporen entwikkelt, die die Weymouthskiefer als Winterwirt haben. Aus den Sporenlagern entwickeln sich neue Sporen, die im Sommer auf die Johannisbeersträucher getragen werden. Das Laub wird stark geschädigt und kann frühzeitig abfallen.

Mit Triforin, mit dem die Blattflekkenkrankheit bekämpft wird, schafft man auch bei Rost Abhilfe.

Löwenmaulrost

Außer dieser Blume werden auch andere Zierpflanzen von Rostpilzen befallen, am meisten gefährdet sind jedoch die Löwenmäulchen. Einige Sorten sind etwas weniger empfindlich gegen Rost. Bei ersten Anzeichen des Befalls kann man mit Triforin spritzen.

Malvenrost

Malven werden sehr häufig von Rost befallen. Es zeigen sich orangefarbene Pusteln an Blättern, Stengeln und Samenständen. Durch diese Krankheit nehmen die Pflanzen keinen ernsthaften Schaden. Die Sporen überwintern an den Pflanzen. Um erneuten Befall zu vermeiden, pflanzt man jedes Jahr frische Malven. Die Jungpflanzen werden mit Triforin gespritzt.

Minzenrost

Bei der Minze kann sich der Rost als störend erweisen. Die Blätter der erkrankten Pflanzen bekommen gelbe Flecken.

Im Juni bilden sich kleine, rotbraune Sporenlager an der Blattunterseite im Bereich der Verfärbung. Die Krankheit breitet sich rasch aus und kann die Ernte zunichte machen. Die Sporen überwintern an Pflanzenteilen. Kranke Pflanzen schneidet man ab. Im Mai spritzt man mit Triforin.

Pflaumenrost

Pflaumenblätter können mit winzigen gelben Flecken an der Oberseite übersät sein. An der Unterseite sind braune Sporenlager, die wieder die Blätter gesunder Bäume infizieren. Pflaumenrost ist keine schwere Erkrankung. Frühzeitiger Laubfall schwächt jedoch zuweilen die Bäume. Man spritzt mit Metiram, wenn die Früchte die halbe Größe erreicht haben, danach nochmals nach der Ernte.

Rosenrost

Sind Rosen vom Rost befallen, zeigen sich braunrote Pusteln an den Blättern, die aufbrechen und Massen hellbrauner Sporen entlassen. Spritzen mit Triforin u. a. wirkt sehr gut gegen diese Krankheit. Außerdem müssen Rosen gut gedüngt werden.

Weißrost an Rettich und Radies

Rettiche und Radies können an den Blättern weiße, erhabene Stellen haben. Der Schaden ist jedoch nur gering und kann durch Kulturmethoden korrigiert werden. Weißrost tritt häufig auf, wenn die Pflanzen in kalkreichem Boden gezogen werden. Man mischt Kompost oder organische Düngemittel ein. Auch sollte nicht zu dicht gesät werden.

Schorf

Schorf ist eine Erkrankung, die bei feuchtwarmem Wetter besonders häufig vorkommt. Sie befällt Blätter, Triebe und Früchte. Erste Anzeichen der Krankheit kann man kurz nach der Blüte am Laub erkennen. Zunächst werden die Blätter auf beiden Seiten und anschließend die Früchte von runden braungrauen Flecken überzogen, die später grauschwarz werden.

Apfel- und Birnenschorf

Beim Apfel- und Birnenschorf zeigen sich auf den Blättern braungrüne Flekken. Die Krankheit greift auf die Früchte über, und es entstehen Schwellungen, die schließlich aufbrechen, was sich ungünstig auf die Lagerfähigkeit der Früchte auswirkt.

Ratsam sind Vorblütenspritzungen. Danach spritzt man regelmäßig bis in den Sommer, bei Lagersorten bis in den September mit Triforin, Captan u. a. Man muß darauf achten, daß ein guter Spritzbelag erzielt wird.

Die Infektion hängt von zahlreichen Faktoren ab: von der Sorte, der Zusammensetzung des Bodens, der Düngung und der Witterung. In feuchten Gegenden tritt die Krankheit stärker auf. Wichtig ist, Apfel- und Birnbäume so zu schneiden, daß viel Luft um die Zweige zirkulieren kann. Der Pilz überwintert in abgefallenen Blättern. Diese sollte man im Herbst entfernen, um eine neue Infektion im Frühjahr zu vermeiden.

Kartoffelschorf

Beim Kartoffelschorf zeigen sich erhöhte Schorfflecken an den Schalen. Das Fleisch selbst wird aber nicht betroffen. Der Schorf wird von einem Pilz verursacht, der sich ausbreitet, wenn der Boden alkalisch ist. Vor dem Pflanzen darf man keinen Kalk dem Boden zuführen. Er muß größere Mengen organischen Materials enthalten. Wenn der Schorf ständig auftritt, sollten resistente Sorten angebaut werden.

Pfirsichschorf

Diese Krankheit kommt nicht in jedem Jahr vor, kann jedoch mitunter die Früchte beträchtlich schädigen. Braune Stellen auf den Früchten vergrößern sich, bis die Haut aufbricht. Man schneidet erkrankte Zweige ab. Man spritzt mit Metiram oder Captan.

Stengelfäule

Die Stengelfäule tritt bei Astern häufig auf. Die unteren Stengelteile werden braun, die Pflanzen sterben ab. Falls die Krankheit schon verbreitet ist, gießt man die Pflanzen drei bis vier Wochen nach der Pflanzung mit Thiabendazol. Saatkästen werden mit Metiram angegossen.

Sternrußtau

Der Sternrußtau tritt häufig im Freiland auf. Schwarzbraune Flecken auf den Blättern von Rosen verursachen frühzeitigen Laubfall. Von Juni an kann man mit Triforin oder Dichlofluanid spritzen. Wenn die Rosen schon befallen sind, ist Triforin vorzuziehen.

Umfallkrankheit oder Schwarzbeinigkeit

Die Umfallkrankheit, auch Schwarzbeinigkeit genannt, befällt junge Sämlinge. Das Schadbild zeigt Sämlinge, die in Bodenhöhe schwarz werden und umkippen, besonders wenn sie dicht in Töpfen, Schalen oder Kästen unter Glas gesät sind. Der Wurzelhals und die unteren Stengelteile befallener Pflanzen sind meist braun bis schwarz verfärbt oder auch eingeschnürt. Die Ursache sind verschiedene Bodenpilze, die auf Pflanzenresten und anderen organischen Stoffen im Boden leben und von dort aus die Keimlinge befallen. Auf diese Weise dringen sie ins Pflanzengewebe ein. Auch durch Gießwasser und durch verseuchte Anzuchtbehälter können die Pilze übertragen werden. Hohe Temperaturen und Luftfeuchtigkeit begünstigen den Befall. Das Saatgut kann vor der Aussaat mit Captan oder Metiram gebeizt werden, oder man gießt nach der Aussaat mit diesen Mitteln.

Umfallkrankheit des Kohls

Im Juli oder August zeigen sich an Kohlstrünken gelegentlich purpurfarbene, eingesunkene Stellen. Die Pflanzen bleiben im Wachstum zurück und sterben langsam ab. Die Krankheit wird bereits durch die Samen übertragen. Befallene Pflanzen werden möglichst rasch entfernt.

Welkekrankheiten

Die Welke ist eigentlich keine Krankheit, sondern ein Symptom, das durch verschiedene Pilze verursacht wird. Die Pilze verbreiten sich im Boden. Von dort gelangen sie von Pflanze zu Pflanze. Geschwächte Pflanzen werden bevorzugt befallen. Häufig liegt die Ursache in physiologischen Störungen, so daß die Pilze in geschädigte Wurzeln eindringen können.

Welkekrankheiten bei Chrysanthemen und Nelken

Im Gewächshaus wachsende Chrysanthemen und Nelken können von dem Pilz *Verticillium* oder *Fusarium* befallen werden. Die Wurzeln werden geschädigt, die Pflanzen welken und sterben ab. Vorbeugende Maßnahmen gibt es nicht. Sobald man die Krankheit erkannt hat, müssen die Pflanzen herausgenommen werden. Verseuchte Böden müssen entseucht werden.

Welkekrankheiten bei Gurken

Unter Glas und bei hohen Temperaturen können Gurken an der Welke leiden, die durch einen Pilz (*Fusarium*) verursacht wird. Befallene Pflanzen müssen entfernt werden.

Wurzelfäule

Pflanzen, die von der Wurzelfäule befallen sind, zeigen lange Zeit keine äußeren Schadsymptome, bis die Pflanzen plötzlich zusammenbrechen. Nur wenn man sie ausgräbt und die Wurzeln untersucht, kann man feststellen, an welcher Krankheit die Pflanzen leiden. Wurzelfäulepilze befallen die Pflanzen im Sämlingsstadium. Die Sämlinge sterben ab, noch ehe sie sich entwickelt haben.

Wurzelfäule bei Beetpflanzen

Viele einjährige Pflanzen, wie Petunien, und zweijährige Pflanzen, wie Stiefmütterchen, bekommen leicht die Wurzelfäule, besonders wenn sie in einem Beet jedes Jahr an derselben Stelle kultiviert werden. Im Saatbeet bekämpft man die Krankheit mit Captan, Metiram oder durch die Entseuchung des Bodens.

Wurzelfäule bei Möhren, Roter Bete und Spargel

Bei zahlreichen Wurzelgemüsen und auch bei Spargeln kann es zur Wurzelfäule kommen. Die Wurzelspitzen sind dann von einem roten Pilzmyzel überzogen. Die Pflanze vergilbt und stirbt ab. Man nimmt befallene Pflanzen aus dem Boden und beseitigt sie. Die infizierte Bodenstelle muß mit einem Mittel, beispielsweise mit Captan, begossen werden.

Wurzelfäule bei Tomaten und Gurken

Tomaten und Gurken unter Glas werden häufig von verschiedenen Pilzkrankheiten an den Wurzeln befallen. Der Wurzelfäule kann man durch Sterilisieren des Bodens mit Dampf oder Dazomet entgegenwirken. Bei der Welkekrankheit welken die Blätter der Pflanzen. Bei starkem Befall müssen die Pflanzen entfernt werden. Man gießt eine Captanlösung in das Pflanzloch und mulcht die Wurzeln neuer Pflanzen mit Torf oder Stroh. Frische Wurzeln wachsen in diesem Mulch in einer erhöhten Ebene ein.

Zwiebelhalsfäule

Die Halsfäule bei Zwiebeln zeigt sich zunächst als braune, weiche Stelle an den Zwiebelhälsen. Gelagerte Zwiebeln, die an dieser Krankheit leiden, entwickeln ein graues Myzel, das die gesamte Ernte vernichten kann. Man arbeitet geeignete Düngemittel, wie Kalium, in den Boden ein und vermeidet es, die Zwiebeln beim Hacken zu beschädigen. Nur reife Zwiebeln werden geerntet und an einem luftigen Platz gelagert.

Physiologische Störungen

Trotz aller Sorgfalt und Pflege kann es geschehen, daß Pflanzen langsam wachsen und der Ernteertrag gering ist. Dies ist nicht immer auf Schädlinge und Krankheiten zurückzuführen. Es gibt auch andere Gründe, etwa ein ungeeigneter, zu feuchter Boden und ein ungünstiges Klima, weshalb die Pflanzen nicht gedeihen. Außerdem können zu viele oder zu wenige Nährstoffe, ein zu feuchter oder zu trockener Boden, ein zu kalkreicher oder zu kalkarmer Boden solche physiologischen Störungen hervorrufen.

Boden

Wenn der Boden überwiegend aus schwerem Lehm besteht, können die jungen Wurzeln nicht weit genug nach unten vordringen und sich entwickeln. Das Wachstum über dem Boden wird dadurch verzögert. Wurzeln brauchen auch Luft. Dichtgedrängte Lehmpartikel halten die Luft fern. Ein leichter, sandiger Boden hält die Feuchtigkeit nicht, die für die Entwicklung der Wurzeln ebenfalls wichtig ist. Auf der Suche nach Feuchtigkeit wachsen die Wurzeln zu weit nach unten. Sie vertrocknen, und die Pflanze wächst nur langsam.

Wasserabzug

Wenn der Boden zu naß ist und nicht entwässert wird, bekommen die Wurzeln nicht genug Sauerstoff und entwickeln sich schlecht; die Pflanze stirbt schließlich ab.

Schäden durch Witterungseinflüsse

Obgleich der Gartenfreund natürlich keinen Einfluß aufs Wetter hat, kann er dennoch Maßnahmen treffen, um Schäden, die durch starke Winde, schwere Regenfälle, Frost, Schnee und große Hitze entstehen können, vorzubeugen. Hecken und Tunnel schützen zarte Pflanzen. Junge Bäume bindet man an. An kühlen Herbsttagen schützt man empfindliche Pflanzen vor Bodenfrost, indem man sie mit Tüchern oder Papier bedeckt.

Wasser: zuwenig oder zuviel

Alle Pflanzen brauchen Feuchtigkeit. Ohne eine ausreichende Wasserzufuhr würde das Wachstum gestört und die Früchte würden sich schlecht entwickeln. Trockene Wurzeln begünstigen den Befall durch Wurzelschädlinge, was zu weiteren Zerstörungen führt. Zuviel Feuchtigkeit kann jedoch – besonders im Gewächshaus – ebenso schädlich sein. Wenn der Boden naß ist, faulen die Wurzeln, und viele Samen keimen nicht.

Kalkmangel

Kalk neutralisiert die Säure des Bodens. Bei Kalkmangel versauert der Boden, die Entwicklung von Bakterien im Boden ist gestört. Auch Regenwürmer und andere lebenswichtige Organismen entwickeln sich nicht. Kalk befähigt die Wurzeln, die zur Entwicklung erforderlichen Nährstoffe aufzunehmen. Einige Pflanzen, z. B. Rhododendren, sind kalkfeindlich. Falls man sie in alkalische Böden pflanzt, muß man saure Erde in das Pflanzloch geben.

Chlorose durch Kalküberschuß

Diese Krankheit kann bei fast allen Pflanzen vorkommen. Die Blätter verfärben sich gelblich an den Triebspitzen. Abhilfe schafft z. B. Torf oder eine humusreiche Gartenerde, die man einbringt.

Aufplatzen von Pflaumen und Kirschen

Nach schweren Regenfällen, die auf eine Trockenperiode folgen, platzen Pflaumen und Kirschen häufig auf. Pilze dringen in die beschädigten Früchte ein und verursachen weitere Schäden.

Stippigkeit

Befallen werden von dieser Ernährungsstörung Äpfel und Birnen. Sie weisen braune Flecken auf der Schale und im Fleisch der Früchte auf. Zwar werden die Pflanzen schon in der Vegetationszeit befallen, doch erst beim Ernten oder Lagern des Obsts wird der Schaden sichtbar. Man darf den Boden nicht austrocknen lassen, mulcht und düngt. Ab Ende Juli wird mit Kalziumnitratlösung (50 g/10 l Wasser) dreimal im Abstand von drei Wochen gespritzt.

Wäßrigkeit

Äpfel mit durchscheinendem oder glasigem Fleisch leiden an dieser Krankheit, die im allgemeinen durch wechselnde Naß- und Trockenperioden bei hohen Temperaturen verursacht wird. Man verwendet geringe Mengen eines stickstoffhaltigen Düngers.

Geplatzte Früchte

Die Ursachen für geplatzte Früchte sind oft Frost und kalte Winde oder schwere Regenfälle und eine sehr hohe Luftfeuchtigkeit.

Störungen bei Kartoffeln

Die Ursache für Rostflecken im Fleisch von Kartoffeln ist unbekannt. Falls die Störungen anhalten, pflanzt man eine andere Sorte. Große Höhlungen in den Knollen erscheinen häufig nach schweren Regenfällen, die auf eine Trockenperiode folgen.

Frostschäden bei Kohlpflanzen

Graues Laub an Kohlpflanzen und abgestorbene Herzen an Frühkohl können die unmittelbaren Folgen von schwerem Frost sein. Bei ständig niedrigen Temperaturen bildet sich wenig Chlorophyll. Die Pflanzen sehen gelb und krank aus, erholen sich jedoch meist bei wärmerem Wetter.

Geplatzte Möhren

Möhren platzen meist dann, wenn nach einer Trockenperiode viel Regen fällt oder wenn zuviel stickstoffhaltiger Dünger gegeben wurde. Kompost und weniger Dünger schaffen Abhilfe. Es sollte niemals frischer Dünger verabreicht werden.

Störungen bei Tomaten

Tomaten können an den verschiedensten Störungen leiden, die sich im wesentlichen auf die Früchte auswirken. Bei der Blütenendfäule tritt am Blütenende der Früchte ein runder brauner oder schwarzer Fleck auf und breitet sich gelegentlich in die Frucht aus. Vor allem wenn die Früchte reifen, darf man den Boden nicht austrocknen lassen. Nicht zuwenig Kalk geben!

Die als Grünkragen bekannte Störung zeigt als Schadbild einen harten gelben oder grünen Fleck, der sich in der Nähe des Stielansatzes entwickelt. Ähnliche Flecken erscheinen auch an anderen Stellen der Frucht. Befallen werden die Früchte während der Entwicklung.

Als Abhilfe empfiehlt es sich, unempfindliche Sorten zu ziehen, die es zu kaufen gibt. Außerdem darf man den Boden nicht austrocknen lassen, und man muß ausgeglichen düngen.

Mangelerscheinungen

Alle Pflanzen benötigen wichtige Elemente, damit ihre Blüten, Blätter und Wurzeln eine angemessene Größe erreichen und damit sie Früchte und Samen bilden.

Diese Elemente – Stickstoff, Phosphate und Kalium – können durch organische oder anorganische Düngemittel ergänzt werden. Außerdem benötigen die Pflanzen beträchtliche Mengen Kohlenstoff, Sauerstoff, Kalzium, Magnesium und Mangan und außerdem noch Spurenelemente (Eisen, Mangan, Bor, Kupfer, Zink und Molybdän).

Bor

Bormangel kann Herzfäule bei Roten Beten, Rüben und mitunter auch bei Kartoffeln verursachen. Falls die Störung anhält, arbeitet man Borax in kleinen Mengen in den Boden ein.

Kalium

Das Kalium ist ein wichtiger Ausgleich zum Stickstoff. Es härtet die Pflanzen gegen Frost und Pilzbefall ab. Ist zuwenig Kalium vorhanden, dann kräuseln sich die Blattränder, besonders die von Obstbäumen. Ein Teil des Laubs stirbt ab oder bekommt gelbe Flecken. Laubabwerfende Pflanzen werden kahl.

Magnesium

Magnesium ist wichtig für die Erzeugung von Chlorophyll, denn ohne Magnesium werden die Blätter gelb, während die Blattadern grün sind.

Phosphate

Sie sind wichtig für die Entwicklung der Wurzeln und den Ansatz und das Reifen von Früchten und Samen. Bei Phosphatmangel kümmern die Wurzeln, und die Blätter bleiben klein und verfärben sich rötlich. Die Pflanze bringt nur wenige Blüten, Früchte und Samen hervor.

Stickstoff

Der richtige Stickstoffgehalt verleiht dem Laub seine dunkelgrüne Farbe. Zuviel Stickstoff führt zu weichem, schwachem Wachstum, das gegen Pilze und Frostschäden empfindlich ist. Die Früchte reifen langsam; meist entwickeln sich zu viele Blätter mit kleinen Blüten und Früchten. Bei Stickstoffmangel dagegen entstehen dünne Triebe. Die Pflanzen wachsen zu hoch und haben nur wenige Blüten und kleine gelbe Blätter, die zu früh abfallen.

Andere Spurenelemente

Der organische tierische Dünger enthält die meisten Spurenelemente. Organische chemische Zusätze, wie Sequestran, können jederzeit eingebracht werden, um einige Mangelerscheinungen zu korrigieren.

Viruskrankheiten

Man kann sie noch nicht direkt bekämpfen, jedoch kann man vorbeugende Maßnahmen ergreifen. Vor allem muß man verhindern, daß sich Viruskrankheiten weiter ausbreiten. Sie werden nicht, wie Pilze, durch Sporen verbreitet, sondern durch Virusträger weitergetragen. Häufig erfolgt die Übertragung durch saugende Insekten, im allgemeinen durch Blattläuse. Diese Virusträger oder Vektoren saugen an verseuchten Pflanzen und übertragen die Krankheit auf das gesunde Gewebe anderer Pflanzen. Vorbeugend ist zu empfehlen, nur entsprechend getestete Pflanzen zu kaufen.

Erdbeeren
Wenn Erdbeerpflanzen von einem Virus befallen sind, bleiben die Blätter klein, bekommen einen gelben Rand und stehen in flachen Büscheln. Die Ernte fällt bescheiden aus. Abhilfe gibt es nicht. Man gräbt die Stöcke aus und verbrennt sie. Außerdem bekämpft man die Blattläuse, die die Viruserkrankung übertragen.

Himbeeren
Bei der Viruskrankheit der Himbeeren sind die Blätter gesprenkelt, haben gelbe Flecken und rollen sich ein. Die Ruten bleiben zurück, die Ernte ist gering. Man gräbt die befallenen Pflanzen aus und verbrennt sie. Neue Pflanzen setzt man an einem anderen Standort. Außerdem bekämpft man die Blattläuse, da sie die Viruserkrankung übertragen.

Salat
Salat wird vor allem im Sommer vom Mosaikvirus befallen. In einem solchen Fall muß der gesamte Bestand entfernt werden. Blattläuse verbreiten die Krankheit. Die Pflanzen bekommen nur kleine Blätter und keine Köpfe.

Schwarze Johannisbeeren
Wenn das Brennesselvirus Schwarze Johannisbeeren befällt, bilden sich am schwach wachsenden Strauch nur wenige Früchte. Die Blätter sind sehr klein und wenig gelappt. Eine chemische Bekämpfung ist nicht möglich. Man gräbt befallene Sträucher aus und verbrennt sie. Bekämpfen sollte man allerdings die Johannisbeergallmilbe, da sie die Krankheit verbreitet.

Tomaten
Das Mosaikvirus wirkt sich bei Tomaten in gehemmtem Wachstum aus; die Blätter sind mosaikartig gefleckt, mißgebildet und haben Streifen. Die Ernte ist gering. Befallene Pflanzen entfernt man. Außerdem bekämpft man Blattläuse und Blasenfüße, weil sie die Krankheit verbreiten.

Zierpflanzen
Zahlreiche Viruskrankheiten können Zierpflanzen infizieren. Diese Krankheiten, meist vom Mosaiktyp, zeigen sich im wesentlichen an den Blättern und beeinträchtigen das Wachstum der Pflanzen. Die Blüten sind oft mißgebildet, und die Blütenblätter zeigen weiße Streifen. Die Entwicklung bleibt zurück.

Alle kranken Pflanzen sind zu entfernen, ehe sich die Krankheit weiter ausbreitet.

Unkräuter – Wildpflanzen, die im Garten unerwünscht sind

Wildpflanzen, die im Rasen, in Gemüsebeeten oder in Blumenrabatten wachsen, werden von Gärtnern häufig Unkräuter genannt. Diese Bezeichnung ist nicht ganz glücklich gewählt, weil viele von ihnen, wie z. B. der Löwenzahn, die Kamille und die Brennessel, in erster Linie als Heilkräuter bekannt sind. Wenn sie aber an solchen Stellen im Garten auftauchen, wo sie der Gärtner nicht haben möchte, etwa zwischen Himbeerruten, Erdbeerpflanzen oder im Steingarten, dann werden sie als Unkräuter bezeichnet.

Unkräuter konkurrieren mit den Kulturpflanzen um Licht, Wasser und Nährstoffe und können außerdem die Ausbreitung von Schädlingen und Krankheiten begünstigen. Das Hirtentäschelkraut z. B. wird vom Kohlerdfloh und von der Kohlhernie befallen, die an den meisten Kohlarten Schäden anrichten. Disteln dienen der Schwarzen Bohnenlaus als Wirtspflanzen. Bei kühlem, feuchtem Wetter entstehen viele Krankheiten, wie etwa der Grauschimmel. Wenn die Luftzirkulation um die Pflanzen durch Unkräuter behindert wird, erhöht sich die Luftfeuchtigkeit. Dadurch kann es zu pilzlichen Erkrankungen kommen.

Mechanische Bekämpfung

Am besten bekämpft man Unkraut durch Hacken und Umgraben des Bodens. Dadurch wird gleichzeitig das Wachstum der Zier- und Nutzpflanzen angeregt, weil Luft und Feuchtigkeit an die Wurzeln gelangen. Wer regelmäßig zwischen Gemüse, Rosen und ausdauernden Pflanzen jätet, ist die Unkräuter für die meiste Zeit des Jahres los.

Will man Unkräuter mit den Methoden des biologischen Land- und Gartenbaus bekämpfen, dann gräbt man sie unter. Unkraut kommt dann nicht hoch, wenn man das Saatbeet einige Wochen vor der Aussaat bearbeitet. Ehe die Kulturpflanzen ausgesät werden, keimen die Unkräuter und können gejätet werden. Außerdem läßt sich durch eine bestimmte Fruchtfolge verhindern, daß verschiedene Wildpflanzen überhandnehmen.

Chemische Bekämpfungsmittel

In der Regel setzt man heutzutage im Kleingarten keine chemischen Präparate zur Bekämpfung von Unkräutern mehr ein. Durch verschiedene umweltfreundliche Methoden lassen sich die meisten Unkräuter niederhalten.

Abflammen mit Propangas

Man kauft eine Propangasflasche und einen Flammkopf, der an die Flasche angeschlossen wird. Mit dieser Flamme kann man, ehe die Beete bepflanzt werden, Unkräuter abflammen. Sollten die Unkräuter aufgehen, nachdem gesät wurde und noch ehe die Kulturpflanzen aufgehen, so ist eine weitere Behandlung möglich, ohne daß die Keimlinge im Boden geschädigt werden.

Bei einzelnen Kulturen kann auch noch später in den Reihen abgeflammt werden. Hierbei darf man jedoch nicht zu nahe an die Kulturpflanzen herangehen. Entlang von Zäunen ist ebenfalls ein mehrmaliges Abflammen in einem Jahr möglich.

Einsatz von Kalkstickstoff

Wenn das Wetter feucht ist, wird dieses Düngemittel auf Pflanzen ausgestreut. Dabei setzt ein chemischer Prozeß ein. Es entsteht durch Wasser (Feuchtigkeit) eine Verbindung, die wie ein Ätzmittel auf die Blätter wirkt. Nicht nur auf Pflanzen übt der Kalkstickstoff eine Wirkung aus, sondern auch auf verschiedene Schadpilze im Boden. Im zeitigen Frühjahr kann Kalkstickstoff auch im Rasen eingesetzt werden. Hier muß die vorgeschriebene Aufwandmenge streng eingehalten werden. Wenn man Kalkstickstoff im Rasen verwendet, wirkt er vor allem gegen Moos und breitblättrige Pflanzen. Hat man Kalkstickstoff auf Saat- und Pflanzbeete gebracht, dann sollte man ungefähr zwei Wochen verstreichen lassen, ehe man sät oder pflanzt. Auf kalkreichen Böden sollte nicht zu häufig Kalkstickstoff eingesetzt werden. Dagegen wirkt er sich auf sauren Böden allgemein sehr günstig aus. Gering oder überhaupt nicht wirkt der Kalkstickstoff auf viele Zwiebelgewächse und Gräser.

Branntkalk

Auf sauren Böden wird durch ungelöschten Branntkalk nicht nur die Qualität des Bodens verbessert, sondern

Ackerkratzdistel

Ackerschachtelhalm

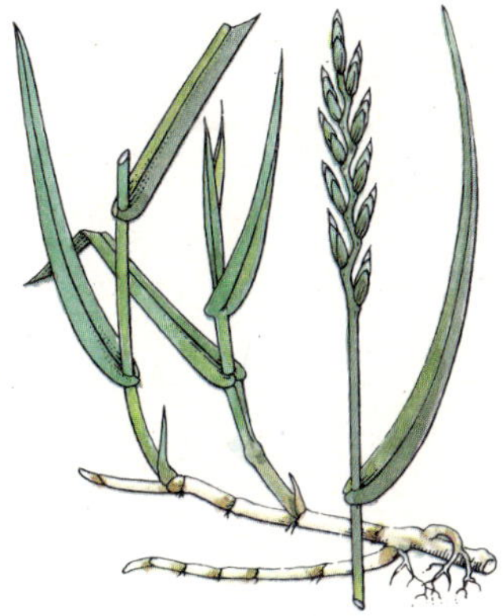

Ackerwinde

Gemeine Quecke

gleichzeitig werden auch junge Unkräuter und Schnecken damit bekämpft. Wildpflanzen, die sauren Boden lieben, gehen zurück, wenn man Kalk ausstreut. Wo Moos häufiger auftritt, kann man im Herbst die Flächen mit Branntkalk behandeln. Durch Kalk wird außerdem die Ausbreitung der Kohlhernie gehemmt. Wenn kalkfeindliche Pflanzen in einem sauren Boden wachsen, darf nicht mit Branntkalk gearbeitet werden.

Ackergänsedistel *Sonchus arvensis*
Diese mehrjährige Pflanze breitet sich durch unterirdische Sprosse aus. Sie hat große, löwenzahnartige Blätter, blüht gelb und ist auf Ackerland und in Gärten zu finden.

Ackerkratzdistel *Cirsium arvense*
Diese mehrjährige Pflanze, die sich zäh behauptet, blüht rötlichlila. Sie wächst auf fast allen Böden, am häufigsten aber auf Grasland.

Ackerschachtelhalm *Equisetum arvense*
Der mehrjährige Schachtelhalm, auch Zinnkraut genannt, vermehrt sich durch Sporen und Rhizome. Er wächst vor allem auf Sand- und Tonböden.

Ackerwinde *Convolvulus arvensis*
Die fleischigen, kriechenden Wurzeln können in einer Wachstumsperiode mehr als 1 m^2 durchziehen. Dieses Unkraut vermehrt sich außerdem durch Samen.

Breitwegerich *Plantago major*
Die platt an den Boden angedrückten Blattrosetten sind vor allem auf Wiesen häufig anzutreffen. Die Pflanze ist mehrjährig und trägt im Sommer lange Blüten.

Gamanderehrenpreis *Veronica chamaedrys*
Er bringt blaue, vierzipfelige Blüten mit einer weißen Mitte hervor. Häufig tritt er im Rasen auf und breitet sich dort rasch aus. Selbst kleine Stengelteile bewurzeln sich.

Gemeine Quecke *Agropyron repens*
Dieses mehrjährige Gras, das lange unterirdische Ausläufer bildet, ist ein hartnäckiges Unkraut.

Gemeines Greiskraut *Senecio vulgaris*
Es gehört zu den Unkräutern, die am häufigsten vorkommen, und wächst vor allem auf schweren, feuchten Böden. Durch seine rasch heranreifenden Früchtchen breitet sich diese einjährige Pflanze sehr stark aus.

Nach der Blüte sehen die Körbchen mit den weißbehaarten Früchtchen wie Greisenhäupter aus; daher der Name Greishaupt.

Gemeine Schafgarbe *Achillea millefolium*
Die meist weiß, aber auch rosa blühende Schafgarbe ist ein mehrjähriges Rasenunkraut. Sie besitzt ein Ausläufer bildendes Rhizom.

Giersch

Gemeines Greiskraut

Große Brennessel

Hirtentäschelkraut

Huflattich

Löwenzahn

Sauerampfer

Spitzwegerich

Gemeines Hornkraut *Cerastium fontanum*
Die mehrjährige Pflanze hat unscheinbare weiße Blüten und wächst gern auf nährstoffreichen, durchfeuchteten Böden. Im Rasen behauptet sie sich besonders hartnäckig.

Giersch *Aegopodium podagraria*
Das weißblühende Doldengewächs ist mehrjährig. Es vermehrt sich durch Rhizomabschnitte und ist häufig in Gärten anzutreffen.

Große Brennessel *Urtica dioica*
Diese mehrjährige Pflanze, die man häufig an Straßenrändern und an Hekken sieht, wächst auch im Rasen und zwischen Steinplatten. Sie vermehrt sich durch Samen.

Hirtentäschelkraut *Capsella bursa-pastoris*
Diese ein- und zweijährige Pflanze mit kleinen weißen Blüten hat eine lange Pfahlwurzel. Sie ist häufig auf ungenutzten Flächen und im Rasen zu finden.

Huflattich *Tussilago farfara*
Er ist mehrjährig und hat einen kriechenden Wurzelstock. Die gelbblühende Pflanze wächst überall, besonders auf kahlen Flächen.

Jakobskraut *Senecio jacobaea*
Es ist zwei- und mehrjährig und besitzt ein kurzes, dickes Rhizom. Die gelbblühende Pflanze findet sich häufig an Straßenrändern, in Gärten und auf ungenutzten Flächen.

Kriechender Hahnenfuß *Ranunculus repens*
Er treibt nach allen Richtungen Ausläufer, die sich in Abständen an den Knoten bewurzeln. Er breitet sich auch durch Samen aus. In kurzer Zeit kann er eine große Rasenfläche erobern.

Löwenzahn *Taraxacum officinale*
Der mehrjährige Löwenzahn bildet eine lange Pfahlwurzel aus. In Gärten ist er vor allem im Rasen zu finden.

Mittlerer Wegerich *Plantago media*
Die mehrjährige Pflanze hat ein kurzes, dickes Rhizom. Sie wächst im Rasen und bevorzugt kalkhaltige Böden.

Niederliegendes Mastkraut *Sagina procumbens*
Die niederliegenden Stengel der mehrjährigen Pflanze bewurzeln sich, wo sie die Erde berühren. Das Mastkraut wächst an feuchten Stellen und auf ungenutzten Flächen.

Rote Taubnessel *Lamium purpureum*
Die einjährige Rote Taubnessel, die keine Brennhaare besitzt, vermehrt sich durch Samen. In Gärten und auf ungenutzten Flächen ist sie häufig anzutreffen.

Sauerampfer *Rumex acetosa*
Er ist mehrjährig, wurzelt ziemlich tief und blüht rötlichgrün. Man findet ihn überall, vor allem aber in sauren Böden.

Schmalblättriges Weidenröschen *Epilobium angustifolium*
Die mehrjährige Pflanze besitzt ein kriechendes, fleischiges Rhizom. Sie blüht tiefrosa und wächst häufig im Halbschatten. In Gärten kommt sie nicht allzu häufig vor. Sie liebt lockere, stickstoffhaltige Böden.

Spitzwegerich *Plantago lanceolata*
Der mehrjährige Spitzwegerich vermehrt sich durch Samen. Man kann ihn leicht an seinen lanzettlichen Blättern erkennen. Er wächst im Garten vor allem im Rasen, aber auch die Wegränder besiedelt er.

Vogelknöterich *Polygonum aviculare*
Er ist einjährig, hat eine harte, sich verzweigende Pfahlwurzel und blüht rötlich. In Gärten wächst er vor allem in sandigen Böden und an Wegen; er ist trittunempfindlich.

Vogelmiere *Stellaria media*
Die einjährige weißblühende Pflanze wächst häufig in Gärten. In schweren, reichen Böden kommt sie besonders gut voran.

Weißer Gänsefuß *Chenopodium album*
Diese Pflanze mit ihren mehlig bestäubten Blättern und Blütenständen bevorzugt ammoniakhaltige Böden und wächst auch an Wegen.

Vogelmiere

Weißer Gänsefuß

Der biologische Land- und Gartenbau

Der Ruf nach einer gesunden und natürlichen Lebensweise gründet in der Erkenntnis, daß unsere stark strapazierte Umwelt geschützt werden muß. Die Zeiten, in denen Hobbygärtner starke chemische Mittel bedenkenlos für die Düngung und Schädlingsbekämpfung eingesetzt haben, sind vorbei. Man kehrt zu den altbewährten Methoden des Gartenbaus zurück und bringt Nahrungsmittel auf den Tisch, die von schädlichen Rückständen weitgehend frei sind. Im folgenden Kapitel werden die Grundzüge des biologischen Land- und Gartenbaus dargestellt, einer wichtigen Alternative zu den Methoden des herkömmlichen Gartenbaus.

Der biologische Land- und Gartenbau

I. Allgemeine Grundsätze

Wenn man eine Mischkultur anlegen will, pflanzt man nur solche Gemüsearten zusammen, die sich vertragen. Gesunde, kräftige Pflanzen und reiche Ernte sind der Lohn

Der Begriff biologisch hat in den vergangenen Jahren einen Bedeutungswandel erfahren. Verstand man früher darunter die Beschreibung der Natur, des Lebens auf der Erde, insbesondere des Tier- und Pflanzenreichs, so ist er heute zu einem fast kämpferischen Ruf geworden, sich freizumachen von den Zwängen einer überindustrialisierten, mit chemischen Schadstoffen belasteten Umwelt und besonders eines chemisch orientierten Landbaus.

Auch im Gartenbau haben sich diese Zwänge breitgemacht, verführt durch die verlockende Werbung, der Hobbygärtner möge sich doch die Arbeit leichter und den Erfolg sicherer machen durch chemische Spritzmittel und einige Universaldünger.

Man sollte jedoch bedenken: Kein Berufsstand, der des Apothekers eingeschlossen, hat mit so vielen Fremdstoffen und Giften zu tun, wie es heute bei Landwirten und Gärtnern verbreitet ist und auch bei Hausgärtnern üblich wurde. Produktion und Handel werden überwacht und unterliegen strengen gesetzlichen Vorschriften. Bei der Anwendung der Produkte ist der Verbraucher jedoch nicht gebunden und sich oftmals der Gefahren nicht bewußt, die entstehen, wenn zu viele chemische Mittel im Garten angewendet werden.

Nahrungsmittel werden nur stichprobenartig kontrolliert und – wenn man bedenkt, wie viele chemische Mittel auf den Markt kommen – unzureichend ausgeführt. Bei Kleinbetrieben sind Kontrollen oft gar nicht möglich, und im Hausgarten werden sie überhaupt nicht durchgeführt. Welcher Gartenfreund führt schon darüber Buch, wann und was gespritzt wurde und welche Wartezeiten bis zur Ernte und zum Verzehr von Obst und Gemüse eingehalten werden müssen? Und wie sieht es mit den Rückständen der Pflanzenschutzmittel aus, die im Garten versprüht werden? Man liest zwar, wie gut sie wirken, doch man liest auch gelegentlich von Unfällen und von der Rücknahme von Präparaten, die noch vor kurzem hoch gelobt und viel verkauft worden sind.

Obgleich in den vergangenen Jahrzehnten sehr viele chemische Mittel im Kampf gegen Schädlinge gespritzt worden sind, gibt es immer noch sehr viele oder gar noch mehr als früher. Sie werden zum Teil resistent gegen das eine oder andere Mittel und sind dann schwerer zu bekämpfen als einst. Und auch Pilzkrankheiten lassen sich nicht ausrotten. Immer stärkere Mittel müssen eingesetzt werden, und die Natur paßt sich immer schneller neuen Präparaten an.

Das sind Fragen, die den biologischen Gärtner bewegen. Er hat es sich zum Ziel gesetzt, Schädlinge und Krankheiten mit anderen Mitteln zu bekämpfen – mit natürlichen, also biologischen Methoden. Und auf diese Weise soll auch gedüngt werden.

Wenn die modernen Zier- und Nutzpflanzen auch nicht mehr so widerstandsfähig sind wie die Wildpflanzen und daher die Hilfe des Gärtners brauchen, um gesund zu bleiben, so sind es doch Lebewesen. Sie brauchen keinesfalls nur Kraftfutter und Pflanzenschutzmittel, um gedeihen zu können. Alle Methoden des biologischen Anbaus haben das längst bewiesen. Jeder Hobbygärtner, der ähnlich denkt, demonstriert es in seinem Garten. Im Hausgarten unterliegt man nicht den ökonomischen Zwängen der Landwirtschaft und des Erwerbsgartenbaus, möglichst viel Obst und Gemüse preiswert zu erzeugen. Aus diesem Grund können sich Bauern und Erwerbsgärtner oft nur schwer von den derzeitigen Anbaumethoden distanzieren. Freizeitgärtner unterliegen nicht den Regeln der Marktwirtschaft. Sie sind daher in der Lage, umweltschonende Methoden anzuwenden. Ein Weg dazu ist der naturgemäße biologische Anbau. Der Boden, die Pflanzen, die Tiere, die Menschen und die Umwelt werden bei dieser Methode geschont.

Die Regeln des biologischen Anbaus

1. Boden bedeutet Leben. In ihm befindet sich eine Gemeinschaft kaum vorstellbarer Mengen verschiedenster Lebewesen. So enthält z. B. ein Fingerhut voll guter Erde bis zu zehn Millionen Organismen. Je besser diese Lebensgemeinschaft ernährt, gepflegt und erhalten wird, um so gesünder und fruchtbarer ist der Boden.
2. Nur in einem gesunden Boden gedeihen widerstandsfähige Pflanzen, die eine gesunde Nahrung darstellen. Und eine gesunde Nahrung hält auch die Lebewesen, die sie verzehren, gesund.
3. Die Natur kennt nur die Vielfalt. Monokulturen sind ihr fremd. Der Gartenfreund sollte es ihr also nachmachen und möglichst viele Pflanzenarten kultivieren. Besonders empfehlenswert ist der Anbau von Mischkulturen.
4. In der freien Natur leben nur solche Pflanzen in enger Nachbarschaft beieinander, die sich gut miteinander vertragen. Sie fördern sich gegenseitig in vielfältiger Art und Weise. Auch hierfür gilt: Man macht es der Natur nach und pflanzt keine Gewächse nebeneinander, die nicht miteinander harmonieren.
5. In der freien Natur siedeln sich an den jeweiligen Standorten nur solche Pflanzen an, denen gerade dieser Platz in bezug auf das Klima, die Zusammensetzung des Bodens und die Niederschlagsmenge zusagt. Pfirsiche gedeihen nicht im Gebirge, und Alpenrosen werden nicht in der Ebene wachsen. Der Gartenliebhaber pflanzt aber häufig standortfalsch und wundert sich, wenn diese Pflanzen nicht gedeihen, kümmern oder krank werden.
6. Bakterien, Kleinsttiere, Würmer usw. leisten Ungeheures in der Natur. Sinnvoll ist es also, sich ihrer im Garten zu bedienen und sie nicht zu vertreiben durch überhöhte Mineraldüngergaben, Pflanzenschutzmittel aller Art und eine falsche Bearbeitung des Bodens.
7. In der freien Natur herrscht üblicherweise ein Gleichgewicht zwischen Schädlingen und Nützlingen. Wo dies nicht zutrifft, greift die Natur rasch regulierend selbst ein. Wäre dies nicht so, so gäbe es wesentlich weniger Pflanzenarten auf der Erde und viele wären durch Schädlinge ausgerottet worden.

Wenn man aber die Schädlinge durch Pflanzenschutzmittel vernichtet – das können chemische Mittel, aber auch natürliche Produkte sein –, so tötet oder schädigt man auch die Nützlinge, z.B. Vögel, Lurche und Insekten. Auch nützliche Pflanzen können durch chemische Mittel in ihrer Existenz bedroht werden. Mancher Hausgärtner beraubt sich so selbst der besten Helfer im Garten.
8. Gesundes Obst und Gemüse zu erzeugen ist der wichtigste Grundsatz des biologischen Anbaus. Nicht ein Höchstertrag, nicht ein makelloses Aussehen werden angesteuert: Man will den guten, reinen Geschmack von Obst und Gemüse erzielen, einen hohen Nähr- und Sättigungswert, eine gute Lagerfähigkeit, jedoch sollten die Gartenerzeugnisse keine chemischen Rückstände enthalten. Man möchte auch keine Früchte haben, die durch hohe Düngegaben hochgetrieben wurden, die zuviel Wasser enthalten und durch einen hohen Nitratgehalt belastet sind.

Sind das Traumvorstellungen? Nein! Man weiß – und viele Hausgärtner bestätigen es –, daß diese Wünsche erfüllbar sind und ihre Erfüllung nicht mehr, sondern eher weniger Geld kostet. Allerdings muß man beim biologischen Anbau mehr wissen, vorausplanen und auch etwas mehr arbeiten als beim herkömmlichen Gartenbau.

II. Boden und Anbau

Allgemeine Regeln

Wie werden nun die obengenannten Forderungen erfüllt, welche Methoden sind erprobt und zuverlässig?

Die Behandlung des Bodens und der Pflanzen sind gleich wichtig. Ein sinnvoller Pflanzenschutz beginnt bereits damit, daß man nur solche Pflanzen auswählt, die sich für einen bestimmten Standort eignen. Außerdem müssen die Pflanzen sorgfältig gepflanzt werden.

1. Der Boden

Beim biologischen Anbau wird die jahrtausendealte Humuswirtschaft ausschließlich angewendet, doch auch die modernen Erkenntnisse auf dem Gebiet der Pflanzenernährung werden nicht ungenutzt gelassen. Man düngt nicht mehr die Pflanzen, sondern ernährt in erster Linie die im Boden lebenden Organismen. Ausscheidungs- und Verwesungsprodukte werden die Pflanzenwurzeln mit Nahrung versorgen. Einige der wichtigsten Regeln des biologischen Land- und Gartenbaus lauten:
a) Nicht mehr tief umgraben! Die Bodenlockerung übernehmen die Wurzeln der Pflanzen und die im Boden lebenden Tiere. Es gibt nämlich zwei sehr unterschiedliche Bodenschichten: eine gut belüftete Zone, die ungefähr 5–15 cm tief sein kann, und die tiefer gelegene, sauerstoffarme, völlig dunkle und meist feuchte Zone. In beiden leben jeweils sehr gut dort angepaßte Lebewesen. Bringt man durch Umgraben diese Schichten durcheinander, so dauert es lange Zeit, bis die Besiedlung wieder optimal ist. Aufgabe des biologischen Gärtners ist es nun, die gut durchlüftete obere Zone zu vertiefen, z. B. mit Hilfe eines Kultivators oder Sauzahns. Sonst aber läßt man arbeiten. Um eine gute Krümelstruktur zu erreichen, braucht man sich also nicht mehr abzurackern.
b) Die im Boden lebenden Organismen werden gefüttert: Man läßt die Wurzeln der abgeernteten Pflanzen im Boden und sorgt durch Gründüngung und Kompostauflagen dafür, daß die unsichtbaren Helfer möglichst viel stickstoffreiche Nahrung erhalten. Kompost ist stets eine reiche Stickstoffquelle, und wichtige Gründüngungspflanzen sind Leguminosen mit ihren stickstoffhaltigen Knöllchen an den Wurzeln.

Wenn der Boden ausgesprochen nährstoffarm ist, kann man einen rein organischen Dünger verwenden. Tierischer Dünger, etwa Hornmehl oder Knochenmehl, eignet sich gut. Das in organischen Düngemitteln nicht enthaltene Kali gewinnt man aus Holzasche oder holzhaltigem Material, z. B. aus Sägespänen, Baum- und Heckenschnitt. Im übrigen sollen die Kleinlebewesen im Boden das Kali aus dem Erdreich freisetzen. So enthalten die bekannten Kothäufchen des Regenwurms etwa zehnmal soviel Kali wie der umliegende Boden. Dieses Kali steht dann den Pflanzen zur Verfügung.

c) In der Natur ist der Boden, außer in Wüsten, stets mit Pflanzen besetzt. Der Hausgärtner macht es konsequent genauso und sorgt durch eine Vor-, Haupt- und Nachkultur auf den Beeten dafür, daß der Boden stets von Pflanzen bedeckt ist. Dabei werden für die Vor- und Nachkultur Pflanzen gewählt, die, wie die Leguminosen, den Boden mit Stickstoff anreichern. Man wählt Pflanzen, z. B. Spinat, die sehr viele Blätter hervorbringen, mit denen sie den Boden bedecken, locker und krümelig machen oder die, wie beispielsweise der Senf, für die Bodenhygiene sorgen und so helfen, Krankheiten vorzubeugen. Haben diese Vor- und Nachkulturen ihre Aufgabe erfüllt, so werden sie abgeschnitten und kommen auf den Kompost. Man kann sie auch vom Spätherbst an einfach auf dem Beet stehenlassen. Schnee und Frost legen die Pflanzen um. Sie bedecken und erwärmen dann den Boden und verrotten gleichzeitig. Die Reste sind die Startnahrung für das erwachende Bodenleben im Frühjahr, Übriggebliebenes wird im Frühjahr abgeharkt.

Auch Häcksel aus Stroh oder Gartenabfällen, etwa aus Stauden und Heckenschnitt, wie auch organische Bodenbedeckungsmittel, die unter den verschiedensten Namen im Fachhandel angeboten werden, erfüllen ihre Aufgabe. Torfmull sollte man jedoch nicht verwenden, ausgenommen bei Spezialkulturen. Er säuert den Boden zu stark an und wird von den im Boden lebenden Organismen als Nahrung kaum aufgenommen.

Von Jahr zu Jahr steigt so der Humusgehalt des Bodens. Er wird tiefer gelockert, belebter und damit fruchtbarer und braucht immer weniger zusätzlichen Dünger.

Praktische Hinweise

Wie der Biogärtner den Boden bearbeitet, wird im Folgenden nochmals zusammengefaßt.

Der wichtigste Punkt ist, den Boden nur mit dem Kultivator oder der Hacke oberflächig zu bearbeiten, ihn mit dem Sauzahn möglichst tief zu belüften. Nicht umgraben oder rigolen! Wurzeln und Würmer sollen den Boden bis in große Tiefen lockern. Deshalb sollte man auch nicht mit maschinellen Hacken arbeiten, denn dabei kommen zu viele Würmer um.

Jedes Jahr wird auf den Boden eine ungefähr 1–2 cm dicke Schicht selbst hergestellten Komposts aufgebracht. Frischkompost – also ein halbes bis ein Jahr altes Material – wird nicht eingearbeitet, sondern bleibt oben auf der Erde liegen. Reifekompost – er ist zwei bis drei Jahre alt – wird in den Pflanzrillen und den Pflanzlöchern verwendet oder kann 10–15 cm tief in das Erdreich eingearbeitet werden. Will man schneller, als bisher beschrieben, einen noch besseren Kompost erzeugen, dann kann man das Material folgendermaßen bearbeiten:

a) Sind zuwenig Würmer im Kompost – mindestens 20 Würmer sollte man mit einer Grabgabel voll Kompostmaterial aus der oberen Schicht des Haufens herausholen können –, dann kauft man sich sogenannte Kompostwürmer. Wo man sie erhält, erfährt man aus dem Anzeigenteil von Gartenfachzeitschriften. Die Ausgabe für Kompostwürmer ist einmalig und lohnt sich, denn die Tiere vermehren sich sehr rasch und sind außerdem ortsfest.

b) Wenn man einen Komposthaufen Schicht um Schicht aufsetzt oder einen Silo auffüllt, sollte man bei jeder Schicht stets etwas Blutmehl, feinstvermahlene Hornspäne oder einen organischen Mischdünger aufstreuen. Ungefähr 200 g auf 1 m^2 genügen. Diese Zusätze sind das erste

Ein Grabspaten ist im biologischen Gartenbau überflüssig; die Regenwürmer „graben" den Boden um. Dagegen braucht man einen Sauzahn (links), mit dem man den Boden belüftet, und einen Kultivator (rechts), mit dem man die Oberfläche lockert

Wie in der Natur läßt man die Erde auch im eigenen Garten nicht unbedeckt. Als Bodendecker pflanzt man Leguminosen an, oder man verteilt Stroh auf dem Boden

Futter für Kompostbakterien, die sich so noch schneller vermehren.
c) Außerdem kann man auf jede Lage ungefähr 500 g feines Gesteinsmehl oder Tonmineral (Betonit, Montmorillonit) auf 1 m^2 streuen und ungefähr zwei bis drei Schaufeln Sand oder Gartenerde auf 1 m^2 zugeben. Das Tonmineral oder Gesteinsmehl dient der Mineralversorgung, der Bildung von Ton-Humus-Komplexen, und überdies benötigen die Würmer das rauhe Material zur Verdauung.
d) Durch Kompostaktivator oder Kompoststarter, die im Handel erhältlich sind, kommt die Rotte schneller in Schwung und erhitzt sich besser.
e) Der Komposthaufen, die Kompostmiete oder der Silo wird immer von oben abgedeckt. Man muß den Inhalt leicht feucht halten. Damit nicht zuviel Luft und kein Wind an den Silo herankommen, umgibt man ihn mit Schilfmatten. Dem Befeuchtungswasser wird etwas flüssiger Algenextrakt, Guano oder auch Hefeextrakt und Zucker (2 Eßlöffel auf 10 l) zugefügt. Diese Stoffe wirken auf das Kompostleben wie ein Elixier, und sie verbessern zugleich die Kompostqualität. Denn die Bakterien und Tiere, die im Kompost leben, sollen das aufgeschichtete Material zersetzen und fruchtbar machen, und, hat man es vorher bereits zerkleinert, ein Umsetzen ersparen.
f) Auf den alten Streit zwischen den Verfechtern des Frischkomposts und denen des Reifekomposts wird hier nicht eingegangen, sondern man verwendet ganz einfach beide, vorausgesetzt natürlich, daß ausreichend Platz dafür vorhanden ist.

Der Reifekompost lagert mindestens zwei, besser noch drei Jahre. Ist er milde und abgelagert, dann sind alle Umsetzungsreaktionen beendet. Er wird zur Anzucht von Jungpflanzen, für die Saatrille oder das Pflanzloch verwendet, kann aber auch in den Boden eingearbeitet werden, da keine Umsetzungsprozesse, die das Bodenleben stören würden, mehr zu befürchten sind.

Der Frischkompost dagegen bleibt auf dem Boden, wird nicht eingearbeitet und keinesfalls zur Pflanzenanzucht verwendet.
g) Es werden Sonderkomposte bereitet, z. B. aus Laub, Heckenschnitt und Sägemehl. Diese Materialien ergeben einen etwas sauren, sehr kohlenstoffhaltigen Kompost, der zur Bodenbedeckung aller im Wald wachsenden Pflanzen, wie Himbeeren, Brombeeren, Heidelbeeren, Nadelgehölzen, Rhododendren, Heidekrautgewächsen u. ä., dient.

Der Zeitungskompost ist zwar nicht sehr nährstoffhaltig, trägt aber hervorragend zur Lockerung des Bodens bei. Pappe, Tageszeitungen – farbige Zeitschriften oder Farbdrucksachen dürfen wegen ihres Schadstoffgehalts nicht verwendet werden – werden feucht gemacht, zerkleinert, am besten im Häcksler, und lagenweise zu einer Miete aufgeschichtet oder in den Silo eingefüllt.

Zwischen jede etwa 15 cm hohe Papierlage kommt eine dünne Zwischenlage aus Laub, Grasschnitt, Heckenschnitt, Holzwolle o. ä. zur

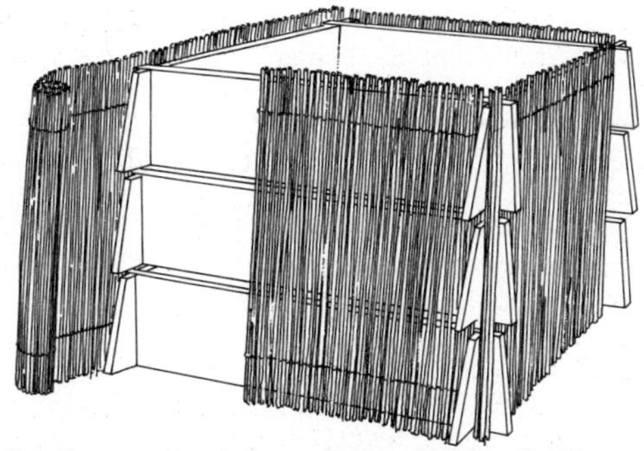

Der Kompostsilo wird zum Schutz mit einer Schilfmatte umgeben. Sie bewirkt, daß sich der Kompost stärker erwärmt. Dadurch verrottet er schneller. Auch die Komposttierchen (unten) helfen, das Material zu zersetzen

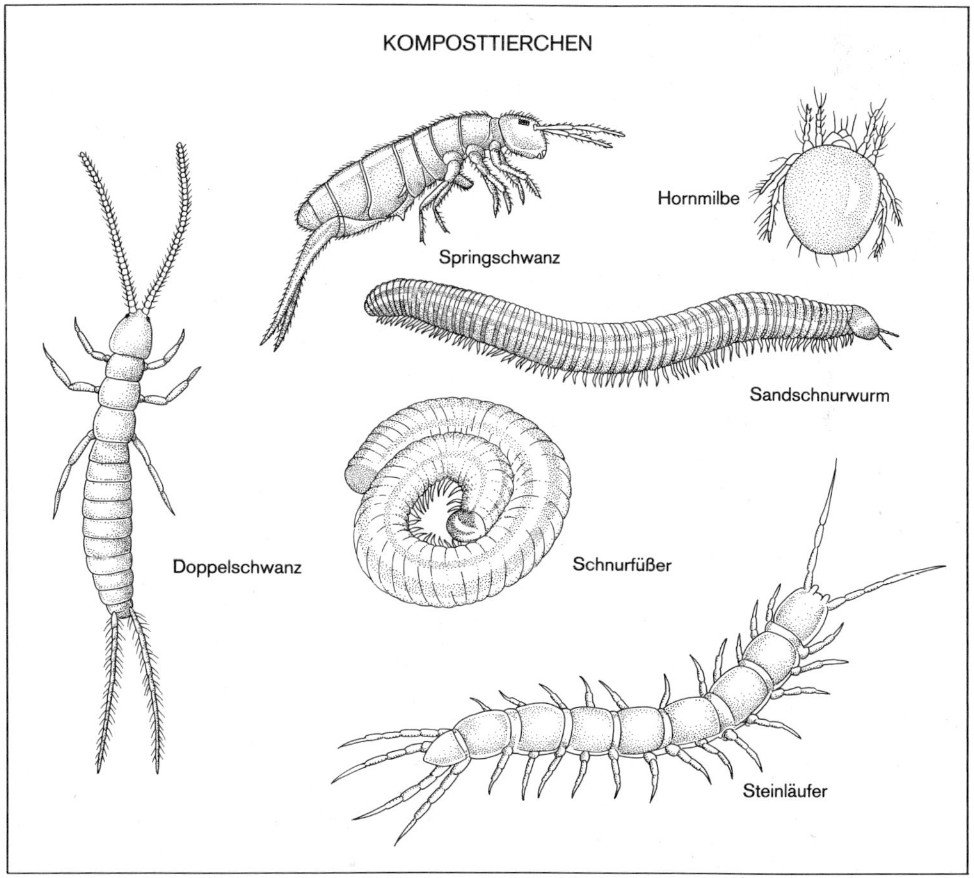

Große Brennessel

Ackerschachtelhalm

Rainfarn

Wurmfarn

besseren Durchlüftung. Stickstoffreiche Kompostbeschleuniger (Blutmehl, feinstes Hornmehl), Steinmehl und Sand, wie oben beschrieben, kommen hinzu, sie sind unbedingt notwendig! Man sollte möglichst so viel Material auf einmal verarbeiten, daß eine volle Miete, ein voller Silo erreicht werden. Der Inhalt sackt in der Regel um ungefähr die Hälfte zusammen. Man kann also nach einigen Wochen noch einmal auffüllen.

Nach der ersten Erwärmungsperiode – es werden Temperaturen bis zu 50 °C erreicht – füllt sich die Miete schnell mit Kleinstlebewesen, und viele Würmer wandern ein. Eine solche Miete, im Juli aufgesetzt, ergibt im nächsten April ohne Umsetzen einen verwendungsfähigen Kompost: weich, mulmig, mit hoher Wasserhaltekraft, aber nicht sehr nährkräftig. Mittel oder stark zehrende Pflanzen benötigen einen organischen Zusatzdünger, um kräftig wachsen zu können.

h) Bekommt man noch tierische Düngestoffe, wie Stallmist, Haare, Federn, so bereitet man aus diesen Materialien ebenfalls einen Spezialkompost. Er ist sehr nährkräftig und dient als Kraftfutter, wenn er nach ein bis zwei Jahren voll vererdet ist. Der erfahrene Gärtner setzt all diese Komposte ein.

Organische Düngemittel

Groß ist die Menge organischer Düngestoffe, die man außer dem Kompost dem Boden zusätzlich zuführen kann. Hier wird nur eine Auswahl beschrieben.

Man unterscheidet zwischen den wirtschaftseigenen, also den selbsthergestellten Düngern, und den Handelsdüngern, die man kaufen kann. (Auch die zuerst genannten sind heute vielfach im Handel erhältlich.)

Unter wirtschaftseigenen Düngemitteln versteht man alle Arten tierischen Düngers: Rinder-, Schweine-, Pferde-, Hühner-, Tauben- und Kaninchenmist. Sie eignen sich ideal für den Boden, denn er braucht „Tierisches“, um optimal versorgt zu sein.

Diese Dünger dürfen nicht frisch verwendet werden, sondern erst, nachdem sie gut verrottet sind. Sie werden nicht tief in den Boden eingebracht, sondern nur leicht untergezogen oder auf den Boden aufgestreut.

Auch die immer beliebter werdenden Pflanzenjauchen zählen zu diesen Düngern. Sie haben, je nach der verwendeten Pflanzenart und Herstellung, eine zum Teil erstaunliche Wirkung.

Die Basispflanze für Jauchen ist stets die Brennessel. Ackerschachtelhalm, Farnarten, Wermut, Zwiebeln (immer ganze Pflanze, immer gehackt) sowie Gewürz- oder Heilpflanzen werden je nach dem Verwendungszweck hinzugefügt.

Die Herstellung ist einfach. Ein Holz- oder Plastikfaß – keine Metalltonne – wird zu zwei Dritteln locker mit Brennesseln und zu einem Drittel beispielsweise mit Ackerschachtelhalmkraut gefüllt. Etwas Zwiebeln gibt man hinzu und vielleicht – wenn man hat – eine Handvoll Lavendel, Thymian, Rosmarin oder Kamille. Dann wird das Gefäß mit Wasser gefüllt und abgedeckt, so daß Vögel nicht darin ertrinken können. Das Faß sollte an einem schattigen Ort stehen oder wird mit Matten gegen direkte Sonneneinwirkung abgeschirmt.

Ein- bis zweimal täglich wird umgerührt, und die nach oben schwimmenden Pflanzen werden untergestoßen. Dabei sollte viel Luft in die Brühe eindringen. Nach einigen Tagen fängt der Inhalt an zu gären und kräftig zu stinken. Nun fügt man täglich ein bis zwei Hände voll Steinmehl hinzu, um den Geruch zu mildern und den Inhalt noch zu verbessern. Nach acht bis zwölf Tagen, je nach der Temperatur, hat sich der Inhalt zersetzt. Man sieht keine Blätter mehr; nur Brennesselstiele sind übriggeblieben. Die

Jauche ist fertig. Zur Anwendung auf den Boden verwendet man sie im Verhältnis 1:4. Man nimmt also eine Gießkanne, die 10 l faßt, füllt 2 l Jauche und 8 l Wasser ein. Gießt man die Jauche direkt auf die Pflanzen, dann muß sie 1:9 verdünnt werden. Die Wirkung verblüfft immer wieder: ein lockerer, krümeliger Boden, üppig wachsende Pflanzen, meist keine Schädlinge.

Ähnliche, aber speziellere Wirkungen erzielt man mit Pflanzenbrühen oder Kurzzeitauszügen. So z. B. mit dem 12-Stunden-Kaltwasserauszug der Brennessel gegen Läuse aller Art.

Weitere Düngemittel, die im Hausgarten anfallen, sind z. B. Hefereste. Wer seine Äpfel vermostet, aus Trauben und Johannisbeeren einen Hauswein bereitet, kennt die Düngewirkung des Hefesatzes. Man gießt ihn auf die Kompostmiete oder verdünnt direkt auf die Beete.

Soweit zu den wirtschaftseigenen Düngern des Hausgärtners, die man heutzutage auch kaufen kann.

Es gibt getrockneten Rinderdung, Guano oder Hühnerdung, Brennessel- oder Ackerschachtelhalmpulver wie auch fertige Hefepräparate oder Gemische von tierischen Aminosäuren im Fachhandel.

Pflanzenjauche setzt man in einem Holzfaß oder Steinguttopf an. Damit keine Vögel in die Flüssigkeit fallen, deckt man die Gefäßöffnung mit einem Holz- oder Drahtrost ab

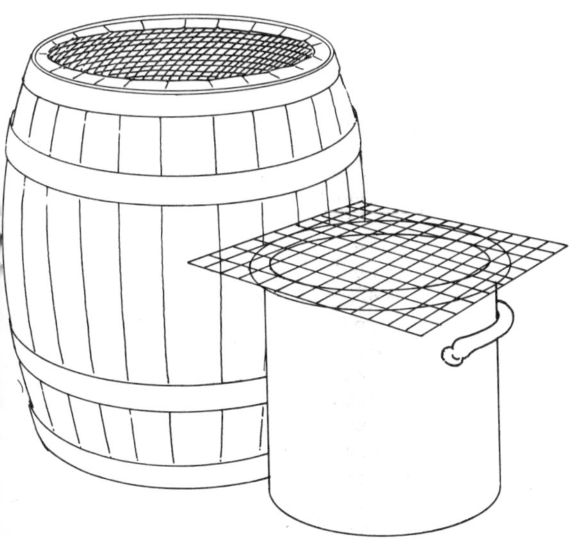

Organische Handelsdünger

Kaum übersehbar ist das Angebot organischer Handelsdünger, ob es sich nun um Einzeldünger, wie Blutmehl, Horn-, Algen- oder Knochenmehl, handelt oder um Algenkalk und Gesteinsmehl, die auch hierzu gerechnet werden. Viele Firmen stellen verschiedenartigste Mischungen her. Welche Nährstoffe sie enthalten, geht aus der Beschreibung hervor.

Der erfahrene Gärtner kommt mit wenigen Produkten aus. Außer dem selbsterzeugten Kompost benötigt er einen guten organischen Volldünger, möglichst fein vermahlenes Gesteinsmehl, ein Algenprodukt aus frischen Meeresalgen, die einen hohen Gehalt an Spurenelementen haben, sowie ein Kalkprodukt, vorzugsweise aus Korallen.

Der Hausgärtner braucht keine Wundermittel und keine schnell wirkenden, wasserlöslichen Mineraldünger, da sie zu hart wirken, die Pflanzen meist überernähren und das Bodenleben stören. Der Hobbygärtner wird stets mit Fingerspitzengefühl arbeiten und aus den Beobachtungen und Erfahrungen, die er macht, eine Lehre ziehen. Auch im biologischen Gartenbau ist noch kein Meister vom Himmel gefallen. Aber alles kann man mit der Zeit lernen. Man muß nur ein wenig Geduld haben, und schon nach zwei, drei Jahren hat man es heraus. Nach fünf Jahren ist man schon fast perfekt, hat den eigenen biologischen Garten – und ist stolz auf seine Leistung.

III. Pflanzen und Pflanzung

Allgemeine Regeln

Man pflanzt standortgerecht! Die Erfahrungen und das Wissen von Nachbarn und örtlichen Baumschulen berücksichtigt man. Verlockende Aussagen in Katalogen prüft man kritisch. Zum Experimentieren dient ein Kleingewächshaus. Auch Beete an der Südseite des Hauses sind geeignet, nicht aber der Garten, das Freiland. Was rund um den Bodensee gedeiht, wächst noch lange nicht im Gebiet der Alpen und schon gar nicht an der Nordseeküste.

Man sollte nur solche Gewächse nebeneinander pflanzen, die sich gegenseitig unterstützen, ja fördern. Welche Ziersträucher, Blumen oder Bäume gut miteinander harmonieren, erfährt man am besten in einer Baumschule oder Staudengärtnerei. Über Gemüsearten gibt die nachstehende Tabelle Auskunft, aufgestellt, bearbeitet wie auch erprobt von H. Rutz, Zürich, in Verbindung mit der Schweizerischen Gesellschaft für biologischen Landbau.

Neuzüchtungen mit angeblichen Wundereigenschaften gegenüber übe man Zurückhaltung. Bei Gemüsearten und mehr noch bei Obstgehölzen bevorzugt man die sogenannten alten Sorten, die meist eine hohe Widerstandskraft gegen Krankheiten und Schädlinge besitzen.

Praktische Hinweise

Es lohnt sich nicht, billiges Saatgut und billige Jungpflanzen zu verwenden. Die Jungpflanzen zieht man am besten selbst heran. Dies ist nicht allzu schwierig und macht viel Spaß.

Ganz wichtig ist ein Pflanzplan. Nach ihm richtet sich auch die Aussaat der eigenen Jungpflanzen. Auf den Samentüten steht alles Nähere, besonders die Aussaat- und die Pikierzeit.

Der biologische Gärtner pflanzt nur in Mischkultur. Dies ist ein moderner Ausdruck für den alten Begriff des Bauerngartens, in dem es kunterbunt, aber gesund zugeht. Kunterbunt also, aber mit System, das ist Mischkultur.

Viele Gartenbücher vermitteln genaue Anweisungen, wie eine Mischkultur angelegt werden soll. Der Gartenfreund wird sich nur selten streng daran halten, weil er bei seinem Garten die speziellen Bedingungen des Bodens und des Klimas berücksichtigen muß. Am besten prägt man sich daher die Grundsätze ein und findet dann eine eigene Lösung.

1. Man bestellt nicht ein ganzes Beet mit einer Gemüseart, sondern pflanzt verschiedene Gemüsearten in Reihen nebeneinander, wobei der Reihenabstand in der Regel 50 cm beträgt. Die benachbarten Reihen tragen jeweils eine andere Frucht. Zwischen die Reihen streut man Häcksel, oder man legt lose ein Brett auf. Man kann aber auch Spinat aussäen, der dann später niedergetreten wird.

2. Kleine Gewächse, wie Mohrrüben, Radies usw., stehen dann zwar nebeneinander, Kohl, Sellerie u. a. aber nur hintereinander. Man hält schriftlich fest, welche Pflanzen in einem Jahr in jeder Reihe gepflanzt wurden, damit man einen Plan für das kommende Jahr ausarbeiten kann, nach dem man beachtet, welche Pflanzenarten nicht wieder an den gleichen Platz kommen (siehe Tabelle).

3. In den aufeinanderfolgenden Jahren pflanzt man in dieselben Reihen einmal eine Wurzel- oder Knollenfrucht, wie Rettich, Mohrrübe oder Kartoffel, danach eine Gemüseart, die über der Erde reift, ein sogenanntes Fruchtgemüse, wie Erbsen, Bohnen oder auch Blumen. Im dritten Jahr folgt schließlich eine Frucht, die auf der Erde liegt, also ein Blattgemüse, z. B. verschiedene Kohlarten, Mangold, Spinat und auch Erdbeeren. Eine Ausnahme bilden Tomaten und Stangenbohnen. Den Standort von Tomaten braucht man nur alle fünf bis acht Jahre zu wechseln, den von Stangenbohnen nur alle drei bis vier Jahre.

4. Wichtig ist außerdem, daß Schwach-, Mittel- und Starkzehrer einander ablösen.

Schwachzehrer sind z. B. Mohrrüben, Zwiebeln, Ackersalat, Radies. Starkzehrer sind alle Kohlarten, Sellerie und Lauch. Dazwischen liegen die Mittelzehrer, wie Bohnen, Kartoffeln, Erbsen und außerdem Blumen. Starkzehrer benötigen zu Beginn der Vegetationsperiode eine Zusatzdüngung in Form von Mistkompost oder organischen Düngern. Bei Mittelzehrern genügt vor dem Fruchten eine geringe zusätzliche Düngung, etwa eine nochmalige Kompostgabe. Schwachzehrern gibt man zusätzlich zum Kompost Gesteinsmehl oder Algenkalk, je nach der Bodenreaktion. Sauren Böden gibt man Kalk, schwachsauren Dolomitgesteinsmehl, bei neutraler oder basischer Erde Basaltgesteinsmehl.

5. Innerhalb einer Reihe wird pro Jahr nicht nur eine einzige Frucht angesät oder gepflanzt, sondern man unterteilt die Bepflanzung in eine Vor-, Haupt- und Nachfrucht, damit der Boden ständig bedeckt ist und die Qualität des Bodens durch das verbleibende Wurzelmaterial verbessert wird. Für die Vor- und die Nachfrucht brauchen die Regeln unter Punkt 3 und 4 nicht beachtet zu werden.

6. Das alles klingt vielleicht zunächst recht kompliziert, ist es aber in Wirklichkeit nicht, wenn ein Plan gemacht wird. In einen solchen Plan, der möglichst schon im Winter aufgestellt wird, nimmt man die gewünschten Gemüsearten auf. Außerdem hält man dort fest, wel-

Misch- und Nachbarschaftskulturen (von H. Rutz)

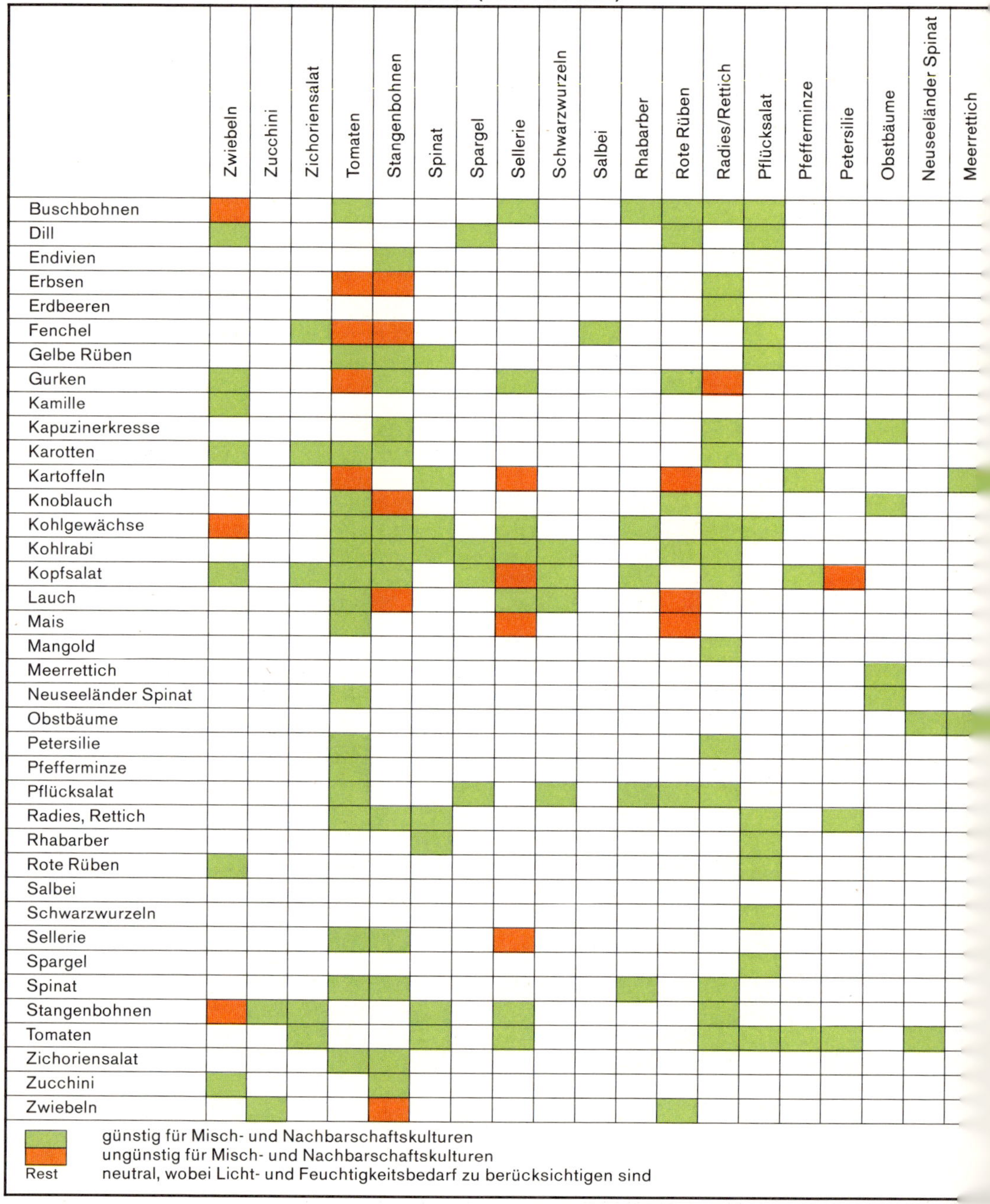

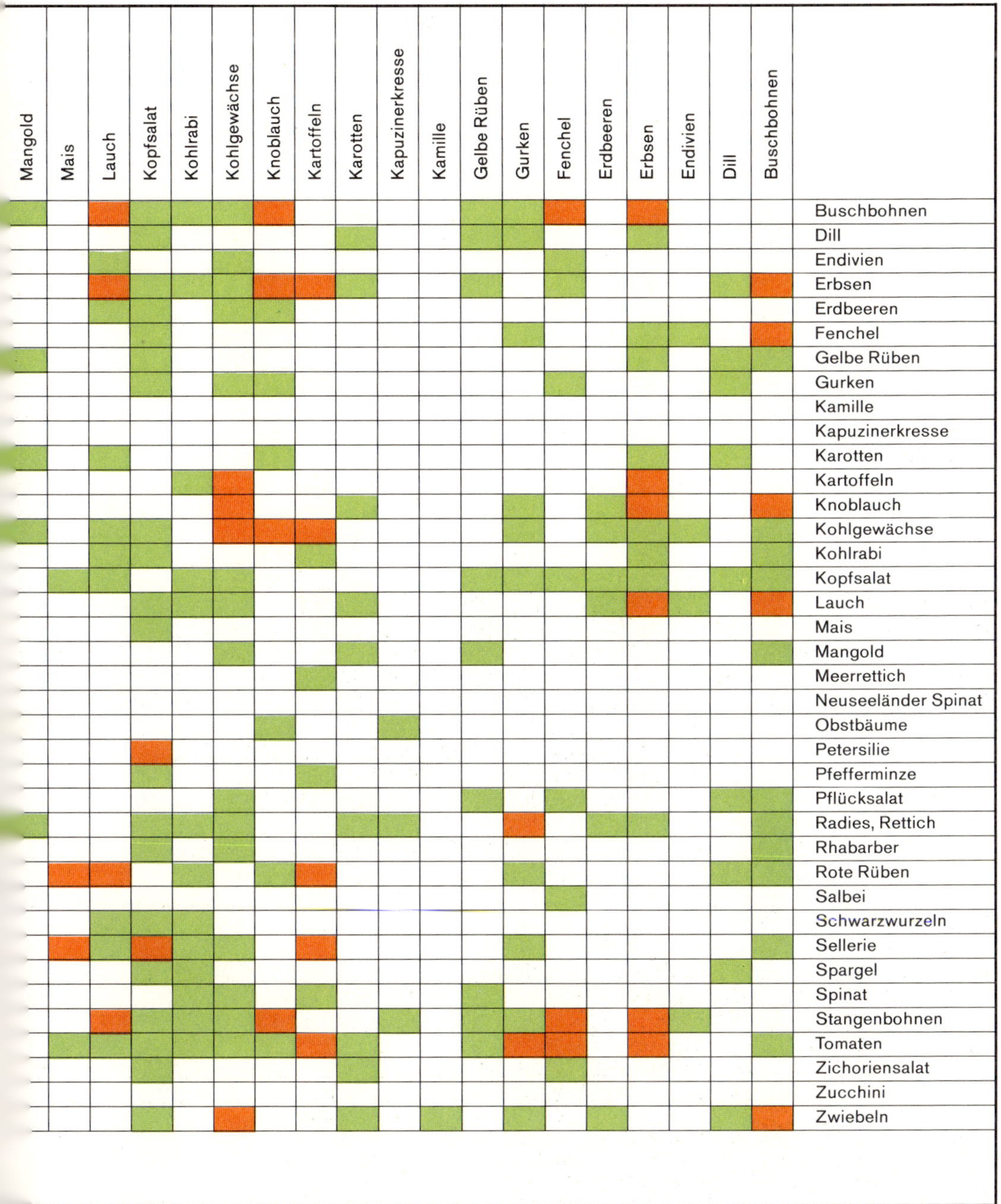

ches Gemüse in den vergangenen zwei Jahren an der Stelle gepflanzt worden ist, und beachtet nochmals die unter Punkt 3 und 4 aufgestellten Regeln. Dieser Plan ist dann aber auch verbindlich. Hält man sich nicht an ihn, so gibt es spätestens von Juli an ein heilloses Durcheinander.

7. Innerhalb der Reihen und auch zwischen den Reihen werden zusätzlich Gesundheitspflanzen angebaut. Dies sind vor allem Zwiebeln, Kapuzinerkresse, Ringelblume, Studentenblume und ab und zu auch Knoblauch. Sie halten die Nutzpflanzen gesund, vertreiben das Ungeziefer und sorgen dafür, daß Pilzinfektionen seltener auftreten. Ein Pflanzbeispiel: In einer 3 m langen Reihe stehen etwa fünf Zwiebeln, eine Ringelblume, ein Gewürzstrauch oder Kresse. In der benachbarten Reihe wachsen die gleichen Pflanzen, nur etwas versetzt. Zwischen Kohlarten und Bohnen dürfen allerdings keine Zwiebeln gepflanzt werden, denn sie vertragen sich nicht. Dort wirkt – wie überall – Dill hervorragend.

8. Am Rand des Gemüse- oder Blumengartens pflanzt man mehrjährige Gewürz- oder Heilkräuter. Man zäunt also gewissermaßen die Beete biologisch ein. Ihr intensiver, oft strenger Geruch hält ungebetene Gäste, wie Ameisen, aber auch Schnecken, ab. Bei einjährigen Gewürzpflanzen wird dabei jedes Jahr der Standort gewechselt.

9. Wenn man Gemüse erntet, läßt man das abgeschnittene Kraut an Ort und Stelle auf dem Boden liegen, wo es verrottet. Ebenso verfährt man mit gejätetem Unkraut. Diese Grünmasse, die auf dem Boden liegenbleibt, erfüllt zweierlei Aufgaben. Sie gibt dem Boden Schatten und versorgt das Bodenleben mit Nahrung. Das auf der Erde liegende Grünzeug bietet zwar keinen ordentlichen Anblick, aber biologische Gärten wirken stets etwas unordentlich; daran muß man sich gewöhnen. Hier dienen alle Maßnahmen nämlich der Gesunderhaltung, dem funktionierenden Ökosystem.

10. Nutz- wie Zierpflanzen zieht der biologische Gärtner selbst. Besonders gut gedeihen die Sämlinge in Torftöpfchen, die man in jedem Gartencenter bekommen kann.

11. Alle hier aufgestellten Regeln gelten auch für den Ziergarten. Auch dort sollte man Mischkulturen anlegen, also die natürlichen Verhältnisse nachempfinden und das biologische Gleichgewicht der Natur erhalten.

IV. Pflanzenschutz und Schädlingsbekämpfung

Grundsätze

Auch im biologisch bearbeiteten Garten kommt man ohne Pflanzenschutzmaßnahmen nicht aus, wenn auch der überwiegende Teil aller Maßnahmen in der Bodenversorgung und Mischkultur liegt. Besonders mit Hilfe der Mischkultur werden Schädlinge und Krankheiten ferngehalten. Doch auf das Wetter hat der Biogärtner natürlich keinen Einfluß. In Regenperioden, bei feuchter Schwüle wachsen nun einmal die Pilze spontan heran, während Trokkenheit und Hitze die schnelle Entwicklung von Schadinsekten begünstigen. Die nützlichen Insekten dagegen vermehren sich in der Regel langsamer. Nach einem mäßig kalten Winter nehmen Schnecken und Mäuse überhand.

Im biologischen Anbau wird nicht mit den sonst üblichen Pflanzenschutzmitteln gearbeitet. Die verwendeten Produkte sind natürlichen Ursprungs und für Warmblüter größtenteils ungefährlich. Sie werden so eingesetzt, daß die Nützlinge geschont und die Schädlinge vertrieben, aber nicht getötet werden. Der biologische Gärtner wendet solche Mittel an, die den Schädlingen den Aufenthalt auf den Nutzpflanzen gründlich verleiden. Besonders wertvoll sind Produkte, die die Pflanze selber stärken, ihr Gewebe festigen. Ist dies mit natürlichen Mitteln nicht möglich, dann gibt der biologische Gärtner lieber einmal eine Frucht auf, als daß er den Fehler begeht, schnell nach chemischen Mitteln zu greifen, denn er weiß: Das ökologische Gleichgewicht könnte durch das eine oder andere chemische Mittel für den Sommer dieses Jahres gestört und weiteres Spritzen dann unerläßlich sein.

Praktische Hinweise

Theoretisch dürften in einem biologisch richtig bearbeiteten Garten überhaupt keine Krankheiten und Schädlinge aufkommen. Tatsächlich hat diese Angelegenheit auch einen ziemlich geringen Stellenwert und kann – je nach der Veranlagung des Gartenfreunds – zur völligen Bedeutungslosigkeit herabsinken. Wegen ein paar Läusen regt man sich doch nicht auf, denn ohne sie gäbe es ja auch keine Nützlinge!

1. Manche Schädlinge tauchen vor den Nützlingen auf, die jene in Schach halten. Und die Nützlinge brauchen die Schädlinge, damit sie leben bzw. sich vermehren können. Was also ist zu tun?

Zuerst einmal muß der Hausgärtner die Schädlinge erkennen. Damit er also die nützliche Marienkäfer- oder Florfliegenlarve nicht für eine schädliche Raupe oder das Eigelege der beiden Nützlinge für eine Blattkrankheit hält und sie aus Unwissenheit zerstört, muß er wissen, wie beide genau aussehen, sonst beraubt er sich der besten Helfer!

2. Der biologische Gärtner denkt nicht radikal. Einige Blattläuse oder Raupen – was soll's, damit wird jede Pflanze fertig. Nur das massenweise Auftreten an Gemüsepflanzen, und Zierpflanzen führt zu wirklichen Schäden und muß bekämpft werden.

3. Der biologische Gärtner lernt bewußt, die Nützlinge in die Gartenarbeit einzubeziehen. Dies gilt für alle Nützlingsarten: Vögel, Lurche, Igel, vor allem aber für die unzähligen Insektenarten. Man schafft günstige Lebensbedingungen für sie: Trockenbiotope, Teiche, Nistgelegenheiten – und vor allem darf nicht mit chemischen Mitteln gespritzt werden. Wenn man nur ein einziges Mal die Pflanzen chemisch behandelt, dann ist das natürliche Gleichgewicht im Biogarten für das ganze Jahr gestört, und man muß weiterhin spritzen, damit die Schädlinge nicht überhandnehmen. Neben den chemischen gibt es auch pflanzliche Spritzmittel, wie etwa das Pyrethrum, das auf dem Gebiet des biologischen Gartenbaus als die letzte Feuerwehr betrachtet wird. Pyrethrum wird übrigens auch im konventionellen Gartenbau verwendet.

Der Biogärtner nimmt bewußt in Kauf, daß hier und da Schädlinge auftreten oder eine Pflanze krank ist. Diese Einstellung ist die Voraussetzung fürs biologische Gärtnern. Die Frage, die sich der Hausgärtner häufig stellt, sollte stets lauten: Muß man Schädlinge und Krank-

Pilzkrankheiten bekämpft man mit Pflanzenjauche und mit pflanzlich-mineralischen Mitteln. Mit einem Handspritzgerät besprüht man die befallenen Pflanzen heiten überhaupt bekämpfen? Kann man nicht zuwarten, bis die Nützlinge aktiv werden? Kann man mechanisch die Schädlinge fernhalten, durch ein Netz, einen Zaun, oder spritzt man sie von den Pflanzen mit einem Kaltwasserstrahl ab? Dann erst überlegt man, welches Mittel geeignet ist. Da Pflanzen Lebewesen sind und selbst starke Abwehrkräfte besitzen, können sie sich auch alleine helfen. Man darf also nicht zu früh zu Bekämpfungsmaßnahmen greifen!

Welche Mittel gibt es, wie werden sie verwendet? Sie werden im Anschluß an die hauptsächlich auftretenden Krankheiten oder Schädlinge aufgeführt, und zwar jeweils in der Rangfolge ihrer Wirksamkeit. Zuerst kommen vorbeugende, dann leichte und schließlich stark wirkende Mittel. Ob ein Mittel die Umwelt schädigt oder nicht, hängt größtenteils von der Konzentration und Menge des verabreichten Stoffs ab. Man kann also auch mit den natürlichen, zum Teil selbsthergestellten Mitteln, werden sie überdosiert, Schäden anrichten.

Alle Mittel sollen vor allem die Abwehrkräfte der Pflanze und diese selbst stärken, sollen Tiere möglichst nicht töten und die Umwelt nicht schädigen.

Vier Großgruppen von Schäden können auftreten:

1. Pilzerkrankungen aller Art.
2. Insektenschäden aller Art, verursacht durch das Insekt selbst oder die Larve, also durch eine andere Entwicklungsform des Insekts.
3. Schäden, die durch Schnecken entstehen und in manchen Jahren an der Spitze aller Schäden stehen.
4. Schäden, die größere Tiere, wie Mäuse, Vögel und Hasen, anrichten.

1. Pilzschäden Während sie im Gemüsegarten keine allzu große Bedeutung haben – man erntet meist, bevor sie sich voll ausbreiten –, kommen sie bei Zierpflanzen häufiger vor, beispielsweise in Form des Rosenmehltaus. Im Obstgarten schließlich stören sie erheblich. Die wichtigsten Schaderreger sind der Echte Mehltau, der Falsche Mehltau, der Schimmelpilz Botrytis und, speziell bei Apfel- und Birnbäumen, der Schorfpilz Fusicladium. Weitere Pilzschäden, etwa die Schrotschußkrankheit und der Rost, fallen nicht so stark ins Gewicht. Sie haben teilweise auch andere Ursachen (Läusebefall); auch werden sie mit den gleichen Mitteln bekämpft, wie nachfolgend beschrieben.

Alle diese Schäden sind in diesem Buch an anderer Stelle beschrieben und abgebildet. Ihre verschiedenartigen Erscheinungsformen muß man sich einprägen, damit man die Mittel richtig einsetzen kann.

Bei allen Pilzkrankheiten werden die Grünteile der Pflanzen durch Spritzen mit Ackerschachtelhalmtee und -jauche sowie mit Farntee und -jauche gestärkt.

Man verwendet pflanzlich-mineralische Mittel, wie z. B. Bio-S (Ledax-san). Man pudert oder spritzt mit ganz fein vermahlenen Gesteinsmehlen oder Tonmineralien (Bentonit, Edasil) oder auch mit 1–2 %igem Wasserglas.

Alle diese Mittel tragen dazu bei, daß die Blätter fester werden. Der pH-Wert an der Blattoberfläche ändert sich, ein Schutzfilm legt sich auf das Blatt. Die Mittel wirken aber auch durch den Silikatgehalt der Produkte bzw. durch natürliche wie auch mineralische Schwefelanteile, wie bei Bio-S. Man kann sie vorbeugend, etwa von Mitte Mai an, also nach den ersten warmen Regenfällen, oder bei feuchtwarmem Wetter anwenden. Tritt der Echte Mehltau sehr stark auf – beispielsweise bei Salat unter Folie, an Stachelbeeren, Rosenknospen und -blättern, an jungen Trieben von Zierpflanzen –, so helfen die zuvor genannten Mittel ebenfalls, werden aber in höherer Konzentration gespritzt und gezielt eingesetzt. Ist der Befall sehr stark, hilft nur noch Netzschwefel. Er wird 0,6- bis 0,2 %ig eingesetzt. Je höher die Lufttemperatur ist, um so geringer muß die Konzentration des Mittels sein, damit die Blätter nicht verbrennen.

Der Falsche Mehltau, eine der Hauptkrankheiten im Weinbau, kommt jetzt auch in unseren Gärten häufiger vor. Von ihm werden u. a. Salat- und Kohlarten befallen. Vorbeugend wird er durch die obengenannten Allgemeinmittel niedergehalten. Bei starkem Befall helfen Kupferspritzmittel. Bevorzugt werden sogenannte Mildkupfermittel angewendet. Man hält sich dabei genau an die Gebrauchsanweisung. Die Botrytis, gefürchtet bei Erdbeeren als Grauschimmel, bereitet auch im biologischen Anbau Sorge. Man pudert und spritzt mit Gesteinsmehlen. Auch mit Wasserglas kann vorbeugend gespritzt werden. Wichtig ist aber auch, daß die Pflanzen nicht zu dicht gesetzt werden, damit die morgenfeuchten Pflanzen und Früchte schnell trocknen. Bei Botrytis kann Spritzen mit einer kombinierten Schwefel-Kupfer-Lösung helfen, aber wohl selten erzielt man damit einen durchschlagenden Erfolg. Auch chemische Mittel helfen nicht mehr, wenn diese Krankheit die Pflanze schon überzogen hat.

Um zusammenzufassen: Anbau, Luftzutritt, Fruchtwechsel und die Kräftigung der Pflanzen sind vor allem wichtig und reichen in den meisten Fällen aus. Problemfälle lassen sich im biologischen Anbau nicht mit vollem Erfolg kurieren. Man nimmt dann lieber ein nicht so makelloses Aussehen – z. B. einen Schorffleck an Äpfeln oder Birnen – in Kauf, als sich mit organischen Fungiziden behelfen zu wollen.

2. Schäden durch Insekten Man unterscheidet fünf große Gruppen:

a) *Saugende Insekten* Dazu zählen vor allem die vielen Läusearten.

b) *Beißende und fressende Schädlinge* Als Insekt z. B. der Kartoffelkäfer, der Blattrandkäfer und Erdflöhe; als Larven die der Möhrenfliege, der Zwiebelfliege und der Kohlfliege.

c) *Eiablegende Insekten,* z. B. die Kirschfruchtfliege und die Obstmadenfliege.

d) *Auf und in der Erde lebende Schädlinge,* z. B. Engerling, Werre, Drahtwürmer und Ameisen.

e) *Spinnmilben.*

Schädlinge der Gruppen a und b werden auf die gleiche Weise bekämpft:

Mischkultur Man legt Mischkulturen vor allem an, um die Pflanzen vor Schädlingen zu bewahren. Wenn man beispielsweise Möhren und Zwiebeln zusammenpflanzt, dann werden die Möhren- und auch die Zwiebelfliege abgehalten. Wachsen Fenchel und Dill neben Erbsen, dann stellen sich dort keine Erbsenkäfer ein. Ringelblumen und Kresse zwischen Kohlarten bewirken, daß so gut wie keine Raupen auftreten.

Nützliche Insekten Ob Schwebfliege, Florfliege, Marienkäfer, Laufkäfer oder Raubwanze, sie leben von den Schädlingen oder brauchen sie für ihre Nachkommenschaft. Damit übernehmen sie die Hauptarbeit der Schädlingsbekämpfung im Garten, mehr noch als die Vögel, weit mehr auch, als man mit Spritzen bewirken kann.

Vögel Man hängt so viele Meisen- oder Brutkästen wie nur möglich für Rotschwänzchen, Höhlenbrüter u. a. auf. Ein Meisenpaar samt

Blumentopf als Behausung für Ohrwürmer

Ein Marienkäfer vertilgt Blattläuse

Florfliege mit Blattlauskolonie

Schlupfwespe

Schwebfliege

Grüne Stinkwanze

den Nachkommen vertilgt in einem Sommer vier große Säcke voll Insekten. Man füttert die Vögel im Winter und achtet auf Katzen.

Leimringe Der alte Leimring wie auch der Wellpappring, unter dem sich Insekten im Winter verkriechen und der dann im Frühjahr einfach mit den Schädlingen zusammen verbrannt wird, üben eine wichtige Funktion aus. Auch der Baumanstrich gehört zu diesen Mitteln. Eine selbsthergestellte Mischung aus Lehm, Kalk und Kuhmist oder Fertigerzeugnisse, wie Preicobact, Bio-Baumanstrich, Oscorna-Rindenkräftigung und andere, tragen zur Abwehr von Insekten bei.

Pflanzenauszüge Die sogenannten Kaltwasserauszüge haben sich besonders bewährt. Das Kraut wird nur zehn bis zwanzig Stunden mit kaltem Wasser angesetzt und die Lösung dann unverdünnt gespritzt. Bekannt sind Brennessel-, Rainfarn-, Adlerfarn- und Wurmfarnauszüge gegen Läusearten, Tomatenblattauszüge gegen Raupen, besonders Kohlweißlingsraupen. Solche Auszüge enthalten beißende Substanzen, die die Insekten vertreiben. Sie verändern aber auch den Geruch der damit behandelten Pflanzen. Nur ein ganz spezifischer Geruch lockt bestimmte Insekten an. Wird er verändert, kommt der Schädling nicht mehr.

Schmierseifenbrühe Man setzt sie 1–2 %ig an. Aber nur Schmierseife tut ihre Wirkung; Waschpulver oder Spülmittel sind nicht geeignet. Diese Brühe wird tropfnaß verspritzt.

Gesteinsmehle Besondere Gesteinsmehle allerfeinster Körnung, Ton- und Mineralpulver werden 0,5- bis höchstens 2 %ig in Wasser verteilt und gespritzt. Für Gemüsearten und Blumen nimmt man möglichst einen Puderstäuber zum Verstäuben. Diese Mittel wirken besonders gut, wenn der Schädling direkt eingestäubt wird. Der feine Schutzfilm, der dann auf den Blättern entsteht, verhütet gleichzeitig, daß sich erneut Schädlinge auf den Blättern niederlassen. Der feine Mineralstaub beeinträchtigt die Sehorgane, die Nervenenden wie auch die Atmungsorgane der Tiere. Er ändert den pH-Wert der

Der Ohrwurm frißt Blattläuse und andere Insekten. Der Marienkäfer und seine Larven vertilgen Blattläuse in großer Zahl. Die Larven der Florfliegen räumen ebenfalls mit Blattläusen auf. Schlupfwespen legen ihre Eier in die Raupen von schädlichen Insekten. Schabfliegen fressen täglich bis zu 100 Blattläusen. Auch die Grüne Stinkwanze ist ein wichtiger Nützling

Meisen, wie etwa Kohlmeisen, sind für die Schädlingsbekämpfung unentbehrlich. Sie vertilgen Unmengen von Insekten. Wenn man Nistkästen aufhängt, siedeln sie sich leichter an

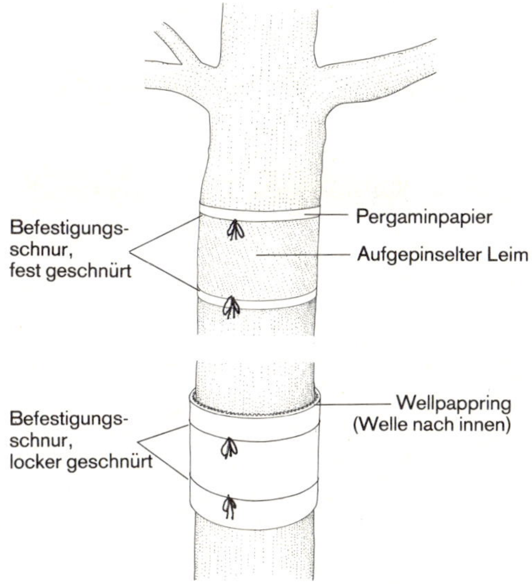

Bäume schützt man mit Ringen aus Leim und Wellpappe vor Insekten. Unter dem Wellpappring, den man zwischen Oktober und Februar anbringt, verkriechen sich im Winter die Insekten. Von Februar bis Juni fängt man sie mit einem Leimring

Grünteile der Pflanzen und härtet sie zugleich. Die Schädlinge bevorzugen aber ganz bestimmte pH-Werte. Ändern sich diese, dann wandern die Schädlinge ab. Außerdem ändern Gesteinsmehle, Ton- und Mineralpulver den für die Pflanze typischen Geruch, und das Insekt erkennt die von ihm bevorzugte Pflanze nicht mehr.

Pyrethrum-Spritzmittel Nur wenn alle anderen Mittel und Methoden versagen, wendet der biologische Gärtner dieses Insektizid an. Es ist zwar für Warmblüter relativ ungefährlich, da die Wirkstoffe in kurzer Zeit abgebaut werden, schadet aber leider auch den nützlichen Insekten.

Die unter c) genannten Erdinsekten sind schwer zu bekämpfen. Vorbeugend empfiehlt sich hier ein jährlicher Fruchtwechsel und eine gute Lockerung des Bodens mit dem Sauzahn. Man kann auch reichlich Steinmehl und Algenkalk in den Boden einarbeiten und mit den erwähnten Pflanzenjauchen wässern. Nur in Notfällen sollte man Pyrethrum anwenden.

Besonders schädlich können sich Werren (Maulwurfsgrillen) auswirken, die Gänge im Boden anlegen und Wurzeln und Stengel von Pflanzen anfressen. Man kann ihre Nester ausheben oder Joghurtbecher, die halb mit Wasser gefüllt werden, ebenerdig in die Laufgänge eingraben. Wenn man häufig den Boden lockert, vertreibt man die Schädlinge auch. Bewährt hat sich das regelmäßige Durchziehen des Bodens links und rechts der Saat- oder Anzuchtreihen.

Ameisen lassen sich als Nützlinge einsetzen. Ein Blumentopf aus Ton, locker mit Holzwolle gefüllt, wird mit der Öffnung nach unten auf die Ausgänge der Nester gestellt. In kurzer Zeit haben die Ameisen ihr Nest hineingebaut. Jetzt stellt man den Topf mit der Öffnung nach unten direkt neben den Komposthaufen, den die Ameisen schon bald bevölkern. Sie helfen, die Kompostierung zu verbessern, indem sie alles Faulige, Kranke wegfressen.

Spinnmilben Die zuletzt aufgeführten Spinnmilben sind, seitdem sie chemisch bekämpft werden und sehr schnell gegen diese Mittel resistent wurden, ein echtes Problem. Besonders gefürchtet sind die unter dem Namen Rote Spinne bekannte Spinnmilbe wie auch die Braune Spinnmilbe und gelegentlich die Bohnenspinnmilbe. Alle saugen an Zweigen, Knospen und Blättern und richten große Schäden an, weil sie sich sehr schnell und stark vermehren. Bewährt hat sich reichliches Einstäuben der befallenen Pflanzenteile mit den schon erwähnten Gesteinsmehlen oder Tonmineralien. Wenn mit ihnen gespritzt wird, dann kann man, wenn nur Zweige behandelt werden, die Steinmehlkonzentration auf 3 % hinaufsetzen. Man fügt der Brühe 1 % Wasserglas hinzu. Das mögen die Spinnmilben nicht und wandern ab. Einige bleiben aber auch. Deshalb müssen die Spritzungen oder Puderbehandlungen mehrmals wiederholt werden.

3. Schnecken In manchen Jahren nehmen sie überhand, besonders wenn der vorhergegangene Winter mild war und nur wenige Eier erfroren sind. Im Gemüse- wie im Blumengarten richten Schnecken große Schäden an. Im Obstgarten und in der Mulchschicht der Baumscheibe sind sie dagegen nützlich, denn sie helfen, die Rotte der Mulchschicht zu beschleunigen. Welche Möglichkeiten der Bekämpfung gibt es?

a) Man achtet peinlich darauf, daß sich Schnecken nicht auf den Komposthaufen verirren. Ihre Eier im Kompost sorgen im kommenden Jahr für Schnecken auf den Beeten. (Ein guter Ameisenbesatz auf dem Kompost ist hier besonders nützlich.)

b) Das alte Verfahren, in den frühen Morgenstunden die Schnecken von den Beeten abzusammeln, ist die sicherste Methode. Man kann sich die Arbeit erleichtern, indem man Bretter, Pappstücke und große Blätter (Rhabarber) auslegt, unter die sich die Tiere verkriechen.

c) Die Gemüsebeete und auch die Blumenrabatten werden mit Schneckenzäunen umgeben. Schneckenzäune aus Blech gibt es fertig zu kaufen und ebenso elektrisch geladene Plastikstreifen. Einfacher ist es, wenn man sägerauhe Bretter, deren Oberkante mit Holzöl (Karbolineum) gestrichen wurde, senkrecht aufstellt und leicht eingräbt. Sie sollten mindestens 10 cm hoch sein. Diese Methode wirkt sich allerdings erst richtig nach ein bis zwei Jahren aus. Bis dahin müssen die noch vorhandenen Schnecken in den Beeten abgesammelt werden.

d) Man legt 5 cm breite Streifen aus Sägemehl, Sägespänen, Tannennadeln, grobem Steinmehl oder feinem Splitt um oder durch die Beete. Auf diesen Streifen verschleimen sich die Schnecken beim Darüberwandern und verenden.

e) Man kann Schnecken auch fangen, indem man Joghurtbecher ebenerdig eingräbt und sie halb mit Bier, Milch oder Limonade füllt. Die Schnecken werden angelockt, fallen hinein und kommen an den glatten Wänden der Becher

WIE MAN SCHNECKEN FÄNGT

Ein halb mit Bier gefüllter eingegrabener Becher lockt Schnecken an. Wenn sie in den Becher gefallen sind, kommen sie an den glatten Wänden nicht mehr hoch

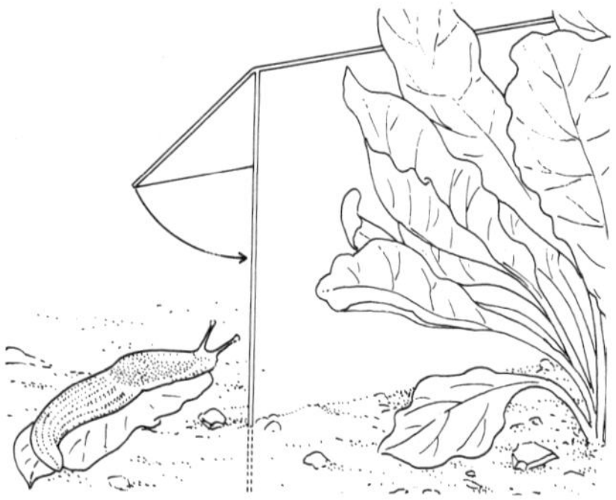

Die Schnecke bemüht sich vergeblich, an die Pflanzen heranzukommen. Sie kann zwar am Zaun hochkriechen, das abgewinkelte Blech aber nicht überwinden

Schneckenzäune kann man kaufen oder selber bauen. Sie sollten 5 cm tief in der Erde verankert und mindestens 10 cm hoch sein

nicht mehr hoch. Wichtig ist, daß man die Becher jeden Tag kontrolliert.

f) Man stellt eine Schneckenbrühe her. 30 bis 50 Schnecken werden gesammelt, in einem 10-l-Eimer mit kochendem Wasser überbrüht, der Eimer wird mit Wasser vollgefüllt und einige Tage stehengelassen. Die Brühe fängt kräftig an zu stinken. Die von den Schnecken abgeseihte Flüssigkeit wird noch einmal mit der gleichen Menge Wasser verdünnt und dann mit einer Gießkanne um die Beete gegossen. Sie sollte nicht auf die Pflanzen gelangen.

g) Man kann auch das bekannte Schneckenkorn anwenden. Drei bis fünf Körner legt man auf ein Stück Pappe oder Papier. Dann wird lose ein Brett darüber gelegt, unter dem sich tagsüber die Schnecken gerne aufhalten. Sie fressen dann die Körner und verenden. Am nächsten Morgen werden die toten Schnecken und die restlichen Körner abgesammelt.

Alle Methoden befriedigen, jede für sich angewendet, nicht voll. Wendet man aber zwei oder drei zusammen an, so führen sie doch sicher zum Erfolg.

4. Mäuse, Vögel, Hasen Bei Wühlmäusen hilft nur eine Maßnahme richtig: Fallen stellen. Es ist nicht schwer, und bei einem geübten Mäusefänger kann man sich verschiedene Fallen vorführen lassen. Auch ein Schußapparat wirkt gut. Alle sonst empfohlenen Methoden, wie etwa Wolfsmilchgewächse anpflanzen, Knoblauch, Holunder oder gar Petroleum in die Gänge einführen, haben höchst selten Erfolg. Bewährt hat sich jedoch das Einlegen von blutgerinnungshemmenden Ködern, wie z. B. Quiritox, in die Gänge. Von Gaspatronen sollte man absehen. Sie schädigen durch das giftige Gas auch das Bodenleben zu sehr, insbesondere die Würmer.

Feldmäuse können, besonders im Winter, großen Schaden anrichten, da sie die Baumrinde annagen. Der Mulch der Baumscheibe muß daher kontrolliert oder auch entfernt werden. Man bekämpft Feldmäuse ähnlich wie Wühlmäuse und stellt Fallen in die Gänge, legt Quiritox als Ködermittel aus oder, wenn viele Tiere vorhanden sind, drei bis vier Giftkörner in die Gangöffnung. Man kann diese Mäuse auch mit einer Pflanzenjauche aus Thujaschnitt, Walnußblättern und Knoblauch vertreiben. Die stark riechende Jauche gießt man in die Mäuselöcher, die dann mit Erde zugestopft werden.

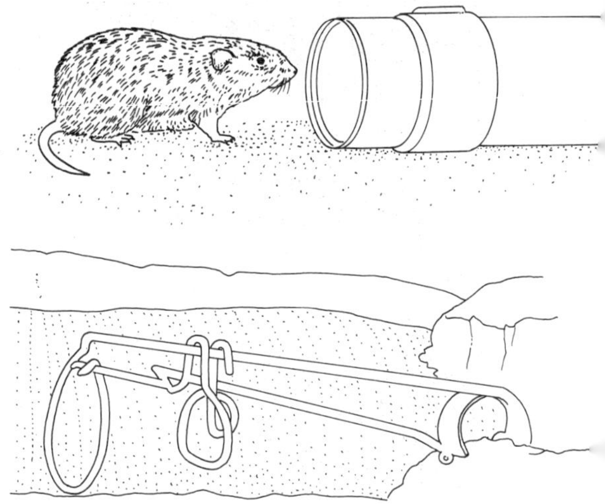

Gegen Wühlmäuse helfen nur Fallen. Da die Tiere sehr schlau sind, müssen die Fallen abgedeckt werden. Beide, die wie ein Rohr geformte Falle (oben) und die Drahtfalle (unten), schiebt man in die Gänge von Wühlmäusen hinein

Spitzmäuse bekämpft man nicht. Sie sind eifrige Jäger von Erdinsekten, also Nützlinge. Nur der Komposthaufen wird, wenn notwendig, von unten durch ein ganz feines Drahtgitter vor ihnen geschützt. Sonst räumen sie dort mit den Würmern zu sehr auf.

Der Maulwurf ist ein Nützling und steht unter Schutz. Die Erdhaufen, die er ausgräbt, werden verteilt. Sonst aber läßt man ihn in Ruhe, da er viele Erdinsekten vertilgt.

Gegen Vögel helfen nur Netze. Sie können jahrelang verwendet werden. Engmaschige Weinbergnetze sind am geeignetsten.

Dasselbe gilt auch, wenn Hasen in den Garten eindringen. Man spannt Netze über Winterkohlpflanzen und um junge Bäume. Dies ist besser als Anstriche, Drahtgewebe o. ä.

Wägt man die Vor- und Nachteile des biologischen Anbaus gegeneinander ab, so wird man erkennen, daß, besonders im Hausgarten, die Vorteile sicherlich überwiegen. Die etwas höhere Arbeitsleistung, die man erbringen muß, und die umfangreichere Planung werden zweifellos aufgewogen durch eine naturbelassene, ökologisch bessere Umwelt, gesunde Gartenprodukte und ein tieferes Naturverständnis, das sich ganz von allein einstellt.

Register

Halbfette Seitenzahlen weisen auf einen Haupteintrag hin, schräg stehende Seitenzahlen auf eine Zeichnung oder ein Foto

A

B

C

D

E

G

H

I

J

L

O

P

Q

R

S

W

Y

Z

Bildnachweis

Fotografen und Illustratoren

Umschlagvorderseite von Januar bis Dezember:
Wolfgang Lauter/Bavaria
Manfred Mackus/Bavaria
Glabisch/Mauritius
Burda „Mein schöner Garten“
Pascal/Mauritius
Burda „Mein schöner Garten“
Ederer/Prenzel
Dr. Reinald Skiba/Bavaria
Lederer/Prenzel
Freytag/Anthony
Ettelt/Anthony
Lederer/Prenzel

Umschlagrückseite: Kotoh/ZEFA

Innenteil
Helmut Adam/ZEFA: 192 o.li.
agrar-press: 429 u.2.v.li.
Albinger/Mauritius: 149 o.re.
Johannes Apel: 10 Mi.li., Mi., u.li.; 11 u.Mi.; 13 Mi., u.re.; 14 Mi.; 15 o.Mi., u.Mi.; 16 u.Mi.; 17 Mi.; 18 Mi.re.; 19 o.li.; 20 o.li.; 22 o.li.; 23 Mi.; 24 u.re.; 26 o.li., u.Mi.; 27 u.Mi., u.re.; 28 o.li., u.Mi.; 29 u.li.; 38 li.; 38/39; 45 u.li., u.re.; 67 o.re., u.li., u.re.; 77 o.li.; 78 o.li.; 79 u.re.; 124 u.li.; 125 u.li.; 126 u.li., u.re.; 148; 150 o.li., o.re.; 220 o.re.; 240; 254 o.re., u.li.; 298 o.li., o.re., u.re.; 367 o.re., u.li.; 368 u.li.; 401 o.li., o.re., Mi.li; 402 o.re., u.re.
John Barber, LSIA
Norman G. Barber
Bavaria-Verlag: 12 Mi.li.
Beck/Photo-Center: 221 u.li.
Bio-Info: 456 o.li.
Stewart R. Black
Leonora Box
Th. Brettmann/ZEFA: 151 o.re.; 192 u.li., u.re.
David Bryant
Buchholz/GDT-Tierfoto/Silvestris: 449 re.
Ann Buckmaster
Buff/Mauritius: 152 o.re.; 298 u.li.
R. Bühl: 427 Mi.li; 428 Mi.re., u.re.
Burda „Mein schöner Garten“: 11 o.li.; 15 u.re.; 16 Mi.; 26 Mi.; 32/33; 33 o.re.; 41 o.re., u.re.; 44 u.li., u.re.; 67 o.li.; 68 u.re.; 77 u.re.; 78 u.re.; 79 o.re.; 123; 124 o.li., o.re.; 125 o.re.; 126 o.li.; 127 u.re.; 149 o.li., u.li.; 150 u.re.; 194 o.li.; 195 o.re., u.li.; 220 u.li., u.re.; 221 re.; 222 o.li., u.li., u.re.; 241 o.re., u.li.; 253; 254/255; 368 o.li.
Büro für visuelle Gestaltung
Mey. zur Cap./ZEFA: 11 u.li.
Cash/Mauritius: 41 li.
Julia Clements
R. G. Corbin
Kathleen Dance
Ernst Deiser: 242 o.re.; 368 o.re.
R. Dols/Kinkelin: 124 u.re.
J. E. Downward
E. Drave/Mauritius: 242 u.re.; 254 o.li.
Eckhardt/Prenzel: 297 u.li.
Siegfried Eigstler/Kinkelin: 150 u.li.
Fieselmann/Bavaria: 297 re.
Valerie Finnis
Erich Fischer: 66
The Flower and Plants Council
P. Freytag/Mauritius: 194 o.re.
Freytag/ZEFA: 12 o.li.
J. Fritzsche/ZEFA: 222/223
John Gapp
Ian Garrard
Greiner/Photo-Center: 10 u.re.; 243 u.li., o.re.
Helmut Gritscher/Bavaria: 402 o.li.
Roy Grubb
Edgar Gugenhan: 10 Mi.re., u.Mi.; 13 Mi. re., u.li.; 18 u.li.; 20 Mi.re.; 24 u.li.; 44 o.li.; 79 o.li.; 126 o.re.; 152 o.li., u.li.; 243 u.re.; 255 o.re., u.re.; 367 o.li., u.re.; 368 u.re.; 402 u.li.
Hackenberg/Kinkelin: 125 o.li.
Hackenberg/ZEFA: 221 o.li.; 256 o.li.
Hargrave Hands, MSIA
Harstrick/Mauritius: 223 u.li.
Hauck/Mauritius: 125 u.re.
Veronica Heywood
Peter Hunt, FLS
David Hutter
ICI Ltd.
Jahreszeiten-Verlag: 34 o., Mi.; 36 li.
David Jones
Peter Kesteven
Kinlein/Prenzel: 242 li.
Kohlhaupt/Mauritius: 220 o.li.; 241 u.re.; 299 o.li.
Kratz/Photo-Center: 429 o.2.v.li.
W. Kratz/ZEFA: 299 u.re.
Lauer/Prenzel: 36 re.
Ch. Lederer/Bavaria: 223 o.re.
Lederer/Prenzel: 127 o.re.; 151 o.li.; 194 u.li.
Ronald Maiden
Maier/GDT-Tierfoto/Silvestris: 449 2.v.li.
Elsa M. Megson
Meyer/Photo-Center: 44 o.re.
Werner H. Müller/ZEFA: 76; 195 u.re.
Murphy Chemical Co. Ltd.
L. Hugh Newman
M. Nissen/ZEFA: 45 o.li.
D. W. Ovenden
J. Pfaff/ZEFA: 68 o.li.
Hans Pfletschinger/Toni Angermayer: 430 o.re.; 455 Mi.li., Mi.re., u.li., u.re.
W. Francis Phillips
Charles Pickard, ARAC
Eckart Pott/Photo-Center: 11 Mi.li.
Fritz Prenzel: 12 u.li.; 14 Mi.re.
Charles Raymond
Lothar Reupert: 78 o.re.; 127 o.li.; 194 u.re.
Rohdich/GDT-Tierfoto/Silvestris: 455 o.re.
Hannes Rosenberg: 35 o., u.; 39 re.; 40 li.; 42
Carol Russel
Siegfried Sammer: 14 u.Mi.; 24 Mi.; 43; 68 u.li.; 77 u.li.; 78/79; 149 u.re.; 191; 401 u.li.
Siegfried Sammer/Bavaria: 401 u.re.
W. Schacht/Kinkelin: 9 Mai; 12 Mi.re., u.li., u.Mi.; 14 u.re.; 17 o.re.; 34 u.; 45 o.re.; 77 o.re.; 78 u.li.; 151 u.li.; 152 u.re.; 400
Eckehard Schauz: 445; 447 u.re.; 455 o.li.
Walter Schöllhammer
Schönbach/Mauritius: 195 o.li.
Schrempp/Photo-Center: 23 o.li.; 26 Mi. li.; 193 o.re.; 223 u.re.; 243 o.li.; 449 li.
Heinz Schwarz/Bavaria: 256 u.li.
H. Schwarz/Mauritius: 256 u.re.
Kurt Seeger: 9 Jan., Nov.; 10 o.li.; 14 u.li.; 15 o.re.; 20 Mi.li.; 28 Mi.re.; 68 o.re.; 79 u.li.; 127 u.li.; 151 u.re.; 192 o.re.; 241 o.li.; 256 o.Mi., o.re.; 297 o.li.; 299 u.li.; 366
Shell International Petroleum Company Ltd.
L. Sitensky/ZEFA: 124 u.Mi.
Harry Smith
Kathleen Smith, MSIA
Helmut Snoek: 447 o.li., o.re.; 453
Glenn Steward
Sutton & Sons Ltd.
Syndication International
Thonig/Mauritius: 299 o.re.
M. Thonig/ZEFA: 296
F. Villiger/Mauritius: 219
Leo E. Walmsley, NDD, ATD
Werner/Mauritius: 193 li.
Max F. Wetterwald: 37, 40 re.
H. Wiesner/ZEFA: 193 u.re.
Wothe/Silvestris: 449 3.v.li.
Elsie Wrigley, ATD, DA (Manc)